Kompanien, Könige und *caboceers*

EXTERNA

Geschichte der Außenbeziehungen in neuen Perspektiven

Herausgegeben
von
André Krischer, Barbara Stollberg-Rilinger,
Hillard von Thiessen und Christian Windler

Band 8

Christina Brauner

Kompanien, Könige und *caboceers*

Interkulturelle Diplomatie an Gold- und Sklavenküste im 17. und 18. Jahrhundert

2015

BÖHLAU VERLAG KÖLN WEIMAR WIEN

Gedruckt mit Unterstützung des Sonderforschungsbereichs 496
„Symbolische Kommunikation und gesellschaftliche Wertesysteme vom Mittelalter bis zur Französischen Revolution" an der Westfälischen Wilhelms-Universität Münster und unter Verwendung der ihm von der Deutschen Forschungsgemeinschaft zur Verfügung gestellten Mittel.

Bibliographische Information der Deutschen Nationalbibliothek:
Die Deutsche Nationalbibliothek verzeichnet diese Publikation in der Deutschen Nationalbibliographie; detaillierte bibliographische Daten sind im Internet über http://dnb.d-nb.de abrufbar.

Umschlagabbildung:
The First Day of the Yam Custom,
aus: Thomas Edward Bowdich, Mission from Cape Coast Castle to Ashantee, London 1819, nach S. 274 (Ausschnitt)
© James J. Ross Archive of African Images.

Ursulaplatz 1, D-50668 Köln, www.boehlau-verlag.com

Korrektorat: Meinrad Böhl, Leipzig
Gesamtherstellung: WBD Wissenschaftlicher Bücherdienst, Köln
Printed in the EU

ISBN 978-3-412-22514-8

Inhalt

Vorwort

Die vorliegende Studie wurde im Sommersemester 2014 von der Philosophischen Fakultät der Westfälischen Wilhelms-Universität Münster als Dissertation angenommen. Für die Drucklegung wurde sie geringfügig überarbeitet.

Auch wenn das Schreiben als einsames Geschäft gilt, so hätte dieses Buch doch nicht ohne die Hilfe, Unterstützung und Anregung zahlreicher anderer entstehen können. Hier gilt mein Dank an erster Stelle Barbara Stollberg-Rilinger, die diese Arbeit über mehrere Jahre betreut hat, und dies um so mehr, als sie sich damit auf eine Forschungsreise eingelassen hat, die in wenig vertraute Weltregionen führte. Zum Gewähren von intellektuellen Freiräumen gerade in Zeiten kleinteiliger Antragsplanung gehört einiges an Zu- und Vertrauen – und dafür bin ich besonders dankbar. Antje Flüchter danke ich für die Übernahme des Zweitgutachtens, verlässliche fachliche wie persönliche Unterstützung sowie ausgiebige Diskussionen über transkulturelle Fragen. Die Rolle des Nebenfachprüfers übernahm dankenswerterweise Ludwig Siep.

Wissenschaft lebt von Diskussion und Austausch. Hierfür bin ich zunächst den Kolleginnen und Kollegen aus dem SFB 496 zu Dank verpflichtet, in dem diese Arbeit ihren Anfang nahm, besonders aber den Mitgliedern der mehrjährigen Bürogemeinschaft in der Salzstr. 16/17, die stets mehr war als nur eine wissenschaftliche »Notgemeinschaft«: Dorothee Linnemann, Jan Brademann, Natalie Krentz und Christof Spannhoff. Eine wertvolle Hilfe zu Beginn waren mir die Hinweise von Adam Jones, der mir zudem großzügig Einsicht in seine Materialsammlung gewährte.

Den Herausgebern der »Externa« danke ich für die Aufnahme in die Reihe; in Sonderheit gilt mein Dank dabei Christian Windler, der sich nicht nur der Mühe einer sorgfältigen Lektüre unterzog, sondern mir auch – hier wie bereits zuvor – wertvolle weiterführende Hinweise zukommen ließ. Die Drucklegung dieser Arbeit wurde durch einen großzügigen Zuschuss des SFB 496 ermöglicht. Für die Satzkosten konnte ich dankenswerterweise auf das Stipendium des Jungen Kollegs der Nordrhein-Westfälischen Akademie der Wissenschaften zurückgreifen.

Gleich mehreren Generationen von Hilfskräften ist Dank abzustatten für die Jagd nach Büchern im gesamten Stadtgebiet und darüber hinaus, die Beschaffung von Kopien und Scans und die wachsame Kontrolle von Bibliothekskonten: Silke Osterhues, Katharina Impelmanns, Nadia Büscher und Elsa Boße; Theresa Bellermann, Laura-Marie Krampe und Ole Meiners sowie Bastian Lasse.

Dieses Manuskript ist aus unterschiedlichen Blickrichtungen sorgfältig Korrektur gelesen und durch Kommentare und kritische Nachfragen bereichert worden – hierfür danke ich Gerrit Althüser, Ulrich Brauner, Christian Brunke, Natalie Krentz, Dorothee Linnemann, Ole Meiners, Andreas Pietsch, Sita Steckel, Elisabeth Tscharke und Gesa Wilangowski sowie dem Korrektor des Böhlau-Verlags. Für die professionelle Zusammenarbeit beim Satz danke ich Tim Doherty.

Zahlreiche Mitmenschen haben mich inner- und außerwissenschaftlich unterstützt, sei es durch hilfreiche Hinweise zu entlegenen Fragen der Frühneuzeitgeschichte, zu Portugiesisch- oder Französisch-Übersetzungen, durch organisatorische Unterstützung, kritisches Korrekturlesen oder auch durch die Bereitstellung von Nervennahrung und Ablenkung im richtigen Moment: Hier gilt mein Dank Nadine Amsler, Nils Bock, Ulrike Bock, Sarah Henning, Maria Hillebrandt, Torsten Hiltmann, Matthias Köhler, Brigitte König, Maria Kraft und ihrem Möhrenkuchen, Natalie Krentz, Dorothee Linnemann, Christel Meier-Staubach, Ole Meiners, Matthias Pohlig, Theo Riches, Raimund Sarlette für die ersten Geschichtsstunden, Michael Sikora, Sven Solterbeck, Thomas Tippach und Elisabeth Tscharke, ganz besonders aber Gerrit Althüser, Christian Brunke, Julia Hammerschmidt, Sita Steckel und Andreas Pietsch.

Für mehr als Unterstützung bei einer Dissertation danke ich Ulrich, Dorothée und Gudrun Brauner.

Bielefeld/Münster, im Februar 2015 Christina Brauner

Einleitung

1. Einstieg und Fragestellung

Am 13. Dezember 1670 hielt ein Botschafter seinen Einzug in Paris. Kein besonderes Ereignis eigentlich, doch es handelte sich um einen besonderen Botschafter: Wer da in einer sechsspännigen Kutsche einzog, war ein gewisser Matteo Lopes, Gesandter des Königs von Allada an der westafrikanischen Sklavenküste.[1] In Paris angekommen, brachte man ihn in einem üblichen Botschafterquartier unter, dem Hôtel de Luynes, zentral zwischen dem Pont Saint-Michel und dem Palais du Luxembourg gelegen. Wenige Tage später, am 19. Dezember, erhielt Lopes eine Audienz bei Ludwig XIV. im Louvre.

Diese Gesandtschaft blieb in vielerlei Hinsicht einzigartig in den europäisch-westafrikanischen Beziehungen: Auch wenn zwischen dem 15. und dem 18. Jahrhundert einige Diplomaten aus Westafrika in Rom, Lissabon, Bahia und Amsterdam vorstellig wurden, erhielt kaum einer von ihnen einen solchen Empfang wie Lopes 1670 und kein anderer zog sechsspännig in eine europäische Hauptstadt ein.[2] Gerade deshalb kann das Beispiel der Gesandtschaft aus Allada aber demonstrieren, in welchen Möglichkeitshorizont, in welchen Raum des Machbaren die europäisch-westafrikanischen Beziehungen eingebettet waren.

Grundsätzlich zeigt die Gesandtschaft, dass die europäisch-westafrikanischen Beziehungen in dieser Zeit offenbar als Außenbeziehungen, als diplomatische Interaktionen zwischen unabhängigen Gemeinwesen verstanden wurden. Nicht zuletzt wurde durch das zeremonielle *tractement* des Botschafters, durch die Tatsache, dass man ihn als Botschafter behandelte, der König von Allada als souveräner Herrscher anerkannt und in die Fürstengesellschaft integriert.

Zugleich aber wurde die Audienzszene in das universalistische Herrschaftsprogramm Ludwigs XIV. eingebunden und als weiterer Beleg für dessen weltumspannende *gloire* interpretiert.[3] Schnell war man so mit pro-

1 Suitte du Journal du sieur Delbée; & la cause de l'envoy de l'Ambassadeur du Roy d'ardres en France, & sa reception en cette Cour, in: CLODORÉ, *Relation*, Bd. 2 (1671), S. 495–557, hier: S. 514 [im Folgenden zitiert als: *Suitte du Journal*]; diese Vorlage leicht variierend: LABAT, *Voyage*, Bd. 2 (1730), S. 342. Zu Allada vgl. LAW, Kingdom of Allada.

2 LOWE, ›Representing Africa‹, und DEBRUNNER, Presence.

3 Vgl. etwa das Portrait des Botschafters: Nicholas (Ier) (de) LARMESSIN, *DOM MATHEO LOPES, Ambassadeur du Roy d'Arda*, Kupferstich, auch herausgegeben

tokolonialen Ansprüchen bei der Hand, ebenso rasch, wie die Hofdamen den afrikanischen Botschafter mit Barbarentopoi belegten.[4] Diese Divergenz zwischen Elementen der Gleichrangigkeit auf der einen Seite und diskursiven Überlegenheitskonstruktionen auf der anderen Seite ist durchaus charakteristisch für die Zeit. Sie macht zugleich deutlich, dass es auf dem Feld der europäisch-afrikanischen Beziehungen ausgesprochen differenziert und quellenkritisch vorzugehen gilt – allzu oft wurden in der Vergangenheit Geltungsansprüche mit der Realität verwechselt.

Einen Anknüpfungspunkt für französische Geltungsansprüche bot das Verhalten des Botschafters während der Audienz: Ganz wie er es aus seiner Heimat gewohnt war, warf sich Lopes vor Ludwig XIV. zu Boden – im Rahmen europäischer Ritualsemantik eine eindeutige Geste der Unterwerfung, in Allada hingegen die übliche Begrüßung eines Herrschers.[5] Dies lenkt die Aufmerksamkeit auf den *ersten* Fragekomplex dieser Arbeit: Wie funktionierten diplomatische Interaktionen zwischen solch unterschiedlichen Partnern? Wie fremd erschienen sie einander? Wie ließen sich Zeichen und Praktiken des jeweils anderen übersetzen? Gab es wechselseitige Transfer- und Anpassungsprozesse? Inwiefern spielte es eine Rolle, wo Interaktionen stattfanden, ob an der westafrikanischen Küste oder in den Zentren der europäischen Hauptstädte?

Kehren wir noch einmal kurz zum Anfang und damit zum Einzug zurück: Hier scheint auf den ersten Blick alles vertraut, die sechsspännige Kutsche, die jubelnde Menschenmenge, die absolvierte Route. Doch ausgerechnet die sechsspännige Kutsche als Symbol der Souveränität erweist sich bei näherem Hinsehen als ungewöhnlich, denn es handelte sich nicht um die Kutsche

---

als Teil der Serie Dess., *Augustes représentations* (1690 [1679]), S. 161. Eine Bezugnahme auf diese Audienz wurde zudem in dem Denkmal für Ludwig XIV. auf der Place des Victoires eingebaut. Dort zeigte eines der Bronzereliefs die »Ambassades des Nations eloignees«, die Beschreibung verweist u.a. auf die Gesandtschaft von 1670; Feuillade, *Description* (1690), S. 21.

4 Vgl. etwa den Brief von Mme de Montmorency an den Comte de Bussy, dd. 09.12.1670, in: Lalanne (Hrsg.), Correspondence, Bd. 1, S. 342f.: »Il est venu un ambassadeur de Guinée pour le commerce de ce pays-là. Il est chrétien, et a trois femmes épousées dont il en veut vendre une, s'il trouve marchand. On a eu toutes les peines du monde à le faire habiller pour aller à l'audience du roi; il y vouloit aller tout nu.« Ähnlich auch der Brief des englischen Gesandtschaftsmitarbeiters William Perwich, dd. 20.12.1670, The National Archives, Kew (TNA), SP 78/130, fol. 263.

5 Traittement fait en France a [Don] Mathès Lopéz Amb[assadeur] du Roy d'Arda sur la Côte de Guinée en 1670, s.d. [1670], Archives Affaires Étrangères (AAE), La Courneuve, Mémoires et Documents (MD), Afrique 12, fol. 4r–6v, hier: fol. 5r. – Vgl. zur Gesandtschaft Lopes' ausführlicher Brauner, Schlüssel.

des Königs bzw. der Königin, wie bei Botschaftereinzügen üblich. Vielmehr wurde die von Lopes und seiner Entourage bestiegene Kutsche von der Compagnie des Indes Occidentales gestellt.[6] Diese Handelskompanie hatte die Gesandtschaft veranlasst und ihr oblag auch die Verhandlungsführung in Paris. Ihre Vertreter waren es, die in Allada, in der Heimat des Botschafters, als Repräsentanten des französischen Königs auftraten. Offensichtlich agierte die Handelskompanie also auf dem Feld der Außenbeziehungen.

Daraus ergibt sich eine *zweite* Fragerichtung: Wie genau sah die diplomatische Rolle aus, die die Handelskompanien in Westafrika wie in Europa einnahmen? Bewegten sie sich in einem formalen bzw. formalrechtlichen Rahmen oder sind sie als informelle diplomatische Akteure einzustufen? Welcher Status kam etwa den Verträgen zu, die Kompanien abschlossen?

Wenn sich die vorliegende Arbeit im Folgenden der Peripherie europäischer Diplomatie in der Frühen Neuzeit zuwendet, geht es also um zwei miteinander verschränkte Fragekomplexe. *Erstens*: Wie funktionierte Diplomatie im interkulturellen Kontext? Zweitens: Welche Rolle spielten Handelskompanien als diplomatische Akteure? Damit sollen zwei verschiedene Forschungstraditionen zusammengebracht werden:

1. »Vorkoloniale« Geschichte Westafrikas

Dieses Forschungsfeld ist nach einer Blüte in der Dekolonisationszeit inzwischen inhaltlich wie institutionell marginalisiert,[7] abgesehen vom Thema des Sklavenhandels (siehe unten, Abs. 4.4 dieser Einleitung). Eine stärkere Integration in allgemeine Perspektiven einer Verflechtungsgeschichte der Frühen Neuzeit, wie sie in dieser Arbeit vorgeschlagen wird, kann dazu beitragen, die vorkoloniale Geschichte Westafrikas als zeitlosem Warteraum des Kolonialismus zu dekonstruieren.[8] Der Kolonialismus überschattet weiterhin – wie bereits an der Bezeichnung »vor-kolonial« ersichtlich[9] –

6 *Suitte du Journal*, S. 514; Labat, *Voyage*, Bd. 2 (1730), S. 342. Das Zeremonialprotokoll (wie Anm. 5) lässt den gesamten Einzug – anders als die Zeremonien auf dem Weg nach Paris – aus, was man als weiteres Indiz für dessen Ambiguität interpretieren kann. Zum üblichen Vorgehen bei der *entrée* von Botschaftern vgl. die Beispiele bei Godefroy, *Ceremonial*, Bd. 2 (1649), S. 771–794.

7 Vgl. bes. Reid, Past. – Allgemein zur Historiografie Jewsiewicki/Newbury (Hrsg.), African Historiographies, und Deutsch/Wirz (Hrsg.), Geschichte in Afrika.

8 Vgl. zur Zeitpolitik Chakrabarty, Provincializing; Fabian, Time.

9 Vgl. auch die Kritik von Christoph Marx: »In der Literatur ebenso wie im umgangssprachlichen Gebrauch findet man häufig die Dreiteilung in vorkoloniale, koloniale und nachkoloniale Geschichte Afrikas. Eine solche Periodisierung ist eurozentrisch, da sie suggeriert, erst und nur die Europäer hätten mit ihrem kolo-

diese Epoche, die hier dagegen stärker als Interaktionszeit mit ihren eigenen, gerade auch von afrikanischen Akteuren bestimmten Dynamiken und offenen, nicht-determinierten Entwicklungen begriffen werden soll. Dass in erster Linie die unmittelbare Küstenregion Westafrikas mit ihren kleineren politischen Entitäten thematisiert wird, kann zudem ein Gegengewicht gegen die Konzentration auf die ›großen Reiche‹ mit ihren Zentren im Hinterland wie etwa Asante oder Dahomey bilden, die in der einschlägigen Historiografie weiterhin dominiert.[10] Für den westafrikanischen Kontext sind Fragen nach inter- und transkulturellen Phänomenen, wie sie hier im Mittelpunkt stehen sollen, von geschichtswissenschaftlicher Seite bislang eher selten gestellt worden.[11] Dies mag einerseits in der zunehmenden Marginalisierung der geschichtswissenschaftlichen Forschung zu jener Epoche begründet sein, dürfte andererseits aber auch mit der überwiegend politik- und sozialgeschichtlichen Ausrichtung der bisherigen Historiografie Westafrikas zusammenhängen, die lange Zeit »Kultur« allenfalls als »Ideologie« einbezogen hat.[12] Demgegenüber sollen in der vorliegenden Arbeit Fragen nach kulturellen Praktiken und Kulturtransfer gerade im Rahmen einer Kulturgeschichte des *Politischen* untersucht werden.[13]

---

nialen Eingreifen eine oder gar die entscheidende Veränderung der afrikanischen Verhältnisse bewerkstelligt.« Marx, Geschichte Afrikas, S. 12f.

10 Das Studium dieser Reiche diente dabei v.a. dazu, die kolonialistischen Klischees eines Afrikas der Stämme zurückzuweisen, gründet sich aber selbst letztlich auf europäische Geschichtsmodelle und ein eurozentristisches Staatskonzept; vgl. dazu den erhellenden Artikel von Wrigley, Historicism, bes. S. 117–124.

11 Der Aufsatz etwa, der den programmatischen Titel »Culture Contact, Continuity, and Change on the Gold Coast, AD 1400–1900« trägt, stammt von dem Archäologen Christopher R. DeCorse; siehe DeCorse, Culture Contact. – Interesse an Fragen von kultureller Hybridität zeigten neben Archäologen schon früh v.a. Kunsthistoriker, meist ausgehend von einzelnen Objekten oder Objektgruppen; vgl. insbes. die in Unterkap. III.3.2 angegebene Literatur. In der Tat haben sich Archäologen Fragen nach interkulturellen Aspekten im vorkolonialen Westafrika häufiger zugewandt als Historiker. Gleiches gilt für »transnationale« Phänomene, vgl. Conrad, Globalgeschichte, S. 61f., der auf die ausgeprägt nationalen Historiografien in vielen afrikanischen Ländern verweist; ähnlich auch Eckert, Nationalgeschichtsschreibung.

12 Theorie, sofern sie überhaupt zur Sprache kommt, wird in dieser historiografischen Tradition verblüffend häufig noch allein mit marxistischer Theorie (in ihren verschiedenen Spielarten) gleichgesetzt. Dies gilt insbes. für die Arbeiten von Ray Kea: Kea, History of Ghana, und ders., Settlements. Eine produktivere Anwendung dagegen bei McCaskie, State, bes. S. 4ff.

13 Stollberg-Rilinger (Hrsg.), Kulturgeschichte, darin die Einleitung der Herausgeberin, Einleitung: Was heißt Kulturgeschichte des Politischen?, S. 9–24.

2. »Neue Diplomatiegeschichte«

Die sogenannte »Neue Diplomatiegeschichte« bildet den Ausgangspunkt, um die vorliegende Arbeit überhaupt im Sinne einer Diplomatiegeschichte schreiben zu können: Zum einen stellt sie nicht mehr die Haupt- und Staatsaktionen in den Mittelpunkt, sondern eröffnet den Blick auf die Vielfalt an Akteuren auf dem Feld der Außenbeziehungen – wie eben auch die Handelskompanien.[14] Zum anderen sucht sie nicht mehr nach ehernen Gesetzen staatlicher Interaktion, sondern begreift Diplomatie als kulturelle, und das heißt auch: in eine Kultur eingebettete, Praxis, nicht als Spiel nach universell geltenden Regeln.[15] Dies erlaubt es, nach Diplomatie als *interkultureller* Praxis zu fragen. Die vorliegende Arbeit sucht mit der geographischen wie kulturellen Ausweitung dieses Ansatzes zu demonstrieren,[16] dass der Blick auf die außereuropäischen Kontaktzonen zum Verständnis der Formation europäischer Staatenwelt beitragen[17] und somit auch die Verflochtenheit der europäischen Diplomatiegeschichte aufzeigen kann.[18]

Die Einleitung gibt im Weiteren einen Überblick über die Gliederung der Arbeit insgesamt wie über das Quellenmaterial, auf dem die Untersuchungen aufbauen; zudem werden kurz zentrale Begriffe vorgestellt (2). Anschließend erfolgt eine Einführung in Raum und Zeit (3) sowie in den historischen Kontext (4). Letztere muss notwendigerweise knapp ausfallen und ist auf die Erkenntnisinteressen dieser Arbeit zugeschnitten. Dann werden die Handelskompanien ausführlicher besprochen, die sozusagen die Leit-

---

14 Vgl. insbes. Thiessen/Windler (Hrsg.), Akteure.

15 Für programmatische Überlegungen siehe u.a. Loth/Osterhammel (Hrsg.), Internationale Geschichte; Kiessling, »Dialog«; Watkins, New Diplomatic History; Jackson, Bourdieu; wenig weiterführend dagegen Lehmkuhl, Diplomatiegeschichte. Vgl. auch den umfassenden Forschungsüberblick bei Köhler, Strategie, S. 65–75. Jeweils spezifische Aspekte diplomatischer Praxis werden etwa in Andretta et al. (Hrsg.), Paroles; Häberlein/Jeggle (Hrsg.), Grundlagen; Kampmann et al. (Hrsg.), Art; oder Frigo (Hrsg.), Politics, in den Blick genommen.

16 Vgl. etwa die Forderung von Kugeler/Sepp/Wolf, Einführung, S. 27 und die konzeptionell-theoretisch ausgerichteten Anmerkungen von Thiessen/Windler, Einleitung, S. 9f.

17 Siehe v.a. die Arbeiten von Christian Windler: Windler, Diplomatie; ders., Diplomatic History; ders., Normen; ders., Symbolische Kommunikation. Des Weiteren Burschel, Eigene; ders./Kundrus (Hrsg.), Diplomatiegeschichte; Hennings, Russia; Droste, Diplomacy.

18 Siehe zum Konzept der Verflechtungsgeschichte (*entangled history*) u.a. Randeria, Entangled Histories, und Subrahmanyam, Connected Histories.

fossilien dieser Arbeit darstellen, und ihre potenzielle Rolle als Akteure der Außenbeziehungen skizziert (5).

2. Basisdaten: Gliederung – Quellenlage – Begriffe

2.1 Gliederung und Forschungsperspektiven

Bei allem Wunsch nach Vollständigkeit bedarf jede Untersuchung der Auswahl und Schwerpunktsetzung. Die vorliegende Arbeit setzt spezifische Schwerpunkte, indem sie sich in erster Linie als methodologisch-konzeptionell angelegt versteht und weniger eine systematisch-erschöpfende Sachanalyse anstrebt. Dies ist vor allem deshalb sinnvoll, weil ihr Erkenntnisinteresse auf eine Vermittlung zwischen Fragestellungen der Diplomatiegeschichte und der Inter- bzw. Transkulturalitätsforschung und somit auf die Entwicklung eines Ansatzes zielt, der auch über die Geschichte Westafrikas hinaus fruchtbar sein kann. Vier unterschiedliche methodische Zugangsmöglichkeiten werden erprobt, die jeweils den Fokus eines der vier Hauptteile bestimmen. Sie sollen einen multiperspektivischen Blick auf die diplomatische Praxis ermöglichen.

Grundsätzlich geht es um eine Verbindung von diskursanalytischen und praxeologischen Ansätzen, also nicht allein um eine Wahrnehmungs-, sondern auch um eine Interaktionsgeschichte. Beide Perspektiven stellen keine Gegensätze dar (wiewohl es auf den ersten Blick so scheinen mag), sondern gehören zusammen. Nur auf diese Weise kann man zu einer überzeugenden, kontextualisierenden Lektüre der Quellen gelangen und sie weder als europäische Monologe unter fortwährendem Lügenverdacht interpretieren, wie es immer noch und zu oft geschieht, noch sie als objektive Darstellungen historischer Wirklichkeit unhinterfragt hinnehmen.[19]

Hier sollen die vier Perspektiven und damit die vier Hauptteile der Arbeit nur in Kurzform vorgestellt werden; ausführlichere methodische und konzeptionelle Überlegungen zu diesen einzelnen Themen finden sich jeweils zu Beginn der Kapitel, um die bessere Verschränkung mit den unmittelbar folgenden Untersuchungen zu gewährleisten.

Die Untersuchung der diplomatischen Praxis in Westafrika setzt mit einer Analyse der historischen Semantik ein (I), wobei auch Anleihen bei einem diskursanalytischen Zugriff genommen werden: Hier geht es darum,

---

19 Vgl. auch die Kritik Jürgen Osterhammels an einer zu einseitig auf den Gestus der Entlarvung ausgerichteten Diskursanalyse mancher Rezipienten Saids: OSTERHAMMEL, Entzauberung, S. 409ff. Einen ähnlichen Ansatz hat in jüngerer Zeit auch RUBIÉS, Ambassadors, und DERS., Despotism, verfolgt.

wie westafrikanische Herrscher und ihre Gemeinwesen in der Frühen Neuzeit von europäischen Beobachtern wahrgenommen und beschrieben wurden. Mit wem meinten es frühneuzeitliche Europäer überhaupt zu tun zu haben? Die Frage, wie Interaktionspartner wahrgenommen und konzeptualisiert wurden, ist wesentlich, um diplomatisches Handeln zu rekonstruieren. So eröffnet sich nicht allein ein erster methodischer Zugriff auf das Quellenmaterial (in diesem Fall vorwiegend das gedruckte), sondern auch ein erster Blick auf die Akteure in Westafrika. Zudem zeichnet sich durch die Untersuchung der Semantik eine Entwicklungsperspektive ab, in der die spezifischen Charakteristika der Frühen Neuzeit stärker herausgearbeitet werden können.

Der zweite Hauptteil (II) geht einen Schritt weiter in Richtung Interaktionsgeschichte und rückt Audienzen als Beispiel für symbolische Interaktionen ins Zentrum. Audienzen bieten sich als Untersuchungsgegenstand besonders an, da sie sowohl Situationen des Kulturkontakts als auch ausgefeilter zeremonieller Praxis sein können – ja zum Teil beides gleichzeitig waren. Ich frage hier danach, welche Rolle symbolische Kommunikation im interkulturellen Kontext spielt. Inwiefern erleichtern Akte symbolischer Kommunikation Übersetzungsprozesse, inwiefern sorgen sie aber auch in besonderem Maße für Missverständnisse? Neben diesen methodischen Aspekten stehen konkretere, auf die diplomatische Praxis bezogene Fragen zur Debatte: Inwiefern banden europäische Akteure symbolische Akte in Westafrika in zeremonielle Logiken ein und begriffen sie als symbolisches Kapital? Entwickelte sich eine transkulturelle symbolische Praxis?

Im dritten Hauptteil (III) wird die Perspektive der symbolischen Kommunikation vertieft und zugleich mit Forschungen zur materiellen Kultur verknüpft. Dazu wird ein wichtiges Phänomen der diplomatischen Praxis Westafrikas in den Blick genommen, nämlich Geschenkverkehr und Gabentausch. Im Zentrum stehen Funktion und Bedeutung von Geschenken und Gaben im interkulturellen Verkehr sowie ihre potenzielle Mehrdeutigkeit. Daneben wird wiederum nach Transkulturationsprozessen gefragt: Entwickelten sich gemeinsame Regeln des Schenkens? Nach welchen Kriterien wurden Geschenke ausgewählt? Welche Rolle spielte dabei die kulturelle Differenz? Entwickelte sich eine gemeinsame Distinktionskultur? Und nicht zuletzt: Welche rechtliche Bedeutung kam Geschenken und Gaben zu?

Den Aspekt der Regelhaftigkeit und Rechtsgeltung vertieft der vierte Hauptteil (IV), der sich explizit normativen Ordnungen in den europäisch-afrikanischen Interaktionen zuwendet, also jenem Bereich, den man im weitesten Sinne als Völkerrecht bezeichnen kann. Hier gehe ich zunächst vom europäischen Diskurs über Westafrika aus und untersuche, ob und inwieweit afrikanischen Herrschern überhaupt Völkerrechtsfähigkeit zugebilligt wurde und welche normativen Ordnungen hier geltend gemacht wurden.

Dabei gerät erneut die spezifische Rolle von Handelskompanien in den Blick. In einem zweiten Schritt wird die Rechtspraxis vor Ort analysiert. Dabei gilt es, nach Regelhaftigkeit und Normen zu fragen und wiederum nach möglichen transkulturellen Phänomenen Ausschau zu halten.

2.2 Quellenlage

Die Quellenlage wirft das größte methodische Problem dieser Arbeit auf: Für den Untersuchungszeitraum liegen praktisch keine Schriftquellen von afrikanischer Seite vor.[20] Anders als etwa bei interkulturellen Interaktionen in China, im Osmanischen Reich oder in Indien ist damit keine vergleichende Untersuchung dieser beiden Seiten möglich. Zwar galten einst große Hoffnungen den Experimenten mit *oral history*, die in der Aufbruchsstimmung der afrikanistischen Geschichtswissenschaft in den 1960ern eine Grundlage für eine eigene afrikanische Geschichte zu versprechen schienen. Inzwischen werden die so rekonstruierten »mündlichen Traditionen« allerdings mit größter quellenkritischer Vorsicht betrachtet, insbesondere für historische Epochen jenseits der Zeitgeschichte sind sie nur sehr eingeschränkt als Quelle zu verwenden.[21] Somit ist man immer noch maßgeblich auf europäische Schriftquellen angewiesen, um die fernere Vergangenheit

20 Es gibt freilich einige wenige Ausnahmen, bekannt geworden ist etwa das Journal von Antera Duke, eines Händlers aus Old Calabar (im heutigen Nigeria); Behrendt/Latham/Northrup (Hrsg.), Diary. Bei anderen Autoren wie Jacobus Elisa Capitein oder Philip Quaque ist fraglich, inwiefern man sie trotz ihrer afrikanischen Herkunft überhaupt als »afrikanisch« klassifizieren kann. Durch ihre langen Aufenthalte in Europa, oft bereits in jungen Jahren, nahmen sie sich selbst vielfach nicht als Afrikaner, sondern in erster Linie als Christen wahr und mussten sich z.T. erst mühsam in ihre Herkunftsgesellschaften reintegrieren. Capitein als Ex-Sklave verteidigte gar in seiner Leidener Dissertation die Rechtmäßigkeit von Versklavung; Parker (Hrsg.), Agony; Levecq, Capitein und Carretta/Reese (Hrsg.), Life. Des Weiteren liegen sogenannte *slave narratives* aus der zweiten Hälfte des 18. Jhdts. vor, etwa von Ignatius Sancho oder Olaudah Equiano, die ihre eigene Interpretationsproblematik aufweisen; vgl. dazu Fisch (Hrsg.), Companion.

21 Vgl. Ranger, Past, und Vansina, Tradition orale. Heute werden orale Traditionen als fruchtbare Quellen für Geschichts- und Identitätskonstruktionen befragt. Problematisiert wurde die Methodik der *oral history* insbes. durch die Arbeiten David Heniges, vgl. u.a. Henige, Feedback, und ders., Chronology. Siehe auch Landau, Introduction, bes. S. 4–10.

der Küstenregionen Westafrikas zu rekonstruieren.[22] Hinzu kommt jedoch die in den letzten Jahrzehnten intensivierte archäologische Forschung, die ihre Interpretationen der materiellen Zeugnisse allerdings auch wiederum auf schriftliche Überlieferungen stützt.[23]

Es existiert aber immerhin eine Vielfalt europäischen Materials, die zeigt, dass es nicht einfach *die* europäische Perspektive auf Westafrika gegeben hat. Vor allem innereuropäische Konflikte waren Anlass für differierende (und durchaus auch differenziertere) Aussagen über Rechts- und Machtverhältnisse vor Ort wie über afrikanische Akteure und Gemeinwesen. Diese Vielfalt nehme ich daher als Ansatzpunkt, um über die Vorstellung eines europäischen Monologs hinauszugelangen, der den außereuropäischen ›Anderen‹ zum Schweigen verdammt.[24] Vielmehr scheint gerade in den Diskussionen der Europäer auch der Widerhall afrikanischer Stimmen besonders deutlich vernehmbar zu sein.

Adam Jones hat festgestellt, dass für eine umfassende Bearbeitung der Geschichte Westafrikas vor dem 19. Jahrhundert, die alle möglichen Quellen berücksichtigte, Kenntnisse in nicht weniger als zehn (wenn nicht mehr) europäischen Sprachen benötigt würden: Spanisch, Italienisch, Portugiesisch, Französisch, Englisch, Niederländisch, Deutsch, Latein, Dänisch, Schwedisch.[25] Diese Pluralität allein an europäischen Sprachen zeugt von der Akteursvielfalt in der Region, dabei wurden die Sprachen ihrer eigentlichen Einwohner noch nicht einmal einbezogen, da die schriftliche Über-

---

22 HEINTZE/JONES (Hrsg.), Sources; JONES, Geschichte; DERS., Quellenproblematik. Bei den arabischen Schriftquellen, die insbes. für den Norden Westafrikas vorliegen, stellt sich letztlich das gleiche Problem wie bei den europäischen Quellen – auch hier handelt es sich um Texte von fremden Beobachtern, zumindest im Hinblick auf die hier untersuchten Gruppen. Für die Geschichte von Gold- und Sklavenküste sind arabische Quellen ohnehin weniger relevant; vgl. ebd., S. 26f., und LEVTZION/HOPKINS (Hrsg.), Corpus.

23 Siehe u.a. CHOUIN/DECORSE, Trouble. Aktuelle Forschungsprojekte laufen bspw. zu Ouidah/Savi und Dahomey, aber auch zu nördlichen Regionen wie Banda; vgl. u.a. KELLY, Archaeology; NORMAN, Hueda; MONROE, Dahomey; STAHL, Process.

24 Grundsätzlich betrachtet, stellt sich dieses Problem fehlender eigener oder selbst produzierter Quellen gesellschaftlicher Großgruppen nicht allein im Kontext außereuropäischer Geschichte; vielmehr ist hier auf die in Teilen vergleichbare Problemlage etwa zwischen einer Alltagsgeschichte (verschärft für die Epochen jenseits der Zeitgeschichte) und den *postcolonial studies* hinzuweisen. Siehe z.B. SPIVAK, Subaltern, bes. S. 78ff.; EHALT, Geschichte, S. 23f. Der Aufsatz von MEDICK, »Missionare«, stellt in diesem Zusammenhang ein schönes Beispiel für *entanglement* innerhalb der Wissenschaft dar.

25 JONES, Quellenproblematik, S. 37ff.

lieferung in den indigenen Sprachen (weitgehend) erst im 19. Jahrhundert einsetzt. In mancherlei Hinsicht hat die Sprachpluralität dazu geführt, dass die Geschichtsschreibung einerseits in nationalen Traditionen verhaftet geblieben ist (dänische Historiker bearbeiteten dänische Quellen und schrieben darüber auf Dänisch, niederländische Historiker lasen niederländische Quellen usf.).[26] Andererseits sind bestimmte Quellen und Gegenstände aufgrund ihrer sprachlichen Zugänglichkeit und bereits zeitgenössisch einsetzender Kanonisierungsprozesse bevorzugt ins Zentrum von Studien gerückt.[27] Auch in dieser Arbeit kann Vollständigkeit freilich nicht erreicht werden, sowohl aus sprachlichen als auch aus arbeitspragmatischen Gründen: Ich konzentriere mich im Folgenden auf das Material, das auf Englisch, Französisch, Niederländisch und Deutsch vorliegt, und ziehe ergänzend lateinisch-, portugiesisch- und italienischsprachige Quellen heran. Skandinavische Berichte und Dokumente werden insoweit berücksichtigt, als sie in wissenschaftlichen Übersetzungen zugänglich sind.[28]

Gliedert man nach herkömmlichen Gesichtspunkten, zerfällt das Material, auf dem die vorliegende Studie basiert, in zwei Teile: Zum einen werden gedruckte Quellen untersucht, die sich vorwiegend aus Reiseberichten sowie aus ausgewählten Kompilationen und Pamphleten zusammensetzen. Dabei konzentriere ich mich auf jene Berichte, die als »Primärquellen« gelten können, die also zeitnah zu den berichteten Ereignissen entstanden sind und denen nachweislich eine Auseinandersetzung mit der westafrikanischen Wirklichkeit zugrunde liegen kann, d.h. deren Autoren selbst die Region besuchten oder zumindest einschlägiges, sonst meist nicht erhaltenes Mate-

26 Vgl. zum Problem des »methodologischen Nationalismus« auch MARJANEN, Undermining, S. 247ff.

27 Vgl. JONES, Quellenproblematik, S. 47. Dies ist insbes. ein Problem, wenn es um den Gebrauch fnztl. Übersetzungen geht. Exemplarisch zu nennen ist der weiterhin verbreitete Rückgriff auf die englische Übersetzung von Bosmans *Nauwkeurige Beschryving van de Guinese Goud-Tand en Slavekust* (1704), einem kritischen Beitrag Albert van Dantzigs zum Trotz: vgl. DANTZIG, Bosman's »Description«, S. 106f.; in den nachfolgenden Bänden der Zeitschrift erschien in acht Teilen (1975–1984) ein minutiöser Vergleich von »English Bosman and Dutch Bosman« (so der Titel der Artikel). Allgemein zum Problem von Übersetzungen als Quellen siehe auch HEINTZE, Translations.

28 Als Übersetzerin ist hier v.a. Selena Axelrod Winsnes zu nennen, die zahlreiche dänische Quellen ins Englische übertragen hat: RASK, Description; MONRAD, Description (1822); RØMER, Account (1760); und TILLEMAN, Account (1697). Siehe auch DIES. (Hrsg.), Jew. Zudem liegt eine ins Englische übertragene Sammlung von archivalischen Quellen vor (siehe unten, Anm. 36).

rial von anderen erhielten.[29] Diese Definition schließt auch zeitgenössische Kompilationen ein: Die *Naukeurige Beschrijvinge der Afrikaensche Gewesten* (1668) von Olfert Dapper, einem niederländischen Arzt, zählt etwa zu den wichtigsten Quellen für die Geschichte Westafrikas in dieser Zeit. Dapper betrat zwar niemals afrikanischen Boden, verfügte aber über ein ausgedehntes Netzwerk unter Kaufleuten und Gelehrten und so über Informationen aus erster Hand, die heute verloren sind.[30]

Die vorliegende Arbeit widmet sich in erster Linie einer Untersuchung der Interaktionen vor Ort, nicht einer möglichst umfassenden Rekonstruktion eines europäischen Afrika-Diskurses. Dennoch erscheint es unabdingbar, auch im Hinblick auf die Wissensordnungen, die noch die heutige Historiografie prägen, auf Wirkungsgeschichte, Kanonisierungsprozesse und Übersetzungsprobleme einzugehen; dies gilt vor allem für Teil I.

Zum anderen wird (exemplarisch) die archivalische Überlieferung ausgewertet, die die in Westafrika aktiven Handelskompanien hinterlassen haben. Dabei beschränke ich mich auf die Kompanien aus den Niederlanden, England und Frankreich (Westindische Compagnie; Royal African Company bzw. Company of Merchants Trading to Africa; Compagnies des Indes Occidentales bzw. Compagnie du Sénégal bzw. Compagnie des Indes).[31] An ausgewählten Stellen, etwa im Teil IV, wird auch auf Überlieferungen aus dem Archiv des französischen Außenministeriums und aus den englischen State Papers zurückgegriffen.

Die genannten Kompanieüberlieferungen sind unterschiedlich gut erfasst und inventarisiert; während etwa für das Nationaal Archief in Den Haag ein ausführlicher, auch online zugänglicher Katalog mit detailliertem Inventarverzeichnis und zusätzlich ein Führer zu Dokumenten mit Westafrikabezug vorliegt,[32] sind die Bestände in den Archives d'Outre-Mer in Aix-en-Provence zum Teil nur durch Quellenverzeichnisse älterer Dissertationen erschlossen und lediglich unvollständig inventarisiert.[33] Etwas besser sieht

29 Eine erste Orientierung ermöglicht die Liste der »Primärquellen« für die Geschichte der Gold- und Elfenbeinküste, die Adam Jones aufgestellt hat: Jones, Quellenproblematik, S. 37ff. Dort findet sich auch eine tentative Definition des Begriffs, der freilich stets relational zu verstehen ist (S. 35f.).

30 Dapper, *Beschrijvinge* (1668). Vgl. zu Dapper, der u.a. auch eine Beschreibung der Stadt Amsterdam sowie eine ebenfalls umfassende Kompilation des zeitgenössischen Wissensstands zu Asien publizierte, Jones, Decompiling.

31 Diese werden unten, Abs. 5.3 dieser Einleitung, ausführlicher vorgestellt.

32 Siehe die online zugänglichen Inventare und Indizes auf der Archivhomepage sowie Doortmont/Smit, Sources. – Vgl. auch die Editionen von Dantzig (Hrsg.), The Dutch, und von Ratelband (Hrsg.), Dagregisters.

33 Auch im Archiv wurde zum Zeitpunkt meiner Recherchen auf Kopien aus den Dissertationen von André Delcourt, Abdoulaye Ly und Jean-Baptiste Lacroix

die Lage in den National Archives in Kew aus, auch wenn hier detailliertere Inventare teilweise ebenfalls fehlen.[34]

Zusätzlich werden Dokumente zu anderen Kompanien einbezogen, soweit sie in Editionen verfügbar sind: So liegen für die brandenburgischen Kompanien (Brandenburgisch-Africanische bzw. Africanisch-Americanische Compagnie, BAC bzw. BAAC) Quelleneditionen von Richard Schück und Adam Jones vor[35] und für die dänische Kompanie eine Quellensammlung in englischer Übersetzung von Ole Justesen.[36] Auch für die englischen Kompanien kann auf die Editionen zurückgegriffen werden, wie sie unter anderem Robin Law herausgegeben hat.[37]

Die Trennung zwischen gedrucktem Material und interner archivalischer Überlieferung ist in mancherlei Hinsicht quellenkritisch hilfreich, insbesondere wenn es um Fragen nach dem Publikum, dem Entstehungsprozess eines Textes oder der Genese europäischer Geltungsansprüche geht. Allerdings verstellt diese Trennung den Blick auf die komplexen Austauschprozesse, die beide Quellengruppen verbinden: *Erstens* wurde ein erheblicher Anteil der hier untersuchten gedruckten Reiseberichte von (ehemaligen) Kompanieangestellten verfasst.[38] Willem Bosman beispielsweise, der als Oberkaufmann ein hohes Amt bei der WIC bekleidet hatte, publizierte nach seiner Rückkehr in die Niederlande 1704 die *Nauwkeurige Beschryving van de Guinese Goud-Tand en Slavekust.* Das Buch war wohl nicht zuletzt als Abrechnung mit seinen ehemaligen Kollegen gedacht.[39] Freilich verfassten nicht alle Kompanieangestellten Reiseberichte oder Tagebücher. Vielmehr findet sich unter den Kompanieangestellten, die sich als Autoren betätigten, ein überproportional hoher Anteil an Geistlichen und Ärzten.[40] Dies

---

verwiesen. Für die einschlägigen Bestände der BnF und der Archives Nationales in Paris existiert hingegen ein Führer; Chouin, Ecrits.

34 Vgl. aber Matthews, Materials.

35 Schück (Hrsg.), Kolonial-Politik; Jones (Hrsg.), Brandenburg Sources. – Für die Möglichkeit zur Einsichtnahme in die Materialien des geplanten zweiten Teils danke ich Adam Jones, Leipzig.

36 Justesen (Hrsg.), Danish Sources.

37 Law (Hrsg.), The English; ders. (Hrsg.), Correspondence; Makepeace (Hrsg.), Trade. Vgl. zudem Fisher (Bearb.), Extracts.

38 Zur Rolle der Kompanien im Wissenstransfer vgl. Huigen/Jong/Kolfin (Hrsg.) Companies.

39 Dantzig, Bosman's »Description«, S. 105f. Bosmans Bericht wurde zeitnah in mehrere Sprachen übersetzt und erlebte allein im Niederländischen fünf Auflagen. Siehe auch Willis, New Introduction.

40 Zu den Geistlichen unter den untersuchten Autoren zählen André de Faro, Godefroy Loyer, Wilhelm Johann Müller, Thomas Thompson, Hans Christian Monrad und Johannes Rask. Als Ärzte bzw. »Chirurgen« arbeiteten Andreas

lässt sich wohl in erster Linie auf den hohen Bildungsgrad dieser Personengruppen zurückführen, aber auch auf deren bessere Chancen, Zugang zum Buchmarkt zu finden. Auffällig ist der verhältnismäßig hohe Anteil an deutschsprachigen Veröffentlichungen, die meistens von Verfassern stammen, die in niederländischen oder dänischen Diensten standen und somit bei Rückkehr in die Heimat auch in gewisser Weise einer obrigkeitlichen Kontrolle entzogen waren.[41] Wie bereits für die Ostindienberichte konstatiert wurde, scheint sich auch hier der deutschsprachige Markt als besonders empfänglich für Erzählungen und Berichte aus fremden Erdteilen zu erweisen.[42] Die auf Deutsch verfassten Berichte wurden jedoch zeitgenössisch vergleichsweise selten übersetzt und damit kaum in den europaweiten Diskurs eingespeist. Auch in der jüngeren Forschung gerieten sie so erst wieder in den 1970er und 1980er Jahren durch neue wissenschaftliche Editionen mit englischer Übersetzung in den Blick.[43]

Zweitens kann man davon ausgehen, dass noch deutlich mehr Kompanieangestellte Reiseberichte lasen, als sie sie verfassten. Dies belegen einige Schlaglichter auf Buchbesitz und -benutzung: So findet sich etwa im Inventar des Prädikanten von Elmina im Jahr 1645 neben zahlreichen theologischen und geistlichen Werken das *Toortse der Zeevaert* von Dierck Ruiters,

---

Josua Ulsheimer, Samuel Brun, Paul Erdmann Isert, Thomas Winterbottom, John Atkins und Johann Peter Oettinger. Seltener betätigten sich Seeleute oder Soldaten als Autoren (obwohl diese das Gros der Kompanieangestellten bzw. allgemein der Europäer in Westafrika ausmachten); neben den genannten beiden Berufsgruppen finden sich v.a. solche Personen, die als Kaufmänner oder Handwerker angestellt waren, wie Pieter van den Broecke, Ludewig Ferdinand Rømer oder Willem Bosman. Zudem gibt es Berichte von einigen Schiffskapitänen bzw. -offizieren wie Nathaniel Uring oder William Snelgrave.

41 Aus dem deutschsprachigen Gebiet stammten Otto Friedrich von der Groeben, Samuel Brun, Paul Erdmann Isert, Wilhelm Johann Müller, Hans-Jacob zur Eich und Michael Hemmersam; zu Lebzeiten unveröffentlicht blieben die Berichte von Johann Peter Oettinger und Joachim Nettelbeck. Oettingers Bericht wurde im Zuge der wilhelminischen Kolonialprojekte 1886 von einem Nachfahren stark bearbeitet herausgegeben; eine wissenschaftliche Neuedition ist gegenwärtig in Vorbereitung. Siehe dazu Koslofsky/Zaugg, Oettinger.

42 Vgl. allgemein Brenner (Hrsg.), Reisebericht; zu den Besonderheiten des deutschen Reiseberichtsdiskurses vgl. auch Flüchter, Vielfalt, S. 34ff.

43 Eine Ausnahme stellen die *Schiffahrten* von Samuel Brun dar, die bei de Bry ins Lateinische übersetzt wurden; Brun, Schiffahrten (1624); lat. Ausgabe: *Appendix* (1625 [1624]). Sie wurden in der Folge u.a. bei Avity, *Description* (1638), S. 385 et pass., und Dapper, *Beschrijvinge* (1668), s. p. (*Aan den Lezer*), rezipiert. Auch Iserts Bericht von 1788 (siehe unten) wurde übersetzt, und zwar ins Französische (Isert, *Voyages* [1793 (1788)]).

eine Art nautisches und landeskundliches Kompendium.[44] Der niederländische Generaldirektor Jan Pieter Theodoor Huydecoper verfügte während seines Aufenthalts in Elmina Mitte des 18. Jahrhunderts über die *Nouvelle Relation d'Afrique Occidentale* von Jean-Baptiste Labat und die erwähnte *Beschryving* Bosmans, die in der Zwischenzeit zu einer Art Standardwerk avanciert war.[45] Ein halbes Jahrhundert zuvor, kurz nach seinem Erscheinen, hatte dieses Werk auch dem englischen General Dalby Thomas in Cape Coast vorgelegen. Thomas beschwerte sich 1705 bei seinen Vorgesetzten in London über die unglimpfliche Darstellung, die Bosman den Engländern an der Küste zuteilwerden ließ,[46] und warf ihm »Disingenuity Partiality & Malice ag[ainst] [the] English« vor. Er forderte weiteres Material an, um eine Gegendarstellung vorbereiten zu können, die aber offensichtlich nicht zustande kam.[47]

Reiseberichtsautoren, die ihr Werk publizierten, mussten also durchaus mit einem länderübergreifenden Publikum rechnen, das zum Teil auf Basis von eigenen Erfahrungen wie Meinungen Kritik und Qualitätskontrolle üben konnte. Der Rückgriff auf Berichte, die aus dem Kontext einer anderen Kompanie stammten, konnte zudem in Auseinandersetzungen besondere Relevanz erlangen, indem er einer Darstellung einen gewissen Anschein der Unabhängigkeit verlieh: So bezog sich etwa ein niederländisches Memorandum über das »Deensche Palabber«, einen 1776 ausgebrochenen Konflikt zwischen der niederländischen und der dänischen Kompanie, bewusst auf die Beschreibung, die ein ehemaliger Angestellter der dänischen und damit der gegnerischen Kompanie, Ludewig Ferdinand Rømer, verfasst hatte. Auf

---

44 Beilage J: Güterinventar 1645, in: Ratelband (Hrsg.), Dagregisters, S. 369; vgl. Ruiters, Toortse. (1623). – Ruiters arbeitete zeitweise für die WIC und versuchte offensichtlich, sich mithilfe seines Buchs bes. für eine Anstellung zu qualifizieren; vgl. Resolutien Heeren XIX, Eintrag vom 01.11.1623, Nationaal Archief, Den Haag (NA), OWIC 1.

45 Krabbendam, Reading, S. 40. Des Weiteren besaß Huydecoper einige Bände der Reiseberichtskollektion von van der Aa (ebd., S. 51).

46 Bosman polemisiert gegen die RAC insbes. im Kontext der kürzlich beendeten »Komenda Wars«; vgl. dazu Law, Wars. Law stellt allerdings fest, dass Bosmans Bericht nicht allein die Engländer in ein schlechtes Licht rückt, sondern auch die beiden Generaldirektoren der WIC, unter denen er selbst gedient hatte, »whom he blamed, in implicit self-exculpation, for the mishandling of the situation at Komenda« (ebd., S. 135).

47 Briefe von Dalby Thomas an die RAC vom 29.08.1705, 29.01. & 01.03.1706 (abstract), TNA, T 70/5.

diese Weise ließ sich der eigene Anspruch – in diesem Fall auf Handelsrechte im Voltagebiet – quasi unparteiisch belegen.[48]

Wichtiger noch als die Unterteilung in gedrucktes und archivalisches Material ist die Differenzierung innerhalb dieser Großgruppen: Die Kompanieüberlieferung allein enthält bereits vielfältiges und unterschiedlich geartetes Quellenmaterial. Memoranden für den internen Gebrauch und Korrespondenzen etwa zwischen Faktoren in den Außenforts und dem Hauptquartier oder aber zwischen Generaldirektoren und Vorgesetzten in der Heimat verfolgen andere Interessen und unterliegen anderen *causis scribendi* als Schriftwechsel mit externen Korrespondenzpartnern, insbesondere solchen mit Kontrahenten im Konfliktfall. Auch normative Quellen wie etwa Verträge, Oktrois oder Erlasse bringen wiederum eigene Interpretationsprobleme mit sich; dabei ist besonders auch die Überlieferungs- bzw. Tradierungsgeschichte innerhalb der Kompaniearchive zu berücksichtigen.

Beim gedruckten Material sind ebenfalls unterschiedliche Gattungen zu unterscheiden, die etwa deutlich hinsichtlich ihrer autobiografischen Anteile und ihres systematischen Anspruchs differieren. So gibt es Reiseberichte klassischen Zuschnitts, die, teils an Journal- bzw. Tagebuchform angelehnt, die Reise bzw. den Verlauf des Aufenthalts des Verfassers ins Zentrum rücken.[49] Gerade Quellen aus dem 16. und 17. Jahrhundert, die diesem Typus zuzuordnen sind, zeichnen sich durch religiöse Bezüge aus und sind oft in einem lokalen Bezugsrahmen veröffentlicht.[50] Die *Relation des Costes d'Afrique* (1669) von Nicolas Villault, Sieur de Bellefond, zum Beispiel weist zwar auch einen deskriptiven Teil auf, ist aber strukturell am Reiseverlauf orientiert, bis hin zu einer seitenlangen Auflistung der nautischen Details.[51] Während die Überschriften einen systematischen Zugriff über die Geografie suggerieren, bildet die Grundstruktur weiterhin eine Art Tagebuch.

Dem gegenüber stehen Berichte, deren Aufbau stärker durch systematisierend-beschreibende Zugriffe bestimmt ist und in denen die autobio-

---

48 Memorie Instructyf weegens de differenten tusschen de Hollandsche en Deensche natien in den Jaare 1776 op de Kust van Guinea ontstaan, 1780, NA, VWIS 876, S. 7f. (mit neuerlicher Autoritätsbekräftigung S. 20 et pass.). Zitiert wird nicht die dänische Originalausgabe von 1760, sondern die hochdeutsche Übersetzung; Rømer, *Nachrichten* (1769 [1760]), Kap. 5, S. 275 [nicht: S. 274]. Verwiesen wird des Weiteren auf Bosmans *Beschryving* von 1704 (Memorie, S. 10f. und S. 18) und auf John Barbot aus der niederländischen Bearbeitung von Prévosts *Histoire générale des voyages* ([Prévost], *Beschryving* [1747–1767]); ebd., S. 29.

49 Vgl. zum Verhältnis von Reisebericht und Tagebuch Barend-van Haeften, Scheepsjournaal.

50 So z. B. der frühe Bericht von Brun, Schiffahrten (1624), der sowohl einen starken lokalen Bezug als auch eine entsprechende religiöse Aufladung aufweist.

51 Villault, *Relation* (1669), z. B. S. 26ff. Vgl. auch Moraes/Thilmans, Villault.

grafische Erlebnisschilderung zum Teil vollständig zurücktritt: So ist etwa Wilhelm Johann Müllers Bericht von 1676, wie sein Titel *Die Africanische Auf Der Guineischen Gold-Cust gelegene Landschafft FETU* bereits andeutet, keine Reiseerzählung, sondern in erster Linie eine umfassende Beschreibung eines einzelnen Gemeinwesens an der Goldküste.[52] Am Anfang findet sich eine landeskundliche Einordnung, dann werden nacheinander die Religion – oder vielmehr »die Fetuische Abgötterey, Aber- und Unglauben« –, die politische Ordnung, der »Haus-Stand« und schließlich – durchaus passend, wenn auch etwas aus der Systematik herausfallend – das »Ende des Lebens« abgehandelt. Die Erzählstruktur ist gekennzeichnet durch allgemeine Ausführungen, bei denen der Verfasser allenfalls durch gelegentliche moralische Verdikte und eingeflochtene anekdotische Episoden präsent ist. Letztere fungieren als Exempla und stützen mit der Konstruktion von Augenzeugenschaft zugleich auch Authentizitätsansprüche.

Kaum ein Bericht lässt sich dem Typus entweder der Reise- und Erlebniserzählung oder aber der beschreibenden Darstellung in Reinform zuordnen; die herausgegriffenen Beispiele gehören bereits zu den extremen Fällen. Die Mehrheit der Texte changiert zwischen diesen beiden Polen.[53] Keinem der beiden Typen ist etwa eine größere Authentizität zuzuweisen. Selbst der scheinbar brave Tagebuchschreiber Villault, der seine Leser über jeden Wetterwechsel informiert und so den Eindruck großer Unmittelbarkeit erweckt, erweist sich an verschiedenen Stellen als »Plagiator« des älteren niederländischen Berichts von Pieter de Marees (1602).[54]

Eine Spezialform stellt der Briefbericht dar, der besonders im 18. Jahrhundert große Popularität genoss.[55] Er fingiert eine persönliche Kommunikationssituation und scheint so in besonderem Maße als authentisch ausgewiesen. So ist etwa die bereits mehrfach erwähnte *Beschryving* von Bosman (1704) in Form von Briefen an einen Freund verfasst. Angesichts der Systematik, die der Zusammenstellung zugrunde liegt – die Briefe schreiten die

---

52 Müller, Landschafft (1676 [1673]).

53 Siehe zu dieser typologischen Gegenüberstellung auch Harbsmeier, Worlds, S. 37 f., und Neuber, Fremde Welt, bes. S. 96 ff., der von dem Begriffspaar *narratio/descriptio* ausgeht. Vgl. zudem am Beispiel verschiedener Reiseberichte zum Osmanischen Reich Höfert, Feind, S. 262–312. Höfert gibt neben der »Itinerarstruktur« und dem »ethnographischen Ordnungsmuster« »freie Ketten von *convenientia* und *aemulatio*« als drittes Strukturprinzip an (S. 266–273).

54 Jones, Quellenproblematik, S. 38 und S. 47.

55 Zur Individualisierung der Briefkultur in Norm und Realität seit dem späten 17. Jhdt. vgl. einführend Erwentraut, Briefkultur, S. 283 ff. Vgl. auch zu spezifischen Brieftypen Ditz, Ventures; Dekker, Briefe und bes. zur Frage des Vertrauens in der Fernhandelskorrespondenz Zijlstra, Trust.

Küste geografisch geordnet von West nach Ost ab und weisen wiederkehrende Strukturelemente auf –, ist jedoch die Fiktionalität dieser Kommunikationssituation relativ offenkundig. Etwas anders sieht es bei dem Briefbericht aus, den Paul Erdmann Isert, ein in Angermünde geborener Arzt in dänischen Diensten, 1788 veröffentlichte.[56] Iserts Text ist deutlich weniger systematisierend angelegt und enthält zahlreiche autobiografische Passagen, die zum Teil in stark gefühlsbetonte Schilderungen übergehen, etwa von der Nacht, die der Verfasser, in seiner Hängematte zwischen zwei Palmen aufgehängt, unfreiwillig im afrikanischen Urwald verbrachte.[57] Dies sollte man freilich nicht als Indiz für eine besonders hohe Authentizität dieser Briefe missverstehen, die an anonyme Freunde gerichtet sind. Dennoch lässt ein Vergleich der Texte Iserts und Bosmans deutlich werden, wie unterschiedlich auch das Genre des Briefberichts gestaltet sein konnte.

2.3 Zum Begriffsinstrumentarium: Interkulturalität – Transkulturalität

Die Begriffe der Inter- und Transkulturalität stellen ein wichtiges Instrumentarium für die hier vorgenommene Analyse dar: Ich untersuche interkulturelle Konstellationen und frage nach Transkulturationsprozessen,[58] nach transkulturellen Phänomenen in einer verflochtenen Geschichte. Die beiden Termini werden also als zwei distinkte Begriffe verwendet, um analytische Unterscheidungen zu treffen.[59] Der Begriff »interkulturell« beschreibt dabei bestimmte Konstellationen, in die Elemente verschiedener Kulturen involviert sind. Die Bezeichnung »transkulturell« ist dagegen solchen Prozessen und Phänomenen vorbehalten, in denen kulturelle Grenzen dahin gehend überschritten werden, dass etwas Neues entsteht, das weder der einen noch der anderen Kultur gänzlich zuzurechnen ist.[60] Die westafrika-

---

56 Isert, *Reise* (1788). – Zur Biografie vgl. auch die Einleitung der Hrsg. in der englischen Übersetzung: Letters (1788).

57 Ebd., S. 29.

58 Der Begriff »Transkulturation« wurde von Fernando Ortiz als Neologismus geprägt, um den Terminus »Akkulturation« abzulösen. Ortiz verwendet ihn in seiner Studie zur Plantagenkultur auf Kuba und dem Leben afrikanischer Sklaven in der Neuen Welt; Ortiz, Counterpoint, v.a. S. 97–103. Grundsätzlich ist der von Ortiz bemühte Vergleich von Lernprozessen gegenüber fremden Kulturen mit jenen im Kindesalter problematisch, werden damit doch unterliegend biologistische Konstanten suggeriert. Ein Versuch, Ortiz' Ansatz für die Geschichte Westafrikas fruchtbar zu machen, bei Jones (Hrsg.), Transculturation.

59 Angelehnt an Flüchter, Vielfalt, S. 124f.; siehe auch dies., Grußpraktiken.

60 Bei Osterhammel bezeichnet »transkulturell« hingegen tendenziell die kulturübergreifenden Probleme der Menschheit (Osterhammel, Geschichtswissen-

nische Gold- und Sklavenküste ist, folgt man Mary Louise Pratt, eine klassische »Kontaktzone«, in der solche Transkulturationsprozesse zu vermuten sind.[61] Allerdings folgen aus einer interkulturellen Konstellation nicht notwendigerweise Transkulturationsprozesse. Es gibt – auch wenn das Bitterli'sche Schema von Formen der »Kulturbegegnung« zu starr erscheinen mag[62] – doch unterschiedliche Weisen, mit kultureller Vielfalt umzugehen. Interkulturelle Situationen bleiben selten folgenlos, die Folgen, die sie haben, bestehen aber nicht immer, überall und ausschließlich in transkulturellen oder hybriden Phänomenen. Sie können vielmehr auch zu Segregationen und Abwertungen, zu Verdrängung und Auslöschung führen. Diese Phänomene können allerdings ihrerseits wiederum entgegen allen Homogenitätsnarrativen mit Transkulturationsprozessen verknüpft sein.[63]

Das Hauptproblem bei dieser Definition ist damit bislang noch ausgeklammert worden: Was ist eigentlich unter Kultur zu verstehen? Wie sind die Kulturen zu unterscheiden, die in eine interkulturelle Situation involviert sind? Viele der Ansätze auf dem Feld von Interkulturalität, Hybridität und Verflechtung sind aus dem Geist der Polemik entstanden und zielen in erster Linie – und mit guten Gründen – auf die Dekonstruktion eines homogenen Kulturbegriffs, auch »Containerbegriff« genannt. Das Feindbild ist dabei klar definiert, der eigene Gegenentwurf bleibt jedoch leider – wie so oft – unscharf.[64]

Die vorliegende Arbeit ist einem kulturgeschichtlichen Ansatz verpflichtet und steht daher einem semiotischen und interaktionistischen Kulturverständnis nahe. Ein solches aber auf Fragen der Interkulturalität zu übertragen, erweist sich als nicht ganz einfach. Dies ist nicht zuletzt darin begrün-

---

schaft, bes. S. 45), allerdings spricht Osterhammel an einer Stelle auch von »kosmopolitischen Phänomenen« wie Synkretismen, Zwischenhändlern, internationalen Berufsrevolutionären etc., die »ihrer Natur nach transkulturell« seien (ebd., S. 39f.).

61 Pratt, Eyes, zum Begriff S. 4–7. – Transkulturationsprozesse sind häufig hochgradig lokalisiert und müssen daher sorgfältig kontextualisiert werden, dazu auch Brauner, Schlüssel, S. 217f.

62 Bitterli, ›Wilden‹, Kap. 2.

63 Solche Überlegungen auch bei Osterhammel, Grenzen, der zugleich auch eine Weiterentwicklung der Bitterli'schen Typologie betreibt.

64 Siehe z.B. Welsch, Was ist eigentlich Transkulturalität?, und ders., Transkulturalität. Welsch ist in der deutschen Forschungsdiskussion durchaus einflussreich, rezipiert u.a. bei Borgolte, Migration, S. 265f., oder auch bei Ulbrich/Medick/Schaser, Perspektiven, S. 15f. und S. 18. Ebenso als Stichwortgeber im Art. »Transkulturalität«, in: Barmeyer, Taschenlexikon, S. 167f. – Zentrale Probleme bei der Begriffsbildung kommen u.a. in einem Interview mit Monica Juneja zur Sprache: [Juneja], Gespräch.

det, dass die Erkenntnisinteressen, die Vertreter eines solchen Kulturverständnisses verfolgen, sich größtenteils auf ›binnenkulturelle‹ Fragen richten. Ein semiotischer Kulturbegriff, wie etwa derjenige von Clifford Geertz, der unter Historikern recht populär ist, tendiert zu einer statischen Perspektive auf Kultur und zur Darstellung von Individuen als monokulturell, wenn nicht gar als gefangen in einem Bedeutungssystem, das gegenüber anderen Bedeutungssystemen letztlich inkommensurabel erscheint. Geertz wirft einen funktionalistischen Blick auf eine Kultur, deren Zusammenhänge er im Ganzen verstehen will.[65] Auch interaktionistische Kulturbegriffe beziehen sich ebenfalls eher auf Mikrostudien innerhalb einer Kultur, als dass ihre Vertreter nach kulturellen Grenzen fragen.[66] Anders als das semiotische Konzept weisen sie aber ein stärkeres Interesse an Veränderung und Dynamik von Interaktionssituationen auf.

Wenn hier kultureller Wandel an den ›Grenzen‹ von Kulturen ins Zentrum gerückt wird, verfolge ich also ein anderes Erkenntnisinteresse als die genannten Ansätze. Mit einem semiotischen Kulturverständnis teile ich aber auf jeden Fall den umfassenden, auf Sinnstiftung abzielenden Kulturbegriff (Kultur also nicht etwa im Sinne von Hochkultur), mit einem interaktionistischen den Fokus auf das Akteurshandeln.

Mein Definitionsvorschlag beansprucht daher keine sonderliche Innovativität, sondern stellt eher eine Rekombination von zwei hergebrachten Elementen dar: Kultur ist 1. ein Gefüge von Praktiken, Wissensordnungen wie geteilten Codes[67] und 2. situativ als Identifikationsmuster aktivierbar. Anders formuliert: Kulturelle Grenzen liegen dort, wo Fremdheitserfahrungen gemacht, mindestens aber konstruiert werden können. Durch die Einbeziehung eines analytischen Elements (1.) kann diese Definition durchaus mit der Grundannahme der *postcolonial studies*, jede Kultur sei transkulturell,[68] verbunden werden. Die Einführung einer Teilnehmerperspek-

---

65 Vgl. etwa GEERTZ, Interpretation.

66 Dies gilt in erster Linie für die Arbeiten Erving Goffmans, weniger für jene Frederik Barths, der u.a. eine einflussreiche Studie zu »ethnischen Gruppen« und Grenzziehungsprozessen vorgelegt hat; vgl. GOFFMAN, Interaktionsrituale; DERS., Theater; und dagegen BARTH, Groups.

67 Michael Borgoltes Aussage, bei »Kultur« handele es sich »stets nur um eine gedachte Größe, die ontologisch nicht missverstanden, mit wirklich Bestehendem nicht verwechselt werden darf«, ist wohl in erster Linie auf die Frage der *Einheit* von Kulturen zu beziehen; BORGOLTE, Mittelalter, S. 41.

68 BHABHA, Location; siehe auch WELSCH, Was ist eigentlich Transkulturalität?, S. 50. Dies ist jedoch eher eine ontologische Annahme oder These denn ein heuristisches Konzept, was aber häufig miteinander verwechselt wird; problematisiert allerdings u.a. auch von BORGOLTE, Mittelalter, S. 43, Anm. 34.

tive und der Rekurs auf Selbstbeschreibungen der Akteure (2.)[69] machen sie aber zugleich handhab- wie konkretisierbar und öffnen sie für die Erfahrung distinkter Kulturen, die durchaus quer zur analytischen Feststellung von Transfers und Hybridität liegen kann. Der Bezug auf die *Situativität* von Identifikationsmustern legt zudem nahe, dass ein Mensch verschiedenen Kulturen zugehörig sein kann, ja vielleicht sogar im Regelfall verschiedenen Kulturen zugehörig ist.

Exemplarisch sei dies an einer Materie verdeutlicht, die üblicherweise als Beispiel im Rahmen von »Monokultur«-Konzepten wie jenem von Samuel P. Huntington herhalten muss.[70] An ihr lässt sich daher umso besser zeigen, wie mit der vorgeschlagenen Kulturdefinition Verflechtungen, Komplexität und Dynamik erfasst werden können: Das frühneuzeitliche Christentum weist, analytisch betrachtet, ein geteiltes Gefüge an Praktiken (beispielsweise Übergangsritualen, Gebetspraktiken), Wissensordnungen (etwa in Form von kanonischen Texten, Theologien als Sachwalterinnen der Auslegungspraxis) und Codes (zum Beispiel Biblizismus) auf. Allerdings ist diese Einheit eben eine Perspektivfrage – gerade etwa in Bezug auf die Übergangsrituale war das frühneuzeitliche Christentum in sich gespalten, wie sich vielleicht am deutlichsten in den Kontroversen um das Abendmahl zeigt. Diese Differenzen hatten für das Leben vieler Christen deutlich größere Relevanz als das gemeinsame »Christsein«. Das frühneuzeitliche Christentum wies aber nicht nur interne Differenzen auf, sondern war zugleich hybrid bzw. an sich transkulturell. So speisten antike Traditionen Ethik und politische Theorie, von den jüdisch-nahöstlichen Ursprüngen der christlichen Lehre ganz zu schweigen.

Außerdem war ein frühneuzeitlicher Christ niemals nur Christ. Sobald etwa ein portugiesischer Jesuit in der Neuen Welt nicht auf einen Tupinamba, sondern auf einen niederländischen Seemann traf, dürfte sich rasch

---

69 Es wäre theoretisch denkbar, eine Kulturdefinition auch allein akteurszentriert und mikrohistorisch zu fassen. Dies birgt jedoch, wie Osterhammel konstatiert hat, gewisse technische Probleme: Der Ansatz, »jeweils nach den Selbstbeschreibungen und Identitätsaussagen der Subjekte zu fragen«, habe zwar mehr für sich als eine objektivistische kulturelle Kartografierung des Globus, liefere aber nicht unbedingt klare Ergebnisse; Osterhammel, Vielfalt, S. 62. Ohnehin scheint es schwierig bis unmöglich, für jede einzelne Situation und für jeden einzelnen Akteur Selbstbeschreibungen zu rekonstruieren. – Aus gänzlich anderer Perspektive räumt Stefanie Rathje der (Situations-)Interpretation von Akteuren einen hohen Stellenwert für interkuturelle Kontexte ein; vgl. Rathje, Kompetenz, S. 11 und S. 14.

70 Huntington, Kampf, dort zur »Christenheit« als »eigener Kultur« S. 65 ff., zum Kultur- und Zivilisationsbegriff S. 49–57.

der Fokus vom geteilten »Christsein« auf konfessionelle oder nationale[71] Differenzen verlagert haben; allein die Wahl der Sprache für eine Konversation dürfte einige Anstrengungen erfordert haben. Sobald der Jesuit wiederum seiner Gemeinde die Beichte abnahm und dabei mit neuen Phänomenen der Laienfrömmigkeit konfrontiert wurde, spielte es vermutlich eine weitaus größere Rolle, dass er dem Klerus angehörte und so möglicherweise der Kultur der Laien mit ding-magischen Elementen mehr oder weniger verständnislos gegenüberstand.

Mithilfe eines solchen weiten Kulturbegriffs lässt sich der Blick auf Inter- und Transkulturalität weniger als fest umrissener Gegenstandsbereich denn als Perspektive verstehen. Transkulturalität ist zwar weiterhin besonders in Kontaktzonen zu Hause, diese finden sich aber nicht mehr allein in Hafenstädten und an der kolonialen *frontier*, sondern auch auf Märkten, in Gasthäusern, in bikonfessionellen Reichsstädten, auf niederländischen Handelsschiffen und bei Visitationen. »Kulturen« sind in diesem Verständnis von unterschiedlicher Größenordnung und durchaus auf verschiedenen Ebenen angesiedelt. Anschaulich formuliert: Auch die Begegnung zwischen einer hochadeligen rheinischen Prinzessin und einem westfälischen Leibeigenen kann eine interkulturelle Situation darstellen, in der Transkulturationsprozesse möglich sind. Etwa ließen sich Transferprozesse, die früher unter dem Stichwort »gesunkenes Kulturgut« verhandelt wurden, im Sinne der skizzierten Transkulturalitätsdefinition untersuchen, zum Beispiel die Expansion von Benimmregeln oder die Erfindung und Verbreitung des bürgerlichen Weihnachtsfests. In der anderen Richtung sind, bleibt man bei der Prinzessin und dem Leibeigenen, Beispiele schwerer aufzuspüren, aber sicherlich ebenfalls vorhanden. Zu diskutieren, wiewohl nicht unproblematisch, wären etwa Phänomene wie Wirtschaften und Bauernhochzeiten, die in der Frühen Neuzeit als höfische *divertissements* beliebt waren.[72] In der hier vorgeschlagenen Perspektive sind sie zusammenzudenken mit vergleichba-

71 Wenn hier und im Folgenden von »national« bzw. »Nation« die Rede ist, so ist dies nicht im Sinne der Begrifflichkeit des 19. Jhdts. zu verstehen. In der Frühen Neuzeit fungierten Bezüge auf das »Nationale« noch nicht als primordiale oder gar exklusive Zugehörigkeitsmarker, ebenso wies die wie auch immer imaginierte »Nation« noch keine Organisationsstruktur auf, die jener des modernen Nationalstaats gleichgekommen wäre. Dennoch spielten als »national« konstruierte Differenzen durchaus eine bedeutsame Rolle, gerade auch im Rahmen der europäischen Expansion. Zu Vorstellungen von Nation und Nationalität in der Zeit vor 1800 vgl. u.a. BURKE, Nationalisms; LEERSSEN, Thought; HARDTWIG, Elitebewusstsein; STAUBER, Nationalismus.

72 Vgl. etwa (wenn auch mit anderem Fokus) SCHNITZER, Königreiche, bes. S. 328f., und BREDNICH, Volkswelt.

ren Phänomenen, die aus einer anderen interkulturellen Konstellation resultieren, etwa den Moden des Orientalismus.

Zur näheren Definition von Kultur ist jedoch noch eine weitere Spezifizierung sinnvoll, und zwar in Anlehnung an Andreas Reckwitz. Eine Kultur besteht ihm zufolge nicht aus irgendwelchen sozialen Praktiken und Wissensordnungen, sondern aus solchen, die die »Lebensführung« anleiten und bestimmen.[73] Dies scheint sinnvoll, um eine gewisse Trennschärfe zu wahren und nicht sämtliche Phänomene von Gruppenidentitäten als Kulturen reklamieren zu müssen.

Weiterhin scheint es notwendig, heuristische Unterscheidungen innerhalb des großen Feldes transkultureller Phänomene zu treffen. Es bestehen unübersehbare Unterschiede etwa zwischen der höfischen Turquerie, die einen Beistelltisch eines Provinzschlosses schmückt, und der Bluteidzeremonie bei Friedensverträgen zwischen jamaikanischen *maroons* und der britischen Regierung.[74] Es soll hier jedoch keine neue Typologie entworfen werden, mir geht es eher um einen methodischen Punkt: Wer über Transkulturalität forscht, muss stets sorgfältig kontextualisieren, sowohl im Hinblick auf Akteursperzeptionen als auch auf Machtkonstellationen. Es ergibt sich eine andere Spielart und andere Bedeutung von Transkulturalität, wenn es sich um den Transfer eines einzelnen Objektes (etwa eines Akan-Schwerts, wie es Rembrandt in sein Portrait des Apostels Paulus integrierte)[75] handelt, als wenn es um das langfristige Zusammenleben von Menschen geht, die sich als Angehörige unterschiedlicher kultureller Gruppen definieren, und die Familienstrategien, die sich dabei etwa durch die Verbindung verschiedener Erbrechtsordnungen eröffnen.[76]

Wiewohl in dieser Arbeit immer wieder klare Grenzziehungen hinterfragt und dekonstruiert werden, operiere ich dennoch mit dem Begriffspaar europäisch/afrikanisch. Dies stellt einerseits eine notwendige sprachliche Vereinfachung dar. Andererseits geht es um mehr als eine rein analytische Unterscheidung, da diese Gegenüberstellung durchaus ihre Entsprechung in der historischen Wirklichkeit findet, und zwar in dem Sinne, dass sie für die Akteure eine konstitutive Rolle bei der Konstruktion von Identitäten und Alteritäten spielte. In diesem Sinne stellt sie den Ausgangspunkt für eine Untersuchung von Transkulturationsprozessen dar.

---

73 Reckwitz, Multikulturalismustheorien, u.a. S. 190.

74 Zu Letzterem Bilby, Swearing.

75 Rembrandt Harmensz. van Rijn, Der Apostel Paulus im Nachdenken, um 1629/30, Öl auf Leinwand, 47,2 × 38,6 cm, Nürnberg, Germanisches Nationalmuseum, Inv.-Nr. Gm392; dazu Bassani, African Art, S. xxxiv und no. 534, S. 169.

76 Dazu die Arbeiten von Natalie Everts und Michel Doortmont; siehe unten, Anm. 140.

3. Grundkonstruktion: Raum und Zeit

3.1 Der Raum

Grundsätzlich definiert sich der geografische Großraum, dem sich diese Arbeit zuwendet, über das afrikanische Oktroigebiet der untersuchten Handelskompanien: Die englischen Afrikakompanien beanspruchten beispielsweise Handelsmonopole für »Guinney and Binney«[77] und damit in etwa für das Küstengebiet zwischen dem Kap Blanc (heutige arabische Bezeichnung: Ras Nouadhibou) im heutigen Mauretanien und dem Golf von Guinea, mit dem im heutigen Gabun gelegenen Kap Lopez im Süden. Für intensivere Analysen beschränke ich mich auf ein ausgewähltes Teilgebiet dieses Großraums, wie im Weiteren erläutert.

Die überragende Bedeutung, die der Handel in der Wahrnehmung und in den Beziehungen zu dieser Region spielte, manifestiert sich bereits in den geografischen Termini, die Europäer verwendeten: Ganz im Norden, in Senegambien, fand sich die »Gummiküste«, wo man Handel mit lokalen, oft muslimischen Gruppen wie den Trarza betrieb.[78] Im Bereich des heutigen Liberias lag die »Pfefferküste« (auch »Körner-« oder »Malaguettaküste« genannt). Bekannter ist wohl die »Elfenbeinküste« (auch »Zahnküste«), die sich in dem Namen des heutigen Staats »Côte d'Ivoire« wiederfindet.[79] An die Elfenbeinküste schließt sich in der Gegend von Assini die »Goldküste« an, die in etwa der Küstenlinie des heutigen Ghanas entspricht. Auf die Goldküste folgt wiederum weiter im Osten die »Sklavenküste« im Bereich des heutigen Bénins und westlichen Nigerias. Im Gegensatz zu den Regionen ganz im Norden gehören die Elfenbein-, Gold- und Sklavenküste zur Regenwaldzone, die Wälder reichten zum Teil bis an die Küste heran.

Die Angestellten der niederländischen Kompanie etwa hatten so mit ganz gegensätzlichen Umweltbedingungen zu kämpfen, je nachdem, ob sie ganz im Norden im Fort Arguin (heutiges Mauretanien) oder aber im

---

77 Charter für die Company of Royal Adventurers, 18.12.1660 (12 Car II 21), in: Carr (Hrsg.), Charters, S. 172–177, hier: S. 172.

78 Vgl. Webb, Desert Frontier.

79 Laut Pieter de Marees erstreckte sie sich vom Kap Palmas bis zum Cape Three Points; Marees, Beschryvinge (1602), S. 14f.; andere Autoren lassen sie bereits bei Assini enden. Sie wird auch »Quaquaküste« genannt, nach dem Begrüßungsruf der Einwohner, so z.B. Phillips, *Journal* (1732), S. 197.

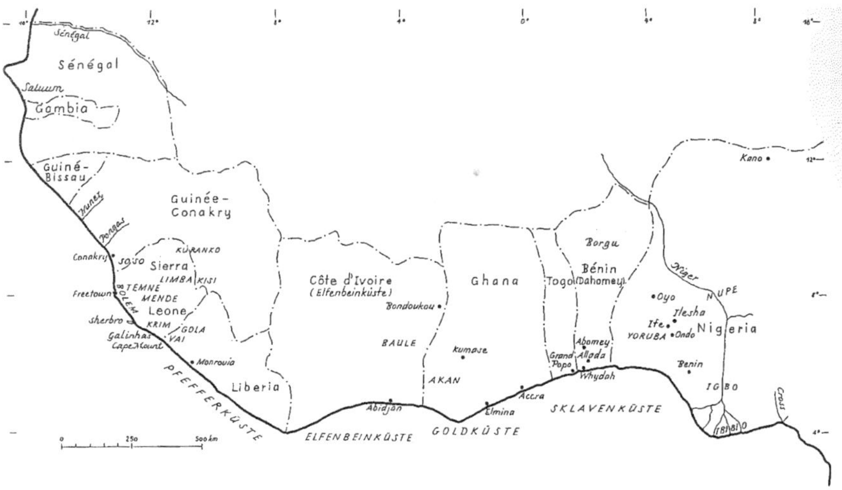

Abb. 1: Karte Westafrikas [entnommen aus: JONES, Quellenproblematik, S. 18]

Fort St. Anthony zu Axim an der Goldküste stationiert waren.[80] In ganz Westafrika ist das Klima durch periodische Regenzeiten geprägt, die jedoch unterschiedlich lang und intensiv ausfallen.[81] Klima und Krankheiten (insbesondere Malaria und Gelbfieber) trugen dazu bei, dass Westafrika als »white man's grave« bekannt wurde – und es war neben der militärischen Stärke westafrikanischer Heere auch diese hohe Sterblichkeit, die mit zu einer späten Kolonisation der Region (gegen Ende des 19. Jahrhunderts) geführt hat.[82]

Der geografische Fokus der Arbeit liegt auf der Gold- und der Sklavenküste, er wird allerdings gelegentlich ausgeweitet (so etwa in der Fallstudie in Teil IV). Diese Region weist eine einzigartige Konzentration afrikanischer Gruppen und Gemeinwesen auf der einen Seite und europäischer Niederlassungen verschiedener Nationen auf der anderen Seite auf. Zugleich werden

80 Vgl. zu Klima und Vegetation den Überblick bei WEBB, Ecology. Siehe auch MABOGUNJE, Land, dort auch eine Vegetationskarte (S. 4), und HOPKINS, Economic History, S. 11 ff. Zum Zusammenhang zwischen (Sklaven)Handel und klimatischen wie ökologischen Bedingungen vgl. BEHRENDT, Ecology.

81 BROOKS, Eurafricans, S. 2 f., und BEHRENDT, Ecology.

82 CURTIN, Image, S. 177–197 (in Bezug auf das späte 18. und 19. Jhdt.), zur früheren Zeit kurz auch DERS., Rise, S. 38 ff. Bereits zeitgenössisch wurde zudem über falsche Ernährung, v. a. aber über Alkoholismus als weitere Ursachen für die hohe Todesrate unter den Europäern an der Küste reflektiert. SHARKEY, Colonial States, S. 153, betont die Bedeutung technologischen Fortschritts in Medizin und Militär für den »neuen Imperialismus« im späten 19. Jhdt.

Gold- und Sklavenküste trotz ihrer Nachbarschaft in der Forschung häufig als gegensätzlich verstanden – während die Goldküste als politisch stark fragmentiert gilt und dadurch mehr Einflusschancen für die europäischen Akteure geboten zu haben scheint, werden die Königreiche an der Sklavenküste als stärker zentralisiert charakterisiert und erscheinen um die Wahrung herrscherlicher Vorrechte und Autonomie bemüht. Beispielsweise untersagten die Herrscher von Allada und Ouidah im Gegensatz zu ihren Amtskollegen an der Goldküste den europäischen Kompanien, steinerne Forts zu errichten; die Kompanien mussten sich stattdessen mit einfachen Häusern nach landesüblicher Bauart begnügen.[83] Auf diese Weise können Gold- und Sklavenküste punktuell kontrastiv miteinander verglichen werden.

3.2 Die Zeit

Zeitlich konzentriere ich mich mit dem 17. und 18. Jahrhundert auf die Hochzeit europäischer Konkurrenz und damit auch jene Zeit, in der Handelskompanien die Hauptträger diplomatischer Aktivitäten auf europäischer Seite waren. Zugleich gilt diese Zeit als entscheidende Epoche in der Formierung von Völkerrecht und Gesandtschaftswesen innerhalb Europas.[84] Die Zeit des portugiesischen »Kronkapitalismus«, d.h. in etwa die Zeit zwischen dem späten 15. und dem frühen 17. Jahrhundert, klammere ich hingegen weitgehend aus, und dies aus zwei Gründen: Zum einen provozierte gerade die Konkurrenz verschiedener europäischer Mächte, wie sie ab ca. 1600 zunehmend einsetzte, verstärkt diplomatische Aktivitäten, wie sie hier im Zentrum stehen sollen; zum anderen ist die Organisationsform in dieser Zeit eine andere.[85]

Als erste herrscherlich oktroyierte Kompanie im Westafrikahandel wurde die niederländische Westindische Compagnie (WIC) 1621 gegründet, am längsten, bis 1821, hatte die englische Company of Merchants Trading to Africa (CMA) Bestand, die allerdings bereits mehr eine Verwaltungsinstitution denn eine aktiv am Handel beteiligte Kompanie war. Der Großteil der Kompanien wurde bereits um 1800 aufgelöst und die westafrikanischen

---

83 Vgl. Daaku, Trade, bes. Kap. IV; Law, ›No Resisting‹, mit einigen Differenzierungen.

84 Siehe u.a. Malettke, Hegemonie; Duchhardt, Balance; Grewe, Epochen; Steiger, International Law.

85 Für die portugiesische Zeit ist v.a. auf die Studien von Ivana Elbl zu verweisen: Elbl, Trade; dies., Group Identities. Vgl. zudem Vogt, Portuguese Rule, und Ballong-Wen-Mewuda, São Jorge da Mina. Weitere Literatur unten, Abs. 4.2 dieser Einleitung.

Stützpunkte gingen in staatliche oder aber privatwirtschaftliche Verwaltung über.

Für die zeitliche Eingrenzung (so offen die Ränder auch gestaltet werden) sprechen zwei weitere Gründe: Zum einen fällt der gewählte Zeitraum auch mit der Hochzeit des Sklavenhandels in der Region zusammen: Der Aufstieg des »plantation complex« und damit zugleich des transatlantischen Sklavenhandels vollzog sich im Laufe des 17. Jahrhunderts,[86] wobei die Zeit um 1650 quantitativ einen Wendepunkt darstellt. Zu Beginn des 19. Jahrhunderts endete der Sklavenhandel in vielen Ländern als offiziell betriebenes Geschäft, wenn auch nicht als nunmehr illegale Praxis. Im Hinblick auf diese wirtschaftliche Umstrukturierung des Außenhandels Westafrikas ist die Zeit um 1800 und die erste Hälfte des 19. Jahrhunderts bereits vielfach als Transformationsepoche beschrieben worden, als Zeit des Übergangs zum sogenannten »legitimate commerce« mit – mehr oder weniger – weitreichenden sozialen Folgen.[87]

Zum anderen lässt sich die Zeit zwischen dem 15. und dem 18. Jahrhundert als eigenständige Epoche europäisch-afrikanischer Beziehungen werten, denn hier dominierten Handel und Diplomatie und die europäische Präsenz blieb weitgehend auf die Küstenregionen Westafrikas beschränkt. Um 1800 begann sich das Gewicht in den Beziehungen in Richtung Kolonialismus zu verschieben, zunächst im europäischen Diskurs, später auch in den Machtverhältnissen vor Ort. Die Diskussion um eine »Zivilisierung« Afrikas kam auf, erste Pläne zur Erschließung des inneren Afrikas wurden entworfen.[88] Diese traten oft im Gewande der wissenschaftlichen Forschungsreise auf, als Suche nach den berüchtigten »weißen Flecken« auf den Landkarten, und dienten doch vielfach wirtschaftlichen und politischen Zielen und Interessen.[89] Damit einher ging die Etablierung von Denkkategorien, die zunehmend auf den Kategorien rassischer Differenz basierten.[90] Die Zeit um 1800 stellt also auch in politischer und ideengeschichtlicher Hinsicht einen Wendepunkt dar.

86 Siehe zu den strukturellen Zusammenhängen weiterhin Curtin, Rise.

87 Siehe u.a. Law/Strickrodt (Hrsg.), Transition.

88 Coquery-Vidrovitch, Périodisation, S. 54f.

89 Vgl. z.B. Stafford, Exploration; Hallett, Penetration, und Robinson/Gallagher, Africa.

90 Nach den Anfängen dieser Entwicklung und deren Auswirkung auf die diplomatische Praxis frage ich u.a. in Teil I und Teil II.

4. Historische Annäherung: Westafrika in der atlantischen Welt

4.1 Am Anfang war Amerika? Der Stellenwert Westafrikas in der Geschichte und der Geschichtsschreibung

Ging es im 18. Jahrhundert um die Bedeutung Westafrikas – sei es in allgemeinen Betrachtungen, sei es in höchst absichtsvollen Plädoyers für den Erhalt oder Ausbau von »Kolonien« –, argumentierte man stets mit Amerika. Der Afrikahandel sei »the Great Pillar« der Kolonien in Amerika, verkündete beispielsweise bereits der Titel eines Pamphlets von 1745.[91] Diesen Stellenwert erlangte die Region durch ihre zentrale Rolle im transatlantischen Sklavenhandel, der wiederum wesentliches Konstituens für den Erfolg der Plantagenwirtschaft der Neuen Welt war.

Die Thematisierung Westafrikas in der modernen Geschichtswissenschaft jenseits des Spezialistentums ähnelt letztlich dieser frühneuzeitlichen Betrachtungsweise – oft genug wird der Umweg über die Amerikas genommen, um nach Westafrika zu kommen oder vielmehr: um es zu streifen. So verständlich diese Betrachtungsweise in mancherlei Hinsicht auch erscheint und so wichtig der Sklavenhandel als historisches Thema auch ist, so problematisch bleibt sie doch, insbesondere wenn die Geschichte Westafrikas in dieser Zeit auf den Sklavenhandel reduziert wird.[92] Demgegenüber gilt es, wie auch bereits verschiedentlich eingefordert worden ist, die Geschichte Westafrikas als Geschichte mit eigenständiger Dynamik und Entwicklung zu verstehen.[93] Nicht zuletzt sind *Wechsel*wirkungen im atlantischen Raum einzubeziehen,[94] so die afrikanischen Einflüsse auf Musik, Sprache, Religion,

---

91 [Postlethwayt], *Trade* (1745).

92 Franz Ansprenger bestreitet in seiner Einführung gar die Geschichte ganz Afrikas im gesamten Zeitraum zwischen dem 15. und 19. Jhdt. mit dem Sklavenhandel; Ansprenger, Geschichte, S. 42–54. – Die primordiale Stellung der Forschung zum Sklavenhandel betont auch Christoph Marx in seiner einführenden Überblicksdarstellung; Marx, »Frühe Neuzeit«, S. 454. Etwas paradox endet sein Beitrag jedoch damit, dass man nicht vergessen solle, »daß es daneben zahlreiche andere Themen gibt, die allerdings außerhalb des Bereichs der afrikanisch-europäischen Begegnung liegen« (S. 457). Meines Erachtens gibt es durchaus auch andere Themen *innerhalb* des Bereichs europäisch-afrikanischer Begegnung.

93 So z. B. Thornton, Africa.

94 Jüngst ist von verschiedener Seite die Vernachlässigung Afrikas im Rahmen der »Atlantischen Geschichte« beklagt worden, die oft genug auf die Beziehungen zwischen Amerika und Europa beschränkt bleibe. Vgl. bspw. Games, Atlantic History, bes. S. 742; Williams, Introduction, S. 3 und S. 6 ff.; Cañizares-Esguerra, Entangled Histories, S. 794.

Heilkunst, aber auch Widerstandsbewegungen und politische Strukturen in der Karibik, Lateinamerika und den Plantagenregionen Nordamerikas,[95] die (afro)brasilianische Migration nach Westafrika, wie sie verstärkt im 19. Jahrhundert einsetzte,[96] oder auch die politischen Bewegungen, die im späten 18. und 19. Jahrhundert alle Ufer des Atlantiks ergriffen – von der Revolution von Haiti (St. Domingo, 1791) bis hin zur Verfassungsbewegung der Bildungseliten in Fante Mitte des 19. Jahrhunderts (Fanti Federation).[97] Dennoch ist es unbestritten, dass der Sklavenhandel als zentrales Phänomen der Geschichte Westafrikas anzusehen ist – dies gilt zumal im Rahmen einer Interaktionsgeschichte, wie sie die vorliegende Arbeit darstellt.

Der Stellenwert Westafrikas in der Geschichtswissenschaft allgemein spiegelt sich auch in dem Problem der Periodisierung wider.[98] Am gängigsten bleibt weiterhin die Einteilung in vorkoloniale, koloniale und post- bzw. nachkoloniale Zeit, die aber allenfalls ein ausgesprochen grobes und auch für die unterschiedlichen Regionen Afrikas variierendes Raster liefern kann. Paradoxerweise fallen die Literaturdichte zu diesen Epochen wie auch deren akademische Präsenz genau entgegengesetzt zum Umfang der Zeiträume aus, die sie jeweils abdecken.[99] Nimmt man den Sklavenhandel als zentrale Dynamik, gelangt man zu Wendepunkten um 1650 mit dem Aufstieg des »plantation complex« und um 1800 bzw. in der ersten Hälfte des 19. Jahrhunderts mit Abolition und offiziellem Verbot des Sklavenhandels.

Eine interne afrikanische Logik suchen dagegen zum Beispiel Ivor Wilks und Ray Kea zu erfassen. Sie legen dabei ein marxistisches Geschichtsmodell zugrunde und setzen Übergänge zwischen Produktionsweisen als Zäsuren, die aber in Ermangelung aussagekräftiger Quellen ausgesprochen spekulativ bleiben. Nicht nur die Definition dieser Zäsuren, sondern auch der Transfer von marxistischer Terminologie ohne weitere Hinterfragung führt zu einer impliziten Verhaftung in europäischen Geschichtsmodellen.[100]

---

95 Vgl. z.B. Thornton, Africa, bes. Kap. 8–10; Berlin, Creole. Eine gelungene Fallstudie jüngeren Datums ist Sweet, Álvares.

96 Klassisch Verger, Flux; zudem Law, Evolution.

97 Limberg, Fanti Federation.

98 Vgl. allgemein zum Problem der Chronologie und Periodisierung in der Geschichte Afrikas Coquery-Vidrovitch, Périodisation.

99 Kritik am »presentism« in der afrikanischen Geschichte hat jüngst prononciert Reid, Past, formuliert.

100 Wilks, Forests; Kea, Settlements. Obwohl beide weiterhin einflussreich sind und ihre Arbeiten zu den Standardwerken des Feldes zählen, haben sowohl Wilks als auch Kea bereits ihre Kritiker gefunden. Zur Kritik an der »big bang theory« Wilks', der zufolge mit einer Revolution der Produktionsweisen um 1500 auch eine politische Revolution einherging, vgl. Konadu, Diaspora, S. 27 ff.; Chouin, Theory; ders./DeCorse, Prelude, bes. S. 123 ff. Unkritisch rezipiert

Wenn im Folgenden eine tentative Chronologie entworfen wird, so handelt es sich dabei sicherlich nicht um eine endgültige Lösung des Datierungsproblems, sondern vielmehr um einen problemorientierten und regionsbezogenen Vorschlag, dem hauptsächlich heuristischer Wert zukommen soll.

4.2 »Entdeckung« und portugiesische Expansion (15.–16. Jahrhundert)

Wiewohl der Transsaharahandel indirekt auch Westafrika bereits seit Jahrhunderten mit dem Mittelmeerraum verbunden hatte,[101] stellte die Ankunft der ersten europäischen Schiffe einen wesentlichen Einschnitt in der Geschichte der westafrikanischen Küstenregion dar.[102] Sie zog eine Veränderung von Handelswegen und die Erschließung eines neuen atlantischen Marktes nach sich[103] und trug in der Folge zum Wachstum der Siedlungen an der Küste und damit zu Urbanisierungsprozessen bei.[104] Zudem brachte der direkte Kontakt mit Europäern die Einführung neuer Pflanzen und damit die Veränderung von Ernährungsgewohnheiten mit sich.[105] Nicht zuletzt stellt die europäische »Entdeckung« auch einen Einschnitt im Hinblick auf

---

wird diese Theorie aber bspw. noch bei INIKORI, Africa, S. 84. Keas Umgang mit Quellen und Modellen haben u.a. bereits Jones und Manning hinterfragt; siehe Adam JONES in einer Rezension des Werks in: English Historical Review 100 (1985), S. 894f., DERS., Quellenproblematik, S. 125–130, sowie Patrick MANNING ebenfalls in einer Rezension, in: American Historical Review 89,3 (1984), S. 823f.

101 Zum Transsaharahandel siehe AUSTEN, Africa. Dass im Europa des 14. und 15. Jhdts. durchaus einiges Wissen über Westafrika kursierte, zeigt Malyn Newitt auf und verweist auf Reiseberichte wie jenen berühmten Ibn Battutas und kaufmännische Wissensbestände; vgl. NEWITT, History, S. 2f. und S. 7.

102 Auch für das Inland Westafrikas kann das 15. Jhdt. als Einschnitt gelten. In dieser Zeit lösten sich die großen Reiche (Ghana, Mali, Songhai) auf, ohne dass ähnlich weitreichende Herrschaftsgebilde an ihre Stelle traten, und die Expansionsbestrebungen Marokkos sowie des Osmanischen Reichs beeinflussten die Region; vgl. BLEY, Art. Westafrikanische Welt, Sp. 1004f., auch Sp. 1007 zur portugiesischen Präsenz. Wilks nimmt einen Einschnitt um 1500 sowohl für Europa als auch für Westafrika an, begründet dies jedoch meines Erachtens für beide Regionen anachronistisch mit dem Aufstieg der »nation-states« und der Geburt des Kapitalismus; WILKS, Forests, S. 1.

103 Dazu HOPKINS, Economic History, S. 87ff.

104 Vgl. DECORSE, Archaeology, S. 31ff.

105 Eingeführt wurden u.a. Mais, Maniok, Erdnüsse, Tabak sowie später auch Kakao, der insbes. für die Goldküste im 19. und 20. Jhdt. von großer wirtschaftlicher Bedeutung werden sollte. Siehe dazu kurz HOPKINS, Economic History,

die Quellengrundlage für die Geschichte Westafrikas dar, da ab dem 15. Jahrhundert zunehmend Schriftquellen vorliegen.

Die portugiesischen Expeditionen nach Westen und entlang der Küste seit dem 15. Jahrhundert waren es, die zur wechselseitigen »Entdeckung« führten.[106] Die Motive für diese Entdeckungsfahrten waren vielfältig: Heidenmission[107] und Kampf gegen den Islam (Fortführung der Reconquista), die Suche nach dem Priesterkönig Johannes,[108] nach dem Seeweg nach Indien und seinen Gewürzen wie auch nicht zuletzt nach einem direkteren Zugang zum afrikanischen Gold.[109] Gerne wird auch wissenschaftliche Neugier – exemplifiziert an Prinz Henrique (»Heinrich der Seefahrer«) mit seiner angeblichen Schule von Sagres – dem Motivkatalog hinzugefügt.[110] Die weitere Exploration der westafrikanischen Küste, aber auch die Bewirtschaftung der atlantischen Inseln gingen in einer »flexible combination of private capital and state control« vonstatten.[111]

Nachdem einmal das sagenumwobene Kap Bojador umsegelt war (1434),[112] führten die Expeditionen immer weiter südwärts: 1441 wurde Kap Blanc erreicht, 1444 Kap Verde, Sierra Leone dann in den 1460ern, die Goldküste und Benin in den 1470ern und die Kongoregion in den frühen 1480ern. 1488 schließlich gelangte Bartolomeu Diaz an das Kap der Guten Hoffnung

S. 30f., sowie ausführlicher Alpern, Introduction, ders., Plants, und jüngst La Fleur, Fusion.

106 Vgl. dazu Northrup, Discovery, und Law, Discovery, der stärker als Northrup die »revolutionäre« Qualität des Erstkontakts hervorhebt. Für die Rezeption der Entdeckung in Europa vgl. bspw. Santos Lopes, Afrika, bes. S. 11–33. Die Quellenlage zu den frühen portugiesischen Afrikafahrten, die aufgrund der weitgehenden Zerstörung des Archivs im Erdbeben von 1755 sehr lückenhaft ist, skizziert Elbl, Evidence; siehe auch Ryder, Materials.

107 Nachhaltigere Missionserfolge zeigten sich im Kongo; Quellen dazu ediert bei Brasio (Hrsg.), Monumenta.

108 Siehe z.B. Knefelkamp, Suche.

109 Einen Überblick über die verschiedenen Einflussfaktoren geben Marques, Geschichte, S. 79–92; Boxer, Empire, S. 17ff.; Reinhard, Geschichte, Bd. 1, S. 39ff.; siehe auch Marques (Hrsg.), Expansão.

110 Zur Dekonstruktion der Mythen über Infante Henrique und zu den verschiedenen Motiven für die von ihm organisierten Fahrten vgl. u.a. Disney, History, S. 27–33, und Russell, Prince Henry.

111 Rubiés, Worlds, S. 27. Zu Fernão Gomes, der als Pächter des Afrikahandels die Exploration maßgeblich vorantrieb, vgl. Newitt, History, S. 37ff. Wolfgang Reinhard betont hingegen die starke Präsenz der Krone im Wirtschaftsleben als portugiesische Besonderheit; Reinhard, Geschichte, Bd. 1, S. 90.

112 Pierre Chaunu spricht von der Überwindung dieses Kaps als einem »technical and psychological victory«; Chaunu, Expansion, S. 116. Siehe auch Diffie/Winius, Foundations, S. 67ff.

und bewies so die Existenz eines Seewegs nach Indien, den Vasco da Gama dann bei seiner Reise von 1497–1499 erstmals befahren sollte. Einzelne Niederlassungen wurden gegründet, die dem Handel dienen sollten – darunter auch die Festung São Jorge da Mina (1482) an der Goldküste, später Elmina genannt.[113]

Die Gruppen und Gemeinwesen, auf die die europäischen Seefahrer trafen, waren sehr unterschiedlich: An der westafrikanischen Küste lebten Menschen sowohl in akephalen Gruppen als auch in kleinen Herrschaftsverbänden wie an der Goldküste und in zentral organisierten Großreichen wie in Benin und im Kongo.[114] Zwar stellten manche Autoren auch bereits in der Frühen Neuzeit Betrachtungen über »die Neger« an – in den Berichten, die man mit Adam Jones als Primärquellen klassifizieren kann, überwiegen aber die Unterscheidungen nach Gruppen oder »Nationen«, denen verschiedene Eigenschaften zugeschrieben wurden. Auch religiöse Differenzen nahmen frühneuzeitliche Beobachter durchaus zur Kenntnis. Sie bemerkten, vor allem im Norden Westafrikas wie dem Senegalgebiet, islamische Einflüsse. Demgegenüber fanden sich im Süden »Teufelsdiener« und »Heiden«, doch auch unter diesen fielen genaueren Betrachtern Unterschiede auf:

> »Every Country have [sic] a different Way of Worship received by Tradition: Some make Offering to their Gods of Sheep, Goats, Lambs and Fowls; others pay Adoration to Images made of Clay and Wax [...]. At *Acra* [...], there are People who circumcise themselves [...]. In the Kingdom of *Widah*, they worship a particular sort of Snake of about three or four Foot long, which have Spots upon them of the Colour and Bigness of an *English* Half Crown [...].«[115]

Die Kontakte zwischen Europäern und Afrikanern beschränkten sich weitgehend auf die Küstenregionen.[116] Daneben gab es in Oberguinea informelle Siedler, *lançados* oder *tangomaos* genannt, die sich dauerhaft niederließen und in die lokale Bevölkerung einheirateten, unter ihnen ein erheblicher Anteil »Neuchristen« und Exulanten.[117] Diese »Lusoafrikaner« bzw. allge-

---

113 Siehe zur Gründung der Festung Hair, Founding. Zur portugiesischen Zeit ders./Mota, Mina; Ballong-Wem-Mewuda, São Jorge da Mina. Vgl. auch DeCorse, Archaeology.

114 Einen geografischen wie ethnografischen Überblick gibt bspw. Mabogunje, Land; Iliffe, Geschichte, S. 86–131.

115 Uring, *History* (1726), S. 159 [Kursivierung folgt dem Original; C. B.]. – Zur Wahrnehmung afrikanischer Religionen vgl. z. B. Thornton, Africa, S. 235–271, der bes. auf Parallelen zum Christentum hinweist, und Mark, Fetishers.

116 Vgl. dazu Hair, Discovery, S. 14 ff.

117 Brooks, Eurafricans; zu den »Lusoafrikanern« des Weiteren Boulègue, Luso-Africains, und mit besonderem Augenmerk auf Identitätskonstruktionen Mark, »Portuguese« Style.

meiner »Euroafrikaner« waren einerseits wichtig als Zwischenhändler, wurden andererseits aber zum Ziel heftiger Kritik. Anlass zur Empörung gaben aus Sicht von Reiseberichtsautoren, Missionaren und anderen Kommentatoren vor allem die weitgehende Anpassung an afrikanische Sitten und der zugleich aufrechterhaltene Anspruch einer christlichen Identität.[118]

An der Gold- und Sklavenküste hingegen blieb, aufgrund der Politik der lokalen Herrscher wie auch des Klimas, die europäische Präsenz ganz auf die Festung São Jorge und einige wenige Außenposten beschränkt (Axim und Chama; hinzu kam die Faktorei in Ughoton in Benin).[119] Früh war das europäische Verhältnis zu Westafrika, wie im Verlauf der Untersuchung immer wieder deutlich wird, durch Differenzen zwischen offiziellen Ansprüchen in den Metropolen und den ›Realitäten‹ an der Peripherie geprägt. Zwar bezeichnete sich der portugiesische König als »Herr von Guinea«, auch verliehen ihm päpstliche Bullen Herrschafts- und Besitzrechte, die er gegenüber anderen europäischen Herrschern hartnäckig verteidigte.[120] Doch vor Ort konnte von Herrschaft praktisch keine Rede sein, was den in den Außenposten stationierten Portugiesen nur zu bewusst war: zu geringe militärische Präsenz, problematische Versorgung und langwierige Kommunikationswege in die Heimat sowie – daraus resultierend – Abhängigkeit von lokalen Gruppen in Sachen Lebensmittelversorgung, Handel usf.[121]

Im 15. und 16. Jahrhundert handelte man in Westafrika zwar auch schon Sklaven, aber das begehrteste Handelsgut, das die Region zu bieten hatte, war zunächst Gold.[122] Die Bezeichnung »Goldküste« (ursprünglich *mina de ouro* oder *costa da mina*), die sich bis 1957 im Namen der britischen Gold Coast Colony (das heutige Ghana) erhielt, zeigt an, wo die Portugiesen die sagenumwobenen Goldquellen meinten gefunden zu haben. Zu den Minen, die im Landesinneren lagen, erhielten Europäer während der Frühen Neuzeit jedoch niemals direkten Zugang. Das Gold und andere Waren wie Elfenbein, Wachs, Häute und Farbholz tauschte man vorrangig

118 So schreibt bspw. Dapper: »De volken Tango-Maos zijn herkomstigh van Portugeeschen bloede, die zich met deze zwarten vermengt hebben, maer leven heden niet minder Barbarisch dan zy zelfs, en als ofze nooit gedopt waeren. Ja zy gaen, dat meer is, om zich na deze Barbaren te voegen, op zommigen plaetsen geheel nackt, en snijden en kerven ook hunne hout des lichaems, na 's lants maniere.« Dapper, *Beschrijvinge* (1668), S. 370. Die zitierte Stelle geht inhaltlich größtenteils zurück auf Avity, *Description* (1637), S. 396.

119 So auch Disney, History, Bd. 2, S. 60f.

120 Vgl. Kinzel, Begründung, und Witte, Bulles.

121 Siehe Elbl, Trade, und Vogt, Portuguese Rule.

122 Siehe Garrard, Akan Weights; zu den Goldquellen und vergeblichen europäischen Versuchen, Zugang zu ihnen zu erlangen, vgl. auch Dantzig, Hollandais, S. 85–102.

gegen »Luxusgüter« wie Stoffe (zunächst vor allem arabischer Herkunft) und Metalle, später wurden Alkohol, Waffen und Schießpulver sowie Tabak wichtig. In dieser Zeit war die Goldküste nicht Export-, sondern Importland für Sklaven aus benachbarten Regionen, wobei die Portugiesen eine gewisse Rolle als Zwischenhändler spielten.[123] Im Norden Westafrikas gab es anfänglich gewaltsame Versklavungsaktionen von europäischer Seite, die allerdings später weitgehend zugunsten von langfristigeren Handelsbeziehungen aufgegeben wurden – die Beschaffung von Sklaven überließ man dabei den einheimischen Handelspartnern.[124]

4.3 Europäische Rivalitäten – von den Teilungsverträgen zum »First Global War« (17. Jahrhundert)

Die europäische Expansion, als deren erste Phase man die Erkundung der atlantischen Inseln und der Westküste Afrikas betrachten kann, war kein paneuropäisches Unternehmen, kein Gemeinschaftsprojekt. Im Gegenteil, sie war von Anfang an durch starke Rivalitäten zwischen den verschiedenen europäischen Mächten geprägt und gewann ihre Dynamik zum Teil gerade aus diesen Rivalitäten. Die erste Phase dominierten die spanisch- bzw. kastilisch-portugiesischen Auseinandersetzungen, die man unter anderem durch die Teilungsverträge von Alcaçovas 1479 und Tordesillas 1494 beizulegen suchte.[125] Ab 1580 waren die beiden Königreiche dann durch ein Kondominium verbunden, was für die Stützpunkte in Westafrika eine zunehmende Vernachlässigung zugunsten der profitträchtigeren Unternehmungen in den Amerikas und in Indien zur Folge hatte.[126] Bereits seit dem späten 15. Jahrhundert stellten zudem Aktivitäten englischer und französischer Kaufleute den portugiesischen Monopolanspruch auf »Guinea« infrage.[127]

123 Unter anderen Wilks, Forests, S. 23 und S. 75ff.

124 Diffie/Winius, Foundations, S. 79–88 zu den frühen »slave raids«.

125 Siehe dazu u.a. Tardieu, »Mina« und Fisch, Expansion, S. 51ff.

126 Vogt, Portuguese Rule, S. 126–153.

127 Die frühen englischen Fahrten (Lok, Windham) sind bei Hakluyt dokumentiert; Hakluyt, Navigations (1589). Vgl. dazu Hair, Guinea, und ders./Law, English. Als erste niederländische Guineaexpeditionen gelten gemeinhin Barent Erikszs Fahrten in den 1490ern, von denen die erste jedoch im portugiesischen Gefängnis endete; Heijer, Geschiedenis, S. 17ff., und weiterhin Jonge (Hrsg.), Oorsprong. Mit einer Inhaftierung hatte zuvor bereits die Handelsfahrt des flämischen Kaufmanns de la Fosse ihr Ende genommen: Delafosse, Voyage, vgl. dazu Mauny, de la Fosse.

Die Verbindung zwischen Portugal und Spanien zog schließlich auch Westafrika in den Konflikt zwischen Spanien und der jungen Republik der Niederlande hinein, den Pieter Emmer kürzlich als »First Global War« bezeichnet hat.[128] Die niederländischen Angriffspläne waren durchaus von globaler Dimension – das sogenannte »groot desseyn« sah parallel geführte Angriffe auf beiden Seiten des Atlantiks vor, in Brasilien und an der Goldküste sowie in Angola.[129] Dieser »große Plan« gelang nur teilweise und vor allem nur temporär. Niederländisch-Brasilien existierte letztlich nur 24 Jahre, damit aber immer noch lang genug, um reichhaltigen Stoff für die Mythen des *Gouden Eeuw* zu liefern.[130] Tatsächlich waren es die Gewinne an der Goldküste, die sich als die dauerhaftesten Erwerbungen erweisen sollten.

Im Laufe des 17. Jahrhunderts entwickelte sich die Gold- wie auch die Sklavenküste zu einem Konkurrenzfeld verschiedener europäischer Mächte *par excellence*: Obwohl sich die französischen Unternehmungen im Wesentlichen auf den Norden, insbesondere auf das Gebiet Senegambiens, beschränkten und die Portugiesen nach dem Rückschlag von 1637 ihre Aktivitäten auf Oberguinea, die Inseln sowie Westzentralafrika konzentrierten, stellte sich allein an der Küstenlinie von Assini im Osten bis zur Bucht von Biafra im Westen eine beträchtliche Anzahl an Konkurrenten ein. Neben den Niederländern engagierten sich die Engländer in der Region, daneben gab es dänische, schwedische und brandenburgische Unternehmungen.[131] Auch die Franzosen waren vertreten, allerdings waren ihre Ansiedlungsversuche nur selten von Dauer, ausgenommen das Fort in Ouidah sowie die Faktorei in Komenda. Noch kurzlebiger waren kurländische und schottische Initiativen.[132] Zudem kehrten auch portugiesische Händler nach und nach

---

128 Emmer, Global War; vgl. auch Newitt, History, S. 217–251.

129 Heijer, Geschiedenis, S. 35 ff. und ders., ›Groot desseyn‹. Zur niederländischen Präsenz in Westzentralafrika Ratelband, Nederlanders, bes. Kap. 5. – Vgl. auch die Studie von Ribeiro da Silva, Dutch, dort Kap. 7 zu transimperialen Kooperationen und Netzwerken.

130 Vgl. u. a. Schmidt, Innocence, S. 252 ff. Siehe zu Niederländisch-Brasilien und seinen Spuren in der niederländischen (Gedächtnis)Kultur auch Emmer/Klooster, Atlantic, und Groesen, Officers.

131 Vgl. zu Schweden Nováky, Handelskompagnier; ders., Small Company Trade; allgemeiner auch Kretzschmar, Handelskompanien, bes. S. 235 f. Zu Dänemark: Nørregard, Settlements; Hernæs, Slaves. Zu Brandenburg siehe die Literaturangaben in Anm. 151.

132 Zur schottischen Kompanie: Law, Company, und Insh, Company; zu Kurland: Diederichs, Kolonien. Die vereinzelte Präsenz von kurländischen Schiffen an der Goldküste belegen bspw. die Stucken en papieren Noopende de voorvallen

an Gold- und Sklavenküste zurück, 1721 schließlich wurde eine portugiesische Niederlassung in Ouidah gegründet.[133]

Allein an der Goldküste existierten über sechzig mehr oder weniger langlebige Niederlassungen.[134] Diese konnten zum geringeren Teil den Namen eines Forts oder einer Festung mit Steinbauten und Verteidigungsanlagen beanspruchen, oft bestanden sie lediglich aus ein oder zwei Häusern nach lokaler Bauart und waren mit wenigen Leuten bemannt. Dennoch wurde, gerade aufgrund der Nähe der einzelnen Siedlungen zueinander, oft erbittert auch um die kleinsten Faktoreien gestritten. In einer Beschreibung aus den 1720ern liest man über die Goldküste, dort seien an bestimmten Stellen die europäischen Stützpunkte so zusammengedrängt, »that our Charts or Maps can hardly distinguish them; and indeed they stand so close, that they have much ado to preserve the Peace among one another«.[135] Das Problem der Visualisierung veranschaulicht eine Karte von 1729 (Abb. 2, siehe unten, S. 95).

Bei Konflikten ging es einerseits um Handelsvorteile, um die Angst vor Konkurrenz, die die Preise für europäische Waren drücken und für afrikanische Güter steigen lassen konnte, andererseits aber oft auch um politischen Einfluss, um Ehre und symbolisches Kapital, das es eben auch gegenüber den Afrikanern zu demonstrieren galt. So sorgte sich etwa der englische General Dalby Thomas wiederholt um die Reputation bei den »natives«: Im August 1709 beschwerte er sich: »The Dutch out do us & [the] Private Traders Noysily Triumphing over you & Ridiculing you the Natives.«[136] Und im Februar waren es die Franzosen, die Melvil beunruhigten, denn ihr »taking so many prizes makes us look little among the Natives«.[137]

Zugleich waren die europäischen Niederlassungen Orte des kulturellen Austausches – so wurden Forts (wie beispielsweise Elmina und Accra/Osu) zum Kristallisationspunkt von Siedlungen.[138] Per O. Hernæs beschreibt das Zusammenleben der verschiedenen Angestellten, Sklaven (»company sla-

---

en t gunt gepasseert is met t' Schip de [W]alvisch [...], März 1652, NA, OWIC 13.

133 Siehe RYDER, Reestablishment; zum portugiesischen Fort in Ouidah VERGER, Fort, und LAW, Ouidah, S. 34f.

134 So DANTZIG, Forts, Introduction [s. p.]. Vgl. außerdem LAWRENCE, Trade Castles; ANQUANDAH, Castles; und DOORTMONT/SAVOLDI (Hrsg.), Castles.

135 CUTLER et al., *Atlas* (1728), S. 248.

136 Brief Dalby Thomas' an die RAC, dd. 21.08.1709 (abstract), TNA, T 70/5.

137 Brief dess. an dies., dd. 12.02.1709/10 (abstract), ebd.

138 HERNÆS, Fort Communities. – Wiewohl die afrikanische Involvierung in europäische Herrschaftspraxis momentan im Zuge einer *new imperial/colonial history* verstärkt untersucht wird, bleibt die Zeit vor Beginn des 19. Jhdts. (und damit auch vor Beginn des Hochkolonialismus) meist ausgeblendet; vgl. bspw. den

ves«, »train slaven«), *pawns*, Soldaten und einheimischen Dorfbewohner treffend als »fort community«.[139] Nicht zuletzt lebten in den Siedlungen rund um die Forts auch Euroafrikaner, die Beziehungen zwischen europäischen Kompanieangestellten und einheimischen Frauen entstammten. Sie nahmen oft als kulturelle Vermittler wichtige Funktionen in der »fort community« ein.[140] Auch erste, meist kurzlebige Schulprojekte und Missionsversuche gingen von den Siedlungen um die Forts aus.[141]

Der Handel und die Niederlassungen in Westafrika wurden größtenteils im Rahmen von Handelskompanien mit nationalen Monopolen organisiert, die jedoch von Beginn an mit einer Vielzahl an ›privaten‹ Konkurrenten – *interlopers* oder *lorrendraaier* genannt – konfrontiert waren (siehe unten, Abs. 5 dieser Einleitung). Mit dem weitgehenden Fall der Monopole im 18. Jahrhundert dominierten diese privaten Firmen den Handel vollends und errichteten gelegentlich auch feste Stützpunkte an der Gold- und Sklavenküste.[142] Sie profitierten aber auch von der Infrastruktur der Kompanieforts, die als Sammelpunkte für Sklaven etc. genutzt wurden.

---

ansonsten gelungenen Sammelband von Lawrance/Osborn/Roberts (Hrsg.), Intermediaries.

139 Hernæs, Fort Communities. Vgl. auch Feinberg, Africans, und Reese, Drudgery.

140 Vgl. Everts, ›Huwelijk‹; dies., Krijgsvolk; dies./Doortmont, Afrikanen, und Priestley, Trade. Zur Geschichte verschiedener euroafrikanischer Dynastien siehe u.a. Doortmont/Everts/Vrij, Families, und Doortmont, Slave Trade. Brooks, Eurafricans, spart die Gold- und Sklavenküste weitgehend aus. – Zu ihrer Rolle als *brokers* siehe unten, II.2.1.c.

141 Ein erster Schulmeister wurde 1633 von der WIC nach Moure entsandt; siehe Brief der Heeren XIX an Sticker, dd. 07.07.1633, NA, OWIC 8. Offensichtlich geschah dies auf Initiative des Prädikanten hin, der sich durch Schulbildung und insbes. Sprachunterricht bessere Missionserfolge erhoffte. Der erwartete Erfolg blieb jedoch aus: »Als seer weynich Mourese kinderen benestens thin a 12 onser slaven Jongens, t school quamen, de schoolmeester ontrent vier maenden in die dienst gecontinueert hebbende en geen apparentie van vrucht te connen doen [ver]nemende, off int minste gen affectie daer toe, heeft ontlattinge begeert [...], hem voor tan voor Sieckentrooster opt Fort gebruyckende [...].« Brief von Sticker an die Heeren XIX, dd. 03.02.1634, NA, OWIC 11; vgl. zur religiösen Situation in der niederländischen Niederlassung in Moure auch Frijhoff, Fulfilling, S. 287–316. Ein weiteres Schulprojekt, das aber ebenfalls nur von kurzer Dauer sein sollte, unternahm die WIC 1644 in Accra, um die dortigen Eliten an sich zu binden; vgl. dazu Brief der Heeren XIX an Ruychaver, dd. 14.01.1644, NA, OWIC 9. Siehe auch Martin, Experiments, zu entsprechenden Projekten der Society for the Propagation of the Gospel im 18. Jhdt.

142 So z.B. »Brew Castle« in Anomabo; vgl. Priestley, Trade, S. 53–59 et pass.

Die Konflikte zwischen den Kompanien waren zum Teil ein Spiegel der Konfliktlage in Europa, zum Teil aber auch lokalen Ursprungs. Dies lässt sich an den Beziehungen zwischen Engländern und Niederländern exemplarisch aufzeigen: Entzündete sich der zweite niederländisch-englische Seekrieg (1665–1667) wesentlich an Auseinandersetzungen in Westafrika,[143] hatte dagegen der erste Seekrieg zwischen den beiden Nationen (1652–1654) zuvor praktisch keine Auswirkungen gezeitigt. Man hatte vor Ort gar ein Abkommen verabredet, das vorerst den lokalen Frieden sicherte und für den Fall eines expliziten Angriffsbefehls aus der Heimat Notifikationsfristen festlegte.[144] In den 1690er Jahren wiederum herrschte in Europa Friede zwischen England und den Niederlanden, man kämpfte sogar gemeinsam gegen Frankreich – doch in Westafrika trugen die Kompanien ihre Konkurrenzkämpfe gewaltsam aus, teils in Stellvertreterkriegen über ihre jeweiligen afrikanischen Verbündeten, teils in direkter Konfrontation.[145]

Trotz einer oft ausgeprägten nationalen Rhetorik waren die Kompanien, von der Herkunft ihrer Angestellten, zum Teil auch ihrer Financiers her betrachtet, »transnationale Gemeinschaften«, wie dies auch für die ostin-

---

143 Dazu JONES, Wars, S. 145ff., und ROMMELSE, War.

144 Vertrag zwischen George Middleton (CRA) und Jacob Ruychaver (WIC), dd. 06.01.1653, NA, OWIC 13. Ruychaver war durch einen Brief vom August 1652 über den Kriegsausbruch informiert worden, allerdings formulierten seine Vorgesetzten lediglich eine Verhaltensempfehlung: Man sandte Ruychaver die einschlägige Resolution der Generalstaaten zu, »omme sigh naer den inhoudt van dien in het destrict [sic] van syne directie te mogen reguleren, ende die occasie UE van wegen de Comp[agnie] mede te recommanderen dat UE alle devoir gelieve aen te wenden omme d'Engelse allenthalven soo veel mogelick altenhaven afbreuck te doen.«; Brief der Heeren XIX an Ruychaver, dd. 08.08.1652, NA, OWIC 10. Den Empfang dieses Briefs in Elmina am 01.01.1653 erwähnt Dammaert (auch wenn er ein anderes Schiff als Überbringer nennt, als in der Ausgangskopie überliefert), der weiterhin berichtet, dass am 04.01. eine Delegation nach Kormantin aufbrach, um mit den Engländern zu verhandeln: »Is door meerder Stemmen goetgevonden, d'heer fiscael Valckenburgh ende boeckhouder Hendrick Cock met een credentie brief aen den Engelse principael Middelton en sekere propositie, om zien hoe wy't in dese gelegentheyt met haer sullen hebben te handelen, naer t'Engelse fort, over landt vertrocken, waertoe den opperComys Heereman Abramsen, ende ditto fiscael zyn gecommitteert.« Journaal van Louis Dammaert, NA, OWIC 47, Einträge vom 01.01.1653 und 04.01.1653. Aus ebendiesen Verhandlungen ist das erwähnte Abkommen vom 06.01. hervorgegangen; siehe ebd., Eintrag vom 07.01.1653 zur Rückkehr der Delegation nach Vertragsschluss. Siehe auch PORTER, Activity, S. 314–316.

145 Siehe HAIR/LAW, English, S. 258; bes. aber LAW, Wars und DANTZIG, Hollandais, S. 102–114 zu den Komenda-Kriegen. Ähnliches stellt Newton für das britisch-niederländische Verhältnis im späten 18. Jhdt. fest; NEWTON, Law, S. 210f.

dischen Handelskompanien festgestellt worden ist.[146] Gerade in der Phase zwischen den 1640ern und 1680ern, in der verschiedene Kompanien neu gegründet wurden, waren ›ausländische‹ Experten für die skandinavischen, die brandenburgischen, aber auch die englischen und französischen Kompanien von großer Bedeutung. Unter ihnen sticht besonders Hendrik Caerlof hervor, der in dieser Arbeit noch öfters begegnen wird. Caerlof brachte es im Laufe seiner Karriere insgesamt auf vier verschiedene Kompanien als zeitweilige Arbeitgeber.[147] Neben solchen prominenten Experten waren die Kompanien auch im Hinblick auf das Gros der durchschnittlichen Angestellten transnational – gerade die Angestellten niedrigeren Ranges, wie Soldaten und Handwerker, kamen selten allein aus dem Mutterland der Kompanie. So trafen 1733 in dem niederländischen Fort St. Anthony zu Axim unter anderem ein Ostfriese, ein Westfale, ein Schweizer und ein Franzose zusammen, an der Spitze stand mit dem Unterkommis Theodor Carl Hofmeister ein Berliner, sein Assistent Balthasar Coymans hatte zwar niederländische Wurzeln, war aber in Curaçao geboren. Insgesamt neun der 16 Angestellten der WIC in Axim waren nicht als niederländische Untertanen geboren.[148]

Schätzungen von Filipa Ribeiro da Silva und anderen lassen für die WIC in Westafrika insgesamt auf einen Anteil ›ausländischer‹ Angestellter von ca. 40 % schließen, allerdings auf Basis selektiver Quellenauswertung. Heijer geht davon aus, dass dieser Anteil in der Zeit von 1700–1740 von 32,5 % auf 56,6 % anwuchs.[149] Für die anderen Kompanien liegen keine genauen

146 Flüchter, Identität. Zu den Angestellten der VOC liegen ausführlichere sozialhistorische Studien vor, die für die atlantischen Kompanien bislang fehlen; siehe bspw. Gelder, Avontuur, und Bruijn/Gaastra, Career Ladder.

147 Er arbeitete für die WIC, die CIO, die SAK und die DAK. Die bislang ausführlichste Studie zu Caerlof stammt von Heijer, Dienaer. Vgl. auch unten, II.2.3.c.

148 »Monsterrol« der Angestellten der WIC an der Guineaküste, dd. 31.12.1733, NA, TWIC 110, fol. 182r–189r, hier: fol. 183v. Vgl. auch die Aussage von Albert van Dantzig: »Il est difficile d'imaginer une population plus internationale que les quelque 200 employés de la Compagnie néerlandaise sur la Côte de Guinée au début des années 1730.«; Dantzig, Hollandais, S. 2.

149 Ribeiro da Silva, Dutch, S. 130 ff.; dies., Labor Migration; Delepeleire, Elmina, Abs. 6.d, online: http://www.ethesis.net/wic/wic_deel_3.htm. Lucassen, Netherlands, S. 168, auf den Ribeiro da Silva sich u. a. beruft, gibt den Anteil ausländischer Arbeitnehmer für die WIC insgesamt mit 30–40 % an, dieser Wert scheint jedoch allein auf Schätzungen zu beruhen. Am zuverlässigsten ist meines Erachtens bislang die Angabe von Heijer, Goud, S. 81 f., der allerdings keine Angaben zum 17. Jhdt. macht.

Zahlen vor, doch vermutlich ist der Anteil ausländischer Angestellter dort ähnlich hoch einzuschätzen.[150]

4.4 Die Expansion des Sklavenhandels und der Aufstieg der Inlandsmächte (18. Jahrhundert)

Das steigende Interesse an der Region seit der Mitte des 17. Jahrhunderts gründete vorrangig in der Expansion der Plantagenwirtschaft in den Amerikas – spätestens hier beginnt der Afrika-Amerika-Komplex, von dem eingangs die Rede war. Auch die kleinsten der Kompanien waren auf beiden Seiten des Atlantiks aktiv, so akquirierte etwa die brandenburgische Kompanie neben Stützpunkten in Westafrika (Forts in Arguin und Groß-Friedrichsburg sowie unbefestigte Logien in Accoda und Takrema) auch eine Niederlassung in Westindien, indem sie einen Teil der Insel St. Thomas vom dänischen König pachtete.[151]

Um 1700 verwandelte sich, wie es der niederländische Generaldirektor Wilhem de la Palma formulierte, auch die Gold- endgültig in eine Sklavenküste:

> »Was nun den Handel an dieser Küste angeht, so haben wir Euch bereits informiert, dass diese sich ganz und gar in eine Sklavenküste verwandelt und dass die Eingeborenen [Naturellen] sich nun nicht mehr auf die Goldsuche kaprizieren, sondern der eine den anderen bekriegt, um Sklaven zu beschaffen. Ja, sie sehen sogar nicht davon ab, die öffentlichen Wege zu stören [...].«[152]

---

150 1692 sollen gar 75 % der Belegschaft von Cape Coast »Fremde« gewesen sein; Davies, Company, S. 254. Vgl. für die BAC nun den Aufsatz von Zaugg, Großfriedrichsburg, der u. a. die überlieferten Personallisten analysiert und ebenfalls auf die große Vielfalt an Herkunftsorten der Kompanieangestellten hinweist.

151 Vgl. allgemein zur BAC neben der weiterhin grundlegenden Darstellung von Schück, Kolonial-Politik, Bd. 1, Heyden, Adler; Nagel, Compagnie; Schmitt, Overseas Companies; und ders., Überseekompanien. Zudem existieren zwei Examensarbeiten und eine Dissertation neueren Datums: Weindl, Kurbrandenburger; Brübach, Brandenburg-Preußen und Stamm, Experiment. Speziell mit St. Thomas beschäftigt sich ein Aufsatz von Kellenbenz, Brandenburger. Zu Arguin siehe unten, Unterkap. IV.2.1.

152 »Nu wat aanbelangt de Negotie op deze Custe, wy hebben U Ed: albereydts [...] genotificeert, dat dezelve geheel, en al een SlaveCuste veranderde, en dat de Naturellen zig althans niet meer stileeren op het Soeken van Goud; maar den eene, den andre den oorlog aandoen om slaven te fourneeren, ja zelvs haar niet en ontsien de publicque Wegen te violeeren [...].« Brief de la Palmas an die Heeren X, dd. 05.09.1705, NA, TWIC 98, fol. 322r; auch in einem weiteren Brief dess. an die Heeren X, dd. 31.08.1704, ebd., fol. 204v: »[...] de Negers

Hatte man noch im 16. Jahrhundert Sklaven aus anderen Teilen Westafrikas importiert, um sie an der Goldküste gegen Gold zu handeln, überstiegen nun auch dort die Exporte an Sklaven jene an Gold. Im Laufe des 18. Jahrhunderts wurde die Region gar zum Importeur von Gold.[153] Auch die Sklavenexporte von der Sklavenküste bzw. der Bucht von Benin wuchsen seit dem späten 17. Jahrhundert enorm an, zum Zentrum des Handels wurde hier der Ort Ouidah. Die Bucht von Benin und die Goldküste sind nach Westzentralafrika (Angola/Kongo) diejenigen Regionen, aus denen im 18. Jahrhundert die meisten Sklaven in die Amerikas verschifft wurden.[154]

Die Wende vom 17. zum 18. Jahrhundert war auch politisch ein bedeutender Einschnitt für die Region: So formierte sich an der Goldküste allmählich der Gegensatz zwischen Fante, das seit 1700 in der Küstenregion auf Expansionskurs war,[155] und Asante, das nach dem Sieg über Denkyira 1701 zur dominierenden Macht im Inneren aufstieg.[156] Diese Konfliktlage gilt weithin als bestimmend für die Geschichte der Goldküste im 18. und 19. Jahrhundert, Jean-Michel Deveau spricht gar von einer »guerre des cent ans«.[157] Sie verband sich mit dem ebenfalls angespannten Verhältnis zwischen Niederländern und Engländern: Während die WIC vor allem Beziehungen zu den Asante pflegte, sahen die Engländer vornehmlich die Fante, in deren Gebiet auch die meisten ihrer Forts und Faktoreien lagen, als Verbündete an.

Die Expansion von Inlandsreichen in Richtung Küste kann als allgemeinerer Trend der Zeit gelten. An der östlichen Goldküste gewann Akwamu durch die Eroberung Accras um 1680 einen direkten Zugang zum Ozean und dominierte in den folgenden Jahrzehnten die gesamte Region bis hin nach Popo und Ouidah; es wurde 1729/30 seinerseits durch Akyem

---

[...] stileeren zig yegenwoordig generaliter, veel meer op den Slavenhandel, als Gout Negotie wyl'ze haar by dezelve beter bevinden.« – Vgl. Klein, Trade, S. 58f. und S. 63f.; Eltis/Richardson, Atlas, S. 89 und S. 112.

153 Manning, Slavery, S. 65 und S. 133f.

154 Aus Westzentralafrika stammten ca. 36,4 % der Sklaven, die im 18. Jhdt. über den Atlantik verschifft wurden, aus der Bucht von Benin 18,8 % und von der Goldküste 15,6 %; Lovejoy, Transformations, S. 47ff.

155 Zu Fante Law, Government; Shumway, Fante; Kea, City-State Culture; Sanders, Development; Priestley, Trade; gerade erschienen ist die Monografie zu Anomabo von Sparks, Negroes.

156 Zu Asante u.a. McCaskie, State; McLeod, Asante; Wilks, Asante; Rattray, Ashanti; Fynn, Asante; Yarak, Asante.

157 Deveau, L'Or, S. 35. – Vgl. zum Konflikt zwischen Asante und Fante Boahen, Asante; ders., Diplomacy; Ward, History of Ghana, Kap. 7; siehe auch Shumway, Fante, die eine »Coastal Coalition« unter Führung der Fante gegen Asante beschreibt.

besiegt.[158] Auch an der Sklavenküste entwickelte sich mit Dahomey eine Inlandsmacht, die durch die Eroberung von Allada 1724 und Ouidah 1727, vormals den mächtigsten beiden Ländern an der Küste, direkten Zugang zum Meer und damit zum europäischen Handel erlangte.[159] Dahomey wurde jedoch seinerseits durch fortdauernde Auseinandersetzungen mit Oyo in Schach gehalten, dem südlichsten der westafrikanischen »Kavalleriestaaten«.[160] Diese Reiche und ihre Expansion sind vergleichsweise gut erforscht – John Parker beklagt gar einen »hinterland bias«, der zu einer Vernachlässigung der »ambiguities of the trading towns« an der Küste geführt habe.[161]

Lebhaft diskutiert wurde die Frage nach einem Zusammenhang zwischen der Expansion der Inlandsreiche und dem Sklavenhandel.[162] In dieser Debatte, die in mancherlei Hinsicht ihren Anfang bereits in der Diskussion um die Abolition nahm und die weiterhin deutlich (geschichts)politisch aufgeladen ist, sind gegensätzliche Positionen vertreten worden: So hat beispielsweise Adu Boahen jeglichen Konnex zwischen Expansion und Sklavenhandel abgelehnt und allein interne Dynamiken für die Formierung der westafrikanischen Reiche geltend gemacht. Isaac Adeagbo Akinjogbin hat gar die – inzwischen widerlegte – These aufgestellt, dass die Expansion

---

158 Wilks, Akwamu; Affrifah, Akyem Factor, S. 46ff. zum Sieg über Akwamu. Akyem unterlag seinerseits jedoch 1742 Asante, das sich damit zur Hegemonialmacht auch an der östlichen Goldküste aufschwang. Allerdings unterwarf sich Akyem-Abuakwa formell erst 1783. Vgl. auch Fynn, Asante and Akyem Relations, und Atkinson, Akyem.

159 Zu Dahomey vgl. Le Herissé, Royaume; Cornevin, Histoire; Akinjogbin, Dahomey; Herskovits, Dahomey; Peukert, Sklavenhandel; Bay, Wives; Monroe, Dahomey und jüngst ders., State. Siehe auch unten, Kap. II.3.

160 Law, Ọyọ, und ders., Cavalry State.

161 Parker, Making, S. xxiv, und bereits Jenkins, Scholarship. – Siehe auch Shumway, Fante, S. 7ff.

162 Ein abwägendes Resümee bei Hopkins: »First, it is clear that the growth of foreign trade encouraged the expansion of some states, such as Dahomey and Oyo, and also changed their structure [...]. Second, care must be taken not to over-simplify the relationship between trade and politics. It would be mistaken to imply that the slave trade was a necessary condition for the formation of large, centralised states in West Africa.« Hopkins, Economic History, S. 105f. Vgl. auch Law, Dahomey, bes. S. 254–260. Curtin, Rise, S. 116–125, diskutiert verschiedene Versklavungsweisen und äußert sich skeptisch zur »stock figure« des »›slave-raiding chief‹« (ebd., S. 122).

Dahomeys dem abolitionistischen Geist König Agajas zu verdanken sei.[163] Andere gehen hingegen davon aus, dass der »Daseinszweck« dieser »Militärmonarchien« im Sklavenhandel bestanden habe.[164] Weniger intentional denn funktional gedacht ist der Zusammenhang, der durch Schlagworte wie »gun-slave-cycle« zwischen Sklavenhandel und Import von Feuerwaffen auf den Punkt gebracht worden ist. Feuerwaffen wurden im späten 17. Jahrhundert zu einer der wichtigsten Handelswaren an der Gold- und Sklavenküste und lösten manchen Autoren zufolge gar eine regelrechte »Revolution« in der Kriegsführung aus.[165]

Verwandt, aber wohl noch kontroverser ist die Frage nach den Auswirkungen des Sklavenhandels auf afrikanische Gesellschaften insgesamt – eine Diskussion, die ebenfalls in der Auseinandersetzung zwischen Abolitionisten und Befürwortern des Sklavenhandels im 18. Jahrhundert ihren Anfang nahm.[166] Selbst über die demografischen Konsequenzen des Sklavenhandels herrscht Uneinigkeit: wie groß der Bevölkerungsverlust war, inwiefern sich das Bevölkerungswachstum (möglicherweise auch durch veränderte Geschlechteranteile) verringerte, wie groß die afrikanische Bevölkerung ohne den Sklavenhandel gewesen wäre und wie die Entwicklung der betroffenen Regionen ohne ihn verlaufen wäre. Umstritten ist ebenfalls, welche »sozialen Kosten« aus dem Sklavenhandel folgten, eine Frage,

---

163 Boahen will nicht zuletzt diese großen Reiche als Teil der »positiven« Geschichte der Region beanspruchen; Boahen, Topics, S. 109 et pass., und Akinjogbin, Dahomey, S. 73–81; zur Widerlegung Law, Dahomey, S. 246 ff.

164 So etwa Ansprenger, Geschichte, S. 45.

165 Siehe u. a. Dantzig, Hollandais, S. 124 ff.; Kea, Firearms, S. 191 ff. und S. 207 ff.; Gemery/Hogendorn, Change, S. 247 ff. Die Revolutionsthese vertritt prononciert Richards, Import, S. 44 ff. und S. 57, vermutlich unter Fehlinterpretation von Kea, Settlements, S. 156 ff. Kritisch abwägend zum Zusammenhang von Waffentechnologie und strukturellem Wandel Law, Horses, bes. S. 126 ff., auch in Auseinandersetzung mit den Thesen Jack Goodys.

166 Vgl. Law, Impact, bes. S. 9 ff.; zugespitzt zur Frage nach den Vor- und Nachteilen bzw. Gewinnern und Verlierern des Sklavenhandels (ob diese Begriffe jenseits einer restriktiv ökonomischen Betrachtungsweise angemessen sind, sei dahingestellt): Inikori/Engerman, Introduction. Vgl. zur Diskussion um den Sklavenhandel auch Boiley/Thioub, Histoire africaine, S. 29–35. Insgesamt dominiert in dieser Debatte die angloamerikanische Historiografie, einen ersten Einstieg hierzu bieten etwa Heuman/Walvin (Hrsg.), Reader, und Eltis/Engerman (Hrsg.), History. Siehe als Überblick über die französischsprachige Forschung aber Deveau, Bilan.

in der, wie John D. Fage 1989 konstatiert hat, »Werturteile« unvermeidbar seien.[167]

Viele Wissenschaftler gehen davon aus, dass der Sklavenhandel durch den Bevölkerungsverlust eine ernsthafte Verzögerung bei der Kommerzialisierung wirtschaftlicher Aktivitäten und damit bei der kapitalistischen Entwicklung Afrikas bewirkt und zudem erhebliche Veränderungen gesellschaftlicher und politischer Strukturen nach sich gezogen hat. Walter Rodney, einer der prominentesten und einflussreichsten Vertreter dieser Position, hat in den 1970ern den Sklavenhandel als die wesentliche Ursache der »Unterentwicklung« Afrikas identifiziert.[168] Fage dagegen erklärte wenig später, anders als in Ost- und Zentralafrika sei der Sklavenhandel in Westafrika Teil eines »process of sustained economic and political development«.[169] Eine gewisse Mittelposition, die auch stärker interne Faktoren berücksichtigt, vertreten gegenwärtig etwa Paul Lovejoy und David Eltis.[170] Dass der Beginn des transatlantischen Sklavenhandels grundsätzlich mit dem Beginn einer Epoche des wirtschaftlichen Abschwungs und Niedergangs in Afrika korreliert, haben jüngst noch einmal Ergebnisse einer interdisziplinären Arbeitsgruppe unter Leitung von Emmanuel Akyeampong gezeigt.[171]

Eine grundsätzliche Schwierigkeit – neben der konzeptuellen Problematik, dass hier eine vorhersagbare (wirtschaftliche) Entwicklung als Maßstab dient, man also in gewissem Rahmen auf kontrafaktische Annahmen zurückgreifen muss – besteht darin, dass die Frage nach den Auswirkungen des Sklavenhandels stets die Rekonstruktion eines *status quo ante* und weiterer

---

167 Fage, Societies, S. 107. Zur moralischen Aufladung der Debatte und der »Schuldfrage« auch Law, Ouidah, S. 12–16; zur Erinnerungspolitik vor Ort bspw. Araujo, Welcome, und dies. (Hrsg.), Politics.

168 Rodney, Europe; siehe auch Davidson, Black Mother. Vgl. jüngst noch einmal den Quantifizierungsversuch von Nunn, Effects.

169 Fage, Slavery, S. 400. Dass Fage einen kausalen Zusammenhang zwischen wirtschaftlichem und politischem Fortschritt und Sklaverei annimmt (ebd., S. 397) und die Institutionalisierung und Expansion von Sklaverei anscheinend als notwendigen Entwicklungsschritt würdigt, hat bereits Wrigley, Historicism, S. 115 ff., kritisiert. Provokant mögliche positive Effekte des Sklavenhandels diskutiert zudem Hopkins, Economic History, S. 119 ff.; dazu Manning, Slavery, S. 14–18, eigene Modelle entwickelt er in den Kapiteln 3 und 4.

170 Lovejoy, Transformations; Eltis, Growth, S. 64–71, der u. a. auch auf mögliche positive Auswirkungen des europäisch-afrikanischen Kontakts auf die Bevölkerungszahl hinweist, etwa durch die Einführung von Maniok und Mais als neuen, energiereicheren Grundnahrungsmitteln.

171 Akyeampong et al., Introduction, bes. S. 15 ff., und insbes. die Beiträge von Joseph Inikori und Patrick Manning in diesem Sammelband.

Daten wie etwa der Geburtenraten in Westafrika während der Zeit des Sklavenhandels verlangt. Eine solche muss aufgrund der Quellenlage aber notwendigerweise hypothetisch, wenn nicht Spekulation bleiben und fällt entsprechend sehr unterschiedlich aus. Größere Chancen zur Herstellung von Konsens eröffnen sich, wenn man die Frage regional differenziert diskutiert. Offensichtlich waren die Konsequenzen des Sklavenhandels nicht in allen Teilen Westafrikas gleich. In einigen Gegenden kam es in der Tat zu einer flächendeckenden Intensivierung von Gewalt und politischer Fragmentierung, etwa in der Bucht von Biafra. In anderen Regionen, gerade in den Inlandsreichen, blieb Gewalt hingegen vorrangig ein Phänomen der Peripherie, indem man Sklaven aus dem Norden importierte oder sie als Kriegsgefangene akquirierte.[172]

Auch der Charakter der Sklaverei in Westafrika selbst veränderte sich: »The pull of the market had the effect of pushing indigenous forms of slavery further away from a social framework in which slavery was another form of dependency in societies based on kinship relationships, to a system in which slaves played an increasingly important role in the economy.«[173] Manche westafrikanischen Gesellschaften wurden zu regelrechten »slave societies« wie die Karibikinseln und die Südstaaten der USA. Das offizielle Verbot des Sklavenhandels in vielen europäischen Ländern Anfang des 19. Jahrhunderts führte dabei keineswegs zum Ende der Sklaverei in Afrika und des lokalen Sklavenhandels, vielmehr waren Sklaven bei der Produktion von »cash crops« im 19. Jahrhundert von größerer Bedeutung denn je zuvor.[174]

Aus abolitionistischen Kreisen heraus erwuchsen in den 1780er und 1790er Jahren die ersten, von vielfältigen Startschwierigkeiten geplagten Siedlungsprojekte auf westafrikanischem Boden.[175] Der heutige Staat Sierra Leone – ähnlich wie auch später sein Nachbarland Liberia – geht auf ein solches Projekt zurück, das auf eine »Rücksiedlung« (so die Vorstellung) der »black poor« aus England einerseits sowie der befreiten Sklaven und

---

172 So bereits Fage/Oliver, Geschichte, S. 126; auch Klein, Trade, S. 73f. und S. 119–124. Jüngst hat noch einmal Larson, Slave Trades, S. 74 eine stärkere Berücksichtigung der lokalen Auswirkungen und der internen Dynamiken afrikanischer Gesellschaften gefordert. Vgl. Lovejoy, Transformations, Kap. 3, zu den verschiedenen Regionen.

173 Lovejoy, Transformations, S. 18.

174 Ebd., Kap. 7 und 8; Nwokeji, Slavery, bes. S. 87–93; zur politischen Praxis des Abolitionismus vgl. Hamilton/Salmon (Hrsg.), Slavery. – Eltis betont stärker interne Faktoren in der Transformation afrikanischer Gesellschaften und sieht externe Einflüsse nicht in der Abolition, sondern erst mit der »industrial expansion of the North Atlantic economy« im späten 19. Jhdt. am Werk; Eltis, Growth, v.a. Kap. 13, Zitat S. 226.

175 Einen Überblick gibt Fyfe, Colonies.

»black loyalists« aus Nordamerika und der Karibik andererseits abzielte.[176] In der »Province of Freedom« verbanden sich abolitionistische mit missionarischen und zivilisatorischen Zielsetzungen. Ein weniger bekanntes Projekt dieser Art stellt die Siedlung Frederiksnopel dar, die Paul Erdmann Isert, aufklärerisch engagierter Chirurg in dänischen Diensten, 1788 gründete.[177] Im Hinterland von Accra, in den fruchtbaren Hügeln von Akuapem (Akwapim), sollten europäische Familien leben und gemeinsam mit afrikanischen Arbeitern Baumwolle, Kaffee und Tabak anbauen. Indem er die karibischen Plantagen auf diese Weise nach Afrika verlegte, wollte Isert den Sklavenhandel gleichsam überflüssig machen und wie auch die Initiatoren der »Province of Freedom« beweisen, dass freie Afrikaner in Afrika den Weltmarkt ebenso gut, wenn nicht besser, beliefern konnten wie ihre versklavten Landsleute auf der anderen Seite des Atlantiks. Das Projekt scheiterte jedoch – Isert und seine Frau starben nur wenige Monate nach ihrer Ankunft in Frederiksnopel, die Plantage geriet zunehmend in Schwierigkeiten und wurde 1802 aufgegeben.[178]

Gerade in diesen zunächst humanitär motivierten Projekten zeigen sich auch Anfänge einer Zivilisierungsmission, häufig gepaart mit Unkenntnis der afrikanischen Verhältnisse, nicht zuletzt auch der vermeintlich in ihre Heimat Zurückkehrenden, die vielfach in Amerika oder Großbritannien geboren waren und nie zuvor afrikanischen Boden betreten hatten, geschweige mit lokalen Anbautechniken vertraut waren. Diese »Rückkehrer« sollten, so die Vorstellung, nun in nach freiheitlichen Prinzipien organisierten Gemeinschaften leben, ein christliches, familien- und arbeitsorientiertes Leben führen und auf diese Weise als »zivilisierendes« Vorbild für die lokale Bevölkerung dienen.[179]

War Westafrika zu Beginn der Neuzeit vor allem über den Stoff- und Goldhandel mit der weiteren Welt verbunden,[180] stieg im Laufe des 17. Jahr-

---

176 Neben Fyfe, Colonies, vgl. Braidwood, Black Poor; Wilson, Clarkson. Vgl. auch Crooks, History.

177 Hans Werner Debrunner hat ihn als »Rousseau-Schüler« attribuiert, was übertrieben erscheint. Isert wird wohl – wie viele seiner gebildeten Zeitgenossen – Rousseaus Werke gelesen haben, eine bes. Bindung oder persönliche Kontakte sind jedoch nicht nachzuweisen; Debrunner, Isert.

178 Im Kontext anderer Siedlungsprojekte Kea, Plantations, S. 126 ff.; Hernæs, Friederichsnopel; und Hopkins, Thonning, Kap. 1. Die Ergebnisse aktueller archäologischer Grabungen sind jüngst publiziert worden; Merkyte/Randsborg, Castles.

179 Dazu z.B. Fyfe, Colonies, S. 182 et pass. Vgl. zu »Zivilisierungsmissionen« während des 19. Jhdts. allgemein Barth/Osterhammel (Hrsg.), Zivilisierungsmissionen, darin insbes. die Beiträge von Andrew Porter und Andreas Eckert.

180 Vgl. u.a. Roberts, West Africa.

hunderts der Export von versklavten Menschen in die Plantagen der Neuen Welt zum wichtigsten Anteil der Großregion am Weltmarkt auf. Ebendiese, auf Sklavenarbeit basierende Plantagenkultur, die für den Aufstieg des transatlantischen Sklavenhandels wesentlich verantwortlich war, wurde jetzt gewissermaßen nach Westafrika (re)importiert (wichtig waren dabei weniger Kakao und Zuckerrohr als Palmöl und Kolanüsse), während Sklavenarbeit im Rest der Welt zunehmend von kapitalistischer Lohnarbeit abgelöst wurde: »By the end of the nineteenth century, slavery was the basis of political economy in Africa, whereas it no longer mattered in the European-controlled world.«[181] Die Fortexistenz von Sklaverei und Sklavenhandel in Afrika wurde schließlich zu einem Argument für die Ausdehnung europäischer Kontrolle und Kolonialisierung.[182]

4.5 Zusammenfassung

Die Interaktionsgeschichte hat einen relativ klaren Anfangspunkt mit der wechselseitigen »Entdeckung«, initiiert durch die portugiesischen Afrikafahrten in der zweiten Hälfte des 15. Jahrhunderts. Für Westafrika bedeutete dies die Erschließung eines neuen Markts durch den atlantischen Handel und damit verknüpft verstärkte Siedlungs- und Urbanisierungsprozesse in den Küstenregionen, für Portugal insbesondere einen direkteren Zugang zum Goldhandel, an den man zuvor nur über die Transsahararoute angeschlossen gewesen war.

Die europäische Expansion war von Anbeginn durch Rivalitäten zwischen verschiedenen europäischen Mächten geprägt und auch die Portugiesen mussten bald gegen Konkurrenten ankämpfen, vor allem aus Kastilien. Auch wenn die portugiesischen Hegemonie- und Monopolansprüche in Bezug auf Westafrika sich niemals gänzlich durchsetzen ließen, blieben die Vorstöße anderer europäischer Nationen an Gold- und Sklavenküste doch eher vereinzelt.

Demgegenüber zeichnet sich die Zeit des 17. Jahrhunderts vor allem durch die Vielzahl von Akteuren auf allen Seiten aus, sowohl auf europäischer wie afrikanischer. Die zweite Hälfte des 17. Jahrhunderts stellt die Hochzeit der Rivalitäten mit den meisten Mitspielern dar, insbesondere nach der Vertreibung der Portugiesen 1637–1642. Seit der Mitte des Jahrhunderts nahm die Bedeutung des Sklavenhandels gegenüber der des Goldhandels zu, auf diese Weise verstärkten sich auch die Verbindungen zwi-

---

181 Lovejoy, Transformations, S. 184; siehe auch ebd., Kap. 7 und 8.

182 Fage, Slavery, S. 393 f.; Austen/Smith, Images, bes. S. 79 ff.; Porter, Trusteeship.

schen der Neuen Welt und Westafrika. In der ersten Hälfte des 18. Jahrhunderts schieden demgegenüber sowohl auf europäischer wie auf afrikanischer Seite Akteure aus. Es entwickelten sich Polaritäten bei teils abnehmender Akteurspluralität (vor allem zwischen Asante und Fante und zwischen Niederländern und Engländern). Dies bedeutet aber keineswegs eine Veränderung in den strukturellen Beziehungen zwischen Europäern und Afrikanern, die vor Ort weiterhin meist zugunsten Letzterer ausfielen. Zudem veränderte die Dominanz des Sklaven- über den Goldhandel sowohl an Gold- als auch an Sklavenküste ab ca. 1700 auch die Handelsstrukturen: Bedurfte der Goldhandel stets der Interaktion mit den Händlergruppen aus dem Hinterland (die sogenannten Akani-Händler oder Akanisten), diversifizierten sich durch den Sklavenhandel die Handelswege und auch die beteiligten Akteure.

War die europäische Präsenz in Westafrika zuvor auf einzelne Stützpunkte[183] beschränkt, erfolgten im späten 18. Jahrhundert erste Versuche, Siedlungskolonien zu etablieren. Dies geschah nicht zuletzt vor dem Hintergrund der Diskussion um die Abschaffung des Sklavenhandels.

5. Handelskompanien als Akteure der Außenbeziehungen

Als ›Leitfossilien‹ der Untersuchung dienen, wie erwähnt, die europäischen Handelskompanien, die zwischen dem 17. und 18. Jahrhundert in Westafrika operierten. Für eine solche Fokussierung sprechen zwei Gründe: Zum einen sind, aus der Perspektive der afrikanisch-europäischen Beziehungen betrachtet, die herrscherlich oktroyierten Handelskompanien diejenigen Akteure, die über einen relativ langen Zeitraum an der westafrikanischen Küste präsent waren und bei denen sich dies in einer verhältnismäßig dichten, wenn auch von Kompanie zu Kompanie unterschiedlichen Überlieferung niederschlug. Hinzu kommt, dass die Kompanien meist stärker als private Handelsfirmen vor Ort präsent waren, vor allem indem sie feste Niederlassungen unterhielten. Allerdings fielen ihre wirtschaftlichen Aktivitäten gegenüber denjenigen der privaten Firmen im Laufe des 18. Jahrhunderts zunehmend immer geringer aus. Für eine Untersuchung der Interaktionspraxis, der Institutionalisierungsprozesse und Normenbildung bieten sie

183 Nach Osterhammels Definition könnte man auch von Stützpunktkolonien sprechen; Osterhammel, Kolonialismus, S. 17. Allerdings scheint mir der Begriff »Kolonie« selbst in diesem eng begrenzten Sinne problematisch, da er stets die Assoziation eines asymmetrischen Machtverhältnisses weckt, das in dieser Zeit kaum gegeben war. Zum Koloniebegriff siehe ebenfalls Zaugg, Großfriedrichsburg.

sich aber besonders an. Zum anderen interessieren, wie eingangs formuliert, die frühneuzeitlichen Handelskompanien aufgrund ihrer spezifischen Rolle, die sie in den Außenbeziehungen einnehmen.

5.1 Handelskompanien – Phänomen und Forschungsgeschichte

Um die englische Royal African Company (RAC) wurde in den ersten Dekaden des 18. Jahrhunderts ein regelrechter Pamphletkrieg geführt. Im Namen des Freihandels forderten die Gegner der Kompanie deren Auflösung sowie die Abschaffung des Monopolhandels insgesamt. Bei diesem Konflikt ging es jedoch nicht allein um wirtschaftliche Interessen seitens der sogenannten »separate traders« vor allem aus Liverpool und Bristol, sondern auch um politische Auseinandersetzungen um königliche Prärogativen und *common law.*[184] Auf Seiten der RAC wurden dabei einige Grundsätze immer aufs Neue wiederholt, um die gleichsam staatstragende Rolle der Kompanie herauszustellen: Handel, zumal und insbesondere der Überseehandel mit »barbarischen« Regionen bedürfe der festen Organisation und einheitlichen Lenkung. Daher seien königlich privilegierte Handelskompanien mit einem *joint stock* und exklusiven Handelsrechten für den Afrikahandel unabdingbar. Diese These untermauerten die Propagandisten der Kompanie nicht zuletzt durch den Verweis auf die europäischen Nachbarländer, die den Afrikahandel ebenfalls solchen Kompanien anvertraut hätten.[185]

Auch wenn man die vorgebrachten Grundsätze anzweifeln mochte, wie es die Vertreter der »separate traders« mit großer Schärfe und Polemik taten, mindestens in einem Punkt mussten auch sie den Propagandisten der Kompanie Recht geben: In der Tat existierten um 1700 in den meisten Ländern Europas, die in den Afrikahandel involviert waren, entsprechende Handelskompanien.[186] In Frankreich gab es die Compagnie du Sénégal und die

184 Vgl. Davies, Company, S. 101 ff., Keirn, Monopoly; Pettigrew, Debt, bes. S. 5 ff, 22–34 und Kap. 3 zur »Freiheitsdebatte«, die mit der Diskussion um das Monopol verknüpft war. Vgl. auch zu den Auseinandersetzungen um die EIC Stern, Company-State, bes. Kap. 7, und ders., »Politie«; zu vergleichbaren Diskussionen um die privilegierten Handelskompanien und ihre Monopole in Frankreich Cole, Mercantilism, S. 258 ff.

185 Vgl. bspw. Davenant, *Reflections* (1709), Teil I, S. 26 f.; *Explanation* (1730), S. 1 f. und S. 6 ff. – Die letztgenannte Schrift weist erhebliche Parallelen zu den *Reflections* Davenants von 1709 auf. Zum Hintergrund des Pamphletkrieges siehe kurz Morgan, Introduction, Pettigrew, Free, bes. S. 14 ff. und Keirn, Monopoly, bes. S. 437 ff., dort auch zum Volumen des Pamphletaufkommens.

186 Als Überblick zu frühneuzeitlichen Handelskompanien weiterhin Blussé/Gaastra (Hrsg.), Companies.

Compagnie de Guinée, in Dänemark die Vestindisk-Guineiske Kompagni, in Brandenburg die Brandenburgische Africanisch-Americanische Compagnie (BAAC) und in den Niederlanden die Westindische Compagnie (WIC). Ausnahmen bildeten Portugal und Spanien, doch auch dort wurden vereinzelt Versuche unternommen, Handelskompanien zu gründen.[187]

Diese Kompanien weisen, wiewohl deutliche Differenzen im Hinblick auf Organisation, Verhältnis zur Krone bzw. Regierung, wirtschaftlichen Erfolg etc. zu verzeichnen sind, alle weitgehend die von den Propagandisten der RAC genannten Merkmale auf: herrscherliche Privilegierung, mindestens zeitweise exklusive Handelsrechte und einen *joint stock*, d.h. einen gemeinsamen Kapitalstock. Zuerst traten Handelskompanien dieses Typs um 1600 in den Niederlanden und in England auf. Sie operierten nicht allein im Afrika- bzw. Atlantikhandel, sondern wurden auch in den Wirtschaftsbeziehungen mit Russland, der Levante, Nordamerika und Ostindien eingesetzt. Handelskompanien waren also vorrangig im Fernhandel aktiv,[188] dort, wo es galt, neue Handelsrouten und -strukturen zu entwickeln, Handel unter erheblichem Kapitaleinsatz und über größere Entfernungen hinweg langfristig zu organisieren und gegebenenfalls Stützpunkte, Forts und Faktoreien vor Ort zu unterhalten.

Im Gegensatz zu früheren Handelsgesellschaften sind die Langfristigkeit des Zusammenschlusses und das Auftreten der Kompanie als juristischer Person entscheidend. Anders als bei der *regulated company*, die eher einer Gilde ähnelte und keinen langfristigen gemeinsamen Kapitalstock besaß,[189] handelten bei der *joint stock company* die Teilhaber nicht einzeln für sich; Ausrüstung der Schiffe und Durchführung des Handels waren stets gemein-

187 Bspw. die notorisch klamme Companhia Geral do Comércio do Brasil, die 1649 als »the means of saving Portuguese America from the Dutch« gegründet wurde, so Boxer, Vieira, S. 486.

188 Monopole konnten aber nicht nur für einen bestimmten geografischen Raum, sondern auch für den Handel mit bestimmten Produkten verliehen werden (Sklaven, Felle etc.).

189 Eine *regulated company* war das Modell, das die Gegner der RAC bevorzugten und das auch ein Bericht des Board of Trade von 1707 empfahl (das allerdings keineswegs als neutraler Akteur angesehen werden kann); Keirn, Monopoly, S. 435f. Eine solche Kompanie war auch herrscherlich privilegiert (mit einem *letter patent*, *charter* o.ä.), erlaubte ihren Mitgliedern aber, unter ihrem Dach je für sich wirtschaftlichen Aktivitäten nachzugehen. Eine *regulated company* konnte ebenfalls Monopolrechte besitzen; siehe kurz Denzel/Pfister, Art. Handelsgesellschaft, Sp. 99ff.

sames Unterfangen. Der »private trade« konnte gegebenenfalls sogar unter Strafe stehen.[190]

Den Inhabern von Anteilen, die grundsätzlich übertragbar waren, wurden Dividenden ausgezahlt. Im Zusammenhang mit den Anteilen der überseeischen Handelskompanien taucht in verschiedenen europäischen Sprachen der Begriff »Aktie« zum ersten Mal auf, ein mögliches Indiz für den innovativen Charakter dieser Organisationsform.[191] Das Mitspracherecht der »Partizipanten«, wie die Aktienbesitzer zeitgenössisch genannt wurden, fiel unterschiedlich aus und war meist nach Einlagehöhe gestaffelt.[192] Die Leitung der Geschäfte lag in der Hand von fest angestellten, bezahlten Mitarbeitern, denen privater Handel verboten war und die hierarchischer Organisation und sachlicher Aufgabenteilung unterworfen waren. Während dieser Aspekt der Professionalisierung und des Managements vor allem von Wirtschaftshistorikern betont wird, die sich mit Parallelen zwischen frühneuzeitlichen Handelskompanien und heutigen multinationalen Unternehmen auseinandersetzen,[193] heben Rechtshistoriker besonders jene Elemente hervor, die die Handelskompanien als eigene juristische Person mit beschränkter Haftpflicht der Teilhaber und Direktoren auszeichnen.[194] Ihnen gilt die Entstehung der Handelskompanien als Meilenstein in der Entwicklung der Rechtsform moderner Aktiengesellschaften.[195]

---

190 Zum »innovativen« Charakter der Handelskompanien am Beispiel der VOC vgl. Steensgaard, Dutch East India Company, sowie ders., Carracks, bes. Kap. 3, S. 114–153.

191 Der Begriff wurde in der Frühzeit der VOC geprägt und strahlte von den Niederlanden in die europäischen Nachbarländer aus; siehe Colenbrander, Auftreten. Für Brandenburg erwähnt dies Jahntz, Handelscompagnien, S. 16f. und S. 64ff., für Frankreich Rothweiler/Geyer, Aktiengesellschaft, S. 28f.

192 Cordes/Jahntz, Aktiengesellschaften, S. 21f.

193 Diese Parallele ziehen etwa Ann M. Carlos und Stephen Nicholas, wenn sie ihren Artikel zu Handelskompanien des 17. Jhdts. mit der folgenden Feststellung beginnen: »Early trading companies were analogous to the modern business organization since a hierarchy of salaried managers coordinated the flow of goods, services, and information over long distances, and administrative mechanisms were designed to extend headquarter control over managers in overseas offices.« Carlos/Nicholas, Theory, S. 916. Siehe auch dies., »Giants«, S. 401ff., und Chaudhuri, Company.

194 Jahntz, Handelscompagnien, bes. S. 85f.; dies./Cordes, Aktiengesellschaften, S. 19; Rothweiler/Geyer, Aktiengesellschaft, S. 31f.

195 Vgl. dazu Amend-Traut, Art. Handelsgesellschaft, Abs. 2 und 4; siehe auch Kellenbenz, Art. Handelsgesellschaft, und Lehmann, Entwicklung, bes. S. 9ff. – Eine national akzentuierte Variante der Erfolgsgeschichte von 1896, die die

Neben den Erfolgsnarrativen, die die Handelskompanien des 17. Jahrhunderts vor allem als institutionelle Innovation begreifen, sind aber auch negative Bewertungen vorgebracht worden. Sie speisen sich nicht zuletzt aus den monopolkritischen Diskursen der Frühen Neuzeit und beziehen ihr Bild von den Kompanien als »unwirtschaftlichen und parasitären Monopolisten« bzw. als »merkantilistisches Relikt« vor allem aus der Zeit ihres Niedergangs im 18. Jahrhundert.[196] Handelskompanien müssen solchen, meist wirtschaftsliberal grundierten Positionen zufolge bereits aufgrund ihrer Monopolstellung notwendigerweise als ineffizient gelten.[197]

Das allgemeine Bild der Handelskompanien, sei es in der wissenschaftlichen Literatur, sei es in der Populärkultur, wird dabei von der niederländischen Vereenigde Oostindische Compagnie (VOC) und der englischen East India Company (EIC) dominiert. Jene Kompanien, die im atlantischen Raum aktiv waren oder auch im Levante- oder Russlandhandel, bleiben demgegenüber sowohl in der Forschungsliteratur als auch in der öffentlichen Wahrnehmung deutlich unterrepräsentiert. Dadurch, dass die ostindischen Kompanien so häufig als Beispiel für Handelskompanien schlechthin herhalten mussten, sind teilweise Spezifika des asiatischen Raums und Handels zu allgemeinen Merkmalen erhoben worden.

Zudem sind die Handelskompanien der verschiedenen europäischen Länder höchst unterschiedlich gut untersucht. An vergleichenden Studien fehlt es bislang nahezu vollständig, wie Helmut Coing bereits 1985 konstatiert hat.[198] Da sich dieses Desiderat in der Zwischenzeit nicht wesentlich verändert hat, kann auch die vorliegende Arbeit zwar eine Zusammenschau der unterschiedlichen, meist national verfassten Historiografien vornehmen, nicht aber einen systematischen Vergleich leisten.

Obwohl das Schlagwort von den ersten Aktiengesellschaften[199] und die großen Narrative weiterhin einflussreich bleiben, liegen inzwischen differenziertere Erkenntnisse zum Charakter wie zur Stellung der Handelskompanien vor: *Erstens* wird auf das Neben- und Gegeneinander verschiede-

---

Kompanien als Begründer des British Empire feiert, bspw. bei Cawston/Keane, Companies, bes. S. 12ff.

196 So charakterisiert Jürgen Nagel das lange Zeit vorherrschende Bild der Kompanien; Nagel, Abenteuer, S. 70.

197 So z.B. noch einmal Jones/Ville, Rationale.

198 Coing, Privatrecht, Bd. 1, S. 525. Cordes und Jahntz haben dies jüngst noch einmal bekräftigt; Cordes/Jahntz, Aktiengesellschaften, S. 2.

199 Wiewohl die neuere rechtshistorische Forschung eher von »Vorläufern« der Aktiengesellschaften spricht; vgl. Cordes/Jahntz, Aktiengesellschaften, dort S. 3ff. mit einschlägigen methodischen Vorbemerkungen.

ner Formen der Organisation auch im Überseehandel hingewiesen.[200] Die eingehendere Erforschung auch der kleineren Kompanien sowie des Handels außerhalb des Kompanieverbunds hat das Bild der Handelskompanie als *das* unabdingbare und Erfolg garantierende Organisationsmodell für den Überseehandel korrigiert, das vor allem durch die Erfolge von VOC und EIC im 17. Jahrhundert bestimmt war. Hier ist insbesondere der atlantische Raum mit seinen deutlich verworreneren, kurzlebigeren Kompaniebiografien und dem starken Gewicht privater Handelsfirmen zum wichtigen Vergleichsgegenstand geworden.[201] Wie der eingangs erwähnte Pamphletkrieg deutlich macht, führten nicht zuletzt auch die Zeitgenossen eine vehemente und hitzige Debatte um die Vor- und Nachteile der Handelskompanie als Organisations- und Rechtsform.

Zweitens sind die behaupteteten Entwicklungslinien selbst in Zweifel geraten – auch wenn weiterhin ein innovatorisches Potenzial der Handelskompanien konzediert wird,[202] so sind doch inzwischen auch bedeutsame Differenzen zu modernen Unternehmen herausgearbeitet worden. Zentral ist dabei, was Niels Steensgaard als »dual nature« der Kompanien bezeichnet hat: »The dual nature of companies, partaking in both public and private rights, is their historical characteristic.«[203] Die private Seite identifiziert er vorderhand in der Übertragung von Eigentumsrechten, durch Investition von Kapital, die öffentliche in der Privilegierung und Verleihung von Monopolrechten. In ähnlicher Weise konstatieren Albrecht Cordes und Katharina Jahntz am Beispiel der VOC: »Die in der VOC offenbar werdende *symbiotische Verknüpfung von Fernhandel, militärischer Macht und Politik* war prägend für die Handelscompagnien der frühen Neuzeit.«[204] Sowohl die Verknüpfung von Handel bzw. Wirtschaft und Politik als auch die Verqui-

200 Vgl. bspw. Klein, Origins, bes. S. 18ff.; Denzel/Vries/Rössner (Hrsg.), Small.

201 Vgl. Heijer/Enthoven, Nederland.

202 Siehe auch Denzel/Pfister, Art. Handelsgesellschaft.

203 Steensgaard, Companies, S. 247; Nagel hingegen charakterisiert die Kompanien mit dem Stichwort »Doppelgesichtigkeit«, das er auf verschiedenen Ebenen anwendet; Nagel, Abenteuer, S. 7, S. 39 u. ö. – Dagegen wiederum mit anachronistischem Ausgangspunkt Klein, Origins, S. 23: »The distinction between the company as a private body of enterprise and as a public authority enjoying more or less sovereign power was actually somewhat lost.« Genau diese Distinktion ist aber ein Produkt historischer Entwicklung insbes. des 19. Jhdts. und darf nicht zur Beurteilung frühneuzeitlicher Phänomene vorausgesetzt werden. Ähnlich spielt Wilhelm Hartung teilweise »privatwirtschaftliche« und »öffentliche« Aspekte gegeneinander aus; Hartung, Geschichte, bspw. S. 130ff.

204 Cordes/Jahntz, Aktiengesellschaften, S. 15 [Kursivierung folgt dem Original; C. B.]. – Von einer symbiotischen Beziehung spricht auch Enthoven, hier in Bezug auf die VOC, siehe Enthoven, VOC, S. 31 und S. 47.

ckung von öffentlich- und privatrechtlichen Bereichen sind jedoch, im historischen Kontext betrachtet, keineswegs ein Alleinstellungsmerkmal der Handelskompanien. Vielmehr weisen sie auf allgemeinere Charakteristika dieser Epoche hin, in der funktionale Ausdifferenzierungsprozesse gerade im Gange waren.[205] So standen den frühneuzeitlichen Beobachtern und Kommentatoren zwar sehr wohl Unterscheidungskriterien für jene Bereiche – beispielsweise privat/staatlich oder politisch/wirtschaftlich – zur Verfügung. Doch die diskursive Verfügbarkeit dieser Unterscheidungen ist keinesfalls mit ihrer flächendeckenden Um- oder Durchsetzung zu identifizieren. Insofern verweist die Rede von der »dual nature« bzw. der »symbiotischen Verknüpfung« auch auf die notwendige Historisierung der Kompanien als Forschungsgegenstand jenseits teleologischer Entwicklungslinien, ob man diese nun in Richtung einer bestimmten Rechtsform (Aktiengesellschaft) oder einer bestimmten Wirtschaftsorganisation (multinationaler Konzern) zieht.

Ausgehend von dieser grundsätzlichen Charakterisierung ist hinsichtlich der Ausprägung jener »dual nature« zwischen den einzelnen Kompanien noch weiter zu differenzieren. Die Mitspracherechte von Herrscher, Parlament, Ministerien und anderen Gremien in den Entscheidungsprozessen und der Organisation der Kompanien divergierten beispielsweise erheblich. Um zu einer angemessenen Einschätzung zu gelangen, ist zudem zwischen formellen Befugnissen und informellen Einflussmöglichkeiten zu unterscheiden und zusätzlich der jeweilige politische Kontext einzubeziehen.

5.2 Handelskompanien in den Außenbeziehungen

Kommen wir noch einmal zum englischen Pamphletkrieg um die RAC zurück: Unter den zahlreichen Argumenten für die Notwendigkeit einer Handelskompanie im Afrikahandel finden sich zwei, die explizit auf außenpolitische, genauer gesagt: auf diplomatische Funktionen verweisen. Zum einen sei es, so schrieb Charles Davenant, für den Handel unabdingbar, Bündnisse zu schließen: »There was never yet any substantial Commerce in the World carried on, but by means of mutual Alliances and Confederations made with the Natives, how barbarous soever [sic].« Dergleichen Bündnisse

205 So konstatiert Heinz Mohnhaupt zum Verhältnis von öffentlichem und privatem Recht, ausgehend von der Frage der Privilegien: »Öffentlichrechtliche und privatrechtliche Materien überlagerten sich in den Privilegien. In der Regel blieben beide Bereiche vermengt. Das entsprach der allgemeinen Rechtsquellensituation im vorkonstitutionellen Staat.« Mohnhaupt, Privatrecht, S. 62.

seien allein durch Fürsten (Princes) zu schließen oder durch von ihnen abgeleitete und ermächtigte »Bodies Politick and Communities«, niemals aber durch Individuen und einzelne, vergängliche Personen. Das zweite Argument ergänzt dieses erste: An all jenen entlegenen Plätzen, an denen Seine Majestät keine »State Alliances, and regular Correspondencies, by Ambassadors, or other publick Ministers« unterhalte, müsse dennoch eine Macht (»Power«) aufrechterhalten werden, die mindestens der der anderen europäischen Nationen vor Ort entspreche.[206]

Ein kursorischer Blick auf die Praxis der Kompanien zeigt, dass diese sich in der Tat als diplomatische Akteure betätigten: Direktoren der Kompanien überbrachten Geschenke im Namen ihres Souveräns und empfingen Botschafter afrikanischer Könige, Faktoren stritten sich um Präzedenz und sahen die Ehre ihres Souveräns in ihrer eigenen Person respektiert – oder auch nicht –, Kompanieangestellte schlossen im Namen des Souveräns Verträge und führten Krieg.

Nimmt man hinzu, dass in den Kompanieniederlassungen unter Leitung ihrer Offiziere Gerichtsverfahren stattfanden und Urteile bis hin zu Kapitalstrafen vollstreckt wurden, dass Kompanien zum Teil über Münzrechte verfügten, Kriegsvolk anwerben durften und für »gute Ordnung, Policey und Gerechtigkeit« (»goede ordre, politie en justitie«) sorgen sollten, wie es im Oktroi der niederländischen Kompanie heißt, so wird deutlich, dass die erwähnte spezifische rechtliche Qualität, die Ermächtigung durch den Fürsten, offensichtlich in einem partiellen Transfer von Souveränitätsrechten bestand, wenn diese auch weiterhin »im Namen von« ausgeübt werden sollten.[207] Wie genau dieser Transfer erfolgte bzw. welche Rechte im Einzelnen übertragen wurden, war wiederum von Kompanie zu Kompanie verschieden.[208]

---

206 Hier nach Davenant, *Reflections* (1709), I, S. 31 und S. 34. Diese Argumente finden sich, leicht variiert, aber auch in anderen Pamphleten, bspw. *Considerations* (1730), S. 8. Dazu kurz Pettigrew, Free, S. 25f.

207 Somers, VOC, S. 69, betont am Beispiel der VOC, dass die Generalstaaten dennoch weiter das »originäre« Völkerrechtssubjekt geblieben seien.

208 Vgl. hierzu für die niederländischen Kompanien: Octroy OWIC (1621), Art. 2, und Octroy TWIC (1675), Art. 2 und 3, S. 10f. Für die englischen Kompanien: Charter für die Company of Royal Adventurers, dd. 18.12.1660 (12 Car II 21), in: Carr (Hrsg.), Charters, S. 172–177, hier: S. 175 und S. 177, und Charter für die Company of Royal Adventurers, dd. 10.01.1663 (14 Car II 27), ebd., S. 177–181, hier: S. 181 (die CRA besaß aber noch kein Bündnisrecht); Charter for the Royal African Company, dd. 27.09.1672 (24 Car II 3), ebd., S. 186–192, hier: S. 191f.; die Privilegien der Company of Merchants Trading to Africa fielen demgegenüber deutlich eingeschränkter aus, siehe An Act for extending and improving the Trade to Africa, 1750 (23 Geo II 31), in: Ruffhead (Hrsg.), *Statutes*, Bd. 7

Es ist demnach verkürzt, die Kompanien allein als Wirtschaftsorganisationen zu beschreiben; vielmehr nahmen sie, wie oben bereits angedeutet, öffentliche bzw. ›staatliche‹ Aufgaben wahr.[209] Mit dieser Feststellung ist keine Hierarchisierung der Aufgabenbereiche impliziert, denn es ist meines Erachtens müßig, darüber zu streiten, ob man Diplomatie tatsächlich als eine eigenständige Aufgabe und ein wesentliches Ziel der Kompanien ansehen kann oder ob sie stets allein Mittel zu dem von Wirtschaftshistorikern vermuteten Hauptzweck, nämlich der Erzielung von wirtschaftlichem Gewinn, war. Wesentlich ist, dass die Übernahme von diplomatischen Aufgaben und Funktionen zur festen Praxis der Kompanien gehörte und auch zeitgenössisch so reflektiert wurde.

Orientiert man sich an einem weiten Diplomatiebegriff, dessen Nützlichkeit und Angemessenheit verschiedentlich überzeugend dargelegt wurden,[210] so besteht kein Zweifel, dass frühneuzeitliche, herrscherlich oktroyierte Handelskompanien als Akteure der Außenbeziehungen zu verstehen sind. Wie die Handelskompanien auf diesem Feld agierten, sowohl gegenüber afrikanischen wie europäischen Vertretern, soll hier untersucht werden.

Gelegentlich scheint es, als wäre die Forschung in dem Dilemma gefangen, Handelskompanien entweder als eigenständige Staatswesen bzw. Völkerrechtssubjekte oder aber als bloße Instrumente ihrer Heimatstaaten, als

(1769), S. 268–274. Für die dänischen Kompanien: Feldbæk, Handelskompagnier, S. 353–488, englische Übers. der Oktrois von 1671 und 1697 in: Westergaard, West Indies, Anhang C, S. 294 ff., bes. Art. 1, 2, 4 und 12 (hier werden Gouverneure vom König eingesetzt, die Kompanie hat nur ein Vorschlagsrecht) und Anhang D, S. 299 ff., bes. Art. 3, 9 und 15. Die dänische Kompanie erhielt auch explizit das Recht, die königlich-dänische Flagge zu führen und das königliche Siegel zu verwenden. Für die französischen Kompanien: Edit du Roy, Portant établissement d'une Compagnie des Indes Occidentales ..., Donné à Paris au mois de Mai 1664, in: Bornier, *Conférence*, Bd. 2 (1755), S. 487–496, Art. 20, 21, 30 und 33, S. 492 und S. 494, und die *Lettres Patentes* (1696), bes. Art. 1, 3 und 4, S. 5 ff. (Exemplar ANOM, C 6/1). Für die brandenburgischen Kompanien: Oktroi für die BAC, dd. 8./18.11.1682, in: Schück (Hrsg.), Kolonial-Politik, Nr. 67, S. 136–142, Art. 18, S. 140, der BAC wird in diesem ersten Oktroi explizit kein selbstständiges Recht zu Krieg/Frieden gewährt, auch kein Bündnisrecht; dagegen werden im Oktroi für die BAAC sogar Defensivkriege erlaubt und Bündnisrecht zugestanden, explizit nach Vorbild der anderen Kompanien: Oktroi für die BAAC, dd. 14./24.09.1692, in: ebd., Nr. 139, S. 416–426, Art. 5 und 6, S. 418 f. Für die schwedische Kompanie: vgl. zu den Oktrois Nováky, Handelskompanier, S. 190 ff. und S. 217 ff.

209 So aber bspw. noch Carlson, Trade, S. 35 und S. 38, der einen starken Gegensatz zwischen der politisch-militärischen Position des Estado da India und der wirtschaftlichen der Handelskompanien konstruiert.

210 Vgl. bes. Thiessen/Windler, Einleitung.

Staatsunternehmen, zu betrachten. Diese Arbeit verfolgt hingegen einen praxeologischen und akteurszentrierten Ansatz, der nicht gleichsam ontologisch klären will, was die Kompanien denn nun wirklich waren, sondern vielmehr danach fragt, wie sie als historisches Phänomen gemacht wurden, wie ihre Vertreter wann und warum agierten: Die Kompanien konnten sich schließlich nur als Repräsentanten ihres Souveräns darstellen, insofern ihre Vertreter sich als solche zeigten und handelten (und ausreichende Anerkennung durch relevante Personen und Institutionen fanden).

Dabei kann man an die Forschungen zur völkerrechtlichen Stellung der Ostindienkompanien anknüpfen und diese zugleich auf die Westindien- und Afrikakompanien ausweiten.[211] Untersucht man auf diese Weise die Handelskompanien als Akteure der Außenbeziehungen und schließt dabei an einzelne Studien zum asiatischen Raum,[212] aber auch zur Hanse und einzelnen großen Handelshäusern[213] u.a. an, kann zugleich der Charakter vormoderner Diplomatie, wie er durch die Ansätze der Neuen Diplomatiegeschichte bislang vor allem für Europa und seine (unmittelbaren) Peripherien untersucht wurde, klarer herausgearbeitet werden.

Diplomatie war nicht allein Staatsgeschäft oder Interaktion zwischen Staaten, die sich ja gerade erst formierten, die Trennung von staatlich und

211 Für die Letztgenannten ist dieser Aspekt noch weitgehend ein Desiderat. Die afrikabezogenen Bemerkungen in Jörg Fischs breit angelegter Studie über die europäische Expansion und das Völkerrecht weisen zwar in die richtige Richtung, so, wenn er feststellt, dass der Völkerrechtsverkehr der Europäer in Afrika mehr dem in Asien als dem in Amerika glich. Sie sind jedoch sehr allgemein gehalten und gehen kaum auf die Rolle der Handelskompanien ein; Fisch, Expansion, u.a. S.42ff. Den spezifischen völkerrechtlichen Charakter der Handelskompanien in Bezug auf Westafrika beschrieb bereits Heinz Duchhardt in seiner Bayreuther Antrittsvorlesung von 1985: Duchhardt, Rechtsbeziehungen, S.370f. Für die Ostindienkompanien liegen ausführlichere Studien vor, bspw. Somers, VOC, und Alexandrowicz, Introduction. Anregend sind zudem manche Studien über Nordamerika, so MacMillan, Sovereignty. – Vgl. zur Forschungslage zum Völkerrecht eingehender Unterkap. IV.1.1 und IV.1.2.

212 Vgl. insbes. die Sammelbände zur VOC von Locher-Scholten/Rietbergen (Hrsg.), Hof, und Knaap/Teitler (Red.), Compagnie; weiterhin Goor, Koopman; Blussé, Queen; Hillemann, Kaufleute; Siebertz, Kaufmann.

213 Es lassen sich manche Parallelen zu den diplomatischen Kontakten und Aktivitäten der Hanse aufzeigen, auch wenn sie einen anders gelagerten Rechtscharakter besaß als die hier untersuchten Handelskompanien: Vergleichbar aber bleibt die Verquickung von Handel und Außenbeziehungen sowie der uneindeutige, teils prekäre völkerrechtliche Status. Siehe bspw. Weller, Partner; ders., Selbstverständnis. Zur Rolle von Kaufleuten in den Außenbeziehungen vgl. z.B. Zunckel, Geschäftsleute, und Häberlein/Bayreuther, Agent.

nicht-staatlich selbst muss vielmehr konsequent historisiert werden und darf nicht als Paradigma zur Erklärung frühneuzeitlicher Außenbeziehungen vorausgesetzt werden. Damit soll allerdings keineswegs einer harmonistischen Sicht auf vermeintlich naive frühneuzeitliche Zeitgenossen das Wort geredet werden, die noch unberührt von den Dichotomien der Moderne waren: Vielmehr waren die Trennung von staatlich/nicht-staatlich und die Vorstellung eines staatlichen ›Diplomatiemonopols‹ zeitgenössisch bereits denkbar und als argumentative Ressource verfügbar. Dies macht gerade das zu Beginn dieses Abschnitts zitierte Statement auf paradoxe Weise deutlich – Diplomatie ist eigentlich dem Fürsten vorbehalten, entsprechende Aufgaben können aber delegiert werden, und zwar auch an Körperschaften und Personen, die vorrangig durch andere Funktionen bestimmt sind, also keineswegs nur an Diplomaten und Gesandte im engeren Sinne.[214]

Dass die Dichotomie staatlich/nicht-staatlich elementare politische Bedeutung annehmen konnte, demonstrieren englische Klagen über die WIC 1664, am Vorabend des zweiten niederländisch-englischen Seekriegs. Die niederländische Kompanie, so der Vorwurf, maße sich illegitimerweise Souveränität an. Der englische König warnte die Generalstaaten, dass ein Krieg unausweichlich ins Haus stehe, es sei denn, die Herren Staaten

> »will reprehend and warn their West-India Company, that they hereafter forbear those outrages, and that they do not presume under the style of Merchants to usurp the Prerogative of Prince, and assume such a Dominion to themselves as, if it were in truth vested in them, would not warrant them to inhibit Traffique and Commerce with their Neighbours, but must incense all Christian Princes against their Presumption.«[215]

Es ist nicht schwer aufzuzeigen, dass dieser Vorwurf sich ohne Umstände auch gegen die englischen Handelskompanien hätte richten lassen, gegen die EIC allemal, aber auch gegen die englische Afrikakompanie. Die Klage über die »merchants turned sovereign« ist keine Klage über eine neuartige Usurpation,[216] sondern das Produkt einer Divergenz von Prinzipien aus einem erneuerten Arsenal politischer Theorie und dem Fortleben älterer

---

214 Freilich waren auch frühneuzeitliche Diplomaten im engeren Sinne keineswegs auf ihre professionelle Rolle beschränkt und verfolgten auch keineswegs allein die Interessen ihres Prinzipals, sondern ebenso ihre eigenen, diejenigen ihrer Klienten oder anderen Patrone. Dies hat die neuere Diplomatiegeschichte erschöpfend belegt; vgl. bspw. Thiessen, Diplomatie; siehe auch Köhler, Strategie, bes. Kap. 3. Von daher ist die obige Formulierung überspitzt. Dennoch ist es offensichtlich, dass Differenzen zwischen einem *ambassadeur* und einem Generaldirektor einer Handelskompanie bestehen.

215 *Memorial* (1664), S. 14f. (Exemplar TNA, SP 116/320).

216 Siehe bes. Dirks, Scandal.

Formen geteilter Souveränität(en). In diesem Sinne soll hier anhand von exemplarischen Fällen auch das Zusammenspiel von Regierung, Diplomaten im engeren Sinne sowie den Kompanien thematisiert werden, sodass gerade die komplexen Verflechtungs- und Abgrenzungsprozesse zwischen Kompanien und Staat im Werden beobachtbar werden (vgl. bes. IV.2.2).[217]

Künftig wäre vergleichend zu untersuchen, inwieweit zwischen den Ostindienkompanien und ihren westindischen bzw. afrikanischen Schwestern quantitative wie qualitative Unterschiede im Hinblick auf Organisation, Herrschaftsdichte etc. bestehen. Die Staatlichkeit der Kompanien scheint – trotz vergleichbarer politischer Vorstellungen und in mancherlei Hinsicht ähnlicher Voraussetzungen – in Ostindien ausgeprägter gewesen zu sein als im atlantischen Raum. Dies näher zu untersuchen, bleibt ein offenes Feld für konsequent vergleichende Studien, die nicht zuletzt auch die Beziehungen, personellen Verflechtungen und Transferprozesse zwischen den Kompanien zu betrachten hätten.[218] Ein Desiderat ist auch der Vergleich der hier behandelten Handelskompanien des 17. und 18. Jahrhunderts mit den Kolonialgesellschaften des 19. Jahrhunderts, insbesondere im Hinblick auf ihre rechtliche Stellung.[219]

---

217 Jüngst hat Philip Stern den Begriff *company-state* in die Diskussion eingebracht und durchaus überzeugend dafür argumentiert, die EIC als Staat zu betrachten, und zwar aufgrund ihres funktionalen Charakters und der zeitgenössischen Vorstellung geteilter Souveränität; STERN, Company-State. Sterns Plädoyer gegen eine Einschätzung der Handelskompanien als »mere merchants« kann hier nur geteilt werden, ebenso sein nicht-teleologisches Herangehen an Phänomene vormoderner Souveränität. Im Rahmen dieser Arbeit und ihrer anders akzentuierten Erkenntnisziele folge ich Sterns Vorschlag jedoch nicht. Meines Erachtens kann man die Handelskompanien als Korporationen und »bodies politick« untersuchen, ohne sie deshalb notwendigerweise mit dem Staatsbegriff auszeichnen zu müssen. – Zuvor hat bereits Thornton erklärt, die WIC sei »a sort of state itself« gewesen und habe auch agiert »as if it were a state«; siehe THORNTON, Africa, S. 63 f. Die WIC ist aber, soweit ich es überschauen kann, niemals als eigene, von der niederländischen Republik oder deren Regierung abgetrennte Entität aufgetreten. Vielmehr waren ihre Rechte und Rechtsansprüche durch die Generalstaaten fundiert, zugleich wurden Rechtsakte in Afrika stets auch im Namen der Generalstaaten vollzogen, sodass Rechtstitel der Kompanie zugleich stets auch Titel des Souveräns waren. Insofern verschleiert diese Redeweise eher ein Problem, das es näher zu untersuchen gilt, nämlich wie genau die Beziehung und das rechtliche Verhältnis zwischen Souverän und Kompanie ausgestaltet waren.

218 Vgl. bereits die weiterführenden Ansätze bei STERN, Asia sowie bei PETTIGREW/CLEVE, Companies, bes. S. 633–638.

219 Bislang nur von rechtshistorischer Seite behandelt: so z. B. FICHTNER, Stellung.

5.3 Drei Kompaniebiografien

Im Folgenden werden die drei Kompanien vorgestellt, die im Zentrum der Arbeit stehen und auf Basis eigener Archivrecherchen untersucht werden. Ich skizziere dabei kurz die Geschichte sowie die Organisationsstruktur in der Heimat und an der afrikanischen Küste, soweit dies für die späteren Ausführungen relevant ist, und schließe jeweils mit einem Kommentar zur Forschungslage.

a. Die niederländische Westindische Compagnie

Die niederländische WIC wurde 1621 gegründet,[220] formal in vielerlei Hinsicht dem Vorbild der VOC folgend,[221] den ihr zugedachten Aufgaben nach aber deutlich von ihrer Schwesterorganisation unterschieden: Betrieb die VOC hauptsächlich Handel mit verschiedenen asiatischen Regionen und Fürsten, war die WIC nicht allein als Handelsorganisation, sondern zunächst in erster Linie als Instrument im Krieg gegen Spanien-Portugal gedacht.[222] Mit diesem Krieg hing auch ihr Gründungsdatum zusammen: 1621 lief der Waffenstillstandsvertrag von 1609 aus, hinzu kam der Richtungswechsel innerhalb der niederländischen Regierung mit dem Sturz Johan van Oldenbarnevelts (1618).[223] So war die frühe Geschichte der WIC eher durch aufsehenerregende Eroberungen und Inbesitznahmen denn durch überragende oder auch nur stabile Handelsbilanzen charakterisiert. Die Kompanie zeichnete verantwortlich für die Eroberung Brasiliens und Angolas von Portugal und die Etablierung von Kolonien in Surinam und Nordamerika, darunter auch die Gründung von Nieuw Amsterdam, dem späteren New York.[224] Nicht zuletzt gelang ihr auch die Vertreibung der Portugiesen von der Gold-

---

220 Erste niederländische Handelsunternehmungen in Westafrika datieren bereits auf das späte 16. Jhdt., vgl. dazu Jonge (Hrsg.), Oorsprong; Unger, Nieuwe gegevens; Israel, Dutch Primacy, S. 60 ff.

221 Es bestanden allerdings Unterschiede in der Festlegung des Oktroigebiets und der Zusage von finanzieller und militärischer Unterstützung durch die Generalstaaten; siehe dazu Heijer, Compagnie, S. 50 ff.

222 Siehe für einen ersten Vergleich der beiden Kompanien, wenn auch mit manchen Ungenauigkeiten, Schnurmann, ›Profit‹, und Lademacher, Kompanie. Differenzierter in Bezug auf organisatorischen Aufbau etc. Heijer, Compagnie; zur Bedeutung des atlantischen Handels für die Niederlande insgesamt die abwägende Darstellung von dems./Enthoven, Nederland.

223 Israel, Dutch Republic, S. 433–449; Klooster, Illicit Riches, S. 19 ff.

224 Eine aktuelle Darstellung bietet Jacobs, New Netherland.

küste, die 1637 in der Eroberung Elminas gipfelte.[225] Während die Eroberungen in Brasilien und Angola ebenso wie die Siedlungen in Nordamerika nur von kurzer Dauer waren, blieb die niederländische Kompanie an der Goldküste bis ins späte 17. Jahrhundert die dominierende europäische Macht.[226] Dort hatte sie kaum mehr mit portugiesischem Widerstand zu rechnen. Vielmehr waren es vor allem englische Unternehmungen, die der WIC in dieser Region Konkurrenz machten.

Finanziell geriet die WIC bald in Schwierigkeiten, unter anderem aufgrund des zweiten niederländisch-englischen Seekriegs (1665–1667) und der privaten, illegalen Konkurrenz (niederländisch *lorrendraaiers*).[227] Dies führte 1674 zur Auflösung der »Oude Westindische Compagnie« und ihrer Neugründung als »Tweede Westindische Compagnie«. Die neue Kompanie war nicht nur in ihrer Organisation verändert, sondern musste auch erste Einbußen bei ihren Privilegien hinnehmen – nur der Sklavenhandel nach Amerika und der Westafrikahandel blieben Monopole der Kompanie, der Handel im sonstigen Oktroigebiet wurde gegen Zahlung einer Gebühr freigegeben. Bei den Verhandlungen um die Oktroiverlängerung 1730 erfolgten weitere Einschnitte; im »Naader Reglement« von 1734, das auf Proteste vor allem seeländischer Kaufleute hin erlassen wurde, verlor die Kompanie schließlich auch ihr Monopol für den Handel mit der Goldküste.[228] Die WIC existierte jedoch als Verwalterin der Besitzungen – oder »special administrative government agency«, wie Pieter Emmer es nennt[229] – und Zwischenhändlerin bis 1791 fort. Während des vierten englisch-niederländischen Seekrieges (1780–1784), der das endgültige Schwinden niederländischer Macht im atlantischen Raum markiert, scheiterte ein englischer Angriff auf Elmina im Februar 1782 knapp, die meisten anderen niederländischen Forts an der Goldküste wurden jedoch eingenommen oder zerstört. Nach der Auflösung

---

225 Allgemein Heijer, Geschiedenis, Kap. 2–5; Menkman, Compagnie, zu Westafrika S. 98ff.

226 Vgl. bspw. Heijer, Goud, S. 166f., und ders., Trade, S. 142f. und S. 165. Israel, Dutch Primacy, S. 327f., hält die Niederländer ebenfalls für die »foremost European trading power« bis um 1700, betont aber zugleich die Schwächung der Kompanie durch zunehmende Konkurrenz.

227 Vgl. Paesie, Lorrendrayen, und Delepeleire, Kruisers.

228 *Naader Reglement* (1734) (Exemplar des NA, VWIS 1174). Siehe Heijer, Goud, S. 297–314, zum »Naader Reglement« bes. S. 312ff., und ders., Company, S. 100ff. Heijer beschreibt dort die Rolle der WIC nach 1734 als »go-between function« (S. 103). Nach 1734 verblieb der WIC allein noch das exklusive Recht zum Sklavenhandel in Surinam, Essequibo und Berbice.

229 Emmer, Company,S. 95.

der WIC übernahm der niederländische Staat die Besitzungen in Guinea, bis sie 1872 schließlich an Großbritannien verkauft wurden.[230]

Ganz wie die VOC war die Organisation der WIC an der föderalen Struktur der Niederlande orientiert. Henk den Heijer bezeichnet sie gar als »a mirror-image of the political makeup of the Dutch Republic in the early seventeenth century«.[231] Es gab fünf Kammern, von denen Amsterdam und Zeeland die einflussreichsten und finanziell potentesten waren – sie stellten 1621 allein knapp zwei Drittel des gesamten Startkapitals[232] –, daneben die Kammern Noorderkwartier, Stad en Lande (Groningen) und Maze. Das Verhältnis, in dem sie jeweils mit Ausgaben belastet, aber auch am Gewinn beteiligt wurden, regelte der sogenannte Neuntelschlüssel (*negensleutel*), der vorsah, dass Amsterdam vier Neuntel, Zeeland zwei Neuntel und den drei weiteren Kammern stets ein Neuntel der Gesamtausgaben bzw. des Gesamtgewinns zukam. Die Kammern hatten jeweils eigene Befehlshaber (*bewindhebber*), die aus den Hauptinvestoren (*hooftparticipanten*) ausgewählt wurden.[233] Diese Auswahl nahmen – und dies ist charakteristisch für das Ineinander von ›Privatem‹ und ›Politischem‹ in dieser Zeit – die lokalen Magistrate vor.[234] Die *bewindhebber* mussten ihren Amtseid vor einem Bürgermeister ablegen und die Direktoren und Gouverneure hatten sowohl der Kompanie als auch den Generalstaaten Treue und Gehorsam zu schwören,

---

230 Dazu u.a. Mollema, Afstand, und Coombs, Gold Coast; zum vierten Seekrieg: Everts, Krijgsvolk, S. 96–103 (zum Angriff auf Elmina) und Enthoven/Heijer/Jordaan, Wereld, S. 32–35.

231 Heijer, Company, S. 82.

232 Schneeloch, Bewindhebber, S. 2; zur Rolle Zeelands auch Roos, Zeeuwen, S. 17–22. Die Generalstaaten beteiligten sich mit einer Million Gulden, zur Hälfte als Kapitalanteil, zur Hälfte als Subsidie; Dillen, Compagnie, S. 151.

233 *Octroy OWIC* (1621), Art. 11; *Octroy TWIC* (1674), Art. 11, S. 13; dazu Schneeloch, Bewindhebber, S. 1 ff., der auch die Ist-Situation der Kapitalzeichnung nach Kammern mit der Soll-Situation gemäß dem Neuntelschlüssel vergleicht und für die Zeit nach 1674 eine erhebliche Überrepräsentation von Amsterdam feststellt. Siehe auch ders., Kapital, S. 17 ff.

234 Zum einen wurden bestimmte Mitglieder des *bewindhebber*-Kollegiums durch Städte benannt (die sog. *buytenheeren* in der Kammer Amsterdam), zum anderen oblag es dem Magistrat, aus der von den *hooftparticipanten* getroffenen Vorauswahl (*tripelgetal*) die endgültigen Amtsträger zu küren; siehe Schneeloch, Bewindhebber, S. 5 f., sowie ders., Kapital, S. 81 ff. und S. 21 zu Ausnahmen von dieser Regelung. Vgl. auch Heijer, Goud, S. 57 ff., und ders., Company, S. 83, der dies als Indiz für die »symbiotic relationship between politics and private affairs« nimmt.

ab 1674 zusätzlich dem Prinzen von Oranien – auch hier also eine Verschränkung von Kompanie und ›Politik‹.[235]

Die einzelnen Kammern stellten unterschiedlich viele Mitglieder der Heeren XIX bzw. nach 1674 der Heeren X, die das höchste Gremium der WIC bildeten.[236] Die Heeren XIX bzw. Heeren X traten zwei- bis dreimal jährlich in Amsterdam oder Middelburg zusammen, erstellten dabei die allgemeine Jahresabrechnung, bestimmten die Höhe der auszuschüttenden Dividenden und beschlossen die Aussendung von Schiffen. Für die laufenden Geschäfte, wie Ausrüstung der Schiffe, Einkauf von Waren und Verkauf der Importe, waren hingegen die einzelnen Kammern zuständig.

An der Küste lag die oberste Entscheidungsgewalt formal bei einer Doppelspitze aus Generaldirektor (*directeur generaal*) und Rat; wie viel Gewicht dem Rat dabei zukam, variierte jedoch stark. Der Rat setzte sich aus dem Generaldirektor selbst, der den Vorsitz innehatte, dem Fiskal (*fiscaal*), der für die Justizangelegenheiten verantwortlich war, dem Oberkaufmann (*oppercoopman*), dem Equipagemeister (*equipage-meester*), dem Fähnrich (*vaendrig*) als ranghöchstem Militär an der Küste und den Spitzen der wichtigsten Forts (*oppercommiezen*) zusammen.[237] Um Ratsmitglied zu werden, musste man zudem mindestens 24 Jahre alt sein und sich zum reformierten Glauben bekennen. Die niederländische Kompanie besaß die meisten Forts, Faktoreien und Logien in Westafrika, die sich – nach dem Verlust von Angola und São Tomé – hauptsächlich auf Gold- und Sklavenküste konzentrierten.

Die WIC ist gegenüber den anderen hier thematisierten Kompanien vergleichsweise gut erforscht, ist sie doch Teil des *Gouden Eeuw* und damit der prominentesten Epoche der niederländischen Nationalgeschichte. Gegenüber der VOC bleibt ihre Geschichte jedoch unterbelichtet,[238] lange Zeit

235 Für die OWIC: *Octroy OWIC* (1621), Art. 3; für die TWIC: *Octroy TWIC* (1674), Art. 3, S. 11; ein Eidesformular in Cau (Hrsg.), *Placaatboek*, Teil III (1683), Sp. 1346–1354.

236 Amsterdam stellte acht, Zeeland vier und die drei weiteren Kammern jeweils ein Mitglied der Heeren XIX, hinzu kam ein Mitglied, das von den Generalstaaten bestimmt wurde. Bei den Heeren X stammten vier aus Amsterdam, zwei aus Zeeland und je ein Mitglied aus Noorderkwartier, Maze und Stad en Lande, hinzu kam wiederum der Deputierte der Generalstaaten.

237 Weitere Erläuterungen und schematische Aufrisse der Organisationsstruktur finden sich bei Postma, Dutch, S. 61 ff. und bei Heijer, Goud, S. 73 f. Die wichtigsten Forts, die von *oppercommiezen* verwaltet wurden, waren St. Anthony zu Axim, Nassau zu Moure und Crèvecoeur zu Accra, 1703 kam noch die Faktorei in Ouidah hinzu (ebd., S. 76).

238 Enthoven/Heijer, Nederland; Enthoven/Postma, Introduction, S. 6 ff., zum Einsetzen der »academic imbalance« im 19. Jhdt.; siehe auch Klooster, Illi-

galt sie lediglich als weniger erfolgreiche und letztlich unbedeutende Schwester der Ostindischen Kompanie.[239] Bereits Pieter C. Emmer hat jedoch 1981 darauf aufmerksam gemacht, dass bei aller Ähnlichkeit in Aufbau und Organisation auf dem Papier die Aufgaben, vor die sich die beiden Kompanien jeweils gestellt sahen, und die Umwelt, in der sie agierten, ausgesprochen unterschiedlich ausfielen und daher ein direkter Vergleich letztlich unfair sei.[240] Erst in jüngerer Zeit wurde verstärkt auf die Bedeutung des atlantischen Handels für die Niederlande und ihre Wirtschaft hingewiesen, die neueren Forschungen zufolge jene des Ostindienhandels deutlich überstiegen haben soll.[241]

b. Die englischen Afrikakompanien

Die Anfänge des organisierten englischen Westafrikahandels sind ebenfalls auf das frühe 17. Jahrhundert zu datieren.[242] 1618 erteilte James I der Company of Adventurers of London trading to Gynney and Bynney (auch Guiney Company genannt) eine Charter und verlieh so erstmals Monopolrechte für den Westafrikahandel.[243] 1630/31 wurde ein neues Patent, das sogar ein noch größeres Gebiet umfasste, an eine Gruppe von Kaufleuten unter der Führung von Nicholas Crisp vergeben, die als »Company of Merchants trading to Guinea« bekannt wurde.[244] Diese Gruppe war es auch, die unter Mithilfe eines ehemaligen WIC-Angestellten, Arent de Groot, die englischen Aktivitäten an der Goldküste intensivierte; zuvor hatte man sich

---

cit Riches, S. 1. – Im letzten Jahrzehnt wächst gerade aber in der niederländischen Historikerschaft das Interesse an der »Atlantischen Welt«, wie verschiedene Qualifikationsarbeiten und Projekte deutlich machen.

239 So bspw. Klein, Origins, S. 22.

240 Emmer, Company, bes. S. 72 und S. 95.

241 Enthoven/Postma, Introduction, S. 3f.; knapp auch Lademacher, Kompanie, S. 58f.; jüngst Oostindie/Roitman (Hrsg.), Connections, darin bes. die Einleitung der Hrsg., S. 1–21, die sich bewusst der »post-heroischen« Zeit nach 1680 zuwenden, um die atlantischen Verbindungen der Niederlande in ihrer strukturellen Bedeutung zu untersuchen.

242 Siehe u. a. Hair/Law, English, und Blake (Hrsg.), Europeans, S. 262ff. Für frühere englische Aktivitäten in Afrika siehe Kleist, Trade.

243 Neben dem schwer zugänglichen Artikel von Blake, Company, der insbes. die Pionierrolle von John Davis hervorhebt (bes. S. 17f. und S. 27), siehe Scott, Constitution, Bd. 2 [1910], S. 11ff., und Davies, Company, S. 38f.

244 Scott, Constitution, Bd. 2 [1910], S. 15ff. Vgl. auch Blake, Farm, und Porter, Crispe Family.

hauptsächlich auf Sierra Leone und Gambia konzentriert.[245] In den 1650er Jahren wurden Privilegien der Kompanie aufgrund von finanziellen und politischen Problemen während des *Commonwealth* weiterverpachtet. So wurde der Handel mit der Gold- und Sklavenküste ab 1657 von der EIC übernommen.[246] 1660, nach der Restauration der Stuart-Monarchie, erfolgte dann die Aufrichtung und Privilegierung der Company of Royal Adventurers (CRA), die durch Prinz Rupert und James Duke of York gefördert wurde und die erste englische inkorporierte Kompanie im Westafrikahandel war.[247] Bei der Erneuerung ihrer Charter 1663 wurde erstmals der Sklavenhandel explizit unter den prospektiven Aktivitäten der Kompanie erwähnt.[248]

Die CRA geriet bald in finanzielle Schwierigkeiten, unter anderem ebenso wie die WIC durch den zweiten niederländisch-englischen Seekrieg.[249] Sie wurde daher 1672 durch die neu gegründete RAC ersetzt, die wie ihre Vorgängerin eine *joint stock company* war, ihr gegenüber aber noch erweiterte Befugnisse besaß.[250] Die RAC sollte die nominell langlebigste englische Afrikakompanie werden, sie konzentrierte sich nun maßgeblich auf den Sklavenhandel.

Als 1698 der Handel und die Schifffahrt privater Händler in ihrem Oktroigebiet gegen eine Abschlagszahlung von 10 % (daher der Name »tenpercenters«) gestattet wurden, verlor sie europaweit als erste der Afrikakompanien ihr exklusives Handelsrecht. Ähnlich wie die WIC litt auch die RAC immer wieder unter Finanznöten und bedurfte wiederholter Zuwendungen von Seiten des Parlaments. Und ähnlich wie die WIC standen auch die RAC und ihr bereits durchlöchertes Monopol fortwährend in der Kritik freier Händler und Propagandisten des Freihandels. Sie wurde schließlich 1749/50 aufgelöst, und die Verwaltung der afrikanischen Besitzungen wurde an die neu gegründete Company of Merchants Trading to Africa (CMA; auch African Company genannt) übertragen.[251] Diese Kompanie,

245 Blake, Company, S. 22 f.

246 Die Korrespondenz aus dieser Zeit ist ediert bei Makepeace (Hrsg.), Trade; vgl. zum historischen Kontext dies., Traders; kurz auch Scott, Constitution, Bd. 2 [1910], S. 17.

247 Zur CRA vgl. Zook, Company, und Scott, Constitution, Bd. 2 [1910], S. 17 ff.

248 Hair/Law, English, S. 256.

249 Zook, Company, S. 18 ff. Die Kompanie gab in dieser Zeit auch Lizenzen an private Händler aus, nicht zuletzt handelten viele der Teilhaber auf private Rechnung (ebd., S. 20 ff.). Der Handel mit der Gambiaregion wurde 1669 von einer eigenständigen Organisation übernommen, die unter dem Namen »Gambia Adventurers« firmierte.

250 Dazu Davies, Company, S. 98 ff.

251 Siehe An Act, dd. 1750, 23 Geo 2 c. 31, abgedruckt in Ruffhead (Hrsg.), *Statutes*, Bd. 7, S. 268–274, und in Donnan (Hrsg.), Documents, Bd. 2, no. 217, S. 474–

in die sich jeder Handelsinteressierte gegen eine geringe Gebühr einbringen konnte, fungierte ausschließlich als Verwalterin der afrikanischen Niederlassungen (und als Zwischenhändlerin), ähnlich wie die WIC nach 1734.[252] Die CMA war ausdrücklich keine *joint stock company*, sondern eine *regulated company*, der der Gesellschaftshandel verboten war.[253] Sie überdauerte von allen Afrikakompanien am längsten und wurde erst 1821 aufgelöst. In der Folge gingen die britischen Besitzungen in Westafrika in die direkte Verwaltung der Krone über.

Auch in der Organisation der RAC gab es lokale Schwerpunkte, doch anders als in den Niederlanden gründete die RAC sich nicht auf ein föderales Kammersystem. Vielmehr stand anstelle eines vielköpfigen Gremiums wie den Heeren XIX bzw. Heeren X ein adeliger Protektor, meist der König, als Gouverneur an der Spitze.[254] Die eigentliche und alltägliche Arbeit blieb hingegen seinen Stellvertretern überlassen sowie dem *Court of Assistants* und dessen aufgabenspezifischen Unterkomitees (Korrespondenz, Schifffahrt, Buchhaltung, Güter). Sowohl die Gouverneure als auch die »Assistenten« wurden in der Vollversammlung der Anteilseigner (*General Court*) gewählt bzw. abgesetzt.[255] Nominell lag die höchste Gewalt bei diesem *General Court*, realiter war er nicht viel mehr als eine heutige Aktionärsversammlung.[256]

Bei der CMA hingegen stand ein neunköpfiges *Committee* an der Spitze der Organisation, dessen Vorsitz bei jeder Sitzung durch Los zu bestimmen war. Die *Committee*-Mitglieder wurden von den *Freemen* bzw. Mitgliedern der Kompanie nach Stadt gewählt – je drei Mitglieder waren in London, Bristol und Liverpool zu bestimmen.[257] Aufgrund der eingeschränkten Finanz- und sonstigen Ressourcen der CMA lag die eigentliche Entscheidungsgewalt in den meisten Fragen beim Schatzkanzler, den *Commissioners for Trade and Plantations* bzw. dem *Board of Trade* und der Admiralität. Der Etat der Kompanie musste dem Parlament zur Bewilligung vorgelegt wer-

---

485. Zum Vorgehen der RAC gegen *interlopers* und ihrer Auseinandersetzung mit den *free traders* siehe Pettigrew, Debt und ders./Cleve, Companies.

252 Vgl. Martin, Settlements.

253 An Act, dd. 1750, in: Ruffhead (Hrsg.), *Statutes*, Bd. 7 (1769), S. 269, bzw. Donnan (Hrsg.), Documents, S. 475 (Abs. IV); die Einlage (*40 sh.*) war an die lokalen Autoritäten zu entrichten (Abs. VI).

254 Siehe Scott, Constitution [1903], S. 254. Von 1672–1688 war James Duke of York Gouverneur der RAC; Davies, Company, S. 156.

255 Vgl. die Bestimmungen der Charter vom 27.09.1672, ediert bei Carr (Hrsg.), Charters, S. 186–192, hier: S. 189f.

256 Davies, Company, S. 154ff.

257 An Act, dd. 1750, in: Ruffhead (Hrsg.), *Statutes*, Bd. 7 (1769), S. 269f. (Abs. VI und VII zur Wahl, Abs. XII zur Auslosung des Vorsitzes).

den, was oft langwieriger Verhandlungen bedurfte und teils auch mit politischen Konflikten verknüpft wurde.[258]

Auch die Gestaltung der Organisation vor Ort an der Küste wandelte sich. Während der Zeit der RAC bildete – wie bei der WIC – ein General bzw. Gouverneur mit einem Rat die Regierung; in der Zeit um 1700 experimentierte man zudem mit einer kollegialen Leitung durch drei *chief merchants*. Diese Gremien hatten umfassende Befugnisse, ähnlich denen ihrer niederländischen Amtskollegen. Der Gouverneur, der unter der CMA weiterhin gemeinsam mit einem Rat regierte, besaß demgegenüber deutlich eingeschränktere Vollmachten, sowohl aus rechtlichen als auch aus finanziellen Gründen. Wenn es zu Auseinandersetzungen mit anderen Nationen kam, war die CMA, da sie keine eigenen Kriegsschiffe finanzieren konnte, vollständig von der Navy abhängig. Auch im politischen Bereich wurden die Kapitäne der Navy konsultiert.

Zu den englischen Kompanien lagen lange Zeit nur wenige und größtenteils ältere Studien vor. In erster Linie sind hier die Arbeiten von Kenneth G. Davies zur RAC und von George F. Zook zur CRA zu nennen.[259] Erst in jüngerer Zeit hat sich das Bild gewandelt: Entstanden zunächst vor allem wirtschaftshistorische Fallstudien mit stark gegenwartsbezogenem Vergleichsaspekt, sind in den letzten Jahren auch mehrere Untersuchungen zu allgemeineren Fragen, etwa der Politik des Sklavenhandels der RAC, vorgelegt worden.[260] Zur CMA selbst liegt bislang keine Studie vor, ihre Aktivitäten werden aber von Eveline C. Martin in ihrem Werk »British West African Settlements« thematisiert; jüngst haben sich Ty M. Reese und Joshua Newton zwar nicht direkt mit der Kompanie, aber doch mit ihren Niederlassungen in Westafrika auseinandergesetzt.[261] Für die englischen Kompanien existieren, wie oben erwähnt, vergleichsweise viele Quelleneditionen.[262]

---

258 Vgl. Martin, Settlements, S. 16 ff.

259 Davies, Company; Zook, Company.

260 Vgl. die wirtschaftshistorischen Beiträge von Carlos, Problems; dies., Bonding; dies./Kruse, Decline und, mit etwas anderem Fokus, Paul, Maintenance. Jüngst haben William A. Pettigrew und Matthew David Mitchell zur Geschichte der RAC und insbes. zu den politischen Auseinandersetzungen publiziert, in die die Kompanie in England verwickelt war; siehe Pettigrew, Debt; ders., Free; ders./Cleve, Companies; Mitchell, Towns; ders., »Commerce«.

261 Martin, Settlements; Reese, Controlling; ders., Drudgery; ders., Wives; Newton, Law; ders. Slavery. Newton betont die bisherige Vernachlässigung der »West African enterprises« und konstatiert: »... [Africa's] historiographic neglect stands in urgent need of correction«; ebd., S. 171 ff., Zitat S. 187.

262 Siehe oben, Anm. 37.

c. *Die französischen Afrikakompanien*

Noch komplizierter gestalten sich die institutionellen Verhältnisse im Fall der französischen Kompanien, die in Westafrika aktiv waren. Nachdem der Afrikahandel zunächst von einzelnen Kaufleuten bzw. Kaufmannsvereinigungen vor allem aus Rouen und Dieppe betrieben worden war und Richelieu diesen erste Privilegien erteilt hatte,[263] unternahm Jean-Baptiste Colbert Mitte des 17. Jahrhunderts, kurz nach seinem Amtsantritt als *intendant* der Finanzen, den Versuch, diesen Handel stärker zu organisieren und zu zentralisieren und somit auch besser zu kontrollieren.[264] Im Rahmen seiner merkantilistischen Wirtschaftspolitik gründete er 1664 die Compagnie des Indes Occidentales (CIO) sowie als ostindisches Pendant die Compagnie des Indes Orientales. Die CIO verfügte über ein weitgespanntes Oktroigebiet: von Kanada über die Westindischen Inseln bis zum Orinoko, vom Kap Verde bis zum Kap der Guten Hoffnung. Frühere Privilegieninhaber in diesen Gebieten wurden zum Teil durch größere Summen entschädigt, andere hielten bis zur Auflösung der Kompanie ihren Protest gegen die Enteignung aufrecht.[265] Die CIO war an den niederländischen und englischen Unternehmungen orientiert, anders als diese gelang es ihr aber kaum, privates Handelskapital zu gewinnen.[266] Ihre problematische Lage wurde durch den Ausbruch des zweiten niederländisch-englischen Seekrieges und durch

---

263 Zu den frühen französischen Unternehmungen, die vorrangig von Häfen in der Normandie (Rouen, Dieppe u.a.) ausgingen, vgl. weiterhin Roncière, Histoire, Bd. 4, S. 76–91 und S. 689–710; zu den von Richelieu privilegierten Kompanien siehe auch Ly, Compagnie, S. 67 ff.

264 Vgl. Marzagalli, World, S. 238; Boulle, Mercantilism.

265 Edit du Roy, Portant établissement d'une Compagnie des Indes Occidentales ..., Donné à Paris au mois de Mai 1664, in: Bornier, *Conférence*, Bd. 2 (1755), S. 487–496; in der CIO sollten so verschiedene vorherige Kompanien aufgehen, u.a. die Compagnie du Cap-Vert et Sénégal, die Compagnie de Cayenne (zum Transfer von deren Einlagen auf die CIO vgl. Mims, Policy, S. 75 ff.) und die Compagnie de la Nouvelle France. Vgl. dazu Cole, Colbert, Bd. 2, S. 2 ff. Es war einer der Eigentümer von Guadeloupe, Houel, der sich mit den Ablösezahlungen nicht zufriedengeben wollte, »who was thereafter merely ignored« (S. 3).

266 Vielmehr kam es größtenteils von Beamten, Steuerpächtern, Richtern, Höflingen etc.; vgl. Mims, Policy, S. 78–82: »Only very insignificant sums were furnished by merchants or others capable of directing such an important enterprise. The West India Company was thus, from the first and remained throughout its history, a commercial enterprise created by the government, supported by it and directed by the king's greatest minister. [...] In a word, the company was maintained and controlled by the state to perform a national service and to make possible the success of a national policy.« (S. 81 f.)

die Unzufriedenheit der französischen Kolonisten in der Karibik angesichts schleppenden Nachschubs von Sklaven etc. noch verschärft. Der Handel wurde durch Lizenzvergabe an private Unternehmer aufrechterhalten.[267] Seit 1672 standen die Geschäfte jedoch weitgehend still, und 1674 wurde die CIO nach nur zehnjährigem Bestehen endgültig liquidiert.

Wenn Colbert mit der CIO, wie es in der Literatur angenommen wird, vor allem »la lutte contre la suprématie hollandaise« im Sklavenhandel führen wollte, hat die Kompanie bei aller Misere dieses Ziel jedoch in mancherlei Hinsicht eingelöst, nicht zuletzt indem sie Strukturen aufbaute, die später auch von privaten Unternehmen genutzt werden konnten.[268] Die CIO ist damit auch ein Paradebeispiel für die Paradoxien der nationalen Rhetorik, die die Handelskompanien vielfach begleitete: Sie sollte einerseits dem Kampf gegen die Niederländer dienen, war aber andererseits vielfach auf niederländische Kooperation und Expertise angewiesen; sie sollte einerseits zur Nationalisierung des Sklavenhandels zu den französischen Karibikinseln beitragen, kopierte dazu aber andererseits ein niederländisches (und englisches) Modell.

Bereits im November 1673 wurden die Konzessionen der CIO über die »habitation du Sénégal« bis hin zum Gambiafluss an drei Privatleute, Maurice Egrot, François François und François Raguenet, verkauft, die in der Folge die Compagnie du Sénégal gründeten.[269] 1679 wurden ihre Privilegien bis zum Kap der Guten Hoffnung ausgedehnt,[270] nur um 1684 wiederum eingeschränkt zu werden – angeblich hatte die Kompanie vereinbarte Lieferziele für die Westindischen Inseln verfehlt. Das Monopol für den Sklaven- und Goldhandel zwischen Sierra Leone und dem Kap der Guten Hoffnung sowie das Privileg des Sklavenhandels mit den französischen Karibikinseln wurde nunmehr der neu gegründeten Compagnie de Guinée zugeschlagen.[271] Aufgrund der Proteste des Hauptinvestors, dem

---

267 Siehe auch Ly, Compagnie, S. 94ff., und Mims, Policy, S. 117f.; allgemein zur Öffnung des Handels ebd., S. 138f., und Cole, Colbert, Bd. 2, S. 12ff.

268 Ly, Compagnie, S. 90ff., das Zitat S. 92; Cole, Colbert, Bd. 2, S. 23f.

269 Banks, Financiers, S. 91f.; Chemin-Dupontès, Compagnies, S. 89f. – Der Vertrag vom 08.11.1673 ist abgedruckt in Francheville, *Histoire*, Bd. 3 (1738), S. 428–436.

270 Chemin-Dupontès, Compagnies, S. 101f. und S. 121ff.

271 Als Begründung wird im Gründungsdekret vom Januar 1685 angeführt, dass das Konzessionsgebiet der Compagnie du Sénégal vom »Cap-Blanc jusques au Cap de Bonne-Espérance« zu groß und sie nicht in der Lage gewesen sei, Sklaven- und Goldhandel zu betreiben; Déclaration du Roi pour l'Etablissement d'une Compagnie de Guinée ..., Januar 1685, abgedruckt in Francheville, *Histoire*, Bd. 3 (1738), S. 489–493, hier: S. 489. – Die beiden Kompanien repräsentierten zugleich rivalisierende Finanziersgruppen (d'Appougny & Co. auf der einen,

Sieur d'Appougny, wurde die Einschränkung der Rechte der Senegalkompanie jedoch im März 1685 teilweise zurückgenommen. Dafür wurde 1701 unter Beteiligung von Jérôme de Pontchartrain und Ludwig XIV. die Compagnie de l'Asiente gegründet. Diese hielt das Privileg zur Belieferung der spanischen Kolonien, bis es 1713 im Frieden von Utrecht England zugeschlagen wurde. Mehrere Jahre existierten so mehrere privilegierte Kompanien für den Afrikahandel nebeneinander.[272]

1713 wurde, auf Drängen der Kaufmannslobby hin, der Afrika- und insbesondere der Sklavenhandel für alle französischen Untertanen geöffnet unter der Maßgabe, diesen Handel von keinen anderen Häfen als Rouen, La Rochelle, Bordeaux oder Nantes aus zu betreiben.[273] Bereits vier Jahre später, im September 1720, wurde diese allgemeine Öffnung des Handels widerrufen und die Compagnie (perpétuelle) des Indes erhielt das Monopol für den Guineahandel. In ihr gingen die bis dato existenten Afrikakompanien auf.[274] 1767 verlor die Compagnie des Indes ihre Privilegien in Afrika und der Handel wurde für alle geöffnet (womit aber wohl nicht mehr als die Realität anerkannt wurde).[275] 1769 wurde diese Kompanie endgültig aufgelöst, die Gewährung des Freihandels allerdings 1777 wieder aufgehoben und das Handelsmonopol an die 1772 gegründete Compagnie de la Guyane verliehen, die zwar offiziell nur für die Region zwischen Kap Verde und Casamance zuständig war, aber dennoch Agenten an der Sklavenküste unterhielt.[276]

Der Schwerpunkt der französischen Präsenz in Westafrika lag in Senegambien. Die dortigen Niederlassungen – insbesondere diejenigen am Sene-

---

eine Gruppe um Céberet auf der anderen Seite), die v.a. um die Pacht der *Domaine d'Occident* stritten; vgl. Banks, Financiers, S. 95f.

272 Cole, Mercantilism, S. 95; zur Compagnie de l'Asiente Banks, Financiers, S. 99f.

273 Vgl. die Lettres Patentes pour la liberté du Commerce sur les Côtes de Guinée & d'Afrique, Januar 1716, abgedruckt in Francheville, *Histoire*, Bd. 3 (1738), S. 500–504; bezüglich der festgelegten Häfen galt eine Ausnahmeregelung für die Einwohner Saint-Malos, die auch ihren Heimathafen nutzen durften (S. 503f.). Siehe auch Cole, Mercantilism, S. 105.

274 Arrest du Conseil d'Etat, qui accorde & réünit à perpétuité à la Compagnie des Indes le Privilege Exclusif pour le Commerce de la Côte de Guinée, 27.09.1720, abgedruckt in Francheville, *Histoire*, Bd. 3 (1738), S. 516–519; als Begründung für die erneute Einschränkung werden dort die Preisinflation in Afrika und der dadurch verursachte ruinöse Zustand des Handels genannt (S. 516). Die Compagnie des Indes musste sich im Gegenzug verpflichten, jährlich mindestens 3000 Sklaven nach Westindien zu verschiffen. Vgl. zur Compagnie des Indes auch Boulle, Mercantilism, S. 110ff.

275 Berbain, Comptoir, S. 36.

276 Berbain, Comptoir, S. 37f.; Stein, Slave Trade, S. 39f.

gal um Saint-Louis als Hauptstadt – sollten später den Nukleus der französischen Kolonie bilden.[277] An Gold- und Sklavenküste gab es zwar immer wieder französische Ansiedlungsversuche – so in Komenda und Allada in den 1670er bis 1690er Jahren, in Assini in den 1680ern- bis 1700ern, in Anomabo in den 1730ern und 1750ern und später noch einmal in Amoku –, längerfristig überdauert hat davon aber allein das französische Fort in Ouidah (im Französischen auch »Juda« genannt).[278]

Gegenüber den niederländischen und englischen Kompanien zeichnete sich die französische durch eine stärkere Zusammenarbeit auch mit Missionaren aus, so unternahm man im späten 17. Jahrhundert sowohl in Assini als auch in Allada erste Missionsversuche. Im Rahmen dieser Arbeit bieten sich die französischen Unternehmungen an der Goldküste gerade aufgrund ihres temporären Charakters als Vergleichspunkt an und erlauben es, Differenzen in diplomatischen Praktiken zwischen den ›etablierten‹ Kompanien und einem ›newcomer‹ herauszuarbeiten.

In der Forschung finden die französischen Afrikakompanien in erster Linie als Staatsunternehmen im Kontext von Colberts merkantilistischer Wirtschaftspolitik Beachtung, Pierre Boulle weist zudem auf die »Steigbügel«-Funktion der Kompanien für den französischen Handel insgesamt hin und revidiert damit einige negative Urteile.[279] Im Einzelnen sind die französischen Kompanien, die im Afrikahandel aktiv waren, jedoch nur wenig erforscht, wiederum auch im Vergleich zu den Unternehmungen in Asien.[280] Die vorliegenden Studien von Abdoulaye Ly, André Delcourt und Jean-Baptiste Lacroix sind größtenteils sozial- und wirtschaftshistorisch ausgerichtet und konzentrieren sich im Wesentlichen auf die Rolle der Kompanien im Sklavenhandel sowie auf die Region Senegambien.[281] Neuere Arbeiten fehlen bislang weitgehend.[282]

---

277 Vgl. bes. Delcourt, France, und Boulle, Policies.

278 Siehe u.a. Roussier (Hrsg.), Etablissement (zu Assini und Komenda); Berbain, Comptoir (zu Ouidah); Matson, French (zu Amoku); Brauner, »König« (zu Anomabo).

279 Siehe Cole, Colbert, Bd. 2, Kap. 9; ders., Mercantilism, Kap. 1 und 2; Boulle, Mercantilism, S. 99f. et pass.

280 Vgl. bspw. allein Haudrère, Compagnie, und Ames, Colbert.

281 Delcourt, France; Ly, Compagnie; Lacroix, Français.

282 Vgl. den Überblick von Hodson/Rushforth, Atlantic, in dem deutlich wird, dass die wenigen jüngeren Arbeiten sich nahezu ausschließlich auf die Amerikas und die Karibik beziehen, ein Beispiel ist etwa Banks, Empire.

I. Könige, Republiken und Häuptlinge. Zur europäischen Semantik der Beschreibung afrikanischer Herrschaftsformen

1. Einleitung

1.1 Das »Königreich von Guinea«

Einer der wichtigsten frühneuzeitlichen Reiseberichte über Westafrika erschien 1602 unter dem Titel *Beschryvinge ende Historische Verhael van het Gout Koninckrijck van Gunea*, zu Deutsch: »Beschreibung und Historische Erzählung von dem Goldkönigreich von Guinea«.[1] Folgt man dem Verfasser, einem niederländischen Kaufmann namens Pieter de Marees, so erstreckte sich dieses »Königreich von Guinea« zwischen dem Cape Three Points (Cabo Tres Puntas, im heutigen Ghana) und dem Fluss Benin (im heutigen Nigeria).[2] Damit entspricht es in etwa der Region, die üblicherweise als »Gold-« und »Sklavenküste« bezeichnet wird (siehe Abb. 1, S. 36). Im europäischen Diskurs über Westafrika führte dieses »Königreich von Guinea« ein recht langes Leben, wenn auch mit unterschiedlicher geografischer Ausdehnung und Verortung. Es tauchte etwa noch 1735 im *Zedler* auf,[3] sein Herrscher fand, Seite an Seite mit europäischen Königen und dem Hochadel Frankreichs, Eingang in eine Sammlung von Kupferstichportraits.[4]

Dass es ein solches »Königreich von Guinea« tatsächlich gab, wurde jedoch bereits im 17. Jahrhundert in Zweifel gezogen: Der Kartograf Joan

---

1 MAREES, Beschryvinge (1602). Zur Einschätzung des Quellenwerts vgl. u.a. DANTZIG/JONES, Introduction, S. xvi–xvii.

2 Aus Marees' Darstellung geht allerdings hervor, dass es sich nicht um ein einheitliches Herrschaftsgebiet handelte (u.a. ebd., S. 15). Das »Königreich Guinea« hat seine Wurzeln in älteren Darstellungstraditionen. Bei Leo Africanus etwa ist von einem »Reich Genia« (»Regno dè Genia«) die Rede, das auch »Gheneoa« oder »Ghenia« genannt wird, womit allerdings Djenné im heutigen Mali gemeint war; Leo AFRICANUS, Cosmographia & Geographia de Affrica (1526), ediert in: RAUCHENBERGER, Johannes Leo, Anhang 1, fol. 378v, S. 267f. Pierre d'Avity weist in seiner Kompilation auf ebendiese geografische Diskrepanz hin; AVITY, *Description* (1637), S. 404f. – SANTOS LOPES, Afrika, S. 56f., verwendet den Begriff »Königreich Guinea« in ihrer Studie zum deutschsprachigen Afrika-Diskurs des 16. und 17. Jhdts. ohne weitere Erläuterung.

3 Art. Guinea, in: ZEDLER, *Universal-Lexicon*, Bd. 11 (1735), Sp. 1349f. Zur Darstellung Afrikas in frühneuzeitlichen Lexika auch FENDLER/GREILICH, Afrika.

4 LARMESSIN, *Représentations* (1690 [1679]), Bl. 145: »Tombut, Roy de la Guinée«.

Blaeu versuchte 1667 noch eine Zwischenlösung, indem er die Goldküste als »Royaume de Guinée separé comprenant plusieurs Royaumes« beschrieb.[5] Ein Jahr später dagegen verwarf Olfert Dapper in seiner viel rezipierten *Naukeurige Beschrijvinge der Afrikaensche Gewesten* (1668) die Existenz dieses Königreichs vollständig:

> »Man findet vor allem ausländische Autoren, die Guinea unter dem Namen eines einigen bzw. einheitlichen Königreichs vorstellen. Dies kann nicht mit Fug und Recht geschehen, aufgrund der großen Menge der verschiedenen Königreiche, die zwischen beiden [gemeint sind die erwähnten Grenzorte Cape Three Points und Benin; C. B.] gelegen sind; auch wenn andere dies, mit Verweis auf die geringe Größe der dazwischenliegenden Königreiche, verteidigen mögen:[6] Denn man hat nicht allein im Landesinneren, sondern auch an der Küste, insbesondere an der Goldküste, alle acht bis zehn Meilen eine gesonderte Landschaft und ein gesondertes Volk, die jeweils unter einem gesonderten König stehen, ohne dass ein anderer König die Oberherrschaft über sie alle zu führen hat.«[7]

In Dappers Augen gab demnach nicht ein Königreich *von* Guinea, sondern viele Königreiche *in* Guinea. Einig waren sich alle Autoren jedoch in der Verwendung des Begriffs »König« bzw. »Königreich«. Offensichtlich erwartete man die Existenz von Königen in Westafrika und beschrieb die vorgefundenen Länder und Herrschaften selbstverständlich als »Königreiche«,

---

5 Blaeu, *Atlas*, Bd. 3 (1667), S. 114.

6 Dieses Argument findet sich bei Marees und – auf ihm aufbauend – bei Avity: »[...] Et bien qu'il y ayt quelques Royaumes entre deux, toutesfois ils sont si petits, & si peu considerables, qu'on les confond iustement auec celuy cy [dem »Royaume de Guinée«; C. B.] [...].« Avity, *Description* (1638), S. 405; Marees, Beschryvinge (1602), S. 15 bzw. [ders.], *Descriptionem* (1604 [1602]), S. 8. In der lateinischen Übersetzung, die Avity konsultiert hat, wird neben der geringen Größe aus dem niederländischen Original die Machtlosigkeit dieser kleinen Königreiche angeführt: *Nam etsi regna quædam intermedia reperiantur, tamen cum parua sint, & potentiæ admodum exiguæ, magno huic* Guineæ *regno non immerito adnumerantur.*

7 »Men vint'er, inzonderheit uitheemsche Schrijvers, die Guinea onder den tijtel van een eenigh Koningrijk voorstellen [...], 't welk echter niet gevoeghelijk kan geschieden, ten opmerke van de groote meenighte der verscheide Koningrijken, tusschen beide gelegen; niet tegenstaende anderen zulx, met voorwenden van de kleinheit der tusschen-gelege Koningrijken, machten te verdedigen: want men heeft niet alleen te lande in, maer ook aen de Zee-kust, inzonderheit aen de Gout-kust, op ieder acht en tien mijlen een byzonder landschap en volk, staende elk onder eenen byzonderen Koning, zonder dat een ander Koning over hen alle d'opperheerschappy te voeren heeft.« Dapper, *Beschrijvinge* (1668), S. 380f. Auch Willem Bosman kritisierte 1704 das »ingebeelde Guineesche Koningrijk« und bezeichnete die Annahme eines Königs von Guinea »een seer groeve misslagh«; Bosman, *Beschryving* (1704), Teil 1, S. 4.

wie sie auch die dominante politische Organisationsform im frühneuzeitlichen Europa darstellten.[8]

In der späteren Neuzeit dagegen sahen Europäer Afrika vor allem von Häuptlingen,[9] Stammesführern, *headmen* oder *chiefs* beherrscht und nur noch in Ausnahmefällen durch Könige regiert.[10] Diese Terminologie konnte mit evolutionistischen Annahmen verknüpft werden, die afrikanische Herrschaftsformen auf eine grundsätzlich andere, niedrigere Entwicklungsstufe verwiesen.[11] Europäer der Frühen Neuzeit dagegen gingen (mehrheitlich) offensichtlich nicht davon aus, dass westafrikanische Gemeinwesen kategoriell von der eigenen Gesellschafts- und Regierungsform unterschieden waren. Sie sahen in afrikanischen Herrschern nicht Häuptlinge, sondern Könige und Königinnen, Kaiser und Fürsten, gelegentlich auch Grafen und Statthalter einer Republik. Damit belegten sie die ihnen begegnenden Gemeinwesen und deren Oberhäupter mit Begriffen aus ihrer europäischen Lebenswelt und maßen sie, wie zu zeigen ist, an vertrauten Konzepten und Normen.

Dieser Wandel lässt sich exemplarisch auch auf Ebene der Wortübersetzung im engsten Sinne demonstrieren. Beispielsweise findet sich in der Vokabelliste, die der protestantische Pfarrer Johann Wilhelm Müller 1676 zusammenstellte, »König« dem Wort »ohin« (*ɔhene*, pl. *ahene*) zugeordnet, das aus der an der Goldküste verbreiteten Akan-Sprache stammt.[12] Seit dem 19. Jahrhundert wird *ɔhene* dagegen häufig als Häuptling, *chief* usf. über-

---

8 Vgl. u. a. JUSSEN (Hrsg.), Macht; DREITZEL, Monarchiebegriffe; CONZE et al., Art. Monarchie, bes. S. 168 f.; HILTMANN, Rois.

9 Zur Etymologie dieses Begriffs, der meist als Übersetzung des englischen *chief* verstanden wird, siehe ARNDT, Art. Häuptling. Arndt berücksichtigt allerdings nicht, dass »Häuptling« ursprünglich eine spezifische Bezeichnung für friesische Herrschaftsträger war (seit dem 14. Jhdt.) und in dieser Bedeutung bis heute weiter verwendet wird, vgl. dazu z. B. LENGEN, Häuptlingsherrschaft, v. a. S. 27 ff., und SCHMIDT, Häuptlingsmacht, bes. S. 293 ff. Siehe auch Art. Häuptling, in: ADELUNG, *Wörterbuch*, Bd. 2 (1811), Sp. 1016.

10 Diesen Wandel hat erstmals Tarikhu Farrar beschrieben; FARRAR, African Kings.

11 Die evolutionistischen Modelle, die *chiefdom* bzw. Häuptlingstum als *die* Herrschaftsform von Stammesgesellschaften (»tribal societies«) konstruiert haben, werden in der aktuellen Forschung weitgehend verworfen. Siehe bspw. SERVICE, Origins; SAHLINS, Poor Man; mit einem kritischen Überblick über die Forschungsliteratur CARNEIRO, Chiefdom, und ROUVEROY VAN NIEUWAAL, Chiefs, S. 5. Einen Versuch der akteursbezogenen Reformulierung des Modells unternimmt STANISH, Evolution.

12 MÜLLER, Landschafft (1676 [1673]), cap. ix [s. p.]. Diesem Befund bei Müller können weitere Belege an die Seite gestellt werden wie MAREES, Beschryvinge (1602), S. 254, und BRUN, Schiffahrten (1624), S. 64.

setzt.[13] Nur noch einzelne *ahene*, die sich durch besonders große Macht auszeichnen und ihrerseits über andere *chiefs* herrschen, wie beispielsweise der *asantehene*,[14] galten und gelten weiterhin als Könige.

In der geschichtswissenschaftlichen Literatur wird dieser semantische Wandel bislang nur teilweise reflektiert.[15] In Studien zur vorkolonialen Geschichte Westafrikas ist es üblich, im Anschluss an Quellenbegriffe etwa von dem »kingdom of Allada« oder von dem »king of Dahomey« zu sprechen.[16] Zugleich besteht aber der spätneuzeitliche Abstand zu ebendieser Terminologie fort, wie dies in paradoxer Weise eine Bemerkung Urs Bitterlis zeigt: »Der Begriff des ›Königs‹ (Roi, King) ist in den Quellen des 17. und 18. Jahrhunderts für die obersten Stammeshäuptlinge allgemein üblich.«[17] In eine ähnliche Richtung geht der Kommentar von Jens Ivo Engels zur Diskussion um das Konzept des Sakralkönigtums, die zu seinem Erstaunen sowohl in der Geschichtswissenschaft als auch in der Ethnologie geführt wird: »Dieser Befund muß schon deshalb überraschen, weil darüber zu streiten ist, ob Stammesführer indigener Kulturen mit dem Begriff des ›Königs‹

13 Siehe z.B. Ubink, Land, S. 116, Falola/Salm, Culture, S. 196. Beide Bedeutungen aber bei Christaller et al., *Dictionary* (1874), S. 48 und S. 142, sowie bei Yankah, Speaking, Glossary, S. 185: »ɔhene *chief, king*«. Bosman, *Beschryving* (1704), Teil 1, S. 179, übersetzt bereits Anfang des 18. Jhdts. »Ohin, of Ahin« mit dem vagen Begriff »Capiteyn«.

14 *(ɔ)hene* wird als Suffix zur Benennung von Herrschern bestimmter Länder gebraucht; so bezeichnet *asantehene* etwa den Herrscher von Asante, *akwamuhene* den Herrscher von Akwamu usf.

15 Erste Ansätze zur Reflexion sowie anschauliche Beispiele für die strategische Benutzung von unterschiedlichen Herrschaftskonzepten bei Vansina, Kings. – Vgl. auch die Forderung von Bernhard Jussen für ähnliche Problemfälle der europäischen Politikgeschichte: »Wenn Volk und Reich *Konzepte* politischer Organisation sind, dann muß die Geschichtswissenschaft klären, welche Gesellschaft sich mit diesen Konzepten entworfen hat und was dies für das Beschreibungsvokabular der Geschichtswissenschaft bedeutet. [...] Kurzum, Reich und Staat müssen als Quellentermini historisiert und als solche in ein Verhältnis zum analytischen Vokabular Reich und Staat gestellt werden.« Jussen, Diskutieren, S. xviii.

16 Z.B. Law, Kingdom of Allada (allerdings mit Anführungszeichen im Fließtext); Bay, Wives. Neil Parsons bspw. erklärt die Begriffe »chief« und »king« ohne weitere Klärung für austauschbar, stellt zugleich aber fest, dass seine Protagonisten »greater men than mere chiefs« seien; Parsons, King Kharma, S. xvii. – Zur Problematik vermeintlich universeller Kategorien europäischen Ursprungs in der afrikanischen Geschichte vgl. auch Feierman, Afrika.

17 Bitterli, Entdeckung, S. 16, Anm. 11. Siehe auch Harding, Einführung, S. 37f., der vor europäischen Begriffen wie »König« warnt, zugleich aber einheitliche afrikanische Herrschaftstypen konstruiert, was der Vielfalt kultureller und gesellschaftlicher Formationen des Kontinents kaum gerecht wird.

sinnvoll charakterisiert werden.«[18] Derartige Aussagen erscheinen ihrerseits anachronistisch, ist doch fraglich, inwiefern »Stämme« in vorkolonialer Zeit in der Form existierten, wie es sich Europäer seit dem 19. Jahrhundert vorstellen.[19] Allerdings lässt eine alternative Begrifflichkeit weiterhin auf sich warten.

Eine kritische Untersuchung der Wahrnehmung politischer Strukturen und ihrer Semantiken kann auf diese Weise einen Beitrag zu der Debatte um Staatlichkeit und Vergleichbarkeit von Staaten in Europa und Außereuropa leisten.[20] Der Vorstellung eines genuin und ausschließlich europäischen Ursprungs moderner Staatlichkeit ist so auch die lange europäische Tradition gegenüberzustellen, außereuropäische Gemeinwesen als vergleichbar und gleichartig wahrzunehmen.[21] Dabei geht es nicht darum, das vormoderne Europa von einem Eurozentrismus-Vorwurf auszunehmen. Vielmehr ist zu zeigen, dass europäische Konzeptionen von Staat und Staatlichkeit ebenfalls zu historisieren sind.[22] Ein Ziel ist es, so könnte man anschließend an Margrit Pernaus Studie zum »Bürger mit Turban« formulieren, frühneuzeitliche Könige auch als Könige mit Elefantenschwanz-Zepter denkbar werden zu lassen.[23] Untersucht man die Semantik, in der Europäer westafrikanische Herrschaftsformen beschrieben, kann man, so die These, eine Ver-

---

18 Engels, »Wesen«, S. 3f.

19 Forschungsüberblicke bieten u.a. Eckert, Tradition, und Lentz, Forschungsüberblick. Für eine differenzierte konstruktivistische Herangehensweise vgl. dies., Konstruktion sowie dies./Nugent (Hrsg.), Ethnicity. Zur Kritik am (radikal)konstruktivistischen Paradigma u.a. Peel, Cultural Work, bes. S. 198f., der gegen strukturfunktionalistische, gegenwartsfixierte Ansätze die kulturelle Dimension von Ethnizität und deren historische Genese betont, und Ranger, Invention Revisited, der hier seine eigene These der »Invention of Tradition« teilweise modifiziert.

20 Einen solchen vergleichenden Ansatz verfolgt gegenwärtig die Forschergruppe »Vormoderne monarchische Herrschaftsformen im transkulturellen Vergleich«; siehe dazu vorerst Drews/Oesterle (Hrsg.), Komparatistik, und Drews/Flüchter et al. (Hrsg.), Herrschaftsformen.

21 Exemplarisch Justi, *Vergleichungen* (1762); kurz dazu auch Osterhammel, Geschichtswissenschaft, S. 17f. – Dagegen bspw. die Aussage bei Reinhard, Staatsgewalt, S. 15: »Europa hat den Staat erfunden.«

22 Vgl. dazu Flüchter, Structures. Siehe auch die Einleitung der Herausgeber in Eich/Schmidt-Hofner/Wieland (Hrsg.), Leviathan, S. 11–40.

23 Pernau, Zivilgesellschaft, und dies., Transkulturelle Geschichte. – Anders als im Falle Indiens und besonders Chinas ist für westafrikanische Herrschaften hingegen weniger eine konkrete Thematisierung im Rahmen des europäischen politischen Diskurses festzustellen; in methodologischer Hinsicht gelten die einschlägigen Anmerkungen von Rubiés, Despotism (bes. S. 112ff.), aber nichtsdestotrotz.

schiebung von einem inklusiven zu einem exklusiven Eurozentrismus beobachten, wie sie Jürgen Osterhammel für das europäische Verhältnis zu Asien nachgewiesen hat.[24]

Zu untersuchen, wie europäische Akteure afrikanische Herrscher, Herrschaftsformen und Gemeinwesen wahrnahmen und darstellten, ist im Hinblick auf das übergeordnete Erkenntnisinteresse dieser Arbeit aus mehreren Gründen sinnvoll. *Erstens* kann diplomatisches Handeln so erst kontextualisiert werden. Mit was für einem Interaktionspartner meinte man es überhaupt zu tun zu haben? Inwiefern wurden afrikanische Herrscher als ›anders‹ wahrgenommen, inwiefern in europäische Herrschaftsvorstellungen einbezogen? Wie wurden Vergleiche gezogen und Kontrastierungen vorgenommen?

Zweitens: Eine Interaktions- ist nicht ohne eine Deutungs- und Wahrnehmungsgeschichte zu schreiben. Deutungen und Kategorisierungen beeinflussten einerseits das politische Handeln sowohl vor Ort in Westafrika als auch in Europa. Andererseits waren Beschreibungen durch handfeste Interessen geprägt. Das Konzept des »Königreichs von Guinea« kann als Exempel für diese doppelte Handlungsrelevanz von diskursiven Konstruktionen dienen: Es implizierte eine Einheit Guineas, die dem Bemühen der niederländischen Kompanie entgegenkam, ihre Herrschaftsansprüche über die gesamte Goldküste zu legitimieren. Dem setzten andere Kompanien – ähnlich wie der eingangs zitierte Dapper – den Verweis auf die zahlreichen souveränen, unabhängigen Herrscher an der Goldküste entgegen: Der Versuch der WIC, ganz Guinea als »eine geeinte Landschaft« (»een enigh Landtschap«) und damit als samt und sonders ihrem Oktroi zugehörig zu betrachten, unterscheide sich, so ein dänisches Pamphlet von 1665, kaum von einer Fabel, denn »insbesondere wenn man feststellt, wie gar weit sich die Guineischen Landschaften erstrecken, nicht nur über die Gold-, sondern auch über die Pfeffer-, Elfenbein- und Sklavenküste, dann soll in Anbetracht der Situation und des übergroßen Umfangs diese eingebildete Hoheit und Herrschaft schnell verfallen«[25]. Einfach von einer Zunahme von Wissen, einer stetigen

---

24 Osterhammel, Entzauberung, S. 380ff. Parallelen ergeben sich auch zu den Beobachtungen Windlers in Bezug auf den Maghreb; Windler, Diplomatie, S. 259ff. – Aus einer ganz anderen Tradition kommend hat Basil Davidson bereits 1961 einen ähnlichen Gedanken formuliert: »How was it that early European captains and their backers could treat Africans with the respect that was due to equals, and yet a later world, setting this aside or else forgetting it altogether, could regard Africans as naturally inferior?« Davidson, Black Mother, S. 15, auch ebd., S. 28f.

25 »[...] insonderheyt soo geobserveert werdt, hoe geheel verre d'Guineesche Landtschappen, niet alleen over de Goudt- maar oock over de Greyn- Tandt-

Akkumulation von Informationen und einer wachsenden Präzisierung von Beschreibungen auszugehen, erweist sich so als problematisch – vielmehr kann eine simple Beschreibung, kann allein die Verwendung bestimmter Begriffe bereits eine immanent politische Dimension besitzen.

Drittens lässt sich anhand der Frage, wie afrikanische Herrschaftsformen wahrgenommen und beschrieben wurden, allgemein der Charakter der zur Verfügung stehenden Quellen erhellen. Damit sind auch methodische Überlegungen grundsätzlicheren Charakters verbunden: Stellen frühneuzeitliche europäische Texte über westafrikanische Herrscher allein einen Spiegel europäischer Mentalität dar oder lassen sie sich als Quelle für Interaktionsgeschichte nutzen? Inwiefern waren europäische Wahrnehmungen durch europäische Kategorien determiniert? Zugleich wird untersucht, ob und inwieweit Kritik und Revision etablierter Bilder stattfanden und Beobachtungen differenziert wurden. Die Beantwortung solcher Fragen erfordert auch Aufmerksamkeit für unterschiedliche Quellengenres und verschiedenartige Rezeptionsprozesse. Dies lässt sich knapp wiederum an dem Beispiel des »Königreichs von Guinea« festmachen: Diese Vorstellung führte in Kompilationen und Überblickswerken wie dem *Zedler* – aller Kritik in der ›Spezialliteratur‹ der einschlägigen Reiseberichte zum Trotz – ein längeres Leben. Sie kann daher exemplarisch für die unterschiedlichen Geschwindigkeiten von Rezeptionsprozessen und Grade von Aktualität, aber auch die unterschiedlichen Ansprüche und Leserschaften stehen, die das intendierte Publikum der jeweiligen Werke darstellten. Allein indem man solche Differenzierungen vornimmt, erscheinen erste Brüche in dem, was so oft als »*die* europäische Wahrnehmung« oder »*das* europäische Bild« von »Afrika« oder »dem Afrikaner« bezeichnet wird.[26] Zugleich weist die beharrliche Fortexistenz des »Königreichs Guinea« bis ins 18. Jahrhundert aber auch darauf hin, wie langlebig einmal in die Welt gesetzte Konstruktionen und Narrative sein können.

---

en Slaven-Custe sigh strecken, dan sal in betrachtinghe van d'situatie, en overgrooten omtreck, dese ingebeelde hoogheyt en Heerschappye haast vervallen.« *Tegen-Bericht* (1665), S. 51. Im Folgenden stellt das Pamphlet ausführlich die Vielzahl von Königreichen an der Küste Westafrikas dar und hebt deren Souveränität hervor.

26 So etwa bei Speitkamp, Kulturtransfer, der stets von »der Sicht« auf Afrika spricht. Speitkamp scheint zudem auszublenden, wie intensiv in manchen Regionen europäisch-afrikanische Beziehungen bereits vor dem 19. Jhdt. waren, wenn er Herodot als Gewährsmann europäischen Afrikawissens bis in die Aufklärungszeit präsentiert (insbes. S. 406 f.). In besonders ausgeprägter Weise auf »den Neger« oder »den Afrikaner« wie einen feststehenden Typus rekurriert Bitterli, Entdeckung.

Wenn im Folgenden die Wahrnehmung und Darstellung afrikanischer Herrschaftsformen in den Mittelpunkt gerückt werden, ist dies notwendigerweise damit verbunden, dass andere Themen weniger intensiv behandelt werden. Allerdings erscheint diese Fokussierung angesichts der Forschungslage zur Wahrnehmungsgeschichte Afrikas durchaus als sinnvolles Korrektiv, da hier bislang vielfach die Suche nach den Ursprüngen des Rassismus dominierte.[27] Man fahndete in mittelalterlichen und frühneuzeitlichen Reiseberichten nach einem (Proto)Rassismus als ideengeschichtlichem Faktor für die Erklärung des transatlantischen Sklavenhandels. Einige Vertreter dieser Forschungsrichtung scheinen dabei ausgesprochen selektiv mit Quellen zu arbeiten, d.h., sie nehmen fast allein negative Urteile über Afrikaner auf und entdecken oft genug dort Rassismus, wo man es mit Fremdheitstopoi zu tun hat, die ebenso häufig wie auf Afrikaner auch auf andere Europäer Anwendung finden.[28]

---

27 Dagegen bis heute nicht überholt und ausgesprochen differenziert CURTIN, Image; nuanciert auch die Beobachtungen von BOOGAART, Prejudice. Zum Bild in der Literatur vgl. z.B. JONES, Countrymen; TOKSON, Image; SADJI, Mohr. Zur Ikonografie liegen einige differenzierte Einzelstudien vor; z.B. MARK, Africans; ERICKSON, Representations. Verschiedene Definitionen von »Rassismus« u.a. bei ELIAV-FELDON/ISAAC/ZIEGLER, Introduction, S. 10ff. und S. 28ff., für die Frühe Neuzeit und bei FREDERICKSON, Rassismus.

28 So bes. auffällig COHEN, Encounter, in Bezug auf politische Ordnung S. 24ff. und S. 32f. Nur ein konkretes Quellenbeispiel: Loyers Bericht von 1714 führt Cohen ausschließlich als Darstellung afrikanischer Religion als »savagery« an (S. 17); die von Loyer häufig verwendeten Topoi des ›frommen Heiden‹, gar die Identifikation von »Fetischen« mit Reliquien blendet er aus (dazu BRAUNER, »Fetischkult«, S. 533f.). Vgl. dagegen bereits das Plädoyer bei CURTIN, Image, S. 29 (et pass.); kritisch allgemein zur Assoziation von frühneuzeitlichen »empires« mit Rassismus PAGDEN, Peopling. Kritik an der »Reduktion des historischen Problems der Afrikareisenden auf Rassismus und Kolonialismus« hat zudem bereits MARX, »Völker«, S. 7f., vorgebracht, dort in Bezug auf Berichte des 19. Jhdts.

1.2 Methodologische Vorbemerkungen

Sprache prägt unseren Zugriff auf die Welt und unsere Erfahrungen.[29] In Begriffen wird Wissen und Erfahrung dar- *und* hergestellt, es wird im Wortsinn auf den Begriff gebracht.[30] Die Frage, wie sehr menschliches Denken und menschliche Wahrnehmung durch Sprache bestimmt sind, wird in den einschlägigen Disziplinen – Erkenntnistheorie, Sprachphilosophie und Wissenssoziologie – unterschiedlich beantwortet.[31] Eine grundsätzliche Antwort auf diese Frage zu finden, ist nicht Aufgabe einer geschichtswissenschaftlichen Studie. Allenfalls kann die historische Analyse, ähnlich wie Ian Hacking dies kürzlich im Hinblick auf sprachphilosophische Fragen vorgeschlagen hat, Plausibilitäten in Diskussionen bereitstellen, die durch logische Argumente nicht entschieden werden können.[32]

Wenn es im Folgenden darum geht, wie europäische Autoren über afrikanische Herrschaftsformen schrieben und sprachen, was über afrikanische Herrschaft sagbar war, ist also auch die komplexe Frage nach der Wahrnehmbarkeit und kulturellen wie sprachlichen Determiniertheit von Wahrnehmung angesprochen. In Bezug auf unseren Untersuchungsgegenstand bedeutet dies, etwa zu fragen, inwiefern europäische Beobachter in Afrika europäische Herrschaftsformen finden *mussten* und wie sehr die afrikanischen »Könige«, die sie fanden, tatsächlich europäischen Königen ähnelten.

Damit hat diese Untersuchung zugleich auch eine selbstreflexive Dimension und dient der Vergegenwärtigung von eigenen Analyseterminologien, auch in ihrem Verhältnis zur Quellensprache.[33] Der Ansatz geht dabei

29 Vgl. bes. Berger/Luckmann, Konstruktion, bes. S. 24 f., S. 39–43 und S. 72 f., u. a. mit der Metapher, Sprache sei das »Koordinatensystem meines Lebens in der Gesellschaft« (S. 25), an anderer Stelle mit der Formulierung, Sprache versorge uns »mit Vorfabrikationen für die ständige Objektivation meiner zunehmenden Erfahrung« (S. 40 f.), und schließlich der Bestimmung, Sprache sei Fundament und zugleich Instrument eines kollektiven Wissensbestands (S. 72 f.). Siehe auch Landwehr, Sichtbare, bes. S. 67 ff. und S. 82 ff.

30 »Begriffe sind gleichzeitig Formen der Repräsentation und der Betätigung gesellschaftlichen Wissens im Diskurs. Sie sind die kommunikativ wirksame Form dieses Wissens (freilich nur in den Prozeduren und nicht als Begriffe) und dessen gesellschaftlich zirkulierende Gestalt [...].« Knobloch, Überlegungen, S. 21.

31 Für verschiedene Positionen siehe bspw. Davidson, Schemes; Whorf, Language; Wittgenstein, Tractatus, no. 5.6; Berger/Luckmann, Konstruktion, S. 145 ff. zur Bedeutung der Sprache bei der Sozialisation.

32 Hacking, Fehlübersetzung.

33 Diesen Aspekt hat Reinhart Koselleck gerade für den Bereich der Verfassungsgeschichte, in dessen Grenzgebieten wir uns hier bewegen, betont; vgl. Koselleck, Probleme.

über den der klassischen Begriffsgeschichte im engeren Sinne hinaus und nähert sich eher jener Forschungsrichtung an, die augenblicklich unter dem Schirmbegriff der Historischen Semantik firmiert und Impulse aus der Diskursanalyse, der Cambridge School und der Wissenssoziologie aufgenommen hat.[34] Untersucht werden nicht einzelne Begriffe, sondern semantische Felder (hier in Bezug auf Herrschaft).[35] Zentrale Begriffe (etwa König, Republik, Tyrannei, Despotie) werden jedoch gleichsam als Sonde eingesetzt,[36] um weitere relevante Textpassagen zu identifizieren.

Die untersuchte Konstellation unterscheidet sich wesentlich von derjenigen, die in den klassischen begriffsgeschichtlichen Unternehmungen im Mittelpunkt steht, denn es geht nicht um Semantiken zur Beschreibung der eigenen Gesellschaft, sondern um solche der Fremdbeobachtung.[37] So kommt auch die Ebene der Übersetzung und der Relationierung von eigener und fremder Gesellschaft, von Beobachtungs- und Selbstbeschreibungssemantik hinzu. Dass die hier untersuchten Beobachter aus Europa, die beobachteten Gesellschaften aus Afrika stammen, sollte jedoch nicht vorschnell als unüberwindliche kulturelle Differenz eingestuft werden. Vielmehr rücken Forschungen zu Begriffsadaptionen und Übersetzungen *innerhalb* Europas auch ähnliche Phänomene jenseits Europas in neue Perspektiven. Denn auch das, was wir heute vielleicht als europaweit akzeptiertes oder noch allgemeiner als westliches Konzept ansehen mögen, hat eine lange Geschichte der Begriffsarbeit, Übersetzung und semantischen Integration hinter sich, wie sie beispielsweise Jörn Leonhard für den Begriff »Liberalismus« untersucht hat.[38]

---

34 Vgl. STEINMETZ, Vierzig Jahre. Diese Erweiterung geht u.a. auf die Arbeiten Rolf Reichardts zurück; siehe REICHARDT, Einleitung, bes. S. 26–32 und S. 45ff., und DERS., *Historische Semantik*. Vgl. auch RICHTER, Reconstructing, bes. S. 64ff., zur Möglichkeit einer Synthese.

35 Ohnehin ist der Begriff »Begriff« reichlich unscharf und ordnet sich vage zwischen Wort, Konzept und Idee ein; dazu u.a. KNOBLOCH, Überlegungen, S. 11–14; BUSSE, Semantik, S. 13f. und Kap. 3; DERS., Architekturen; und aus der Perspektive der formalen Logik GELDSETZER, Begriff.

36 Diese Metapher verwendet auch Kathrin Kollmeier in ihrer Überblicksdarstellung; KOLLMEIER, Begriffsgeschichte, S. 11.

37 Vgl. zur nationalsprachlichen und -staatlichen Bindung der Begriffsgeschichte und ihrer möglichen Kombination mit Ansätzen der *histoire croisée* MARJANEN, Undermining, S. 240ff.

38 Vgl. LEONHARD, Wortimitation. In diesem Sinne auch PERNAU, Transkulturelle Geschichte, bes. S. 120ff., und die Überlegungen zu einer komparativen bzw. globalhistorischen Semantik des Politischen bei STEINMETZ, Neue Wege, S. 18–24, sowie DERS., Vierzig Jahre, S. 192ff.

Will man semantische Felder und ihre Wandlungsprozesse im Kontext untersuchen, so sieht man sich im Fall der westafrikanischen Überlieferungssituation mit besonderen Problemen konfrontiert: Hier können zwar auch drei Ebenen analytisch unterschieden werden, auf denen Veränderungen stattfinden – *erstens* die immanente Veränderung von Begriffen, *zweitens* der Wandel der Anwendung und Anwendbarkeit dieser Begriffe, *drittens* der Wandel der beschriebenen Sachverhalte.[39] Im vorliegenden Fall könnte man die Veränderung derjenigen Begriffe, die als Grundlage für eine Übersetzung dienten, noch als potenziellen *vierten* Faktor ergänzen. Dabei ist eine Isolierung eines Wandels der westafrikanischen ›Sachverhalte‹ oder auch eine Korrelierung von europäischer und (zeitgenössischer) afrikanischer Terminologie nicht ohne Weiteres möglich, da ein entsprechendes Korrektiv in nicht-europäischen Dokumenten nahezu vollständig fehlt.

Diese methodische Schwierigkeit erscheint umso gravierender, da mit der Problematik, den Wandel afrikanischer Gesellschaften zu erfassen, zugleich auch der überkommene Diskurs um die Geschichtslosigkeit des afrikanischen Kontinents – von G. W. F. Hegel bis Hugh Trevor-Roper – angesprochen ist.[40] Einem solchen Diskurs, dessen fortwirkender Einfluss durch die Arbeiten von Dipesh Chakrabarty und Kathleen Davis aufgezeigt

39 Diese Ebenen lassen sich etwa bei Koselleck, Geschichte, S. 62f., ausmachen.

40 Hegel, Vorlesungen, S. 120–129; Trevor-Roper, Rise (das berüchtigte Diktum über »the unedifying gyrations of barbarous tribes in picturesque but irrelevant corners of the globe« findet sich ebd., S. 9). Beide Autoren wurden und werden quasi-ritualisiert in Vorworten und Einleitungen zu Werken über afrikanische Geschichte zitiert und kritisiert (siehe bspw. The Development of African Historiography, in: Ki-Zerbo (Hrsg.), General History, Bd. 1, S. 10–16, hier: S. 12). Finn Fuglestad sieht die afrikanische Geschichte gerade in ihrer Abwehrreaktion gegen Trevor-Roper letztlich doch mit dessen Geschichtskonzept übereinstimmen, da viele Afrikahistoriker sich seine Kriterien für Geschichtlichkeit und Geschichtswürdigkeit wie Wandel, Fortschritt, Staatlichkeit etc. zu eigen machten, um Afrika und afrikanische Gesellschaften aufzuwerten. Diese Argumentation ist trotz ihres teils sehr polemischen Charakters zunächst einleuchtend, problematisch aber sind die Folgerungen, die Fuglestad aus seiner Analyse zieht, und die Art und Weise, wie er sie zieht: So liegt seinen Annahmen, in Afrika gebe es traditionell kein lineares, sondern nur ein zirkuläres Zeitkonzept und die meisten afrikanischen Sprachen (und damit, in Sapir-Whorf'scher Denkungsart, auch die Menschen) besäßen keine Begriffe für »Geschichte« und »Wandel«, letztlich ein ebenso holistischer Kulturbegriff zugrunde. Daraus resultiert, dass er »mentale« und »kulturelle« Faktoren für die »Unterentwicklung« bzw. andersartige Entwicklung Afrikas verantwortlich macht und die Geschichte Afrikas v.a. mithilfe des Konzepts »clash of cultures« begreifen will; Fuglestad, Trap. Eine luzide Kritik am Historismus in der afrikanischen Geschichte hat vor Fuglestad bereits Wrigley, Historicism, vorgetragen.

wurde,[41] soll hier in keinem Falle das Wort geredet werden. Vielmehr lässt sich die semantische Verschiebung von »König« zu »chief« gerade als eine Episode der Geschichte dieser Ungleichzeitigkeitskonstruktionen untersuchen.

1.3 Gliederung

Zunächst wende ich mich dem Begriff des »Königs« und dem ihm korrespondierenden semantischen Feld zu und untersuche, was westafrikanische Herrscher in der Frühen Neuzeit in europäischen Augen als Könige erscheinen ließ (I.2). Dieser Abschnitt fokussiert vor allem Kontinuitäten in der Darstellung afrikanischer Herrschaft und thematisiert zugleich das Problem der Wahrnehmung anderer Kulturen zwischen Alterität und Anverwandlung.

Der folgende Abschnitt vertieft diesen methodischen Aspekt und erweitert die Perspektive zugleich im Hinblick auf diachrone Wandlungsmomente (I.3). Nach Veränderungen frage ich zum einen anhand der Thematisierung von Souveränität und dem möglichen Einfluss politischer Theorie, zum anderen anhand der Konstruktion afrikanischer Despotie. Zudem wird die Entwicklung von Alternativbegriffen zur Beschreibung afrikanischer Herrschaftsformen untersucht.

Der abschließende Abschnitt setzt sich in einem synchronen Vergleich mit Differenzen zwischen verschiedenen europäischen Deutungen von afrikanischen Gemeinwesen auseinander (I.4). Dies soll am Beispiel des Republikbegriffs geschehen; hier kann zudem prägnant die Frage nach potenziellen Zusammenhängen zwischen semantischem Wandel und Veränderungen politischer Wirklichkeit diskutiert werden.

2. Königtum

Die Karte von Guinea, die der bekannte französische Geograf Jean-Baptiste Bourguignon d'Anville 1729 anfertigte (Abb. 2), zeigt nicht allein die geografischen Grundzüge der Region, sondern auch ihre politische Landschaft: Ganz im Westen liegt etwa das »royaume d'Issini« (Assini), ganz im Osten, an der Sklavenküste, finden sich das »royaume d'Ardres« (Allada) und das »royaume de Juda« (Ouidah). Auch im Landesinnern dominieren Monarchien: Das »royaume d'Asianté« (Asante) hebt Anville als »sehr mächtig«

41 Chakrabarty, Provincializing; Davis, Periodization.

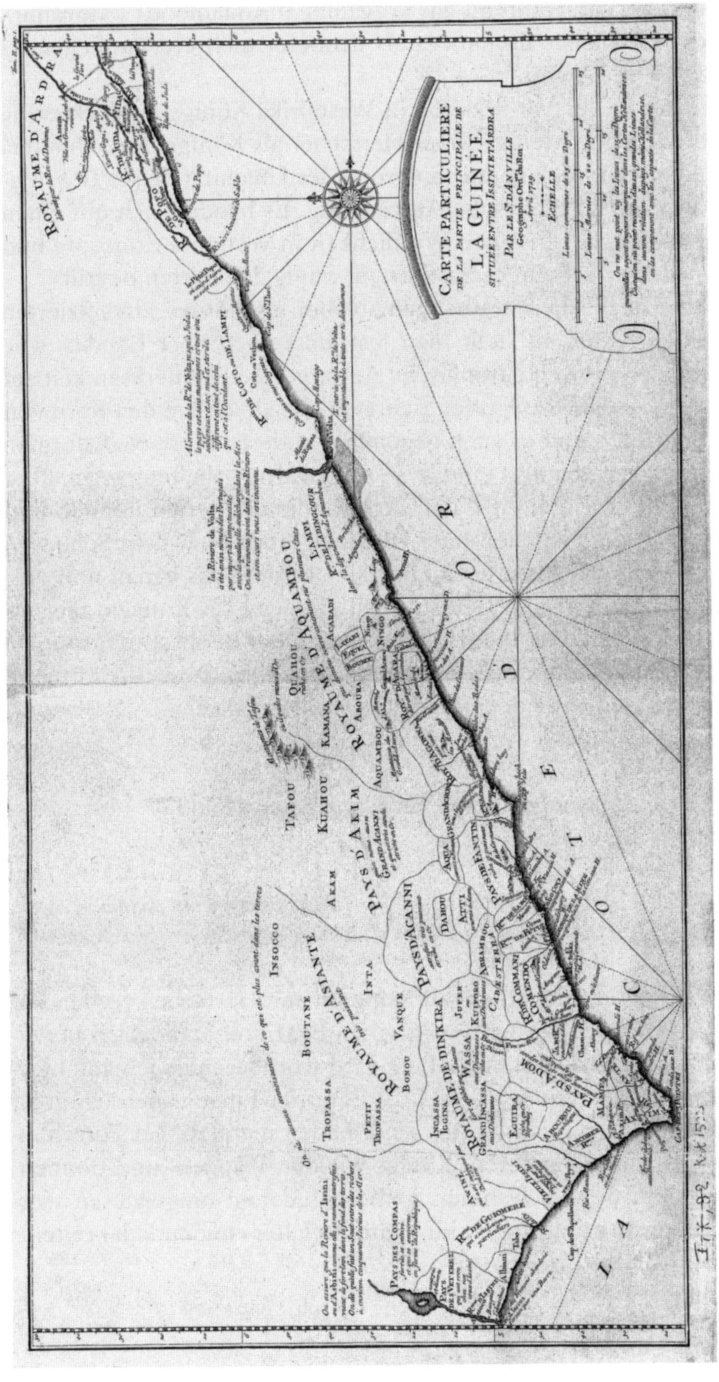

Abb. 2: ANVILLE, *Carte particulière* (1729). [© UB Gent; Signatur: KRT.1523]

(»tres puissant«) hervor, während das »royaume d'Aquambou« (Akwamu), das die östliche Goldküste dominiert, als Eroberer mehrerer umliegender Königreiche präsentiert wird.[42]

Dass Europäer in der Vormoderne in Westafrika Könige entdeckten, ja sogar die überwiegende Mehrzahl der Herrscher als Könige bezeichneten, spricht auf den ersten Blick gerade aufgrund der Ubiquität dieser Bezeichnung für eine wenig systematische Anwendung. Es handelt sich um einen Akt der Übersetzung der fremden Wirklichkeit in vertraute Konzepte und Raster mithilfe des, so scheint es, erstbesten, wenig definierten Begriffs.

Untersucht man die Beschreibungen solcher als Könige klassifizierten Herrscher jedoch näher, so stellt man fest, dass auch über Landes- wie Konfessionsgrenzen hinweg europäische Autoren ihre Aufmerksamkeit auf bestimmte, relativ stabile Kategorien richteten, die gleichsam den Kern von Königtum ausmachten und es auch gegenüber anderen Herrschaftsformen auszeichneten. Sie zeigten also eine gewisse Erwartungshaltung gegenüber Königen. Allerdings bleiben viele der angewandten Kriterien implizit und treten offen erst in der Negation oder Übersteigerung bzw. dem Scheitern der Erwartung zu Tage. Wenn auch »Könige« keineswegs genau und einheitlich definiert wurden, lässt sich so doch ein gewisses Konzept ausmachen. Dieses lässt sich in vier thematische Felder oder Beobachtungspunkte gliedern – Herrschaft, symbolische Praxis, Nachfolgeregelung, Ausstattung/Einkommen –, die im Folgenden untersucht werden sollen.

2.1 Starke Könige, schwache Könige. Herrschaftsgewalt und königliche Macht

Regnum a regibus dictum.
Nam sicut reges a regendo vocati.[43]

Zuallererst ist Königtum sicherlich mit Regieren, mit Herrschen verbunden, wie Isidor von Sevilla es für den lateinischen Begriff etymologisch herleitete. Was genau aber bedeutet herrschen? Und worüber muss jemand herrschen, um König genannt zu werden? Dass derartige Fragen auch schon für Europa nicht einfach zu beantworten sind, haben nicht zuletzt Forschungen zu den sogenannten ›anderen‹ Könige wie den Wappen- und Bohnenkönigen gezeigt. In diesem Rahmen ist bereits darauf hingewiesen worden, dass der Begriff »König« noch im Spätmittelalter ein deutlich breiteres

42 Anville, *Carte* (1729).
43 Isidor, Etymologiae, lib. IX, cap. 3,1.

Bedeutungsspektrum aufwies als heutzutage und auf hierarchische Ordnungen jedweder Art bezogen werden konnte.[44] In der Sattelzeit, der Zeit des ausgehenden 18. und beginnenden 19. Jahrhunderts, wurde demgegenüber eine Begriffsverengung durch verstärkte Verknüpfung mit verfassungsrechtlichen Kategorien und zugleich eine »Entmonarchisierung« der politischen Semantik, wie Horst Dreitzel es nennt, beobachtet.[45]

Die Benennung von Königen legt in der Regel zunächst eine Verbindung zu einem bestimmten Herrschafts*gebiet* nahe: So werden in den Quellen die einzelnen Könige als König eines bestimmten Orts, Landes oder einer Region bezeichnet, etwa als König von Benin, König von Accra usf. Das Unterschreiten einer geografischen Mindestgröße stellt für manche Autoren ein Argument gegen Königtum dar, so beispielsweise auch in der Diskussion um das »Königreich von Guinea«.[46]

Wichtiger noch als die Größe des Herrschaftsgebiets war aber in den Augen der meisten europäischen Beobachter die Herrschaft über Menschen: So interessiert sich Olfert Dapper 1668 beispielsweise kaum für das Territorium westafrikanischer Königreiche und seine Ausdehnung, sondern zählt vor allem die Dörfer und Städte auf, die jeweils *in* einem Königreich lagen.[47]

---

44 Hiltmann, Rois. Siehe kurz auch Erkens, Art. König, Sp. 3: »Im allg[emeinen] Bewusstsein ist [der Begriff König] [...] so sehr zum Kennzeichen des Ersten in einer sozialen Ordnung geworden, dass er in entsprechenden Komposita wie ›Bettlerkönig‹, ›Zigeunerkönig‹ oder ›Schützenkönig‹ zur Charakterisierung einer Spitzenstellung innerhalb spezieller Gruppierungen dienen konnte.«

45 Dreitzel, Monarchiebegriffe; siehe auch Conze et al., Art. Monarchie, Abs. IV.3 und V.1, S. 188 ff.

46 Siehe auch Uring, *History* (1726), S. 157: »What they call Kingdoms near that Coast are not larger than the Counties in Great-Britain, and some of them less.« Eine ähnliche Kritik an der Verwendung des Königstitels findet sich auch bei dem Indienreisenden Pietro della Valle; siehe Flüchter, Vielfalt, S. 146 f. – Vgl. in Bezug auf den Status der mindermächtigen Reichsstände, der gerade für west- und nordeuropäische Beobachter für die Beurteilung von Herrschaft einen Vergleichskontext dargestellt haben mag, die Diskussion bei Arndt, Monarch, S. 65. Arndt geht ebenfalls von einer territorialen Mindestgröße als Konstituens für Landesherrschaft aus, die aber nicht genau festzulegen sei.

47 Dapper nennt zwar jeweils die Nachbarländer des beschriebenen Reichs und umreißt so in etwa die politischen Grenzen, äußert sich aber fast nie zur Größe des so begrenzten Territorium, sondern geht zur Aufzählung der in diesem liegenden Dörfer und Städte über. Dies ist v. a. anhand der Beschreibungen der zahlreichen Ländern der Goldküste ersichtlich; Dapper, *Beschrijvinge* (1668), S. 434–461, eine Ausnahme: S. 454 (zu Accra).

Herrschaft über Menschen konkretisiert sich vor allem in Abgaben, Jurisdiktion und Strafgewalt[48] sowie in der Verpflichtung zum Kriegsdienst. Der englische Kapitän Nathaniel Uring zum Beispiel begründet 1726 seine Aussage, die Könige an der Goldküste seien alle »Absolute Monarchs«, indem er auf den allgemeinen, jeden verpflichtenden Kriegsdienst verweist – dies war im vormodernen Europa in der Tat ungewöhnlich.[49] Militärische Stärke, wie sie sich beispielsweise in der Größe des Heeres manifestiert, galt den meisten Autoren als wichtiger Indikator für die Macht eines Königs, nach außen wie nach innen.[50]

Die Herrschaftspraxis wurde in der Regel dann näher thematisiert, wenn sie als Verstoß gegen das ›normale‹ Maß angesehen wurde. Dieser Verstoß konnte sowohl durch ein ›Zuviel‹ als auch ein ›Zuwenig‹ an Herrschaft erfolgen. Beispielsweise stellt die Charakterisierung der königlichen Untertanen als Sklaven bzw. Leibeigene,[51] mit denen willkürlich verfahren werden darf und die sogar verkauft werden können, ein regelmäßig wiederkehrendes Element in der Beschreibung von besonders oder zu mächtigen Herrschern dar.[52] So beschreibt Andreas Josua Ulsheimer 1603/04 den König

48 Vgl. zum herrschaftsbegründenden Stellenwert der Jurisdiktionsgewalt in den frühneuzeitlichen Rechtslehren Willoweit, Rechtsgrundlagen, für das 17. und 18. Jhdt. bes. S. 185–213. Willoweit diskutiert auch einige Streitfälle über Herrschaftsrechte aus dem Alten Reich.

49 Uring, *History* (1726), S. 157 [Großschreibung übernommen; C. B.]. – Zur Wehrpflicht in Europa Tilly, Coercion, bes. S. 76–84, S. 103ff. und S. 122ff.; Parker, Revolution, S. 52f.; Reinhard, Staatsgewalt, S. 346–359.

50 Vgl. auch Dapper, *Beschrijvinge* (1668), S. 454 (Accra) und S. 501 (Benin); Barbot on Guinea, Bd. 2, S. 249 (über Eguafo bzw. Komenda); Tilleman, Account (1697), S. 12 (Cape Mount).

51 Gerade in deutschen und niederländischen Texten der Zeit wird »Sklave« mit »Leibeigener« übersetzt – ein weiteres Beispiel dafür, dass man Kategorien der vertrauten Lebenswelt zur Erfassung der afrikanischen Wirklichkeit heranzog. Vgl. dazu kurz Blanke, Herrschaft, Bd. 1, S. 282f., der Ähnliches für die Beschreibung von Sklaverei in Indien feststellt: »[...] die Sklaverei in Indien stellte offensichtlich nur eine Variante der bereits in Deutschland bzw. in Europa gemachten Erfahrungen sozialer Ungleichheit und der Herrschaft des Menschen über den Menschen dar.«

52 Es kann auf eine längere Tradition zurückblicken, da bereits frühmittelalterliche Autoren wie der hl. Benedikt die Könige der Heiden als Könige über Sklaven, im Gegensatz zu den christlichen Königen als Königen über Freie, charakterisierten; vgl. Parsons, Theory, S. 130. – Zur Sklaverei im Kontext von Despotiedeutungen siehe unten, Unterkap. I.3.3.

von Benin[53] vor allem deshalb als sehr mächtig, da alle Einwohner seines Reiches zugleich seine Leibeigenen seien:[54]

> »Sie seind alle mit einander deß Königs Leibaigen. Waß er gebüetet das muß geschehen, und darf sich Niemand darwider setzen, er sey groß oder klein hanß. Es mag einer leicht etwas wider den König thun, er last im den kopff abhawen, und wer er gleich sein nehester rath oder obrister, da sihet der König nit an.«[55]

Hinzu tritt noch eine religiöse Dimension, denn der König ist laut Ulsheimer auch »der öberst Teüfel beschwerer under inen, sie halten in nahendt für ein Gott«.[56] Dies sowie das elaborierte Herrschaftszeremoniell veranlassen Ulsheimer, der als schwäbischer Pfarrerssohn eine ausgeprägte Neigung zur konfessionellen Polemik pflegt, den König von Benin mit dem Papst in Rom zu vergleichen.[57]

Mit der Nivellierung aller Standesdifferenzen im Angesicht der königlichen Macht, wie Ulsheimer sie für Benin beschreibt, ist ein weiteres wichtiges Element zur Bestimmung von königlicher Macht angesprochen: das Verhältnis zwischen Herrscher und Adel bzw. Großen, ein Dauerthema politischer Debatten auch in Europa, was wohl die Aufmerksamkeit mit begründet, die die Autoren ihm widmeten. Zu starke Unterwerfung des Adels unter die königliche Herrschaft galt dabei ebenso als auffällig und problematisch wie die zu starke Dominanz des Adels über den König.[58] Wenn

---

53 Vgl. u.a. Ryder, Benin, und Harding, Benin, bes. Kap. VI.

54 Nyendaal allerdings bemerkt, dass es in Benin als »een groote Eer« gelte, »een slaef des Konings genaemt te werden«; Brief Nyendaals, dd. 05.09.1701, in: Bosman, *Beschryving* (1704), Teil 3, S. 220f. Siehe auch zum Untertanenverständnis in Dahomey Law, »Head«, bes. S. 408f., und ders., Royal Ideologies, bes. S. 330ff.

55 Die Editionslage dieses Textes ist problematisch, da das Manuskript im Zweiten Weltkrieg verloren ging und der Text, der in einer Fotokopie erhalten blieb, nicht in einer modernen, kritischen Edition zugänglich ist; ich benutze im Folgenden die Edition von Crecelius im Abgleich mit derjenigen von Jones: Ulsheimer, Reisen, S. 118, und Jones (Hrsg.), German Sources, S. 40 (kommentierte englische Übers.) und S. 354 (deutsches Original), dort auch zur Überlieferungsgeschichte S. 18ff.

56 Ulsheimer, Reisen, S. 117, bzw. Jones (Hrsg.), German Sources, S. 39 und S. 354.

57 Ulsheimer, Reisen, S. 116, bzw. Jones (Hrsg.), German Sources, S. 38 und S. 353 (siehe auch ebd., S. 30). Derselbe Vergleich findet sich auch bei Ruiters, scheint also in gewissem Rahmen durchaus verbreitet gewesen zu sein; Ruiters, Toortse (1623), S. 78f. Eine solche Polemik ist einerseits allgemeiner in den reformatorischen und konfessionellen Diskurs über das Papsttum einzuordnen; vgl. dazu Kohl, Macht, Kap. 1, und Brauner, *Papisten*. Andererseits sind sie in diesem Fall in den Kontext der Erzählgemeinschaft der niederländischen Westafrikafahrer zu stellen, der beide Autoren angehörten.

58 Johannes Rask, Pfarrer im dänischen Fort Christiansborg (Accra), sieht bspw. die

Ulsheimer über die Herrscher an der Goldküste bemerkt, »dan es hat bey uns ein dorfschultheiß mer Authoritet als ein solcher König«,[59] ist es in erster Linie die Macht und das Verhalten der »Edelleute«, die die Schwäche des Königs bedingen. Denn trinkt der König, »so nemmen im sein edelleut das trinckgeschir vorm Maul hinweg, und saufens auß«.[60] Ob es sich hierbei um eine polemische Überspitzung oder möglicherweise eine Fehlinterpretation eines Trinkrituals handelt, muss dahingestellt bleiben. Vergleicht man Ulsheimers Beschreibung des Königs von Benin mit seiner Darstellung der Könige der Goldküste, so wird aber beispielhaft deutlich, dass in den wenigsten Fällen ein Urteil über afrikanische Könige im Allgemeinen ausgesprochen wurde. Vielmehr sind es sehr unterschiedliche Urteile, die je nach Erfahrung teils differenziert ausfallen können, teils auch ein stereotypes Schema von ›good king‹ – ›bad king‹ präsentieren.[61] Letztlich bewegen sie sich aber weitgehend in den Bahnen traditioneller europäischer Herrscherkritik.[62]

Relative Einigkeit bestand auf Seiten der europäischen Autoren über das Idealverhältnis zwischen König und Adel: Der König sollte im Verbund und in einvernehmlicher Beratung mit seinen Großen oder bestimmten Funktionsträgern (Richtern usf.) regieren. Nach diesem Prinzip stellt beispiels-

---

Schwäche eines Königs darin, dass er ausschließlich mit Zustimmung und Unterstützung der »kabuseers« (etwa: lokalen Adeligen, *caboceers*) Krieg führen kann, während diese ihrerseits auch aufgrund eines geringen Vorwands Krieg gegen den König führen können. Letztlich sei der König nicht mehr als ein Mitglied einer der führenden *caboceer*-Familien. Rask, Description, S. 80f. Hier ist unklar, welcher König bzw. welche Könige genau gemeint sind, andernorts wird aber deutlich, dass Rask zwischen dem König von »Aqvambu« (Akwamu) einerseits und den Königen von »Akra« (Accra), »Fida« (Ouidah) usf. andererseits unterscheidet (S. 116 und S. 153). Letztere sind demnach als schwache Könige anzusehen. – Mangelnder Respekt des Herrschers im Umgang mit seinen Großen dagegen war auch bis ins späte 18. Jhdt. Anlass für Kritik an Königen; siehe z.B. Watt, Journal (1794), S. 42 (Eintrag vom 08.03.1794) und S. 62 (Eintrag vom 19.03.1794). Noch am 07.03. findet sich hingegen ein lobender Vermerk über die strenge Disziplin, die der König ausübe (S. 39).

59 Ulsheimer, Reisen, S. 109, bzw. Jones (Hrsg.), German Sources, S. 30 und S. 348. Ähnlich Gottschling, *Staat* (1712), S. 3 (»Voigtes im Dorff«).

60 Ulsheimer, Reisen, S. 109, bzw. Jones (Hrsg.), German Sources, S. 30 und S. 348.

61 Dies findet sich in frühen Berichten, aber auch später meist dann, wenn Regionen beschrieben werden, die dem Verfasser eigentlich nur vom Hörensagen bekannt sind. Exemplarisch hierfür sei auf den Bericht des brandenburgischen Offiziers von der Groeben verwiesen, der eine Verschiebung der Fremdheiten und Stereotypen in wenig vertraute Gebiete aufweist; Groeben, *Reise-Beschreibung* (1694), Kapitel VII–XI.

62 Vgl. etwa Schreiner, »Correctio«; Béhar/Schneider (Hrsg.), Fürst.

weise Otto Friedrich von der Groeben, Offizier in kurbrandenburgischen Diensten, 1694 die Rechtsprechung in Sierra Leone dar. Seine Beschreibung des Verfahrens von öffentlicher Klage – Diskussion durch »Rähte« – und Urteilsfindung – Approbation bzw. Zurückweisung des Urteils durch den König – erinnert wohl nicht zufällig an europäische Rechtsprechungsverfahren der Zeit.[63] Zum regelrechten Idealbild geriet die Beschreibung eines ähnlichen Verfahrens ebenfalls in Sierra Leone, die sich in Dierick Ruiters' *Toortse der Zee-Vaert* (1623) findet. Ruiters entwirft darin die komplementären Rollen des ruhig abwägenden Königs und der sachkundigen »Vasallen«, die gemeinsam nach Anhörung sowohl des Klägers als auch des Beklagten ein gerechtes Urteil fällen. So topisch dies klingt, so sehr versucht Ruiters, die Authentizität dieser Passage zu unterstreichen, indem er seine Augenzeugenschaft überaus deutlich herausstellt: »Ich habe dies mehrmals selbst gesehen und neben dem König gesessen, während er Recht gesprochen hat [...].«[64]

Grundsätzlich bot sich das Verhältnis von König und Großen als wichtiger Beobachtungspunkt an, der differenzierende Aussagen über westafrikanische Herrscher erlaubte; er flexibilisierte das ohnehin weite Konzept des Königtums und erlaubte es, verschiedene Abstufungen der Absolutheit bzw. der Einschränkung königlicher Macht zu konstatieren. Dies wird beispielsweise bei der Beschreibung der Herrschaft in Fetu deutlich,[65] die sich in dem Bericht von Wilhelm Johann Müller (1673/76) findet:

> »Ob zwar die Fetuischen einen König haben, welchen sie Ohin nennen, so ist doch vielmehr das Regiment eine Aristocratia, gestalt der König in gemeinen

---

63 Groeben, *Reise-Beschreibung* (1694), S. 17f.

64 »Jck hebbe dat diversche malen selve ghesien, ende nevens den Coninck gheseten, als hy Recht heeft ghewesen [...].« Ruiters, Toortse (1623), S. 60f. Der zuletzt genannte Aspekt der Augenzeugenschaft ist bes. auffällig, da sich Ruiters' Bericht nicht gerade durch einen häufigen Einsatz von Ich-Perspektive und -Erzähler auszeichnet. Ein ähnliches Bild der Rechtsprechung zeichnet Dapper in Bezug auf die »Kapes« in Oberguinea, deren Könige »hen recht doen en hunne geschillen beslechten«. Für die Rechtsprechung gibt es eigens errichtete, rund gebaute Galerien in ihren Palästen (Funkos), die mit einem Thron für den König und zu dessen Seiten mit langen Bänken für die Edlen ausgestattet sind. Neben der Beraterfunktion der »Edlen« hebt Dapper v.a. die Unparteilichkeit des Verfahrens hervor, die dadurch garantiert werde, dass sowohl Kläger als auch Beklagte Masken trügen. Ob er damit den eigentlichen Charakter der Maskierung getroffen hat, sei dahingestellt (mglw. gibt es hier eine Verbindung zu den *secret societies*, die einerseits für juristische Aufgaben zuständig sein können und deren Mitglieder andererseits häufig Masken tragen). Dapper, *Beschrijvinge* (1668), S. 378f.

65 Zu Fetu vgl. Deffontaine, Européens, und ders., Guerre.

> Land-Sachen als ein *Souvereiner* oder absoluter Monarch, nichts darff setzen oder ordnen, es sey dann, daß hohe Reichs-Personen und die Vornehmsten des Volcks solches approbiren und gut heissen.«[66]

Die politische Hierarchie in Fetu versucht Müller in Analogie zu europäischen Höfen zu verstehen und entwirft sie als Rangfolge, in der auf den König dessen »Rähte« folgen: der »obcjammi« (gemeint ist vermutlich der *okyeame*) als »Reichs Cancellarius«, der »Day« als »Reichs-Stadthalter und Schatzmeister« und der »Brafú« als »Feldherr«.[67] Diesen nachgeordnet wiederum sind die »Ofannen, welche wegen ihres hohen Geschlechs [sic], Reichtumbs und grossen Vermögens, vor Edelleute, hohe Häupter oder Cabessirer gehalten werden. Ein Jeglicher hat in gemeinen Lands- und Reichs-Sachen seine Stimme, und dürffen sich wol unterfangen, wann es nicht nach ihrem Sinne gehet, dem Könige, und den nächsten Reichs=Räthen den Kopff zu bieten.«[68] Die »Ofannen« stellen offensichtlich nach europäischen Maßstäben der Zeit das dar, was man eine starke ständische Opposition nennen könnte – nicht zuletzt, so legt es Müller nahe, da es sich bei Fetu nicht um ein Erb-, sondern ein Wahlreich handelt (dazu unten Unterkap. I.2.3).

Was Müller hier beschreibt, hätten andere zeitgenössische Beobachter durchaus als »Königtum« bezeichnet. Müller legt aber einen andersartigen Begriff von Königtum bzw. Monarchie zugrunde, der mit absoluter Macht verbunden ist, und zieht daher für die eingeschränkte Königsherrschaft in Fetu den Begriff »Aristokratie« vor.[69] Dagegen sehen andere Autoren gerade in einer solchen begrenzten, durch Beratung und Mitwirkung der Großen gezähmten Macht das Ideal einer Monarchie. Im Hintergrund von Müllers Ausführungen über Fetu steht offenkundig die zeitgenössische (europäische) Debatte um die Definition von Monarchie, Absolutismus und gemischte Verfassung, um monarchische Zentralisierungsbestrebungen und Teilhabeansprüche der Stände.[70] Müller, als gebürtiger Hamburger nun in

66 Müller, Landschafft (1676 [1673]), S. 101.

67 Ebd., S. 108 ff. und S. 112.

68 Ebd., S. 113.

69 Vgl. zur Verwendung dieses Begriffs in der Frühen Neuzeit die konzise Studie von Weber, Republik. – Man kann hier auch einen Anklang an die Position vermuten, das römisch-deutsche Reich als Aristokratie zu definieren, wie sie u. a. Jean Bodin vertrat; dazu Dreitzel, Absolutismus, S. 20 f.

70 Zur Debatte siehe u. a. Dreitzel, Absolutismus, und auch Conze et al., Art. Monarchie, Abs. III.2 e), S. 176 ff., mit der drastischen Formulierung: »Die Geschichte Europas und Deutschlands zwischen dem ausgehenden 16. und dem ausgehenden 18. Jahrhundert war erfüllt vom Kampf um die absolute oder die ständische eingeschränkte Monarchie.« (S. 176) – Auch in den Beschreibungen des Osma-

dänischen Diensten, dürfte sowohl aus dem Kontext des Reichs als auch aus Dänemark, wo 1661 mit der Erb- und Alleinherrschaftsakte und 1665 mit der *Lex Regia* die absolute Erbmonarchie verankert worden war, mit solchen Diskussionen vertraut gewesen sein.[71] Die Tatsache, dass er seinen Bericht Christian V. von Dänemark und dem Andenken seines verstorbenen Vaters gewidmet hat, macht es umso wahrscheinlicher, dass seine enge Definition von Monarchie als absolute Monarchie durchaus eine politisch bewusste Entscheidung war.[72] Das bedeutet aber nicht, dass seine grundsätzliche Einschätzung der Machtverhältnisse in Fetu damit falsch wäre. Vielmehr zeigen andere Quellen, insbesondere auch Korrespondenzen, die nicht auf eine Gesamtdeutung abzielen, dass Müllers Darstellung einer »Aristokratie« mit starken Großen durchaus eine gewisse Realität getroffen haben dürfte.[73]

Das Verhältnis von König und Großen war jedoch nicht allein als möglicher Spiegel oder Resonanzboden für europäische Debatten wichtig. Vielmehr war es auch von eminenter Handlungsrelevanz in diplomatischen Interaktionen vor Ort. Schließlich galt es, einzuschätzen, wer in Verhandlungen einbezogen werden sollte, wen man sich gegebenenfalls mit Geschenken gewogen stimmen musste oder wer schlussendlich einen Vertrag unterschreiben und beschwören sollte (vgl. bspw. auch Unterkap. III.3.3). Die Art und Weise, wie afrikanische Herrscher beurteilt und dargestellt wurden,

---

nischen Reiches spielt die »absolute Monarchie« bereits seit dem 15. Jhdt. eine wesentliche Rolle, vgl. dazu u.a. Grothaus, Monarch. Die Bewertung der solchermaßen nach europäischen Maßstäben als »absolute Monarchien« gedeuteten Staaten konnte weiterhin entsprechend den ganz gegensätzlichen Bewertungen von absolutistischen Herrschaftsbestrebungen in Europa variieren. Für das 18. Jhdt. kann dies anschaulich an den konträren Bewertungen Chinas durch Justi einerseits und Montesquieu andererseits exemplifiziert werden, die maßgeblich durch die jeweilige Position zu absolutistischen Herrschaftskonzepten sowie durch die jeweilige Bewertung adeliger bzw. ständischer Partizipation bedingt sind. Siehe Justi, *Vergleichungen* (1762), und Montesquieu, Esprit (1748), zu China z.B. Bd. 1, l. 8, c. 21, S. 138ff.

71 Darauf hat bereits Duchhardt, Rechtsbeziehungen, S. 369f., hingewiesen. – Vgl. zu den dänischen Verhältnissen Krüger, Absolutismus.

72 Müller, Landschafft, Widmungsbrief an Christian V.

73 Siehe insbes. den Brief von James Conget an die EIC, dd. 20.06.1659, in: Makepeace (Hrsg.), Trade, no. 57, S. 50ff., über den mächtigen Dey »John Cloice«. Conget erklärt u.a., er habe Cloice vor dem König genannt, da dieser eigentlich zum König gewählt worden, aber lieber Händler geblieben sei. In einem Vertrag über einen Stützpunkt in Cape Coast hingegen wird der König wiederum zuerst genannt; Vertrag zwischen EIC und Fetu, dd. 18.01.1661, ebd., no. 76, S. 87f. Vgl. zudem die Beobachtungen zu Machtverhältnissen in Fetu anhand der dänischen Geschenkpraxis, dazu unten III.3.4, bei Anm. 295.

war daher nicht nur grundsätzlich von dem immer schon kulturell bestimmten Standpunkt der Beobachter, ihren Wertvorstellungen und Erfahrungen beeinflusst. Auch die spezifischen Interessen der jeweils Berichtenden spielten eine Rolle: So wurden die Handelsaussichten in Regionen mit starken Herrschern, die zwar oft Abgaben forderten, tendenziell besser beurteilt als in Gegenden mit ›schwach‹ ausgeprägter Herrschaft, wie etwa an der Quaquaküste, an der europäische Beobachter oft keine Herrschaftsstrukturen entdecken konnten. Eine wichtige Rolle spielte dabei die größere Sicherheit und bessere Infrastruktur in den erstgenannten Gebieten.[74] Auch Missionare wie der portugiesische Franziskaner André de Faro, der in den 1660er Jahren in Sierra Leone tätig war, bevorzugten starke Könige und folgsame Untertanen, da diese Konstellation für ihre Strategie der Elitenkonversion besonders Erfolg versprechend erschien.[75]

2.2 Am Thronen sollt ihr sie erkennen. Symbolische Praxis

Dass symbolische Formen einen wesentlichen Anhaltspunkt bieten, fremde Herrscher überhaupt als Herrscher zu erkennen, wird eindrücklich im *Itinerario* des Jan Huygen Linschoten, niederländischer Kaufmann und Geograf, vor Augen geführt: Als niederländische Seeleute auf einer Insel im Fluss Gabun (»Rio de Gabam«) in eine Hütte geführt wurden,

> »nicht ahnend oder wissend, was es war, sahen [sie] in die Höhe, wo ein schwarzer Mensch saß, auf einigen Stufen erhöht, nahezu unbeweglich, gleich einem Abgott, mit vielen Kettchen und Knöchelchen und Ringen behängt, furchtbar anzusehen. Dieser hatte zu seinen Füßen einige schwarze Frauen liegen mit Elefantenschwänzen, ihm die Fliegen vom Leib zu halten und Luft zuzufächeln [wörtlich: ihm einen Wind zu machen], daraus verstanden sie, dass er ein Herr sein müsse von dieser Insel [...].«

Nach dieser Erkenntnis fielen sie sogleich auf die Knie, um dem »Mani Gabam« nach Art des Landes Ehre zu erweisen.[76]

---

74 Vgl. bspw. die Beschreibung von unterschiedlicher Strafverfolgung nach Diebstählen bei Groeben, *Reise-Beschreibung* (1694), S. 40 f. und S. 45, dagegen S. 33 ff.

75 Faro, Peregrinacão (1663/1664), S. 109 und S. 99; engl. Übers.: ders., Journey, S. 65 und S. 59. – Allgemein zur Mission Hastings, Church, bes. Kap. 3.

76 »[...] zy niet gedeckende ofte wetende wat het was, saghen om hooghe al waer een swart mensche sat, op sekere trappen verhooght, schier onbeweeghlijck, gelijck een Afgodt, met vele ketenkens van beenkens ende ringen omhangen, vreeselick om aen te sein; Dese hadde aen zijn voeten liggen eenige swarte Vrouwen met Olyphants steerten, hem die Vliegen afkeerende ende wint makende, daer uyt zy verstonden dat hy een Heer moest wesen van sulcken Eylandt [...].«

Hier ist eine Universalität symbolischer Formen scheinbar intuitiv gegeben. Aus vermeintlich eindeutigen Akten symbolischer Kommunikation konnten aber auch Verständigungsprobleme und Konflikte entstehen, da die symbolischen Praktiken in differierende Wertesysteme und Sinnwelten eingebettet waren. Symbolische Praktiken können einerseits durch eine (scheinbare) Universalität ihrer materiellen, sichtbaren Elemente kulturelle Grenzen überbrücken, andererseits kulturelle Differenzen aber gerade auch hervortreten lassen. Dies wird ausführlicher in Teil II untersucht. Hier lässt sich zunächst einmal festhalten, dass symbolische Praxis offenbar als praktischer Ansatzpunkt fungieren konnte, um Herrscher zu identifizieren (sei es auch als *working misunderstanding*). Das heißt freilich nicht, dass die von Linschoten geschilderte Szene tatsächlich so stattgefunden hat. Linschotens *Itinerario* war jedoch wie viele andere Reiseberichte, insbesondere niederländischer Herkunft, auch zum praktischen Gebrauch für andere Reisende konzipiert.[77] Daher lässt sich die Szene wenn auch nicht unbedingt als ein Beispiel aus der Praxis, so doch zumindest aber als ein den Zeitgenossen plausibel erscheinendes Beispiel für die Praxis verstehen.

Bei Alvise Cadamosto, dessen Bericht zu den frühesten europäischen Quellen über Westafrika zählt, wird die symbolische Praxis zu einem der entscheidenden Definitionskriterien für Königtum:

> »Diese [gemeint sind die Herrscher in Senega; C. B.] sind nicht Fürsten [signori] wegen ihres Reichtums an Schätzen und Münzen, denn solchen haben sie nicht, noch geben sie Geld aus: Aber aufgrund der Zeremonien und des Gehorsams des Volks können sie sich wahrhaft Fürsten nennen. Denn ihnen gilt unvergleichlich größerer Gehorsam als unseren Fürsten.«[78]

LINSCHOTEN, Itinerario, Teil 3 (1579–1592), S. 8f. Diese Passage wird u. a. aufgegriffen von AVITY, *Description* (1638), S. 429, und von FRANCISCI, *Blumen-Pusch* (1669), S. 312f., mit dem bemerkenswerten Kommentar: »Jedoch ist zu mercken / daß dieses nur vielmehr ein Königscher / oder Land=Fürst; weder ein rechter grosser König gewesen sey.«

77 So bspw. der Verweis auf die »Indie-vaerders«, für die Seekarten hinzugefügt seien; LINSCHOTEN, Itinerario, Teil 3 (1579–1592), S. 1. Die praktische Bedeutung des *Itinerario* betont DELMAS, Itinerario, bes. S. 30f. Vgl. auch die differenzierte Einschätzung als »humanist ›coffee-table book‹« einerseits und als auf »utility« und wirtschaftliche Interessen ausgerichtete Wissenssammlung andererseits bei SALDANHA, Itineraries, bes. S. 155ff. und S. 168f.

78 Der Bericht von Cà da Mosto (Cadamosto) wurde erstmals gedruckt in *Paesi* (1507), cap. xxi, fol. 25v: »[T]al[i] non sono Signori: perche siano richi de tesoro ne de denari: per che no ne hano, ne li se spende moneta alcuni: Ma de cerimonie e de seguito de zente se pono chiamar Signori ueramente: che hanno mazor obedientia: che li nostri Sgnori [sic] de qua senza comparatione.« Das italienische Original ist heutzutage im wissenschaftlichen Gebrauch fast vollständig durch die

Hier wird eine Dichotomie von Reichtum auf der einen sowie zeremonieller Verehrung auf der anderen Seite entworfen, die in der Folge häufig aufgegriffen wird.[79] Die damit verbundene Bewertung ist allerdings ambivalent: Einerseits kann das prunkvolle Zeremoniell für eigentlich machtlose Herrscher als unangemessen und so als Zeichen von Hochmut und übertriebenem Stolz ausgelegt werden. Auf diese Weise interpretiert Cadamosto das Audienzzeremoniell des »Budomel«, eines Königs in der Senegalregion, dem man sich nur auf Knien und mit gesenktem, mit Sand bestreutem Kopf nähern durfte.[80] Andererseits wird das Zeremoniell als Ausweis innerer Größe und Tugendhaftigkeit des Herrschers verstanden, die gerade jenseits von weltlicher Macht als verehrungswürdig gelten kann, sowie als Zeichen des Gehorsams von Seiten der Untertanen. In dem Bericht von John Windam (1553), der auch in Richard Hakluyts *Principall Navigations* aufgenommen wurde, wird beispielsweise die »great reverence«, die dem König von Benin entgegengebracht wurde, folgendermaßen beschrieben: »And here to speake of the great reverence they giue to their king, it is such, that if wee [sic] would giue as much to our Sauiour Christ, we should remove from our heads many plagues which we daily deserve for our contempt and impietie.« Besonders betont Windam, dass auch »Adelige« sich dem König auf Knien und mit bedecktem Gesicht näherten.[81]

Häufig begegnet die Verbindung von Zeremoniell mit Sakralität, die auch in Europa nahelag.[82] Beim Herrschaftszeremoniell in Benin drängte sich ein solcher Bezug offensichtlich sowohl Windam als auch Ulsheimer auf, Letzterer nimmt es gar, wie oben erwähnt, zum Anlass, auf das Zeremoniell am päpstlichen Hof zu verweisen. Mit einem »Abgott« vergleicht Linschoten den thronenden »Mani Gabam«, und der König von Loango wird Andrew Battell zufolge von seinen Untertanen verehrt wie ein Gott und

englische Übersetzung verdrängt; Mosto, Voyages (1507), S. 37: »Such men are not lords by virtue of treasure or money, for they possess neither, nor do they expend any money: but on account of ceremonies and the following of people they may truly be called lords: indeed they receive beyond comparison more obedience than our lords.«

79 Bspw. von Rask, Description, S. 36f. Ähnlich auch die Beschreibung des Königs »Peter« vom Rio Sestos (River Cess) bei Groeben. Dieser sei von den Übrigen nicht anders zu unterscheiden als durch den Respekt und Gehorsam, die ihm zukamen, und seine Augen, in denen man »etwas Großes« lesen konnte; Groeben, *Reise-Beschreibung* (1694), S. 45.

80 Mosto, *Paesi* (1507), cap. xxiiii, fol. 26v–27r; Übers.: Voyages (1507), S. 39f.

81 Thomas Windam (1553), in: Hakluyt, Navigations, Bd. 1 (1589), S. 83–88, hier: S. 86f.; zuvor bereits in Eden, *Decades* (1555), fol. 345r–349v.

82 Dazu etwa Althoff, Macht, S. 69, S. 194 et pass.; siehe auch Steinicke/Weinfurter (Hrsg.), Krönungsrituale, und die in Anm. 86 angegebene Literatur.

auch als solcher bezeichnet.[83] Dass Könige religiöse Funktionen ausfüllten, sakralisiert wurden oder gleich »Priesterkönige« waren, leuchtete frühneuzeitlichen Europäern offenbar grundsätzlich ein, selbst wenn dies mit Hochmuttopoi oder konfessioneller Polemik in Verbindung gebracht wurde. Sie waren weit davon entfernt, ein besonderes Modell des afrikanischen »Sakralkönigtums« zu entwickeln, wie es die spätere Ethnologie in entwicklungstheoretischer Perspektive entwarf[84] – die Verknüpfung von Religion und Politik, die Sakralisierung von politischer Herrschaft war frühneuzeitlichen Europäern keineswegs so fremd wie den Bewohnern moderner Nationalstaaten (die freilich implizit ebenfalls sakrale Elemente aufweisen).[85] Im vormodernen Europa herrschten Könige von Gottes Gnaden, denen zum Teil ebenfalls priesterliche Funktionen und wundertätige Kräfte zugeschrieben wurden.[86]

Sogar solche Vorschriften, die in späterer Zeit als »Tabus« exotisiert werden sollten, wurden in frühneuzeitlichen Reiseberichten mehr oder weniger problemlos in vertraute Erklärungsmuster eingebaut: Über das Verbot, den Herrscher von Loango beim Trinken zu sehen, und die Konsequenzen eines Verstoßes dagegen erzählen gleich drei Reiseberichte. Alle drei Berichte schildern einen Fall, in dem ein Kind, zum Teil mit dem König verwandt, diesen beim Trinken sieht und daraufhin umgebracht wird. Zwei der drei Verfasser geben sich als Augenzeugen dieses Vorfalls aus; aufgrund der Struktur von Gemeinsamkeiten und Abweichungen ist anzunehmen, dass es sich um eine mündlich tradierte Anekdote handelt, die vor allem unter niederländischen Seeleuten zirkulierte. Dies ist zugleich die plausibelste Erklärung dafür, dass die drei Verfasser allesamt eine gewisse Logik in dem Geschehen erkennen, nicht aber die gleiche: Für zwei Autoren ist die Tötung des Kindes offensichtlich ein Kompensationsakt, bei dem vor allem Blut eine wesentliche Rolle spielt – einmal wird der Arm des Königs mit dem

83 Battell, *Adventures* (1625 [1613]), S. 980, bzw. ders., Adventures ([1613]), S. 45f. Vgl. zu dieser Quelle und ihrer Entstehungsgeschichte Vansina, Edition.

84 Vgl. u.a. den Überblick bei Engels, »Wesen«, der zwar zu Recht eine präzisere Begrifflichkeit einfordert, allerdings selbst noch im Banne der rationalistischen Exotisierung des Sakralen steht und ein erschreckend veraltetes Bild von »den indigenen Stammeskulturen« vertritt, die offenbar alle Weltregionen außerhalb Europas bevölkern; abwägend zur Kritik Engels' der Aufsatz von Erkens, Vicarius. Zum »Sakralkönigtum« Haberland, Königtum; Palau Marti, Roi-dieu; und unten, Kap. II.3, Anm. 337 und 339.

85 Vgl. auch Flüchter, Priesterkönig, S. 135ff.

86 Als Klassiker zu diesem Thema gelten Bloch, Könige, und Kantorowicz, Körper. Siehe weiter Erkens (Hrsg.), Sakralität, der auf Kontinuitäten auch in der Moderne hinweist (Einleitung, S. 17ff.); ders., Herrschersakralität (dort Kap. I zur Begrifflichkeit), sowie Weinfurter, Reich.

Blut des Kinds gesalbt,[87] einmal wird das Blut den »Götzen« dargeboten, auf dass nicht der König selbst sterben müsse.[88] Im dritten Bericht hingegen geht es eher um eine säkulare Demonstration und Wiederherstellung königlicher Macht – hier wird das Kind gevierteilt und die Leiche mit Proklamation des begangenen Verstoßes öffentlich präsentiert.[89] Auch wenn die Tötung als tyrannisch und selbstverständlich auch als heidnisch verurteilt wurde,[90] ließ sich der Vorgang selbst doch mithilfe unterschiedlicher vertrauter Logiken sinnvoll beschreiben. Ein Konnex zwischen Blut und Sühne etwa war für frühneuzeitliche Beobachter offensichtlich einleuchtend und erforderte keine weitere Erklärungen.

Am Beispiel des königlichen Zeremoniells an der Goldküste versucht Willem Bosman hingegen die Inkonsistenz der symbolischen Praxis zu demonstrieren.[91] Nachdem er eingangs seiner Schilderung bemerkt hat, dass die Macht der dortigen Könige der Autorität eines Dorfvorstehers gleiche, stellt er fest, dass sie jeder Hofhaltung und Entfaltung königlichen Prunks im eigenen Reich entbehrten.[92] Die Ehrbezeugungen ihrer Untertanen entsprächen jenen, die man in den Niederlanden den Schustern zukommen lasse. »Staat« hielten diese Könige nur dann, wenn sie Besuch von auswärts empfingen oder selbst auf Reisen seien: Dann würden sie von bewaffneten Männern und Schildträgern begleitet, es würden Sonnenschirme (»Quitesol«) über ihr Haupt gehalten und ihre Frauen seien aufs Prächtigste mit Gold geputzt – nur um zu Hause dann wieder die billigsten Kleider zu tragen und mit ihrem königlichem Gemahl einen Lebenswandel

---

87 Brun, Schiffahrten (1624), S. 20.

88 Broecke, Reizen, S. 65; ders., *Aenteyckeninghe* (1634), S. 27f. – Letzteres ist die gedruckte Fassung mit geringen Veränderungen, die vermutlich auch vom Verfasser stammen, so etwa der Zusatz, dass das Kind als Schwestersohn des Königs auch sein Erbe war.

89 Battell, *Adventures* (1625 [1614]), S. 980.

90 Die »Tyrannis«-Deutung bei Battell, *Adventures* (1625 [1614]), S. 980 (als Randglosse). Dagegen wird bei Brun und Broecke stärker das religiöse Element akzentuiert; Brun, Schiffahrten (1624), S. 20 mit der Randglosse »Teuffel ein mörder«, und bei Broecke, *Aenteyckeninghe* (1634), S. 27f. mit dem Kommentar »Waer aen te sein is, de verblintheyt van dese ongeloovige heydensche menschen«.

91 Bosman, *Beschryving* (1704), Teil 1, S. 178ff.

92 »De Koningen houden in de Plaatze harer Woninge, of, als men 't zeggen mag, Hof, gansch geen staat, waar aan men haar van de andere zou mogen onderkennen. Voor hun Huys ziet men niemand die de wagt houd, nogte ook eenige om hen te dienen.« Ebd., S. 179. Die Aufzählung der fehlenden Wachen und des Hofstaats bzw. der Bedienten verweist auf eine entsprechende (minimale) Erwartung. Nach Bosman die Darstellung bei Smith, *Voyage* (1744), S. 218ff.; zu diesem siehe Feinberg, Plagiarism, und die Antwort von Jones, Smith.

zu führen wie der geringste ihrer Untertanen. Dieser situative Einsatz von Zeremoniell und königlichem »Staat« kommt in Bosmans Darstellung einer Verkleidung als König gleich. In diesem Kontext zieht Bosman dann einen Vergleich mit dem »Winterkoniglein«,[93] das im Niederländischen anders als im Deutschen zwei Bedeutungen hat, da es sich sowohl auf Friedrich von der Pfalz als (Winter)König von Böhmen als auch auf den Vogel Zaunkönig beziehen kann. Damit verweist Bosman gleich zweifach auf kurzlebiges, gar fälschlich beanspruchtes Königtum[94] und kann dabei an den Diskurs um Schein und Sein anschließen, der in der innereuropäischen Zeremoniellkritik weit verbreitet war.[95]

Neben der zeremoniellen Praxis im engeren Sinne sind weitere symbolische Attribute von großer Bedeutung für Königtum, vor allem solche, die den König als Distinktionsmittel von allen anderen, auch den »Adeligen«, abheben. So wurde häufig erwähnt, welche Kleidung ein König trägt und inwiefern sie von jener der Übrigen differiert.[96] Reicher Schmuck aus Gold und Perlen ließ sich dabei problemlos ins übliche Bild eines Königs einpassen, auch wenn sich europäische Beobachter teils irritiert zeigten über die Kombination aus nackter Haut und reichem Goldschmuck, die nicht so recht in die übliche Zivilisation/Barbarei-Dichotomie passen wollte, für die die Differenz Kleidung/Nacktheit eine wichtige Demarkationslinie darstellte.[97] Auch bestimmte Gegenstände als Insignien in Analogie zu europäi-

---

93 Bosman, *Beschryving* (1704), Teil 1, S. 183: »UE. sult nu verstaan hebben / van hoe grooten magt en vermogen de hierlandse Koningen (dewelke Monsieur Doudijns in zijn *Mercurius* niet ten onregten winter Koninkjes noemt) zijn.«

94 Vgl. für eine solche Interpretation des Zaunkönigs u. a. Hünemörder, Art. Zaunkönig, der auf die mittelalterliche Äsop-Rezeption verweist, und Leibbrand, Speculum, S. 113 und S. 116. Das Grimm'sche Wörterbuch führt »Zaunkönig« auch als spöttische Bezeichnung für die kleinen Fürsten Deutschlands bzw. insgesamt für die Kleinstaaterei auf, vgl. Art. Zaunkönig, in: Grimm, Wörterbuch, Bd. 15, Sp. 412. – Smith, der jene Passage Bosmans adaptiert, lässt dieses Bild weg und vergleicht stattdessen die Könige mit den Bürgermeistern in Cornwall; Smith, *Voyage* (1744), S. 219. Der englische Übersetzer Bosmans hat die Stelle hingegen wörtlich aus dem Niederländischen übertragen; Bosman, *Description* (1704), S. 192. Als »Zaunkönige« bezeichnete auch Emil Holub, ein Afrikareisender des späten 19. Jhdts., afrikanische Herrscher; siehe Marx, »Völker«, S. 128.

95 Zum Diskurs über Schein und Sein in der Zeremoniellkritik vgl. Vec, Zeremonialwissenschaft, S. 162–170.

96 Z. B. Dapper, *Beschrijvinge* (1668), S. 489 f. zu Allada. – Zu Dahomey siehe unten, Unterkap. II.3.2.

97 Auf Nacktheit und reichen Bartschmuck weist ausdrücklich etwa Loyer, *Relation* (1714), S. 114 f., hin. – Zur Bedeutung von Kleidung auch Wheeler, Complexion, S. 19 f.

schen Standards zu interpretieren, fiel offensichtlich leicht – selbst wenn ein Herrscher einen Elefantenschwanzwedel in der Hand hielt, war für die frühneuzeitlichen Europäer die Parallele zu den vertrauten Zeptern evident.[98] In den Augen Müllers, der hinsichtlich der Kleidung kaum Unterschiede zwischen den Vornehmsten des Landes Fetu und dessen König konstatiert – durchaus im Einklang mit seiner Gesamtdeutung der politischen Ordnung (s. o.) –, war ein Stab offenbar das wesentliche Zeichen königlicher Würde, ebenfalls in Analogie zum Zepter.[99]

Kronen, die in der europäischen Tradition königliche Macht schlechthin symbolisieren,[100] wurden fast nie erwähnt[101] – sie tauchen dafür aber häufig in bildlichen Darstellungen auf, sodass sich eine Diskrepanz zwischen Bild- und Texttradition ergibt. Eine solche kann auch innerhalb eines Werkes auftreten und ist wohl vor allem durch die unterschiedlichen Bezüge und Traditionsnahmen, mit denen die Medien jeweils arbeiten, zu erklären. Beispielsweise ist Marees' *Beschryvinge* mit einem Kupferstich versehen, der im Vordergrund einen Thron mit Baldachin zeigt. Auf diesem sitzt, bewacht von einer Leibgarde, ein Mann mit Federkrone.[102] Der König von Guinea in Larmessins Portraitsammlung von 1679 trägt gar eine Krone euro-

---

98 Elefantenschwänze als Würdezeichen bspw. bei DURAND, *Voyage* (1802), S. 181; RØMER, Account (1760), S. 23 f.; und MATTHEWS, *Voyage* (1788), S. 177 f. – Bei MAREES, Beschryvinge (1602), S. 100 f., hingegen allein als Instrument zum Fliegenverscheuchen beschrieben.

99 MÜLLER, Landschafft (1676 [1673]), S. 103. Amtsstäbe finden sich auch auf niederer Ebene, so bei dem »oversten« eines Dorfes, wie er in Linschotens *Itinerario* beschrieben wird; LINSCHOTEN, Itinerario, Teil 3 (1579–1592), S. 10 f. – Zu Zeptern in Europa siehe kurz DRECHSLER, Art. Szepter. Die Beiträge in SCHRAMM et al., Herrschaftszeichen, widmen sich v. a. Thronen und Kronen, zum Zepter aber ebd., Bd. 1, S. 260–285. Siehe zu Stäben und ihrem symbolischen Gebrauch im Allgemeinen TOEBELMANN, Macht. – Zu Insignien allgemein vgl. ALTHOFF et al. (Hrsg.), Spektakel, S. 88–99.

100 Vgl. etwa HARTUNG, Krone, v. a. S. 66 ff.

101 Siehe zum Problem der Kronengeschenke auch unten, Abs. III.3.2.b.

102 MAREES, Beschryvinge (1602), Nr. 2, nach S. 102, noch prominenter in der Adaption als Titelbild in der deutschen Ausgabe von Levinus Hulsius (nach de Bry): [MAREES], *Schiffart* (1606 [1602]). Federkronen sind im Text nirgendwo erwähnt. Ein weiteres Beispiel findet sich bei HEMMERSAM, *Reißbeschreibung* (1663), Frontispiz. Zur Federkrone, die wohl ursprünglich aus Darstellungen der Bewohner Feuerlands stammt, sich aber bald als fester Bestandteil allgemeiner Fremdheitsikonografie etabliert hat, vgl. BURGHARTZ, Aneignungen, S. 116 ff. Burghartz' Feststellung, dass der von ihr so genannte »Federmann« verschwinde (S. 119 f.), kann nicht allgemein gelten, für die Afrikaikonografie wird die Federkrone im 17. und 18. Jhdt. durchaus noch prominent verwendet.

päischer Façon, darunter allerdings noch eine Art Kopftuch.[103] Man kann also bei den unterschiedlichen Medien unterschiedliche Authentizitätsansprüche und Erwartungshaltungen beobachten. Bilder scheinen dabei insgesamt eine stärkere Ausrichtung an vertrauten Typen und Topoi aufzuweisen. Allerdings ist zwischen verschiedenen Bildgenres zu differenzieren; so tendieren etwa Kartuschen, wie sie Karten und Atlanten schmücken, oder Kostümbilder stärker zur topischen Darstellung als didaktische Illustrationen in einem Reisebericht.[104]

Anders als die Krone ist der Thron bzw. ein ähnliches Sitzmöbel in der Tat ein Bestandteil königlicher Repräsentation, das sowohl häufig verbildlicht wird[105] als auch in mehreren Reiseberichten Erwähnung findet.[106] Allerdings sahen die herrscherlichen Sitzmöbel oft nicht so aus, wie sich Europäer einen ›ordentlichen‹ Thron vorstellten. In dem Bericht Rømers über eine Audienz bei Frempung, einem König von Akyem, wird dies zum Hindernis, den König auf Anhieb als solchen zu erkennen: Frempung sitzt nämlich wie alle anderen auf einem niedrigen Stuhl und der dänische Abgesandte Niels Kamp muss erst realisieren, dass es sich um den König handelt.[107] In einem anderen Fall bleibt der Gestus des Sitzens trotz ungewöhnlicher Gestaltung des entsprechenden Sitzmöbels (einer Bank mit

---

103 Larmessin, *Représentations* (1690 [1679]), Bl. 145. »Tombut, Roy de la Guinée«.

104 Wobei auch hier bereits zwischen den verschiedenen Ausgaben zu differenzieren ist. Ich habe am Beispiel des Marees-Berichts andernorts gezeigt, wie sich in einer Übersetzung auch die Funktion der Illustrationen verändern kann; vgl. Brauner, Verschwinden. – Eine bes. textgetreue Illustration findet sich bei dem Frontispiz in Loyer, *Relation* (1714), das die Audienz der französischen Delegation beim »König« von Assini darstellt (ebd., S. 112 ff.). Siehe dazu auch unten, Abs. II.2.2.a und Abb. 4.

105 Bei Marees finden sich etwa zwei Kupferstiche mit thronenden Herrschern. Der eine zeigt einen nicht näher bezeichneten Herrscher der Goldküste auf einer Art Reisethron (wohl eine Interpretation des im Text genannten »stoel«) im Profil, der andere präsentiert den König vom Rio Gabon auf einem Stufenaufbau in typischer Frontalperspektive; siehe Marees, Beschryvinge (1602), Nr. 2, nach S. 102, und Nr. 19, nach S. 244. – Solche frühen Abbildungen sind mit späteren Darstellungen zu kontrastieren, so z. B. mit dem Bild König Gezos von Dahomey in dem Bericht Répins von 1860 (veröffentlicht 1863). Dort wird der Thron selbst zum Bestandteil der Exotisierung und Skandalisierung des Königs, denn er ist mit menschlichen Schädeln behängt. Zudem wird Gezo in ungewöhnlicher Pose sitzend dargestellt; Répin, Voyage (1863), S. 85.

106 Bei Battell etwa über den König von Loango: »[...] where hee hath his seate, as it were a Throne.« Battell, *Adventures* (1625 [1614]), S. 979.

107 Rømer, Account (1760), S. 141 f.; dän. Original: *Tilforladelig Efterrettning* (1760), S. 161 ff. – Siehe zum Thronen auch unten, Abs. II.2.1.a.

einer Art Sitzsack) als Herrschergestus zu erkennen, da der Hofstaat mit einfachen Matten vorliebnehmen muss und so eine deutliche Differenz erkennbar ist.[108] Besser ins europäische Herrscherbild ließ sich hingegen der König von Asante integrieren: Bei Rømer wird er auf einem Goldthron sitzend beschrieben. Wiewohl Rømer selbst kein Augenzeuge dieser Situation war, sondern die Geschichte allenfalls aus zweiter Hand bezog, meint er diesem Anblick eine geradezu bildhafte Qualität attestieren zu können und erklärt, ein Kupferstecher müsse den König genau so festhalten: Auf seinem Thron, umringt von seinen Frauen, vor ihm auf dem Boden Kläger und Beklagte, dahinter die Scharfrichter.[109]

Die meisten Herrscher, auf die europäische Akteure in der Frühen Neuzeit trafen, waren solchen Besuch durchaus gewöhnt, wie sich am deutlichsten in der Verwendung von Kleidungsstücken und Accessoires europäischer Herkunft zeigt.[110] Sie galten im lokalen Kontext offensichtlich als Distinktionsmittel, wie die europäischen Beobachter hervorhoben, die stets bemüht waren, Kleiderordnungen als Rangordnungen zu lesen.[111] Allerdings konnte diese gleichsam transkulturelle Distinktionspraxis auch Spott hervorrufen, der sich im späten 18. Jahrhundert immer mehr verschärfte. In dieser Weise wird die Begegnung mit »König George« (bei Kap Mesurado) in der *Lebensbeschreibung* Joachim Nettelbecks erzählt: Bei einem Landgang, der dem Auffüllen der Wasservorräte diente, kam Nettelbeck der Anführer einer Gruppe von Schwarzen entgegen, »schnitt eine Menge wunderlicher Capriolen« und stellte sich als »King Sorgo« vor.

---

108 »[...] we were conducted to [the Mucundy's] Room of State, which was a low Thatch'd House open in the Front; at the farther End of which stood a Bench, on which she sate leaning with her left Arm upon a large round Ball or Globe wrought with Slik Grass of several Colours, into different Figures of Birds and Beasts: On her right and left Hand below her, her Nobles sate upon Mats in a Semi-Circle.« Uring, *Voyages* (1726), S. 40f.

109 Rømer, Account (1760), S. 156f., dän. Original. *Tilforladelig Efterrettning* (1760), S. 191f. Vgl. die quellenkritischen Reflexionen bei Winsnes, Report, S. 45f. – Den Goldthron greift später Isert, *Reise* (1788), S. 241, auf.

110 Europäische Kleidungsstücke und Kopfbedeckungen wurden häufig von den Kompanien an afrikanische Eliten verschenkt; vgl. dazu Unterkap. III.3.1 und III.3.2.

111 Zu Hüten u.a. Brun, Schiffahrten (1624), S. 28, der die Verwendung von schwarzen Hüten zur Auszeichnung der Adeligen in Sonho als neue Mode interpretiert; Rask, Description, S. 117f., erwähnt den Gebrauch alter Hüte der Europäer als Statussymbol der *caboceers* an der Goldküste. Rømer, Account (1760), S. 21f., berichtet gar über Socken und Schuhe als Distinktionsmittel. Allgemein über europäische Kleidung im Gebrauch der afrikanischen Eliten Monrad, Description (1822), S. 250, Anm. 272.

»Daß er aber auch für irgend etwas Besonderes angesehen seyn wollte, gab schon seyn ganzer Aufzug zu erkennen. Er war nemlich mit einer alten zerrissenen Pumphose und einer weißen Kattun-Weste ohne Ermel bekleidet; sein noch größerer Schmuck aber bestand in einer rothen und weißen Schminke, womit er sich Gesicht und Hände, vorzugsweise vor all seinen Gefährten, scheußlich bemahlt hatte. Mit diesem Narren nun und seinen Untertanen wurden wir des Preises für das Wasserfüllen einig [...].«[112]

Solche Äußerungen korrespondieren mit dem Stereotyp des »Hosennegers«, wie es etwa im deutschen Diskurs des Kaiserreichs populär war. In beiden Fällen geht um die Festschreibung von Grenzen, indem ihre Überschreitung als lächerlich und letztlich als unmöglich dargestellt wird.[113]

Am meisten befremdete die europäischen Besucher offenbar, wie die westafrikanischen Könige wohnten. Zwar bemerkte man durchaus, dass ihre Wohnsitze herausgehoben wurden, etwa durch Lage, Größe und Umgrenzung,[114] die Bauweise und Ausstattung erschien mit den heimatlichen Palästen und Residenzen jedoch schier unvergleichbar. Anders als das Gold des königlichen Körperschmucks, das gleichsam universell mit Reichtum und Macht konnotiert gewesen zu sein scheint, war die gefühlte kulturelle Differenz in Sachen Architektur erheblich größer. Häufig setzten frühneuzeitliche Autoren etwa den Vergleich mit Tierställen ein, um die Residenzen afrikanischer Herrscher zu beschreiben:

»In one of these Towns, some others of us paid a Visit to his Majesty, whom we found at a Palace built as humble as a Hogsty; the entrance was narrow like a Port-hole, leading into what we may call his Court-Yard, a slovenly little Spot, and two or three Hutts in it, which I found to be the Apartments of his Women. From this we popped through another short Portico, and discovered

---

112 Nettelbeck, Lebensbeschreibung (1820–1823), S. 204. Ähnliche Berichte über Pedro vom Rio Sestos bei Matthews, *Voyage* (1788), S. 6, und Atkins, *Voyage* (1735), S. 64 f.; ebd., S. 198 f., findet sich eine vergleichbare Geschichte über einen Herrscher am Kap Lopez. Siehe auch unten, Abs. II.2.1.a.

113 Den Zusammenhang zwischen dem Stereotyp des »Hosennegers« und der »Grenzüberschreitung« durch die »so genannten Mischlinge[n] und [die] verwestlichte[n] Bildungselite« betont Marx, Siedlerkolonien, S. 94. Siehe auch Schubert, Fremde, S. 129 ff., und die Bildbeispiele bei Joch, Koloniales, bes. S. 68 ff.

114 So bspw. Marees, Beschryvinge (1602), S. 79: »De huysinghe vanden Coninck ofte haeren Oversten vande Stadt, maecken sy gemeynelicken te staen aende Merckt velden, ende is alleen beschut ofte afghepaelt, hebbende gheen ander ghebueren die met hem woonen, dan zijn vrouwen ende kinderen (want hy ghemeynlijck daer beter af versien is, als den gemeyn man) zijn huysinghe zijn wat grooter ende hoogher als d'ander [...].«

him on the left hand, upon a place without his House, raised like a Taylor's Shopboard [...].«[115]

Wie sich in dieser Passage aus dem Bericht von John Atkins bereits andeutet, schließt solche Ironisierung aber nicht aus, dass Autoren afrikanische Herrschersitze in ähnlicher Weise lasen, wie sie es gewohnt waren. So versuchte man, die unterschiedlichen Innenhöfe in Dahomey im Sinne zunehmender Herrschernähe zu dechiffrieren, und betrachtete es als besondere Ehre, in den »privaten« Appartements des Königs empfangen zu werden.[116]

2.3 »The most original Feature of their Law«. Nachfolgeregelungen

Ein wichtiges Element des Königtums stellt die Nachfolgeregelung dar, entscheidet sie doch (mit) über Stabilität oder Instabilität der Herrschaftsordnung.[117] Dabei sind grundsätzlich zwei Typen der Nachfolge zu unterscheiden, einerseits die erbliche Sukzession, andererseits die Wahl. Im Europa der Frühen Neuzeit dominierte der Typus der Erbmonarchie, es existierten aber auch Kombinationen von Wahl- und Erbprinzip mit jeweils unterschiedlichen Gewichtungen der beiden Elemente.[118]

---

115 Atkins, *Voyage* (1735), S. 66f. Ähnlich Norris, *Memoirs* (1789), S. iv, in Bezug auf Dahomey: »[...] to dignify [...] his place of habitation (which little superior to a dogkennel) with the splendid name of a palace.« Vgl. auch Dupuis, *Journal* (1824), S. 83f., leicht ironisch bzgl. des Palasts des *asantehene* (»Its architectural beauties may be classed with those of our own well thatched barns«). Er gibt jedoch zu bedenken, dass ein Stall in dem herrschenden Klima und für die lokalen Gewohnheiten besser geeignet sei als »a more confined habitation«.

116 Vgl. unten, Abs. II.3.3.c.

117 So fragte Wolfgang Havener jüngst in Bezug auf eine althistorische Tagung zum Thema »The Arts of Succession«: »Welche Kriterien müssen erfüllt werden, damit eine Alleinherrschaft als ›Monarchie‹ bezeichnet werden kann?«, und gab selbst die Antwort: »Betrachtet man die verschiedenen gegenwärtigen Ausprägungen der Monarchie in Europa und Asien, so drängt sich der Schluss auf, dass eine stabile und regelhafte Form der Nachfolge ein entscheidendes Merkmal ist.« Havener, Arts.

118 Elemente einer Wahlmonarchie wiesen etwa das Heilige Römische Reich, Polen oder zeitweise auch Dänemark auf; dazu kurz Asch/Leonhard, Art. Monarchie, Sp. 676. Vgl. auch Kunisch (Hrsg.), Fürstenstaat, und Dreitzel, Monarchiebegriffe, Bd. 1, S. 122ff., der die Kombination von Erbfolge und Wahl, etwa i. S. eines beschränkten Kandidatenkreises, als dritten Typus aufführt.

Nicht zuletzt weil sie als »general custom« der Nachfolge galt, wurde die Erbfolge als Sukzessionsprinzip eher selten direkt thematisiert.[119] Erwähnenswert scheint sie vor allem dann gewesen zu sein, wenn das Erbschaftssystem (wie bei den Akan-Gruppen an der Goldküste und auch andernorts in Westafrika) nicht dem vertrauten patrilinearen entsprach.[120] So hält es Hans Christian Monrad Anfang des 19. Jahrhunderts für eine der bemerkenswertesten Sitten in Asante, dass nicht der älteste Sohn, sondern der Neffe des Königs, genauer gesagt: sein Schwestersohn, der Thronerbe sei, und Thomas Edward Bowdich bezeichnet diese matrilineare Erbfolge gar als »most original feature of their law«.[121]

Matrilineare Erbfolge war in europäischen Augen eine Abweichung vom Normalfall und somit erklärungsbedürftig. Monrad, protestantischer Geistlicher in dänischen Diensten, erläutert beispielweise, dass die matrilineare Vererbung eine höhere Sicherheit biete, das Königtum in der Familie zu halten (wobei er übersieht, dass sich der zugrunde liegende Familienbegriff ebenfalls vom europäischen unterscheidet).[122] Müller, ebenfalls protestantischer Pfarrer, argumentiert ähnlich, verortet die Ursache aber in der ebenfalls als abweichend wahrgenommenen Sexualpraxis: Die Erbfolge über die Mutter sei in Afrika die einzig denkbare, da doch die Vaterschaft aufgrund der zahlreichen außerehelichen Beziehungen afrikanischer Frauen völlig unklar sein müsse. Die von ihm unterstellte Unkeuschheit afrikanischer Frauen gehört zu den meistverbreiteten Fremdheitsstereotypen über Westafrika in dieser Zeit.[123] Ebenfalls als Absicherung gegen unklare Vaterschaft sieht der französische Autor Durand die matrilineare Erbfolge an, er

119 Art. Monarchy, in: Bailey, *Dictionary* (1759). In erster Linie geht es Bailey um die Erbfolge von Vater auf Sohn. Allerdings kennt er auch Beispiele für Wahlmonarchien (bspw. Polen).

120 Rask, Description, S. 152. Matrilineare Erbfolge herrscht bei den Akan vor, zu denen viele der Gruppen an der Goldküste zählen (u.a. Asante, Akyem, Fante, Denkyira, Twifo, Wassa); vgl. u.a. Boahen, Asante and Fante, S. 160f. Bei einigen Gruppen und in Bezug auf bestimmte Erbmassen finden sich auch Verbindungen von patri- und matrilinearen Elementen; siehe Christensen, Double Descent. Dapper, *Beschrjivinge* (1668), S. 480, unterscheidet z.B. zwischen der matrilinearen Thron- und der patrilinearen Erbfolge in Bezug auf den sonstigen Besitz in Accra; ebenso Smith, *Voyage*, S. 144. Er weist außerdem auf erste Veränderungen durch die gemischte Rechtsprechung durch europäisch-afrikanische Tribunale hin.

121 Monrad, Description (1822), S. 72; Bowdich, *Mission* (1819), S. 254.

122 Monrad, Description (1822), S. 72. Ähnlich Smith, *Voyage* (1744), S. 144.

123 Müller, Landschafft (1676 [1673]), S. 286 (zur Thronfolge ebd., S. 107f.); diese Begründung auch bei Broecke, *Aenteyckeninghe* (1634), S. 26, in Bezug auf Loango. Vgl. zum Hintergrund auch Jones, Prostitution.

zitiert jedoch ohne weitere Polemik eine Sentenz der »lois romaines«: *Partus matrem demonstrat, pater verò semper est incertus.*[124]

Verwundert zeigten sich viele Autoren über die Konsequenzen matrilinearer Erbfolge für die Kinder eines Königs.[125] Häufig ist die Rede davon, dass Söhne des Königs in Armut leben, sich gar als Fischer oder Seeleute verdingen müssen.[126] Spätestens nach dem Tod ihres königlichen Vaters fänden sie sich »toppled from the throne into the dust, from wealth to poverty; so that then they are happy to have their own means of subsisting without difficulty«[127]. Dies widersprach nicht nur europäischen Vorstellungen einer patrilinearen Erbfolge und Dynastiesicherung, sondern auch allgemein denen einer ständischen Gesellschaft, in der die Geburt den sozialen Rang bestimmt, und einer familiären dynastischen Identitätskonstruktion.[128] Dass es in den Akan-Gesellschaften einen andersartigen Familienbegriff gab und der Matriclan (*abusua*) die entscheidende Größe darstellte, erfassten frühneuzeitliche Beobachter so allenfalls indirekt. In einem Fall – allerdings mit patrilinearer Erbfolge – wurde der Brauch, allen anderen Kindern keinerlei Ehre zu gewähren, als förderlich für eine ruhige, ungefährdete Regierung beurteilt.[129] Im Hinterkopf mag der Verfasser aus dem späten 17. Jahrhundert dabei die Erbstreitigkeiten gehabt haben, die zu seinen Lebzeiten immer wieder das frühneuzeitliche Europa erschütterten.[130]

---

124 Durand, *Voyage* (1802), S. 54f. Klassisch lautet das Zitat *Mater semper certa est* und wird aus den Digesten (II,4,5) abgeleitet (dort *quia semper certa est, etiam si volgo conceperit: pater vero is est, quem nuptiae demonstrant*); Behrends et al. (Hrsg.), Corpus, Bd. 2: Digesten 1–10, S. 182.

125 Noch Wolfgang E. J. Weber betrachtet »das Interesse an der Übertragung des eigenen Besitzes an die eigenen Kinder als anthropologische Konstante«; Weber, Dynastiesicherung, S. 96.

126 Matthews, *Voyage* (1788), S. 78; (und nach ihm?) Durand, *Voyage* (1802), S. 181f. Auch Marees, Beschryvinge (1602), S. 102f., und (nach ihm) Francisci, *Blumen-Pusch* (1669), S. 307f., die allerdings nicht von matrilinearer Erbfolge, sondern von einer Wahlmonarchie ausgehen.

127 Barbot on Guinea, Bd. 2, S. 594f. Barbot weist jedoch auf Unterschiede zwischen den unterschiedlichen Gruppen (hauptsächlich an der Goldküste) hin. So besäßen die Söhne des Königs in Komendo (d.i. Eguafo) das Vorrecht, in den öffentlichen Dienst einzutreten und insbes. sich als »Faterra, or captain of the bodyguard of the king« zu verdingen (ebd., S. 595). Als allgemeine Beobachtung bei Müller, Landschafft (1676 [1673]), S. 286.

128 Zur Dynastie im europäischen Hochadel: Wunder, Einleitung, bes. S. 17f.

129 Dapper, *Beschrijvinge* (1668), S. 493, in Bezug auf Allada, wo der älteste Sohn den Thron erbe. Zur Erbfolge in Allada, die vermutlich komplizierter war, siehe Law, Kingdom of Allada, S. 49–52.

130 Siehe z.B. Kunisch, Staatsverfassung.

Wie handlungsrelevant die Frage der Erbfolge sein konnte, macht das Beispiel der ›falschen‹ Geisel aus Assini deutlich: Im Glauben, es handele sich um den Thronerben, erzog man den Sohn des Herrschers von Assini zwischen 1687 und 1701 am französischen Hof und bemerkte offensichtlich zu spät, dass dieser in dem matrilinearen Erbfolgesystem seiner Heimat keinerlei Ansprüche auf den Thron hatte. Die kulturellen Wissensbestände differierten dabei offensichtlich zwischen verschiedenen Europäern, denn den stärker lokal verankerten wie versierten Angestellten der niederländischen Kompanie war die matrilineare Erbfolge in Assini durchaus bekannt.[131]

Eher ins Reich der Fantasie zu verweisen ist die ungewöhnliche Sukzessionsordnung, die William Smith zufolge im Königreich Agonna an der östlichen Goldküste galt. Agonna wurde, folgt man Smith, der als »surveyor« in Diensten der RAC die Küste bereiste, stets von einer Frau regiert, die unverheiratet lebte, sich aber Lustknaben hielt und ihr Amt an ihre älteste Tochter vererbte. Die Söhne dagegen wurden als Sklaven verkauft »or otherwise disposed of, so as not to interrupt the Succession in the Female Line«.[132] Zwar ist eine weibliche Regentin für Agonna im späten 17. und frühen 18. Jahrhundert nachgewiesen; bei der weiteren Ausgestaltung dieser »Weiberherrschaft« scheinen aber in erster Linie Anklänge an den Amazonenmythos eine Rolle zu spielen. Nicht zuletzt ist belegt, dass die Königin von Agonna durchaus gewillt war, zu heiraten, ihr prospektiver Ehemann wurde allerdings im Krieg getötet.[133]

Viel kommentiert wurden Königswahlen in Westafrika. Sie erscheinen dabei in der Regel als Gegenbilder zu den europäischen Verhältnissen, im positiven wie im negativen Sinne.[134] In einigen Fällen nehmen Autoren die Wahl eines Königs als Indiz für seine beliebige Ein- und Absetzbarkeit, wie in Cadamostos Bericht über einen König von Senega.[135] Bei Marees und nach ihm bei Avity, Hemmersam und Francisci wird der König der »Mohren«, in grober Verallgemeinerung, durch die Mehrheit der Stimmen

131 Dazu ausführlicher Abs. IV.3.2.b.

132 Smith, *Voyage* (1744), S. 209.

133 Vgl. die Briefe von Nicholas Buckeridge an CCC, dd. 23.01.1694 und 06.03.1694 (OS), in: Law (Hrsg.), The English, Bd. 3, no. 1080 und 1082, S. 446f.

134 Man könnte hier die Hypothese erwägen, dass Autoren, die in europäischen Wahlmonarchien zu Hause waren, diesem Phänomen auch in Afrika aufgeschlossener gegenüberstanden als Beobachter aus traditionsreichen Erbmonarchien wie etwa Frankreich. Dies bestätigt sich anhand des hier untersuchten Materials allerdings nicht – Müller etwa, der eine kritische Haltung gegenüber dem Wahlprinzip an den Tag legte, lebte in Dänemark als absoluter Erbmonarchie, ein anderer Skeptiker wie Marees hingegen in der jungen niederländischen Republik.

135 Mosto, in: *Paesi* (1507), cap. xv; engl. Übers.: Voyages (1507), S. 29.

gewählt. Ihm fällt nicht nur das Amt, sondern auch der gesamte Besitz seines Vorgängers zu, sodass auch hier das aus europäischer Perspektive herkömmliche Erbverfahren durchbrochen wird. Von diesem Besitz aber muss der Neugewählte viele Gastmähler finanzieren, um sich beim Volk beliebt zu machen und nicht verjagt zu werden. Die Wahlmonarchie ist demnach verbunden mit einer instabilen Herrschaft und einem schwachen König.[136] Dabei steht weniger das Verfahren der Nachfolgeregelung[137] an sich im Mittelpunkt als vielmehr die Abhängigkeit von den Launen des Volkes, die nicht nur über die Einsetzung, sondern insgesamt über die Herrschaft entscheiden. Gerade die Kombination der hohen Ausgaben mit der Notwendigkeit, das wankelmütige Volk zufriedenzustellen, lässt eine Verbindung zu europäischer Herrschaftskritik vermuten, wie sie unter anderem im kameralistischen Diskurs aufkam.[138] In den Beschreibungen Cadamostos, aber auch einiger anderer wie der protestantischen Geistlichen Rask und Müller, liegt die eigentliche Macht bei den »Adeligen«.[139] In einigen anderen Berichten wird das Wahlverfahren hingegen positiver bewertet, indem es als eine Auslese nach Befähigung gedeutet wird.[140]

2.4 Steuern, Geschenke und eigene Arbeit. Ausstattung und Einkommen

Hinsichtlich der Finanzlage afrikanischer Könige gab es große Unterschiede – der Maßstab der Beurteilung war in europäischen Augen jedoch klar: Ein ordentlicher König musste auch ein geregeltes Einkommen haben und einigermaßen vermögend sein. Problematisch waren für die frühneuzeitlichen

---

136 Marees, Beschryvinge (1602), S. 98; Avity, *Description* (1638), S. 418; Hemmersam, *Reißbeschreibung* (1663), S. 49 f.; Francisci, *Blumen-Pusch* (1669), S. 306 f. – Marees führt als Beispiel für die Vertreibung von geizigen, unbeliebten Königen einen Fall aus dem Königreich »Sabou« (Asebu) an, dessen König in seine Heimat »Infantin« zurückgejagt wurde, nachdem man ihn all seiner Güter beraubt hatte; Marees, Beschryvinge (1602), S. 98 f.

137 Ein bizarres Losverfahren durch Hochwerfen der Leiche des verstorbenen Königs, das angeblich auf den Bissagos-Inseln praktiziert wurde, beschreibt Durand, *Voyage* (1802), S. 122; er spricht im Folgenden auch von einer »royauté élective«. – Losentscheid zumindest als Möglichkeit einer »Notlösung« erwähnt Weber, Dynastiesicherung, S. 122, auch für Europa.

138 Vgl. bspw. Vec, Zeremonialwissenschaft, S. 372 ff.; Bauer, Zeremoniell.

139 Mosto, *Paesi* (1507), cap. xv; Rask, Description, S. 80 f.; Müller, Landschafft (1676 [1673]), S. 101 und S. 108 f.

140 So bspw. Matthews, *Voyage* (1788), S. 75 f.

Beobachter aus Europa daher diejenigen Fälle, in denen der König entweder kein oder ein sehr geringes Einkommen hatte und/oder vom Wohlwollen anderer abhängig war. Dies wird wiederum bei Cadamosto deutlich: Ihm zufolge hat der König von Senega, der »Herr eines ganz armen Volkes« (»signor de zente [gente] pouerissime«), in dessen Land es nicht einmal eine Stadt, sondern nur Dörfer mit strohgedeckten Hütten gab,[141] kein festes Einkommen. Er sei vielmehr, neben gelegentlichen Raubzügen, auf die Geschenke (»presente«) der Großen seines Reiches angewiesen und daher ganz von der Gnade dieser »signorotti« abhängig.[142] Gerade in dem einseitigen Akt des Schenkens manifestiert sich – europäischen Deutungen zufolge – die Abhängigkeit des Königs von seinen Großen.[143]

Bei Dapper wird hingegen deutlich, was in europäischen Augen angemessene(re) Einkommensquellen für Herrscher sind, wenn er Cadamostos Beschreibung aufgreift und über den König von Senega schreibt, er habe »keine bestimmten/festgelegten Tribute oder Zölle« (»geen zekere schattingen of tollen«) als Einkommen.[144] Demgegenüber erhalte der König von Juala seine Einkünfte aus Zöllen auf Waren der portugiesischen und anderen Händler sowie aus Abgaben seiner Untertanen gemäß dem jeweiligen Einkommen, die jedoch aufgrund der allgemeinen Armut eher gering ausfielen.[145] Ein herkömmliches, geregeltes königliches Einkommen beruhte für frühneuzeitliche Europäer, so kann man aus den Darstellungen Dappers,

141 Das Fehlen von Städten wird häufig mit Verwunderung vermerkt und gilt offenbar als Ausweis größerer Armut; vgl. neben Mosto, *Paesi* (1507), cap. xv, engl. Übers.: Voyages (1507), S. 29f., auch Dapper, *Beschrijvinge* (1668), S. 347, über den König von Senega: Dieser habe weder »bemuurde steden« noch Paläste, er wohne wie seine Untertanen in runden Strohhütten, von diesen besitze er jedoch mehrere an sieben oder acht verschiedenen Orten. Ähnliches über »Arder« (d.i. Allada) ebd., S. 489.

142 Mosto, *Paesi* (1507), cap. xv; engl. Übers.: Voyages (1507), S. 29f.

143 Vgl. aber zu Bezeichnungen wie »don gratuit«, »bede« o.ä. für bestimmte Abgaben in Europa Reinhard, Staatsgewalt, S. 309; siehe auch Guery, Roi, und Giannini, Geschenk. – Jean Bodin etwa zählt in der Tat noch »dons des amis et des subiects« als Einnahmequelle auf, auch wenn er darauf hinweist, dass sie inzwischen aus der Mode gekommen sei; Bodin, *Six livres* (1583 [1576]), S. 866ff.

144 Dapper, *Beschrijvinge* (1668), S. 350 (weitgehend Paraphrase von Mosto, *Paesi* [1507], cap. xv), ähnlich auch Avity, *Description* (1638), S. 388: »Le Roy de ce pays n'a point de certain reuenu des gabelles, & des impositions, mais ses principales richesses viennent des presents que luy font plusieurs seigneurs, afin de l'auoir pour leur amy.«

145 Ebd., S. 351.

Avitys und anderer schlussfolgern, hauptsächlich auf Abgaben der Untertanen, Tributen und Zöllen.[146]

Abgaben wurden vorwiegend in Naturalien entrichtet. So berichtet Marees für die Goldküste von einem königlichen Anteil am Fischfang, Ähnliches galt offenbar für landwirtschaftliche Erzeugnisse.[147] Europäische Beobachter schrieben Abgaben nicht allein instrumentelle, sondern auch symbolische Bedeutung zu. So erklärt etwa der dänische Kaufmann Erick Tilleman 1697, dass die Abgaben, die der König von Akwamu von seinen Untertanen erhalte, in erster Linie Zeichen der Unterwerfung seien und weniger notwendige Einnahmen zur Sicherung seines Lebensunterhalts.[148]

Über die Erhebung von Zöllen waren Europäer unmittelbar in die Finanzen afrikanischer Herrscher verwickelt, daneben zahlten die Kompanien oft auch Abgaben für Forts und Logien an die lokalen wie regionalen Herrschaftsträger.[149] Diese Einkünfte waren für die Herrscher durchaus beträchtlich, sodass sie großes Interesse an Handelsstützpunkten in ihren Ländern hatten. Die Europäer auf der anderen Seite versuchten alles, um den Eindruck einer Unterwerfung zu vermeiden, und beschrieben die von ihnen geleisteten Abgaben als Geschenke.[150]

Wenn die Einnahmen eines Königs hauptsächlich durch die Steuern und Zölle seiner Untertanen bestritten wurden, so war evident, dass ein König stets nur so reich oder so arm war, wie es die Wohlhabenheit seines Lan-

---

146 Barbot, *Description* (1732), S. 274f.; Francisci, *Blumen-Pusch* (1669), S. 306ff., der zusätzlich Bußgelder als Einnahmequelle anführt; Dapper, *Beschrijvinge* (1668), S. 332 (Wangara); Bosman, *Beschryving* (1702), Teil 2, S. 135f. (zu Ouidah, dort aber viele Zöllner, die ihren Anteil an den Einnahmen beanspruchen); und Smith, *Voyage* (1744), S. 205 (zu Dahomey und dem großen Einkommen des Königs durch Handelszölle). – Vgl. zu den Einnahmen frühneuzeitlicher Staaten in Europa Reinhard, Staatsgewalt, S. 310f. und S. 322–340; Körner, Steuern.

147 Siehe u.a. Marees, Beschryvinge (1602), S. 58f. Marees kommentiert jedoch an anderer Stelle die Einnahmen und die Versorgung des Königs eher relativierend bis kritisch: »[...] hebbende een goet (maer een miserabel leven) te reknen naer dat d'onse zijn.« Ebd., S. 102. – Marees zufolge gehörte dem König jeder fünfte Fisch, der eine bestimmte Größe übertraf. An diesem sog. »Fischzoll« (vistol) orientiert waren wohl auch die Abgaben, den die Niederländer in Nachfolge der Portugiesen in Elmina und Chama erhielten; Feinberg, Africans, S. 139.

148 Tilleman, Account (1697), S. 29.

149 In Allada bspw. mussten Abgaben bereits vor Beginn des Handels entrichtet werden; Elbée, *Journal* (1671), S. 338ff. Elbée erwähnt zudem noch Zahlungen, die für das Aufnehmen von Frischwasser und Brennholz entrichtet werden mussten, die aber nicht an den König, sondern an den Prinzen gingen (S. 339f.).

150 Siehe ausführlicher hierzu Abs. II.3.3.a sowie die Unterkap. III.5.2 und III.5.3.

des erlaubte.[151] Hinter dieser einfachen Annahme, die dennoch eine deutliche Abgrenzung gegenüber despotischer Ausbeutung und damit nichtnachhaltiger Wirtschaftspolitik erlaubt, kann man Anklänge an zeitgenössische Vorstellungen von guter ökonomischer Policey vermuten.[152] Als problematisch wurden entsprechend alle Steuern und Zölle angesehen, die nicht festgelegt waren, sondern willkürlich durch den Herrscher festgesetzt wurden: So berichtet Durand über den König von Kajoor, er herrsche »despotiquement« und treibe von seinen Untertanen »pour sa subsistence« einen »tribut qui varie suivant sa volonté« ein.[153]

Das Eintreiben und Kontrollieren von Zöllen und Steuern erforderte Personal, etwa die Präsenz von »Zöllnern« (»Tollenaars«) und anderen zuständigen Bediensteten in den Küstenstädten – dies konnte zugleich als Intensivierung von Herrschaft verstanden werden.[154] Dapper berichtet für die Dörfer am Kap Verde, dass sie jeweils ein »eigenes Oberhaupt, von ihnen Algayere oder Alkaide genannt, von dem König von Kayor [Kajoor] dazu bestellt«, besäßen. Die Hauptaufgabe dieses »Alkaide« sei es aber, den Zoll von den ausländischen Schiffen einzunehmen, der zehn Eisenstäbe betragen habe.[155]

Trotz unterschiedlicher Bewertung blieben die bisher geschilderten Einkommensverhältnisse in einem erwartbaren Rahmen. Anders verhielt es

---

151 Bspw. Faro, Peregrinacão (1663/1664), S. 61 f., engl. Übers.: Journey (1663/1664), S. 35 f.; zu einkommensabhängigen Abgaben etwa Durand, *Voyage* (1802), S. 181.

152 Vgl. Stolleis, »Pecunia«. Er betont u. a. die Ablehnung von Kopfsteuern (S. 25). Direkte Steuern im Allgemeinen sind in seinem Untersuchungskorpus gegenüber Kammergut und Regalien sowie Verbrauchssteuern und Zöllen nachrangig.

153 Durand, *Voyage* (1802), S. 55; ähnlich bei Labat, *Voyage*, Bd. 1 (1730), S. 355: »Les Rois ou Seigneurs des lieux maritimes ont des bureaux sur les bords de la côte qui leur appartiennent, où ils obligent les marchands qui ont traité à bord des Vaisseaux, de porter toutes les marchandises qu'ils ont achetées; & comme il n'y a point de tarif pour ces droits, c'est aux commis à en tirer le plus qu'ils peuvant, & aux marchands à payer le moins qu'il leur est possible. Les marchands étrangers en sont quittes pour l'ordinaire pour un marc d'or pour tous droits d'entrée, de sortie & de passage [...].« – Anders als man vielleicht erwarten könnte, findet sich (meines Wissens) im Diskurs über westafrikanische Herrscher kein Reflex der zeitgenössischen Debatte um ständische Mitspracherechte bei Steuerbewilligungen.

154 Marees, Beschryvinge (1602), S. 58 f.; Dapper, *Beschrijvinge* (1668), S. 493, zu Allada.

155 »[...] byzonder opperhooft, Algayere of Alkaide by hen geheten, door den Koning van Kayor aldaer gestelt«; Dapper, *Beschrijvinge* (1668), S. 354. Ähnlich bei Coelho, Descrições (1684), Kap. 2, Abs. 3, über Cabo de Gaspar.

sich jedoch in solchen Fällen, in denen Könige (oder ihre Frauen) selbst für ihr Einkommen und ihre Nahrung arbeiteten, d.h. vor allem Ackerbau betrieben.[156] Eine derartige Betätigung galt europäischen Beobachtern als unköniglich. Spöttisch spricht Bosman beispielsweise von den »Doorluchtige[n] Princen«, die sich durch Feldarbeit oder Palmweinherstellung ernähren müssen und keinerlei Vorrang oder Privileg genießen.[157] Ungewöhnlich erscheint dagegen die grundsätzlich positive Bewertung bei Johann Heinrich Gottlob Justi, wenn er in seinen *Vergleichungen* (1762) schildert, dass der Thronfolger in Ouidah »inkognito« aufgezogen werde und gleichsam vom Felde weg auf den Thron gelange. Damit stand Justi jedoch in einer bestimmten Tradition der Hofkritik, die sich bei ihm mit einem aufklärerischen Erziehungsideal verband. Bemerkenswerterweise explizit im Widerspruch zu dem Reisebericht, der die Basis seiner Schilderung bildet, kommentiert er die Regelung in Ouidah wie folgt:

> »Man hat geglaubt [...], daß man den Thronfolger durch diese sonderbare Erziehung vor dem Hochmuth, Stolz und Uebermuth bewahren wolle, welche das Bewußtsein einer hohen Geburt so leicht einflößen kann; und wahrscheinlich hat man ihn gegen die Noth und das Elend seiner Unterthanen desto empfindlicher machen wollen, wenn er selbst bis zur Besteigung des Thrones in einer gemeinen vielen Beschwehrlichkeiten unterworfenen Lebensart hat zubringen müssen. Wenn man nun zugleich davor gesorget hätte, ihm die Begriffe der Tugend, Redlichkeit, Ehrliebe und Gerechtigkeit einzuflößen, und ihm eine allgemeine Kenntniß von Whidah [Ouidah; C.B.], der benachbarten Staaten, und der ersten Grundsätze von der Natur und Endzweck der bürgerlichen Regierungen beyzubringen; so wäre wider eine solche Erziehung so wenig etwas zu sagen, daß sie vielmehr vor die Glückseligkeit des Volkes die vortreflichste Wirkung hätte haben können.«[158]

Neben antiken Bezügen – etwa zu der Figur des Lucius Quinctius Cincinnatus, Bauer und Teilzeitdiktator in der Frühzeit Roms – drängen sich hier vor allem Parallelen zur zeitgenössischen Begeisterung für das chinesische Pflugritual auf.[159] Dieses Ritual, bei dem der Kaiser die erste Furche zur Eröffnung der neuen Ackerbausaison zog, wurde sowohl in zahl-

---

156 Bspw. Rask, Description, S. 81.

157 Bosman, *Beschryving* (1704), Teil 1, S. 183.

158 Justi, *Vergleichungen* (1762), S. 122f., zur Darstellung S. 105ff. nach Labat, *Voyage*, Bd. 2 (1730), S. 51f. (in der Übersetzung von Schwabe, *Historie*, Bd. 4 (1749), S. 354ff.). In Justis Kritik an Labats Deutung als Adelsintrige tritt hervor, welch hohe Bedeutung er grundsätzlich der Erziehung des Herrschers beimaß – bei ihm letztlich das einzige Instrument zur Einschränkung des herrscherlichen Willens. Zur Hofkritik allgemein Kiesel, Hofkritik.

159 Besonders propagiert wurde dieses Ritual von Physiokraten wie Quesnay u.a.: dazu Berger, China-Bild, S. 81–85 und Richter, Monarch. Justi hat

reichen Publikationen und auch Bildern dargestellt als auch in Europa re-inszeniert.[160]

Problematisch erschien es vielen Autoren, wenn die Großen gegebenenfalls über größere Reichtümer als der König verfügten, da dies als Machtungleichgewicht empfunden wurde.[161] Zugleich galt es ebenso als problematisch, wenn Herrschaft, adeliger oder gar königlicher Status allein über Reichtum begründet wurde. So waren die Zeremonien der »Adelserhebung«, wie sie bei vielen Gruppen an der Goldküste praktiziert wurden, ein Stein des Anstoßes, wurden sie doch jedem zuteil, der in der Lage war, eine bestimmte Summe in Geld oder Naturalien aufzubringen.[162] Dies führte in einer französischen Denkschrift von 1750 dazu, dass der herrschenden Elite keine besondere Würde zugeschrieben wurde: »Dieser Titel eines *Cabaichers* [*caboceer*] stellen keine Würde für jene dar, die ihn sich geben; er wird ohne Unterschied von jedem beansprucht, der reich ist [...]«.[163]

Im vormodernen Europa gab es ebenfalls Rituale zur Erhebung in den Adelsstand, in Guinea aber ›machte‹ man, einer viel rezipierten Passage bei Marees zufolge, Adelige aufs Geratewohl. Der Rang sei für jeden durch Aufbringung bestimmter Güter zu erwerben: »[M]an findet hier viele Adelige, aber sie sind nicht reich; denn haben sie einmal ihren Adel gekauft, sind sie ärmer [...] als je zuvor.« Dieser offensichtlichen Macht- und Mittellosigkeit zum Trotz hielten die Afrikaner aber, Marees zufolge, den Adel für sehr mächtig und erstrebenswert.[164] Bereits in der Kapitelüberschrift »Vom Machen der Adeligen« ist ein klarer Gegensatz zur europäischen Ritualpraxis angelegt, wird hier doch explizit jener Konstruktcharakter heraus-

---

sich bekanntermaßen mit physiokratischen Schriften auseinandergesetzt und beschreibt selbst das Keng-chi in den *Vergleichungen* (1762), S. 298 ff.

160 Rezipiert wurde das Ritual u. a. am französischen und am österreichischen Hof; siehe Richter, Monarch, bes. S. 46 ff., sowie Berger, China-Bild, S. 81 f. Berger verweist zudem auf den weiteren Kontext der »Musterbauernliteratur«, die auch antike Stoffe verarbeitete. Zur Rezeption dieses Rituals in der europäischen Literatur auch Polaschegg, Orientalismus, S. 211 f.

161 Siehe bspw. Müller, Landschafft (1676 [1673]), S. 102, der hier auch die Zahl der Sklaven einbezieht.

162 Marees, Beschryvinge (1602), S. 174–177; nach ihm Avity, *Description* (1638), S. 419 f. Siehe auch (unabhängig davon) Ulsheimer, Reisen, S. 110 f., bzw. Jones (Hrsg.), German Sources, S. 31 f. bzw. S. 349. – Einen Versuch, die »Adeligen« der europäischen Quellen im westafrikanischen Kontext sozialhistorisch einzuordnen, unternimmt Kea, Settlements, S. 97–104.

163 »Ce nom de Cabaichers n'est pas une dignité dans ceux qui se le donnent, il est pris sans distinction par tout particulier qui est riche [...].« *Mémoire sur le Commerce de Guinée* (Annamabou), dd. 08.10.1750, ANOM, DFC XIII/75, no. 93.

164 Marees, Beschryvinge (1602), S. 175.

gestellt, der in den eigenen Ritualen sorgsam als soziale Natürlichkeit präsentiert wird.[165] Von den »großen Privilegien«, die der afrikanische »Edelmann« schließlich erhalte, habe er zunächst nichts. Denn nach dem Erwerb des Adelsrangs sei »er dann ärmer und elender als zuvor, da er all seine Mittel dazu eingesetzt hat, und muss nun wieder aus zum Fischen fahren und sich der Arbeit fügen, will er zu essen haben«[166]. Auf diese Weise wird ein Gegenbild zur europäischen Praxis entworfen, indem die direkte, unverschleierte Transformation von ökonomischem in symbolisches Kapital beschrieben und zugleich tendenziell als bloßer Schein entlarvt wird.

2.5 Zwischenfazit

Eine präzise Definition des Begriffs »König« findet sich in keinem frühneuzeitlichen Bericht, dennoch zeigt die genauere Analyse seiner Verwendung, dass er keineswegs beliebig gebraucht wurde. Vielmehr lassen sich vier Felder ausmachen, die für europäische Beobachter wesentliche Elemente von Königtum darstellten – Gewalt(en), symbolische Praxis, Nachfolge und Ausstattung.[167] Ebendiese Elemente erlaubten eine differenzierte Darstellung westafrikanischer Herrscher, die ja durchaus unterschiedlich waren – ebenso wie auch europäische Herrscher keineswegs alle gleich waren.[168] So klassifizierten europäische Beobachter afrikanische Herrscher unterschiedlich als stark oder schwach, gut oder schlecht. Als besonders wichtiger Beobachtungspunkt wurde das Verhältnis des Königs zum Adel bzw. zu den Großen ausgemacht; er besaß zugleich direkte Handlungsrelevanz, galt es doch, die relevanten Entscheidungsträger zu identifizieren. Die Bewertungen dieses Verhältnisses, aber auch des Zeremoniells oder der einkommensadäquaten Steuern, können dabei mit Debatten in Verbindung gebracht werden, wie sie zeitgenössisch in Europa zum Beispiel um Ständeverfassung und Adelsherrschaft oder Zeremoniell geführt wurden.

---

165 Vgl. zum Umgang mit Nobilitierungen und Abschließungstendenzen im europäischen Adel der Zeit Asch, Nobilitierungsrecht.

166 Marees, *Beschryvinge* (1602), S. 177. So auch bei Dapper, *Beschrijvinge* (1668), S. 486 f., wohl nach Marees.

167 Ergänzend ließen sich noch weitere Elemente untersuchen (z. B. der Hofstaat), hier wurden jedoch die meines Erachtens Felder ausgewählt, die für die analysierten Texten zentral erscheinen. Dass die Analyse auf weiteres Material ausgeweitet werden könnte, liegt auf der Hand. Mir geht es um eine exemplarische Untersuchung, die zwar durchaus Repräsentativität beanspruchen, im Rahmen dieser Arbeit jedoch keineswegs auf Vollständigkeit zielen kann.

168 Vgl. auch Leibniz, Anhang (1701), bes. S. 305 ff. und S. 311.

Afrikanische Herrschaft wurde offenbar nicht als grundsätzlich andersartig wahrgenommen. Ebenso wenig, wie es aber *den* europäischen König schlechthin gab, gab es *das* europäische Bild eines westafrikanischen Herrschers. Frühneuzeitliche Europäer kamen bereits mit Vorstellungen, in manchen Fällen auch Erfahrungen sehr unterschiedlicher Königsherrschaften nach Westafrika. Vielfalt wiederum impliziert eine Notwendigkeit der Auswahl, deren Kriterien man kaum vollständig klären kann – das, was als westafrikanische Wirklichkeit wahrgenommen wurde, dürfte dabei aber eine nicht zu unterschätzende Rolle gespielt haben. An einem Beispiel – der Frage des Königsportraits – wurde die mediale Dimension beleuchtet – Bilder, zumindest jene, die der Gattung illustrativer Kupferstiche zugehören, scheinen sich dabei als stärker typenbezogen zu erweisen als Texte.

Während in diesem Abschnitt Elemente der Kontinuität und Gemeinsamkeit der verschiedenen Darstellungen betont wurden, werden im Folgenden stärker Differenzen und Wandel in den Blick genommen.

3. Wandlungsmomente

Nachdem der Verfasser des Artikels »König« in Zedlers *Universal-Lexicon* (1737) die klassischen Exempla biblischen Königtums diskutiert hat, wendet er sich den Verhältnissen in Außereuropa zu und bemerkt: »So wird auch dieser Titel [des Königs; C. B.] vielfältig denen gegeben, die unter andern stehen, dergleichen so wohl in denen alten als zu unsern Zeiten sehr viele in Asia und Africa angetroffen werden.«[169] Offensichtlich gilt die Art und Weise der Verwendung des Königstitels, wie sie in Bezug auf Asien und Afrika erfolgte (nicht aber die Verwendung an sich), dem Verfasser als bemerkenswert. In der Tat war es im Kontext der zeitgenössischen europäischen Debatten ungewöhnlich, dass ein König unter jemand anderem steht und damit eben nicht souverän ist.[170] Diese Feststellung macht deutlich, dass man keineswegs eine unmittelbare Übertragung von Konzepten der politischen Theorie in die Reiseberichts- und sonstige Afrikaliteratur erwarten sollte. Horst Walter Blanke hat vielmehr am Beispiel von England-Reiseberichten konstatiert, dass der Diskurs der Reiseliteratur »von dem, der in der Politischen Theorie geführt wurde, weitgehend abgekoppelt« war.[171]

---

169 Art. König, in: Zedler, *Universal-Lexicon*, Bd. 16 (1737), Sp. 1222–1234.

170 Dazu Quaritsch, Souveränität; überzeugend jüngst Haltern, Souveränität.

171 Blanke, Herrschaft, Bd. 1, S. 212, abgeschwächt ebd., S. 520ff. (»nicht systematisch aufeinander bezogen«). Die Texte der Politischen Theorie seien in den

Blanke nimmt also ein größeres Beharrungsvermögen, einen langsameren Wandel von Semantiken und Konzepten in der Reiseliteratur an. Der Wandel bzw. Kontinuität von Semantiken im Verhältnis zur politischen Theorie soll im Folgenden anhand von drei Aspekten näher untersucht werden: 1. der Zuschreibung von Souveränität und Suzeranität, etwa durch die Kaisertitulatur, 2. der Entwicklung von Alternativbegriffen sowie 3. dem Transfer des Despotie-Diskurses auf Westafrika.

3.1 Souveränität als Ausnahme? Hierarchisierungen und das Problem der Souveränität

Das Königreich von Carecoulis werde von der Volksgruppe der »Boulões« (Bullom) bewohnt, sein Herrscher aber sei ein souveräner König (»rei soberano«), der keinem anderen König Gefolgschaft (»vasalagem«) schulde.[172] Diese Bemerkung über ein Gebiet in Guinea-Bissau, die sich in der Beschreibung des lusoafrikanischen Händlers Lemos Coelho von 1684 findet, ist charakteristisch für den Gebrauch des Königsbegriffs im Westafrika-Diskurs bis ins 18. Jahrhundert: Könige sind Herrscher über ein bestimmtes Gebiet bzw. eine bestimmte Gruppe; dass ihre Herrschaft jedoch eine souveräne, unabhängige ist, gilt nicht als notwendige Voraussetzung.[173] Vielmehr wird die Souveränität eines Königs in verschiedenen Quellen des 16. und 17. Jahrhunderts eigens hervorgehoben und erscheint so als etwas Besonderes. Sie ist keine notwendige Bedingung von Königtum, als Kriterium zur Beurteilung von Herrschaft aber offensichtlich greifbar.

Als Normalfall gelten hingegen lange Zeit offenbar Gefolgschafts- bzw. Vasallenverhältnisse zwischen »Königen«, »reizinhos« (»kleinen Königen«), die von anderen eingesetzt werden und diesen untertan sind, und »Oberkönigen«, die ihrerseits andere einsetzen.[174] Die oben diskutierte Begriffsbil-

---

Reiseberichten »eher in der Form abgesunkenes [sic] Kulturgutes präsent«. Meines Erachtens ist Blankes These in dieser Pauschalität nicht zu halten; vielmehr muss mindestens der jeweilige Hintergrund eines Verfassers in Rechnung gestellt werden. So ist es durchaus plausibel, dass ein protestantischer Geistlicher oder auch ein studierter Arzt über die zeitgenössischen gelehrten Diskurse über »gemischte Verfassung«, absolute Monarchie etc. im Bilde war, während dies bei einem Seemann oder einem Handwerker nicht der Fall war.

172 Coelho, Descrições (1684), S. 233; Description (1684), Kap. 9, Abs. 68.

173 Dagegen zum Begriff des Königtums in der politischen Kultur seit dem 13. Jhdt. Quaritsch, Souveränität, und Stollberg-Rilinger, Honores regii, S. 5 f.

174 Von Königen, die andere Könige einsetzen, berichten bspw. Brun, Schiffahrten (1624), S. 10, und Avity, *Description* (1638), S. 395. Die »reizinhos« finden

dung bei Müller, der aufgrund fehlender (innerer) Souveränität des »Königs« den Terminus Aristokratie einführt, bleibt im Vergleich ein Einzelfall (I.2.1).

Noch 1730 ist es Labat möglich, ohne weitere Erklärung den König von Ouidah als »souverän & sehr absolut in seinem Staat« (»Souverain & fort absolu dans son Etat«) zu bezeichnen, um dann hinzuzufügen, dass ebendieser König seine Krone vom »Roy d'Ardra ou Ardres« (d.i. Allada) empfange, dem er auch »hommage« entgegenbringen müsse. Innere und äußere Souveränität sind hier also nicht notwendigerweise verknüpft. Der König von Allada wiederum empfange seine Krone vom König von Benin, der seinerseits seine Krone »von einem anderen Souverän [erhalte], dessen Königreich oder Reich im Osten liegt & manchen zufolge Biafara genannt wird« (»d'un autre Souverain, dont le Royaume ou l'Empire est à l'Est, & se nomme selon quelques-uns Biafara«).[175] Solche, zum Teil auf »Belehnungen« beruhenden Rangfolgen finden sich in den Reiseberichten immer wieder und dienen offensichtlich auch dazu, mithilfe eines vertrauten, europäischen Instrumentariums die unübersichtlich erscheinende Zahl von regionalen Herrschern zu ordnen und zu systematisieren.[176]

Ebenso bemerkenswert wie aufschlussreich ist dabei, dass die Herrscher an der Spitze der Rangkette häufig ins Landesinnere oder in noch unbekanntere Fernen verlagert wurden.[177] Sie werden in mehreren Berichten

---

sich bei Coelho, Descrições (1684), S. 225; Description (1684), Kap. 9, Abs. 50. »Onderkoninge« gibt es z.B. bei Dapper, *Beschrijvinge* (1668), S. 379 et pass. Dem *Atlas Novus* von Joan de Blaeu zufolge war u.a. der König von Melli dem von Toubut tributpflichtig; Blaeu, *Atlas*, Bd. 3 (1667), S. 121. »Opperkoning« wird bspw. 1699 in der Korrespondenz der Niederländer in Bezug auf Akwamu gebraucht; Brief Sevenhuysens an die Heeren X, dd. 08.05.1699, NA, TWIC 97. – Ähnliches in Bezug auf Ostindien bemerkt Blanke, Herrschaft, Bd. 1, S. 286f.; seiner These, dass die Reisenden allein das »Modell europäischer Monarchen des Absolutismus« vor Augen hatten, kann ich aufgrund des vorliegenden Befundes indes nicht zustimmen (wie man nun auch immer die Realität von »Absolutismus« einstufen mag).

175 Labat, *Voyage*, Bd. 1 (1730), S. xi–xii. – Ähnlich bei Avity, *Description* (1638), S. 394 (»[...] finalement le grand Empereur qui commande au Royaume de Mandinga a souueraine autorité sur tous ces Rois«), und bei Dapper, *Beschrijvinge* (1668), S. 369 (»Deze Koning [von Guinala; C. B.] geeft den hoet, die by hen zoo veel als de kroone is, aen zeven koningen, en doet hem met grooter pracht dienen, dans d'andere nabuurige Koningen«).

176 Siehe auch Elbl, Trade, S. 195f.

177 Ein Beispiel bei Dapper, *Beschrijvinge* (1668), S. 366: Der König von Casamance steht »onder eenen anderen Koning, zijnen gebuur, genaemt Jaxem, en deze laeste weer onder een anderen, verder te lande in gelegen, en in dezer wijze

auch als »Kaiser«, »emperor« oder »emperador« bezeichnet, um sie von den ›normalen‹ Königen abzugrenzen.[178] Rømer vergleicht den Herrscher von Benin, der »Kaiser der gesamten Guineaküste« (»Kayser over heele Kysten Guinea«) sei, mit dem Kaiser von China und behauptet gar, das Reich des Ersteren sei das größere.[179] Auch wenn dies reichlich übertrieben ist, war der Herrscher von Benin nach zeitgenössischen Maßstäben in der Tat ein guter Kandidat für die Kaisertitulatur – er galt als sehr mächtig, sein Zeremoniell schien recht gut mit europäischen Prachtstandards vereinbar und er beherrschte andere »Könige«.[180]

Zu Macht und großer Ausdehnung des Reichs konnte noch das Merkmal seiner kulturellen Vielfalt hinzutreten. So bemerkt der junge Kleriker André de Faro, dass das Reich des Kaisers (»emperador«) von Lagozes unterschiedliche Nationen (*nação*) und Sprachen umfasse.[181] Zum »Kaiser« wird er für Faro aber in erster Linie dadurch, dass er andere Herrscher ernennt

---

erkennt d'een eenen ander boven hem, maer staen echter alle onder het gebiet van den Koning van Mandinga«.

178 Im soeben zitierten Bericht Labats deutet sich dies in der Bezeichnung »Empire« an; siehe auch Dapper, *Beschrijvinge* (1668), S. 411 f. (»Keizer van Manou«); Labat, *Voyage*, Bd. 1 (1730), S. 314.

179 Rømer, Account (1760), S. 23; dän. Original: *Tilforladelig Efterretning* (1760), S. 16. Diese Bezeichnung greift noch 1895 Reindorf auf und spricht vom »emperor of Benin«; Reindorf, *History* (1895), S. 3 f. und S. 9; Reindorf rekurriert eingangs auf Rømers Darstellung und ›verifiziert‹ sie anhand der »traditional accounts of the natives of the Gold Coast«. Die Herrschaft des Kaisers von Benin über die gesamte Goldküste verlegt er in die Zeit vor der Ankunft der Portugiesen und damit in historische Ferne.

180 Eher als imaginäre Größe und Selbststilisierung aufgefasst dagegen von Nyendaal, in: Bosman, *Beschryving*, Teil 3 (1704), S. 218: Der König von Benin bilde sich ein, »de grootste Koning der Wereld te zyn, ten minsten van de Guinese Wereld, welke ontrent honderd mylen buiten syn Land aen hem is bekend [...]«. Auch Nyendaal beschreibt aber durchaus seine Machtposition (u. a. S. 220 f.). – Das von Heinz Duchhardt angeführte Konzept, demzufolge ein auch im kirchlichen Bereich souveräner Herrscher als Kaiser bezeichnet werden kann, scheint hier keine Rolle zu spielen; Duchhardt, Imperium, S. 574 mit Anm. 72.

181 Faro, Peregrinacão (1663/1664), S. 60, bzw. Journey (1663/1664), S. 35. – Dies erinnert an die aus dem Mittelalter geläufige Definition von *imperator* als Herrscher über mehrere *regna*; dazu kurz Conze et al., Art. Monarchie, Abs. III.2, S. 155 f., und in Bezug auf das frühneuzeitliche England Duchhardt, Imperium, S. 574 f.

und so über ihnen steht.[182] Diese Relationalität[183] ist es, die maßgeblich »Kaisertum« konstituiert. Dies gilt noch für den Bericht Durands von 1802: »Die Insel Bissau ist in neun Provinzen eingeteilt, von denen acht durch Beamte regiert werden, die der König ernennt und die selbst den letztgenannten Rang [qualité] annehmen, um ihm (d.h. dem König) jenen des Kaisers geben zu können.«[184]

Beim Herrscher von Asante kann man beobachten, wie er im Zusammenspiel von politischen Entwicklungen, vor allem der Unterwerfung anderer Herrscher, und Wissenszuwachs zum »Kaiser« wurde. Die Korrespondenzen der Kompanien dokumentieren, wie mit der voranschreitenden Expansion Asantes um die Wende zum 18. Jahrhundert relativ rasch auch die Bedeutung seines Herrschers ins Bewusstsein der Europäer trat. Während der erste *asantehene*, Osei Tutu, zu Beginn schlicht als »Caboceer Zaay« erwähnt wird,[185] rückt man über Bezeichnungen wie »sehr gefürchteter, Asante'scher *caboceer* oder Oberhaupt« (»seer gevreesde assajantèze Caboçeer offte Opperhooft«)[186] oder »Großfürst Zay« (»Groot Vorst Zay«)[187] zu Titulaturen wie »König«[188] und »Kaiser« vor.[189]

---

182 Dies folgt der traditionellen Bestimmung von Kaiser als *rex regum*; siehe Dreitzel, Monarchiebegriffe, Bd. 1, S. 207. Vgl. auch Demel, Kaiser. Entsprechende Benennungen für asiatische Herrscher, z.B. an der Malabarküste, untersucht Flüchter, Vielfalt, S. 144f.

183 Flüchter spricht von einer Verwendung der Kaisertitulatur als »relationalem« statt universellem Konzept; ebd., S. 144f.

184 »L'île des Bissaux est partagée en neuf provinces, dont huit sont gouvernées par des officiers que nomme le roi, et qui prennent eux-mêmes cette dernière qualité afin de pouvoir donner celle d'empereur à leur souverain.« Durand, *Voyage* (1802), S. 119.

185 Instruktion für Unterkommis David van Nyendaal, dd. 09.10.1701, NA, NBKG 233, ediert in: Dantzig (Hrsg.), The Dutch, S. 75–80, hier: S. 75.

186 Brief Sevenhuysens an die Heeren X, dd. 16.11.1701, NA, TWIC 97.

187 Brief de la Palmas an die Heeren X, dd. 25.09.1702, NA, TWIC 98.

188 So bspw. regelmäßig in der englischen Korrespondenz, etwa im Brief von Dalby Thomas an die RAC, dd. 02./03./06.03.1706, TNA, T 70/5, oder im Brief der *chief merchants* Gore, Phipps und Bleau an die RAC, dd. 23.03.1714, T 70/3.

189 So bspw. 1726 bei Uring, der »Asantie« als »most powerful kingdom of any known to the Europeans on this Part of the Coast« bezeichnet und den »king of Asantie« als »Emperor« tituliert; Uring, *History* (1726), S. 160ff. Dagegen mit Einschränkung bei Rømer 1760: »The King of Assiante can be called the Emperor of the Guinea Coast as long as others north of them leave the Assiantes in peace« (»[...] og man kunde da kalde Kongen i *Assiante*, Kayseren af Kysten Guinea, saa længe andre oven for dem lode dem have Fred«); Rømer, Account (1760), S. 200; dän. Original: *Tilforladelig Efterretning* (1760), S. 270. – Auf eine ähnliche Entwicklung bei dem Herrscher von Dahomey hat Robin

Ein solches Modell eines Kaisertums als, wenn nicht universeller, so doch weitgreifender regionaler Hegemonie gilt für Europa üblicherweise mit der Reformation, spätestens aber mit dem Westfälischen Frieden als überholt.[190] Der römisch-deutsche Kaiser war in der Frühen Neuzeit eben kein Herrscher über Könige – auch wenn es gerade die Frage nach dem Status der Reichsstände war, die die Souveränitätsdiskussion in der Frühen Neuzeit immer wieder mit neuem Zündstoff versorgte.[191]

In der politischen Theorie der Zeit galt die Gleichheit der Souveräne als Strukturprinzip der (europäischen) Staatenwelt. Zwar wird in der Forschung auf die Persistenz ständisch-hierarchischer Elemente auch über 1648 hinaus hingewiesen, der Strukturwandel der hierarchisch strukturierten Fürstengesellschaft zum gleichgeordneten Staatenkonzert vollzog sich nur allmählich.[192] Selbst wenn man aber manche Ungleichzeitigkeiten zwischen politischer Theorie und Staatenpraxis auch in Europa annimmt, bleibt doch ein gewisser Anachronismus des Afrika-Diskurses mit seinen Kaisern und Unterkönigen zu konstatieren. So war beispielsweise die Bindung von Königtum (als politischem Ordnungsbegriff) an äußere Souveränität spätestens seit 1700 auch in der europäischen Staatenpraxis fest etabliert.[193]

Law hingewiesen; Law, Slave Coast, S. 73, Anm. 11. Ringard etwa bezeichnet 1727 in seinem Augenzeugenbericht über die Eroberung Ouidahs durch Dahomey Agaja noch als »un noir nommé Dada Fidalgue du païs d'Ahomé«; Relation de la Guerre de Juda (1727), ediert in Law, ›Relation‹, S. 326 [nach der Kopie im County Record Office, Hertford]; eine andere, vermutlich von einem französischen Schreiber erstellte Kopie dieses Berichts findet sich in ANOM, C 6/10. Ein Jahr später spricht der französische Faktor in Ouidah dagegen schon selbstverständlich vom »Roy de Dahomé«; Brief von du Petitval, dd. 04.08.1728, ANOM, C 6/25.

190 Reklamationen eines nationalen Kaisertums, etwa in Großbritannien, waren, wie Heinz Duchhardt gezeigt hat, Ausdruck eines veränderten Verständnisses von *imperium*; Duchhardt, Imperium, bes. S. 577f. Auch das Kaisertum Napoleons war demgegenüber anders gelagert; Dreitzel, Monarchiebegriffe, Bd. 1, S. 226ff.

191 Vgl. dazu Quaritsch, Absolutismus; ders., Souveränität, bes. S. 70ff.; Stollberg-Rilinger, Kleider, bes. S. 149ff.; dies., Investitur; dies., Öffentlichkeit, S. 157ff.; Steiger, Strukturen.

192 Siehe Windler, Symbolische Kommunikation, bes. S. 164ff.; Krischer, Souveränität; ders., Gesandtschaftswesen; Stollberg-Rilinger, Öffentlichkeit, S. 148ff.

193 So auch Dreitzel, Monarchiebegriffe, Bd. 1, S. 197ff. und S. 206. Es galt, grob gesagt, dass jeder (politische) König ein souveräner Herrscher, aber nicht unbedingt jeder Souverän ein König war. Ähnlich Krischer: »Frühneuzeitliche Souveränität war noch kein abstraktes Rechtskonstrukt, sondern immer gebunden an Rollenträger, mit denen gewöhnlich höchste soziale Schätzung verbunden

Das heißt nicht, dass Souveränität etwa konsistent theoretisch fundiert oder unumstritten gewesen wäre, ganz im Gegenteil: Souveräner Rang wurde wesentlich durch Praktiken, insbesondere des Zeremoniells, konstituiert und konnte durchaus umkämpft sein. Matthias Schnettger stellt fest, dass der Königsrang weniger an eine bestimmte Verfassungsform gebunden war, als vielmehr einen Namen für »eine Art ›Vollmitgliedschaft‹ im Konzert der europäischen Mächte« darstellte und damit ein Ausdruck der vollen Souveränität war. Er weist auf die bekannten Versuche der Stadtrepubliken von Genua und Venedig hin, königliches Traktament und damit königlichen Status zu erlangen.[194] Ähnliches zeigen zudem die Beispiele Savoyens und Brandenburg-Preußens.[195]

Im europäischen Diskurs über außereuropäische Herrschaftsformen hingegen lebte sowohl das Modell des nicht-souveränen Königs als auch das Modell des Kaisers als Herrn über Könige offensichtlich länger fort, letzteres vielleicht auch, weil hier mehr Spielraum für mythische Größe bestand. Der zeremonielle Vorrang, der in Europa gewissermaßen das letzte Residuum kaiserlicher Größe ausmacht,[196] ist in diesem Kontext dagegen nachrangig, man kann ihn jedoch dann identifizieren, wenn über Kaiser als Einsetzer und Krönende von Königen berichtet wird.[197]

3.2 »King and chief«. Entwicklung von Alternativbegriffen zum Königtum

Ein Konzept von Königtum, das nicht notwendigerweise mit Souveränität verbunden ist, sondern ihr gleichsam indifferent gegenübersteht, lässt sich im gesamten Untersuchungszeitraum bis ins späte 18. Jahrhundert hinein nachweisen.[198] Zugleich finden aber auch in der Afrika-Literatur zunehmend Reflexionen über mögliche Begriffsprobleme statt. Dies macht ein Vergleich besonders anschaulich: 1603/04 ließ sich Ulsheimer noch darüber aus, dass die Autorität der Könige an der Goldküste der eines Dorfschult-

---

wurde: an Könige eben.« Krischer, Souveränität, S. 18; auch ders., Gesandtschaftswesen, S. 213 f., und Stollberg-Rilinger, Kleider, S. 150.

194 Schnettger, Rang, S. 187.

195 Stollberg-Rilinger, Honores regii; dies., Öffentlichkeit, bes. S. 163 ff.; Oresko, House. – Siehe auch Krischer, Gesandtschaftswesen, S. 202 ff., S. 207 f. und S. 213 f.

196 Siehe Demel, Kaiser, S. 59; dass auch dieser umstritten war, zeigt Duchhardt, Imperium, bes. S. 562 ff.

197 Bspw. Dapper, *Beschrijvinge* (1668), S. 368 f.

198 U. a. Bosman, *Beschryving*, Teil 3 (1704), S. 220 und S. 226; siehe noch Isert, *Reise* (1788), S. 301 f. (von Asante unterworfenes Akyem als Königreich, hier spielt sicher auch eine historische Dimension eine Rolle).

heißen gleichkomme, und betonte damit deren Schwäche – ohne aber den Königsbegriff selbst infrage zu stellen (I.2.1, bei Anm. 59). Dagegen wird für Beobachter späterer Zeit geringe Autorität vermehrt zum Argument, den Königsbegriff anzuzweifeln und zu hinterfragen.[199] John Matthews beispielsweise konstatiert 1788 zunächst, dass die Autorität der Monarchen in Afrika sehr begrenzt sei und stark der »authority of the mayor of a corporation town in England« ähnele,[200] greift also zu einem ganz ähnlichen Vergleich wie Ulsheimer. Anders als dieser kommt er wenige Seiten später jedoch zu der Schlussfolgerung:

> »In describing the customs and manners of distant nations, we are under a necessity of using such expressions and phrases as suit to our own idioms. Hence every petty quarrel, when perhaps there is only ten or a dozen combatants on each side, is in Africa called a war. It is the same also in speaking of their chiefs, or head men, who are all dignified by the Europeans with the title of king.«[201]

Während hier das Problem der Übersetzung für Europäer im Vordergrund steht, erklären andere die weite und unangemessene Verbreitung der Königstitulatur als Anpassung und Aufwertungsversuche der afrikanischen Herrscher:

> »Jedes dieser Völker [an der Elfenbeinküste; C. B.] hat seinen Obersten [chef], den sie unter sich Kapitän nennen; aber seitdem sie Kontakt mit den Europäern haben und einige von ihnen sogar von den Höfen Europas zurückgekehrt sind, wo man sie hingeführt hatte, um ihnen beizubringen, sich unseren Verhaltensweisen anzupassen, haben sie ihren übergroßen Ehrgeiz dahin getrieben, sich König nennen zu lassen. Meistens kann ihr Königreich aber kaum 4000 Seelen aufbrin-

---

199 Vgl. z.B. Barbot on Guinea, S. 596; Uring, *History* (1726), S. 47f. [korrumpierte Seitenzählung]. Eine ähnliche Formulierung z.B. auch ca. 800 Jahre früher bei Abbo von Paris in Bezug auf die dänischen »Könige«; dazu Fried, Normannenherrscher, S. 77 (der sich ebenfalls mit einer analytischen Begriffswahl schwertut, er rettet sich etwa an einer Stelle zu den »Vikingerchefs«, ebd.). Fried hebt hervor, dass grundsätzlich gleiche Formen angenommen werden (S. 78f.) – in Abwandlung Osterhammels handelt es sich also um einen inklusiven Frankozentrismus.

200 Matthews, *Voyage* (1788), S. 74.

201 Ebd., S. 85f. – Ähnlich Winterbottom, *Account*, Bd. 1 (1803), S. 124 (»The title of king, it must be confessed, is often too indiscriminately used. Europeans are apt to apply it even to such as enjoy little or no authority, except over the village in which they dwell; and many are called king, who do not possess above half a dozen small towns or villages«), und Labarthe, *Voyage* (1802), S. 42f. (»sait combien il est absurde de donner le titre de roi à un misérable chef d'une petite nation barbare«).

gen und auch unter den drängendsten Umständen kaum 2000 Krieger stellen, die Sklaven eingerechnet.«[202]

Diese Form der Begriffsreflexion nimmt im Laufe des 18. Jahrhunderts zu und koinzidiert damit zeitlich mit der »Debatte über den ›Mißbrauch der Wörter‹ «, wie sie Rolf Reichardt in Frankreich ausgemacht hat.[203] Sie gehört zudem in den Kontext der Entwicklung von »König« zu einem »verfassungstheoretischen Normbegriff«, der einen »König« in erster Linie als »konstitutionellen Fürsten des monarchischen Prinzips« bestimmte. Dies erfolgte nicht zuletzt, wie Horst Dreitzel aufgezeigt hat, auch durch die Abgrenzung »gegenüber dem ›Scheinkönig‹, ›Aftermonarchen‹, ›Quasikönig‹ wie gegenüber dem ›Autokrator‹ «.[204] Während Dreitzel diese Entwicklung nach 1789 ansetzt, deutet der hier gewonnene Befund darauf hin, dass sie eine längere Vorgeschichte im 18. Jahrhundert hat.

Die Reflexion der Grenzen und Anwendbarkeit des Begriffs zog jedoch nicht unmittelbar eine Veränderung der Begriffspraxis nach sich, denn diese war weiterhin durch langlebige Gewohnheiten und Traditionsbildungen bestimmt. Dennoch lässt sich eine Veränderung in der Semantik erkennen, die letztlich zu einer verspäteten Umsetzung dieser Reflexion führen sollte: Der Begriff König verschwand nicht, aber andere Begriffe traten an seine Seite. So wurden im Zusammenhang mit den oben zitierten Begriffsreflexionen bereits Alternativbegriffe (oder, aus Sicht der Verfasser: die »richtigen« Begriffe) genannt wie *chef*, *chief* oder *headman*.

Zudem wurde im Laufe des 18. Jahrhunderts – stärker, als dies in älteren Berichten der Fall ist – zunehmend der Gedanke der korrekten Übersetzung indigener Termini verfolgt. Auch durch die Reflexion über Übersetzungsprobleme scheinen dabei vermehrt westafrikanische Begriffe (oder das, was die Autoren dafür hielten) als ›Fachbegriffe‹ Eingang in europäische Berichte gefunden zu haben. Besonders groß war die Durchsetzungskraft solcher Begriffe in den Fällen, in denen der Status eines westafrikani-

---

202 »Chacun de ses [sic] peuples a son Chef, qu'ils appellent entr'eux Capitaine; mais depuis qu'ils frequentent les Européans [sic] & que même quelques-uns d'entre-eux sont de retour des Cours de l'Europe, où on les avoit co[n]duit, pour leur apprendre à se conformer à nos manieres, ils ont poussé leur ambition démesurée jusqu'à se faire aussi appeller Rois, quoique le plus souvent à peine leur Royaume peut il fournir quatre mille ames, tel qu'est celui-ci, qui dans une extremité pressante trouveroit à peine deux mille combattans, y compris les esclaves.« Loyer, *Relation* (1714), S. 184f. – Ähnlich auch Durand, *Voyage* (1802), S. 67 (»une multitude des petits princes qui prennent le titre de roi quoique les États des quelque-uns soient très-peu considérables«).

203 Reichardt, Einleitung, S. 39–50.

204 Dreitzel, Monarchiebegriffe, Bd. 1, S. 39f.

schen Herrschers für die europäischen Beobachter vergleichsweise schwer zu erfassen war. So behielt der *braffo* von Fante lange Zeit diesen Titel, da die Klassifikation dieses Gemeinwesens und seines Oberhaupts angesichts seiner besonders komplexen Struktur in den Augen europäischer Beobachter (und heutiger Wissenschaftler) mehr Schwierigkeiten aufwarf, als dies bei manch anderer Herrschaftsbildung der Fall war.[205] Wie beim viel gebrauchten Terminus *caboceer*, dessen Bedeutung meist als »Adeliger« oder »Edelmann« umschrieben wird, trennte man häufig nicht zwischen Termini aus der Akan- oder einer anderen indigenen Sprache und solchen Wörtern, die realiter aus dem Portugiesischen stammen.[206]

Obwohl die zitierten Reflexionen dies nahezulegen scheinen, fand kein abrupter Wechsel und kein umgehender, flächendeckender Verzicht auf das Wortfeld des »Königtums« statt. Vielmehr lässt sich ein Nebeneinander der älteren Semantik und der neueren Alternativbegriffe feststellen. Noch James Watt etwa, Angestellter der Sierra Leone Company und Namensvetter des Dampfmaschinenerfinders, verwendet 1795 in seinem Tagebuch die Begriffe »king« und »chief« oft parallel. Der letztgenannte Terminus beschreibt dabei überwiegend die untergeordnete, nicht-souveräne Position – bei Watt werden sozusagen die vormaligen »Unterkönige« zu »chiefs«. So schreibt er von dem »king of Teembo, king of Labay, and another great chief inferior to these«.[207] Dies bestätigt auch der Bericht von Peter McLachlan, der sich auf die gleiche Region (Sierra Leone) bezieht, aber fast dreißig Jahre später entstanden ist. Er erklärt: »The distinctions of natives of the country into particular classes are confined to a king, chiefs or headmen of towns, labourers and confidential slaves.«[208] Ebenfalls gegen Ende des 18. Jahrhunderts (1792) benutzt Saugnier »roi« parallel zu »chef«.[209] Hegel schließlich spricht

205 Siehe unten, Kap. I.4, zur Frage der Republikform und zum *braffo*.

206 So z.B. bei Atkins, *Voyage* (1735), S. 59. Dies könnte man als Indiz für fehlende linguistische Fähigkeiten interpretieren. Vor allem aber lässt es sich als Beleg für die Bedeutung der portugiesischen Kreolsprache lesen, die auch in den Interaktionen mit nicht-portugiesischen Europäern dominierte. Die Bedeutung des Portugiesischen als Umgangssprache hebt bspw. Barbot hervor; Barbot on Guinea, Bd. 2, S. 549.

207 Watt, Journal (1794), S. 5 (Eintrag vom 07.02.1794); auch Uring, *History* (1726), S. 32, spricht von »King or Chief«.

208 McLachlan, Travels (1821), S. 4.

209 Saugnier, *Relations* (1791), S. 208. Die Differenz mag hier mglw. in der Bewertung der jeweiligen Herrscher liegen. So gibt es einen »chef« der faulen, cholerischen, fanatischen und grausamen »nation Poule«, der überdies aus einer Gruppe von (muslimischen) Rechtsgelehrten gewählt wird (ebd.), während der »roi de Galam«, einschränkend »ce petit roi« (S. 212), deutlich positiver beschrieben wird. – Im gleichen Jahr erscheint allerdings ebenfalls eine fran-

in seinen *Vorlesungen über die Philosophie der Geschichte* in Bezug auf Afrika von dem obersten »Häuptling«, »den wir König nennen wollen«.[210] Beide Begriffe stehen wiederum nebeneinander, klar ist nun aber, was der eigentlich richtige Begriff sein soll – der Häuptling ist ein »sogenannter« König.

Untersucht man englische und französische Lexika des 17. und 18. Jahrhunderts hinsichtlich des Lemmas »chief« bzw. »chef«, so lässt sich feststellen, dass die Verwendung im Substantiv für eine bestimmte Herrschafts- oder politische Führungsposition erst ab Ende des 17. Jahrhunderts vermehrt in Erscheinung tritt, im Französischen wohl etwas früher als im Englischen.[211] Die anfänglich dominierende Bedeutung als Herold wird dabei allmählich von der Erklärungsvariante als Rang und Führerrolle, insbesondere im Militär, eingeholt.[212] Der ausführliche Artikel in Samuel Johnsons

---

zösische Reisebeschreibung, die den Herrscher der »Foules« (gemeint sind in beiden Fällen die Fulbe bzw. Peul, wie auch eine Anmerkung wohl des Herausgebers auf S. 51 reflektiert) wiederum als »roi« bezeichnet, sodass hier zumindest in der *konkreten* Zuweisung des einen oder anderen ›Etiketts‹ kaum Kohärenz besteht; LABARTHE, *Voyage* (1802), S. 42. Parallele Verwendung, die mglw. aber auf einen gewissen allgemeineren Charakter von »chef«, quasi als Oberbegriff für Herrscher, verweist, 1802 bei Durand, der über die Bissagos-Inseln schreibt, sie würden jeweils durch »un chef« regiert »qui prend le titre de roi et qui en a le pouvoir. Ces petits princes sont indépendans les uns des autres.« DURAND, *Voyage* (1802), S. 99. Paralleler Gebrauch auch schon bei LABAT, *Voyage*, Bd. 1 (1730), S. 219.

210 HEGEL, Vorlesungen, S. 126.

211 So verwendet Bodin den Begriff »chef« in Bezug auf den römisch-deutschen Kaiser, da dieser nicht souverän sei; BODIN, *Six livres* (1583 [1576]), 2,6, S. 323 (»chef de l'empire ou capitaine en chef«). Siehe auch *Dictionnaire de l'Académie françoise* (1694), Art. chef, wo es heißt: »Celuy qui est à la teste d'un corps, d'une assemble; qui y a le premier rang & la principale autorité«, und weiterhin RICHELET, *Dictionnaire* (1732), Art. Chef. Im Englischen sind es interessanterweise zunächst Latein-Englisch-Wörterbücher, die ausführliche (und bereits alle Facetten umfassende) Erklärungen bringen; bspw. COLES, *Dictionary* (1677), Art. Chief, [o. S.], dieser Artikel wird unverändert übernommen in den Auflagen von 1707, 1716 und 1772. In dem (einsprachigen) *English Dictionary*, das Coles ebenfalls veröffentlichte, findet sich hingegen kein entsprechendes Lemma. Dies ist wohl darin begründet, dass die Bedeutung des englischen Wortes als »First, Principal, Sovereign« bzw. »commander« (o. Ä.) auf das lateinische *caput*, teilweise über das französische »chef« abgeleitet (bes. im heraldischen Bereich, siehe Anm. 212), zurückzuführen ist. – Einige Überlegungen zur Etymologie auch bei FARRAR, African Kings, S. 272.

212 Ausschließlich die heraldische Bedeutung des Wortes führen z. B. BLOUNT, *Glossographia* (1707), Art. Chief, der hier zum ersten Mal in dem 1656 erstmals veröffentlichten Lexikon erscheint, und John BULLOKAR, *Expositor* (1707), Art. Chief,

Dictionary of the English Language von 1775 erläutert den Begriff nicht nur mit »military commander« und der heraldischen Bedeutung, sondern fügt überdies noch die Variante »chieftain« als »leader« oder »commander« und der spezifischen Bedeutung als »head of a clan« hinzu. Letzteres wird, wie üblich bei Johnson, mit einem Zitat als Gebrauchsbeispiel illustriert, das sich in diesem Fall auf Irland bezieht.[213] Dies lässt vermuten, dass die *politische* Verwendbarkeit des Begriffs sich im 18. Jahrhundert zunehmend auf andere Kulturen beschränkte – und dass Irland in der Frühen Neuzeit aus englischer Perspektive eine solche, wenn nicht gar *die* andere Kultur darstellte, ist hinlänglich bekannt.[214]

»König« bleibt in dieser Zeit zwar noch ein Begriff, der auf die eigene wie auf fremde Kulturen angewandt werden kann, zugleich entwickeln sich aber Alternativbegriffe, die in ihrer Anwendbarkeit zunehmend auf fremde Kulturen beschränkt waren. Man kann hier somit eine semantische Übergangsphase in der Ablösung eines inklusiven durch einen exklusiven Eurozentrismus beobachten. Eindrücklich illustriert dies abschließend eine Bemerkung von Robert Norris aus dem Jahr 1789:

> »When these terms occur, it must not be forgotten, that they are by no means intended to convey the same ideas, which are usually annexed to them in civilized societies of mankind: and, for the reasons just alleged, I may hope it will be deemed a very excusable burlesque, to dignify a brutal barbarian with the title of king; or his place of habitation (which is little superior to a dogkennel) with the splendid name of a palace.«[215]

[o. S.], an, in der Ausgabe des *Expositor* von 1775 hingegen ist an die erste Stelle die Erklärung »The Head, or Principal« gerückt. In Baileys *Dictionary* variieren die Erklärungen je nach Auflage: Während die Ausgabe von 1724 ebenso wie diejenige von 1728 (und spätere) die Bedeutung »A Chief, a General, or Commander« anführt, findet sich in derjenigen von 1727 ausschließlich die heraldische Bedeutung. Benjamin Martins 1749 erstmals erschienene *Lingua Britannica Reformata* erwähnt dagegen eine solche nicht.

213 Johnson, *Dictionary* (^{4}1775), Art. Chief. »Clan« wird bei Johnson erläutert als »[probably of Scottish original; *klaan*, in the Highlands, signifies *children*] 1. A family; a race. 2. A body or sect of persons, in a sense of contempt.« Ebd., Art. Clan.

214 Vgl. etwa Canny, Kingdom; Leerssen, Thought, S. 28 ff.; und Muldoon, Indian. Nicht zuletzt finden sich auch in der Afrikaliteratur Vergleiche mit Irland-Bezug, die für die Iren selten schmeichelhaft ausfallen; siehe bspw. Uring, *Voyages* (1726), S. 130. Für die frühere Zeit vgl. Hair, Attitudes, S. 47.

215 Norris, *Memoirs* (1789), Letter to the Editor, S. v/vi.

3.3 Von der Tyrannei zur Despotie

Tyrannisbegriffe[216] werden in Bezug auf afrikanische Herrscher relativ spät angewandt. Wenn es in den Berichten des 16. und 17. Jahrhunderts explizit um Tyrannei geht, ist meist das Verhalten der Portugiesen (und Spanier) gegenüber den Afrikanern wie auch gegenüber anderen Europäern gemeint.[217] Dabei hat man es mit einer Variante der *leyenda negra* zu tun.[218] Die Autoren, die sie bis ins 18. Jahrhundert – und damit lange nach dem Zenit spanisch-portugiesischer Macht – pflegten, gehören größtenteils dem protestantischen Lager an. Insbesondere konnten niederländische Autoren mit diesem Narrativ ihren Angriff auf Elmina legitimieren. Ab der zweiten Hälfte des 17. Jahrhunderts verschob sich bei einigen, vorwiegend englischen und französischen, Autoren der Tyrannis-Diskurs auf die Niederländer selbst und deren Versuche, ein Handelsmonopol in Westafrika zu errichten.[219]

Gelegentlich finden sich im 17. Jahrhundert aber auch Beschreibungen afrikanischer Tyrannen (wobei der Begriff selten explizit gebraucht wurde): So wurde Mitte des 17. Jahrhunderts beispielsweise der König von Benin, den wir oben bereits als potenziellen Kaiser kennengelernt haben, mit tyran-

---

216 Vgl. Dreitzel, Monarchiebegriffe, Bd. 1, S. 139ff.; Rexroth, Tyrannen. Zur Tradition der »Tyrannislehre« des Weiteren die Ausführungen von Kern, Gottesgnadentum, S. 186ff. und Anhang XIII.

217 So z.B. bei Brun, Schiffahrten (1624), S. 65 (ähnlich auch ebd., S. 69). Er schreibt über das Königreich Asebu, in dem das niederländische Fort Moure lag: »Die Spanier [gemeint sind die Portugiesen; C. B.] aber haben endtlich so grosse tyranney gegen den Schwartzen geübet, daß sie dieselbigen nicht mehr dulden können.« Zur Hilfe habe sich der König von Asebu an »Graff Maurits vnd [die] Herren Staden« gewandt. So wird ein Gegensatz zwischen den republikanisch-freiheitlichen Niederlanden und dem tyrannischen Spanien-Portugal suggeriert. Vgl. ähnlich auch Villault, *Relation* (1669), S. 440f.; Tilleman, Account (1697), S. 21f.; sowie – auf die Sache zielend, ohne den Begriff zu verwenden – Ruiters, Toortse (1623), S. 73 (»subjectie«, Zwangsherrschaft); und Linschoten, Itinerario, Teil 3 (1579–1592), S. 3 und S. 36. Auch noch bei Rømer, Account (1760), S. 15f., der zwischen Spaniern und besser beleumundeten Portugiesen differenziert.

218 Vgl. z.B. Pollmann, Feindschaft, und Schmidt, Innocence, bes. Kap. 2.

219 Bspw. Mémoire ou Relation du S[ieur] Du Casse sur son voyage de Guinée (1687/88), ANOM, DFC XVI/82, no. 4, S. 92 (ediert in Roussier [Hrsg.], Etablissement, S. 40); Rømer, Account (1760), u.a. S. 232f., der den niederländischen *directeur-generaal* mit einem türkischen Sultan vergleicht. – Vgl. zu niederländischen (!) Diskursen über niederländische »Tyrannei« in den Amerikas auch Schmidt, Innocence, S. 277–291, zu entsprechenden englischen Diskursen ebd., S. 291–303.

nischen Zügen charakterisiert.[220] Explizite Anwendung fand der Begriff dann im Laufe des 18. Jahrhunderts auf Agaja, den Herrscher von Dahomey. Er galt etwa 1739 der englischen Kompanie als »als most absolute and greatest tyrant in Africa«.[221] William Baillie, Vertreter der RAC in Ouidah, hatte bereits 1728 geklagt, Agaja sei ein

> »insupportable tyrant [...] whose insolence is now grown to such a height that neither whites nor blacks are able any longer to tolerate it. There is no any of our priviledges [sic] he does not dayly dispence with, where he finds his present interest, or is buzed by his bribed D-s or wives, no custom or settled law of his country in respect to Europeans, which he does not impetuously break through, no injustice, robb[e]ry or other Villany he does not encourage. In short he is a Monster of nature [...].«[222]

Baillie verlieh seiner Hoffnung Ausdruck, dass eine Opposition von Großen Agaja bald stürzen werde, wenn er seine Tyrannei weiter treibe: »[...] for it is only we that must bear all his villanys and insults silently and patiently the Blacks are not so objectly slavish in what concerns themselves«.[223]

Rømer bezeichnete 1760 gleich mehrere Könige als Tyrannen.[224] Zumindest im Falle des Königs von Asante, zu Rømers Zeiten Opoku Ware (»Oppoccu«), sah er sich darin einig mit vielen zeitgenössischen und auch späteren Autoren; die Herrschaft der *asantehene* wurde im Folgenden zu einer der Urszenen der afrikanischen Despotie.[225]

In der zweiten Hälfte des 18. Jahrhunderts traten gegenüber dem ›herkömmlichen‹ Tyrannis-Diskurs zunehmend apodiktische Urteile über das Wesen afrikanischer Herrschaft auf den Plan.[226] Zugleich machte der Ty-

---

220 Vgl. u.a. Jones (Hrsg.), West Africa, S. 284 ff. und S. 49 ff. [fol. 14r–14v].

221 Brief von Somers, Gregory und Mills an die RAC, dd. 20.05.1739, TNA, T 70/4.

222 Brief von Baillie an die RAC, dd. 10.05.1728, TNA, T 70/54.

223 Ebd.

224 Rømer, Account (1760), S. 144 f. (über einen der Akyem-Könige, begründet durch seine harten, teils willkürlichen Strafen) und S. 159 f. (über *asantehene* Opoku Ware, s.o.). Allerdings scheint bei Rømer auch noch die ältere Tradition auf, da er einleitend wiederum die Spanier (und Portugiesen) als tyrannische Herrscher porträtiert (S. 15 f.). Siehe auch Bowdich, *Mission* (1819), S. 217 (Vergleich der *caboceers* von Warsaw bzw. Wassa mit antiken sizilianischen Tyrannen).

225 Monrad, Description (1822), S. 106 f.; Bowdich, *Mission* (1819), S. 287 ff.; Dupuis, *Journal* (1824), S. 115 f. und S. 141 f. Vgl. Law, Human Sacrifice, S. 69 f.

226 Da hier nur volkssprachige Texte untersucht wurden, passt diese Verschiebung zu dem Gebrauch von »despotique« und »tyrannique« im französischen politischen Diskurs (u.a.), wie sie etwa Richard Koebner beobachtet, wenn auch mit gewisser Verspätung; Koebner, Despot, S. 293 ff. – Vgl. auch die mustergültige Untersuchung von Lucette Valensi, die die Formation des Bildes der osmani-

rannis- weitgehend dem Despotiebegriff Platz, der anders als der Erstere weniger auf das Fehlverhalten eines Einzelnen denn auf ein bestimmtes Herrschafts*system* zielt.[227] So zeigt sich etwa Durand 1802 überzeugt, dass fast alle Herrscher in Afrika mehr oder weniger despotisch seien und mit einer »volonté arbitraire« regierten.[228] Und Gourg bemerkt 1791, der König von Dahomey »comme tous les Rois négres est despote et dispose de la vie de ses sujets qui sont tous esclaves«.[229] Ein ähnliches Urteil findet sich auch in den Lexika der Zeit.[230] Keineswegs völlig neu, aber lange Zeit einflussreich waren schließlich die einschlägigen Bemerkungen Hegels in seinen *Vorlesungen zur Philosophie der Weltgeschichte*: Dort bestimmt er die »despotische Gewalt« als logische Folge der Willkür, die den afrikanischen Charakter kennzeichne und jegliche Kenntnis eines Allgemeinen, sei es Gottes, sei es von Gesetzen, ausschließe.[231]

Der gleichsam klassische Ort der Despotie ist der Orient und viele klassische Topoi beziehen sich dementsprechend auf das Konzept der orientalischen Despotie.[232] Es fragt sich also, inwiefern die Konstruktionen afrika-

---

schen Despotie anhand von venezianischen Gesandtschaftsberichten und politischer Theorie rekonstruiert; Valensi, Making, S. 173–203.

227 Koebner, Despot, S. 299; Richter, Aristoteles, S. 22 ff. und S. 27 ff., zur Differenz zwischen Tyrannis und Despotie; auch kurz Osterhammel, Entzauberung, S. 275 ff. Zur inhaltlichen Veränderung des Despotiebegriffs im 18. Jhdt. vgl. Dreitzel, Monarchiebegriffe, Bd. 1, S. 156–160 und S. 268–316. – Stark betont wird dies bei Burton, *Mission*, Bd. 1 (1864), S. 241.

228 Durand, *Voyage* (1802), S. 370 f.

229 Mémoire pour servir d'instruction au Directeur qui me succédera au Comptoir de Juda, par M. Gourg, 1791, ANOM, C 6/27. Etwas schwächer, aber ähnlich bspw. auch Monrad, Description (1822), S. 73 f.

230 Vgl. Fendler/Greilich, Afrika, S. 122 f.

231 Hegel, Vorlesungen, S. 126 und S. 121 f. – Zu Hegel und Afrika vgl. Bonacina, Note; Kimmerle, Hegel; Bernasconi, Hegel.

232 Bei Aristoteles war die Despotie Teil der Konstruktion eines Gegensatzes zwischen Griechen und Barbaren bzw. Europa und Asien (z. B. Aristoteles, Politik, III, 1285a, 20 ff.); dazu Richter, Aristoteles. Zu dem Gegensatz Barbaren/Hellenen vgl. Koselleck, Gegenbegriffe, S. 218–229. Allerdings wurde der aristotelische Fokus auf Asien bereits in spätmittelalterlichen Übersetzungen der *Politik* um Russland und den Priesterkönig Johannes erweitert; dazu Koebner, Despot, S. 284 f. In der klimatheoretischen Rahmung der Konzeption Montesquieus ist die Einbeziehung Afrikas angelegt, denn hier wird allgemein das südliche Klima als Faktor angesprochen. Montesquieus Beispiele entsprechen dem nicht immer (Russland etwa ist kaum als südlich einzuordnen) und stammen nahezu vollständig aus dem Osten (Indien, China, Russland, Bantam usf.);

nischer Despotie von diesem orientalischen Bild beeinflusst sind, aber auch, inwiefern es spezifische, afrikabezogene Elemente gibt.[233] *Erstens* kann man beobachten, dass sich im 18. Jahrhundert die expliziten Vergleiche mit dem Orient vermehren, etwa mit Iserts »orientalische[r] Demütigung«.[234] Auch spezifische Termini wie »Harem« oder »Wesir« sind Importe aus dem Orient-Diskurs, die seit dieser Zeit verstärkt Eingang in Texte über westafrikanische Herrschaft fanden. Der britische Diplomat Frederick E. Forbes etwa beschreibt 1851 die »Minister« von Dahomey wie folgt: »The actual first man in the kingdom is the miegan, who is the chief executioner; the second, the mayo or grand vizier [sic]: there is a female miegan and a mayo, who have corresponding duties in the harem.«[235] Mindestens zwei der Besucher Asantes bzw. Dahomeys, Joseph Dupuis (1819) und Richard Francis Burton (1863/64), hatten in der Tat zuvor Reisen in den Nahen Osten oder den Maghreb unternommen; Dupuis, der auch mit den Muslimen aus dem Norden am Hof von Kumasi auf Arabisch kommunizieren konnte, konstatiert am Ende seiner Beschreibung des Besuchs beim *asantehene*: »[...] the system of negotiation at Morocco, does not materially vary from that of

---

bspw. Montesquieu, Esprit (1748), Bd. 1, l. III, c. 9, S. 33, sowie l. V, c. 14 und 15, S. 67–73. Vgl. auch das entsprechende Lemma in der *Encyclopédie*, das sich stark auf Montesquieu stützt; Jaucourt, Art. Despotisme (1754), S. 886. Bei Jean Bodin, der Despotie aber als Prototyp ›richtiger‹, absoluter Monarchie versteht, ist schon die Rede von Asien und »Ethiopie«; Bodin, *Six livres* (1583 [1576]), S. 274; dazu Koebner, Despot, S. 285.

233 Für weitere Belege zum Diskurs über Despotie in Westafrika sei auf Sonderegger, Dämonisierung verwiesen. Diese Arbeit ist zwar von ihrer konzeptionellen Anlage her problematisch und sitzt immer wieder längst widerlegten Forschungsthesen auf, bietet aber eine große Materialfülle auf, die für weitere Studien anregend sein dürfte. Der Schwerpunkt liegt dabei auf dem 19. Jhdt. Die Frage, inwiefern es ein spezifisches Bild afrikanischer Despotie – etwa im Unterschied zur orientalischen – gibt, beantwortet Sonderegger nicht.

234 Isert, *Reise*, S. 163. Im 19. Jhdt. scheint das Osmanische Reich als prominentestes Vergleichsobjekt von Indien und China abgelöst zu werden; bspw. Forbes, *Dahomey* Bd. 1 (1851), S. 30–33, S. 50 und S. 64 (China-Vergleiche), Skertchly, *Dahomey* (1874), S. 142, oder auch Burton, *Mission*, Bd. 1 (1864), S. 258 f., der das Niederwerfen vor dem König von Dahomey mit dem chinesischen *kotau* und dem »shashtanga« der Hindus vergleicht.

235 Forbes, *Dahomey*, Bd. 1 (1851), S. 22. Des Weiteren wird u. a. auf den Topos der Lieblingsfrau als »Light of the Harem« zurückgegriffen, der ebenfalls dem Orient-Diskurs entstammt (S. 79). Für die Übernahme von Begriffen wie »seraglio« (Harem) vgl. auch Norris, *Memoirs* (1789), S. 18, und Bowdich, *Mission* (1819), S. 290.

Coomassy; and as I have frequently conducted missions of this character to the sultan, I was at no loss in a negro court.«[236]

Zweitens wurden ähnliche Beschreibungselemente und Topoi aufgegriffen wie im Diskurs über orientalische Despotie: Als wesentliches Element einer despotischen Regierung galt die Willkürherrschaft, die den Zufall der herrscherlichen Launen zum Gesetz erhebt. Dabei korrespondierte, so die Vorstellung, die herrscherliche Willkür einer Sklavennatur der Untertanen,[237] wie bereits in der aristotelischen Konzeption formuliert.[238] Norris berichtet etwa, dass »Bossa Ahadee« (d.i. Tegbesu) nach Amtsantritt als König von Dahomey ein Gesetz erließ, dem zufolge alle Männer im Land, die den gleichen Namen trugen wie er selbst, umgehend zu töten seien.[239] Ebenso illustriert Isert 1788 seine Einschätzung Dahomeys als Despotie mit einer Anekdote, der zufolge der König einen Todeskandidaten freiließ, nur um ihn durch einen wahllos herausgegriffenen anderen aus der Zuschauermenge zu ersetzen. Sein Kommentar: »Ich frage Sie, welcher unter den absoluten Königen Europa's würde dieses verschiedene mal ungerochen probiren dürfen?«[240], verweist beispielhaft darauf, dass der ältere Zusammenhang zwischen Despotie-Konzept und Kritik des zeitgenössischen europäischen Absolutismus hier aufgelöst wurde.[241] Die Möglichkeit einer Kritik des ›Eigenen‹ blieb jedoch latent erhalten, wandelte aber ihre Stoßrichtung, wie das Beispiel John McLeods demonstriert. McLeod, ein schottischer Forschungsreisender, erklärt 1820 in Bezug auf die Umstürze in Europa, die er seit seiner Rückkehr aus Afrika 1805 erlebt hatte, dass die Despotie des afrikanischen Herrschers sich im Vergleich mit der Tyrannei des europäischen Mobs erträglicher ausnehme.[242] Zuvor hatte er noch die Regierung

236 Dupuis, *Journal* (1824), S. 112. Dupuis bemerkt aber weiterhin, dass in Asante anders als bei den orientalischen Herrschern dessen Frauen bzw. »der Harem« keinen Einfluss in politischen Dinge hätte(n).

237 Z.B. Duncan, Travels, Bd. 1 (1847), S. 123f. (über Dahomey); vgl. Hegel, Vorlesungen, S. 124–126.

238 Aristoteles, Politik, III, 1285a, 20–25, und 1295b, 20ff.

239 Norris, *Memoirs* (1789), S. 6f., nach ihm Dalzel, *History* (1793), Teil 2, Kap. 1, S. 68f. [korrumpierte Seitenzählung].

240 Isert, *Reise* (1788), S. 180f.

241 Dazu z.B. Koebner, Despot; Mandt, Art. Tyrannis, bes. S. 674f.; Rubiés, Despotism, S. 110f. und S. 118ff.

242 McLeod, *Voyage* (1820), S. 136, Anm. *: »I must confess that I have since observed a different kind of tyranny, which, though happily not permanent, is yet, whilst it lasts, more disgusting and intolerable than even the despotism of Dahomey. I mean the tyranny of demagogues and the mob, in those countries where real freedom is abused, and the rabble cry of ›Liberty‹ made the watch-word for every species of brutality and excess.«

von Dahomey als Despotismus im vollsten Sinne des Wortes, als »a monarchy the most unlimited and uncontroled on the face of the earth« bezeichnet.[243]

Im Rahmen des Despotie-Diskurses verband sich die Darstellung westafrikanischer Polygynie mit Haremsvorstellungen.[244] Daran wurden Schilderungen der ungezügelten Triebhaftigkeit sowie Niedergangserzählungen über Dekadenz, Verschwendung und Verweiblichung geknüpft,[245] die zwar ältere Wurzeln hatten, in dieser Zeit aber durch den Despotie-Diskurs eine neue Blüte erlebten.

Auch der Sklavenstatus bzw. die »Sklavennatur« der Untertanen ist klassischer Bestandteil des Despotiebildes. Im westafrikanischen Kontext war dies jedoch der Ansatzpunkt für eine Modifikation zu einer, wenn man so will, spezifischeren Despotie afrikanischen Typus: Die Herrscher von Dahomey und Asante regierten schließlich nicht nur über Sklaven,[246] sondern waren zugleich zentral in den transatlantischen Sklavenhandel involviert. Wenn hier die Rede von Sklaven war, ging es nicht allgemein um Rechtlosigkeit, sondern konkreter auch um Bezüge zur Sklavenwirtschaft und der Verkäuflichkeit von Menschen. Zudem waren die genannten Herrscher für blutige religiöse Riten berüchtigt, die unter anderem die Opferung von Sklaven vorsahen.

Dieses Bild afrikanischer Despotie war *drittens* unmittelbar mit der zeitgenössischen Debatte um die Abolition des Sklavenhandels verknüpft, wie Law am Beispiel Archibald Dalzels und Robert Norris aufzeigt – und dies hebt meines Erachtens diesen afrikabezogenen Despotie-Diskurs von anderen ab.[247] Das Despotie-Motiv wurde dabei von beiden Lagern verwendet, insbesondere Dahomey galt Abolitionisten wie Anti-Abolitionisten als schlimmstmögliche Form des Despotismus. So ist Pruneau de Pommegorge, der Dahomey als Despotismus ohne sondergleichen bezeichnet, ein zum Abolitionismus bekehrter Ex-Angestellter der Compagnie des Indes und vertritt eine nur vage verschleierte Theorie der Polygenese menschlicher

243 Ebd., S. 37, offenkundig ein Echo von Dalzel, *History* (1793), Introduction, vii (siehe unten, bei Anm. 254).

244 Zum Zusammenhang von Despotie und Polygamie im europäischen Diskurs des 18. Jhdts. vgl. Osterhammel, Entzauberung, S. 364 ff.

245 Vgl. Brauner, Unkeuschheit, S. 126 f. – Montesquieu etabliert einen biologischen Konnex zwischen Verfall und Polygynie, indem er u. a. von nachhaltiger Erschöpfung der Männer durch die Befriedigung vieler Frauen ausgeht; dazu auch Aldridge, Population, S. 134 f.

246 Ausdrücklich bei Norris: »[…] they are *all* slaves to the king […]«; Norris, *Memoirs* (1789), S. 91.

247 Law, Dahomey; ders., Robert Norris.

»Rassen«.[248] Auch Archibald Dalzel, Gouverneur der CMA in Ouidah und anders als Pruneau vehementer Befürworter des Sklavenhandels, urteilt, die Regierungsweise von Dahomey sei »the most perfect despotism that exists, perhaps, on the face of the earth«.[249]

Differenzen zwischen den beiden Lagern ergaben sich in erster Linie durch die unterschiedlichen Narrative, in die die Despotie jeweils eingebettet wurde. Am prominentesten sind zwei Varianten: die Korrumpierungs- und die Zivilisierungserzählung. Erstere war vor allem im abolitionistischen Lager verbreitet; sie besagt im Wesentlichen, dass die despotischen Regimes und ihre Kriege wesentlich durch den europäisch initiierten Sklavenhandel mit verursacht sind. Benjamin Frossard, französischer Propagandist des Abolitionsbewegung, erklärt etwa 1789, eines der Mittel, die die Europäer anwendeten, um Sklaven zu erhalten, bestehe darin, verschiedene Herrscher Guineas dazu zu bringen, ihre Untertanen unter ein despotisches Joch zu zwingen. Dergestalt mit nahezu absoluter Macht ausgestattet, verkauften diese dann ihre eigenen Untertanen in die Sklaverei.[250] Frossards Text demonstriert zugleich, dass sich essenzialisierende Konzepte und Abolitionismus eben nicht ausschließen – und auch die historische *agency* weiterhin klar auf europäischer Seite verortet bleibt. Eine Variante des Korrumpierungsnarrativs verlagerte die Schurkenrolle von Dahomey auf die Küstenstaaten Ouidah und Allada, die in längerem Kontakt mit den Europäern standen. Die Eroberung Ouidahs und Alladas wurde teilweise gar als Schachzug König Agajas gegen den Sklavenhandel gedeutet. Was Atkins 1735 noch vorsichtig als Vermutung formuliert hatte, wurde in den 1960er

---

248 Pruneau de Pommegorge, *Description* (1789), S. 162 (»Le respect que ces peuples portent à leur roi, va jusqu'à l'idolâtrie, & son despotisme n'a point, je crois, d'exemple ailleurs«). In seinem Bericht führt Pruneau verschiedene Argumente gegen die üblichen klimatheoretischen Erklärungsmodelle menschlicher Vielfalt auf und vertritt letztlich, wenn auch mit religiösem Vorbehalt, die These einer Polygenese menschlicher »Rassen«: »Si la religion ne nous apprenoit pas indubitablement que nous descendons d'un seul homme, on croiroit volontiers que, de même que des chiens & des perroquets, Dieu a crée en même-temps plusieurs espèces d'hommes.« Ebd., S. 59 und zuvor S. 53 ff.

249 Dalzel, *History* (1793), Introduction, vii.

250 Frossard, *Cause*, Bd. 1 (1789), S. 232: »Le troisieme moyen que les Européens mettent en usage, pour se procurer des esclaves, consiste à exciter plusieurs Souverains de la Guinée à étendre un joug despotique sur leurs Sujets.« Weiterhin ebd., S. 234 f. und S. 251. Siehe auch Pruneau de Pommegorge, *Description* (1789), S. 207 f., Appell zur Abschaffung des Sklavenhandels ebd., bes. S. 214 ff. und S. 262 ff.

Jahren von manchen Historikern begeistert aufgegriffen und Agaja sah sich in der Folge zum schwarzen Abolitionisten stilisiert.[251]

Die Zivilisierungserzählung hob dagegen stärker auf einen *essenziell* despotischen Charakter afrikanischer Herrschaft ab und wurde eingesetzt, um die atlantische Sklaverei als Befreiung zu legitimieren: Die Sklaven seien auf den amerikanischen Plantagen einer unmenschlichen Unterdrückungssituation in Afrika entronnen, in der ihnen ein blutiges Schicksal als Menschenopfer gedroht habe.[252] So erzählt Dalzel beispielsweise von der »most terrible carnage« bei der Eroberung Ouidahs und stellt Vermutungen darüber an, dass diese durch das Fehlen von europäischen Schiffen mit bedingt sei, an die die Kriegsgefangenen hätten verkauft werden können.[253] Dalzel vertritt dabei einerseits ein anthropologisches Modell, das Gewalt als Teil der menschlichen Natur definiert, andererseits kombiniert er dies mit festgelegten Entwicklungsstufen. Die Gewalt in Dahomey wird so einerseits durchaus mit europäischen Phänomenen verglichen, steht andererseits aber eindeutig auf einer anderen Stufe der Menschheitsgeschichte.[254] Ganz deutlich wird hier die Verschränkung von kultureller und historischer Distanz in einem Alteritätsentwurf, vor dessen Folie die moderne Fortschrittsgeschichte der Zivilisierung geschrieben wird. Diese Fortschrittsgeschichte hat finale, programmatische Elemente und der Alteritätsentwurf kann sich auch als rhetorisches Mittel erweisen, eine Veränderung der eigenen Gesellschaftsform zu forcieren und zu beschleunigen.

In manchen Texten wird diese Zivilisierungserzählung mit einer Kontrastkonstruktion verknüpft, die noch einmal deutlich den positiven euro-

---

251 Atkins, *Voyage* (1735), S. 119ff.; Atkins' Deutung wurde aufgegriffen von Akinjogbin, Dahomey, S. 73ff.; Davidson, Black Mother, S. 211f.; und Rodney, Afrika, S. 103. Vgl. dazu kritisch Law, Dahomey, S. 244ff.

252 Schon bei Snelgrave, *Account* (1734), S. 158–161, später bei Norris, *Memoirs* (1789); Dalzel, *History* (1793); Duncan, Travels, Bd. 1 (1847), S. 123. Dazu Law, Dahomey, S. 250, und Henige/Johnson, Agaja.

253 Dalzel, *History* (1793), bes. S. 24ff., »most terrible carnage« S. 10. Vgl. auch das Vorwort von Erik Pontoppidan zu Rømer, Account (1760), S. 8, und Matthews, *Voyage* (1788), S. 167f.

254 Dalzel, *History* (1793), S. 22f. et pass., mit Vergleichen und anthropologischen Erwägungen, zugleich aber klaren Abgrenzungen zwischen »savage nations« und europäischer Zivilisation. – Noch deutlich etwa bei Forbes, *Dahomey*, Bd. 1 (1851), S. 136f.: »It may seem singular to the general reader, that the prime minister's office should be that of headsman, but such is only consistent with the early histories of many European nations, and, together with many of the appointments about the court, proves that the court of Dahomey is much upon the same standing that those of northern Europe were before the light of civilisation shone upon them, and discovered their evils and nakedness.«

päischen Einfluss unterstreicht: Dem Despotismus der Inlandsstaaten wie Asante und Dahomey wird dann die Regierungsweise der Küstenstaaten gegenübergestellt: So beklagt Monrad beispielsweise die Tyrannei der »Negro kings«, unter anderem wegen der willkürlichen Strafgewalt, und stellt diesen die patriarchalische Regierung in den Küstenstädten und bei den europäischen Forts gegenüber, »which can be seen as informed kingdoms«.[255]

3.4 Zwischenfazit

Zunächst bestätigt sich Blankes Feststellung, dass politische Theorie und weite Teile des Reiseberichtsdiskurses nicht unmittelbar gekoppelt sind. Die Persistenz eines Königtumskonzepts ohne Souveränitätsbezug ist im Vergleich zum politischen Diskurs über Herrschaft in Europa durchaus als Anachronismus zu klassifizieren, ebenso wie die damit korrespondierende Vorstellung eines Kaisers als eines Herrn über Könige. Allerdings sind hier auch Unterschiede zwischen einzelnen Autoren und ihrem unterschiedlichen Bildungsgrad bzw. ihren unterschiedlichen Zugangsmöglichkeiten zum gelehrten Diskurs in Rechnung zu stellen. So war – wie gesehen – Müller in den 1670ern über zeitgenössische Diskurse um absolute Monarchie informiert und wählte entsprechend für eine Herrschaftsform ohne innere Souveränität des Königs den Begriff »Aristokratie«.[256]

Zugleich lassen sich aber vor allem im Laufe des 18. Jahrhunderts umfassendere Veränderungen beobachten, die auf die politische Theorie der Zeit bezogen werden können. Dazu gehört die Reflexion über den Königsbegriff und dessen ›unangemessene‹ Verwendung. Diese schlug sich zwar nicht unmittelbar in der Begriffspraxis nieder, war aber Teil einer Übergangsphase,[257] in der sich ein Alternativvokabular zu der traditionellen königszentrierten Semantik entwickelte. Während auf der einen Seite zu schwache Könige als *chiefs, headmen* o. Ä. aus dem Begriffsfeld tendenziell ausgeschieden wurden, fanden sich Könige mit zu großer Macht zunehmend zu Despoten stilisiert. Die afrikanischen Könige wurden gleichsam in eine Zan-

255 Monrad, Description (1822), S. 73 f.

256 Siehe oben, Unterkap. I.2.1, bei Anm. 65.

257 Da sich mit Asante und Dahomey im Laufe des 18. Jhdts. expandierende Gemeinwesen in Westafrika herausbildeten, die den europäischen Vertretern der Handelskompanien entsprechenden militärischen wie diplomatischen Respekt abnötigten, lässt sich im 18. Jhdt. selbst keine eindeutige quantitative Abnahme bei der Verwendung von Königs- und anderen einschlägigen, Gleichartigkeit suggerierenden Titulaturen ausmachen.

genbewegung genommen. Dies kann man mit der von Dreitzel konstatierten »Entmonarchisierung der politischen Sprache« im europäischen Diskurs des späten 18. Jahrhunderts in Verbindung bringen.[258] Wiewohl es also eine in der Richtung gleiche Entwicklung in den Diskursen über europäische und über afrikanische Herrschaft geben mag, waren die Alternativbegriffe, die die monarchische Semantik allmählich ablösten, für europäische und afrikanische Herrschaftsformen nicht mehr identisch. Vielmehr wurde die (terminologische) Einheit von afrikanischer und europäischer Herrschaft zunehmend aufgelöst und stattdessen eine essenzielle, wesenhafte Andersartigkeit afrikanischer (und anderer außereuropäischer) Herrschaft konstruiert.

4. Republiken

4.1 Freiheitsliebe und Föderalismus. Republiken in Westafrika

Auf der oben erwähnten Karte Anvilles finden sich nicht nur Königreiche (Abb. 2). Vielmehr werden einige Länder wie das »pays d'Adom« (Adom), »Eguira« (Igwira) und »Abocrou« (Abokroe) als Republiken bzw. als republikanisch regiert beschrieben.[259] In der Tat wird der Republikbegriff im Afrika-Diskurs des 17. und 18. Jahrhunderts häufig gebraucht. Er fungiert dabei überwiegend – wie nach der politischen Theorie und Debatte der Zeit zu erwarten – als Gegenbegriff zu Königtum bzw. Monarchie.[260] Beispielhaft wird dies bei Isert deutlich, wenn er die Herrschaftsform der »Ningoer« im Voltagebiet wie folgt kommentiert: »Diese Nation ist zahlreich, lebt aber nicht unter einem König, sondern in kleinen Republiken.«[261] Das Fehlen eines Königs bzw. eines Einzelherrschers ist ebenfalls entscheiden-

258 Dreitzel, Monarchiebegriffe, Bd. 1, S. 212. Siehe zum Resultat dieser Zangenbewegung auch die Analyse eines Reiseberichts des 19. Jhdts. bei Marx, »Völker«, S. 100ff., zum Fortleben der »afrikanischen Despotie« S. 198f.

259 Anville, *Carte particulière* (1729).

260 Vgl. dazu Toews, Art. Republik, Abs. I, Sp. 916–919, und Mager, Art. Republik, Abs. V, S. 580–589. Die Verwendung als Gegenbegriff zur Monarchie hat sich, in der Folge von Ptolemäus von Lucca und Thomas von Aquin, zunächst vorrangig in den oberitalienischen Kommunen ausgebildet. Neben der Verwendung im Sinne einer bestimmten Regierungsform, die sich durch eingeschränkte Gewalt sowie eine mehrköpfige Spitze auszeichnet, konnte *res publica* auch noch aus einer älteren Tradition der Aristoteles-Rezeption heraus die Regierungsform an sich bezeichnen, wurde in dieser Bedeutung im Laufe des 17. Jhdts. aber zunehmend durch »Staat« abgelöst.

261 Isert, *Reise* (1788), S. 27. Als Republiken bezeichnet Isert in seinem Briefbericht überdies »Akra« (Accra), wo »jeder Kabossier und seine Grandes in der

des Bestimmungsmerkmal, wenn Ahanta an der westlichen Goldküste als Republik bezeichnet wird. Explizit formuliert dies unter anderem Charles Le Petit, ehemals Kommis in niederländischen Diensten: »Dieser Landstrich steht nicht unter einer Regierung oder Regierungen durch ein Oberhaupt, sondern wird von den Einwohner auf republikanische Weise regiert.«[262]

Am Begriff der Republik zeigt sich also, dass »König« nicht schlicht alle Herrscher oder Oberhäupter meinte und »Königreich« nicht als Begriff für jedes politische Gemeinwesen diente. Erschöpft sich die Bedeutung von »Republik« nun aber in dieser Existenz als Gegenbegriff oder gar als ›Restkategorie‹? Oder gibt es neben dem Fehlen einer monarchischen Spitze weitere Basiskriterien, aufgrund derer frühneuzeitliche Autoren Gemeinwesen in Afrika als Republiken klassifizierten?[263]

Bei Le Petit fällt zunächst auf, dass er Ahanta nicht als »Reich« (»rijck«) vorstellt wie die übrigen, monarchisch regierten Länder, sondern es als »Landschaft (»lantschap«) oder »Landstrich« (»lantstreke«) bezeichnet.[264] Diese Begrifflichkeit wendet er auch auf Fante (»Fonteyn«) an, das er ebenfalls als Republik versteht und das unten noch ausführlicher diskutiert

---

Stadt den höchsten Befehl haben« (ebd., S. 220), sowie Krobbo und Fante (ebd., S. 330f.).

262 »Dese lantstreke is onder geen eenhoofdige regeringe, off regeringen, maer wort bij de naturellen republicqswijse geregeert«; Erklärung von Charles Le Petit, dd. 18.12.1690, in: Hazewinkel (Bearb.), Twee Attestaties, S. 253. Diese Charakterisierung scheint bes. bei niederländischen Autoren verbreitet gewesen zu sein: vgl. z. B. die *Caerte des Lantschaps van de Goutkust in Guinea van Atsyn (Axim) tot Ningo* (1629), NA, Verzameling Buitenlandse Kaarten Leupe, Karte 743; die Beschriftungen sind abgedruckt in Daaku, Trade, S. 182ff., hier: S. 181, sowie in ders./Dantzig, Map. Auch Bosman bezeichnet »Ante« als ein »Gemeenebest«, als positiv bewertetes Gegenstück zum Königreich, Bosman, *Beschryving* (1704), Teil 1, S. 154. 1602 spricht Marees jedoch noch vom »König von Anta«; Marees, Beschryvinge (1602), S. 94; ebenso im Mémoire ou Relation du S[ieur] Du Casse sur son voyage de Guinée (1687/88), ANOM, DFC XVI/82, no. 4, S. 14, wo alle Gemeinwesen als Königreich bezeichnet werden; die Relation du Casses ist (wenn auch unkommentiert und unkritisch) ediert bei Roussier (Hrsg.), Etablissement, S. 1–47, hier: S. 13.

263 Vgl. auch die Merkmale, die André Holenstein, Maarten Prak und Thomas Maissen in einer Gegenüberstellung von Monarchien und Republiken entwickeln; Holenstein/Maissen/Prak, Introduction.

264 Darin ähnelt seine Begriffsbildung auch derjenigen Dappers, vgl. Dapper, *Beschrijvinge* (1668), S. 382f., S. 12f. (u. ö.), der ebenfalls Königreich und »lantschap« unterscheidet. – Zum Begriff *imperium* und seiner Assoziation mit Monarchie in der Frühen Neuzeit siehe Pagden, Lords, S. 15ff., der auch von einem »conflict between the political visions of empire and republic« spricht (S. 16).

wird.[265] Diese Differenzierung kann sich einerseits auf die geringere Größe von Fante und Ahanta beziehen, andererseits weist sie wohl auf eine stärker regional strukturierte Herrschaftsorganisation hin.

Weiterführende Hinweise gibt Godefroy Loyer, der sich Anfang des 18. Jahrhunderts als Missionar in Assini an der westlichen Goldküste aufhielt und über die benachbarten »Compas« schreibt, sie regierten sich »auf republikanische Weise, bei der die Oberhäupter des Volks die entscheidende Stimme in den alltäglich anfallenden Angelegenheiten hatten«[266]. Zwei Merkmale von Republiken treten hier hervor: *Erstens* handelt es sich nicht um eine Einzel-, sondern um eine Gruppenherrschaft,[267] in der *zweitens* Entscheidungen durch Abstimmung getroffen werden. Bei Uring kommt eine weitere Komponente hinzu, wenn er die Städte beim Kap Appolonia 1727 wie folgt beschreibt: »[E]ach Town was a little commonwealth, their Cabocers being of the best Families and richest among them.«[268] Hier findet sich zunächst die Gruppenherrschaft wieder, die auch Loyer zum (impliziten) Kriterium macht, dann im Weiteren auch das kollektive Entscheidungsverfahren. Darüber hinaus spielt als *drittes* Merkmal der körperschaftliche Charakter eine Rolle, wenn Uring die Bündnispraxis der Städte untereinander schildert, die sich nämlich im Kriegsfall zu einer »Confederacy« zusammenschließen »which being united, made a strong Body of Men«.[269] Der Aspekt der militärischen Konföderation steht auch bei Robert Norris im Vordergrund, wenn er 1789 »Mahee« (Mahi) als Republik beschreibt: »Mahee« sei geteilt »into several small states, each governed by its own laws, and independent of one another«, die sich »for the common safety« zusam-

---

265 Erklärung von Le Petit, in: Hazewinkel (Bearb.), Twee Attestaties, S. 253 und S. 256.

266 »[...] en forme de République, où les chefs du peuple ont voix délibérative dans les affaires qui se présentent.« Loyer, *Relation* (1714), S. 164. Mglw. in Anlehnung an Loyer (oder Anville?) stuft auch Labat 1730 die »Compas« als Republik ein; Labat, *Voyage*, Bd. 1, S. 220.

267 Dieses Kriterium ist für Bosman offenbar bereits ausreichend, um Akyem als »Gemene-best« zu beschreiben, dabei geht es seinen eigenen Worten nach um eine Vormundschaftsregierung der Großen für den unmündigen König; Bosman, *Beschryving* (1704), Teil 1, S. 79.

268 Uring, *History* (1726), S. 140. Von einer Republik am Kap Appolonia spricht auch Labat, *Voyage*, Bd. 1, S. 250: »Il [das genannte Kap; C. B.] est habité par quelques Nations de Negres qui se gouvernent en maniere de Republique [...].« Vgl. zu den Machtverhältnissen in der Region Valsecchi, Signori.

269 Uring, *History* (1726), S. 140f. Ähnlich auch bei Labat, *Relation*, Bd. 3 (1728), S. 338, der als Minimalsynonym für »republique« von einer »Societé« spricht, einem Zusammenschluss verschiedener Dörfer und Städte, der vorrangig der Verteidigung gegen Feinde, hier die »roi Negres«, dient.

menschlössen, »when dangers threaten any of the confederated members«. Norris spitzt im Weiteren, wenn er die Konfrontation Mahis mit Dahomey unter Tegbesu beschreibt, die Gegenüberstellung von Königsherrschaft und Republik weiter zu und konstruiert einen Gegensatz von republikanischer Freiheit und königlicher Tyrannei.[270]

In Durands Reisebericht über den Senegal von 1802 wird die republikanische Ablehnung eines Königs oder »maître« mit einem normativen Entwurf eines Naturzustands verknüpft.[271] Durand verbindet Republiken zudem als einziger der untersuchten Autoren vor 1800 mit Demokratie. Alle anderen gehen von einer Regierungsweise durch eine kleine Gruppe aus, die meist als adelig ausgewiesen wird, und damit von dem Modell einer aristokratischen Republik. Zusammenfassend lassen sich im Wesentlichen drei Merkmale ausmachen – allen voran das der Gruppenherrschaft, ferner kollektive Entscheidungsverfahren und ein körperschaftlicher Charakter, gegebenenfalls auch ein föderaler Aufbau –, die im 17. und 18. Jahrhundert die Grundlage bildeten, wenn westafrikanische Gemeinwesen als »Republik« klassifiziert wurden.[272]

Zum Vergleich bzw. als Modell wurden hauptsächlich die Niederlande und die Schweiz herangezogen. Die oberitalienischen Stadtrepubliken wie Venedig oder Florenz werden erstaunlicherweise nicht erwähnt, obwohl sie in der zeitgenössischen politischen Theorie häufig als Beispiel dienen.[273] Möglicherweise hängt die Konzentration auf die Schweiz und die Niederlande damit zusammen, dass im 18. Jahrhundert, aus dem die Mehrheit der einschlägigen Textstellen stammt, die italienischen Stadtrepubliken gegenüber den Niederlanden und der Schweiz in der aktuellen politischen Debatte an Prominenz verloren hatten.[274] Darüber hinaus stammen die meisten Autoren aus dem west- und nordeuropäischen Raum und es liegt nahe, dass die Vergleichswahl auch geografischen Präferenzen und

---

270 Norris, *Memoirs* (1789), S. 17 und S. 19. Zu Mahi und seiner politischen Organisation in dieser Zeit vgl. Anignikin, Histoire, S. 247f., und zu den Auseinandersetzungen zwischen Dahomey und Mahi Akinjogbin, Dahomey, S. 132f. – Zur Assoziation von Republik und Freiheit vgl. u.a. Koenigsberger, Republicanism.

271 Durand, *Voyage* (1802), S. 49f. Durand schreibt, die am Lac de Cérèses lebenden »tribus« bildeten eine Art »république démocratique: ils ne connaissent cependant pas les principes de ce genre de gouvernement; mais suivant en cela leur instinct et leur gout, ils n'ont jamais voulu reconnaître de maître«.

272 Der Befund weicht hier von jenem Windlers ab, der für den Maghreb in erster Linie eine »confusion terminologique« zwischen »république« und »royaume« konstatiert; Windler, Diplomatie, S. 260.

273 Mager, Art. Republik, S. 586ff.

274 Siehe auch Holenstein/Maissen/Prak, Introduction, S. 24.

Kenntnissen folgte.[275] Ein weiterer Faktor dürfte der Aufbau der entsprechenden afrikanischen Gemeinwesen gewesen sein – es handelte sich eben überwiegend nicht um Stadt-, sondern um ausgedehnte Territorialstaaten.

Die Niederlande mit der komplementären Gegenüberstellung von *stadhouder* und Generalstaaten mit den Repräsentanten der verschiedenen Provinzen (auch »landschappen«) wurden besonders oft – und nicht nur von Niederländern – als Vergleichsobjekt herangezogen. Sie konnten so als Modell für eine Herrschaftsform dienen, die zwar ein (nominelles) Oberhaupt hat,[276] in der Entscheidungsfindung und Regierungspraxis aber stark durch föderale Strukturen oder bestimmte Gruppen geprägt werden. Die Schweiz wurde seltener explizit als Vergleichsobjekt benannt, scheint aber implizit Vorbild gewesen zu sein, wenn mit Begriffen wie »canton« operiert wurde.[277]

4.2 Die Wandlungen Fantes. Vom Königreich zur Republik

Fante (»Fantijn«, »Fantin«, »Fantee«, »Fanti« usf.)[278] an der westlichen Goldküste war für frühneuzeitliche Europäer lange Zeit ein komplizierter Fall. Seine politische Organisation und Herrschaftsform entzog sich offensicht-

---

275 Keiner der beiden italienischen Reisenden, deren Berichte untersucht wurden (Mosto und Zucchelli), verwendet den Republikbegriff, um afrikanische Gemeinwesen zu beschreiben. Bei Zucchelli kommt er ausschließlich in Bezug auf italienische Stadtrepubliken vor; siehe Zucchelli, *Relazioni* (1712), S. 9 und S. 433f.

276 Vgl. zur Funktion und zum zeitgenössischen Verständnis des *stadhouder* Mörke, ›Stadtholder‹.

277 Bspw. in Bezug auf die Insel Bussi (Boissi) in Oberguinea Labat, *Voyage*, Bd. 5 (1730), S. 189, und nach ihm wahrscheinlich Durand, *Voyage* (1802), S. 104f.

278 Der frühneuzeitliche Sprachgebrauch in europäischen Quellen entspricht nicht der heutigen Terminologie. Heutzutage bezeichnet Fante in einem weiten Sinne die Gruppe und Sprachgemeinschaft, die nahezu die gesamte Küste Ghanas dominiert. In der Frühen Neuzeit hingegen stand Fante für ein politisches Gemeinwesen geringerer Ausdehnung, das um 1700 expandierte. Diese Differenz lässt sich anschaulich z.B. bei Müller, Landschafft (1676 [1673]), S. 124, beobachten, wenn er berichtet, dass Fante (»Fontain«) ständig im Krieg mit Asebu und anderen Ländern liege; ähnlich auch Brun, Schiffahrten (1624), S. 81, und nur mit geografischer Abgrenzung bei Dapper, *Beschrijvinge* (1668), S. 449. Asebu aber wird heute zu Fante gezählt; vgl. dazu Fynn, System. Der heutige Sprachgebrauch hat seinen Ursprung in der Expansion des 18. Jhdts., in deren Verlauf viele der heute Fante zugerechneten Gebieten erobert wurden; siehe oben, Einleitung, Abs. 4.4.

lich der einfachen Einordnung mithilfe von herkömmlichen Kategorien und bedurfte meist längerer Erläuterungen. Fante stellt auch eines der wenigen Länder dar, bei denen sich Anville in seiner Karte von 1729 jeglichen Kommentars zur Regierungsform enthält; er begnügt sich mit der Charakterisierung als »riche et puissant«.[279]

Dies war allerdings nicht immer so, bis ins späte 17. Jahrhundert galt Fante offenkundig noch als wenig auffällig und wurde wie die Mehrzahl der westafrikanischen Gemeinwesen zumeist als Königreich beschrieben.[280] 1624 wird folgerichtig in dem Vertrag der WIC mit Fante nur eine Person explizit genannt, der »Koning van Fantyn« namens »Ambro Brafo«. Wenn im Vertragstext von »dem König [...] und den Seinen« (»den Koning [...] ende de zyne«) die Rede ist, rekurriert dies auf das herkömmliche Modell des Königs und seiner Großen.[281] Auch Dapper folgt 1668 diesem Usus und spricht vom »koning van Fantijn«. In den letzten Zeilen des einschlägigen Abschnitts aber präzisiert er die Beschreibung der Regierungsform folgendermaßen: »Das Land wird auf ständische Weise regiert, durch verschiedene Häupter, darin gleichwohl einer über sie alle, der König, die Oberherrschaft zu haben scheint.«[282] Dapper wird offenbar durch, im Vergleich mit früheren Autoren, genaueres Wissen dazu veranlasst, die Herrschaftsform der Fante präziser zu bestimmen, obwohl auch er weiterhin am Königsbegriff festhält – letztlich beschreibt er eine Art ständestaatlich verfasster Monarchie, wobei er die Qualität und Reichweite der »Oberherrschaft« nicht weiter ausführt. Eine solche Regierungsform war im Rahmen europäischer Königsherrschaft eher der Regel- denn der Sonderfall, denn diese spielte sich ohnehin meist im Spannungsfeld von ständischer Partizipation und höchst unterschiedlich ausgestalteten königlichen Prärogativen ab.

---

279 Anville, *Carte particulière* (1729), Abb. 2.

280 So u.a. Brun, Schiffahrten (1624), S. 81; Villault, *Relation* (1669), S. 208 und S. 213; vermutl. auch bei Marees, Beschryvinge (1602), S. 87; *Extract uyt het Register der Resolutien van de Hoogh Mog. Heeren Staten Generael der Vereenighde Nederlanden*, 16.08.1632, als Anhang B abgedruckt in der *Deductie* [1686/87], S. 12 [zweite Paginierung] (Exemplar des NA, VWIS 1166); Mémoire ou Relation du S[ieur] Du Casse sur son voyage de Guinée (1687/88), ANOM, DFC XVI/82, no. 4, S. 26.

281 Vertrag zwischen WIC und dem *brafo* von Fante, dd. 31.03.1624, NA, NBKG 222, fol. 314v–315r.

282 »Het lant wort staetsgewijze bestiert, by verscheide hoofden, daer nochtans een over hen allen, de Koning, het oppergezagh schijnt te hebben.« Dapper, *Beschrijvinge* (1668), S. 452. Für die Bedeutung von »staetsgewijze« vgl. Art. staatsgewijze, in: WNT. Aus den angeführten Beispielen wird deutlich, dass zumindest im niederländischen Kontext »staatsgewijze« eine gewisse Abgrenzung gegenüber fürstlich-monokratischen Herrschaftsprinzipien implizierte.

In den 1680er Jahren ist der Begriff »König« für das Fante-Gebiet in der Korrespondenz der englischen Kompanie kaum nicht mehr zu finden.[283] Stattdessen sprechen die lokalen Faktoren der RAC und der WIC meist von »Quarranteeres and Braffo« oder »Braffo and Quantrees«. Was im niederländischen Vertrag von 1624 als Teil eines Namens erschien (»Ambro Brafo«), stellt sich hier als Amtsbezeichnung heraus, die von dem ursprünglich auf militärische Führung bezogenen Akan-Wort *(o)brafo* abgeleitet war.[284] Wie die Rolle der *curranteers* genauer zu bestimmen ist, wird nicht ganz klar – Robin Laws Überlegung, dass sie mit bestimmten Bezirken (Quartieren) Fantes assoziiert wurden oder solche Bezirke vertraten, scheint jedoch plausibel und wird sowohl durch die niederländische Begriffsbildung (von »quartier«/»kwartier«, Viertel, Distrikt) als auch eine mögliche etymologische Herleitung gestützt.[285]

Die dualistische Formel »*braffo* und *curranteers*« – wobei der zweite Bestandteil in verschiedensten Schreibvarianten erscheint – bildet sich zur üblichen Bezeichnung für die Regierung der Fante heraus.[286] Dem *braffo* und den *curranteers* kam die letztendliche Entscheidungsbefugnis zu, auf sie wurde bei nicht zu lösenden lokalen Konflikten verwiesen und sie waren es auch, die Entscheidungen über Bündnisse sowie über Krieg und Frieden fällten.[287] Auch die niederländischen Faktoren wandten sich, selbst in

283 Dagegen noch »King of Fantyne« in Briefen aus den 1660ern; Brief von Thomas Davies et al. an die EIC, dd. 04.03.1662, in: Makepeace (Hrsg.), Trade, no. 119, S. 136f. und Brief von Gilbert Beauis et al. an die EIC, dd. 18.02.1661, ebd., no. 95, S. 115.

284 Siehe bspw. Law, Government, S. 35f.; *brafo* hat heute die Bedeutung »Henker« bzw. »Scharfrichter«.

285 Als »ruler of an individual town, as opposed to the ›Braffo‹ of the Fante confederation« bestimmt Law den »Corrantier« in seinem Glossar, ohne allerdings genauer auszuführen, wie er zu dieser Definition kommt; Law (Hrsg.), The English, Bd. 2, S. xiv. An anderer Stelle stellt er die Hypothese auf, dass *curranteer* im Englischen mglw. auf den Fante-Ausdruck *kurow-tiri* (in etwa: Oberhaupt eines Orts) zurückgehe; Law, Government, S. 38. Law vermutet weiterhin: »[...] the Curranteers were chiefs of quarters of Mankessim, who acted as patrons of and spokesmen for the related provinces.« Ebd., S. 39. Für die niederländische Begrifflichkeit vgl. den Vertrag der WIC mit den »Lands Grooten« von Kormantin, dd. 15.04.1797, NA, TWIC 123. Dort wird von »Quartieres« als Synonym für »Lands Grooten« bzw. »Terregrandes« gesprochen, die jeweils einem »crom« oder »Quartier« zugeordnet werden.

286 Vgl. auch Law, Government, S. 37ff.

287 Law (Hrsg.), The English, Bd. 1, u.a. no. 215, 247, 254, und Bd. 2, u.a. no. 455, 531, 630; die erwähnte Ausnahme findet sich in Bd. 1, no. 379. Siehe bereits die Formulierung »Braffo en caboseros« in einer Instruktion von 1647; van der

offiziellen Dokumenten, nicht mehr an den *braffo* allein.[288] So wurden, als die WIC 1697 ein weiteres Abkommen mit Fante schloss, anders als noch 1624 neben dem *braffo* weitere Personen als Vertragspartner aufgenommen: »Apreybe Aqua, *braffo* von Fantyn, und seine Haupt-*caboceers*, namentlich Domino, Banti und Bondi, gemeinsam mit der allgemeinen Kriegsmacht der genannten Landschaft«.[289]

Aus dem Jahr 1690 stammt der (meines Wissens) erste Beleg für diejenige Deutungstradition, die sich im 18. Jahrhundert zur maßgeblichen entwickeln sollte: Der bereits zitierte Le Petit spricht in seiner Deposition vor einem Rotterdammer Notar von der »Landschaft von Fonteyn [...], die eine Republik ist und durch einen *braffo* oder Statthalter [stadthouder] regiert wird [...]«.[290] Indem Le Petit den *braffo*, der zuvor als König gegolten hatte, mit einem »stadthouder« identifiziert,[291] schlägt er zugleich den Bogen zur Regierungsform der Niederlande selbst. Diese semantische Verbindung stellt 1704 auch Willem Bosman her, er thematisiert darüber hinaus aber noch ausführlicher die »*Oudvaders*«, die »Altväter«, die eine Art »Rat des Landes« (»*'s Lands Raden*«) bilden und demnach möglicherweise den oben erwähnten *curranteers* entsprechen. Bosman vergleicht ihre Position mit der des englischen Parlaments und geht dann zu einer etwas widersprüchlichen Polemik über: Einerseits wirft er den »*Oudvaders*« vor, sie nähmen keine Rücksicht auf den *braffo* und entschieden frei nach Gutdünken, andererseits

---

Wel, Instructy waer naer den Opper Coopman Isack Coymans sal hebben te reguleeren, dd. 09.07.1647, NA, OWIC 11.

288 Vgl. bereits ebd. und den Bericht Coymans, Rapport gedaen aen de H: Generael Jacob van der Wel nopende myn weervaere, soo tot fantyn als Cormentyn, dd. 16.07.1647, ebd. Dagegen sind die Einträge im Dagregister von 1646 noch auf den *braffo* allein fokussiert; Ratelband (Hrsg.), Dagregisters, Einträge vom 20. und 22.08.1646, S. 219ff.

289 »Apreybe Aqua Braffo van fantyn en desselfs hooft Caboceers als namelyk Domino, Banti en Bondi mitsgaders d'generaale Oorlogs Magt van't gemelte Landschap«; Vertrag zwischen WIC und Fante, dd. 15.08.1697, NA, TWIC 122, S. 44–45 (Original?).

290 »[...] het lantschap van Fonteyn [...] sijnde een republycque en wordende geregeert bij een Braffo ofte stadthouder [...]«; Deposition von le Petit, in: Hazewinkel (Bearb.), Twee Attestaties, S. 256.

291 Für den englischen General Dalby Thomas lag die Parallele zum niederländischen Statthalter offenbar weniger nahe, er sprach stattdessen vom »Braffo of Fanteen, who is the head man of all that country where Cormantine is [...]«; Brief von Dalby Thomas, dd. 04.01.1704, abgedruckt in: Davenant, *Reflections* (1709), S. 210.

spricht er von »*abgelebten Männlein*« (»*afgeleefde mannetjes*«).[292] Der Übersetzer, der Bosmans Bericht 1705 ins Englische übertrug, verstand diese Stelle offensichtlich als implizite Kritik am englischen Parlament und rettete sich daher in ein unbestimmtes »some European Parliament«.[293]

Wesentliche Kriterien für eine Republik, wie sie oben herausgearbeitet wurden, waren im Falle Fantes erfüllt: Eine Regierung von mehreren Personen, die in einem irgendwie geregelten Verfahren gemeinsam Entscheidungen traf, zudem ein Herrschaftsgebiet mit ausgeprägter föderaler Struktur. Die Macht des *braffo* schien den Beobachtern in der zweiten Hälfte des 17. Jahrhunderts so eingeschränkt, dass sie nicht (mehr) im Rahmen des Verhältnisses von König und Großen zu interpretieren war. Vielmehr mussten stets, wie beispielsweise die Briefe der RAC demonstrieren, der *braffo* und die *curranteers* konsultiert werden.[294] Auf lokaler Ebene fanden sich die *caboceers*, die ebenfalls in bestimmte Entscheidungsprozesse einbezogen werden mussten.

Fante als eine Art Republik (oder zumindest nicht als Königreich) zu interpretieren, scheint um 1700 zum Konsens geworden zu sein. Ein interessanter Einzelfall ist hier Jean Barbot, der Fante 1688 noch als Königreich beschreibt, es in seiner 1732 auf Englisch publizierten Reisebeschreibung dann aber als »commonwealth« einordnet, offensichtlich angelehnt an Bosman.[295]

Die Verwandlung von einem »Königreich« zu einer »Republik«, die Fante im europäischen Diskurs durchlief, fand – trotz einer gewissen Übergangsphase – als verhältnismäßig rascher Umbruch innerhalb weniger Jahrzehnte statt. Was aber löste diese Veränderung aus? Handelt es sich um eine semantische Verschiebung innerhalb des europäischen Diskurses oder beobach-

---

292 Bosman, *Beschryving* (1704), Teil 1, S. 58f. [Kursivierung folgt dem Original; C. B.].

293 Bosman, *Description* (1705 [1704]), S. 57.

294 Vgl. u.a. Brief von William Melross an CCC, dd. 07.09.1692 (OS), und Brief von John Gregory an CCC, dd. 29.12.1691 (OS), in: Law (Hrsg.), The English, Bd. 3, no. 521 und 629, S. 256f. und S. 286.

295 1688 tendierte Barbot ohnehin dazu, die meisten Gemeinwesen als »Königreiche« zu beschreiben; vgl. Barbot on Guinea, Bd. 2, S. 333f., S. 338 (für Kap Appolonia), S. 345 (für Ahanta) und S. 415 (für Fante). Mglw. ist diese Benennungspraxis darin mit begründet, dass sich Barbot – v.a. im Falle Fantes – an ältere Quellen, u.a. Dapper, anlehnt. Dagegen dann aber Barbot, *Description* (1732), S. 175, nach Bosman, *Beschryving* (1704), Teil 1, S. 58f. Aufgrund der großen Differenzen in der Begriffswahl zu der englischen Übersetzung von Bosmans Bericht ist davon auszugehen, dass Barbot entweder eine andere Übersetzung herangezogen oder die Passage selbstständig aus dem Niederländischen übertragen hat.

ten wir hier im europäischen Diskurs gleichsam gespiegelt eine afrikanische Entwicklung? Als *erstes* Argument ist die verhältnismäßig rasche Geschwindigkeit des Wandels zu berücksichtigen, die nicht zu der Langsamkeit passt, die – wie oben herausgearbeitet – semantische Verschiebungen ansonsten offenbar auszeichnete. *Zweitens* wurde der Republikbegriff in der Übergangsphase vorbereitet, in welcher der Begriff nicht explizit gebraucht, aber eine zweipolige Regierungsstruktur durch *braffo* und *curranteers* beschrieben wurde. *Drittens* lässt sich keine Verengung des Königsbegriffs um 1700 ausmachen, eine solche scheint eher Produkt einer allmählichen Entwicklung im Laufe des 18. Jahrhunderts zu sein. Auch eine besondere Hochzeit des Republikbegriffs ist – zumindest im Hinblick auf das untersuchte Quellenkorpus – für diese Periode nicht zu verzeichnen. *Viertens* ist meines Erachtens aufgrund der differierenden Ausgestaltungen des Republikbezugs auch auszuschließen, dass es einen gemeinsamen Referenztext gibt. Unter Voraussetzung dieser Überlegungen scheint es daher plausibel, den semantischen Befund tatsächlich als Evidenz für die politische Struktur Fantes zu interpretieren. Der semantische Wandel vom Königtum zur Republik kann so im Sinne eines »Plausibilitätsverlusts« verstanden werden. Mit diesem Erklärungsmodell fassen Andreas Suter und Willibald Steinmetz die Infragestellung und Ablösung hergebrachter Ausdrucksweisen angesichts Veränderungen historischer Wirklichkeit.[296] In der Tat, so lässt sich auch jenseits des semantischen Befunds feststellen, erlebte Fante seit der zweiten Hälfte des 17. Jahrhunderts und noch einmal verstärkt in der Zeit um 1700 starke Veränderungen, vor allem in Gestalt territorialer Expansion, aber auch in der inneren Herrschaftsstruktur, wie jüngst Rebecca Shumway argumentiert hat.[297]

Auch wenn sich europäische Beobachter seit dem späten 17. Jahrhundert zunehmend einig wurden, dass Fante als Republik einzustufen sei, variierten die Bewertungen dieser Regierungsform deutlich. Eine wesentliche Rolle spielte dabei die jeweilige politische Einstellung der Autoren und auch ihre Herkunft: So zeigen sich Bosman, der mit der niederländischen Regierungsweise vertraut war, und Isert, der vielfach aufklärerisch-herrschaftskritische Positionen einnahm,[298] deutlich positiver gegenüber Republiken eingestellt

---

296 Suter, Kulturgeschichte, S. 30–36, und Steinmetz, Vierzig Jahre, S. 188f.

297 Zur Expansion Sanders, Development, und ders., Expansion; Shumway, Fante, Kap. 3. Siehe auch Law, Government, der zu Recht darauf hinweist, dass Shumway versucht, einen Wandel zu beschreiben, ohne den *status ante* zu rekonstruieren (S. 34).

298 Am deutlichsten bei Isert, *Reise* (1788), S. 301, der u.a. auf den Fleiß der Einwohner Fantes verweist. Ambivalenter bei Bosman, siehe oben, Anm. 292. Seine Erzählung über die ›Verfassungsrevolution‹ in Akyem impliziert hingegen

als der Däne Rømer (1760). Rømer begründet beispielsweise seine Prognose, dass in dem Konflikt zwischen Asante und Fante Ersteres in Kürze triumphieren würde, schlichtweg »durch die Tatsache, dass Fante eine Republik ist, in der jeder freie Neger sein eigener absoluter Herr ist [hvor enhver Fri=Neger er Eenevolds=Herre]. Sie haben keinen Anführer. Wenn sie einen tüchtigen General (brafoes) hätten, hätten sie ihn umgebracht, auf Befehl des Fetischs. Untereinander hassen sich die Fante und wünschen dem anderen jeweils den Ruin.«[299] Rømers Prognose ist klar anti-republikanisch akzentuiert und setzt das Fehlen einer monarchischen Zentralgewalt offenbar mit dem vollständigen Fehlen von Regierung gleich.[300]

Dagegen hebt ein anonymer englischer Autor 1749 positiv hervor, dass Fante eine »free Republick« sei. Er betont ganz im Gegensatz zu Rømer, dass gerade diese Freiheit Macht und Reichtum zur Folge habe, und schließt: »We may from hence discern the Advantage of a *free Government* in any Country or Climate upon Earth; for it is certain that the *Fantianians*, ever since we have known any thing of them, have been altogether independent, and have found it no difficult Matter to defend themselves against all the Monarchs in their Neighbourhood [...].«[301] Gerade die Verbindung einer freiheitlichen Verfassung mit ökonomischer Prosperität ist zwar nicht spezifisch für den englischen Diskurs, dort aber im 18. Jahrhundert besonders prominent.

---

eine positive Bewertung des Republikkonzepts, das hier als Gegenentwurf zur tendenziell tyrannischen Königsherrschaft dient; Bosman, *Beschryving* (1788), S. 78f.

299 Rømer, Account (1760), S. 201; dän. Original: *Tilforladelig Efterrettning* (1760), S. 272.

300 Eine negative Konnotation des Terminus scheint auch bei einem französischen Beispiel vorzuliegen, das sich allerdings nicht auf die Fante bezieht. Charpentier, ehemaliger Kommandant des Forts Saint Joseph in Galam, berichtet über das »pays de Galam« an die Compagnie des Indes: »Le Pays de Galam doit a plus juste titre porter le nom de Province, ou de republique, que celui de Royaume; par raport a son peû etendüe, et a la mauvaise discipline qui s'y observe [...].« Description du Pays de Galam de sa Situation, dd. 01.04.1725, ANOM, C 6/9, Kap. 1. – Siehe auch Windler, Diplomatie, S. 262f., über den Gebrauch des Republikbegriffs in französischen Korrespondenzen »sur un ton réprobateur«.

301 *Royal African* ([1749]), S. 16f. [Kursivierung folgt dem Original; C. B.]; ähnlich Hippisley, *Essays* (1764), S. 26f., der zudem noch den Begriff »Rights« als Schlagwort einführt. Die Tendenz, die Unabhängigkeit und Freiheit Fantes herauszustellen, die es gegen benachbarte Monarchien behauptet, findet sich bei englischen Autoren besonders ausgeprägt; vgl. auch Norris, *Memoirs* (1789), S. 19, zu Mahi.

Gelegentlich fand auch nach 1700 der Königsbegriff noch Anwendung auf Fante. Dies geschah vor allem im Kontext von Vertragsschlüssen. Der Titelgebrauch ist dabei – zumindest auf französischer Seite – verwirrender als zuvor. Denn nun wird der Königsbegriff nicht allein auf den *braffo*,[302] sondern auch auf lokale *caboceers* angewandt.[303] So schloss die französische Compagnie des Indes 1730 einen Vertrag mit Eno Baisi Kurentsi, einem *caboceer* aus Anomabo, als »roi d'Annamabou«.[304] Zugleich reflektierte man aber darüber, dass Fante wie Anomabo republikanisch verfasst seien, und orientierte sich im praktischen Vorgehen stark an einer föderalen, mehrköpfigen Entscheidungsstruktur. Hier kann man also davon ausgehen, dass der Gebrauch des Königstitels in den Verträgen strategisch motiviert war, um den Vertrag und damit auch die eigene Rechtsposition aufzuwerten.[305] Auf englischer Seite lässt sich ebenfalls ein strategischer Umgang mit solchen Begrifflichkeiten feststellen – man betonte zwar den republikanischen Charakter Fantes, schreckte aber nicht davor zurück, einen der Söhne Kurentsis, des *caboceer* von Anomabo, in England als »Prince of Annamaboe« und »Royal African« vorzustellen.[306] Allerdings spielten bei der ›Königserhebung‹ Kurentsis dessen eigene Bestrebungen zur Monopolisierung lokaler

302 Siehe bspw. Brief Levets an die Direktoren der Cie des Indes, dd. 12.08.1746, ANOM, C 6/25: »[...] Le Roy du Pays, qui est electif, c'est Le meme que l'on appelle Roy des Fantins, Les negres le nomment Brafou. La residence Est a Six Lieües d'annamboux, ou Il ne peut pas aller par religion [...].«

303 Mindestens in einem Fall wurden dann wiederum *braffo* und *caboceer* (Kurentsi, s.u.) miteinander verwechselt; vgl. Mémoire sur le Commerce de Guinée, dd. 08.10.1750, DFC XIII/75, no. 95. In dieser Denkschrift geht es eigentlich darum, den republikanischen Charakter Fantes zu betonen.

304 Vertrag zwischen der Compagnie des Indes und Jean, »König von Anomabo« [d.i. Eno Baisi Kurentsi], dd. 12.03.1730, ANOM, C 6/10.

305 Vgl. dazu Brauner, »König«; zu den rangrechtlichen Implikationen, die mit der Zuschreibung eines monarchischen Charakters einhergingen, siehe auch Windler, Diplomatie, S. 261 f.

306 William Ansa(h) Sessarakoo, so der Name des »Prinzen«, wurde jedoch nicht von Beginn an »königlich« behandelt. Vielmehr verkaufte ihn der Kapitän, der ihn für einen Erziehungsaufenthalt nach England bringen sollte, in Barbados in die Sklaverei, aus der er nach Protesten schließlich ausgelöst und nach London gebracht wurde. Diese Geschichte zeigt die Extreme afrikanischer Erfahrungen in der »atlantischen Welt«, war mit ihrer heroischen Tragik aber auch besonders reizvoll für ein europäisches Publikum, wie publizistische Erzeugnisse belegen. Vgl. bes. *Royal African* ([1749]), S. i und S. 16 (u.ö.), und den Stich von John Faber Jr./Gabriel Mathias (nach), William Ansah Sessarakoo, Druck (Mezzotinto), 1749, 32,8 × 22,5 cm. Dieser Fall ist auch im weiteren Kontext der populären *captivity narratives* und von anderen Besuchen afrikanischer Fürstensöhne in England zu betrachten; siehe dazu Sypher, African Prince, bes. S. 239–244,

Entscheidungsgewalt und Ressourcen eine wesentliche Rolle, die mindestens gedächtnispolitisch erfolgreich waren – heutzutage firmiert Kurentsi tatsächlich in der »stool list« (d.i. in etwa der Herrschergenealogie) von Anomabo als Ahnherr und gilt damit als erster *anomabohene*.[307]

Auch die Kategorie der »Republik« hatte, wie schon die Zeitgenossen feststellten, ihre Grenzen, um die Regierungsweise der Fante zu fassen. In der detailliertesten Beschreibung, die aus dem 18. Jahrhundert überliefert ist, lässt sich beobachten, wie Vergleiche[308] als Erklärungsinstrumente herangezogen und zugleich als begrenzt reflektiert werden:

> »The Accomfees & the Bura Bura Fantees[309] [...] were originally the same people, but now they've 2 Braffoes (or Stadt holders) & 2 Sets of Curranteers (or Senators) they are neither under the same circumstances in point of Union as the Switzers & Grisons [d.i. Graubünden; C. B.], nor as the united provinces of Holland. I call their Connexion a federal Union for want of a better expression, tis an Union founded on Manners, Customs, & religion, for they are under the same Subjection to the Father (or God) of Fantee as the Western Fantees are.«[310]

Diese Passage, die aus einem Brief des englischen Gouverneurs Thomas Melvil stammt, exemplifiziert anschaulich, wie Akteure mit den Grenzen der Sprache rangen, um fremde Wirklichkeiten zu bewältigen. Zugleich spiegelt sie auch, wie bereits in Unterkapitel I.3.2 diskutiert, die Begriffsskepsis des 18. Jahrhunderts.

Im 19. Jahrhundert verschwand die Beschreibung Fantes als Republik weitgehend aus dem europäischen Diskurs. Sie wurde schließlich von ghanaischen Historikern in der Dekolonisationszeit wiederentdeckt und mit großer Emphase aufgegriffen, um den ur-demokratischen Charakter der Fante zu betonen und im unabhängigen Ghana eine entsprechende politische Rolle für sie zu reklamieren.[311]

---

zum Zusammenhang mit zeitgenössischen Abolitionismus-Debatten LAW, Enslavement, S. 526ff.

307 Dazu ausführlicher BRAUNER, »König«.

308 Vgl. auch ESCH, Anschauung.

309 Diese Unterscheidung verschiedener Untergruppen tritt erstmals Mitte des 18. Jhdts. auf. Die Forschung geht davon aus, dass erst zu diesem Zeitpunkt eine politische Differenzierung erfolgte. Die »Borbor«-Fante stellten dabei den westlichen, die »Ekumfi«-Fante den östlichen Teil der Fante dar. Dazu kurz LAW, Government, S. 32, und FYNN, Pre-Borbor.

310 Thomas Melvil an das Committee der CMA, dd. 14.03.1753, in: FISHER (Bearb.), Extracts, S. 366.

311 Vgl. insbes. FYNN, System; DERS., Trade, S. 30f. und S. 33f., der die Unabhängigkeitsliebe Fantes mit dem expansiven Asante kontrastiert und Letzteres in eine gewisse Traditionslinie mit den britischen Kolonialherren rückt, und BOAHEN, Diplomacy. Etwas anders akzentuiert das Narrativ bei Kwame Arhin, das in

5. Zusammenfassung

Statt eines einheitlichen »Königreichs Guinea« entdeckten europäische Beobachter in der Frühen Neuzeit eine große Vielfalt an Herrschaftsformen in Westafrika: Neben einer großen Zahl schwacher und starker Könige machten sie auch Kaiser und Republiken aus. Diese europäischen Begriffe und Konzepte von Herrschaftsformen funktionierten nicht allein als Zerrspiegel, sondern auch als Instrumente oder, um im Bild zu bleiben, als Fenster, um die fremden Herrschaftsformen zu beobachten: *Erstens* standen verschiedene Begriffe – wie Königtum und Republik – zur Verfügung, die durchaus gezielt angewandt wurden. Diese konnten zudem anhand von bestimmten Kriterien differenziert werden. Während auf Ebene der Begriffe eine relativ große Einigkeit über Sprach- und Ländergrenzen sowie starke Kontinuität über die Zeit hinweg bestand, war *zweitens* die europäische Wirklichkeit selbst, auf die diese Begriffe angewandt wurde, vielfältig und stellte unterschiedliche Vergleichsbeispiele bereit. *Drittens* divergierten auch die Bewertungen von Regierungsweisen, wie am Beispiel der Republik und der ständischen Partizipation gezeigt wurde, zwischen verschiedenen europäischen Beobachtern.

Ebenso, wie es nicht *den* europäischen König gab, gab es auch nicht *das* europäische Bild westafrikanischer Herrschaft, sondern unterschiedliche Bilder unterschiedlicher afrikanischer Herrschaften. Die Felder oder Aspekte, die das Konzept »Königtum« im Untersuchungszeitraum ausmachten, blieben zwar recht stabil und stellten Kategorien für die Beschreibung bereit, determinierten diese aber nicht. Die europäischen Beschreibungen zeugen so, wenn auch in unterschiedlicher Intensität, von Auseinandersetzungen mit westafrikanischer Wirklichkeit, sodass es zu einfach wäre, sie als bloße Selbstbespiegelungen zu lesen.

Am Beispiel Fantes wurde gezeigt, dass eine präzise Rekonstruktion semantischer Verschiebungen im europäischen Diskurs auch für afrikanische Geschichte sinnvoll ist, kann doch in manchen Fällen eine solche Verschiebung auf politischen Wandel hinweisen. Zugleich ließ dieser Fall auch erkennen, wie Herrschaftsformen (hier Königtum) strategisch und interessengeleitet zugeschrieben werden können, beispielsweise um einen Vertragspartner aufzuwerten.

Verfolgt man eine diachrone Perspektive, wie hier vor allem in Kapitel I.3, lässt sich im »langen« 18. Jahrhundert eine Übergangsphase zwischen inklusivem und exklusivem Eurozentrismus ansetzen: In dieser Zeit traten verstärkt Reflexionen und Zweifel an der älteren Semantik auf, die

---

erster Linie auf die Korrumpierung des »politischen Systems« der Fante durch die europäische Präsenz abzielt; Arhin, Authority.

eine grundsätzliche Gleichheit und Vergleichbarkeit afrikanischer Herrscher implizierte, und Alternativbegriffe zum Königtum, das zuvor den »Normalfall von Herrschaft« in Europa wie in Afrika dargestellt hatte.[312] Diese Alternativbegriffe lösten aber keineswegs unmittelbar die ältere Semantik ab, sondern wurden zunächst parallel benutzt. Zugespitzt formuliert wurden afrikanische Herrscher in einer Zangenbewegung alterisiert – zu schwache Könige, die als bloße *chiefs* oder *headmen* eingestuft wurden, fielen zunehmend aus dem europäischen Begriffsfeld heraus, zu starke Könige wurden als Despoten exotisiert. Insbesondere im Despotie-Diskurs, der sich mit der Diskussion um den Sklavenhandel verschränkte, zeichnete sich eine Essenzialisierung afrikanischer Herrschaft ab – das Wesen afrikanischer Herrschaft galt nunmehr als despotisch. Diese Essenzialisierung war mit den sich entwickelnden Rassekonzepten verbunden und postulierte eine kaum überwindliche Entwicklungsdifferenz und Ungleichzeitigkeit zwischen Afrikanern und Europäern.[313]

Dieser Wandel in der europäischen Wahrnehmung afrikanischer Herrschaftsformen ist nicht auf eine einzige Ursache zurückzuführen, sondern durch mehrere Faktoren bedingt: Ein *erster* Faktor liegt auf semantischer Ebene. Offensichtlich veränderte sich der europäische Begriff des Königs, es fand eine Verengung und zugleich eine Entmonarchisierung auch der politischen Semantik in Bezug auf Europa statt.[314] Damit ging auch eine Veränderung des Königtums in Europa während der Sattelzeit einher, es wurde stärker als zuvor verfassungsrechtlich gefasst und eingebunden.

Zweitens veränderte sich offensichtlich die europäische Haltung gegenüber dem ›Rest der Welt‹ in einer Weise, die man als Übergang von einem inklusiven zu einem exklusiven Eurozentrismus beschreiben kann. Fremdheiten wurden nun zu essenzieller Alterität, Vergleichbarkeit wurde durch Ungleichzeitigkeit konterkariert – afrikanische Herrscher glichen

---

312 »Die M[onarchie], d.h. die Regierung durch einen König oder anderen souveränen Herrscher mit königsähnlicher Machtstellung und Würde [...], war im frühneuz[eitlichen] Europa der Normalfall von Herrschaft, jedenfalls für größere Reiche und Territorialstaaten jedweder Art.« ASCH/LEONHARD, Art. Monarchie, Sp. 675.

313 Curtin konstatiert, dass die Berichte seit den 1780ern zunehmend nicht mehr von »individual men but the collective ›Negro‹« sprechen; CURTIN, Image, S. 36. Dagegen stellt er die Haltung früherer Reisender: »The travellers often condemned individual Africans as bad men – or all Africans as savage men – but they left the clear impression that Africans were men. The African way of doing things might be curious or unpleasant, but individual Africans were shown in much the same proportion as Europeans.« Ebd., S. 35.

314 Dies vernachlässigt FARRAR, African Kings; vgl. DREITZEL, Monarchiebegriffe, Bd. 1, u.a. S. 39f. und S. 119–124.

nicht mehr europäischen Königen der Gegenwart, sondern europäischen Herrschern der Vergangenheit, beispielsweise germanischen Stammesführern der Vorzeit.[315] Um 1800 setzte in Westafrika zwar noch kein regelrechter Kolonialismus ein, aber erste koloniale Projekte wurden entworfen und Zivilisierungsmissionen initiiert. Solche Projekte waren eng mit Veränderungen in der europäischen Haltung gegenüber Westafrika verknüpft und beförderten diese zugleich ihrerseits weiter.

Indem man nicht allein nach den Ursprüngen des Rassismus fahndet, sondern die Vielfalt des frühneuzeitlichen Afrika-Diskurses in den Blick nimmt, lässt sich ein nuancierteres Narrativ seiner Entwicklung konstruieren. Zugleich ist auf diese Weise auch die Geschichte Afrikas wieder stärker in eine allgemeinere (Global)Geschichte zu integrieren. So haben die vorangehenden Analysen deutlich werden lassen, dass ständische Kategorien sowohl für die Beschreibung von Gesellschaften als auch für die soziale Praxis von zentraler Bedeutung waren.[316] Damit soll keineswegs die Existenz bestimmter Fremdheitsstereotype bestritten werden, die in späterer Zeit in Konstruktionen eines biologischen Rassismus eingingen und zu diesen beitrugen.[317] Es scheint aber notwendig, einerseits sich von der ausschließlichen Fokussierung auf diese Elemente zu lösen und andererseits durch vergleichendes Vorgehen zu klären, inwieweit bestimmte Abwertungen tatsächlich spezifisch für die europäische Wahrnehmung von Afrika und Afrikanern waren.

Nicht zuletzt müssen dabei die regionsspezifischen Bezüge europäischer Diskurse stärker berücksichtigt werden. So hat bereits Winthorp Jordan konstatiert, dass in der Frühen Neuzeit gravierende Unterschiede in der Haltung gegenüber ›Schwarzen‹ existierten, je nachdem ob ein ›weißer‹

---

315 Vgl. oben, Unterkap. I.3.3, Anm. 245. Siehe auch die Beispiele aus einem deutschen Bericht des 19. Jhdts. bei Marx, »Völker«, S. 35ff. Marx konstatiert: »[Heinrich Barth] vergleicht zwar, aber nicht mit der Staatlichkeit der europäischen Neuzeit [...]. Im Unterschied der Staatlichkeit Europas und Afrikas [...] kann man einen der Gründe sehen, daß die afrikanischen Staaten kaum je als vollwertig anerkannt wurden und das Interesse der Geschichtsschreibung an ihnen gering blieb, so daß Afrika hauptsächlich Forschungsgebiet der Ethnologen blieb.« (38)

316 Siehe auch Elbl, Group Identities, bes. S. 55f., und Häberlein, »Mohren«; für partielle Persistenz bis in die späte Neuzeit am Beispiel des British Empire vgl. Cannadine, Ornamentalism.

317 Siehe u.a. Mosse, Rassismus; Hannaford, Race; Fredrickson, Rassismus. Eine differenzierte Studie neueren Datums zum 18. Jhdt. als Übergangszeit hat Roxann Wheeler vorgelegt: Wheeler, Complexion; siehe aber auch Lorimer, Colour, der für Großbritannien die 1860er Jahre als entscheidenden Wendepunkt herausarbeitet.

Akteur in England lebte oder aber in den Amerikas, wo Plantagensklaverei ein Massenphänomen darstellte. Im zweiten Fall sind vermehrt negative Bilder sowie früher rassistische Elemente festzustellen.[318] Wie die westafrikanische Kontaktzone im Verhältnis dazu einzuordnen ist, ist bislang nicht untersucht worden – paradoxerweise scheint diese Region aber nach den bisherigen Befunden England näherzustehen als den amerikanischen Kolonien.[319] In Westafrika begegneten Afrikaner den Europäern zwar ebenfalls als Sklaven, aber eben auch als Kaufleute, Ehefrauen, Handwerker, Seeleute, Fischer oder Herrscher. Wie diese Begegnungen sich gestalteten, untersucht der folgende zweite Teil.

Abschließend sei noch eine kurze Bemerkung zur Terminologie gestattet: Im Folgenden verwende ich die hier reflektierten Bezeichnungen aus europäischen Quellen, und zwar aus Gründen der Lesbarkeit, ohne Anführungszeichen. Dieses Vorgehen scheint mir für eine Wahrnehmungs- und Interaktionsgeschichte sinnvoll, sind jene Begrifflichkeiten doch, wie hier gezeigt wurde, charakteristisch für die untersuchte Epoche europäisch-afrikanischer Beziehungen. Zudem haben sie eine nicht zu unterschätzende Bedeutung in und für Interaktionen, wie im Folgenden (insbes. in Teil II und III) deutlich werden wird.

318 Jordan, White, und Westhauser, Revisiting. Zu einer ähnlichen These kommt z.B. auch Belmessous, Assimilation, hier in Bezug auf Frankreich und den Umgang mit indigenen Gruppen in Nordamerika. Ihr zufolge hängt die zunehmende Propagierung von Segregation vor Ort, die zugleich mit »rassistischen« Annahmen einhergegangen sei, mit dem Scheitern früherer Assimilationsprojekte zusammen. Siehe für die Niederlande auch Hondius, Access, bes. S. 383f., die allerdings vor allem über Rechtsnormen und -praktiken argumentiert.

319 Ähnlich in Bezug auf England Morgan, Encounters, S. 182 (»If Britain represents the extreme in the spectrum of slaveowning societies, then coastal Africa represents another in terms of frontier regions«). Hier spielt auch die Differenz zwischen einer »slaveowning society« und einer »slave society« eine Rolle, die in der Forschung als wichtiger Faktor sowohl für sozioökonomische Lebensbedingungen für Schwarze als auch für deren (Fremd)Wahrnehmung eingeschätzt wird (S. 163ff.)

II. Zwischen Kulturkontakt und diplomatischem Zeremoniell: Audienzen in Afrika

1. Einleitung

1.1 Audienzen und interkulturelle Diplomatie

Im Januar 1670 traf eine französische Expedition an der Küste von Allada ein.[1] Sie hatte den Auftrag, über Handelsrechte und die Errichtung eines Stützpunktes zu verhandeln. Auf diese Weise sollte die Versorgung der französischen Karibikkolonien mit afrikanischen Sklaven und so deren Autarkie gegenüber den Niederländern gesichert werden.[2] In Offra, dem Hafenort des Landes, angekommen, schickte man sogleich zum König von Allada und ersuchte um eine Audienz. Gemeinsam mit einem vom Hof entsandten Empfangskomitee machte sich eine französische Delegation einige Tage später auf den Weg ins Landesinnere, wo der Herrscher in der gleichnamigen Stadt Allada residierte.

Über die Audienz dort berichtet François d'Elbée, Teilnehmer der Expedition, in seinem *Journal*.[3] Da der Leiter der Unternehmung, der Sieur du Bourg, kurz nach seiner Rückkehr vom Hof gestorben sei, »und ihm daher die Mittel gefehlt haben, um ein Journal von seinen Verhandlungen anzufertigen [...], fühle ich mich verpflichtet, seinen Ausfall wiedergutzumachen und in dieses Journal all jene Dinge einzufügen, die er getan und verhandelt hat im Dienste der Compagnie des Indes Occidentales.«[4] Es geht d'Elbée aber um mehr als Dokumentation:

> »Dieser Gedanke erscheint mir umso richtiger, da es nicht gerecht wäre, dass das, was er getan hat, in Vergessenheit geriete, wo es doch als Anleitung [règle] für jene dienen kann, die in Zukunft ähnliche Unternehmen planen werden,

1 Zu Allada vgl. Law, Kingdom of Allada, zu französischen Unternehmungen ebd., S. 8f. und S. 86f.

2 Siehe Mims, Policy. Zur niederländischen Rolle im karibischen Sklavenhandel vgl. u. a. Klooster, Illicit Riches, S. 89ff., und Postma, Dutch, Kap. 2; zum Sklavenhandel in Allada Law, Slave Trade, bes. S. 75ff.

3 Zur Biografie d'Elbées vgl. Cornevin, Art. d'Elbée.

4 »[...] luy ayant ôté les moyens de faire un Iournal de sa negociation [...]; je me sens comme obligé de suppléer à son defaut, & d'inserer dans ce Iournal toutes les choses qu'il a faites & négociées pour le service de la Compagnie des Indes Occidentales [...].« Elbée, *Journal* (1671), S. 387f.

> und seine Kenntnis der Öffentlichkeit genauso nützlich wie angenehm sein kann.«[5]

Ein Topos vielleicht, aber ein aufschlussreicher – denn er verweist auf ein grundsätzliches Problem: Wie funktionierte interkulturelle Diplomatie in der Praxis? Wie begegnete man einem afrikanischen König? Und inwiefern bildete sich eine Wissenstradition um solche Praktiken der interkulturellen Diplomatie aus?

Zunächst aber: Was hielt d'Elbée für so erinnerns- und wissenswert über die Audienz und die Verhandlungen am Hofe von Allada, das er es seinen Lesern mitteilen wollte?

> »Am 24. reiste [der Sieur du Bourg] aus Offra ab [...], um nach Assem [d.i. die Stadt Allada; C.B.] zu gehen. Da er in der Gesellschaft des Prinzen war, genoss er ein Privileg, das die anderen Fremden nicht erhalten, nämlich bei Tag durch das Land zu reisen. Er war zum Abendessen beim *grand Fero*, wo man angenehm und gut bewirtet wurde. Er kam spät in Assem an und wurde im Palast des Königs untergebracht [...]. Am 27. erhielt der Sieur du Bourg eine Audienz beim König, zu der er vom Prinzen, dem großen *Marabou*, dem Großkapitän des Handels, dem Großkapitän der Kavallerie und anderen geführt wurde. Er wurde als Botschafter [*Ambassadeur*] empfangen und diesem Rang gemäß [en cette qualité] auf einen Futon neben den König gesetzt, der auf einem Sessel saß.«[6]

Diese Beschreibung mit ihrer offenbar ranggeordneten Aufzählung von Personen[7] sowie ihrer Aufmerksamkeit für bestimmte Vorrechte, für Positionen im Raum und nicht zuletzt auch für verschiedene Sitzmöbel dürfte d'Elbées zeitgenössischem Publikum vertraut erschienen sein. Die Beobachtungen zeugen davon, dass der Verfasser nach zeremoniellen Zeichen und Orientierungen suchte, um der fremden Situation Sinn abzugewinnen. Wir sehen

---

5 »Cette pensée me paroissant d'autant plus raisonnable, qu'il ne soit pas juste que ce qu'il a fait demeure comme ensevely dans l'oubly, puis qu'il peut servir de regle à ceux qui formeront à l'avenir de pareilles entreprises, & sa connoissance estre aussi utile qu'agreable au public.« Ebd.

6 »[...] le 24. [le Sieur du Bourg] partit d'Offra [...] pour aller à Assem: Comme il étoit en la compagnie du Prince, il eut cét avantage que n'ont point les autres étrangers, d'aller de jour par le pays; il fut diner au grand Fero, où fut fait bonne chere & grand regal: il arriva tard, à Assem, & fut logé dans le Palais du Roy [...]. Le 27. le sieur du Bourg fut introduit à l'audiance du Roy, & conduit par le Prince, le grand Marabou, le grand Capitaine du commerce, le grand Capitaine de Cavalerie, & autres: Il fut receu comme Ambassadeur, & en cette qualité on le fit asseoir sur un lit de cotton, à coste du Roy qui étoit assis dans un fauteüil.« ELBÉE, *Journal* (1671), S. 403–405.

7 Zu den »officials« am Hof von Allada vgl. LAW, Kingdom of Allada, S. 74ff.

die Audienz am Hofe von Allada mit dem ›zeremoniellen Blick‹ d'Elbées bzw. du Bourgs. – Also wieder einmal alles europäische Projektion?

Es geht es hier nicht nur um sinnstiftende Lektüren, sondern auch (nicht zuletzt durch diese Lektüren) um gelingende Interaktionen, um funktionierende Kommunikation, die als Vorbild für mögliche weitere »enterprises« dienen sollte.[8] In der Tat scheint die Kommunikation zwischen der französischen Delegation und dem Hof von Allada in irgendeiner Form funktioniert zu haben – jedenfalls gelangen die Verhandlungen mit dem König von Allada trotz dessen anfänglicher Bedenken und Vorurteile gegen die Franzosen sowie der angeblichen Sabotageversuche der Niederländer und die Expedition erhielt die königliche Erlaubnis zum Handel und zur Errichtung einer Faktorei. Im Vergleich mit anderen Texten über Hofzeremoniell und Audienzen in Allada zeigt sich zudem, dass mindestens auch andere Europäer unabhängig voneinander zu ähnlichen Deutungen der zeremoniellen Praxis in Allada kamen.[9] Damit kann eine gewisse intersubjektive Basis zumindest in der europäischen Wahrnehmung angenommen werden.[10] Dass die Aufmerksamkeit für Zeremoniell und Ehrerweise dabei über ein ethnografisches Interesse hinausging, zeigt sich daran, dass sich am Zeremoniell westafrikanischer Höfe Auseinandersetzungen zwischen Kompanievertretern entzünden konnten. Ein regelrechter Präzedenzkonflikt zwischen niederländischem und französischem Repräsentanten während einer Audienz beim König von Allada war es schließlich, der die in der Einleitung erwähnte Gesandtschaft des Matteo Lopes nach Frankreich (mit) veranlasste (zu diesem Präzedenzkonflikt unten, II.2.3.c).

Anhand von Audienzen werden in diesem Kapitel beispielhaft symbolische Interaktionen in der interkulturellen Diplomatie untersucht. Für die Wahl dieses Untersuchungsgegenstands sprechen verschiedene Gründe: *Erstens* sind Audienzen zunächst einmal Begegnungen – Begegnungen, die in manchen Fällen geradezu einem Kulturkontakt *par excellence* gleichkommen. Damit bieten sich Audienzen als Untersuchungsgegenstand für Fragen

---

8 Zur Gegenüberstellung von präskriptiven und deskriptiven Quellen sowie dem Problem ihrer Abgrenzung Stollberg-Rilinger, Rituale, S. 177 ff.

9 Secrete geslote instructie voor den schipper en opperhoofden van het schip Hasselt ..., dd. 05.03.1657, in: Dam, Beschryvinge, Bd. 2,3, Bijlage IIa, S. 532–538, hier: S. 534 f., und Memorie, in wat maniere men gewoon is tot Ardra op de kust van Guinea te handelen (1657), ebd., Bijlage IIb, S. 538–540, hier: S. 538 f. Vgl. auch Jones (Hrsg.), West Africa, S. 278 ff. und S. 37 ff., sowie Dapper, *Beschrijvinge* (1668), S. 429 f., zum Handelsprozedere in Allada.

10 Zum Hofzeremoniell in Allada Law, Kingdom of Allada, S. 68 ff.

nach interkultureller Kommunikation und möglichen Transkulturationsprozessen besonders an.[11]

Zweitens spielen Audienzen im Alltag der Handelskompanien eine wichtige Rolle.[12] Oft werden sie - ob *en passant* oder ausführlich - in Journalen und Korrespondenzen erwähnt, noch deutlich öfter fanden sie vermutlich statt. In verschiedenen Ländern an Gold- und Sklavenküste war der Besuch beim Herrscher und das Einholen seiner Erlaubnis notwendige Voraussetzung für die Aufnahme von Handel. Zum Teil nahm der Herrscher dabei eine Position ein, die an ein Handelsmonopol grenzte; in den meisten Fällen ging es aber um Regulation und Kontrolle des Markts, Vorkaufsrechte und Einzug von Abgaben.[13] Dies galt nicht allein für zentralisierte Gemeinwesen im Hinterland wie Asante oder Dahomey, sondern auch für die kleineren Küstenländer.[14] Mit dem Aufstieg des Sklaven- und dem gleichzeitigen Bedeutungsverlust des Goldhandels wurden die Herrscher der Küstenländer zudem auch selbst als Verkäufer aktiv, während der Goldhandel in erster Linie über die Akani-Händler aus dem Hinterland abgewickelt worden war.[15] Zudem konnten Märkte indirekt reguliert werden, durch die Kontrolle über die Wege ins Landesinnere und damit über den Zugang der Händler aus dem Hinterland zu den Küstenorten sowie durch die Weige-

---

11 Vgl. bspw. Stollberg-Rilinger, Rituale, S. 145f. – Zu Audienzen u.a. Baller et al. (Hrsg.), Ankunft; Burschel/Vogel (Hrsg.), Audienz; und kurz Rubiés, Ambassadors, S. 93ff., der knapp konstatiert: »Audiences, feasts, or exchanges of letters and presents, were universally recognized as symbolically charged rituals.«

12 Dies gilt nicht allein für Westafrika, sondern auch für Ostindien; vgl. zu Interaktionen mit asiatischen Herrschern z.B. Rietbergen/Locher-Scholten, Dubbel perspectief, S. 7ff., und Goor, Koopman.

13 Klassisch, aber inzwischen weitgehend widerlegt sind die Thesen zu Dahomey als archaischem Wirtschaftssystem, die Karl Polanyi und Rosemary Arnold entwickelt haben. Sie zeichnen ein stark durch theoretisch-ideologische Vorannahmen bestimmtes Bild einer redistributiven Wirtschaft, in der dem König eine zentrale Monopolstellung zukommt; Polanyi, Dahomey, und Arnold, Port. Zur Kritik vgl. Law, Royal Monopoly.

14 Vgl. abwägend Metcalf, Gold, S. 32f. Kwame Daaku setzt den herrscherlichen Einfluss an der Goldküste im Vergleich zu Dahomey relativ gering an, bemerkt aber auch die Existenz von Zöllen und Möglichkeiten der logistischen Einflussnahme; Daaku, Trade and Trading Patterns. Vgl. für Allada Law, Royal Monopoly, S. 556ff., und ders., Kingdom of Allada, S. 94–101. In Benin veränderte sich die Stellung des Herrschers und die Kontrolle, die er über den Handel ausübte, zwischen dem 15. und 18. Jhdt. offenbar mit der jeweiligen Schwäche oder Stärke des Königtums sowohl gegenüber Palastfaktionen als auch gegenüber peripheren Gebieten seines Reiches, vgl. dazu Ryder, Benin, S. 56ff., S. 63, S. 77f., S. 80, S. 83, S. 88–92 und S. 129.

15 Vgl. zu den Akani-Händlern Dantzig, Akanists, und Kea, Settlements, Kap. 7.

rung, die lokal ansässigen Kompaniebediensteten mit Lebensmitteln zu versorgen. Audienzen stehen somit auch beispielhaft für die Verflechtung von Politik bzw. Diplomatie und Handel, die für die europäisch-afrikanischen Interaktionen in dieser Zeit insgesamt charakteristisch ist.[16] Bei einigen Audienzen wurden auch Kaufverhandlungen mit dem Herrscher geführt oder gleich ökonomische Transaktionen getätigt.

Aufgrund ihrer Situierung gleichsam an der Nahtstelle von Diplomatie und Handel bieten sich Audienzen *drittens* auch an, um Einblicke in die Stellung der Handelskompanien als diplomatische Akteure zu gewinnen. Traten die Vertreter der Kompanien stets als *ambassadeur* auf, wie in dem oben zitierten Beispiel? Was bedeutete dies überhaupt im westafrikanischen Kontext? Inwiefern wurden europäische Rangordnungen auch in Westafrika verhandelt?

1.2 Symbolische Kommunikation und Interkulturalität

Betrachtet man ganz allgemein das Verhältnis zwischen symbolischer und interkultureller Kommunikation, kann der Befund nur ambivalent ausfallen. Zum einen zeichnen sich Symbole und symbolische Handlungen durch Sichtbarkeit[17] und »Motiviertheit«[18] aus und scheinen so gerade bei interkulturellen Konstellationen der voraussetzungsreicheren sprachlichen Kommunikation mit ihren arbiträren Zeichensystemen überlegen zu sein.[19] Zum anderen erschöpfen sich symbolische Handlungen nicht in ihrer sichtbaren Dimension und ihren instrumentellen Aspekten, sondern unterscheiden sich gegenüber begrifflich-abstrakter Kommunikation gerade durch Bedeutungsüberschuss und Mehrdeutigkeit.[20] Diese Bedeutung erlangen Symbole aber durch Zuschreibungen. Je eindeutiger ein Symbol erscheint, desto erfolgrei-

---

16 Vgl. auch die interessante Fallstudie von Andrew Alexander zu Handelspraktiken der VOC in Madagaskar, die ebenfalls die Verknüpfung von Diplomatie und Handel aufscheinen lässt; ALEXANDER, Negotiation.

17 STOLLBERG-RILINGER, Einleitung [2010], bes. S. 12 f. Siehe auch HARTMANN, Staatszeremoniell, S. 107–111, und die Beiträge in AMBOS/RÖSCH/WEINFURTER (Hrsg.), Bild.

18 STOLLBERG-RILINGER, Symbolische Kommunikation, S. 500.

19 Das oben Gesagte soll nicht implizieren, dass Akte symbolischer Kommunikation stets nur nonverbal sind. Vielmehr bestehen sie meist aus komplexeren Handlungssequenzen, die sowohl verbale als auch nonverbale Elemente einschließen; ebd., S. 498 f.

20 Ebd., S. 499.

cher waren die Versuche, die entsprechende Deutungshoheit zu monopolisieren.

Im Kern geht es bei der Frage nach dem Verhältnis symbolischer und interkultureller Kommunikation also um die Mehrdeutigkeit, die symbolische Akte auszeichnet, und deren wiederum ambivalente Bewertung:[21] So verdeckt die Tatsache, dass alle denselben Gegenstand verwenden, dieselben Gesten ausführen, dieselbe Handlung vollziehen oder auch scheinbar dasselbe sehen, mögliche Bedeutungs- und Interpretationsdifferenzen.[22] In diesem Rahmen ist dann beispielsweise auch Lernen durch Nachahmung möglich, wie dies am Beispiel eines »Eides« anschaulich wird, der an der Elfenbein- und Pfefferküste praktiziert wurde. Dort trieb man in der Frühen Neuzeit fast ausschließlich Schiffshandel, d.h. europäische Handelsschiffe ankerten vor einem Küstenabschnitt und Interaktionen fanden überwiegend an Bord statt. Die lokalen Händler fuhren in Kanus zu den Schiffen hinaus, kamen aber nicht unmittelbar an Bord. Sie hielten stattdessen in einiger Distanz inne und tropften sich Seewasser in die Augen. Dies wurde von den Schiffsmannschaften nachgeahmt, daraufhin kamen die Händler an Bord.[23] In den europäischen Berichten wird dieser Gestus als eine Art Treueeid interpretiert.[24] Offensichtlich fand praktisch keine sprachliche Kommunikation mit der anderen Partei statt und die Verständigung beschränkte sich neben wenigen Handelsausdrücken auf Gesten und Fingerzeige. Was der

---

21 »In Beziehungen, die über Europa hinausführten, war die Wahrscheinlichkeit weitaus größer, dass Gesten nicht oder falsch verstanden oder von den Akteuren mit unterschiedlichen Sinngehalten gefüllt wurden. Dies schuf einerseits die Gefahr von Missverständnissen, andererseits war damit Raum geboten für abweichende Interpretationen der jeweils an der Interaktion Beteiligten, die auf diese Weise ihr Gesicht wahren und damit überhaupt erst beiderseits akzeptable Beziehungen unterhalten konnten [...].« WINDLER, Symbolische Kommunikation, S. 170f.

22 »Die spezifische Mehrdeutigkeit symbolischer Kommunikation muss keineswegs als Nachteil verstanden werden. [...] Ihre im Vergleich zu begrifflich-abstrakter Kommunikation größere Unschärfe und Ambiguität ermöglicht, dass die Deutungen der Beteiligten unsichtbar bleiben können, obwohl sie möglicherweise erheblich auseinanderfallen.« STOLLBERG-RILINGER/NEU, Einleitung, S. 17f. Siehe auch STOLLBERG-RILINGER, Symbolische Kommunikation, S. 506 und S. 519f., sowie DIES., Einleitung [2007], S. 14f.

23 Siehe z.B. The first voyage of Robert Baker to Guinie (1562), in: HAKLUYT, Navigations, Bd. 1 (1589), S. 132, und HEMMERSAM, *Reißbeschreibung* (1663), S. 15f.

24 »Juramentum amicitiae« bzw. »Eyd der Treue«, GROEBEN, *Reise-Beschreibung* (1694), S. 33 bzw. S. 35; »Zeichen der Freundschafft«, HEMMERSAM, *Reißbeschreibung* (1663), S. 15f.; »[...] daer mede zy als met eede hun oprechtigheit en afkeer van bedriegery willen verklaren«, DAPPER, *Beschrijvinge* (1668), S. 432.

ominöse ›Wassereid‹ nun für die Einwohner der Elfenbein- und Pfefferküste bedeutete, blieb und bleibt unklar – ist aber letztlich auch gleichgültig, denn diese Kommunikation funktionierte offensichtlich auch oder vielleicht gerade durch die Offenheit ihrer Bedeutung. Der ›Wassereid‹ kann so als ein Beispiel für die, wenn man so will, Harmonisierungsfunktion von symbolischer Kommunikation dienen. Diese kann auch durchaus reflektiert und strategisch eingesetzt werden, etwa als »Konsensfassade« bei politischem Dissenz (beispielsweise im Hinblick auf Gabentausch und Tribut; dazu unten, Teil III).[25]

Eine derartige Ambivalenz kann aber auch zum Problem werden, spätestens in der Anschlusskommunikation, etwa wenn Akteure Konsens voraussetzen, wo er nicht besteht – oder dort eine Mitteilung ausmachen, wo keine gesendet wurde.[26] Dies ist zum Beispiel dann der Fall, wenn der Vollzug eines bestimmten Rituals oder auch nur die Partizipation daran dem einen etwa als Unterwerfung gilt, dem anderen als Höflichkeitsform ohne weitere Konsequenzen – wie das Niederwerfen Matteo Lopes', wie es in der Einleitung dieser Studie erwähnt wurde.

Allerdings bleibt zu fragen, ob das, was landläufig als ›interkulturelle‹ Kommunikation bezeichnet wird, in dieser Hinsicht von Kommunikation innerhalb einer kulturellen Gruppe, wie man diese nun auch immer genau definieren mag, *essenziell* verschieden ist. Die Forschungen, die sich beispielsweise der Mehrdeutigkeit von Symbolen und Ritualen auch innerhalb Europas angenommen haben,[27] lassen es sinnvoll erscheinen, hier eher von graduellen Differenzen denn von kategorialen Unterschieden auszugehen. Zudem ist gerade im hochpolitischen Bereich des Zeremoniells genau zu prüfen, ob Differenzen und unterschiedliche Interpretationen tatsächlich auf kulturell bedingte Missverständnisse zurückzuführen oder vielmehr handfesten politischen Interessenlagen geschuldet sind. Jan Hennings hat beispielsweise kürzlich darauf hingewiesen, dass der Streit um Zeremoniellfra-

---

25 Vgl. in diesem Sinne auch das von Georg Jostkleigrewe vorgestellte Beispiel aus dem Kontext der französisch-byzantinischen Beziehungen; JOSTKLEIGREWE, Reiter.

26 So am Beispiel des Augenzwinkerns STOLLBERG-RILINGER, Symbolische Kommunikation, S. 493.

27 STOLLBERG-RILINGER/WELLER (Hrsg.), Wertekonflikte, darin bes. der Aufsatz von WELLER, Kulturkontakt. Am Beispiel von fiktiven Texten thematisiert Christiane Witthöft die Mehrdeutigkeit von nonverbaler Kommunikation: WITTHÖFT, Grenzen. Vgl. zu differierenden diplomatischen Praktiken innerhalb Europas und deren Wahrnehmung auch WINDLER, Diplomatie als Erfahrung, und ROHRSCHNEIDER/STROHMEYER (Hrsg.), Wahrnehmungen, darin bes. den Beitrag von REINHARD, Anthropologie.

gen im Detail gerade ein Anzeichen für ein geteiltes Zeremoniellverständnis im Grundsätzlichen sein kann.[28]

Wie immer bei der Untersuchung symbolischer Akte der Vergangenheit – ob sie nun in Europa oder Afrika stattfanden – kann der Quellenzugriff nur ein indirekter sein: Historiker beobachten keine Rituale, sondern vergangene Beobachtungen von Ritualen oder, anders formuliert: sie beobachten historische Akteure, wie sie ihrerseits Rituale beobachten.[29] Dieses Problem mag man im interkulturellen Kontext als verschärft wahrnehmen, letztlich verhält es sich mit zahlreichen Phänomenen der alteuropäischen Geschichte aber kaum weniger problematisch. Dies gilt in Sonderheit, wenn man sich mit Riten und symbolischen Praktiken etwa von Studentengruppen, religiösen Minderheiten wie den Täufern oder unter Seeleuten beschäftigt, die fast ausschließlich durch obrigkeitliche oder gegnerische Quellen überliefert sind.[30] Insofern gilt es hier wie dort, stets – sofern möglich – unterschiedliche Quellen zu vergleichen und sorgfältig ihre Entstehungsbedingungen und Zielsetzungen zu rekonstruieren. Selbst wenn von allen beteiligten Akteuren zeitnah verfasste Berichte über ein Ritual vorlägen, könnten wir immer noch nicht *den* einen Sinn des Rituals rekonstruieren. Ein solcher existiert nicht oder allenfalls im Sinne einer erfolgreichen Monopolisierung von Deutungshoheit.

1.3 Gliederung

Zu Beginn steht ein systematischer Teil (II.2), der vorrangig allgemeine und konzeptionelle Fragen in den Vordergrund rückt. Dabei geht es *erstens* um grundsätzliche quellenkritische Erwägungen sowie methodisch um die Frage des Verstehens und Missverstehens. *Zweitens* wird untersucht, wie fremdes Zeremoniell gelesen wurde und welche Elemente als potenziell symbolisch identifiziert wurden. *Drittens* erörtere ich, inwiefern Zeremoniell in Westafrika als rangkonstitutiv aufgefasst wurde; dabei ist auch die Frage zu berücksichtigen, welchen Status Kompanievertreter überhaupt beanspruchten und einnahmen.

Daran schließt sich eine ausführliche Fallstudie zu Audienzen in Dahomey während des 18. und frühen 19. Jahrhunderts an (II.3), die als mikrohistorische Untersuchung die systematischen Beobachtungen ergänzen soll.

---

28 Hennings, Gift.

29 Dazu Stollberg-Rilinger, Symbolische Kommunikation, S. 496; ausführlicher zur Quellenfrage dies., Rituale, S. 177–193.

30 Vgl. bspw. die Quellenproblematik bei Reinholdt, Devianz. Siehe auch oben, Einleitung, Anm. 23.

Nach einer Rekonstruktion des Ablaufs einer Audienz werden drei Aspekte vertieft beleuchtet, *erstens* die Frage, wie in Audienzen das Verhältnis zwischen den Akteuren dar- und hergestellt wurde, *zweitens* mögliche Transkulturationsprozesse und *drittens* Veränderungen in der europäischen Wahrnehmung des Audienzzeremoniells.

2. Systematische Aspekte

2.1 Missverständnisse, Asymmetrien und Vermittler

Bleiben wir zunächst bei der grundlegenden Frage des Verstehens und Missverstehens und zugleich noch kurz bei der französischen Expedition in Allada. Dort fanden die ersten zeremoniellen Interaktionen statt, als das Empfangskomitee, angeführt vom Prinzen von Allada, eintraf. Aufschlussreich ist d'Elbées Schilderung, wie er selbst den Prinzen begrüßt hat:

> »[...] mich ihm nähernd, verbeugte ich mich vor dem Prinzen nach französischer Gewohnheit. Jener bot mir die Hand, ohne sich zu regen; dies nötigte mich, ihm die meine zu geben, die er ein wenig drückte und mich dann ansah, ohne etwas zu sagen: Ich blieb eine Weile stumm, ohne zu wissen, ob ich ihm mein Kompliment auf Französisch oder auf Portugiesisch machen sollte. Nachdem ich es auf Portugiesisch vorgetragen und ihm meine Dienste angeboten hatte [offert ce qui dépendoit de moy], ließ er es übersetzen und dankte mir [...].«[31]

D'Elbées Schilderung verrät verschiedene Unsicherheiten und Brüche in der fremden zeremoniellen Situation: Zwar verbeugt er sich ganz nach französischer Gewohnheit, reflektiert dies jedoch als kulturspezifische Begrüßungsform – dies geschieht zwar im Text, aber gegenüber einer impliziten Leserschaft, der die Verbeugung als selbstverständlich erschienen wäre. Zugleich zeigt sich aber implizit die Erwartung d'Elbées, dass der Prinz sich ebenfalls verbeugen werde, wie in der Negation (»sans se bouger«) zum Ausdruck kommt. Der Händedruck erscheint dagegen unerwartet, wenn nicht gar problematisch. Die Unsicherheit wird durch das Schweigen verstärkt, offensichtlich, so suggeriert d'Elbées Text, hatte er eine Reaktion des Prinzen erwartet. Schließlich wird ein Problem auch explizit angesprochen, nämlich die Sprachwahl. Bei dieser scheint es aber weniger um pragmatische Ver-

31 »...m'approchant, je fis la reverence au Prince à la coûtume Françoise, lequel m'offrit la main sans se bouger; ce qui m'obligea de luy donner la mienne, qu'il serra mediocrement, & me regarda sans rien dire: je demeuray un peu sans sçavoir si je luy devois faire mon compliment en François, ou en Portugais; & luy ayant fait en Portugais, & offert ce qui dépendoit de moy, il le fit expliquer, & me remercia [...].« Elbée, *Journal* (1671), S. 398f.

ständigung gegangen zu sein – denn dann wäre die Entscheidung für das Portugiesische als Kontaktsprache eindeutig gewesen – als um die symbolische Dimension der Sprachwahl.

Haben wir es hier mit Missverständnissen zu tun? In jedem Fall legt der Text nahe, dass Kommunikationsprobleme auftraten und Verhaltenserwartungen gebrochen wurden. Die Sensibilität für die Brüchigkeit von Texten ist unabdingbar, auch um andere, stärker Eindeutigkeit suggerierende Passagen zu hinterfragen. Wenn man zum Beispiel die soeben analysierte Passage, in der es lediglich um eine einfache Begrüßung geht, mit der oben diskutierten über den Empfang des Sieur du Bourg als Botschafter vergleicht, kann man sich zu Recht fragen, woher d'Elbée wissen will, dass du Bourg tatsächlich als *Botschafter* empfangen wurde (es ist allerdings bereits an sich interessant, dass hier die rangkonstitutive Funktion von Zeremoniell hervorgehoben wird). Oder auch allgemeiner noch: Kannte der Hof von Allada tatsächlich eine Kategorie des Botschafters, die in ihrer Komplexität, ihrem körperlichen Repräsentationsverständnis und ihrer Einbettung in die diplomatische Rangordnung dem europäischen Modell gleichkam?

a. *Missverständnisse und die Gefahr des Anekdotischen*

Solche Brüche in Texten und implizite Hinweise auf Kommunikationsprobleme sprechen dafür, dass es in zeremoniellen Situationen zweifelsohne Missverständnisse gab. Darüber hinaus ist in europäischen Texten gelegentlich auch explizit von Missverständnissen bei Audienzen die Rede. Bereits ein kursorischer Blick auf diese Fälle veranlasst jedoch zur quellenkritischen Vorsicht, denn es geht dabei fast immer um Missverständnisse der anderen. Besonders augenfällig ist die Asymmetrie in einer Anekdote, die der ehemalige dänische Oberkaufmann Ludewig Ferdinand Rømer über die Audienz eines dänischen Abgesandten erzählt, die um 1730 stattfand.[32] Sie soll daher exemplarisch ausführlicher analysiert werden, auch um den bleibenden narrativen Reiz solcher Anekdoten herauszuarbeiten und damit auf die quellenkritische Grundproblematik hinzuweisen.[33]

---

32 Eine in Teilen vergleichbare Anekdote über »King Pedro« am Rio Sestos bei Atkins, *Voyage* (1735), S. 65.

33 Ein Klassiker des interkulturellen Missverständnisses, die Verwechselung von Fremden (in der Regel Europäern) mit Göttern oder anderen übernatürlichen Wesen, ist inzwischen in verschiedenen Varianten widerlegt worden. Vgl. bspw. zu Captain Cook auf Hawai'i Obeyesekere, Apotheosis; zu den Azteken siehe unten, Anm. 67. In verschiedener Hinsicht vergleichbar sind auch die Mythen »radikaler Fehlübersetzungen«, wie Hacking sie nennt. Indem er die promi-

Die von Rømer beschriebene Audienz fand in Akyem, im Hinterland Accras an der östlichen Goldküste statt, und zwar vor dem Hintergrund der soeben erfolgten Eroberung Accras durch Akyem. Für die Europäer in Accra galt es nun, mit den neuen Herren des Landes über Privilegien, Abgaben und Schutz für die lokalen Forts zu verhandeln und entsprechende Abkommen abzuschließen.[34] Zur Bekräftigung eines solchen Abkommens, das mit den indigenen Vermittlern der Dänen ausgehandelt worden war, verlangte Frempung, Herrscher von Akyem-Kotoku, dass ein Däne bei ihm erscheinen solle.[35] Dies jedenfalls behauptet Rømer in seinem Bericht und gibt auch gleich den Grund für diesen Wunsch an: Frempung habe gehört, dass die Europäer alle furchterregende Meerestiere (»græsselige Hav-Dyr«) seien, und wolle nun überprüfen, wie sie wirklich aussähen.[36] Vor diesem Hintergrund wird eine deutliche Asymmetrie, ein geradezu lächerliches Wissensdefizit auf Seiten Akyems aufgebaut. Dass es mindestens seit 1700 diplomatische Kontakte zwischen Akyem und der WIC gab, blendet Rømer aus, um die Situation im Sinne eines Erstkontakts darstellen und Frempung umso ausführlicher als ahnungslos portraitieren zu können.[37] Dabei sind

---

nentesten dieser Mythen am historischen Material als falsch oder (mindestens) unplausibel entlarvt, setzt er sich zugleich mit den Übersetzungstheorien von Quine und Davidson auseinander; Hacking, Fehlübersetzung.

34 Zu Akyem Affrifah, Akyem Factor, und Atkinson, Akyem; zum Verhältnis der Europäer in Accra, bes. der Dänen, zu den wechselnden afrikanischen Mächten vgl. die detailreiche Analyse von Hernæs, Struggle.

35 Die einzige Begebenheit, die in der Korrespondenz der Guineakompanie erwähnt wird und in etwa der Schilderung von Rømer entspricht, ist eine Audienz von Buchhalter Reinholt Kamp, nicht Niels Kamp wie bei Rømer, der am 26. Dezember 1732 zu »Bang Quantyn« (d.i. Baa Kwante), nicht zu Frempung, geschickt wurde. Vgl. den Brief von Gouverneur Wærøe et al. an die Direktoren der DAK, dd. 19.02.1733, in: Justesen (Hrsg.), Danish Sources, Bd. 2, no. IX.36, S. 461ff. Leider erfahren wir weder dort noch andernorts etwas über die Ereignisse oder den Ablauf der Begegnung von Kamp und Baa Kwante, außer dass Baa die Dänen seiner Freundschaft versichert habe (ebd., S. 463); siehe auch Hernæs, Struggle, S. 46f. Andererseits ist es durchaus plausibel, dass eine Audienz im Umfeld der Verhandlungen über Konditionen für das Fort Christiansborg bei Frempung stattfand, war er doch zunächst für den Ort Osu, in dem das Fort lag, zuständig. Vgl. dazu Fynn, Asante and Akyem Relations, S. 67f., und Affrifah, Akyem Factor, S. 52.

36 Hier und im Weiteren Rømer, Account (1760), S. 140ff., dän. Original *Tilforladelig Efterretning* (1760), S. 161–164.

37 Siehe u.a. Brief von Generaldirektor de la Palma und Rat an die Heeren X, dd. 05.09.1705, NA, TWIC 98, und Ratsprotokolle Elmina, Eintrag vom 09.04.1704, NA, TWIC 124; vgl. auch Eintrag vom 10.03.1700, Advis door Jacobus Rohart, ebd.

nicht nur diplomatische Kontakte vor 1730 nachweisbar, vielmehr frequentierten Händler aus Akyem auch die europäischen Forts in Accra, sodass man davon ausgehen kann, dass in Akyem empirisch gesättigteres Wissen über Europäer und ihr Aussehen existierte, als Rømer es glauben machen will.[38]

Die Audienz selbst wird bereits als »besonders amüsant und berichtenswert« angekündigt (»særdeles latterlig og voerd at anfores«). Diese Bewertung kann man einerseits als Verweis auf den bewusst anekdotischen Charakter der nachfolgenden Erzählung interpretieren, andererseits gibt sie auch Anlass, über ein grundsätzliches Überlieferungsproblem nachzudenken: Audienzen bei einheimischen Herrschern und Großen gehörten so sehr zum Alltag der europäischen Faktoren und Kaufleute, dass sie meist nur dann eines ausführlichen Berichts würdig erachtet wurden, wenn sie entweder einem besonderen Zweck dienten oder aber aus anderen Gründen außergewöhnlich und außeralltäglich erschienen. Letzteres Kriterium war insbesondere für gedruckte, an ein allgemeineres Publikum adressierte Reiseberichte das entscheidende.[39] Entsprechend zeichnen sich alle von Rømer beschriebenen Audienzen durch ausgeprägte Fremdheitstopik und »Wunderdichte« aus.[40]

---

38 Affrifah, Akyem Factor, S. 31, S. 37 et pass.; Fynn, Asante, S. 7f. und S. 20f. Atkinson hat Akwamu als Quelle gezielter Desinformation ausgemacht, um Händler aus Akyem am Kontakt mit europäischen Kaufleuten zu hindern – allerdings stammt die Erzählung, auf die er sich beruft, wiederum von Rømer; Atkinson, Akyem, S. 355.

39 Innerhalb der Kompanieüberlieferung finden sich unterschiedlich ausführliche Berichte über Audienzen, sie reichen von bloßen Erwähnungen etwa in Briefen oder Tagebüchern bis hin zu detaillierten Journalen oder nachträglichen Memoranden über Audienzreisen. Ausführliche Quellen über Audienzen an Höfen bzw. bei Herrschern in unmittelbarer Nachbarschaft der Forts sind dabei eher selten, vermutlich ein Indiz für die erfolgte Routinisierung. Demgegenüber ist die Überlieferung über den Hof von Dahomey (siehe unten, Kap. II.3) reichhaltiger; ebenso scheinen neu gegründete Kompanien und einmalige Expeditionen vielfach ausführlichere Berichte produziert zu haben, als es im Fortalltag der etablierten Kompanien üblich war – mglw. auch ein Hinweis auf unterschiedliche Formen der Wissenstradition und -weitergabe.

40 Vgl. zur Interpretation einer anderen Audienzszene in Rømers Bericht Winsnes, Report, S. 45. Sie hält außerdem fest, dass Rømer seine Geschichten verbessere »by using poetic licence freely« (ebd., S. 50). Auch Affrifah stellt fest, dass die Akyem in Rømers Darstellung tendenziell dumm und leichtgläubig erscheinen – ob er allerdings aus dieser Erkenntnis sinnvolle Konsequenzen für seine Quelleninterpretation zieht, bleibt fraglich; Affrifah, Akyem Factor, S. 56f. Allerdings werden die Akyem deutlich positiver dargestellt als die Akwamus und Accras (siehe u. a. Rømer, Account (1760), S. 139f., mit einem expliziten Vergleich ver-

Doch zurück zur Audienz in Akyem: Nachdem ihm die Ankunft des Dänen, eines gewissen Niels Kamp, gemeldet worden war, verlangte Frempung, dass dieser sofort zu ihm gebracht werde. Bei dieser ersten Begegnung konnte Kamp zunächst einen Erfolg seines Klassifikationssystems für sich verbuchen – er erkannte den König, obwohl dieser lediglich auf einem niedrigen Stuhl saß. Kamp begrüßte Frempung auf europäische Weise (»hilsede ham paa Europæisk«), indem er seinen Hut abnahm, sich sehr tief verbeugte und seinen Fuß dabei nach hinten wegstreckte. Der Herrscher jedoch erkannte seinerseits diese Begrüßung nicht als solche, sondern wähnte sich den Vorbereitungen zu einem Angriff gegenüber – wohl nicht zuletzt, so kann man Rømer verstehen, aufgrund des Gerüchts über die schrecklichen Meerestiere. Frempung warf sich rasch auf den Boden, damit der Däne über ihn hinweg und nicht auf ihn springe, und rief seine Frauen zur Hilfe, die herbeieilten und zum Schutz einen Kreis um ihn bildeten. Jancon, der einheimische Vermittler der Dänen, der bereits zuvor die Verhandlungen geführt hatte, bemühte sich, dem Herrscher zu versichern, dass Kamp keine bösen Absichten habe, sondern ihm lediglich nach der Art der Weißen seine Verehrung bezeugen wolle. Frempung blieb jedoch argwöhnisch und ließ sich zum Schutz durch einige seiner Frauen umgeben.[41]

Die Missverständnisse rissen nicht ab. Frempungs neuerliches Misstrauen richtete sich nun auf Kamps Kleider, die er als Teil von dessen Körper verstand: »[...] vor allem Kamps Zopfperücke erschien ihm verdächtig. Er dachte, dass der Zopf der Schwanz des Weißen sei und dass die Weißen ihre Schwänze, im Gegensatz zu anderen Tieren, an ihren Nacken hätten.«[42] Nach längerer Diskussion, die wiederum hauptsächlich von Jancon geführt wurde, beschloss Frempung, zu prüfen, ob der Weiße auch essen könne, was Kamp durchaus gerne demonstrierte. Nachdem dieser Test erfolgreich absolviert war, verlangte der König nach einem ähnlichen Beweis in der Kleiderfrage und versuchte, Kamp zu überreden, sich auszuziehen. Dieser wiederum hatte, dem europäischen Scham- und Sittenkodex gemäß, Skru-

---

schiedener Gruppen). – Zur Verknüpfung von Wundern und Fremdheit GREENBLATT, Possessions.

41 Hier kann man wiederum Anklänge an Amazonentopoi vermuten; siehe dazu unten, bei Anm. 342.

42 RØMER, Account (1760), S. 141: »Particularly did Kamp's pig-tailed wig strike him as suspicious. He thought that the pigtail was the Whiteman's tail, and that while the tails of other animals were in other places, the Whites had them on their necks.« Dän. Original: »[S]ærdeles faldt ham Kamps Pidske=Peruqve betænkelig, og meente at Pidsken var den Blankes=Hale, og da andre Dyrs Haler sad paa andre Steder, saa havde en Blank den i Nakken.« *Tilforladelig Efterretning* (1760), S. 163.

pel, sich in Anwesenheit der Frauen zu entkleiden, und wollte sich allein dem König nackt zeigen. Dieser konnte zwar nicht nachvollziehen, was für ein Problem Kamp mit der Entblößung hatte, stimmte aber nach Konsultation zahlreicher alter Männer dessen Vorschlag zu. Kamp zog sich also aus, Frempung näherte sich ihm, berührte seinen Körper und »brach in Erstaunen aus mit den Worten: ›Du bist wirklich ein Mensch, aber so weiß wie der Teufel!‹«[43] Daraufhin ließ er den Dänen mit zwei Sklaven und mehreren Unzen Gold beschenken und gewährte ihm am folgenden Tag eine Abschiedsaudienz.

Diese regelrechte Kette von Missverständnissen kann man zwar teilweise mit bestimmten, auch anderweitig bezeugten Vorstellungen in Verbindung bringen, zum Beispiel damit, dass sowohl die Farbe Weiß[44] als auch das Meer und allgemein Wasser[45] für viele westafrikanische Gruppen sakral-übernatürlich besetzt waren. Insgesamt muss man Rømers Anekdote aber mindestens einer starken Übertreibung verdächtigen. Nachweislich falsch ist, wie oben erwähnt, dass es sich um eine Erstkontaktsituation handelte. Problematisch erscheint vor allem, dass Kamp bei Rømer vollständig von jeglichem Anteil an diesen Missverständnissen entlastet wird. Sie gehen ihm zufolge allein auf das Konto Frempungs, der so leichtgläubig, ängstlich und letztlich lächerlich erscheint. Bei der missverstandenen Verbeugung beispielsweise könnte man durchaus auf beiden Seiten Probleme ausmachen: So hat nicht nur Frempung die Geste nicht verstanden, sondern Kamp auch sein ›Publikum‹ nicht ausreichend berücksichtigt. Rømers Darstellung impliziert jedoch eine universelle Geltung der Geste und zeigt damit den

43 Rømer, Account (1760), S. 141: »[...] burst out in wonder with these words: ›You really are a human, but as white as the devil!‹« Dänisches Original: »[...] brod i Forundring ud med disse Ord: Du er virkelig et Menniske, men saa gviid som Diævelen.« ders., *Tilforladelig Efterretning* (1760), S. 164.

44 So berichten etwa Focquenbroch und Hemmersam für die Goldküste, dass dort Weiße als »Geister« der Toten an der Goldküste angesehen wurden: z. B. Focquenbroch, Thalia (1678), S. 168, und Hemmersam, *Reißbeschreibug* (1663), S. 29 f. Die sakrale Bedeutung der Farbe Weiß (*fufu*) bei den Akan im Allgemeinen stellt Hagan, Note, S. 8, heraus.

45 Zur Rekonstruktion der Bedeutung von Wasser/Meer in westafrikanischen Kosmogonien vgl. Law, Discovery, v. a. S. 9–20. Law bezieht sich v. a. auf die Gruppen an der Sklavenküste, verweist aber auch auf einige Belege für die Goldküste (so etwa S. 13). Er führt auch das Tabu an, das den Herrschern von Fetu und Fante untersagte, das Meer zu sehen (S. 24); dazu auch unten, Anm. 96 und 97. Im Falle der BaKongo hat Wyatt MacGaffey festgestellt, dass die Europäer wohl als Abgesandte der *bisimbi*, »spirits of the soil and terrestrial waters«, galten, die unter dem Meer angesiedelt sein sollten; vgl. MacGaffey, Dialogues, S. 257 f.

König, der sich vor einer Ehrbezeugung fürchtet, als unwissend, furchtsam und lachhaft.

Der Solidarität seiner europäischen Leserschaft gewiss, kommt er damit zu einer eindeutigen Interpretation der Begebenheit, die die Asymmetrie zwischen dem Dänen und dem unwissenden Afrikaner herausstreicht – es handelt sich also, wenn man so will, um ein eindeutiges Missverständnis. Die von Rømer konstruierte Asymmetrie hat allerdings keine Entsprechung in der Machtsituation vor Ort; man könnte gar argumentieren, dass die Anekdote über das eindeutige Missverständnis samt ihren Exotiktopoi dazu dient, die politische Asymmetrie vor Ort zu verschleiern.[46]

Der anekdotische Charakter, ja der besondere Reiz der Geschichte liegt darin, dass die Begegnung sehr lebendig und detailreich erzählt wird. Damit entsteht ein Eindruck von Unmittelbarkeit und Authentizität, und zwar gerade bei einer Geschichte, für die Rømer selbst keinen Augenzeugenschaftsanspruch erhebt.[47] Dieser Eindruck von Authentizität beruht auf dem Einsatz literarischer Mittel: der Dialogführung (der Wechsel von Rede und Gegenrede ist mit an Sicherheit grenzender Wahrscheinlichkeit fiktional), der Konstruktion einer allwissenden Erzählperspektive, in der über die Innensicht sowohl von Frempung als auch von Kamp verfügt werden kann, und der dramatisch angelegten Strukturierung, die auf die Pointe in dem abschließenden Ausruf Frempungs zuläuft. Auf diese paradoxe Konstruktion von Authentizität mittels Literarizität (und Fiktionalität) hat bereits Johannes Fabian in Bezug auf den »Mythos« der Forschungsreise hingewiesen:

> »In einer überwältigenden Mehrheit von Fällen handelte es sich bei ›authentischen‹ Texten und Dialogen (ganz ähnlich wie bei den einheimischen Ausdrücken, die über die Erzählungen verstreut waren) um literarische – und daher fiktionale – Zeichen eines realistischen Schreibstils. [...] Diese Züge tragen dazu bei zu erklären, weshalb Autoren mit außerordentlichen literarischen Fähigkeiten [...] uns als die besten Ethnographen erscheinen.«[48]

Fabians Überlegung, die im Kontext der Diskussion um ethnografische Repräsentation und die durch Hayden White ausgelöste Debatte um den literarischen, ja fiktionalen Charakter (geistes)wissenschaftlicher Texte steht, gilt mit einigen Modifikationen auch für die hier untersuchten frühneuzeitlichen Texte, die oft genug als »Proto-Ethnografie« herhalten müssen.

---

46 So in anderem Zusammenhang ein Interpretationsvorschlag von Flüchter, Vielfalt, S. 221.

47 Rømer selbst war um 1730 nicht einmal an der Küste, er arbeitete erst ab 1739 in Westafrika; Winsnes, Introduction, S. x, zur weiteren Biografie Rømers S. xiii–xvi.

48 Fabian, Tropenfieber, S. 336.

Rømers Anekdote über die Audienz in Akyem kann exemplarisch für eine ganze Reihe von Erzählungen über Missverständnisse der anderen stehen, die nicht nur, aber insbesondere aus dem 18. Jahrhundert datieren. Dass es gerade zeremonielle Situationen wie Audienzen waren, die für europäische Autoren Anlass gaben, sich über begriffsstutzige und tollpatschige Afrikaner zu mokieren, die Verbeugungen für Angriffe hielten, Schlafröcke mit Prunkmänteln verwechselten und mehrere Hüte übereinander trugen,[49] sollte meines Erachtens weniger als Beleg für die Dichte an Missverständnissen und Verständigungsproblemen in solchen Situationen verstanden werden. Vielmehr ist es auch ein Indiz für die Bedeutsamkeit, die die Autoren Audienzen zumaßen, und das offensichtlich zunehmende Unbehagen, einem afrikanischen König als König zu begegnen. Was lag da näher, als ihn zu ironisieren und als möglichst unköniglich darzustellen?[50]

Explizite Berichte über Missverständnisse, vor allem in den gedruckten Quellen, halten so zwar lebhafte, zum Teil auch für heutige Leser noch amüsante Schilderungen bereit, ihr Quellenwert im Hinblick auf zeremonielle Kommunikation und mögliche Probleme ist allerdings recht zweifelhaft. Vor allem eine unreflektierte Übernahme der zeitgenössischen Zuschreibungen von eindeutigen Missverständnissen, so hat auch Jürgen Osterhammel in seiner Kritik an Tzvetan Todorov bemerkt, birgt die Gefahr, auf diese Weise historische Überlegenheitskonstruktionen fortzuschreiben.[51]

b. Missverständnis als heuristische Kategorie? Analyse- und Akteursperspektiven

Grundsätzlich ist der Begriff des Missverständnisses nur begrenzt als analytischer Terminus geeignet, denn er suggeriert stets, dass es *ein* richtiges Verständnis gibt, und privilegiert so entweder eine der involvierten Perspektiven oder setzt die Existenz eines höheren Sehepunkts voraus. Richard White hat jüngst zu Recht auf die Schizophrenie eines Umgangs mit Quellen hingewiesen, der von solchen Voraussetzungen ausgeht:

---

49 So in Bezug auf eine Audienz beim König von Klein-Popo ISERT, *Reise* (1788), S. 142–149; weitere Beispiele: ATKINS, *Voyage* (1735), S. 64 ff. (eine andersartige Beschreibung einer Audienz bei demselben Herrscher dagegen bei GROEBEN, *Reise-Beschreibung* (1694), S. 44 ff.); NETTELBECK, Lebensbeschreibung (1820–1823), S. 202; DURAND, *Voyage* (1802), S. 236 ff. – Einige dieser Elemente auch bereits 1698 bei FROGER, *Relation* (1698), S. 35 ff.

50 Die Ironie ist ein dominantes Stilmittel in diesen Berichten; siehe die in Anm. 49 genannten Beispiele.

51 OSTERHAMMEL, Wissen, bes. S. 246 f. Zu Todorov näher unten, Anm. 67.

»Historians know of the distant pasts of many colonized people largely through their interactions with colonizers. If the colonizers could not find common ground or meaningfully communicate with the people they lived among, traded with, fought with, and had sexual relations with, then on what grounds can historians make such a claim? If scholars assert that colonizers didn't get it, is it the assumption that modern historians somehow know the it that their own sources got wrong? If the colonizers had no valid knowledge of the other and never produced a common world, then how can modern historians, who, in effect, look into the colonizers' eyes and see the Indians reflected there, claim to know much better?«[52]

Die häufig angewandte Methode, aus den Ergebnissen neuerer ethnologischer Forschung Rückschlüsse auf die Vergangenheit zu ziehen, kann hier auch nur eine Behelfslösung darstellen und birgt bekanntlich eigene Probleme, nicht zuletzt das einer erneuten ›Entzeitlichung‹ indigener Gruppen.[53] Das heißt freilich nicht, dass man nicht gelegentlich auch Missverständnisse im Wortsinne identifizieren kann; plausible Interpretationen sind vor allem dann möglich, wenn es um sprachbasierte Verständigungsprobleme geht. Dies lässt sich etwa an einem Disput zwischen dem britischen Vize-Konsul Louis Fraser und seinem Übersetzer Madiki Lemon bei einem Besuch in Abomey nachvollziehen: Lemon hatte offensichtlich den Fon-Ausdruck *ahovi* (»Kinder des Königs«) wörtlich ins Englische übersetzt, Fraser stellte jedoch fest, dass die »Kinder des Königs« zum Teil älter waren als dieser selbst, und zweifelte daraufhin die Sprachkompetenz Lemons an. *Ahovi* bezeichnet aber nicht allein die Kinder des regierenden Königs, sondern auch die seiner Vorgänger, weswegen Frasers Beobachtung, dass die »Kinder des Königs« so alt seien wie der regierende Herrscher, durchaus stimmig erscheint.[54]

In den meisten Fällen erscheint es jedoch analytisch sinnvoller, statt von Missverständnissen oder Fehlinterpretationen eher von Problemen oder Störungen der Kommunikation zu sprechen und damit weniger die vereindeutigenden Erzählungen über Missverständnisse – wie die analysierte Anekdote Rømers – in den Blick zu nehmen als vielmehr gerade uneindeutige, narrativ gebrochene Textpassagen, wie etwa den oben zitierten Abschnitt aus d'Elbées Bericht über seine Begegnung mit dem Prinzen

52 White, Misunderstandings, S. 12f. Trotz dieser Grundannahmen hält White (in meinen Augen nicht ganz konsistent) am Begriff des Missverständnisses fest, den er insofern aber erweitert, als dass dieser auch funktionierende Kommunikation einbeziehen kann.

53 Vgl. zu diesem Problem auch Fabian, Time, S. 52ff. und S. 81ff.

54 Dazu Law, Lemon, S. 119. Ein ähnliches Problem bei der Verwendung des Begriffs »Mutter« für Ehefrau in Dahomey bei Duncan, Travels, Bd. 1 (1847), S. 228.

von Allada. Eine solche ›Brüchigkeit‹ kann durch fehlende, uneindeutige oder wechselnde narrative Strukturierung oder aber durch Widersprüche auf sachlicher wie logischer Ebene zustande kommen. Abstrakt gesprochen, handelt es sich hierbei in der Regel um ein doppeltes Kommunikationsproblem: Die Brüchigkeit des Textes weist darauf hin, dass die beschriebene Interaktionssituation ebenfalls problematisch war bzw. als problematisch wahrgenommen wurde, mindestens aber, dass sie für den Verfasser nicht im Rahmen seiner üblichen Deutungsmuster und narrativen Schemata zu verarbeiten war. Nicht jede problematische Interaktionssituation muss zu einem brüchigen Text führen, in den Händen eines virtuosen Erzählers wie Rømer kann sie auch Gegenstand narrativer Vereindeutigungsstrategien werden. Wie stark die Tendenz zur Vereindeutigung ist, hängt zudem von der Textsorte und dem Adressatenkreis ab.[55]

Nicht erfüllte Erwartungen und Brüche mit vertrauten Rahmen finden jedoch nicht allein in interkulturellen Situationen und Kontaktzonen statt und sind nicht allein als Phänomene kultureller Differenz zu betrachten.[56] Es ist vielmehr hier wie auch andernorts stets zu prüfen, welche Kommunikationsprobleme mit kulturellen Unterschieden zusammenhängen oder gegebenenfalls auch durch fehlendes Sachwissen, differierende Persönlichkeitsmerkmale, Interessendivergenzen usf. bedingt sein können.[57]

Als weitere Analysestrategie neben der Untersuchung von uneindeutigen Textpassagen bietet sich an, in den Blick zu nehmen, wie die Akteure

---

55 Dazu auch VOGEL, Pracht.

56 Zum Konzept des Rahmens GOFFMAN, Rahmen-Analyse, zur Begrifflichkeit S. 19f. und S. 36. Bemerkenswerterweise setzt sich Goffman an keiner Stelle mit interkulturellen Situationen auseinander, obwohl dies im Rahmen seiner Konzeption eigentlich naheliegend wäre.

57 Eine solche Differenzierung scheint meines Erachtens in einigen aktuellen Versuchen, den Missverständnisbegriff als heuristische Kategorie einzuführen, hintangestellt worden zu sein. Besonders auffällig ist dies in den Ausführungen von Martin Espenhorst, die solch unterschiedliche Phänomene wie Übersetzungsprobleme, Ambiguitäten auch innerhalb einer Sprache, Ignoranz, Unwissen, Amnestien und geheime Zusatzartikel letztlich zusammenhangslos nebeneinanderstellen und mit dem – wohlweislich nicht weiter definierten – Begriff des Missverständnisses in Verbindung bringen. Damit soll nicht in Abrede gestellt werden, dass es lohnenswert wäre, diese Phänomene systematisch gemeinsam zu untersuchen. Damit ein solches Unterfangen aber einen über eine bloße Kompilation hinausgehenden Erkenntniswert hat, bedürfte es einer theoretischen Fundierung. ESPENHORST [PETERS], »Missverständnis«; etwas systematischer, letztlich aber mit denselben Problemen: DERS., Formen. Dort führt Peters zwar Definitionen ein, aber ausschließlich historische, sodass das Problem auf Ebene der analytischen Begrifflichkeit bestehen bleibt.

selbst über die problematisch gewordene Kommunikation reflektieren – wie erklärten sie Schwierigkeiten in der Kommunikation? Dabei gilt es, wie bereits am Beispiel Rømers demonstriert, Vorsicht walten zu lassen, denn die von Autoren angegebenen Gründe für Kommunikationsprobleme sind offenkundig Teil der ›Textpolitik‹. Es ist dennoch aufschlussreich, dass Kommunikationsprobleme im Untersuchungszeitraum nur selten explizit auf kulturelle Differenzen oder gar eigenes Nicht-Wissen bzw. Fehleinschätzungen zurückgeführt werden; meist wird auf Gründe verwiesen, die der Pragmatik der Situation oder aber der Ignoranz oder den bösen Absichten der Interaktionspartner geschuldet sind.

Eine der gängigsten Erklärungen für Kommunikationsprobleme bietet der Zweifel an den Fähigkeiten oder den Absichten des Übersetzers, der sich in einigen Fällen zu einem regelrechten Betrugsnarrativ auswachsen kann.[58] Ein anschauliches Beispiel hierfür findet sich in der *History of the Voyages and Travels* des englischen Kapitäns Nathaniel Uring von 1726. Uring beschreibt dort neben anderen Reisen auch seinen Aufenthalt in Loango 1701, der in erster Linie dem Einkauf von Sklaven diente. Auf Geheiß der Regentin Mucundy wurde ihm unter anderem eine alte Frau zum Kauf angeboten, die er als untauglich ablehnte.[59] Man drohte ihm mit Abbruch des Handels insgesamt, weitere wechselseitige Drohungen folgten, schließlich fand sich Uring zur Audienz bei der Regentin ein, um die Angelegenheit zu klären. Nachdem er sein Anliegen mithilfe seines Übersetzers vorgetragen hatte, entbrannte eine heftige Diskussion unter den anwesenden Beratern der Regentin. Uring wurde – ein klareres Signal eines Beziehungsproblems ist kaum denkbar – zunächst sein mitgebrachtes Geschenk zurückgegeben, bevor es zu einem Kompromiss kam: Uring kaufte die Sklavin, aber zu einem geringeren Preis als ursprünglich vorgesehen. Bei der Übergabe schließlich veranlasste er seinen Übersetzer, ihn gegen eine Belohnung von der Sklavin zu ›befreien‹. Dem modernen Leser drängt sich bei diesem Bericht die Interpretation geradezu auf, dass Uring wohl gegen lokale Handelsbräuche verstoßen und offensichtlich nicht verstanden hat oder nicht hat verstehen wollen, dass (wie auch einige andere seiner Klagen nahelegen) der Handel in Loango eben nicht den Gesetzen des freien Markts folgte, sondern

58 Siehe z.B. Snelgrave, *Account* (1734), S. 62ff., der angesichts einer ungewöhnlichen Wendung seinen Übersetzer der fehlerhaften Übertragung verdächtigte, doch sein afrikanischer Gesprächspartner, der König von Dahomey, bemerkte sein Misstrauen am Tonfall und wiederholte das Gesagte noch einmal, sodass Snelgraves Verdacht entkräftet wurde. Allgemeiner bei Ridgway, Journal (1847), S. 306. Vgl. zum Misstrauen gegenüber Übersetzern auch Häberlein, Vermittler und Kommunikation, S. 353f., und Fausz, Middlemen, bes. S. 43 und S. 54.

59 Uring, *History* (1726), S. 39f.

obrigkeitlich reguliert war.[60] Der Verfasser selbst zieht jedoch einen anderen Schluss: Er fühlt sich übervorteilt und sieht eine Verschwörung (»Contrivance«) zwischen seinem Übersetzer und den Dienern der Regentin am Werke.[61]

Umso auffälliger ist demgegenüber eine Passage über Nicht-Verstehen in dem einzigen hier untersuchten Bericht aus der Zeit vor 1800, der von einer Frau verfasst wurde. Anna Maria Falconbridge, die ihren Gatten Alexander Falconbridge 1791 auf seiner Reise im Dienst der Sierra Leone Company begleitete, schildert detailliert einen Empfang durch König Naimbanna in Sierra Leone: Sie registriert Sitzordnungen, versucht, ein Senioritätsprinzip als Ordnungsmuster auszumachen, und stellt die Reaktionen auf Reden dar, deren Sprache sie jedoch nicht versteht. Und dies ist der Punkt, an dem die bis dahin kaum aus dem üblichen Rahmen fallende Beschreibung plötzlich kippt: »My heart quivered with fear lest they might be forming some treacherous contrivance: I could not conceal the uneasiness it felt: My countenance betrayed me, a shower of tears burst from my eyes, and I swooned into hystericks.«[62] Zwei Faktoren ermöglichen diese ungewöhnliche Beschreibung: einerseits die literarischen Strömungen Ende des 18. Jahrhunderts, insbesondere des englischen *sentimentalism*, andererseits das Geschlecht der Verfasserin, wie es insbesondere in dem Rekurs auf »Hysterie« als spezifisch weibliche Codierung von emotionaler Erregung zum Ausdruck kommt.[63] Es ist zu vermuten, dass Falconbridge hier eine Fremdheitserfahrung beschreibt, die männliche Akteure durchaus teilten – über die sie aber praktisch nie schrieben und die sie allenfalls als Intrige der anderen nachrationalisierten. Bei Falconbridge hingegen geht es explizit um die Angst vor einer Intrige, und es wird offengelassen, ob es tatsächlich betrügerische Absichten gab. Im Folgenden wird vielmehr sogar die große Freundlichkeit beschrieben, die man ihr nach ihrem hysterischen Anfall allseits entgegenbrachte.[64]

Die Tatsache, dass in den Berichten aus dem Untersuchungszeitraum kaum Fremdheit und kulturelle Differenz als Erklärungsfaktoren für Kommunikationsprobleme angeführt werden, bedeutet nicht, dass kulturelle Differenzen keine Rolle gespielt haben. Die geringe Präsenz von Kulturdif-

---

60 Dies verrät auch das Statement, das Uring bei der Audienz vorgetragen haben will: »[...] since it was contrary to all Rules of Commerce and Trade in all Parts of the World; and that Merchants were no where obliged to give a good Commodity for that which was worth nothing [...].« Ebd., S. 41.

61 Ebd., S. 42.

62 Falconbridge, Narrative (1802), S. 34. Siehe auch Fyfe, Art. Falconbridge.

63 Siehe z. B. Rousseau, Hysteria.

64 Falconbridge, Narrative (1802), S. 34.

ferenz[65] als Erklärungsfaktor für Kommunikationsprobleme macht jedoch deutlich, dass die frühneuzeitlichen Zeitgenossen – anders als viele moderne Beobachter – nicht von einem Grundverdacht kultureller Inkommensurabilität ausgingen.[66] In der ethnologischen, zum Teil aber auch in der historischen Forschung sind heute hingegen Ansätze populär, die unübersetzbare kulturelle Differenz geradezu als allgemein anwendbare Erklärung für die unterschiedlichsten Phänomene und Prozesse postulieren.[67] Dies mag gerade für kulturalistisch orientierte Historiker einen attraktiven Erklärungsversuch darstellen, hebt er doch die Bedeutung von Sinnstiftung und Symbolsystemen hervor. Es erscheint jedoch sinnvoller, einen interaktionistischen Kulturbegriff statt eine homogenisierende Konzeption kultureller Entitäten zugrunde zu legen. Das bedeutet vor allem, dass Kultur zwar als verhaltensbestimmend, aber nicht als verhaltens*determinierend* und wechselseitig inkommensurabel verstanden wird. Vielmehr bewegen sich Menschen in einem kulturellen Horizont, der sinnvolle Weltdeutung begrenzt, zugleich aber auch erst ermöglicht und so durchaus veränderlich ist. Denn auch in den Audienzen in Westafrika begegneten sich nicht Kulturen, sondern Menschen.[68]

---

65 Damit ist etwas Anderes gemeint, als das Verhalten eines anderen schlichtweg seinem »Barbarentum« o.Ä. zuzurechnen, wie es in frühneuzeitlichen Berichten häufig geschieht. »Barbaren« und »Heiden« konnten in der Frühen Neuzeit durchaus zivilisiert werden bzw. umgekehrt Vorbild für »irrende« Christen »going native« sein. Sitten und Gebräuche als andersartig zu beschreiben, impliziert nicht notwendigerweise deren Inkommensurabilität gegenüber eigenen Sitten und Gebräuchen.

66 So auch die Feststellung von Carey, Questioning, bes. S. 39f. und S. 49f. Vgl. zudem Subrahmanyam, Encounters, Introduction: S. 1–33, bes. S. 1–7 und S. 23–30. Zur »Krise ethnographischer Repräsentation« Berg/Fuchs (Hrsg.), Kultur. Ein Balanceakt zwischen Anschaulichkeit und Theoriediskussion gelingt Hart, Translating, der insbes. auch für die Historisierung von Übersetzungen und Übersetzungsstrategien plädiert.

67 Einen ebenso eleganten wie problematischen Versuch, das Aufeinandertreffen von Spaniern und Azteken als Zusammenstoß zwischen zwei unterschiedlichen Hermeneutiken zu deuten, hat Tzvetan Todorov unternommen; Todorov, Conquête, bes. S. 67–129. Kritisch dazu und zu anderen Arbeiten über kulturelle Missverständnisse Osterhammel, Wissen, zu Todorov bes. S. 245–248 und S. 258f., sowie Clendinnen, Cortés, die durch genauere Analyse kulturelle Differenzen herausarbeiten kann, die die Auseinandersetzungen beeinflussten; von der pauschalen und asymmetrischen Kulturdifferenz Todorovs ist sie dabei jedoch weit entfernt.

68 Diese Formulierung ist angelehnt an Fabian, Reflections, S. 26: »To put it bluntly, cultures are neither entities nor agents. They cannot clash or be at war, nor can they encounter each other; only people can, singly and collectively.«

c. *Übersetzer, Vermittler und die Anfänge der Diplomatie*

Von zentraler Bedeutung bei den hier untersuchten Audienzen waren die Übersetzer:[69] Jancon übersetzte und vermittelte zwischen Kamp und Frempung, Uring griff in Loango auf die Dienste eines namentlich nicht genannten Übersetzers zurück. Übersetzer waren – trotz der Existenz einer Kontaktsprache, die von zahlreichen Akteuren auf beiden Seiten beherrscht wurde – in den europäisch-afrikanischen Interaktionen unabdingbar, denn sie erbrachten nicht allein sprachliche, sondern auch zahlreiche andere Transferleistungen: Sie vermittelten in Handelsgeschäften, erläuterten Gebräuche und Sitten und berieten allgemein in politischen Angelegenheiten.[70] Übersetzer (zeitgenössische Termini: *linguist, tolk*) gehören damit zur weiter zu fassenden Gruppe der *cultural brokers*, der kulturellen Vermittler.[71] So war es etwa der Übersetzer, der Uring 1701 darauf hinwies, dass man zu einer Audienz bei der Regentin von Loango ein Geschenk mitbringen sollte.[72] Übersetzer waren auch in sensible politische Verhandlungen involviert und mussten als entsprechend vertrauenswürdig gelten. Aufgrund seiner außergewöhnlichen Verschwiegenheit und seines Eifers schlug beispielsweise der Direktor des französischen Forts in Ouidah 1744 eine beträchtliche Gehaltserhöhung für seinen Übersetzer vor, denn »Jacques

---

69 Vgl. allgemein Häberlein/Keese (Hrsg.), Sprachgrenzen, darin bes. den Beitrag von Mark Häberlein, Vermittler.

70 Vgl. dazu insbes. Hagedorn, »Friend«. Die Studien, die sich mit ähnlichen Phänomenen und Personen in der afrikanischen Geschichte beschäftigt haben, konzentrierten sich bislang weitgehend auf die Kolonialzeit; so Lawrance/Osborn/Roberts (Hrsg.), Intermediaries. Siehe weiterhin Glasman, Intermédiaires, bes. S. 67–70, dort auch eine kritische Reflexion zum Begriff »intermédiaire« (Vermittler).

71 Allgemein zu *cultural brokers* und ihrer Erforschung, die hauptsächlich in Nordamerika ihren Ausgang nahm, vgl. Szasz, Introduction; wichtig weiterhin: Hagedorn, »Friend«, und Richter, Brokers. Für Westafrika nun zu diesem Thema Green (Hrsg.), Brokers, allerdings mit geografischem Schwerpunkt in Oberguinea (eine Ausnahme ist der Aufsatz von Everts, Company). – Den engen Zusammenhang zwischen Übersetzern und *cultural brokers* betonen auch Höh/Jaspert/Oesterle, Courts, bes. S. 26f.

72 Uring, *History* (1726), S. 40. Uring folgte dem Rat – wiewohl er gegenüber seinem Übersetzer ansonsten misstrauisch eingestellt war – und schenkte der Regentin ein scharlachrotes Tuch.

Cazimir« habe unter anderem seine Diskretion bei den »Palabres les plus Importantes« am Hof von Dahomey unter Beweis gestellt.[73]

Das Amt des Vermittlers oder Übersetzers wurde bei den etablierten Kompanien fest institutionalisiert – als *makelaar* bei der WIC, als *Company caboceer*, *messenger* oder *linguist* bei der RAC bzw. der CMA.[74] Die Amtsinhaber waren sowohl für die Vermittlung von wirtschaftlichen Kontakten zu afrikanischen Händlern als auch für Fragen der Rechtsprechung und Politik zuständig. Sie waren oder wurden meist vermögend (unter anderem trugen sie oft den Akan-Titel *(o)birempon*, ›reicher Mann‹) und brachten zudem soziales Kapital in Form ihres eigenen Netzwerks ein. Dem niederländischen Generaldirektor de la Palma kam es beispielsweise 1703 bei Verhandlungen mit Akwamu nicht schlecht zupass, dass der damalige *makelaar* der WIC, genannt Pieter Passop, mit dem König von Akwamu verwandt war.[75] Im Falle eines Übersetzers der Gesandtschaft von Joseph Dupuis zum *asantehene* 1819 war es allerdings eben eine solche Vernetzung, die in den Augen des Herrschers von Nachteil war, denn der Übersetzer namens George Abroah stammte aus der politischen Elite Fantes, die sich mit Asante heftige Auseinandersetzungen lieferte.[76] Die Verwandtschaftsbindung, die sich im Küstengebiet sicherlich positiv auswirkte, stellte am Hof von Asante nun gerade keine Empfehlung dar.

---

73 Er schlug ein jährliches Gehalt von 300 *livres* vor, um Cazimir in seinem Diensteifer zu bestärken; Brief von Jacques Levet an die Direktoren, dd. 25.02.1744, ANOM, C 6/25.

74 Vgl. zu *brokers* und Vermittlern an der Goldküste Daaku, Trade, Kap. 5; zum Amt des *makelaar* Feinberg, Africans, S. 109 ff., und Doortmont, Organisatie, S. 67 ff. Doortmont verweist auch auf die über das Ökonomische hinausgehende Funktion des *makelaar*. Mir ist allerdings unklar, wie er zu der These kommt, dass es vergleichbare Institutionalisierungen bei der RAC bzw. CMA nicht gegeben habe (ebd., S. 69); meines Erachtens lassen sich bei dem *Company caboceer* bzw. dem *linguist* von Cape Coast durchaus Parallelen zu den *makelaars* der WIC feststellen. Sie sind allerdings noch schlechter erforscht als jene, siehe aber knapp Reese, Drudgery, S. 278 ff. Zu ihren diplomatisch-politischen Funktionen näher unten, Abs. IV.3.2.a und IV.3.3.b.

75 Relaas van den Ed: heer Directeur Generaal Wilhelm de la Palma zyn E: reyse na de Comptoir Apam en Accra, 15.03.–07.04.1703, NA, TWIC 98; Rapport van't geene ons ondergeschreven [Jacobus van den Brouke, Nicolaas du Bois] op en in de reyze na Aquamboe bejegent is, dd. 27.03.1703, ebd. Zu Passop Daaku, Trade, S. 105 ff., und Feinberg, Africans, S. 82 und S. 109.

76 Abroah war mit dem *linguist* von Cape Coast, Joseph de Graft, verwandt. Dieser war laut Dupuis wiederum ein persönlicher Feind Osei Bonsus; Dupuis, *Journal* (1824), S. 114. Zu de Graft auch Crooks (Hrsg.), Records, S. 152, und Kea, Modernity, S. 223 f.

Kulturelle Vermittler waren in Westafrika, wie auch aus anderen Kontaktzonen bekannt, häufig ›gemischter‹ Herkunft[77] und gehörten zur Gruppe der Euroafrikaner.[78] So waren etwa die zwei namentlich bekannten Übersetzer am Hofe von Allada in der 1660er und 1670er Jahren mehreren zeitgenössischen Quellen zufolge »Mulatten«.[79] Eine gewisse Rolle bei Vermittlungstätigkeiten, insbesondere im 18. Jahrhundert, spielten zudem die Kinder meist ranghoher Afrikaner, die etwa als Geiseln Erziehungsaufenthalte in Europa verbracht und dort Sprach- und Schreibkenntnisse erworben hatten.[80] In einigen Fällen lässt sich auch nachweisen, dass europäische Kompanieangestellte afrikanische Sprachen lernten; dies wurde dann als besondere (Zusatz)Qualifikation gewürdigt.[81] Abgesehen von den *lançados* und *tangomãos* in Oberguinea scheint das insbesondere aus Nordamerika bekannte Phänomen des *going native* in Westafrika hingegen weniger verbreitet gewesen zu sein.[82] Zwar lebten zahlreiche Kompanieangestellte in mehr oder

77 Für Nordamerika HAGEDORN, »Friend«, S. 62; HÄBERLEIN, Vermittler und Kommunikation, S. 347f. Für Westzentralafrika Beatrix HEINTZE, Transfers, die auch die einschlägigen Begrifflichkeiten »Luso-Africans«, »Creole«, »mestizo« etc. kritisch diskutiert (S. 22ff.), und DIES., Dolmetscher, zur Zeit vor dem 19. Jhdt. S. 205ff.

78 Allgemein zu Verbindungen zwischen Europäern und Afrikanerinnen in dieser Zeit LAW/MANN, West Africa, S. 316ff., und BROOKS, Eurafricans. Vgl. auch den wichtigen Aufsatz zu den »Atlantic Creoles« von BERLIN, Creole. Gegen »mullatoes« richteten sich insbes. proto-rassistische Vorurteile; so z.B. SMITH, *Voyage* (1744), S. 213.

79 Siehe LAW/MANN, West Africa, S. 315f., zu Allada. Einer portugiesischen Quelle zufolge, die allerdings wohl die günstigen Aussichten für eine Mission in Allada hervorkehren sollte, waren sie sogar Christen; Relação do Reino de Ardra (17.07. 1662), in: BRÁSIO (Hrsg.), Monumenta, Bd. 12, no. 154, S. 378–388, hier: S. 379f. Das Beispiel Madiki Lemons, der in der ersten Hälfte des 18. Jhdts. als Übersetzer und Vermittler in Ouidah fungierte, bei LAW, Lemon, bes. S. 111ff. und S. 118 zur Übersetzertätigkeit, zu seiner sozialen Schätzung als »weiß« im lokalen Umfeld S. 116ff.

80 Vgl. bspw. LOYER, *Relation* (1714), S. 112. – Zu Geiseln ausführlicher unten, Abs. IV.3.2.b.

81 Um nur einige Beispiele zu nennen: Der französische Kompanieangestellte Galot sprach die Sprache von Dahomey, d.h. Fon (Mémoire de la Compagnie des Indes, dd. 08.11.1730, ANOM, C 6/25), ebenso derjenige, der sich 1774 als Direktor des Forts in Ouidah bewarb (anon. Mémoire, s. d. [ca. 1774/75], C 6/26). Dass bei der Besetzung von Posten tatsächlich solche Sprachkenntnisse eine Rolle spielen konnten, macht ein Ratsbeschluss aus Elmina vom 30.01.1744, NA, TWIC 502-3, deutlich. – Vgl. auch HAIR, Use, S. 9f., der Differenzen zum Vorgehen in den Amerikas feststellt.

82 Siehe z.B. HÄBERLEIN, Vermittler und Kommunikation, S. 345f.

weniger festen und formalisierten Beziehungen mit Afrikanerinnen, sie taten dies jedoch zumeist in der unmittelbaren Umgebung der Forts.[83] Ty Reese hat diesen sozialen Kosmos, der sich um die Forts bildete, entsprechend als »broker society« bezeichnet und auf die informelleren Vermittlungsarbeiten hingewiesen, die gerade auch von Frauen übernommen wurden.[84]

Übersetzer wurden nicht allein von den Kompanien beschäftigt; vielmehr hatten auch die meisten westafrikanischen Herrscher Personen an ihrem Hof, die in den Quellen als Übersetzer bezeichnet werden. Diese Personen – in Akan *akyeame* (›Sprecher‹, Sg. *okyeame*)[85] – waren ebenfalls mehr als reine »Übersetzer«, wie sich am Beispiel Alladas aufzeigen lässt. Ein Übersetzer war in den Interaktionen des Herrschers mit du Bourg und d'Elbée instrumentell offensichtlich überflüssig, denn der König beherrschte ebenso wie seine Besucher das Portugiesische als Kontaktsprache, genauer gesagt das Kreolportugiesisch (*lingua da costa*), das auch nach der portugiesischen Zeit weiterhin eine zentrale Rolle in der Verständigung spielte.[86] Obwohl also eine direkte Verständigung möglich gewesen wäre, ließ sich der König von Allada aber trotzdem alles durch seine zwei Übersetzer übermitteln.[87] Ähnliche Phänomene der indirekten Kommunikation mit dem Herrscher sind auch von anderen westafrikanischen Höfen, insbesondere der Akan-Gruppen, bekannt.[88] Sie unterstreichen, dass die »Übersetzer« nicht

---

83 Everts, Huwelijk; dies., Company. Zu den »White Indians« siehe Axtell, Indians. Zu »Mischehen« und »gemischt-ethnischen« Beziehungen im kolonialen Kontext des 19. und 20. Jhdts. vgl. u. a. Stoler, Knowledge; Lindner, Beziehungen, Kap. IV.2; und Becker (Hrsg.), Rassenmischehen.

84 Reese, Wives, S. 291 f., zu den Beziehungen zwischen Europäern und Afrikanerinnen bes. S. 300 ff. Was er genau unter »broker society« fassen möchte, erläutert Reese leider nicht näher.

85 Ein früher Beleg für diesen Begriff findet sich bei Müller, Landschafft (1676 [1673]), Vocabula, Cap. IX, der »Ocjammi« auch mit »Der erste Königliche[r] Raht/oder Cancellar« übersetzt.

86 Zu Verständigungsproblemen in der Zeit der ersten portugiesischen Fahrten nach Westafrika vgl. Elbl, Trade, S. 169 ff. Elbl beschreibt kurz die ersten Versuche, Übersetzer zu gewinnen, etwa durch die Ausbildung von Sklaven und Kidnapping (S. 171 f.). Siehe auch Hein, Communication und allgemeiner zu Übersetzern im Sklavenhandel Fayer, Interpreters. Zur Bedeutung des Portugiesischen in der späteren Zeit vgl. Huber, Ghanaian Pidgin, Kap. 2.

87 Elbée, *Journal* (1671), S. 405.

88 Yankah, Speaking, S. 3 f., der von einem Effekt der »symbolic clout« spricht. Er beschreibt im Folgenden die Interaktion zwischen Besucher, Herrscher und *okyeame* im Sinne eines triadischen Kommunikationsmodells (S. 8 ff. et pass.); kurz dazu auch Smith, Warfare, S. 14. Zum Anredeprozedere am Hof von Dahomey vgl. unten, Anm. 285.

allein eine instrumentelle, sondern auch eine symbolische Funktion innerhalb des Hofzeremoniells innehatten, die wohl mit der Sakralität des Herrschers zusammenhing. Auch dass der König von Allada beschloss, einen seiner »Übersetzer« als Botschafter nach Europa zu schicken, war kein Zufall – »Übersetzer« waren oft als Diplomaten tätig, nicht nur im diplomatischen Verkehr mit Europäern. Der Übersetzer und Botschafter Alladas berichtete beispielsweise selbst, dass er bereits reichlich diplomatische Erfahrung in den Nachbarländern Alladas gesammelt habe.[89] Verschiedentlich wurden daher im Amt des *okyeame*/Sprechers die Anfänge einer Institutionalisierung der Diplomatie an Gold- und Sklavenküste ausgemacht.[90] Dem korrespondierten die *caboceers*, *makelaars* und *linguists* der Kompanien sowie zum Teil die persönlichen Diener der Direktoren,[91] die ebenfalls politisch-diplomatische Missionen ausführten. So war es etwa der indigene Vermittler Jancon, der Rømer zufolge die Verhandlungen zwischen Dänen und Akyem führte. Sie dienten in gewisser Weise als Repräsentanten der Generäle und Gouverneure, und es ist zu vermuten, dass sie in den Augen der afrikanischen Akteure quasi Kompanie-*akyeame* darstellen.[92]

---

89 Siehe Labat, *Voyage*, Bd. 2 (1730), S. 340.

90 Yankah, Speaking, Kap. 3; Smith, Warfare, S. 7f.; ders., Peace, S. 601; Fynn, Asante, S. 42, der kommentiert: »[...] the importance which Akan society attached to diplomacy, as opposed to force, finds expression in the institution of *Okyeame*.« Ebenso wie Adjaye, Diplomacy, bemüht sich Fynn, die Existenz von Diplomatie als eine Art Zivilisationsmerkmal nachzuweisen. Siehe auch Numelin, Beginnings, S. 145 et pass. zu Westafrika allgemein, S. 159 und S. 164ff. zu Botenstäben in Westafrika.

91 Dazu kurz Doortmont, Organisatie, S. 72f.

92 Hier verfehlt der Kommentar von Yankah – »The interpreter and the okyeame, both masters over language and both agents of verbal mediation, could be mistaken for each, as indeed they have been in the literature on akyeame« – meines Erachtens die eigentliche Problematik; Yankah, Speaking, S. 25. Vgl. bspw. die Rolle Thomas Awishees und anderer *caboceers* in den Verhandlungen zwischen RAC und John Konny 1721; Briefe der *chief merchants* Phipps, Dodson und Boye, dd. 28.06.1721 und 20.10.1721, TNA, T 70/7. – Nicht zuletzt führten sowohl Kompanievermittler als auch *akyeame* Stäbe (Akan: *akyeamepoma*) als Insignien; inwiefern es sich hierbei um das Resultat eines Transkulturationsprozesses handelt, diskutiere ich ausführlicher in Unterkap. III.3.2.

2.2 Wahrnehmung und Deutung fremden Zeremoniells

a. Der ›zeremonielle Blick‹ als Semiotisierungsstrategie

D'Elbées minutiöse Schilderung der Audienz des Sieur du Bourg sollte und musste, wie bereits festgestellt, für die zeitgenössischen europäischen Leser ausgesprochen vertraut wirken, weil sie die Aufmerksamkeit auf bestimmte Details lenkt – wie auf den Rang von Personen, Positionen und Bewegungen im Raum sowie Sitzmöbel –, die dadurch zum (potenziell) sinnkonstituierenden Teil der Interaktion werden. Diese Form der Lektüre, die eine spezifische Art der Semiotisierung darstellt, soll hier als ›zeremonieller Blick‹ bezeichnet werden. Es lassen sich bestimmte Schlüsselelemente ausmachen, auf die sich der ›zeremonielle Blick‹ der Europäer in besonderem Maße richtete und die auch in fremden Kontexten als Anhaltspunkte für Bedeutungszuschreibungen dienen konnten: Situierung in Raum und Zeit, Körper und Bewegung(en), Distinktionsobjekte.[93] Diese sehr abstrakt gefassten Schlüsselelemente bilden gleichsam eine von den Akteuren als universal vorausgesetzte Tiefenstruktur. Sie bleibt bei aller zeitgenössischen Reflexion über Unterschiede (etwa bei Begrüßungsformen) bestehen, erlaubt und ermöglicht zugleich aber auch eine gewisse Varianz – wie etwa räumliche Nähe zum Herrscher hergestellt wurde, war letztlich egal, wesentlich war vielmehr, *dass* sie hergestellt wurde. So konnten auch für frühneuzeitliche Europäer im höfischen Kontext ungewöhnliche Praktiken wie das gemeinsame Essen aus einer Schüssel in eine Zeremonialsprache eingeordnet und damit sinnvoll ›gelesen‹ werden.[94] Zu berücksichtigen ist auch, dass man es in den meisten Fällen mit Texten zu tun hat, die Sachverhalte für ein europäisches, mit Westafrika notwendigerweise nicht vertrautes Publikum verständlich machen sollten – es bestand also eine doppelte Notwendigkeit der Anverwandlung.

Wenden wir uns den genannten Kategorien des ›zeremoniellen Blicks‹ im Detail zu und untersuchen beispielhaft ihre Anwendung. Raum und Zeit spielten in den Augen europäischer Beobachter bereits vor dem eigentlichen Beginn von Audienzen eine wichtige Rolle. Zunächst war zu klären, wo die Begegnung überhaupt stattfinden sollte, wo man sich traf bzw. wer wohin zu wem kam. In den meisten Fällen mussten die jeweiligen

93 Siehe auch die Aufzählung von wiederkehrenden Ritualbausteinen der »symbolischen Grammatik« bei Stollberg-Rilinger, Rituale, S. 146, und Rahn, Herrschaft, u.a. S. 25f. zum Raum als »Syntagma« des Zeremoniells.

94 Dapper, *Beschrijvinge* (1668), S. 411. – Ähnliche Phänomene hat Rubiés mit dem Begriff »pragmatic relativism« treffend beschrieben; Rubiés, Ambassadors, S. 89 und S. 93.

Kompanievertreter zur Residenz des afrikanischen Herrschers reisen. Manche Kompanieabgesandte erhielten bei diplomatischen Missionen zwar die Anweisung, afrikanische Herrscher dazu zu bringen, zu ihnen zu kommen oder ihnen zumindest entgegenzukommen. Meist sah die Realität aber anders aus und es waren die Abgesandten, die sich im wahrsten Sinne des Wortes bewegen mussten.[95] Der niederländische Generaldirektor de la Palma war 1702 zum Beispiel mit der Ablehnung einer solchen Bitte konfrontiert – der *braffo* von Fante, aufgefordert, zu Verhandlungen nach Elmina zu kommen, weigerte sich mit der Erklärung, »dass sein Abgott ihn töten würde, wenn er das Meer sähe«, und schickte stellvertretend zwei seiner »Räte«.[96] Dieses ›Tabu‹ begegnete ein halbes Jahrhundert später auch einem Abgesandten der französischen Compagnie des Indes in Anomabo, der ebenfalls nur mit Repräsentanten des *braffo* verhandeln konnte.[97] In beiden Fällen mussten die europäischen Akteure die offenbar religiös begründete Norm akzeptieren.

Ein gewisses Entgegenkommen erreichte de la Palma hingegen, als er sich 1703 persönlich – dies war für die Generaldirektoren recht ungewöhnlich – von seinem Sitz in Elmina nach Accra begeben hatte. Von dort aus sandte er zum lokalen Herrscher, dem König von Akwamu, und bat ihn, nach Accra zu kommen. Der König seinerseits verlangte jedoch, dass ihm ein »Weißer« entgegengesandt werde. Dies gestand de la Palma zu, und so holten zwei hochrangige Kompanieangestellte den *akwamuhene* ab. Sie wurden von dem *makelaar* der WIC, Pieter Passop, begleitet, der ein Schwager

95 So etwa in der Instruktion für Anthony Paludanus und Pieter van Schaage auf ihrer Mission zu Jan Konny, dd. 28.10.1722, TWIC 105, fol. 330r–v, Art. 3, allerdings schon mit dem defensiven Zusatz: »off zoo hy zulx niet begeere te doen dat dan haar Ed: vry geleide afvraagen om by hem te coomen«. In den folgenden Briefen ist stets nur davon die Rede, dass sie zu Konny gekommen seien und sich im »huys van Jan Conny« aufgehalten hätten; vgl. den Brief von Schaage, Paludanus und Müller an Houtman, dd. 07.11.1722, ebd., fol. 342r–v.

96 »[...] dat zyn affgod hem zullen doden, indien hy de zee quam te sien«; Brief de la Palmas an die Heeren X, dd. 25.09.1702, NA, TWIC 98.

97 [Du Bourdieu], Correspondence avec Monsieur Perrier de Salvert commissaire general d'Artillerie commandant les vaisseaux du Roy en rade á Annamabou, pour servir de Journal pour les affaires du d[it] lieu d'Annamabou, ANOM, C 6/13, hier: Brief von du Bourdieu an Perier, dd. 16.02.1752 (1). Ein ähnliches Problem trat 1876 in Dahomey auf. Dort war es dem *yavogan*, dem Oberhaupt von Ouidah, nicht gestattet, das Meer zu sehen, und so konnte er zu Verhandlungen in Meeresnähe nicht erscheinen; siehe dazu Coquery, Blocus, S. 377.

des Königs war.[98] Dieser Aushandlungsprozess macht deutlich, dass beide Seiten offensichtlich der Raumfrage eine symbolische Bedeutung zumaßen, und zeigt zugleich, wie die Verhandlungsgewichte verteilt waren – denn de la Palma hatte schlussendlich den deutlich längeren Weg zurückzulegen als der *akwamuhene*, auch wenn dieser sich nach Accra begab.

Des Weiteren achteten die Europäer stets darauf, wie lange sie auf eine Audienz warten mussten. Hier galt wiederum die Faustregel: Je früher der Empfang stattfand, desto größer die Ehre.[99] Eine Instruktion von 1657 erklärte bereits vorab, dass man üblicherweise ein bis zwei Tage auf eine Audienz beim König von Allada warten müsse.[100] Dass es hier keinen konsequenten Informationsaustausch oder gar einen Lernprozess gab, zeigt sich aber in der Ungeduld des niederländischen Kommis Nicholaas du Bois bei seiner Mission nach Allada 1705. Du Bois war empört, nicht am Tag seiner Ankunft empfangen zu werden, und drohte gar mit seiner Abreise. Daraufhin wurde er am nächsten Tag zum König vorgelassen – ganz, wie es üblich war.[101]

Im 18. Jahrhundert gab es also durchaus Klagen über die Langwierigkeit afrikanischen Zeremoniells; die Unterstellung, Afrikaner hätten per se kein Zeitgefühl, ist jedoch erst bei Burton Mitte des 19. Jahrhunderts zu finden,[102] ebenso wie Proteste gegen Wartezeiten mit Argumenten wie »white

98 Relaas van den Ed: heer Directeur Generaal Wilhelm de la Palma zyn E: reyse na de Comptoir Apam en Accra, 15.03.–07.04.1703, NA, TWIC 98, fol. 84r–89r, hier: fol. 84r–85v; Rapport van't geene ons ondergeschreven [Jacobus van den Brouke, Nicolaas du Bois] op en in de reyze na Aquamboe bejegent is, dd. 27.03.1703, ebd., fol. 92r–93v.

99 Nyendaal etwa erhielt die Anweisung, um eine Audienz bei Osei Tutu möglichst sofort zu ersuchen; Instruktion für Unterkommis David van Nyendaal, dd. 09.10.1701, NA, NBKG 233, ediert in: Dantzig (Hrsg.), The Dutch, S. 75–80, hier: S. 76; siehe auch unten, bei Anm. 253, die Beispiele aus Dahomey.

100 Memorie (1657), in: Dam, Beschryvinge, Bd. 2,3, S. 538.

101 Rapport van't gepasseerde, op en in de reyze na Groot Ardra, gedaan door ordre van den Ed: H: Dierecteur Generaal Wilhem de la Palma, 30.03.–02.04.1705, NA, TWIC 98, fol. 353r–355r, hier: fol. 353v–354r.

102 Burton, *Mission* (1864), S. 203: »Something must be added on the score of African brain-looseness: these people have as little idea of time as of numbers.« In einer Anmerkung macht er sich zudem über den Umgang der Großen Dahomeys mit Uhren lustig, die ein früherer Besucher mitgebracht hatte. Diese waren alle kaputt, wurden aber als Schmuck weiterverwendet; vgl. zu Uhrgeschenken auch Abs. III.3.1.a. Wenig später bemerkt Burton zudem: »The African keeps you waiting with an exemplary *calme*: if you keep him waiting he shows all the restiveness of a wild animal. This is generally the case with barbarians; I have remarked it in the South of Europe.« Ebd., S. 204 [Kursivierung folgt dem Original; C. B.]. Vgl. dagegen die Beobachtungen zur Zeitmessung in Dahomey bei Forbes, *Dahomey*, Bd. 1 (1851), S. 38f.

man's time was more valuable than black man's«.[103] Der Umgang mit Zeit wurde nun offensichtlich nicht mehr als zeremonielle Handlung verstanden, sondern war nur noch Gegenstand alltäglichen Ärgers und ethnologischer Beobachtung.

Weiter war frühneuzeitlichen Beobachtern stets der Rang der Personen wichtig, mit denen sie es zu tun hatten, insbesondere, wenn es um Einholung oder Geleit ging. Es ist fraglich, ob sie dabei den Status der fraglichen Personen nach afrikanischen Vorstellungen ›richtig‹ einschätzten; positiv vermerkt wurde, ganz nach europäischen Kategorien, die Anwesenheit von Verwandten des Königs, möglichst den Söhnen oder Brüdern, während die Anwesenheit von Frauen (meist der Ehefrauen des Herrschers) etwa während der Audienz eher Befremden auslösen konnte.[104] Die Präsenz von Inhabern hochrangiger Hofämter oder anderen Adeligen wiederum galt als ehrenvoll, ihre Stellung und Funktion wurde dabei oft mithilfe von Analogieschlüssen beschrieben, etwa durch den Vergleich mit europäischen Ministern oder Räten.[105]

Eine Universalitätsannahme, die auf das Element der Position des Körpers im Raum und der Sitzmöbel als Distinktionsobjekte zielt, scheint die interkulturelle Kommunikation erleichtert zu haben. Oben wurde bereits das Beispiel von Linschoten erwähnt, der den »Mani Gabam« am Gestus des Thronens erkannt haben will (I.2.2), ein weiteres findet sich in Rømers Beschreibung der Audienz bei Frempung von Akyem (II.2.1). In beiden Fällen realisieren die Europäer den königlichen Status einer Person durch die Insignie und den Gestus des Thronens, sodass hier das vertraute Ordnungssystem eine sinnvolle Lektüre der afrikanischen Ordnung ermöglichte[106] – selbst wenn es sich nur um »eine Art Thron« (»une espece de Trône«) in Gestalt eines Himmelbetts ohne zugehörigen Himmel und ohne Vorhänge

---

103 Louis Fraser, Journals, in: Law (Hrsg.), Dahomey, S. 23–173, hier: S. 72 [im Folgenden zit. als: Fraser, Journals].

104 Siehe dazu am Beispiel Dahomeys unten, Abs. II.3.2.c.

105 Siehe u.a. Extrait d'un Mémoire relatif à une Expédition faite pour la traite des Nègres, à la Côte d'Or, s. d. [wohl 2. H. 17. Jhdt.], ANOM, C 6/29, s. p. [S. 5]. Am Rio Sestos wird Groeben vom »Königlichen Printz[en]« mit »auf ihre Art grosse[r] Höfflichkeit« empfangen, bei der Audienz bei König Peter sind dann auch die Brüder des Königs sowie sein »Senat« zugegen; Groeben, *Reise-Beschreibung* (1694), S. 44f.

106 Allerdings sollte man nicht von der weiten Verbreitung des Thronens bzw. Sitzens als Herrschaftsgestus auf eine universelle Bedeutung schließen. Vielmehr weisen bereits einige frühneuzeitliche Beispiele, etwa die Audienzen im Kontext der siamesisch-französischen Beziehungen, auf die Unterschiede hin, die in der jeweiligen Deutung und kulturellen Kontextualisierung des Abstraktums »Sitzen« zwischen verschiedenen Gruppen bestehen; siehe dazu Love, Rituals.

handelte, wie es Loyer und Godot 1702 in Assini als Herrschersitz vorfanden.[107]

Beobachtet wurde weiterhin, wie die Begrüßungsformen und die räumliche Nähe zum Herrscher während der Audienz ausfielen. In Allada war, folgt man d'Elbée und anderen Quellen aus der zweiten Hälfte des 17. Jahrhunderts, eine Verbeugung angebracht, danach durfte der Besucher neben dem König Platz nehmen.[108] Du Bois, den man am Hofe von Allada nach seiner Drängelei offenbar als unhöflich und unwissend wahrnahm, wurde 1705 vor der Audienz eigens belehrt, dass er dem König auf keinen Fall die Hand geben dürfe.[109] Dies zeugt nicht nur von der Existenz zeremonieller Normen an diesem Hof, die gegebenenfalls in explizite Anweisungen umgesetzt werden konnten, sondern auch von einem gewissen Vorwissen um mögliche Fauxpas eines ungehobelten Europäers.

In Ouidah scheinen Zeremoniellfragen hingegen offener gehandhabt worden zu sein. Dort war der Handschlag, anders als im benachbarten Allada, offenbar bereits im späten 17. Jahrhundert Teil des üblichen Audienzzeremoniells, das europäischen Besuchern zugestanden wurde.[110] Der König von Ouidah umarmte Generaldirektor de la Palma bei dessen Besuch 1705 sogar, was diesem allerdings einen skeptischen Kommentar über die Inkongruenz von äußerer und innerer Haltung entlockte.[111] Der Brauch am Hof von Dahomey entsprach in späterer Zeit eher dem Zeremoniell von Ouidah als dem von Allada, denn auch hier durften Europäer den König

---

107 Jean Godot, *Relation exacte de ce qui s'est passé dans le voyage du prince Aniaba*, BnF, Fonds Français 13380, S. 106; Loyer, *Relation* (1714), S. 112 und S. 114. Dieses Bett wird auch in Loyers Frontispiz dargestellt (Abb. 4; siehe unten, bei Anm. 122).

108 Secrete geslote instructie, in: Dam, Beschryvinge, Bd. 2,3, Bijlage IIa, S. 535, und Memorie, ebd., Bijlage IIb, S. 539.

109 Rapport van't gepasseerde …, 30.03.–02.04.1705, fol. 353v, NA, TWIC 98.

110 Der Handschlag mit dem König von Ouidah am Ende einer Audienz wurde in einer französischen Quelle gar als performativer Moment gedeutet: »Le Roi et le Capitaine se donnent alors la main, et dès cet instant, les Negres portent autant de respect au Capitaine qu'à leur Souverain.« Extrait d'un Mémoire relatif à une Expédition faite pour la traite des Nègres, à la Côte d'Or, s. d. [wohl 2. H. 17. Jhdt.], ANOM, C 6/29, [S. 5].

111 Circumstantieel Rapport van de Ryze door den Ed: H: Dierecteur Generaal Wilhem de la Palma gedaan, na't Koningryk Fida, tot restablissement van de Logie aan Ardra, als anders, 19.02.–06.05.1705, NA, TWIC 98, fol. 337r–341r, hier: fol. 338r (der König umarmte de la Palma »zeer minsaam« und empfing ihn »met uyterlyke toegenegentheyd […], wat het innerlyke was, zal uyt het vervolg blyken […]«).

mit Verbeugung und Handschlag begrüßen.[112] Deutlich stärker auf Distanz angelegt war das sakralisierende Hofzeremoniell in Benin: Dort rechnete es sich der niederländische Kommis David van Nyendaal 1701 bereits hoch an, dass er entgegen der Gewohnheit näher als die sonst vorgesehenen 30 Schritte an den König herankommen durfte.[113] Allgemein verfuhren die europäischen Berichte offensichtlich nach der einfachen Formel: je näher zum Herrscher, desto ehrenvoller die Position.

An bestimmten Details lassen sich Differenzen in den Dechiffrierungsfähigkeiten oder auch dem erworbenen Wissen der Autoren feststellen: Während beispielsweise der französische Seemann Jean Godot Schirme (*parasols*) in Assini 1701 allein als Sonnenschutz deutet,[114] werden Schirme in anderen Berichten als Distinktionszeichen erfasst.[115] Für das 18. Jahrhundert wiederum sind vor allem von Seiten der englischen und niederländischen Kompanien ausgewählte Schirmgeschenke dokumentiert.[116] Das Beispiel der Schirme und ihrer Semiotisierung oder bloß funktionalen Erklärung weist darauf hin, dass europäische Akteure mit sehr unterschiedlichem kulturellem (Vor)Wissen Audienzen in Westafrika besuchten. Godot war 1701 zum ersten und einzigen Mal in seinem Leben an der Goldküste, Thomas Melvil, der englische Gouverneur, der 1759 eine detailreiche Schirmgeschenkbestellung in London aufgab, hatte zu diesem Zeitpunkt bereits einige Jahre in Cape Coast und Umgebung verbracht.[117] Daher haben wir es

112 Siehe unten, Unterkap. II.3.3, bei Anm. 265.

113 Bosman, *Beschryving* (1704), Teil 3, S. 253. – Dupuis hebt in ähnlicher Weise hervor, dass der König von Asante bei der zweiten Audienz den Stuhl für ihn direkt gegenüber dem seinen platzieren ließ; Dupuis, *Journal* (1824), S. 89.

114 Godot, *Relation exacte*, S. 83; bei Loyer, *Relation* (1714), S. 108, nur registriert ohne weitere Ausdeutung.

115 So etwa Isert, *Reise* (1744), S. 84, über unterschiedlich große Schirme, die jeweils Trägern unterschiedlichen Ranges zugeordnet wurden; Ridgway, Visit (1847), S. 302.

116 Siehe unten, III.4.2, bei Anm. 324 sowie ebd., bei Anm. 234, 288 und 320.

117 Der gewünschte Schirm, der den wichtigen Vermittler Cudjo Caboceer (Kwadwo Egyir) noch enger an die englische Kompanie binden sollte, wird, offensichtlich auch in Kenntnis von lokalen ikonografischen Traditionen, wie folgt beschrieben: »[...] you [could] not please [Cudjo] with any Thing better than a large Umbrella cover'd with red Satin, & lin'd with a strong white Silk, Gold Fringes round the Bottom of it; & above the Umbrella right in the Centre where the Pole goes thro' the Image of a Lion devouring a Deer [...].« Im Postskriptum wird noch ergänzt: »Ple[a]se to order Cudjoe's Umbrella to be cover'd with a rich English Crimson Damask & not Satin, as mention'd above. The Lion & Deer to be gilt over, & the Size of the Umbrella 6 Feet through.« Melvil an das Committee der CMA, dd. 02.03.1759, TNA, T 70/30, fol. 139r–v. Mel-

bei der gemeinsamen Grundstruktur des ›zeremoniellen Blicks‹ doch auch wieder mit unterschiedlichen Lesarten zwischen den verschiedenen europäischen Akteuren zu tun.

Aber auch der ›zeremonielle Blick‹ ein und desselben Beobachters führte nicht immer zu den gleichen Ergebnissen, vielmehr konnte er Abstufungen treffen oder gelegentlich auch ›blind‹ sein, d. h. nicht immer angewandt werden. So ist das Urteil von Uring, die Bewohner der Orte am Kap Apollonia im Westen der Goldküste seien im Gegensatz zu jenen der Quaquaküste »much more civilised«, wesentlich dadurch begründet, dass er bei diesen ›zeremonielle‹ Umgangsformen ausmachen kann, bei jenen aber nicht.[118] Die Anwendbarkeit des ›zeremoniellen Blicks‹ konnte so gleichsam zum Zivilisationskriterium werden.

Einen ›zeremoniellen Blick‹ auf westafrikanische Audienzen werfen auch einige wenige bildliche Darstellungen. Dabei ist das Gleiche zu beobachten, was Dorothee Linnemann für Audienzbilder allgemein festgestellt hat: Stets wird ein Moment ausgewählt, der für den Auftraggeber vorteilhaft ist.[119] So werden fast niemals Verbeugungen verbildlicht,[120] sondern überwiegend Szenen, in denen der Gesandte bereits in der Nähe des Herrschers sitzt oder zumindest steht. Die früheren Bilder konstruieren dennoch eine – nach europäischen Kategorien – zeremonielle Asymmetrie zugunsten des Herrschers, wie es bei Audienzdarstellungen durchaus auch üblich ist: Das früheste mir bekannte Beispiel ist die recht grobe Federstrichzeichnung, die dem Bericht Müllers von 1676 entstammt (Abb. 3). Sie zeigt zwei Europäer ste-

---

vil war seit 1751 »Gouvernor in Chief« der CMA; siehe kurz Martin, Settlements, S. 32, und die Dokumente bei Crooks (Hrsg.), Records, S. 12–18. Zum weiteren Schicksal dieses Schirmgeschenks die Ausführungen unten, III.4.2, bei Anm. 320.

118 Uring, *History* (1726), S. 137 f. Musik als Merkmal von Zivilisierung wird u. a. hervorgehoben in einem bei Hakluyt abgedruckten Bericht von 1568; John Saracoll (1568), in: Hakluyt, Navigations, Bd. 2 (1589), S. 793–803, hier: S. 794. Vgl. auch Smith, *Voyage* (1744), S. 195: »The Natives here seem to be the most Gentleman-like Negroes in *Guinea*, abounding with Good Manners and Ceremony to each other. The Inferior pays the utmost Deference and Respect to the Superior, as do Wives to their Husbands, and Children to their Parents [...].«

119 Linnemann, Inszenierung, Kap. IV.2; dies., Visualising, bes. S. 259 f.

120 Das Knien oder sogar Niederwerfen von anderen, meist von Afrikanern, wurde dagegen durchaus visualisiert; neben dem im Folgenden angeführten Beispiel bei Dalzel siehe auch die Abbildungen bei Dapper, *Beschrijvinge* (1668), S. 537 und S. 580. Das letztgenannte Bild zeigt tatsächlich eine Gruppe von Europäern kniend vor dem König von Kongo, wobei der Text (S. 579 f.) eine Identifikation dieser Gruppe mit der niederländischen Gesandtschaft von 1642 nahelegt. Im Text wird der Kniefall allerdings nicht erwähnt.

Abb. 3: Audienzszene, aus: MÜLLER, Landschafft (1676 [1673]), nach S. 102.
[© SUB Hamburg; Signatur: Scrin A/1777]

Abb. 4: Audienzszene, aus: LOYER, *Relation* (1714), Frontispiz. [© UB Mannheim; Signatur: Desbillons H 256 D]

hend und mit unbedecktem Haupt vor einem sitzenden afrikanischen König. Dieser wird von seinem Hofstaat umgeben und von einem Schirm als Würdezeichen beschattet.[121] Der Kupferstich einer Audienz in Assini, der als Frontispiz Loyers *Relation* von 1714 ziert (Abb. 4), stellt zwei Europäer dagegen sitzend vor dem König dar, der auf einem mit Leopardenfellen bedeck-

121 MÜLLER, Landschafft (1676 [1673]), nach S. 102. Ebd., S. 103 f., wird eine Audienz beim König von Fetu erwähnt, der der Verfasser im Jahre 1668 beiwohnte, wahrscheinlich ist die Illustration also auf dieses Ereignis bezogen.

Abb. 5: *The King of Dahomy's Levée*, aus: DALZEL, *History* (1793), Introduction, nach S. viii. [entnommen aus: ders., *History of Dahomy. An Inland Kingdom of Africa*, Faksimile-Ausgabe, eingel. von J. D. Fage, London ^{2}1967]

ten Bett thront.[122] Durch die Schrägaufsicht wird der König deutlich erhöht und zugleich ins Zentrum gerückt, die sitzenden Europäer fungieren dabei gleichsam als Rückenfiguren. Die Darstellung ist überwiegend sehr eng an den Text angelehnt, sie zeigt aber ein Detail, über das sich der Text ausschweigt – die Europäer sind ohne Hut zu sehen, der König dagegen trägt einen ausladenden Dreispitz. Nach Maßstäben des innereuropäischen Zeremoniells ist dieses Detail höchst aussagekräftig, denn das Tragen des Huts vor einem souveränen Herrscher galt als Privileg von Botschaftern gleichfalls souveräner Herrscher. Eben jenes Privileg erstritten und damit zugleich den Rang des französischen Königs verteidigt zu haben, hatte aber einer der Abgebildeten, der Sieur Damon, behauptet[123] – demgegenüber lässt der

122 LOYER, *Relation* (1714), Frontispiz.
123 Siehe unten, Abs. II.2.3.c.

Kupferstich die Statusfrage deutlich prekärer erscheinen. Als *ambassadeur* nach europäischen Maßstäben stellt sie Damon jedenfalls nicht dar.

Die meisten späteren Darstellungen lösen solche Uneindeutigkeiten und Asymmetrien gänzlich auf. Prototypisch ist hier das Bild einer Audienz in Dahomey, das den Bericht Dalzels von 1793 illustriert (Abb. 5):[124] Es zeigt den König von Dahomey sowie neben ihm auf gleicher Höhe und ebenfalls sitzend mehrere Europäer. Letztere haben ihre Hüte aufbehalten oder wieder aufgesetzt. Einen Kontrast dazu bildet die Haltung der Person, offensichtlich ein Untertan Dahomeys, die sich soeben vor dem König – und in gewisser Weise auch vor den Europäern – zu Boden geworfen hat.

b. Der Vergleich als Grundoperation des Zeremoniells

Wenn man sie nicht gerade zu lange warten ließ, waren die Kompanieangestellten afrikanischem Zeremoniell gegenüber durchaus positiv eingestellt. So viel ist bereits einer kursorischen Lektüre von Berichten über Audienzen zu entnehmen. Darin wimmelt es nur so von Superlativen und anderen Formulierungen wie »größte Ehre« und »sehr freundschaftlich« etc., die zugleich aber recht unbestimmt bleiben. Generaldirektor de la Palma beispielsweise sah sich 1703 vom König von Akwamu begrüßt »mit vielen Zeichen seiner Zuneigung zu unserer Nation und so, dass man ihn wohl als Freund betrachten konnte«, ohne dass ersichtlich wäre, worin diese Zeichen denn nun bestanden haben mögen.[125] Ähnlich vage spricht Unterkommis Bertram From 1734 vom Empfang durch den Herrscher von Keta (»Quita«) »mit besonderer Negerhöflichkeit«[126] und der Chevalier Damon von seinem Empfang durch den König von Assini 1698 »mit allen Zeichen der Freundschaft, die man sich vorstellen kann«.[127] Der Verdacht liegt nahe,

124 *The King of Dahomy's Levée*, in: Dalzel, *History* (1793), Introduction, nach S. viii; siehe auch unten, bei Anm. 262. – Bei Skertchly, *Dahomey* (1874), Frontispiz wird dagegen ein Handschlag zwischen Europäer und afrikanischem König ins Bild gesetzt. Dass beide Personen stehen, suggeriert jedoch ein gleichrangiges Verhältnis, wiewohl der europäische Besucher seine Mütze abgenommen hat, die allerdings ohnehin eher als Verkleidungsaccessoire erscheint.

125 »[...] met veel tekenen van toegenegenthyd tot onze natie, en om dat men hem wel diend te vrund te houden«; Relaas van den Ed: heer Directeur Generaal Wilhem de la Palma zyn E: reyse na de Comptoir Apam en Accra, 15.03.–07.04.1703, NA, TWIC 98, fol. 87r.

126 »[...] met bysondere neegers beleeftheid«; Brief Bertram Froms an Elmina, dd. 10.12.1734, NA, TWIC 110.

127 »[...] je fus reçu du Roy avecq touttes les marques d'amitié qu'on peut s'imaginer.« Damon (1698), in: Roussier (Hrsg.), Etablissement, S. 74.

dass die positive Wertung geradezu zur Standardfloskel avancierte oder, anders formuliert: dass zeremonielle Abwertungen oder Unsicherheiten in den Berichten tendenziell verschwiegen wurden.

Ein handfestes Problem für die europäischen Beobachter von und Teilnehmer an Zeremoniell in Westafrika lag schlichtweg im Fehlen eines Maßstabs. Während im frühneuzeitlichen Europa das Gesandtschaftszeremoniell Gegenstand eines geradezu ausufernden Diskurses und fortwährender Normierungsversuche war, die sich auf alles, angefangen bei Kopfbedeckungen über Schrittzahlen und Zeiträume bis hin zu Pferdegespannen, bezogen, gab es für die diplomatische Praxis an den westafrikanischen Höfen keine vergleichbaren, übergreifenderen Normen (oder zumindest keine, die europäischen Beobachtern zugänglich gewesen wären).[128] Bildlich formuliert: Man konnte zwar zählen, wie viele Tage man auf eine Audienz warten musste, wie viele Schritte der Herrscher einem entgegenging, doch solange man nicht wusste, was an dem jeweiligen Hof üblich war, brachte die Kenntnis dieser Details für die Bestimmung des eigenen Status wenig.[129] Als Hilfskonstruktion bediente sich der ›zeremonielle Blick‹ scheinbarer Universalien und mehr oder weniger plausibler Analogieschlüsse, um solche Details fremden Zeremoniells für eine sinnstiftende Lektüre zu erschließen. Und da lag es nahe, zunächst einmal den bestmöglichen Fall für sich selbst anzunehmen, insbesondere in der Darstellung gegenüber den eigenen Vorgesetzten oder, bei publizierten Berichten, gegenüber potenziellen Konkurrenten.

Eindrücklich zeigt sich diese Problematik in dem Bericht über einen Empfang in Anomabo, den ein Abgesandter der französischen Compagnie des Indes, der Sieur du Bourdieu, 1752 verfasste.[130] Du Bourdieu akzentuiert verschiedene Elemente, die sich als feine Unterschiede des Zeremoniells lesen lassen. So betont er den Rang der Personen, die ihn am Strand von Anomabo einholen, indem er sie als Söhne des örtlichen »Königs« vorstellt. Die Versammlung einer großen Volksmenge zu seinem Empfang

---

128 Diese Normen waren freilich auch erst das Produkt von Transferprozessen und wurden auch in Europa nicht immer eingehalten, sie konnten aber als weitgehend anerkannte Bezugsgrößen fungieren. Siehe z.B. Roosen, Ceremonial; Krischer, Souveränität; Stollberg-Rilinger, *Honores regii*; dies., Öffentlichkeit.

129 Ebensolchen Details kam im europäischen Zeremoniell gerade aufgrund ihrer Quantifizierbarkeit und den so eröffneten Differenzierungsmöglichkeiten besonderer Zeichencharakter zu; Stollberg-Rilinger, Öffentlichkeit, S. 156.

130 [Du Bourdieu], Correspondence avec Monsieur Perrier de Salvert commissaire general d'Artillerie commandant les vaisseaux du Roy en rade á Annamabou, pour servir de Journal pour les affaires du d[it] lieu d'Annamabou, ANOM, C 6/13, hier: Brief von du Bourdieu an Perier, dd. 13.02.1752, [S. 1f.].

zeigt den öffentlichen und außergewöhnlichen Charakter des Ereignisses an. Als besonderen Ehrerweis versteht du Bourdieu neben der Anwesenheit fast aller *caboceers* während der Audienz auch, dass die gesamte Delegation von »König Courantry« – alias John Currantee oder Eno Baisie Kurentsi, dem führenden *caboceer* Anomabos[131] – und den anwesenden Großen mit Handschlag begrüßt wurde.[132] Des Weiteren verbucht er die Bewirtung mit Punsch und Palmwein und den anschließenden Umtrunk als positives Zeichen. Bestimmte Signalwörter, fast schon Gemeinplätze, wie »faire mille d'amitiés« und »favorable accueil« akzentuieren das Bild eines freundlichen, ehrenvollen Empfangs. All dies berichtete du Bourdieu an seinen Vorgesetzten, Perier de Salvert, der sich auf einem Schiff vor der Reede vor Anomabo aufhielt.

Zehn Tage später jedoch hatte du Bourdieu einen Vergleich zur Hand und änderte seine Beurteilung schlagartig.[133] Den Ehren gegenüber, die der konkurrierenden englischen Delegation aus Cape Coast zuteilwurden, verblasste sein eigener Empfang. Kurentsi ließ die drei englischen Kapitäne mit ihren Begleitern am Meeresufer empfangen »mit seinen Trommlern, seinen Schirmen und allen Herrlichkeiten, die sie besitzen«,[134] er selbst begrüßte sie in seinem Hof, und während sie gemeinsam in den Saal gingen, wurde die englische Delegation mit Salutschüssen geehrt – neun Gewehre wurden siebenmal abgefeuert. Du Bourdieu war aufs Höchste empört und beschwerte sich heftig über »diesen unterschiedlichen Empfang für Engländer und Franzosen« (»cette distinction de recevoir les Anglois autrement que les francois«). Kurentsi reagierte mit Beschwichtigungsversuchen und suchte im Weiteren, du Bourdieu zufolge, sogar durch zeremonielle Demütigungen der Engländer die gekränkte Ehre des Franzosen wiederherzustellen.

Der Vergleich ist geradezu eine Grundoperation des ›zeremoniellen Blicks‹, geht es doch immer um Relationen, um eine Wertung der eigenen Position, die erst durch Bezugnahme auf andere erfolgen kann.[135] Daher findet sich der Vergleich auch in der innereuropäischen zeremoniellen Praxis. Nichts anderes als einen systematisierten Vergleichspool halten die Zeremonialtraktate und -abhandlungen von Godefroy, Rousset de Missy, Lünig

131 Vgl. dazu ausführlicher Brauner, »König«.

132 Dazu Callières, *Manière* (1716), S. 69.

133 Correspondence, ANOM, C 6/13: Brief von du Bourdieu an Perier, dd. 23.02. 1752 (2), S. [49–54].

134 »[...] avec ses Tambours, ses Parasols, et touttes Les Magnificences dont ils sont en Possession«; ebd.

135 Roosen, Ceremonial, S. 458 ff. und S. 464 ff.; Stollberg-Rilinger, Wissenschaft.

und vielen anderen bereit,[136] und nicht zuletzt waren es auch Vergleiche, die Rangkonflikten aller Art zugrunde lagen. Anders als an der westafrikanischen Peripherie wussten europäische Diplomaten im heimatlichen Europa des 18. Jahrhunderts allerdings meist im Vorhinein, um was man sich zu streiten hatte – über Kategorien und Normen bestand weitgehend Konsens, umstritten war hingegen deren Anwendung auf den Einzelfall. Dass es diese geteilten Kategorien und Normen gab, war allerdings auch in Europa nicht per se gegeben, sondern stellte das Resultat eines Verflechtungsprozesses dar, dessen Anfänge man auf das Spätmittelalter datieren kann, der aber vor allem im Laufe des 17. Jahrhunderts intensiviert wurde.[137] Wicquefort etwa erwähnt einen Fall noch aus den 1620ern, der der Situation in Anomabo 1752 in mancherlei Hinsicht vergleichbar ist.[138]

Im 18. Jahrhundert kam es im innereuropäischen Gesandtschaftswesen nur noch in Ausnahmefällen vor, dass ein Diplomat *allein* auf die eigenen Beobachtungen zur Generierung von Vergleichen und damit zur Ermittlung der relationalen Bedeutung von Zeremoniell angewiesen war. Einen solchen Ausnahmefall stellte jedoch zeitweise das Zeremoniell im jungen Königreich Preußen dar – nach dem Amtsantritt Friedrichs II. von Preußen wurde etwa ein französischer Gesandter ohne Rang nach Berlin geschickt, um die Entwicklung der zeremoniellen Gepflogenheiten vorerst nur zu beobachten.[139]

---

136 Siehe bspw. Godefroy, *Ceremonial* (1649); Rousset/Dumont, *Ceremonial* (1739); Lünig, *Theatrum* (1719–1720); Rohr, Einleitung (1733). Vgl. dazu allgemein Vec, Zeremonialwissenschaft.

137 Siehe u.a. Mattingly, Diplomacy, mit dem klassischen Narrativ italienischer Ursprünge; Hamilton/Langhorne, Practice, bes. Kap. 3; Duchhardt, Balance, S. 19ff.; Krischer, Souveränität, S. 3f.; Kugeler, ›Ambassadeur‹, S. 244ff., zum Zeremoniell bes. S. 254–257.

138 Dieser Fall findet sich zu Beginn von Wicqueforts Ausführungen über Empfang und Audienz eines Botschafters am Beispiel der niederländischen Gesandtschaft nach Polen 1627, die einen Frieden zwischen Schweden und Polen aushandeln sollte. Während Gustav Adolf die Gesandten ehrenvoll empfangen hatte, wurden sie in Warschau nicht einmal eingeholt. Zur Begrüßung vor dem selbstständig angemieteten Quartier wartete lediglich der »Mareschal du Roiaume«, der ihnen den Termin ihrer Audienz mitteilte. Drei Tage später brachte man ihnen einige Verpflegung »de la part du Roy, qui ne leur fit pas faire la moindre civilité. Le Gentilhomme qui les vit de la part du Mareschal, leur dit entre autres choses, qu'en Pologne on n'estoit pas accoustumé à faire entrée aux Ambassadeurs. Il ne disoit pas la verité; veu qu'on a plusieurs exemples d'entrées-solemnelles & trés-magnifiques, que l'on y a faites.« Wicquefort, *Ambassadeur*, Bd. 1 (1690), S. 197f.

139 Vgl. dazu Stollberg-Rilinger, Formlosigkeit, S. 361.

Sicherlich wurde Wissen über Audienzen und zeremonielle Standards an westafrikanischen Höfen unter Europäern tradiert. Diese Tradierung ist in den Quellen jedoch schwer zu fassen und die Vermutung liegt nahe, dass sie häufig eher mündlich als schriftlich erfolgte. Die untersuchten Instruktionen für Kompanieabgesandte auf Mission zu afrikanischen Herrschern jedenfalls zeichnen sich mehrheitlich durch Vernachlässigung zeremonieller Fragen aus.[140] So hätte du Bourdieu dem Bericht seines Vorgängers, des Sieur du Came, durchaus entnehmen können, dass Empfänge in Anomabo Schirme und Musik beinhalten konnten,[141] doch diesen Bericht hatte man ihm offensichtlich nicht zur Verfügung gestellt.[142] Es ist bemerkenswert, dass diejenige Instruktion, die ausführliche Informationen auch über Zeremoniellfragen bereithält, von einer Kompanie stammt, die nur ausnahmsweise in Westafrika operierte. Möglicherweise lässt sich dies aber auch als weiteres Indiz für die mündliche Tradierung von zeremoniellem Wissen bei den etablierten Kompanien interpretieren.[143]

---

140 Am ehesten wird noch die Frage der Geschenke und ihrer Übergabe diskutiert; so z.B. in van der Wel, Instructy waer naer den Opper Coopman Isack Coymans sal hebben te reguleeren, dd. 09.07.1647, NA, OWIC 11; siehe auch unten, Anm. 142.

141 Relation de M. de Came au sujet de la députation auprès le roi d'annamabou, 06.02.1751, ANOM, DFC XIII/75, no. 96.

142 Die Instruktion für du Bourdieu von 1751 enthält in der Tat kaum Hintergrundinformationen, weder werden wichtige Personen namentlich genannt noch wird Bezug auf frühere französische Besuche genommen; Instruction pour le S. Dubourdieu que la Compagnie a choisi pour aller à Annamabou [...], dd. 01.10.1751, ANOM, C 6/13. Ähnlich auch die Instruktion für eine weitere Mission du Bourdieus nach Anomabo 1753, die kein Wort über zeremonielle Fragen verliert, sondern sich weitgehend auf eine Auflistung zu verhandelnder Themen und möglicher Vorgehensweisen beschränkt; Montlouet, Memoire pour servir d'instruction a M. du bourdieu quand il sera a anamabou, dd. 15.02.1753, DFC XIII/75, no. 99. Anders als die Instruktion von 1751 wurde diese offenbar vor Ort verfasst. Allerdings beschäftigen sich die Instruktionen mit dem Zeitpunkt für Geschenkübergabe und den zu Beschenkenden.

143 Secrete geslote instructie, in: Dam, Beschryvinge, Bd. 2,3, Bijlage IIa, bes. S. 534f. – Diese Instruktion stammt aus dem Umkreis der VOC. Es wäre freilich auch denkbar, dass die VOC im Vergleich zur WIC stärker ›zeremoniell‹ orientiert war; dies ist aber angesichts des aktuellen Forschungsstands und fehlender systematischer Vergleiche nur schwer zu belegen. Als entsprechenden Hinweis könnte man allerdings die unterschiedliche Entwicklung des Zeremoniells in Batavia und Elmina interpretieren; siehe unten, Anm. 149.

2.3 Wie etwas zur Ehre gereicht. Konkurrenz, Rangstreit und Repräsentationsfragen

a. Zeremoniell als Ort der Konkurrenz

Afrikanisches Zeremoniell wurde – wie bereits die Beispiele aus Allada und Anomabo zeigen – für die Handelskompanien vor allem dann prestigeträchtig und rangrelevant, wenn andere Europäer involviert waren, zu denen es sich in Beziehung zu setzen galt. Wenn in einem Memorandum der Compagnie de Guinée 1716 über den Herrscher von Ouidah zu lesen ist: »Der König schätzt die französische Nation mehr als alle anderen, sie hat den Vortritt in allem und auch das Volk erweist ihr die gleichen Ehren«,[144] so ging es dabei in erster Linie um den Vorrang vor den anderen Europäern. In einer anderen französischen Denkschrift von ca. 1764, nunmehr über den König von Dahomey, wird explizit eine Rangfolge der Europäer konstruiert: »Der französische Direktor hat stets den [ersten] Rang beim König, der englische den zweiten und der portugiesische Direktor den letzten.«[145] Unklar bleibt hier, in welchen zeremoniellen Vorrechten und Unterschieden sich diese Rangfolge konkret manifestierte; folgt man einer Quelle von 1780, ging es unter anderem um die Sitzordnung, nach der dem französischen Gouverneur der Platz zur Rechten des Königs gebührte.[146] Die Vertreter der Handelskompanien strebten offensichtlich weniger danach, sich in etwaige afrikanische Ranghierarchien einzuordnen – entscheidend war der Bezug zu anderen europäischen Akteuren. Konstitutiv blieb jedoch die Differenz zur Behandlung der afrikanischen *Untertanen*.[147] Dapper beispielsweise erwähnt in seinem ausführlichen Bericht über das Königreich Kquoja an der Pfefferküste (heutiges Liberia), dass Niederländer mit dem König aus einer Schüssel essen durften, was keinem Schwarzen, welchen Ranges auch immer, erlaubt sei und ein allein den Niederländern vorbehaltenes Privileg

---

144 »Le Roy a beaucoup plus de considération pour la nation françoise que pour toutes les autres, elle a la preéminence en tout, le peuple est de mesme dans les honneurs«; Mémoire de l'estat du pays de Juda, et de son nêgoce, 1716, ANOM, C 6/25. Siehe auch Labat, *Voyage*, Bd. 2 (1730), S. 70 zur Sitzordnung bei der »Krönung« des Königs von Ouidah.

145 »Le Directeur françois a toujours le [premier] rang chés le Roy, le Directeur Anglois le second, et le Directeur Portugais le Dernier.« Mémoire concernant le royaume de Juda, s. d. [ca. 1764], ANOM, C 6/25. Ähnlich Mémoire sur le fort de Juda, côte d'Afrique, s. d. [ca. 1763–1767], ebd., C 6/26, Transkription in Berbain, Comptoir, S. 96ff.

146 Pruneau de Pommegorge, *Description* (1789), S. 180.

147 Vgl. zur Leitdifferenz Souverän/Untertan in der Diplomatie Krischer, Souveränität, S. 20ff.

darstelle.[148] Es ist auffällig, dass kaum Bezüge zu Diplomaten afrikanischer Herrscher und deren zeremonieller Behandlung hergestellt werden – anders etwa als am Moghulhof, wo sich Thomas Roe durchaus auch mit dem persischen Botschafter maß.[149]

Gerade das Bemühen, die zugemessenen Ehren zu evaluieren, konnte wissensstimulierend wirken. Um die Erlaubnis zur Reise am helllichten Tag, die der Sieur du Bourg in Allada erhielt (siehe oben, Unterkap. II.1.1), als einzigartiges Privileg würdigen zu können, war Wissen um eine bestimmte fremde kulturelle Praxis (oder aber eine fantasievolle Konstruktion) Voraussetzung. In diesem Fall lässt sich der Ausnahmecharakter dieser Erlaubnis in der Tat auch durch andere Quellen, auch niederländischer Provenienz, belegen.[150] Auch hier ging es letztlich um den Vergleich mit und die Distinktion gegenüber anderen Europäern.

Potenziell rangkonfliktträchtig waren demnach vor allem solche Anlässe, an denen Vertreter verschiedener Kompanien teilnahmen. Müller berichtet etwa über das Erntefest in Fetu, zu dem die Vertreter aller im Lande präsenten Kompanien eingeladen wurden. Um Konflikten vorzubeugen, soll in der Hauptstadt eigens ein neues Gebäude errichtet worden sein, um jeder europäischen Delegation ihr eigenes Quartier anweisen zu können. Bei dem gemeinsamen Mahl blieb aber die Sitzordnung offenbar weiterhin ein drohender Streitpunkt.[151] In Ouidah sorgte gelegentlich die Zahl wie auch die Reihenfolge von Landesflaggen, die bei Umgängen mitgeführt wurden, für Unmut zwischen den europäischen Gouverneuren vor Ort.[152] Auch die Sitzordnung bei den »Customs« in Dahomey konnte Anlass für Streitigkeiten sein, da hier alle europäischen Gouverneure zusammenkamen – Pruneau de

---

148 Dapper, *Beschrijvinge* (1668), S. 411. Dort findet sich auch eine sehr ausführliche Beschreibung des Hofzeremoniells in Kquoja mit unterschiedlichen Rangabstufungen (ebd., S. 409ff.). Dappers Informationen gehen vermutlich auf einen niederländischen Händler zurück, der sich zwischen den 1620er und 1640er Jahren am Cape Mount aufhielt; siehe Jones, Kquoja.

149 Siehe zur Mission Roes Flüchter, Roe. Zur Einordnung in asiatische Rangfolgen und lokales Zeremoniell vgl. auch Goor, Koopman, und Blussé, Queen, S. 27f. Elmina entwickelte für den Empfang auswärtiger Besucher auch kein so elaboriertes Zeremoniell wie Batavia, auch wenn man durchaus auch bestimmte zeremonielle Elemente (Salutschüsse je nach Rang, Umtrunk, Mähler, »Visiten« etc.) pflegte.

150 In der Tat wird in einer niederländischen Quelle von 1657 erklärt, dass kein Weißer bei Tag durch das Land reisen dürfe; Memorie (1657), in: Dam, Beschryvinge, Bd. 2,3, S. 538.

151 Müller, Landschafft (1676 [1673]), S. 68.

152 Brief von William Hickes an CCC, dd. 18.10.1710 (abstract), TNA, T 70/5.

Pommegorge lässt in seinem Bericht von 1789 jedoch keinen Zweifel daran, dass die Franzosen ihren erwähnten Vorrang zu verteidigen wussten.[153]

b. Zeremonielle Praxis zwischen den europäischen Kompanien

Ob sich die europäischen Kompanievertreter bei afrikanischen Herrschern begegneten oder einander wechselseitig Besuche abstatteten – auch an der westafrikanischen ›Peripherie‹ ging es um die Kommunikation und Anerkennung von Rang und Stand durch symbolische Akte. Dass die Amtsträger der Kompanien in Westafrika nicht allein bestimmte organisatorische und funktionale Aufgaben erfüllten, zeigt vielleicht am deutlichsten die Begründung, mit der die WIC 1623 ihren ersten »General« für Westafrika berief: »[...] einen General zu ernennen, [...] wird also als bestes Mittel betrachtet, um die Sache mit Reputation [reputatie] anzufangen.«[154] Wiewohl die Formulierung recht unspezifisch ist, tritt klar zutage, dass die Funktion des Generals hier auch eine performative sein sollte.

Es gibt keine normativen Quellen, die das Zeremoniell zwischen den Gouverneuren und Direktoren in Westafrika festlegen, und auch die Instruktionen für Amtsträger gehen auf diese Frage nicht weiter ein. Meist war dort lediglich von freundschaftlichem Umgang und harmonischem Zusammenleben die Rede, das gepflegt werden sollte.[155] Doch es existierten offensichtlich ungeschriebene Regeln des Umgangs und zeremonielle Standards der Interaktion zwischen den Kompanien. Wie so oft treten diese für spätere Beobachter insbesondere dann deutlich hervor, wenn es um ihre Nicht-Einhaltung geht. Daher soll im Folgenden anhand einiger Konfliktfälle der zeremonielle Usus an der Küste beleuchtet und auf neuralgische Punkte hin untersucht werden.

---

153 Pruneau de Pommegorge, *Description* (1789), S. 180.

154 »[...] te nomineren een Generael die de geheele Custe van Africa often minsten de Goutcust inden name vande Compagnie sal hebben te com[m]anderen alsoo dit het bequaemste middel geoordeelt wort om de saecke met reputatie aen te Vangen«; Beschluss der Heeren XIX, Sitzung vom 28.07.1623 [Freitag nach dem 24.07.], NA, OWIC 1.

155 Keine Rolle spielen Fragen der Außenbeziehungen etwa in der Instruktion für Thomas Melvil, dd. 17.04.1751, in: Crooks (Hrsg.), Records, S. 14–18; dort wird allein darauf abgehoben, dass »the Law of Nations« Melvils Verhalten gegenüber in Seenot geratenen Schiffen fremder Nationen bestimmen und ansonsten »Preservation of the British Property and Trade« sein oberstes Ziel sein solle (S. 18). In einzelnen Briefen ging es freilich sehr wohl um diplomatische Fragen.

Erste Hinweise auf einen solchen Usus geben die Konflikte um Jørgen Billsen, von 1744–1745 Gouverneur des dänischen Forts Christiansborg in Accra. Er machte sich bei seinen englischen und niederländischen Amtskollegen vor Ort reichlich unbeliebt, indem er ihnen nicht die übliche Anzahl an Salutschüssen zugestand und Treffen eher zu einer (asymmetrischen) Audienz denn zu einer freundschaftlichen Begegnung werden ließ. Rømer, der uns schon als Autor eines Reiseberichts begegnet ist, arbeitete unter Billsen als Oberkaufmann und geriet bald mit diesem aneinander. In einem Brief an die Direktoren in Kopenhagen berichtet er über zahlreiche Verstöße, Fehltritte und Untaten Billsens;[156] als Ursache für die Zerwürfnisse zwischen Billsen und seinen Amtskollegen machte er wesentlich die zeremoniellen Kränkungen aus. Dies weist daraufhin, dass es einen zeremoniellen Usus gab, auf den man rekurrieren konnte.[157]

Dass die Einhaltung dieses Usus, etwa im Hinblick auf die Salutschüsse, auch als rechtlich wirksame Anerkennung des jeweiligen Status gedeutet werden konnte, zeigt ein Fall aus dem späten 17. Jahrhundert: Als die WIC in Zweifel zog, dass die Präsenz der schwedischen Kompanie in Westafrika legal sei,[158] verwies der schwedische Gesandte Johan Philipp Silvercrona 1661 unter anderem auf die zeremonielle Praxis in Westafrika: »Ebenso haben die Offiziere und Bedienten der Schwedischen Afrikanischen Kom-

---

156 Brief von L. F. Rømer an die Direktoren der DAK, dd. 28.02.1745, in: Justesen (Hrsg.), Danish Sources, Bd. 2, no. XI.38, S. 635–650, hier: S. 636f., und Rømer, Account (1760), S. 76. – Die Unzufriedenheit mit Billsen war in Christiansborg verbreitet, es kam sogar zum Aufstand; dazu Nørregard, Settlements, S. 104f.

157 Dessen Rekonstruktion im Einzelnen bleibt jedoch schwierig. Für die Salutschüsse lässt sich aber in der Tat für das 18. Jhdt. mehrfach die Angabe von 21 bzw. 20 feststellen: siehe z.B. Dagregister Elmina, Eintrag vom 07.04.1736, NA, TWIC 110, fol. 825r über 21 Salutschüsse bei der Amtseinführung von De Bordes; Brief Melvils an das Committee der CMA, dd. 15.09.1751, TNA, T 70/29 über 21 Salutschüsse für ein königliches Schiff; Eintrag vom 17.04.1780, TNA, T 70/1470 in Bezug auf das Begräbnis von Generaldirektor Woortman, dort 20 Schüsse als »customary Time immemorial on simular occasions«. 1794 legte die CMA für die britische Seite die Anzahl der Salutschüsse neu fest, u.a. um die Kosten zu reduzieren; nach dieser Neuregelung erhielten Gouverneure bzw. Generaldirektoren nur noch 15 Ehrenschüsse; Regulations respecting salutes, dd. 15.02.1794, in: Crooks (Hrsg.), Records, S. 90f. 21 Salutschüsse sind im europäischen Zeremoniell traditionell souveränen Herrschern, später dann Staatsoberhäuptern (heutzutage bspw. dem Bundespräsidenten) vorbehalten; dazu kurz Hartmann, Staatszeremoniell, S. 243–246 und S. 280f.

158 In Zusammenhang mit dem Versuch, ein allgemeines Besitz- und Souveränitätsrecht über die Goldküste geltend zu machen; dazu näher unten, Unterkap. IV.2.1.

panie alle guten Traktamente und Korrespondenzen von Seiten der Bedienten der Westindischen Kompanie genossen und erhalten [...], nicht weniger wurde schwedischen Schiffen, die Ihrer Hochmögenden Fort Elmina passierten und dieses gebührend mit Salutschüssen grüßten, mit dem gleichen Respekt geantwortet, auf die Weise, wie sie Ihre Hochmögende auch in Europa gebrauchen und erhalten [...].«[159] Dies zeugte nicht allein davon, dass die schwedische Kompanie keineswegs gewaltsam agiert hatte, wie die Niederländer behaupteten, sondern man sich als Vertreter unterschiedlicher Souveräne und Nationen behandelt hatte. Ganz selbstverständlich wird hier eine Repräsentationsrolle der Kompanie angenommen.

Für die Begegnungen einzelner Kompanievertreter, bei denen Angestellte niederen und mittleren Ranges oder allenfalls ein Oberhaupt involviert waren, wie auch für die Interaktionen zwischen Schiffen und Forts bestand offensichtlich ein allgemeiner Konsens, der selten in Frage gestellt wurde. Als komplizierter und mit größeren zeremoniellen Schwierigkeiten verbunden hingegen erwiesen sich immer wieder persönliche Treffen zwischen den Oberhäuptern verschiedener Kompanien. Als sich die Oberhäupter von RAC und WIC, General Dalby Thomas und Generaldirektor Pieter Nuyts, 1708 persönlich treffen wollten, um die diffizile Frage der Behandlung von Deserteuren zu klären, wurde bereits die Festlegung von Ort und Zeit zum Gegenstand zahlreicher Briefe zwischen Elmina und Cape Coast.[160] Nachdem man sich schließlich auf einen Treffpunkt auf halber Strecke zwischen den beiden Hauptforts, am Sweet River (damals auch Verse, Zoute oder Fetusche Revier genannt), geeinigt hatte, erklärte Thomas, seines Erachtens sei es am besten, sich dort »auf eine Tasse Kaffee oder Tee, ohne große Zeremonien« zu treffen – auch daraus kann man folgern, dass der Brauch eigentlich Zeremonien vorgesehen hätte, die Thomas hier als überflüssig darstellen wollte.[161] Als das Treffen dann am 11.

---

159 »Gelyck dan oock de Officiren en dienaars vande Sweedsche Africaansche Comp:[ie] alle goede tractementen en correspondentien, van de Bedienden der Westind: Comp[ie] deser landen in Guinea, van tyt tot tyt genooten en gehad hebben [...]: niet minder synde Sweedsche Schepen passerende haar Ho: Mo: fort el Mina, en tselue behoorlyck met canon saluerende, met gelycke respect beantwoort en bejegent geworden: in sulcke voegen als haar Ho: Mo: in Europa practiserende en ontfangende syn«; Brief des schwedischen Deputierten Silvercrona an die Generalstaaten, dd. 02.[06.?]1661, NA, SG, Loket Kas Zweden 38. – Vgl. auch den Verweis der dänischen Kompanie auf wechselseitige »Visiten«; *Tegen-Bericht* (1665), S. 61.

160 Vgl. die Einträge vom 06. und vom 08.–10.07.1708, NA, TWIC 125, mit bis zu vier Briefen pro Tag.

161 Eintrag vom 09.07.1708 (B), TWIC 125 (Brief von Dalby Thomas an Pieter Nuyts).

Juli 1708 tatsächlich stattfand, ist dann sehr wohl von »Ceremonien« die Rede, auch wenn sie nicht näher beschrieben werden.[162] In dem Abkommen, das Thomas und Nuyts im Namen ihrer jeweiligen Souveräne und Kompanien schlossen und das bereits seit längerer Zeit vorbereitet worden war,[163] wurde vereinbart, dass die beiden Oberhäupter sich zukünftig alle sechs Monate treffen sollten, um Konflikte und andere Angelegenheiten im persönlichen Gespräch zu klären.[164]

Wirkungslos, aber dennoch aufschlussreich war eine der seltenen grundsätzlichen Stellungnahmen der RAC zu Zeremoniellfragen. Sie verfügte 1731 in einem Brief an die *chief merchants* in Cape Coast, dass alle Kommunikation zwischen den verschiedenen Kompanien in Afrika allein per Brief abzuhandeln sei, damit die Kompaniezentrale in der Heimat gleichsam mitlesen konnte. So sollten Zeremoniellfragen gar nicht erst aufkommen und das Konfliktpotenzial minimiert werden:

> »We know not how the Ceremonial between You and the Dutch General may stand in point of Visits, Neither is it of any Importance whether you visit one another or not, But in all matters relating to Business, and to the Trade of the two Companys We think the only proper way is by Letters, and not by verbal

162 »[...] op een Copje koffy off thee, sonder groote sermonie«; Eintrag 11.07.1708, TWIC 125. – Bei einer weiteren Zusammenkunft am selben Ort drei Tage später, die der Unterzeichnung des zuvor vereinbarten Abkommens diente, kam es offensichtlich auch zu einer kleineren Auseinandersetzung: Thomas verlangte, dass die niederländische Flagge an dem Zelt, in dem das Treffen abgehalten wurde, umgehend abgenommen werde; Eintrag vom 14.07.1708, ebd.

163 Die entsprechenden Verhandlungen waren mindestens seit Sommer 1707 im Gange; es herrschte jedoch weiterhin wechselseitiges Misstrauen, vgl. die Briefe von Charles Hayes, dd. 17.01./22.08./27.09.1707 und von Dalby Thomas, 15.01.1708, TNA, T 70/5, sowie den Brief von Thomas am 28.07.1708, ebd.

164 Abkommen zwischen RAC (Dalby Thomas) und WIC (Pieter Nuyts), dd. 14.07.1708 (NS) bzw. 03.07.1708 (OS), Art. 11, inseriert in Eintrag vom 11.07.1708, TWIC 125; weitere Kopie, die allerdings auf den 11.07.1708 (NS) bzw. 30.06.1708 (OS) datiert ist, in NA, VWIS 1167. Eine englische Ausfertigung ist in TNA, C 113/273 überliefert. Dieses Abkommen wurde in der Folge mehrfach erneuert; Abkommen zwischen RAC (James Phipps und Seth Grosvenor) und WIC (Hieronimus Haring), dd. 16.05.1713 (NS) bzw. 05.05.1713 (OS), NA, VWIS 1167, und Abkommen zwischen WIC und RAC, dd. 20.01.1729, ebd. Bei Auseinandersetzungen nahmen in der Folge beide Seiten auf diese Verträge Bezug; siehe bspw. Eintrag vom 04.12.1714, NA, TWIC 124 (Protestschreiben gegen die RAC); Eintrag vom 04.02.1715, ebd. (RAC wirft WIC Vertragsverstoß vor); dies auch im Brief von Joseph Blaney und Randy Logan, 14.02./14.03.1715 (abstract), TNA, T 70/6.

Messages by any of his or your white people and much less by any Blacks whatsoever […].«[165]

Verblüffend ist zunächst, wie offen das *Committee* seine Unkenntnis der Zeremonialfragen vor Ort bekannte – sein Vorschlag, Anwesenheitskommunikation vollständig durch Schriftverkehr zu ersetzen, der offensichtlich einer bürokratischen Kontrollfantasie entsprungen war, hätte aber wohl einer koordinierten Aktion aller Kompanien bedurft. Ohnehin konnte bereits dem Briefverkehr eine symbolische Dimension zukommen, angefangen bei den Anredeformeln, über den Zeitpunkt einer Antwort bis hin zum Extremfall einer Drohung, einen Brief in den Abort zu werfen, was der Absender als Kränkung seiner Ehre auffassen musste.[166]

Wie sehr bereits die Frage, in welcher Sprache kommuniziert werden sollte, politisch aufgeladen sein konnte, zeigt sich am eindrücklichsten bei dem sogenannten »Dixcove Palaver«, einer der zahlreichen Auseinandersetzungen, in denen sich WIC und RAC mit ihren jeweiligen indigenen Verbündeten um 1750 gegenüberstanden.[167] Während der Verhandlungen zur Beilegung des »Palaver«, die im Januar 1751 begannen, waren Fremdsprachenkenntnisse zwar offenbar vorhanden, dennoch nahm man eine komplizierte Übersetzungskette in Kauf:

»Mess:rs Volkmar & Bacot arrived, Saluted with 11 Guns, talked about the Palaver, Volkmar could not speak English, & Bacot (who could) would not. Therefore they told their Palaver to their Boys in Dutch or Portuguzes [sic], the Boys retold the same to the Company's Linguist in Negroes, who explaind it (as well as he was capable) in English, And my Answers underwent the Contrary chain of explanation to them.«[168]

---

165 Brief der RAC an die *chief merchants* Brathwaite, Cruickshank und Peake, dd. 18.03.1731, TNA, T 70/54. – In Accra wurden 1727 wechselseitige Besuche – jedoch »contrary to Custom« – vermieden, wohl um Spionage zu verhindern und um sich vor Smith als Inspektor keine Blöße zu geben; siehe Smith, *Voyage* (1744), S. 137. Dass de la Palma 1702 erklärte, einen französischen Abgesandten aufgrund eines Besuchsverbots nicht empfangen zu können, legt Damon hingegen als Unhöflichkeit und Perfidie aus; Damon (1702), in: Roussier (Hrsg.), Etablissement, S. 105.

166 So angeblich die Drohung Hendrik Caerlofs; siehe Brief Ruychavers an Hendrik Caerlof, dd. 10.07.1651, Kopie, NA, OWIC 13.

167 Diesen Konflikt thematisiert auch Newton, Slavery, S. 180ff. Zum Begriff *palaver* und seiner Verwendung siehe unten, IV.3.3.b.

168 Journal of the Palaver at Fortress of Dixcove, dd. 1750, TNA, T 70/1476, S. 6. Vgl. zu der Auseinandersetzung auch die Ratsbeschlüsse von Elmina, Einträge vom 01. und 10.06.1751, NA, TWIC 504.

John Roberts, der englische Gouverneur und Verhandlungsführer, wies auf die Probleme hin, die diese Form der Kommunikation mit sich brachte. Beispielhaft führte er an, dass vorgetragene Statements in den Übersetzungen stets immer länger würden und man von möglichen Fehlübersetzungen ausgehen müsse, die gegebenenfalls die vorhandenen Konflikte noch verschärfen könnten. Daher bat er den niederländischen Kommis Bacot darum, sich das Anliegen der RAC auf Englisch anzuhören. Bacot lehnte dieses Ansinnen jedoch rundheraus ab und erklärte, sein Englisch sei zu schlecht. So gingen die Verhandlungen über die Übersetzungskette weiter. Die Unterhändler der WIC, Volkmar und Bacot, reichten schließlich auch noch eine Schrift auf Niederländisch ein, die die Verteidigung ihres lokalen Verbündeten, Enterry von Ahanta, darstellen sollte. Erneut versuchten die Engländer, die Übersetzungskette zu beenden, nun, indem sie anfragten, ob man das Dokument nicht ins Französische übersetzen könne, also in die in Europa inzwischen etablierte Standardsprache der Diplomatie. Doch auch dieser Vorschlag ging ins Leere, und so nahmen die Verhandlungen weiter ihren Lauf über eine doppelte Übersetzung.[169] Überdeutlich zeigt sich, dass Kommunikation hier nicht allein eine instrumentelle, sondern auch eine politisch-symbolische Dimension besaß.[170] Die Tatsache, dass die niederländischen Unterhändler sich in der Sprachfrage stur stellten und die Verhandlungen hinauszuzögern suchten, konnte die englische Partei jedoch ihrerseits dazu nutzen, den niederländischen Friedenswillen insgesamt in Frage zu stellen.

Sprachprobleme zwischen den europäischen Kompanien waren jedoch nicht allein politischem Unwillen geschuldet, wie ein weiterer Vorfall zwischen niederländischer und englischer Kompanie aus den 1750er Jahren zeigt. An diesem Fall erweist sich zugleich die symbolische Dimension von Briefkommunikation auch jenseits oder trotz sprachlicher Verständigungsprobleme: Im Juli 1754 erreichte den englischen Gouverneur Thomas Melvil, Nachfolger des oben erwähnten John Roberts, die Nachricht vom Amtsantritt des neuen niederländischen Generaldirektors, Nicolaas Mattheus van

---

169 Journal, dd. 1750, TNA, T 70/1476, S. 8f.

170 Vgl. zum symbolischen *und* instrumentellen Aspekt von Verhandlungen auch Köhler, Strategie, bes. Kap. 4.2 und 4.3. – Zu (Umgangs)Sprachen in der europäischen Diplomatie siehe Braun, Fremdsprachen, und das Forschungsprojekt »Übersetzungsleistungen von Diplomatie und Medien im vormodernen Friedensprozess. Europa 1450–1789« (IEG Mainz u.a.), URL: www.uebersetzungsleistungen.de [zuletzt besucht am 19.10.2014].

der Noot de Gietere.[171] Zwei »Gentlemen« aus Elmina überbrachten einen Brief, von dem Melvil jedoch kein einziges Wort verstand, da er auf Niederländisch abgefasst war. Jemand erbot sich, den Brief zu übersetzen, konnte aber ebenfalls nur einzelne Wörter ausmachen: »Love of Peace – Hague – Colonel York – no more.«

Obwohl der Brief somit weitgehend unverständlich blieb, befolgte man die üblichen Schritte und Handlungsroutinen: Melvil sandte seinerseits zwei Kompanieangestellte nach Elmina mit einem Glückwunschschreiben, das »the strongest assurances of our sincere desire of living in harmony« enthielt und seinerseits auf Englisch verfasst war. In diesem Schreiben schlug Melvil vor, für die weitere Korrespondenz, wohl ebenso sehr aus pragmatischen wie aus symbolischen Gründen, eine »neutrale« Sprache zu gebrauchen.[172] Zuvor waren Briefwechsel zwischen den beiden Kompanien teils in den jeweiligen Muttersprachen, teils auf Französisch geführt worden, nicht zuletzt je nach Verfügbarkeit kompetenter Übersetzer oder je nach den Sprachkenntnissen der Oberhäupter selbst. Melvil selbst hatte mit dem Vorgänger de Gieteres, Jan van Voorst, auf Französisch korrespondiert.[173] Das Französische hatte gegenüber den jeweiligen Muttersprachen im Vergleich zum frühen 18. Jahrhundert deutlich an Dominanz gewonnen,[174] war

---

171 Dazu Ratsbeschlüsse Elmina, Eintrag vom 14.07.1754, NA, TWIC 504. Zur Person van der Noot de Gieteres vgl. Doortmont, Slave Trade, und ders./Everts/Vrij, Families, v.a. Sp. 184–190. Van der Noot de Gietere hatte vor dem Antritt des Postens als Generaldirektor bereits über zehn Jahre an der Goldküste verbracht, von 1732/33–1746, und war in dieser Zeit zum Gouverneur von Axim und Ratsmitglied aufgestiegen.

172 Brief Melvils an das Committee der CMA, dd. 07.08.1754, TNA, T 70/30: »Mr de Gietere, the new Dutch General has taken possession of his Government, he notified his arrival to me by 2 Gent[lemen] & a Dutch Letter, of [which] I did not understand one word. One of the Gent[lemen] undertook to interpret it, and actually made out Love of Peace – Hague – Colonel York – no more. In Return to all this, I sent Mess: Andrews & White to Elmina, with an English L[etter] of Congratulation, [which] contain'd the strongest assurances of our sincere desire of living in harmony. I likewise told him, that if we were to have any intercourse, we must correspond in a Neutral Language. This he thinks reasonable [...].«

173 So z.B. im Briefwechsel zwischen van Voorst und Melvil im Juli 1751; TNA, CO 388/45, fol. 99r–v.

174 So scheinen die Abkommen, die die Kompanien Mitte des 18. Jhdts. schlossen, stets auf Französisch abgefasst worden zu sein, während sie Anfang des 18. Jhdts. üblicherweise in beiden Muttersprachen ausgefertigt wurden; siehe bspw. das Abkommen zwischen Nassau Senior und Jan Pieter Theodoor Huydecoper, dd. 19.03.1759, TNA, T 70/30, und Abkommen zwischen Thomas Melvil und Jan van Voorst, dd. 21.10.1751, TNA, CO 388/45, fol. 22r–23r und

aber, wie der Vorfall von 1754 ebenso wie das »Dixcove Palaver« zeigt, noch keineswegs diplomatische Standardsprache an der Küste geworden.[175]

De Gietere folgte Melvils Bitte und sandte seinen nächsten Brief auf Französisch. Doch erneut stellte sich die Lektüre als problematisch heraus: »[...] for their French translations are now almost as unintelligible as their Dutch Originals.«[176] Aus dieser spärlichen Korrespondenz, die er noch nicht einmal zur Gänze verstand, folgerte Melvil dennoch gegenüber seinen Vorgesetzten, dass de Gietere ein umgänglicher Nachbar sei – »he appears very civil«, konstatierte er gegenüber dem *Committee* der CMA. Das *Committee* wiederum verlieh in seiner Antwort angesichts des »good Character« de Gieteres seiner Hoffnung Ausdruck, dass die zwischen den Kompanien schwelenden Konflikte bald beigelegt würden.[177] Was uns auf den ersten Blick als höchst formelle, wenig persönliche und in dem vorgestellten Fall wechselseitig offenbar nicht einmal verständliche Kommunikation entgegentritt, war für die Zeitgenossen offensichtlich wichtig zur Bestimmung der Beziehung und der sozialen Situation; es ging darum, sich wechselseitig der »gentility« oder »honnêteté«, der »Ehrlichkeit«[178], zu versichern und damit die Basis für Beziehungen zu schaffen. In diesem Fall konnte Briefkommunikation auch als nonverbale symbolische Kommunikation funktionieren – und so Sprachhürden zwischen Europäern in Westafrika überwinden.

24r–25r. 1752 aber bat Melvil noch eher um die Entsendung eines Angestellten mit niederländischen als mit französischen Sprachkenntnissen; Brief Melvils an das Committee, dd. 14.03.1752, TNA, T 70/29, vgl. dagegen die zitierte Bitte von 1761 (siehe die nachfolgende Anm.).

175 Aufs Ganze gesehen etablierte sich das Französische jedoch im Laufe des 18. Jhdts. als Korrespondenz- und Verhandlungssprache, auch wenn der Bedarf an Schreibern mit entsprechenden sprachlichen Fähigkeiten nicht immer gedeckt war. So bat Melvils Nachfolger Bell 1761 um neue Angestellte für das Sekretariat, die Französisch verstehen und es korrekt schreiben könnten, »as that is what is chiefly wanted for that Office, all our Correspondence with the Dutch & Danes being carried on it that Language«; Charles Bell an das Committee der CMA, dd. 05.06.1761, TNA, T 70/30. Das *Committee* kam dieser Bitte verhältnismäßig rasch nach; vgl. den Brief des Committee der CMA an Charles Bell, dd. 20.01.1762, TNA, T 70/29.

176 Brief Melvils an das Committee der CMA, dd. 05.09.1754, TNA, T 70/30.

177 Ebd.; Brief des Committee der CMA an Melvil, dd. 28.06.1755, TNA, T 70/29.

178 Zu den »officers« der CMA als ehrbedachten »gentlemen« siehe auch St. Clair, Emporium, bes. S. 105–112. – Zum Begriff des »honnête homme«, der mir in diesem Zusammenhang ebenfalls treffend scheint, siehe Köhler, Strategie, bes. S. 174 ff.; vgl. auch Höfer/Reichardt, Art. Honnête homme, und Bury, Littérature, bes. S. 175 ff.

Die zeremonielle Praxis zwischen den Kompanievertretern wurde zwar nie dem Versuch einer schriftlichen Fixierung unterworfen, war aber durch einen allgemein anerkannten Usus bestimmt. Zeremonielle Schwierigkeiten bereiteten vor allem persönliche Treffen zwischen den Oberhäuptern an der Küste. Doch auch schriftliche Kommunikation konnte symbolisch aufgeladen werden; die Tatsache aber, dass eine Art feste Routine des Briefzeremoniells existierte, konnte sogar sprachliche Verständigungsprobleme überbrücken.

c. Repräsentationsfragen

Die vorangehenden Beispiele haben bereits gezeigt, dass die Vertreter der Handelskompanien in gewisser Weise als Repräsentanten angesehen werden konnten. Im Folgenden soll genauer untersucht werden, wen sie repräsentierten und um was für Rang- und Statusfragen es vor Ort ging.

Zum einen stand sicherlich die jeweilige persönliche Ehre als ›gentleman‹ auf dem Spiel. Dies zeigt etwa die Interaktion zwischen Generaldirektor Jan Pieter Theodoor Huydecoper (WIC) und Gouverneur Nassau Senior (CMA) 1759. Die beiden Kompanien stritten sich in der »Commenda Affair« um die Rechte an der Bucht des besagten Orts Komenda, wobei es sogar zu offenen Feindseligkeiten kam. Zur Klärung dieser »Affäre« schlug Senior ein persönliches Treffen der beiden Oberhäupter vor.[179] Sein niederländischer Kollege stimmte zu und brachte den altbewährten Treffpunkt am Sweet River zwischen den beiden Hauptforts ins Gespräch.[180] Senior nutzte die Frage des Treffens in der Folge jedoch dazu, Huydecoper als Ehrenmann unter Druck zu setzen. Dieser habe ihm zuvor einen Besuch auf Cape Coast versprochen und setze nun sein Wort aufs Spiel.[181] Huydecoper ließ sich auf seine Argumentation ein und so spielten beide in der Folge immer wieder die Rolle des Ehrenmanns und die damit zusammenhängenden Umgangsnormen gegen die Rolle des loyalen Amtsträgers aus. Dies taten sie gerade auch in hochpolitischen Angelegenheiten wie der Frage einer schriftlichen

179 Brief Seniors an Huydecoper, dd. 13.02.1759 (13:30 Uhr), NA, TWIC 114.

180 Brief Huydecopers an Senior, dd. 13.02.1759 (15:00 Uhr), ebd.

181 Brief Seniors an Huydecoper, dd. 13.02.1759 (2:00 Uhr) [eigentlich 14.02.1759], ebd. Weiter erklärt Senior: »Ik zoude UEd: geern aantreffen tusschen Elmina en deese plaats maar ik twyffel niet of gy ziet met my toestemmen, dat het val gevoeglyker waare, deese zaak binnen een fort aftedoen beschaaduwd voor de zon, en vry van een groot getal Neegers, welke 't ongemoegelyk zoude zyn te beletten, by zoo een gelegentheid aldaar ook te koomen.«

Erklärung über den Status quo, sodass es sich hier offensichtlich um strategische Rollennutzung handelt.[182]

Offensichtlich ging es also um mehr als die persönliche Ehre, wie die diskutierten Beispiele bereits angedeutet haben: Der Vorrang des französischen Direktors in Dahomey galt in den Augen der Zeitgenossen als Vorrang der französischen Nation, und die Salutschüsse, die schwedische Schiffe und niederländische Forts austauschten, entsprachen jenen zwischen Repräsentanten der Generalstaaten und der Königin in Europa. Kompanievertreter konnten demnach als Repräsentanten ihres Souveräns bzw. ihrer Nation angesehen werden und als solche auftreten.

Sind sie somit schlicht als Diplomaten mit abgelegenem Dienstort zu verstehen? Ein Blick auf das Einstiegsbeispiel aus Allada 1670 ist instruktiv, um den Charakter ihrer Repräsentation nuancierter zu erfassen: Der Sieur du Bourg grüßte den König von Allada im Namen der Compagnie des Indes Occidentales, auch die vergoldete Kutsche als Geschenk überreichte er in ihrem Namen. Zwar berichtet d'Elbée, dass du Bourg als *ambassadeur* behandelt worden sei, er stellte sich aber offensichtlich in erster Linie als Repräsentant der Kompanie vor. Zugleich waren Abgrenzungen vor allem gegenüber den Niederländern und den Engländern im Spiel.[183]

Einige Zeit später kam es jedoch zu einer Auseinandersetzung zwischen dem niederländischen und dem französischen Vertreter vor Ort.[184] Ausgangspunkt war ursprünglich ein Streit um die Flaggen, die am Strand von Allada aufgerichtet worden waren. Dieser verwandelte sich in der Folge in einen Präzedenzstreit. Dabei war nicht mehr von der Kompanie die Rede – vielmehr präsentierte sich der französische Kommis nun ganz als Vertreter des französischen Königs. Und es war so der Rang Ludwigs XIV., den er durch die Präzedenzprätention des Niederländers verletzt sah. Damit wurde der Streit zwischen den zwei Kompanievertretern als ein Rangkonflikt zwischen dem französischen König und den Generalstaaten dargestellt, der in

---

182 Die Rolle als »Ehrenmann« bzw. »honnête homme« konnte dabei in unterschiedlichem Verhältnis zur Rolle als Amtsträger, sowohl als Kompanieangestellter wie als Repräsentant, stehen; vgl. grundsätzlich zur Rollenvielfalt und Normenkonkurrenz als Merkmal frühneuzeitlicher Diplomatie THIESSEN, Diplomatie, in allgemeiner Perspektive DERS./KARSTEN (Hrsg.), Normenkonkurrenz.

183 Ähnlich z.B. auch die Anweisungen in der Instruktion für eine Mission der WIC nach Fante: Der Kompanieabgesandte Coymans soll den *braffo* und die *caboceers* im Namen des Generaldirektors grüßen und die niederländischen Interessen gegenüber den Engländern verteidigen; van der Wel, Instructy waer naer den Opper Coopman Isack Coymans sal hebben te reguleeren, dd. 09.07.1647, NA, OWIC 11.

184 Vgl. hierzu auch BRAUNER, Schlüssel, S. 206–210.

französischer Perspektive klar zuungunsten der niederländischen Emporkömmlinge, die gerade erst ihre Unabhängigkeit von Spanien gewonnen hatten, zu entscheiden war.

Offensichtlich wurden hier unterschiedliche Repräsentationsregister gezogen und strategisch genutzt: Die Kompanievertreter konnten den französischen König repräsentieren – oder auch nicht. Ihre Repräsentationsrolle erscheint deutlich flexibler und weniger formalisiert als diejenige eines *ambassadeur*.[185]

Die Annahme einer Repräsentationsrolle stellte in erster Linie eine Ressource in der Auseinandersetzung zwischen den verschiedenen Europäern dar. Am deutlichsten kommt dies wohl bei einem Vorfall aus den Jahren 1650/51 zum Ausdruck. In seinem Zentrum standen zwei Männer, die sich nur zu gut kannten – Jacob Ruychaver, Generaldirektor der WIC, auf der einen Seite und Hendrik Caerlof, frisch gekürter Generaldirektor der nicht weniger frisch gegründeten schwedischen Afrikakompanie, auf der anderen Seite. Caerlof war kein gebürtiger Schwede, sondern stammte aus Rostock oder Pillau.[186] Er war noch bis zum Frühjahr 1649 Kompaniekollege von Ruychaver gewesen, ja als Fiskal der zweitwichtigste Mann der WIC an der Küste, bevor er im Oktober 1649 in die Dienste der schwedischen Königin und der schwedischen Afrikakompanie trat. Caerlof sollte nicht allzu lange in schwedischen Diensten bleiben, sondern wechselte 1657 zur dänischen Kompanie, betrieb danach zeitweise auf eigene Faust Sklavenhandel und arbeitete ab 1665 für einige Jahre für die CIO. So kam es, dass ebendieser Caerlof auch an der eingangs geschilderten französischen Expedition nach Allada teilnahm und ihr als Experte und Vermittler diente.[187] Caerlofs Biografie ist zwar exzeptionell, aber dennoch charakteristisch für die »multinationale« Zusammensetzung der Handelskompanien in dieser Zeit.

Als Caerlof im April 1650 als Gründungsdirektor der schwedischen Kompanie an die Goldküste zurückkehrte, die er weniger als ein Jahr zuvor als niederländischer Fiskal verlassen hatte, kam es rasch zu Auseinander-

---

185 Ebd., S. 209f.

186 Zur Biografie bisher am detailliertesten Heijer, Dienaer; siehe auch oben, Einleitung, bei Anm. 147.

187 Dazu auch der Brief Dirck Wilrees an die Heeren XIX, dd. 06.09.1671, NA, Aanwinsten, 1e afdeel. 1902, no. 941. Wilree berichtet, dass der »treulose« Caerlof bei einem Landgang in Cape Coast (offenbar auf der Durchreise nach Allada) von den Einwohnern wiedererkannt und aufgrund früherer Missetaten angegriffen worden sei. Wilree kommentiert trocken: »[...] hätten die Schwarzen von Cape Coast ihm, in ihrer Wut, den Hals gebrochen, so wäre man von seinen Schandtaten befreit« (»[...] hadden de Cabo Cors Swarten hem, in de furie, den hals gebroecken, soo soude men van synen quaat doen bevryt syn«).

setzungen mit seinen ehemaligen Kollegen von der WIC. Im Vordergrund stand in erster Linie die wirtschaftliche Konkurrenz um einträgliche Handelsstützpunkte, die aus Sicht der WIC als Bedrohung ihres Rechts auf das Handelsmonopol oder gar ihrer Souveränität über die gesamte Region verstanden wurde. Verschärft wurde die Auseinandersetzung dadurch, dass ein beträchtlicher Anteil der Bediensteten der schwedischen Kompanie aus den Niederlanden stammte und die WIC immer wieder – gemäß entsprechenden Erlassen der Generalstaaten – versuchte, ihre Jurisdiktion über diese Personen geltend zu machen.[188] Die Konflikte zwischen SAK und WIC sollte man also keineswegs auf Animositäten zwischen Ex-Kollegen reduzieren, aber die persönlichen Beziehungen spielten, wie im Folgenden zu zeigen ist, durchaus eine Rolle.

In einem Beschwerdebrief Ruychavers an Caerlof vom Juli 1651[189] wird der Konflikt zunächst ganz als eine »nationale« Angelegenheit dargestellt. Ruychaver verweist auf das Verhältnis zwischen den Niederlanden und Schweden in Europa und präsentiert sich als autorisierter Vertreter der Generalstaaten, dem legitimerweise die Jurisdiktion über alle niederländischen Untertanen in der Region zukomme. Dabei spielt er das konfliktreiche Verhältnis der Kompanien in Westafrika, die als Repräsentanten ihrer jeweiligen Herrscher begriffen werden, gegen die »lange und alte Allianz« der Souveräne in Europa aus. Zugleich kann Ruychaver so auch in Westafrika das freundschaftliche Verhalten einfordern, das in Europa üblich sei. Dass es sich hier indes um eine weitverbreitete Argumentationsfigur, nicht aber einen sachlogischen Mechanismus handelt, zeigt die Probe aufs Exempel: Als zwei Jahre später, 1653, der erste Seekrieg zwischen England und den Niederlanden ausbrach, führte dies keineswegs zum Ende der »alten Freundschaft« zwischen den Vertretern dieser beiden Nationen an der Goldküste. Vielmehr schloss Ruychaver mit seinem englischen Kollegen Middleton gar ein Abkommen, das die Fortführung friedlicher Beziehungen bekräftigte und Notifikationsfristen im Falle eines anderslautenden Befehls aus der Heimat vorsah.[190] Der Status der Beziehungen in Westafrika war demnach nicht unmittelbar an jenen in Europa gekoppelt; vielmehr konnten die

---

188 Zu den niederländischen Rechtsansprüchen und Jurisdiktionsfragen ausführlicher unten, Abs. IV.2.1.a–c.

189 Brief Jacob Ruychavers an Hendrik Caerlof, dd. 10.07.1651, Kopie, NA, OWIC 13.

190 Vertrag zwischen George Middleton (CRA) und Jacob Ruychaver (WIC), dd. 06.01.1653 (NS), NA, OWIC 13. Darin wurde die Aufrechterhaltung der »alten Freundschaft« an der Küste vereinbart, »ungeachtet der aufgekommenen Differenzen zwischen unseren jeweiligen Souveränen« (»onaengesien de opgeresene verschillen tusschen ons wedersytse Souvereynen«). Im Falle eines explizi-

Akteure wechselseitige Bezugnahmen bis zu einem gewissen Grad strategisch einsetzen oder nicht einsetzen.

Kehren wir wieder zu der Auseinandersetzung zwischen Caerlof und Ruychaver zurück: Im Weiteren geht Ruychaver auf Caerlof als Person ein und wirft ihm verschiedene Missetaten vor – darunter die Drohung, einen Brief Ruychavers »int privaet«, also in den Abort zu werfen. Caerlof sei von »einem unbegründeten Hass« getrieben, den er während seiner Dienstzeit bei der WIC genährt habe und der ihn dazu veranlasse, die Generalstaaten zu schmähen und allen Niederländern feindselig zu begegnen. Er habe so bereits die Autorität, die Ruychaver von den Generalstaaten verliehen wurde, zu deren großer »Schande und Unehre« (»disreputatie en oneeren«) aufs Höchste gekränkt und das Recht der Kompanie geschmälert. Hier wird deutlich, dass Ruychavers Konstruktion auf eine Asymmetrie hinausläuft: Caerlof stellt er als eine von persönlichem Hass getriebene Einzelperson – »einen gehässigen Zerstörer jeder Freundschaft« – dar und somit gerade nicht als Repräsentanten der schwedischen Königin. Sich selbst präsentiert Ruychaver dagegen ganz als Vertreter seines Landes, Angriffe auf ihn sind Angriffe auf die Ehre der Generalstaaten.[191]

Caerlof nahm diesen Versuch, ihn seiner Repräsentantenrolle gewissermaßen diskursiv zu berauben, zum Anlass, diese implizit, aber umso wirkungsvoller einzufordern. Er bat Ruychaver um ein »kleines Geleitbriefchen« (»cleyn geleyt brieffie«), forderte somit eine schriftliche Bestätigung seiner Immunität ein.[192] Damit gab er Ruychaver zwar die Möglichkeit, sich beleidigt zu zeigen, da die Bitte um freies Geleit doch indirekt eine potenzielle Feindseligkeit unterstellte. Zugleich erreichte Caerlof durch diesen Schachzug aber, dass Ruychaver seinerseits in der Tat entsprechende Umgangsnormen des diplomatischen Verkehrs bestätigte. Ruychaver sicherte ihm zu, dass »weder E: E: Person noch einigen Eurer Bediensteten, so sie Vasallen und Untertanen Ihrer Königlichen Majestät in Schweden sind, irgendetwas widerfahren soll, das zum Nachteil der Freundschaft und Einigkeit (die zwischen den beiden Nationen existiert) gereichen würde, sondern dass dieselben mit solcherlei Ehre und Respekt empfangen werden sollen, wie wir der hochwürdigen Majestät in den Personen ihrer Vasal-

ten Befehls, der dem Vertrag widerspreche, solle man dies dem Vertragspartner ankündigen und ihm eine Zehn-Tage-Frist zur Vorbereitung einräumen.

191 »[...] een hatige perturbateur van alle Vruntschap«; Brief Jacob Ruychavers an Hendrik Caerlof, dd. 10.07.1651, Kopie, NA, OWIC 13. Ähnlich auch im Brief Ruychavers an Caerlof, dd. 20.07.1651, Kopie, ebd.

192 Brief Caerlofs an Ruychaver, dd. 12.06.1651 (?), Kopie, ebd.

len und Untertanen zu bezeugen schuldig sind [...]«[193]. Damit entsprach Ruychaver wohl noch nicht Caerlofs Vorstellung von seiner Anerkennung als Repräsentant, billigte aber der Auseinandersetzung zumindest eine völkerrechtliche Qualität zu.

Caerlof ging in den folgenden Gegenprotesten noch einen Schritt weiter und warf Ruychaver nun seinerseits vor, dass dessen Briefe weniger Proteste gegen die schwedische Kompanie als vielmehr ein »Pasquill« auf seine eigene Person darstellten. Dies seien aber unerhörte Vorgänge (»proceduren«), die Ruychaver nicht gegen ihn als Privatperson richten könne, sondern die ihn als Direktor und Bevollmächtigten Ihrer königlichen Majestät von Schweden beträfen. In dieser Eigenschaft aber gebühre ihm Immunität: »[...] aber in der ganzen Christenwelt, ja sogar im Türkenreich sind solche Bevollmächtigten frei von derartigen Verleumdungen und dürfen für keine Missetat zur Rechenschaft gezogen werden, geschweige denn, dass ihre Wohnung angetastet werden würde.« Hatte Ruychaver zuvor in seiner Person die Ehre der Generalstaaten gefährdet gesehen, trieb Caerlof diese Argumentation noch weiter – die Angriffe auf seine Person bedeuteten nicht allein eine Kränkung der Ehre der Königin von Schweden, sondern auch eine Verletzung des Völkerrechts allgemein (»het reght van alle volckeren«).[194]

An diesem Beispiel wird deutlich, wie Akteure Repräsentationsrollen gezielt einsetzen konnten. An der westafrikanischen Peripherie scheint ihre Nutzung noch stärker als flexible Ressource als im diplomatischen Verkehr in Europa eingesetzt worden zu sein.[195] Trotz aller Flexibilität führte die Annahme einer Repräsentationsrolle aber auch zur Verstrickung in damit verbundene Normen und Regeln, hier des völkerrechtlich-diplomatischen Verkehrs. Auf diese Weise konnten sich die Ex-Kollegen Ruychaver und Caerlof schließlich als Vertreter der Königin von Schweden und Repräsentant der Generalstaaten treffen.

---

193 »[...] dat noch UE Persoon off eenige synder bediende synde vassalen ende onderdanen van hare Coninghlycke Mayesteyt in Sweeden Jets sal wedervaeren dat tot Prejuditie vande vrintschap en eenigheyt (tusschen wedersyts Natien synde) soude mogen strecken, maer deselve met soodanighe eer en respect ontfangen worden als wy de hooghgedaghte Mayesteyt inde Persoonen van haer Vassalen en onderdanen schuldigh syn te betoonen [...].« Brief Ruychavers an Caerlof, dd. 13.07.1651, OWIC 13.

194 Antwort Caerlofs auf Protest Ruychavers vom 10.07.1651, dd. 14.07.1651, ebd.

195 Köhler, Strategie; Thiessen, Diplomatie; Droste, Dienst. Ein ähnlicher Ansatz zum Verständnis des Amts als Ressource auch bei Pečar, Ökonomie, Kap. II.1. – Siehe auch kurz oben, Einleitung, Abs. 5.2.

Es fragt sich nun, inwiefern eine – wie auch immer geartete – Zeremonialpraxis in Westafrika für die Hierarchie und Rangfolge europäischer Mächte *jenseits* Westafrikas relevant war. Die Rangfolge war und blieb für europäische Akteure eine *europäische.* Dass sich der niederländische Kommis in Allada 1670 erdreistet hatte, den Vortritt vor dem Abgesandten der französischen Kompanie zu beanspruchen, beschädigte den Status Frankreichs in Europa wohl kaum nachhaltig. Offensichtlich aber sahen die beteiligten Akteure diesen Vorfall dennoch als bedeutsam und rangrelevant an. Was als rangrelevant galt und was nicht, ist keineswegs objektiv festzulegen, sondern wurde in erster Linie durch die kommunikative Praxis bestimmt. Während diese in Europa durch die ausgeprägte Vernetzung der Fürstengesellschaft stabilisiert und so kontinuierlich Rangrelevanz produziert wurde,[196] war in Westafrika keine derartige höfische Öffentlichkeit präsent und es war ein erheblich größerer kommunikativer Aufwand erforderlich, um einen zeremoniellen Fauxpas zur Staatsaffäre zu erheben. Um ein Beispiel zu geben: Ein Auftritt eines Botschafters ohne Hut wurde in Europa üblicherweise von mehreren Seiten beobachtet und zeremoniell gerahmt; er wurde damit mit größter Wahrscheinlichkeit, auch ohne Zutun des Botschafters selbst, zum diplomatischen Problem. Ein Auftritt eines Kompanievertreters ohne Hut in Westafrika hingegen stand nicht im Blickfeld der europäischen Fürstengesellschaft; er konnte aber freilich durch kommunikative Anstrengungen der Betroffenen zum Problem werden. Fragen von Repräsentation und zeremoniellen Vorrechten waren bei den Kompanien zwar latent präsent, wurden aber nur selten derart herausgehoben wie der Vorfall in Allada 1670.

Gelegentlich aber wurde gerade die angesprochene Hutfrage auch im Hinblick auf Auftritte vor afrikanischen Herrschern erwähnt, dann aber üblicherweise im Sinne einer Erfolgsmeldung. Das eindrücklichste Beispiel eines solchen Falls stammt wiederum aus dem Umkreis der französischen Kompanie – diese Kompanie scheint insgesamt deutlich zeremoniell- und repräsentationsbewusster gewesen zu sein als ihre niederländischen und englischen Pendants. In diesem Fall war der Protagonist zudem ein Adeliger, was mit zu seiner Aufmerksamkeit für zeremonielle Vorrechte beigetragen haben mag: Der Chevalier Damon stattete 1698 dem König von Assini einen Besuch ab. Dort sah er sich auf seinem Weg zur Audienz einem »lächerlichen Ansinnen« (»proposition ridicule«) gegenüber – der *caboceer*, der ihn zum König führte, instruierte ihn, dass er sich im Angesicht des Königs niederzuknien habe und mindestens mit einem Knie den Boden berühren müsse. Ein solches Ansinnen erscheint angesichts der weiten Verbreitung der Proskynese im westafrikanischen Herrschaftszeremoniell nicht unplau-

196 Vgl. dazu Stollberg-Rilinger, Öffentlichkeit, S. 153 f. et pass.

sibel.[197] Diese Forderung habe er, so erklärt Damon in seiner *Relation*, rundheraus mit Verweis auf den Status des französischen Königs und mit der Drohung seiner sofortigen Abreise abgelehnt und ganz im Gegenteil seine Absicht formuliert, während der Audienz zu sitzen und seine Kopfbedeckung zu tragen. Daraufhin habe der *caboceer* nicht weiter auf seiner Forderung insistiert, sodass Damon – seinem eigenen Bericht zufolge – einen leicht errungenen zeremoniellen Triumph davontrug.[198] Man kann Damons Erzählung also dahin gehend verstehen, dass die Anpassung europäischer Akteure an die Erfordernisse afrikanischen Zeremoniells ihre Grenzen hatte und sie durchaus erfolgreich europäische Normen diplomatischer Repräsentation durchzusetzen vermochten – ganz, wie es etwa Wicquefort in *L'Ambassadeur et ses Fonctions* forderte.[199] Dabei handelte es sich um Normen, wie sie in Europa herkömmlicherweise für einen *ambassadeur* galten – als ein solcher gibt sich Damon selbst allerdings in seinem Bericht nicht explizit aus. Er rekurriert vielmehr recht unbestimmt auf die Ehre und den Rang seines Königs.[200]

Damons Bericht über seinen zeremoniellen Triumph weist jedoch mindestens zwei Schwachstellen auf: Zum einen haben wir für diese Begebenheit als Zeugnis allein die Aussage von ihm selbst, der jedes erdenkliche Interesse daran haben musste, sich gegenüber seinem Prinzipal als Verteidiger des zeremoniellen Vorranges darzustellen und etwaige Fauxpas oder gar regelrechte Demütigungen nicht zur Sprache kommen zu lassen. Zum anderen war dieser Triumph in keinem Fall ein dauerhafter, wie sich bei einer neuerlichen Expedition nach Assini drei Jahre später zeigte. Diese wurde ebenfalls von Damon angeführt und ist, anders als die erste Unternehmung, durch drei Quellen dokumentiert. 1701 erhielten die französi-

197 Vgl. bspw. Jones, Körper. – Siehe auch unten zu Dahomey, bei Anm. 263.

198 Damon (1698), in: Roussier (Hrsg.), Etablissement, S. 74.

199 Die zwei von Damon genannten Elemente (Hut und Kniefall) standen im Brennpunkt zeitgenössischer Zeremonialkonflikte und waren wesentlich für den Status eines *ambassadeur*. So kritisiert Wicquefort jene Botschafter, die die Ehre ihres Prinzipals gefährdeten, und nennt als Beispiel den Fall eines Botschafters des portugiesischen Vizekönigs von Goa, der vor einem »Roitelet Indien« niedergekniet und sich nicht bedeckt und auf diese Weise »une incongruité inexcusable« begangen habe. Wicquefort fordert damit eine universale Durchsetzung dieser zeremoniellen Normen; Wicquefort, *Ambassadeur*, Bd. 1 (1690), S. 535.

200 »[...] je luy reparty en le plaissantant que je scavois de quelle manière il falloit se presenter devant un Roy nègre, que cela [der vom *cabechère* geforderte Kniefall; C. B.] estoit bon à eux qui regardoient leur souverain comme une divinité, qu'il n'en etoit pas de mesme de moy qui avois l'honneur d'estre sujet du plus grand roy du monde [...]«; Damon (1698), in: Roussier (Hrsg.), Etablissement, S. 74.

schen Besucher wiederum eine Audienz, nun aber schweigt sich der Bericht von Damon zu der Audienz nahezu gänzlich aus und erwähnt zeremonielle Fragen mit keinem Wort[201] – bereits für sich genommen ein erstaunlicher Befund, vergleicht man ihn mit der prominenten Thematisierung des Zeremonialproblems in der *Relation* über seinen ersten Aufenthalt in Assini. Demgegenüber beschreibt der Dominikaner Godefroy Loyer, der in Assini eine Mission aufbauen sollte, die Audienz von 1701 in seiner publizierten *Relation* ausführlich.[202] Ihm zufolge erwies Damon dem König von Assini seine »reverence« – in welcher Form genau, bleibt unbestimmt, mindestens eine Verbeugung dürfte aber für die zeitgenössischen Leser ob dieser Formulierung nahegelegen haben, möglich wäre aber auch ein Fußfall. Weiterhin habe der König Damon und ihm, Loyer, selbst die besondere Ehre erwiesen, ihnen Stühle bereitzustellen, die übrigen Mitglieder der französischen Delegation hingegen hätten stehen müssen.

Zur Frage der Kopfbedeckung schweigt sich Loyer im Text aus – nicht aber im Frontispiz der *Relation*, das die Audienzszene zeigt und, wie auch die anderen Abbildungen des Werks, ein enges Verhältnis zum Text aufweist (Abb. 4).[203] Zunächst fällt auf, dass nur die beiden sitzenden Franzosen zu sehen sind, die übrigen stehenden Mitglieder der Delegation werden ausgeblendet. Damit wird – auch durch eine bemerkenswerte Aufsichtsperspektive – eine stärkere Gleichgewichtung suggeriert, sitzen sich König und Franzosen gleichsam gegenüber. In Sachen Kopfbedeckung ist die Abbildung eindeutig: Die beiden gezeigten Franzosen, die offensichtlich Damon und Loyer selbst darstellen sollen, sind nicht »couvert«; Damon hält seinen Hut unter dem Arm. Der König hingegen trägt einen ausladenden Dreispitz mit Feder. Der Quellenwert des Bilds ist ebenfalls nicht unproblematisch, und wir wissen nicht, wer für seine Anfertigung verantwortlich zeichnete. Allerdings ist die Tatsache, dass Damon mit unbedecktem Haupt gezeigt wird, auch nicht durch europäische Bildkonventionen, die ein eiliger Künstler herangezogen haben könnte, zu erklären. Vielmehr war es bei Diplomatenbildern üblich, den bestmöglichen zeremoniellen Moment zu zeigen, und das wäre im Falle eines herkömmlichen *ambassadeur* in jedem Fall ein Auftritt mit bedecktem Haupt gewesen.[204] Daher liegt die Interpretation nahe, dass Loyer hier als nicht gerade un-, aber doch auf andere Weise beteiligter Zuschauer das Audienzzeremoniell anders darstellen (lassen) konnte als Damon.

---

201 Damon (1702), in: Roussier (Hrsg.), Etablissement, S. 93 ff.

202 Loyer, *Relation* (1714), S. 112–120.

203 Sie wurde oben (bei Anm. 122) bereits kurz angesprochen.

204 Linnemann, Inszenierung.

Der zeremonielle Triumph Damons scheint so allenfalls von kurzer Dauer gewesen zu sein. Der Vergleich mit dem Bericht Loyers über die Audienz von 1701 machte zudem deutlich, dass unterschiedliche europäische Quellen an unterschiedlichen Anforderungen orientiert waren – Loyer als prospektiver Missionar hatte offensichtlich kein Problem damit, ohne Kopfbedeckung vor einem afrikanischen König aufzutreten. Anders als seine Botschafterkollegen in Europa hingegen konnte aber auch der Chevalier Damon flexibler mit zeremoniellen Fragen umgehen und sich im Zweifelsfalle über Fauxpas, wie es sein »unbedeckter« Auftritt 1701 nach europäischen bzw. seinen eigenen Maßstäben offenbar war, einfach ausschweigen.

Ebenso wie ›herkömmliche‹ Diplomaten zeichneten sich auch Kompanievertreter durch Rollenvielfalt aus. Anders als jene waren sie in der Gestaltung ihrer potenziellen Rolle als Repräsentant ihres Souveräns bzw. ihrer Nation aber deutlich freier und flexibler; dies konnte hier, wie es in der Natur der Sache liegt, vor allem indirekt gezeigt werden.

2.4 Zwischenfazit

Inwiefern interkulturelle symbolische Kommunikation in Westafrika gelang, ist pauschal nicht zu beantworten – ohnehin wäre zu diskutieren, inwiefern es verallgemeinerbare Kriterien für das ›Gelingen‹ von Kommunikation gibt. Es konnte aber aufgezeigt werden, dass das Audienzzeremoniell letztlich ein Phänomen alltäglicher Interaktionen war, die offensichtlich größtenteils funktionierten und zu Vertragsschlüssen, Handelsaustausch und anderer Anschlusskommunikation führten. Die oft gestellte Frage nach interkulturellem Verständnis bzw. Missverständnis ist dagegen methodisch wie quellenkritisch problematisch. Einleitend wurde an einem anschaulichen Beispiel demonstriert, dass zeitgenössische Erzählungen über Missverständnisse stets zu hinterfragen sind, da sie häufig sehr bewusst Asymmetrien konstruieren. Um möglichen Kommunikationsproblemen auf die Spur zu kommen, erscheint es daher als sinnvollere Strategie, auf die Brüchigkeit von Texten zu achten, sachliche und logische Widersprüche, Wechsel von Perspektiven usf. herauszuarbeiten. Als weitere Zugangsmöglichkeit wurde die Untersuchung der ›Textpolitik‹ und der Erklärungen vorgestellt, die die Autoren selbst für Kommunikationsprobleme anführen. Dabei fiel auf, dass die frühneuzeitlichen Autoren nur selten explizit auf kulturelle Differenz als Erklärungsmuster rekurrieren – anders als es im 20. Jahrhundert verbreitet ist, gingen sie offensichtlich nicht grundsätzlich von potenzieller kultureller Inkommensurabilität aus.

Wir haben es dabei im untersuchten Zeitraum nicht mehr mit einer Situation des Erstkontakts zu tun. Vielmehr existierten bereits eine Kontaktsprache und auch eine Gruppe von Übersetzern und Vermittlern, wie es selbst in Rømers Anekdote über die Audienz Kamps als fingierter Erstkontaktsituation aufscheint. Diese Vermittler standen zudem als Agenten des Transfers zeremoniellen Wissens und als Ratgeber in Audienzen bereit.

Grundsätzlich galt es für europäische Akteure in erster Linie, sich den lokalen zeremoniellen Gebräuchen anzupassen. Als spezifische Semiotisierungsstrategie wurde der ›zeremonielle Blick‹ herausgearbeitet, der basierend auf abstrakt zu fassenden Schlüsselelementen mögliche symbolische Elemente und Praktiken zu identifizieren half. Hier konnte die Erwartung symbolischer Kommunikation offensichtlich das ›Lesen‹ fremder Umgebungen und auch die Interaktionen selbst erleichtern.

Ein fortwährendes Problem bei der Interpretation westafrikanischen Zeremoniells blieb jedoch der Maßstab. Wie war das eigene Traktament einzuschätzen? Wurde man besser oder schlechter behandelt als der europäische Konkurrent oder auf gleiche Weise? Um die stets relative Bedeutung von Zeremoniell einschätzen zu können, waren Vergleiche notwendig. Anders als in Europa standen solche jedoch den meisten Akteuren nicht durch gesammeltes Erfahrungswissen oder gar in Form von Kompendien zur Verfügung. Vergleiche waren vielmehr nur im jeweiligen lokalen Rahmen zu ziehen, sodass Maßstäbe immer wieder empirisch neu generiert werden mussten; dies lag zum Teil allerdings auch an den problematischen Wissenstranfers selbst innerhalb einer Kompanie.

Grundsätzlich war afrikanisches Zeremoniell für europäische Akteure vor allem dann relevant, wenn andere Europäer im Spiel waren. Es hatte in ihren Augen offenbar nicht per se, wohl aber in Bezug auf andere europäische Mächte eine rangkonstituierende Funktion. Wie und ob dies auch jenseits des lokalen Kontextes in Europa rezipiert wurde, war von der Kommunikation über Zeremoniell abhängig. In Westafrika war dazu ein höherer Aufwand notwendig als in der stark vernetzten, sich wechselseitig beobachtenden Fürstengesellschaft und höfischen Öffentlichkeit Europas. Das heißt aber auch: Zeremonielle Fauxpas oder auch Errungenschaften wurden letztlich nur dann kommuniziert und damit erst wirkmächtig, wenn Akteure diesen kommunikativen Aufwand auf sich nahmen.

Ähnlich wie die zeremonielle Praxis an afrikanischen Höfen war auch jene zwischen den Kompanien weniger formalisiert und kontrolliert als das diplomatische Zeremoniell in Europa. Dennoch existierte ein ungeschriebener zeremonieller Usus, auf den die Akteure rekurrieren und den sie auch einklagen konnten. Die Rollenvielfalt der Kompanievertreter war zudem deutlich ausgeprägter als bei ›offiziellen‹ Diplomaten in Europa. So konnte die Frage, welchen Rang ein Kompanieangestellter eigentlich zu verteidigen hatte, sei es gegenüber einem afrikanischen König, sei es gegenüber einem europäischen Kollegen, durchaus flexibel beantwortet werden. Wichtig waren der persönliche Rang und die persönliche Ehre, die auch strategisch in Verhandlungen ins Spiel gebracht werden konnten. Weiterhin konnten Kompanieangestellte, wie bereits im Eingangsbeispiel gesehen, als Repräsentanten ihres Souveräns oder ihrer Nation auftreten, zum Teil auch im Sinne eines mimetischen Repräsentationsverhältnisses. Anders als bei ›offiziellen‹ Diplomaten war dies jedoch ein Repräsentationsregister, das sie ziehen konnten, aber nicht unbedingt ziehen mussten. Ebenso wie beim Zeremoniell an afrikanischen Höfen fehlte auch hier die Sanktion durch eine beobachtende Fürstengesellschaft, und ein zu spärlich ausfallender Salut bedurfte erst eines gewissen Aufwands, um zum Politikum oder gar zur Staatsaffäre zu werden. Noch deutlicher als bei innereuropäischen Außenbeziehungen tritt hier der Ressourcencharakter der Repräsentationsrolle hervor.

3. Audienzen in Dahomey. Eine Fallstudie

Gold- und Sklavenküste stellten in der Frühen Neuzeit nur noch eingeschränkt ein Gebiet von Kulturkontakten im Sinne von Erstkontakten dar, vielmehr waren viele Transkulturationsprozesse schon im Gange. Um dennoch Verflechtungsprozesse einigermaßen systematisch beobachten zu können, soll in diesem Kapitel mit Audienzen in Dahomey ein Fallbeispiel analysiert werden, in dem in gewisser Weise noch eine Situation des Erstkontakts gegeben ist.

Direkte Kontakte zu Europäern fanden erst mit der Expansion Dahomeys in die unmittelbare Küstenregion in den 1720er Jahren statt.[205] Die europäisch-dahomeanischen Beziehungen bestanden von diesem Zeitpunkt an bis in das späte 19. Jahrhundert fort. Für Kontinuität sorgten dabei vor allem die Forts in Ouidah, die von der englischen und französischen Kompanie sowie den Portugiesen unterhalten wurden.[206] Allein nach dem offiziellen Verbot des Sklavenhandels im frühen 19. Jahrhundert wurden diese Niederlassungen zeitweilig aufgegeben, aber (spätestens) Mitte des Jahrhunderts teils von privaten Firmen, die nun vor allem Palmölhandel betrieben,

205 Zeitgenössischen Berichten zufolge war Bulfinch Lambe, der bei der Eroberung Alladas gefangen genommen wurde, der erste Weiße in Dahomey; siehe u.a. Smith, *Voyage* (1744), S. 170 und S. 175f. Vgl. Johnson, Lambe; Law, King Agaja; ders., Alternative Text; und ders., Further Light.

206 Law, Ouidah, S. 31–41; zu dem französischen Fort die Studie von Berbain, Comptoir. – Die WIC hatte zuvor eine Logie in Savi sowie eine Niederlassung in Jaquin besessen, diese jedoch aufgegeben. Letztere wurde in den 1730er Jahren zeitweilig neu etabliert.

teils von ›offizieller‹ Seite wieder aufgenommen.[207] Ab den 1840er Jahren fanden sich vor allem britische, aber auch einige französische Delegationen am Hof von Abomey ein. Sie sollten den Herrscher von Dahomey zur endgültigen Abschaffung des Sklavenhandels bewegen, der trotz internationaler Verbote weiter florierte.[208] Auch erste Missionare stellten sich ab Mitte des 19. Jahrhunderts ein. 1894 wurde Dahomey schließlich von französischen Truppen besiegt und in die gleichnamige Kolonie eingegliedert.[209]

Audienzen in Dahomey bieten sich aus diesen Gründen besonders an, um nach dem Wandel der diplomatischen Praxis und ihrer Deutung(en) zu fragen. Dabei greife ich zeitlich etwas weiter aus und untersuche auch Quellenmaterial aus dem 19. Jahrhundert. So lassen sich Entwicklungen und Brüche besser nachvollziehen. Aufgrund der guten Quellenlage und ihrer kontinuierlichen Präsenz in Ouidah liegt ein besonderer Schwerpunkt auf der Überlieferung der französischen Kompanien. In der Hauptsache geht es mir um die Audienzen der europäischen Kompanievertreter und Diplomaten, zum Vergleich und zur Rekonstruktion von möglichen Veränderungen werden aber auch Berichte von Missionaren, Forschungsreisenden und privaten Kaufleuten herangezogen. Nicht zuletzt ist zu diskutieren, inwiefern das Hofzeremoniell in Dahomey zwischen ›offiziellen‹ und ›privaten‹ Besuchern unterschied.

In einem ersten Abschnitt werden die Beziehungen der europäischen Niederlassungen in Ouidah zum Herrscher von Dahomey skizziert. Anschließend wird der Ablauf einer Audienz rekonstruiert. In einem dritten Schritt diskutiere ich einige ausgewählte Aspekte, so das Verhältnis zwischen europäischen Vertretern und Dahomey, wie es in den Audienzen zutage tritt, weiterhin Transkulturationsprozesse sowie diachrone Veränderungen durch den sich entwickelnden Despotie-Diskurs.

---

207 Siehe Verger, Flux, S. 240ff., und Law, Ouidah, S. 161ff., der konstatiert, dass die Aufgabe der europäischen Forts ein Vakuum in der Handelsorganisation hinterlassen habe, »since they [the forts; C. B.] had served the function of facilitating contacts and organizing services for visiting traders and to some extent also of stockpiling slaves in anticipation of the arrival of ships. Such local agents were no less necessary in the illegal trade [...]. This gap was filled by unofficial resident agents settled on the coast. In Ouidah, the most important of these were the Afro-French merchant Nicolas d'Oliviera and the Brazilian Francisco Felix de Souza.« Ebd., S. 163.

208 Dazu Law, Ouidah, S. 189f., zum illegalen Sklavenhandel ebd., Kap. 5. Vgl. auch Lynn, Consul.

209 Siehe dazu u. a. Garcia, Royaume.

3.1 Der historische Kontext

Mit der Eroberung von Allada[210] 1723 und Ouidah[211] 1727 erlangte Dahomey nicht nur Zugang zum Meer, sondern auch direkten Zugriff auf europäische Stützpunkte. Zur Verwaltung und Regierung der Küstenregion wurde ein Amtsträger – bis 1743 der *tegan*, ab 1743 der *yovogan* (»Vorsteher der Weißen«, auch *yavogan*) – eingesetzt, mit dem sich die Oberhäupter der europäischen Niederlassungen zu arrangieren hatten und der für die meisten Alltagsfragen zuständig war. Das Verhältnis zum Herrscher von Dahomey hingegen blieb von Distanz geprägt. Der »marche ordinaire« nach Abomey, die symbolische und historische Hauptstadt Dahomeys, wo die Mehrheit der Europäer empfangen wurde, dauerte drei Tage.[212] Die Herrscher hielten sich zudem oft in der ehemaligen Hauptstadt von Allada[213] oder in Cana (auch Calmina)[214] auf, teils im Zusammenhang mit dem Ritualzyklus der

210 Vgl. dazu LAW, Kingdom of Allada, S. 107–116. Die offiziellen Traditionen im 19. Jhdt. suchten diese Eroberung dadurch zu legitimieren, dass sie die Könige von Dahomey als eine zu Unrecht verstoßene, rivalisierende Linie des Königshauses von Allada ausgaben; viele Historiker sind ihnen darin gefolgt. Mittlerweile wird diese Verwandtschaftskonstruktion jedoch in Zweifel gezogen; siehe DERS., History and Legitimacy, S. 448–451.

211 Zur Eroberung Ouidahs LAW, Ouidah, S. 50–68, zur weiteren Geschichte Ouidahs unter der Herrschaft Dahomeys ebd., Kapitel 2 und 3.

212 So etwa PRUNEAU DE POMMEGORGE, *Description* (1789), S. 170 f., und Gourg, Observations sur les depenses faites par le S. Denyau de la Garenne pendant son voiage chez le Roy Dahomet, dd. 12.10.1791, ANOM, C 6/27.

213 Vgl. dazu AKINJOGBIN, Agaja, S. 561, und an diesen anschließend LAW, Royal Ideologies, S. 328. Anders als Akinjogbin vermutet Law in dieser Verlegung jedoch weniger eine Kondition des »Friedensvertrages« zwischen Dahomey und Oyo (1733) oder eine sicherheitspolitische Entscheidung. Vielmehr stellt er heraus, dass es wahrscheinlich sei, »that Agaja's move to Allada was at least in part intended to facilitate the consolidation of his authority there, and perhaps further to appropriate for himself the political hegemony over the entire region which had traditionally been enjoyed by the kings of Allada« (ebd.).

214 So hielt sich Agaja im Frühjahr 1733 in »Tota«, einem Palastkomplex in Cana, auf, im Oktober 1733 traf Dubellay Agaja hingegen in Allada. Auch Snelgrave wurde 1727 zu einem Heerlager im vormaligen Reich Allada bestellt; Brief Jacques Levets an die Direktoren der Compagnie des Indes (lettre de nouvelles), dd. 26.08.1733, ANOM, C 6/25; Brief Julien Dubellays an die Direktoren der Compagnie des Indes (lettre de commerce), dd. 21.11.1733, ebd.; SNELGRAVE, *Account* (1734), S. 23. – Manche Divergenzen in der rituellen Topografie sind entsprechend auch auf derartige Ortswechsel zurückzuführen, die etwa mit neuen Bauprojekten oder Residenzverlegungen zusammenhingen. Vgl. zu den Residenzen und ihren unterschiedlichen Funktionen sowie ihrer Entwicklung

»Customs«.[215] Entsprechend variierten auch der Weg und die Dauer der Reise, die in Hängematten und unter Aufbietung mehrerer Dutzend Träger – nicht zuletzt für den Transport der Geschenke – absolviert wurde. Obwohl der Herrscher über seine Amtsträger vor Ort und durch vermeintliche oder reale Spione stets als latent präsent wahrgenommen wurde, bedurfte es also der Überwindung räumlicher Distanz und eines nicht unerheblichen logistischen Aufwands, um mit ihm in direkten Kontakt zu treten.[216]

Wie sah die Beziehung zwischen den europäischen Niederlassungen in Ouidah und dem Herrscher von Dahomey grundsätzlich aus? In einer Bestandsaufnahme der englischen Niederlassungen an Gold- und Sklavenküste, die auf ca. 1737 datiert, ist über das englische Fort in Ouidah Folgendes zu lesen: Die Gebäude seien zwar nicht aus Stein, sondern aus »mud« gefertigt, würden aber regelmäßig repariert und instand gehalten. Das englische Fort sei aus diesem Grund sowie durch seine überlegene Feuerkraft stärker als die benachbarten französischen und portugiesischen Stützpunkte. Durch die »natives« könne es allein durch Blockade und Aushungerung genommen werden, dies aber würde auch dem Interesse der indigenen Herrscher zuwiderlaufen. Der König von Dahomey wisse schließlich sehr wohl um den Vorteil »of keeping up the Fort upon a Trading Footing«, der Ort Ouidah sei daher das Letzte, was er aufgeben würde.

> »And yet the Chief [des englischen Forts; C. B.] is subjected to many disagreeable Compliances to his Commands, which would be below the Dignity of a White Man upon this Coast, did not Necessity oblige him to it. The Distance of his Residence at Ardah, being not above 27 Miles (bearing N. E. by N.) the King summons the chief upon most Trifeling Occasions, sometimes mere only to attend the Superstitious Cerimonies of his Religion.«[217]

---

auch MONROE, Continuity, zu Cana bes. S. 366 ff., sowie die Skizze des Forschungsvorhabens und erster Ergebnisse bei DEMS., Abomey Plateau.

215 Vgl. LAW (Hrsg.), Dahomey, Endnote 1: The Dahomian ›Annual Customs‹, S. 262–270, hier: S. 266 ff.

216 Ich möchte mich mit der Verwendung des Begriffes »Distanzkommunikation« keineswegs der Position Polanyis anschließen, dass Ouidah quasi einen Fremdkörper innerhalb Dahomeys dargestellt habe, der nur über »remote control« regiert wurde. Diese These hat bereits LAW, Ouidah, S. 119 f., mit guten Gründen zurückgewiesen. Sinnvoll hingegen scheint mir die Einschätzung Bays, dass das Verhältnis von Ouidah und Dahomey durch kulturelle und – wie Bay sagt – »psychologische« Distanz gekennzeichnet war; BAY, Wives, S. 107 f.

217 A DESCRIPTION of the Castles Fort and Settlements Belonging to the Royal African Company of England, on the Gold Coast of AFRICA and at WHYDAH, s. d. [ca. 1737], TNA, T 70/1470. – Vgl. zum Hintergrund der Machtverhältnisse auch LAW, ›No Resisting‹; Law führt auch einen Bericht von 1812

Nachdem sich der Verfasser des Berichts so offensichtlich bemüht hat, das Fort als sicher und stark darzustellen, auch im Vergleich mit den anderen europäischen Niederlassungen, stellt sich umso mehr die Frage, worin dann die »necessity« für das englische Oberhaupt bestand, den Launen des Königs zu gehorchen.

Allen Dissimulationstendenzen zum Trotz wird also auch in diesem Bericht deutlich, dass der Herrscher von Dahomey erhebliche Macht über die Europäer in seinem Land ausüben konnte. Er kontrollierte insbesondere eben das, weswegen die Europäer überhaupt präsent waren – den Handel. Diese Kontrolle war zum einen eine logistische: Er konnte die Handelswege und somit auch den Zugang von Händlern aus dem Hinterland regulieren. Auch bestimmte er über den Zugang zum Strand und damit die Ab- und Anreisemöglichkeiten der Europäer. Dies wird auch in dem zitierten englischen Bericht als »inconvenience« vermerkt: »both as it makes its Commerce [des Forts; C.B.] with Shipping almost impracticable, and subjects it to the Insolence of the Natives, who have it at all times in their Power to starve them into a Compliance of their Demands, by cutting them entirely off from any Communication, and of Consequence any Assistance from the Sea«. Doch diese Gefahr sei im Allgemeinen nur eine »imaginary Inconvenience« geblieben, »the Chiefs usually find Ways to keep themselves upon good terms with the Natives«.[218] Zum anderen kontrollierte der Herrscher von Dahomey bestimmte Sektoren des Handels auch direkt, so zum Beispiel durch Abgaben und Exportverbote. Zudem engagierte er sich auch selbst im Sklavenhandel, vor allem durch Verkauf von Kriegsgefangenen.[219]

---

an, der aufgrund ähnlicher Feststellungen die Aufgabe des britischen Forts in Ouidah empfiehlt (S. 61).

218 DESCRIPTION, TNA, T 70/1470. – Ungünstiger wird die Lage in einem französischen Bericht von 1786 beurteilt. Dort wird sie als Ursache für die »dependance presque servile des Nègres Dahomets« ausgemacht, in die die Niederlassungen (»comptoirs«) in Ouidah verfallen seien: »Rien ne peut y éntrer ou en sortir sans une permission accordée par le Gouverneur nègre de cet endroit qui prend titre d'hyavogan (maître des blancs) des corps de garde placés sur toutes les routes et la plus infatigable surveillance ne laissant aux Européens renfermés dans les forts aucune possibilité d'éluder les défenses rigoureuses aux quelles ils sont astreints.« Es folgen Erwägungen, das Fort in Ouidah aufzugeben und stattdessen eine Niederlassung im benachbarten, allerdings von einem Überfall Dahomeys bedrohten, Porto-Novo (»Ardres«) zu gründen; Mémoire contenant des observations sur quelques points de la Côte de Guinée, visités en 1786, par la Corvette le Pandour, et sur la possiblité d'y faire des établissemens, par M. de Champagny, dd. 06.09.1786, ANOM, C 6/27.

219 Nicht aber durch ein Monopol im Wortsinne; vgl. LAW, Royal Monopoly, bes. S. 560 ff.

Schließlich mochten die Europäer, solange sie in ihrem Fort blieben, einigermaßen geschützt sein, sobald sie dessen Mauern jedoch verließen, hatten sie der überlegenen Militärmacht Dahomeys nichts entgegenzusetzen. Immer wieder wurden so Europäer gefangen genommen und teils jahrzehntelang festgehalten oder des Landes verwiesen;[220] unliebsamer Fortdirektoren entledigten sich die Herrscher von Dahomey gelegentlich gar auf gewaltsame Weise.[221] Gefangenenbefreiung bzw. -loskauf war daher Ziel mehrerer der untersuchten Audienzen am Hof von Dahomey.

Nicht zuletzt drückte sich die Macht des Herrschers von Dahomey darin aus, dass die Oberhäupter der Forts zu Besuchen am Hof und zur Teilnahme an Ritualen genötigt wurden. Dieser Tatsache maßen auch europäische Beobachter, wie der oben zitierte englische Bericht deutlich macht, erhebliche Bedeutung zu. Es ist daher zu untersuchen, inwiefern Audienzen Aufschluss über das grundsätzliche Machtverhältnis zwischen dem Herrscher von Dahomey und den Kompanievertretern sowie dessen wechselseitige Wahrnehmung geben können.

3.2 Die Dramaturgie: Rekonstruktion einer Audienzreise

Die Audienzen fanden meist auf Veranlassung des Königs von Dahomey hin statt. Agaja (reg. 1718–1740) ließ beispielsweise William Snelgrave, Kapitän des Sklavenschiffs *Katherine Galley*, 1727 ausrichten, dass er ohne vorherige Audienz keinen Handel treiben dürfe, und brachte so den anfangs Unwilli-

---

220 Unter anderem wurden der französische Direktor Jacques Levet und der portugiesische Generaldirektor João Bazilio auf Befehl des Königs heimgeschickt, Letzterer nach zweimaliger Gefangenschaft in Dahomey 1743; dazu VERGER, Flux, S. 167ff. und S. 173ff.; LAW, ›No Resisting‹, S. 60. »The demonstration of Dahomian power on this occasion«, so Law, »was seemingly decisive for the future attitude of the European forts, which never afterwards ventured to support challenges to Dahomian power.« DERS., Ouidah, S. 60f. (bzgl. der Ereignisse von 1743).

221 Nachhaltig im Gedächtnis der Kompanieangestellten blieb der Tod des englischen Gouverneurs Charles Testefolle und des französischen Direktors Dupetitval; dazu kurz LAW, ›No Resisting‹, S. 60. Dupetitval wurde 1729 allerdings nicht von den Dahomeys, sondern von den Ouidahs umgebracht. An seiner Statt ließ Agaja Galot bei einem »festin« feierlich zum neuen französischen Direktor erheben; Mémoire de la Compagnie des Indes, dd. 08.11.1730, ANOM, C 6/25. Das Schicksal Dupetitvals und Testefolles war auch noch im späten 18. Jhdt. präsent; siehe u.a. Pruneau/Gustard, Mémoire pour servir a l'intelligence du commerce de Juda ..., dd. 18.03.1750, ANOM, C 6/25, und Mémoire sur la concession du Sénégal, s. d. [nach 1750], C 6/27bis, S. 188ff.

gen dazu, sich zu ihm zu begeben.[222] Oft genug nahmen die Europäer solche Aufforderungen als inhaltlich unbegründet und willkürlich wahr. 1744 beklagte sich zum Beispiel Jacques Levet, der Direktor des französischen Forts in Ouidah:

> »Anfang Oktober befahl mir der König, nach Abomey zu kommen, das 50 *lieues* [Meilen] von hier entfernt ist und der ungesundeste Ort der gesamten Küste Guineas, und zwar unter dem Vorwand einiger *palabres* in Bezug auf den Handel, tatsächlich aber bloß aus einer Laune heraus. Denn bei der Audienz, die dieser Fürst mir gewährte, wurde der Handel in keiner Weise thematisiert.«[223]

Ebenso wie die oben zitierte englische Bestandsaufnahme zeigt auch die Beschreibung Levets und die einseitige Aufforderung zur Audienz, wie sehr die Machtverhältnisse vor Ort durch die Dominanz Dahomeys gekennzeichnet waren.

Die Audienzen in den 1720er und 1730er Jahren, wie sie Agenten privater Handelsfirmen wie Snelgrave und offiziellen Kompanievertretern wie Julien Dubellay, Jacobus Elet und Jacques Levet gewährt wurden, zählten zu Agajas ersten direkten Begegnungen mit Europäern. Es etablierte sich rasch eine gewisse Routine in den Interaktionen zwischen den Europäern in Ouidah und dem Hof von Dahomey, die zwei Hauptanlässe für Reisen zum Hof vorsah:[224] Zum einen war dies die Antrittsaudienz, die jeder neue Direktor oder Gouverneur absolvieren musste,[225] zum anderen die Teilnahme an einem alljährlich stattfindenden Fest, den sogenanten »Customs« oder »Coutumes« (*hwenùwá*[226]).[227] Hinzu kamen die nach dem Tod eines Herr-

---

222 Snelgrave, *Account* (1734), S. 22 ff. Dazu auch Law, Manuscript Version.

223 »Au Commencement d'octobre, le Roy me mandat pour l'aller trouver a Bomé [Abomey] distant de 50 lieües d'Icy, et l'endroit le plus mal sain de toutte la coste de Guinée sous prétexte de quelques Palabres touchant le commerce, et réellement par pur Caprice, car dans l'audiance que ce Prince me donna, il ne fût question d'aucun Commerce.« Brief Jacques Levets an die Direktoren der Compagnie des Indes, dd. 25.02.1744, ANOM, C 6/25. Vgl. auch oben das Zitat aus der DESCRIPTION, TNA, T 70/1470.

224 Siehe u. a. Pruneau de Pommegorge, *Description* (1789), S. 178, und Mémoire pour servir d'instruction au Directeur qui me succédera au Comptoir de Juda, dd. September 1791, ANOM, C 6/27.

225 Die Antrittsaudienz war noch im 19. Jhdt. weitgehend anerkannte Praxis; vgl. bspw. McLeod, *Voyage* (1820), S. 120 (»usual visit to Abomey, as a matter of ceremony«).

226 Begriff nach Law (Hrsg.), Dahomey, Endnote 1: The Dahomian ›Annual Customs‹, S. 262 ff., früher meist *hwetanú* als Bezeichnung angenommen.

227 Die jährlich stattfindenden »Customs« (»Coutumes«) galten den Ahnen im Allgemeinen sowie dem jüngst verstorbenen König im Besonderen; siehe Coquery-Vidrovitch, Fête. Die früheren Königreiche der Region kannten allein

schers veranstalteten »Grand Customs«, die ebenfalls die Anwesenheit der europäischen Vertreter erforderten.[228] Der Zugang der Europäer zum Landesinneren blieb im Wesentlichen auf diese Gelegenheiten beschränkt.[229] Die Interaktionen mit dem König von Dahomey erschienen so deutlich außergewöhnlicher als die Begegnungen mit den Herrschern von Ouidah und Allada, die zuvor gleichsam zum Alltag der Kompanievertreter gehört hatten.[230]

Hinweise, wie sich die ersten Besucher am Hof Dahomeys zurechtfanden, gibt etwa William Snelgrave, der den frühesten ausführlichen Bericht über eine Audienz bei Agaja hinterließ. Snelgrave konnte bei seinem Treffen mit Agaja auf die Hilfe eines Übersetzers zurückgreifen. Dieser wies ihn unter anderem an, auf welche Weise er sich zu verbeugen habe: »[...] we paid his Majesty the respect of our Hats, bowing our Heads at the same

---

ein den »Grand Customs« vergleichbares Ritual beim Tod eines Königs. Die »Annual Customs« sind wohl eine dahomeanische Innovation, ihre Einführung wird in oralen Traditionen Agaja zugeschrieben; siehe LAW, Royal Ideologies, S. 325f. Vgl. auch BAY, Wives, S. 12f., S. 125ff. und S. 213–222 zur Veränderung des »ceremonial cycle« im 19. Jhdt.

228 Die »Grand Customs« bzw. »Grandes Coutumes« wurden über mehrere Wochen nach dem Tod des Königs und einem Interregnum vor der endgültigen Installation seines Nachfolgers gefeiert. Sie forderten deutlich mehr Menschenopfer als die jährlichen Zeremonien; siehe COQUERY-VIDROVITCH, Fête, S. 703f. und S. 708.

229 »European visitors to Dahomey were rarely given leave to roam freely, and were normally permitted to visit the capital only during the annual state-ceremonial cycle.« MONROE, Continuity, S. 351. Dies bedinge eine Fokussierung der Berichte auf die »Customs« und verstärke so die Tendenz, die Menschenopfer und blutigen Riten ins Zentrum zu rücken.

230 Die Herrscher von Ouidah wiesen den europäischen Händlern und Kompanievertretern Wohnräume direkt am Palast von Savi zu, sodass sie unmittelbar in ihrer Nähe waren; vgl. dazu KELLY, Archaeology. Kelly bemerkt zur doppelten Funktion dieses räumlichen Arrangements: »The *Hueda* [d.i. Ouidah i. S. einer Gruppenbezeichnung; C. B.] were clearly able to express their power over the European nations on the Slave Coast, but at the same time were dependent upon their presence of the elevated wealth and power the *Hueda* leadership possessed. This complex situation is most clearly expressed in the circumscription of the European lodges, placing them under the watchful eyes of the *Hueda* elite, yet at the same time, through their close association with the European traders, the *Hueda* were able to broadcast their privileged relationship to the sources of wealth and power.« (S. 365.)

time very low, as the Interpreter directed us.«[231] Zudem ließen sich manche Kompanievertreter bei ihrer ersten Reise zum Hof von Dahomey von europäischen Kollegen begleiten, die schon länger in der Region ansässig waren und quasi als Berater »die Sitten dieses Landes und ihr Volk« (»ces maniere [sic] de cette pais, et leur nation«) erklären sollten.[232] Die Kompanien pflegten zwar oft scharfe nationale Rhetorik, die durch die Konkurrenz unter den benachbarten Stützpunkten in Ouidah noch gesteigert wurde.[233] Doch zugleich deuten sich transnationale Kooperationen und Wissenstranfers an, wohl auch unter dem Einfluss der strikten Neutralitätspolitik Dahomeys.[234] Weiterhin ist der Wissenstransfer innerhalb der Kompanien beispielsweise durch eine schriftliche Instruktion eines Direktors für seinen Nachfolger dokumentiert, die auch zeremonielle Usancen erläutert.[235] Vor diesem Hintergrund kann man annehmen, dass eine relativ stabile Wissenstradition über zeremonielle Usancen unter den Europäern vor Ort existierte,

---

231 Snelgrave, *Account* (1734), S. 35. Zu dem Übersetzer namens »Buttonoe«, der Snelgrave zufolge ehemals »boy« in der englischen Faktorei gewesen war, bevor er in Gefangenschaft geriet, ebd., S. 22 ff.

232 So begründet Elet seine an den portugiesischen Direktor von Ouidah gerichtete Bitte, ihn auf dem Weg nach Abomey zu begleiten; siehe Missive aan de Portugueese directeur Jean de Basil [João Bazilio], s. d., in: Heijer (Hrsg.), Koning, S. 169 f. Ähnliche Motive spielten bei Gourg, der gemeinsam mit seinem erfahreneren englischen Kollegen zu den »Customs« reiste, und bei Snelgrave eine Rolle, der von einem niederländischen Schreiber, einem niederländischen Kapitän und dem Bruder des Herrschers von Jaquin begleitet wurde; Mémoire pour servir d'instruction au Directeur qui me succédera au Comptoir de Juda, par M. Gourg, dd. September 1791, ANOM, C 6/27, und Snelgrave, *Account* (1734), S. 24. – Diese Praxis setzte sich auch im 19. Jhdt. fort; vgl. z. B. zu F. E. Forbes Ross, Dahomey, S. 308.

233 Um nur ein besonders absurdes Beispiel zu nennen: Angeblich bemühten sich die Engländer 1763 angesichts des Ausbleibens französischer Handelsschiffe, dem König von Dahomey einzureden, Frankreich sei soeben von England erobert worden; vgl. den Brief von Pruneau de Pommegorge et al. an die Direktoren der Compagnie des Indes, dd. 20.02.1763, ANOM, C 6/25.

234 Dahomey führte die Neutralitätspolitik Ouidahs fort und untersagte die Austragung innereuropäischer Konflikte in seinem Herrschaftsgebiet; siehe dazu Law, Ouidah, S. 36 f. und S. 123, vgl. unten, IV.3.1.a, bei Anm. 256, zum Neutralitätsvertrag von 1703. – Das koloniale Spannungsfeld zwischen intraeuropäischer Kooperation und Konkurrenz untersucht Ulrike Lindner im Hinblick auf das deutsche und das englische Kolonialreich in Afrika. Sie bedient sich dazu der gelungenen Verknüpfung von komparativen und verflechtungsgeschichtlichen Ansätzen; Lindner, Begegnungen.

235 Mémoire pour servir d'instruction au Directeur qui me succédera au Comptoir de Juda, par M. Gourg, dd. September 1791, ANOM, C 6/27.

zumindest während des 18. Jahrhunderts. Bei einigen Autoren, insbesondere des 19. Jahrhunderts, ist auch nachzuweisen, dass sie Berichte anderer Besucher kannten und zum Vergleich heranzogen.[236]

Wie lief nun eine Audienzreise zum Hof von Dahomey ab? Europäischen Erwartungen Genüge tat, dass man bereits vor den Toren der Residenzstadt von Abgesandten des Herrschers begrüßt wurde, was der klassischen Einholung bei Einzügen gleichkam und einen ersten zeremoniellen Höhepunkt der Reise markierte.[237] Üblicherweise hielt die Gruppe, wenn sie sich bis auf wenige Meilen der Residenzstadt genähert hatte, dazu an einem bestimmten Platz inne.[238] Dieser Ort war offenbar durch Bäume markiert: Julien Dubellay, Direktor des französischen Forts von 1733 bis 1743, erwähnt »zwei große Bäume, wo alle Weißen anhalten müssen, bevor sie die Stadt Allada betreten [...]«.[239] Für Abomey beschreiben verschiedene Besucher des 19. Jahrhunderts einen Baum oder eine Baumgruppe direkt hinter den Mauern der Stadt, unter dem bzw. der üblicherweise die erste Begrüßung stattfand.[240] Dort wartete man auf die Delegation des Hofs, die in der Regel aus einer großen Zahl – angeblich bis zu 500 Personen – von Leibgardisten und anderen Soldaten bestand.[241]

---

236 Siehe bspw. Fraser, Journals, S. 49f., S. 57 et pass. Fraser zeigte Gezo 1851 sogar ein Exemplar von Forbes' Reisebericht, der im selben Jahr erschienen war (ebd., S. 105) – offensichtlich hatte er das Buch während seines Aufenthalts in Abomey dabei –, doch dieser hatte es bereits von einem der afro-brasilianischen Händler aus Ouidah erhalten (ebd., S. 127).

237 Vgl. zu Einzügen in Europa Johanek/Lampen (Hrsg.), Adventus, darin bes. Lutter, Gesandtschaftsempfänge.

238 Die Tatsache, dass Delegationen von sich aus innehielten und warteten, kann man als Indiz für das Wissen um die zeremoniellen Gepflogenheiten interpretieren. In zwei Quellen wird jedoch berichtet, dass dieser Empfang seinerseits zuvor angekündigt wurde: Snelgrave als einer der ersten Besucher erhielt die Aufforderung, sich gebührend vorzubereiten; Snelgrave, *Account* (1734), S. 27. Dagegen fand bei Norris eher eine Absprache über die Art und Weise des Empfangs statt, bei der er die angebotene »reception in state« ablehnte, »as agreeing but badly with my present fatigue«; Norris, *Memoirs* (1789), S. 83.

239 »[...] deux gros arbres ou tous les Blancs sont obligés de s'arrettér auant d'entrér dans la Ville d'ardres [...]«; Brief Dubellays, dd. 21.11.1733, ANOM, C 6/25; siehe auch Ridgway, Visit (1847), S. 301, und Freeman, Journal (1844), S. 255f.

240 Fraser, Journal, S. 59 und S. 62; Brue, Voyage (1845), S. 60; Répin, Voyage (1863), S. 82; Borghero, Relation (1863), S. 22; Skertchly, *Dahomey* (1874), S. 127f., der mit dem Fon-Namen »Gbwu-hun-li« (»Road by the cotton-tree in the bush«) für diesen Ort aufwartet.

241 Snelgrave, *Account* (1734), S. 27. Elet dagegen berichtet nur von 300 Bewaffneten; Journaal van Jacobus Elet, in: Heijer (Hrsg.), Koning, S. 148 [im Folgenden zit. als Elet, Journaal]. Forbes in seinem Brief an Fanshawe, dd. 01.11.1849, in:

Eine solche Einholung ist bereits in den Quellen aus der ersten Hälfte des 18. Jahrhunderts dokumentiert. Auf die Besucher dieser Zeit machte sie offenbar besonders großen Eindruck, wohl auch, da diese noch ganz im Banne der Eroberungszüge Dahomeys gegen Allada und Ouidah standen. So schreibt Snelgrave zwar von »many odd and ridiculous Ceremonies«, doch sein Text lässt zugleich erkennen, dass er nicht recht einschätzen konnte, ob man ihm Böses oder Gutes wollte.[242] Ganz im Sinne des ›zeremoniellen Blicks‹ zählte Snelgrave wie auch alle späteren Besucher genau, wie oft die Abordnung ihn bzw. sie umrundete – dass die meisten Berichte dabei unabhängig voneinander auf die Zahl drei kommen, spricht für ihren quellenkritischen Wert.[243]

Eine solche Einholung scheint nahezu allen europäischen Besuchern des Hofs von Dahomey zuteilgeworden sein, auch privaten Kaufleuten oder Missionaren. Offizielle Gesandte oder besonders hochrangige Besucher wurden zudem von mehreren hohen Amtsträgern Dahomeys begrüßt. Dies ließ sich nach europäischer Zeremoniallogik als besondere Ehre verbuchen.[244] Der französische Direktor Dubellay war sich 1733 sicher, dass man ihm nicht bloß die »üblichen Zeremonien« (»ceremonies uzittées«) zugestand, da ihm gleich drei der »vornehmsten Kapitäne« (»principaux Capitaines«) des Landes entgegenzogen. Bei den Kanonenschüssen, die zu seinen Ehren beim Einzug in die Stadt abgefeuert wurden, sah er sich hingegen ganz auf einer Ebene mit seinen Kollegen: »[...] ich wurde durch unzählige Gewehrschüsse und 21 Kanonenschüsse [als den] üblichen Ehren in vergleichbaren Fällen für alle Gouverneure, Direktoren und Oberhäupter

HCPP, Slave Trade, 1850/1, Class B, S. 19, dagegen spricht nur von »a few soldiers«.

242 Snelgrave, *Account* (1734), S. 27f.

243 So z.B. in Elet, Journaal, S. 148. Noch im 19. Jhdt. wird von einer solchen dreifachen Umrundung berichtet; Forbes, *Dahomey*, S. 73f.; Brue, Voyage (1845), S. 60; Burton, *Mission*, Bd. 1 (1864), S. 208; Ridgway, Journal (1847), S. 302; und Borghero, Relation (1863), S. 23. Brue und Bouët umrundeten, vor dem königlichen Palast angekommen, dessen Vorplatz in einer Hängematte bzw. einem Schiff auf Rollen dreimal, bevor sie durch den König begrüßt wurden; Brue, Voyage (1845), S. 61, und Auguste Bouët, Duplicata d'un rapport adressé à Monsieur le Ministre de la Marine et des Colonies, dd. 11.10.1851, ediert in Nardin, Reprise, Edition: S. 90–102, hier: S. 94. Borghero, seines Zeichens Oberhaupt der apostolischen Mission in Ouidah, verweigerte sich diesem Prozedere mit Verweis auf seine geistliche Würde; Borghero, Relation (1863), S. 26. – Von Begrüßungszeremonien mit einem solchen dreifachen Umgang wird ebenfalls für Ouidah berichtet, siehe bspw. Pires, Viagem (1800), S. 30.

244 Vgl. bspw. Lutter, Gesandtschaftsempfänge, S. 119f.

der Nationen begrüßt.«[245] Dubellay lag mit seiner Einschätzung (so er denn nicht übertrieb) durchaus richtig – der niederländische Oberkommis Jacobus Elet, der als Abgesandter der WIC Agaja einige Monate vor Dubellay aufgesucht hatte, hatte ebenfalls 21 Salutschüsse erhalten, ihm waren aber nur zwei »der größten *caboceers*« mit 300 Bewaffneten entgegengezogen.[246]

Die Anzahl von 21 Salutschüssen als Ehrensalve für einen souveränen Herrscher ist offensichtlich an europäischen Gewohnheiten orientiert.[247] Später wurde zum Teil differenziert zwischen den 21 Salutschüssen zu Ehren des europäischen Souveräns und weiteren zu Ehren seines Vertreters: Bei dem Besuch des britischen Vizekonsuls John Duncan 1849 wurden 21 Schüsse »in honour of Her Britannic Majesty« abgefeuert, »with a degree of regularity that would do credit to more civilized nations«. Danach erfolgten weitere neun Salutschüsse »in honour of myself as British Vice-Consul«.[248] Die Abstufung der Salutschüsse zeigt, dass der Hof von Dahomey grundsätzlich durchaus zwischen offiziellen Gesandten bzw. Amtsträgern und anderen Besuchern zu unterscheiden wusste. So hatte der soeben erwähnte Duncan bei seinem ersten Besuch in Abomey 1845, als er noch als Privatmann und Forschungsreisender unterwegs war, keine Salutschüsse erhalten.[249] Andere ›private‹ Besucher kamen zum Teil zwar in den Genuss

245 »[...] je fus salué d'une quantité inombrable [sic] de Coups de fusils, et de 21 coups de Canon honneurs ordinaires en pareil cas, á tous les Gouverneurs, Directeurs, et chefs des nations.« Brief Dubellays, dd. 21.11.1733, ANOM, C 6/25.

246 Elet, Journaal, S. 149. Die Salutschüsse waren, so zitiert Elet Agaja, zu Ehren von Elet selbst und der niederländischen Nation. Elet besuchte Agaja im Februar, Dubellay dagegen im Herbst.

247 Siehe oben, Anm. 157. 21 Schüsse wurden etwa auch von den europäischen Forts in Ouidah oder ankernden Schiffen zu Ehren des Königs von Dahomey abgefeuert, etwa wenn ein königlicher Bote ankam; vgl. bspw. den Brief von F. E. Forbes an Harvey, dd. 01.10.1849, in: HCPP 1850/1, Class B, S. 15, Forbes an Fanshawe, dd. 01.11.1849, ebd., S. 21, und Forbes, *Dahomey*, Bd. 1 (1851), S. 92.

248 Brief von John Duncan an Viscount Palmerston, dd. 22.09.1849, in: HCPP 1849/50, Class B, no. 6, S. 5–8, hier: S. 7. So auch bei einem späteren Besuch Duncans gemeinsam mit Forbes im Oktober 1849; Brief von F. E. Forbes an Fanshawe, dd. 01.11.1849, ebd., S. 16–21, hier: S. 21, und Forbes, *Dahomey*, Bd. 1 (1851), S. 85f., dort werden die 21 Salutschüsse als »royal salute« bezeichnet.

249 Siehe Duncan, Travels, Bd. 1 (1847), S. 216ff. Es wäre freilich möglich, dass Duncan zu Ehren zwar Salut geschossen wurde, er dies aber nicht notierte bzw. nicht für erwähnenswert hielt. Meines Erachtens ist es aber angesichts der sonstigen Detailfülle und Aufmerksamkeit auch für zeremonielle Phänomene, die er in dem Bericht an den Tag legt, eher unplausibel (siehe z. B. ebd., S. 216f. und S. 220ff.). – Beim Besuch des Missionars Freeman 1843 wurden ebenfalls 21 Schüsse für die Königin und neun für ihn selbst abgefeuert; Freeman war

eines Saluts, dann aber mit einer geringen Schussanzahl.[250] Dass die Zahl der Salutschüsse von den europäischen Besuchern genau beobachtet wurde, zeigt auch eine Beschwerde Richard Francis Burtons, der 1863/64 als britischer Gesandter König Glélé (reg. 1858–1889) besuchte. Seine Klage, weniger Salven erhalten zu haben als sein Vorgänger, fand Gehör, und zwei weitere Schüsse wurden ihm zu Ehren abgefeuert.[251]

In der Residenzstadt angekommen, wurden die Abgesandten zum königlichen Palast geführt.[252] Meist brachte man die Besucher in ein Quartier, wo sie nach einiger Zeit wiederum von Abgesandten des Herrschers mit Komplimenten und guten Wünschen, aber auch mit Lebensmitteln und weiterer Verpflegung aufgesucht wurden. Auch der Termin der Audienz, je nach Ankunftszeit etwas später am gleichen oder am nächsten Tag,[253] wurde angekündigt.[254]

Diese erste Audienz stellt in vielen, besonders aber in den gedruckten Berichten den Höhepunkt der Erzählung dar, auf den die Schilderung des

---

sich jedoch im Klaren darüber, dass man ihn offenbar für einen Gesandten der Königin hielt (was er zuvor selbst offengelassen hatte), und stellte später richtig, dass es ihm um christliche Mission ging und er nicht in diplomatischem Auftrag unterwegs war; Freeman, Journal (1844), S. 260ff.

250 Vgl. z. B. Norris, *Memoirs* (1789), S. 84; Fraser, Journals, S. 99 (über einen afro-brasilianischen Händler aus Ouidah); Borghero, Relation (1863), S. 31; und Skertchly, *Dahomey* (1874), S. 144. Mglw. handelte es sich bei den zwölf Salutschüssen, die die zwei Letztgenannten erhielten, auch um eine Innovation Glélés.

251 Burton, *Mission*, Bd. 1 (1864), S. 246.

252 Z. B. Norris, *Memoirs* (1789), Letter, vi.

253 Norris, der erst am zweiten Tag nach seiner Ankunft eine Audienz erhielt, interpretiert diesen Umstand zur aufmerksamen Fürsorge um: »I was suffered to remain uninterrupted in my apartments the day after my arrival, to recover from the fatigue of the journey.« Damit vermeidet er negative Interpretationen, die durchaus auch möglich gewesen wären; Norris, *Memoirs* (1789), S. 91. Allerdings muss einschränkend hinzugefügt werden, dass Norris zuvor bereits die Einholung in vollem Staat »as agreeing but badly with my present fatigue« abgelehnt haben will (S. 83). Ähnlich auch bei Freeman, Journal (1844), S. 259, dem – seinem Bericht zufolge – der König ausrichten ließ: »›The King says, you and all your people must be tired after your long journey; and he thinks it will be good for you to rest to-day. To-morrow he will see you.‹ I felt quite satisfied with this arrangement, and even thankful for it. A day's rest is grateful, after long journeys and great excitement.« Den Missionar Borghero ließ Glélé 1863 für einige Tage in Cana warten, ebenfalls mit der Begründung, so könne er sich von der Reise ausruhen; Borghero, Relation (1863), S. 16f.

254 Elet, Journaal, S. 148; Norris, *Memoirs* (1789), S. 84; Duncan, Travels, Bd. 1 (1847), S. 218.

Reiseverlaufs zuläuft. In nahezu allen Fällen bestimmt der Tenor dieser ersten Audienz die gesamte Begegnung und Verhandlung mit dem Herrscher von Dahomey. Üblicherweise holten *mehu* und *migan*, in europäischen Quellen oft als »Minister« bezeichnet,[255] die Besucher im Quartier ab und geleiteten sie zum Palast und in den Hof, in dem der König saß. Auffällig ist, dass in vielen Berichten ausführlich der Anblick des Königs beschrieben wird, und zwar auf eine sehr statisch strukturierte, geradezu bildhafte Weise:

> »[...] where the king was seated, on a handsome chair of crimson velvet, ornamented with gold fringe, placed on a carpet, in a spacious cool piazza, which occupied one side of the court. He was smoking tobacco, and had on a gold laced hat, with a plume of ostrich feather; he wore a rich crimson damask robe, wrapped loosely round him, yellow slippers, and no stockings: several women were employed fanning him, and others with whisks, to chace away the flies: one woman, on her knees before him, held a gold cup, for him to spit in.«[256]

Viele der Elemente – kostbare Kleider und Schuhe (der König durfte als einziger Sandalen tragen), die Frauen, die den Herrscher umgeben, Fächer und Schirme (*awè*) – wiederholen sich in den Berichten, ebenso auch die Verbindung dieses Herrscherbildes mit einer kurzen Beschreibung des ›Staates‹ selbst. Während die früheren Berichte eine würdevolle königliche Erscheinung offensichtlich noch als ›normal‹ voraussetzen, wird eine solche in späteren Darstellungen zur Besonderheit. Das würdevolle Auftreten des Königs wird nun von dem angeblich normalen afrikanischen Aussehen oder Verhalten als unerwartete Ausnahme abgehoben. Offenbar überlagert die rassistische Kategorisierung zunehmend die ständische,[257] einige Autoren verweisen auch explizit auf phrenologische oder andere rassenkundliche Annah-

255 Dalzel z.B. identifiziert den »Tamegan« als »prime minister«, den »Mayhou« als »master of ceremonies«; Dalzel, *History* (1793), Teil 2, Kap. 1, S. 66 [korrumpierte Seitenzählung]; Duncan, Travels, Bd. 1 (1847), S. 117, beschreibt dagegen den »Mayho« als »the King's prime minister«. Bouët, Duplicata, S. 98, identifiziert den »Méhou« als »ministre de l'intérieur, de la marine et du commerce«, den *migan* als »ministre de la justice«.

256 Norris, *Memoirs* (1789), S. 95. Die Beschreibung von Pruneau de Pommegorge, *Description* (1789), S. 176, ähnelt derjenigen Norris' sehr, sodass man, obwohl beide offenbar den gleichen Herrscher trafen und somit eine gewisse Ähnlichkeit sicher wahrscheinlich war, Pruneau Kenntnis von Norris' Text unterstellen könnte. Strukturell ähnlich sind weiterhin die einschlägigen Passagen bei Freeman, Journal (1844), S. 259f.; Forbes, *Dahomey*, Bd. 1 (1851), S. 75ff.; Snelgrave, *Account* (1734), S. 35f.

257 Dazu Häberlein, »Mohren«; siehe auch Lorimer, Colour, S. 45f., S. 106f. und S. 203f., der den Wendepunkt einer solchen Überlagerung für Großbritannien auf die 1860er Jahre datiert.

men.[258] Répin, ein Mitglied der französischen Delegation 1856, bemerkt etwa in Bezug auf König Gezo (reg. 1818–1858): »Sein Gang ist ungezwungen, seine Umgangsformen freundlich und von einer gewissen Würde geprägt, die bei den Negerhäuptlingen weniger selten ist, als man denkt.«[259] Ebenso in seinen Erwartungen enttäuscht sah sich J. Alfred Skertchly 1871, ein Insektenforscher, der eher zufällig Gezos Nachfolger Glélé besuchte und für einige Zeit am Hof von Abomey festgehalten wurde:

> »My introduction to the far-famed King of Dahomey was disappointing. I had expected to have seen a half-naked savage, with a grim blood-thirsty mien. Instead of this sanguinary monster, I beheld a tall athletic, broad-shouldered person, several shades lighter in colour than his people, with a truly kingly dignity about him by which alone he could be recognised as the ruler of the country. His features were not by any means of the repulsive full-blooded negro type [...].«[260]

Wie oben bereits skizziert, interpretierten die europäischen Beobachter das Sitzen des Königs problemlos als vertrauten Herrschergestus. Fremdartig hingegen erschien, dass der Stuhl gelegentlich mit menschlichen Schädeln verziert war[261] und dass der König überwiegend von Frauen umgeben wurde – Letzteres wurde in Archibald Dalzels *History of Dahomy* von 1793 wirkmächtig ins Bild gesetzt.[262]

Im Hinblick auf die Anforderungen an ihr eigenes zeremonielles Verhalten wurde vor allem die Differenz zu den Untertanen Dahomeys betont: Europäische Besucher waren von der demütigenden Prozedur ausgenommen, der diese unterworfen waren, und mussten sich dem König *nicht* auf allen Vieren kriechend nähern sowie sich Staub auf Kopf und Rücken streuen und die Erde küssen, während sie ihr Anliegen vorbrachten.[263] Statt

---

258 So bspw. Duncan, Travels, Bd. 1 (1847), S. 224 (über Gezo); Burton, *Mission*, Bd. 1 (1864), S. 233 ff. (über Glélé). Vergleichbare Beispiele werden auch bei Marx, »Völker«, S. 43 f., angeführt.

259 »Sa démarche est aisée, ses manières sont affables, et empreintes d'une certaine dignité, moins rare qu'on ne le pense chez les chefs nègres.« Répin, Voyage (1863), S. 82.

260 Skertchly, *Dahomey* (1874), S. 141.

261 So in der Illustration zu Répin, Voyage (1863), S. 85, ohne dass dies jedoch im Text vermerkt wird.

262 Das Bild (als Abb. 5 oben) findet sich in Dalzel, *History* (1793), Introduction, nach S. viii, mit dem Titel *The King of Dahomy's Levée.* Mit der Unterschrift »Audience privée du Roi« und dem etwas seltsamen Zusatz »d'après un vieux dessin communiqué par M. Courdioux, ancien missionaire au Dahomey« versehen wird es in dem Bericht von Blanchely, Dahomey (1891), S. 546, abgedruckt; außerdem bei McLeod, *Voyage* (1820), nach S. 56.

263 Diese Differenz bereits bei Snelgrave, *Account* (1734), S. 35 und S. 38 f.; siehe auch Brief von F. E. Forbes an Fanshawe, dd. 01.11.1849, in: HCPP, 1850/1,

diese für sie mit Demütigung und Unterwerfung assoziierten Gesten zu vollziehen, denen sich auch, zur Verwunderung und Empörung der europäischen Beobachter, die ranghöchsten »Minister« fügen mussten,[264] begrüßten die Europäer den König mit einer (tiefen) Verbeugung, manche durften ihm gar die Hand schütteln.[265] Anschließend konnten sie sich auf bereitgestellte Stühle oder Sessel setzen, die zudem oft relativ nahe beim Sitz des Herrschers standen.[266]

Die Exemption von der Prozedur des Niederwerfens begann offensichtlich bereits in den 1720er Jahren.[267] Dalzel, zeitweilig Gouverneur des englischen Forts in Ouidah, erklärte 1793, dass dies vor allem der allgemeinen Akzeptanz fremder Gebräuche[268] und weniger einer Bevorzugung oder Höherstellung der »Weißen« geschuldet war:

Class B, S. 16–21, hier: S. 19. Die Prostration als Teil der Herrschaftsrituale soll von Wegbaja, dem mythischen zweiten König Dahomeys, eingeführt worden sein; Le Herissé, Dahomey, S. 23ff. Inwieweit man dieser Tradition Glauben schenken kann, ist ausgesprochen fraglich. Diese zeremonielle »Innovation« soll sich der dahomeanischen Geschichtstradition zufolge im Rahmen einer Revolution vollzogen haben, in der Wegbaja als eine Art »cultural hero« einen chaotischen Naturzustand überwand; vgl. Law, History and Legitimacy, S. 446f.

264 Vgl. z.B. Freeman, *Extracts* ([1839]), S. 22; Skertchly, *Dahomey* (1874), S. 143; Forbes, *Dahomey*, Bd. 1 (1851), S. 24, S. 75ff. und bes. S. 82.

265 Tiefe Verbeugung bei Snelgrave, *Account* (1734), S. 35 (Audienz von 1727), Hutziehen und Verbeugung bei Burton, *Mission*, Bd. 1 (1864), S. 232 und S. 242. Bouëts Bericht verrät einen gewissen Stolz darüber, dass er sogar das Hutziehen herausgezögert habe; Bouët, Duplicata, S. 94, siehe auch ebd., Anm. 2, für eine noch stärkere Darstellung des Vorgangs als zeremonieller Triumph.

266 So z.B. im Elet, Journaal, S. 148f. Brue und Répin berichten, dass Gezo sich zum Handschlag gar erhoben habe; Répin, Voyage (1863), S. 82, Brue, Voyage (1845), S. 61f. – Ähnlich auch in Allada zuvor, siehe Secrete geslote instructie, in: Dam, Beschryvinge, Bd. 2,3, Bijlage IIa, S. 535.

267 Siehe neben Snelgrave, *Account* (1734), S. 35, auch den Brief von 1726, den Lambe im Namen Agajas übergab; Law, Alternative Text, S. 267. Dort heißt es nach einer Beschreibung der Proskynese: »But this only, as to my own People and Subjects; *for* as to the white Man, he always sat in a Chair in my Presence, as I did, and I always shewed him the same Compliments as he shewed me, and shall continue to all white Men the same, according to their Stations.«

268 König Gezo bat den Afrikaforscher John Duncan bei seinem Besuch 1845, ihn so zu begrüßen, wie er die Königin von England begrüßen würde, »for he was anxious to become acquainted with European manners and customs«; Duncan, Travels, Bd. 1 (1847), S. 220, dazu auch Bay, Wives, S. 219. Duncan kam dieser Aufforderung nach, indem er »his Majesty according to military regulations«

»The King, and all his subjects, receive strangers with the most remarkable courtesy. Ambassadors, from whatever state, are not put to the necessity of learning the Dahoman etiquette from the master of the ceremonies. Every one salutes the Sovereign, according to the fashion practiced in his own country. Chairs are placed for European governors, or masters of ships, upon which they sit, covered, till the King makes his appearance, when they make a bow, standing, and uncovered; after which, they resume their seats, and put on their hats.«[269]

Botschafter aus Asante und Haussa dagegen mussten offenbar die üblichen Unterwerfungsgesten vollziehen.[270] Die kulturelle ›Toleranz‹ galt offenbar vor allem Besuchern aus entfernteren Ländern und nicht den unmittelbaren Nachbarn.

Dalzels Feststellung passt auch zu einer Beobachtung, die der britische Marineoffizier Frederick E. Forbes 1849/50 machte. Er schreibt: »In the royal presence no rank is free from prostration, and the throwing dirt on the head, except white men, and a certain class of necromancer, who regulate sacrifices to divert epidemics, and other evils: these people wear hats, and only bow to the throne. The liberated Africans and returned slaves are considered as white men; and while the king's ministers are prostrate in the dust they merely bow.«[271] Dieses zeremonielle Privileg galt statusunabhängig für alle »Weißen«, Alexandre Dorgère zufolge sogar für Gefangene. Dorgère führte es auf die Anerkennung der christlichen Religion zurück; dass er als Missionar in Dahomey weilte, macht diese Erklärung nicht unbedingt

grüßte, »with which he seemed much pleased, and returned the compliment in a much more graceful manner than I expected«.

269 Dalzel, *History* (1793), Introduction, S. viii und S. ix.

270 Vgl. Skertchly, *Dahomey* (1874), S. 200.

271 Forbes, *Dahomey*, Bd. 1 (1851), S. 24. Duncan bemerkte 1845 ohne weitere Erklärung, dass nur er und der »Governor of Whydah Fort« (d.i. Madiki Lemon) von dem Niederwerfen ausgenommen waren, Letzterer war euroafrikanischer Herkunft; Duncan, Travels, Bd. 1 (1847), S. 221 (ähnlich auch der zeremonielle Unterschied S. 239), zu Lemon Law, Lemon, S. 112. – McLeod berichtet in diesem Zusammenhang, dass der König von Dahomey manchen seiner Untertanen »the title of *white man*« gebe und ihnen damit das Privileg verleihe, »to assume a European dress, to carry a European umbrella, wear shoes, and in short play the parts of white men in all respects«; McLeod, *Voyage* (1820), S. 106. Der französische Missionar Pierre Bouche, der sich in den Jahren 1866–1868 in Dahomey und Ouidah aufhielt, berichtet gar, dass alle, die einmal ins Ausland gereist seien, ebenfalls als Fremde oder »Weiße« verstanden würden; Bouche, *Sept Ans* (1885), S. 399.

glaubwürdiger.[272] Zudem ist auffällig, dass auch Muslime aus Porto-Novo von der Prostration ausgenommen wurden.[273]

Nach der Begrüßung entspann sich eine mehr oder minder zeremonialisierte Konversation. Die Kompanievertreter und andere Besucher mit offiziellem Auftrag überbrachten Grüße und Komplimente ihres Herrschers und der Kompanie, der Herrscher von Dahomey wiederum erkundigte sich bei ihnen nach dem Wohlbefinden seines jeweiligen Amtskollegen.[274] Daran schloss sich meist ein Umtrunk an: Wasser, Wein, Branntwein oder Champagner wurden serviert oder standen auf einem Tisch bereit, Toasts wurden ausgebracht – immer auf den König von Dahomey, häufig auch auf den europäischen Souverän, den der jeweilige Besucher repräsentierte oder dessen Untertan er zumindest war, zum Teil auch auf den Besucher selbst.

Durch den Umtrunk wie auch durch andere Elemente, beispielsweise Salutschüsse und Geschenke, wurde die Audienz als eine Kommunikationssituation ausgewiesen, die nicht allein die Anwesenden betraf, sondern – durch den mehr oder weniger offiziellen europäischen Repräsentanten – auch den abwesenden europäischen Herrscher einbezog. Die Audienz wurde somit zum Ereignis und Ausdruck der Beziehung zwischen zwei Herrschern und zwei Gemeinwesen.[275] Insofern konnte die Frage der Rei-

---

272 Diese Erklärung legte Dorgère auch noch einem »Cabéchère« in den Mund: »›Vous le [d.i. den König; C. B.] saluerez de la main. Nous noirs, nous nous prosternons le front dans la poussière devant Sa Majesté; vous Blancs, vous pouvez rester debout, car vous ne vous mettez à genoux que devant Dieu.‹ Se tenir debout est là-bas, comme ici, le privilège des enfants de Dieu et de la sainte Église!« Dorgère, Prisonniers (1891), S. 425.

273 Dazu Law, Islam, S. 110f. Die muslimischen Untertanen Dahomeys besaßen ihm zufolge kein solches Privileg. Zu den Privilegien für »Weiße« ders., Ouidah, S. 184.

274 Dubellay etwa berichtet über seine Begrüßung Agajas 1733: »[...] j'eus l'honneur de le saluér et ne pouvant me dispensér de parlér au nom du Roy comme les autres nations ont coutume de faire, je luy fis dire par nôtre Interprette qu'estant enuoyé par le Roy de france mon maitre pour chef de la nation, il luy faisoit bien des Compliments, et le felicittoit fort sur ses grandes Victoires, et que la Compagnie des Indes dont J'estoit Directeur general, se joignoit aux memes Compliments, afin de luy Inspirér plus de Véneration, de Respect, et d'Inclination pour notre Nation [...]«; Brief Dubellays, dd. 21.11.1733, ANOM, C 6/25. Elet beschreibt, dass sich Agaja seinerseits nach dem Befinden des niederländischen »Admirals« und seiner Großen sowie der Lage der niederländischen Nation erkundigt habe; Elet, Journaal, S. 148, auch S. 155f. Siehe weiterhin Forbes, *Dahomey*, Bd. 1 (1851), S. 77; Fraser, Journals, S. 65; Burton, *Mission*, Bd. 1 (1864), S. 242.

275 Die Salutschüsse scheinen eine solche Verweisfunktion früher erlangt zu haben als der Umtrunk; siehe oben, bei Anm. 245. Toasts nicht nur zum Wohl des

henfolge, in der die jeweiligen Trinksprüche ausgebracht wurden, wiederum als Frage des herrscherlichen Ranges interpretiert werden. Allerdings fragte Gezo bei dem ersten Besuch Duncans 1845 eigens nach, welche Reihenfolge angemessen sei,[276] und trank bei dessen zweitem Besuch 1849 – Duncan fungierte inzwischen als britischer Vizekonsul – zuerst zu Ehren von Queen Victoria.[277]

Bei der Verabschiedung schließlich wurde es als besonders ehrenvoll wahrgenommen, wenn der König sich erhob und seine Besucher ein Stück des Weges begleitete; dies war, so Bouët 1851, eine »besonders große Ehre, die allein den in seinen Augen vortrefflichsten Weißen gewährt wurde [...]«[278]. Allerdings war auch dies der Abstufung unterworfen – nach einer Auseinandersetzung mit Gezo im selben Jahr bemerkte der bemerkenswert undiplomatische britische Vizekonsul Louis Fraser, der König sei ihm lediglich »a very short way« entgegengekommen, und legte so eine Interpretation seiner Worte als Ausdruck der Missbilligung nahe.[279]

Königs von Dahomey, sondern auch auf die Gesundheit des europäischen Herrschers, den ein anwesender Repräsentant vertrat, sind dagegen erst für das 19. Jhdt. bezeugt.

276 Duncan, Travels, Bd. 1 (1847), S. 221 f.: »I told him that every good Englishman always observed such courtesy, but as I was his visitor I was sure the Queen of England would readily sanction my drinking his own first. This was done in cherry brandy, of excellent quality; then the Queen and all her family, and afterwards my own health was drunk.« Bei einer weiteren Audienz wurde zuerst auf Queen Victoria, dann auf König Gezo getrunken (ebd., S. 243 f.).

277 Brief Duncans an Viscount Palmerston, dd. 22.09.1849, in: HCPP 1850/1 Slave Trade, Class B, S. 5. Die gleiche Reihenfolge wurde auch bei einem späteren Besuch Duncans gemeinsam mit Forbes eingehalten; Brief Forbes' an Fanshawe, dd. 01.11.1849, ebd., S. 20; dabei fügte Gezo noch hinzu, der Umtrunk solle mit Champagner bzw. Sekt geschehen, »which he said he knew we preferred to drink [...]«. In der publizierten Fassung wird der Umtrunk dagegen nur *en passant* und mit umgekehrter Reihenfolge der Trinksprüche erwähnt; Forbes, *Dahomey*, Bd. 1 (1851), S. 84.

278 »[...] honneur insigne et rendu seulement aux blancs de la plus haute distinction à ses yeux [...]«; Bouët, Duplicata, S. 95. Auch Forbes, *Dahomey*, Bd. 1 (1851), S. 79 f., und Borghero, Relation (1863), S. 31: »La cérémonie de réception était terminée. Le roi se leva et me prit par la main pour me reconduire. D'ordinaire il congédie ses visiteurs en demeurant assis sur son trône; cette fois il voulut en personne m'accompagner, non-seulement jusqu'à la porte du palais, mais jusqu'au milieu de la place, et donner lui-même ordre aux artilleurs de saluer mon départ par douze coups de canon.«

279 Fraser, Journals, S. 107.

Die erste Audienz war vor allem der Beziehungsaufnahme vorbehalten, eine Tendenz, die sich im 19. Jahrhundert offenbar noch verstärkte.[280] Die Verhandlungen im engeren Sinne begannen somit meist erst mit der zweiten Audienz – dies sollte aber nicht Anlass sein, die Bedeutung der ersten Audienz, in europäischer Terminologie: der Antrittsaudienz, zu unterschätzen. Sie war besonders im Hinblick auf die Einschätzung des Verhältnisses der Akteure von essenzieller Bedeutung. In den meisten Berichten verdichtet sich in ihrer Beschreibung das Urteil über Dahomey und seinen Herrscher gleichsam zu einer Szene. Kurz gesagt: Die (erste) Audienz ist bedeutsam, weil die europäischen wie offenbar auch die afrikanischen Akteure ihr große Bedeutung zuschrieben und sie entsprechend symbolisch und narrativ rahmten.

Die Bedeutsamkeit, die Audienzen seitens des Hofs von Dahomey zugemessen wurde, lässt sich aus dem Vorausgehenden freilich nur indirekt erschließen. Der relativ hohe zeremonielle Aufwand sowie die häufigen Aufforderungen zum Audienzbesuch, die an europäische Vertreter ergingen, sprechen aber für sich. Zudem ist das Bemühen der Herrscher von Dahomey, eine möglichst große Öffentlichkeit herzustellen, auffällig. Audienzen und Audienzreisen waren zumeist mit öffentlichen Schauspielen, »ceremonies« oder »spectacles«, wie die Zeitgenossen sagten, verbunden. So gab es beispielsweise Paraden, militärische Übungen und Prozessionen, bei denen der königliche Reichtum zur Schau gestellt wurde. In manchen Fällen verschwammen dabei die Grenzen zwischen Zuschauern und Akteuren dieser Inszenierungen. So bemerkt Forbes am Ende einer öffentlichen, um mehrere Paraden erweiterten Audienz bei Gezo: »No king could have been more civil or more condescending; yet, in all it was observable, that the visit of white men, and show of reception, amused his people and enhanced his own greatness in their ideas.«[281]

Eine wichtige Rolle bei den Audienzen spielten mitgebrachte Geschenke. In einigen Fällen wurden sie bei der ersten Audienz übergeben, mehrheitlich jedoch erst später.[282] Oft mussten die Gaben vor der zweiten Audi-

280 Bspw. Elet, Journaal, S. 152; Brief Dubellays, dd. 21.11.1733, ANOM, C 6/25, art. 5 und 6. – Siehe unten, Abs. III.3.c.

281 Forbes, *Dahomey*, Bd. 1 (1851), S. 80. – In eine ähnliche Richtung zielt Burtons Kommentar zur langen Wartezeit vor der anberaumten »Procession« zu Ehren der englischen Delegation von 1863/64, hier jedoch in Bezug auf einen »Dahoman official«: »[...] by making white men, especially in uniform, sit for a few hours in the open air fronting a mud wall, called a palace, he enhances the opinion of his power amongst the people.« Burton, *Mission*, Bd. 1 (1864), S. 202 f.

282 Insofern kann eine Geschenkübergabe bei der ersten Audienz keinesfalls als Regelfall gelten, wie es Berbain offenbar (allein) aus den Briefen Dubellays ab-

enz zum Palast geschickt werden, um dort begutachtet zu werden. Gelegentlich fiel diese Begutachtung recht langwierig aus und konnte gar, wenn das Urteil der »Minister« des Königs allzu negativ war, zu Nachforderungen und zur Verzögerung oder gar Verweigerung der erhofften (zweiten) Audienz führen.[283] Dem französischen Direktor Gourg wurden 1787 die mitgebrachten Geschenke zurückgeschickt, da angeblich Gaben für die Frauen des Königs fehlten. In der Folge entwickelte sich eine zähe, über mehrere Tage andauernde Auseinandersetzung über die Geschenkfrage. Gourg beharrte auf seinem Standpunkt, die von *mehu* und *yovogan* vorgebrachten Forderungen entsprächen in keiner Weise dem Brauch. Er verlangte immer wieder eine Audienz bei König Kpengla (reg. 1774–1789), diese Bitten wurden aber stets aufs Neue abgelehnt. Schließlich musste er jedoch in allen Fragen nachgeben, auch im Hinblick auf die Lösegeldzahlung für die europäischen Gefangenen, die er auslösen wollte.[284] Er lastete diese Verzögerungen und Auseinandersetzungen vor allem den »Ministern« des Königs an – ein ähnlich verbreitetes Phänomen wie das oben diskutierte Misstrauen gegenüber Übersetzern.[285] Für die glücklicheren unter den Besu-

---

leitet: »Mais il faut surtout gagner la faveur royale en offrant à Dada le présent d'arrivée, au cours de la première audience.« Berbain, Comptoir, S. 62.

283 Borghero, Relation (1863), S. 37 ff.; siehe auch die Beschreibung der Audienzen des portugiesischen Direktors Félix José de Gouvea bei Tegbesu 1760, die bei Verger, Flux, S. 200, zitiert wird. Bei Snelgrave begutachtete Agaja selbst die Geschenke: »On our coming into the Court [...] we were desired to stay a little, till the Presents were carried into the House, that his Majesty might view them.« Snelgrave, *Account* (1734), S. 60. – In wenigen Fällen wurden die Geschenke auch auf einer »Veranda« für die Palastöffentlichkeit ausgestellt; Répin, Voyage (1863), S. 87. Unter den mitgeführten Geschenken der Mission (1856), von der Répin berichtet, befanden sich neben kostbaren Stoffen Möbelstücke, »boites de parfumerie et confiserie«, französische Flaggen und Fahnen, ein Portrait des Kaisers und der Kaiserin (Napoléon III. und Eugénie), Lithografien mit Szenen aus dem Krimkrieg sowie acht Heiligenstatuen.

284 Brief Gourgs an die Direktoren der Compagnie des Indes, dd. 06.07.1787, ANOM, C 6/26. Gourgs Audienz fand in »Agona« statt, womit in diesem Fall nicht das gleichnamige Königreich an der Goldküste, sondern ein Palastkomplex gemeint ist, den Kpengla in Cana erbauen ließ (Gourg spricht von »Agona Maison du Roy Dahomet«); siehe Monroe, Abomey Plateau, S. 6. Dies entspricht auch in etwa Gourgs Angaben zur Dauer seiner Reise (vier Tage).

285 Borghero verdächtigte bspw. den *migan* und den *mehu* immer wieder, seine Bitten und Äußerungen dem König nur unvollständig oder verfälscht zu übermitteln. Entsprechend kontrastierte er stets den Hof und seine Chargen mit der (vermeintlich) persönlich-privaten Begegnung mit dem Monarchen, dessen Wohlwollen er sich sicher war – paradoxerweise eigentlich, da er mit diesem ja nur über Übersetzer und *mehu*, dem zweithöchsten, hauptsächlich für

chern Dahomeys konnten Geschenke dagegen geradezu als Türöffner für Fragen und Bitten fungieren.[286]

Die Direktoren und andere europäische Besucher erhielten in der Regel auch ein (Gegen)Geschenk des Königs, meist beim Abschied. Es bestand üblicherweise aus einheimischen Stoffen, Kaurimuscheln und einer jungen Sklavin. Die Sklavin bekamen die ›offiziellen‹ Besucher mit Repräsentationsaufgaben wie Direktoren oder später Konsuln, nicht aber alle ›privaten‹ Händler, Forschungsreisenden und Missionare. Trennscharf als diplomatisches Abschiedsgeschenk lässt sich dieses Geschenk aber nicht verstehen.[287] Im 18. Jahrhundert nahmen Europäer das Geschenk der Sklavin gerne an und erachteten es in keiner Weise für problematisch. Im

---

Handel und Finanzen zuständigen Amtsträger in Dahomey, kommunizieren konnte; Borghero, Relation (1863), S. 28 und S. 45f. Zu dem Anredeprozedere vgl. auch Norris, *Memoirs* (1789), S. 96; Pruneau de Pommegorge, *Description* (1789), S. 176f., der dies wie folgt kommentiert: »Un seul [interprète] suffiroit sans doute pour s'entretenir; mais la vanité a fait trouver à Dahomet qu'il y avoit plus de dignité de n'avoir point à parler directement à un interprète, & qu'il étoit plus grand de s'adresser à son ministre.« Zum Misstrauen gegenüber Übersetzern auch kurz Reese, Controlling, S. 107.

286 Norris bspw., der König Tegbesu eine Hausorgel und einen Tragsessel (»a smart showy thing, covered with red morocco leather, and lined with white silk«) mitgebracht hatte, konnte die, in seiner Darstellung geradezu kindliche, Begeisterung des Königs für die Geschenke nutzen, um ihn sich gewogen zu stimmen. Dass der König weitere Erklärungen zum Gebrauch der Orgel benötigte, verschaffte Norris zudem weitere Audienzen; Norris, *Memoirs* (1789), S. 96f. Vgl. für weitere Beispiele den Brief Levets an die Direktoren der Compagnie des Indes, dd. 20.08.1743, ANOM C 6/25, und Verger, Flux, S. 190f.

287 Diese Einteilung ist freilich mit einiger Vorsicht zu behandeln, da zwischen Offiziellem bzw. Staatlichem und Privatem im Untersuchungszeitraum keineswegs immer trennscharf unterschieden werden kann; zudem war man sich in Dahomey nicht immer über den – oft genug in der Tat nicht genau festgelegten – Status der europäischen Besucher im Klaren. Siehe z. B. Elet, Journaal, S. 155; Dalzel, *History* (1793), S. 146; Pruneau de Pommegorge, *Description* (1789), S. 177; Mémoire pour servir d'instruction au Directeur qui me succédera au Comptoir de Juda, par M. Gourg, dd. September 1791, ANOM, C 6/27. – Forschungsreisende und Händler bekamen durchaus auch ein Tuch und/oder Kauris sowie die obligatorischen Naturalien, aber keine Sklavin geschenkt; bspw. Duncan, Travels, Bd. 1 (1847), S. 263, sowie Forbes, *Dahomey*, Bd. 1 (1851), S. 86 (hier jedoch mglw. auch pragmatisch bedingt, da Duncan von Abomey ins Landesinnere aufbrach), und Répin, Voyage (1863), S. 95 (étoffes, armes, ustensiles divers, énorme sac de cauris); Dorgère zitiert 1890/91 den König mit der Aussage bei der Überreichung eines Tuchs (pagne): »[...] Jamais Blanc n'est entré dans mon palais sans en recevoir.« Dorgère, Prisonniers (1891), S. 425.

19. Jahrhundert dagegen, mit der Abschaffung und Ächtung des Sklavenhandels, brachte es europäische Besucher in gewisse Verlegenheiten. Im frühen 19. Jahrhundert nahm man die junge Frau – so jedenfalls die narrative Konstruktion – widerwillig an, um sie vor einer möglichen Opferung zu bewahren und später freizulassen: um »sie vor einem schrecklichen Schicksal zu bewahren [...]« (»les soustraire à un sort affreux [...]«), wie der französische Gesandte Bouët es 1851 ausdrückt.[288]

3.3 Vergleichsmomente und Interpretationsfragen

a. *Kaschierte Unterordnung? Das Verhältnis der europäischen Vertreter zum Herrscher von Dahomey*

Mit der Exemtion von der ansonsten obligatorischen Prostration beim Audienzzeremoniell schien für die meisten Europäer ihr unabhängiger Status gesichert zu sein. Verschiedene Indizien sprechen jedoch dafür, dass die Beziehungen zu den Europäern in Ouidah aus dahomeanischer Sicht wie Beziehungen zu untergeordneten lokalen Gruppen modelliert und wahrgenommen wurden.

Verschiedene Fälle zeigen, dass die Herrscher von Dahomey sowohl die Autorität, Gouverneure und Direktoren der europäischen Forts einzusetzen, als auch die Jurisdiktionsgewalt über diese Amtsträger beanspruchten.[289] So konnten Antrittsaudienzen zugleich Investituren sein, bei denen der jeweilige europäische Direktor bzw. Gouverneur durch den König von Dahomey in sein Amt eingesetzt wurde.[290] Stets war es notwendig, sich hier der Tole-

---

288 Auguste Bouët, Rapport à Monsieur le Ministre de la Marine et des Colonies sur la mission accomplice dans le royaume du Dahomey en mai, juin et juillet 1851, dd. 15.12.1851, ediert in: Nardin, Reprise, S. 107–119, hier: S. 115. Bouët äußerte sich jedoch nicht zum Geschlecht der Sklaven, die er vom König geschenkt bekommen hatte.

289 Siehe oben, Anm. 220 und 221, zu Gefangennahmen, Hinrichtungen und Deportationen. Vgl. insbes. auch den Brief Dubellays, dd. 21.11.1733, C 6/25, zur Deportation von Levet. Darin wird die Zwangslage sehr deutlich, in der sich Dubellay angesichts des Befehls Agajas, seinen Stellvertreter umgehend fortzuschicken, befand.

290 Einsetzungen auf eigene Faust betrieb der Herrscher von Dahomey in mindestens zwei dokumentierten Fällen: die Einsetzung Galots als Nachfolger Dupetitvals (s. o., Anm. 221) sowie die des Nachfolgers des in Ungnade gefallenen portugiesischen Direktors João Bazilio. Nach dem Tod des Geistlichen da Cunha Barboza 1746, der nach der Ausweisung Bazilios 1743 die Interimsdirektion übernommen hatte, bestellte Tegbesu eigenständig Francisco Nunes Pereira

rierung durch den König zu versichern. So erläuterte der scheidende französische Direktor Gourg seinem Nachfolger Denyau de la Garenne, dass er sich zum König begeben solle, »um sich bei ihm zu bedanken, dass er ihn an meiner Statt ernannt hat [...]« (»pour le remercier de l'avoir nommé à ma place [...]«).[291] Robin Law und Isaac Akinjogbin haben die These vertreten, dass den europäischen Direktoren die Rolle eines »Dahomian chief«, dem *yovogan* untergeordnet, zugekommen sei.[292]

Zwei Herrscher von Dahomey, Agaja 1727 und Tegbesu in den 1770er Jahren, beschrieben europäische Besucher offenbar als ihre »Ehefrauen« – eine Metapher, die durchaus auch an der benachbarten Goldküste verbreitet war, in europäischen Ohren aber höchst ungewöhnlich klang.[293] So verdächtigte Snelgrave zunächst einmal seinen Übersetzer der Missinterpretation, Agaja aber wiederholte seine Aussage, Snelgrave wie eine junge Ehefrau behandeln zu wollen, eigens ein weiteres Mal. Bereits die Ehemetapher an sich implizierte eine Asymmetrie. In Dahomey hat der Ausdruck »Frau des Königs« (Fon: *ahosi*) zudem eine spezifischere Bedeutung, denn er bezeichnet dort alle Mitglieder des Hofs.[294] Dies wäre also ein weiterer Beleg für die These Laws und Akinjogbins, dass Europäer in dahomeanischer Perspektive als lokale *chiefs* fungieren konnten.

Gelegentlich finden sich auch entsprechende explizite Aussagen in europäischen Quellen, auch wenn sie üblicherweise im Brustton der Empö-

---

zum neuen portugiesischen Direktor und löste damit in Bahia und Lissabon einige Irritationen aus; vgl. Verger, Flux, S. 181 f., und die Copie de la léttre écritte par M. le Vice Roy du Brezil [d. i. André de Melo e Castro, conde de Galveias] a M. Levet Directeur a Juda, dd. 02.09.1746, ANOM, C 6/25; in diesem Brief stellt der Vizekönig selbst die Gefahr heraus, dass dieser Vorgang zum Präzedenzfall werde und dem König von Dahomey »un exemple pernicieux« gebe »pour disposer des forts des autres nations à son gré, et placer de son goust [sic] qui en il voudra qui les commande, et gouverne, c'est le même qu'être maitre d'iceux«.

291 Mémoire pour servir d'instruction au Directeur qui me succédera au Comptoir de Juda, par M. Gourg, dd. September 1791, ANOM, C 6/27; siehe auch Brue, Voyage (1845), S. 67 (1843).

292 Sie haben diese These hauptsächlich anhand von rechtlicher Stellung und Justizwesen belegt. Law, Ouidah, S. 107 f., und Akinjogbin, Dahomey, S. 190 f., der sich auf die Zeit um 1800 konzentriert. Law bemerkt an anderer Stelle *en passant* und in Klammern: »Indeed, it seems clear that the kings of Dahomey did regard the commanders of the forts as officeholders of their own kingdoms, subject to their authority.« Law, ›No Resisting‹, S. 61.

293 Norris, *Memoirs* (1789), S. 3; Snelgrave, *Account* (1734), S. 62 f.

294 Vgl. Bay, Wives, S. 8. »Frauen des Königs« konnten also durchaus auch Männer sein, auch wenn es eine weibliche Mehrheit gab.

rung getroffen werden. So erklärt Gourg 1791 in seiner Instruktion, dass der König von Dahomey seit Langem vorgebe (prétend), »dass das [französische] Fort und seine Nebengebäude ihm gehörten. Daher hat er einige Male Gefangene fortführen lassen. Es ist im Interesse der Nation, dies nicht zu dulden und darauf zu bestehen, um zu verhindern, dass er niemanden gefangen hält, so wie er es mit mir gemacht hat.«[295] Gourgs Nachfolger, Denyau de la Garenne, bemerkt im selben Jahr: »[...] der König betrachtet die Oberhäupter der Forts als Untertanen, die allein damit beauftragt sind, die Schiffe in sein Land kommen zu lassen [...] (diese absurde Vorstellung ist darin begründet, dass er glaubt, wir hätten ein Bedürfnis, zu ihm zu kommen) [...].«[296] Die europäischen Vertreter waren sich zwar der Abhängigkeitsbeziehung bewusst, verliehen ihr aber im Rahmen des europäischen *Diskurses* allenfalls in einer Semantik illegitimer Gewalt und angemaßter Herrschaft Ausdruck.[297]

Doch in der *Praxis* der Interaktion scheinen europäische Akteure in dahomeanischen Augen diese Oberherrschaft immer wieder, bewusst oder unbewusst, bestätigt und anerkannt zu haben. Einen wichtigen Beleg hierfür stellt, neben ihrem ›Gehorsam‹, die Anwesenheit bei und Partizipation an den »Customs« dar. Zu diesem Anlass mussten, wie oben erwähnt, die europäischen Gouverneure ebenso wie die einheimischen Amtsträger Dahomeys und der *yovogan* erscheinen.[298] Gezo erklärte etwa Vizekonsul Duncan 1849 explizit, »that it will be necessary, holding office in his dominion, that I shall attend his annual Custom [...]«[299]. Und ebenso wie dahomeanische Amtsträger und Untertanen mussten die europäischen Vertreter bestimmte Geschenke mitbringen.

295 »[...] que le fort [français] et ses dependances lui appartiennent, et en conséquence il a quelques fois fait enlever des captifs. Il est de l'interêt de la nation de ne pas le souffrir et d'insister pour empêcher qu'il ne retienne ainsi qu'il me l'a fait.« Mémoire pour servir d'instruction au Directeur qui me succédera au Comptoir de Juda, par M. Gourg, dd. September 1791, ANOM, C 6/27.

296 »[...] le Roy regarde les chefs des forts comme des sujets uniquement préposés pour faire venir les navires dans son païs [...] (cette maniere absurde de penser est fondée sur le Besoin qu'il croit que nous avons de venir chés luy) [...]«; Brief Denyaus de la Garenne an das Marineministerium, dd. 04.03.1792, ANOM, C 6/27.

297 Siehe unten, Abs. II.3.3.c.

298 So u.a. Norris, *Memoirs* (1789), S. 87.

299 Brief Duncans an Palmerston, dd. 22.09.1849, in: HCPP 1849/50, Class B, S. 6.

Ebendiese Zeremonien, die den König als Empfänger und zugleich als Gebenden erscheinen ließen,[300] dienten der Bekräftigung und neuerlichen Darstellung der Beziehung zwischen Monarch und Untertanen. So erläutert Edna Bay:

> »Those who attended Customs [...] presented gifts that are called tributes or taxes by writers on Dahomey. The givers in turn received gifts from the king. Gifts or taxes were clearly a major source of revenue for the monarchy, but they were also a symbolic recognition of a patron-client relationship between the monarch and his Dahomean subjects.«[301]

Indem die europäischen Vertreter an dieser symbolischen Handlung teilnahmen, gingen auch sie eine »patron-client relationship« ein, selbst wenn sie ihr diesen Charakter zum Teil absprachen.

Dennoch halten die meisten europäischen Autoren eine semantische Differenz zwischen ihren Geschenken und jenen »Tributen« aufrecht, die bei gleicher Gelegenheit von den Untertanen Dahomeys und von unterworfenen Völkern zu leisten waren.[302] Dalzel beispielsweise wertet die Gegengeschenke[303] des Herrschers als Beleg dafür, dass es sich bei den europäischen Gaben nicht um Tribute, sondern um Geschenke, um einen Ausdruck der *persönlichen* Beziehung zum König, gehandelt habe.[304] Die Europäer

---

300 Vom Herrscher »qui est nourri pour nourrir« spricht Coquery-Vidrovitch, Fête, S. 696.

301 Bay, Wives, S. 13. – Zu dieser Herangehensweise passen auch die theoretischen Überlegungen von Till Förster, der die Gräben zwischen der älteren Forschung zum sakralen Königtum und den funktionalistischen, eine Dichotomie von Symbol und Politik bzw. Wirklichkeit vertretenden Arbeiten in der Folge von Evans-Pritchard et al. überwinden möchte. Dabei wendet er sich zum einen gegen die genannte Dichotomie, zum anderen rückt er die Frage ins Zentrum, warum, für wen und vor wem symbolische Handlungen aufgeführt und vollzogen wurden; Förster, Darstellung, bes. S. 377 ff.

302 U. a. Rapport des Marineministeriums (Bureau des Colonies) über die Comptoirs d'Amokou et de Juda, dd. 25. Prairial X (14.06.1802), ANOM, C 6/27: »Les principales dépenses consistent dans les présens (c'est ce qu'on nomme coutumes) à faire au Roi des Dahomets«.

303 Der König und hochrangige Mitglieder des Hofs schickten während der gesamten Dauer des Besuchs der europäischen Delegation Lebensmittel, Tiere und fertig zubereitete Speisen und Getränke, die als Geschenke verstanden wurden. So z. B. bei Freeman, Journal (1844), S. 258, der die reichen Gaben von Lebensmitteln als »great kindness« des Königs interpretiert und als Beweis, »that he wished to make me feel that I was among friends«.

304 »Each of the Governors carries an annual present to the King, consisting of a piece of rich silk for a dress, together with some brandy and other articles, amounting in the whole to about 50 £ sterling. These are received, not as the

waren aber nicht die einzigen, die Gegengaben erhielten, vielmehr wurden solche auch den vermeintlich Tributpflichtigen zuteil – hier lässt sich also eine gewisse Brüchigkeit von Dalzels Text konstatieren. Dass die Herrscher Dahomeys ihrerseits einen Unterschied zwischen (Ab)Gaben der Europäer und der anderen annahmen, erscheint in jedem Fall zweifelhaft.

Dass europäische Akteure nicht gänzlich ahnungslos und insofern nicht in einem naiven Missverständnis gefangen waren, wird dadurch belegt, dass der offizielle Sprachgebrauch gelegentlich auch durchbrochen wurde. 1799 sprach der französische Direktor Denyau de la Garenne in einer Denkschrift für das Marineministerium offen vom »tribut à Dahomet«, der für jedes Fort fällig werde. Diesen müsse der Direktor dem König alljährlich im Dezember/Januar (Nivôse) bringen und dabei auch bei den sogenannten »ceremonies de coutumes« assistieren: »[D]iese Zeremonien, die immer mehr zunehmen, dauern inzwischen nahezu zwei Monate und sind mit erheblichen Ausgaben verbunden aufgrund des Prunks, den sie erfordern und den [der König] vor den staunenden Augen der Menge versammelter Tributpflichtiger vorführen lässt, und aufgrund der Geschenke, die er allen unaufhörlich gibt. Die Ordnung und der Aufbau, die den Ausgang dieser Feste bestimmen, sind bewundernswert und bereiten Vergnügen.«[305] Die Vermutung liegt nahe, dass auch seine Kollegen und Vorgänger sich über den Tributcharakter dieser Gaben eigentlich im Klaren waren, aber aus Gründen der Gesichtswahrung um diskursive Kaschierung bemüht waren – ein Phänomen, wie es nicht allein in Westafrika vorkam.[306]

Die geforderte Anwesenheit bei den »Customs« wurde im 19. Jahrhundert von europäischer Seite zunehmend als Problem wahrgenommen. Dies lag jedoch weniger daran, dass man eine mögliche Unterordnung vermei-

---

consideration by which they hold their respective forts, but as a token of friendship and good correspondence; for the King takes care to make them sensible, that he does not accept such presents for the sake of their value, as he always returns more than is equivalent: such as a young female slave, which he presents to each under the denomination of a washerwoman; and one fine cotton cloth, at least, for a counterpane. Besides this, he entertains them during their stay at Dahomy with the greatest liberality and kindness [...].« DALZEL, *History* (1793), Introduction, S. xx.

305 »[...] ces ceremonies qui vont toujours en augmentant, durent maintenant près de deux mois, et coutent considerablement, par le luxe qu'elles exigent et dont il fait parade aux yeux etonnés d'une foule de Tributaires rassemblés et les Presents qu'il ne cesse de faire a tout le monde. L'ordre et l'assemble qui regne dans les sortis de fetes, est admirable & fait plaisir.« Mémoire von Denyau [de la Garenne] für das Marineministerium, dd. 25 Nivôse an VII (14.01.1799), ANOM, C 6/27.

306 Siehe dazu ausführlicher und mit Literaturhinweisen unten, Unterkap. III.5.3.

den wollte, vielmehr ging es in erster Linie darum, dass dieses Ritual mit Menschenopfern verbunden war.[307] Bei der RAC sprach man in den 1730er Jahren zwar mit offensichtlicher Gereiztheit, aber nicht grundsätzlich beunruhigt davon, dass der englische Chief in Ouidah oft »on trifeling Occasions« wie der bloßen Anwesenheit bei den »Superstitious Cerimonies of his Religion« zur Residenz des Königs von Dahomey gerufen werde.[308] Auch in den französischen Korrespondenzen wurden die »Customs« vor allem als lästig oder als Gefahr für die eigene Gesundheit angesehen. Jacques Levet beispielsweise schrieb 1746: »Ich komme zurück von einer Reise nach Abomey, die 17 Tage gedauert hat und durch die *grandes Coutumes* des Königs veranlasst wurde. Es ist mir nicht möglich gewesen, mich von der Teilnahme daran zu befreien, obwohl ich im letzten Jahr dort zu sterben glaubte [...].«[309] Seine Todesangst war jedoch nicht durch die Menschenopfer begründet, sondern durch das von ihm verschiedentlich beklagte ungesunde Klima in Abomey. Pruneau de Pommegorge, ein ehemaliger Angestellter der Compagnie des Indes, der nach Dienstende zum Abolitionisten wurde, berichtet in seiner 1789 publizierten *Description* von seinen Besuchen bei den »Customs«. Die Grausamkeiten dort vergesse man nie; für jene aber, die sie nicht mit eigenen Augen gesehen hätten, klängen sie schier unglaublich.[310] Die Illustration einer »Customs«-Zeremonie bei Dalzel (1793) zeigt noch die europäischen Direktoren als Zuschauer (Abb. 6).[311]

---

307 Vgl. allgemein Law, Human Sacrifice, S. 67ff., zu Dahomey und spezifischer Campion-Vincent, Image.

308 DESCRIPTION, T 70/1470. Vollständig lautet die Passage: »And yet the Chief [des englischen Forts in Ouidah; C. B.] is subjected to many disagreeable Compliances to his Commands [des Königs von Dahomey; C. B.], which would be below the Dignity of a White Man upon this Coast, did not Necessity oblige him to it, the Distance of his Residence at Ardah [Allada], being not above 27 Miles (bearing N. E. by N.) the King summons the chief upon most Trifeling [sic] Occasions, sometimes mere only to attend the Superstitious Cerimonies of his Religion.« Snelgrave bat 1727 sogar von sich aus darum, an Hinrichtungen teilnehmen zu dürfen; Snelgrave, *Account* (1734), S. 42f., ausführlicher Bericht S. 43–49.

309 »Je reviens d'un voyage de Bomé qui á duré dix-sept Jours, Les grandes Coutumes du Roy l'ont occasionné. Il ne m'a pas eté possible de me dispenser d'y assister, quoy que J'eus pensé á y mourir l'année derniere [...].« Brief von Jacques Levet an die Direktoren der Compagnie des Indes, dd. 01.02.1746, ANOM, C 6/25.

310 Pruneau de Pommegorge, *Description* (1789), S. 178f. und S. 193f.

311 *Last day of the Annual Customs for Watering the Graves of the Kings' Ancestors,* in: Dalzel, *History* (1793), nach S. 146. Im Text (nach Norris, *Memoirs* (1789)) wird hingegen festgehalten, dass die »Weißen« diesem Teil der Zeremonien nur sel-

Abb. 6: *Last day of the Annual Customs for Watering the Graves of the Kings' Ancestors*, in: DALZEL, *History* (1793), nach S. 146. [entnommen aus: ders., *History of Dahomy. An Inland Kingdom of Africa*, Faksimile-Ausgabe, eingel. von J. D. Fage, London ²1967]

Im Laufe des 19. Jahrhunderts wurden die Beschreibungen der »Customs« immer detaillierter, die Anwesenheit von Europäern bei diesem Ritual bzw. zumindest bei dessen blutigen Akten jedoch immer seltener.[312] Der französische Gesandte Bouët verdankte es 1851 dem Takt Gezos und seinem eigenen Geschick, dass er den Schauplatz des Fests vor Beginn der Opferungen verlassen konnte.[313] Dagegen erhielt Burton, 1863 mit einer Mission

ten beiwohnten. – Diese Abbildung wurde adaptiert von DORGÈRE, Prisonniers (1891), S. 535.

312 Zu dem damit verbundenen Interpretationsproblem CURTIN, Image, S. 497, und MONROE, Continuity, S. 352.

313 BOUËT, Rapport, S. 112. DUNCAN, Travels, Bd. 1 (1847), S. 247f., lehnte Gezos Angebot, an Exekutionen von Verrätern teilzunehmen und dabei selbst seine Schwertkünste zu demonstrieren, zu dessen Erstaunen ab.

zu Glélé, dem Nachfolger Gezos, betraut, strikte Anweisungen vom Foreign Office, auf keinen Fall den »Customs« beizuwohnen. Die bloße Anwesenheit schien in den Augen des englischen Außenministeriums bereits eine Akzeptanz des blutigen und berüchtigten Brauchs darzustellen.[314]

Die übliche Audienzroutine, wie sie sich zwischen den europäischen Direktoren und dem Hof von Dahomey eingespielt hatte, war aus der Perspektive Dahomeys durchaus als Anerkennung seiner Oberherrschaft zu verstehen. Dass die Antrittsaudienzen Investituren gleichkommen konnten, macht deutlich, dass die Direktoren auch als dahomeanische Amtsträger verstanden wurden. Wiewohl sie diese Oberherrschaft im europäischen Diskurs allenfalls als Tyrannis brandmarkten, brachten die Kompanievertreter in der Praxis gemäß lokalen Vorstellungen immer wieder ihre Anerkennung zum Ausdruck, vor allem durch die Partizipation an den »Customs«.

b. Transkulturalität und Aneignungsprozesse

Bereits in Unterkapitel II.3.2 wurde auf verschiedene Anpassungen hingewiesen, die von den europäischen Besuchern gefordert waren, aber auch auf Elemente, die der Hof von Dahomey rezipierte. Hier soll anhand ausgewählter Elemente ausführlicher die Frage diskutiert werden, inwiefern sich das Audienzzeremoniell in Dahomey als transkulturelle Praxis interpretieren lässt.[315]

> »His Majesty was in a large Court palisadoed round, sitting (contrary to the Custom of the Country) on a fine gilt Chair, which he had taken from the King of *Whidaw*. [...] The King had a Gown on, flowered with Gold, which reached as low as his Ancles; an *European* embroidered Hat on his Head; with Sandals on his Feet.«[316]

So beschreibt Snelgrave den Anblick Agajas 1727 und bezeugt damit bereits früh die Integration fremder Objekte in die materielle Repräsentation am Hof von Dahomey. Ähnliches berichten auch andere Besucher. Elet etwa

314 Burton, *Mission*, Bd. 1 (1864), S. xiii. Burton selbst dagegen betrachtete die »Customs« offensichtlich nüchterner, sie wären nichts anderes als »in fact, the yearly execution, as if all the murderers in Britain were kept for hanging on a certain day in London«; zitiert nach Law, Human Sacrifice, S. 60, Anm. 32.

315 Charles Stewart hat kürzlich den Versuch unternommen, ein Klassifikationsschema für transkulturelle Rituale u. a. durch Anleihen bei der Chemie zu entwickeln. Seine Trennung von »creolization« und »syncretism« scheint mir im hier untersuchten Kontext allerdings wenig weiterführend; Stewart, Creolization.

316 Snelgrave, *Account* (1734), S. 35f.

schreibt 1733, Agaja sei »bekleidet mit einem roten europäischen Samtrock, der mit goldenen Tressen besetzt war«, er habe »maurische Schuhe an und eine weiße Mütze auf dem Kopf [...]«.[317] Und Gezo trug Forbes zufolge 1849 einen spanischen Hut und Mandingo-Sandalen.[318] Dass es sich bei diesen Schilderungen um Projektionen handelt, wird einerseits durch die Zahl der voneinander unabhängigen Berichte widerlegt, andererseits auch dadurch, dass gerade auch die europäischen Kleidungsstücke und Gegenstände nicht als selbstverständlich, sondern explizit als fremdes Element dargestellt wurden.

Ein solcher, aus dahomeanischer Perspektive, ›exotisch‹ anmutender Geschmack unterstrich die Machtposition des Herrschers und seinen Zugang zu Objekten aus weiter Ferne – durchaus in Analogie zur Wertschätzung exotischer Waren an europäischen Höfen der Zeit.[319] Entsprechend fielen auch die Geschenkwünsche der Könige aus, die sich immer wieder auch auf Hüte und Stühle richteten.[320] Stühle europäischer Façon hatten auch eine spezifische Funktion im Zeremoniell: Sie dienten nicht allein dem König als Thron, sondern wurden auch eingesetzt, um bestimmte Personen auszuzeichnen, etwa bei der Einholung, aber auch bei der Audienz selbst.[321]

Die bereits erwähnten Salutschüsse sind ebenfalls kein Bestandteil eines ›authentisch‹ afrikanischen Zeremoniells. Sie wurden erst durch die Adaptation von Feuerwaffen möglich, und zwar über deren instrumentellen, militärischen Gebrauch hinaus.[322] Bei der Abstufung der jeweiligen Anzahl der Schüsse lehnte man sich an den europäischen Gebrauch an, wie er etwa auch im Verkehr zwischen den Forts in Ouidah untereinander oder mit

---

317 »[...] gekleet met een Europeese roode flueele rok met goude galoenen bezet, hebbende moorse schoenen aan, een witte muts op't hooft [...]«; Elet, Journaal, S. 148. Diese Passage führt auch Kriger, Cloth, S. 35, an.

318 Forbes, *Dahomey*, Bd. 1 (1851), S. 77; auch ders. an Fanshawe, dd. 01.11.1849, in: HCPP 1850/1, Slave Trade, Class B, S. 19f.

319 Siehe zu Luxusgütern und Exotika an europäischen Höfen bspw. Gschwend/Tudela, Luxury Goods.

320 Siehe z.B. die Liste der Wünsche Gezos im Brief Forbes' an Fanshawe, dd. 09.11.1849, in: HCPP, 1850/1, Slave Trade, Class B, S. 24, die u.a. Biberhüte, Stühle, Uhren und eine »music box« beinhaltet. Hüte sowie europäische Kleidungsstücke und ein bestimmter »liqueur« aus Marseille werden auch bei Dubellay 1733 erwähnt; Brief Dubellays, dd. 21.11.1733, C 6/25. – Zu Geschenkobjekten und -praktiken vgl. ausführlicher Teil III.

321 Der Gebrauch von Stühlen als Distinktionszeichen wird auch im Brief Agajas an George I erwähnt, den Lambe kolportierte; siehe Law, Alternative Text, S. 267.

322 Salutschüsse und Umtrunk wurden auch im irokesischen Zeremoniell adaptiert; vgl. Häberlein, Vermittler und Kommunikation, S. 340, und Hagedorn, »Friend«.

ankernden Schiffen zu beobachten war. Salutschüsse stellten am Hof von Dahomey einen festen Bestandteil des Zeremoniells dar, der die Distinktion offizieller Besucher erlaubte – nur bei ihnen wurden 21 Schüsse zu Ehren des jeweiligen europäischen Souveräns, den sie repräsentierten, abgefeuert. Man kombinierte den Salut aber zudem mit einem Element, das dem europäischem Brauch fremd war. Wie seit den 1770er Jahren belegt ist, erschien nach den Salven jemand, oft ein kleiner Junge oder ein alter Mann, mit einem Gefäß, in dem ebenso viele Scherben, Steine, Kauris o. Ä. wie zuvor abgefeuerte Schüsse lagen. Dies konnte unmittelbar nach den Schüssen oder aber an einem der nächsten Tage geschehen. Der Überbringer erhielt üblicherweise ein kleines Geschenk.[323]

Bereits seit Beginn der europäischen Dokumentation waren zudem Fahnen in das Audienzzeremoniell integriert: Bei seinem Einzug im Jahr 1733 vermerkte zum Beispiel der niederländische Oberkommis Elet, dass die Abordnung aus zwei der größten *caboceers*, zwölf Leibgardisten und 300 Bewaffneten zwei Flaggen mit sich führte, und zwar die niederländische und die portugiesische, die niederländische aber vor der portugiesischen getragen wurde. Zudem sei auf dem Palast ebenfalls die »Hollandse Prince vlag« gehisst gewesen. Für Elet stand offenbar eine europäische Lesart als Ehrerweis fest.[324] Der französische Direktor Dubellay hob ebenfalls eine mitgeführte Flagge hervor – es handelte sich dabei selbstverständlich um eine französische Flagge »an der Spitze der Kompanien«.[325] Diese Berichte lassen vermuten, dass der Hof von Dahomey das Zeremoniell auf den jeweils Empfangenen abstimmte, auch unter Einbeziehung europäischer Attribute.

---

323 Norris, *Memoirs* (1789), S. 91 f.; Pruneau de Pommegorge, *Description* (1789), S. 175; Freeman, Journal (1844), S. 260; Ridgway, Visit (1847), S. 303 f.; Fraser, Journals, S. 67; Skertchly, *Dahomey* (1874), S. 146 und S. 190.

324 Elet, Journaal, S. 147 f. Es handelte sich um die Prinzenflagge, also um eine orange-weiß-blaue Trikolore, die seit dem späten 17. Jhdt. als Symbol der Oranier galt und und der ›nationalen‹, rot-weiß-blauen Trikolore gegenübergestellt wurde; dazu Visser, Vlag, S. 15 f., und Fruin, Vlag. – Dass auch die portugiesische Flagge mitgeführt wurde, war wohl darin begründet, dass Elet von João Bazilio, dem portugiesischen Direktor in Jaquin, begleitet wurde (siehe oben, Anm. 232). Bei einer Parade, die während Norris' Besuch bei Tegbesu abgehalten wurde, führten die Amazonenkompanien englische Flaggen mit; Norris, *Memoirs* (1789), S. 109.

325 Brief Dubellays, dd. 21.11.1733, ANOM, C 6/25. – Unter Gezo wurde bspw. auch ein *asen*, ein geschmiedeter Eisenstab mit einem oft reich geschmückten ›Knauf‹, der beim Ahnenkult zum Einsatz kam, angefertigt, in dessen Knauf eine Szene mit französischen Flaggen zu sehen ist; siehe Blier (Hrsg.), Art, Kat.-Nr. 40, S. 106 f.

Doch Fahnen dienten nicht der bloßen Anpassung an europäische Gewohnheiten, vielmehr wurden im Laufe der Zeit neben importierten, teils explizit gewünschten Flaggen[326] auch eigene Fahnen mit dahomeanischen Symbolen und Motiven hergestellt.[327] Solche dahomeanischen Fahnen wurden wohl auch als Geschenk an europäische Herrscher gesandt, wie man auch von diesen Flaggen erhalten oder erbeten hatte.[328] Sie dienten sowohl als Statuszeichen als auch der Markierung unterschiedlicher militärischer Kompanien.

Die große Vielfalt von Fahnen bei seinem Empfang 1843 in Cana schildert der methodistische Missionar Thomas Birch Freeman wie folgt:

> »The streets were filled with companies of soldiers, for a considerable distance; each party having its respective flags, banners and umbrellas. They presented a gay and exciting appearance. Some of the flags were European, others American. I saw Spanish, Portuguese, English, and French flags. Several of them also were native. One of the latter displayed a lion, cut in a rude form, out of black or blue cloth, and then stichted to the flag, which appeared to be a kind of straw-coloured bunting. This rude figure represented a lion with its mouth open; and, to give redness to the inside of the mouth, cloth of that colour was used. The eye was also shown by cloth of another hue: altogether considerable ingenuity was displayed.«[329]

---

326 1851 bat Gezo bspw. explizit um eine große Menge französischer Flaggen, »car il prétend que c'est l'espèce dont il a le moins. Il est vrai que dans cette immense quantité de drapeaux et de bannières que j'ai vu défiler devant moi, si souvent, j'ai remarqué beaucoup de pavillons anglais, portugais et hambourgeois, et à peine un ou deux pavillons français«; Bouët, Rapport, S. 117. 1856 brachte eine Delegation tatsächlich u.a. zahlreiche Flaggen als Geschenk mit; vgl. Répin, Voyage (1863), S. 87.

327 Vgl. dazu Adams, Cloths, und Blier, Europia Mania, S. 240f. – Eine ähnliche Aneignung von Fahnen mit indigenen Motiven fand bei den Fante an der Goldküste statt; vgl. dazu Unterkap. III.3.2, Anm. 193.

328 Eine Flagge mit Kriegs- bzw. Opferszenen und menschlichen Köpfen, die sich in Rio de Janeiro befindet und in der er ein Geschenk Gezos an den brasilianischen Vizekönig vermutet, bespricht Verger, Echanges, S. 745–748.

329 Freeman, Journal (1844), S. 256. Zu einem Besuch gemeinsam mit Freeman und dem Gouverneur der Goldküste Winniett vgl. auch Ridgway, Visit (1847), S. 301, der u.a. »imitations of the union-jack« bemerkte; die Gestaltung der dahomeanischen Fahnen vergleicht er mit den Darstellungen in Profilansicht der »Egyptian paintings«. Weitere Beispiele für in Dahomey gefertigte Flaggen, die häufig mit Enthauptungsszenen und Köpfen von Menschen und Tieren bemalt oder mit entsprechenden Applikationen versehen waren, bei Brue, Voyage (1845), S. 60 und S. 66, und bei Forbes, *Dahomey*, Bd. 1 (1851), S. 73, der neben dahomeanischen Fahnen »ornamented by a human skull« Nationalflaggen Frankreichs, Englands, Portugals und Brasiliens sah, zudem habe jeder »caboceer

In späterer Zeit wurden seltener einzelne Flaggen herausgehoben, vielmehr sahen sich die meisten europäischen Besucher wie Freeman einer geradezu unüberschaubaren Menge unterschiedlichster Flaggen gegenüber.[330] 1863/64 beschäftigten die Landesflaggen allerdings noch einmal Richard Francis Burton, aber in anderer Weise als die früheren Besucher. Burton stellt zunächst lediglich fest, dass einer Kompanie Soldaten eine britische und eine portugiesische Flagge vorangetragen werden, ohne jedoch die Reihenfolge anzugeben. Als er dann noch einmal einen Union Jack an der Spitze der Königsfrauen (*ahosi*) erblickt, veranlasst ihn dies schlicht zu der Frage: »why?«[331] Burtons Ratlosigkeit kontrastiert deutlich mit der Selbstverständlichkeit, mit der Elet und Dubellay anderthalb Jahrhunderte zuvor die Flaggen als Ehrenzeichen lasen – auch hier scheint auf, dass der ›zeremonielle Blick‹ in Bezug auf afrikanische Höfe im Laufe des 19. Jahrhunderts nicht schlagartig, aber zunehmend verschwand.

Der Hof von Dahomey interessierte sich nicht allein für fremde zeremonielle Gebräuche und Symbole. Einige Herrscher zeigten sich auch sehr aufgeschlossen für den Einsatz von Schriftlichkeit.[332] Weiterhin ist bereits seit Agaja Interesse an militärisch-technologischen Transfers belegt.[333] Umge-

[...] his own particular pennon«. Répin berichtet von »une bannière multicolore, grossièrement peinte our brodée d'animaux féroces ou fantastiques tels que lions, léopards, serpents gigantesques, dragons, etc. [...]«; Répin, Voyage (1863), S. 82; Burton spricht von »fancy flags«, die ebenso wie die Schirme vornehmlich mit Bildern von Messern und abgeschlagenen Köpfen geschmückt seien, Burton, *Mission*, Bd. 1 (1864), S. 212 und S. 215.

330 Die »multitude of flags« wird bereits bei Dalzel, *History* (1793), Introduction, S. xxiii, betont; vgl. bspw. auch Fraser, Journals, S. 64. Dagegen aber Forbes, *Dahomey*, Bd. 2 (1851), S. 8.

331 »Then, preceded by Union Jack (why?) and four flags, came the Akho-'si – ›King wife‹ – or Eunuch Company.« Burton, *Mission*, Bd. 1 (1864), S. 213. Burtons eigene Delegation wurde bei der Prozession zum Palast von Mr. Hilton mit der St.-Georg-Flagge angeführt (ebd., S. 216).

332 Sie betrauten bspw. islamische Gelehrte, »Mulatten« oder (gefangene) Europäer mit »Sekretärsposten«, banden Schriftdokumente in Inszenierungen ein und richteten selbst, unter Mithilfe der »Sekretäre« und Übersetzer, Briefe an europäische Monarchen; dazu knapp Law, History and Legitimacy, S. 433 f., zu den Briefen Thornton, Dahomey, und ders., Ethics, S. 54 ff. Eine solche Funktion europäischer Gefangener als Schreiber wird etwa bei Elet, Journaal, S. 156, erwähnt, vom Verfasser allerdings etwas ungläubig kommentiert.

333 Agaja beschäftigte kurz nach der Eroberung Ouidahs den französischen *commis subalterne* Galot, um »la maniere de se rebrancher et d'Elever grossierement des fortifications, qui étoit inconnue chez ces Peuples« kennen zu lernen; siehe Mémoire de la Compagnie des Indes, dd. 08.10.1730, ANOM, C 6/25. Ähnlich äußerte auch Gezo 1851 gegenüber Bouët die Bitte, man möge ihm französische

kehrt bot im frühen 19. Jahrhundert aber auch ein Herrscher von Dahomey einem europäischen Amtskollegen militärische Hilfe an.[334]

Wie diese Beispiele deutlich machen, war ein ebenso offener wie kreativ-aneignender Umgang mit fremden Symbolen, Artefakten und Praktiken in Dahomey weit verbreitet. Die Kunsthistorikerin Suzanne Preston Blier schlägt gar eine übergreifende Interpretation Dahomeys als »culture of assemblage« vor und stellt das Prinzip der Aneignung und Integration von fremden Personen ebenso wie von Objekten und Kunstformen als eine zentrale Herrschaftsstrategie heraus.[335] Die Resultate solcher Transfers wurden von den meisten Europäern jedoch lediglich als Auszeichnung ihrer selbst bzw. als Beweis europäischer Überlegenheit verstanden, wie dies oben bereits für die Exemption vom Niederwerfen diskutiert wurde.[336]

Aneignungsprozesse lassen sich aber nicht allein in Bezug auf europäische Dinge und Praktiken beobachten, sondern auch in Hinblick auf die afrikanischen Nachbarländer Dahomeys. Eine wichtige Rolle spielte dabei das Vorbild der Yoruba, die sich durch eine starke Sakralisierung des Königs bzw. des Königtums auszeichnen.[337] So berichten die europäischen Quellen für die Herrscher Gezo (reg. 1818–1858) und Glélé (reg. 1858–1889) von

---

Offiziere schicken »pour apprendre à ses troupes la tactique européenne et la manœuvre des canons«; Bouët, Rapport, S. 116.

334 Nachdem er erfahren hatte, dass der König von Portugal vor den napoleonischen Armeen aus seinem Land nach Brasilien geflohen war, erläuterte Adandozan ihm nicht nur dahomeanische militärische Strategien, sondern erklärte auch, dass er, hätte er rechtzeitig um die Situation in Portugal gewusst, Truppenkontingente zu seiner Unterstützung entsandt hätte; vgl. Thornton, Dahomey, S. 451 und S. 454.

335 Blier, Assemblage; dies., Europia Mania.

336 Ebenso verstand auch der katholische Missionar Francesco Borghero seinen Empfang in Abomey 1861/62 als »Triumph unseres Herrn Jesus Christus und der Heiligen Mutter Gottes über die Relikte des Aberglaubens«, denn ihm wurde erlaubt, mit seinen Begleitern in vollem Ornat und unter Mitführung von Heiligenbildern und -statuen in die Stadt einzuziehen: »[...] triomphe de Notre-Seigneur Jésus-Christ et de sa sainte Mère sur les monuments de la superstition«; Borghero, Relation (1863), S. 21. Zudem entdeckte der Missionar, dass am Hof von Dahomey bereits Kreuze getragen wurden, wenn auch in einer in seinen Augen verunstalteten Form (ebd., S. 29 f.). Zum offenen und zugleich instrumentellen Verhältnis der Herrscher von Dahomey zu fremden Religionen vgl. die Beispiele für Islam wie Christentum bei Law, Islam, S. 112–115.

337 Vgl. dazu die innovative Studie von Bay, Wives, S. 213–222. Gerade die Beziehung zwischen Yoruba und Dahomey ist jedoch bislang nicht hinreichend geklärt; Hinweise zu Interaktionen zwischen Dahomey und Yoruba etwa bei Monroe, Continuity, S. 358 f. – Zum Sakralkönigtum in Afrika vgl. auch MacGaffey, Art. Kingship, und die in Anm. 339 angegebene Literatur.

einem Tabu, das zuvor nie erwähnt wurde: Es sei verboten, den Herrscher beim Trinken zu sehen. Ein solcher Brauch ist in verschiedenen afrikanischen Regionen bezeugt.[338] In Dahomey tauchte er jedoch erst zu Beginn des 19. Jahrhunderts auf, recht plötzlich und in verschiedenen, unabhängigen Quellen zugleich.[339] Die dichte Überlieferung ist insbesondere der Tatsache geschuldet, dass dieses Verbot im Rahmen des Audienzzeremoniells recht auffällige Konsequenzen hatte. Die Anwesenden wurden nun bei dem gemeinsamen Umtrunk aufgefordert, sich umzudrehen und ihr Gesicht zu verdecken, alternativ wurde ein Tuch als Sichtschutz vor den König gehalten.[340] Daher ist es unwahrscheinlich, dass frühere Besucher ein solches Tabu einfach ›übersehen‹ haben. Die Einführung dieser Neuerung kann man in dem von Edna Bay herausgearbeiteten Prozess der »Ritualinnovationen« unter Gezo verorten, die vor allem mit einer zunehmenden Sakralisierung

338 U.a. auch für Allada; vgl. ELBÉE, *Journal* (1671), S. 447.

339 Dalzel (wohl nach Norris) dagegen erklärt explizit, dass man den König zwar nicht öffentlich essen, sehr wohl aber trinken sehen könne: »The vulgar among the Dahomans affect to believe that their King does not eat. Indeed he does not eat in public, though he makes no scruple to drink.« DALZEL, *History* (1793), Introduction, S. xv, und NORRIS, *Memoirs* (1789), S. 105 (erinnert an eine Bemerkung von BOSMAN, *Beschryving* (1704), Teil 2, S. 137, über den König von Ouidah). – Dennoch wurde oft eine allgemeine Gültigkeit dieses Tabus in Dahomey angenommen und im Rahmen des Sakralkönigtums verortet; siehe u.a. PALAU MARTI, Roi-dieu, S. 134f.; LAGERCRANTZ, Contribution, S. 339f. Selbst Jones stellt diese Praxis noch als zeitlos gegeben dar; vgl. JONES, Körper, S. 207. Gegen die These eines sakralen Herrschers i. S. eines Gottkönigs siehe z.B. LAW, Slave Coast, S. 77f.: »Royal authority was thought to be divinely sanctioned, but kings were not themselves divine.«

340 DUNCAN, Travels, Bd. 1 (1847), S. 222; RIDGWAY, Visit (1847), S. 303 (»thereby giving rise to an amusing scene«); FORBES, *Dahomey*, Bd. 1 (1851), S. 79; BOUËT, Duplicata, S. 94; FRASER, Journals, S. 65; SKERTCHLY, *Dahomey* (1874), S. 247; RÉPIN, Voyage (1863), S. 84; BLANCHELY, Dahomey (1891), S. 536; BURTON, *Mission*, Bd. 1 (1864), S. 244ff.; DORGÈRE, Prisonniers (1891), S. 425. Die drei letztgenannten Autoren berichten von Ausrufen, die – fast in Analogie zum Bohnenkönigfest – während des Trinkens erschallten (während des Trinkens »Il fait nuit«, gegen Ende dann »Il fait jour«). Vallon erklärt, dass die Verhüllung des trinkenden Königs die Aufgabe eines bestimmten Amtsträgers namens »Tollonou« sei, der zugleich die Funktion eines Vorkosters ausgeübt habe und mit der »police des femmes du palais« betraut gewesen sei; siehe VALLON, Royaume (1861), S. 337. Dabei handelt es sich wohl um den *tononu*, den Bay als Vorsteher der *utunon* beschreibt, der Bediensteten des königlichen Haushaltes; BAY, Wives, S. 270.

und Mystifizierung des Königtums einhergingen.[341] Auch die sogenannten ›Amazonen‹, die bis heute fest im populären Bild Dahomeys verankert sind und die eine recht prominente Rolle bei den späteren Audienzen einnahmen, entstanden als eigenes Regiment wohl erst unter Gezo.[342] Ebenso wie das ›Trinktabu‹ spielte auch diese Innovation der Tendenz zur zunehmenden Exotisierung Afrikas im europäischen Diskurs in die Hände.

So offen und adaptionsfreudig die Herrscher von Dahomey auch gegenüber fremden Zeremonien und Symbolik waren, Herrschaft konzipierten sie ganz dahomeyzentrisch. So gingen sie bei den fernen Souveränen Europas stets von einem Pendant ihrer selbst aus, was nun nicht immer der Realität entsprach. Die europäischen Vertreter vor Ort suchten dies jedoch nicht aufzulösen, sondern passten sich weitgehend an die dahomeanischen Herrschaftsvorstellungen an: Das niederländische System beispielsweise, das einer solchen zentralistischen monarchischen Ideologie[343] kaum entsprach, suchte man Agaja 1733 – und damit während der statthalterlosen Zeit – mit der Umschreibung »de Hollandse admiraal en zijne grooten« zu vermitteln. Dabei bleibt unklar, ob dieser »admiraal« eine Umschreibung für eine real existierende Person war oder lediglich eine Art fiktionalisierte Personifikation des niederländischen Gemeinwesens insgesamt.[344] Auch die französischen Gesandten Blanchely und Bouët hatten 1848 bzw. 1851 mit diesem auf Autokratie gepolten ›Dahomeyzentrismus‹ zu kämpfen, da Gezo – allen politischen Umbrüchen in Frankreich zum Trotz – weiter einen »roi

---

341 Bay erwähnt dieses Verbot, den König beim Trinken und Essen zu sehen, nur *en passant*, ohne es näher zu thematisieren; Bay, Wives, S. 217.

342 Zuvor hatte eine weibliche Leibgarde des Königs existiert, eine »standing army« weiblicher Kämpferinnen wurde hingegen erst unter Gezo eingeführt; siehe Bay, Wives, bes. S. 200–209.

343 Dabei spielt es weniger eine Rolle, inwiefern Dahomey tatsächlich ein zentralistisch durchorganisierter Staat war, wie in der Nachfolge von Polanyi behauptet wurde. Entscheidend ist vielmehr die entsprechende »Ideologie«; vgl. dazu Law, Royal Ideologies.

344 Elet, Journaal, S. 148 f., S. 153 und S. 155. – Diese Konstruktion ist auch deshalb besonders interessant, da sie von der analogen Konstruktion, derer sich die VOC in Ostindien bediente, abweicht – dort stellte man, besonders im 17. Jhdt., den oranischen Statthalter in den Vordergrund, um die Kommunikation mit den asiatischen Monarchien und Fürstenstaaten zu erleichtern; siehe bspw. Heeres/Stapel (Bearb.), Corpus, Bd. 1, Nr. 1 und Nr. 36; dazu kurz Alexandrowicz, Introduction, S. 33 f., und Steiger, Recht, S. 283. Allerdings fällt das Jahr 1733 gerade in die zweite statthalterlose Zeit, sodass mglw. die andere Konstruktion schlicht aus pragmatischen Gründen zustande kam.

de France« als sein Gegenüber annahm.[345] Trotz der Tatsache, dass Frankreich augenblicklich republikanisch regiert wurde, versicherten die französischen Gesandten dem König von Dahomey höflich, dem nicht-existenten König von Frankreich seine Komplimente auszurichten, gaben ihm Auskunft über dessen Gesundheit, tranken in dessen Namen auf die Gesundheit des Königs von Dahomey – und verschwiegen so die politischen Systemumbrüche in Frankreich, da es, wie Blanchely 1848 formulierte, »unangebracht« oder »ungehörig« sei, »davon in der Gegenwart eines despotischen und absoluten Königs zu sprechen«.[346]

Hinzu kam auf Seiten Dahomeys die Vorstellung einer grundsätzlichen Gleichrangigkeit mit den anderen Herrschern, die zum Beispiel darin zum Ausdruck kam, dass sich Tegbesu, dem Bericht von Robert Norris zufolge, einer Verwandtschaftsmetapher bediente, um seine Beziehung zum englischen König zu umschreiben, ganz so, wie sie nach Norris auch in Europa unter Fürsten üblich war (»his brother, King George of England«). Dies macht es allerdings schwierig, festzustellen, ob hier in der Tat eine Übereinstimmung vorliegt, die durchaus zu der von Robin Law konstatierten patriarchalen Logik passen würde, oder ob Norris hier schlichtweg einen »Europäizismus« eingefügt hat. Zumindest findet sich die Anrede europäischer Herrscher als Bruder auch in den Briefen, die Adandozan an den König von Portugal schreiben ließ.[347]

---

345 Bouët, Duplicata, S. 94 u. ö. Blanchely rettete sich in die Formulierung (so jedenfalls sein Bericht) »chef de l'État«, später diktierte ihm Gezo einen Brief an den »roi de France« (den Blanchely offenbar an den Président de la République adressierte); Blanchely, Dahomey (1891), S. 545. Noch 1890 ließ Gezos Nachfolger Behanzin einen Brief an den »roi de France« schreiben; vgl. Dorgère, Prisonniers (1891), S. 425.

346 »Je lui [König Gezo; C. B.] transmis beaucoup de compliments de la France, du chef de l'Etat, passant sous silence les événements de la République. Il eut été inconvenant d'en parler en présence d'un roi despote et absolu.« Blanchely, Dahomey (1891), S. 545. – Zu der Schwierigkeit, außereuropäischen Monarchen eine Vorstellung von europäischen Republiken zu vermitteln, führt Justi zwei Anekdoten aus China bzw. Pegu an; Justi, *Vergleichungen* (1762), S. 4 f.

347 Norris, *Memoirs* (1789), S. 96. Zu den Briefen an den portugiesischen König vgl. Verger, Flux, S. 235 ff. und S. 239 f. Sie kommt allerdings nicht in dem früheren Brief an George I von England (1726) vor, wobei sich auch dort auf Gleichrangigkeit zielende Motive finden (»you are the greatest of white Kings, so I think my self the greatest of black Ones [...]«); Law, Alternative Text, S. 267. Dieser Passus erscheint jedenfalls eher als Aussage Agajas plausibel als die Unterwerfungsrhetorik in einem anderen Textfragment (ebd., S. 271). Vgl. dagegen die Empörung Forbes' über eine ähnliche Aussage des *migan* 1851/52, die er offen-

Trotz dieser vielfältigen Rezeptions-, Aneignungs- und Anpassungsprozesse kann man nicht oder nur sehr eingeschränkt von einer Annäherung oder einem Abbau von Fremdheit sprechen. Vielmehr veränderte sich mit den unterschiedlichen Zielen, die Europäer an den Hof von Dahomey führten, auch ihre Bereitschaft, sich auf lokale Gebräuche einzulassen. Zudem kannten die offiziellen britischen Abgesandten Mitte des 19. Jahrhunderts die lokalen Gegebenheiten eher aus Büchern als aus längerer eigener Erfahrung, da sie sich meist nur kurze Zeit an der Küste aufhielten.[348]

Oben wurde bereits auf die Frage der »Customs« hingewiesen, deren Besuch wegen der Menschenopfer zunehmend verweigert wurde. Doch auch bei Alltagspraktiken schwand die Bereitschaft, sich am lokalen Usus zu orientieren. Ein extremer, wenn auch aussagekräftiger Fall ist das Auftreten des britischen Vizekonsuls Fraser 1851/52: Wiewohl Kollegen und Übersetzer ihm mehrfach zur Befolgung lokaler Regeln rieten, weigerte sich Fraser immer wieder, ihren Ratschlägen zu folgen, und bestand beispielsweise darauf, statt eines Stabes (oder eines Schwertes) als Autorisierungs- und Höflichkeitszeichen seine Visitenkarte zu verwenden.[349] Das größte Problem brachte Fraser seine strikte Weigerung ein, die üblichen Geschenkgepflogenheiten zu befolgen. Explizit auf das fehlende Besuchsgeschenk angesprochen, erklärte Fraser – seinem Tagebuch zufolge – dem *mehu* und *migan*, er wolle sich nicht afrikanischen Sitten anpassen, sondern sie vielmehr englische Sitten lehren. Aufschlussreicher als dieser platte Chauvinismus ist die Antwort der beiden Hofbeamten: »it was not their custom, it was white man make it so.«[350] Der transkulturelle, geteilte Charakter der zeremoni-

---

sichtlich als Beleidigung seiner Königin und der britischen Nation auffasste; Forbes, *Dahomey*, Bd. 1 (1851), S. 153 f.

348 Demgegenüber hatten die Direktoren und Gouverneure der Forts im 18. Jhdt. teils Jahrzehnte an der Sklavenküste verbracht. Am längsten lebte der englische Gouverneur Lionel Abson in Ouidah (36 Jahre), er lernte die lokale Sprache (Fon) und war mit einer Einheimischen verheiratet; siehe Law, Ouidah, S. 75. Auch Pruneau de Pommegorge baut seine Autorität auf seinem 22-jährigen Aufenthalt vor Ort auf; ders., *Description* (1789), Dédicace und Preface, S. vij.

349 »Madiki [der »Gouverneur« des englischen Forts und Übersetzer Frasers; C. B.] was in a terrible way, because I would not conform to the general rule and send a stick, when I told him that [I] had not one, he proposed to send an old sword, I have with me, then a loading rod belonging to my gun; but I am determined to try my own plan, of sending a card.« Fraser, Journals, S. 53 et pass. Eine große Zahl versandter Visitenkarten später bat der König um ein »card case« (S. 82).

350 Fraser, Journals, S. 67, ähnlich S. 82, über »king's man«, zu den Geschenken auch ebd., S. 67 f. und S. 69. Später kommt Fraser zu dem Schluss, dass seine Vorgänger den König durch übermäßige Geschenke verdorben hätten (S. 87 f.); dass er dabei aber allein an seine unmittelbaren Vorgänger (Freeman, Cruick-

ellen Praxis in Dahomey kann kaum deutlicher zum Ausdruck gebracht werden. Transkulturell ist diese eben nicht allein aufgrund ihrer hybriden Zusammensetzung aus Elementen verschiedenster Herkunft, sondern auch deshalb, weil sie von den unterschiedlichen Akteuren gleichermaßen aufgeführt wurde. Zugleich macht das Beispiel Frasers exemplarisch deutlich, wie die geteilte Praxis im Laufe des 19. Jahrhunderts zunehmend aufgelöst wurde – ausgehend von einer Veränderung in der europäischen Haltung gegenüber Dahomey, die im folgenden Abschnitt näher untersucht werden soll.

c. *Das Zeremoniell des Despoten. Wandel europäischer Wahrnehmung*

Im Folgenden soll noch einmal präziser gefasst werden, wie sich die europäische Wahrnehmung und Darstellung der Audienzen in Dahomey veränderte und in welcher Beziehung dies zum Bild Dahomeys allgemein stand. In der zweiten Hälfte des 18. Jahrhunderts verstärkte sich, wie bereits in Teil I festgestellt, die Tendenz, Dahomey als Despotie zu beschreiben.[351]

Wie sehr dieses Despotie-Narrativ alle Elemente des Audienzzeremoniells durchdringen konnte, belegt die Beschreibung, die Pruneau de Pommegorge, ein ehemaliger Angestellter der Compagnie des Indes, in seiner *Description* von 1789 von dem Einholungszeremoniell gibt. Anders als üblich berichtet er nicht von einem, sondern gleich von drei Empfangskomitees,[352] von denen nur das letzte der von anderen Autoren beschriebenen Gruppe der Leibgardisten entspricht. Zuerst erscheine eine Kompanie von Zwergen in Affenkostümen, die sich auch ganz wie Affen benähmen und fortbewegten,[353] sodann eine Kompanie, die aus Eunuchen in Frauenkleidern bestehe.[354] Bereits in der Einholung, bei der allerersten Begegnung zeigt

shank, Winniett, Duncan, Forbes) dachte, zeugt davon, dass ihm die jahrhundertealte Tradition der europäisch-dahomeanischen Beziehungen nicht bewusst war. Vgl. dagegen die Bemerkung Brues, er habe Gezo das Geschenk geschickt, »que les anciens commandants du fort français avaient l'habitude de faire au roi […]«; Brue, Voyage (1845), S. 62.

351 Zu parallelen Entwicklungen in der europäischen Interpretation von Höfen und ihrem Zeremoniell vgl. Windler, Diplomatie, S. 435–438 (zum Maghreb bzw. Tunis), und Hevia, Kowtowing, bes. S. 220–225 (zu China).

352 Pruneau de Pommegorge, *Description* (1789), S. 171–174.

353 Ein Affenvergleich findet sich bereits bei Snelgrave, *Account* (1734), S. 27 f., in Bezug auf die Einholung.

354 Burton berichtet allerdings ebenfalls von »jesters«, die zur Begrüßung den Besuchern entgegenkämen, und vergleicht sie an einer Stelle aufgrund ihrer Grimassen mit Affen, Affenkostüme erwähnt er jedoch nicht; Burton, *Mission*, Bd. 1

sich so für Pruneau die Fremdheit, das »Barbarentum« und die »Eitelkeit« (»vanité«) des Königs, die er im Weiteren immer wieder betont. Pruneau stellt diese Ankunftsszene damit ganz in den Dienst seines übergreifenden Narrativs und semantisiert bzw. konstruiert sie entsprechend: »Das Erscheinungsbild dieser Truppen hat etwas Beeindruckendes und gar Erschreckendes für jene, die sie das erste Mal sehen. Sie geben eine erste Vorstellung von dem Despoten, der sie unterhält.«[355]

Die zunehmende Orientalisierung des Bilds Dahomeys zeigt sich auch anhand der Deutung kleiner zeremonieller Details wie der Sitzhaltung des Königs: Snelgrave berichtet, dass er bei der zweiten gewährten Audienz 1733 in einem Hof empfangen wurde, »at the further end of which the King was sitting cross-legg'd on a Carpet of Silk, spread on the Ground«[356]. Diese knappe Beschreibung greift Dalzel ein halbes Jahrhundert später (1793) auf. Anders als Snelgrave, der diesen ›Schneidersitz‹ erwähnt und nicht weiter kommentiert, stellt Dalzel ihn nun als eindeutiges Fremdheitselement dar: »His manner of sitting at that time, viz. on a chair, was not his custom, nor that of the country; but seemingly intended for more than usual state: for, on a future audience, he was cross-legged on a carpet, after the Asiatic manner, though he always preserved a proper majesty and decorum.«[357] Dalzel kann dabei mit seiner Assoziation des asiatischen oder osmanischen Potentaten im Schneidersitz auf eine im 18. Jahrhundert besonders populäre Bildtradi-

(1864), S. 204f. Auch Eunuchen, die wie Frauen gekleidet waren, sind andernorts bezeugt, so Bay, Wives, S. 113; sie bringt ebenso wie Law die Einführung von Eunuchen in den Palast unter Tegbesu, dem Nachfolger Agajas, mit der früher bezeugten Tradition in Oyo in Verbindung; Law, Slave Coast, S. 81f. Allerdings erwähnt Elet Eunuchen (bzw. Kastraten) bereits am Hof Agajas, sodass Tegbesu allenfalls die Ausweitung ihres Aufgabenbereichs und die Stärkung ihrer Position zugeschrieben werden kann; Elet, Journaal, S. 151, vgl. auch ebd. die Anmerkung des Herausgebers (Anm. 98). – Aufgrund ihrer Zusammenstellung, der Art und Weise ihrer Beschreibung sowie der Differenz zu allen anderen Berichten über die Einholung nach Abomey ist Pruneaus Darstellung nach meinem Dafürhalten als fiktional anzusehen.

355 »L'aspect de ces troupes a quelque chose d'imposant, & même d'affrayant pour ceux qui la voient la première fois. Ils donnent la premiere idée du despote qui les entretient.« Pruneau de Pommegorge, *Description* (1789), S. 174. Pruneau hatte selbst schlechte Erfahrungen mit dem Herrscher von Dahomey gemacht: U. a. verhinderte der *yovogan* 1755 Pruneaus Abreise; Brief von Gustard et al. an die Direktoren, dd. 17.09.1755, ANOM, C 6/25.

356 Snelgrave, *Account* (1734), S. 60.

357 Dalzel, *History* (1793), S. 33.

tion rekurrieren, in der der osmanische Wesir, aber auch der Sultan selbst in dieser Pose gezeigt werden.[358]

Das Narrativ erlaubt zudem unterschiedliche Spielarten – etwa in Bezug auf die Prostration, die, wie oben erwähnt, stets das besondere Interesse europäischer Beobachter erweckte. Sie galt als anschaulichster Ausdruck der despotischen Herrschaft des Königs von Dahomey. Während aber einige Autoren sie als Ausdruck seiner realen Macht über Leben und Tod auch der ranghöchsten »Minister« lasen,[359] nahmen andere sie eher als Beleg für die Entleertheit zeremonieller Zeichen – in Wahrheit nämlich liege die Macht bei eben diesen »Ministern«.[360] Darin spiegeln sich zwei eigentlich widersprüchliche Tendenzen des klassischen Konzepts der orientalischen Despotie: die unbegrenzte persönliche Herrschaft auf der einen, die Beherrschung des Herrschers durch den Harem oder Ratgeber auf der anderen Seite.[361]

Beiden Spielarten gemein ist eine grundsätzlich kritische Haltung gegenüber Zeremoniell.[362] Dies führt – in wechselseitiger Verstärkung mit der zunehmenden Sakralisierung des dahomeanischen Hofzeremoniells – dazu,

358 Vgl. z.B. zwei Gemälde aus einem Zyklus von Antonio Guardi: »Der Sultan empfängt eine Gesandtschaft, die ihm Geschenke überbringt« (1742/43) und »Der Sultan empfängt eine Delegation von Würdenträgern« (1742/43); dazu die Katalogartikel von Andrea Rosemann in BUDDE/SIEVERNICH (Hrsg.), Europa, S. 830f., Abb. 901 und Abb. 902. In einer ähnlichen Pose wird der Großwesir bei Audienzen gezeigt, so z.B. bei Robert Pranker, nach Francis Smith, »Der Großwesir empfängt den englischen Botschafter« (1769), Kupferstich. Ebenfalls im Schneidersitz werden osmanische Frauen dargestellt, so in den Stichen Gérard Scotins nach Jean-Baptiste Vanmour (ca. 1712); vgl. dazu NEFEDOVA, Journey, S. 187–191, Abb. 187–190.

359 Vgl. z.B. DALZEL, *History* (1793), Introduction, S. vii; Mémoire contenant des observations sur quelques points de la Côte de Guinée, visités en 1786, par la Corvette le Pandour, et sur la possibilité d'y faire des établissemens, par M. de Champagny, dd. 06.09.1786, ANOM, C 6/27, in dem neben der Willkür diese Geste als wichtigstes Element des »despotisme oriental« genannt wird, mit dem der König von Dahomey herrsche. Béraud verbindet die Prostration mit dem Status des »demi-Dieu«, den er dem König zuschreibt: »En un mot, il est comme un demi-dieu devant qui tous, plébéiens ou dignitaires du royaume, se prosternent et se couvrent de poussière.« BÉRAUD, Note (1866), S. 376.

360 So FORBES, *Dahomey*, Bd. 1 (1851), S. 83: »[...] it is extraordinary that while the miegan and the mayo wallow in the mud in the royal presence, they have, if united, actually more power than their sodesque.«

361 MONTESQUIEU, Esprit (1748), Bd. 1, l. III, c. 9, S. 33f.; dagegen l. V, c. 14, S. 67f. und c. 16, S. 73f.

362 Vgl. auch SKERTCHLY, *Dahomey* (1874), S. 146.

dass Besucher im 19. Jahrhundert zunehmend einen Gegensatz zwischen einem zeremoniellen Part und einem eher informell-offenen Part der Audienzen konstruierten, wie er zuvor nicht nachzuweisen ist.[363] Blanchely, der 1848 als Agent des Marseiller Handelshauses Régis und offizieller Vertreter Frankreichs auftreten konnte, präsentierte Begrüßung und Umtrunk zwar als notwendigen Bestandteil der Audienz, als »Zumutungen des üblichen Zeremoniells« (»exigences du cérémoniel habituel«). Nur außerhalb dieses Zeremoniells könne er aber seine wahren Anliegen vorbringen.[364] Die Privataudienz galt nun als besondere Ehrerweisung und spielte sich in kleinerem Rahmen ab, meist im Inneren des Palasts oder sogar in der Wohnung einer »Favoritin« des Herrschers.[365] Letzteres konnte wiederum die orien-

363 Eine Ausnahme stellt vielleicht die »audience secrette« dar, die Levet 1743 im Zuge seines Versuchs erhielt, die gefangen genommenen Portugiesen auszulösen. Bei dieser Gelegenheit erreichte Levet die Freilassung des portugiesischen Direktors João Bazilio, seines Sohns, des portugiesischen Kaplans und des stellvertretenden Direktors unter der Bedingung, dass sie umgehend nach Brasilien abreisten. Auch die anderen Portugiesen wurden freigelassen. Außerdem gelang es Levet, den *tegan*, den Urheber des neuerlichen Angriffs auf die Forts, in Misskredit zu bringen und damit seine Verhaftung zu veranlassen; Brief Levets an die Direktoren der Compagnie des Indes, dd. 20.08.1743, ANOM, C 6/25. Trotz dieser ernsten Situation betonte er gegenüber seinen Vorgesetzten den Aspekt der Distinktion gegenüber den anderen Europäern in Ouidah: »Tous ces faits sont d'autant plus glorieux pour notre nation que le Directeur anglois qui etoit en ce meme temps á Ardres, ne put avoir une audience du Roy, ce Prince voulut que ce fut á moy seul, que les Portugais deussent leur liberté et leur retablissement. [...] Comme je sortois de son Palais avec les Portugais en libertés que je menois en triomphe accompagnés de tous les Grands du Pays [...].«

364 Blanchely, Dahomey (1891), S. 545; so indirekt auch der Bericht über die Audienz des portugiesischen Direktors Luiz Coelho de Brito bei Tegbesu 1751, den Verger zitiert; Verger, Flux, S. 190.

365 Vgl. Bay, Wives, S. 237f.; belegt u.a. bei Brue, Voyage (1845), S. 60ff.; Répin, Voyage (1863), S. 86f. (Audienz in der »case d'une de ses favourites [des Königs; C. B.]«); Borghero, Relation (1863), S. 36f. und S. 45f., dem zufolge die Gewährung einer »audience particulière« bzw. »audience privée« Voraussetzung dafür war, dass der jeweilige Gast sein Quartier verlassen und auch wieder abreisen durfte; Blanchely, Dahomey (1891), S. 536 und S. 562f., zum besonderen Privileg des »Chacha« (d.i. hier noch Francisco Félix de Souza) und seiner Familie, »audiences particulières« zu jeder Tages- und Nachtzeit zu erhalten, S. 546. Siehe auch Forbes, *Dahomey*, Bd. 1 (1851), S. 82, und Freeman, Journal (1844), S. 263f. – Vgl. zur Veränderung der Palastarchitektur seit 1800 Monroe, Power, bes. S. 385ff., zum Verhältnis von »public« und »semi-public courtyards«.

talisierenden Fantasien der Besucher und Spekulationen über den Einfluss des »Harems« stimulieren.[366]

Das Bild Dahomeys als Despotie entstand keineswegs als geschlossenes Narrativ an einem Ort, sondern letztlich als Produkt von Darstellungen verschiedener Akteure, die sich allmählich als Erzähltradition formierten. Dies geschah insbesondere im Zusammenhang mit den Debatten um das Verbot des Sklavenhandels im späten 18. Jahrhundert.[367] Solche Darstellungen konnten aber durchaus auch ganz persönlichen Interessen und Strategien dienen. Dies illustriert die Argumentation des französischen Direktors Dubellay in einem Brief von 1733 an seine Pariser Vorgesetzten sehr anschaulich. Dubellay hatte gerade eine Audienzreise zu König Agaja nach Allada hinter sich gebracht und entwarf nun ein wahres Schreckensbild: Zunächst erinnert er an die zwei Gouverneure, »die grausam umgebracht und gemartert [martyrisés] wurden durch die Hände der Neger dieses Landes«, bringt damit das Element der Willkürherrschaft ins Spiel und verleiht zugleich seiner Sorge Ausdruck, dass ihm selbst ein ähnliches Schicksal widerfahren könnte:

> »[...] [ich muss] mich also als Sklave dieses Königs [betrachten], seinen Launen ausgeliefert in seinem Land, das man gegenwärtig nur mit seiner Erlaubnis verlassen kann, da er ein (Heer)Lager am Strand der Einschiffung hat, ausgeliefert auch den Launen seiner Ratgeber und *Capitaines*, bei dem geringsten Palaver, das

---

366 Wörtlich als »sérail« bezeichnen Chenevert und der Abbé Bullet den Palast von Dahomey, nachdem sie dessen Regierung eingangs als »despotisme absolu« charakterisiert haben; Chenevert und Abbé Bullet, Reflexions sur Juda, dd. 01.06.1776, ANOM, DFC XIII/75, No. 111. Manche Autoren behaupten – jedoch teilweise bereits in sich widersprüchlich und mglw. nach dem Vorbild des *oba* von Benin und anderer Yoruba-Herrscher fingiert –, dass der König nur einmal im Jahr, anlässlich der »Customs«, den Palast verlasse und sich dem Volk zeige; so u.a. Pruneau de Pommegorge, *Description* (1789), S. 159f., der diese Absonderung des Königs ebenfalls in unmittelbarer Folge auf die Beschreibung Dahomeys als »despotisme« folgen lässt (auch S. 191f.). – Interessanterweise bilden sich verschiedene ältere Erklärungsansätze des Falls von Ouidah an Dahomey ebenfalls im späten 18. Jhdt. zu Erzählungen nach dem Schema einer (verfallenden) orientalischen Despotie aus; vgl. bspw. schon bei Snelgrave, *Account* (1734), S. 3ff.; Isert, *Reise* (1788), S. 155f.; und Mémoire sur la concession du Sénégal, s. d. [nach 1750], ANOM, C 6/27bis, S. 185f.: »Le Roi de Juda [d.i. Ouidah; C. B.] avoit une autorité des plus bornée, ou pour mieux dire, a certains égards pris il n'en avoit point du tout, toujours enfermé dans son serail, au milieu d'un nombre infini des femmes, les gouverneurs et autres officiers commandoient despotiquement, chacun dans leur district, toutes les charges on employs étoient héréditaires [...].«

367 Vgl. dazu Law, Dahomey.

sie für mich zu verlieren erfinden, und durch die ständige Lebensgefahr, in die ich gerate, wenn ich sie bei der Verteidigung der Ehre der Nation und vor allem der Interessen der Kompanie vor den Kopf stoßen sollte [...].«[368]

Diese düstere Kulisse, die bereits mehrere essenzielle Topoi der Despotie – Willkür, Blutdurst, Untertanen als Sklaven, Herrscher umgeben von einem nicht minder willkürlich regierenden Hofstaat – versammelt, nutzt er im Folgenden ganz pragmatisch dazu, um seine Forderung nach einer Gehaltserhöhung einzuleiten und ihr entsprechend größeres Gewicht zu verleihen.

Die Stilisierung zum Despoten, wie sie auch die Herrscher von Asante betraf, spiegelt dabei nicht zuletzt auch das lokale, für die Europäer keineswegs vorteilhafte Machtgefälle – die erforderliche Unterordnung der Europäer ließ sich so als Konsequenz illegitimer Herrschaft diskursiv einhegen. Im Laufe des 19. und zu Beginn des 20. Jahrhunderts geriet das Despotie-Narrativ in den Dienst der Abolitionisten, die zum Teil humanitäre Zivilisierungsmissionen verfolgten, und diente später der Legitimierung verstärkter französischer (Militär)Präsenz und schließlich der Eroberung Dahomeys.[369]

---

368 »[...] ainsy me regardant comme Esclave de ce Roy, et Livré a son caprice etant sur sa Terre d'où l'on ne peut aujourd'huy sortir que par sa permission ayant un camp a la prée d'Embarquement, livré aussy au caprice de ses Conseillers et Capitaines sous le moindre mauvais Palabre qu'ils Inventeroient pour me perdre, et par les risques continuels de la vie que Je cours s'y je les desoblige en soustenant non seulement l'honneur de la nation, mais surtout les Interets de la Compagnie [...].« Brief Dubellays, dd. 21.11.1733, ANOM, C 6/25.

369 Exemplarisch sei hier auf die Broschüre von Jean Bayol verwiesen, die bereits während des zweiten Krieges zwischen Dahomey und Frankreich (1892–1894) und damit ein Jahr vor der endgültigen Unterwerfung Behanzins im Januar 1894 erschien (wenngleich sie schon fast den Charakter einer retrospektiven Rechtfertigung hatte). Sie wurde anlässlich einer Völkerschau publiziert und berichtet reißerisch über eine Reise des Verfassers zum Hof in Abomey; Bayol, *Dahoméens* (1893). In der Vorrede wird formuliert, der Autor sei gebeten worden, diese kurze Notiz dem Publikum vorzulegen, »dans laquelle nous nous sommes attachés à retracer les moeurs, les coutumes étrangers et les caractères militaires de cette nation qui avait terrorisé une partie de l'Afrique par ses pillages et ses coutumes sanglantes, et qu'une poignée de braves, commandée par un général aussi modeste que capable, M. Dodds, a su vaincre, rendant ainsi à sa patrie et à l'humanité un service que le pays reconnaissant n'oubliera jamais« (S. 4). – Vgl. zum politischen Kontext des französischen Dahomey-Bildes Campion-Vincent, Image.

3.4 Zwischenfazit

In Dahomey existierte im 18. und 19. Jahrhundert ein Audienzzeremoniell mit relativ stabilen Regeln und Standardisierungen, das offensichtlich europäischen Besuchern durchaus vertraut war. Bis ins 19. Jahrhundert hinein mussten sich Europäer weitgehend auf lokale zeremonielle Usancen einlassen. Diese sind aber keineswegs als ›rein‹ afrikanisch zu betrachten; vielmehr lassen sie sich als transkulturell bezeichnen, und zwar sowohl hinsichtlich der verschiedenen Elemente wie Salutschüsse, Trinktabu etc. als auch hinsichtlich der gemeinsamen Übung.

Wie oft in Westafrika war das Zeremoniell, das man Akteuren, die diplomatischen Status behaupteten, angedeihen ließ, nicht grundsätzlich verschieden von demjenigen, das ›privaten‹ Kaufleuten, Missionaren und Forschungsreisenden zuteilwurde. Einerseits ist anzunehmen, dass an afrikanischen Höfen weniger ausdifferenzierte Vorstellungen von Diplomatie vorherrschten als im Europa der Zeit mit seinen ausgefeilten diplomatischen Rangstufen. Allerdings ist für den lokalen Kontext Ouidahs festzustellen, dass hier auch auf europäischer Seite nicht immer ganz klar war, wer in offiziellem Auftrag handeln konnte, etwa als Konsul. So waren im 19. Jahrhundert gelegentlich Händler als Konsuln unterwegs oder maßten sich zumindest eine jurisdiktionelle Autorität an.[370] Andererseits kannte und traf der Hof von Dahomey aber sehr wohl bestimmte Distinktionen – so gab es spezifische zeremonielle Elemente, die allein diplomatischen Akteuren vorbehalten waren (Salutschüsse; Einholung durch ranghohe Mitglieder des Hofs; Abschiedsgeschenk; in gewisser Weise auch Umtrunk auf den repräsentierten Souverän). Besonders achtete man dabei offenbar auf militärische Ränge, die sich an den Uniformen ablesen ließen.[371]

---

370 So die Beschwerde Duncans über den Kaufmann Thomas Hutton; Brief Duncans an Palmerston, dd. 17.08.1849, in: HCPP, 1850/1, Slave Trade, Class B, S. 4. Demgegenüber versuchten die lokalen Händler angeblich, Duncan als Betrüger darzustellen; so Brief Forbes an Fanshawe, dd. 01.11.1849, in: ebd., S. 17, dort auch der Bericht, dass Hutton sich das Eigentumsrecht am britischen Fort angemaßt habe. Zum Handelshaus Régis als offiziellem französischem Vertreter vgl. kurz Law, Ouidah, S. 205.

371 So bereits Pruneau de Pommegorge, *Description* (1789), S. 175 f. Fraser wurde bei der Einholung auf fehlende Schulterstücke angesprochen; Fraser, Journals, S. 62. Gezo verlangte zweimal explizit, von einem Militär besucht zu werden; siehe Brief Duncans an Palmerston, dd. 28.10.1849, HCPP, 1850/1, Class B, no. 8, S. 10, und Brief Gezos an Queen Victoira, s. d. [1851], in: HCPP 1851/52, Slave Trade, Class B, S. 55. In der Tat erhielten die britischen Vertreter des 19. Jhdts. die offizielle Anweisung, in Uniform zur Audienz zu erscheinen; vgl. bspw. den

Weiterhin konnte festgestellt werden, dass sich die europäischen Vertreter in der zeremoniellen Praxis, gemessen an dahomeanischen Maßstäben, unterordneten. Die Direktoren der Forts erhielten dabei offenbar die Rolle eines dahomeanischen Amtsträgers zugewiesen. Dies wurde aber im offiziellen europäischen Sprachgebrauch diskursiv ›vertuscht‹. Wichtig für die Frage des Verhältnisses der Parteien waren insbesondere Geschenke; der Geschenkverkehr als bedeutsamer Teil der diplomatischen Praxis wird im nächsten Kapitel ausführlicher untersucht.

Langfristig ist kein durchgängiger wechselseitiger Annäherungsprozess zu beobachten, vielmehr wurde im Laufe des 19. Jahrhunderts die gemeinsame transkulturelle Praxis zunehmend in Frage gestellt. Dies war in erster Linie dadurch bedingt, dass die Haltung der europäischen Besucher im 19. Jahrhundert einen einschneidenden Wandel erfuhr. Das Bild Dahomeys wurde noch stärker exotisiert und mit dem zunehmend populären Despotie-Konzept verknüpft. Dieser Wandel, der ältere Tendenzen fortführte, aber diese doch qualitativ auf eine neue Ebene hob, fand teilweise parallel zu Ritualreformen in Dahomey selbst statt. Diese Reformen waren ihrerseits zur weiteren Verstärkung der Exotisierung im europäischen Diskurs geeignet, zielten sie doch unter Rezeption anderer Formen von Herrschaftszeremoniell, wie es in den Nachbarländern verbreitet war, auf Mystifizierung und Sakralisierung des Königs.

4. Zusammenfassung

Voraussetzung für zeremonielle Interaktionen ist zunächst, dass etwas überhaupt als Zeremoniell wahrgenommen wird. Daher wurde eingangs der ›zeremonielle Blick‹ als eine spezifische Semiotisierungsstrategie untersucht. Dieser Blick stellt bestimmte Elemente unter den Verdacht höherer Bedeutung und ermöglicht es aufgrund einer universal-abstrakten Tiefenstruktur, auch ungewöhnliche Elemente und Praktiken unter anderem mithilfe von Analogieschlüssen zu erfassen. Auf diese Weise bot der ›zeremonielle Blick‹ frühneuzeitlichen Europäern eine gewisse Orientierungshilfe beim Umgang mit fremden Herrschern. Gerade an den größeren Höfen Westafrikas ließen sich wesentliche Kategorien europäischer Zeremoniellvorstellungen anwenden und so Rangfolgen, Präzedenzen und Sitzordnungen ausmachen. Schwieriger war es, die relative Bedeutung zeremonieller Zeichen einzuschätzen. Ein Maßstab musste häufig ad hoc durch lokale Vergleiche generiert werden, da es an übergreifenden Normierungen mangelte. Hinzu

---

Brief Fanshawes an Forbes, dd. 09.09.1849, in: HCPP, 1850/51, Slave Trade, Class B, S. 12.

kam, dass es um den Wissenstransfer innerhalb der Kompanien im Hinblick auf zeremonielle Fragen offensichtlich nicht allzu gut bestellt war; eine Tradierung scheint, wenn überhaupt, vorrangig mündlich stattgefunden zu haben.

Weiterhin ist eine weitgehende Anpassung an lokale Usancen festzustellen. Zugleich ist aber auch die Aufnahme europäischer Elemente in afrikanisches Hofzeremoniell zu konstatieren. Grundsätzlich gibt es nur wenige Fälle, in denen explizit lokale zeremonielle Gewohnheiten verweigert wurden – dies hing nicht zuletzt auch mit den Machtverhältnissen vor Ort zusammen. An manchen Orten bildete sich schließlich eine Tradition geteilter Gebräuche aus, die man auch als transkulturelles Zeremoniell bezeichnen kann.

Zeremonielle Praxis in Westafrika (sowohl an afrikanischen Höfen als auch unter Kompanievertretern) konnte wichtig sein für europäische Rangfragen – musste es aber nicht in gleicher Weise wie in Europa unter Diplomaten im engeren Sinne sein. Hier fehlten mit einer beobachtenden höfischen Öffentlichkeit und einem übergreifend normierten Zeremoniell wesentliche Vergleichsfaktoren. Dennoch kam es gelegentlich zu Rangkonflikten. Die Annahme von Repräsentationsrollen war offensichtlich flexibler als in Europa und wies in noch stärkerem Maße Ressourcencharakter auf.

Am Beispiel Dahomeys wurde zudem der Wandel verfolgt, der in der europäischen Haltung gegenüber und Wahrnehmung von afrikanischem Zeremoniell stattfand. In Übereinstimmung mit den Ergebnissen aus Teil I ist eine wesentliche Verschiebung am Übergang vom 18. zum 19. Jahrhundert zu beobachten: Rassistische Kategorien begannen ständische zu überlagern, und im Rahmen des Despotie-Narrativs wurde die Deutung einzelner zeremonieller Elemente verändert. Allgemein sank damit offensichtlich auch die Bereitschaft, sich auf afrikanisches Zeremoniell einzulassen, das zunehmend als »leere Form« beschrieben wurde. In gewisser Weise, so könnte man zugespitzt formulieren, wurde der ›zeremonielle‹ hier allmählich durch den ›ethnografischen Blick‹ abgelöst.

III. Gabentausch und Geschenkverkehr

1. Einleitung

1.1 Die Gabe der Beziehung. Geschenke und Kontaktaufnahme

Berichte über Entdeckungsreisen von Christoph Kolumbus bis James Cook beinhalten immer wieder Szenen, in denen erste Kontaktaufnahmen von Geschenken begleitet sind.[1] Gabentausch kommt in diesen Berichten dem Beginn von friedlichen Beziehungen *per se* gleich, während Nichtannahme als Verweigerung von Beziehungsaufnahme gedeutet wird. Vor dem Hintergrund dieses binären Schemas erklärten die Zeitgenossen den erfolgreichen Vollzug von Gabentausch rasch zur Etablierung von »Freundschaft«.[2] Der Tausch ließ eine geteilte Norm basaler Reziprozität aufscheinen und demonstrierte friedliche Absichten.

Die Beziehungsaufnahme durch Gabentausch im weitesten Sinne scheint ein erprobtes Muster zur Etablierung und Absicherung von sozialen Beziehungen zu sein.[3] Trotz der ubiquitären Verbreitung und des scheinbar universellen Charakters des Gabentauschs[4] können solche Interaktionen und die getauschten Güter kulturell unterschiedlich codiert sein. So findet man oft spöttische Kommentare über »Eingeborene«, die bereitwillig oder gar freudig einen scheinbar höchst nachteiligen und ungleichen Tausch einge-

---

1 Vgl. z.B. Kolumbus, Bordbuch, S. 90, S. 125, S. 132, S. 135 und S. 155; ders., Brief, Abs. 9, S. 21f.; und Forster, Reise (1778/1780), S. 220 und S. 223f. – Vgl. auch Harbsmeier, Gifts.

2 »Freundschaft« wurde in der Vormoderne nicht nur als intensive persönliche Beziehung zwischen zwei Menschen verstanden, sondern spielte auch eine zentrale Rolle in der Konstitution politischer Beziehungen; siehe u.a. Oschema, Einführung; Eickels, Verwandtschaft; und Schwedler, Geschenke, S. 176f.

3 Berking, Schenken, S. 24f.; Althoff/Stollberg-Rilinger, Sprache, S. [2]. Vgl. auch die Bemerkungen zum Zusammenhang von Gabe und Sozialität in der Einführung von Därmann, Theorien, S. 24f. und S. 77f., die allerdings aufgrund ihrer stark theoretischen Orientierung sowie der subjektiven Auswahl besprochener Forschungspositionen kaum den Ansprüchen einer Einführung gerecht wird.

4 Zentral in der wissenschaftlichen Diskussion über Gabentausch ist weiterhin Mauss, Gabe; zur Bedeutung dieses Werks für die Geschichtswissenschaft vgl. Algazi, Introduction. – Helmuth Berking etwa bezeichnet den Gabentausch als ein »Urphänomen des Sozialen«; Berking, Schenken, S. 16. Wilhelm Gaul, der 1913 mit einer einschlägigen Arbeit bei Karl Lamprecht promovierte, spricht von »eine[r] allgemein menschliche[n] Erscheinungsform«; Gaul, Geschenk, S. 8.

hen. Mögliche Unterschiede in Wertzuschreibungen wurden zeitgenössisch wie auch in der Forschungsliteratur lange Zeit kaum reflektiert.[5]

Von Entdeckungen kann man für die Gold- und Sklavenküste im 17. und 18. Jahrhundert nicht mehr sprechen, auch wenn das Hinterland der Küste nur selten von Europäern betreten wurde. Das Muster der Beziehungsaufnahme durch Geschenke findet sich jedoch auch hier:[6] Als die niederländische Kompanie 1701/02 beispielsweise erstmals in direkten Kontakt mit dem Herrscher von Asante, *asantehene* Osei Tutu, treten wollte, entsandte sie einen Vertreter mit zahlreichen Geschenken.[7]

> »All das hat uns veranlasst, auf Anraten der obersten Akanisten hin eine nie zuvor unternommene Sache zu beschließen, nämlich den Unterkommis David van Nyendaal (der dazu seine Dienste anbot) am 9. des vergangenen Monats [d.i. Oktober 1701; C.B.] als Gesandten zum [gestrichen: großen] sehr gefürchteten *caboceer* oder Oberhaupt von Asante zu schicken. Ihm wurden eine ausführliche Instruktion, wie er sich zu verhalten habe, und ansehnliche Geschenke für dieses Oberhaupt und dessen vornehme Großen mitgegeben. Auf diese Weise soll der Krieg beendet und der Handel wieder angeregt werden [...].«[8]

Unter den Geschenken, mit denen man den bislang unbekannten Herrscher für die Kompanie einzunehmen suchte, fanden sich etwa kostbare rote Stoffe, ein großer Spiegel und ein Schirm.[9] Ganz analog reagierte die WIC

---

5 Z.B. Kolumbus, Bordbuch, S. 136ff; ders., Brief, Abs. 9, S. 21ff., span. Text S. 45f. Eine ähnliche Stelle in Pigafettas Bericht über Magellans Weltumsegelung zitiert Harbsmeier; Harbsmeier, Gifts, S. 394f. (sie bezieht sich allerdings nicht auf Westafrika, sondern auf eine Situation in Brasilien). Ein Beispiel aus dem asiatischen Raum findet sich bei Georg Rumphius; dazu Leuker, Knowledge Transfer, S. 161. – Nicholas Thomas zeigt auf, dass diese vermeintliche Asymmetrie des Tausches, die realiter aber eine Universalisierung europäischer Wertzuschreibungen darstellt, auch in wissenschaftlichen Untersuchungen oft unreflektiert weitertradiert wird; Thomas, Entangled Objects, S. 83ff.

6 Siehe kurz auch Doortmont, Organisatie, S. 74f.

7 Vgl. Heijer, Nyendael. Siehe auch Fynn, Asante, S. 50ff.

8 »Alle het welke ons op het aanraden der opperste Akkaniste tot een nooyt ondernomen zaake heeft doen besluyten, namendlyk omme den onder commies david van nyendaal (die er zyn dienst toe aanbood) op den 9^{n} passado in gesantschap na den [gestrichen: grooten] seer gevreesde assajantèze Caboçeer offte Opperhooft afftezenden, hem mede gevende een ampele Instructie hoe zig te gedragen, als ook aansienelyke geschenken voor het selve opperhooft als zyne voorname grooten, en sulx alles op dat dog het oorlogen eens geeyndigt, ende Negotie weer ter hand genomen zoúde worden [...].« Brief van Sevenhuysens an die Heeren X, dd. 16.11.1701, NA, TWIC 97, fol. 449r–453v, hier: fol. 452r.

9 Instruktion für Unterkommis David van Nyendaal, dd. 09.10.1701, NA, NBKG 233, ediert in: Dantzig (Hrsg.), The Dutch, S. 79.

auf das Freundschaftsansinnen des Herrschers von Akyem 1706. »[U]m ihn unserer Freundschaft zu versichern«, gaben die Niederländer dem Abgesandten aus Akyem Geschenke mit – ein rotes Tuch, einen Rock mit silberner Borde, ein Maß roter Korallen, einige Musketen sowie ein feines Gewehr.[10]

Nicht nur zur Beziehungsaufnahme waren Geschenke an Gold- und Sklavenküste präsent: Stoffe, Tabak, Branntwein und Schießpulver wurden von den Kompanien an Festtagen, bei Todesfällen und Amtswechseln verteilt, Stühle, Schwerter und Kleider sollten potenzielle Bündnispartner gewogen stimmen. Wenn afrikanische Herrscher Gouverneure und Faktoren mit Feldfrüchten, lebenden Tiere oder frisch erlegtem Wildbret bedachten, kam dies Praktiken des »ländlichen Schenkens« im Frankreich der Renaissance nahe, wie Natalie Zemon Davis sie beschreibt.[11] Aufsehenerregender waren die teils großzügig bemessenen Mengen an Goldstaub, Sklaven und afrikanischen Tieren, die die Herrscher von Asante und Dahomey verschenkten. Afrikanische Herrscher und Große wurden ihrerseits mit kostbaren Stoffen und Hüten, französischen Weinen und Gemälden, Kutschen und Möbelstücken bedacht. Kurzum: Geschenke waren ein integraler und allgegenwärtiger Bestandteil der Interaktionen zwischen Handelskompanien und westafrikanischen Herrschern.[12]

---

10 Ratsprotokolle Elmina, Eintrag vom 09.04.1704, NA, TWIC 124. – Es ist auffällig, dass hier gleich mehrfach rote Gegenstände verschenkt wurden. Diese Auswahl war allerdings vermutlich eher durch europäische Farbpräferenzen (Rot, v.a. Purpur, als königliche Farbe) denn durch eingehende Kenntnis der Akan-Farbsymbolik motiviert. In dieser kann Rot (Akan: *kɔkɔɔ*, *kɔbena*, *memene*) höchst ambivalente Bedeutungen haben, insbes. aber mit Wut und Ärger sowie mit Blut verbunden sein; vgl. Hagan, Note, S. 9, und Mato, Art. Color Symbolism. Speziell zur Farbe Rot in Asante McCaskie, State, S. 203 und S. 290. Allerdings waren rote Stoffe durchaus auch im Handel gefragt, sodass es sich wohl nicht um einen völligen Missgriff handelte; siehe Alpern, Master List, S. 8.

11 Davis, Gesellschaft, bes. S. 60ff.; diese Praktiken sind durch jahreszeitlichen Rhythmus und vorwiegend durch Naturalgeschenke geprägt. – Ein lebhafter Austausch von Lebensmitteln und Gastfreundschaft, verbunden mit Mählern, fand auch unter den europäischen Akteuren statt; vgl. bspw. Elbée, *Journal* (1671), S. 389, Groeben, *Reise-Beschreibung* (1694), S. 29, und den Bericht de Hally (1671) in Chouin (Hrsg.), Colbert, u.a. S. 75f. und S. 81; ein Beispiel auch im Brief Dubellay an die Direktoren der Compagnie des Indes, dd. 21.11.1733, C 6/25 (je eine Kiste Bordeaux-Wein für den englischen und den portugiesischen Direktor in Ouidah).

12 Ähnliches gilt für die europäisch-asiatischen Beziehungen in der Frühen Neuzeit: »Gift-giving [...] was an integral part of Asian trade in the early modern period«

Im Folgenden soll der europäisch-afrikanische Geschenkverkehr daher als ein weiterer Aspekt der interkulturellen diplomatischen Praxis untersucht werden, anhand dessen sich vor allem das Zusammenspiel von materieller Kultur und diskursiven Praktiken beobachten lässt. Zwar bleibt im Hinblick auf die materielle Kultur das Problem, dass wir es nur in wenigen Fällen mit den Objekten selbst, meistens vielmehr mit Beschreibungen von Objekten und Objekttransfers zu tun haben. Dennoch kann der Vergleich beschriebener Objekte in verschiedenen Quellen auch Aufschluss über Geschmack und Distinktionspraktiken geben. Dazu werden Schriftquellen auch mit kunsthistorischen sowie anthropologischen Befunden in Bezug gesetzt.

Die Analyse wird von folgenden Fragen geleitet: Welche Funktionen erfüllten Geschenke? Wie wurden sie gedeutet? Differierten die Deutungen unterschiedlicher Akteure und waren diese Differenzen kulturbedingt? Was konnte etwa Osei Tutu mit dem Schirm anfangen, den Nyendaal ihm mitbrachte? Und wieso bekam er überhaupt einen Schirm? Lassen sich Unterschiede bei der Auswahl von Geschenken oder den Normen des Schenkens feststellen? Inwiefern fanden aber auch Transkulturationsprozesse statt?

Anhand der Geschenkpraxis lassen sich sowohl Aspekte materieller Kultur als auch der normativen Ordnung in der interkulturellen diplomatischen Praxis untersuchen. Ich orientiere mich dabei an dem Konzept der »Ökonomie des Schenkens«, um Praktiken, Regeln und Normen in eine Perspektive zu integrieren. Dieses Konzept soll kurz vorgestellt werden.

1.2 Ökonomien des Schenkens

Aus dem reichhaltigen Theorieangebot zum Thema Gabentausch und Schenken scheint das Konzept der »Ökonomie des Schenkens« für diese Untersuchung besonders weiterführend.[13] Damit ist hier nicht ein spezifisches Stadium eines evolutionistischen Modells gemeint, in dem eine »gift economy« als Vorläufer der modernen »market economy« fungiert.[14] Viel-

---

und eine wichtige »form of diplomatic, commercial, and social interaction«, konstatiert etwa Martha Chaiklin; CHAIKLIN, Commerce, S. 33.

13 Eigentlich eine Geschichte der Gabentheorie, aber auch als Einführung empfehlenswert: LIEBERSOHN, Return.

14 Kritisch zu einer solchen Dichotomie von »gift economy« und »commodity economy« u. a. YAN, Gift, S. 254 f., und CHEAL, Gift Economy, S. 9 ff. – Zur Periodisierung des Mittelalters angewandt bei LITTLE, Poverty, Kap. 1. Die »gift economy« verschwand ihm zufolge allerdings mit dem 11. Jhdt. nicht vollständig, sondern blieb als »a hallmark of the life led by the European aristocracy« bestehen (S. 8).

mehr wird darunter eine spezifische Ausformung einer »moral economy« verstanden, wie sie David Cheal als System von Transaktionen umreißt, die als gesellschaftlich wünschenswert definiert werden, da durch sie soziale Bindungen anerkannt und ausgewogene (»balanced«) soziale Beziehungen aufrechterhalten werden.[15] Es geht also um eine Ordnung des Schenkens, die sich durch Bedeutungszuschreibungen und Wertvorstellungen sowie damit verbundene diskursive und nicht-diskursive Praktiken konstituiert. Die Ökonomie des Schenkens ist auf andere Felder von Austauschpraktiken bezogen und von diesen abgegrenzt. Besonderes Augenmerk gilt daher der Frage, wie jeweils die Grenzen zu diesen Feldern – etwa der Kaufbeziehung, der Lohnarbeit oder der Korruption – gezogen werden.[16] Zur Analyse frühneuzeitlicher Schenkkulturen ist dieses Konzept, in Anlehnung an Edward P. Thompsons »moralische Ökonomie«, bereits von Barbara Stollberg-Rilinger und Peter Burschel erprobt worden.[17]

Das Konzept einer »Ökonomie des Schenkens« soll hier so verstanden werden, dass es sowohl (meist) implizite Regeln des Schenkens als auch Normen und Werte umfasst, auf die sich die Akteure explizit berufen. Keine der Komponenten ist auf die andere vollständig zurückzuführen, ja in manchen Fällen können normative Haltung und an Regeln der Praxis orientiertes Verhalten auseinandertreten, wie das Beispiel der niederländischen Generaldirektoren Jacob Ruychaver und Jacob van der Wel zeigt (siehe unten, Unterkap. III.2.3). Gleichermaßen können (wenn auch nicht zwangsläufig) Werthaltungen bzw. deren Wandel Veränderungen der

15 Cheal, Gift Economy, S. 15 und S. 19. »Gift economy« definiert Cheal als »a system of redundant transactions within a moral economy, which makes possible the extended reproduction of social relations«.

16 Dass diese Grenzziehungen nicht überzeitlichen Logiken folgen, sondern durch spezifische, zu historisierende Zuschreibungen konstituiert werden, ist eine zentrale Erkenntnis einer kulturwissenschaftlich erweiterten Wirtschaftsgeschichte; siehe bspw. Berghoff/Vogel, Wirtschaftsgeschichte, und Neu, Symbolische Kommunikation.

17 Stollberg-Rilinger, Ökonomie, bes. S. 188f. Burschel verweist auf die jeweilige »Gabenordnung«, die den Interaktionen zugrunde liegt und die durch sie bekräftigt wird; Burschel, Sultan. – Den viel rezipierten Begriff der »moralischen Ökonomie« entwickelte Thompson im Rahmen seiner Überlegungen zu den Hungeraufständen im England des 18. Jhdts. Er bezog ihn v.a. auf explizite Wertvorstellungen: »[...] a consistent traditional view of social norms and obligations, of the proper economic functions of several parties within the community, which, taken together, can be said to constitute the moral economy of the poor.« Thompson, Moral Economy, S. 79. Die so definierte »moral economy« ist dabei einer kapitalistischen Logik entgegengesetzt (S. 135f. et pass.). Hier wird der Begriff weiter gefasst, um implizite Regeln sowie Praktiken einzubeziehen.

Praxis oder Konflikte (mit) bedingen. Die Berücksichtigung beider Ansätze und Komponenten scheint mir insbesondere für die Untersuchung interkultureller Interaktionen von zentraler Bedeutung zu sein: Einerseits kann eine Konzentration ausschließlich auf die expliziten Werte und Normen des Schenkens dazu führen, interkulturelle Begegnungen als Aufeinandertreffen inkommensurabler, starrer Wertesysteme zu begreifen, damit Konfliktpotenziale zu verstetigen und mögliche Veränderungsprozesse auszublenden.[18] Demgegenüber wird hier gefragt, wie Regeln aus gemeinsamer Praxis generiert und verändert werden. Dies erlaubt es, die Dynamik von interkulturellen Beziehungen und die Veränderlichkeit von Schenkformen nuancierter zu erfassen. Andererseits greift die Beschränkung auf die Praktiken des Austauschs und ihre Regelhaftigkeit ebenfalls zu kurz und berücksichtigt tendenziell die Akteursperspektive nicht hinreichend; zudem kann sie allzu leicht zu Homogenitätspostulaten führen. Um ein ausgewogenes Bild zu rekonstruieren, ist daher die Integration beider Komponenten sinnvoll.

Wir haben es auf beiden Seiten mit Gesellschaften zu tun, in denen Geschenke und Gabentausch eine zentrale Rolle in politischer Kommunikation und sozialen Beziehungen spielten. Ivana Elbl behauptet hingegen, in afrikanischen Gemeinschaften hätten Geschenke »a much more important role« gespielt als im spätmittelalterlichen bzw. frühneuzeitlichen Europa.[19] Diese Annahme, die sie nicht weiter belegt, die statistisch auch kaum zu belegen ist, scheint auf evolutionistische Konzeptionen einer Abfolge von Gabentausch- und Marktökonomie[20] zu rekurrieren und damit auf der

18 So etwa die Tendenz bei Reindl-Kiel, Duft, bes. S. 231.

19 Elbl, Trade, S. 179.

20 Solche evolutionistischen Konzeptionen sind u.a. im Anschluss an Mauss entfaltet worden, nicht unbedingt im Sinne von dessen politisch-utopischem Anliegen, wie es z.B. in seinen Überlegungen zum individuellen Interesse zum Ausdruck kommt (Mauss, Gabe, S. 172ff.) sowie in der »allgemeine[n] soziologische[n] und moralische[n] Schlussfolgerung« (ebd., S. 175–183). Dazu jetzt Liebersohn, Return, S. 139–163. Parry zeigt auf, dass das Hauptanliegen Mauss' jedoch ein anderes, wenn auch nicht weniger evolutionistisches ist, nämlich eine Vorgeschichte des modernen Vertrags zu schreiben; Parry, Gift, S. 457. – Zur Kritik an evolutionistischen Konzeptionen vgl. u.a. Davis, Gesellschaft, S. 9–20; Cheal, Gift Economy, S. 1–19; Elwert, Gabe, bes. S. 160ff.; und Wagner-Hasel, Stoff, S. 27–52, die auch auf Verbindungen zwischen einigen nationalökonomischen Arbeiten über Gabentausch und nationalsozialistischer Wirtschaftspolitik hinweist (bes. S. 44f.). Ohne weitere Problematisierung oder Hinterfragung werden solche evolutionistischen Konzeptionen und Annahmen über die Gabe in »archaischen Gesellschaften« hingegen bei Rost, Theorien, z.B. S. 46ff., wiedergegeben.

Unterstellung einer Entwicklungsdifferenz zu basieren.[21] Neuere Forschungen haben solche Konzeptionen in Zweifel gezogen und am Quellenmaterial entkräftet. Sie gehen zumeist von einem Nebeneinander und Miteinander von gabentauschförmigen und marktwirtschaftlichen Tauschbeziehungen aus.[22] Geschenke können dabei unterschiedliche und im Laufe der Zeit veränderliche Funktionen erfüllen. In diesem Rahmen wird betont, dass Geschenke und Gabentausch in den Gesellschaften des vormodernen Europas eine bedeutsame politische und gesellschaftliche Rolle spielten.[23] Für die europäischen Außenbeziehungen der Zeit ist zudem auf den zentralen Stellenwert von Geschenken hingewiesen worden, wie sie sowohl zwischen Herrschern, zwischen Herrschern und Diplomaten als auch zwischen Diplomaten ausgetauscht wurden.[24] Mit Geschenken in interkultureller Diplomatie jenseits Afrikas haben sich verschiedene Einzelstudien befasst, die vergleichend herangezogen werden können.[25]

1.3 Gliederung

Zunächst sind die Akteure und Anlässe des Schenkens zu klären (III.2). Dazu erfolgt eine tentative Rekonstruktion des europäisch-afrikanischen Geschenkekalenders und der damit verbundenen Konventionen und Regeln. Anschließend wird diskutiert, wer eigentlich der Schenkende auf Sei-

21 Zu den kulturpessimistischen Narrativen über die verlorene Gabe in der modernen Profitökonomie auch Groebner, Geschenke, S. 26ff.

22 Vgl. z.B. Cheal, Gift Economy; Carrier, Gifts; Offer, Economy of Regard; Elwert, Gabe, S. 161.

23 Einen Überblick über die historiografische Entwicklung gibt Bijsterveld, Gift, aktualisierte Fassung in ders., Do, Kap. 1. Aus der Fülle der Literatur seien folgende weiterführenden Titel genannt: Davis, Gesellschaft; Hannig, Ars donandi; Algazi/Groebner/Jussen (Hrsg.), Negotiating; Groebner, Geschenke; Stollberg-Rilinger, Ökonomie.

24 Vgl. u.a. Duchhardt, Abschiedsgeschenk; Windler, Tributes; ders., Tribut; ders., Diplomatie, Kap. 4; Falcke, Studien; Sidorko, Elefant; Hennings, Gift; Häberlein/Jeggle (Hrsg.), Grundlagen. Nicht unproblematisch, da von zahlreichen normativen Vorannahmen und implizit von einem anachronistischen Maßstab moderner Rationalität geprägt: Carrió-Invernizzi, Gift. Manche Kontinuitäten zur Frühen Neuzeit fallen auf bei der Lektüre von Jarchow, Hofgeschenke.

25 Vgl. neben den Arbeiten von Windler zum Maghreb bspw. Burschel, Sultan; Jaenen, Role; Kirchberger, Tausch; Chaiklin, Commerce; Rubiés, Ambassadors, S. 88ff. Siehe auch für eine kritische Diskussion der Frage kultureller Differenz Hennings, Gift.

ten der Kompanien war, und die Untersuchung der Schenkpraktiken mit der Frage nach deren diplomatischen Rolle verknüpft.

Der folgende Abschnitt (III.3) klärt, was verschenkt wurde. Dabei geht es insbesondere darum, Zusammenhänge zwischen Objektauswahl und Distinktionspraktiken aufzuzeigen. Verfehlten europäische Geschenke grundsätzlich westafrikanische Bedürfnisse und ›Geschmack‹, wie Malcolm D. McLeod behauptet hat?[26] Hier wird zunächst ein herkömmliches Geschenkerepertoire umrissen, dann werden spezielle Repräsentationsobjekte und deren Gebrauchsweisen in der lokalen Distinktionskultur genauer analysiert.

Anschließend (III.4) wird die Perspektive der Zweier-Beziehung zwischen Schenkendem und Beschenktem erweitert und die Relationalität des Schenkens in den Blick genommen. Inwiefern beeinflussten Geschenke Beziehungen zu Dritten? Inwieweit wurden europäische Geschenke Teil von Distinktionskämpfen unter afrikanischen Akteuren? Welche Rolle spielte andererseits die Konkurrenz zwischen europäischen Akteuren beim Schenken und dessen Institutionalisierung bzw. dessen Transformation zu festen Abgaben?

Am Schluss sollen gezielt Konflikte in den Blick genommen werden und auf potenzielle Differenzen in den zugehörigen Ökonomien des Schenkens hin befragt werden (III.5). In diesem Abschnitt soll zugespitzt diskutiert werden, inwiefern die europäisch-afrikanischen Beziehungen durch eine geteilte Ökonomie des Schenkens oder vielmehr durch kulturell differierende Vorstellungen von Geschenk und Gabe geprägt waren.

1.4 Zur Begrifflichkeit

Zunächst sind jedoch einige Vorbemerkungen zur hier verwendeten Begrifflichkeit angebracht: Die Termini orientieren sich vorrangig an der Sprache bzw. vielmehr an den Sprachen der Quellen. Damit ist die Annahme verbunden, dass das Phänomen des Schenkens keine fixe Gestalt besitzt, sondern stets in der Praxis der Zeit verankert ist. In dieser Perspektive wird der Akt der Benennung, die Tatsache, dass etwas als Geschenk bezeichnet wird oder eben nicht, selbst zum signifikanten Faktum.[27] Da es sich bei den herange-

---

26 McLeod, Gifts, bes. S. 189 und S. 191; ähnliche Insinuationen auch bei dems., Richard, S. 171.

27 Dazu bes. unten, Unterkap. III.5.3. – Ich teile damit die Überlegung Algazis, Geschenke seien keine »given, fixed entities«, sondern »contested constructions of social transactions. The meanings and implications of such transactions are neither evident nor inherent in the acts themselves. Such meanings are ›negotia-

zogenen Quellen jedoch (nahezu) ausschließlich um europäische handelt, steht hier folgerichtig vor allem die Auseinandersetzung mit den europäischen Bezeichnungen und Benennungen bzw. dem europäischen Verständnis afrikanischer Geschenksemantik und -praxis im Vordergrund.[28]

In den Quellen findet sich eine Vielzahl von Begriffen, die mit dem Komplex des Schenkens und der Gabe in Zusammenhang stehen. Neben solchen Termini, die aus dem innereuropäischen Sprachgebrauch vertraut sind (Geschenk, present, présent, schenkagie, gift usf.), gibt es mit *dashee* (»dassie«, »dache«), *scheepsgiften* (»ships' gifts«), *kostgeld* und *custom* (»custome«, »coutume«) spezifische Wendungen oder auch Wendungen mit einer spezifischen Bedeutung im westafrikanischen Kontext. Die drei letztgenannten Begriffe bezeichnen Gaben, die einer gewissen Verregelung unterworfen sind und oft zu festgelegten Anlässen oder in festgelegten Intervallen gegeben werden. Einem engen Geschenkbegriff, wie er durch die moderne Freiwilligkeitskonzeption bestimmt wird, entsprechen sie damit nicht, vielmehr würde man viele solcher Transfers unter analytischen Gesichtspunkten als Steuern, Abgaben, Tribute oder Zölle einstufen.[29] Für die Zeitgenossen aber – und dies ist hier das Entscheidende – gehörten sie zum Bereich des Schenkens, mindestens aber in sein Umfeld, oder waren mit ihm verwandt.[30] *Scheepsgiften* waren Geschenke, die lokale afrikanische Große und

ted‹ between social actors – and between modern scholars who study their traces.« ALGAZI, Introduction, S. 10, zur Rekonstruktion von »indigenous semantics« S. 11 ff.

28 Sofern »Gabe« und »Geschenk« analytisch oder generalisierend verwendet werden, bezeichnet »Geschenk« üblicherweise das materielle Objekt, das transferiert wird, während »Gabe« weiter gefasst ist und etwa auch Gefallen und andere immaterielle Bestandteile eines Gabentauschs einbeziehen kann. Es wird aber keine trennscharfe Abgrenzung angestrebt.

29 Hier ist ein Blick in die Frühzeit der (inner)europäischen Geschenkpraxis hilfreich, in der, wie Hannig feststellt, ebenfalls regelmäßige »Pflichtgeschenke« existierten, die zeitgenössisch an den Komplex des Schenkens angeschlossen wurden; vgl. HANNIG, Ars donandi, S. 15 f. Auch Davis hält fest, dass erst im Laufe des 16. Jhdts. in Frankreich die Auffassung, Steuern seien Geschenke an den König, für die man legitimerweise Dankbarkeit und Gegengaben erwarten durfte, allmählich verändert wurde. Sie weist auf differierende juristische Erklärungen von Steuern auch noch im späten 16. Jhdt. hin, sodass man hier durchaus eine gewisse Kontinuität zu den Wendungen im westafrikanischen Kontext vermuten kann; DAVIS, Gesellschaft, S. 134–139; dazu auch kurz oben, I.2.4. Auf frühneuzeitliche Unterscheidungen von »willkürlichen« und »notwendigen« Geschenken rekurriert STOLLBERG-RILINGER, Ökonomie, S. 190 f.

30 So auch MCLEOD, Gifts, S. 186, der hier allerdings eine kulturelle Differenz zwischen Europäern und Asante identifiziert.

Amtsträger bei Ankunft eines Handelsschiffes aus der Heimat erhielten.[31] Es ist damit verwandt mit jenen Geschenken, die vor der Aufnahme von Handel verteilt wurden. *Kostgeld* bekamen einzelne Herrscher und *caboceers*, die im Dienste einer Kompanie standen bzw. mit ihr alliiert waren.[32] Beispielsweise erhielt der *akwamuhene* laut Vertrag von 1703 monatlich 20 *ackies* als *kostgeld*; neben diesem Fixbetrag bekam er eine Prämie pro 40 *ackies*, die im Fort »verhandelt« wurden.[33] Dem König von Eguafo, Takyi Kuma, wurde in einem Vertrag mit der WIC von 1704 gar eine Unze Gold monatlich »unter dem Namen eines *kostgeld*« (»op de naam van Costgeld«) zugestanden.[34]

Dashee (»dache«, »dassie«) bezeichnet meist eine Gabe geringeren Umfangs[35] und ist tendenziell weniger verregelt als diejenigen (Ab)Gaben, die

31 Im 17. Jhdt. entsprach ein *scheepsgift* etwa einer Unze Gold; Dantzig, Hollandais, S. 35.

32 Feinberg unterscheidet zwischen drei möglichen Bedeutungen, die *kostgeld* an der Goldküste erhalten konnte: »a. a subsistance allowance; b. a fee paid as a retainer to key Africans in Dutch employ; c. a general gift given on a regular basis to influential Africans.« Feinberg, Africans, S. 162. Hier geht es hauptsächlich um c, allerdings ist die klare Trennung zwischen diesen drei Bedeutungen meines Erachtens nicht immer gegeben. In einigen Fällen scheint gerade die Ambivalenz zwischen einem Geschenk und einer Zahlung an letztlich Untergebene wichtig gewesen zu sein; vgl. Feinberg, Elmina Note, bes. S. 623, und Yarak, »Elmina Note«. Siehe auch unten, Unterkap. III.5.3.

33 Vertrag zwischen WIC (de la Palma) und *akwamuhene* Akonno mit seinen *caboceers*, dd. 03.04.1703, NA, TWIC 98, fol. 98r–99r, Art. 10.

34 Vertrag der WIC (de la Palma) mit Takyi Kuma (»Tekki Addico«), König von Eguafo, und seinen Räten, dd. 04.10.1704, NA, TWIC 122, S. 49–52, hier: S. 50, Art. 2.

35 Siehe als ältesten bislang bekannten Beleg Marees, Beschryvinge (1602), S. 48f. Zeitgenössisch ordnet Atkins »dashee« als »Negrish word« ein und gibt seine Bedeutung mit »a present« an; Atkins, *Voyage* (1735), S. 60. Er verwendet »dashee« an anderer Stelle auch als Verb: »[...] they constantly *Dashee* [the *Fetish*] for Health and Safety.« Ebd., S. 101. Dieser Gebrauch als Nomen und Verb ist heute noch verbreitet. Allerdings ist Atkins aufgrund seiner Nennung im OED (Art. dashee) zur unberechtigten Ehre gelangt, als erste Belegstelle für dieses Wort zu figurieren, was in jedem Fall nicht zutrifft. Wie Atkins geht auch der Forscher Garrard davon aus, dass »dashee« von einem afrikanischen, genauer einem Akan-Wort abgeleitet ist (»adekye«: Geschenk oder Gabe); Garrard, Akan Weights, S. 81f. Dagegen nimmt Christophersen einen romanischen Ursprung des Begriffs an; Christophersen, Words, S. 207ff., und ders., Note, S. 212f. Eine portugiesische Herkunft (portug. »das me«, d.h. so viel wie »gib mir«) vermutet Mauny, Glossaire, S. 33. Die gleiche Etymologie wird auch vorgeschlagen von Flutre, Termes, S. 278f. Law nimmt ebenfalls einen portugiesischen Ursprung an, gibt aber den Begriff »dação« als Referenz an; Law (Hrsg.),

als *custom* bezeichnet wurden oder werden konnten. Die Praxis des *dashee*-Gebens war oft Anlass für die topischen Klagen über »Geschenkgier«. So beklagte sich der niederländische Seemann Diereck Ruiters in seinem *Toortse der Zeevaert* (1623), man könne nicht einmal ein »ox-hooft« Wasser holen, ohne so viel zu bezahlen, wie man in der Heimat für ein Bier ausgebe. Sogar Steine als Ballast seien nicht ohne »dassie« zu bekommen.[36] Grundsätzlich sind *dashees* eher okkasionell anfallende Gaben, etwa bei Besuchen, beim Wasserholen usf., die durch Gewohnheiten geregelt waren, während der Terminus *customs* die regelmäßigen Abgaben bezeichnet,[37] die nicht durch bestimmte Anlässe, sondern durch im Vorhinein getroffene, tendenziell häufiger verschriftlichte Übereinkünfte fällig wurden.[38]

All diese (Ab)Gaben waren zentral für die Beziehungen zwischen Kompanien und afrikanischen Herrschern. Eindeutig war die Bedeutung materieller Transfers selten, wie in III.5 ausführlicher diskutiert wird. Insgesamt ist für die genannten Phänomene ein Verstetigungsprozess kennzeichnend; infolgedessen erhielten sie zunehmend einen verpflichtenden und von kon-

---

The English, Bd. 2, S. xiv. Willy Bal sieht unter den drei vorgeschlagenen Hypothesen – afrikanischer, romanischer bzw. altfranzösischer oder portugiesischer Ursprung – ebenfalls letztere als plausibleste Lösung an, kritisiert aber Maunys Ableitung aus »das me«; Bal, Matabiche, S. 11–15. Bal führt auch zahlreiche Belege für die Verwendung des Begriffs in unterschiedlichen afrikanischen Ländern an. Jüngst hat Huber die vorgeschlagenen Etymologien kombiniert: Er nimmt sowohl eine Beeinflussung durch das portugiesische »dação« als auch durch das Fante-Wort »ndasi« an, ohne allerdings näher auf die geführte Diskussion einzugehen; Huber, Ghanaian Pidgin, S. 267.

36 Ruiters, Toortse (1623), S. 74. – Ähnlich Atkins, *Voyage* (1735), S. 64, über »dashee« für Holz und Wasser in der Gegend des Rio Sestos bzw. River Cess (Liberia) und Loyer, *Relation* (1714), S. 82.

37 Vgl. z.B. Labats Beschreibung der »coutumes ou presens annuels«, die die Compagnie du Sénégal an den »Siratique« genannten Wolof-Herrscher im Senegal gab, »en consideration du commerce qu'il luy permet de faire dans ses Etats, & de la protection qu'il luy donne«; Labat, *Relation*, Bd. 3 (1728), S. 210; Extrait d'un Mémoire relatif à une Expédition faite pour la traite des Nègres, à la Côte d'Or, s. d. [wohl aus der 2. Hälfte des 17. Jhdts.], ANOM, C 6/29, [S. 4] (»On appelle Droits et Coutumes des Présens que l'on est obligé de faire au Roi du lieu où l'on veut établir sa Traite, ainsi qu'à ses Ministres ou aux grands de sa Cour, pour avoir la permission de traiter [...]«). – Siehe auch Flutre, S. 279.

38 So ist auch die Abgrenzung von »dashee« und »pay« zu verstehen, die in der englischen Korrespondenz vorgenommen wird; Brief von James Hope an RAC, dd. 20.12.1738 (abstract), TNA, T 70/4. »Dashee« wird dort, in Klammern, mit »present« erläutert und meint Geschenke für neu eingesetzte *caboceers*.

kreten Anlässen losgelösten Charakter.[39] Dies macht es aus analytischer Perspektive nicht leicht, die Grenzen zwischen Geschenk und Abgabe zu bestimmen; in manchen Fällen verschleiert die zeitgenössische Bezeichnung als »Geschenk« den offensichtlichen Vertrags- oder gar Zwangscharakter des erfolgten Transfers.[40]

Dass Trennungen, die wir in der Moderne fraglos voraussetzen, wie die Unterscheidung von (freiwilligem) Geschenk und regelmäßiger, verpflichtender Abgabe, dabei vielfach fragil erschienen,[41] zeigt sich gerade an der Frage, ob etwas als *custom* zu verstehen sei oder nicht. Beispielsweise drängten die *curranteers* von Fante 1686, wie es der englische Faktor in Anomabo beschreibt, täglich darauf, ihr »custome« zu erhalten, »saying that what Mr Nightingale gave them was as a dashee and not as their custome«.[42] Zumindest die sprachliche Trennung von *custome* und *dashee* bzw. Geschenk tritt auch in dem Bericht der englischen Oberkaufleute Gerard Gore und Robert Bleau zutage, die 1715 den *braffo* von Fante dazu überredeten, »to accept of a present in Lieu of their Custom due for three years«.[43] Zwar ist damit die Möglichkeit einer Trennung und Unterscheidung impliziert, zugleich wird aber auch deutlich, dass diese Abgrenzung keineswegs eindeutig gezogen und institutionalisiert war, sondern vielmehr Gegenstand von politischen Strategien und Auseinandersetzungen werden konnte.

---

39 Verstetigung von zunächst anlassgebundenen, singulären Geschenken hin zu erwarteten und erwartbaren (Ab)Gaben ist freilich kein auf Westafrika oder interkulturelle Gabenpraxis beschränktes Phänomen. Bspw. hat Häberlein ähnliche Prozesse bei der Geschenkpraxis der Fugger festgestellt; HÄBERLEIN, Geschenke. Auch im Hinblick auf den Einsatz von Geschenken zur Sicherung von Transportwegen oder zur Gewinnung von neuen Kunden ist die Geschenkpraxis der Handelskompanien zum Teil jener von Handelsunternehmen wie den Fuggern vergleichbar.

40 Siehe unten, Unterkap. III.5.2–3.

41 Vgl. auch die Beispiele aus dem England des 16. Jhdts., wo einige Landbesitzer die Abgaben (»rents«) ihrer Pächter als »Geschenke« klassifizierten, bei HEAL, Food Gifts, S. 52.

42 Brief James Walkers an CCC, dd. 09.10.1686 (OS), in: LAW (Hrsg.), The English, Bd. 2, no. 453, S. 176f.

43 Eintrag vom 05.08.1715, TNA, C 113/263. – Dies widerspricht in meinen Augen der eindeutigen Abgrenzung, die Reese ausmacht: »The records distinguish between presents, which the company freely gave, and dashees, which were presents demanded by the coastal peoples.« REESE, »Eating«, S. 855f., Anm. 2.

2. Orte und Zeiten des Schenkens

2.1 Weihnachtsgeschenke für den *braffo*. Der europäisch-afrikanische Geschenkekalender

Welche Anlässe gab es zum Schenken? Einen ersten Anhaltspunkt bietet René Baesjous Aufsatz über das Geschenk in den europäisch-afrikanischen Beziehungen vom 15. bis zum 19. Jahrhundert, der bislang den einzig substanziellen Beitrag zum Thema darstellt, aber unveröffentlicht geblieben ist.[44] Baesjou unterscheidet vier Gruppen von Geschenken: 1. Geschenke anlässlich von Besuchen bei Herrschern und Amtsträgern; 2. Gaben anlässlich von periodischen Festen (»fêtes périodiques«); 3. ereignisbezogene Ausgaben (»dépenses accidentelles«), die zum Beispiel bei Amtswechseln und Todesfällen, aber auch bei *palaver* und Friedensschlüssen fällig wurden; 4. monatliche Gaben von festgelegter Höhe. Baesjous Überlegungen werden im Folgenden vertieft, systematisiert und präzisiert.

Als *Erstes* sind die Gaben in den Blick zu nehmen, die anlässlich von Besuchen bei Herrschern und lokalen Entscheidungsträgern gegeben wurden.[45] Dass ohne ein angemessenes Gastgeschenk keine Verhandlung, kein Gespräch möglich war, hatten die europäischen Faktoren immer wieder aufs Neue zu lernen.[46] Durch fehlende Geschenke wurden Verhandlungen erschwert und verzögert, wie etwa William Cross 1686 in Komenda (Eguafo) erfahren musste.[47] Dem König von Akwamu, so eine Feststellung

---

44 Baesjou, Note. – Ich danke Adam Jones (Leipzig), der mir freundlicherweise seine Kopie des unveröffentlichten Manuskripts zur Verfügung gestellt hat.

45 Diese »Antrittsgeschenke« sind vielerorts in ganz Westafrika bezeugt; für Benin siehe Ryder, Benin, S. 172 et pass.; allgemein Labat, *Relation*, Bd. 3 (1728), S. 199 [korrumpierte Seitenzählung!]; du Casse listet unter der Überschrift »Incommodité de la Coste d'Or« u. a. Folgendes auf: »Les cabessaires et grands seigneurs ne viennent jamais voir personne que pour demander quelque présent. L'on ne saurait envoyer la moindre personne à un Roy que le présent n'y soit introduit le premier, et l'estime ne s'acquiert qu'à proportion des libéralités qu'on fait.« Du Casse (1687/88), in: Roussier (Hrsg.), Etablissement, S. 38.

46 Ähnliche Vorbedingungen für Kommunikation existieren in Westafrika in gewisser Weise noch heute, folgt man den Beobachtungen Emmanuel Akyeampongs. Akyeampong weist auf die bis heute erhaltene Bedeutung von Alkohol als Gabe hin: »One cannot pay a courtesy call on a chief or elder without a wrapped bottle of schnapps as a gift.« Dies gelte nicht zuletzt ebenfalls für Wissenschaftler auf der Suche nach Interviewpartnern; Akyeampong, Drink, S. 161 sowie S. 21–46.

47 Brief William Cross' an CCC, dd. 08.12.1686 (OS), in: Law (Hrsg.), The English, Bd. 2, no. 206, S. 97 f.: »Presently after we had audience of the king, fettera & ca., where after some littler entertainment we were dismist, and told we should have

aus Christiansborg 1698, wage niemand, sich ohne Geschenke zu nähern. Für die Mission Erick Tillemans, der einen Eid des Königs abnehmen sollte, wurden daher 33 Ellen Calamanco,[48] ein Paar guter Pistolen, zwei Trompeten,[49] 43 Unzen blutrote Perlen, eine Kiste mit Brandy, 20 Stücke Kupfer sowie sechs Dutzend Pfeifen als Gaben bereitgestellt.[50] Solche Gastgeschenke wurden, gerade bei Audienzen, durch Versorgung mit Lebensmitteln während des Aufenthalts und durch Abschiedsgeschenke von Seiten der Herrscher erwidert.[51] Ein ähnlicher Gabentausch fand ebenfalls statt, wenn ein Herrscher oder seine Abgesandten ein europäisches Fort besuchten.[52]

---

a hereing on the morrow morning, and were conducted to the Mareens, having refreshed our selves, comes on to me to know what presents I had brought with me for the king, Ffetera and Tagee. Now being forwarned that my not comeing up and bringing those presents which is usuall upon such accompts had occasioned the hindrance of our building, and the palaver could never be ended otherwise, I accordingly provided my selfe and sent each of them and their wives a present, which was verry [sic] well accepted. In short the morrow being come, we were sent for, where were present only the king, Fettera and Affer Tagee, with one or two more of their attendance.«

48 »A woollen stuff of Flanders, glossy on the surface, and woven with a satin twill and chequered in the warp, so that the checks are seen on one side only; much used in the 18th c.« Art. calamanco, Abs. 1.a, in: OED.

49 Zu Trompeten im regionalen Handel kurz Alpern, Master List, S. 18.

50 Aussage von Inne Pieters, Gouverneur Olsen Lygaard und Erich Tilleman, dd. 15.02.1698, in: Justesen (Hrsg.), Danish Sources, Bd. 1, no. II.21, S. 101.

51 So wurden bspw. de la Palma 1702 bei einem Aufenthalt in Anomabo und Egya »vee en vrugten« verehrt; Brief de la Palmas an die Heeren X, dd. 25.09.1702, NA, TWIC 98, fol. 5v; 1701 erhielt der Chevalier Damon Feigen und Bananen in Assini; Godot, *Relation exacte*, S. 110 und S. 158. Ähnlich Labat, *Relation*, Bd. 3 (1728), S. 300, und Phillips, *Journal* (1732), S. 221 über Ouidah. – Vgl. zudem die Bemerkungen Sundströms zum Geschenktausch bei Gastfreundschaft, der auch gleich eine Erklärung für das Stereotyp des habgierigen Herrschers mitliefert: Der Reisende, der Gastfreundschaft genießt, ist »bound by custom to make a return gift to his host. [...] Custom demands that the return gift both be preferably superior to the initial gift and commensurate with the social status of the giver [...]. Under the circumstances it is only to be expected that European travelers, traditionally accorded high rank by the Africans, should have considered themselves the victims of sharp practices [...].« Sundström, Trade, S. 2.

52 Vgl. z.B. Ratelband (Hrsg.), Dagregisters, S. 34 (Einträge vom 08., 10. und 12.04.1645) über den Besuch einiger Akani-Händler und *caboceers* aus Kormantin in Elmina (Geschenk: Ziegen; Gegengeschenk: Branntwein und Teppich bzw. Tischdecke) und S. 44 (Eintrag vom 05.05.1645) über den Besuch eines niederländischen Kapitäns (Geschenk: Fass Bier); Journal von Christiansborg, 1688–1689, in: Justesen (Hrsg.), Danish Sources, Bd. 1, no. II.17, S. 86 (Eintrag vom

Derartige Gastgeschenke konnten auch Normierungen unterworfen sein: Für Audienzen in Allada, wie sie vor Aufnahme des Handels absolviert werden mussten, erläutert eine Instruktion aus den 1660er Jahren eigens, welche Geschenke mitzubringen seien. Neben Präsenten für den König werden Gaben für die große Menschenmenge erwähnt, die zur Begrüßung des Ankommenden tanze und spiele, zudem ein »drinkgelt« für die Edelleute, die zum Empfang kämen. Die Instruktion endet mit einem etwas paradoxen Kommentar, der gerade deshalb die Problemlage gut charakterisiert: »Ihr seid bei diesem Geben nicht festgelegt, was für Güter ihr geben wollt – darum seid so sparsam wie möglich; aber ihr müsst das ein oder andere geben.«[53]

Im späten 18. Jahrhundert wurde der Gabentausch anlässlich von Besuchen niederländischer Kommandanten in Pokesu gar vertraglich festgelegt: Kam ein Kommandant eines der anderen niederländischen Forts zu Besuch, hatten die lokalen Eliten (*makelaars* und *terregrandes*) ihm »die üblichen Ehren [zu] erweisen« (»het gebrúcklyk honneúr aan [te] doen«), im Gegenzug sollte der Kommandant ihnen ihre »gewone Costúme«, bestehend aus einer halben Gallone Branntwein, zuteilen.[54] Expliziter lässt sich der Tausch von zeremonieller Leistung und materieller Gegenleistung kaum formulieren.

Anlass für Geschenke bildeten *zweitens* Feste und Feiern.[55] Um welche Feste es sich handelte, variierte von Ort zu Ort, gelegentlich auch von Stadtviertel zu Stadtviertel.[56] Verbreitet waren Feierlichkeiten anlässlich der Erntezeit und des Aussaatbeginns. Hinzu kamen weitere, jeweils lokal spezi-

13.07.1689) über den König von »Jongo« (Geschenk: Ziege; Gegengeschenk: Branntwein).

53 »Ghÿ bent aen dit geven niet gehouden wat voor goedren ghÿ geven wilt, daerom maeckt soo sober af, als mogel[yck] is, maer ghÿ moet 't een oft t'ander geven.« Jones (Hrsg.), West Africa, S. 278 f. und S. 37 f.; Memorie, in wat maniere men gewoon is tot Ardra op de kust van Guinea te handelen, in: Dam, Beschryvinge, Bd. 2,3, Bijlage IIb, S. 538 ff.; siehe auch Dapper, *Beschryvinge* (1668), S. 491 f.

54 Vertrag zwischen der WIC (van Hamel) und den Einwohnern und »Großen« von Pokesu, dd. 29.01.1797, NA, NBKG 223.

55 Einen Überblick über Feste in Ghana gibt Opoku, Festivals; für Senegambien siehe Curtin, Change, S. 290 f.

56 So wird in Moure zwischen der »Moureeschen« und der »Brouwaschen kermis« unterschieden; Reglement & Costume waar aan een Commandant van Mouré zig diend te houden, dd. 03.04.1798, NBKG 223. Die Geschenkelisten geben so auch Aufschluss über Migrationsbewegungen.

fische Festtermine, die beispielsweise den Ahnen galten.[57] In Pokesu beispielsweise verteilten die Kompanievertreter Geschenke anlässlich eines lokalen Fests, das »dancing time« bzw. »onder 't danzen« genannt wurde.[58] In Accoda, Takoradi und Boutry gab es Geschenke bei einem Erntefest, das die Niederländer als »kermis« bzw. »Hantasche Kermis« bezeichneten.[59] In Fante und Eguafo war bei Ernte- und Aussaatfesten der Empfängerkreis der Kompaniegeschenke offensichtlich auf die lokalen, landbesitzenden Eliten beschränkt.[60] Gaben bestanden bei diesen Anlässen vor allem aus Brannt-

57 Größere Feste waren z.B. *hɔmɔwɔ* bei den Gã-Adangbe (bei Accra), *kundum* bei den Ahanta und Nzema, *Adae kese* (*odwira*) in Asante und *Nyeyi* in Fante; siehe Opoku, Festivals, S. 52ff. (*hɔmɔwɔ*); McCaskie, State, Kap. 4 (*odwira*); Fynn, Pre-Borbor, S. 28f. (zu *Nyeyi*); Coursey/Coursey, Festivals; Valsecchi, Calendar, S. 508 (zu *kundum*). – Die Zuordnung dieser Feste ist ausgehend von den wenigen einschlägigen ethnologischen Studien für die hier untersuchte Zeit nicht unproblematisch, denn man muss von verschiedenen Veränderungsprozessen und auch Festtransfers zwischen einzelnen Gruppen wie auch Wandel unter christlichem oder islamischem Einfluss ausgehen.

58 Zu Pokesu vgl. Costume by het aanwarden van't Fort, dd. 29.01.1797, NA, NBKG 223.

59 Siehe u.a. Costúmes van het geen de onderteekende moet uitgeeven aan Boutry, dd. 10.11.1796, NA, NBKG 223; Copia vande Lyst vande Ordinaire Costúme aan Taccorary by het aanvaarden van't Fort, s. d. [22.09.1796], ebd.

60 Für Eguafo: Brief von James Nightingale an CCC, dd. 23.02.1682 (OS), in: Law (Hrsg.), The English, Bd. 1, no. 61, S. 38 (Ausgaben bei Aussaat insgesamt 8 *engels*); Brief von David Harper an CCC, dd. 30.04.1683 (OS), in: ebd., no. 105, S. 57f. (König und Fetera sollen je einen Anker, die alten und jungen *caboceers* je einen halben Anker Branntwein erhalten); und Brief von William Cross an CCC, dd. 02.04.1687 (OS), in: Law (Hrsg.), The English, Bd. 2, no. 242, S. 110 (mit Hinweisen auf Weiterverteilung des erhaltenen Branntweins an das »people«); für Fante: Brief von Richard Thelwall an CCC, dd. 29.10.1681 (OS), in: Law (Hrsg.), The English, Bd. 1, no. 247, S. 103f. (erster Beleg für Fante, zugleich Ausnahme, da das Volk als direkter Empfänger vorgesehen ist); Briefe von Ralph Hassell an CCC, dd. 22.04., 28.04. und 04.05.1687 (OS), in: Law (Hrsg.), The English, Bd. 2, no. 520–522, S. 203f. (Auseinandersetzung über »customes [...] at putting theire corne in the ground« in Anomabo); Brief von James Nightingale an CCC, dd. 21.04.1688 (OS), in: ebd., no. 609, S. 237 (Forderung von Geschenken für »planting theire corne« durch die *curranteers* von Fante ebenfalls in Anomabo). 1687 gingen die *curranteers* mit ihrer Forderung, nachdem sie in Anomabo nicht eingelöst worden war, nach Egya. Im Folgejahr wurde dann in beiden Orten dieses *custom* zur Aussaat gefordert; siehe den Brief von Ralph Hassell an CCC, dd. 12.05.1687 (OS), in: ebd., no. 524, S. 205, die Briefe von Robert Elwes an CCC, dd. 09.06., 13.06. und 17.06.1687 (OS), in: ebd., no. 663–665, S. 253f., und den Brief von William Cross an CCC, dd. 16.04.1688 (OS), in: ebd., no. 704, S. 265. 1695 wurden auch in Anashan *customs* zur »rowsawing time and cutting small corne«

wein und Messern. Letztere sollten wohl einen Bezug zur Bearbeitung des Bodens bei der Aussaat bzw. beim Ernten herstellen, sei er nun funktional oder symbolisch.[61]

Die Kompanien waren allerdings bei lokalen Festen nicht allein über Geschenksendungen involviert, vielmehr nahmen ihre Vertreter mancherorts auch selbst an ihnen teil. Wie in Kapitel II.3 gesehen, mussten etwa die europäischen Direktoren der Forts in Ouidah anlässlich der »customs« von Dahomey nicht nur Geschenke überbringen, sondern auch in Person den Feierlichkeiten beiwohnen.[62] Auch an der Goldküste nahmen Kompanievertreter auf Einladung der lokalen Herrscher an Festen teil: In Fetu war das Erntefest im September/Oktober (*Adwedi* oder *Ododzi*, auch *Yam Festival*) neben der Aussaat Anfang April[63] der wichtigste Anlass für Gaben. Zu diesen Festlichkeiten waren, so schreibt Müller, »nicht nur viel Schwartze auß den benachbarten Orten und Landen, sondern auch die im Fetuischen Lande negotiirende, Dennemärckische, Holländische und andere Blanquen eingeladen«. Es erscheine jedoch nie ein Kommandant persönlich, sondern »es wird der Ober-Kauffmann neben andern Compagnie-Bedienten hierzu

---

verlangt; Brief von John Pinck an CCC, dd. 17.01.1695 (OS), in: Law (Hrsg.), The English, Bd. 3, no. 577, S. 272. 1687 wurde in Anomabo (zum ersten Mal belegt) zudem ein »dashee at their new year as they called it, that is at their cutting their small corn« beansprucht; Brief von Ralph Hassell an CCC, dd. 27.07.1687 (OS), in: Law (Hrsg.), The English, Bd. 2, no. 541, S. 211 f. In den 1690er Jahren finden sich dann ausschließlich Forderungen zur Ernte; siehe bspw. die Briefe von Edward Searle an CCC, dd. 01.08.1693 und 07.08.1694 (OS), in: ebd., no. 694, S. 305, und no. 744, S. 320. Üblicherweise erhielten die *caboceers* zwölf Dutzend Messer, bedacht wurden auch der *braffo* und die *curranteers*. – Für Agonna: Brief von William Cooper an CCC, dd. 13.07.1695 (OS), in: Law (Hrsg.), The English, Bd. 2, no. 1119, S. 475 f. (»custom at cutting the corn«, für die Königin »a photo longee or any thing else to that value & a case of liquor«).

61 Einen solchen Bezug legt auch die Zusammensetzung der Geschenke nahe, die zum »rowsaring«, zur Vorbereitung der Ackerflächen, verteilt wurden und oft Eisenstäbe oder -barren beinhalteten. Einen vergleichbaren Zusammenhang zwischen landwirtschaftlichem Arbeitszyklus und der Nachfrage nach Metall(gegenständen) im Handel hat Marion Johnson festgestellt; Johnson, Commodities, S. 10.

62 Vgl. Rømer, Account (1760), S. 87 ff., zur europäischen Partizipation am Fest *hɔmɔwɔ* in der Gegend von Accra.

63 Den »zaidage, welke is op hun zabbad, gemeenlijk ten twintighden van Grasmaent [d.i. der April; C.B.], in den regen-tijt« beschreibt Dapper als Festtag, an dem alle in bestem Staat aufs Feld hinauszogen und gemeinsam aßen und tranken, abends wurde gesungen und getanzt. »[Z]ulx deze zai-tijt by hen voor de grootste dagh van allen gehouden wort.« Dapper, *Beschrijvinge* (1668), S. 478.

verordnet«.[64] So bestand eine niederländische Delegation im Oktober 1645 aus dem Oberkaufmann Arent Cock, dem Schiffer Jan Teunessen Bottelier und dem »Sieckentrooster« (d.i. in etwa ein Laienprediger) von Elmina sowie einem Sergeant und zwölf Soldaten. Sie sollte dem König von Fetu ein Geschenk überbringen.[65] Auch die Delegation aus Elmina war nicht nur zur bloßen Übergabe von Geschenken in Fetu, sondern nahm ebenfalls an dem von Müller beschriebenen Fest teil – sie kehrte jedenfalls erst drei Tage später wieder nach Elmina zurück.[66]

Noch stärker waren die Kompanievertreter in jene Feste eingebunden, die in den Siedlungen rund um die Forts gefeiert wurden.[67] Sie konnten sich dem Treiben schon deshalb nicht entziehen, weil es zum Teil innerhalb

---

64 Müller, Landschafft (1676 [1673]), S. 65f. Siehe auch Jones (Hrsg.), German Sources, S. 167, Anm. 128. – Deffontaine sucht das von Müller beschriebene Fest in Fetu mit dem *Nyeyi*-Fest zu identifizieren, das in Fante abgehalten wird; dementsprechend würde die Annahme einer Verbindung zwischen Fante und Fetu bereits vor dem 18. Jhdt. (und somit vor der Eroberung Fetus durch Fante) gestärkt. Es ist meiner Ansicht nach aber fraglich, ob die heutigen kulturellen Verbindungen nicht eher ein Resultat dieser politischen Verbindung darstellen, als dass sie ihr vorausgingen; Deffontaine, Guerre, S. 10 und S. 22, Anm. 57. Deffontaine scheint sich dabei im Wesentlichen auf die ungefähr übereinstimmenden Termine der Feste zu stützen.

65 Ratelband (Hrsg.), Dagregisters, S. 78 (Eintrag vom 01.10.1645).

66 Ebd., S. 79 (Eintrag vom 04.10.1645). – Der französische Historiker Yann Deffontaine betont die politische Bedeutung des Festes, besonders für die Konstitution und Aufführung der lokalen Hierarchie, und vermutet, dass die Geschenke und Freundschaftsbekundungen der Europäer – ähnlich wie in Dahomey – auch als Anerkennung der königlichen Herrschaft verstanden wurden. Er spricht sogar davon, dass die Teilnahme als »un acte d'allégeance et une reconnaissance officielle de soumission« interpretiert werden könne: »Autrement dit, refuser l'invitation des Fetus aurait été interprété par les Fetus comme un acte d'insubordination de la part des Européens.« Deffontaine, Guerre, S. 137f. Er hält es für unwahrscheinlich, dass diese Ambiguität der Einladung den Europäern entgangen sei, sie sich aber gehütet hätten, »de donner une telle interprétation de l'invitation«. So überzeugend die Interpretation der Teilnahme an dem Fest als Anerkennungsakt ist, bleiben doch Deffontaines Überlegungen zum Nichterscheinen reichlich spekulativ, da meines Wissens kein Fall einer zurückgewiesenen Einladung dokumentiert ist. Abgesehen von der zitierten Beschreibung Müllers gibt Deffontaine keine weiteren Belege für seine These an.

67 Siehe z.B. den Brief von Thomas Davies et al. an die EIC, dd. 04.03.1662 (OS), in: Makepeace (Hrsg.), Trade, no. 119, S. 136f., über die Teilnahme an dem »dancing«-Fest in Kormantin.

der Forts stattfand:[68] So kamen die Einwohner von Boutry am ersten Tag der »Kermis« ins niederländische Fort, um ihre »costume« zu empfangen, und blieben dort, um zu tanzen. Für die unterschiedlichen teilnehmenden Gruppen,[69] die lokale Elite (*Terregrandes*) und das »junge Volk«, wurden an unterschiedlichen Orten innerhalb des Forts Punsch und gestopfte Pfeifen bereitgestellt. Den *Terregrandes* wurde der Punsch »op zaal«, im Saal, serviert, während die anderen mit Ausschank unter freiem Himmel vorliebnehmen mussten. Am Ende waren, so eine niederländische Quelle, alle »so besoffen [...], dass sie, wie man sagt, weder gehen noch stehen können.«[70] Dennoch kamen alle am nächsten Tag wieder, um sich zu bedanken. Dabei erhielten sie wiederum Branntwein und Stoff, aus dem sie drei Flaggen herstellten, um damit in ihrem Dorf (*crom*) zu tanzen.[71] Alkohol und Pfeifen, die bei solchen Festgeschenken überall von überragender Bedeutung waren, waren offenbar für den gemeinsamen Konsum bestimmt und konnten so der elementaren Vergemeinschaftung der europäisch-afrikanischen *fort community* dienen.[72]

Bislang war allein von afrikanischen Festen die Rede. Vielerorts verband der Geschenkekalender jedoch auch europäische und afrikanische Feste, sodass er in gewisser Weise einen transkulturellen Rhythmus erhielt.[73] So

68 Gelegentlich wurden sogar Anreize gesetzt, damit Leute ins Fort kamen, so in Accoda, wo diejenigen Frauen, die »binnen« kamen, ein »slaaplaaken« (Leinenstoff) erhalten sollten; Costume by't aanvaarden van het Fort, en welke gebruykelyk zyn, geaccordeert met de onderhorigen van Accoda, dd. 12.10.1793, NA, NBKG 223.

69 In Pokesu erschienen die Gruppen an unterschiedlichen Tagen im Fort, die *Terregentes* am Mittwoch, die Frauen am Donnerstag, und erhielten Geschenke; zusätzlich gab es ein gemeinsames Tanzen, bei dem noch einmal alle, neben den Genannten auch die »Quartieren« und der »Bomba«, Branntwein, Punsch und Tabak bekamen; Costume by het aanvaarden van't Fort [Pokesu], dd. 29.01.1797, NA, NBKG 223.

70 »[...] zo besoopen [...] dat zy niet, zo men zegt, niet [sic] gaan of staan kunnen«.

71 Costumes van het geen de ondergeteekende moet uitgeeven aan Boutry, dd. 10.11.1796, NBKG 223.

72 Zur Verknüpfung von »food gifts« und gemeinsamem Konsum siehe auch Heal, Food Gifts, S. 43 f.

73 In Saint-Louis im Senegal hingegen hielt die französische Kompanie die religiöse Trennung aufrecht: Die Muslime bekamen Geschenke »pour les fêtes de Cory, Tabasky et Gammon«, d.h. zum Ramadanfest (Wolof/Fulbe Korité, arab. ʿĪdu l-Fiṭr, auch nach der türkischen Bezeichnung »Zuckerfest« genannt), zum Opferfest (Wolof Tabaski, arab. ʿĪdu l-Aḍḥā) und zum Geburtstag Mohammeds (Wolof Gamou, arab. maulid an-nabī); vgl. zu den afrikanischen Bezeichnungen Mauny, Glossaire, S. 38, S. 44 und S. 64. Die katholischen Einwohner hingegen wurden zu Ostern, Neujahr und am Tag des Hl. Ludwig (d.i. der 25.08.) beschenkt,

fragte der englische Faktor in Dixcove 1694, als er mit dem Abschluss eines Vertrages mit den lokalen *caboceers* beauftragt wurde, umgehend in Cape Coast nach, welche Geschenke (»dashees«) die *caboceers* zur »danceing time [sic]« und zu Weihnachten erhalten sollten. Dabei setzte er als selbstverständlich voraus, dass beide Feste, das indigene wie das christlich-europäische, Anlass waren, Geschenke zu verteilen, und zwar auch an afrikanische Akteure.[74] Auch in Fante gab es im späten 17. Jahrhundert Weihnachtsgeschenke[75] für den *braffo*, die *curranteers* und die *caboceers* von den örtlichen Faktoren der RAC.[76]

An die verschiedenen Feste knüpften sich soziale Abstufungen; das »Volk« von Fante erhielt keine Weihnachtsgeschenke, sondern wurde nur anlässlich der lokalen Aussaatfeiern bedacht.[77] Auch die Geschenke zur »dancing time« waren offenbar wiederum allein den regionalen Eliten vorbehalten. Eine vergleichbare Differenzierung, wenn auch mit anderer Zu-

---

wohl aufgrund von dessen Bedeutung als Patron der Stadt. Der Gesamtwert der Geschenke für die Katholiken war dabei mehr als doppelt so hoch wie derjenige der Gaben für die Muslime; Liste des payemens, Sénégal et dépendances, dd. 19.02.1787, ANOM, C 6/19. – Vgl. aber Lamiral, *Affrique* (1789), S. 43, der erklärt, auch diejenigen Bewohner Saint-Louis', die nominell christlich waren, hätten christliche wie islamische Feste gefeiert. Die Aussage steht allerdings in polemischem Kontext, daher ist sie wohl mit Vorsicht zu betrachten.

74 Brief Thomas Buckeridges an CCC, dd. 21.06.1694 (OS), in: Law (Hrsg.), The English, Bd. 3, no. 46, S. 30ff.

75 Weihnachten war, auch wenn der Brauch der Weihnachtsgeschenke, wie wir ihn heute kennen, in Europa erst im 19. Jhdt. weitere Verbreitung fand, neben Neujahr das wichtigste europäische bzw. christliche Fest im Geschenkekalender, wie er in Westafrika praktiziert wurde; zu Weihnachtsgeschenken vgl. Weiser-Aall, Art. Weihnacht, S. 920–926, und Behringer, Art. Weihnachten, Sp. 775f. Wenig weiterführend und unsystematisch: Weber-Kellermann, Weihnachtsfest, S. 87–102. So wurde bspw. auch in französischen Verträgen in Senegambien, die der Marquis de la Lajaille schloss, die Verteilung von Geschenken auf Weihnachten festgelegt; siehe Durand, *Voyage* (1802), S. 149f. (Bar) und Vertrag mit König Panabouré der Insel Gambia sowie Pa Comba, Pa Bollem und Signor Dum Rodrigo Domingo, dd. 14.01.1785, ANOM, 40 COL 3, Nr. 163.

76 Vgl. u.a. den Brief Richard Thelwells an CCC, dd. 29.10.1681 (OS), in: Law (Hrsg.), The English, Bd. 1, no. 247, S. 103f.

77 Brief Richard Thelwells an CCC, dd. 29.10.1681 (OS), in: Law (Hrsg.), The English, Bd. 1, no. 247, S. 103f. Der *braffo* und die »Quantrees« sollten Thelwell zufolge eine »saye«, zwei »perpettuanes« und zwei Anker Branntwein erhalten, die *caboceers* von Anomabo gleichfalls eine »saye« und zwei »perpettuanes« bekommen, aber nur einen Anker Branntwein. Zur Aussaat sollte das Volk »a case of spiritts« erhalten. Hier wurden die Anlässe offenbar sozial differenziert berücksichtigt.

ordnung im Einzelnen, findet sich in Komenda: Dort waren die Geschenke anlässlich des lokalen afrikanischen Fests, des »annual yambs custom«, auch »Blacks Christmas« genannt (*kundum*),[78] allein für die »Town's caboceers, Pynins & ca.« gedacht, also für die lokalen Eliten; gelegentlich kamen noch die Kompaniesklaven hinzu. Am 25. Dezember hingegen wurden sowohl die Garnison des Forts als auch verschiedene afrikanische Einwohner von Komenda bedacht, von Aggrey Caboceer, einer der führenden Persönlichkeiten der Stadt, bis hin zu den Fischern und Sklaven des Forts. Die Geschenke bestanden in allen Fällen hauptsächlich aus Rum, gelegentlich wurde auch Stoff verschenkt.[79]

Weihnachten kam nicht bei allen Kompanien gleichermaßen als Fest- und Geschenkanlass vor. Es ist für die englische und die französische Kompanie nachzuweisen, nicht aber für die niederländische, die brandenburgische und die dänische Kompanie. Dies ist durch die unterschiedliche Ausgestaltung des Weihnachtsfestes in den jeweiligen Heimatländern sowie konfessionell bestimmt.[80]

---

78 Accounts & ledgers Commenda, Day Book by William Tymewell for July & August 1755, TNA, T 70/1120: »Gave the town Pynins, Companys Slaves & ca. it being what they call the Blacks Christmas.« »Blacks Christmas«, von den Niederländern oft »kermis« genannt, bezeichnet das jährliche große (Ernte)Fest *kundum* bzw. *abisa*, das von allen Akan-Gruppen, wenn auch mit variierenden Terminen und Ausgestaltungen, abgehalten wurde; vgl. VALSECCHI, Calendar, S. 508, Anm. 81, zum Begriff »kermis« auch BOSMAN, *Beschryving* (1704), Teil 1, S. 150: »*Feesten* of *Hoogtijden* hebben de *Negers* niet als eene / die sy houden wanneer *het Koorn ingeoogt* is / en die wy hier *Kermis* noemen; en dan noch het *Feest* van den *Duyvel-Ban*.« – Reese behauptet allerdings in Bezug auf Cape Coast, dass Cudjo Caboceer, der englische *broker*, sich dieses Fest ausgedacht habe, um mehr Geschenke zu bekommen; REESE, Wives, S. 297, Anm. 23. Diese Hypothese erscheint mir u.a. angesichts der Belege auch für andere Orte unwahrscheinlich.

79 Accounts & ledgers Commenda, Day Book by Charles Bonville for July & August 1757 und Day Book by Thomas Westgate for November & December 1757, TNA, T 70/1121. Weihnachtsgeschenke nahezu unverändert 1761 und 1762; vgl. Day Book by William Webster for November & December 1761, und Day Book by John Catcroft for November & December 1762, TNA, T 70/1122.

80 War für die Angestellten der RAC Weihnachten der Anlass, nach Cape Coast zu reisen, so war dies für die Angestellten der dänischen Kompanie offenbar Neujahr, auch verbunden mit der Abgabe der Abrechnungen von den einzelnen Forts; vgl. Johan Conrad Busch an die Direktoren der DAK, dd. 19.04.1680, in: JUSTESEN (Hrsg.), Danish Sources, Bd. 1, no. I.20, S. 39–41, hier: S. 40. – Ein Beispiel für Weihnachtsfeiern in calvinistischen Kreisen in den Niederlanden bei Irma THOEN, Affection, S. 70ff.; Geschenke spielen dabei keine Rolle. Kurz zu konfessionellen Differenzen auch BEHRINGER, Art. Weihnachten, Sp. 775f.

Für die niederländische Kompanie war nicht Weihnachten, sondern das europäische Neujahr ein wichtiger Termin für Festlichkeiten und Geschenke,[81] an dem sowohl die Garnison und die Kompaniesklaven als auch die *caboceers*, Großen und sonstigen Einwohner der Siedlungen unter den Forts beschenkt wurden.[82] Die Neujahrsgaben konnten sogar, wie in einer Übereinkunft aus Komenda von 1792 festgelegt, dem lokalen »Fetisch« oder, wie in Chama, ausdrücklich auch den »Huren« des Dorfs zuteilwerden, die im Leben der Fortbewohner wohl eine nicht zu unterschätzende Rolle spielten.[83] Auch bei der brandenburgischen Kompanie war Neujahr wichtiger als Weihnachten; ein Bericht aus dem Jahr 1693 schildert, wie Afrikaner und Brandenburger auf Groß-Friedrichsburg zusammen Neujahr feierten und tanzten.[84]

Zumindest in Einzelfällen ist belegt, dass auch afrikanische Akteure an europäischen Festtagen Geschenke verteilten. So schickte John Kabes von Komenda, einer der wichtigsten *brokers* im späten 17. Jahrhundert, den englischen *chief merchants* und dem Leutnant der Garnison von Cape Coast zu Weihnachten je einen Topf Palmwein.[85] In jedem Fall spiegelt die Praxis der Festgeschenke, dass sowohl auf europäischer wie auch auf afrikanischer Seite Wissen um kulturelle Bräuche des jeweils anderen gegeben war. Die Feste wurden nicht als exklusive Ereignisse ihrer Herkunftsgruppe betrachtet, obwohl sie durchaus auch religiöse Elemente aufwiesen. Vielmehr galten

81 Zu Neujahrsgaben u.a. Davis, Gesellschaft, S. 37ff.

82 Costúmes van het geen de ondergeteekende moet uitgeeven aan Boutry, dd. 10.11.1796, NA, NBKG 223 (Geschenke für die Garnison, die »Lands Slaaven«, den »Bomba«, Handwerker, die »kantie«-Frau, d.i. etwa die Bäckerin, Rimadoors; Alkoholausschank und Pfeifen für König und *caboceers* bei ihrem Neujahrsbesuch); ebd., Copia vande Lyst vande Ordinaire Costúme aan Taccorary by het aanvaarden van't Fort, s. d. [22.09.1796] (Geschenke an die »Terregentes«, die Garnison und die »LandsSlaven«); für Elmina vgl. Feinberg, Africans, S. 72, Anm. 10, 100 und 144. Siehe auch Abrechnung Groß-Friedrichsburg, Januar 1686, in: Jones (Hrsg.), Brandenburg Sources, no. 50, S. 136f., und Abrechnung Akwida, Januar 1686, in: ebd., no. 51, S. 138.

83 Costume Chama, dd. 05.01.1798, NA, NBKG 223; Costume lijst Commenda, dd. 04.09.1792, ebd.; zur Prostitution und lokalen Gebräuchen an der Goldküste vgl. Jones, Prostitution. – In Kormantin erhielt der »strand fetische« eine Gallone Rum als »Rozaarcostume«, d.h. anlässlich der Aussaat; Costume by het Nieuw Jaar van't Fort Amsterdam tot Cormantyn, dd. 27.03.1798, ebd.

84 Johann Peter Oettingers Bericht über seine Reise nach Guinea, 1692–93, in: Jones (Hrsg.), Brandenburg Sources, no. 79, S. 291–305, hier: S. 296, bzw. S. 180–198, hier: S. 186; siehe auch Oettinger, Flagge, S. 47f.

85 Briefe von Thomas Wilson an CCC, dd. 22. und 24.12.1694 (OS), in: Law (Hrsg.), The English, Bd. 3, no. 280f., S. 144f. – Zu Kabes vgl. Henige, John Kabes.

sie als gruppenübergreifende Anlässe zum Schenken und wurden vielfach gemeinsam begangen. Die *fort community* konstituierte sich als transkulturelle Gruppe auch durch gemeinsames Feiern beim Yams- und Weihnachtsfest.

Jenseits der Feste wurde im Laufe des 18. Jahrhunderts auch die Verteilung von kleinen Geschenken im wöchentlichen Rhythmus üblich.[86] Dies wurde in verschiedenen Übereinkünften festgelegt. In Pokesu unterschied man dabei wiederum sorgfältig zwischen verschiedenen Personengruppen, die jeweils an unterschiedlichen Wochentagen bedacht werden sollten.[87] Üblicher als dieses ausgefeilte, nach sozialen Gruppen und Geschlecht differenzierende System war die Verteilung kleinerer Geschenke einmal in der Woche, meist am Sonntag.[88] In einem französischen Vertrag von 1786 wurde die Verteilung allwöchentlicher Geschenke am Sonntag festgelegt; diese Gaben seien zur Aufrechterhaltung der »bonne intelligence entre les gens du Pais et les françois« und zur Förderung des Handels gedacht.[89] So soll-

86 Solche Geschenke im Wochenrhythmus sind meines Wissens erst ab der zweiten Hälfte des 18. Jhdts. belegt, stellen also aller Wahrscheinlichkeit nach eine relativ späte Entwicklung in dem Geschenkekalender dar. Sie finden sich nicht allein bei den Niederländern, sondern auch bei Engländern, Dänen und Franzosen; siehe unten, Anm. 87 und 88.

87 Dies war auch in Accoda der Fall, Contract ofte Pen [...] getroffen en Geaccordeert met de Makelaar, Cabocier, Terregrandes en onderhorige van 's Lands Fortresse Dorothea tot Accoda, dd. 12.10.1793, NA, NBKG 223. Mglw. gibt es hier einen Zusammenhang zum Kalender in Ahanta, in dessen 7-Tage-›Woche‹ der Mittwoch und der Freitag zu bestimmten Zeiten besondere rituelle Bedeutung hatten; vgl. Valsecchi, Calendar, S. 494 f.

88 Im 18. Jhdt. verteilte die CMA in Fante am Sonntag kleine Geschenke; TNA, T 70/1470, Eintrag vom 19.06.1780; siehe auch Brief Melvils an das Committee der CMA, dd. 11.06.1752, TNA T 70/29, fol. 19v–22v, hier: fol. 20r, dem zufolge William Ansa im Namen der Kompanie den *caboceers* von Anomabo jeden Sonntag eine Flasche Branntwein geben sollte. Auch bei der dänischen Kompanie fand am Sonntag die Verteilung kleiner Geschenke statt; Monrad, Description (1822), S. 75, dt. Übers.: *Gemälde* (1824 [1822]), S. 69: »Jede Negerei, die unmittelbar unter einem Fort liegt, erhält sogar wöchentlich am Sonntage ihr Kostume, das in Taback, Pfeifen und Branntwein besteht.« Dänisches Original: *Bidrag* (1822), S. 68. – Der »Sonntag« an der Goldküste im Sinne eines religiösen Feier- und Ruhetages war, wie vielfach bezeugt, der Dienstag nach europäischer Wocheneinteilung.

89 Als sonntägliche Geschenke waren »quatre galones d'eau de vie, huit pipes, et une brasse de tabac« vorgesehen; auch wurde festgelegt, dass der lokale *caboceer* von Amoku bei der Neueinsetzung eines französischen Kommandanten Handelswaren im Wert von zehn Unzen als Geschenk erhalten sollte; Vertrag mit

ten die Beziehungen zwischen Fort und Außenwelt gestärkt und verbessert, vielleicht auch ein regelmäßiger Informationsfluss gesichert werden.

Als *dritte* Kategorie nennt Baesjou ereignisgebundene Transfers, die bei Amtswechseln und Todesfällen anfielen. Dabei handelte es sich oft um Naturalien mit unmittelbarem Verwendungszweck, allen voran Branntwein, aber auch Ziegen, Feldfrüchte und Stoffe, die beispielsweise bei Begräbnissen Verwendung fanden,[90] sowie Tabak und Schießpulver, das dem Abfeuern von Salutschüssen dienen konnte. Amtswechsel bei europäischen Gouverneuren zogen sowohl Geschenke von den Neueingesetzten wie auch an die Neueingesetzten von benachbarten afrikanischen Herrschern nach sich.[91] Derartige (Ab)Gaben hatten nicht zuletzt die Funktion, die Konti-

---

Amony, »Roi d'Annamabou« [d.i. *anomabohene* Amonu Kuma], dd. 24.04.1786, ANOM, C 6/26, Art. 5.

90 Der Fall der Königin von Agonna zeigt, dass – zumindest in der prekären Lage, wie sie in Winneba herrschte – ein solches Geschenk zum einklagbaren Recht geworden war: Ein *caboceer* aus Akani, den die Königin heiraten wollte, starb vermutlich um den Jahreswechsel 1693/94, und als die Königin im März immer noch kein »mourning cloth« erhalten hatte, zeigte sie sich sehr erbost, sodass der lokale englische Faktor das Versäumnis sofort nachholte und ihr umgehend ein Tuch zukommen ließ, da er sonst Schaden für den Handel befürchtete; Brief Nicholas Buckeridges an CCC, dd. 23.01.1694 (OS), in: Law (Hrsg.), The English, Bd. 3, no. 1080, S. 446, und Brief von dems., dd. 06.03.1694 (OS), in: ebd., no. 1082, S. 447ff. – John Currantee erhielt am 30.12.1752 von Faktor Mackaile fünf Galonen Branntwein »to make Custom for his Brother who is Dead«, Anomabo Day Book, 17.–31.12.1752, TNA, T 70/985. Über Geschenke für das Begräbnis der Tante des *asantehene* 1857, die aus Rum, Tuch, Gold und Schießpulver bestanden: Mill Graves, Journal, S. 374. Auch die afrikanischen Angehörigen von europäischen Kompanieangestellten erhielten Geschenke »tot het maken van Costumen«; vgl. bspw. den entsprechenden Vermerk über die Ausgabe von 2 mk 4 oz 4 eng an die »Negerin en kinderen« des verstorbenen Kommis und Ratsmitglieds H. W. Brummer; Copia Authenticq uyt het Rapport van d'Heeren Volkmar & Ulsen, als GeCommitteerdens ter Renumptie van t'soldy Comptoir dezer Custe, s. d. [ca. 1754], NA, TWIC 114, fol. 98r–106r, hier: fol. 102r. – Im Sinne eines solchen Geschenks kann man auch das »fette Schaf« interpretieren, das »Captain Nedd« von Dixcove zusammen mit der Nachricht über den Tod des lokalen Faktors nach Cape Coast schickte; Brief Captain Nedds an CCC, dd. 28.06.1698 (OS), in: Law (Hrsg.), The English, Bd. 3, no. 130, S. 81.

91 Der designierte brandenburgische Kommandant von Groß-Friedrichsburg erhielt 1694 die explizite Anweisung, bei seiner Ankunft die wichtigsten *caboceers* zusammenzurufen und mit kleinen Geschenken zu bedenken, was er in der Folge auch tat; Instruktionen für Johan Brouw, dd. 09.12.1684, in: Jones (Hrsg.), Brandenburg Sources, no. 23, S. 94–96, hier: S. 94f., und Abrechnung Groß-Friedrichsburg, Ende Juni 1685, in: ebd., no. 29, S. 103f. Für die dänische

nuität der Beziehungen zu gewährleisten und zu bestätigen. Die Geschenke bei Amtswechseln stellen somit ein Indiz dafür dar, wie stark personengebunden Beziehungen in Westafrika zu dieser Zeit waren.[92]

Welche Gruppen bei einem solchen Anlass involviert waren, zeigt das Beispiel der Ablösung eines niederländischen Generaldirektors. Im November 1645 übergab Jacob Ruychaver all seine Befugnisse an Jacob van der Wel und stellte ihn der Garnison und den Schiffsmannschaften, die in Elmina anwesend waren, offiziell als seinen Nachfolger vor. Dies war mit einer ganzen Reihe von Geschenken verbunden: Nach der Schlüsselübergabe und ersten Glückwünschen riefen zunächst die Soldaten der Garnison nach Wein, daraufhin ließ van der Wel anderthalb Anker Branntwein verteilen und den Tambours 9 fl. geben, Salutschüsse folgten.[93] Sein Vorgänger Ruychaver schenkte seinerseits dem »König von Futtuy [d.i. Fetu; C.B.] und seinen *caboceers* sechs Unzen Gold zum Abschied«, hielt einige Tage später sein »foey«, sein Abschiedsmahl »für all seine Freunde auf der Festung Elmina«,[94] und kurz vor seiner Abreise verehrte er auch den »Kapitänen, *caboceers* sowie auch dem König von Chabou [d.i. Asebu; C.B.] nebst den Seinen und den Akanisten zum Abschied 6 *benda*«.[95] Der alte wie der neue General erhielten ihrerseits auch selbst Geschenke von verschiedenen Personen.[96] Bereits kurz nach der Ankunft van der Wels, noch gut einen Monat

Kompanie findet sich etwa ein Bericht über ein Fest, das der neu gewählte Gouverneur Thomas Broch 1745 »wie üblich« nach Amtsantritt gab: »Ten days after his election and accession to the governorship he gave his first customary feast as governor for everyone, both Blacks and Whites; for the Blacks in their manner by presenting them with tobacco, brandy, *panchiser* for the leaders and the councils as well as the governments in the town [...].« Erklärung von Friderich Pedersen Svane, dd. 01.06.1748, in: Justesen (Hrsg.), Danish Sources, Bd. 2, no. XI. 73, S. 725–749, hier: S. 746. Zu einem ähnlichen Brauch: Brief Theophilus Blinshams an CCC, dd. 20.12.1687 (OS), in: Law (Hrsg.), The English, Bd. 2, no. 119, S. 63f.

92 Geschenke bei Amtswechseln wurden bereits zu portugiesischer Zeit verteilt; vgl. Vogt, Rule, S. 87, und Ballong-Wen-Mewuda, São Jorge, Bd. 2, S. 401f. (der hauptsächlich nordafrikanische Kleidungsstücke nennt). Geschenke gab es beim Antritt sowohl eines neuen portugiesischen Gouverneurs (*capitão-mor*) als auch eines afrikanischen Herrschers.

93 Ratelband (Hrsg.), Dagregisters, S. 90 und S. 147 (Eintrag vom 30.11.1645).

94 Ebd., S. 92 und S. 150 (Eintrag vom 07.12.1645). – Zum »fo(e)y« als Abschieds- und Willkommensmahl siehe Thoen, Affection, S. 56ff. Diese Studie birgt gewisse Probleme, da sich Thoen nahezu ausschließlich auf ein einziges Selbstzeugnis konzentriert und dieses kaum in Beziehung zu anderen Quellen setzt.

95 Ratelband (Hrsg.), Dagregisters, S. 93 und S. 151f. (Eintrag vom 11.12.1645), S. 95 und S. 153 (Eintrag vom 17.12.1645) und S. 95f. (Eintrag vom 21.12.1645).

96 Solche »contra-presenten« scheinen deutlich weniger reguliert gewesen zu sein als die Geschenke von Seiten des scheidenden bzw. des neuen Amtsinhabers. In

vor seiner Amtseinführung, war einer der »vornehmste[n] Einwohner von Mouree«, genannt Dirck Cabo Coros, erschienen und hatte Ruychaver und van der Wel jeweils eine Ziege »mit Glückwunsch« verehrt. Die letzten Gaben für van der Wel trafen hingegen fast ein Jahr nach seiner Einführung ein. So erhielt er im Juni 1646 noch eine Ziege, sechs Hühner und einen Topf Palmwein vom König von Asebu »als Geschenk mit Willkommensgruß« (»tot senckage met welcom heten«).[97]

Meist beschränkten sich die Geschenke, die der Eingesetzte selbst verteilte, auf die Dörfer bzw. die Stadt unter dem Fort, den lokalen oder benachbarten Herrscher, die Garnison und die Kompaniesklaven. Ein Einzelfall bleibt demgegenüber ein Empfängerkreis wie beim Amtsantritt des niederländischen Kommis Blydenberg 1758 in Accra, der einer mehrseitigen Auflistung bedurfte. Er ist aber auch ein Indiz für die komplexe politische Situation in dieser Region, in der es sich des Wohlwollens verschiedener (potenziell) einflussreicher Herrscher zu versichern galt.[98]

Als ereignisgebunden kann man neben den Gaben bei Amtswechseln und Todesfällen auch jene Geschenke bezeichnen, die bei der Beendi-

den niederländischen Listen aus dem späten 18. Jhdt. (NA, NBKG 223, pass.), die den Empfang von »contra-presenten« vermerken, lässt sich keine Systematik dahin gehend erkennen, wer solche Gegengeschenke machte und wer nicht. Die Zusammensetzung der »contra-presenten« ähnelt der von 1645/46: Ziegen und Schafe stellen mit Abstand die größte Gruppe dar, gelegentlich wurden auch andere Tiere und Gold verschenkt.

97 Ebd., S. 194 (Eintrag vom 29.06.1646) und S. 137f. (Eintrag vom 31.10.1645).

98 Unter den Empfängern fanden sich die Seeleute und Frauen aus Accra sowie die »fetichemakers« aus Krepi und die »Engelse crom negers«, ebenso der »vaandrig« (Fähnrich) von Ancobia, der König von Accra und der König von Popo, der *asantehene* und der *akwamuhene* und viele weitere; Costume door den Commies & Raad G. W. van Blydenberg aan de Accrasche, en deszelfs onderhoerigen districten by het aanvaarden van het Gouvernement aldaar present gedaan den 14 Aug: 1758, dd. 17.08.1758, NA, NBKG 223. Accra blieb jedoch auch beim Antritt seines Nachfolgers van der Puye 1773 Schauplatz umfangreicher Verteilung von Antrittsgeschenken, wenn auch der *asantehene* – dessen Truppen bei ihrer Kampagne gegen Akyem und Krobbo gerade eine Niederlage erfahren hatten – und König Ashampo von Popo inzwischen von der Liste gestrichen worden waren; Costume door den Opper Commies Raad J. van der Puye aan de naturellen van Accra & deszelfs onderhoorige districten by't aanvaarden van het Gouvernement aldaar den [s. d.] December 1773, ebd.

gung von Konflikten,[99] im Kontext von *palaver*[100] oder bei dem Abschluss von Verträgen und Übereinkünften verteilt wurden, und zwar sowohl im afrikanisch-europäischen als auch im innerafrikanischen Verkehr. Gerade bei Geschenken, die anlässlich einer Übereinkunft gegeben wurden, war jedoch aus Sicht Außenstehender bzw. von Konkurrenten die Frage nach dem möglichen Bestechungscharakter aufgeworfen. Es kann oft kaum geklärt werden, ob Geschenke gegeben wurden, weil der Vertrag geschlossen worden war, oder ob der Vertrag geschlossen werden konnte, weil Geschenke gegeben worden waren.

So müßig, vor allem aber: so unmöglich zu ermitteln es aus heutiger Perspektive oft erscheint, welche ›wahren‹ Motive den Entscheidungen zugrunde lagen, so wichtig war diese Frage für die Zeitgenossen: So brachten die Niederländer gegen englische Vorwürfe, sie hätten sich die Erlaubnis des *braffo* von Fante für die Etablierung einer Logie in Kormantin nur durch Geschenke erkauft, zahlreiche Zeugen auf, die die eigenständige und wahre Motivation des *braffo* und der *caboceers* beschworen. Dass Geschenke gegeben worden waren, bestritten allerdings nicht einmal die Niederländer selbst.[101] Es war letzthin auch nicht zu bestreiten, sondern gehörte zu der allgemein üblichen Praxis, eine Praxis, die auch die Engländer selbst pflegten. Lieferten sich verschiedene Kompanien einen Konkurrenzkampf um einen Ort, so wurde dieser nicht zuletzt durch Geschenke an den umworbenen lokalen Herrscher ausgetragen – der meist den größten Vorteil daraus zog. Auf diese Logik der Konkurrenz, die sich nicht allein auf die ereignisgebundenen Ausgaben, sondern auch auf die regelmäßig gegebenen Geschenke auswirkte, gehe ich unten in Unterkapitel III.4.3 näher ein.

Wenn man sich, wie gesagt, an der zeitgenössischen Begrifflichkeit orientiert, sind als *Viertes* die regelmäßigen Zahlungen und (Ab)Gaben an

99 Gerade mit der Sitte, dass eine im Krieg unterlegene Partei durch eine »geringe gifte« ihre Freiheit wiedererlangen könne, entspräche der in Guinea praktizierte Brauch ganz dem (allgemeinen) Völkerrecht, stellte die WIC 1708 fest, als Asebu gerade von Fante besiegt worden war; Ratsprotokolle Elmina, Eintrag vom 27.01.1708, NA, TWIC 124. Waren im Wert von einem halben Sklaven erhielten z.B. auch die Könige von Ouidah und Allada beim Friedensschluss mit dem Fidalgo von Offra; Brief John Thrones an CCC, dd. 18.12.1681 (OS), in: Law (Hrsg.), The English, Bd. 1, no. 480, S. 225ff., hier: S. 227.

100 Siehe dazu unten, Abs. IV.3.3.b.

101 Derde Attestatie tegens het Bouwen vande Logie tot cormantyn tot Wederlegginge vande Clachten by de Engelsche diesweegen gedaen, durch Jacob van der Wel und Jan Foullon, dd. 15.12.1645, NA, OWIC 13, S. 105–112, hier: S. 108–110. Die Befragung fand während einer Versammlung der *caboceers* von Fante bei »Capitein« Amedou und im Beisein des englischen Oberhaupts statt.

afrikanische Herrscher, lokale Amtsträger, Vermittler und Händler zu nennen. Hierunter fallen *scheepsgiften*, *ground rents* und *kostgelden*; allerdings ist die Abgrenzung nicht ganz scharf, da die Gaben der anderen Kategorien, wie aufgezeigt, tendenziell auch institutionalisiert und so zu regelmäßigen Gaben wurden. Die drei genannten Zahlungen jedenfalls hatten einen funktionalen Bezug – die *scheepsgiften* waren (ursprünglich) pro neu eingetroffenem Handelsschiff zu entrichten,[102] ebenso wurde das *kostgeld* über die Forts und den Handel dort bestimmt.[103] Die *ground rent*[104] wiederum hing mit der Landnutzung durch die Forts zusammen; auf welche Weise genau, war aber durchaus umstritten (siehe unten, IV.3.1.b).[105] Diese regelmäßigen Geschenke wurden auch früh Gegenstand schriftlicher Festlegungen[106] – anders als in Nordafrika, wo (Ab)Gaben nicht vertraglich, sondern allein gewohnheitsrechtlich bestimmt waren.[107] Man kann vermuten, dass diese Differenzen auch mit dem unterschiedlichen Charakter der europäischen diplomatischen Akteure zusammenhingen. Wie sehr sie auch auf Ehrwahrung und Repräsentation bedacht gewesen sein mochten, Handelskompanien konnten eher (Ab)Gaben an fremde Herrscher entrichten als ein Konsul oder Botschafter.[108]

---

102 Auch wenn gelegentlich Dissens aufkam, ob *scheepsgiften* nur tatsächlich Handel treibende Schiffe oder auch solche betraf, die nur vorbeifuhren oder Wasservorräte auffrischten. So verlangten die Fante um 1700 solche Gaben auch für Sklavenschiffe, die lediglich auf der Durchreise nach Allada oder andernorts waren und an der Goldküste gar keinen Handel trieben – sehr zur Empörung von Generaldirektor Sevenhuysen; Brief van Sevenhuysens an die Heeren X, dd. 15.01.1701, NA, TWIC 97, fol. 321v.

103 Siehe u. a. Vertrag der WIC (de la Palma) mit dem König und den *caboceers* von Akwamu, dd. 03.04.1703, NA, TWIC 98, fol. 98r–99r, Art. 10; Vertrag der WIC (de la Palma) mit den Königen von Eguafo, Fetu und Asebu sowie den Oberhäuptern von Twifo, Cabesterra, Abrambu, Fante und Adom, dd. 03.08.1702, ebd., fol. 14r–15r; Vertragsinstrumente für den Vertrag mit Königin Tuteba von Agonna und ihren *caboceers*, 10.09.1704, ebd., fol. 411r–412r (Kopie); Vertrag der WIC (de la Palma) mit Tekki Addico, König von Eguafo, und seinen Räten, dd. 04.10.1704, TWIC 122, S. 49–52, Art. 2. In einem späteren Vertrag wird der Entzug von *kostgeld* als Strafe angesetzt; Vertrag mit dem Makler, den *caboceers*, *Terregrandes* und Untertanen des Forts Dorothea in Accoda, dd. 12.10.1793, NA, NBKG 223, Art. 2.

104 Der Begriff selbst hält verstärkt in der zweiten Hälfte des 17. Jhdts. Einzug, wie etwa beim Vergleich der bei Law (Hrsg.), The English, edierten Briefe auffällt.

105 Vgl. kurz Davies, Company, S. 282.

106 Siehe unten, Unterkap. III.5.3.

107 Windler, Tribut, S. 41 f.

108 Eine ähnliche Hypothese auch ebd., S. 52.

An diesen regelmäßigen Zahlungen entzündeten sich am ehesten auch Diskussionen um Rechtsfragen. So wurde in den 1870er Jahren darum gestritten, ob das *kostgeld*, das die Niederländer seit dem 18. Jahrhundert regelmäßig an den *asantehene* zahlten, ein Geschenk (so die Ansicht des niederländischen Gouverneurs) oder eine Tributzahlung (so die von Asante bevorzugte Deutung) darstellte.[109] Alternativ konnten solche materiellen Transfers auch als eine Art »Lohn« betrachtet werden.[110] Aus diesem Grund müssen sie – erscheinen sie auch aus einer analytischen Perspektive kaum dem Bereich der Gabe und des Schenkens zugehörig – dennoch an dieser Stelle Berücksichtigung finden.

Einige Geschenke passen nicht ganz in das von Baesjou skizzierte Schema der vier Kategorien. Diese kann man mit dem Begriff »willkürliche« Geschenke fassen,[111] denn sie wurden jenseits der genannten Anlässe verteilt (entsprechen von daher also am ehesten einem modernen Geschenkbegriff). Sie sollten dabei oft mehr oder minder deutlich explizierten Zwecken dienen. Der allgemeinste und wohl am häufigsten erwähnte Zweck ist die Konstitution, Erhaltung oder Bekräftigung von »Freundschaft«, ein Ziel, wie es auch im innereuropäischen, besonders im diplomatischen, Geschenkverkehr oft angegeben wurde. Hinter dieser Freundschaft konnten sich konkretere Ziele verbergen, wie die Abschließung eines Bündnisses, die Verhinderung einer unliebsamen Koalition, die Hoffnung auf Förderung des Handels oder militärische Hilfe. Unter den »willkürlichen« Geschenken fanden sich, neben solchen bei Audienzen und Besuchen, die spektakulärsten und ungewöhnlichsten Geschenke, die als besondere Statussymbole dienen konnten.

Zusammenfassend lässt sich für den Geschenkverkehr in Westafrika folgender Geschenkekalender entwerfen: 1. Geschenke bei Besuchen und Audienzen; 2. Geschenke anlässlich von periodisch wiederkehrenden Festen sowohl europäischer als auch afrikanischer Provenienz; 3. anlassbezogene Geschenke bei Amtswechseln, Einsetzungen, Todesfällen, Friedens- und Vertragsschlüssen etc.; 4. regelmäßige Gaben, mit fließendem Übergang zu Abgaben; 5. »willkürliche« Gaben, oft mit bestimmter Zielsetzung oder Bitte verbunden. Dieser Kalender gleicht in seiner Grundstruktur der Geschenkpraxis in Europa, beispielsweise jener am sächsischen Hof in der Frühen Neuzeit.[112] Transkulturelle Elemente deuten sich insbesondere bei den Festen an; hier ist vor allem die Selbstverständlichkeit, mit der europäische und afrikanische Feste als Schenkanlässe galten, bemerkenswert. Wich-

---

109 Yarak, »Elmina Note«; siehe unten, Unterkap. III.5.3.

110 Siehe z.B. den Brief von Gerard Gore an CCC, dd. 21.01.1699 (OS), in: Law (Hrsg.), The English, Bd. 3, no. 927, S. 376.

111 Dazu Stollberg-Rilinger, Ökonomie, S. 190f.

112 Vgl. Bloh, Macht, S. 123f.

tig ist zudem die soziale Distinktion durch die Differenzierung von Geschenken nach Gruppen.

2.2 Empfänger und Geber – Personen und Institutionen

Bezeichnend für den Charakter der europäisch-afrikanischen Beziehungen ist, dass auf europäischer Seite oft nicht klar war, wer eigentlich Geber bzw. Empfänger von Geschenken war. War es der Generaldirektor oder der lokale Faktor, der die Geschenke an afrikanische Herrscher verantwortete? Oder vielmehr die Kompanie, vielleicht auch der jeweilige europäische Herrscher? Aus den internen Quellen geht hervor, dass formal in den meisten Fällen die Kompanie als schenkende Institution verstanden wurde, da sie die Geschenke zumeist finanzierte. Manche Geschenke wurden auch auf ausdrücklichen Befehl des Souveräns hin verteilt,[113] am häufigsten bei den französischen Kompanien bzw. Expeditionen, die vergleichsweise stark an den Herrscher und den Hof gebunden waren. Damit scheint die Frage nach dem Schenkenden aus Perspektive der finanziellen Verantwortung relativ leicht geklärt, allenfalls sind noch Einzelfälle zu nennen, in denen Direktoren oder Faktoren in Vorleistung traten oder Geschenke gänzlich aus eigener Tasche finanzierten.[114]

Führt man sich jedoch vor Augen, wie der Geschenkverkehr in den oben zitierten Quellen beschrieben wird, wird deutlich, dass mit der Finanzierungsfrage das Problem noch nicht vollends gelöst war: Der Geschenkverkehr, wie ihn die zeitgenössischen Quellen schildern, war zuvorderst eine Interaktion der unmittelbar involvierten, sich oft auch von Angesicht zu Angesicht gegenüberstehenden Akteure. Nicht nur berichten beispielsweise Ruychaver und van der Wel davon, was *sie* Herrschern, *caboceers* und Händlern schenkten, vielmehr schrieben die Empfänger oft auch ihrerseits die

113 Siehe unten, Unterkap. III.3.1, insbes. bei Anm. 180.

114 Die Trennung zwischen »personal« and »institutional gifts« (bzw. »gifts between nations«), die Carrió-Invernizzi vornimmt, ist meines Erachtens zu schematisch und modern gedacht, um die Struktur und den Charakter frühneuzeitlicher Institutionen, zumal im diplomatischen Verkehr, zu erfassen; Carrió-Invernizzi, Gift, S. 887f. Siehe aber Jarchow, Hofgeschenke, S. 21–26, die ihre Aufteilung in Privat-, Hof- und Staatsgeschenke auf die Finanzierung gründet. Auch hier wäre weitergehend nach der Wahrnehmung durch fremde Höfe sowie nach Zusammenhängen zwischen ›privatem‹ Schenkverhalten und außenpolitischem Handeln zu fragen.

erhaltenen Geschenke den Generaldirektoren zu.[115] Die durch Geschenke und Gabentausch konstituierten Beziehungen, ja die diplomatischen Beziehungen überhaupt, sind nicht als Relationen zwischen abstrakten Institutionen und Entitäten zu begreifen, sondern in erster Linie als Beziehungen zwischen Akteuren, die verschiedenen Rollen gerecht zu werden hatten. Diese Rollenvielfalt, die als ein zentrales Kennzeichen vormoderner Außenbeziehungen herausgearbeitet worden ist, galt besonders für die europäischen Akteure, die gewissenhafte Diener der Kompanie und Vertreter ihres Souveräns sein, zugleich persönliche Beziehungen zu afrikanischen Interaktionspartnern wie zu ihren europäischen Kollegen aufbauen und dabei ihrer weiteren Rolle als »gentlemen« gerecht werden mussten; zusätzlich konnten Akteure auch in Westafrika ihrer Rolle als Familienmitglied oder – im späten 18. Jahrhundert zunehmend – als Teilhaber privater Handelsfirmen verpflichtet sein. Im Folgenden soll daher das Schenkverhalten verschiedener europäischer Akteure vergleichend untersucht werden.

Wo der niederländische Generaldirektor Ruychaver selbstverständlich Gabe mit Gegengabe erwiderte und Geschenke gezielt einsetzte, um Frieden zu stiften, Gunst zu gewinnen und Bündnisse zu schließen, fühlte sich sein unmittelbarer Nachfolger van der Wel zum Schenken immer wieder gezwungen und erblickte in jeder empfangenen Gabe nur eine Verpflichtung zur Gegengabe und einen neuerlichen Beweis der afrikanischen Habgier.[116] Besonders anschaulich macht dies ein Vergleich ihrer Beschreibungen von Geschenken, die sie erhielten: Jacob Ruychaver registrierte Geschenke – etwa Ziegen von Seiten der Akani-Händler – und notierte eher beiläufig seine Gegengeschenke.[117] Van der Wel wertete Geschenke hingegen stark, im Falle eines anderen Ziegenpräsents von »Dirck«, einem Kaufmann aus Cape Coast, etwa mithilfe einer sprichwortähnlichen Sentenz: »smackt een schelvis uyt, om een cabbeljauw te vangen« (in etwa: »[er] wirft einen Schellfisch als Köder aus, um einen Kabeljau zu fangen«). Obwohl, so van der Wel weiter, er um diesen ›Köder‹-Charakter der Ziege wusste, musste er aber »aus Respekt vor seiner Person (»ten respect van de parsoon«) das Geschenk annehmen.[118] Diese Haltung zieht sich durch van der Wels gesamte Aufzeichnungen: In jedem Geschenk, das er – zu welchem Anlass auch immer – erhielt, sah er offenbar allein die Verpflichtung,

115 Vgl. etwa den Preisgesang auf André Brüe nach Verteilung der Geschenke der Kompanie beim *brac* im Senegal; Labat, *Relation*, Bd. 3 (1728), S. 4.

116 So bspw. in Ratelband (Hrsg.), Dagregisters, S. 285f. (Einträge vom 31.12.1646 und 02.01.1647). Siehe auch den Kommentar in ders., Inleiding, in: ebd., S. xxxix.

117 Bspw. ebd., S. 34f. (Einträge vom 08.und 10.04.1645).

118 Ebd., S. 137f. (Eintrag vom 31.10.1645).

ja die Nötigung zur Gegengabe, in jedem Besuch eines afrikanischen Händlers oder ranghohen »Adeligen« einen Akt des »claplopen«, des Schmarotzens. Das Urteil, das er über Dirck fällte, war nur der Auftakt zu einer langen Reihe von kritischen Bemerkungen, die mit einer ebenso langen Reihe von Geschenken anlässlich seines Amtsantritts korrespondierte. Aller Polemik zum Trotz gehorchte auch van der Wel der Logik der Reziprozität und vergalt Geschenk mit Gegengeschenk.[119]

Die unterschiedlichen Haltungen zum Schenken, die sich darin offenbaren, waren offensichtlich nicht durch unterschiedliche nationale Kulturen bedingt.[120] Beide Personen entstammten sogar, sofern man dies ermitteln kann, einem ähnlichen sozialen Hintergrund: Die Ruychavers waren eine alteingesessene Regentenfamilie aus Haarlem, die regelmäßig Verwalter der Armenkasse oder Bürgermeister stellten (Jacob Ruychaver selbst war seit 1646 Rat der Haarlemer *vroedschap*).[121] Die van der Wels gehörten offenbar in ähnlicher Weise zur Elite Delfts,[122] wenn sie auch möglicherweise etwas weniger etabliert waren als die Ruychavers: Cornelis Lambrechtsz. van der Wel (gest. 1622) war Mitglied des Vierziger-Rats (1576–1621) und zeitweise Bürgermeister von Delft, vermutlich ein Bruder Jacob van der Wels stieg 1679 zum Mitglied der städtischen *vroedschap* auf.[123] Bei aller differierenden Haltung zum Schenken verhielten die beiden sich letztlich aber ähnlich

---

119 Siehe die Beispiele ebd., S. 143 und S. 204f. (Einträge vom 16.11.1645 und 14.07.1646).

120 Leider können in diesem Bereich verallgemeinernde Aussagen nur mit Vorsicht getroffen werden, denn es fehlt bislang an sozialgeschichtlichen bzw. prosopografischen Studien zu den Angestellten der Kompanien. Die entsprechenden Ausführungen von Ribeiro da Silva, Dutch, S. 97–118 (sowie nahezu identisch dies., Labor Migration) beziehen sich nur auf die Erfassung oder vielmehr Abschätzung der Größenordnung, in der (temporäre) europäische Arbeitsmigration zur Goldküste stattfand. Mit Fragen der sozialen Herkunft, des Bildungsgrads etc. beschäftigt sie sich nicht, ebenso wenig wie Heijer, Goud, S. 81ff. Davies, Company, S. 240–259, benennt notwendige Qualifikationen, thematisiert aber ebenfalls nicht die soziale Herkunft des Personals; Reese, Labor, S. 284–288, beschreibt die Probleme, die durch Alkohol und mangelnde Qualifikation verursacht wurden. – Siehe auch Einleitung, Abs. 4.3, bei Anm. 146.

121 Dazu Oijen, Wapenboek, Bd. 3, Eintrag Ruychaver, S. 93f. Vgl. auch Ratelband, Inleiding, in: ders. (Hrsg.), Dagregisters, S. xxxix–xli und S. xlvii–l.

122 Delft wird in einer Monsterrol als Herkunftsort van der Wels angegeben; siehe Ratelband (Hrsg.), Dagregisters, Bijlage I, S. 355.

123 Zu Cornelis Lambrechtsz. van der Wel vgl. Visser, Delft, S. 68; zu Gerard Adriaansz. van der Wel (gest. 1685), wohl der Bruder Jacobs, Boitet, *Beschryving* (1729), S. 90. Siehe auch Spies, Erfgenamen, S. 334f.

– sie verteilten reichlich Geschenke an afrikanische Besucher und benachbarte Herrscher und erwiderten Gaben mit Gegengaben. Insofern macht ihr Beispiel *par excellence* deutlich, wie wichtig es ist, normative Haltungen *und* Regeln der Praxis einzubeziehen, denn hier treten diese beiden Komponenten offensichtlich auseinander.

Nicht nur eine spezifische Haltung zum Schenken, sondern auch ein spezifisches Schenkverhalten legte der dänische Gouverneur Rost an den Tag, der angesichts der zahlreichen Forderungen des *akwamuhene* und der vielen Geschenkanlässe, die nicht durch seine Instruktionen abgedeckt waren, wiederholt selbst in Vorleistung trat, d. h. die Geschenke für den König aus eigener Tasche bezahlte.[124] Diese Praxis findet sich auch bei einigen seiner Vorgänger. So zahlte Meyer im Oktober 1703 Geschenke selbst für einen »boy« des Königs von Akwamu sowie für den *caboceer* Quaqu,[125] und Lygaard gab im Sommer 1705 ein silbernes Jagdmesser aus seinem eigenen Besitz, das ihn in Dänemark 16 Reichstaler gekostet hatte, als Teil einer Geschenksendung für den König von Akwamu.[126] Rosts Bereitschaft, Geschenke selbst zu übernehmen, übertraf jedoch sowohl hinsichtlich der Häufigkeit als auch hinsichtlich der Höhe der Kosten, für die er aufkam, diejenige seiner Kollegen. Unter diesen missachtete der genannte Meyer gar manches Mal seine Instruktionen, um die Geschenkforderungen des *akwamuhene* – auf Kosten der Kompanie – zu erfüllen.[127]

Rosts Verhalten mag bei einem heutigen Beobachter zunächst einen merkwürdigen Eindruck hinterlassen. Doch betrachtet man es im Kontext der höfischen Ökonomie, erscheint es in einem anderen Licht: Gerade für die höheren Hofämter galt es als üblich, Ausgaben aus Privatvermögen zu finanzieren in der Erwartung, für diesen Fürstendienst in Zukunft belohnt

---

124 Brief von Gouverneur Rost et al. an die Direktoren der DAK, dd. 19.03.1718, in: Justesen (Hrsg.), Danish Sources, Bd. 1, no. VII.3, S. 265–268, hier: S. 267 f.; Brief von dems. et al. an dies., dd. 30.06.1718, in: ebd., no. VII.6, S. 270–272; Brief von dems. an dies., dd. 19.04.1720, in: ebd., no. VII.12, S. 278. – Zu einem ähnlichen, noch stärker durch eine Notlage begründeten Vorgang in Egya vgl. Briefe von William Cooper an CCC, s. d. [Dez. 1692] bzw. 05.12.1692 (OS), in: Law (Hrsg.), The English, Bd. 3, no. 939 und 949, S. 382 f. und S. 385.

125 Journal von Fort Christiansborg, 12.09.1703–25.05.1705, in: Justesen (Hrsg.), Danish Sources, Bd. 1, IV.10, S. 183–195, hier: S. 186.

126 Brief von Gouverneur Lygaard an die Direktoren der DAK, dd. 01.09.1705, in: Justesen (Hrsg.), Danish Sources, Bd. 1, V.4, S. 198–200, hier: S. 199 f.

127 So bspw. im Brief von Governeur Meyer an die Direktoren der DAK, dd. 28.10.1703, in: Justesen (Hrsg.), Danish Sources, Bd. 1, no. IV.2, S. 171–176, hier: S. 171 f.

zu werden.[128] Diese Belohnung aber erfolgte nicht in Form von geregelten Lohnzahlungen, sondern von Geschenken und Titeln oder Ämtern und Beförderungen, letztlich also nach einer Gabentausch-Logik, denn die Gegenleistung war zeitlich wie materiell unbestimmt.[129]

Sehr deutlich kommt dieses Kalkül von finanzieller Investition und erhoffter (symbolischer) Vergeltung in einem Schreiben des englischen Faktors Nicholas Buckeridge von 1694 zum Ausdruck: Buckeridge, der mit dem Aufbau eines Forts in Winneba betraut war, sah sich von Seiten der lokalen Herrscherin, der Königin von Agonna, und ihren *caboceers* energischen Forderungen nach Geschenken ausgesetzt. Als seine Vorgesetzten die hohen Ausgaben in Winneba monierten und ihm Verschwendung vorwarfen, erklärte er diese Ausgaben zu einer sozialen Notwendigkeit:

> »For deducting the eight gallons [Branntwein; C. B.] per month allowed att all forts where there is noe building, you cannot I thinck look upon it to be lavish, if I have any assistance at all from the country people, and as to the powder you object against I can safely take my oath I have expended more only in answering salutes of shipps comeing into the road. They all knew I had gunns, and [I] know not how in civillity to deny their salutes, unles I would appear some pitifull rascally fellow placed here only as overseer over the workmen. I hope you will not be soe hard with me as to make it come out of my pockett, the place affording both trouble & expence sufficient.«[130]

Gerade in der Frage des Beantwortens von Salutschüssen wird Buckeridges eigenes Rollenverständnis deutlich, sein Anspruch, sich an dem Maßstab der »civility« zu orientieren und damit vom bloßen und ungehobelten Funktionsträger zu unterscheiden als jemand, der nicht nur mit Amtsbefugnissen ausgestattet war, sondern auch mit sozialer Autorität, die wiederum sein Herrschaftsrecht legitimierte.[131] In einem weiteren Brief erklärte sich

---

128 Vgl. Droste, Dienste, S. 193 ff. und bes. S. 214 ff.; Pečar, Ökonomie, S. 41 ff. und S. 104 ff., zu Schenkungen an verdiente Amtsträger und ihrer symbolischen Dimension S. 120 ff.

129 Stollberg-Rilinger, Ökonomie, S. 191 f.

130 Brief Buckeridges an CCC, dd. 31.07.1694 (OS), in: Law (Hrsg.), The English, Bd. 3, no. 1090, S. 455 ff., hier: S. 456.

131 Zwar ist »civility« keinesfalls allein einer sozialen Gruppe zuzuordnen, vielmehr haben jüngere Studien gerade den Einfluss solcher Konzepte auch jenseits der Aristokratie und anderer sozialer Eliten betont; dazu kurz Richards, Introduction. Hier wird aber gerade durch die Abgrenzung gegenüber dem »some pitifull rascally fellow placed here only as overseer over the workmen« die sozialdistinktive Qualität der »civility« aufgerufen, vielleicht im Sinne eines urbanen »gentleman«-Ideals. Vgl. auch Bryson, Courtesy; Braddick, Civility; und ders., State formation, S. 74. – Auf diese Kategorie der »civility« greift u.a. auch der Faktor Joseph Cooke zurück; vgl. seinen Brief an die EIC, dd. 19.10.1659, in:

Buckeridge dann, ganz in Einklang mit diesem Habitus, dazu bereit, die Kosten zumindest für die Geschenke an die Königin selbst zu tragen: »The expence which the Queen putts me to, which is considerable, I doe not charge the Company, knowing the lesser the charge the more repute shall gaine with the Royall Company, whose favour & esteem hath been my endeavour to attaine ever since first came into their service, and would not now willingly loose for soe triviall a matter as what is in debate.«[132] Sein Kalkül, dass investiertes ökonomisches Kapital (bzw. der Kompanie gespartes ökonomisches Kapital) sich in soziales Kapital umwandeln ließe, ging letztlich auf – Ende des Jahres stieg Buckeridge zum *chief merchant* und damit zum Mitglied des obersten Herrschaftsgremiums der RAC an der Küste auf.[133]

Auch der erwähnte dänische Gouverneur Rost war sich des Zusammenhangs zwischen Gaben und der (scheinbaren) Freigebigkeit auf der einen und dem Prestige, dem symbolischen Kapital der Kompanie und seiner selbst als Generaldirektor auf der anderen Seite bewusst. So vermerkte er beispielsweise, er müsse dem König von Akwamu und seinen *caboceers*, wenn sie danach schickten und sofern er selbst einen anständigen Ruf haben wolle, Wein, Bier, Tabak und Pfeifen geben. Und später erklärte er, man müsse bei Besuchen des Königs von Akwamu zu seiner Ankunft nach »altem Brauch« Salut schießen, »for the prestige of the Company, just as when the commandants of the two forts arrive here in Acra, to salute them as accustomed for the prestige of the Company, as they did for me«[134]. Gerade in dieser Formulierung wird, ähnlich wie bei Buckeridge, die enge Verknüpfung zwischen Kompaniedienst und Verhalten als »gentleman« oder »honnête homme«,[135] zwischen persönlicher Ehre und Ehre der Kompanie deutlich. Im Kern sagte Rost damit allerdings nicht viel anderes aus als sein Vorgänger Meyer in dem oben zitierten Brief von 1703, in dem er auf die Bedeutung von Geschenken zur Erhaltung von Freundschaft und Handel hingewiesen hatte. Beide,

---

MAKEPEACE (Hrsg.), Trade, no. 31, S. 23. Er rekurriert offensichtlich auf ein Verständnis des Amts als Privileg.

132 Brief Buckeridges an CCC, dd. 03.09.1694 (OS), in: LAW (Hrsg.), The English, Bd. 3, no. 1092, S. 457f.

133 Dazu hatte er Sicherheiten in Höhe von £ 1600 hinterlegen müssen, die von ihm selbst, seinem Vater Edmund, der Commissioner of Prizes war, Sokeford Cage of Sokeford Hall und einem Mr Deane vom Inner Temple aufgebracht wurden; siehe TATTERSFIELD, Trade, S. 88f. und S. 405, Anm. 18. – Als *chief merchant* war Buckeridge weiterhin für seine Freigebigkeit bekannt (ebd.).

134 Brief von Gouverneur Herrn an die Direktoren der DAK, dd. 10.02.1722, in: JUSTESEN (Hrsg.), Danish Sources, Bd. 1, no.VIII.3, S. 284–290, hier: S. 287 und S. 288.

135 Zum Begriff siehe oben, II.2.3.c, Anm. 178 und 182.

Meyer wie Rost, maßen den Geschenken einen zentralen Stellenwert in der Pflege der Beziehungen zu benachbarten Herrschern und europäischen Forts zu. Rost bediente sich aber einer Sprache der »Ehre«,[136] analytisch gefasst: des symbolischen Kapitals, um die Funktion und Bedeutung des Schenkens zu beschreiben, und verfolgte damit eher höfische Muster des Schenkens als der pragmatisch und in erster Linie an ökonomischem Kapital orientierte Meyer. Rosts Sprachwahl passt damit auch zu seiner verhältnismäßig ausgeprägten Bereitschaft zur Kostenübernahme, er orientierte sich, so kann man zusammenfassen, stärker als seine Vorgänger und Nachfolger im Amt an den Normen und dem Ideal einer höfischen Praxis.

Im Hinblick auf die oben aufgeworfene Frage nach unterschiedlichen Ökonomien des Schenkens ist an dieser Stelle festzuhalten, dass man nicht kurzerhand von einem Aufeinandertreffen einer europäischen und einer afrikanischen Ökonomie des Schenkens ausgehen kann. Vielmehr muss bereits auf europäischer Seite in Rechnung gestellt werden, dass verschiedene Akteure divergierende Konzeptionen des Schenkens vertraten und praktizierten.[137] Gerade die spannungsreiche Verbindung von Elementen adeligen bzw. »gentleman«- und nicht-adeligen Habitus scheint sowohl den Charakter der Kompanieangestellten als auch jenen frühneuzeitlicher Handelskompanien insgesamt recht treffend zu kennzeichnen, gerade im Hinblick auf die doppelte Rolle der Kompanien selbst als Herrschaftsorganisation mit Repräsentationsfunktion und partiellen Souveränitätsrechten einer- und als Wirtschaftsorganisation mit Profitinteressen andererseits.

Ging es nun darum, Geschenke an afrikanische Empfänger zu kommunizieren, erlaubte die oben angesprochene Rollenvielfalt den europäischen Vertretern offensichtlich einige Flexibilität. Im Zweifelsfall ließen sie den uneindeutigen Status der Geschenke strategisch offen oder passten ihn den Erwartungen des Empfängers an. Als sich *asantehene* Osei Bonsu 1817 eingehend erkundigte, wer ihm nun die von der Bowdich-James-Mission mitgebrachten Geschenke gesandt habe – der Gouverneur in Cape Coast oder der englische König –, erläuterten die Abgesandten – auf Englisch –, die Geschenke seien von der Kompanie geschickt, der die Forts »under the King«, also etwa: im Namen des Königs, gehörten. Der Übersetzer hinge-

136 Zur »Ehre« der Kompanie und der Nation auch oben, Unterkap. II.2.3.

137 Die klare Dichotomie, in der Markus Flückiger afrikanisches und europäisches Denken gegenüberstellt (z.B. Handel durch Austausch von Gaben vs. Handel durch Geld; religiöses, monistisches und hierarchisches Weltbild vs. säkulares, dualistisches und egalitäres Weltbild), ist auch für die Kolonialzeit bzw. die Moderne problematisch, da es einerseits auf Idealisierung, andererseits auf Essenzialisierung fußt. Für den untersuchten Zeitraum ist es aber erst recht nicht angemessen; FLÜCKIGER, Geschenk, S. 44f.

gen erklärte Osei Bonsu offenbar, es handele sich um Geschenke des englischen Königs. Daraufhin zeigte sich der *asantehene* überaus erfreut und die Abgesandten nahmen davon Abstand, den Irrtum bzw. das Missverständnis richtigzustellen.[138] Mit seiner Freude über die vermeintlich königlichen Geschenke outete sich Osei Bonsu damit keineswegs als unwissender Teilnehmer im diplomatischen Spiel, vielmehr spielte er dieses Spiel nach Regeln des ständischen Rangs und der persönlichen Beziehung zwischen Monarchen, wie sie in Europa mindestens bis 1800 galten.

Weniger Ambivalenz war hingegen bei der Frage erlaubt, wem afrikanische Geschenke zukamen, die die Angestellten der Kompanien entgegennahmen. Lebensmittel entzogen sich dieser Problematik durch ihren verhältnismäßig geringen Wert und die Notwendigkeit, sie zeitnah zu konsumieren. Doch bei geschenkten Sklaven sah die Sache schon anders aus. Bei einigen Sklaven, die der *braffo* von Fante 1708 als Geschenk nach Cape Coast geschickt hatte, entschied der englische Gouverneur Melvil beispielsweise, dass die Geschenke der Kompanie zuzuschlagen seien, und ließ sie in den Rechnungsbüchern verbuchen.[139] Die Angestellten der WIC mussten sich sogar aufgrund eines Erlasses der Generalstaaten seit 1713 durch Eid verpflichten, keine »verbotenen Geschenke« anzunehmen.[140]

---

138 Bowdich, *Mission* (1819), S. 44. – Bowdichs Nachfolger im Amt, Joseph Dupuis, musste 1819 dieselbe Frage beantworten, konnte aber mit größerer Sicherheit erklären, die Geschenke kämen vom englischen König. Wiederum zeigte sich der *asantehene* ob dieser Auskunft besonders erfreut; Dupuis, *Journal* (1824), S. 94.

139 Siehe unten,Unterkap. III.3.4.

140 Plakaat der Generalstaaten, dd. 10.12.1713, und Formuleer van den Eed voor Bewindhebberen voor den Advocaat, midsgaders voor de Bediendens en Suipoosten van de Geoctr: westind: Comp: ter Camer Amsterdam op het placaat vande Hoog Mog: Heeren Staten Generaal vanden 10: Decemb: des Jaers 1715, NA, TWIC 449. Das zuletzt genannte Eidbuch wurde bis zur Auflösung de Kompanie 1791 kontinuierlich geführt. Was »verbotene Geschenke« sind, wird leider nicht näher erläutert. – Ein aufschlussreiches Beispiel für den Umgang mit Geschenken stammt aus dem Jahre 1758, als der niederländische Generaldirektor Roelof Ulsen eine umfangreiche Geschenksendung aus Asante als Dank für seine Bemühungen erhielt, einen Frieden zwischen Asante auf der einen, Wassa, Denkyira, Twifo und Akyem auf der anderen Seite zu vermitteln. Ulsen verbuchte fünf Sklaven für die Kompanie als »train«, d.h. in etwa als Ausstattung (zwei Männer, eine Frau und zwei Jungen), verteilte andere Gaben an den Boten, der die Reise nach Asante unternommen hatte, sowie die *caboceers* von Elmina und behielt für sich »ter gedagtenis« schließlich ein Mädchen, ein Tuch und ein goldenes Armband im Wert von zwei Unzen; Brief Roelof Ulsens an die Versammlung der Heeren X in Middelburgh, dd. 20.11.1758, NA, TWIC 114, S. 295–297. Damit orientierte er sich im Hinblick auf die Gaben für die *caboceers*

Beispielhaft zeigen die Konsequenzen der Rollenvielfalt zwischen persönlichem Verdienst und Amtsgeschäft sich im Verhalten von John Brathwaite. Brathwaite, einer der drei *chief merchants* der RAC, vermittelte im Frühjahr 1730 einen Frieden zwischen den Accras und ihren Verbündeten einerseits sowie den Akwamus andererseits.[141] Beide Parteien waren mit seiner Mediation offenbar zufrieden und zeigten sich dafür erkenntlich: »And my good offices were so acceptable to the Accras & Aquamboes between whome I made the inclosed articles of peace [...] that I received a very gratefull Acknowledgment from both Partys & presents in all to the value of £ 100 which I hope Yo[ur] Hon[ours] will be pleased to bestow upon me for that service.«[142]

Auf den ersten Blick erscheint der Sachverhalt klar und eindeutig: Brathwaite erhielt für die von ihm geleistete Vermittlungsarbeit zum Dank ein Geschenk, ein recht wertvolles zumal. Für Brathwaite hingegen stellte sich die Sachlage komplizierter dar, denn er nahm das Geschenk zwar entgegen, aber noch nicht an. Denn die Vermittlung konnte nicht nur als seine persönliche Leistung gelten, sondern auch als Teil seiner Amtspflichten bzw. -tätigkeit verstanden werden. Seine Formulierung »to bestow upon me« deutet darauf hin, dass er nicht etwa um Erlaubnis zur Annahme bat, sondern – in seinem Verständnis – das Geschenk für die Kompanie angenommen hatte und es mit Verweis auf seine Leistung gleichsam wieder von ihr erbitten wollte. Dies bewilligte die Company ihm in einem Brief vom Dezember 1730.[143] Im März 1731 bedankte sich Brathwaite entsprechend »for their Compliance in allowing him the Present made him by the Natives at Accra«.[144]

Verhältnismäßig selten lässt sich nachweisen, dass in Afrika entgegengenommene Geschenke an die jeweiligen Herrscher im Mutterland oder über-

an der Verteilung, wie sie offenbar von den Schenkenden aus Asante gedacht war, und verfuhr nur bei den für ihn selbst gedachten Geschenken anders; vgl. die Liste der Geschenke aus Asante und ihrer Empfänger in dem Relaas gedaan door Djemoe, Dienaar van wylen de Directeur Generael de Gietere, en Kofiandafor, Dienaar van den OudPraesident Ulsen, behelende hun wedervaaren, & verrigtingen, [...], dd. 07.11.1758, ebd., S. 298–304, hier: S. 303. – Für Nordamerika erließ die französische Krone ein Verbot, von Indigenen erhaltene Geschenke zu behalten, und ordnete an, sie stets für die königliche Kasse zu verbuchen; Jaenen, Role, S. 246.

141 Zum Kontext vgl. den Brief von Gouverneur Wærøe an die Direktoren der DAK, dd. 30.08.1730, in: Justesen (Hrsg.), Danish Sources, Bd. 1, no. IX.14, S. 406–420; siehe auch Wilks, Akwamu, S. 71–90.

142 Brief Brathwaites an die RAC, dd. 28.05.1730, TNA, T 70/4, S. 57.

143 Brief der RAC an Brathwaite, dd. 31.12.1730, TNA, T 70/4, S. 71.

144 Brief Brathwaites an die RAC, dd. 20.03.1731, TNA, T 70/7, fol. 106v–107r.

haupt nach Europa geschickt wurden. Dies dürfte zum Teil auch der Überlieferungslage geschuldet sein. Zumindest manche Geschenke des Königs von Dahomey landeten aber in einer herrscherlichen Schatz- und Wunderkammer, nämlich der des portugiesischen Vizekönigs in Brasilien.[145]

2.3 Zwischenfazit

In Quellen, die den Alltag der europäisch-afrikanischen Beziehungen dokumentieren, zeichnet sich das Bild einer dichten und recht stabilen Geschenkpraxis ab. Trotz der topischen Klagen über die vermeintliche Habgier[146] afrikanischer Herrscher, Händler und *caboceers* sahen fast alle europäischen Akteure Geschenke als geeignetes Mittel an, um Beziehungen zu pflegen und bestimmte Ziele zu erreichen. Sie gingen offensichtlich davon aus, dass materielle Gaben sich verhältnismäßig problemlos in institutionalisierte Beziehungen, in »Freundschaft« und »Allianzen«, letztlich in soziales Kapital, umwandeln ließen. Davon zeugen unzählige Aussagen von Direktoren, Faktoren, Kapitänen und anderen Angestellten der Kompanien, dies oder jenes Geschenk sei gegeben worden, um die Freundschaft eines Herrschers zu gewinnen, zu erneuern oder zu vertiefen,[147] sowie entsprechende Äußerungen von afrikanischen Herrschern und Vermittlern, soweit sie greifbar sind.[148] Bis ins 19. Jahrhundert hinein wurden Geschenke gar zu einem

---

145 Siehe Verger, Cadeaux.

146 Siehe unten, Unterkap. III.5.4.

147 Vgl. bspw. Brief von Gouverneur Lygaard an Inne Pieters und Erich Tilleman, dd. 15.02.1698, in: Justesen (Hrsg.), Danish Sources, Bd. 1, no. II.20, S. 100 (»for the occasional sending of one or two bottles of brandy to the King of Quamboe to keep his friendship«); Ratelband (Hrsg.), Dagregisters, S. 180 (Eintrag vom 27.05.1646: Geschenk an die *caboceers* von »Craa« (Accra), »om in vrintschap met hun te blijven«).

148 So brachte der König von »Jongo« (d.i. vermutlich Ladoku) eine Ziege als Geschenk mit und erklärte auf Nachfrage, er wolle die alte Freundschaft mit den Dänen erneuern; Tagebuch von Gouverneur Fensman, 23.06.1688–07.04.1689, in: Justesen (Hrsg.), Danish Sources, Bd. 1, no. II.17, S. 84–95, hier: S. 86 (Eintrag vom 13.07.1688), zur Identifikation von »Jongo« ebd., Anm. 104. Ziegen schenkten 1646 auch einige Akanisten und *caboceers* und »versochten dat mette capiteyn weederomme de vrundschap vernieuwen mochte, daartoe my [d.i. Jacob Ruychaver; C.B.] niet wilde verstaan«; Ratelband (Hrsg.), Dagregisters, S. 34 (Eintrag vom 08.04.1645). Um ein altes »Palaber« beizulegen und die frühere Freundschaft mit der WIC wieder aufleben zu lassen, schickte der König von Akwamu dem niederländischen Unterkommis vor Ort einige Yamsknollen und zwei Anker Palmwein. Damit stimmte er die WIC in der Tat milde und es wurde beschlossen, zwei Mitglieder des Rates von Elmina nach Accra

der wenigen ›Machtmittel‹ erklärt, über die Europäer in Westafrika überhaupt verfügen konnten – obwohl es sich in bestimmten Fällen realiter weniger um Geschenke im engeren Sinne denn um Tribute gehandelt haben dürfte.[149]

Weitgehende Einigkeit herrschte über die Anlässe des Schenkens: Geschenke begleiteten Amtswechsel und Todesfälle, Besuche und Verträge und konnten bei ihrem Ausbleiben (meist erfolgreich) eingefordert werden. Auch Reziprozität, die Erwiderung von Gaben durch Gegengaben, kann als geteilte Regel des Geschenkverkehrs gelten, auch wenn die Gegengaben nicht immer erfolgten und teils durchaus Dissens über die Definition der Gegengabe bestand. Gaben dienten zur Beziehungspflege und -arbeit im diplomatischen Verkehr zwischen afrikanischen und europäischen Amtsträgern und konnten, insbesondere in Verbindung mit gemeinsamem Feiern, zur Integration der *fort communities* beitragen.[150]

Die Tatsache, dass vielerorts sowohl europäisch-christliche als auch lokale afrikanische Feste Anlässe zum Schenken waren, verweist zudem auf einen Aspekt, den man als transkulturell werten kann. Der Rhythmus des Schenkens war für die Bewohner der Küstenstädte nicht allein durch den afrikanischen oder europäischen Kalender bestimmt, sondern durch eine Überblendung von beiden. Diese Feste wurden oft gemeinsam, d.h. von Fort- und Dorfbewohnern zusammen, gefeiert. Indem für unterschiedliche Feste unterschiedliche Empfängerkreise definiert wurden, konnten sie auch der Distinktion einzelner Gruppen dienen, meist der lokalen oder regionalen Eliten.

Windler hat für Nordafrika festgestellt, dass die europäischen Akteure in der zweiten Hälfte des 18. Jahrhunderts zunehmend die Freiwilligkeit des Schenkens zu unterstreichen suchten, indem sie sich von festgelegten Terminen lösten bzw. sich diesen verweigerten.[151] Eine solche Tendenz ist für

---

zu schicken, um das »Palaber« beizulegen; Ratsbeschlüsse Elmina, Eintrag vom 30.04.1730, NA, TWIC 126.

149 Der dänische Gouverneur Meyer erklärte bspw. 1703, allein durch Geschenke könnten freundschaftliche Beziehungen zu und Handel mit den benachbarten Herrschern aufrechterhalten werden; Meyer an die Direktoren der DAK, dd. 8.10.1703, in: Justesen (Hrsg.), Danish Sources, Bd. 1, no. IV.2, S. 171–175, hier: S. 171; ähnlich Brief von [Dalby Thomas] an die RAC, dd. 30.07.1708 (Entwurf?), TNA, C 113/273: »Dashees or Presents has [sic] a wonderfull Influence on Blackman, the other friendship they know, and will leave their Interests in all Appearance, and those they have most respect for, and goover (?) to their Enemies, if they will present them most freely when those they wish best to, will not.«

150 Hernæs, Fort Communities.

151 Windler, Tribut, S. 44f.

die hier untersuchte Region nicht zu beobachten, im Gegenteil scheint sich die Verregelung der Gabenpraxis, etwa durch die Festlegung von wöchentlichen Geschenken, im Laufe des 18. Jahrhunderts sogar noch verstärkt zu haben.

Darf man damit von einem gewissen Bestand geteilter handlungsleitender Regeln ausgehen, die vor allem die Anlässe des Schenkens, aber auch die Erwiderung von Gaben und den zu bedenkenden Personenkreis betrafen, so bedeutet dies keinesfalls, dass der europäisch-afrikanische Geschenkverkehr stets konfliktfrei verlief. Einige Konfliktlinien zeichnen sich in den vorgestellten Beispielen bereits ab; sie sollen unten ausführlicher thematisiert werden, um die Grenzen der gemeinsamen Geschenkpraxis zu bestimmen.

Geschenkbeziehungen wurden in erster Linie als Beziehungen zwischen Akteuren wahrgenommen. Die Kompanievertreter schenkten und empfingen jedoch nicht als Privatpersonen. Der Geschenkverkehr bildet vielmehr ein Scharnier zwischen Akteuren und Institutionen und verweist auch auf die Rollenvielfalt, die die Kompanievertreter ähnlich wie frühneuzeitliche Diplomaten (im engeren Sinne) auszeichnete. So handelten sie oftmals nicht allein als Amtsträger, sondern als »Ehrenmänner«: Sie legten dabei einerseits in ihrem eigenen Auftreten »Höflichkeits«-Regeln zugrunde, wie es sich etwa auch in einem bestimmten Schenkverhalten manifestieren konnte. Andererseits erwarteten Kompanievertreter für ihre persönlichen Investitionen im Rahmen einer Gabentauschlogik zukünftige, aber unbestimmte Gegenleistungen von ihren Dienstherren. Auch wenn die europäischen Akteure in der Praxis weitgehend dasselbe Geschenkverhalten an den Tag legten, unterschieden sie sich im Hinblick auf explizite Normen und Werthaltungen durchaus.

3. Geschenke und Hierarchien. Oder: Wem schenke ich was?

Nach den Anlässen des Schenkens soll nun die materielle Dimension des Schenkens näher beleuchtet werden, im Sinne der Beobachtung von Arjun Appadurai, dass wir den verschenkten Dingen und ihrer Zirkulation, den »things-in-motion«, wie er es nennt, folgen müssen, um ihre sozialen Kontexte und Bedeutungen zu erschließen.[152] Hier soll dies mit besonderem Augenmerk auf die Erzeugung von sozialen Distinktionen durch Dinge, der

152 Er weist dabei auf das Paradox hin, dass es von einem theoretischen Standpunkt aus stets die menschlichen Akteure sind, die Dingen Bedeutung zuschreiben, die Untersuchung aber von den Objekten ihren Ausgang nimmt, um die sozialen Praktiken zu erhellen; Appadurai, Introduction, S. 5. – Für eine stärkere Betrachtung der verschenkten Gegenstände und der »Symbolik der Materia-

Konstruktion von sozialen Unterschieden durch materielle Unterscheidungen, geschehen.

Dass Distinktionen auch durch Auswahl von Gaben und Geschenken getroffen werden können, ist kaum überraschend. *Dass* Unterschiede im Schenken und in Geschenken gemacht wurden, ist demnach weniger interessant als die Frage, auf welche Weise und wann solche Unterscheidungen im interkulturellen Geschenkverkehr vorgenommen wurden.[153] Dabei geht es mir zum einen um den materiellen Aspekt: Gab es etwa bestimmte Objekte, die bestimmten Empfängern vorbehalten waren, oder erfolgten Distinktionen vor allem über unterschiedliche Mengen? Zum anderen kann die Strukturierung des Empfängerkreises gerade im interkulturellen Geschenkverkehr ein Indiz für das Wissen über die Gruppe, der die Beschenkten angehören, darstellen. Zunächst werden die Geschenke von europäischen Akteuren (III.3.1–3), dann die weniger ausführlich dokumentierten Geschenke von afrikanischen Akteuren (III.3.4) untersucht.

Wiewohl es mir hauptsächlich um die interne, die inhärente Logik des Schenkens in Westafrika geht, sind an passender Stelle auch Vergleiche zu höfischen Schenkpraktiken innerhalb Europas zu ziehen. Dies kann in gewissem Rahmen auch Aufschluss darüber geben, wie afrikanische Herrscher und Eliten in europäischen Augen eingeordnet wurden.

3.1 Standardgaben und außergewöhnliche Geschenke. Das Repertoire europäischer Geschenke

Im Ausgabenverzeichnis der RAC für die Jahre 1713–1716 werden die Ausgaben für die Geschenke aufgelistet, die die Kompanie in diesem Zeitraum verteilte.[154] Da sowohl Beschaffenheit als auch Geldwert der einzelnen Geschenke vergleichsweise detailliert beschrieben werden, bietet dieses Verzeichnis einen ersten Einblick in die Differenzierungen und Distinktionen in der Geschenkpraxis. Das Gros der Gaben bestand aus Tuchen und Stoffen sowie aus Branntwein bzw. Rum, hinzu kamen Schießpulver,

---

lität« plädiert auch Wagner-Hasel, Stoff, S. 16 und S. 20f. Vgl. auch Stahl, Entanglements.

153 Vgl. zum Zusammenhang von Geschenken und (höfischer) Distinktion auch Ben-Amos, Culture, S. 205ff.; Duchhardt, Abschiedsgeschenk; Stollberg-Rilinger, Ökonomie.

154 Dieses Ausgabenverzeichnis ist in den Phipps Papers überliefert; TNA, C 113/263.

Messer, Hüte, Eisenstäbe und Messingbecken.[155] Während bei den letztgenannten Geschenkgruppen Unterschiede hauptsächlich in der ausgegebenen Menge bestanden, alle genannten Waren aber an sämtliche Personen verschenkt wurden, gab es bei den Tuchen eine große Bandbreite verschiedener Qualität und Kostbarkeit. So wurden Seidenstoffe eher selten und zu ausgewählten Anlässen an ausgewählte Personen verschenkt,[156] die einfacheren »perpetts«[157] und »sheets«[158] hingegen stellten gleichsam Standardpräsente dar. Nur zweimal tauchen »St. Jago Cloathes« auf, einmal als Geschenk an einige *caboceers* und »messengers« aus Fante, die sich bei den Verhandlungen zwischen der Kompanie und den *caboceers* von Anomabo engagiert hatten, das andere Mal als Geschenk anlässlich des Begräbnisses des verstorbenen Dey von Fetu, eines hohen Würdenträgers.[159] Dessen Nachfolger erhielt kurz darauf den im untersuchten Zeitraum nur einmal verschenkten schlesischen Leinenstoff (»sletia«) als Teil seines *dashee* zum Amtsantritt.[160]

---

155 Stoffe spielten häufig in Beziehungen zwischen Europäern und Außereuropäern eine wichtige Rolle: Sie gehörten bspw. auch in den japanisch-europäischen Beziehungen zu den wichtigsten Geschenkobjekten; vgl. Chaiklin, Commerce, S. 39f. Daneben lassen sich weitere Parallelen in der Geschenkauswahl identifizieren; Alkoholika waren in Japan jedoch insgesamt von geringerer Bedeutung als in Afrika. Viele Gemeinsamkeiten fallen auch im Vergleich mit dem europäisch-indianischen Geschenkverkehr ins Auge; siehe Jaenen, Role, und Kirchberger, Tausch, S. 266f. Metallgegenstände waren dort allerdings weniger gebräuchlich.

156 Seidenstoffe erhielten u.a. die Schwester eines verstorbenen *caboceer* von »Cuifferoe« (Twifo) und der neue erste *caboceer* des Landes (TNA, C 113/263, Eintrag vom 03.05.1714), »sundry Ashantee Traders«, die die Boten der Kompanie zu Osei Tutu begleiten sollten (ebd., Eintrag vom 28.09.1714), sowie der neue Dey und der neue Fetera von Fetu (ebd., Eintrag vom 16.02.1716).

157 Feine, meist farbige Wollstoffe, die zu den wichtigsten Textilien im Westafrikahandel gehörten; Reikat, Handelsstoffe, S. 237.

158 Als »sheets« oder »lakens« werden im engeren Sinne Wollstoffe aus Streichgarn, im weiteren Sinne einfache ungefärbte Stoffe, meist Leinen, bezeichnet; ebd., S. 232 und S. 240.

159 TNA, C 113/263, Einträge vom 29.07. und 21.11.1715. – Die »St. Jago Cloathes« entsprechen vermutlich den »Cape de Verd cloathes«, die 1692 in Egya für das »danceing« gebraucht werden sollten; siehe Brief von William Cooper an CCC, dd. 23.11.1692 (OS), in: Law (Hrsg.), The English, Bd. 3, no. 935, S. 380. Mglw. waren diese Stoffe in Fante besonders mit religiösen Riten assoziiert.

160 TNA, C 113/263, Eintrag vom 16.02.1716. – »Sletias«, auch »silesias« genannt, gehörten zu den wichtigsten europäischen Stoffen im europäisch-westafrikanischen Handel; Reikat, Handelsstoffe, S. 240f.; siehe auch Alpern, Master List, S. 9.

Weitere außergewöhnliche Geschenke waren ebenfalls der politischen Elite vorbehalten: Nur ein einziges Mal wurde ein »spanish fuzee« genanntes Gewehr verschenkt, und zwar an den König von Akwamu. Ein weiteres einmaliges Geschenk erhielt *asantehene* Osei Tutu im Oktober 1714: »the Companyes Present of furniture for a Horse &c.«[161]

Dieser Befund, den andere Quellen im Großen und Ganzen bestätigen,[162] zeigt, dass die meisten verschenkten Objekte ihre Empfänger in allen beschenkten Gruppen fanden. So bekamen Könige wie Händler und *caboceers* im alltäglichen Geschenkverkehr Branntwein[163] und »perpets«. Die

161 TNA, C 113/263, Einträge vom 28.04. und 02.10.1714.

162 Als für alle Empfänger geeignete Standardgaben sind neben den Objekten, die in dem Ausgabenverzeichnis von 1713–1716 vorkommen, noch Tabak und Pfeifen zu nennen, die auch bei den *kostgelden* eine wichtigere Rolle spielten; vgl. zur Einführung von Tabak und Pfeifen in Westafrika PHILIPS, Smoking, S. 317 ff. Die Niederländer, die häufig und reichlich Tabak verschenkten, bezogen dabei einen großen Teil ihres Bestands aus den *recognitie*-Zahlungen, die portugiesische Schiffe an die WIC entrichten mussten, wollten sie an der Goldküste Handel treiben. Zugleich war Tabak – ähnlich wie Alkoholika – auch mit gemeinsamem Konsum oder Festlichkeiten assoziiert.

163 Beim Branntwein konnten allerdings Abstufungen durch Sorte (Brandy oder Rum), Qualität (hier wurde gemeinhin der französische Branntwein am höchsten geschätzt) oder Verdünnen vorgenommen werden. Dabei wurden auch persönliche Vorlieben der Empfänger berücksichtigt; deshalb erhielten die Königin von Agonna und der König von Eguafo in den 1690ern bspw. Branntwein aus Korn statt Rum; siehe Brief von William Gabb an CCC, dd. 03.05.1698 (OS), in: LAW (Hrsg.), The English, Bd. 3, no. 258, S. 128 f. (Sekondi), und Brief von Nicholas Buckeridge an CCC, dd. 06.03.1694 (OS), in: ebd., no. 1082, S. 447 ff. (Agonna). Zudem wurden auch französische und spanische Weine sowie Liköre verschenkt. Vgl. auch zu ähnlichen Verbrauchsmustern in der niederländischen Faktorei in Japan NOZAWA, Wine. – In den 1760er Jahren war es offenbar in Cape Coast üblich, fast allen afrikanischen Empfängern mit Wasser vermischten Branntwein zu geben, allein der *broker* der Kompanie, Cudjo Caboceer, erhielt seine Portion unverdünnt. Diese Praxis führte 1761 zu einer Auseinandersetzung zwischen William Ansa, einem Sohn von John Currantee aus Anomabo in englischen Diensten, und dem Kompanieangestellten William Mutter; siehe den Brief von William Mutter an Gouverneur Charles Bell, dd. 02.10.1761, TNA, T 70/30, fol. 226v–227r. Die »weißen« Angestellten der Kompanie erhielten unverdünnten Branntwein, was für William Ansa, der zeitweise in England erzogen worden war, den Stein des Anstoßes bildete. Nachdem er bei einem »weißen« Kollegen festgestellt hatte, dass dessen Brandy besser war als seine eigene Ration, bestand er darauf, »that he would be as well paid as any white Gentleman upon the Coast, adding some more Expressions that were impertinent […]«; Brief John Grants an William Mutter, dd. 30.10.1761, ebd., fol. 227v–228r. Hier stand mit der Qualität der Branntweinration zugleich die Frage von

Objekte, die am häufigsten verschenkt wurden, waren zugleich die meistverkauften Waren im Westafrikahandel. Es gab also keine essenzielle, im Objekt begründete Dichotomie zwischen Ware und Geschenk, vielmehr konstituierte sich, wie man in Anlehnung an Arjun Appadurai und Nicholas Thomas feststellen kann, der Charakter eines Objekts vorrangig durch die jeweilige Rahmung, die es erfuhr, und die (erinnerte) Beziehungsgeschichte, die Akteur und Objekt verband.[164]

Für die politischen Eliten aber und für besondere Anlässe stand zusätzlich ein Spektrum an exklusiveren Geschenken zur Verfügung – wie das Pferdegeschirr für den *asantehene* oder die vergoldete Kutsche, die der König von Allada 1670 von der CIO erhielt.[165] Die entsprechenden Objekte waren nicht Teil des üblichen Handelsverkehrs. Objekte wie besonders kostbare Stoffe, Kleidungsstücke,[166] Preziosen aus Edelmetall,[167] Geschirr und Glaswaren[168] sowie andere Luxusgüter entsprachen durchaus dem Repertoire höfischen Schenkens in Europa.[169] Weiter spielten technische Objekte wie Uhren und Orgeln eine gewisse Rolle.[170]

Status und »Weißheit« im Raum; Ansa begriff sich aufgrund seiner Herkunft und Erziehung offenbar eher als »Gentleman«, während für seine englischen Kontrahenten »Gentlemen« offenbar grundsätzlich »weiß« waren; siehe auch den Brief von Gilbert Petrie an Charles Bell, dd. 04.12.1761, ebd., fol. 228r–228v, und Dupuis, *Journal* (1824), S. 125, für eine ähnliche Klage über verdünnten Rum von Seiten des *asantehene* Osei Bonsu 1819.

164 Appadurai, Introduction, S. 11ff., darauf aufbauend Thomas, Entangled Objects, S. 27ff. Siehe auch Yan, Gift, S. 255f., und Strathern/Stewart, Exchange, S. 235ff.

165 Elbée, *Journal* (1671), S. 391. – So kann Ben-Amos' Feststellung für das frühneuzeitliche England auf den europäisch-afrikanischen Geschenkverkehr übertragen werden: »As a rule, monarchs received the most lavish gifts, and major patrons were the recipients of the largest gifts among those presented by their clients to a host of magnates and dignities.« Ben-Amos, Culture, S. 207.

166 So z.B. ein seidenes japanisches Nachtgewand (»een Japanese zyde nagt roq«) als Geschenk für den König von Ouidah; Brief von Valentin Gros an die Kamer Amsterdam, dd. 07.08.1691, TWIC 180, fol. 111r–113v, hier: fol. 111v und fol. 112r.

167 So etwa der goldene Ring, den der König von Eguafo von Generaldirektor van der Wel 1646 erhielt, offenbar auf lang gehegten Wunsch hin; Ratelband (Hrsg.), Dagregisters, S. 223f. (Eintrag vom 28.08.1646).

168 Siehe z.B. Bowdich, *Mission* (1819), S. 456 (Dekanter aus Kristallglas); Dupuis, *Journal* (1824), S. 93 (»service of China«).

169 Vgl. Falcke, Studien; Duchhardt, Abschiedsgeschenk.

170 Ein Uhrgeschenk für den *asantehene* wurde von der RAC 1725 geplant; Brief der *chief merchants* Tinker, Rice & Wingfield, dd. 19.06.1725, TNA, T 70/7, fol. 73v–74r. Die vom englischen Konsul Dupuis 1820 mitgebrachten Geschenke

Solche technischen Objekte, die nicht zuletzt die Überlegenheit der Schenkenden demonstrieren sollten, wurden in späterer Zeit verstärkt mit einer ›Zivilisierungsmission‹ ausgestattet. Hatte die französische Kompanie die vergoldete Kutsche für den König von Allada 1670 noch schlicht als besonders kostbares Geschenk angesehen,[171] sollte jene Kutsche, die Thomas Birch Freeman 1842 *asantehene* Kwaku Dua im Namen der Wesleyan Missionary Society übergab, nicht nur als »token of their good feelings towards himself and his people« dienen, sondern vor allem die Verbesserung (»improvement«) und Zivilisierung des Landes anstoßen. »[T]hat it would lead him to improve his country, by making, good roads; which was one of greatest means of promoting civilization, and also an indication of national advancement.«[172] Der König schien allerdings mehr daran interessiert, dass die Königin von England die Kutsche selbst gesehen hatte und dass sie selbst ebenfalls ein solches Gefährt besaß, was er laut Freeman folgendermaßen kommentierte: »›The Queen of England is Queen of Queens of the white people, and I am King of Kings of the black people; and now we have carriages alike: this is very good.‹«[173] Damit griff er eben nicht,

für Osei Bonsu umfassten u.a. eine Drehbank, die nicht besonders gut ankam, da sie als »too mechanical for a royal present« beurteilt wurde (S. 101), eine »repeating watch« (eine Uhr mit Repetitionsschlagwerk), eine Orgel sowie eine »musical box«; Dupuis, *Journal* (1824), S. 93f. und S. 100f.; zu Uhren in Dahomey vgl. Blier, Europia Mania, S. 241f. – Windler vermutet ausgehend von seinen Ergebnissen zum Maghreb, dass technische Objekte vermehrt im 18. Jhdt. geschenkt wurden; siehe Windler, Tributes, S. 187f., und ders., Tribut, S. 47f. Zu Uhren als Geschenken am osmanischen Hof vgl. Reindl-Kiel, Duft, S. 226f., S. 233 und S. 242ff., und Duchhardt, Abschiedsgeschenk, S. 353; zu Uhren in den englisch-russischen Beziehungen Hennings, Gift, S. 99.

171 Elbée, *Journal* (1671), S. 391 und S. 406. – Vergoldete Kutschen verschenkten französische Vertreter u.a. auch an den Bey von Tunis; siehe Windler, Diplomatie, S. 525f.

172 Freeman, Journal (1844), S. 125f.; 1816 hatte bereits der niederländische Gouverneur Daendels ein Kutschengeschenk mit ähnlichen zivilisatorischen Ideen verbunden; dazu kurz McLeod, Gifts, S. 188. Vgl. für weitere Beispiele ders., Carriages.

173 Freeman, Journal (1844), S. 126. – Die Analogie von »Queen of Queens of the white people« and »King of Kings of the black people« findet sich, ebenfalls in Bezug auf eine Parallelisierung des (damaligen) Königs von England und des *asantehene*, in einer Ansprache von Kwaku Duas Vorvorgänger Osei Bonsu von 1820, wie Dupuis, *Journal* (1824), S. 89, sie wiedergibt. Osei Bonsu, so Dupuis, habe ihm eingangs zahlreiche Fragen über England, den englischen König, seinen Hof, seine Frauen, seine Kriegsführung und vieles mehr gestellt. »He declared that he knew the English king to be king over all other white kings, and that his subjects were the most powerful and warlike of the white nations: just as he

wie die Missionare erhofft hatten, die Zivilisierungsrhetorik auf, in der die Kutsche zum Vorboten der Zivilisation und zugleich zum Symbol englischer Überlegenheit wurde. Vielmehr interpretierte er die Kutsche – wie gehabt – vorrangig als Repräsentationsobjekt, dessen Besitz allein ihn in seiner Ebenbürtigkeit mit der englischen Königin und damit letztlich seinen Rang bestätigte.[174]

Wie diese Gegenüberstellung deutlich macht, galt das »White rationale«, das McLeod in der Konzeption von Geschenken als Agenten des Wandels und der Verkaufsstrategie ausgemacht hat, nicht, wie von ihm suggeriert, immer und zu allen Zeiten,[175] sondern formierte sich vielmehr erst um 1800 und löste allmählich den älteren Modus des höfischen Schenkens ab.[176] Diesen Modus hatten europäische und afrikanische Akteure während der Frühen Neuzeit weitgehend geteilt. So waren sie sich etwa einig, Geschenke in erster Linie als Zeichen persönlichen Ranges und sozialer Wertschätzung anzusehen, und folgten auch ähnlichen Logiken bei der Auswahl von Geschenken, wie im Folgenden deutlich werden wird.

Nahezu ausschließlich an Herrscher wurden solche Geschenke adressiert, die eine persönliche Beziehung zu einem europäischen Souverän aufbauen und eine besondere Authentizität vermitteln sollten.[177] Inwiefern dies eine Rolle spielte, variierte von Kompanie zu Kompanie. Am stärksten ist es bei den französischen Unternehmungen ausgeprägt, wie die im Folgenden zitierten Beispiele belegen; recht häufig bezog sich auch die englische Kompanie auf die englischen Monarchen. Die Dänen verschenkten häufig Gegenstände mit Wappen und Namen des dänischen Königs, ebenso nahmen die Brandenburger mit ihren Geschenken Bezug auf den Kurfürs-

---

was the black ›king of kings, and his people the greatest black warriors.‹ This eulogy he concluded by saying, ›the great God of his fathers, whom he serves, preserve him long upon the stool (throne), and make his enemies die before him. The king of England had chained his heart to him.‹« Dieser Befund lässt sich wohl als Indiz für die Glaubhaftigkeit von Freemans Bericht interpretieren.

174 Vgl. die Beobachtungen vergleichbarer Phänomene im französisch-tunesischen Geschenkverkehr, die dort offenbar früher einsetzten, bei Windler, Tribut, bes. S. 46–51.

175 McLeod folgt damit einer weitverbreiteten Tendenz eines »occidentalism«, einer Konstruktion eines ahistorischen »Westens«; vgl. dazu Carrier, Occidentalism, bes. S. 99ff.

176 McLeod, Gifts, S. 189.

177 Grünbart hält fest, dass Wertsteigerung auch durch »Personalisierung bzw. Individualisierung der Gabe« möglich sei, und nennt als Personalisierungsformen u.a. das Berühren oder Tragen des zu verschenkenden Objekts; siehe Grünbart, Geschenke, S. xix.

ten.[178] Im Rahmen der Geschenkpraxis der niederländischen WIC hingegen spielten Generalstaaten und Statthalter keine oder allenfalls eine marginale Rolle. Dies ist insbesondere bemerkenswert, da in Ostindien oft Geschenke im Namen von Prinz Maurits oder einem seiner Nachfolger verteilt wurden.[179]

Eine Variante des persönlichen, Verbindung zwischen Herrschern stiftenden Geschenks überreichte der französische Capitaine Landolphe 1778 dem *oba*, dem Herrscher von Benin: Neben persischen und indischen Stoffen (»pièces de Perse«, »mouchoirs des Indes«) und Korallenketten erhielt der *oba* ein Gewand aus weißem, mit Gold- und Silberfäden durchwirktem Satin sowie ein Paar Sandalen aus demselben Stoff, das aus der »garde-robe de Louis XV« stammte.[180] Als der »König« das Gewand sah, sei er, so Landolphe, gleichsam in »extase« geraten und habe ausgerufen: »›Les blancs sont des dieux pour le génie et le travail!‹« Dann habe er sich mehrfach bei Landolphe bedankt und ihm später genügend Vorräte zukommen lassen, um mehr als hundert Mann zu verköstigen.[181] Wiewohl diese Szene wohl mehr die erwünschten denn die realen Reaktionen des *oba* spiegelt, zeigt sich in jeden Fall, welche Bedeutung mindestens die Franzosen diesem Geschenk beimaßen.[182]

Eine andere Variante des persönlichen Geschenks stellten Portraits europäischer Herrscher in verschiedenen Formaten und Ausführungen dar, vom Medaillon bis zum Gemälde oder zur Büste.[183] Solche Portraits kamen

---

178 Siehe etwa das Beispiel des Portraitgeschenks im Folgenden.

179 Vgl. vorerst die Darstellung bei WASSING-VISSER, Geschenken. – Ein analoger Befund ergibt sich im Hinblick auf von Kompanien geschlossene Verträge, die in Ostindien ebenfalls den *stadhouder* an prominenter Stelle nannten (unterbrochen von den statthalterlosen Zeiten), während die Abkommen der WIC im atlantischen Raum lediglich die Generalstaaten anführten; dazu kurz II.3.3.b, Anm. 344. Vgl. aber MEUWESE, States General.

180 LANDOLPHE, *Mémoires* (1823), Bd. 1, S. 107f. – Landolphe war im Auftrag der neu gegründeten Compagnie de Guyane unterwegs, um eine Faktorei in Ughoton in Benin zu errichten; vgl. auch RYDER, Benin, S. 198ff.

181 LANDOLPHE, *Mémoires* (1823), Bd. 1, S. 108.

182 Merkwürdig ist allerdings, dass Ludwig XV. 1778 bereits seit sechs Jahren verstorben war, sodass man entweder einen Schreibfehler vermuten könnte oder aber das Geschenk quasi seinem Nachlass zurechnen muss.

183 Einige Beispiele für Portraitgeschenke im westafrikanischen Kontext: 1682 sollte Otto Friedrich von der Groeben den *caboceers* von Cape Three Points neben einem »silbern-vergüldeten Becher« jeweils ein Portrait von Kurfürst Friedrich Wilhelm überreichen; Instruktion für von der Groeben, dd. 18.05.1682, in: JONES (Hrsg.), Brandenburg Sources, no. 4, S. 218f. Auch Herrscher von Dahomey erhielten Portraits europäischer Monarchen; vgl. z.B. RÉPIN, Voyage (1863),

im späten 17. Jahrhundert vermehrt als Gaben in Gebrauch, ebenso wie im diplomatischen Geschenkverkehr innerhalb Europas.[184] Als besonderes Ehrengeschenk wollte der Chevalier Damon beispielsweise die Medaille mit einem Portrait des französischen Königs verstanden wissen, die er 1701 dem »Roy Acassigny« (bzw. Acafiny) von Assini überreichte.

> »Während ich sie ihm überreicht habe, habe ich ihm gesagt, dass der König, mein Herr, ihm dieses Portrait schicke, dass es das höchste Distinktionszeichen sei, über das er verfüge. Diese Ehre sei nur dem Kaiser von China und dem König von Siam zuteilgeworden. Er [d.i. »Acassigny«; C.B.] müsse besonders Sorge tragen, dass dieses Ehrenzeichen seiner Familie niemals verloren gehe, vielmehr solle er es an seine Nachfolger weitergeben und es als wertvolles Andenken an die Gunst und die Protektion bewahren, die er vom größten König der Welt erhalten habe [...].«[185]

S. 87 (Portraitstiche von Kaiser und Kaiserin). Ein weiteres Beispiel stellt der Vorschlag Hills dar, dem *asantehene* neben einigen Schlachtenbildern eine Büste von Königin Victoria zu schenken; Proposed Visit to the King of Ashantee: Letter from Governor Hill to the Secretary of State, dd. 13.04.1853, in: Crooks (Hrsg.), Records, S. 331 f. – Gelegentlich wurden auch Portraits der Kinder des Empfängers verschenkt, die sich in Europa aufhielten; so bekam bspw. Naimbanna in Sierra Leone ein Portrait seines in England weilenden Sohns in Öl; Falconbridge, Narrative (1802), S. 75. Ebenso erhielt der Herrscher von Assini 1692 Portraits seiner zwei Kinder, die sich am französischen Hof aufhielten, Aniaba und Banga; Tibierge (1692), in: Roussier (Hrsg.), Etablissement, S. 53.

184 Dazu Duchhardt, Abschiedsgeschenk, S. 350 f.; Winkler, Bildnis, S. 195–220; Polleross, Porträt, S. 397 ff.; und Falcke, Studien, u.a. S. 279 f.

185 »Je luy dis en la luy présentant, que le Roy mon maître luy envoyoit ce portrait, que c'estoit une marque de distinction la plus singulière qu'il put luy donner, qu'il n'avoit fait cet honneur qu'à l'Empereur de la Chine et au Roy de Siam, qu'il devoit avoir un soin particulier de ne jamais laisser sortier cette marque de honneur de sa famille, qu'il falloit qu'il passast de luy à ses successeurs et le garder comme un monument précieux de la faveur et de la protection qu'il recevoit du plus grand Roy du monde [...].« Damon (1702), in: Roussier (Hrsg.), Etablissement, S. 101 f. Dazu auch Sevenhuysen an die Heeren X, dd. 16.11.1701, NA, TWIC 97, fol. 449r–453v, hier: fol. 450v und 451r, der die Medaille als »extraordinaire« bezeichnet und zudem weitere Portraits verschiedener ranghoher Adeliger aufzählt. Des Weiteren habe Damon ein »swaar silver servies, Tapyten, Spiegels, stoelen, en vedere ryke adjustementen, als tot een vorstelyke Hoffhouding wort gerequireert« verschenkt, auch die »dames van dat swarte Heydens (en schier varkens) hoff« seien mit »niet wynige aardige kleedingen« bedacht worden (fol. 451r). An dem abfälligen Ton Sevenhuysens dürfte seine Indignation über die französische Unternehmung wesentlichen Anteil haben. – Zum Namen des Königs siehe unten, IV.3.2.b, Anm. 383.

Bei aller Wertschätzung, die Damon in dieser Ansprache zum Ausdruck brachte, wird deutlich, dass der Rahmen, an dem die Gabe orientiert war, kein universeller war. Schließlich haben keineswegs nur der Kaiser von China und der König von Siam Portraits eines französischen Königs erhalten, vielmehr stellten diese ein gängiges, wenn auch durchaus standesgebundenes Geschenk in der europäischen *société des princes* dar.[186] Damons Formulierung machte daher für einen informierten europäischen Leser nur dann Sinn, wenn er von vornherein die Abgrenzung außereuropäischer Herrscher mitdachte. Insofern war das Portraitgeschenk an Acafiny/Acassigny ambivalent: Zum einen verwies es darauf, dass man ihn offenbar als souveränen und besonders geschätzten Herrscher betrachtete[187] und ihn ebenso wie die Könige von China und Siam[188] in die Praxis der europäischen Fürstengesellschaft einbezog, zum anderen zeugte die Formulierung von einer impliziten Absage an ein universales Ordnungskonzept und einer Ausgrenzung eines unbestimmten Außereuropas. Zugleich wurde der Anspruch Ludwigs XIV. auf Vorherrschaft innerhalb der europäischen Fürstengesellschaft, ja auf eine universelle Monarchie proklamiert, wie er eben nicht zuletzt in spektakulären Begegnungen mit außereuropäischen Gesandten inszeniert wurde.[189]

Vor allem rechtliche Bedeutungen waren dagegen mit verschenkten (Landes)Flaggen verbunden; von europäischer Seite wurde die Annahme einer solchen Flagge oft als Ausdruck der jeweiligen Loyalität oder gar als Anerkennung der Oberherrschaft des entsprechenden Landes interpre-

---

186 Isabelle Richefort schreibt in diesem Sinne über Portraitgeschenke unter Ludwig XIV.: »Destinés à des souverains our à des princes à qui le roi souhaite donner une marque particulière d'amitié ou avec qui il désire entrer en relation, mais aussi à leurs épouses et leurs représentants, ils revêtent un caractère exceptionnel.« RICHEFORT, Présents, S. 265.

187 Jeannette Falcke und Friedrich Polleroß weisen ebenfalls darauf hin, dass Portraitgeschenke rangabhängig waren, d.h. üblicherweise nur hochrangige Personen ein Königsportrait als Geschenk erhielten; FALCKE, Studien, S. 100, und POLLEROSS, Porträt, S. 400.

188 Der König von Siam war wahrscheinlich v.a. aufgrund der aufsehenerregenden Gesandtschaft von 1686 präsent, die zwar wenig greifbare politische Ergebnisse zeitigte, von Ludwig XIV. aber ausgiebig zu Repräsentationszwecken genutzt wurde; vgl. LOVE, Rituals. Die Bezugnahme auf den Kaiser von China (mglw. ist Kangxi gemeint) rührt wohl aus der allgemeinen Chinabegeisterung des späten 17. und frühen 18. Jhdts. sowie den über Jesuiten vermittelten Kontakten zum chinesischen Kaiserhof her.

189 Vgl. u.a. BURKE, Fabrication, und die Fallstudie von LOVE, Rituals.

tiert.[190] So erhielten beispielsweise die *caboceers* vom Cape Three Points (Cabo Tres Puntas) von der ersten brandenburgischen Expedition bei Vertragsschluss neben Stoffen und Kleidern 1681 auch eine Flagge, »um zu zeigen, dass sie Seine [Kurfürstliche Durchlaucht; d.i. Friedrich Wilhelm; C.B.] als ihren Herrn haben angenommen«.[191] Die exklusive Zugehörigkeit, die die Kompanien mit der Annahme eines Flaggengeschenks verbunden sehen wollten, wurde jedoch oft genug unterlaufen, wenn Gruppen zwei Flaggen von unterschiedlichen Nationen – und damit meist entsprechend zwei Ansiedlungsversuche – akzeptierten.[192] Auf die Spitze getrieben wurde diese Tendenz zur (bewussten?) Konterkarierung europäischen Exklusivitätsstrebens sicherlich in Dahomey und Asante, wo gleichsam ganze Sammlungen europäischer Flaggen angelegt wurden.[193] Der Typus der Flaggen wurde auch von afrikanischen Akteuren adaptiert. Die Flaggen (*frankaa*) der *asafo*, militärischer Kompanien in Fante, deren Mitgliederkreis durch patrilineare Vererbung bestimmt wird, sind als farbenfrohe Beispiele afrikanischer »Kreativität« bei Sammlern und Museen in Europa und den USA beliebt.[194] Sie zeigen aber nicht nur Aneignungsprozesse im Hinblick auf die Form, die auch Elemente aus europäischer und aus der Akan-Ikonografie verknüpft,

190 So bspw. im Vertrag zwischen der CIO und Amossy, König von Eguafo, dd. 15.03.1667, ANOM, C 6/27bis. Siehe zu Flaggengeschenken nun auch Reese, Controlling, S. 114ff.

191 »[...] oock een vlagge om the bethonen dat se Zyn C.V.D. voor haere heeren hebben aengenomen [...]«; Vertrag der BAC mit den *caboceers* von Cape Three Points, dd. 16.05.1681, in: Jones (Hrsg.), Brandenburg Sources, no. 2, S. 216f. [meine Übersetzung aus dem Niederländischen].

192 Dabei standen in manchen Fällen Rivalitäten und interne Konflikte zwischen unterschiedlichen lokalen Gruppen im Hintergrund. In anderen Fällen, so bspw. in Fante, spielten einzelne Herrschaftsträger die rivalisierenden europäischen Kompanien gegeneinander aus und suchten ihre Unabhängigkeit und wirtschaftlichen Vorteile zu wahren. Dies ist besonders ausgeprägt in Anomabo zu beobachten; dazu Brauner, »König«.

193 Es bleibt aber die Frage, inwiefern diese Tendenz Ausweis eines grundlegenden Missverständnisses ist, das durch differierende Konzeptionen von Zugehörigkeit usf. entstand, ja entstehen musste. Dies mag für die Frühzeit der europäisch-afrikanischen Beziehungen zum Teil plausibel sein, für die hier untersuchte Zeit darf man aber davon ausgehen, dass afrikanische Akteure an der Küste zumindest die europäischen Vorstellungen von Flaggen und nationaler Exklusivität kannten, wenn sie sie wohl auch nicht teilten. Daher dürften auch strategische Entscheidungen eine Rolle gespielt haben. Siehe oben, II.3.3.b, und unten, IV.3.3.a.iii. Vgl. auch zu Asante McLeod, Gifts, S. 187f.

194 Ross, Fighting, zu den Flaggen S. 309ff.; Labi, Flags.

sondern auch hinsichtlich der Verknüpfung von Flaggen und Gruppenidentität.

Die Geschenke, die Europäer in Westafrika verteilten, lassen sich zusammenfassend in zwei Gruppen einteilen: Erstens gab es ein Repertoire an Standardgaben (Stoffe, Branntwein, Tabak, Schießpulver, Waffen), das in etwa den wichtigsten Handelsgütern entsprach.[195] Zweitens existierte ein Spektrum von besonderen, vor allem der politischen Elite vorbehaltenen Präsenten, die nicht oder eher selten Teil des normalen Warenverkehrs waren. Letztere entsprachen durchaus auch der Objektwahl im höfischen Schenken innerhalb Europas (insbesondere Portraits, Gegenstände aus Edelmetall, Kutschen bzw. Pferdezubehör); eine spezifische Gruppe dieser besonderen Geschenke soll nun genauer untersucht werden.

3.2 Stühle, Stäbe, Kopfbedeckungen. Repräsentationsobjekte und Distinktionspraktiken

Unter den Geschenken an afrikanische Herrscher finden sich verschiedene Gegenstände, die im europäischen Verständnis Insignien oder – allgemein gefasst – Repräsentationsobjekte darstellten.[196] Dies kann zunächst als weiteres Indiz dafür gelten, dass afrikanische Herrscher, in gewissem Rahmen, in eine höfische Geschenkpraxis mit einbezogen wurden. Bei einigen Objektgruppen lassen sich Parallelen zu afrikanischen Repräsentationspraktiken nachweisen; zugleich wurden neuartige Objekte vielfach aufgegriffen und in das lokale Distinktionssystem integriert, zum Teil auch adaptiert. Damit ist bereits angedeutet, dass es nicht einfach ist, die genauen Rezeptionswege zu ermitteln.[197] Im Folgenden sollen diese Objekte und ihr (mög-

195 Siehe dazu neben Alpern, Master List, auch Metcalf, Microcosm, und Johnson, Commodities, S. 9ff.

196 In gewisser Weise passt dies zu der Praxis, die bspw. in Asante existierte, nämlich unterworfene und tributpflichtige Herrscher an der Peripherie Asantes mit Regalia zu beschenken und damit stärker in die politische Kultur Asantes einzubinden, zugleich aber auch die Loyalität zum *asantehene* zu festigen. Vgl. dazu Bravmann, Diffusion, S. 157ff., und ders., Frontiers, bes. S. 10ff. – Vgl. zu den einschlägigen Objekten auch Alpern, Master List, S. 29ff.

197 Leider ist die einschlägige kunsthistorische Forschung in solchen Fragen oft genug unpräzise oder widmet sich allein der gegenwärtigen Kunstproduktion, deren Geschichte hauptsächlich auf Grundlage von oralen Traditionen geschildert wird. Somit fehlen Stilanalysen oder vergleichende Studien von Gestaltungsprinzipien, die allerdings umfassendes Wissen sowohl über die jeweilige afrikanische als auch über die europäische Kunsttradition verlangen würden, bislang weitgehend. Sie könnten helfen, Probleme von Abhängigkeit, Rezeption

licher) Rezeptionskontext untersucht werden, auch im Anschluss an Baesjou, der beiläufig und ohne weitere Erklärung feststellt: »[C]ertains objets qui étaient donnés, comme des drapeaux, chapeaux, bâtons etc., prenaient l'importance des emblêmes du pouvoir au niveau local dans les régions du littoral.«[198] Damit geht es mir, wie gesagt, auch darum, die eingangs erwähnte, am Beispiel Asantes entwickelte These von Malcolm D. McLeod zu hinterfragen, die europäischen Geschenke hätten die Bedürfnisse und den Geschmack afrikanischer Herrscher grundsätzlich verfehlt.[199]

a. *Stühle*

Zu den Repräsentationsobjekten sind als Erstes Stühle zu zählen, die meist kostbar bezogen und gelegentlich mit reichen Verzierungen ausgestattet waren. Sie stellten sowohl an der Gold- als auch an der Sklavenküste im 17. und 18. Jahrhundert ein verbreitetes Geschenk für Könige von einiger Bedeutung dar: Einen Tragsessel erhielt Tegbesu von Dahomey Mitte des 18. Jahrhunderts, der Herrscher von Allada bekam 1686 einen Tragestuhl, der ihm Berichten zufolge wohl gefiel, ebenso wurde der König von Elmina 1784 mit einem, leider nicht näher beschriebenen, Stuhl aufgrund seines loyalen Verhaltens im vierten englisch-niederländischen Krieg (1780–1784) beschenkt.[200] Der König von Ouidah ließ sich, jedenfalls der sicherlich parteiischen Version Labats zufolge, auf einem vergoldeten Lehnstuhl krönen, der ein Geschenk der französischen Kompanie und entsprechend mit dem französischen Wappen verziert war.[201] 1844 bedachte der britische Lieutenant-Governor Hill im Namen der Königin *asantehene* Kwaku

---

und Eigenständigkeit zu erhellen. Siehe aber mit vielversprechenden Ansätzen McLeod, Asante; Blier, Royal Arts. Eine vergleichende Analyse leistet in manchen Fällen bereits der Katalog von Herbert Cole und Doran Ross, z.B. in Bezug auf die Adaption von europäischen Stühlen; vgl. Cole/Ross, Arts of Ghana, u.a. S. 140ff.; siehe auch anhand eines einzelnen Motivs Ross, Heraldic Lion. Auch ein neuerer Forschungsüberblick in Form eines Onlinekatalogs kann nicht mit genaueren Herkunftsangaben zu Repräsentationsobjekten aufwarten; vgl. Sheales, Regalia.

198 Baesjou, Note, S. [17].

199 Verweis auf McLeod, Gifts, bes. S. 189 und S. 191.

200 Norris, *Memoirs* (1789), S. 96f.; Brief Isaac Hoolwerffs an die Heeren X, dd. 08.12.1686, NA, TWIC 180, fol. 1r–2v; Dagregister Elmina, Eintrag vom 14.09. 1784, NA, TWIC 995. Im letztgenannten Fall ist es jedoch nicht allein der König, der einen Stuhl bekam, auch der »groote« und der »klyne Makelaar« erhielten beide einen Stuhl.

201 Labat, *Voyage*, Bd. 2 (1730), S. 69f.

Dua mit einem vergoldeten Stuhl (»gilt chair«), was Kwaku Dua zur Übersendung eines Leoparden – in der Akan-Kultur ein Herrschaftssymbol[202] – als Gegengeschenk für Victoria veranlasste.[203] Dass die Europäer mit ihren Stuhlgeschenken teilweise Wünschen ihrer afrikanischen Interaktionspartner entgegenkamen bzw. entsprachen, lässt sich nicht allein an der Häufigkeit verschenkter Stühle und Sessel festmachen. Manche afrikanische Herrscher und andere Angehörige der Eliten wünschten sich auch explizit Stühle als Geschenke oder Abgaben. Beispielsweise berichtete der englische Faktor in Sekondi 1683, dass Tickadoe, Herrscher von Adom, zu »Captain Coffee«, einem der *brokers* der RAC, geschickt habe »for a hatt and a chayre«.[204]

Das besondere Interesse an Stühlen war, so ist zu vermuten, mit der Bedeutung dieser Objekte in der Symbolwelt der verschiedenen Gruppen an Gold- und Sklavenküste verknüpft. Stühle – auch wenn sie traditionell anders gestaltet waren als die aus Europa importierten – gehörten und gehören zu den wichtigsten Insignien von Herrschern in der Region. Fraser spricht gar vom »*sine qua non* of Ashanti leadership«;[205] diese Aussage gilt letztlich für alle Akan-Gruppen. Das bekannteste Beispiel für einen solchen Stuhl mit Symbolkraft ist der *sika dwa kofi* der Asante (wörtlich: ›der Goldene Stuhl, der am Freitag geboren wurde‹), den der Priester Okomfo Anokye für *asantehene* Osei Tutu angeblich vom Himmel herabkommen ließ. Dieser »Goldene Stuhl« stellt nicht allein die wichtigste Insignie des *asantehene* dar, sondern verkörpert letztlich die »Seele« oder den »Geist« (*sunsum*) Asantes sowie die Einheit der »Nation« und wurde, insbesondere in den Auseinandersetzungen mit den Briten um 1900, als Symbol der Unabhängigkeit Asantes angesehen.[206] Die Verwendungsweisen von Stühlen veränderten sich allerdings über die Zeit; so war das Design des Regenbogen-*stool* (*kontonkurowi*), wie ihn Abb. 7 zeigt, wohl ursprünglich dem *asantehene* vorbehalten, wurde aber im Laufe des 20. Jahrhunderts auch von niederrangigeren *ahene* benutzt.[207]

---

202 Zur symbolischen Bedeutung von Leoparden in Asante bzw. bei den Akan vgl. Ross, Heraldic Lion, bes. S. 168f.

203 Wörtlich steht im englischen Bericht eigentlich »kleiner Tiger«, in diesem Kontext ist jedoch ein Leopard gemeint; Letter from Lieut.-Governor Hill to King Quacoe Dooah of Ashantee, dd. 28.02.1844, in: Crooks (Hrsg.), Records, S. 298; The King's Reply, dd. 21.03.1844, in: ebd., S. 298.

204 Brief von Mark Bedford Whiting an CCC, dd. 26.06.1683 (OS), in: Law (Hrsg.), The English, Bd. 1, no. 4, S. 4f.

205 So Kyerematen, Panoply, S. 11, und Fraser, Symbols, S. 142.

206 Kyerematen, Stools; Patton, Stool; McCaskie, State, S. 127f. und S. 175ff.; vgl. auch Blier, Royal Arts, S. 133ff.

207 Dazu Patton, Stools, S. 75f. in Auseinandersetzung mit Rattray und Sarpong, Stools of Ashanti, S. 27f. Dieses Design ist mit dem Sprichwort *kontonkurowi ɛda*

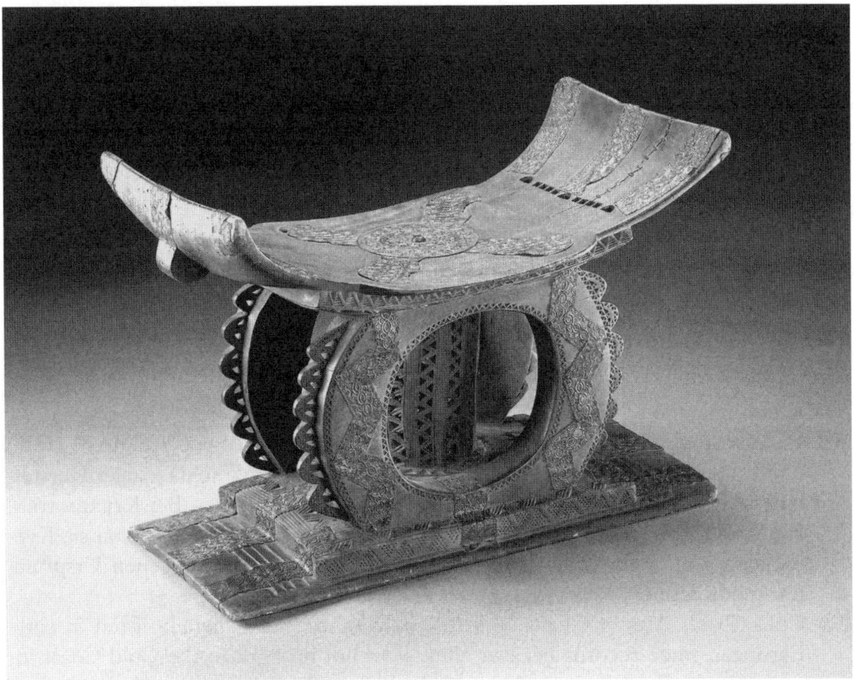

Abb. 7: *kontonkurowidwa* bzw. Regenbogen-*stool* aus Asante, wohl frühes 19. Jhdt., British Museum, Inv.-Nr. Af1953,05.1 [© Trustees of the British Museum]

Stühle fanden aber auch jenseits ihres Gebrauchs als sakral aufgeladene Herrscherinsignien in den Akan-Gesellschaften Verwendung, sodass man eine latente und mehrdeutige symbolische Aufladung vermuten kann. Die aus Europa importierten Stühle – in der englischsprachigen Literatur meist als »chairs« von den afrikanischen »stools« abgegrenzt – wurden als Repräsentationsobjekte hochgeschätzt, vielleicht nicht zuletzt, weil sie Analogie zum Bekannten und eine gewisse Exotik verbanden. Anders als die »state stools« durften sie zum Sitzen verwendet werden, unterlagen aber ebenfalls gewissen Distinktionskriterien.[208] E. A. Dagan hat in diesem Kontext darauf hingewiesen, dass einheimische Akan-Handwerker nach europäi-

amansan kon mu (in etwa: ›der kreisförmige Regenbogen umgibt den Nacken jeder Nation‹) assoziiert. Dies kann laut Sarpong, ebd., S. 29, Folgendes bedeuten: »One informant told us that it reminds the king that death is the lot of everybody, including himself, powerful as he is, and that therefore he should not be puffed up with pride by reason of his high position on earth. Another thinks it depicts the power which the king has over everybody in Ashanti.«

208 Ehrlich, Catalogue, S. 97 ff., die – anders als der von ihr zitierte Kyerematen – ebenfalls europäische Einflüsse feststellt. Besonders macht sie darauf aufmerk-

schem, vermutlich portugiesischem Vorbild selbst Stühle herstellten.[209] Herbert Cole und Doran Ross konnten aufgrund von Vergleichen Vorbildnahmen bei verschiedenen europäischen Stuhltypen präziser nachweisen, sie vermuteten zudem Stuhlgeschenke auch vor dem 19. Jahrhundert, ohne sie belegen zu können.[210] Alle Stühle waren der Oberschicht und den politischen Oberhäuptern vorbehalten und dienten repräsentativen Funktionen bei öffentlichen Auftritten und Versammlungen.[211]

Aus europäischer Perspektive zählten kostbare Sitzmöbel zu gängigen Geschenken im höfischen Gabenverkehr.[212] In ihrer ausführlichen Unter-

---

sam, dass der Typ des »chair« im Gegensatz zum »stool« nur in bestimmten Kreisen, hauptsächlich der Eliten, verbreitet ist.

209 Dagan, Stools, S. 21; ähnlich auch McLeod, Gifts, S. 188, ders., Asante, S. 118 ff.; und Ehrlich, Catalogue, S. 99 ff., anhand eines Stuhlornaments lokaler Herstellung, das aber eindeutig europäische Vorbilder adaptiert. – Bei Kyerematen, Panoply, S. 20–27, finden sich zahlreiche Bildbeispiele für solche »chairs«; Kyerematen hält aber auf Basis oraler Traditionen an ihrem indigenen Ursprung fest (ebd., S. 26 f.).

210 Cole/Ross, Arts of Ghana, S. 140 ff. »Chairs are not generally listed in early European trade records because they were not brought to the Gold Coast for trade but for the Europeans' use. Nevertheless, these European ›thrones‹ must have been admired and copied by local leaders, and some may have been given as gifts, just as Victorian armchairs were later presented by the British to select chiefs.« Ebd., S. 142. – In Asante gab es drei Gruppen solcher Stühle (*asipim*, *hwɛdɔm*, *akonkromfi*), die europäische Vorbilder adaptierten und mit einheimischen Materialien, Mustern und Symbolen verbanden. Einen *asipim*-Stuhl zeigt die Abb. 8.

211 McLeod, Asante, S. 118–121. Das British Museum erwarb 1979 einen Stuhl, der bei der Einnahme Kumasis durch britische Truppen 1896 aus dem Palast von *asantehene* Prempeh I. mitgenommen worden war. Der Stuhl ist iberischen Ursprungs und datiert vermutlich auf das späte 17. Jhdt. Der Stuhl wurde offenbar rege genutzt, laut einem Augenzeugenbericht ihn verwendete Prempeh I. selbst noch kurz vor Beginn des Angriffs; siehe dazu McLeod, Note. – Kyerematen weist – allein mit dem Argument oraler Traditionen – die Annahme eines europäischen Ursprungs von *asipim*, *hwɛdɔm* und *akonkromfi* zurück; Kyerematen, Panoply, S. 28. Vgl. auch Fraser, Symbols, S. 140 ff., Abb. S. 140 und S. 141, Fig. 8.1 und 8.2.

212 Für die in Afrika verschenkten Stühle und Sessel fehlen leider in der Mehrzahl der Fälle genauere Beschreibungen oder auch Zuordnungen zu Künstlern bzw. Werkstätten, wie sie für in Europa verbliebene Stuhlgeschenke häufiger vorliegen. Meist wird in den Überlieferungen v. a. die Beschaffenheit und Verzierung erwähnt, beispielweise das Vorhandensein von Beschlägen, das Material der Polsterung, falls vorhanden, und der Stuhltyp. Vermutlich waren die in Westafrika verschenkten Stühle nicht oder nur selten mit allegorischen Programmen

Abb. 8: *asipim* aus dem Besitz des *asantehene*, 19. Jhdt., British Museum, Inv.-Nr. Af1948,21.113 [© Trustees of the British Museum]

suchung des Bernsteinstuhls, den Kurfürst Friedrich Wilhelm von Brandenburg 1678 Kaiser Leopold I. schenkte, stellt Jeannette Falcke die machtaffirmative Bedeutung dieses Geschenks heraus, mit dem der Kurfürst zugleich – angesichts einer komplizierten politischen Lage – seine »gesellschaftli-

ausgestattet; mir ist jedenfalls kein Hinweis auf eine solche Ausschmückung bekannt.

che Unterordnung« demonstrierte.[213] Es ist allerdings fraglich, ob sich diese Interpretation zur Gänze auf die in Afrika verschenkten Stühle und Sessel übertragen lässt.[214] Durchaus passend erscheint Falckes Gedanke einer machtaffirmativen Funktion von Stuhlpräsenten, denn die Empfänger von Stühlen waren zumeist »Könige«, an deren stabiler Herrschaft die Kompanien einiges Interesse hatten.[215] Denn es waren, wie oben formuliert, zumeist Könige »von einiger Bedeutung«, die mit Stühlen bedacht wurden, und Stühle galten im höfischen Kontext, wie es im *Zedler* heißt, als »ein Pracht=Zeichen hoher Königlicher Würde«.[216] Darin scheinen sich Europäer und Afrikaner in der Frühen Neuzeit durchaus einig gewesen zu sein.

b. *Kopfbedeckungen: Hüte und Kronen*

Kopfbedeckungen stellen eine zweite Gruppe repräsentativer Geschenke dar. Sie waren jedoch nicht allein den ranghöchsten Empfängern vorbehalten, sondern wurden auch an *caboceers* und andere Personen mittleren Rangs verteilt. Distinktionen konnten dabei durch das verwendete Material und entsprechende Verzierungen getroffen werden.

---

213 Falcke, Studien, S. 108–122, hier: S. 116f. Sie hält allerdings auch fest, dass die verwendeten kostbaren Materialien mit spezifischem Herkunftsbezug zu den Territorien des Kurfürsten sowie Teile der Ansprache bei der Geschenkübergabe auch auf einen »gewissen Stolz[es] und Anspruch[s] gegenüber dem Kaiser« schließen lassen (S. 117f.).

214 Allerdings verschenkte bspw. der *asantehene* besondere Stühle an verdienstvolle *chiefs*, um sie so auszuzeichnen; siehe Bravmann, Frontiers, S. 24.

215 Die Art und Weise der Nutzung dieser Stühle entzog sich allerdings der Kontrolle der Schenkenden: Im Falle des Goldenen Stuhls von Asante diente gelegentlich ein europäischer bzw. nach europäischem Vorbild gefertigter Stuhl (*hwɛdɔm*) dazu, Hierarchievorstellungen aus Sicht des *asantehene* auszudrücken. Der Goldene Stuhl selbst durfte nämlich den Boden nicht berühren, daher wurde er auf einen nach europäischen Vorbildern gefertigten Stuhl mit Lehnen und silbernen Beschlägen gestellt, der wiederum auf einer Matte aus Elefantenhaut (*banwoma*) platziert war. Damit sollte die Überlegenheit des *asantehene* über die Macht der Europäer und die Macht der Natur symbolisiert werden; so jedenfalls die Interpretation dieses Arrangements bei Blier, Royal Arts, S. 133ff. Es erinnert auch in gewisser Weise an das Konzept des *Obi-Te-Obi-So-Dwa* (etwa: ›ein Mann sitzt auf dem Stuhl des anderen‹), eines Doppelstuhls, der den Gedanken der Hierarchie und der Präzedenz als zentralen Bestandteil der sozialen Ordnung symbolisierte; dazu kurz Sarpong, Stools, S. 23.

216 Art. Stuhl, in: Zedler, *Universal-Lexicon*, Bd. 40 (1744), Sp. 1263–1270, hier: Sp. 1264f. An diese Feststellung schließt sich eine längere Ausführung über die Bedeutung von Stühlen im biblischen Kontext an.

Über die Nutzung von europäischen Kopfbedeckungen durch afrikanische Herrscher und Adelige liegen relativ viele Aussagen vor.[217] Ein Hut tauchte bereits in Atkins' parodistischer Beschreibung des Königs vom Rio Sestos auf, und auch der von Isert belächelte König von Groß-Popo trug eine »Fuhrmanns=Müzze«.[218] Gelegentlich dienten, folgte man der Untersuchung von Suzanne Preston Blier, Hüte europäischer Façon in Portraits und anderen Darstellungen afrikanischer Oberhäupter zudem als »marker of European loyalty«.[219]

Den Hüten kam vielerorts vor allem eine Distinktionsfunktion innerhalb der afrikanischen Eliten und Oberschichten zu. So beschrieb der dänische Kaplan Rask die Verwendung alter europäischer Hüte als Statussymbol der »kabuseers« (*caboceers*) in Accra.[220] Ähnliches berichtete Brun über Sonho, wo der »Adel« schwarze Hüte trage – und zwar »jetzund«, offenbar handelte es sich Anfang des 17. Jahrhunderts um einen relativ neuen Brauch.[221] Im späten 17. Jahrhundert war die Nutzung von alten Hüten (und Perücken) an

---

217 Vgl. zur Aneignung europäischer Kleidungsstücke und ihrer Verwendung als Statussymbole auch Thornton, Africa, S. 231f.; die Bedeutung von Hüten erwähnt auch Johnson, Commodities, S. 10; kurz auch oben, Unterkap. I.2.2, bei Anm. 111.

218 Isert, *Reise* (1788), S. 143f.

219 Siehe Blier, Europia Mania, S. 237ff. Blier argumentiert, dass die Verwendung von europäischen Kleidungsstücken und Kopfbedeckungen aus Sicht Dahomeys hingegen einer Aneignung gleichkomme, die als »vital marker of local control and even dominance« diene (S. 239).

220 Rask, Description, S. 117f.; dabei handele es sich entweder um abgelegte Hüte der Europäer an der Küste oder um Geschenke. – Die Listen der Antrittsgeschenke niederländischer Faktoren in Accra im 18. Jhdt. zeigen, dass Hüte dort als eher exklusive Geschenke verteilt wurden; von den zahlreichen Empfängern erhielt 1757 allein der König von Asante, 1773 allein der König von Akwamu einen Hut. Beide waren mit goldenen »Galonen« ausgestattet, eine weiße Feder wies allerdings allein das Exemplar für den König von Asante auf, der in der Liste von 1773 nicht mehr vorkommt. Mit solchen Zusätzen konnten also weitere Distinktionen vorgenommen werden. Costume door den Commies & Raad G. W. van Blydenberg aan de Accrasche, en deszelfs onderhoerigen districten by het aanvaarden van het Gouvernement aldaar present gedaan den 14 Aug: 1758, dd. 17.08.1758, NA, NBKG 223; Costume door den Opper Commies Raad J: van der Puye aan de naturellen van Accra & deszelfs onderhoorige districten by't aanvaarden van het Gouvernement aldaar den [s. d.] December 1773, ebd.

221 Brun, Schiffahrten (1624), S. 28; Broecke, Reizen, S. 31, erwähnt, dass der »principalste[n] adel«, der bei seiner Audienz beim »Grave« von Sonho anwesend war, neben kostbaren Mänteln auch Hüte trug.

Gold- und Sklavenküste wohl bereits weit verbreitet.[222] Die Hüte stammten dabei sicherlich nicht immer aus Geschenkesendungen, sondern wurden auch gezielt gekauft.[223] Der hohe Bedarf an Hüten lässt sich auch daran ablesen, dass sie Teil von vertraglich festgelegten regelmäßigen »Schenkungen« sein konnten, wie 1789 in dem französischen Vertrag mit dem König von Porto-Novo, der jedes Jahr im Januar oder Februar unter anderem einen Hut mit goldener Bordüre und Feder bekommen sollte.[224]

Besonders begehrt waren vor allem reich verzierte Kopfbedeckungen, während die gängigeren und günstigeren »chapeaux de traite« vermutlich schlicht gestaltet waren und in größerer Zahl verschenkt wurden.[225] Sowohl

222 Bosman, *Beschryving* (1704), Teil 1, S. 116 (über Nutzung alter europäischer Hüte und Mützen) und S. 120f. (zum Hutabnehmen als Begrüßungsgeste bei denjenigen, die Umgang mit Europäern haben), sowie Teil 2, S. 190f. – Atkins berichtete 1735 über Hüte als Teil herrscherlicher Kleidung auch am Kap Mesurado und am Kap Lopez; Atkins, *Voyage* (1735), S. 57f. und S. 198f.

223 Müller, Landschaft (1676 [1673]), S. 153f.

224 Obligations a peu pres qu'exige le Roi d'Ardres de Monseigneur le Marechal de Castries, dd. 1789, ANOM, C 6/26. Neben dem Hut umfasste dieses alljährliche Geschenk »deux pieces de belle soirie de 15. a 20. auncs [onces?], quatre ancres Eau de vie et un Chapeau Bordé d'or avec plumet [...]«. – Ein Hut nach spanischer Art war Teil des Amtsantrittsgeschenks an den *yavogan* in Ouidah; Etat des présents faits a la récéption du nouveau yavogan le 1. Juillet 1784, ANOM, C 6/18. Hüte gehörten auch zu den üblichen Geschenken, um eine Handelserlaubnis in Calabar zu erhalten; Barbot on Guinea, Bd. 2, S. 691. – Hüte waren aber ebenso Bestandteil von besonderen Geschenkpaketen, so fanden sie sich auch in einem Vorschlag für eine hochpolitische Geschenksendung der französischen Kompanie von 1719. Mit dieser wollte man Jan Konny, den berühmt-berüchtigten »merchant prince« von Ahanta, der das ehemals brandenburgisch-preußische Fort Groß-Friedrichsburg immer noch gegen niederländische Übernahme- und Erstürmungsversuche verteidigte, zur Übergabe des Forts an die Franzosen veranlassen. Dazu sollte Konny u.a. auch durch Geschenke in Form von »deux Bonnets de velours Bordés denuirs vingt livres piece et de deux chapeaux bordés d'or et d'argent« bewegt werden; Mémoire pour servir a faire l'Establissement du fort des trois pointes Coste d'Affrique dans la Conjoncture present donné par Le Sr M. L'Euesque second Directeur pour le Roy a Juda, a M. Colombe Consul General de France dans le Royaume de Portugal, a Lisbonne, dd. 20.03.1719, ANOM, C 6/25. Es ist allerdings unklar, ob das Unterfangen tatsächlich in die Wege geleitet wurde.

225 So geschehen bspw. bei einem Vertragsschluss an der Goldküste 1786, bei dem die »chefs des villages de Serpent et d'amokou« allein 16 »chapeaux de traite« und 16 »bonnets de laine« erhielten; Payements faits par ordre de M. le Cte de flotte chef de Division ... aux chefs des Villages d'Anamabou, de Serpent et d'amokou, suivant les obligations à payer, par le premier Bâtiment expédié par

geschenkte als auch gekaufte Hüte wurden, so berichten Müller und Rask, auch von ihren neuen Besitzern selbst noch weiter ausgeschmückt mit Federn, mit goldenen Hut- oder Seidenbändern oder mit bunten Tuchstreifen.[226]

Eine besondere und besonders königliche Form der Kopfbedeckung war die Krone, jedenfalls europäischen Vorstellungen zufolge. Es nimmt daher nicht Wunder, dass es Versuche gab, Kronen in Westafrika zu verschenken.[227] So ließ der niederländische Generaldirektor Wilhem de la Palma für den Herrscher von Eguafo, einen seiner wichtigsten Bündnispartner, eine goldene Krone anfertigen. Diese Gabe fand jedoch offensichtlich keinen Anklang, denn 1716 verzeichnet der Rat von Elmina, Wilhem de la Palma habe mit dieser Krone den König von Eguafo krönen wollen, doch »dieser Brauch [sei] unter den Eingeborenen nicht üblich & das Gold, aus dem die Krone gemacht ist, daher ohne Zweck für die Kompanie«. Deshalb sei die Krone nun eingeschmolzen worden.[228] Abgesehen von der Unüblichkeit von Kronen europäischer Façon[229] ist ein weiterer Faktor, der die Annahme

---

le Gouvernement pour cette partie de la Côte, faites par M. le Ch^{er} de Girardin, Capitaine de Vaisseau, 1786, ANOM, C 6/26. Besondere Freude zeigte angeblich auch Naimbanna, ein Temne-Herrscher in Sierra Leone, über den »gold laced hat«, den Alexander Falconbridge ihm 1791 verehrte; vgl. FALCONBRIDGE, Narrative (1802), S. 25.

226 MÜLLER, Landschaft (1676 [1673]), S. 153 f.; RASK, Description, S. 117 f., der über die Verwendung von Tuchstreifen berichtet, fügt leicht abschätzig hinzu, die Träger glaubten, mit diesem Hutschmuck besonders fein zu sein.

227 Ein weiterer Vorschlag, eine Krone und ein Zepter zu verschenken, stammte von Bulfinch Lambe (1724) und bezog sich auf den König von Dahomey; siehe SMITH, *Voyage* (1744), S. 173. Es ist möglich, dass Kronen in Dahomey, wo die Perlenkronen der Yoruba bekannt waren, eher ›angekommen‹ wären als bei den Akan an der Goldküste (siehe unten). – Auch weitere Objekte, die man zu Regalien im europäischen Verständnis zählen kann, wurden in Westafrika verschenkt; so überbrachten die Franzosen 1789 dem König von Dahomey einen silbernen Apfel in der Hoffnung, dass dieses Geschenk den Handel erleichtere; Brief La Luzernes, dd. 20.08.1789, ANOM, C 6/26. Dieses Geschenk wurde nicht von den in Afrika tätigen Angestellten der Kompanie, sondern aus dem Umkreis des Pariser Ministeriums bestellt, über seine Rezeption durch Agonglo ist jedoch nichts bekannt.

228 »[...] alzoo deze manier onder den naturellen noyt Practicabel & het goud waarvan deze kroon gemaact is dus sonder vrugt voorde Comp[agnie]«; Ratsprotokolle Elmina, Eintrag vom 12.05.1716, NA, TWIC 124. Bei der Einschmelzung wurde jedoch ein geringeres Gewicht festgestellt, als de la Palma angegeben hatte.

229 Kyerematen schreibt: »Crowns of the form used by European monarchs were unknown in Ghana in traditional times. Hats of skin, with silver or gold decora-

Abb. 9: Krone aus der Geschenksendung für den König von Allada, Rijksmuseum Amsterdam, Inv.-Nr. NG-NM-816-A.

des Präsents verhinderte, darin zu vermuten, dass die Krone hier nicht nur als Geschenk fungierte, mit dem die Würde des Königs von Eguafo anerkannt wurde. Vielmehr nahm de la Palma offenbar für sich das Recht in Anspruch, den König zu krönen, was zugleich eine Hierarchisierung der Beziehungen zu seinen eigenen bzw. zu niederländischen Gunsten impliziert hätte. Dass de la Palma die Krone nicht an den König bringen konnte, verhinderte damit möglicherweise einen – in niederländischen Augen – Akt

---

tions of some historical or symbolic significance, served the purposes of a crown and were used by the ruler on solemn occasions, for example, at his installation rites. [...] In modern times, however, some chiefs on the littoral have made crowns which look like imitations of European crowns but are given decorations and names of local significance.« Kyerematen, Panoply, S. 82. Siehe auch Garrard, African Gold, S. 82f., mit Bildbeispielen von kolonialzeitlichen Kronen lokaler Produktion.

To the Great King of Ardra
IAMES
Duke of Yorke & Albany &c.
Brother to the King of England,
Scotland, France, and Irland.
Sendeth Greeting.

Whereas Wee haue formerly writt to You by the hands of our Saruants Henry Clerke our Chief Factor, and Captaine Hurt, and haue received from Them a good report of your Kindnesse to our Nation and the Saruants employed by Us. It is our desire that you would continue those good Inclinations. If You shall further Us in the making a Preparation of Lading for our Shipps against They come, And giue Us a freedome of Trade in your Dominions with all your Subjects, It will move Us to send You from Time to Time a plentifull Supply of all sorts of Goods, that shall be most to Your Liking. But, if Wee shall be straitned in our Trade, and diminished in the Priuiledges Wee haue formerly enjoyed, Wee shall be forced to seeke our Conveniences in some other Place. But wee are confident you will haue so much Esteeme for the preseruing of a full and friendly Intercourse of Traffique betweene Us that you will rather enlarge your Kindnesse towards our Saruants employed by Us. WEE haue so great a Value for Your Person and Dignity, that wee haue Sent You a Present of a Crowne which is the Badge of the highest Authority, and a Bed, such as is used in these Parts, Which wee desire to accept of and be Sure Wee shall requite any Fauour You shall shew our Factors and Saruants. Dated at the Court at White-Hall The Twenty Second day of Iuly Anno Domini 1664.

Abb. 10: Brief von James Duke of York und Ellis Leighton, Gouvernour of the Royal Company, an den König von Allada, dd. 22.06.1664, Rijksmuseum Amsterdam, Inv.-Nr. NG-NM-816-B.

des Souveränitätstransfers, wie ihn David Murray in Bezug auf ein Kronengeschenk an den indianischen Herrscher Powhatan beschreibt.[230]

Einen weiteren Versuch, einen afrikanischen Herrscher mit einer Krone zu bedenken, unternahm Mitte des 17. Jahrhunderts die Company of Royal Adventurers unter James Duke of York, dem späteren König James II. Sie ließ eine Krone für den König von Allada anfertigen (Abb. 9 & Abb. 10), die ihm gemeinsam mit einem Prunkbett und einem Brief von James überbracht werden sollte. Nichts davon kam jedoch in Allada an, da die Engländer einen denkbar ungünstigen Zeitpunkt für ihre Geschenkofferte wählten. Das Schiff »Maria« oder »Mary«, das die Gaben transportierte, geriet 1664 in die Wirren des zweiten niederländisch-englischen Seekriegs und wurde von der Flotte de Ruyters gekapert, sodass sich die Krone samt Begleitbrief heute im Rijksmuseum in Amsterdam befindet.[231] Sehr aufschlussreich im Hinblick auf die Schenkabsicht ist jedoch der Brief an den König von

230 Murray, Indian Giving, S. 60 ff.

231 Krone, Rijksmuseum Amsterdam, Inv.-Nr. NG-NM-816-A (Abb. 9); Brief von James Duke of York und Ellis Leighton, Gouvernour of the Royal Company, an den »Great King of Ardra«, dd. 22.06.1664, ebd., Inv.-Nr. NG-NM-816-B

Allada, verrät er doch, dass die Engländer die Krone als kulturelle Grenzen überschreitendes Geschenk für erläuterungsbedürftig hielten:

> »Wee haue so great a Value for Your Person and Dignity, that wee haue Sent You a Present of a Crowne which is the Badge of the highest Authority and a Bed such as is used in these Parts; Which wee desire to accept of and be Sure Wee shall requite any Fauour, You shall shew our Factors, and Sarvants [sic].«[232]

Leider wissen wir nicht, ob und wie der Herrscher von Allada die Krone aufgenommen hätte, und Spekulationen sind müßig. Festzustellen ist aber, dass in diesem Fall die Krone offenbar weniger mit rechtlichen Implikationen verbunden wurde und vermutlich hauptsächlich als Ehrengeschenk der Statusbekräftigung dienen sollte. Die beiden Kronengeschenke, auch wenn beide letztlich aus verschiedenen Gründen missglückten, zeigen daher auch an, dass die Bedeutung eines Geschenks sich nicht allein durch die materielle Gabe an sich ergibt, sondern auch durch die Art und Weise der Übergabe bzw. der Inszenierung des Schenkakts selbst.

1784 verschenkten die Niederländer schließlich doch erfolgreich eine Krone, bezeichnenderweise an den König von Elmina, wo der niederländische Einfluss sicher am stärksten war. Anlass für das Geschenk war der vierte niederländisch-englische Krieg, in dem die Elminas 1782 ihre Loyalität gegenüber den Niederländern unter Beweis gestellt hatten.[233] Die Geschenkauswahl war sehr hierarchisch und dynastiestärkend angelegt, der König erhielt mehrere repräsentative Geschenke: eine vergoldete Krone, einen Stuhl, ein seidenes Kleid, einen Schirm und einen Stock (»rotting«). Es handelte sich dabei offensichtlich um eine Mischung aus Repräsentationsob-

---

(Abb. 10). Vgl. dazu Ham, Goud, S. 92, und Luttervelt, Herinneringen. Luttervelt beschreibt die Krone folgendermaßen: Die Form sei »in alle opzichten« charakteristisch englisch. Am Rand sei früher ein weißer Pelzstreifen befestigt gewesen, um den Tragekomfort zu erhöhen, innen sei die Krone mit rotem Wollstoff gefüttert. Über der roten Samthaube seien vier Bügel aus vergoldetem Kupfer befestigt, mit Steinen besetzt und oben mit einem Kreuz gekrönt. Die Tatsache, dass die Krone nicht aus echtem Gold besteht, kommentiert Luttervelt wie folgt: »Dergelijke goedkope namaak achtte Engeland blijkbaar toen goed genoeg voor een negervorst, maar merkwaardig is dit procédé wel wanneer men bedenkt dat het voorwerp bedoeld was als geschenk voor een heerser aan [...] de Goudkust!«

232 Brief von James Duke of York und Ellis Leighton, Gouvernour of the Royal Company, an den »Great King of Ardra«, dd. 22.06.1664 (Abb. 10), auch abgedruckt in: Luttervelt, Herinneringen, S. 53. Der auf Pergament verfasste Brief ist kalligrafisch ausgestaltet und mit einer Randbordüre mit Pflanzenornamenten und farbenprächtigen Vögeln versehen.

233 Dagregister Elmina, Eintrag vom 14.09.1784, NA, TWIC 995.

jekten lokaler und europäischer Façon. Gegenüber dem König erhielten alle anderen Beschenkten deutlich geringere Gaben, auch der »onderkoning« und der »derde koning«, die gegenüber dem Prinzen Taccodie, offenbar der Nachfolger des Königs, und auch gegenüber den »Makelaars« der Kompanie deutlich zurückgesetzt wurden.[234] Eine Krönung wird nicht erwähnt.

c. *Stäbe*

Als wichtige dritte Gruppe von verschenkten Repräsentationsobjekten sind Stäbe zu nennen. Ob bzw. inwieweit diese Stäbe an afrikanischen Repräsentationsobjekten orientiert waren, ist nicht abschließend geklärt. In der Vergangenheit kursierten vielfältige Ursprungshypothesen, in denen nordghanaische Kriegskeulen und Zeremonialspeere aus Mali ebenso eine Rolle spielten wie »fetish-sticks« und europäische Spazierstöcke.[235] Als erste Erwähnung der Verwendung von Stäben in Westafrika wird der Bericht Müllers über den König von Fetu (1676) angesehen: Dieser habe statt eines königlichen Zepters »einen langen Stab, mit dem feinsten Silber beschlagen, in demselben [sic] ist sein Nahme [sic] gegraben«. Aufgrund der Gravur ist zu vermuten, dass es sich bereits um ein Exemplar europäischen Ursprungs gehandelt hat.[236]

Relativ einig ist sich die Forschung mittlerweile, dass die europäische Praxis, an Bündnispartner und benachbarte Herrscher solche Stäbe zu ver-

---

234 Der Prinz erhielt einen Hut mit einer Feder, ein rotes Tuch mit silbernen Fransen, einen Schirm und einen Stock; der große »Makelaar« bekam Branntwein, Liqueur, zwei Kisten Pfeifen, zwei Trompeten, einen Stuhl, einen Hut mit einer Feder, ein Gewehr, ein rotes Tuch mit goldenen Fransen, einen Säbel, einen Schirm, sieben Flöten, einen Stock und Bahia-Tabak; der kleine »Makelaar« erhielt Branntwein, Liqueur, eine Kiste Pfeifen, eine Trompette, einen Stuhl, einen Hut mit Feder, ein Gewehr, ein rotes Tuch mit goldenen Fransen, einen Säbel, einen Schirm, einen Stock und Bahia-Tabak. Ebd.

235 Nordghanaische Kriegskeulen: Kyerematen, Panoply, S. 33 f und S. 96; Speere aus Mali bzw. dem »Norden« nennt Alpern, Master List, S. 32. Von einem autochthonen Ursprung geht auch Bravmann, Frontiers, S. 12 f., aus, dem zufolge die Briten im 19. Jhdt. die Nutzung von Stäben zum Anlass nahmen, selbst Stäbe zu verschenken. Dass diese Geschenkpraxis bereits vor dem 19. Jhdt. existierte, ist ihm unbekannt – seine Chronologie lässt sich im Lichte des hier erhobenen Befunds nicht halten. Ehrlich, Catalogue, S. 117, schlägt den Gehstock der Älteren als Ursprung vor. Sheales, Regalia, Abs. I.vi, geht dagegen davon aus, dass Stäbe erst durch entsprechende Geschenke von europäischer Seite aufkamen.

236 Müller, Landschafft (1676 [1673]), S. 103.

teilen, wie auch deren Nutzung durch die Kompanievertreter selbst zu neuartigen Verwendungsweisen führte und eine massive Ausweitung ihres Gebrauchs nach sich zog.[237] Heute verwenden und fertigen alle Akan-Gruppen Stäbe mit elaborierten und reich ausgestalteten Knäufen, deren Motivik eng mit traditionellen Sprichwörtern verknüpft ist; diese Form datiert jedoch erst auf das späte 19. Jahrhundert.[238] Die in dem Untersuchungszeitraum gebräuchlichen Stäbe waren vermutlich mit schlichteren Knäufen ausgestattet, allerdings muss man sich hier ganz auf die schriftliche (und meist knapp ausfallende) Überlieferung verlassen.[239]

Dem englischen Kapitän Thomas Phillips (1693/94) zufolge waren Stäbe als Geschenke seitens der Kompanien ausgesprochen beliebt:

> »The kings and great capashiers here are very fond of canes, and 'tis the greatest present the African company can make them, each of our castle capashiers having one as a badge of his office; and the king of Sabo [Asebu; C.B.] had one given him

---

237 Leider zeichnen sich die einschlägigen Diskussionsbeiträge nicht immer durch klare Argumentationen oder wechselseitige Kenntnisnahme aus. Unklar ist bspw. die Position von McLeod. Er referiert zunächst die Theorie von Kyerematen, die Stäbe als Herrscherinsignien bei den Akan hätten sich aus Keulen entwickelt, die bis heute in Nordghana als Autoritätssymbol von *chiefs* verwendet werden, und verweist dann auf widersprüchliche Traditionen, die die Einführung der Stäbe für »linguists« auf die Regierungszeit von *asantehene* Kwaku Dua I. (1834–1867) festlegen. Aufbauend auf diesem Widerspruch interpretiert McLeod sodann Belege dafür, dass Europäer in Westafrika Stäbe (auch im Sinne von Spazierstöcken) benutzten, als Indiz für den europäischen Ursprung der Stäbe als Insignien; McLeod, Asante, S. 95f. Meines Erachtens ist das Argument über das bloße Vorhandensein von stabähnlichen Objekten nicht hinreichend. Es müsste insbes. auch durch kunsthistorische Untersuchungen untermauert werden, um Verwandtschaft bzw. Einflüsse in Form und Gestaltung nachzuweisen. Außerdem kann die mögliche späte Einführung von Stäben in Asante nicht als Richtschnur für die gesamte Goldküste genommen werden. Zuzustimmen ist McLeod jedoch darin, dass die Verwendung von Stäben sich seit dem 18. Jhdt. unter europäischem Einfluss massiv ausgeweitet hat; dazu ders., Staffs. Unklar bzgl. Genealogie der Stäbe auch Blier, Royal Arts, S. 145f., die zwar den Einfluss europäischer »canes« erwähnt, aber nicht näher erläutert. Für Benin kann Ryder überzeugend darlegen, dass Stäbe als Autoritätszeichen erst im 18. Jhdt. durch Europäer eingeführt wurden; vgl. Ryder, Benin, S. 218 und S. 223.

238 Garrard vermutet, dass die elaborierten Schlussstücke an die Gestaltung der Schirmspitzen angelehnt sind; Garrard, African Gold, S. 78, so auch Cole/Ross, Arts of Ghana, S. 161.

239 Vgl. McLeod, Staffs; ders., Elements, S. 93ff.; Cole/Ross, Arts of Ghana, S. 158ff.

about six foot long, thick, and with a large silver head, which he much esteem'd, and carried always with him.«[240]

Stäbe dienten offenbar als repräsentative, statusbekräftigende Geschenke *innerhalb* der lokalen Eliten. Distinktion ermöglichten dabei kostbare Beschläge und Verzierungen, aber auch unterschiedliche Längen.[241]

Stäbe wurden jedoch nicht von allen Kompanien gleichermaßen verschenkt: Besonders eifrig wurden sie von den Engländern und Niederländern sowie den skandinavischen und brandenburgischen Kompanien verteilt,[242] während die Franzosen sie kaum verschenkten. Die englischen Stäbe besaßen dabei offensichtlich ein einheitliches ›Design‹ und waren stets mit einem silbernen Knauf ausgestattet – vielleicht auch ein Reflex der Silberwaren, die im innereuropäischen Gesandtschaftsverkehr der Frühen Neuzeit das diplomatische Standardgeschenk aus England darstellten.[243] Die

240 Phillips, *Journal* (1732), *S.* 208.

241 So schlug Elet als Geschenk für die Verhandlungen mit Akyem u.a. »groote stocken met silver beslag« vor; Brief Jacobus Elets, dd. 22.12.1732, NA, NBKG 98, unter dem Eintrag vom 25.12.1732. Dantzig hat hier offenbar fälschlich »stoelen« (wiedergegeben mit »chairs«) statt »stocken« gelesen; Dantzig (Hrsg.), The Dutch, no. 340, S. 283f.

242 Für die brandenburgische Kompanie (vielleicht in Anlehnung an die niederländische Praxis) vgl. z.B. den Brief Emanuel Ras' an Johan Brouw, Direktor von Groß-Friedrichsburg, s. d. [Ende Oktober 1685], in: Jones (Hrsg.), Brandenburg Sources, no. 43, S. 269 bzw. S. 128. Für die dänische Kompanie vgl. bspw. Geschenkeliste, s. d. [1680], in: Justesen (Hrsg.), Danish Sources, Bd. 1, no. I.18, S. 36ff.; Brief von Angestellten der DAK an die Direktoren der DAK, s. d. [Juli 1680], in: ebd., no. I.24, S. 45ff.; und Brief von Gouverneur Thrane an die Direktoren der DAK, dd. 26.01.1699, in: ebd., no. III.1, S. 110f.

243 Siehe u.a. Brief William Cross' an CCC, dd. 17.02.1687 (OS), in: Law (Hrsg.), The English, Bd. 2, no. 227, S. 105 (Stab mit Silberknauf für den »Mareen« von Eguafo), Brief Nicolas Buckeridges an CCC, dd. 12.04.1694 (OS), in: Law (Hrsg.), The English, Bd. 3, no. 1083, S. 449ff., hier: S. 451 (Stab mit Silberknauf für die Königin von Agonna, dazu auch Philips, *Journal*, S. 211), Brief Richard Goreings an CCC, dd. 10.12.1694 (OS), in: ebd., no. 64, S. 44f. (Stab mit Silberknauf für Captain Dickie von Dixcove), und Brief John Brownes an CCC, dd. 03.09.1697 (OS), in: ebd., no. 877, S. 359 (Stab mit Silberknauf für den Captain of Abora, Fante); auch John Kabes von Komenda sollte 1704 einen Stab mit Silberknauf erhalten (vgl. Daaku, Trade, S. 117). – Diese Stäbe kaufte die Kompanie im 18. Jhdt. gleich *en gros* ein, wie eine Bestellung von 1750 zeigt: »20 Silver Head Canes with the Companys Arms Engraved, for Presents to Kings, Caboceers, and great Men, in the Inland, Country, to Engage them in the Brittish Interest, for Want of Such a Cane as Above, a good deal more trouble has happen'd at Dixcove [eine Auseinandersetzung zwischen CMA und WIC; C. B.] than otherwise would, as it is enlisting Negroes in your Service, which they

dänische Kompanie verschenkte Stäbe, die mit dem Wappen des dänischen Königs geschmückt waren; gelegentlich gab es auch englische Stäbe mit dem Wappen der Kompanie (nicht aber des englischen Königs).[244] Diese Differenz lässt sich als ein Indiz dafür interpretieren, dass das Verhältnis zum Souverän bei der englischen und dänischen Kompanie unterschiedlich ausgestaltet war; dies stimmt durchaus auch mit weiteren Befunden überein.[245] Wie sehr für die englischen Faktoren Stäbe zum Geschenkrepertoire gehörten, zeigt sich in einer auffälligen Divergenz zwischen englischen und französischen Quellen im Zusammenhang mit der Konkurrenz um Anomabo in den 1750ern. In einem englischen Bericht wird von einem Geschenk bestehend aus »a Cloth, Hat and Cane« gesprochen, das die Franzosen dem *braffo* von Fante geschickt hätten, um seine Gunst zu gewinnen. In den französischen Geschenkelisten finden sich dagegen zwar Stoffe, Mäntel und Hüte, aber kein Stab.[246]

Stäbe fungierten in der politischen Kommunikation an Gold- und Sklavenküste jedoch nicht nur als Distinktionsobjekte. Vielmehr spielten sie eine wesentliche Rolle in der Institutionalisierung diplomatischer Praxis und Beziehungen. Stäbe (Akan: *poma*) markierten diplomatische Rollen, sie dien(t)en auf der einen Seite als Abzeichen für Boten und Sprecher afrikanischer Herrscher und *caboceers*, die *akyeame* (Sg. *okyeame*) bzw. *linguists*.[247] Auf der anderen Seite wurden sie auch zur Auszeichnung von Boten der Kompanien eingesetzt – und zwar nicht nur im Verkehr zwischen afrikanischen Herrschern und den Kompanien, sondern auch bei der Kommunikation

---

seldom or ever after desert«; TNA, T 70/1476, Eintrag vom 28.09.1750, zitiert nach Fisher (Bearb.), Extracts, S. 357. Zur englischen Tradition, Silberwaren zu verschenken, vgl. Jansson, Reciprocity: »[...] by the seventeenth century, silver wrought by craftsmen apprenticed in England was the expected gift from the English King.« (S. 349.) Zu möglichen weiteren Silbergeschenken in Westafrika siehe Alpern, Master List, S. 14.

244 So sollten 1775 die Stäbe für *asantehene* Osei Kwadwo und *anomabohene* Amonu Kuma mit dem Wappen der Kompanie versehen werden; Shumway, Fante, S. 82f.

245 Etwa im Vgl. der jeweiligen Oktrois; siehe oben, Einleitung, Abs. 5.2, Anm. 208.

246 A Diary or Narrative of Transactions with the Fantees from the Death of Intuffero King of Warsaw, in 1753, TNA, T 70/1520 (diese Aussage wird sogar dem *braffo* in den Mund gelegt); Etat des presents faits aux Fantins, dd. 27.02.1752, ANOM, C 6/17.

247 Zum Stab als Insignie von Gesandten und Botschaftern in Asante, die als »badge[s] of credence« fungierte und damit diplomatische Anerkennung und freie Durchreise garantieren sollte, vgl. Adjaye, Diplomacy, S. 66f., der allerdings nicht auf die Frage des Ursprungs dieser Stäbe eingeht. Siehe auch McLeod, Staffs. Zum Amt des *okyeame* vgl. Yankah, Speaking, und oben, Abs. II.2.1.c.

zwischen den europäischen Kompanien bzw. zwischen unterschiedlichen Forts. Als Boten fungierten dabei meist die persönlichen Diener (»boys«, »jongen«) der jeweiligen Faktoren oder Gouverneure.[248] Besonders wichtig war die Autorisierung im Konfliktfall. 1703 wurde sogar mit *akwamuhene* Akonno vertraglich geregelt, dass »kein Palaaber oder Anliegen im Namen des Königs vorgebracht werden soll als durch den, der durch den König dazu ordentlich autorisiert ist, durch das Vorzeigen von seinem Stab oder Stock«[249]. Bereits Akonnos Vorgänger Ansa Sasraku erbat von der englischen Kompanie 1686 »a Company stick or cane, he being afraid that some of Quambo people come down in his name«.[250]

Ein Stab wies eine Person als autorisierten Boten aus; fehlte er, konnte dies in Konfliktsituationen Anlass sein, jemanden als »Spion« zu verdächtigen und gefangen zu nehmen. Im Kontext des langwierigen Konflikts um den Zugang zur Bucht von Komenda beispielsweise, den sich Engländer und Niederländer während der 1750er Jahre lieferten, sandte das Oberhaupt des englischen lokalen Forts unvorsichtigerweise einen Boten ohne Stock aus, der prompt von seinem niederländischen Kollegen der Spionage verdächtigt und festgesetzt wurde. Der englische Gouverneur Nassau Senior stellte sich zwar vor seinen Untergebenen und erklärte, allein daran, dass der

248 So schickte bspw. der dänische Gouverneur Waerøe während des Konflikts in Accra 1729/30 einen »Black drummer« mit seinem Stab zum niederländischen Faktor De la Planque; vgl. Brief Waerøes an die Direktoren der DAK, dd. 30.08.1730, in: Justesen (Hrsg.), Danish Sources, Bd. 1, no. IX.14, S. 406–420, hier: S. 413 und S. 417.

249 »[...] geen Palaaber off questie uyt des Conings naam zal werden gedaan als de door de Coning daar toe wettelyk is geauthoriseert, door het vertonen van zyn staff off stok.« Vertrag der WIC (de la Palma) mit dem König und den *caboceers* von Akwamu, dd. 03.04.1703, NA, TWIC 98, fol. 98r–99r (Kopie). Niederländische Verträge des späten 18. Jhdts. sahen gelegentlich bei groben Verstößen gegen die getroffenen Vereinbarungen den Verlust des Stabs vor; siehe u. a. Pointen über Empfang von *kostgeld* [Axim], dd. 26.12.1796, NA, NBKG 223. – Zum verpflichtenden Gebrauch von Stäben unter der britischen Kolonialherrschaft vgl. Bravmann, Frontiers, S. 13.

250 Brief Mark Bedford Whiteings an CCC, dd. 22.08.1686 (OS), in: Law (Hrsg.), The English, Bd. 2, no. 723, S. 276. »To send one's stick [bzw. cane]« war insbes. in der englischen Korrespondenz ein Ausdruck, der folgerichtig synonym mit »to send (authorized) messages« verwendet wurde. So umschrieb z. B. der Faktor der RAC in Winneba die Möglichkeit, durch Verhandlungen mit den feindlich gesinnten Akwamus zumindest etwas Zeit zu gewinnen, um die Gewehre auf den neuen Bastionen zu installieren, mit dem Ausdruck »by the stickes sending to and fro«; Brief Nicolas Buckeridges an CCC, dd. 06.10.1693 (OS), in: ebd., Bd. 3, no. 1071, S. 437 ff., hier: S. 437.

Bote einen Brief mit sich führte, hätte man ihn als solchen erkennen müssen. Doch die Stäbe waren zu diesem Zeitpunkt (1759) offensichtlich schon derart etabliert, dass eine solche Argumentation kaum durchsetzungsfähig war.[251]

Ein Angriff auf einen Boten, der einen solchen Stab mit sich führte, galt als großer Affront, ebenso die Drohung, den Stab eines *caboceer* zu zerbrechen.[252] Mit dem Stab wurde also eine gewisse Form diplomatischer Immunität gewährleistet. Der dänische Kompanieangestellte A. F. Hackenborg sah einen mit Stab ausgerüsteten Boten zudem als regelrechten Repräsentanten seiner selbst an. Er schrieb 1748, nachdem einige Sklaven der englischen Kompanie seine so ausgestatteten Boten auf dem Weg von Accra nach Fredensborg angegriffen hatten: »I believe that when one of my messengers passes any town with my staff, and he is attacked, then it is as good as if it were done to myself, as long as he is on my business [...].«[253] Ebenfalls unter Verweis auf die Stäbe als diplomatisches Symbol hat Joseph K. Adjaye die Standardisierung der diplomatischen Praxis zwischen Asante und den

---

251 Brief von J. P. Huydecoper an Nassau Senior, dd. 06.02.1759, NA, TWIC 114, S. 369–376, hier: S. 375; Antwort Nassau Seniors, dd. 09.02.1759, ebd., S. 376–378, hier: S. 376 f.

252 Vgl. bspw. die englische Klage darüber, ein *caboceer* aus Adom habe auf niederländischen Befehl hin Leute von John Kabes gekidnappt (»panyarring«), obwohl diese zu ihrem Schutz den Stab des englischen Faktors von Komenda mitführten; Brief der *chief merchants* Nicholas Buckeridge, Howsley Freeman und Samuel Wallis an Generaldirektor van Sevenhuysen, dd. 08.02.1699, NA, TWIC 97, fol. 239r–239v. Siehe auch Journal of a Palaver, dd. 1750, TNA, T 70/1467, S. 24. In Beraku wurde, auf Bitten der Terregrandes, vertraglich festgeschrieben, dass Boten des niederländischen Kommandanten, die seinen Stab trügen, »ongemolesteerd« bleiben sollten. Bei Verstößen musste ein Schaf als Strafe abgegeben werden; Pen of Contract door den ondergeteckende vernieuwd met de onderhoorige van 's Lands Fortresse de Goede Hoop tot Bercoe [...], dd. 10.01.1797, Art. 3, NA, NBKG 223. Stärker als Herrschaftsinstrument erscheint der Stab dagegen im Vertrag von Elmina 1804, wo festgelegt wurde, dass »de Grooten, Vaandrigs of wie van wegen het Gouvernement door de Stok word geroepen, daadlyk moeten binnen komen, op Poene van Straf tegens de overtreeders deezer Pen gestatueerd«; Vertrag der WIC mit dem Unterkönig, dem *makelaar*, den *terregentes*, *caboceers* und Fahnenträgern von Elmina und den sieben Quartieren der »Landschap« Elmina, dd. 27.07.1804, NA, NBKG 223. Vgl. auch die ähnlichen Bestimmungen im brandenburgischen Vertrag mit den *caboceers* von Axim und Ahanta, dd. 03.03.1712, GStA-PK, R.65.33, Art. 9 (Einsicht in eine Transkription dieses Dokuments verdanke ich Adam Jones).

253 Briefwechsel zwischen Gouverneur Platfues, Christiansborg, und A. F. Hackenborg, Fredensborg, dd. 07./09.05.1748, in: Justesen (Hrsg.) Danish Sources, Bd. 2, no. XI.71, S. 717 f.

Briten auf das frühe 19. Jahrhundert datiert.[254] Die hier angeführten Belege zeugen demgegenüber von einem deutlich früheren Einsetzen solcher Prozesse, spätestens seit der zweiten Hälfte des 17. Jahrhunderts.

Gelegentlich wurde der personenbezogene Charakter der Stäbe afrikanischer Amtsträger noch durch Beschriftungen erhöht. Dies kann man einerseits als Hinweis auf deren Nutzung im interkulturellen europäisch-afrikanischen Verkehr verstehen. Andererseits lässt es sich aber auch als Indiz für praktisches Wissen um die Funktion von Schriftlichkeit auf Seiten afrikanischer Eliten deuten, vor allem, da das Ansinnen, eine solche Namensgravur vorzunehmen, in mehreren Fällen von afrikanischer Seite kam. Der *braffo* von Fante etwa bat 1695 bei der RAC darum, dass sein Stab – woher dieser stammte, ist nicht zu ermitteln – mit einem silbernen Knauf und der Gravur seines Namens versehen werde.[255] Diese Tradition namentlich gekennzeichneter Stäbe hielt sich in Fante offenbar, 1777 sollte der Stab des *anomabohene* Amonu Kuma ebenfalls mit dessen Namen versehen werden.[256]

Letztlich ist es nachrangig, ob die Form des Stabes europäischen oder afrikanischen Ursprungs war. Entscheidend ist vielmehr, dass Stäbe, die von Kompanien an Herrscher gegeben wurden, seit dem späten 17. Jahrhundert zunehmend zu wichtigen Distinktionsobjekten für Herrscher und zugleich zu Amtsinsignien einer neu entstehenden Gruppe von *brokers* und *caboceers* in den Diensten der Kompanien wurden.[257] Zudem verweist ihr

254 Adjaye, Diplomacy, S. 69. Er bezieht sich dabei v.a. auf die Aussage des britischen Gouverneurs Hope Smith von 1817, er werde keine Gesandten aus Asante empfangen, es sei denn, sie trügen den Stab des Königs.

255 Brief John Rootseys an CCC, dd. 21.08.1695 (OS), in: Law (Hrsg.), The English, Bd. 3, no. 824, S. 344.

256 Dabei lag die Initiative allerdings wohl auf englischer Seite. Mglw. kann man die Notwendigkeit, offenbar nachträglich einen Namen einzugravieren, auch als Beleg für den lokalen (und nicht-europäischen) Ursprung des Stabes interpretieren: »[...] wrote to Westgate to inquire and to desire A. C. to send up his cane hither to get his name cut on it, than he would return it, so that A. C. could send his own messengers alongside the English to Christiansborg to contradict that part of their letter, A. C. accordingly sent his cane«; Diary of Transactions, Cape Coast Castle, Eintrag vom 12.09.1778, TNA, T 70/1468. – Zu Amonu Kuma auch unten, bei Anm. 326.

257 Der Stellenwert, den afrikanische *caboceers* und Herrscher Stäben aus der Hand der Kompanien zumaßen, zeigt sich u.a. daran, dass einige Stäbe regelrecht einforderten und diesbezüglich mehrfach bei den Faktoren vor Ort vorstellig wurden; so bspw. »Captain Dickie« aus Dixcove 1693/94 und die Königin von Agonna (»Anguina«) 1694/95; siehe Law (Hrsg.), The English, Bd. 3, no. 31, 36, 41 und 65 (Dixcove) und no. 1083 und 1143 (Winneba). – Vgl. Feinberg,

Gebrauch als Autorisierungszeichen für Boten, das gar eine gewisse Immunität verleihen konnte, auf geteilte Regeln des diplomatischen Umgangs. Die Parameter des politischen Distinktionssystems, ja der politischen Kultur an der Gold- und Sklavenküste insgesamt waren offensichtlich seit dem späten 17. Jahrhundert zunehmend von einer wechselseitigen Durchdringung europäischer und afrikanischer Praktiken geprägt.

Sowohl der lebhafte Gebrauch von Stäben als auch die Tatsache, dass sie ebenso wie europäische Stühle und Kopfbedeckungen explizit als Geschenk nachgefragt wurden, spricht gegen die These McLeods, europäische Geschenke hätten den afrikanischen Geschmack völlig verfehlt. Im Falle der Stühle (wie auch der oben erwähnten Flaggen) sind weitergehend sogar lokale Adaptionen festzustellen.

3.3 Palmwein, Goldstaub, Elefantenschwanz. Das Repertoire afrikanischer Geschenke

Bislang wurde in erster Linie die europäische Seite des Geschenkverkehrs betrachtet. Was aber verschenkten afrikanische Händler, *caboceers* und Herrscher? Leider sind die Aufzeichnungen der Kompanien hinsichtlich der empfangenen Geschenke oft weniger detailliert als in Bezug auf die verteilten Geschenke, doch die Grundzüge lassen sich recht klar erkennen. In Sonderheit ist auch auf afrikanischer Seite jene Zweiteilung auszumachen, die oben für die europäischen Geschenke beschrieben wurde: Auf der einen Seite gab es ein weites Repertoire an Objekten, die als Standardpräsente und allgemein verschenkbar galten und zugleich auch Gegenstand des Warenverkehrs waren. Auf der anderen Seite existierte ein Spektrum exklusiverer und meist auch wertvollerer Geschenkobjekte, die privilegierten Empfängern vorbehalten und nicht dem üblichen Warensortiment zuzurechnen waren.

Kann man auf europäischer Seite Tücher, Branntwein und Tabak als am häufigsten verschenkte Gegenstände ausmachen, so waren auf afrikanischer Seite Lebensmittel von großer Bedeutung. Tatsächlich stellte der wechselseitige Austausch von Lebensmitteln (bspw. Fleisch oder Jagdbeute gegen

---

Africans, S. 139: »Recognition by the director general may have helped to legitimize the stoolholder's right to his position, and had certain advantages: the Company always gave gifts after the ceremony; the Dutch would often provide the man with a staff, cane, or other symbol which reflected the stature of his office [...].«

Branntwein, Feldfrüchte gegen Tabak) eine alltägliche Form des Gabentauschs dar.[258]

Lebensmittel erhielten sowohl europäische Abgesandte, die sich in der Hauptstadt oder an der Residenz eines Herrschers aufhielten,[259] als auch die Faktoren und Gouverneure auf ihren Forts von ihren Nachbarn und *landlords.*[260] Coymans bemerkt beispielsweise über seine Mission 1647 nach »Fantyn«, der Residenz des *braffo* von Fante, der zeitgleich eintreffende englische Kommis habe »essbare Geschenke nach Gewohnheit des Landes bekommen«.[261]

Lebensmittel spielten eine entscheidende Rolle bei der Auffassung vom Schenken allgemein. Dies zeigt sich darin, dass westafrikanische Akteure immer wieder auf die Metaphorik des Essens oder Trinkens zurückgriffen, wenn sie über Geschenke sprachen oder solche einforderten. So formu-

---

258 Zum »everyday exchange of food and drink« siehe kurz McLeod, Gifts, S. 186; zur Bedeutung des Austausches von »food gifts« siehe auch Heal, Food Gifts. Heal macht darauf aufmerksam, dass auch höfische Geschenke in England durchaus Nahrungsmittel als Gaben einschlossen (bes. S. 65 f.), allerdings macht sie einen Wandel in der Akzeptanz solcher Gaben im 17. Jhdt. aus (S. 68 ff.), auch wenn sie weiterhin eine wichtige Rolle für die Pflege von Beziehungen gespielt hätten.

259 Für Asante vgl. u.a. McCaskie, State, S. 34 f., zu Lebensmittelgeschenken; Lebensmittelgeschenke in Form von Kühen, Ziegen, Hühnern und Palmwein beschreibt für den Senegal Labat, *Relation*, Bd. 3 (1728), S. 12 und S. 232. – Solche Geschenke dürften aus Sicht der europäischen Vertreter zum Teil der »Defrayierung« bzw. Unterhaltsleistungen in Naturalien an Botschafter und Gesandte entsprochen haben, wie sie auch in der innereuropäischen Diplomatie üblich waren. Dazu kurz Sidorko, Elefant, S. 140 ff. Fielen diese Gaben aber besonders großzügig oder kostbar aus, verstanden die europäischen Gesandten dies durchaus auch als Gunstbezeugung, wie z. B. in dem Fall Landolphes in Benin (siehe oben, bei Anm. 180).

260 Vgl. bspw. die Gaben des *akwamuhene* und seiner Verwandten, die im dänischen Journal 1688–89 aufgelistet werden; Journal von Christiansborg, 1688–89, in: Justesen (Hrsg.), Danish Sources, Bd. 1, no. II.17, S. 84–94, u.a. S. 86 (Ente, Ziege) und S. 87 (Kochbananen, Ananas und Yamsknollen; Henne und Zitronen); John Kabes von Komenda bedachte 1694 die *chief merchants* und den Leutnant der Garnison von Cape Coast zu Weihnachten mit Palmwein; Briefe von Thomas Wilson an CCC, dd. 22. und 24.12.1694 (OS), in: Law (Hrsg.), The English, Bd. 3, no. 280 f., S. 144 f. Zuvor hatte er ihnen bereits ein »fettes Schaf« geschenkt; Brief von Thomas Wilson an CCC, dd. 10.12.1694 (OS), ebd., no. 273, S. 142.

261 »[...] van hun eetbaere schenckagie naer gewoonte des landts becomen«; [Isaac Coymans], Rapport gedaen aen de H: Generael Jacob van der Wel nopende myn weervaren, soo tot Fantyn als Cormentyn, dd. 16.07.1647, NA, OWIC 11.

lierte Acriphy, Vertreter der Fante, Forderungen im Vorfeld des Vertragsabschlusses mit den Engländern (»Fantee Law«) 1753 wie folgt: »That for this Instance of their affection to the English they expected something to eat. – Answered, we are very glad to find you are come back to your old Friends, we will give you something to eat, how much do you want? Acriphy then mentioned 5000 Bendies (£ 8000) and on our seeming much surprised, he added, or 600 Bendies.«[262] Obwohl die erwarteten Geschenke als »etwas zu essen« umschrieben wurden, ging es offensichtlich nicht um Lebensmittel,[263] vielmehr gab Acriphy die Forderung in *benda* an, einer gängigen Werteinheit an der Goldküste, die eigentlich auf ein bestimmtes Goldgewicht zurückging. Die Semantik der Nahrung aber verweist auf den engen Zusammenhang von Geschenken mit Fruchtbarkeit und Überfluss.[264]

Lebende Tiere wurden größtenteils ebenfalls zu Speisezwecken verschenkt, zum Teil fungierten sie aber auch als Statussymbol wie der Leopard von *asantehene* Kwaku Dua für Königin Victoria,[265] das Pferd von *akwamu-*

---

262 A Diary or Narrative of Transactions with the Fantees from the Death of Intuffero King of Warsaw, in 1753, TNA, T 70/1520. – Vgl. zur dieser Metaphorik auch REESE, Wives, S. 296 f., und DERS., »Eating«, S. 855 f.

263 Hingegen erhielten die *caboceers* von Egya, Anomabo und Annishan 1751 auf ihre Forderung nach »etwas zu trinken« bzw. ihre Beschwerde über die »trockene« Flagge hin tatsächlich Branntwein. Prinzipiell ist die Metaphorik in diesem Fall aber der oben geschilderten vergleichbar; siehe Thomas Melvil an das Committee der CMA, dd. 26.12.1751, TNA, T 70/29, fol. 8v–9v, hier fol. 9r. Ähnliche Argumentation auch in einem Dialog zwischen den »Phantees« und John Currantee, wie ihn William Ansa schildert; William Ansa an den Earl of Halifax, dd. 20.02.1752, TNA, CO 388/45, fol. 53r–57r, hier: fol. 54v–55r. Weitere Beispiele im Brief William Gabbs an CCC, dd. 30.05.1698 (OS), in: LAW (Hrsg.), The English, Bd. 3, no. 262, S. 133 f., und im Brief Edward Searles an CCC, dd. 21.02.1695 (OS), in: ebd., no. 296, S. 154.

264 Siehe zur Assoziation von (herrscherlichen) Gaben und Fruchtbarkeit/Überfluss etc. u. a. FOKOUO, Donner, S. 136 ff.: Fokouo geht davon aus, dass der traditionelle Herrscher aufgrund seiner sakralen Mittlerfunktion Respekt und »de [sic] dons abondants« empfing, »parce qu'il est capable à stimuler la vie, à rendre la société féconde, à assurer à travers sacrifices, pêche abondante et chasse fructueuse« (S. 137). Bei den Kabre im Norden Togos ist das sich (gegenseitig) Ernähren zudem eine Metapher für Verwandtschaft; PIOT, Persons, S. 416.

265 Dazu oben, Anm. 202 und 203. Ein Paar Leoparden war auch Teil der Geschenksendung, die Dupuis 1820 für George III mitnehmen sollte; DUPUIS, *Journal* (1824), S. 174. Tiere spielten zudem im Geschenkverkehr zwischen den europäischen Kompanien eine Rolle; so erhielt der Chevalier de Hally 1671 vom dänischen Gouverneur ein Krokodil und einen Kronenadler; CHOUIN (Hrsg.), Colbert, S. 76.

hene Akonno für den dänischen Gouverneur Thrane[266] und wohl auch der Papagei, den der Sieur Tibierge 1692 vom Herrscher von Assini erhielt.[267] Der Herrscher von Loango verehrte dem niederländischen Kaufmann Pieter van den Broecke 1611 Elfenbein, eine Zibetkatze, ein Leopardenfell sowie »bondos«, Kleidungsstücke, die zu tragen königliches Privileg war – »worüber viele Einwohner verwundert waren, da er niemandem zuvor so viel geschenkt hatte«.[268] Dabei stellen die beiden erstgenannten Gaben wertvolle Handelsgüter dar, während das Leopardenfell und die »bondos« als Prestigeobjekte jenseits des üblichen Handelsverkehrs einzustufen sind – für Letztere herrschte offenbar sogar ein explizites Verkaufsverbot.[269]

Sehr häufig wurden an der gesamten westafrikanischen Küste Ziegen und Schafe verschenkt. Sie waren als Fleischlieferanten beliebt und zugleich von besonderer symbolischer Bedeutung.[270] Anlass für Schaf- oder Ziegengeschenke waren insbesondere Freundschaftsbekräftigungen, Amtswechsel

266 Journal von Christiansborg, 23.12.1698–01.09.1703, in: Justesen (Hrsg.), Danish Sources, Bd. 1, no. III.21, S. 127–167, hier: S. 162 (Eintrag vom 30.11.1702). Der *akwamuhene* hatte selbst das Pferd von weit entfernt als Geschenk erhalten, wie sein Bote offensichtlich zur Steigerung der Bedeutsamkeit desselben dem Gouverneur mitteilte.

267 Tibierge (1692), in: Roussier (Hrsg.), Etablissement, S. 54f. Zu Tiergeschenken in der europäischen Diplomatie Sidorko, Elefant, S. 45ff.

268 »[...] waerover veel inwoonders verwondert waeren, omdat hij voor desen niemant soo veel geschoncken hadden.« Broecke, Reizen, S. 49 (Eintrag vom 09.04.1611); ders., *Aenteyckeninge* (1634), S. 19 (ebenfalls mit Datumsangabe). Die beiden Versionen weisen jedoch merkwürdige Unterschiede auf: Die Zibetkatze kommt nur in der gedruckten Fassung vor, die »bondos« nur im Manuskript. – Eine Zibetkatze erhielt auch Phillips, *Journal* (1732), S. 193.

269 »De kleden of stoffe is van verscheiden [...] fatsoen: waeronder een slagh is, dat niemant vermagh te dragen, dan alleen de Koning, en de geen, dien hy dat uit een zonderlinge gunste toestaet, of waerdigh acht om mede te delen. Gene wevers vermogen deze klede[n], Libongo en Bondo geheten, op lijf straffe, te verkopen.« So Dapper, *Beschrijvinge* (1668), S. 524; dazu Ratelband, Inleiding, in: Broecke, Reizen, S. xix–cvi, hier: S. xciv.

270 Sie spielten auch eine wichtige Rolle im Rahmen religiöser Zeremonien (vgl. bspw. Sarpong, Stools, S. 79, Anm. 20), und galten allgemein als friedliebende, unschuldige Tiere, was neben ihrer weiten Verbreitung als wichtige Nutztiere auch ihre zentrale Bedeutung beim Schenken erklären mag. Zudem waren Schafe eine häufige Straf- oder Schadensersatzabgabe, u.a. im Rahmen von *palaver*, siehe dazu Abs. IV.3.3.b.

oder Friedensschlüsse.[271] Teilweise wurden Schaf- und Ziegengeschenke dabei explizit als »Zeichen der Freundschaft« benannt.[272]

Der *asantehene* verschenkte zudem Gold an europäische Besucher ebenso wie an seine verschiedenen Amtsträger und Untertanen. 1706 erhielt beispielsweise Dalby Thomas Nachricht aus Dixcove, dass »the King of Ashantees Cousin came to Dicks Cove with a [pre]sent of Rock Gold nigh 3 oz. in Return for a Barrell of powder«.[273] Dabei dürfte die Entsendung eines solch nahen Verwandten Osei Tutus als Überbringer die Bedeutung des Geschenks aus Asante-Perspektive noch unterstrichen haben. Zumeist verteilte der *asantehene* Gold jedoch in Form von Goldstaub, und zwar in überaus großzügigen Mengen, die, nach Rang abgestuft, auch sämtlichen Mitgliedern europäischer Gesandtschaften zuteilwurden.[274]

Während McLeod Gold und Lebensmittel (»gold and food«) als die typischen Geschenke des *asantehene* ausmacht,[275] so sind für andere afrikani-

---

271 In großer Zahl sind Ziegen- und Schafgeschenke im Journal von Elmina für die Jahre 1645/46 dokumentiert; vgl. Ratelband (Hrsg.), Dagregisters, S. 34, S. 137 f., S. 151 f., S. 194, S. 204, S. 219 f. und S. 225 f. Auch in Accra wurden Ziegen geschenkt, Journal von Christiansborg, 1688–89, in: Justesen (Hrsg.), Danish Sources, Bd. 1, no. II.17, S. 86 (Eintrag vom 13.07.1689). In einem Fall zeigte sich der *akwamuhene* nicht gänzlich zufrieden mit einem vorangegangenen dänischen Geschenk und schickte kein Schaf, sondern einen Schafbock; Journal von Christiansborg, 12.09.1703–25.05.1705, in: ebd., no. IV.10, S. 183–195, hier: S. 183 f. (Eintrag vom 26.09.1703). Auch in Ahanta und bei den Nzema waren Ziegen als Gaben bei Vertragsschlüssen üblich; siehe u.a. Auszüge aus dem Tagebuch von Nicholas Sweerts (WIC), dd. 03.12.10.1687, in: Jones (Hrsg.), Brandenburg Sources, no. 66, S. 159, und NA, NBKG 223, Onderstaande door den WelEdele Heer C. L. Bartels, opperCommies En Raad, mitsgaders Commandant van's Lands Fortress St. Anthony tot Axim uytgegeeven by't aanvaarde van gemelde Fortress, aan Terregrandes & Verdere Grooten van van [sic] Axim, s. d. [26.11.1796]. Im Falle von Axim wurde neben Ziegen auch Gold verschenkt, als »Contra-Present« verteilte Oberkommis Bartels Tuche, Branntwein, Tabak und Pfeifen. – Auch bei innerafrikanischen Friedensschlüssen kam die Ziege als Geschenk zum Einsatz, so z.B. 1714, als John Kabes von Komenda mit Asante zur Übereinkunft gelangte; Commenda Day book, TNA, T 70/1464, fol. 4r (Eintrag vom 20.11.1714).

272 So bspw. in Bezug auf ein Ziegengeschenk des Königs von Akwamu im Journal von Christiansborg 1699/1700, Journal von Christiansborg, 23.12.1698–01.09.1703, in: Justesen (Hrsg.), Danish Sources, Bd. 1, no. III.21, S. 140 (Eintrag vom 09.06.1700) und S. 141 (Eintrag vom 29.11.1700).

273 Brief von Dalby Thomas an die RAC, 02., 04. und 06.03.1705/06, TNA, T 70/5.

274 Siehe bspw. Bowdich, *Mission* (1819), S. 74; Mill Graves, Journal, S. 371 f. und S. 374.

275 McLeod, Bowdich, S. 98.

sche Herrscher[276] neben diesen beiden Geschenkgruppen Sklaven als dritte Gruppe häufiger Geschenke zu nennen. Bei Sklaven könnte man noch stärker als bei den anderen Geschenken fließende Übergänge zum Handel vermuten. Auffällig ist in vielen Fällen, dass jene Sklaven, die von den europäischen Empfängern auch eindeutig als »Geschenk« klassifiziert wurden, in bestimmten, hervorgehobenen Situationen gegeben wurden. Im vorangegangenen Teil wurde bereits erwähnt, dass Sklaven in Dahomey als übliches Abschiedsgeschenk dienten, was allerdings seit dem späten 18. Jahrhundert zunehmend auf Skrupel bzw. Umdeutungsversuche seitens der europäischen Empfänger stieß.[277]

Sklaven waren auch ein prominentes Geschenk im Zusammenhang mit militärischen Bündnissen und Kriegen und konnten in diesem Kontext auch den Sieg des Schenkenden symbolisieren: So sandte der *braffo* von Fante nach einem erfolgreich beendeten Krieg gegen Fetu, Asebu und Cabesterra (Etsi), bei dem ihn die Engländer unterstützt hatten, fünf Sklaven »as a Dashee« nach Cape Coast. Dass Dalby Thomas dieses »Dashee« weniger als Einlösung einer Schuld denn als Ausdruck von Freigebigkeit seitens des *braffo* verstand, also ganz im Sinne der Gabentausch-Logik, zeigt sein Kommentar, dass ein anderer dies kaum getan hätte (»which [...] another would have hardly done«).[278]

Ebenso vergalt der Herrscher von Twifo Dalby Thomas den Schutz, den dieser ihm gewährt hatte, indem er ihm Gefangene und einen Kieferknochen sandte:[279]

---

276 Auch manch ein *asantehene* machte Anstalten, europäischen Besuchern Sklaven oder Diener mit auf den Weg zu geben; vgl. bspw. Dupuis, *Journal* (1824), S. 171, der – ähnlich wie einige europäische Besucher in Dahomey – das Geschenk von 50 Mädchen und 50 Jungen für den englischen König zurückwies und damit Osei Bonsu offenbar vor den Kopf stieß. Siehe auch Mill Graves, Journal, S. 374. Bulfinch Lambe sollte George I offenbar 40 Sklaven als Geschenk Agajas von Dahomey überreichen; vgl. dazu Johnson, Bulfinch Lambe, S. 347ff.

277 Siehe oben, Unterkap. II.3.2, bei Anm. 288. – Ähnlich die Darstellung in Bezug auf Geschenke von *asantehene* Osei Bonsu bei Bowdich, *Mission* (1819), S. 174.

278 Brief von Dalby Thomas, dd. 15.01.1708, TNA, T 70/5. Mglw. verbirgt sich allerdings hinter der Bezeichnung »dashee« eine gewisse Enttäuschung Thomas', hatten ihm die Fante, einem früheren Schreiben zufolge, doch »great presents« versprochen; Brief von Dalby Thomas, dd. 23.12.1707, ebd.

279 Dieser Brauch, Kieferknochen als Siegeszeichen (hauptsächlich an Alliierte) zu übersenden, war recht verbreitet und nicht allein auf die Fante beschränkt. Ein Beispiel aus den Beziehungen zwischen Cape Coast und Kumasi bei Adjaye, Diplomacy, S. 13; auch die Akwamus sandten Kieferknochen zum dänischen Fort in Accra, nachdem sie in einer Schlacht über Akyem gesiegt hatten; Brief Gouverneur Waerøes et al. an die Direktoren der DAK, dd. 24.12.1730, in: Jus-

»[...] he sent to us one of his Principal Officiers with the Jaw Bone of one of his Enemies (according to the Custom of the Country) to Notifie his Victory and assure us of the Continuance of his Friendship, in Token whereof he sent us down about 60 of his Captives signifying at the time that he had ordered his subjects to bring their Trade to us, and had prohibited all Comerce [sic] with the Dutch, against whome he is very much incenced.«[280]

Die geschenkten Sklaven oder vielmehr Gefangenen erscheinen in Zusammenhang mit dem Kieferknochen noch stärker als bei dem *braffo* von Fante als Symbol des Sieges.[281]

Als außergewöhnliche und deutlich weniger martialische Geschenke setzten auch afrikanische Akteure Repräsentationsobjekte und Insignien ein. Beispielsweise erhielt der britische Gesandte Dupuis von *asantehene* Osei Bonsu 1820 einen goldenen Elefantenschwanz-Wedel (*mena*) für König George III, wie er bei den Akan und insbesondere in Asante als Insignie für hohe Amtsträger üblich war.[282] Allerdings verstanden Dupuis und die anderen Engländer an der Küste die symbolische Bedeutung dieses Geschenks offensichtlich nicht oder wertschätzten sie nicht sonderlich, denn der Elefantenschwanz blieb mit weiteren Teilen der Geschenksendung des *asantehene* in Cape Coast zurück. Nur zwei Leoparden, eine goldene Pfeife sowie ein goldenes »Brustornament«, bei dem es sich vermutlich um die Insignie *ɔkrafokɔnmu* (»soul washer's badge«) handelte, erreichten den König per-

TESEN (Hrsg.), Danish Sources, Bd. 1, no. IX.19, S. 427–430, hier: S. 427; siehe auch den Brief Waerøes et al. an dies., dd. 08.09.1730, ebd., no. IX.15, S. 421–422, hier: S. 422, in dem dieses »Geschenk« als Anlass für den niederländischen Hass gegen die Dänen dargestellt wird. Kurz darauf wendete sich das Blatt und die Akwamus erlitten eine endgültige Niederlage.

280 Brief von Brathwaite und Cruikshank (abstract), dd. 30.06.1729, TNA, T 70/4.

281 Neben Kieferknochen wurden auch abgeschlagene Köpfe als Siegeszeichen verschenkt, bspw. schickte Amo Takyi im zweiten Komenda-Krieg nach einem Sieg über Takyi Kuma (»Tekki-Ankan«, »Little Taggee«) einige Köpfe der Besiegten an die Niederländer und erklärte, für die Niederländer leben und sterben zu wollen, was diese mit einer »Vereering« von ungenanntem Wert beantworteten; BOSMAN, *Beschryving* (1704), S. 39f. Zum Hintergrund vgl. LAW, Wars.

282 DUPUIS, *Journal* (1824), S. 174. – »The bestowal of the *mena* by the state was reserved to a very small minority of office holders. These were model individuals who had accumulated wealth on the largest scale.« MCCASKIE, State, S. 47. Der *sika mena* (goldener Elefantenschwanz) zählte zu den wichtigsten Insignien und galt als Zeichen des Reichtums Asantes; ebd., S. 46ff. und S. 309f., siehe auch WILKS, Golden Stool, bes. S. 13ff. und S. 16ff.

sönlich.[283] Eine weitere, durchaus erstaunliche Parallele zum interhöfischen Geschenkverkehr innerhalb Europas stellt die Übersendung eines Zwerges als Geschenk für den portugiesischen Vizekönig von Brasilien durch Agaja von Dahomey dar. Zwergen kam nach Auskunft einiger europäischer Berichte im Hofzeremoniell Dahomeys offenbar eine ähnliche Rolle zu wie in demjenigen europäischer Höfe, sodass man in diesem Geschenk einen gewissen gemeinsamen Geschmack am ›Exotischen‹ – selbst wenn dies jeweils unterschiedlich definiert wurde – ausmachen mag.[284]

Vor dem Hintergrund der langen Tradition des afrikanisch-europäischen Geschenkverkehrs konnten sich afrikanische Herrscher um 1800 zu Recht über das seltsame Verhalten mancher europäischer Besucher wundern: James Watt, vormaliger Plantagenaufseher auf Dominica und nunmehr Direktor der Clarkson Plantation in Sierra Leone, war 1794 nach Fula geschickt worden, um mit dem dortigen Herrscher über die Errichtung einer Faktorei im Rio Nunez zu verhandeln. Als dieser die mitgebrachten Geschenke seinerseits mit Gegengaben vergelten wollte, weigerte sich Watt jedoch, wertvolle Geschenke anzunehmen. Er erklärte, angemessen seien »curiosities« wie Pfeil und Bogen, lokal hergestellte Taschen, »grisgris« (Amulette) und Bücher.[285] Circa hundertzwanzig Jahre zuvor hatten sich französische Kolonialbeamte noch pikiert gezeigt, als der König von Allada derartige »wertlose« Objekte als Geschenke an Ludwig XIV. sandte.[286] Offensichtlich kam in dieser Zeit nicht nur, wie oben angesprochen, eine veränderte Auffassung von Geschenken als Agenten einer Zivilisierungsmission auf. Vielmehr wandelte sich augenscheinlich auch die Vorstellung davon, was als afrikanisches Geschenk akzeptabel war. Dies war keineswegs bei allen europäischen Akteuren gleichermaßen der Fall; dass eine solche Auffassung so früh aber gerade bei Agenten der humanitär orientierten Sierra Leone Company nachzuweisen ist, passt durchaus ins Bild. Anders gelagert, aber auch Teil dieses Wandels ist auch die Ablehnung der verbreiteten Sklavengeschenke, wie sie oben bereits besprochen wurde. Wesentliches Movens war hier die veränderte Einstellung zum Sklavenhandel und zur Sklaverei; die Tatsache, dass geschenkte Sklaven zu Kandidaten für Erziehung und Konversion umcodiert wurden, fügt sich wiederum in die damals aufkommenden Zivilisierungsdiskurse ein.

---

283 Dupuis, *Journal* (1824), S. 275, Anm. †. Wilks' Behauptung, Dupuis hätte den Elefantenschwanz abgelehnt (Wilks, Golden Stool, S. 19), scheint hingegen auf eine Fehlinterpretation der Quelle zurückzugehen. – Siehe zum »soul washer's badge« genauer Gott, Emblems, und Garrard, African Gold, S. 64–70.

284 Vgl. Verger, Flux, S. 146.

285 Watt, Journal (1794), S. 34.

286 Brauner, Schlüssel, S. 215 f.

3.4 Wer schenkt wem was? Kenntnis lokaler Geschenknormen und Dynamiken des Schenkens

Um größere Fehltritte zu verhindern, insbesondere wenn es um die Verteilung von Geschenken innerhalb einer Gruppe ging, mussten die Vertreter der Kompanien nicht nur Hierarchien einschätzen können, sondern auch die lokalen afrikanischen Geschenkpraktiken und Normen kennen. Ein Problem, das eng mit dem Wissen über die jeweilige politische und gesellschaftliche Ordnung verknüpft war, stellte die Frage dar, wer alles zu dem Kreis der zu Beschenkenden zu zählen war. Die europäischen Normen und zugleich die (Un)Kenntnis der lokalen Verhältnisse erhellt in diesem Zusammenhang ein Brief des niederländischen Generaldirektors Wilhem de la Palma an David van Nyendaal, der, wie bereits erwähnt, als erster europäischer Gesandter in Asante weilte.[287] Dieser Brief wurde Nyendaal zusammen mit weiteren Geschenken nach Kumasi nachgeschickt.[288] De la Palma schildert in seinem Schreiben auch die Zusammensetzung der neuerlichen Geschenksendung (roter Samtstoff, ein schwarzer Biberfellhut mit roter Feder[289] usf.). In Bezug auf einen kostbaren gold- und silberdurchwirk-

287 Brief Wilhem de la Palmas an David Nyendaal, dd. 13.07.1702, NA, TWIC 98, fol. 16r–17r. Initiator dieser Mission war der Generaldirektor Jan van Sevenhuysen, der dabei nach eigener Aussage einen Vorschlag der Akani-Händler aufgriff. Sevenhuysen schrieb an die Heeren X: »Alle het welke ons op het aanraden der opperste Akkaniste tot een nooyt ondernomen zaake heeft doen besluyten, namendlyk omme den onder commies david van nyendaal (die er zyn dienst toe aanbood) op den 9^{n} passado in gesantschap na den [gestrichen: grooten] seer gevreesde assajantèze *Caboçeer offte Opperhooft* afftezenden, hem mede gevende een ampele Instructie hoe zig te gedragen, als ook *aansienelyke geschenken voor het selve opperhooft als zyne voorname grooten*, en sulx alles op dat dog het oorlogen eens geeyndigt, ende Negotie weer ter hand genomen zoúde worden [...].« Brief Sevenhuysens an die Heeren X, dd. 16.11.1701, NA, TWIC 97, fol. 449r–453v, hier: fol. 452r [Hervorhebungen von mir; C. B.]. Auch hier wird deutlich, dass jegliches Wissen über Asante zu diesem Zeitpunkt noch ausgesprochen unsicher war, zugleich zeigt sich der Stellenwert, den Sevenhuysen den Geschenken im Rahmen der Gesandtschaft zumaß. Vgl. auch Heijer, Nyendael.

288 Bei seiner Abreise im November 1701 hatte Nyendaal bereits verschiedene Geschenke mitgenommen, darunter ein rotes Samttuch mit Goldbesatz, ein großer Spiegel, ein Schirm und ein Helm; Instruktion für Unterkommis David van Nyendaal, dd. 09.10.1701, NA, NBKG 233, ediert in: Dantzig (Hrsg.), The Dutch, S. 75–80, hier: S. 79.

289 Einem Kaufmannslexikon des späten 18. Jhdts. zufolge zählten die Castor- oder Biberhüte zu den »besten, schönsten und feinsten, aber auch [den] theuersten unter allen [Hüten]«; Art. Hut, in: Ludovici, *Academie*, Bd. 3 (1798), Sp. 1205–

ten Leinenstoff erläutert er, dieser sei für den Prinzen, den Sohn Oseis, oder, falls dieser keinen Sohn haben sollte, für seine Frau bestimmt. Wer letztlich den Stoff bekam, bleibt offen, da keine Berichte Nyendaals aus Kumasi erhalten sind. Dennoch ist bereits die Anweisung de la Palmas ausgesprochen aussagekräftig, zeugt sie doch zunächst davon, dass de la Palma die ihm vertraute Primogeniturregelung mit einem eindeutig bestimmbaren Erbprinzen auf Asante zu übertragen suchte. Deutlich wird auch die klare *gender*-Hierarchie – der Sohn kommt vor der Ehefrau. Dass Nyendaal bei Fehlen eines Sohns das Tuch an »die Ehefrau« verschenken sollte, dürfte diesen vor einige Probleme gestellt haben, schließlich hatte der *asantehene* mehrere Ehefrauen, wie es sich für einen westafrikanischen Herrscher gehörte.[290] Fehlende Geschenke für die Frauen von afrikanischen Herrschern gaben wiederholt Anlass zu Konflikten.[291]

Ein besonders heikler Fall war Dahomey: Dort war beispielsweise das Tragen von Accessoires wie Sandalen, Schirmen und anderem Schmuck allein dem König (und den von ihm Privilegierten) vorbehalten und entsprechende Fehltritte konnten gar mit der Todesstrafe geahndet werden.[292] Entsprechend instruierte Gourg, Direktor des französischen Forts in Ouidah, seinen prospektiven Nachfolger, den *caboceers* von Dahomey auf keinen Fall solchen Schmuck zu schenken, da sie nur mit Erlaubnis des Königs

---

1213, hier: Sp. 1207–1210. – Castorhüte verschenkte bspw. auch die französische Expedition unter de Hally 1670 an den Herrscher von Kajoor; vgl. Chouin (Hrsg.), Colbert, S. 39. Weniger bedeutende Herrscher erhielten dagegen günstigere Hüte, so der König vom Rio Sestos (River Cess, heutiges Liberia), der den ihm verehrten »chapeau de vingt sols« nichtsdestotrotz »comme le meilleur castor du monde« entgegengenommen habe; ebd., S. 48.

290 Bowdich zufolge waren ihm bis zu 3333 Frauen gestattet; Bowdich, *Mission* (1819), S. 289f. Dies dürfte allerdings eher eine symbolische Zahl sein als eine reale oder tatsächlich erreichte Obergrenze. Von Unkenntnis zeugt ebenfalls die fehlende Berücksichtigung der »Königinmutter« (*asantehemaa*), die in der Regel nicht die biologische Mutter des Herrschers, sondern ein in dieses Amt gewähltes hochrangiges Mitglied der königlichen Familie war und die eine größere Rolle im Gemeinwesen spielte als die Ehefrauen des Königs.

291 Brief Gourgs an die Direktoren, dd. 06.07.1787, ANOM, C 6/26; vgl. oben Unterkap. II.3.2, bei Anm. 284.

292 Das wohl berühmteste und berüchtigtste Exempel wurde 1862 an dem konvertierten Ex-Sklaven Moses Osôkô statuiert, der den Fehler begangen hatte, in seinen schönsten Kleidern, mit Schirm und Schuhen angetan, durch Abomey zu spazieren. Seine Bestrafung durch Kreuzigung an einen Baum wurde in verschiedenen Grafiken der empörten europäischen Öffentlichkeit vorgeführt; vgl. dazu Blier, Europia Mania, S. 242ff.

solchen entgegennehmen und tragen durften.[293] Sein Nachfolger Denyau de la Garenne scheint diesen Rat berücksichtigt zu haben: Während er Branntwein, Hüte und Damaststoffe sowohl dem König als auch den beiden »Ministern« (*tamigan* und *mehu*) zukommen ließ, blieb der Schirm als Geschenk allein dem König vorbehalten.[294]

Nicht immer waren Hierarchien jedoch so klar und so strikt sanktioniert wie in Dahomey, gerade an der Goldküste hatten die Europäer tendenziell größere Handlungsspielräume bei der Geschenkeverteilung. Ein prägnantes Beispiel hierfür stellt die Liste der Geschenke dar, die die dänische Kompanie 1680 in Fetu verteilen wollte:[295] Sie wird, wie man es erwarten kann, vom »König« angeführt, der zwei Längen Leidener »say«,[296] vier Längen langes, weißes »calico«-Tuch, einige farbige »calico«-Tücher,[297] zwei Kisten französischen Branntwein, zwei Fässer Schießpulver und sechs Musketen mit Einlegearbeiten aus gebläutem Kupfer erhalten sollte. Damit war ihm zwar die größte Warenmenge zugedacht, nicht aber die Objekte, die wohl den größten Distinktionsgewinn versprachen. Diese erhielt vielmehr der Zweite in der Liste, der »Schatzmeister« oder »Dey« von Fetu, der auch für den Schutz der im Land lebenden Weißen zuständig war.[298] Obwohl er in

---

293 Mémoire pour servir d'instruction au Directeur qui me succédera au Comptoir de Juda, par M. Gourg, ca. 1791, ANOM, C 6/27.

294 Etat des dépenses faites pour les presents & coutumes dües au Roy Dahomet, dd. 01.03.1791, ANOM, C 6/27.

295 Geschenke für die Könige der Goldküste in Guinea und ihre Minister, s. d. [ca. 1680], in: Justesen (Hrsg.), Danish Sources, Bd. 1, no. I.18, S. 36ff. Bei dieser Liste handelte es sich wohl um einen Vorschlag; zu der (wahrscheinlich) endgültigen Auswahlliste vgl. unten, Anm. 299.

296 »Mischgewebe, mit einer Kette aus Kammgarn und einem Schuß aus Streichgarn, Baumwolle oder Seide. Der S. ist dem *serge* ähnlich und wurde in Holland, Flandern und in England produziert. [...] S. gehörte für Niederländer und Engländer zu den wichtigsten Textilien im Westafrikahandel.« Reikat, Handelstoffe, S. 239. – 1710 stellte der dänische Governeur Lygaard fest, dass »says« sich nur in geringen Mengen verkaufen ließen, da sie nicht »jedermanns Kleidung« seien. Das weist darauf hin, dass dieser Stoff offenbar nur von bestimmten vermögenderen und vermutlich hochrangigeren Personen verwendet wurde; Brief Lygaards an die Direktoren der DAK, dd. 02.08.1710, in: Justesen (Hrsg.), Danish Sources, Bd. 1, no. V.29, S. 229f.

297 Als »Calicos« wurden weiße, blaue oder bedruckte Baumwollstoffe bezeichnet. Obwohl sich der Name von der Stadt Calicut in Indien ableitet, wurde der Begriff häufig »als Sammelbegriff für Baumwollstoffe allgemein verwendet«; als »Calicos« bezeichnete Stoffe kamen hauptsächlich aus England und Indien; Reikat, Handelsstoffe, S. 224.

298 Müller, Landschafft (1676 [1673]), S. 109; dazu auch Deffontaine, Guerre, S. 66ff., der den »dey« als »maître de la politique extérieure du royaume« be-

der Rangfolge offiziell dem König nachgeordnet war, wurde er als derjenige hervorgehoben, mit dem das beste Verhältnis unterhalten und Freundschaft gepflegt werden müsse. Ihm waren daher vier ungewöhnliche Geschenke mit hohem Prestigecharakter zugedacht: Ein rotes Tuch, das mit goldenen Fransen, feinster Goldborte sowie mit Krone und Wappen des dänischen Königs versehen sein und seinem Empfänger als Umhang- bzw. Wickeltuch dienen sollte; einen grauen Hut mit breiter Goldborte, geschmückt wiederum mit der Krone; einen (Zeremonial)Speer mit Krone und Wappen des dänischen Königs; schließlich einen Stab aus »indischem Rohr« von Manneslänge mit reichen Verzierungen, am oberen Ende mit Silber beschlagen und ebenfalls mit der dänischen Krone versehen. Daneben erhielt der Dey noch ein Fass Schießpulver und eine Kiste französischen Branntwein (gegenüber jeweils zwei für den König) sowie sechs Musketen (wie der König). Ähnliche Prestigeobjekte, wie sie der Dey erhalten sollte, wurden sonst allein dem König von Accra zugedacht. Dies weist auf die besondere Stellung des Deys hin, wie sie auch von Müller und anderen beschrieben wird.[299] Die unklare Hierarchie, wie sie in der dänischen Geschenkeliste angelegt ist, dürfte zum einen auf die Schwäche des Herrschers in Fetu in

---

zeichnet (S. 68). – Bereits für die portugiesische Zeit stellt Vogt fest, dass die Bedeutung der von den Portugiesen sog. »xarifes« von Fetu und Eguafo rasch erkannt und auch entsprechend durch Gaben honoriert worden sei: »The Portuguese quickly realized the essential nature of the *xarife* as the middleman or intermediary in the gold trade and they continually lavished this official with innumberable small gifts on each occasion of his visit to São Jorge.« Vogt, Rule, S. 87.

299 Müller, Landschafft (1676 [1673]), S. 109: »Des Dayen Ampt [...] erfordert unter andern, daß er die im Fetuischen Lande wohnende Christen wider der Einwohner und anderer Feinde Frevel, Macht und Gewalt beschütze. Vor solche Mühwaltung muß ein [sic] jegliche Nation, Dähnische, Englische, Holländische, monatlich drey, vier, ja mehr Unzen Goldes außzahlen: zu geschweigen, was dem Day vor grosse Geschenke gegeben werden, wann sich ein sonderlicher Nohtfall ereuget [sic] [...]. Was in solchen betrengten Zeiten vor grosse Gaben und Geschencke haben müssen gegeben werden, hat die Königliche geoctroiirte, Dähnische, Africanische Compagnie mit mercklichem Schaden, leider, erfahren.« Zum prächtigen Aufzug und zur Kleidung des Deys »Jan Classen Cuttà« ebd., S. 110 ff.; dieser habe den Dänen die Treue gehalten trotz »grosse[r] Geschenke[n]«, mit denen ihn ungenannte andere zur Untreue bewegen wollten (S. 112). – Einer anderen Liste von 1680 zufolge, die vermutlich die tatsächlich nach Guinea gesandten Geschenke verzeichnet, erhielt der König von Fetu schließlich doch einen Stab und eine Stickerei mit dem Wappen des dänischen Königs, sodass die dominierende Stellung des Deys wieder abgemildert wurde; Brief der Kompanieangestellten an die Direktoren der DAK, s. d. [ca. Juli 1680], in: Justesen (Hrsg.), Danish Sources, Bd. 1, no. I.24, S. 45 ff.

jener Zeit zurückgehen, zum anderen auf das besondere Interesse, das die Dänen wie alle anderen Europäer an dem Wohlwollen des Dey aufgrund seiner unmittelbaren Verbindung zum Handel hatten. Eine ähnliche Konstellation lässt sich auch für Eguafo im späten 17. Jahrhundert feststellen, wo John Kabes, ein mächtiger Händler und *broker* aus Komenda, dem König von Eguafo geschenkmäßig gleich- oder sogar übergeordnet wurde.[300]

Die Tatsache, dass stark in den Handel involvierte Akteure wie der Dey und John Kabes zu bevorzugten Empfängern europäischer Geschenke wurden, trug vermutlich auch zum Aufstieg der neuen sozialen Gruppe der Vermittler und »merchant princes« bei, wie Daaku sie genannt hat.[301] Im Folgenden (III.4) soll daher untersucht werden, inwiefern Statuskämpfe und Konkurrenz zwischen afrikanischen Akteuren auch über (europäische) Geschenke ausgetragen wurden.

3.5 Zwischenfazit

Hinsichtlich der allgemeinen Geschenkauswahl konnte eine große Kontinuität konstatiert werden: Stoffe, Branntwein, Tabak sowie Waffen waren im gesamten untersuchten Zeitraum die dominierenden Geschenkobjekte von europäischer Seite, Lebensmittel und mit Abstand Gold und Sklaven die wichtigsten Gaben von afrikanischer Seite. Die besondere Rolle von Lebensmitteln und Alkoholika verweist dabei in manchen Fällen auf die Verknüpfung von gemeinsamem Mahl und Gabentausch – »to drink and be friends« ist eine prägnante Formulierung in diesem Zusammenhang.[302] Grundsätzlich zeichnete sich sowohl auf europäischer wie auf afrikanischer Seite eine Zweiteilung von Geschenkobjekten in Standardpräsente, die auch

300 Siehe u.a. Brief von Gerard Gore an CCC, dd. 07.07.1698 (OS), in: Law (Hrsg.), The English, Bd. 3, no. 442, S. 231 ff.

301 Vgl. Daaku, Trade, S. 96–114. Daaku untersucht diese Entwicklung für die Goldküste im 17. Jhdt., ähnliche Vorgänge finden sich aber bis ins 18. Jhdt. hinein, so u.a. in Fante; dazu jüngst Shumway, Fante, S. 40 ff., die den Stellenwert von Geschenken und »regular payments« beim Aufstieg dieser neuen Eliten betont.

302 So in Bezug auf die Beilegung eines Konflikts zwischen Kompaniesklaven und lokalen Einwohnern in Cape Coast, anlässlich derer beide Parteien Branntwein erhielten zu dem Zweck, »to drink and be friends«; A Diary of Proceedings from the Ship Gascoyne's Arrival at Cape Appolonia, beginning 21st March 1780, TNA, T 70/1470, Eintrag vom 10.04.1780. Die Übereinkunft vom 10.04. hielt, trotz kleinerer Zwischenfälle (siehe ebd., Eintrag vom 16.05.1780), in der Tat einstweilen. Zu einem ähnlichen Vorgehen im Fall eines Konflikts zwischen zwei »wards« von Cape Coast 1779, bei dem noch größere Branntweinmengen involviert waren, vgl. Reese, Controlling, S. 108 f.

im allgemeinen Warenverkehr vorkamen, und außergewöhnliche Gaben ab, die einem exklusiveren Empfängerkreis und besonderen Anlässen vorbehalten blieben.

Unter den außergewöhnlichen Geschenken jenseits des Handelskreislaufs, die Kompanievertreter hochrangigen Würdenträgern oder wichtigen Kontaktpersonen zudachten, fanden sich etwa solche, die eine besondere Beziehung zu einem europäischen Herrscher ausdrücken oder der herrscherlichen Repräsentation dienen konnten. Bei der Auswahl solcher Repräsentationsgeschenke orientierten sich die europäischen Vertreter offenbar einerseits an Vorlieben und zum Teil auch Repräsentationstraditionen ihrer afrikanischen Partner. Andererseits bewegten sie sich im (erweiterten) Rahmen einer Praxis des höfischen Schenkens, wie etwa am Beispiel der Portraitgeschenke aufgezeigt werden konnte. Die Tatsache, dass man von missglückten Geschenkobjekten wie den Kronen in der Folge absah, kann man als Indiz dafür interpretieren, dass das europäische Repertoire höfischen Schenkens ebenso nur so weit eingesetzt wurde, wie es mit dem Geschmack und den Gebrauchsweisen der westafrikanischen Empfänger zusammenpasste. Viele der Objekte europäischer Fertigung, die häufig verschenkt wurden (zum Beispiel Stühle, Hüte, Schirme), wurden von afrikanischen Eliten in die eigene Repräsentationspraxis integriert und auch adaptiert.[303] McLeods These, dass die europäischen Geschenke zum größten Teil an den Bedürfnissen und Vorstellungen der afrikanischen Empfänger vorbeigingen, mag zwar auf manche der technischen Objekte zutreffen, doch insgesamt erscheint der Geschenkverkehr überwiegend von Anpassungsleistungen geprägt und führte – wie das Beispiel der Repräsentationsobjekte, insbesondere der Stäbe, demonstriert – offenbar zu einer geteilten Distinktionskultur in der Kontaktzone.[304]

Dass Objekte aus dem zwischenhöfischen Verkehr in Europa sowie Dinge, die in europäischer Perspektive als Regalia und Symbole königlicher Macht fungieren konnten, auch als Präsente in Westafrika Verwendung fanden, macht deutlich, dass der Status afrikanischer Herrscher im untersuchten Zeitraum grundsätzlich anerkannt wurde – wie es auch die Befunde aus Hauptteil I nahelegen. In gewisser Weise bewegten sich vor 1800 sowohl europäische als auch afrikanische Akteure in einem gemeinsamen Modus des höfischen Schenkens, in dem Geschenke als Medium persönlicher Beziehungen galten und zugleich mit Rangfragen verbunden

303 Vgl. neben Blier, Europia Mania, für Dahomey zu Asante v.a. McCaskie, Eclecticism, S. 40ff.

304 Zu einer ähnlichen Diskussion in Bezug auf die indianisch-europäischen Beziehungen knapp Kirchberger, Tausch, S. 267f. und S. 275f.

waren.[305] Auch bestanden strukturelle Parallelen bei der Geschenkauswahl. Dieser geteilte Modus des Schenkens begann sich jedoch um 1800 aufzulösen, und zwar durch den Wandel von Geschenkkonzepten auf Seiten europäischer Akteure. Geschenke an afrikanische Herrscher wurden zunehmend als Agenten einer Zivilisierungsmission begriffen, die Relation nicht mehr als potenziell symmetrisch, sondern fundamental asymmetrisch.

4. Geschenke als Beziehungsmedien

4.1 Zur Relationalität des Schenkens

Der Akt des Schenkens allein sagt noch nichts über das Beziehungsverhältnis der Beteiligten und die Bedeutung der Gabe aus.[306] Geschenke werden sowohl von Mächtigen an Unterlegene, von Rangniedrigen an Ranghöhere, von Freunden an Freunde als auch an (vormalige) Feinde gegeben. Eines ist jedoch klar: Wer Geschenke gibt und sie empfängt, transferiert nicht allein materielle (oder auch immaterielle) Güter, sondern sucht zugleich eine Beziehung aufzubauen, zu vertiefen, zu stabilisieren oder zu verändern. Doch zur Bestimmung der Absichten und der Funktion, die mit einem Geschenk verbunden sind, sowie des Verhältnisses der am Geschenkverkehr Beteiligten reicht eine isolierte Betrachtung des einzelnen Schenkakts nicht aus. Vielmehr muss das einzelne Geschenk stets im Kontext der Beziehungsgeschichte untersucht werden. Funktion und Bedeutung eines Geschenks lassen sich nicht über den materiellen Wert allein bestimmen, vielmehr konstituieren sie sich in Relation zu anderen Geschenken: zu Geschenken, die zuvor an denselben gegeben wurden oder die die beschenkte Person zuvor gegeben hat; zu Geschenken, die der Schenkende anderen gibt oder gegeben hat; sowie zu jenen, die der Beschenkte zuvor von anderen erhalten hat.[307]

---

305 Stollberg-Rilinger, Ökonomie, weist auf die Rangbezogenheit und die Aufmerksamkeit für die symbolische Bedeutung von Geschenken als Merkmale höfischen Schenkens hin; die von ihr ebenfalls genannte ostentative Geringschätzung des Geldwerts lässt sich im vorliegenden Fall allerdings nicht feststellen. Zum Verpflichtungscharakter dagegen näher unten, Unterkap. III.5.1.

306 Dies auch gegen die Annahmen von Scheller, Schenken, S. 58. Scheller behauptet u.a. (wenn auch mit dem salvatorischen Attribut »idealtypisch« versehen), dass derjenige, der die größeren Gaben erbringe, stets der Ranghöhere sei.

307 Siehe auch Godelier, Rätsel, S. 63, der eine Erweiterung des klassischen zweipoligen Modells vornimmt.

Ein und dasselbe Objekt kann als Geschenk der einen Person eine ganz andere Bedeutung und einen ganz anderen Stellenwert bekommen denn als Geschenk eines anderen Akteurs.[308] Die Bedeutung von Geschenken wird zwar auch über ihre Materialität, ihren materiellen Wert konstituiert, entscheidend aber ist letztlich der symbolische Wert, der relational und kontextgebunden durch Zuschreibungen bestimmt wird. Dieser symbolische Wert ist es etwa, den der englische Gouverneur Thomas Melvil meinte, als er 1751 feststellte, dass eine Unze aus der Hand seines afrikanischen Vermittlers Cudjo Caboceer (Kwadwo Egyir), der seit Langem in englischen Diensten stand und selbst den Fante angehörte, den Abgesandten Fantes mehr bedeute als zehn Unzen, die er selbst gebe.[309]

4.2 Konkurrenz und Distinktion der Beschenkten

1752 ließ Gouverneur Melvil John Currantee (d.i. Eno Baisi Kurentsi), dem einflussreichen *caboceer* von Anomabo, im Namen des englischen Königs ein Schwert übergeben, zusammen mit einer englischen Flagge und den Worten: »those arms were to defend the Rights & Liberties of the Flag«.[310]

---

308 Vgl. ähnlich die Überlegungen von Gert Dressel, Gedanken, v.a. S. 13f. und S. 25f.

309 Brief Melvils an das Committee der CMA, dd. 26.08.1751, TNA, T 70/29, fol. 5v–6r, hier: fol. 6r. – Es geht aus dem Kontext nicht ganz hervor, ob Melvil hier auf eine unterschiedliche Wertschätzung Cudjos und seiner eigenen Person anspielt oder eher unterstellt, dass die Fante bei ihm (und der Kompanie) höhere Geschenke fordern zu können glaubten (mglw. aufgrund der Zuschreibung größeren Reichtums o.Ä.).

310 Brief Matthew Buckles an Cleveland, dd. 19.02.1752, TNA, CO 388/45, fol. 41r–51v, hier: fol. 46r. – Weitere Beispiele für Schwertgeschenke: 1725 erhielt John Konny ein Schwert mit silbernem Beschlag von der englischen Kompanie; siehe Ratsprotokolle Elmina, Eintrag vom 28.12.1728, NA, TWIC 124, inseriertes Protestschreiben von Pieter Valckenier an John Tinker, fol. 690r–692r. Schwerter wurden dabei oft als Symbol der Treue und auch der militärischen Unterstützung und Loyalität inszeniert; manche europäischen Kompanien integrierten die Übergabe eines Schwerts in den Rahmen eines Einsetzungsrituals; vgl. z.B. Monrad, Description (1822), S. 54f. In solchen Fällen sind Anleihen bei europäischen Lehnsritualen möglich, doch es gab auch eine parallele Nutzung von bestimmten Schwertern (*domfena* und *nsuafena*) in Einsetzungs- und Eideszeremonien in Asante. Neben ihrer Distinktionsfunktion konnten Schwerter in manchen Kontexten auch mit Symbolik für Treue und Glaubwürdigkeit verknüpft sein. Leider sind die entsprechenden Rituale, die mit einem Schwur vor dem König verbunden waren, wiederum erst für das 19. Jhdt. bezeugt, ohne dass sich sicher klären ließe, wann sie entstanden sind. Damit ist aber auch nicht mit

Dieses Geschenk an Currantee stand zum einen im Kontext der englisch-französischen Konkurrenz um Handelsrechte und die Errichtung eines Forts in Anomabo. Aus englischer Perspektive war das Schwert Teil des Versuchs, den notorisch schwankenden und zwischen Engländern und Franzosen taktierenden Currantee endgültig auf ihre Seite zu bringen und zur Loyalität zu verpflichten. Zum anderen spielte dieses Geschenk auch eine Rolle in den Beziehungen zwischen Currantee und einem anderen einflussreichen *caboceer* aus Fante, dem bereits erwähnten Cudjo Caboceer. Cudjo hatte zuvor ein Schwert von der Kompanie erhalten, worauf Currantee mit einiger Empörung reagiert hatte:

> »John Currantee is affronted that Cudjo should have a sword and he none: he is not a Woman, he says to be fond of a Cloth, when other People younger than himself have swords sent them by the Company. [...] Such Presents flatter their Vanity, and are more valued by the Negroes than twice the Value in Goods.«[311]

Das Schwertgeschenk wird hier gleich mit zwei Distinktionen verbunden – der des Alters und einer *gender*-Dichotomie. Das Bemerkenswerte ist, dass Currantee vor und nach dieser Episode, wie alle anderen, ohne Widerrede Tuche und Stoffe als Gaben akzeptierte. Sie gehörten schließlich zu den meistverschenkten Objekten in Westafrika.

Allerdings gab es, wie eine frühere Auseinandersetzung aus Egya, einer Nachbarstadt Anomabos, belegt, Unterschiede in der Bedeutungszuschreibung an verschiedene Stoffe. In Egya nämlich empörten sich 1699 die *caboceers* mit ähnlichen Worten wie John Currantee 50 Jahre später, als der englische Faktor Charles Salmon ihnen »boysadoes« (grober Flanellstoff) statt »ginghams« und »Welsh plains« als »custome« geben wollte.[312] Sie erklärten, sie seien »noe women to wear boysadoes«. Indem der Faktor ihnen erklärte, sie müssten die »boysadoes« ja nicht tragen, sondern könnten die monierten Stoffe einfach verkaufen, und darauf hinwies, ihr Handel mit Korn und Gold bringe ihnen wohl kaum so viel ein, dass sie »soe scrupleous of takeing their customes« sein könnten, argumentierte er offensichtlich auf einer

---

letzter Sicherheit festzustellen, ob diese Rituale mglw. nach europäischem Vorbild gestaltet wurden. Vgl. dazu McLeod, Asante, S. 90f., und Fraser, Symbols, S. 144f.

311 Brief Melvils an das Committee der CMA, dd. 11.07.1751, TNA, T 70/29, fol. 1r–3r, bzw. CO 388/45, fol. 89r–91r.

312 Zu »boysadoes« siehe Reikat, Handelsstoffe, S. 223; Alpern, Master List, S. 8, dort auch zu »welsh plains« und »ginghams« S. 7 und S. 9; und Davies, Company, S. 175 und die Preisliste S. 355. – Die Assoziation von »boysadoes« mit Weiblichkeit war wohl durch die lokalen Kleidungsgewohnheiten begründet, nicht etwa durch Merkmale in Machart oder etwa Wert (o. Ä.) der Stoffe.

anderen Ebene: Ging es in seinen Augen um den reinen Geldwert, stand für die *caboceers* der symbolische Wert zur Debatte.[313]

Currantee war ähnlich sensibel für symbolische Bedeutungen, in seinem Fall ging es aber nicht allein um eine bestimmte, als weiblich besetzte Stoffsorte, sondern um Stoffgeschenke überhaupt. Die *gender*-Dichotomien existierten augenscheinlich auf verschiedenen Ebenen, die kontextabhängig angesprochen wurden: So wurde die Assoziation von Stoffen im Allgemeinen mit Weiblichkeit erst aufgerufen, als eine Gabe, die als Männlichkeitsattribut verstanden werden konnte, aus dem Rahmen der üblichen Tuchgeschenke für alle fiel. Dies zeigt, dass die symbolische Bedeutung von verschenkten Objekten keineswegs unveränderlich festgelegt war, sondern stark vom jeweiligen Kontext beeinflusst wurde.

Kostbare Schwerter (*afena* bzw. *akofena*, ›Staatsschwerter‹) gehörten und gehören zu den Regalien verschiedener Königreiche an Gold- und Sklavenküste.[314] Durch verwendetes Material, Verzierung und durch die Ausschmückung mit bestimmten Symbolen wurden sie zu wichtigen Distinktionsobjekten.[315]

---

313 Brief von Charles Salmon an CCC, dd. 17.01.1699 (OS), in: Law (Hrsg.), The English, Bd. 3, no. 1041, S. 412.

314 Zur Herkunft und zum Gebrauch der Schwerter vgl. McLeod, Asante, S. 88ff. Sie waren, wie van Dantzig vermutet, anfänglich mglw. mit Pferdeschwänzen verbunden, die im frühen 17. Jhdt. als wichtige Insignien an der Goldküste bezeugt sind; Dantzig, Note. Ross konstatiert: »Swords [...] are second only to stools as crucial items of Akan regalia [...].« Ross, Iconography, S. 16. – Obwohl die Objekte optisch doch erheblich von den europäischen Vorstellungen eines Schwerts differieren und der Begriff »Säbel« oder »Krummschwert« vielleicht angemessener wäre, wird in der Literatur nahezu durchgängig der Terminus »Schwert« verwendet. Aus Gründen der Stringenz und Klarheit behalte ich ihn daher, trotz der genannten Vorbehalte, bei. Vgl. auch Cole/Ross, Arts of Ghana, S. 145–152. Ein solches Schwert ist es, das auf dem Rembrandt-Gemälde abgebildet ist, das in der Einleitung erwähnt wurde (bei Anm. 75); vgl. zu weiteren Schwertern in europäischen Museen oder Dokumenten Bassani, African Art, S. xxxiv, S. 106, S. 131 u.a.

315 Müller, Landschafft (1676 [1673]), S. 130f., der für Fetu auf die Distinktion zwischen den einfachen, kaum verzierten Schwertern der ›gemeinen‹ Leute, die oft aus schlechtem Eisen gemacht gewesen seien, und den kostbaren, reich verzierten Schwertern der Vornehmsten und Reichsten, die vielfach aus Silber hergestellt worden seien, hinweist. Siehe für eine zeitgenössische Beschreibung auch Bosman, *Beschryving* (1704), Teil 1, S. 174f., der u.a. die Ausschmückung mit dünnen Goldplatten oder mit Leopardenköpfen und Muscheln erwähnt. Ein mit Leopardenköpfen geschmücktes Schwert wurde laut Gémozac dem Gouverneur Komendas (Akitekyis) 1671 vorangetragen; siehe Chouin (Hrsg.), Colbert, S. 64. – Einige solcher Schwerter finden sich auch in europäischen Museen;

Schwerter konnten so nicht allein mit Männlichkeit assoziiert werden, sondern gehörten in Fante auch zu den Insignien bestimmter Würdenträger; zudem dienten sie wie die oben besprochenen Stäbe als Zeichen von Boten.[316] Waffen im Allgemeinen galten – selbst in einer Zeit, in der »Adels«-Rang zunehmend seltener durch militärische Großtaten als vielmehr durch Einkünfte aus dem Handel erworben wurde – weiterhin als Zeichen von Würde und Reichtum. Noch Anfang des 20. Jahrhunderts gehörte etwa ein Speer zu den Insignien der *abirempon*.[317] Dies bezeugt, ebenso wie die Zeremonie zur Einsetzung in den Status eines *obirempon*, die Fortdauer eines Wertesystems, das Rang und Status an militärische Fähigkeiten und Erfolge knüpfte.[318] Betrachtet man das Schwertgeschenk vor diesem Hintergrund, so wird Currantees Empörung nachvollziehbarer.[319] Currantees Empörung über das Schwertgeschenk an Cudjo zeigt zugleich, wie dieses englische Geschenk in afrikanische Distinktionssysteme und Ordnungsprinzipien integriert wurde – deren Verletzung, wie sie in seinen Augen stattfand, Currantee Ausdruck verlieh, indem er sich über seine vermeintliche Behandlung als Frau beklagte.

Einige Jahre später, 1761, war es Cudjo, der sich geschenktechnisch gegenüber Currantee zurückgesetzt sah und nunmehr seinerseits detaillierte Geschenkwünsche vortrug:

> »[...] Cudjoe Cabo[ceer] thinks that his services has [sic] deserved at least as much from the English Nation as John Currantee, The Umbrella which you sent formerly to Cudjoe is too small, and of no use to him. If you please to send him

das Exemplar des Ulmer Museums ist Mitte des 17. Jhdts. offenbar als Geschenk an einen Augsburger Reisenden von Fetu nach Europa gelangt. Es handelt sich bei dem Geber vermutlich um »Johan Claes« (Acrosan), den »Dey« von Fetu, als Empfänger wird Abraham Haintzel genannt; *Exoticophycalium* (1741), S. 43 f. Vgl. allgemein Bravmann, State-Sword, der als Erster auf die Parallelen zwischen dem Ulmer Schwert und zwei Exemplaren in Kopenhagen hingewiesen hat; zum Ulmer Schwert ausführlicher Jones, Collection, S. 34 f.

316 So Bosman, *Beschryving* (1704), Teil 1, S. 184 f. Vgl. bspw. eine Notiz über die Ernennung eines Amtsträgers in Fante 1777: Der designierte Amtsträger, in der niederländischen Quelle als »Großfähnrich« bezeichnet, sollte zur Einsetzung einen »großen Säbel« erhalten; Tennokel an Pieter Woortman, dd. 05.02.1777, NA, TWIC 985. – Zu Akan-Schwertern weiterhin Cole/Ross, Arts of Ghana, S. 145–158, und kurz Bravmann, Frontiers, S. 26.

317 Wilks, Golden Stool, S. 15 f.

318 Vgl. dazu Kea, Settlements, S. 98–102.

319 Auch sein Verweis auf das Alter wird so verständlich. Mit dem Alter war nicht nur die Frage von Würde allgemein verknüpft; vielmehr wurde auch der Rang eines *obirempon*, wie McCaskie für Asante nachgewiesen hat, meist erst im hohen Alter erworben; McCaskie, State, S. 42 ff.

a White hatt and black Feather the Hatt Laced with either Silver, or Gold, a Walking Cane or Hickery [sic] Stick about 4½ or 5 feet long [ca. 1,4–1,5 m; C. B.] with a handsome silver head, and a Satin Cloth laced with either Gold or Silver, it will be esteem'd a very handsome present, & the whole of the Expence need not to exceed £20.«[320]

Leider ist nicht ganz klar, welche englischen Geschenke für Currantee Cudjos Missfallen erregt hatten. Auffallend ist jedoch, dass es sich bei den monierten Objekten, die er selbst erhalten hatte, wiederum um Prestigeobjekte mit kostbarer Ausschmückung (Silber, Gold) und mit einer gewissen Symbolik handelte. Es kam aber beim Schirm und beim Stab offenbar auch auf die Größe an. Obwohl es bei Cudjos Missfallensbekundung um eine Frage von Distinktion und Reputation ging, wurde – zumindest in der Wiedergabe durch den englischen Gouverneur Charles Bell – der Anspruch auf vergleichbare Geschenke durch eine Leistungsargumentation, eben den Verweis auf die »services« für die englische Nation, begründet. In jedem Fall wird deutlich, dass das Schenken hier nicht allein in eine Beziehung zwischen zwei Akteuren, der Kompanie und Cudjo bzw. Currantee, eingebunden war, diese als »Beziehungszeichen« ausdrückte und zugleich auf sie einwirkte, sondern auch Auswirkungen auf Beziehungen von Schenkendem und Beschenktem zu Dritten hatte.[321]

Die Kalkulation dieser Auswirkungen auf Relationen zu Außenstehenden war nicht immer einfach. Dass die Konkurrenz der Beschenkten oder eben Nicht-Beschenkten untereinander ein Problem bei der Auswahl und Verteilung von Geschenken darstellen konnte, stellte Gouverneur Melvil bereits bei seinem Amtsantritt fest. Er hatte aus England verschiedene feine Stoffe mitgebracht, die als Präsente dienen sollten. Im März 1752 berichtete er in einem Brief an das *Committee*, dass er drei wichtigen Verhandlungspartnern und Vermittlern bereits je einen Stoff geschenkt habe, und zwar John Currantee, Cudjo Caboceer und Intuffero, dem König von Wassa. Den wertvollsten Stoff, blauer Samt mit Silberfäden, hatte er noch nicht verteilen können, er lag für den König von Asante bereit. Melvil kommentierte überraschenderweise die Geschenkverteilung wie folgt: »[T]hey were esteemed very fine Cloths which made it difficult to dispose of them so as to make Friends and no enemies for the Cabboceers are very jealous of each other.«[322]

---

320 Charles Bell an das Committee der CMA, dd. 16.12.1761, TNA, T 70/30, fol. 223r/v. – Cudjo hatte bereits einige Zeit zuvor detaillierte Vorstellungen hinsichtlich eines adäquaten Schirms geäußert; Melvil an das Committee der CMA, dd. 02.03.1759, ebd., fol. 139r–v; siehe auch oben, II.2.2, Anm. 117.

321 »Tie-sign«; Cheal, Gift Economy, S: 22ff., und Berking, Schenken, S. 19f. (nach Goffman).

322 Brief Melvils an das Committee der CMA, dd. 14.03.1752, TNA, T 70/29.

Mit dieser Bemerkung brachte Melvil auf den Punkt, welch heikle Angelegenheit die Verteilung von Geschenken war und wie sehr sie mit Hierarchien und Distinktionen zusammenhing. Relativ unumstritten scheint dabei allerdings die Position an der Spitze der Geschenkhierarchie zu sein, was die überragende Position des *asantehene* belegt.

Diese Position Asantes an der Spitze der (virtuellen) Geschenkhierarchie zeigt sich ebenfalls, wenn auch abgeschwächt, in zwei sorgfältig komponierten Geschenkelieferungen, die der englische Gouverneur David Mill 1775 plante. Mill wollte dem König von Asante das »beste Geschenk« schicken, das sich finden ließ. Dieses sollte aus einem großen Schirm aus scharlachrotem Damast von 15 Fuß (ca. 4,5 m) Durchmesser mit Goldfransen und einer Spitze in Gestalt einer vergoldeten Elefantenfigur, einem großen weißen Satintuch mit goldenen Verzierungen, einer sehr großen Silber-Schiavona (*basket-hilted sword*), einem Stab mit goldenem, mit dem Wappen der Kompanie versehenem Knauf sowie einem Hut und Feder »or rather an elegant coronet« bestehen.[323] Vor allem der Schirm, der möglicherweise mit demjenigen identisch ist, der 1819 prominent in einem Kupferstich erscheint (Cover dieses Buchs),[324] zeigt beispielhaft, dass manche europäischen Faktoren und Gouverneure einiges an Wissen über ihr afrikanisches Gegenüber erworben hatten. Sowohl die Farbe als auch die Figur an der Spitze dürften durchaus dem Geschmack und dem Gebrauch in Kumasi entsprochen haben.[325]

323 TNA, T 70/32, zitiert nach Shumway, Fante, S. 82f.

324 Die Abbildung, die Bowdich in seinem Bericht nicht kommentiert, kann man mit aller gebotenen Vorsicht als Indiz dafür ansehen, dass das Geschenk Anklang und Verwendung zu festlichen Anlässen, dem Untertitel nach gar bei dem Odwirafest, fand. Dieser Schluss wird dadurch gestärkt, dass Bowdich offenbar nichts über eine mögliche englische Herkunft des Schirms wusste oder solches jedenfalls nicht dem Leser mitteilt, sodass man eine bewusst vom Autor ins Bild gesetzte Platzierung vorerst ausschließen kann; Bowdich, *Mission* (1819), Tafel »The first day up to Day of the Yam Custom«, nach S. 274, in Gänze abgebildet bei Blier, Royal Arts, S. 140, Abb. 117.

325 Der Schirm ist innerhalb Asantes, aber auch in anderen Akan-Gesellschaften, ein wichtiges Distinktionssymbol und Indikator des Ranges seines Besitzers. Durch die Verwendung von Gold (bzw. vergoldetem Material) für die Elefantenfigur wurde der Schirm nochmals ausgezeichnet, durfte doch vermutlich nur der *asantehene* goldene Spitzen verwenden, während die vornehmsten Würdenträger Schirme mit silbernen Spitzen erhielten; siehe Patton, Umbrella, S. 72 und S. 94, Anm. 17. Zum Programm der Schlussstücke siehe ebd., S. 69f. und S. 71f., zum Elefanten als königlichem Symbol vgl. Sarpong, Stools, S. 24. Ebenso bedeutete das Material eine Hervorhebung, da europäische Seidenstoffe

Eine ähnliche Zusammenstellung von Gegenständen wie für den *asantehene* sollte für Amonu Kuma, der das relativ neue Amt eines Königs von Anomabo (*anomabohene*) innehatte,[326] vorbereitet werden, »as he has never received any from you yet, and he is by far the best man, and the most attached to the English interest of any in the whole Fantee Country«. Dennoch sollte sich in den Geschenken die gewisse Rangdifferenz manifestieren, die in englischen Augen (und nicht nur in diesen) zwischen dem *asantehene* und dem *anomabohene* bestand: »Only you will please to observe that Ammoney Coomah's umbrella spreads only 12 feet, and that his cloth and other things, should be in a small degree inferior to the King of Ashantee's. The cane only silver [...].«[327] Hier ist die Parallele zu den Versuchen im innereuropäischen Gesandschaftsverkehr augenfällig, diplomatische Geschenke zu formalisieren und so Rangordnungen ›zählbar‹ zu machen.[328]

4.3 Ich gebe, weil er gegeben hat. Gabenkampf und Geschenkkonkurrenz

»presents must be made because the Dutch do it otherwise«[329]

Geschenke brachten freilich nicht nur den Empfängern, sondern auch ihren Gebern Distinktionsgewinne und andere, teils handfeste Vorteile ein. Es überrascht daher nicht, dass bei Entscheidungen der Kompanien, afrikanischen Herrschern Geschenke zu senden, immer wieder das Konkurrenzverhältnis zu anderen europäischen Akteuren eine zentrale Rolle spielte.[330]

---

und anderes kostbares, importiertes Tuch gemeinsam mit dem traditionellen *kente* als Zeichen von Rang und Reichtum fungierten.

326 Dazu Priestley, Trade, S. 15, auch Anm. 2. Ich halte es für problematisch, dass Shumway die Bezeichnung *anomabohene* auch für John Currantee alias Eno Baisi Kurentsi gebraucht (so z.B. Shumway, Fante, S. 79), der ausweislich der zeitgenössischen Quellen kein »königliches« Amt innehatte, zwar vielfach als *primus inter pares* unter den anderen *caboceers* des Ortes agierte, diese Stellung aber einem eher militärisch ausgerichteten Amt als »captain« (mit) verdankte. Damit schließe ich mich der Position von Priestley an.

327 Brief David Mills, dd. 30.12.1775, TNA, T 70/32, zitiert nach Shumway, Fante, S. 82f. Später entschied man sich doch, auch Amonu Kuma die Goldversion zukommen zu lassen, da zu befürchten war, dass ein silberner Knauf für den *anomabohene* inakzeptabel sei (ebd., S. 83).

328 Vgl. dazu Duchhardt, Abschiedsgeschenk; Stollberg-Rilinger, Ökonomie, S. 200ff.; Falcke, Studien; Cassidy-Geiger/Vötsch, Documents.

329 Brief von Dalby Thomas an RAC, dd. 01.01.1705/6 (abstract),TNA, T 70/5.

330 So bspw. Jaenen, Role, S. 234, über ähnliche Situationen in Nordamerika; zum Zusammenhang zwischen britisch-französischer Rivalität in Nordamerika und

Dies lässt sich eindrücklich anhand der Geschichte des *dashee* an der Goldküste zeigen, die aufs Engste mit dem Auftreten verschiedener europäischer Handelspartner verknüpft ist: Bereits in der Zeit um 1600 war dieses »Geschenk«, das die afrikanischen Kaufleute und Ruderer erhielten, durch die Konkurrenz der europäischen Händler sehr hoch und überdies zu »een rente geworden«, also einer festen Zahlung, die jeweils nach verkaufter Warenmenge bemessen wurde, wie Marees 1602 berichtete.[331] 1645 betrug dieses »naagift« oder »dasie« ein *engel* pro *benda*.[332] Villault de Bellefond stellte 1669 die Behauptung auf, das »daché« sei von den Niederländern eingeführt worden, um die afrikanischen Kaufleute davon abzubringen, mit den Portugiesen zu handeln:

> »Wenn sie [die afrikanischen Händler; C. B.] ihren Einkauf gemacht haben, belästigen sie uns und schreien so lange herum, bis man ihnen irgendein Geschenk gibt (das sie *Daché* nennen). Dies haben die Holländer, die sie als Erste daran gewöhnt haben, gemacht, um sie von den Portugiesen abzubringen; aber das, was einst nur freiwillig war, haben sie in eine Gewohnheit verwandelt, und zwar auf eine solche Weise, dass manche sogar schon vor dem Handel wissen wollen, was man ihnen geben wird.«[333]

---

zunehmender Institutionalisierung von Geschenken für Native Americans ebd., S. 241–244.

331 Marees, Beschryvinge (1602), S. 48 f. Ähnlich auch Dapper, der von den »makelaers en tolken« schreibt, die für ihre Dienste »een zekere loon geniete[n], *Dache* by hen genoemt, dat eigentlijk een gifte of schenkaedje gezeit is«; Dapper, *Beschrijvinge* (1668), S. 481.

332 Brief Ruychavers an [die Kamer Zeeland?], dd. 29.01.1645, NA, OWIC 11. Besonders beliebt bei den afrikanischen Kaufleuten war ihm zufolge die Ausgabe des »dasie« in »Haarlemschen cleeden«; der Wert eines »cleetje« wurde laut Marktbrief beim Verkauf mit genau 1 *engels* berechnet; Marckt Brieff by den Ed: Heer Generael Jacob Ruychaver en syn raden ady primo April 1645 in Guynea, ebd.

333 »Quand ils ont fait emplette, ils importunent & criaillent jusques à ce que l'on leur ait fait quelque present (qu'ils appellent *Daché*). Ce fure[n]t les Hollandois, qui les premiers les y accoûtumerent, pour les dégager d'avec les Portugais; mais ce qui n'estoit autresfois que volontaire, ils l'ont fait passer en coustume, & telle façon que quelques uns mesme avant de trafiquer veulent sçavoir ce qu'on leur donnera«; Villault, *Relation* (1669), S. 322 f. Leicht modifiziert übernommen bei Labat: »[I]l faut être accoûtumé à leur maniere [des Nègres] de traiter, ce sont des criailleurs, on en a l'obligation aux Hollandois, qui pour les détacher des Portugais, faisoient des présens à ceux qui venoient traiter avec eux. Ces présens, qu'on appelle *Dache* dans le langage du païs, étoient volontaires, ils sont devenus necessaires à présent: si un marché n'est pas accompagné d'un présent, c'est en vain qu'on prétend traiter avec eux. C'est aux Européens à prendre leurs mesures là-dessus, & à faire ensorte que le présens ne leur tournent pas à

Villaults These, dass die Niederländer diese Gabenpraxis erfunden hätten, ist von eher zweifelhafter Glaubwürdigkeit und diente wohl in erster Linie der Diffamierung der Niederländer.[334] Sie weist bereits auf das Thema der Korruption und der Zuschreibung von Korruption hin, das unten ausführlicher behandelt werden soll.[335] Es ist wahrscheinlich, dass alle Beteiligten – Portugiesen wie Niederländer, aber auch die Franzosen – üblicherweise kleine Geschenke vor Aufnahme des Handels verteilten und dass sie, ob absichtlich oder unabsichtlich, durch diese Geschenke um die Händler und den Handel konkurrierten. Damit wurde aber die anfangs eher freie Gabe zur verregelten und notwendigen, notwendig jedenfalls für die Verfolgung der Handelsinteressen. Als Indikator für die Machtverhältnisse interpretiert, verweist die Praxis des *dashee* darauf, dass die Kontrolle über den Handel weitgehend auf afrikanischer Seite lag.[336]

Allen europäischen Berichten über die Praxis des *dashee* ist dabei die Spannung gemein, die zwischen vorgeblicher Freiwilligkeit und gleichzeitiger Unabdingbarkeit des Gebens besteht. Die prospektiven lokalen Handelspartner wiederum konnten das gegenseitige Überbieten noch fördern,

---

perte.« Labat, *Voyage*, Bd. 1 (1730), S. 352 f., dem wiederum Sundström in seiner Dissertation ohne genauere Analyse folgt, Sundström, Trade, S. 3 f.

334 So auch Garrard, Akan Weights, S. 82, der auch darauf hinweist, dass Marees 1602, d. h. kurz nach dem Eintreten der Niederländer in den Westafrikahandel, das *dashee*-Geben bereits als etablierte Praxis beschrieb.

335 Ähnlich wie Villault stellvertretend für die Franzosen die vermeintlich niederländische Praxis des *dashee*-Gebens kritisierte, klagten die »freien« Händler in England die RAC an, sie hätte die *dashees* in die Höhe getrieben, »being bribes given to those Negroes for promoting the Company's trade, and obstructing that of the Separate Traders«; Report on the Trade to Africa (1709), in: Donnan (Hrsg.), Documents, Bd. 2, no. 34, S. 49–81, hier: S. 53. Ribeiro da Silva, Dutch, S. 194, will jedoch anhand der von Ballong-Wen-Mewuda edierten Gabenlisten der Portugiesen belegen, dass diese eine deutliche quantitative und auch qualitative Differenz zu der niederländischen Schenkpraxis aufweisen. Es ist aber meines Erachtens fraglich, ob die bekanntlich ausgesprochen fragmentarische portugiesische Überlieferung wirklich diesen Schluss vollständig zu tragen vermag.

336 In diesem Sinne auch Ribeiro da Silva, Vessels, S. 32: »These were clear strategies to attract African traders, gain their trust and create a commercial bond between them and the ›Dutch‹ traders. [...] The ›Dutch‹ merchants [...] did not have the control over the African markets and supply markets to form cartels or build monopolies. In fact, these were strategies to defend their commerical interests in new markets where the African traders dictated the trading rules and held complete control of the quantities of products available, prices, types of exchange goods accepted, and ultimately the access to the African supply markets.«

auf Präzedenzfälle hinweisen und sich letztlich für den freigiebigsten Käufer entscheiden – oder auch nicht. Insofern war die zunehmend institutionalisierte Form des *dashee* wohl kaum eine bewusste Erfindung. Auch Blakes Annahme eines regelrechten »gift system«, das in den Konkurrenzkämpfen ausgenutzt wurde,[337] erscheint mir zu hoch gegriffen. Vielmehr haben wir es mit einer sich allmählich formierenden Praxis unter Mitwirkung verschiedener Akteure zu tun, in gewisser Weise mit einer nicht-intendierten Nebenfolge der europäischen Handelskonkurrenz in Westafrika.

Inwiefern Konkurrenz als ein Faktor nicht nur das konkrete Geschenkverhalten, sondern auch die Institutionalisierung von Geschenkpraktiken beeinflusste, lässt sich am Beispiel Fantes *in nuce* nachvollziehen. Diese Region wurde von mehreren Kompanien intensiv frequentiert, und die Logik der Konkurrenz war dort entsprechend besonders ausgeprägt. Im November 1681 erklärten der *braffo* und die *curranteers* von Fante einem Vertreter der RAC, sie wollten fortan »custome for every ship« erhalten, das nach Anomabo kam, und zwar »1 say and 1 anchor of brandy«. Mit dieser Forderung beriefen sie sich auf die Praxis der niederländischen WIC in Kormantin, die ebenfalls diese Abgaben für jedes ankommende Schiff leiste.[338] Die *scheepsgiften* in Kormantin waren niederländischen Quellen zufolge einst eingeführt worden, um die Fante zum Beistand für die Niederländer gegen die Engländer im zweiten niederländisch-englischen Seekrieg zu bewegen.[339] Die Unterstützung der lokalen Bevölkerung für die

---

337 Blake, Beginnings, S. 113 ff.

338 Brief Richard Thelwells an CCC, dd. 11.11.1681 (OS), ediert in: Law (Hrsg.), The English, Bd. 1, no. 248, S. 104. Siehe auch den Brief Ralph Hassells an CCC, dd. 17.06.1687 (OS), in: Law (Hrsg.), The English, Bd. 2, no. 532, S. 208: »[the *curranteers*] purpose to begin a new custome, for before a small time of Agent Greenhills departure they rose this custome here and shutt up Mr Thelwell, and would have custome as they had at Cormantine and still have for every shipp that shall arrive at the Mine.« – Eine ähnliche Argumentationsstrategie, wenn auch mit geringem Verstetigungspotenzial, benutzten der »mareen« und der Schatzmeister von Eguafo, als sie dem englischen Faktor Cross erklärten, »if they some time gave some small dashes among the people, as the Dutch doe, wee shold live more quiett without any pallavars if they will play the rogue again«; Brief William Cross' an CCC, dd. 30.04.1687 (OS), in: ebd., no. 248, S. 112.

339 Vgl. den Brief de la Palmas an die Heeren X, dd. 25.09.1702, NA, TWIC 98, fol. 2r–11v, hier: fol. 5r. Dantzig nennt leider keine Quellen für seine entsprechende Angabe, die sich aber mit derjenigen de la Palmas deckt; Dantzig, Forts, S. 35. – Siehe auch die Beschwerde des englischen Faktors in Kormantin 1663, der sich über die niederländischen Versuche, den »König« von Fante und seine *caboceers* durch große Geschenke zum Krieg gegen die Engländer zu bewegen,

Niederländer hatte im Februar 1665 dazu beigetragen, dass die CRA ihr Fort in Kormantin verloren hatte, das von der WIC in »Fort Amsterdam« umgetauft wurde.[340] Diese Erklärung stellt aller Wahrscheinlichkeit nach eine *invention of tradition* dar,[341] denn *scheepsgiften* gab es von der WIC in Fante bereits lange vor dem Seekrieg.[342] Ohnehin war auf Seiten der Fante das Belohnungsnarrativ offensichtlich nicht das entscheidende, wenn sie die *scheepsgiften* nun anlassunabhängig von den Engländern forderten.[343]

Mit Argumentationen von afrikanischer Seite, die auf die Praxis anderer Kompanien rekurrierten, waren die europäischen Vertreter an der Küste immer wieder konfrontiert. Dabei hatten die entsprechenden afrikanischen Forderungen, die auf diese Weise begründet wurden, durchaus keine geringen Erfolgsaussichten. Einer solchen Drohung sahen sich beispielsweise die Engländer 1698 in Komenda ausgesetzt: Dort hatten die Niederländer es geschafft, nach dem für sie wenig erfolgreichen Ausgang des ersten Komenda-Kriegs den vormals mit den Engländern verbündeten König von Eguafo, Takyi Panin (»Great Taggee«), durch Geschenke für sich einzuneh-

---

beklagte; An Extract of letters from Cormantine & other places in Africa: Out of a Letter, dd. 27.06.1663, TNA, CO 1/17, fol. 266r–267v.

340 Brandt, *Leven* (1687), S. 348ff.; Particulars of our Voyage on the Coast of Africa, dd. April 1665, TNA, CO 1/19 (zitiert nach State Papers Colonial, Bd. 5, no. 986, S. 294f.); zur baulichen Entwicklung des Forts Lawrence, Trade Castles, S. 245–249.

341 De la Palma verweist auf einen Vertrag, den Valckenburgh mit dem *braffo* von Fante geschlossen haben soll; Brief de la Palmas an die Heeren X, dd. 25.09.1702, NA, TWIC 98, fol. 5r. Dieser Vertrag ist bislang nicht aufgefunden worden, wird aber auch in Brandt, *Leven* (1687), S. 344f. erwähnt. Nach Auskunft Brandts bezog sich der Vertrag aber nicht auf *scheepsgiften*. Die Bezugnahme auf den Vertrag selbst kann daher als *invention of tradition* verstanden werden. – Dantzigs Darstellung deckt sich mit derjenigen de la Palmas, leider gibt er aber keine Quelle an; Dantzig, Forts, S. 35.

342 Vgl. Ratelband (Hrsg.), Dagregisters, S. 188f. (Einträge vom 18.–20.06.1646); dort als »dasie van nieuw comende scheepen« bezeichnet. Genauer noch ebd., S. 220f. (Eintrag vom 22.08.1646), dort werden der *braffo* sowie die Akanisten als Empfänger dieser Abgabe genannt. Es bliebe aber freilich die Möglichkeit, dass der Brauch unterbrochen und in einem späteren Vertrag wieder eingesetzt wurde.

343 Es geht aus der überlieferten Korrespondenz nicht klar hervor, ob sie mit dieser Forderung Erfolg hatten. Langfristig kann er jedenfalls nicht gewesen sein, denn in späterer Zeit sind *scheepsgiften* für die englischen Niederlassungen nicht nachzuweisen.

men.[344] Takyi förderte nun also nach Kräften den Handel der Niederländer, die *dashees* unter den *caboceers* verteilten und so die Akani-Kaufleute und damit den Goldhandel größtenteils zu ihrem Fort umlenken konnten. Dem englischen Faktor Gerard Gore erklärten die *caboceers*, »they have had noe dashes from the English to send traders«; hinzu kam, dass die RAC ihnen auch die traditionellen *customs* bei Ankunft eines neuen Faktors verweigert hatte. Dies bewog Gore dazu, eiligst in Cape Coast nachzufragen, ob man den Eliten Eguafos nicht doch ihr *custom* und die entsprechenden *dashees* bewilligen könne. Die *chief merchants* in Cape Coast jedoch verstanden die überraschende Zwangslage nicht, in die sie in Eguafo geraten waren, wohl weil sie sich ihrer traditionellen Verbündeten sicher wähnten. Entsprechend verzweifelt versuchte Gore, ihnen in weiteren Briefen deutlich zu machen, dass der gesamte Handel von den *customs* abhänge und die Verweigerung von Geschenken dem Interesse der Kompanie schade.[345] An diesem Beispiel zeigt sich auch, wie ein willkürliches, ›freiwilliges‹ Geschenk von der einen Seite – hier die *dashees*, die die Niederländer an die *caboceers* gaben – ›unfreiwillige‹ Geschenke für die andere Seite verursachen und damit einen ersten Ansatz für die Institutionalisierung einer neuen Abgabe darstellen konnte.

Ähnlich wie Gerard Gore in Komenda musste der englische Faktor James Hope in Accra wenige Jahre später erleben, was passierte, wenn Geschenke von einer Seite ausblieben: »And many of your Caboceers have been dead for some time and those who succeeded them had neither been paid their usual Dashees (or presents) upon being appointed, nor their pay for which reason they sided with the Dutch against your Honours Interest, so far that there was not one path free for the traders to come to any of Your Leewards Forts.« Aufgrund der Anwesenheit verschiedener Europäer konnten die *caboceers* bei ausbleibenden Geschenken die Seite wechseln; damit aber wurde wiederum das Schenken zur Notwendigkeit, um mithalten zu können:

> »[T]o remedy this and to open these paths I was obliged to give them the customary Dashees and something more in Brandy to reconcile and put an end to former quarrels and have a free trade [...]. I do assure you Gentlemen that I did not lay out the smallest trifle I could save and behave at the same time like

---

344 Vgl. zum Hintergrund LAW, Wars, bes. S. 159f. Law versteht Takyi Panins WIC-freundlichen Kurs von 1698 als Versuch, sich davor zu schützen, in englische Abhängigkeit zu geraten.

345 Brief von John Kabes an CCC, dd. 17.04.1698 (OS), in: LAW (Hrsg.), The English, Bd. 3, no. 426, S. 222f.; Briefe von Gerard Gore an CCC, dd. 01., 07. und 11.07.1698 (OS), in: ebd., no. 440, 442–443, S. 229–232, und Brief von Howsley Freeman an CCC, dd. 27.08.1698 (OS), in: ebd., no. 450, S. 239.

> one that represented the Royal African Company here, amongst the Danes and Dutch who are both very expensive [...].«[346]

Der Einfluss der Konkurrenzlogik auf das Schenkverhalten war dort am ausgeprägtesten, wo sich, wie in Fante, mehrere Kompanien angesiedelt hatten oder um die Gunst eines einzelnen Herrschers wetteiferten. Zu Geschenkekonkurrenzen kam es aber gelegentlich auch in Orten, wo sich noch kein Fort befand; Geschenke waren dann oft Teil einer Auseinandersetzung um die erste Ansiedlung. So bemühten sich die Niederländer, durch kostspielige Geschenke den englischen Ansiedlungsversuch in Beraku (Agonna) zu blockieren und selbst die Erlaubnis für den Bau einer Logie zu erhalten.[347] Die Mehrheit der lokalen *caboceers* blieb offenbar aber der ursprünglichen Vereinbarung mit der RAC treu und widerstand den niederländischen Offerten. Für ihre Standhaftigkeit forderten sie aber ihrerseits von dem englischen Faktor Geschenke.[348]

Nur allzu üblich war es in solchen Gabenkämpfen, die Objekttransfers des Gegners als »Bestechung« und damit als illegitim zu deklarieren.[349] 1753 versuchten die Engländer als Sieger einer solchen Auseinandersetzung, diese Deutung sogar vertraglich festschreiben zu lassen. Der Vertrag, den

346 Brief James Hopes an CCC, dd. 20.12.1738, TNA, T 70/4.

347 Brief James Nightingales an CCC, dd. 05.12.1686 (OS), in: Law (Hrsg.), The English, Bd. 2, no. 737, S. 284f.; Brief Hugh Hillings an CCC, dd. 01.09.1686 (OS), ebd., no. 868, S. 367; Brief von dems., dd. 14.09.1686 (OS), ebd., no. 869, S. 368; Brief von dems., dd. 20.09.1686 (OS), ebd., no. 870, S. 368f.; Brief von dems., dd. 29.09.1686 (OS), ebd., no. 871, S. 369.

348 Brief Hugh Hillings an CCC, dd. 03.10.1686 (OS), ebd., no. 872, S. 369: »The people ashore has againe confirm'd their promis [sic] to me, about the Dutch not settleing here, but they say they are very sorry that their old masters will not doe by them as the Dutch would, which is to give one angle upon a bendy, which to incourage them I doe give, but if not allow'd I must pay myselfe, which I hope your Worship and the rest of the Councill will take in consideration.« – Wenige Tage später konnten die Niederländer auf Betreiben eines lokalen Händlers namens Atta Barber doch ihre Flagge hissen; allerdings fand dies nicht die Zustimmung der Königin von Agonna. Über den Ausgang des folgenden »Palavers« ist nichts weiter bekannt; allerdings ist es auch möglich, dass die Frage aufgrund der weiteren Ereignisse, in deren Folge Beraku von seinen Einwohnern aus Furcht vor einem Angriff Akwamus verlassen wurde, ungelöst blieb.

349 Siehe etwa den Protest Valckenburghs gegen Kruisenstern (SAK), dd. 03.09.1656, NA, OWIC 13: »[...] UEd: onvrundelycke en onnabuerlycke Acte dat deselve de Vassalen van onsen staet ontrouwelyck en met giften en gaven soeckt te debouchεeren vanden eedt en trouwe waer meede sy aen onse souvereynen wel solemneelyck syn verplight en verbonden«.

die CMA mit den Fante 1753 schloss, enthielt einen Passus, der die französischen Geschenke der Vergangenheit zu »Bestechungen« erklärte:

»And Whereas we are certainly informed that within these Ten Years past several Subjects of the French King have been endeavouring by Bribes[350] of various Kinds not only to dissolve that close Connexion between the English & Fantee Nations which we look upon as our greatest Security, but likewise to procure to themselves some of that Ground which was Conquered at the English Expence, and which besides the natural Injustice of the Thing, can have no other Tendency than to introduce jarring Interests & Divisions amongst us, & thereby deliver us up an easy Prey to our Enemies«.[351]

Ein solcher Gebrauch des Begriffs der Bestechung und/oder Korruption findet sich in Verträgen mehrfach.[352] Indem die Geschenke des ehemaligen Konkurrenten als illegitim deklariert werden, wird zugleich eine neuerliche Legitimierung der Vereinbarungen und der eigenen Position vollzogen. Der Befund, dass es immer der andere – und meist auch der Verlierer des Konkurrenzkampfes – ist, der besticht, passt durchaus zu den Befunden der Historischen Korruptionsforschung, die die Nutzung von »Korruptionskritik« als »situative Strategie« herausarbeitet.[353] Auf der anderen Seite bemühte

350 In manchen Fällen, bspw. bei Melvil 1752, sind »bribes« nicht notwendigerweise illegale oder illegitime Geschenke – Melvil selbst nennt die von ihm selbst verantworteten Geschenke »bribes«. Bei ihm geht es vielmehr um die Trennung von öffentlich und nicht-öffentlich gegebenen Gaben, wenn er schreibt, sein Mittelsmann Cudjo Caboceer habe, um den Vertrag mit Fante zum Abschluss zu bringen, 100 *bendies* an »all Fantee« und ungefähr 20 *bendies* »in private bribes to the leading men« gegeben; Brief Melvils an das Committee der CMA, dd. 23.09.1752, TNA, T 70/29, fol. 25v–26r: hier: fol. 25v. Eine solche Trennung von öffentlich und nicht-öffentlich gegebenen Geschenken findet sich auch in der Aufstellung der Unkosten, die bei der Vertragsschließung zwischen dem Herrscher von Accra und dem niederländischen General Ruychaver 1642 verausgabt wurden; Memorie der Aenteyckeninge soo van schenckagie als oncosten gevallen tot vercryginge ende Maeckinge vande Logie tot Cleyn Acraa opt Strandt gedaen alles men last vande E: Heer Directeur Jacob Ruyghaver tsedert myne Comste op den 17 Augusty voor Acra voornoemt tot weder vertreck den 13 Septemb: A° 1642, NA, OWIC 13, S. 70–72, hier: S. 71.

351 Vertrag der CMA mit den Borbor-Fante, dd. 06.02.1753, TNA, T 70/1695.

352 Vertrag der WIC mit dem König und einigen *caboceers* von Eguafo, dd. 14.01.1688, NA, TWIC 122, fol. 30f. (Erwähnung der Korrumpierung der Eguafo durch französische Geschenke). – Vgl. auch den entsprechenden Vorwurf gegenüber den Engländern in Bezug auf Takoradi in Valckenburgh, Vertoog of Deductie [ca. 1659], in: Jonge (Hrsg.), Oorsprong, S. 58.

353 Vgl. dazu Engels/Fahrmeir/Nützenadel, Einleitung, S. 4f., und die interessante Vergleichsstudie von Lindemann, Corruption, bes. S. 584 und S. 595f.

sich etwa die brandenburgische Kompanie, ebenfalls im Vertrag festzuhalten, dass dieser eben nicht durch Bestechung oder Geschenke zustande gekommen sei: »[...] ohne sie im geringsten durch Geschenke oder Gaben dazu bestochen zu haben« (»[...] sonder haer daer toe in't geringste met giften often gaven gecorrumpeert hebben«).[354]

4.4 Zwischenfazit

Nachdem in Kapitel III.3 die verschenkten Objekte selbst und ihre Gebrauchsweisen im Fokus standen, wurden hier Geschenke unter dem Aspekt der Beziehungen thematiert, die sich in ihnen manifestieren oder durch sie verändert werden sollen. Zunächst wurde die Kontextgebundenheit der Bedeutung und des symbolischen Werts von Geschenken herausgearbeitet. Europäische Geschenke konnten sowohl Medium als auch Gegenstand von Konkurrenzkämpfen innerhalb der afrikanischen Eliten sein. Dies verweist einerseits auf die Verflochtenheit der lokalen Distinktionskultur und Rangordnung, andererseits wiederum darauf, dass Geschenke stets mehr Akteure betreffen und involvieren als nur den Beschenkten und den Schenkenden – relevant für die Bedeutung des Geschenks sind gerade auch jene, die nicht beschenkt werden.

Umgekehrt hatte auch die Konkurrenz unter den Schenkenden großen Einfluss auf Geschenke und insbesondere deren Institutionalisierung. Nicht zuletzt nutzten afrikanische Akteure Geschenke verschiedener europäischer Parteien als Argument gegenüber den jeweils anderen europäischen Akteuren, um ähnliche Gaben einzufordern. Der Bestechungsvorwurf wurde unter den Kompanien eingesetzt, um die Gaben der anderen als illegitim zu brandmarken, während die eigenen Gaben, mochten sie sich auch äußerlich kaum von den kritisierten »Bestechungen« unterscheiden, als legitime Geschenke galten.

354 Vertrag zwischen der BAC und den *caboceers* von Cape Three Points, Manfort, Akwida und Takoradi, dd. 12.05.1684, in: Jones (Hrsg.), Brandenburg Sources, no. 19, S. 259f. und S. 89–91. Dass der Vertrag ohne Korruption zustande gekommen sei, wird von einem Brandenburger eigens bezeugt. Ähnlich auch in dem Vertrag der BAC mit den *caboceers* von Ahanta, dd. 04.02.1685, in: ebd., no. 25, S. 263f. und S. 97f. Dort wird sogar die Möglichkeit erwähnt, dass die Niederländer eine Geschenk-Gegenoffensive starten könnten: »[...] wir doch in ewigkeit keine Holländer oder Englische wolten annehmen, und wan die Holländer Uns auch hundert benden Goldes gäben, dann Wir werden so offt von denen Holländern betrogen, Wir glauben Ihnen nicht mehr [...].«

5. Normen und Konflikte

In diesem Abschnitt werden eingehender Konflikte um Geschenke untersucht. Dabei soll diskutiert werden, inwiefern sich solche Konflikte als Ausdruck kultureller Differenz oder als politische Auseinandersetzungen im Rahmen einer geteilten Praxis verstehen lassen. Zunächst geht es um solche Fälle, in denen ein Geschenk vom Empfänger abgelehnt wird. Dann greife ich den Topos der Geschenkegier auf und untersuche den Stellenwert von expliziten Geschenkforderungen. Abschließend sollen Deutungskonflikte um materielle Transfers in den Blick genommen werden.

5.1 Annahme verweigert. Abgelehnte Geschenke und geteilte Normen

Was bedeutete es, wenn ein Geschenk abgelehnt, zurückgeschickt und seine Annahme verweigert wurde? Beginnen wir zunächst mit einer Situation, in der ein Geschenk schließlich doch nicht abgelehnt wurde: Generaldirektor van der Wel entschied sich, obwohl wir ihn oben bereits als Geschenkskeptiker kennengelernt haben,[355] 1647 gegen eine Ablehnung eines Geschenks. Die Zurückweisung der Gabe wäre in seinen Augen einer persönlichen Verachtung der Schenkenden gleichgekommen (»groote [ver]achtinge van haer persoon«).[356] Selbst van der Wel nahm also die soziale Rolle von Geschenken und deren Stellenwert im sozialen Miteinander an der Küste ernst.

Mit einem Geschenk zugleich eine Beziehung zurückzuweisen, lag jedoch ganz in der Absicht des Herrschers von Akwamu, als er 1728 ein Geschenk der WIC ablehnte. Dieses Geschenk stellte den Versuch dar, sich aus einer recht prekären Situation zu retten – der Cousin des Königs von Akwamu war in niederländischer Haft durch einen Mithäftling erstochen worden.[357] Indem der niederländische Faktor in Accra, Isaac de la Planque, dem König ein Geschenk (»een kleen present van Brandewyn«) sandte und damit der oben beschriebenen Routine des europäisch-afrikanischen Geschenkverkehrs anlässlich des Todes von Verwandten folgte,[358] hoffte er offenbar auf eine friedliche Fortführung der Beziehungen. Diese Hoffnung war nicht ganz unberechtigt, da König Ansaku (Ansa Kwao) von Akwamu kein besonders inniges Verhältnis zu seinem ermordeten Cousin

355 Siehe oben, bei Anm. 116.

356 Jacob Adriaansz. van der Wel an die Heeren XIX, dd. 17.10.1647, NA, OWIC 11.

357 Isaac de la Planque an Generaldirektor und Rat in Elmina, dd. 02.02.1728, inseriert in den Eintrag vom 05.02.1728, NA, NBKG 94, S. 793 ff.

358 Siehe oben, u. a. bei Anm. 90.

Oti (Oten) gepflegt, im Gegenteil selbst dessen Einsperrung mit veranlasst hatte.[359]

Doch Ansaku wies das Geschenk von Seiten de la Planques zurück und ließ »im Namen von ganz Akwamu« (»uyt naam van gans Aquambo«) ausrichten, dass sie keine niederländischen Geschenke (»presenten«) mehr annehmen würden. Er kündigte vielmehr an, nach Verrichtung der üblichen »coustumen van begraven« nach Accra zu kommen und Satisfaktion (»voldoening«) für den Tod seines Verwandten zu verlangen. Damit wechselte er demonstrativ vom Bereich des freiwilligen Schenkens in denjenigen der rechtlich erforderlichen Kompensation, brach die freundschaftlichen Beziehungen, wie sie sonst durch Geschenke an Hinterbliebene demonstriert wurden, ab und machte zugleich die Niederländer verantwortlich für den Tod seines Verwandten. De la Planque hatte hingegen versucht, die übliche Routine bei Eintritt eines Todesfalls zu wahren. Für den Fall, dass die Niederländer die verlangte Sühne verweigern sollten, drohte Ansaku mit einem Angriff auf das niederländische Fort in Accra.[360] Diese Botschaft nahm de la Planque als Kriegserklärung auf und ließ dem König seinerseits mitteilen, dass die Niederländer die Tötung in keiner Weise veranlasst hätten und sie vorbereitet seien, Widerstand zu leisten.[361] Später stellte sich die Kriegsankündigung Ansakus als leere Drohung heraus. Dabei war es offenbar nicht zum geringen Teil die symbolische Aufkündigung der Beziehung durch die Zurückweisung des Geschenks gewesen, die de la Planque veranlasst hatte, Ansakus Drohung so ernst zu nehmen.[362]

359 Vgl. auch Hernæs, Struggle, S. 4f., zu dem Vorfall.

360 Brief Isaac de la Planques an Elmina, dd. 02.02.1728, inseriert in den Eintrag vom 05.02.1728, NA, NBKG 94, S. 793ff. – Der dänische Gouverneur berichtet von einer bedingungslosen Angriffsankündigung; siehe Brief Wellemsens an die Direktoren der DAK, dd. 10.02.1728, in: Justesen (Hrsg.), Danish Sources, Bd. 1, no. VIII.48, S. 375.

361 In einer dänischen Quelle wird de la Planques Verhalten provokanter dargestellt; dort ist er es, der als Erster mit Waffengewalt droht; Brief Waerøes an die Direktoren der DAK, dd. 30.08.1730, in: Justesen (Hrsg.), Danish Sources, Bd. 1, no. IX.14, S. 406–420, hier: S. 406.

362 Beispiele von abgelehnten Geschenken im Kontext drohender Kriege bringt auch Duchhardt, Abschiedsgeschenk, S. 356f. Er stellt aber heraus, dass diese Fälle Ausnahmen darstellten; auch eine Kriegserklärung zwischen zwei Staaten sei »üblicherweise weder für den gastgebenden Hof noch für den scheidenden Diplomaten ein zwingender Grund, auf das diplomatische Abschiedsgeschenk zu verzichten«. Der schlechte Beziehungszustand werde aber oft durch Minderung des Geschenkwerts angezeigt.

Komplizierter noch war die Situation, in der *asantehene* Osei Tutu 1715 ein Geschenk des mächtigen Händlers und *broker* John Kabes von Komenda zurückwies, das aus einem Schaf mit vier Hörnern bestand. Er tat dies, so ein englischer Bericht, »with this Word That he [John Kabes] must first make up his Pallavers [that] are [the] Occasion of the Ways being stopt: And if they were open for Trade he might find them [d.h. die Asante] [...] & him [d.i. Osei Tutu; C.B.] Ready to Receive his present«.[363] Diese »Pallavers« betrafen nur indirekt Osei Tutu selbst – Kabes lag vielmehr seit längerer Zeit mit Twifo im Streit, einem Land im Norden von Eguafo. Das Gebiet von Twifo musste aber von den Händlern aus Asante auf ihrem Weg zur Küste passiert werden, sodass die Auseinandersetzung zwischen Twifo und Kabes unmittelbare Folgen für den Handel von Asante hatte. Der *asantehene*, der sowohl direkt als auch indirekt über Mittelsmänner am Handel beteiligt war,[364] war entsprechend stark an einer raschen Beilegung des Konflikts interessiert.

Mit der Zurückweisung des Geschenks distanzierte er sich nun von Kabes, vielleicht auch in Reaktion auf dessen Versuche, Asante in dem Konflikt auf seine Seite zu ziehen, und verlieh der Forderung nach einer schnellen Einigung Nachdruck. Die Geschenkverweigerung sollte eine öffentliche Geste sein, die nicht allein an John Kabes, sondern an alle in den Konflikt involvierten Parteien gerichtet war. Entsprechend ließ der *asantehene* die englische Kompanie in Komenda und wohl auch die Twifos über seine Aktion informieren. Die Verweigerung erhielt gerade durch diese Öffentlichkeit erst ihre volle Wirksamkeit – und Osei Tutu setzte offensichtlich voraus, dass alle Parteien die Bedeutung dieser Geste verstanden.[365]

In diesen drei herausgegriffenen Beispielen war das Gelingen oder Scheitern des jeweiligen Akt des Schenkens keineswegs von kultureller Differenz

---

363 Commenda Day Book, William Baillie, TNA, T 70/1464, Eintrag vom 23.02. 1715. Bei dieser Episode unterläuft Daaku eine Fehlzuschreibung, denn er zitiert die Einträge vom 23.11.1714 und vom 29.03.1715, in denen das Verhältnis zwischen Asante und Kabes jedoch keinerlei Erwähnung findet; Daaku, Trade, S. 124, Anm. 3. Siehe auch Henige, John Kabes, S. 9f.

364 Vgl. dazu Wilks, Golden Stool, S. 5f. und S. 25f.

365 In Analogie zur öffentlichen Gabe, über die Hannig feststellt: »Erst das öffentlich übergebene Geschenk kann die sozialen, hierarchisch differenzierenden und verbindungsstiftenden Funktionen erfüllen, die der Gabentausch zu leisten imstande war.« Hannig, Ars donandi, S. 19. – Ein Beispiel eines abgelehnten Abschiedsgeschenks durch einen englischen Botschafter am russischen Hof bespricht Hennings, Gift, S. 101f., der insbes. auch auf die hergestellte Öffentlichkeit der Ablehnung hinweist. Diese sollte helfen, der gekränkten Ehre des englischen Herrschers Abhilfe zu schaffen.

oder kulturellen Missverständnissen bestimmt. Im Gegenteil verweist die Entscheidung über Annahme oder Ablehnung eines Geschenks auf eine fundamentale Gemeinsamkeit der verschiedenen Akteure: das Verständnis von Geschenken als Beziehungszeichen. Die Ablehnung stellte insofern die gestörte Beziehung dar (und her) und kam einer persönlichen Zurückweisung des Schenkenden gleich. Zudem teilte man offenbar auch Vorstellungen darüber, wie ein Bereich des tendenziell freiwilligen Schenkens von rechtlich verpflichtenden Zahlungen abzutrennen sei, war sich also in gewisser Weise über Grenzen einer Ökonomie des Schenkens einig.

Manche Geschenke wurden zurückgewiesen, weil sie vom Schenkenden gezielt mit einem ganz bestimmten Zweck, einer ganz bestimmten Bitte oder Forderung verknüpft waren, die dem Empfänger unliebsam war.[366] Im August 1646 besuchte eine Delegation aus Fante das niederländische Fort in Elmina und begrüßte Generaldirektor van der Wel, indem sie ihm drei Ziegen als Geschenk präsentierte (»met presentatie tot schenckagie 3 cabryten«). Van der Wel empfing sie freundlich und bedankte sich umgehend für die »presentatie van de braffo«. Damit war wohl die Aufwartung selbst gemeint, denn das Geschenk der drei Ziegen wollte er nicht annehmen, bis er gehört hatte, mit welchem Anliegen die Delegation gekommen sei. Van der Wel fürchtete offenbar, sich mit einer Annahme des Geschenks zugleich auch zu einer positiven Reaktion im Hinblick auf dieses Anliegen zu verpflichten.[367] Wie sich am nächsten Tag herausstellte, wollten die Fante erreichen, dass die WIC entweder in Anomabo oder in Kormantin wieder eine Logie etablierte. Die Delegation bat van der Wel darum, die drei Ziegen anzunehmen. Van der Wel lehnte ab und verwies darauf, dass der *braffo* von Fante den Niederländern in der Vergangenheit zahlreiche »affronten« zugefügt und sie mit Lügen beschwichtigt habe. Allerdings akzeptierte er nach einigem Hin und Her die Ziegen schließlich – und gehorchte damit wieder den üblichen Spielregeln der Höflichkeit. Er machte jedoch deutlich, dass die Annahme des Geschenks nicht als Zustimmung verstanden werden dürfe, und betonte zudem, dass die Entscheidungskompetenz eben nicht bei ihm selbst, sondern bei den Heeren XIX in Amsterdam läge. Von der Verpflichtungsleistung der angenommenen Ziegen entlastete er sich jedoch nicht nur verbal, sondern auch performativ, indem er die Delegation mit einem Gegengeschenk von zwei Unzen bedachte. Durch diese schnelle Gegengabe konnte er der impliziten Verpflichtung zur Reziprozität Genüge

366 Vgl. dazu auch die frühmittelalterlichen Beispiele bei Hannig, Ars donandi, S. 22f.

367 Ratelband (Hrsg.), Dagregisters, S. 219f. (Eintrag vom 21.08.1646).

tun, zugleich aber die explizit formulierten Erwartungen der Fante umgehen.[368]

Dieses Beispiel lässt darauf schließen, dass Akteure im interkulturellen Kontext Westafrikas Geschenken nicht allein verbindlichkeitsstiftenden Charakter zuschrieben, der auf die Beziehung im Allgemeinen gerichtet war. Vielmehr war es offensichtlich auch möglich, zumindest implizit Erwartungen an die Gegengabe zu formulieren und damit die verbindlichkeitsstiftende Wirkung auf spezifizierte Anliegen zu beziehen – eine Annahme, die die Akteure jeweils wiederum auch ihren Interaktionspartnern unterstellten.[369] Solche spezifizierten Erwartungen an Gegengaben führten dazu, dass die Annahme oder Ablehnung von Geschenken auch eigens Gegenstand von politischen Entscheidungsprozessen wurde. Dies zeigt der Fall einer Auseinandersetzung zwischen Niederländern und Fetu im Dezember 1646. Den Hintergrund bildeten die Bemühungen der WIC, eine englische Niederlassung in Fetu zu verhindern, beanspruchte man doch ein exklusives Handelsrecht in dem Land.[370] Dazu verhandelte Generaldirektor van

---

368 Ratelband (Hrsg.), Dagregisters, S. 220 ff. (Einträge vom 22.–24.08.1646). – Pierre Bourdieu erklärt gar, dass eine auf der Stelle erwiderte Gabe einer Zurückweisung gleichkäme; Bourdieu, Ökonomie, S. 163.

369 Ich teile hier grundsätzlich die Argumentation von Jan Hennings, dass es zum Teil gerade die Konflikte um Zeremoniell und symbolische Praktiken sind, die auf geteilte Normen und Annahmen zwischen verschiedenen Akteuren hinweisen und nicht auf inkommensurable kulturelle Differenzen, wie gelegentlich zu schnell unterstellt wird. Hennings, Gift, S. 103 f.

370 Offenbar gab es zu diesem Zeitpunkt innerhalb Fetus verschiedene Fraktionen. Zwar brachten die Niederländer den König auf ihre Seite, doch ungenannte *caboceers* schlossen offenbar trotzdem einen Vertrag mit den Engländern über die Errichtung einer Logie, der jedoch vorerst wirkungslos blieb; Ratelband (Hrsg.), Dagregisters, S. 275 f. (Einträge vom 06.–07.12.1646). Der englische Kommis bestritt die Existenz dieses Vertrags, der bislang nicht aufgefunden worden ist (was angesichts der problematischen Überlieferungssituation von Verträgen der englischen Kompanien insgesamt nicht überrascht). 1649/50 besaß die »Guinea Company« eine Faktorei in Cape Coast, die jedoch nur aus einem einfachen lokalen Haus bestand. Im April 1650 schloss der lokale Faktor, Thomas Crispe, eine Übereinkunft mit dem König von Fetu über den Bau einer Logie und kaufte, nach eigenem Verständnis, das dazu bestimmte Land für Güter im Wert von £ 64; Brief der RAC an den dänischen Gesandten Christian de Lente, dd. 21.01.1686 (OS), British Library, London (BL), Add. Ms. 41806 (Middleton Papers), fol. 242r–244r; vgl. auch Davies, Company, S. 41 f. Wenige Tage später wurde das Land jedoch zum zweiten Mal vergeben, dieses Mal an Hendrik Caerlof, der in schwedischen Diensten stand. Die Schweden begannen dann tatsächlich mit dem Bau eines Forts, das der inzwischen zu den Dänen übergelaufene Caerlof 1658 einnahm. In den 1660er Jahren schlossen

der Wel in Cape Coast mit den lokalen *caboceers* und Akanisten. Nach längeren Diskussionen griff er zur altbewährten Strategie von Zuckerbrot und Peitsche: Auf der einen Seite drohte er mit einer möglichen Blockade des Hafens, auf der anderen Seite offerierte er den Abgesandten Fetus ein Stück Leintuch (»lijwaet«) und einen halben Anker Branntwein als Geschenk.

In diesem Kontext musste das Geschenk politisch aufgeladen sein, und entsprechend lehnten die Fetu die Annahme zunächst ab – letztlich eine komplementäre Situation zu der oben geschilderten zwischen van der Wel und den Fante. Da (öffentliche) Geschenke ja, wie oben erwähnt, anlässlich einer Übereinkunft oder eines Friedensschlusses üblich waren, wäre eine Annahme einer vorzeitigen Entscheidung gleichgekommen. Die Delegation aus Cape Coast jedenfalls verschob die Annahme, bis sie mit den übrigen *caboceers* (»hun meede broeders«) gesprochen hatte. Nach der Beratung untereinander nahmen sie schließlich das Geschenk an – jedenfalls teilweise. Sie akzeptierten den Branntwein, da aus diesem »keine Konsequenz« gezogen werden könne, zu dem Stück Leinwand aber gaben sie an, dass sie es nicht annehmen dürften, bis sie die Anweisung des *braffo* dazu hätten (»'t geen in geen consequenty mach getrocke werde, maer het stuck lijwaet niet dorste aenneme voor en aleer daer toe ordre van den cooning [d.i. der *braffo*; C.B.] hadde«).[371] Offensichtlich kamen den unterschiedlichen Objekten (Leintuch und Branntwein) in den Augen der *caboceers* unterschiedliche symbolische Bedeutungen zu, wobei das Leintuch eine stärkere Verbindlichkeit transportierte als der Branntwein.[372]

Wesentlich war auf beiden Seiten die Verknüpfung von Geschenk(annahme) und politischer Entscheidung. Während das Angebot des Geschenks bei van der Wel offensichtlich eine Strategie war, die Angelegenheit schnell zu klären, ja den Fetu eine symbolische Entscheidung vor der Entscheidung abzuringen – ähnlich wie es die Fante zuvor bei ihm selbst versucht hatten –, war die temporäre Verweigerung der Annahme ein Ausweg und zugleich Indiz dafür, dass die Fetus ebendiese Strategie durchschauten.

---

englische Agenten dann einen weiteren Vertrag, der dann auch tatsächlich zum Bau einer Logie führte; siehe die Transkription des Vertrages bei Deffontaine, Européens, S. 279 f., und die Dokumente bei Makepeace (Hrsg.), Trade, no. 81–84, S. 93–104.

371 Ratelband (Hrsg.), Dagregisters, S. 271 ff. (Eintrag vom 01.12.1646).

372 Es sind verschiedentlich Stoffgeschenke von Herrschern an Untertanen bezeugt, sodass das Leintuch vielleicht in diesem Sinne interpretiert wurde. Stoffe spielten zudem eine zentrale Rolle bei der Zahlung von »customes« bzw. »ground rents«. – Branntwein hingegen scheint ein ubiquitäres Geschenkobjekt gewesen zu sein, das zwar auch bestimmte sakrale Bedeutungen annehmen konnte, jedoch zumindest in Cape Coast offenbar als ›unverbindlicher‹ galt.

Anders geartet sind dagegen die oben diskutierten Fälle aus der Zeit um 1800 bzw. aus dem 19. Jahrhundert, in denen bestimmte Geschenk*objekte* Gegenstand der Ablehnung wurden – einmal war Gold zu kostbar, einmal wurden geschenkte Sklaven aufgrund der Ablehnung von Sklaverei allgemein nicht angenommen.[373] Auffälligerweise wurde dabei nicht mehr über mögliche Verletzungen von Höflichkeitsregeln oder gar der Ehre des Gegenübers reflektiert. Diese Fälle sind so in gewisser Weise Ausdruck der skizzierten, um 1800 beginnenden Auflösung einer geteilten Ökonomie des Schenkens.

5.2 Erzwungene Geschenke und inszenierte Freiwilligkeit

> »dies ist ein Land ohne Gerechtigkeit, ohne Recht,
> und ohne König, denn er ist nur König,
> um sich erzwungenermaßen Geschenke geben zu lassen [...]« (1721)[374]

Dieser Aussage des französischen Kommis Masion über das Bissagos-Archipel (heute Guinea-Bissau) lassen sich zahlreiche weitere Äußerungen europäischer Autoren über die »Geschenkegier« afrikanischer Herrscher an die Seite stellen.[375] Charakteristisch ist auch, dass Geschenke als erzwungen empfunden wurden – man sie aber weiterhin als Geschenke bezeichnete.[376] Damit ist einerseits die Grundspannung zwischen (prätendierter) Freiwil-

---

373 Siehe oben, Unterkap. III.3.4 sowie II.3.2, bei Anm. 288.

374 »[...] c'est icy une terre sans Justice, sans Loy, et qu'il faudra un Roy parce qu'il n'est Roy que pour se faire donner des presents par force [...]«; Brief von Kommis Pierre Masion an Direktor Saint-Robert, dd. 14.03.1721, ANOM, DFC XIII/75, no. 53.

375 Vgl. u.a. Müller, Landschafft (1676 [1673]), S. 105f., über Aduaffo von Fetu; über das Geschenkeverlangen des Königs von Akwamu beschwerte sich der Sekretraad in Christiansborg: Resolution des geheimen Rats bzgl. eines Geschenks für den König von Akwamu, dd. 19.06.1724, in: Justesen (Hrsg.), Danish Sources, Bd. 1, no. VIII.16, S. 322; ähnlich über den König von Klein-Popo: Isert, *Reise* (1788), S. 148f.; auf die Goldküste insgesamt bezogen Bosman, *Beschryving* (1704), Teil 1, S. 180; allgemein Labat, *Relation*, Bd. 3 (1728), S. 198f. Noch Gaul konstatiert pauschal, dass kaum ein »Häuptling« sich scheue, von seinem Gastfreund Geschenke zu erbetteln, was trotz mancher Gegengeschenke »nach unseren Begriffen zu einem wahren Beraubungssystem« führe. Dies erklärt Gaul wiederum mit der noch kindlichen psychischen Disposition des Geistes, die dem »Naturmenschen« zu eigen sei; Gaul, Geschenk, S. 14f., zu Gaul Wagner-Hasel, Stoff, S. 38f.

376 Ähnlich auch Brun, Schiffahrten (1624), S. 23.

ligkeit und Verpflichtung angesprochen, die der Logik des Gabentauschs grundsätzlich innewohnt. Andererseits war es offenbar vor allem die ausdrückliche Formulierung von Gabenwünschen, die explizite Einforderung von Geschenken, an der sich Klagen über Habgier entzündeten.

Folgt man Pierre Bourdieus Überlegungen zur »Ökonomie des symbolischen Tausches«, so lässt sich in solchen Geschenkforderungen ein Verstoß gegen das »Tabu der expliziten Formulierung« identifizieren.[377] Dieses »Schweigen über die Wahrheit des Tausches«, insbesondere aber über den Preis der verschenkten Güter, ist eine Art »common knowledge«, ein »offenes Geheimnis«, das jeder kennt. Haben wir es bei expliziten Geschenkforderungen also mit einer Umwandlung von »tacit knowledge« bzw. implizitem Norm- und Handlungswissen in explizites Regelwissen zu tun, die durch die interkulturelle Situation notwendig wird?[378]

Verschiedene Studien haben das Phänomen der expliziten Einforderung von Geschenken in interkulturellen Konstellationen in der Tat auf einen Kulturkonflikt zurückgeführt.[379] Meines Erachtens liegen die Dinge jedoch komplizierter, zumindest in dem hier untersuchten Fall. So reagierten europäische Akteure nicht auf alle Geschenkforderungen afrikanischer Akteure mit Rekursen auf das »Tabu der expliziten Formulierung« und dem Vorwurf der Habgier. Ein Konflikt beispielsweise, der das Problem der expliziten Einforderung betrifft, spielte sich 1751 bei der Audienz des französischen Abgesandten Came in Anomabo ab. Die Auseinandersetzung wurde zum einen durch die erwähnte englisch-französische Konkurrenz, zum anderen durch die ›innenpolitischen‹ Spannungen innerhalb Anomabos überlagert und mit beeinflusst. Ausgelöst wurde sie durch einen *caboceer* namens Andaoumen,[380] der Came unterbrach, als dieser auf Bitten Currantees sein

377 Bourdieu, Ökonomie, S. 165 ff. Kritik an Bourdieus weitergehender Annahme, die Akteure verleugneten die Reziprozitätsstrukturen, die dem Gabentausch zugrunde lägen, übt ausgehend von empirischen Befunden Cheal, Gift Economy, S. 21 f. und S. 57.

378 Zu dieser Unterscheidung bspw. Erll/Gymnich, Kompetenzen, S. 59 f. Bourdieu selbst hat dieses »Tabu« allerdings nicht als kulturspezifisches definiert, sondern als Teil eines Konzepts, das er sowohl bei den Kabylen als auch in westlichen Industriegesellschaften anwenden will.

379 So McLeod, Gifts, S. 186 und S. 191 f. Ähnlich auch Burschel, Sultan, S. 420 f., und Vogel, Amtsantritt, S. 172–176, die auch auf die unterschiedlichen Sprechweisen über Schenken abheben.

380 Es handelt sich wohl um den *caboceer* von Egya, einem Nachbarort Anomabos; vermutlich ist er identisch mit dem »Cabechere daya« bzw. »d'aya«, von dem Du Bourdieu berichtet; Correspondence, [S. 9], Brief Du Bourdieus an Perier, dd. 15.02.1752 (1). Ein »cabechere Andahoume« schickte zudem seinen Sohn namens »Coaffy« mit Du Bourdieu nach Frankreich; vgl. die Coppies des Recon-

Anliegen vortrug, und sich darüber beschwerte, dass die Franzosen keine Geschenke mitgebracht hätten. Andaoumen verlangte mindestens Branntwein »und erklärte uns, dass man nur mit ihnen verhandeln könne, wenn man ihnen zu Beginn etwas zu trinken gebe« (»[...] en nous disant que la seule façon de traitter avec eux etoit de commencer par leur donner de quoy boire«). Auf Cames Antwort hin, er habe keinen Branntwein, den er ihm geben könne, erklärten zwei Männer aus Andaoumens Gefolge, die Came sogleich als »englische Spione« entlarvt haben will, sie hätten in Cames Kanu sehr wohl einen Anker Branntwein gesehen. Came beendete diesen Disput schließlich geschickt, indem er den Anker Branntwein holen ließ und ihn Currantee zum Geschenk machte.[381] Damit hatte er sich, so seine eigene Einschätzung, nicht zum Schenken zwingen lassen. Vielmehr konnte er die Gabe als Gegen- und Dankesgabe für die »Politesses et des bons traittemens que nous avions Receu du Roy« ausgeben und damit zugleich in seinem Handeln die zentrale Autorität eben dieses Herrschers stärken.

Mit diesem Versuch, das Geschenk, um das er offenbar nicht umhin kam, in seinem Sinne zu semantisieren, suchte Came zugleich sein Gesicht und die Position der Franzosen zu wahren: Er war kein Bittsteller, der Geschenke bringen musste, sondern bedankte sich angemessen für empfangene symbolische Gaben. Zur weiteren Erklärung der Situation könnte man auch anführen, dass Came möglicherweise in Unkenntnis der an der Goldküste verbreiteten Regeln des Besuchgeschenks (siehe oben) gehandelt habe. Die Reaktion Andaoumens – und eben nicht Currantees – ist aber offensichtlich weniger durch die kulturelle Differenz denn durch politische Gründe motiviert. Auffällig ist, dass Came selbst die Situation eben nicht durch kulturelle Differenzen oder die Unterstellung von Habgier zu erklären suchte, sondern sich vorrangig vor eine politische Herausforderung gestellt sah. Zudem bediente er sich hier der Reziprozitätskonzeption des Gabentauschs, um Gleichrangigkeit zu suggerieren, wo vermutlich Asymmetrie zu seinen Ungunsten herrschte.

Ähnliches lässt sich anhand der dänischen Berichte über Geschenkkonflikte mit dem Herrscher von Akwamu zeigen. Dänische Vertreter beriefen sich zwar gelegentlich auf Freiwilligkeit gegenüber expliziten Geschenkforderungen: Die Dänen seien es nicht gewohnt, dass man ihnen sage, wann etwas zu geben sei, erklärte beispielsweise Gouverneur Meyer einem Boten

naissances fournies pour les Negres qui viennent en France, dd. 19.02.1752, ANOM, C 6/13. Diesen Vorgang darf man wohl als diplomatischen Erfolg der französischen Kompanie verbuchen.

381 Relation de M. de Came au sujet de la députation auprès le Roi d'Annamabou, dd. 06.02.1751, ANOM, Dépôt Fortifications et Colonies (DFC) XIII/75, no. 96.

aus Akwamu.[382] Angesichts von Blockaden der Wege und damit des Handels wie der Versorgung des Forts gaben sie de facto aber erzwungenermaßen und bezeichneten diese Transfers auch weiterhin als »Geschenke«. Ein ähnliches Verhalten hat Burschel bei kaiserlichen Gesandten im Osmanischen Reich festgestellt.[383] Ebenso wie die Gesandten an der Hohen Pforte legten auch die Dänen in Accra offensichtlich Wert darauf, dass die übersandten Gaben nicht als explizite Einlösung von Forderungen verstanden wurden, die ja sogar noch mit handfesten Drohungen und Maßnahmen gegen das Fort verstärkt worden waren. Vielmehr bemühten sie sich, den Schein freundschaftlicher Großzügigkeit und Freiwilligkeit zu wahren. So sehr der sich über mehrere Wochen und Monate hinziehende Streit durch Machtdemonstrationen seitens Akwamus geprägt gewesen war und die Verhandlungen vor allem um den Geldwert von »Geschenken« geführt worden waren,[384] am Ende kehrte auch der König von Akwamu wieder zum Schenken zurück – der dänische Gouverneur erhielt eine Ziege als »Zeichen der Freundschaft«.[385]

Ähnliche Auseinandersetzungen finden sich in den dänischen Quellen vielfach. Warum aber nannte man Geschenk, was offensichtlich nicht freiwillig gegeben wurde?[386] In der Beschreibung der Waren, die dem König von Akwamu gesandt wurden, als »Geschenke« ist keine naive Verkennung der Interaktionssituation zu vermuten. Das Journal wie auch die Korrespondenz zwischen den Gouverneuren und Direktoren der Kompanie in Dänemark offenbaren eindeutig deren Wissen um die Zwangslage.[387] Viel-

382 Gouverneur Meyer an die Direktoren der DAK, dd. 28.10.1703, in: Justesen (Hrsg.), Danish Sources, Bd. 1, no. IV.2, S. 171–176, hier: S. 174.

383 Burschel, Sultan; siehe auch Petritsch, Tribut, bes. S. 54ff.

384 Journal von Christiansborg, 23.12.1698–01.09.1703, in: Justesen (Hrsg.), Danish Sources, Bd. 1, no. III.21, S. 127–167, S. 137f. (Einträge vom 29.–30.05. sowie 03.06.1700).

385 Ebd., S. 137f. (Einträge vom 29. und 30.05. sowie 03., 06. und 09.06.1700). Ziegen waren geradezu das Standardpräsent der Herrscher von Akwamu; vgl. u.a. ebd., S. 141 (Eintrag vom 29.11.1700); siehe auch oben, u.a. bei Anm. 270.

386 Einen bedenkenswerten Vorschlag, stärker die mögliche Unfreiwilligkeit von »Geschenken« und die Bedeutung des Einforderns zu bedenken, hat kürzlich Markus Verne am Beispiel des »Schnorrens« in einem nigrischen Hausa-Dorf vorgelegt; Verne, Geschenk. Er betont, dass Gaben entgegen manch pauschalisierender und harmonisierender Gabentheorien (auch in vermeintlich »primitiven« Gesellschaften) nicht allein strategisch sind und dem Zugewinn von Prestige für den Gebenden dienen.

387 Siehe auch den Brief von Gouverneur Meyer an die Direktoren der DAK, dd. 28.10.1703, in: Justesen (Hrsg.), Danish Sources, Bd. 1, no. IV.2, S. 171–176, hier: S. 171.

mehr scheint das Verhalten des dänischen Gouverneurs auf Gesichtswahrung abgestellt gewesen zu sein, wie es sich insbesondere in dem Initialgeschenk zur Wahrung der Freundschaft und dem wiederholten Nachgeben bei gleichzeitiger Vermeidung zeigt, die konkrete Forderung zu erfüllen. Genau in diese Strategie passt auch die Redeweise von »Geschenken«. Insofern ist das Phänomen der »erzwungenen Geschenke« eher eine Folge des Scheiterns der Freiwilligkeitsfiktion, die die Europäer aufrechtzuerhalten versuchten, als eine zwangsläufige Konsequenz aus kultureller Differenz.[388]

5.3 Deutungskonflikt: Geschenk oder Tribut?

In der Vormoderne waren, so wurde kürzlich festgestellt, nicht nur »die Grenzen zwischen Geschenk und Bestechung oder Handel«, sondern auch jene »zwischen *Geschenk und Tribut* durchaus nicht scharf gezogen«. Es handelte sich vielmehr um »eine Frage der symbolischen Inszenierung und der Deutung«: »Was der Empfänger als pflichtmäßigen Tribut ansah, suchte der Gebende in der Regel als freiwilliges Geschenk darzustellen.«[389] Der oben geschilderte Fall aus Christiansborg liefert damit ein weiteres Beispiel für die ambivalente Inszenierung der Gabe und die Bedeutsamkeit diskursiver Zuschreibungen. Grundsätzlich ist es im westafrikanischen Kontext schwierig, derartige Deutungskonflikte nachzuweisen. Hier liegen, anders etwa als im Falle des Osmanischen Reiches, keine internen Schriftdokumente vor, deren Sprachgebrauch man mit europäischen internen und wechselseitigen Korrespondenzen abgleichen könnte.[390] Insofern ist die These, dass auch in Westafrika Geschenke als Tribute, Tribute als Geschenke gedeutet wurden, vor allem über indirekte Hinweise zu erhärten, so über die Praxis der Gabenübergabe und interne Analysen von europäischen Dokumenten, um Widersprüche aufzudecken. Der letztgenannte Weg wurde im Falle der Konflikte zwischen Christiansborg und Akwamu eingeschlagen, die andere Untersuchungsstrategie wurde bereits exemplarisch anhand der »Customs«-Zeremonien in Dahomey erprobt (siehe oben, II.3.3.a).

---

388 Bourdieu spricht von der »Verklärung der Herrschafts- und Ausbeutungsverhältnisse« durch die »symbolische Alchimie« des Gabentauschs; Bourdieu, Ökonomie, S. 170f.

389 Althoff/Stollberg-Rilinger, Sprache, S. [17]; Stollberg-Rilinger, Ökonomie, S. 189.

390 Wie es etwa Petritsch, Tribut, für die Beziehungen zwischen Wien und der Hohen Pforte getan hat.

Die Frage von Geschenk oder Tribut stellt zweifelsohne einen Deutungskonflikt dar, ist meines Erachtens aber gerade kein Ausdruck einer grundsätzlichen Differenz der Ökonomien des Schenkens.[391] Es geht hier weniger um Missverständnisse als vielmehr um die Verschleierung sehr wohl verstandener Hierarchien und Machtgefüge.[392] Dies ist abschließend an dem prominenten Fall der »Elmina note« aufzuzeigen. Diese »note« (bzw. ndl. *kostgeld brief*) soll sich ursprünglich im Besitz Denkyiras, als vermeintlichem *landlord* von Elmina, befunden haben und nach dessen Niederlage in der Schlacht von Feyiase 1701 auf Asante übergangen sein.[393] Sie soll zudem zum Empfang einer monatlichen Zahlung von den Niederländern berechtigt haben; üblicherweise war dabei die Summe, die dem Besitzer monatlich oder jährlich auszuzahlen war, auf der »note« verzeichnet, ebenso wurden die erfolgten Auszahlungen vermerkt.[394] Nach Dafürhalten der Asante war diese »note« und die mit ihr verbundene Zahlung ein Beleg ihrer Souveränität über Elmina. Oder, wie es *asantehene* Osei Bonsu Bowdich zufolge 1817 formulierte: »He went to Dankara [d.i. Denkyira; C. B.] and fought, and killed the people, then he said; give the book you get from Elmina, so they did, and now Elmina belongs to him.«[395] Auf niederländischer Seite kursierte ein ähnliches Transfer-Narrativ, wenn auch mit signifikanten Unterschieden im Hinblick auf die Rechtslage.[396]

---

391 Anders dagegen McLeod, Gifts, S. 186: »It is noteworthy that many white writers of the time did not distinguish different categories of ›gift‹. [...] This unwillingness or inability to discriminate, for example, between a regular tribute payment and a bribe, or an obligatory gift, reflects the way in which white attitudes to such things differed from Asante ones.«

392 In diesem Sinne auch Windler, Tribut, S. 52f.

393 So Ward, History, S. 122f., und noch Fynn, Asante, S. 51ff.

394 Dies legen auch die bei Dupuis, *Journal* (1824), S. 119f., inserierten britischen »notes« aus dem Besitz des *asantehene* nahe. Dort wird jeweils die Zahlung durch Unterschrift des Gouverneurs bestätigt, z.T. wird auch aufgezählt, wie die Zahlung zusammengesetzt war.

395 Brief von Osei Bonsu (bzw. Osei Tutu Kwamina) an John Hope Smith, s. d. [26./28.05.1817], inseriert in Bowdich, *Mission* (1819), S. 68–72, hier: S. 71. Vgl. auch den Brief von Kofi Kakari an H. T. Ussher, dd. 24.11.1870, in: HCPP, 1872, West Coast of Africa: Correspondence relative to the Cession by the Netherlands Government to the British Government of the Dutch Settlements on the West Coast of Africa, S. 13, sowie den Auszug aus einem Brief dess. an H. T. Ussher, dd. 20.05.1871, ebd., S. 22.

396 Vgl. bspw. den Brief von C. T. M. Nagtglas an A. E. Kennedy, dd. 25.10.1870, in: HCPP, 1872, West Coast of Africa: Correspondence, S. 3f., hier: S. 4. »Traditions says that in former times, 150 years ago, the West India Company paid the Chief of Denkirah twenty ounces of gold to encourage the trade for slaves, gold dust,

Zum Gegenstand politischer Auseinandersetzungen wurde die »Elmina note« in den 1870er Jahren, als der Transfer der niederländischen Besitzungen an der Goldküste an Großbritannien vorbereitet wurde. Die Beziehungen zwischen Asante und Großbritannien waren höchst angespannt, insbesondere aufgrund der traditionellen britischen Allianz mit den Fante, die ihrerseits ebenso traditionell mit den Asante verfeindet waren.[397] In diesem Kontext wurde der Besitz- und Souveränitätsanspruch der Asante schlagartig politisch brisant – und der Streit darüber begann, was die Zahlung, deren Existenz und Alter niemand bestritt, eigentlich bedeutete. Handelt es sich um ein »bloßes Geschenk« (wie der niederländische Gouverneur Nagtglas meinte)[398] oder aber um einen Tribut an den *asantehene* und damit eine Anerkennung von dessen Souveränität über Elmina?[399]

Die Recherchen von Yarak und Feinberg haben gezeigt, dass die »Elmina note« aller Wahrscheinlichkeit nach nie in dieser Form existiert hat. Die viel diskutierte Zahlung der Niederländer an Asante bezog sich ursprünglich nicht auf Elmina, sondern auf das niederländische Fort Crèvecoeur in Accra – eigentlich ging es also um eine »Accra note«.[400] Es gab zwar eine Zahlung, die von einem besiegten Land an Asante transferiert wurde – dieser Transfer fand jedoch nicht 1701, sondern erst 1742 statt, als Akyem (und nicht Denkyira) die Oberherrschaft über Accra an Asante verloren hatte.[401] Die Transformation der »Accra« in eine »Elmina note« nahm wahrschein-

---

and ivory; that the King of Ashantee conquered the Denkirahs, and asked the Company to pay him, as he was now in possession of the note, to which request the Company agreed, likely to save some troubles.«

397 Siehe oben, Einleitung, bei Anm. 157.

398 »What concerns the payment of an annual tribute to the ancestors of the King of Ashantee, and as the King says from time immemorial; I think it sufficient to remember, that the West Indian Company to whom belonged the forts, granted an annual pay to the King of Denkera, not as a tribute but as a gift to promote the trade with the natives of the interior.« Brief von C. T. M. Nagtglas an H. T. Ussher, dd. 20.12.1870, in: HCPP, 1872, West Coast of Africa: Correspondence, S. 13f. Im Weiteren berief sich Nagtglas auf den oben zitierten Brief Osei Bonsus, wie er bei Bowdich abgedruckt ist (siehe oben, Anm. 395), und das Werk von Brodie Cruickshank als Belege für seine Geschenkthese; Cruickshank, *Eighteen Years*, Bd. 1 (1853), S. 110, weist allerdings sehr wohl auf die Interpretation als Zeichen afrikanischer Souveränität hin. Er stellt zwar eine Deutung als Zahlung an einen Vasallen in den Raum (S. 28), relativiert diese aber sogleich wieder (S. 32).

399 Yarak, »Elmina Note«, S. 364f. Siehe auch Coombs, Gold Coast, S. 7ff.

400 Feinberg, Elmina Note, S. 625ff.; kurz auch ders., Africans, S. 130.

401 Yarak, »Elmina Note«, S. 365ff.

lich im frühen 19. Jahrhundert ihren Ausgang, als der Auszahlungsort von Accra nach Elmina verlegt wurde.[402]

Dieser Konflikt ist in erster Linie als politischer Konflikt und nicht als Kulturkonflikt zu verstehen. Ein klares Indiz ist die Tatsache, dass die Deutung der Zahlung an die Asante auch unter Europäern, ja selbst unter Niederländern umstritten war. Manche europäischen Beobachter stimmten sogar grundsätzlich der Interpretation Asantes zu, dass die regelmäßigen Zahlungen einen Tribut darstellten.[403] Gouverneur Nagtglas' Lesart als »Geschenk« erscheint im Vergleich zu anderen Berichten und auch seinen eigenen früheren Äußerungen[404] als strategisch sinnvolle Lesart – schließlich wollte er den Transfer an die Briten schnell und problemlos abwickeln –, aber weder als zwingende noch als konsistente Interpretation.[405]

Im Hintergrund dieser Auseinandersetzungen um die »Elmina note« lassen sich verschiedene Transkulturationsprozesse ausmachen: Allgemein ist dies zunächst die Geschenkpraxis mit ihren verschiedenen Institutionalisierungsprozessen, wie sie ausführlich analysiert wurde. Am augenfälligsten lässt sich die Relevanz von Transkulturationsprozessen in den Auseinandersetzungen aber an dem Gebrauch von Schriftdokumenten festmachen. Dass die Asante zur Legitimierung ihres Anspruchs bewusst auf die schriftliche Fixierung und deren besonderen Rechtscharakter rekurrieren konnten,[406] wurde nur durch die Tradition europäisch-afrikanischen Geschenkverkehrs möglich. Vor allem die regelmäßig erwarteten Gaben waren im Laufe der Zeit zunehmend verschriftlicht und auf diese Weise auch erst transferierbar gemacht worden.[407] Diese Verschriftlichung blieb nicht allein ein Phä-

---

402 Ebd., S. 367ff. Bereits zuvor (1756) hatte eine Verlegung stattgefunden (ebd., S. 370).

403 So etwa der britische Gouverneur Ussher in Bezug auf Zahlungen an Asante; Brief von H. T. Ussher an A. E. Kennedy, dd. 16.12.1870, in: HCPP, 1872, West Coast of Africa: Correspondence, S. 12, Pkt. 8.

404 Eine neutralere Formulierung findet sich in einem früheren Schreiben; siehe Brief von C. T. M. Nagtglas an A. E. Kennedy, dd. 25.10.1870, in: HCPP, 1872, West Coast of Africa: Correspondence, S. 3f. Später ist gar von »wages« die Rede; Brief von dems. an H. T. Ussher, dd. 20.05.1871, ebd., S. 19f.

405 Siehe auch Yarak, »Elmina Note«, S. 374f. Umgekehrt hat Coombs plausibel gemacht, dass auch die Position von *asantehene* Kofi Kakari strategischen Veränderungen unterlag; Coombs, Place.

406 Siehe z.B. Minute Details of Interview with His Majesty the King of Ashantee [Kofi Kakari], dd. 07.08.1871, in: HCPP, 1872, West Coast of Africa: Correspondence, S. 24f.

407 Vgl. z.B. den Vertrag zwischen der WIC (Ruychaver) und dem König von Groß-Accra, dd. 30.08.1641, NA, NBKG 222, S. 45f. (Abschrift). Die Datierung dieses Vertrags ist etwas unklar, da er in drei Abschriften mit zwei unterschiedli-

nomen der Verwaltungs- und Rechtspraxis der europäischen Kompanien. Vielmehr bildete sich offensichtlich auch auf Seiten afrikanischer Eliten ein praktisches Wissen um Schriftlichkeit aus. Dies zeigt sich am deutlichsten in solchen Fällen, in denen afrikanische Akteure sich explizit auf Schriftdokumente bezogen, um Geschenke zu erhalten – wie es im 19. Jahrhundert dann die Herrscher von Asante taten.

Ähnliche Fälle sind jedoch bereits seit dem 17. Jahrhundert belegt. So forderte beispielsweise der König von Eguafo 1687 sein *custome* zur »dancing time«, also anlässlich des lokalen Festes, und zwar so, wie es in den Artikeln der Übereinkunft festgelegt sei, die er im Vorjahr mit dem Oberhaupt der RAC abgeschlossen habe. Zugleich verlieh er, dem Bericht von Faktor Cross zufolge, seinem Missvergnügen darüber Ausdruck, dass er an diese (Ab)Gabe erinnern müsse, schließlich wüssten die Engländer ja Bescheid über die »dancing time«.[408] Dabei konnte der König auch auf sein Exemplar des Vertrages verweisen, das ihm nach dem Abschluss der Übereinkunft am 8. Dezember 1686 von demselben Faktor ausgehändigt worden war.[409] Auch wenn in Eguafo selbst zu dieser Zeit wohl kaum jemand den Vertrag lesen konnte, wurde der Wert dieser Dokumente offenbar durchaus verstanden und ihre Aufbewahrung entsprechend gewährleistet.[410] Gleich zwei Forderungen, die durch demonstratives Vorzeigen einer »note« unterstützt wur-

chen Jahresangaben überliefert ist. Während die (vermutlich) ältere Abschrift ihn auf 1642 datiert, geben die beiden anderen Kopien 1641 an. – Eine Zahlung an die *caboceers* von Accra ist u.a. auch in den von Ratelband edierten Journalen dokumentiert, wo auch ausdrücklich noch einmal der Geschenkcharakter erwähnt wird (»een schenckagie aen de cabo seros van 3 oncen«); Ratelband (Hrsg.), Dagregisters, S. 180 (Eintrag vom 27.05.1646) und S. 183 (Eintrag vom 06.06.1646). Die Zahlungen werden erneut genannt und bestätigt im Vertrag zwischen der WIC (van der Wel) und dem König von Groß-Accra, dd. 04.08.1649, NA, OWIC 12, auch in ebd., NBKG 222, S. 73 f., und TWIC 141.

408 Brief William Cross' an CCC, dd. 05.07.1687 (OS), in: Law (Hrsg.), The English, Bd. 2, no. 261, S. 117. In der Übereinkunft vom Dezember 1686 wurden genaue Zuteilungen festgelegt: So sollte der König selbst zwei Anker Branntwein und ein Leintuch (»say«) erhalten, der »Fetera« einen Anker Branntwein, die Königin ein Tuch (»or gingham«), während die »Chief Cappusheers« Komendas zwei *engels* in Gold bekomnen sollten, die Händler zwei feine »sletias« und einen halben Anker Branntwein und schließlich die Soldaten ein halbes Fass Pulver sowie einen halben Anker Branntwein.

409 Brief von William Cross an CCC, dd. 08.12.1686 (OS), in: Law (Hrsg.), The English, Bd. 1, no. 206, S. 97 f.

410 So war es in Egya bereits in den 1680er Jahren der Fall; vgl. den Brief von William Cross an CCC, dd. 14.12.1687 (OS), in: Law (Hrsg.), The English, Bd. 2, no. 691, S. 261, in den Cross eine Kopie einschloss »of their customarŷ dashes here at Christmas the originall of which they brought me, to demand it«. Gerade

den, sah sich der englische Gouverneur Roberts beispielsweise 1780 gegenüber.[411] Insofern reihte sich der *asantehene* im Streit um die »Elmina note« in eine Praxis des Schriftgebrauchs ein, die sich in der langen Tradition europäisch-afrikanischer Interaktionen und Geschenkverkehrs herausgebildet hatte.

Manche Europäer trieben die Ambivalenzen der materiellen Transfers in Westafrika sogar noch weiter als Gouverneur Nagtglas 1870, und zwar indem sie diese zum Ausdruck der Unterwerfung ihrer afrikanischen Empfänger erklärten. Im Februar 1752 berichtete der englische Kapitän Matthew Buckle über einen Dialog mit den Vertretern der Fante:

> »We told them we always thought the whole Fantee Nation owned a Sovereignty to the English Nation for the Quit-Rent we paid them annually, and if they did not look upon themselves to be English. They said yes, the English was their Masters [sic], but asked if the English & French were at War, that we would not suffer the French to have a piece of Ground with us.«[412]

---

im Falle der englischen Kompanie scheint die lokale Aufbewahrungspraxis der europäischen Archivierung vor Ort durchaus überlegen gewesen zu sein.

411 A Diary of Proceedings from the Ship Gascoyne's Arrival at Cape Appolonia, beginning 21st March 1780, TNA, T 70/1470, Einträge 01. und 03.05.1780, S. 12 ff. In diesem Zusammenhang bemerkte er: »as when a King or a Man of Power and Interest get [sic] a Note it makes them of Consequence in the Country.« Offenbar besaßen so in afrikanischen Augen die »notes« auch eine gewisse Bedeutung als Distinktionszeichen.

412 Brief Buckles an Cleveland, dd. 19.02.1752, TNA, CO 388/45, fol. 41r–51v, hier fol. 47r. – Eine ähnliche Antwort erhielt, William Ansa zufolge, auch Du Bourdieu. Allerdings sind in dem Wortwechsel, den Ansa wohl nicht zuletzt in der Absicht wiedergibt, die Loyalität seines Vaters zu betonen, entscheidende, hier kursiv hervorgehobene Begriffe anders gewählt: »[T]he French king desired to know whither the whole Coast & Kingdom of the Phantees [sic] was the *Property* of the English, for that the English acquainted them it was & that they had *bought it & them w[ith] all the Cattle [etc.] thereon*, for which Reason the English would not lett them Trade here; at the same time they Desired my Father would inform them to the Truth thereof? Who Answer'd That they was [sic] *not Slaves to the English*, but that him his Fore-Fathers and his present Generation were English; and my Father likewise inform'd them the English do & has Paid him annually for the *Rent of the Land*, besides Sending him other considerable Presents; so that the English live by us & we by them.« Brief Ansas an den Earl of Halifax, dd. 20.02.1752, TNA, CO 388/45, fol. 53r–57r, hier: fol. 53r–v. Ansa stellt Currantee als einsamen Verteidiger der Loyalität zu den Engländern gegenüber »all the Capashiers & the Majority of Com[m]on People in the Kingdom« dar, die aufgrund zahlreicher Geschenke die Franzosen favorisieren (fol. 55v).

Buckle verwendet hier das Konzept der »Quit-Rent« auf paradoxe Weise. Er will, wie nicht unüblich, aus dem Empfang einer Zahlung eine Verpflichtung ableiten. Eine »Quit-Rent« aber stellt im herkömmlichen Sinne eine Ablösesumme dar, die für Land bzw. Lehen (anstelle anderer Verpflichtungen wie Frondienst o. Ä.) gezahlt und durch deren Entrichtung die Souveränität des Empfängers, nicht aber des Zahlenden!, anerkannt wird. Dergestalt wurde die »Quit-Rent« im British Empire üblicherweise eingesetzt.[413] Der Fall Buckles mag ein Extremfall sein, dennoch ist er kein Einzelfall, sondern steht beispielhaft für die Ambiguität von (Ab)Gaben und Zahlungen. Vergleichbar ist etwa die Aussage Hans Christian Monrads über die Zahlungen an die »Negereien«, das sind die afrikanischen Siedlungen, unter den dänischen Forts: Die »Negereien« erhielten, so Monrad, zu gewissen Zeiten »das, was man Kostumen nennt, d. h. eine Art bestimmten Tribut oder Schatzung dafür, daß sie uns ergeben sind«.[414] Offensichtlich eröffnete der interkulturelle Kontext größere Spielräume selbst für solche Interpretationen, die auch im Rahmen europäischer Konzepte widersprüchlich erscheinen.

5.4 Zwischenfazit

Konflikte um Geschenke in Westafrika waren kein Ausdruck eines strukturellen Kulturkonflikts. Vielmehr lässt sich an verschiedenen Beispielen aufzeigen, dass Auseinandersetzungen aufgrund und mithilfe von geteilten Regeln und Praktiken geführt wurden. So wurden Geschenke abgelehnt (oder auch nicht), weil man die Existenz gemeinsamer Regeln der Höflichkeit wie Verbindlichkeitsnormen annahm. Zudem bestand eine gewisse Einigkeit über die Grenzen einer Ökonomie des Schenkens, etwa mit der Unterscheidung von Geschenk und rechtlich erforderter Zahlung, beispielsweise einer Kompensations- oder Sühneleistung. Erst durch die Unterstellung geteilter Regeln – und das weitgehende Funktionieren dieser Unter-

413 Vgl. z. B. Bond, System. Warum Buckle die Zahlungen an die Fante als »Quit-Rent« deklariert, ihnen zugleich aber konträre rechtliche Implikationen zuschreibt, ist unklar. Hinzuweisen ist auf Fälle aus Nordamerika, in denen englische Siedler einen Tribut an indigene Gruppen entrichteten, der gelegentlich als »Quit-Rent« bezeichnet wurde. Jenny Pulsipher weist darauf hin, dass in solchen Fällen offenbleibe, ob damit die »Indian sovereignty« anerkannt oder lediglich ihrer Macht, die Forderung durchzusetzen, Rechnung getragen werde. Ihr zufolge haben jedoch die Indianer die Zahlungsbereitschaft als »evidence of the respect due to them as sovereign lords« interpretiert; Pulsipher, Sovereignty, S. 600 f.

414 Monrad, *Gemälde* (1824 [1822]), S. 69; im dän. Original: »Costumer ɔ: et Slags vedtagen Tribut eller Skat for deres Hengivenhed for os.« Ders., *Bidrag* (1822), S. 68.

stellung – konnten Geschenke zur ubiquitären diplomatischen Praxis in der Kontaktzone werden.

Auch der Topos der »Geschenkegier« ist weniger ein Produkt kultureller Differenz denn strategischer Verschleierung von Asymmetrien. Indem europäische Akteure Abgaben mit offensichtlichem Zwangs- bzw. Tributcharakter dennoch als »Geschenke« bezeichneten (wiewohl dies ihren eigenen Konzepten zuwiderlief), kamen sie zu dem Schluss, dass das so konstruierte »Schenkverhalten« afrikanischer Akteure eben nicht ihren Vorstellungen entsprach. Die Inszenierung von »Tributen« als »Geschenken« ist ein Phänomen, das auch, aber nicht nur in interkulturellen Beziehungen verbreitet ist und war. An dem prominentesten Beispiel eines solchen Deutungskonflikts in Westafrika, der Auseinandersetzung um die »Elmina Note« im 19. Jahrhundert, wurde aufgezeigt, dass er letztlich auch Produkt von Transkulturationsprozessen war. Eine wesentliche Rolle spielte dabei die Verschriftlichung von Schenkpraktiken, die mit der Ausbildung eines praktischen Wissens um Schriftlichkeit und ihren (demonstrativen) Gebrauch bei den politischen Eliten verbunden war.[415]

Dass Auseinandersetzungen um Geschenke nicht Ausdruck unversöhnlicher Ökonomien des Schenkens, sondern in erster Linie politische Deutungskonflikte waren, bedeutet freilich nicht, dass es keinerlei Differenzen zwischen Europäern und Afrikanern in der Frage des Schenkens gab. Es ist aber fraglich, ob diese wirklich qualitativ wesentlich anders waren als jene Differenzen, die zwischen verschiedenen Europäern – etwa einem *gentleman* aus dem gehobenen Kompaniedienst und einem Seemann – und zwischen verschiedenen Afrikanern bestanden. Erklärungsversuche, die beispielsweise Afrikaner als ›natürlich‹ korrupt auszuweisen suchen bzw. die Unanwendbarkeit ›europäischer‹ Korruptionskonzepte postulieren,[416] erinnern verdächtig an die Kindertage der Historischen Korruptionsforschung. Die damals populäre Annahme, dass frühneuzeitliche Europäer keine Korruption kannten, ist inzwischen widerlegt – sowohl im Hinblick auf den Begriff wie auf die Praxis. Hier wie dort verbirgt sich hinter einem modischen Relativismus nur unzureichend eine neue Essenzialisierung.[417]

415 Dieser Aspekt wird im folgenden Hauptteil genauer untersucht und vertieft, siehe insbes. Abs. IV.3.1.a.

416 So z.B. Flückiger, Geschenk.

417 Vgl. auch das eindringliche Plädoyer gegen überkulturalistische Kurzschlüsse bei Sardan, Moral Economy, bes. S. 44. Sardan identifiziert – ähnlich wie hier – bestimmte »Logiken« und Praktiken, die zu einer Verbreitung von Korruption führen können, aber nicht notwendigerweise führen müssen. – Zum Relativismus in der Historischen Korruptionsforschung siehe bes. Lindemann, Corruption.

6. Zusammenfassung

Wendet man sich den Praktiken zu, die den Gabentausch und Geschenkverkehr zwischen Kompanievertretern und westafrikanischen Händlern, Vermittlern und Herrschern bestimmten, so wird eines recht schnell deutlich: Anders als von Ivana Elbl angenommen, standen sich hier keineswegs zwei Akteursgruppen gegenüber, die dem Schenken einen grundsätzlich differierenden Stellenwert einräumten. Weder sind die westafrikanischen Gesellschaften pauschal als reine »Gabenwirtschaft« noch die europäischen Gesellschaften pauschal als reine »Marktwirtschaft« zu klassifizieren. Vielmehr sahen beide Seiten Geschenke als zentrales Mittel an, um Beziehungen zu konstituieren und zu verstetigen, um Verpflichtungen zu schaffen und Bündnisse zu bekräftigen. Durchaus einig waren sich Europäer und Afrikaner auch darin, dass Geschenke etwas mit Hierarchien zu tun haben konnten. Wenn sie sich aber uneinig waren, *wer* in diesen Hierarchien ›oben‹ stand, so war dies nicht notwendigerweise Ausdruck differierender Normen des Schenkens, sondern oft Unwissen oder aber strategischen Positionierungen geschuldet. Bis ins 19. Jahrhundert hinein stimmten europäische und afrikanische Akteure so in einem höfischen Modus des Schenkens überein, in dem Geschenke in erster Linie als Zeichen des persönlichen Rangs galten und wesentlich über ihre symbolische Bedeutung definiert wurden. Kennzeichnend für diesen Modus war unter anderem das Schenken von Repräsentationsobjekten. Um 1800 begann diese geteilte Ökonomie zu zerbrechen, da sich die Haltung europäischer Akteure gegenüber afrikanischen Schenkpartnern veränderte, wenn auch allmählich, und sich zunehmend asymmetrische, mit einem Zivilisierungsdiskurs verknüpfte Schenkmuster entwickelten. Dies ist auch in einen allgemeineren Wandel des Schenkens in den europäischen Gesellschaften um 1800 einzuordnen.[418]

Den Rhythmus des Geschenkverkehrs bestimmte im 17. und 18. Jahrhundert ein Set gemeinsamer Praktiken. Es bildete sich gleichsam ein transkultureller Geschenkekalender heraus, der sowohl europäische als auch afrikanische Festtage und Anlässe des Schenkens umfasste. Lokal verteilte Geschenke, die teils mit gemeinsamen Feiern verbunden waren, dienten insbesondere dazu, die europäisch-afrikanische *fort community* zu integrieren. Dieser gemeinschaftsbildende Aspekt hängt zum Teil auch mit der Prominenz von Alkoholika und Lebensmitteln unter den Gaben zusammen, die nicht selten gemeinsam verzehrt wurden. Dem Kalender inhärent war eine

418 Zum Wandel des Verständnisses von Geschenk und Gabe um 1800 siehe Liebersohn, Return, und Carrier, Gifts. Zum vermehrten Gebrauch der Distinktionen freiwillig/verpflichtend sowie formell/informell vgl. Ben-Amos, Culture, S. 10f.

Tendenz zu Institutionalisierungsprozessen, die auch durch die Konkurrenz zwischen verschiedenen Europäern mit bedingt und daher in Regionen mit starkem Wettbewerbsdruck besonders ausgeprägt waren, so etwa in Fante. Anhand der Gabenkämpfe um die Gunst afrikanischer Herrscher und Händler lässt sich so auch die strukturelle Bedeutung der innereuropäischen Konkurrenz für das Machtgefüge an Gold- und Sklavenküste aufzeigen.

Der Schirm, den die WIC Osei Tutu 1702 schickte, gehörte (wie auch Stäbe, Stühle und Schwerter) zu einer Gruppe von Repräsentationsobjekten, die zum gehobenen Geschenkrepertoire an der Küste zählten. Diese Repräsentationsobjekte waren in lokale Distinktionspraktiken eingebunden. Auch wenn im Einzelnen Ursprungsfragen umstritten und wohl auch auf lange Sicht kaum zu beantworten sind, lässt sich doch festhalten, dass der Gebrauch etwa von Stäben oder Schirmen als Distinktionsobjekte sowohl bei europäischen wie bei afrikanischen politischen Eliten verbreitet war. Die Bedeutsamkeit europäischer Geschenke in der Kontaktzone zeigt sich insbesondere in Konkurrenzen zwischen afrikanischen Akteuren. Die Funktion von Geschenken zeichnete sich durch eine gewisse Ambivalenz aus: Geschenke konnten Hierarchien stützen und bestätigen, sie besaßen aber auch, in bestimmten Kontexten und Beziehungskonstellationen, dynamisches, Hierarchien transformierendes Potenzial und konnten zum Aufstieg einer neuen Küstenelite der *merchant princes* und *brokers*, wie etwa John Kabes', John Currantees oder Cudjo Caboceers, beitragen.

Ablehnungen und andere Konflikte um Geschenke waren in der Regel kein Ausdruck kultureller Differenz oder sich wechselseitig verständnislos gegenüberstehender gegensätzlicher Ökonomien des Schenkens. Am Beispiel der Auseinandersetzungen um die »Elmina note« im 19. Jahrhundert konnte vielmehr gezeigt werden, dass hier Transkulturationsprozesse gerade Voraussetzung für Deutungskonflikte waren. So kann man für die hier untersuchte Zeit durchaus von einer integrierten Ökonomie des Schenkens ausgehen, in der wesentliche Regeln, Normen und Praktiken geteilt, aber nicht notwendigerweise auf die gleiche Weise und für die Erreichung der gleichen Ziele angewandt wurden.

An Geschenke, zumal institutionalisierte und schriftlich festgelegte, konnten sich auch Rechtsansprüche knüpfen – solche des Empfängers ebenso wie des Gebers, wie in der »Elmina-Note«-Affäre deutlich wurde. Geschenke bzw. materielle Transfers wurden sowohl von europäischen als auch von afrikanischen Akteuren als potenzielle Zeichen und Medien rechtlicher Beziehungen angesehen. Im folgenden Kapitel soll nun die rechtliche Dimension der europäisch-afrikanischen Beziehungen in den Blick genommen werden, und zwar sowohl im Hinblick auf Rechtsdiskurse wie auf Rechtspraktiken.

IV. Völkerrecht: Europäischer Diskurs und lokale Praxis

1. Einleitung

Im März 1753 kam ein Projekt zum Abschluss, das der englische Gouverneur Thomas Melvil seit einiger Zeit geduldig betrieben hatte: Ihm war es durch langwierige Verhandlungen, umfangreiche Geschenke und nicht zuletzt durch die Unterstützung des einflussreichen Vermittlers Cudjo Caboceer gelungen, einen Vertrag mit den Fante zu schließen.[1] Damit hatte er sich gegen konkurrierende französische Bestrebungen durchgesetzt[2] und eine schriftliche Anerkennung der englischen Rechte in Fante erreicht. Melvil schrieb an seine Vorgesetzten in der Heimat:

> »I have sent you a copy of the Fantee's recognition of our Right; one of the Originals goes with Capt[ain] Colbourn; time must discover whether I have been well or ill employed since August last in procuring this paper. What is meant by it is easily seen. I am no civilian, but I may venture to say that it gives at least as good a right as any bull of any Pope of Rome.«[3]

Wenn Melvil hier den soeben geschlossenen Vertrag im Hinblick auf seine Geltungskraft mit einer päpstlichen Bulle vergleicht, ist dies sicherlich als ironische Volte zu verstehen, die aber durchaus aufschlussreich ist. Päpstliche Bullen waren in den Augen des britischen Gouverneurs und inzwischen einer großen Mehrheit seiner Zeitgenossen eben keine Grundlage legitimer völkerrechtlicher Titel mehr.[4] Als entscheidende völkerrechtliche Autorität

---

1 Vertrag der CMA mit den Borbor-Borbor- und den Ekumfi-Fante, dd. 06.02. bzw. 14.03.1753, TNA, T 70/1695 (Originale), bzw. ebd., CO 388/45, fol. 128r–129v bzw. fol. 130r–131v (Kopien). Vgl. zu Verträgen zwischen den Fante und den Briten SHUMWAY, Palavers. Die Behauptung NEWTONS, Slavery, S. 185f., dass niemand der Beteiligten den Vertrag des Papiers wert erachtet habe, auf dem er geschrieben worden war, trifft meines Erachtens so nicht zu. Sie erklärt weder die erheblichen Summen, die für den Abschluss des Vertrags aufgewendet wurden, noch anderslautende Äußerungen Melvils und anderer, wie etwa auch die von Newton selbst zitierte Reaktion von Lord Halifax (ebd., S. 186).

2 Dieser Konkurrenzkampf wurde oben, II.2.2.b und III.4.3, bei Anm. 352 und 413, kurz angesprochen.

3 Thomas Melvil an das Committee der CMA, dd. 24.03.1753, TNA, CO 388/46, fol. 91r–92v.

4 Zur Berufung auf päpstliche Bullen bei der Legitimation von Herrschafts- und Besitzansprüchen in Guinea siehe KINZEL, Begründung; WITTE, Bulles, und ELBL, Bull. Zur Bedeutung der Bullen in der Diskussion und Kritik des 16. Jhdts. vgl. PAGDEN, Lords, S. 46ff., und FISCH, Expansion, S. 46ff.

im Hinblick auf Eigentums- und Handelsrechte in Westafrika waren nun die indigenen Herrscher gefragt, denen in früherer Zeit – gerade über päpstliche Bullen begründet – jegliche Souveränität abgesprochen worden war.[5] Melvils Vergleich war also ein unzulässiger – und macht gerade deshalb umso deutlicher, welchen zentralen Stellenwert man den Verträgen nunmehr zumaß.

Um solche Rechtsakte mit westafrikanischen Herrschern – oder denjenigen Akteuren, die man als Herrscher ansah – abzuschließen, investierten die Kompanien erhebliche materielle und zeitliche Ressourcen. Im Falle Fantes lieferten sich die englische und die französische Kompanie gar eine Art Wettkampf um einen Vertragsschluss, der über ein Jahr andauerte und unter anderem durch Geschenke ausgetragen wurde. Die Verträge konnten dann wiederum als Argumente in innereuropäische Konflikte eingebracht werden, um eigene Rechte zu reklamieren und fremde Ansprüche zurückzuweisen.

(Völker)Recht war sowohl ein wichtiger Gegenstand wie ein zentrales Medium der Auseinandersetzungen. Es war Teil des Diskurses zwischen den europäischen Mächten, aber auch der europäisch-afrikanischen Praxis vor Ort. Zwei Frageperspektiven werden im Folgenden verfolgt, um diesem Charakter Rechnung zu tragen: 1. Wie wurden europäische Rechtsansprüche in und auf Westafrika konstruiert? Welcher Rechtsstatus wurde der Region und ihren Herrschern dabei zugeschrieben? 2. Wie funktionierte die Rechtspraxis vor Ort? Wie wurden etwa Verträge geschlossen und abgesi-

---

5 Allerdings existierten in der Frage der Herrschaftsrechte heidnischer Herrscher keine eindeutigen kanonischen Dogmen, vielmehr war sie Gegenstand auch innerkirchlicher Diskussionen. So gab es einerseits eine theologische Tradition, die die Existenz von legitimer Herrschaft und Eigentum unter Heiden bzw. allgemein im Zustand der Sünde bestritt und diese der päpstlichen Disposition anheimstellte. Eine zentrale Figur unter den Vertretern dieser Position war Heinrich von Segusio, genannt Hostiensis, der davon ausging, dass mit der Ankunft Christi auf Erden die Heiden auch sämtlicher weltlicher Rechte entsetzt worden seien. Eine gegensätzliche Position, wie sie auch Francisco de Vitoria oder auch Hugo Grotius vertreten sollten, konnte sich auf so namhafte Protagonisten wie Thomas von Aquin oder Innozenz IV. berufen; dazu Muldoon, Canon Law; Pagden, Dispossessing; Fisch, Expansion, S. 183–209. Als Vorläufer der berühmten Disputation von Valladolid zwischen Sepulveda und Vitoria (1550) sind rechtliche Auseinandersetzungen im Kontext der Slawenmission des 15. Jhdts. ausgemacht worden; vgl. Kahl, Lösung. Das Narrativ, mit der Reformation sei das Völkerrecht aus päpstlicher Tyrannei befreit und säkularisiert worden, ist von offenkundiger Fragwürdigkeit, wird jedoch in den Lehrbüchern weiter tradiert; so bei Ziegler, Völkerrechtsgeschichte, S. 118ff.

chert? Welche Bedeutung hatten sie vor Ort? Wie wurden Konflikte ausgetragen und welche Normen wurden dabei geltend gemacht?

Auseinandersetzungen um Rechtsansprüche in Westafrika fanden nicht nur Mitte des 18. Jahrhunderts statt; sie traten bereits seit Anbeginn der europäischen Expansion in der Region auf. Im 15. und frühen 16. Jahrhundert standen sich vor allem Portugiesen und Kastilier gegenüber, die sich zeitweise geradezu einen ›Bullenwettkampf‹ lieferten.[6] Im 16. Jahrhundert kamen Niederländer und Engländer als weitere Kontrahenten hinzu. Im Laufe des 17. Jahrhunderts beteiligten sich dann auch Schweden, Dänen und Brandenburger an den Auseinandersetzungen. Wie zu zeigen ist, veränderten sich dabei auch die in Anspruch genommenen Rechtskonstruktionen. Schließlich erfolgten in der beginnenden Kolonialzeit im 19. und 20. Jahrhundert neben neuen, nunmehr unter veränderten Bedingungen stattfindenden Vertragsabschlüssen wiederum Rückgriffe auf ältere Rechtstitel.[7]

Obwohl solche Konflikte vielfach über ihre Köpfe hinweg im fernen Europa geführt wurden, waren afrikanische Herrscher dabei nicht nur passive Zuschauer. Sie bestimmten vielmehr maßgeblich die Spielräume europäischen (Rechts)Handelns vor Ort und konterkarierten so oft die hochtrabenden Ansprüche, wie sie distinguierte Kompanievertreter und Diplomaten in Paris, London, Den Haag oder Lissabon formulierten (was diese allerdings nicht notwendigerweise daran hinderte, solche Ansprüche weiter aufrechtzuerhalten). Auf die Rechtspraxis vor Ort, insbesondere auf Verträge, bezogen sich wiederum die Argumentationen, mit denen derartige Ansprüche begründet oder widerlegt werden sollten.

1.1 Zum Rechtsbegriff

Die skizzierte Konstellation führt beinahe zwangsläufig dazu, Völkerrecht vor allen Dingen als politische Praxis zu analysieren. Es geht also *nicht* darum, ob Völkerrecht oder welches Völkerrecht im europäisch-afrikanischen Verkehr galt. Derartige Fragen zielen auf eine einheitliche Dogmatik ab, die in dieser Zeit so nicht existierte und bei der fraglich ist, ob es sie im Völkerrecht überhaupt jemals geben wird.[8] Vielmehr untersuche ich, wie

---

6 Dazu Tardieu, »Mina«; Kinzel, Begründung, S. 241–267; Witte, Bulles; Fisch, Expansion, S. 45–54.

7 Vgl. bspw. entsprechende Bezugnahmen in den 1850ern: *Tweede Rapport* (1856), S. 77 ff. – Siehe auch oben, Unterkap. III.5.3, zum Konflikt um die »Elmina note«.

8 Vgl. zu den Schwierigkeiten auch im 20. Jhdt., geltendes Völkerrecht zu definieren, Jennings, International Law. – Die Frage, ob es ein afrikanisches Völ-

und auf welche Weise Akteure auf völkerrechtliche Normen Bezug nahmen, sie hinterfragten, brachen oder einklagten.

Wenn hier von Völkerrecht die Rede ist, so sind damit zunächst allgemein Normen und normative Ordnungen gemeint, die sich auf Interaktionen zwischen verschiedenen politischen Gemeinwesen beziehen. Damit schließe mich einem weiten Völkerrechtsbegriff an, wie ihn etwa Wilhelm G. Grewe formuliert hat. Er sieht eine völkerrechtliche Ordnung dann als gegeben an,

> »wenn es eine Mehrzahl relativ unabhängiger, nicht notwendigerweise gleichrangiger Herrschaftsverbände gibt, die in einem politischen, wirtschaftlichen, kulturellen Verkehrsverbund miteinander stehen, keiner übergeordneten Autorität unterworfen sind, und die in ihren gegenseitigen Beziehungen Normen beachten, die auf Grundlage eines gemeinsamen, religiös, kulturell oder wie auch immer verankerten Rechtsbewußtseins für verbindlich gehalten werden«.[9]

Eine solche Konzeption nimmt, anders als lange Zeit üblich, weder Souveränität noch das Postulat der Gleichheit aller Staaten als konstitutive Definitionselemente an. Setzt man diese zwei Elemente als konstitutiv voraus, wird – wie auch aktuelle Entwicklungen immer deutlicher werden lassen – *eine* bestimmte historische Konfiguration, nicht aber Völkerrecht an sich oder sein »Wesen« erfasst. Alternative Begriffsvorschläge wie die »Zwischen-Mächte-Normativität« Heinhard Steigers lösen dieses Problem nur bedingt

---

kerrecht gibt bzw. gab, ist aus dieser Perspektive gleichfalls hinfällig; um dessen Nachweis bemüht ist z.B. Bipoun-Woum, Droit.

9 Grewe, Epochen, S. 26. Arthur Nussbaum behält den Begriff »law of nations«, den er mit dem lateinischen *ius gentium* assoziiert, als weiter gefassten Terminus gegenüber »international law« bei, der auf das moderne Völkerrecht der unabhängigen, souveränen Staaten bezogen wird; Nussbaum, History, S. ix. Ziegler geht ebenfalls von einem weiten Völkerrechts- sowie auch von einem weiten Staatsbegriff aus, der auch »eine altorientalische Monarchie, eine antike Polis oder ein[en] frühmittelalterliche[n] Stammesverband« umfasst, insofern diese »als höchste Organisationsform der auf einem bestimmten Gebiet ansässigen Bevölkerung, die [...] sich als autonome Gruppe versteht und zu anderen derartigen Gruppen in friedliche oder kriegerische Beziehungen tritt«, gelten kann; Ziegler, Völkerrechtsgeschichte, S. 1f. – Fisch, Expansion, definiert hingegen den Begriff des Völkerrechts nicht. Indem er es aber ablehnt, als Völkerrechtssubjekte allein Staaten nach modernen Kriterien zuzulassen, und vielmehr jedes »politisch organisierte Gemeinwesen, das nach außen mit einheitlichem Willen aufzutreten vermag und keinen Höheren über sich anerkennt oder zumindest keinen, der seine Fähigkeit, nach außen selbständig handelnd aufzutreten, völlig beseitigt«, als potenzielles Völkerrechtssubjekt definiert (S. 3), scheint er einem weiten Völkerrechtsbegriff wie jenem Grewes zuzuneigen.

und reproduzieren letztlich die teleologische Betrachtungsweise, gegen die sie gerichtet sind.[10]

Es geht im Folgenden in erster Linie um die Frage, wie Akteure mit völkerrechtlichen Normen operierten, auch wie sie Sachverhalte und Konflikte als zum Bereich des Völkerrechts gehörig oder auch nicht definierten. Insofern orientiere ich mich auch an der zeitgenössischen Begrifflichkeit, die Termini wie »droit de gens«, »law of nations«, »reght der volkeren« usf. kannte und nutzte.

Mit der Entscheidung, Völkerrecht als politische Praxis zu begreifen, ist zugleich eine bestimmte Position in der Debatte darüber verbunden, welche Relevanz diesem überhaupt für Politik, zumal für »Kolonialpolitik« in Außereuropa, zukomme. Diese sei – so eine prononcierte Ansicht – doch letztlich allein durch »Macht« bestimmt.[11] Untersucht man völkerrechtliche Praxis jedoch im kulturgeschichtlichen Sinne als politische Praxis, so erscheint eine Politikkonzeption, die sich auf rein instrumentelle Aspekte und das »Resultat« von Politik konzentriert, problematisch. Es ist nicht erst

10 Steiger, Ordnung, S. 15–20; den Begriff »Zwischen-Mächte-Normativität« führt Steiger auf S. 19 ein. Ähnlich und mit ausführlicher Diskussion verschiedener Begriffsvorschläge bereits ders., Probleme, S. 106–116. Steigers Begriffskritik und -reflexion wie auch die Tatsache, dass er bspw. Ziegler einen un- oder überhistorischen Staatsbegriff vorwirft (Steiger, Ordnung, S. 17, Anm. 59), hindern ihn aber nicht, strukturell selbst das Entwicklungsnarrativ weiterzuführen. Siehe bspw. ders., International Law, S. 180ff. – Ein ähnliches Vorgehen findet sich bei Parkinson, International Law, der als Ersatzbegriff »intergroup law« vorschlägt und diesen auch allgemein als Ersatz für »international law« propagiert, um die Festlegung auf den souveränen Nationalstaat aufzubrechen. Allerdings operiert er mit einer unklaren und problematischen Dichotomie von »primitive« und »civilized«.

11 Zu diesem Problem einführend Nussberger, Völkerrecht, S. 7–13, und Herdegen, Völkerrecht, S. 7–15. Als klassische Referenzstelle für diese Diskussion kann der Melierdialog des Thukydides gelten, der bspw. in der Einleitung eines einschlägigen jüngeren Sammelbandes zitiert wird; vgl. Lappenküper/Marcowitz, Einführung, S. ix. Geradezu vorausschauend erscheinen die diesbezüglichen Ausführungen von Grotius in der Einleitung zu *De Iure Belli ac Pacis*, in der er die Diskussion um das Verhältnis von Macht und (Völker)Recht als in jeder Epoche wiederkehrendes Phänomen interpretiert; Grotius, *De Iure* (1631 [1625]), Prolegomena, dt. Übers.: De Jure (1625), S. 34ff. In der Diskussion des 20. Jhdts. wurde eine machtreduktionistische Position v.a. von der sog. realistischen Schule und den Rechtspositivisten um John Austin vertreten. Dabei wurde auch der Rechtscharakter von Völkerrecht allgemein in Frage gestellt, indem man es zur reinen Konsensfrage und somit bloßen »Völkermoral« erklärte; Austin, Province, S. 132 und S. 207f. Neuerdings ist eine ähnliche Position auf Basis der *rational-choice*-Theorie formuliert worden; vgl. Goldsmith/Posner, Limits.

eine Erfindung kulturgeschichtlich orientierter Politikforschung, sondern bereits eine Forderung von Sozial- und Mentalitätshistorikern, nicht allein das »Was«, sondern auch das »Wie« der Politik zu untersuchen, die Vorstellungswelten, Normen, Strategien und Praktiken, die politischem Handeln zugrunde liegen, es strukturieren und in ihm zum Ausdruck kommen. Auf diese Weise lässt sich, so die Annahme, die gesellschaftliche Relevanz und Einbettung von »Politik« erst wirklich aufzeigen. Dies ist um so wichtiger, wenn interkulturelle Situationen und Interaktionen in den Blick genommen werden. Insofern rechtliche Normen, ja die Vorstellung von »Völkerrecht« an sich zur Vorstellungswelt der Zeitgenossen gehörten, sind sie auch als für das politische Handeln relevant zu betrachten und können nicht als eine »der Politik« externe, ihr aufoktroyierte Entität begriffen werden, wie es oft suggeriert wird.[12] Dies sagt freilich noch nichts über ihre Durchsetzung aus, geschweige denn über einen Konsens über entsprechende Rechtsinhalte.

Eine Rechtskonzeption, die vor allem auf Systematisierung von Normen und deren konsequente Durchsetzung durch eine zentrale Exekutivmacht abhebt, erscheint für die vorliegende Untersuchung gleich aus zwei Gründen unbrauchbar. *Erstens* ist sie, wie in der Ethnologie, aber auch in der Mediävistik diskutiert wird, für die Vormoderne und für Gruppen jenseits moderner Staatlichkeit grundsätzlich problematisch.[13] *Zweitens* geht es im Folgenden (wenn auch nicht ausschließlich) um Völkerrecht und damit um eine Materie, die bis heute durch das Fehlen von Exekutivorganen zur Rechtsdurchsetzung sowie von positiver Rechtsetzung charakterisiert ist. In der Tat hat etwa Gerhard Dilcher in dieser Koinzidenz ein rechtstheoreti-

12 In diesem Sinne spricht Ulrich Haltern bspw. vom »Recht als eigene[r], spezifische[r] Imagination des Politischen« und konstatiert, dass das Recht die Vorstellung strukturiere, bevor es das Politische strukturiere. HALTERN, Recht, S. 91, auch S. 93 f.

13 Vgl. u.a. CORDES/KANNOWSKI (Hrsg.), Rechtsbegriffe; PILCH, Rahmen. Zu den Ansätzen der Rechtsanthropologie siehe ROBERTS, Order; DERS./COMAROFF, Rules; sowie RAUM, Rechtsethnologie, zur Begriffsfrage bes. S. 290 f. Zur Kritik an traditionellen westlichen Rechtsbegriffen aus afrikanischer Perspektive siehe auch ELIAS, Nature, Kap. 4. – Der Anachronismusvorwurf trifft sicherlich nicht gleichmäßig und nicht gleichmäßig hart zu; hier ist nicht allein zwischen europäischen und afrikanischen, sondern insbes. auch innerhalb der afrikanischen Gesellschaften zu differenzieren. So gab es gerade an der Sklavenküste mit ihren stärker zentralisierten »Königreichen« (Allada, Dahomey, z.T. auch Ouidah) eher zentralisierte Zwangsmittel und königlich kontrollierte Gerichtsverfahren denn in manchen Teilen der Goldküste, in denen stärker Strukturen vorherrschten, die man im europäischen Kontext als Form der sozialen Kontrolle oder der »Selbsthilfe« bezeichnen würde; vgl. dazu KANNOWSKI, Rechtsbegriffe, S. 9 ff.

sches Potenzial ausgemacht, das die Beschäftigung mit vormodernem Recht zugleich für »aktuellste Fragen des Völkerrechts« relevant werden lasse.[14]

Ein Grundproblem, das die historische und ethnologische, juristische und soziologische Forschung bei der Definition von Recht seit Längerem umtreibt, besteht darin, inwieweit man rechtlichen Normen eine distinkte Qualität gegenüber anderen Normen zubilligen sollte.[15] Während die einen argumentieren, dass nur ein Rechtsbegriff, der auf spezifische Eigenarten von rechtlichen Normen fokussiert, hinreichend trennscharf sein kann, betrachten andere einen spezifischen Charakter von Rechtsnormen als ein Produkt historischer Entwicklung, der Herausbildung der Autonomie des Rechts.[16] Sie halten einen solchen Rechtsbegriff daher für ungeeignet, die Entwicklung von Recht in nicht-modernen, nicht-ausdifferenzierten Gesellschaften zu erfassen. Bis zu einem gewissen Grad sind diese unterschiedlichen Ansätze auch auf unterschiedliche Erkenntnisinteressen zurückzuführen – hier das Interesse an der Genese von Rechtlichkeit, dort an dem internen Funktionieren von politischen und gesellschaftlichen Ordnungen.[17]

Im Folgenden versuche ich, die skizzierte Dichotomie in gewisser Weise zu umgehen, und begreife Recht nicht als objektives System von gesetzten Normen oder als staatliche Zwangsordnung, sondern als eine normative Ordnung, die potenziell, aber nicht notwendig von anderen solcher Ordnungen abgegrenzt wird.[18] An ihr orientiert sich jedoch nicht nur mensch-

---

14 Dilcher, Zwangsgewalt, S. 114. Dilcher schreibt: »Die Frage nach dem vorneuzeitlichen Recht hat also nicht nur eine historische, sondern auch eine theoretische Dimension. Diese führt gleichzeitig in aktuellste Fragen des Völkerrechts, wo heute versucht wird, Verhaltensregeln, also Ordnung zwischen Inhabern staatlicher Souveränität zu entwickeln, ohne daß es bisher eine übergeordnete Zwangsgewalt mit einem Durchsetzungsmonopol gäbe [...]. Ein Blick in diesen historischen Prozess [der Monopolisierung des Rechts der ›Selbstgewalt‹ durch die Fürsten; C. B.] ist also auch rechtstheoretisch lohnend, und die Frage der Zwangsgewalt bildet einen zentralen Punkt.« Zudem verweist er auch auf die gegenwärtige Tendenz schwindender Staatlichkeit, die ebenfalls Anknüpfungspunkte für die Rechtsgeschichte der Vormoderne biete (S. 115).

15 Warum Krischer dagegen von der Verwendung eines Normbegriffs für das frühneuzeitliche Völkerrecht insgesamt absehen will, wird meines Erachtens nicht ganz klar; Krischer, Gesandtschaftswesen, S. 199f.

16 Dazu auch Rückert, Autonomie, S. 14–35, der sich u.a. mit Luhmann auseinandersetzt.

17 Vgl. zu dieser Problematik z.B. Thier, Rechtsgewohnheiten; den Gang der Begriffsdiskussion skizziert Raum, Rechtsethnologie.

18 Vgl. auch Vec, Universalization, S. 80: »When telling histories of international law, there is a need for a wider definition of normativity, for a proper understanding that goes beyond the investigation of international order as a juridi-

liches Handeln, sondern sie ist »mit gewissen spezifischen Garantien für die Chance ihrer empirischen Geltung« ausgestattet und ihre gewaltsame Bewehrung wird von den historischen Akteuren als legitim betrachtet.[19] Kombiniert wird diese analytische Perspektive mit der Untersuchung zeitgenössischer Vorstellungen von (Völker)Recht.

In einem ähnlichen Sinne formuliert Thomas Duve, dass »›Recht‹ nicht eine irgendwie vorgegebene Ordnung« sei; »diese mag es geben oder nicht, sie ist aber, wie auch die historischen Rechtsbegriffe, allein als Teil der Vorstellung der Akteure von Bedeutung. Gegenstand der rechtshistorischen Analyse kann vielmehr nur die Kommunikation der Beteiligten darüber sein, was als richtig oder nicht richtig anzusehen ist.«[20] Es geht also um eine Betrachtungsweise, die Dogmen und Normensysteme nicht als objektiv gegeben ansieht, sondern sie stets als Produkt des Handelns historischer Akteure begreift, eine Betrachtungsweise also, die Recht zurückholt in den Prozess geschichtlichen Wandels.

---

cally constructed system based on laws and other juridical rules (the traditional approach of classical legal history). More than in other areas of law, the long-lasting focus of legal historiography on the state as the principal entity, courts as the regular (or even the one and only) institutions that solve conflicts, and statutory law as the main normative instrument has to be overcome.« Leider formuliert Vec selbst an dieser Stelle allerdings keine alternative Definition, sondern ordnet Recht lediglich als eine normative Ordnung unter anderen ein (S. 80f.).

19 Weber, Wirtschaft, S. 182. Ihm folgend fokussieren sowohl Gerhard Dilcher als auch Martin Pilch auf den Aspekt der Zwangsgewalt (die aber nicht notwendigerweise zentralisierte oder staatliche Gewalt sein muss) zur Abgrenzung von Recht gegenüber anderen Formen normativer Ordnung; Dilcher, Zwangsgewalt, S. 117ff.; ders., Recht (mit der Formulierung: »Recht als [der] normative[n] Bereich mit der größten Durchsetzungsstärke«, S. 301); und Pilch, Rechtsgewohnheiten, S. 33ff. Pilch ergänzt dies noch, indem er die grundsätzliche Funktion der Friedenswahrung durch Recht, also den Einsatz von Gewalt zur Gewaltminimierung, herausstellt. Man sollte aber auch den von Weber genannten Aspekt der »Orientiertheit« von Handeln an einer Ordnung nicht vernachlässigen, der nicht gleichbedeutend ist mit der fortwährenden Befolgung von Rechtssätzen.

20 Duve, Rechtsgeschichte, S. 45. – Vgl. auch den »erfahrungswissenschaftlichen« Normbegriff, den Peter Stegmaier vorschlägt: »Rechtsnormen sind [...] Deutungsschemata bzw. Regelungsmuster, deren bindender Anspruch mehr oder weniger anerkannt, die in rechtsinstitutionellen Kontexten mehr oder weniger kompetent zur Wirkung gebracht werden und mit denen man im Rahmen der Kontingenzen der Sozialwelt umgehen muss.« Stegmaier, Recht, S. 71. Stegmaier entfaltet im Weiteren das Programm einer »Soziologie des Normativen«, die die verschiedenen normativen Ordnungen auch in ihrem Zusammenspiel und ihren Übergängen untersucht (S. 84ff.).

Aus einem solchen Rechtsbegriff ergibt sich, dass Recht als kulturelle Praxis zu verstehen ist.[21] Dabei muss jedoch konsequent eine akteurszentrierte und praxeologische Perspektive angelegt werden. So ist die Situation der westafrikanischen Kontaktzone nicht als Aufeinandertreffen von abgeschlossenen Rechtssystemen zu beschreiben, sondern vielmehr als interkulturelle Praxis mit all ihren Brüchen und Widersprüchlichkeiten zu untersuchen. Die Rechtspraxis vor Ort ist so auf Übersetzungsstrategien und Transkulturationsprozesse, aber auch auf »Wahrnehmungsverweigerungen«[22] hin zu befragen (IV.3).

Der Blick auf die völkerrechtliche Praxis in Bezug auf Westafrika scheint auch deshalb lohnenswert, da solche Phänomene bislang vor allem für Asien untersucht wurden.[23] Asien wird dabei oft als Spezialfall der europäischen Expansion beschrieben, der der hoch entwickelten »Zivilisation« der asiatischen Staaten und den lokalen Machtverhältnissen zuzurechnen sei.[24] Während Amerika demgegenüber als *terra nullius* und Eroberungszone gilt (ohne dass neuere Synthesen zur Rechtspraxis vorlägen), bleibt Afrika herkömmlicherweise außen vor und wird erst mit Einsetzen des »Scramble« im späten 19. Jahrhundert thematisiert.[25] Will man jedoch Völkerrecht und Völker-

---

21 Gephart, Recht, S. 18, erklärt, Recht sei »nicht nur als ein Normensystem« zu begreifen, »sondern als eine symbolisch und rituell vermittelte normative Ordnung der Rechtsgemeinschaft, die in starkem Maße durch religiös geprägte Weltbilder und ihre Praxen bestimmt ist. Dieser Tatbestand wird im Folgenden mit ›*Rechtskulturen*‹ bezeichnet.« Allerdings bleibt der Begriff der Kultur bei Gephart unterbelichtet und gerät so in gefährliche Nähe zu den Containerzivilisationen Huntingtons, den Gephart auch zustimmend zitiert. Insbes. kann dieser Ansatz die Rechtsvielfalt, wie sie auch im vormodernen Europa existierte (bspw. in der Differenz von gelehrtem Recht und oral-ungelehrtem Recht oder in dem Nebeneinander verschiedener Normativitätsvorstellungen), kaum erfassen. Vgl. zu dem Problem der »Rechtsanwendung« die Studie von Oestmann, Rechtsvielfalt. Zum *legal pluralism* im interkulturellen und kolonialen Kontext siehe Benton, Law, sowie den von ders. und Richard J. Ross herausgegebenen Sammelband Legal Pluralism. Zum Konzept siehe Griffiths, Legal Pluralism, und Tamanaha, Understanding.

22 S. Reinhard, Anthropologie, S. 71, am Beispiel päpstlicher Nuntien im Alten Reich.

23 Bspw. fehlt noch in der Sektion »Encounters« des jüngst erschienenen, ansonsten vorzüglichen *Oxford Handbook of the History of International Law* jeglicher Verweis auf Afrika; Fassbender/Peters (Hrsg.), Handbook. Der einzige Artikel des Bandes, der sich ausführlicher mit dem subsaharanischen Afrika beschäftigt (Gathii, Africa), ist historiografiegeschichtlich angelegt.

24 So bspw. Grewe, Völkerrecht, S. 454, der den amerikanischen Fall zur Regel und den indischen bzw. asiatischen zum Sonderfall erklären will.

25 Selbst Charles Henry Alexandrowicz, der mit zu den wenigen gehört, die sich

rechtspraxis in der Frühen Neuzeit differenziert betrachten, liegt es nahe, auch die verschiedenen Regionen desjenigen Kontinents einzubeziehen, der am längsten in den Prozess der sogenannten europäischen Expansion involviert war.

1.2 Zur Forschungsproblematik

Die Völkerrechtsgeschichte wird weiterhin durch Großerzählungen geprägt, auch wenn diese bereits vielfach kritisiert worden sind. Um die vorliegende Studie genauer zu verorten, sollen zunächst zwei einschlägige Forschungsdiskussionen skizziert werden.

a. Völkerrecht, Außereuropa und Kolonialismus

Das klassische Narrativ der Völkerrechtsgeschichte, wie es unter anderem in den weiterhin zentralen Überblicksdarstellungen von Wilhelm G. Grewe und Karl-Heinz Ziegler (u.a.) nachzulesen ist, geht von einer klaren Entwicklungslinie der fortschreitenden Universalisierung aus.[26] Diese Entwick-

---

überhaupt näher mit der völkerrechtlichen Praxis in Außereuropa vor 1800 beschäftigt haben, ist in seiner Charakterisierung des »vorkolonialen« Afrikas erstaunlich oberflächlich und ungenau. So behauptet er, bis 1800 habe es lediglich sporadische Handelskontakte zwischen Europäern und Afrikanern gegeben; ALEXANDROWICZ, Role, S. 30f. Auch seine Darstellung (subsaharanisch-)afrikanischer Staatlichkeit ist problematisch, da er als wesentliche Faktoren für die Formation von Staaten ägyptische und islamische Einflüsse anführt, letztlich also ein exogenes Modell vertritt (S. 64 u.a.). Dies ist auch in seiner Monografie zum Thema nicht anders; DERS., Confrontation. – Dagegen bereits die Einschätzung von Fisch, der Völkerrechtsverkehr der Europäer in Afrika während des 16.–18. Jhdts. habe mehr jenem in Asien als dem in Amerika geglichen; FISCH, Expansion, S. 42f.

26 Vgl. noch jüngst ZIEGLER, Völkerrechtsgeschichte, S. 169f. und S. 176f., der sich u.a. auf das klassische Zitat von BLUNTSCHLI, Völkerrecht, Buch 1, § 6, S. 55, beruft (»Das Völkerrecht verbindet als allgemeines Menschenrecht Christen und Muhammedaner, Brahmanisten und Buddhisten, die Anhänger des Kongfutsü und die Verehrer der Gestirne, die Gläubigen und die Ungläubigen.«). Siehe auch GREWE, Epochen, S. 541f. Bei DAHM, Völkerrecht, Bd. 1, S. 4ff., ist zugleich die Angst vor einem Substanzverlust durch Universalisierung spürbar; er prophezeit vor dem Hintergrund der Dekolonisationserfahrung die Entstehung verschiedener Rechtskreise. Nicht unproblematisch, aber zumindest konsistent ist die Begründung für die universelle Bedeutung des europäischen Völkerrechts aus seiner Wirkungsgeschichte heraus, die REIBSTEIN, Völkerrecht, Bd. 1, S. 22ff., vorträgt.

lung nimmt ihren Ursprung in Europa und wird sukzessive auf die ganze Welt ausgedehnt.[27] Dem frühneuzeitlichen Völkerrecht der Christenheit wird das universell gültige Völkerrecht seit dem 19. Jahrhundert gegenübergestellt. Bei Letzterem, das traditionell als Endpunkt der Entwicklung gilt, handelt es sich dabei herkömmlicherweise um ein Völkerrecht der souveränen Staaten nach europäischer Façon, das als universelles Völkerrecht der zivilisierten Staaten gedeutet wird. Dies ist in den letzten Jahrzehnten jedoch in die Kritik geraten, auch angesichts der nicht mehr unangefochtenen Stellung der Staaten im gegenwärtigen Völkerrecht und des Aufstiegs von nicht-staatlichen Akteuren zu Völkerrechtssubjekten, wie zum Beispiel internationalen Organisationen.[28]

Auch die Präsentation der Völkerrechtsgeschichte als erfolgreiche europäische Zivilisierungsmission hat vehemente Kritiker auf den Plan gerufen. Bei gleicher Stoßrichtung im Grundsätzlichen werden unterschiedliche Ansätze der Kritik bzw. Dekonstruktion verfolgt: Einige Analysen zielen darauf ab, die großen Theoretiker des Völkerrechts als (heimliche) Verbündete der kolonialen Expansion und Unterdrückung zu entlarven und damit kolonialistische Instrumentalisierungen des Völkerrechts zu demaskieren[29] oder – noch weiter gehend – Völkerrecht an sich als Instrument des Kolonialismus zu dekonstruieren.[30] Andere Forscher wollen dagegen nachweisen, dass Völkerrecht keineswegs allein ein europäisches Produkt ist, und

27 Vgl. auch die Kritik in Fassbender/Peters, Introduction.

28 Zur Erweiterung des Kreises von Völkerrechtssubjekten vgl. Nussberger, Völkerrecht, S. 49f., S. 54ff. und S. 122f. – Dieses Narrativ wird von Steiger teilweise kritisiert, letztlich aber in seiner Struktur beibehalten, siehe oben, Anm. 10.

29 Diese Arbeiten sind jedoch als mehr oder weniger historisch angemessen zu beurteilen. Eher problematisch in meinen Augen erscheinen aufgrund ihrer Tendenz zu Anachronismen etwa Williams, American Indian; Gong, Standard, bes. S. 35ff. und S. 97ff.; Bowden, Origins. Beliebte Objekte solcher Entlarvungsversuche waren z.B. John Locke und Hugo Grotius; so u.a. Arneil, Locke. Häufig fallen dabei die Mehrdeutigkeit und damit die unterschiedliche Rezeption der frühneuzeitlichen Texte der rigorosen Suche nach Verantwortlichkeit zum Opfer, wie es auch bereits Georg Cavallar kritisiert hat; Cavallar, Accomplices. Akribisch in den historischen Kontext eingebettet und zugleich eine faszinierende Lektüre ist hingegen die Studie von Ittersum, Profit.

30 So bemüht sich Antony Anghie um den Nachweis, dass es die koloniale Begegnung (»colonial encounter«) war, die maßgebliche Konzeptionen des Völkerrechts überhaupt erst entstehen ließ, so v.a. das Konzept der Souveränität. Anghies Argumentation läuft letztlich auf die Frage hinaus, ob es möglich ist, ein den »Third World states« adäquates und nicht diskriminierendes Völkerrecht zu entwerfen angesichts seiner grundsätzlichen und nicht hintergehbaren Verstrickung in das koloniale Projekt; Anghie, Imperialism.

versuchen, andere Völkerrechtsordnungen und -systeme aufzuzeigen, die nicht von europäischem Völkerrecht abhängig waren.[31]

Manche Wissenschaftler zweifeln grundsätzlich die Richtung des Entwicklungsnarrativs an. Charles Henry Alexandrowicz beispielsweise, der Studien zur Völkerrechtspraxis im frühneuzeitlichen Asien und kolonialzeitlichen Afrika vorgelegt hat, geht davon aus, dass die durch Naturrechtslehren geprägte Völkerrechtsordnung des 17. und 18. Jahrhunderts einen höheren Universalisierungsanspruch und -grad aufwies als das positivistisch verfasste Völkerrechtssystem des 19. und frühen 20. Jahrhunderts.[32]

Dagegen hat Grewe mehrfach eingewandt, dass man für die Frühe Neuzeit keineswegs von einer »einzigen universellen Völkerrechtsordnung der Menschheit« sprechen könne. Vielmehr bilde die »christlich-europäische Völkerfamilie [...] seit dem Mittelalter eine engere, die eigentliche Völkerrechtsgemeinschaft, die weit mehr als nur ein ›regionales‹ Völkerrecht Europas war«. Letztlich hätten, so Grewe, das christlich-abendländische Völkerrecht und ein implizites, auf Naturrecht gegründetes Völkerrecht im Umgang mit nicht-christlichen Mächten nebeneinander gestanden. An einer Stelle spricht er auch vom »Doppelcharakter des Völkerrechts«.[33] Er lehnt zwar eine Konzeption raumgebundenen Völkerrechts ab, wie sie prominent Carl Schmitt vertreten hat[34] und wie sie in Gestalt der seit Länge-

31 Eine solche Position wird prominent von Taslim Elias Olawale vertreten; vgl. Elias, Africa. Zu dieser Richtung allgemein (auch als »contributionism« bezeichnet) Gathii, Africa, S. 407–418.

32 Alexandrowicz' Blick auf das Naturrecht ist zweifelsohne zu optimistisch und romantisierend, insbes. vernachlässigt er dessen Instrumentalisierung gerade im Zuge der beginnenden Kolonisierung. Vgl. auch die Kritik von Keene, Society, S. 28, der Alexandrowicz aber zugleich gegen die Vorwürfe Hedley Bulls in Schutz nimmt und Bull seinerseits Argumentationsfehler vorwirft (S. 27ff.). Ähnliche Kritikpunkte bringt auch Fisch, Expansion, S. 367ff., vor. Fisch kritisiert zudem die ›schiefe‹ Vergleichsbasis Alexandrowicz', der Amerika gänzlich ausklammert und allein Asien und Afrika vergleicht, Letzteres allerdings erst ab dem 19. Jhdt.

33 Grewe, Epochen, S. 168 und S. 545f., und ders., Völkerrecht.

34 Hueck, Discipline, S. 196f., erwähnt allerdings, dass Grewes frühe Arbeiten durchaus von Schmitt beeinflusst worden seien. – Im deutschen Diskurs von Adolf Rein und Gundolf Fahl aufgebracht; Rein, Kampf, S. 195ff. und S. 207–213, und Fahl, Grundsatz, S. 61f. Sie stützten sich ihrerseits auf Frances Davenports Annahme eines mündlichen Zusatzabkommens zum französisch-spanischen Frieden von Cateau-Cambrésis (1559), das angeblich die Nichtgeltung des Friedensschlusses und damit einen Zustand der Rechtlosigkeit »jenseits der Linie« festgelegt habe; Treaty between France and Spain, concluded at Cateau-Cambrésis, April 3, 1559. Oral agreement concerning the Indies, in:

rem widerlegten »Freundschaftslinien« bis heute weiter in der Forschung präsent ist.[35] Stattdessen propagiert Grewe jedoch eine Religionsgrenze als entscheidende Demarkationslinie zwischen der christlichen »Völkerfamilie« – man beachte die Metaphorik – und dem Rest der Welt. Allerdings bleibt letztlich unklar, was genau die »Völkerfamilie« gegenüber dem weiteren naturrechtsbestimmten Bereich auszeichnen soll; auch versteht Grewe unter »christlich« offensichtlich stets »lateinisch-« bzw. »römisch-christlich«. Daher liegt der Verdacht nahe, dass er Situationen aus späteren Jahrhunderten in die frühere Zeit projiziert und als allgemeine Fakten generalisiert.[36] Jenseits aller inhaltlichen Kritik ist aber vor allem fraglich, ob die Zeitgenossen Völkerrecht in der Tat als differenziert und auf die lateinische Christenheit bezogen imaginierten.

Zwar lässt sich vom konkreten Befund her Grewes Annahme eines engeren, innereuropäischen Völkerrechtskreises durchaus nachvollziehen, etwa im Hinblick auf die Intensität des Vertragsverkehrs.[37] Doch ebendieser

---

Davenport (Hrsg.), Treaties, Bd. 1, no. 21, S. 219–222. Prominentester Vertreter der »Freundschaftslinien«-These ist Schmitt, Nomos, bes. S. 60 ff., der sie im Rahmen seines einflussreichen Raumordnungskonzepts propagierte.

35 Vgl. bereits die Kritik von Reibstein, Völkerrecht, Bd. 1, S. 380 f. Empirisch widerlegt wurde diese These bereits in den 1980er Jahren von Fisch, Expansion, S. 54–66, S. 75–82 und S. 110–152 (für Beispiele der Neutralisierung von Kolonien im 18. Jhdt. aber ebd., S. 96–99). Dies wurde auch in Rezensionen eigens herausgehoben; vgl. die Besprechungen von Wilhelm G. Grewe im Archiv für öffentliches Recht 110 (1985), S. 447–456, hier: S. 450 f., sowie von Stefan Oeler in der Zeitschrift für ausländisches öffentliches Recht und Völkerrecht 49 (1989), S. 640–646, hier: S. 641 f. Dennoch erfreuen sich die »Freundschaftslinien« in der einschlägigen Literatur weiterhin größerer Beliebtheit, wie zuletzt auch Kempe, Fluch, S. 54 ff., beklagt hat. Nur drei jüngere Beispiele hierfür: Ziegler, Völkerrechtsgeschichte, S. 123; Somers, VOC, S. 233 f. et pass.; Manow, ›Barbarians‹, S. 143.

36 Die Rede von der »Völkerfamilie« oder »family of nations« in expliziter Abgrenzung zum unzivilisierten Außen ist wohl eher ein Produkt des 19. Jhdts. als ein allgemeines Proprium des Völkerrechts seit der Antike; dazu auch Keene, Society, S. 114. Die Eingrenzung von »christlich« auf »lateinisch-christlich« verdunkelt weiterhin die Beziehungen bspw. zwischen Byzanz und anderen orthodoxen Kirchen auf der einen, der Westkirche auf der anderen Seite, ganz zu schweigen von der Tatsache, dass auch diese Trennung überhaupt erst ein Produkt historischer Entwicklungen und kein gegebenes Faktum ist. Vgl. zum Konzept der »Christenheit« auch Berend, Concept.

37 Ähnlich gelagert, aber offener und zugleich anschlussfähiger ist die Position Keenes, der von der Existenz von zwei »patterns« in den internationalen Beziehungen innerhalb Europas auf der einen Seite und zwischen europäischen und außereuropäischen Akteuren auf der anderen ausgeht. Er spricht auch von der »duali-

quantitative Befund reicht meines Erachtens hier nicht aus: Wenn nach Universalität und Geltung von Rechtsordnungen gefragt wird, so ist diese Frage historisch sinnvoll nur als Frage nach den zeitgenössischen Gültigkeitsvorstellungen zu diskutieren. Daher muss weiter untersucht werden, wie zeitgenössisch auf Völkerrecht Bezug genommen und wie seine Geltungskraft imaginiert wurde. In Bezug auf die Völkerrechtslehre ist von Jörg Fisch bereits herausgestellt worden, dass Völkerrecht grundsätzlich als universell gültiges Recht gedacht wurde. Obwohl zweifelsohne auch europäische Sonderrechte postuliert wurden, war die frühneuzeitliche Völkerrechtstheorie doch weitgehend durch universalrechtliche Prinzipien bestimmt.[38] Dennoch hält sich die Annahme zweier getrennter »Völkerrechtssysteme«, eines europäischen und eines außereuropäischen, in der Forschungsliteratur zur frühneuzeitlichen europäischen Diplomatie weiterhin hartnäckig. Sie zu belegen, scheint überflüssig, gilt sie doch fast schon als Handbuchwissen.[39] Demgegenüber soll hier der Gedankengang von Fisch zur Frage der zeitgenössischen Gültigkeitsvorstellungen aufgegriffen und unter stärkerer Einbeziehung auch der Völkerrechtspraxis (insbesondere in Kapitel IV.2) weitergeführt werden.

Nicht zuletzt wird die Forschungsdiskussion um die historische Entwicklung des Völkerrechts dadurch beeinflusst, dass auch die universelle Gültigkeit des heutigen Völkerrechts in Zweifel geraten ist. Besonders prononciert geschah dies in den 1950er und 1960er Jahren im Zuge des Dekoloni-

---

stic nature of order in world politics«; Keene, Society, S. xi. Keene differenziert aber anders als Grewe genauer zwischen der Wahrnehmung und den Gültigkeitsannahmen der Zeitgenossen einerseits sowie analytischen Beobachtungen andererseits. So nimmt er an, dass die »dualistic nature« erst im 18. und 19. Jhdt. Gegenstand der Reflexion und dann auch der expliziten Zementierung durch den »standard of civilization« (o.ä.) wurde (S. 98ff. und S. 109ff.).

38 Fisch, Expansion, S. 102ff., S. 153ff. et pass. Fisch konstatiert: »Das Völkerrecht war nicht von seinem Geltungsbereich her europäisch, sondern von den Staatswesen her, die ihm unterstanden. Für die scholastischen und alle späteren Naturrechtslehren war der universale Geltungsbereich eines der zentralen, auch in der Vertragspraxis unbestrittenen Axiome.« Ebd., S. 76.

39 So etwa Kugeler: »Against a background of increasing interaction with the outer-European world, especially in commercial and cultural contexts, Europe and the non-European world were yet still regarded as two different international systems.« Kugeler, ›Ambassadeur‹, S. 18. Siehe auch Ziegler, Völkerrechtsgeschichte, S. 120f., der die »Gleichsetzung von Völkerrechtsgeschichte und Christenheit« anhand der Präambel der Westfälischen Friedensverträge beweisen will.

sationsprozesses und des Unabhängigkeitsstrebens ehemaliger Kolonien.[40] In dieser Zeit wurde zum einen die Bindekraft des Völkerrechts neuerlich zur Diskussion gestellt, da die unabhängig gewordenen Staaten darüber zu entscheiden hatten, ob sie vor ihrer Unabhängigkeit entstandenen völkerrechtlichen Verträgen zustimmen und diese als völkerrechtliche Normen anerkennen wollten. Zum anderen wurde auch die kulturelle Relativität von Recht thematisiert und die potenzielle Entwicklung partikularer, kulturell bestimmter Völkerrechtskreise ins Auge gefasst.[41] Gerade die Frage der kulturellen Relativität von Recht ist weiterhin brisant und aktuell, insbesondere im Hinblick auf die Konzeption von Menschenrechten.[42]

b. Verhältnis von Theorie und Praxis

Ein weiteres grundsätzliches Problem der Völkerrechtsgeschichte ist das Verhältnis von Theorie bzw. Doktrin und Praxis. Lange Zeit ist die Geschichte des Völkerrechts vor allem als Geschichte der unterschiedlichen Völkerrechtslehren geschrieben worden, als eine Geschichte, in der große Denker wie Francisco de Vitoria und Francisco Suárez, Hugo Grotius und Samuel Pufendorf das Völkerrecht vorantrieben, als eine Geschichte also, die nahezu ausschließlich auf der Bühne der Ideengeschichte stattfand. Die politische und jurisdiktionelle Praxis kam dabei, wenn überhaupt, lediglich als Ansammlung von Anwendungsbeispielen eben jener Völkerrechtslehren vor.

---

40 Vgl. Anghie, Imperialism, Kap. 4. – Einen zentralen Streitpunkt seit der Dekolonisation stellen indigene Landrechte da. Der berühmteste dieser Prozesse ist der sog. »Mabo Case« um die Rechte der australischen Ureinwohner aus dem Jahr 1992; dazu kurz Menzel, Mabo.

41 Dafür beispielhaft die Ausführungen von Mensah-Brown, Introduction, und Yakemtchouk, Afrique, der allerdings die Grundlagen für die Entwicklung eines »afrikanischen« Völkerrechts deutlich pessimistischer einschätzt (so u.a. S. 11 ff.) als die von Mensah-Brown versammelten Beiträge. Yakemtchouk beschäftigt sich allerdings nahezu ausschließlich mit dem 20. Jhdt. Bipoun-Woum teilt zwar Yakemtchouks grundsätzliche Skepsis, verfolgt aber einen anderen Ansatz, indem er versucht, die Rahmenbedingungen für innerafrikanischen Rechtsverkehr auch auf historischem Fundament herauszuarbeiten; vgl. Bipoun-Woum, Droit, bes. S. 33–71. Dabei lehnt er sich z.T. an die Vorstellungen der Négritude-Bewegung an (siehe v.a. S. 40 ff.).

42 Vgl. auch den provokanten, aber klugen Kommentar zur Frage der Universalität von Koskenniemi, International Law. Historisch fundiert wird diese Frage bei Anthony Pagden diskutiert; vgl. Pagden, Human Rights.

Ebenfalls seit Langem existiert demgegenüber die Forderung, verstärkt die völkerrechtliche Praxis in den Blick zu nehmen und den historischen Kontext der Völkerrechtslehren zu berücksichtigen.[43] Bereits 1963 beklagte Wolfgang Preiser die Vernachlässigung der völkerrechtlichen Praxis, die er als »Kernstück jeder auf die Erfassung des ›gelebten‹ Rechts ausgehenden Geschichte des Völkerrechts« bezeichnete.[44] Derartigen Klagen tragen neuere Studien durchaus Rechnung,[45] dennoch bleiben aber die Großerzählungen der Völkerrechtsgeschichte weiterhin stark doktrin- und theoriezentriert. Auch bleibt oft genug der weniger realistisch-deskriptive denn normativ-ideale Charakter von Völkerrechtslehren außer Acht, und die Durchsetzung einer bestimmten Doktrin wird oft genug eher postuliert denn nachgewiesen. Eine jüngere Generation von Rechtshistorikern hat daher das Verhältnis von Doktrin und Praxis erneut zum Thema gemacht.[46]

Die Konzentration auf völkerrechtliche Theorien und Lehren hat zudem dazu beigetragen, Beziehungen zwischen jenen Gruppen aus dem Bereich des Völkerrechts auszuschließen, die keine expliziten Theorien des Völkerrechts, möglicherweise auch nicht einmal Schriftlichkeit kennen. Demgegenüber hat Preiser, der bis heute einer der wenigen ist, die sich mit außereuropäischen Völkerrechtsordnungen beschäftigt haben, den Schluss aus »Verhalten und Umständen auf die der Praxis zugrundeliegende Theorie« als Methode propagiert.[47]

43 Siehe bspw. Grewe, Epochen, S. 20f.

44 Als Quellen für eine solche Geschichte nennt er im Weiteren allerdings v.a. Staatsverträge, was wiederum die Frage aufwirft, wie weit sein Begriff der Rechtswirklichkeit reicht; Preiser, Völkerrechtsgeschichte, S. 39f.

45 Als gelungene Beispiele gelten können u.a. Zeller, Ex Facto, und Ittersum, Profit. Bei Fisch, Expansion, dessen Ansatz auch die gemeinsame Untersuchung von Staatenpraxis und Völkerrechtslehre vorsieht, besteht z.T. jedoch das Problem, dass er von »Staatenpraxis« spricht, letztlich aber für die Frühe Neuzeit weiterhin in erster Linie Völkerrechtslehre und -theorie untersucht; vgl. bspw. ebd., S. 162ff. Für das 19. und 20. Jhdt. bezieht er hingegen vermehrt Schiedssprüche, Verträge usf. ein.

46 Vgl. die entsprechenden Ausführungen von Lesaffer, International Law, S. 35ff., und ders., Verdragen.

47 Preiser, Völkerrechtsgeschichte, S. 50. »Theorie« versteht Preiser hier offensichtlich i. S. eines impliziten Handlungswissens, das er von der wissenschaftlich explizierten »Doktrin« bzw. »Lehre« abgrenzt. Er schreibt etwa: »Dann spricht alles dafür, daß die der Praxis zugrundeliegende, meist unausgesprochene, jedenfalls aber nicht wissenschaftlich formulierte Auffassung die ›richtige‹ Theorie ist, die es nun aus allen erreichbaren juristischen und unjuristischen, typischen und atypischen Quellen, darunter vor allem dem tatsächlichen Verhalten der maßgeblich Beteiligten, zu erkennen und zu rekonstruieren gilt.«.

Die Frage nach Völkerrecht im Rahmen europäischer Expansion hat die Historiografie bislang folgerichtig in erster Linie durch Exegese von Völkerrechtstheoretikern beantwortet und jeweils geprüft, welches »Bild« von Außereuropäern dort vertreten wurde, zum Teil mit durchaus unterschiedlichen Ergebnissen.[48] Ein solches Vorgehen ist durchaus sinnvoll, insbesondere wenn man berücksichtigt, dass verschiedene ›Klassiker‹ wie die *De Indis* Francisco de Vitorias oder auch *Mare Liberum* bzw. *De Jure Praedae* von Hugo Grotius gerade auch in Auseinandersetzung mit Konflikten an der außereuropäischen ›Peripherie‹ entstanden sind.[49] Allerdings sollte man sie dann weiter gehend in ebendiesen Konfliktkontext einbetten und insbesondere auch die Praxis an der Peripherie berücksichtigen. Auf diese Weise erst lässt sich über den innovativen Charakter einzelner Theoretiker urteilen.

Eine andere Extremposition, gewissermaßen aus realistischer Prägung heraus, führt Völkerrecht auf die politische Mächtekonstellation der Zeit zurück und gliedert die Völkerrechtsgeschichte allein nach dem Wechsel dieser Mächtekonstellationen.[50] Dieses Vorgehen, das beispielsweise Grewes viel rezipiertem Buch *Epochen der Völkerrechtsgeschichte* (1984, 2. Aufl. 1988) zugrunde liegt,[51] ist bereits verschiedentlich zu Recht kritisiert worden, verhalten sich doch – von konzeptionellen Bedenken angesichts einer solch reduktionistischen Theorie ganz zu schweigen – Grewes Periodisierungen zum Teil quer zu Entwicklungen und Kontinuitäten in Völkerrechtslehre und -praxis.[52]

Hier soll zum einen der Versuch unternommen werden, die Kluft zwischen Theorie und Praxis ein weiteres Stück zu schließen, unter anderem indem Bezugnahmen auf Völkerrechtslehren und -autoren in konkreten Konfliktfällen untersucht werden (siehe Kapitel IV.2). Zum anderen ist – zumindest analytisch – zwischen Rechtspraxis bzw. -diskurs in Europa und Rechtspraxis vor Ort zu differenzieren. Dazu werden vor allem Verträge, Korrespondenzen und Memoranden des diplomatischen Verkehrs, sowohl in Europa als auch zwischen den Kompanievertretern in Afrika, untersucht.

---

48 Vgl. dazu Cavallar, Accomplices.

49 Victoria, De Indis (1532); Grotius, Mare Liberum (1609); ders., Jure praedae, wissenschaftl. Übers.: Commentary.

50 Grewe, Epochen, zum Konzept bes. S. 24f.; daran angelehnt Ziegler, Völkerrechtsgeschichte.

51 Zur Rezeption siehe bspw. Hueck, Völkerrechtsgeschichte, S. 267.

52 So Steiger, Probleme, S. 116–123; Hueck, Discipline, S. 196ff.

1.3 Gliederung

Zunächst wird der innereuropäische Diskurs über und in Bezug auf Westafrika thematisiert: Anhand von zwei ausgewählten Konfliktfällen zwischen verschiedenen europäischen Parteien, die sich an Vorfällen in oder Ansprüchen in Bezug auf Westafrika entzündeten,[53] geht es um *strategische Rechtspraxis* (IV.2). Dabei wird untersucht, wie Akteure sich im Konflikt auf völkerrechtliche Normen bezogen. Insbesondere ist zu fragen, ob eine Rechtsdifferenz zwischen Europa und Außereuropa angenommen wurde. Inwiefern lassen sich landesspezifische Unterschiede zwischen den Argumentationen ausmachen? Welche Rolle spielten die Handelskompanien in den Rechtsdiskussionen?

Der folgende Teil (IV.3) wendet sich dann der Rechtspraxis vor Ort zu und setzt diese in Bezug zu dem zuvor untersuchten europäischen Diskurs. Hier gehe ich der Frage nach, wie europäisch-afrikanische Rechtspraxis vor Ort funktionierte. Welche Adaptionen und Anpassungen fanden statt? Inwiefern lassen sich transkulturelle Elemente aufzeigen?

2. Strategische Rechtspraxis im europäischen Diskurs

Im Folgenden wird untersucht, wie europäische Akteure Rechtsansprüche in Bezug auf Westafrika geltend machten oder widerlegten. Dies soll am Beispiel von zwei ausgewählten Konfliktfällen geschehen, wobei das erste Beispiel aus der Mitte des 17. Jahrhunderts, das zweite Beispiel aus dem späten 17. und frühen 18. Jahrhundert stammt. Ihnen ließen sich zahlreiche andere Konflikte an die Seite stellen, die ausgewählten Beispiele lassen jedoch meines Erachtens die Verflechtung verschiedener Konflikt- und Rechtsebenen besonders anschaulich werden. Zudem sind in den beiden ausgewählten Fallbeispielen zum Teil die gleichen Akteure aktiv, sodass entsprechende Vergleiche von Argumentationen in unterschiedlichen Situationen gezogen werden können.

Drei Leitfragen bestimmen die Analyse: *Erstens* geht es darum, inwiefern die Allgemeingültigkeit von Völkerrecht angenommen wurde oder Sonderrechtskonstruktionen vorgenommen wurden. Dabei ist insbesondere zu untersuchen, welche Qualität der europäisch-afrikanischen Rechtspraxis im europäischen Diskurs zugeschrieben wurde, vor allem in Gestalt von Verträgen. *Zweitens* ist nach möglichen nationalen Differenzen in der Wahl von

---

53 Es geht also um das, was Fisch in seiner Studie als »Völkerrechtsverkehr zwischen den europäischen Mächten in bezug auf die überseeischen Gebiete« bezeichnet; vgl. Fisch, Expansion, S. 45 et pass.

Rechtsstrategien und in der Anwendung von Rechtsprinzipien zu fragen. Auf diese Weise soll auch die These Patricia Seeds, die frühneuzeitlichen Rechtskulturen verschiedener europäischer Nationen seien letztlich inkommensurabel gewesen, hinterfragt werden.[54] *Drittens* soll überprüft werden, welcher Status den Handelskompanien in diesen Konflikten zugeschrieben wurde und wie sich dies auswirkte.

2.1 »In vollem Besitz der Küste« oder »wie Einwohner geduldet«? Niederländische Rechtsansprüche und ihre Kritik (1640er–1690er Jahre)

Die WIC konnte ihre Vormachtstellung an der Goldküste, die sie 1637 mit der Einnahme Elminas scheinbar besiegelt hatte, nur kurz bewahren. Bereits in den 1640er Jahren begannen aufs Neue Auseinandersetzungen in der Region: Zunächst machten die Engländer der niederländischen Kompanie Konkurrenz, in den 1650ern kamen dann schwedische und dänische Unternehmungen hinzu, ab den 1680ern schließlich die Brandenburger. Rasch entzündeten sich Konflikte, die sowohl durch Proteste und auch handgreifliche Auseinandersetzungen vor Ort als auch auf dem diplomatischen Parkett in der Heimat ausgetragen wurden.[55] Dabei versuchte die WIC Souveränitäts- und Eigentumsrechte (unterschiedlichen Umfangs) geltend zu machen und reklamierte zudem ein Handels- und Schifffahrtsmonopol für die Küste Guineas.[56]

a. Strategische Nutzung und kreative Rechtsfindung

1656 postulierte der niederländische Generaldirektor Johan Valckenburgh ein allgemeines Eigentumsrecht der Generalstaaten und ihrer Kompanie in Bezug auf die Goldküste. Dies leitete er aus zwei Quellen ab: einerseits

54 Seed, Ceremonies, bes. S. 3–13 und S. 190ff.

55 Zum historischen Kontext und zur Ereignisgeschichte vgl. u.a. die Studie von Porter, Activity, sowie Daaku, Trade.

56 In einem Beitrag zum *Oxford Handbook of the Atlantic World* ist hingegen zu lesen, dass in Westafrika, im Gegensatz zu anderen Weltregionen, europäische Händler Land von indigenen Herrschern mieteten und keinerlei Eigentumsansprüche durch königliches Oktroi oder Entdeckung erheben konnten; Mancke, Formation, S. 396. Diese Aussage trifft im Hinblick auf die de facto existierende Situation von Landnutzung zu. Wenn es allerdings um die Ansprüche geht, die Europäer erhoben, verkürzt sie die Sachlage entscheidend, wie die nachfolgenden Ausführungen ausführlich belegen.

aus der Eroberung der Goldküste von den Portugiesen und andererseits aus einer Vielzahl von Zessionen durch lokale Herrscher. Zudem berief er sich auf die dauerhafte Okkupation durch Forts, Logien und Handel.[57] Formuliert wurde dieser Anspruch in einer als *Deductie* betitelten Schrift, die sich gegen die Ansiedlungsversuche der schwedischen Kompanie richtete und an deren Direktor in Afrika, Johann Philipp Kruysenstern, adressiert war.

Vergleicht man die *Deductie* nun mit älteren niederländischen Stellungnahmen in ähnlichen Fragen, so fällt rasch ins Auge, dass die früheren Texte deutlich partikularer orientiert sind. Dies gilt auch für diejenigen Texte, die ebenfalls von Valckenburgh verfasst wurden. Ihnen fehlt die historische Herleitung über einen allgemeinen Eroberungstitel, wie sie 1656 präsentiert wird; Eigentums- und Souveränitätsrechte der Kompanie sind ausschließlich über Zessionen durch lokale Herrscher begründet. Vor 1656 wurden also lokal begrenzte Rechtsansprüche erhoben, nicht aber solche auf die Küste als Ganzes.[58]

Nach 1656 hingegen gewann die zweigleisige Begründungsfigur über Eroberungs- und Zessionstitel, wie sie in der *Deductie* zum ersten Mal greifbar wird, zunehmend an Prominenz. Streitfragen bezüglich einzelner Orte wurden nun häufig mit dem allgemeinen Anspruch auf die gesamte Küste verbunden.[59] Genauer ausbuchstabiert wurde diese Argumentation in

57 Deductie von Valckenburgh gegen Kruysenstern (SAK), dd. 16.09.1656, OWIC 13 (weitere Abschrift mit falscher Datierung auf Dezember 1656 in NBKG 222, S. 201 ff.). Siehe auch den wenige Tage später verfassten Gegenprotest von Valckenburgh gegen Kruysenstern, dd. 18.09.1656, ebd., wo Valckenburgh von den »de lande, haven en poorten van deese Custe« spricht, die die WIC schon »voor veele Jaeren en al eer aen het oprechten van UEd loffelycke Comp: wierde gedaght uyt Cooprecht off by Conqueste op de Spanjaerden off Portugeesen haere vyanden hebben beseeten«.

58 Vgl. u. a. Protest von Fiskal Valckenburgh gegen Hendrik Caerlof (SAK), übergeben am 20.07.1650, NA, OWIC 13, und mit nahezu gleichem Wortlaut Protest von Fiskal Valckenburgh gegen den englischen Prinzipal John Lad, dd. 09.10.1650, NA, OWIC 13; weiterhin Protest von Jacob Ruychaver gegen Hendrik Caerlof (SAK), dd. 22.07.1651, NA, OWIC 13. – Dass die niederländischen Generaldirektoren an der Küste durchaus über eine umfängliche Bibliothek an Rechtsliteratur verfügten, belegt beispielhaft ein Katalog von 1697; Catalogus van Boecken, ten dienste van directeur Generaal en Raden op de Cust van Guinea gesonden, dd. 10.12.1697, NA, TWIC 463. Auf die Konstanz der Auswahl bzw. des Kanons weist ein Vergleich mit dem von Krabbendam für die Mitte des 18. Jhdts. ermittelten Buchbesitz hin; Krabbendam, Reading, S. 36 ff.

59 So bspw. in Auseinandersetzung mit den Engländern: Brief Valckenburghs an Selwyn, dd. 11.06.1663, TNA, CO 1/17, fol. 82r–85v, hier: fol. 82r/v (allerdings nur mit Eroberungstitel), und Brief dess. an Stoaks, dd. 12.09.1663, ebd., fol. 197r–

einer weiteren Schrift Valckenburghs, dem *Vertoog*, der die niederländischen Rechtsansprüche in Guinea für die Generalstaaten zusammenfassen sollte und vermutlich auf 1659 datiert. Er stimmt in Teilen fast wortwörtlich mit der *Deductie* gegen die Schweden von 1656 überein.[60]

Valckenburgh hätte sich vermutlich heftig gegen die Unterstellung gewehrt, er habe 1656 einen Rechtstitel erfunden, auch wenn dieses Urteil aus analytischer Perspektive naheliegt. Paradox erscheint sein Vorgehen aber auf jeden Fall: Denn indem er sich auf einen Eroberungstitel berief, gründete er den niederländischen Rechtsanspruch auf den älteren portugiesischen. Eben dieser war zuvor von niederländischer Seite aber nicht akzeptiert worden, ebenso wenig wie die Grundlagen, auf denen er beruhte. Noch Anfang des 17. Jahrhunderts hatten die im Westafrikahandel engagierten Kaufleute sich zum Beispiel auf die »Freiheit« der Küste bezogen, um den Portugiesen einen Verstoß gegen den Waffenstillstand von 1609 vorzuwerfen.[61]

In den späteren niederländischen Quellen liest man Unterschiedliches und wenig Präzises über die konkrete Ausgestaltung dieses portugiesischen Rechtstitels. Als Ausgangspunkt dient ihnen zum einen die Entdeckung Guineas, zum anderen der Bau der Festung São Jorge da Mina (Elmina), der

---

200v, hier: fol. 198r/v; in Auseinandersetzung mit den Dänen: *Remonstrantie* (1664), S. 12 f.; in Auseinandersetzung mit den Brandenburgern: Memorandum der WIC (Johannes Althusius) für die Generalstaaten, vorgelegt am 27.08.1686, VWIS 1113 (dort allerdings indigene Rechtsakte abgeschwächt – »ten overvloede«). Diese Argumentation kommt nicht in der Auseinandersetzung mit der EIC um Cong, Winneba und Accra 1656/57 vor; vgl. Schreiben Valckenburghs an Lancelot Stavely (EIC), s. d. [nach dem 20.03.1657], NA, OWIC 13, wo Valckenburgh ausschließlich auf lokale Verträge zurückgreift. Dies dürfte zumindest bei Cong in Asebu und Winneba in Agonna damit zusammenhängen, dass sich, zumal jemandem gegenüber, der sich an der Küste auskannte, für diese Regionen nur schwerlich eine portugiesische Tradition postulieren ließ.

60 Vertoog of Deductie, in: Jonge (Hrsg.), Oorsprong, S. 51–69, dort auf 1656 datiert. Allerdings wird in dem Dokument selbst auf Ereignisse von 1657, 1658 und 1659 Bezug genommen (ebd., S. 56 und S. 62); daher ist es vermutlich auf Mitte 1659 zu datieren.

61 Vertoog, 1609–11 [wohl August 1611], in: Jonge (Hrsg.), Oorsprong, S. 33–39 (NA, SG 4921). Die Kläger listen verschiedene Übergriffe der Portugiesen in Guinea auf und bitten die Generalstaaten um Schutzmaßnahmen, mindestens aber um die Ausstellung von Kaperbriefen (brieven van represaille), bestenfalls um die Entsendung von Kriegsschiffen in die Region und die Errichtung eines Forts in Moure. Um ihrem Ansinnen stärkeres Gewicht zu verleihen, betonen sie die Bedeutung des Guineahandels für die Wohlfahrt des niederländischen Vaterlandes. Dies ist vermutlich auch die »Remonstrantie«, auf die sich der Beschluss der Generalstaaten vom 04.08.1611 bezieht; Resolutiën, Bd. 1, no. 877, S. 444.

als Inbesitznahme und Zeichen der Oberherrschaft gedeutet wird.[62] Letzteres kann verbunden werden mit einem Rechtsakt eines lokalen Herrschers, der teils als Verkauf, teils als Unterwerfung dargestellt wird. Gelegentlich wird außerdem behauptet, dass die Goldküste, abgesehen von Elmina, vollständig unbewohnt gewesen sei, ihre Besiedlung erst unter Ägide der Portugiesen von Elmina aus stattgefunden und diesen zugleich den Besitz der Küste eingebracht habe.[63] Anderen Versionen zufolge waren es einzelne Akte der Unterwerfung und des Jurisdiktionstransfers, beispielsweise in Axim und Accra, die den Portugiesen schließlich zum »vollen Besitz« der Küste verhalfen.[64] Päpstliche Bullen jedoch, die aus portugiesischer Sicht wesentlich ihre Herrschafts- und Eigentumsansprüche untermauerten,[65] kommen in den niederländischen Darstellungen nicht vor. Auch die

---

62 Entdeckung und Festungsbau im Brief Valckenburghs an Stoaks, dd. 12.09.1663, TNA, CO 1/17, fol. 198r/v; Vertoog of Deductie [ca. 1659], in: Jonge (Hrsg.), Oorsprong, S. 52. Entdeckung und Unterwerfung in der Deductie Valckenburghs gegen Kruysenstern (SAK), dd. 16.09.1656, OWIC 13; Memorandum der WIC (Johannes Althusius) für die Generalstaaten, vorgelegt am 27.08.1686, VWIS 1113 (Unterwerfung in Bezug auf Jurisdiktion).

63 So in der *Remonstrantie* von 1664, die zudem noch verblüffenderweise mit einer Königin von Elmina aufwartet (S. 12); ähnlich auch im Vertoog of Deductie [ca. 1659], in: Jonge (Hrsg.), Oorsprong, S. 52 f. Zeitgenössisch kritisiert durch die dänische Kompanie im *Tegen-Bericht* (1665), S. 28. – Zwar ist es richtig, dass gerade Fischer und Kanuschiffer aus Elmina seit dem 17. Jhdt. in vielen Orten an der Goldküste lebten, wo sie z. T. auch eigene »Quartiere« bildeten. Falsch ist jedoch, dass die gesamte Küstenregion außer Elmina im 15. Jhdt. vollständig unbewohnt war, auch wenn die Siedlungen im 15. Jhdt. noch recht klein waren und das große Bevölkerungswachstum erst später einsetzen sollte; siehe dazu kurz DeCorse, Archaeology, S. 18 f.

64 Dies eher in den früheren Dokumenten, so in der Deductie von Valckenburgh an Kruysenstern von 1656, OWIC 13, und in Valckenburghs Vertoog of Deductie [ca. 1659], in: Jonge (Hrsg.), Oorsprong, S. 52. 1659 findet sich jedoch bereits ein Ansatz zu dem späteren Besiedlungsnarrativ, wenn Valckenburgh erklärt, zwischen den erworbenen Plätzen mit portugiesischen Forts (Elmina, Axim und Accra) seien Siedlungen mit Einwohnern aus Elmina entstanden (so in Boutry, Sekondi und Chama in Ahanta, in Anomabo und Egya in Fante, in »Ampam« in Agonna und in »Soco« in Accra). Ob diese Gebiete zuvor unbewohnt waren, bleibt hier offen.

65 Dazu Kinzel, Begründung, S. 305–334 (der insbes. den Kreuzzugsgedanken hervorhebt); Elbl, Bull; und Fisch, Expansion, S. 46–54, der darauf hinweist, dass auch in der Staatenpraxis des späten 15. Jhdts. »päpstliche Verleihungen keine vollgültigen Völkerrechtstitel« begründen konnten (S. 52).

Hintergründe des Entdeckungstitels, der für die portugiesische Argumentation ebenfalls zentral war, wurden im Unbestimmten gelassen.[66]

Die Kombination von Zessions- und Eroberungstitel, die bei Valckenburgh 1656 zum ersten Mal festzustellen ist, bot einige Vorteile: Zessionen konnten stets andere Zessionen entgegengesetzt werden – die Gegner der WIC beriefen sich immer wieder auf eigene Verträge mit westafrikanischen Herrschern, um die niederländischen Ansprüche zu kontern. Der Eroberungstitel schien gegen solcherlei Argumente gefeit. Zudem erlaubte er es, den niederländischen Anspruch auf Guinea mit der Dignität eines noch höheren Alters zu versehen. Akkumulationen möglichst vieler Rechtsargumente (auch unter Inkaufnahme von Widersprüchen) sind in dieser Zeit ein häufiges Phänomen. Sie machen deutlich, was zeitgenössische (Völker)Rechtspraxis auszeichnete – nicht etwa geschlossene Doktrinen oder Systeme, sondern vielmehr ein pragmatischer, strategischer Umgang mit vielfältigen, zum Teil konkurrierenden Normen. Es ging vielfach eher um »legal posturing«, wie Lauren Benton und Benjamin Straumann es nennen, als um widerspruchsfreie und möglichst konsequente Rechts*anwendung*.[67]

Eine wichtige Rolle bei solchen Rechtsfindungen spielte vor allem die kreative Interpretation von europäisch-afrikanischen Verträgen. Verschiedentlich wurden Rechtsakte erst im Nachhinein, im aktuellen Konfliktfall, zu Zessionen umgedeutet, auch gegen den Buchstaben des Vertragstextes. Ein höchst instruktives Beispiel stellt die argumentative Inanspruchnahme eines Vertrags dar, den der niederländische General Arent Jacobsz. van Amersfort 1624 mit dem *braffo* von Fante schloss. Dieses Freundschaftsabkommen, zugleich der älteste Vertrag, der aus niederländischen Beständen überliefert ist, begründete ein Waffenbündnis gegen die Portugiesen in Guinea und überließ den Niederländer den Hafen des Landes zur Nutzung.[68] Als Amersfort aber 1640 Protest gegen englische Handelsaktivitäten

66 Zum Entdeckungs- bzw. Erstokkupationsrecht in der portugiesischen Expansion kurz KINZEL, Begründung, S. 305–309. Ein relativ spätes Beispiel eines Rekurses auf den Entdeckungstitel stellt die Argumentation des portugiesischen Botschafters am englischen Hof 1562 dar; Exposição do Embaixador de Portugal em Londres, João Pereira Dantas, dirigida á Rainha Isabel, para mostrar que os Inglezes não devião ir commerciar á Guiné, dd. 22.05.1562, in: SANTAREM (Hrsg.), Quadro, Bd. 15, S. 118 ff.; siehe auch The King of Portugal's Claim to the Guinea Trade, dd. 20.05.1562, in: CSP, Foreign Series: Elizabeth I, Bd. 5, no. 78, S. 41. – Siehe allgemein zur rechtlichen Begründung SCHOENBORN, Entdeckung.

67 Vgl. BENTON/STRAUMANN, Acquiring, bes. S. 1, S. 12 und S. 29; siehe auch BENTON, Search.

68 Vertrag zwischen Ambro, *braffo* von Fante, und der WIC (Arent Jacobsz. van Amersfort), dd. 31.03.1624, NA, NBKG 222, fol. 314v–315r, bzw. VWIS 1162, S. 519.

in Fante erhob, wurde der Vertrag von 1624 als Begründung für das »gute und große Eigentumsrecht an denselben Ländern und Orten« (»goede[n] ende groote[n] recht van Eygendom op de selvige landen ende Plaetsen«) herangezogen.[69] 1659 leitete Valckenburgh ein exklusives Handelsmonopol aus ihm ab, um ihn 1663 dann in einem weiteren Protest gegen die Engländer als vollständigen Zessionsakt samt Übertragung von Hoheitsrechten wie Jurisdiktion auszulegen.[70] Dieser Umgang mit (zumal selbst produzierten!) Rechtsakten zeugt davon, dass wir es hier mit *strategischem Rechtshandeln* zu tun haben.

b. Die Kritiker – mit Logik, Fakten und Bigotterievorwürfen

Die niederländischen Argumentationen vor 1656 setzten uneingeschränkt die Souveränität indigener Herrscher voraus, die als Vertragspartner die Quelle ihrer eigenen Ansprüche darstellten. Die zweigleisige Begründung über Eroberungs- und Zessionstitel, die Valckenburgh 1656 aufbrachte, ließ die Frage afrikanischer Souveränität hingegen weniger eindeutig erscheinen: Musste eine gültige Zession auf der Souveränität des zedierenden Herrschers gründen, so basierte hingegen der Eroberungstitel auf der Souveränität der Portugiesen – und die Kombination beider Titel implizierte so die gleichzeitige Existenz von mehreren Souveränen, dem König von Portugal und dem jeweiligen afrikanischen Herrscher.

Man könnte diesen Widerspruch abtun mit Hinweis auf ein vormodernes Rechtsverständnis, dem es an Normenhierarchie und Systematik mangelte. Zudem wäre zu fragen, ob man nicht von einem andersartigen Souveränitätsverständnis ausgehen muss, das etwa die Vorstellung geteilter Souveränität vorsieht.[71] Allerdings findet sich der entsprechende Vorwurf der

69 Protest tegens d'Engelsche von Generaldirektor Arent Jacobsz: van Amersfort, dd. 18.07.1640, NA, OWIC 13. Siehe auch die Anweisung durch die Gecommitteerden der Heeren XIX, dd. 16.12.1639, OWIC 8, Amersfort solle sich bemühen, gegen die englische Kompanie »het recht vande Compa: over al wel te bewaeren, ende stuyten alle feytelyckheyt naer vermogen ende eysch van saecken«. – Bei einer ähnlichen Auseinandersetzung im Jahr 1633 erfolgte noch keine Bezugnahme auf diesen Vertrag oder die Frage von Rechten allgemein; vgl. Brief von Jan Jochen Sticker, dd. 03.02.1634, OWIC 11.

70 Vertoog of Deductie [ca. 1659], in: Jonge (Hrsg.), Oorsprong, S. 65; Brief Valckenburghs an Stoaks, dd. 12.09.1663, TNA, CO 1/17, fol. 198v.

71 Ein solches Konzept vertrat z.B. Grotius gegen Bodin; siehe dazu Borschberg, Grotius, S. 115–135. – Die WIC hätte insofern auf den unten zitierten Vorwurf mit einem Verweis auf differierende Souveränitätskonzeptionen antworten können – was sie aber nicht tat.

Widersprüchlichkeit bereits zeitgenössisch, so etwa 1665 in einer dänischen Protestschrift:

> »Aber wie reimt sich dies miteinander, dass die Westindische Compagnie diese Superiorität über die ganze Guineaküste von den Portugiesen geerbt und auch zugleich von den Oberhäuptern in Guinea gekauft haben soll? Sind es nicht solche Widersprüchlichkeiten, die man in einer zweifelhaften [wörtlich: baufälligen] Sache zu gebrauchen pflegt?«[72]

Mindestens ein Ideal der Systematik und Konsistenz war also verfügbar, eine logische Kritik von Rechtsargumentationen möglich. Es gab offensichtlich nicht nur eine Vielzahl zum Teil konkurrierender Normen, sondern auch verschiedene Umgangsweisen mit Normen, derer man sich bedienen konnte.

Die *logische Kritik* war jedoch nicht das einzige Register, das die Kontrahenten der WIC zogen: Auf einer anderen, wenn man so will: der *historisch-faktischen Ebene* setzte man beispielsweise an, indem man die früheren portugiesischen Rechte über Guinea anzweifelte, die vermittels des Eroberungstitels die indirekte Grundlage für die niederländischen Ansprüche darstellten. Prinzipiell wurde eine Erwerbsmöglichkeit *jure belli* anerkannt, es gelte aber, so wiederum die dänische Kompanie, der Grundsatz *quod nemo plus juris ab alto accipere possit quam is habuit*, d.h., dass man von einem anderen nicht mehr Rechte empfangen kann, als dieser selbst hat.[73] Als Quelle für die Rechtsverhältnisse zur portugiesischen Zeit wurden beispielsweise die *Décadas da Ásia* von João de Barros herangezogen, ein durchaus geschickter Schachzug, da dieses Werk gleichsam als ›offizielle‹ Chronik der frühen portugiesischen Expansion gelten und sein Verfasser auf eigene Erfahrung an der Goldküste zurückblicken konnte.[74]

Des Weiteren suchte man den niederländischen Anspruch an der aktuellen *Lage vor Ort* zu messen. Als Hauptargument wurde angeführt, dass Guinea keineswegs durch Portugiesen oder nunmehr Niederländer regiert werde, sondern durch verschiedene (einheimische) Könige und Prinzen, die

72 *Tegen-Bericht* (1665), S. 31.

73 Ebd., S. 28. Die klassische Formulierung dieses Grundsatzes aus dem *Corpus Iuris Civilis* nach Ulpian, *Ad edictum*, lautet: *Nemo plus iuris ad alium transferre potest, quam ipse haberet* (Digesten 50,17,54); Mommsen/Krüger (Hrsg.), Corpus, Bd. 1, S. 869.

74 Brief des schwedischen Deputierten Silvercrona an die Generalstaaten, dd. 02.[06.?].1661, NA, SG, Loket Kas Zweden 38; auch *Tegen-Bericht* (1665), S. 28f. Die Referenz bezieht sich auf Barros, *Da Asia*, Bd. 1 (1778 [1552]), l. 3, c. 1–2, S. 152–170; dazu Boxer, Barros, Kap. 6.

die absolute Herrschaftsgewalt in ihren jeweiligen Reichen innehätten.[75] In diesem Zusammenhang wurden zudem die regelmäßigen Transfers an afrikanische Eliten, die auch die WIC entrichtete (siehe Teil III), zum Gegenstand kontroverser Interpretation. Für die Gegner der WIC waren sie eindeutig als »Tribut« zu verstehen und damit als Zeichen der rechtlichen Unterordnung auch der WIC unter die Autorität afrikanischer Herrscher. Jene Souveränität, die in der Zahlung von Abgaben bestünde, teilten die Niederländer an der Goldküste, so ironisiert die dänische Protestschrift die Sachlage, mit allen Bauern Europas, die ihrer Obrigkeit die schuldigen Kontributionen entrichteten.[76]

Mit einer späteren Variante der zweigleisigen Argumentation aus den 1680er Jahren, die in Auseinandersetzung mit der brandenburgischen Kompanie vorgebracht wurde, scheint die WIC auf solche Kritikpunkte zu reagieren. So wurde nun stärker der Eroberungstitel in den Vordergrund gerückt und der Anteil der Verträge zum bloßen Anerkennungsakt herabgestuft.[77] Folgerichtig rekurrierte man nicht mehr auf Verträge oder Zessionen, sondern nur noch auf »Vasallitätsakte« (»actens van Vassallage«), durch die die auf die Niederländer »übertragene Herrschaft anerkannt« worden sei.[78] Anders als noch 1656 wird hier den Übereinkünften mit afrikanischen Herrschern der völkerrechtliche Charakter abgesprochen; diese treten nun signifikanterweise nicht mehr in Gestalt von »Königen« auf, sondern überwiegend nur noch als »Oberste« oder »Oberhäupter« (»Overste« oder »Opperhoofden«).

Der von den Kritikern konstatierte Widerspruch wird also nicht mit einer andersartigen Souveränitätsdefinition gekontert, wie man sie vielleicht

75 Brief des schwedischen Deputierten Silvercrona an die Generalstaaten, dd. 02.[06.?].1661, NA, SG, Loket Kas Zweden 38; *Tegen-Bericht* (1665), S. 52 ff.

76 *Tegen-Bericht* (1665), S. 32; siehe auch ebd., S. 50 f. Diese Passage ist charakteristisch für den Stil dieser Schrift insgesamt, der durch Ironie sowie starke Metaphern und Vergleiche geprägt ist.

77 In einem Protest gegen die RAC von Juni 1663 bspw. kommt Valckenburgh sogar allein mit dem Rekurs auf den Eroberungstitel aus, der durch den Zusatz »at a deare rate w[ith] [the] Expence of much treasure, and blood« noch verstärkt wird; Brief Valckenburghs an Selwyn, dd. 11.06.1663, TNA, CO 1/17, fol. 82r–v und fol. 83v. Hier führt er allein niederländisch-portugiesische Verträge zur Absicherung dieses Eroberungstitels an. Im September desselben Jahres vertritt Valckenburgh in Bezug auf Fante hingegen wiederum eine zweigleisige Argumentation über Eroberungs- und Zessionstitel; Brief Valckenburghs an Stoaks, dd. 12.09.1663, ebd., fol. 198r/v.

78 »[...] overgebracht heerschappye geagnosceert & erkent [...]«; Memorie der WIC (Johannes Althusius) für die Generalstaaten, vorgelegt am 27.08.1686, NA, VWIS 1113.

gerade im niederländischen Kontext erwarten könnte. Vielmehr wird er dahin gehend aufgelöst, dass man der afrikanischen Seite nun keinerlei Souveränität mehr zugesteht – dies ist nicht zuletzt praktisch, da so durch Vertragsschlüsse mit afrikanischen Herrschern begründete Rechtsansprüche konkurrierender Parteien von vornherein ausgeschlossen werden können.[79] Auch bei dem ursprünglichen Erwerb der Oberherrschaft und des Eigentums durch die Portugiesen liegt der Fokus der Darstellung deutlich weniger auf der indigenen Seite denn auf den Inbesitznahmeanstrengungen der Portugiesen selbst.[80]

In der Auseinandersetzung mit der BAC in den 1680er Jahren sicherte die WIC ihre Argumentation auch gegen einen weiteren Kritikpunkt ab, der zuvor von englischer und skandinavischer Seite aufgebracht worden war: Wie waren niederländische Souveränitäts- und Exklusivitätsansprüche zu vereinbaren mit dem faktischen Bestehen von Handelsaktivitäten und Niederlassungen anderer Nationen an der Goldküste?[81] Francis Selwyn, Agent der englischen Kompanie, hatte beispielsweise 1663 auf zahlreiche historische Dokumente verwiesen, die die lange ungestörte Tradition englischer Handels- und Schifffahrtsaktivitäten in Guinea belegten, nicht allein auf Patentbriefe, die den verschiedenen Kompanien ausgestellt worden waren, sondern auf die frühen Guineafahrten im 15. und 16. Jahrhundert, die durch Schiffslisten und Journale dokumentiert waren. Zudem hatte Selwyn die eigenen Forts und Niederlassungen in Guinea angeführt und auf diese Weise den niederländisch-portugiesischen Exklusionsanspruch in Abrede gestellt.[82] Als die WIC in den 1680er Jahren gegenüber der BAC

79 So etwa ebd.: »Daerbenevens indien syne C.f:D: sal believen te sustineren, dat de voorn: acte der naturellen aen syn C:f:D: het gepretendeerde recht van opperheerschappye soude geven, soo sullen de voorige actens der naturellen ten behoeve der portugesen, en oock ten overvloede van U Ho:Mo: gepasseert in gelycke termen valide syn, en sy naturellen geconsidereert moeten werden als eenemael van haer selven gedisponeert te hebben, in sulcken voegen dat sy geene verdere dispositie en hebben behouden.«

80 Interessanterweise wird die Gründung Elminas, die sonst als Ankerpunkt für die historische Ableitung dient, hier nicht erwähnt. Allein im Hinblick auf die Jurisdiktionsgewalt sprechen die *bewindhebber* von einem Unterwerfungsakt durch die »Naturellen«.

81 Vgl. bspw. Brief Silvercronas an die Generalstaaten, s. d., gelesen am 31.07.1662, NA, SG, Loket Kas Zweden 38; siehe auch *Reply* (1665), S. 50 (Exemplar TNA, SP 116/332).

82 Antwort Francis Selwyns, Agent der RAC, an Valckenburgh, dd. 14.06.1663; hier nach *Verdere aenteyckeninge* (1666), S. 119ff. Als Quelle könnte Selwyn bspw. die *Principall Navigations* von Richard Hakluyt im Sinne gehabt haben. – Valckenburghs vorangegangener Protest vom 07.06.1663 erregte bei seinem Bekanntwerden

aufs Neue ihre Ansprüche auf Souveränitäts- und exklusive Handelsrechte vertrat, erwähnte man explizit die englischen und dänischen Forts als privilegierte Ausnahmen von dem allgemeinen niederländischen Monopol.[83]

c. Nationale Jurisdiktionsfrage oder völkerrechtlicher Konflikt?

Die Auseinandersetzungen zwischen der WIC und den skandinavischen Kompanien waren auch Auseinandersetzungen um verschiedene Ebenen von Rechtsordnungen. Bewegte man sich im Rahmen nationaler, staatsrechtlicher oder internationaler, völkerrechtlicher Ordnung? Dies hing an einer Frage: Waren die skandinavischen Kompanien wirklich skandinavische Kompanien oder doch ›verkappte‹ niederländische *lorrendraaiers*, d.h. illegale Händler, die gegen das Monopol der WIC verstießen? Je nachdem wie man diese Frage beantwortete, konnte den Konflikten zwischen den Kompanien völkerrechtliche Qualität zugeschrieben oder abgesprochen werden.

In der Tat stammte ein Großteil der Angestellten und Financiers der dänischen und schwedischen Kompanien in der Frühzeit nicht aus den entsprechenden Ländern, sondern aus den Niederlanden.[84] In den Reihen dieser Kompanien fanden sich überdies einige ehemalige Bedienstete der WIC, die teilweise maßgeblich bei der Gründung und dem Aufbau afrikanischer Kontakte beteiligt waren.[85] Die personelle und finanzielle Verflechtung dieser Kompanien mit den Niederlanden war für die WIC Anlass, ihren Konflikt mit diesen Kompanien als interne Angelegenheit zu definieren. Sie bezeichnete daher in allen Streitschriften ihre Gegner beispielsweise als »sogenannte« oder »vermeintliche« Dänen und identifizierte die skandinavischen Kompanien als Unternehmungen niederländischer Untertanen, die sich den Deckmantel eines ausländischen Oktrois beschafft hätten, um das Monopol der WIC zu brechen. Die hierfür Verantwortlichen seien treulose

---

in London offenbar großes Aufsehen. Er wird etwa auch in einem Eintrag bei Pepys erwähnt; PEPYS, Diary, Bd. 5, Eintrag 07.04.1664, S. 115f.

83 Vgl. das Memorandum der WIC (Johannes Althusius) für die Generalstaaten, vorgelegt am 27.08.1686, NA, VWIS 1113, und das Schreiben der Generalstaaten an den Kurfürsten, dd. 07.11.1681, in: UA, Bd. 3, S. 622ff., hier: S. 624.

84 Zu den dänischen Kompanien: KELLENBENZ, Place, bes. S. 189f., und NØRREGARD, Settlements, Kap. 2; zur SAK: NOVAKY, Small Company Trade, der die These einer niederländischen Steuerung der SAK zu widerlegen sucht; dagegen mit Übernahme der zeitgenössischen Wertungen: ELIAS, Contract, S. 370f.

85 Siehe Einleitung, bei Anm. 146.

Verräter an ihrem Vaterland, die allein nach Gewinn strebten und damit dem Wohl der Nation schadeten.[86]

Auf diese Weise konnte die WIC ihr Vorgehen gegen die skandinavischen Kompanien als legitime Maßnahme ausgeben, die sich im Rahmen der ihr übertragenen Jurisdiktionsgewalt bewegte und eine Sanktion für einen Verstoß gegen niederländisches Recht darstellte. So begründete sie beispielsweise ihre Forderung, dass alle niederländischen Untertanen, die im Dienste einer anderen Kompanie nach Guinea gekommen waren, an sie auszuliefern seien. Auch Schiffe, die in den Niederlanden ausgerüstet, eventuell auch nur gebaut worden waren oder aus niederländischen Häfen ausgelaufen waren und nun in ausländischer Kommission fuhren, fielen ihrer Auffassung nach unter das Verbot, wie es im Oktroi und in anderen Erlässen der Generalstaaten formuliert war.[87]

Diese Deutung als innerniederländischer Konflikt, in dem Gewalt seitens der WIC eine Form legitimer Autoritätsausübung darstellt, blieb freilich nicht unwidersprochen. Die Vertreter der skandinavischen Kompanien wiesen die Unterstellung, sie seien bloße niederländische ›Tarnorganisationen‹, als Geringschätzung (»sleghten respect«) und Verleumdung zurück.[88] Sie beriefen sich im Gegenteil auf die jeweilige königliche Privilegierung durch Oktrois und die Beteiligung auch ranghoher schwedischer bzw. dänischer Investoren, um den internationalen Charakter des Konflikts herauszustellen.[89] In einigen Fällen musste die WIC dann, nach längeren diplomatischen Auseinandersetzungen, in der Tat Schadensersatz leisten und die gekaperten Schiffe restituieren.[90]

---

86 Vgl. bspw. *Remonstrantie* (1664) und *Doleantie* (1664); auch Valckenburgh, Vertoog of Deductie [ca. 1659], in: Jonge (Hrsg.), Oorsprong, S. 51–54.

87 *Remonstrantie* (1664), S. 24f.; *Doleantie* (1664). – Erstmals in einem Erlass der Generalstaaten von 1611; Placaet, verbiedende in Zee te gaen op Commissie van vreemde Princen, dd. 12.05.1611, in: Cau (Hrsg.), *Placaatboek*, Teil I (1658), Sp. 968–971. Dieser Erlass wurde aus aktuellem Anlass regelmäßig wiederholt, teilweise allgemein, teilweise geografisch spezifiziert. Siehe u. a. die Placaten vom 06. und 17.03.1656, in: ebd., Teil II (1664), Sp. 301–304, und das Placaat vom 29.01.1675, in: ebd., Teil III (1683), S. 245. Der letztgenannte Erlass von 1675 griff eine Bestimmung des Artikelbriefs der VOC auf und verschärfte das Verbot nochmals: Niemand, der in den Diensten der WIC gestanden hätte, könne von dieser Strafe befreit werden, auch nicht durch Veränderung des Wohnorts o. Ä.

88 *Tegen-Bericht* (1665), S. 5; siehe auch den Brief Frederiks III., dd. 19.09.1661, im *Klagh-Brief* (1661) mit der Klage, über den »groot disrespect«, der der königlichen Flagge, dem Oktroi sowie den Seepässen widerfahren sei.

89 *Klagh-Brief* (1661); *Tegen-Bericht* (1665), S. 62ff.

90 Siehe z. B. den Fall des Schiffs Christina (SAK); dazu Paesie, Lorrendrayen, S. 30.

Auf erste Klagen durch den dänischen Residenten Petrus Charisius hin verfügten die Generalstaaten in einem Beschluss vom November 1661, der niederländische Generaldirektor in Guinea, Jasper von Heussen, solle den Untertanen des dänischen Königs, die direkt aus den unter seiner Hoheit stehenden Häfen kämen, in aller Freundschaft begegnen.[91] Dieser Beschluss klingt vordergründig wie ein Entgegenkommen, ist jedoch vor allem im Hinblick auf die damit gegebenen Ausschlussmöglichkeiten zu lesen. Die *bewindhebber* der WIC konnten weiterhin die Beschlagnahmung von Schiffen mit dänischer Kommission damit begründen, dass sie in den Niederlanden bzw. von Niederländern ausgerüstet und/oder mit niederländischen Seeleuten bemannt seien.[92] Diese Schiffe der »vermeintlichen Dänen« wurden weiterhin als *lorrendraaiers*, als Monopolbrecher, definiert und behandelt.[93] Entsprechend erklärte der dänische König Frederik III. bereits im Dezember 1661, die Resolution vom November biete wenig Sicherheit, und forderte eine strikte Anweisung an van Heussen, sämtliche Schiffe und Forts der dänischen Kompanie in Frieden zu lassen.[94]

Der König widersprach damit wiederum der niederländischen Deutung der Auseinandersetzung als interner Konflikt – und die Tatsache, dass er sich selbst in die Diskussion einmischte, war zugleich eine performative Demonstration ihrer internationalen, völkerrechtlichen Qualität. Ähnliches galt für den Einsatz der jeweiligen Residenten in Den Haag und Sonderbotschafter – die diplomatische Intervention in den Konflikt zwischen den Handelskompanien stellt sich hier nicht als bürokratischer Automatismus, sondern auch als symbolische Ressource dar.

Die Frage nach den Grenzen nationaler Jurisdiktion hing eng zusammen mit der Frage, wie man jeweils »Untertanenschaft« definierte. So beriefen sich Dänen und Kurländer auf den aktuellen Wohnort ihrer Angestellten niederländischen Ursprungs und deren Dienstverhältnis, um sie als dänische bzw. kurländische Untertanen zu definieren.[95] Wichtig waren dabei

91 Resolution der Generalstaaten vom 16.11.1661 (hier nach NA, SG, Loket Kas Zweden 38). Dazu Nørregard, Settlements, S. 24 ff.

92 So *Remonstrantie* (1664), S. 26 ff., in Bezug auf die Schiffe *St. Martin*, *de Liefde*, *Frederick* (Fredericus Tertius) und *Postillon van Venetien* (*Courier van Venetien*) sowie das Transportschiff *Wapen van Gluckstadt*. Vgl. dazu auch Nørregard, Settlements, S. 24 f.

93 *Remonstrantie* (1664), S. 32, ähnlich S. 23 f. – Zum Umgang mit solchen Schmugglern vgl. Paesie, Lorrendrayen, und Ribeiro da Silva, Vessels.

94 Vgl. das Schreiben von Frederik III. an die Generalstaaten, dd. 14.12.1661, abgedruckt im *Klagh-Vervolgh* (1662), und die Briefe von Charisius ebd.

95 *Tegen-Bericht* (1665), S. 20 (in Bezug auf Gerard Bremer, den die WIC zuvor in ihrer *Remonstrantie*, S. 10, als niederländischen Untertan reklamiert hatte); Antwort von Willem Molens, Kapitän der *Walfisch*, und Jan Brant an Jacob Ruycha-

vor allem die familiären Verhältnisse. So galt der Wohnsitz von Frau und Kindern in einem Land als Zeichen für eine dauerhafte Niederlassung und als Argument dafür, dass der zugehörige Ehemann Untertan dieses Landes war.[96] Die niederländische Kompanie teilte diese Definition im Grunde. Zwar reklamierte Generaldirektor Ruychaver gegenüber einem kurländischen Kapitän anfangs sämtliche Seeleute, die einst in niederländischen Diensten gestanden hätten, für sich, in der Folge konzentrierte er sich aber auf jene, die – seinen Angaben nach – in den Niederlanden wohnten.[97] Auch in anderen Rechtsstreitigkeiten, beispielsweise in einem Fall, in dem es um die Beschlagnahmung eines Schiffs ging, das von in den Niederlanden lebenden Kaufleuten englischer Herkunft ausgerüstet worden war, wurde Untertanenschaft von niederländischer Seite über den Wohnort (im Zweifel gegen den Herkunftsort) bestimmt.[98]

---

ver, dd. 10.03.1652, NA, OWIC 13; und Brief Jan Brants an Ruychaver, dd. 10.03.1652, ebd. Zuvor hatte Ruychaver behauptet, Brant habe seinen Wohnsitz in den Niederlanden und sei daher niederländischer Untertan. Molens und Brant hingegen widersprachen und erklärten, er wohne seit anderthalb Jahren in Kurland. Brant hatte zuvor für die WIC gearbeitet und war Ruychaver aus dieser Zeit bekannt.

96 Dieses Kriterium wird u.a. in der Resolution der Generalstaaten vom 16.08.1632 angeführt, abgedruckt in Missive der *bewindhebber*, dd. 03.06.1688, gedruckt, S. 12ff., NA, VWIS 1166; es wird ebenfalls genutzt von Jan Brant in seinem Brief an Ruychaver, dd. 10.03.1652, NA, OWIC 13, und in der Auseinandersetzung zwischen Arent Gabbesen (nun SAK) und dem niederländischen Generaldirektor van der Wel; Ratelband (Hrsg.), Dagregisters, S. 213f. (Eintrag vom 06.08. 1646). – Holenstein, Art. Untertan, Sp. 1097, zufolge wurde die Untertanenschaft für Staatsrechtler stillschweigend durch Niederlassung oder längeren Aufenthalt im Land bezeugt. Im *Zedler* wird zwischen dem »bloßen Aufenthalt« und einem »häuslichen Niederlassen« unterschieden, nur Letzteres mache Untertanenschaft aus; Art. Unterthan, in: Zedler, *Universal-Lexicon*, Bd. 49 (1746), Sp. 2253–2282. Man könne durch zwei verschiedene Wohnstätten auch verschiedener Herren Untertan sein und eine doppelte Gerichtsbarkeit über sich anerkennen.

97 Brief von Jacob Ruychaver an die »Oberhäupter« des Schiffs *Walfisch*, dd. 09.03. 1652, NA, OWIC 13; Brief dess. an Willem Molens, Kapitän der *Walfisch*, dd. 10. 03.1652, ebd.

98 Die Kaufleute hätten ihren Wohnsitz in Amsterdam und seien daher »onderdanen van desen staat«; Brief der Heeren X an die Generalstaaten, dd. 07.12.1702, NA, TWIC 450. Die Beschlagnahmung selbst lag zu diesem Zeitpunkt (1702), als die Heeren X auf Bitten der Generalstaaten zu einer entsprechenden Klage des englischen Gesandten Stanhope Stellung nahmen, bereits einige Jahre zurück. – Am 08.10.1698 war das Schiff *Neptunus* vor Elmina aufgebracht worden. Die Affäre zog sich noch einige Zeit hin; siehe auch den Brief der Heeren X an die

Die Gesetzeslage in den Niederlanden wurde im Laufe der Zeit jedoch verschärft und von der Frage der Untertanenschaft teilweise abgekoppelt. 1689 verfügte ein Erlass der Generalstaaten auch für die WIC, was für die VOC schon länger galt: Wer einmal im Dienst der Kompanie gestanden hatte, dem wurde grundsätzlich verboten, in fremde Dienste zu treten – und zwar unabhängig von seiner Herkunft und von einer möglichen Veränderung seines Wohnorts.[99] In dieser verschärften Regelung scheint meines Erachtens wiederum *ex negativo* auf, dass die übliche Praxis die Untertanenschaft an den Wohnort koppelte, allerdings an den der gesamten Familie. Sofern Ehefrau und Kinder in den Niederlanden lebten, wurde dies sowohl diskursiv wie praktisch als Argument für niederländische Untertanenschaft gewertet, unter anderem drohte man, die Familie als Geiseln zu behandeln. Letztlich existierte also eine weitgehend geteilte Definition von Untertanenschaft.

Diese Diskussion um die skandinavischen Kompanien macht exemplarisch deutlich, dass ein völkerrechtlicher Charakter der Handelskompanien keine Selbstverständlichkeit, sondern diskursiv herzustellen war. Eine wesentliche Rolle spielte dabei die Inanspruchnahme der offiziellen diplomatischen Kanäle. Diese erhielten im untersuchten Fall eine über das Instrumentelle hinausgehende symbolische Bedeutung, indem sie gleichsam den internationalen Charakter des Konflikts dar- und herstellten.

d. Brauch versus Naturrecht. Oder: Als Grotius die Seiten wechselte

Die niederländische Kompanie beanspruchte in Westafrika nicht allein Besitz- und Souveränitätsrechte, sondern auch das exklusive Recht auf Handel und Schifffahrt. Damit handelte sie sich Streitfragen ein, die in dieser Zeit intensiv debattiert wurden, an vorderster Stelle die Frage, inwiefern Meere oder Seewege überhaupt in Besitz genommen werden können. Diese Frage konnte zudem mit der Diskussion um den Rechtsstatus außereuropäischer Gebiete verbunden werden.[100]

Um ihren Anspruch auf Schifffahrtsmonopol und Meereshoheit zu rechtfertigen, zog die WIC – gut römischrechtlich – zunächst das Prinzip der

---

Generalstaaten, dd. 24.11.1705, ebd. Zu den Daten der Reise vgl. Slave Voyages Database, no. 24358.

99 Plakat, dd. 08.04.1689, in: Cau (Hrsg.), *Placaatboek*, Teil IV (1705), S. 209.

100 Überblick bei Bederman, Sea, bes. S. 363–369; siehe auch Ittersum, *Mare Liberum*; Vieira, Mare Liberum.

Ersitzung bzw. Präskription heran.[101] Den Ausgangspunkt der Argumentation stellten – wie bei der Souveränität – wiederum die Portugiesen dar, deren Anspruch auf exklusives Handelsrecht in Guinea über die ungestörte Ausübung und Anerkennung durch alle (europäischen) Nationen (bzw. das Fehlen von deren Protest) legitimiert gewesen sei.[102] Wie oben für die Frage von Eigentums- und Souveränitätsrechten demonstriert, handelte es sich hierbei erneut um eine strategische Rechtsaneignung: Dass exklusive Schifffahrt und Handel ursprünglich über päpstliche Bullen legitimiert worden waren, wurde ebenso ausgeblendet wie die Tatsache, dass die Portugiesen ihr prätendiertes Exklusivrecht keineswegs ungestört und unwidersprochen ausgeübt hatten.

Sekundierend berief sich die WIC darauf, dass die Praxis europäischer Mächte in Außereuropa gewohnheitsrechtlich bestimmt sei. So stützte sie sich beispielsweise »auf den Grundsatz des ausschließenden Genusses [jouissance] erfolgter Eroberungen, der in Ost- und Westindien der Gewohnheit nach durch alle Fürsten und Potentaten in Europa beachtet wird«[103]. Eine rechtliche Differenz zwischen Europa und Außereuropa postulierte sie explizit im Hinblick auf die Geltung von Handelsverträgen: Wenn in solchen Verträgen von dem »freien Handel«, der den Untertanen des jeweils anderen im eigenen Land zugestanden wird, gesprochen werde, so beziehe sich dies ausschließlich auf die in Europa gelegenen Orte. Nach dem »Brauch der Länder West- und Ostindiens« (»practijcque in den Landen van West ende Oost Indien«) hingegen sei niemand gehalten, jemand anderen an den Orten handeln zu lassen, die ihm »im Besonderen zukommen« (»in het Particulier toekomen«); Letzteres wird nicht näher definiert.[104]

Die WIC musste, zum Teil auch aufgrund mangelnder Unterstützung und Rückendeckung durch die Generalstaaten,[105] ihre Monopol- und Exklu-

101 Vgl. Finkenauer, Art. Ersitzung; kritische Diskussion bei Schätzel, Recht, S. 44ff. et pass.

102 Siehe bspw. Memorie der WIC (Johannes Althusius) für die Generalstaaten, s. d., vorgelegt am 27.08.1686, NA, VWIS 1113.

103 »[...] op het fondement vande privative Jouissance / vande gedane Conquesten, inde Oost ende Westind: volgens practique by alle Princen en Potentaten in Europa geobserveert.« Ebd.; ähnlich u.a. *Remonstrantie*, S. 17ff., und Brief Fagels an Amerongen, dd. 02.12.1681, in: UA, Bd. 3, S. 634–638, hier: S. 638.

104 *Remonstrantie* (1664), S. 17f., auch mit Berufung auf Resolutien vom 16.11.1661 und 10.01.1662.

105 So hatten sich die Generalstaaten 1664 im aufgeheizten diplomatischen Kontext von Valckenburghs Monopol- und Souveränitätsanspruch über Guinea distanziert (so z.B. im Brief Valckenburghs an Selwyn, dd. 11.06.1663, TNA, CO 1/17), allerdings nicht in eindeutiger Weise: Sie erklärten recht allgemein, dass sie keineswegs geneigt seien, die »Einwohner dieses Landes zu schützen bei irgend-

sivitätsansprüche zunehmend einschränken. Eine Resolution der Generalstaaten vom 30. Dezember 1680[106] reagierte etwa auf brandenburgische Klagen, indem sie zumindest für ausländische Kaufleute und Kompanien von einem exklusiven Schifffahrts- und Handelsrecht im Oktroigebiet der WIC allgemein Abstand nahm (nicht aber für die Einwohner der Niederlande). Somit wurde der Anspruch vom völkerrechtlichen Titel nun wieder auf ein nationales Monopol zurückgeschraubt.[107] Hinsichtlich solcher Plätze im Oktroigebiet, die der WIC als Eigentum zugehörten, verteidigten die Generalstaaten den Anspruch auf ein Schifffahrts- und Handelsmonopol aber auch gegenüber Ausländern.[108] Diejenigen, die dort Schiff-

---

einem Unrecht [verongelijckinge], das durch dieselben gegen die englische Nation begangen würde [...], und noch weniger in unbegründeten Ansprüchen auf Herrschaft [dominie] und Verbot von Handel gegen das Recht der Völker«. Sie deklarierten die von Valckenburgh formulierten Ansprüche jedoch an keiner Stelle explizit als unbegründet und völkerrechtswidrig, auch wenn ein wohlwollender Leser den Tenor der Entscheidung so verstehen mochte. Auszug aus dem Register der Resolutionen der Generalstaaten, dd. 09.10.1664, abgedruckt in: Aitzema, *Saken*, Bd. 5 (1670), Buch 44, S. 99–101. Downing war allerdings nicht geneigt, dieser Lesart zu folgen. Er zeigte sich in einer Stellungnahme vom April 1665 vielmehr empört darüber, dass die Generalstaaten lediglich festgestellt hatten, dass Valckenburgh keineswegs explizit den Abzug der Engländer und aller anderen Nationen aus Guinea gefordert habe. Seines Erachtens war bereits die Erhebung eines solchen Anspruchs »a great injury« und ein stichhaltiger Klagegrund; *Reply* (1665), S. 50f.

106 Auf diese Resolution beriefen sich die *bewindhebber* der WIC u.a. in ihrer Denkschrift für die Generalstaaten vom August 1686 und in einem weiteren Brief vom Juni 1688; vgl. Memorie der WIC (Johannes Althusius) für die Generalstaaten, s. d., vorgelegt am 27.08.1686, NA, VWIS 1113, und Missive der *bewindhebber* der WIC an die Generalstaaten, dd. 03.06.1688, gedruckt, NA, VWIS 1166. – Ihr war eine Resolution der Staaten von Holland und Westfriesland vorangegangen, der deutlicher den Anspruch der WIC auf »alle Plätze« an der Guineaküste formuliert hatte; abgedruckt in UA, Bd. 3, S. 586.

107 Das Oktroi konnte, wie auch in der Resolution erwähnt (siehe folgende Anm.), als positives Recht nur für niederländische Untertanen gelten. Allerdings argumentierten die WIC und die Generalstaaten gerne, dass ausländische Untertanen bezüglich der Fahrt und des Handels in Guinea nicht bessergestellt sein dürften als die eigenen Untertanen, und machten auf diese Weise das Oktroi indirekt zu einem völkerrechtlichen Argument; vgl. u.a. Brief der Heeren X an die Generalstaaten, dd. 07.12.1702, NA, TWIC 450.

108 Diese Einschränkung erfolgte in Reaktion auf entsprechende Nachfragen von Friedrich Wilhelm bzgl. einer Resolution vom 16.11.1680; vgl. das Memorial für den niederländischen Botschafter Amerongen vom November 1680, in: UA, Bd. 21, S. 30; siehe auch Brief Amerongens an den Griffier der Generalstaaten, dd. 01.12.1680, in: UA, Bd. 3, S. 599f., dort auch eine Zusammenfassung der

fahrt und Handel betrieben, sollten »mit der größten Härte« (»met de uytterste vigeur«) bestraft werden; die Definition dieser Plätze blieb dabei freilich weiterhin strittig. Zur Legitimation beriefen sich die Generalstaaten wiederum auf das allgemeine Beispiel aller anderen Könige und Fürsten: Ebenso handele Frankreich in den Teilen Westindiens, die dem französischen König gehörten, Spanien, England und Portugal in den Regionen Ost- und Westindiens, über die sie herrschten, und schließlich Dänemark in Island, das sogar in Europa liege und unter der Herrschaft des dänischen Königs stehe.[109]

Bei allen Veränderungen setzten sowohl die WIC als auch die Generalstaaten zweierlei allgemein voraus: zum einen die grundsätzliche Möglichkeit, die Schifffahrt und den Zugang zur See zu regulieren; zum anderen die Geltung eines Gewohnheitsrechts mit partikularem Charakter, also die Annahme einer rechtlichen Differenz zwischen Europa und Außereuropa. Beide Annahmen wurden von Konkurrenten und Gegnern der WIC jedoch in Frage gestellt.

Einem weitsichtigen und langlebigen Zeitgenossen mochte diese Situation bekannt vorkommen, hatte es doch im 16. und frühen 17. Jahrhundert eine ähnliche Auseinandersetzung mit anderer Rollenverteilung gegeben. Damals waren es Spanien und Portugal gewesen, die ihre Monopolansprüche in Ost- und Westindien behauptet hatten, während sich die Niederlande auf der Seite der Monopolgegner und Befürworter der Freiheit der Meere wiedergefunden hatten. Die Diskussion zwischen der WIC und ihren Konkurrenten aus England, Skandinavien, Brandenburg usf. in der zweiten Hälfte des 17. Jahrhunderts stellt sich gewissermaßen als ein Echo der Auseinandersetzungen dar, die zuvor um die iberischen Ansprüche geführt worden waren.[110]

Resolution vom 16.11.1680, S. 596ff. Mit der eingeschränkten Resolution vom 13.12.1680 war der Kurfürst schließlich zufrieden, so der Brief Amerongens an der Griffier der Generalstaaten, dd. 05.01.1681, ebd., S. 600.

109 Resolution der Generalstaaten, dd. 30.12.1680, hier nach Missive der *bewindhebber* der WIC, dd. 03.06.1688, gedruckt, Beilage D, S. 16f., NA, VWIS 1166. Ähnlich auch das Schreiben der Generalstaaten an Kurfürst Friedrich Wilhelm, dd. 07.11.1681, in: UA, Bd. 3, S. 622ff.

110 Vergleichbar auch die englisch-niederländischen Auseinandersetzungen bzgl. Ostindiens, insbes. die Rechtsargumentationen bei den »Kolonialkonferenzen« von 1613 und 1615, bei denen Hugo Grotius zeitweise als Delegierter fungierte, bei denen es aber die englische Seite war, die sich auf Grotius' *Mare Liberum* berief; siehe dazu CLARK/EYSINGA, Conferences, und kurz auch WEINDL, *Mare liberum*, S. 141ff., die allen Beteiligten in der Diskussion um Meeresfreiheit eine »pronounced flexibility in their line of arguments« attestiert (S. 140).

Auf diese Diskussion und ihre prominenten Stichwortgeber konnte nun in der Auseinandersetzung mit den niederländischen Ansprüchen in Westafrika zurückgegriffen werden. So argumentierte beispielsweise die BAC in einem Pamphlet 1686/87 klassisch naturrechtlich und leitete aus dem Schöpfungswerk Gottes mit seiner ungleichmäßigen Güterverteilung ab, dass »ein jeder Mensch von Natur aus das Recht hat, in alle Gegenden zu fahren«[111]. Hinter diesen Worten verbirgt sich eine Paraphrase der eröffnenden Passage aus Grotius' *Mare Liberum*, das im Weiteren ausgiebig auch explizit zitiert wird.[112] Im Weiteren denunzierte die BAC, ausdrücklich gestützt auf die Autorität Grotius', das Vorgehen und die Ansprüche der WIC als natur- und völkerrechtswidrig: Sie hindere brandenburgische Schiffe durch Beschlagnahmen und Blockaden an der freien Fahrt nach Guinea und sabotiere den Handel an der Goldküste, indem sie die »Naturellen« gegen die Brandenburger aufhetze. Wie es in der Zeit typisch war, wurde dies noch bekräftigt durch eine Schilderung der unmenschlichen, geradezu barbarischen Grausamkeiten, die sich die Niederländer hätten zuschulden kommen lassen.[113]

---

111 »[...] dat een yder Mensch van natuyr recht heeft om te varen op all by de Gewesten.« *Deductie* [1686/87], S. 1. Vgl. auch die Resolution des Kurfürsten, dd. 10.11./10.12.1680, in: UA, Bd. 21, S. 30ff.: »Die Freiheit der Schiffahrt und Handlung in der offenbaren See mit deren accolis ist in der Natur und aller Völker Recht fundiert und von den Gen.-Staaten selbst und ihren verständigsten und gelehrtesten Bedienten in Schriften und Büchern behauptet und in der Tat selbst glücklich exerziert worden. Die Kontinuation solchs Segens und glücklicher Sukzesse wird von Gott am meisten zu hoffen sein, wenn man seinem Nächsten auch ein Stücklein und Teil davon gönnt und sich nicht unterfängt, alles, was Gott und die Natur gemein gemacht, an sich allein zu ziehen.«

112 Grotius, Mare Liberum (1609), cap. 1, S. 1f. (Faks.) bzw. S. 25/27 (Übers.); er bezieht sich dabei auf entsprechende Positionen des römischen Rechts und der spanischen Spätscholastik, insbes. auf diejenige Vitorias zur Handelsfreiheit (*ius communicandi* und *ius commerciandi*); siehe Victoria, De Indis (1532), III, 1–8, S. 92–103. Grotius stimmt Vitoria u.a. dahin gehend zu, dass die Verletzung der Handels- und Navigationsfreiheit der Spanier durch die »Indianer« einen besseren Titel für die Rechtfertigung der Eroberung geliefert hätte als diejenigen Titel, die tatsächlich angeführt wurden. Die Verletzung eines Naturrechts stellt für Grotius also einen gerechten Kriegsgrund dar; Grotius, Mare Liberum (1609), cap. 1, S. 3 (Faks.) und S. 29 (Übers.). Vgl. auch Borschberg, Theory, S. 35ff.

113 Vgl. u.a. *Reply* (1665), S. 85f. (Exemplar TNA, SP 116/332); *Tegen-Bericht* (1665), S. 24f., als Vorwurf gegen die Engländer im *Brief Valckenburgh* [dd. 04.10.1664]

Dass Hugo Grotius wohl die meistzitierte Autorität in diesen Auseinandersetzungen war, spiegelt einerseits die allgemeine Bedeutung und Prominenz seiner Werke wider. Andererseits spielt auch die Tatsache eine Rolle, dass es eine besondere Würze hatte, gegen eine niederländische Handelskompanie Argumente einzusetzen, die einst im Auftrag einer anderen niederländischen Handelskompanie entwickelt worden waren. So fügte die BAC im zitierten Pamphlet nach einer *Mare-Liberum*-Referenz einen expliziten Seitenhieb ein: »Dieser Grundsätze haben sich der Staat und die genannte niederländische West-Indische Compagnie früher auch sehr nutzbringend und energisch gegen andere Nationen zu bedienen gewusst.«[114] In die gleiche Kerbe schlug auch George Downing, Botschafter von Charles II in Den Haag, kurz vor Ausbruch des zweiten niederländisch-englischen Seekriegs.[115]

Noch perfider setzte eine dänische Streitschrift Grotius-Referenzen ein, allerdings nicht in der Frage der Meeresfreiheit, sondern in jener der Souveränität über Guinea: Eingangs wird leicht spöttisch bemerkt, man wolle der WIC, da sie es ja durch die lange Zeit vergessen haben könne, Grotius ins Gedächtnis rufen. Darauf folgt (scheinbar) ein Zitat aus *Mare Liberum*, das den Herrschaftsanspruch über Guinea mit dem Argument widerlegt, Guinea habe selbst Herrscher, Gemeinwesen und Gesetze und die Niederländer seien nur geduldete, abgabenpflichtige Händler unter anderen. Bei näherem Hinsehen entpuppt sich das Zitat jedoch als verfälscht und abgewandelt: Bei Grotius geht es keineswegs um Guinea, sondern um die Molukken und andere ostindische Inseln. Die dänischen Autoren vertauschen schlichtweg die geografischen Bezeichnungen und erzeugen so den Eindruck, Grotius

(1665). – Teilweise kann man Anklänge an die *leyenda negra* vermuten; zu solchen Transfers, auch innerhalb der Niederlande, siehe SCHMIDT, Innocence, u.a. S. 275ff. Durch die Darstellung der »Barbarei« von Europäern in Außereuropa werden zudem übliche Grenzziehungen im Dienst der Polemik in Frage gestellt.

114 »Van welcke fundamenten den Staet ende de voorsz: Nederlandtsche West-Indische Compagnie sich voor desen oock seer nuttelijck en krachtigh tegens andere Natien weten te bedienen.« *Deductie* [1686/87], S. 2.

115 »[...] for that, ›say they‹, *The Sea is open to all the World*, It may not be amiss to mark that however they plead so much for *the Seas being free* in these parts, yet that the contrary is practised where the people of this Country have the power: witness the late Declaration of the *Dutch* East-India Company [...] wherein they claim a whole great Sea to themselves, And witness the usage of the West-India Company at *Cape Blanco* upon the Coast of *Africa*, where they will not suffer any Nation to fish in the open Sea without their permission [...]«; *Reply* (1665), S. 94 [Kursivierung folgt dem Original; C. B.].

selbst habe sich zu Guinea und den niederländischen Ansprüchen geäußert.[116]

Besonders genüsslich wies der portugiesische Botschafter Diego de Mendoça 1727 auf Grotius' Ausführungen zur Freiheit der Meere hin:

> »Es gibt keinen Potentaten, dem es weniger gut anstehen würde als der [niederländischen] Republik & dann erst recht einer privaten Kompanie [Compagnie particuliere], eine solche Herrschaft über das Meer aufzurichten, nach all dem, was das Orakel des Rechts der Republik, der hochgelehrte Grotius in seinem *Mare Liberum*, über dieses Thema geschrieben hat. Außerdem ist es, wie die Natur uns sagt, Unrecht & es heißt handeln gegen die Gesetze der Menschheit, wenn man nicht allen Menschen & insbesondere unseren Freunden die urzeitliche & ursprüngliche Gemeinschaft der Dinge lässt, die allen gemein sind, Dinge, die sich selbst dem gesamten menschlichen Wesen anbieten, Dinge, die vollkommen für die unterschiedlichen Bedürfnisse eines jeden ausreichen, Dinge, deren Gebrauch durch meinen Nachbarn keinerlei Einbuße für mich in meinem Gebrauch bedeutet.«[117]

Wenig überraschend (und ganz im Sinne Grotius') beschließt Mendoça den Absatz mit einem Cicero-Zitat zu den *res communes.*[118] Im Weiteren wendet er den Piraterievorwurf, den Grotius gegen die Portugiesen in Ostindien erhoben hatte und der eine zentrale Waffe im rechtlichen Arsenal der Zeit darstellte, gegen die WIC: Zwar gebe diese ihr Gewalthandeln, insbesondere das Kapern und Beschlagnahmen von Schiffen, als legitim aus, in

---

116 Wo es in *Mare Liberum* heißt: *Habent insulæ istæ quas dicimus et semper habuerunt suos reges, suam rempublicam, suas leges, sua iura; Lusitanis mercatus, ut aliis gentibus conceditur* [...], liest man im *Tegen-Bericht*: *Guinea & caeterae adjacentes Provinciae, suos habent Reges, suam Rempublicam, suas Leges sua Jura. Hollandis mercatus, ut aliis gentibus, conceditur* [...]; *Tegen-Bericht,* S. 31, Grotius, Mare Liberum (1609), cap. 2, S. 5 (Faks.) und S. 33 (Übers.).

117 »Il n'y a aucun Potentat à qui il conviendroit moins qu'à la République, & *à majori ad minus,* à une Compagnie particuliere, de vouloir établir un tel Domaine sur la Mer, après tout ce qu'à écrit sur ce sujet l'Oracle des Droits de la République, le savant Grotius dans son *Mare liberum.* Outre que la Nature nous dit, qu'il y auroit de l'Injustice, & que ce seroit agir contre les lois de l'Humanité de ne pas laisser à tous les hommes & particulierement à nos amis la communauté primitive & originaire de choses qui sont impuisables à tous égards, de choses qui s'offrent d'elles-mêmes à tout le Genie Humain, de choses qui suffisent abondamment à tous les differens besoins d'un chacun, de choses dont l'usage qu'en fait mon voisin ne porte aucun préjudice à l'usage que j'en puis faire moi-même.« *Examen* (1727), S. 44f. [Kursivierung folgt dem Original; C. B.] (Exemplar NA, VWIS 1166).

118 Ebd.; vgl. Grotius, Mare Liberum (1609), cap. 5, S. 19f. und S. 30 (Faks.) bzw. S. 61/63 und S. 83 (Übers.).

Wirklichkeit aber verstoße sie gegen Völker- und Naturrecht und komme damit letztlich einer Piratenbande gleich.[119]

Wenn sich die Gegner der WIC auf die Grotius'sche Position zur Meeresfreiheit stützen, so kommt dies auf *symbolischer* Ebene dem Versuch gleich, die Position der WIC und der Generalstaaten in Rechtsfragen als inkonsistent zu erweisen – was sie auch war, vermutlich allerdings nicht mehr und nicht weniger als die ihrer Kontrahenten. *Inhaltlich* setzte man so dem Postulat eines partikularen Gewohnheitsrechts universelle, naturrechtlich begründete Prinzipien und Normen entgegen. Wo die WIC versuchte, Westafrika als Kolonie mit besonderem Rechtsstatus auszuweisen, also von Rechtsungleichheit ausging, arbeitete die Gegenseite mit Annahmen fundamentaler Rechtsgleichheit zwischen Europa und Außereuropa. Am schärfsten wurden diese wohl von dem englischen Botschafter Downing formuliert, der in einem Konzept vom August 1664 die grundsätzliche Gleichheit europäischer und außereuropäischer Rechtsräume postulierte, insbesondere im Hinblick auf freien Handel und freie Schifffahrt.[120] Später warnte er, in einer Umkehrung der Gleichheitsmaxime, davor, dass künftig christliche Könige wie jene in den Indien behandelt werden könnten (ihnen also ebenfalls Souveränität abgesprochen werden könnte), und stellte auf diese Weise die ungleiche Rechtspraxis an den Pranger.[121]

Die WIC ließ sich erst spät auf die naturrechtliche Argumentation ihrer Gegner ein und blieb während des 17. Jahrhunderts weitgehend bei ihrer gewohnheitsrechtlich begründeten Position. 1705 aber rekurrierte sie dann zur Verteidigung ihrer Monopolansprüche auf ein zweistufiges Rechtskonzept, in dem Natur- und Völkerrecht getrennt wurden.[122] Damit konnte

119 *Examen* (1727), S. 46. Einen Piratenvergleich hatte auch schon die dänische Kompanie 1665 herangezogen; siehe *Tegen-Bericht* (1665), S. 3 und S. 20. – Zur Figur des Piraten vgl. Kempe, Fluch.

120 Brief George Downings an die Generalstaaten mit Konzeptentwurf, dd. 25.08. 1664 (OS?), TNA, SP 84/171. Der Entwurf bezieht sich sowohl auf den Indischen Ozean als auch auf den atlantischen Raum. Downing fordert u.a. nochmals die formelle Rücknahme des 1663 erhobenen Anspruchs auf Guinea: »That a certain Remonstrance or Protest emitted by one Valckenbergh in [the] year 1663 in the Name of the Estates Generall & of the Dutch West Indie Comp:, clayming the whole gold Coast of Guinea be recalled & declared voyd & Null, & the like done to another of the like Nature lated emitted by these of the Dutch East India Comp:.«

121 In einer Stellungnahme vom 07.04.1665; siehe *Reply* (1665), S. 23.

122 Brief der Heeren X an die Generalstaaten, dd. 24.11.1705, NA, TWIC 450. Bei dieser Stellungnahme ging es konkret um die Legalität oder Illegalität der Beschlagnahmung des Schiffs *Neptun* durch die WIC. Die *Neptun* war von aus England stammenden Kaufleuten für englische Eigner in Amsterdam aus-

sie in gewisser Weise wieder auf Grotius zurückgreifen; anders als er ging sie aber davon aus, dass das Völkerrecht das Naturrecht unter bestimmten Umständen einschränken könne.[123]

Die Diskussion um die niederländischen Rechtsansprüche macht *erstens* deutlich, dass die völkerrechtlichen Argumentationen offensichtlich nicht festgelegten Doktrinen und fixen Auslegungen entsprangen, sondern in hohem Maße strategisches »legal posturing« waren. Die argumentative Begründung von Rechtstiteln, die Annahme von bestimmten Normen und Konzepten, aber auch die Auslegung einzelner Rechtsakte konnte variieren und aktuellen Konfliktlagen angepasst werden. Dies gilt *zweitens* auch im Hinblick auf die Frage einer rechtlichen Differenz zwischen Europa und Außereuropa und der Souveränität westafrikanischer Herrscher. Letztere wurde kaum direkt und explizit in Frage gestellt, sondern eher implizit durch die Berufung auf portugiesische Rechtstitel. Explizit wurde eine rechtliche Differenz von der WIC in Bezug auf Handels- und Schifffahrtsrechte postuliert und gewohnheitsrechtlich begründet. In beiden Fällen konterten die

---

gerüstet worden und hatte, unter Angabe falscher Fahrtziele und unter dem Kommando eines englisch-amerikanischen Kapitäns, versucht, Sklavenhandel in Westafrika zu treiben. – Die zweistufige Konzeption wurde nicht durchgängig vertreten: Bspw. war 1727 wiederum von »het natuurlyke, of Volkeren Reght« die Rede; *Wedderlegging* [1727], S. 2 f. (Exemplar NA, VWIS 1166).

123 Bei Grotius findet sich in der Tat eine Trennung von einem naturrechtlichen *ius gentium primaevum* und einem positiven *ius gentium secundarium*, die wohl an Vazquez angelehnt ist. Ebenso wie dieser sieht Grotius aber *mores*, die dem *ius gentium primaevum* widersprechen, als Unrecht an (*hi non humani sunt … sed FERINI, corruptul? & absus, non leges & usus*); siehe Grotius, Mare Liberum (1609), cap. 7, S. 43 ff. (Faks.) und S. 109/111/113 (Übers.); Vázquez, *Libri* (1572 [1564]), lib. II, cap. 89, S. 230b–239a, hier: no. 12–30, S. 234b–235b; zur Verbindung zwischen Grotius und Vázquez Reibstein, Völkerrecht, S. 294 f. und S. 303 ff., und Vieira, Mare Liberum. Solche *mores* können, so Grotius, auch durch lange Übung nicht zu Recht werden. Dagegen wird in der oben erwähnten Argumentation gleichsam eine aufhebende Kraft des *ius secundarium* gegenüber dem naturrechtlichen *ius primaevum* angenommen. Allerdings schreibt Grotius in *De Iure Belli ac Pacis*, dass Dinge, die die Natur erlaube, durch das Völkerrecht in gemeinsamer Übereinstimmung verboten werden können; Grotius, *De Iure* (1631 [1625]), lib. II, cap. 3, § 10,3; S. 119: *Sed multa quae natura permittit, jus gentium ex communi quodam consensu potuit prohibere.* Das natürliche Recht sei nur in Dingen unabänderlich, die verboten oder geboten werden, nicht aber in solchen, die nur erlaubt sind, denn diese gehörten nicht zum Naturrecht im engeren Sinne (ebd., lib. I, cap. 2, § 5, S. 17: *Neque hic objiciat quisquam jus naturae esse immutabile … id enim verum est in iis quae jus naturae vetat aut praecipit; non in iis quae jura naturae licent tantum*). Hier lässt *De Iure* offensichtlich eine andere Interpretation zu als *Mare Liberum*.

Gegner der WIC mit naturrechtlich fundierten Argumenten, die wiederum auf ein Völkerrecht von universeller Geltung abzielten. National distinkte Rechtskulturen sind – *drittens* – nicht zu erkennen, sehr wohl aber die bewusste Inanspruchnahme nationaler Inkonsistenzen durch die Zeitgenossen (so im Falle Grotius'). Im Sinne eines »legal posturing« nahmen zudem die Niederländer beispielsweise Bezug auf portugiesische Rechtskonstruktionen, die sie selbst zuvor in Frage gestellt hatten. Bei den verwendeten Konzepten und Argumenten sind kaum prinzipielle Unterschiede festzustellen. *Viertens* wurde gezeigt, dass der Status von Handelskompanien selbst Anlass für rechtliche Diskussionen sein konnte; auch ihr völkerrechtlicher Status musste erst reklamiert werden.

2.2 Inselstreit und Gummikrieg. Die Auseinandersetzungen um Arguin zwischen Frankreich, Brandenburg-Preußen und den Niederlanden (1685–1727)

Besonders aufschlussreich wie langwierig war die Auseinandersetzung, die sich zwischen 1685 und 1727 gleich drei verschiedene Parteien um die Wüsteninsel Arguin lieferten. Trotz karger Natur und knapper Süßwasserressourcen war Arguin, das heute zu Mauretanien gehört, zwischen dem 15. und 18. Jahrhundert von nicht unbeträchtlicher Bedeutung.[124] Die Insel, auf der bereits die Portugiesen Mitte des 15. Jahrhunderts ein erstes Fort errichtet hatten, diente als Umschlagplatz für Ambra, Gold, Sklaven, Straußenfedern, Elfenbein, Häute, Halbedelsteine und Salz sowie für Gummi. Letzteres war im 17. und 18. Jahrhundert das wichtigste Handelsgut, das den Auseinandersetzungen in der Region auch die Bezeichnung »Guerre de la Gomme« eingetragen hat.[125] Zudem fungierte Arguin als Zwischenhalt und als Versorgungsstation für Schiffe mit verschiedensten Reiserouten. Das Schicksal des Stützpunkts hing außerdem mit handelsstrategischen Erwägungen zusammen, da seine Existenz die Ausrichtung der Handelsströme in der Region insgesamt, allen voran des Gummihandels, bestimmen konnte.

---

124 Die Literatur zu Arguin bleibt überschaubar: Am ausführlichsten ist weiterhin die quellengesättigte Studie von Monod, Île. Wichtig ist auch die Arbeit von Delcourt, France, S. 216ff. und S. 231ff., der sich bislang als Einziger mit der hier untersuchten Auseinandersetzung näher beschäftigt hat (S. 263–272). Aus Perspektive der BAC: Koltermann, Kolonialgeschichte; Schück, Kolonialpolitik, Bd. 1, S. 345–353; Steltzer, »Häfen«, S. 86ff. und S. 229ff. Vgl. auch Jones, Introduction, S. 7ff.

125 Delcourt, France, S. 179 et pass.

Seit Mitte des 15. Jahrhunderts in portugiesischer Hand, wechselte Arguin – und damit nähern wir uns bereits dem zu untersuchenden Konflikt – im 17. Jahrhundert gleich mehrfach den Besitzer: 1634 eroberten zunächst die Niederländer die Insel mitsamt dem Fort, das damit zum nördlichsten Handelsposten der WIC in Afrika wurde.[126] Im August 1678, in den letzten Tagen des Niederländischen Krieges, der bereits globale Dimensionen annahm, wurde die niederländische Garnison nach mehrtägiger Belagerung zur Kapitulation gezwungen.[127] Die Compagnie du Sénégal, in deren Besitz das Fort nunmehr überging, erbat jedoch die Erlaubnis des Königs, es aus Finanzgründen aufgeben zu dürfen.

Mit der Zerstörung des Stützpunkts aber begannen die Probleme, die im Weiteren zu untersuchen sind: Diese Zerstörung und die vollständige Räumung der Insel konnten nämlich als »abandonnement«, das heißt als Besitzaufgabe angesehen werden. Vor diesem Hintergrund nahm 1685 die brandenburgische Kompanie die Insel ihrerseits in Besitz, schloss einen Vertrag mit dem lokalen Herrscher der Trarza und errichtete ein neues Fort.[128] Zu einer Auseinandersetzung um Arguin kam es jedoch nicht sofort nach der brandenburgischen Übernahme, von der die Franzosen vermutlich Ende 1687 erfuhren.[129] Vielmehr entbrannte der Konflikt auf diplomatischem Par-

---

126 Siehe hierzu kurz Roos, Zeeuwen, S. 33f.

127 Capitulation faite par M. Derlyncours gouuerneur du fort d'arquin, dd. 29.08. 1678, ANOM, C 6/1; siehe auch die Nachricht über die erfolgreiche Eroberung Arguins durch du Casse, dd. 20.12.1678, ebd.

128 Dazu kurz Koltermann, Kolonialgeschichte, S. 12f.; der Vertrag ist ediert bei Jones: Vertrag mit dem »König von Arguin«, dd. 20.12.1687, in: Jones (Hrsg.), Brandenburg Sources, no. 67, S. 162ff. und S. 280f. Er wurde 1698 nach einem Herrscherwechsel erneuert; siehe Übereinkunft zwischen BAC und dem »König« von Arguin, dd. 14./24.07.1698, in: ebd., no. 87, S. 209f. und S. 308.

129 Vgl. Monod, Île, S. 95f. Ende Mai 1687 war Arguin von einem französischen Schiff besucht worden, das die vermeintliche »niederländische« Übernahme feststellte. Als Reaktion wurde eine kleine Expedition mit einer Fregatte und einem Lastschiff unter dem Kommando des Sieur de Montortier ausgesandt, um die Brandenburger zu vertreiben. Als die Expedition jedoch an ihrem Zielort eintraf, lag dort offenbar ein hinreichend großes und gut ausgerüstetes brandenburgisches Schiff vor Anker, sodass der Kommandant von seinem Angriffsplan Abstand nahm. Später erklärten die Brandenburger gar, dass es keine für sie erkennbaren Angriffspläne gegeben habe; so im brandenburgischen Mémoire vom 12.09.1698, inseriert in das Mémoire qui prouve la souveraineté que le Roy a sur Arguin et la Compagnie du Senegal son droit utile, Kopie dd. 27.12.1711, ANOM, C 6/28, dem zufolge die Journale der Kompanie zwar bestätigen, dass am 13.02.1686 ein französisches Schiff mit sechs bis acht Kanonen vor Arguin

kett erst gut zehn Jahre später im Umfeld des Kongresses von Rijswijk (1697). Erneut flammte er dann auf, als im Zuge des Auflösungsprozesses der brandenburgischen Kompanie das Fort auf Arguin gemeinsam mit den anderen afrikanischen Besitzungen im Dezember 1717 an die WIC verkauft wurde.[130] Nun wurde die Auseinandersetzung um den Besitz Arguins zwischen Frankreich und den Niederlanden geführt. Nachdem die Insel im Februar 1724 von der französischen Kompanie zum zweiten Mal erobert worden war, wurde die Affäre im Januar 1727 mit dem Vertrag von Den Haag endgültig beigelegt. Darin verzichtete die WIC gegen die Zahlung von 130.000 fl. auf jegliche Ansprüche auf Arguin wie den dortigen Handel und erkannte die französischen Prätentionen an.[131] Allerdings hatten die Franzosen Arguin nur erobert, um es erneut zu verlassen; die endgültige Zerstörung des Forts erfolgte im April 1728.[132]

a. Mehrdeutiges Schweigen: Die (Nicht)Entscheidung in Rijswijk 1697

Beim Rijswijker Friedenskongress von 1697 wurde der Besitz Arguins erstmals zum Gegenstand eines Rechtsstreits. Die Abfolge der Ereignisse ist nicht vollständig im Detail zu rekonstruieren, ja vielmehr zeigen die differierenden Erzählungen, wie sehr selbst scheinbar harte Fakten der Ereignisgeschichte durch strategische Konstruktionen bestimmt werden können.

---

ankerte, dass es jedoch ohne Feindseligkeiten verschwunden sei, nachdem es um Salz gebeten hatte. Dies war für die Diskussion um die »Ungestörtheit« des brandenburgischen Besitzes wesentlich. Letztlich wurde diese Darstellung im Prinzip durch die Aussage in der französischen Antwort bestätigt, wo es heißt, der Sieur Montortier sei mit dem Schiff »Le Lyon« zwar ausgesandt worden, um die Brandenburger aus Arguin zu vertreiben, aber da er dort zu starke Verteidigungsanlagen und ein stärkeres Schiff vorgefunden habe, habe er sich verstellt und bloß Salz geladen; Mémoire der Cie du Senegal, joint à la replique precedente, 26.10.1698, ebd.

130 Monod, Île, S. 119f.; der Vertragstext bei Schück (Hrsg.), Kolonial-Politik, Bd. 2, S. 570–575.

131 Der Vertrag von Den Haag ist ediert bei Monod, Île, S. 274ff., die französische Ausfertigung findet sich digitalisiert in der Base des Traités, no. 17270005.

132 Monod, Île, S. 132f. – Anders als 1678 sicherten sie sich nun aber rechtlich ab, indem sie die Bestätigung der Generalstaaten einholten, dass diese ein solches Verlassen niemals als Besitzaufgabe interpretieren und jedwede Okkupationsversuche künftig unterlassen würden; vgl. Mémoire Presenté par M. le M.V. de Fenelon aux Heeren Staaten, dd. 02.04.1727, AAE, MD, Afrique 10, fol. 63r–64r, Resolution der Generalstaaten (Kopie), s. d. [03.04.1727], ebd., fol. 64r.

Ein erstes Kuriosum stellt bereits die Frage dar, wer hier mit wem zu verhandeln hatte. Die ersten Entwürfe auf französischer Seite sahen vor, die Restitution Arguins nicht vom brandenburgischen Kurfürsten, sondern von den Generalstaaten zu verlangen.[133] Offensichtlich war man davon überzeugt, dass es die Niederländer gewesen waren, die sich 1685 Arguins bemächtigt hatten.[134] Um nicht in den Ruch zu geraten, sie würden den Frieden von Nijmegen brechen, hätten sie dies unter brandenburgischer Flagge getan: »sous la banniere de l'eslecteur de Brandebourg«.[135] In der Forschungsliteratur wurde dieses französische Narrativ lange weitertradiert, etwa wenn von der »occupation hollando-prussienne« die Rede war.[136] Nimmt man die Gouverneure und Garnisonsangehörigen, die zwi-

---

133 Extraits des mémoires et lettres envoyés a Mess. les Plenipotentiaires concernant les restitutions a faire de part, et d'autre dans les Colonies, dd. 17.07.1697, BnF, Fonds Français 16736, fol. 47r–51r, sowie Pretentions reciproques des François de hollandois sur les Colonies, s. d. [1697?], ebd., fol. 45r–46v.

134 Dies suchte der französische Botschafter in Den Haag, Fénélon, noch 1726 im Wortlaut des Kaufvertrags zwischen Preußen und der WIC nachzuweisen; vgl. Mémoire ou l'on voit le pour & le contre sur les differents entre la Compagnie Françoise des Indes & la Compagnie Hollandoise pour les Indes Occidentales, au sujet du Fort d'Arguin, & de tout ce qui s'est passé de part & d'autre à cet égard, dd. 09.11.1726, ediert in Monod, Île, S. 267–274, hier: S. 273f. Siehe auch Delcourt, France, S. 268ff.

135 Mémoire pour Riswik (Entwurf), um 1697, ANOM, C 6/1. La Courbe schreibt: »[...] c'est que les holandois sont revenus tous les ans, avec plusieurs navires y faire Commerce, et enfin l'ont rebasty en temps de paix avec beaucoup de depense, sous Commission de l'eslecteur de brandebourg«; Mémoire du S. de la Courbe sur le commerce de Guinée, dd. 26.03.1693, ANOM, C 6/2. Im Estat present de la Comp. du Sénégal, dd. 1695, ebd., ging man ebenfalls von einer niederländischen Okkupation des Forts aus, ohne Brandenburg überhaupt zu erwähnen. In einer Denkschrift von 1721 wurde sogar bereits die niederländische Übernahme der Insel von 1633 als Teil eines antifranzösischen Generalplans dargestellt; Mémoire abregé sur Arguin, dd. 09.08.1721, ANOM, C 6/28. – Bei den Verhandlungen in Den Haag 1726, wo die Niederlande alleinige Verhandlungspartner waren, war dann auch die französische Seite überzeugt, dass die Okkupation zwischen 1685 und 1721 von Seiten Brandenburg-Preußens und auf Veranlassung des Kurfürsten bzw. des Königs geschehen sei; vgl. Mémoire pour servir d'instruction a M. l'Ambassadeur du roy près les Estats generaux des Provinces unies, concernant les pretentions des mesmes estats generaux sur le fort de Arguin en Afrique, dd. 10.01.1726, ANOM, DFC XIII/75, no. 14.

136 So bspw. bei Delcourt, France. Dagegen bereits die Kritik bei Monod, Île, S. 85f.

schen 1685 und 1721 in Arguin Dienst taten, in den Blick, erscheint eine solche Etikettierung grundsätzlich nicht unplausibel, war doch das Personal der brandenburgischen Kompanie vor Ort überwiegend niederländischer Herkunft. Auch die Gouverneure Arguins als exponierteste Vertreter der Kompanie vor Ort kamen allesamt aus den Niederlanden.[137] Es ist seit Langem bekannt, dass die BAC durch die Initiative eines niederländischen Kaufmanns, Benjamin Raule, entstanden und auch wirtschaftlich eng mit den Niederlanden verbunden war.[138] Dennoch war das brandenburgische Unternehmen keineswegs von den Generalstaaten oder der WIC gesteuert, wie die Franzosen dachten. In den Niederlanden wurde die BAC zwar ebenfalls als ›verkapptes‹ niederländisches Unternehmen betrachtet, aber eben eines treuloser, gewinnsüchtiger Einzelpersonen, das den ›Staatsinteressen‹ in höchstem Maße zuwiderlief – ähnlich wie zuvor im Falle der skandinavischen Kompanien.[139]

Obwohl die Franzosen also anfangs offenbar den falschen Ansprechpartner wählten, wurde die Arguinfrage nachweislich zwischen Frankreich und Brandenburg in Rijswijk diskutiert[140] – allerdings ohne konkretes Ergebnis und ohne Entscheidung. Diese Tatsache der Nicht-Entscheidung konnte jedoch unterschiedlich ausgedeutet werden und wurde zudem mit differierenden Rekonstruktionen der Ereignisfolge verbunden: In Brandenburg und später auch in den Niederlanden las man den Vertrag von Rijswijk als Bestätigung des brandenburgischen Besitzes. Wenn dort in Artikel 7 festgelegt werde, dass der Kurfürst in all seinen Besitzungen erhalten werden solle, so müsse dies auch die Arguinfrage einschließen, da sie ja bei den Vertragsverhandlungen thematisiert worden sei und im entsprechenden Artikel nicht

137 Cornelis und Johann Reers, Vater und Sohn, kamen beide aus Seeland, Lambrecht de Hond, Nicholaas de Both und Jan Wijnen waren ebenfalls niederländischer Herkunft; siehe Koltermann, Kolonialgeschichte, S. 16ff., und Schück, Kolonial-Politik, Bd. 1, S. 349f.

138 Zu Benjamin Raule vgl. u.a. Rachel, Raule, und Häpke, Raule, der gegen die Rückprojektion nationaler Eindeutigkeiten argumentiert (bes. S. 219f.); siehe auch Nagel, Compagnie, S. 49ff., zu niederländischen Investitoren.

139 Vgl. dazu Heijer, Goud, S. 182f.

140 Mémoire des Ambassadeurs de Brandebourg, touchant l'Etat de l'affaire de l'Isle & Fort d'Arguin, présenté à la Médiation, 1697, in: *Mémoires et actes*, Bd. 3 (1699), S. 388f., und Relation de l'Ambassade Impériale de la Haye, 1698, in: ebd., Bd. 4 (1699), S. 294–316, hier: S. 299f.

explizit ausgenommen werde.[141] Wie dieser Artikel im Hinblick auf Arguin auszulegen sei, blieb bis zum Schluss eine strittige Frage.[142]

Dagegen argumentierte die französische Seite 1721, die Arguinfrage sei bei den Rijswijker Verhandlungen vom preußischen König aufgebracht worden, der sein Recht bestätigt haben wollte. Dieses Ansinnen aber sei zurückgewiesen worden als »Verstoß gegen die Gerechtigkeit, den Anstand und den Bund, der durch diesen Vertrag zwischen den zwei Fürsten etabliert werden soll« (»contraire a la Justice, ala bienseance et a L'union qu'il devoit estre establis par ce traitté entre les deux Princes«).[143] Diese Darstellung prä-

---

141 Vertrag zwischen Frankreich sowie Kaiser und Reich, dd. 30.10.1697, abgedruckt in *Theatrum Europaeum*, Bd. 15 (1707), S. 211–222, hier: S. 213. Niederländisches Memorandum mit französischen Antworten, 1721 (Oktober?), ANOM, C 6/28. Als Anerkennung des brandenburgisch-preußischen Besitzes wird der Vertrag von Rijswijk auch angeführt in verschiedenen Memoranden von Cornelis Hop, dem niederländischen Botschafter in Paris; siehe Mémoire concernant l'affaire d'Arguin, dd. 09.10.1721, AAE, MD, Afrique 10, und Mémoire, dd. 27.04.1723, ebd., auch in ANOM, C 6/28; in dem Brief von Hop an Morville, 12.02.1724, ANOM, C 6/8, auch AAE, MD, Afrique 10 (dort wird zusätzlich der Friede von Utrecht als Bestätigung genannt); niederländische Reponse au Mémoire de la Cie des Indes sur les droits des François, dd. 20.05.1724, AAE, MD, Afrique 10.

142 Noch 1724, nach einem klärenden Gespräch zwischen dem niederländischen Botschafter Hop und dem *Contrôleur général des finances* Charles Gaspard Dodun galt diese Frage als nicht entschieden; Billet von Hop, dd. 30.06.1724, ANOM, C 6/8. Siehe auch den Brief von Hop an Morville, dd. 12.02.1724, ebd., auch AAE, MD, Afrique 10, und die französische Reponse, dd. 27.02.1724, ANOM, C 6/8. Offenbar waren dabei auch Übersetzungsprobleme virulent; so klagte Hop, dass in der französischen Version des Vertrages zwischen Frankreich, Kaiser und Reich das Wort »possession« ausgelassen worden sei, das aber in der gültigen lateinischen Fassung stünde; vgl. Billet von Ambassadeur Hop, dd. 30.06.1724, ANOM, C 6/8. Dies stimmt in der Tat bei dem Zitat, wie es in einem französischen Mémoire von 1722 wiedergegeben wird (»[...] compris avec tous ses Etats, biens, et droits [...]«); Mémoire servant de reponse a celuy des Hollandois sur la prise du Fort d'Arguin par la Cie des Indes, dd. 02.07.1722, ANOM, C 6/28. In der Übersetzung, die sich in den *Mémoires et actes* findet, heißt es hingegen in Artikel 7: »L'Electeur de Brandebourg joûira pareillement de tous les avantages de la présente Paix, & y sera compris avec tous ses Etats, possessions, sujets, & droits, & spécialement ceux, qui lui appartiennent en vertu du Traité du 29. de Juin, de l'an 1679, de même que s'ils étoient ici spécifiez châcun en particulier.« Traduction: Traité de Paix, Entre l'Empereur & l'Empire d'une part, & la France d'autre, conclu au Château Royal de Ryswick en Hollande, le 30. Octobre 1697, in: *Mémoires et actes*, Bd. 4 (1699), S. 59–94, hier: S. 65.

143 Niederländisches Memorandum mit französischen Antworten, 1721 (Oktober?), ANOM, C 6/28.

sentierte die Nicht-Entscheidung der Arguinfrage somit als Zurückweisung des brandenburgischen Anspruchs.

In einem anderen französischen Memorandum von 1726 heißt es hingegen, die Compagnie du Sénégal habe in Rijswijk die Restitution der Insel verlangt. Selbst wenn man nicht offen und explizit für sie entschieden habe, so habe man doch noch weniger den Kurfürsten bevorzugt, der seinerseits lebhaft auf die Bestätigung seines Besitztitels gedrängt habe.[144] Ein weiteres Dokument französischer Provenienz stellt 1725 lediglich fest, dass die französische Kompanie in Rijswijk die Restitution verlangt habe, ohne ein Wort über den Ausgang der Frage zu verlieren. In diesem Fall geht es offensichtlich vorrangig darum, die Existenz französischen Protests nachzuweisen und damit die Behauptung einer ungestörten brandenburgischen *possessio* zu widerlegen.[145] Das Schweigen bzw. die Nicht-Entscheidung von Rijswijk ließ sich so als Scheitern der jeweils anderen und Legitimierung der eigenen Position ausgeben, zugleich machen diese wenigen Beispiele bereits deutlich, in welch hohem Maße allein die Repräsentation von vermeintlichen Fakten durch Argumentationsstrategien und -ziele bestimmt wurde.

Einige französische Quellen, zuerst interne, später auch publizierte, erklärten die Nicht-Entscheidung der Arguinfrage in Rijswijk schließlich damit, dass die Frage von Seiten der Compagnie du Sénégal zu spät auf die Tagesordnung gehoben worden sei.[146] Wiewohl man dies als Bestätigung dafür lesen kann, dass die Arguinfrage wohl tatsächlich von französischer Seite aufgebracht wurde, ist die zugrunde gelegte Chronologie unwahrscheinlich. So schrieb zum Beispiel Jean-Baptiste Labat 1728:

> »Ein anderer Zwischenfall war ebenfalls vorteilhaft für die Holländer & erhielt ihnen das Nutzungsrecht an Arguin; das war, dass die Agenten, die die französische Senegalkompanie zum Kongress von Rijswijk schickte, sich so spät entschlossen, ihre Denkschriften für die Restitution des Stützpunkts einzureichen, dass die Verträge schon zur Unterzeichnung bereit waren, als sie erschienen. So war man genötigt, die Untersuchung dieser Affäre auf später zu verschieben,

---

144 »[...] au traitté de Riswic, la compagnie françoise demanda hautement la restitution de ce fort. Si on ny decida rien ouvertement pour elle; on y favorisa encore moins l'Electeur, qui pressoit vivement de son costé pour être maintenu [...].« Second Mémoire sur Arguin, s. d. [ca. 1726], ANOM, DFC XIII/74, no. 15.

145 Die Maxime lautet dementsprechend: »Possession des Brandebourgeois toujours troublée.« Mémoire sur Arguin, dd. 16.07.1725, AAE, MD, Afrique 12, fol. 160r–163r, hier: fol. 160v.

146 Als frühe interne Quelle vgl. das Mémoire der Compagnie du Senegal, joint à la replique precedente, dd. 26.10.1698, inseriert in das Mémoire qui prouve la souveraineté que le Roy a sur Arguin et la Compagnie du Senegal son droit utile, Kopie dd. 27.12.1711, ANOM, C 6/28.

und währenddessen blieben die vorgeblichen Untertanen Preußens im Besitz des Forts & des Handels von Arguin.«[147]

In einigen Dokumenten wird jedoch die Restitution Arguins zusammen mit jener Pondicherrys genannt; sie legen nahe, dass das Thema bereits zu einem relativ frühen Zeitpunkt auch jenseits der Kompaniekreise bekannt war.[148] Die entsprechenden Memoranden wurden den Bevollmächtigten in Rijswijk spätestens in einem Brief vom 17. Juli 1697 übermittelt.[149] Der französische Entwurf für einen Vertrag mit den Generalstaaten vom 20. Juli 1697 spricht dann auch von der Restitution der Eroberungen in Afrika, West- und Ostindien, was man aufgrund der erwähnten Fehlannahme durchaus auf Arguin beziehen kann.[150] Die Arguinfrage muss auf jeden Fall vor Ende September 1697 schon zwischen Frankreich und Brandenburg verhandelt worden sein, denn es existiert eine Beschwerde von kaiserlicher Seite, dass die brandenburgischen Gesandten mit Frankreich über Arguin zu einem Zeitpunkt verhandelten, als das Reich und Frankreich sich offiziell noch im

147 »Un autre incident fut encore favorable aux Hollandois, & les maintint dans la joüissance d'Arguin; c'est que les Agens que la Compagnie Françoise de Senegal avoit envoyé au Congrès de Riswick, s'aviserent si tard de presenter leurs Memoires pour la restitution de ce poste, que les Traités alloient être signés quands ils parurent, de sort qu'on fut obligé de remettre l'examen de cette affaire à un autre tems, & cependant les prétendus Sujets de Prusse demeurerent en possession du Fort & du commerce d'Arguin [...]«; Labat, *Relation*, Bd. 1 (1728), S. 79f. Mglw. nach Labat dann bei Durand, *Voyage* (1802), S. 44.

148 Mémoire pour Riswik (Entwurf), s. d. (1697), ANOM, C 6/1; Pretentions reciproques des François de hollandois sur les Colonies, s. d. (1697), BnF, Fonds français 16736, fol. 45r–46v.

149 Extraits des mémoires et lettres envoyés a Mess. les Plenipotentiaires concernant les restitutions a faire de part, et d'autre dans les Colonies, dd. 17.07.1697, BnF, Fonds français 16736, fol. 47r–51r, hier: fol. 50v. Im fraglichen Paragraph wird neben der Restitution Arguins durch die Niederländer auch die Rückgabe der früheren französischen, aktuell im englischen Besitz befindlichen Niederlassungen im Gambia gefordert. Zusätzlichen Nachdruck verlieh man dieser Forderung wie folgt: »Comme sa Ma[jesté] honnore cette Compagnie [d.i. Compagnie du Sénégal; C. B.], de sa protection son intantion [sic] est que vous tâchiez de faire reussire ses demandes, ou du moins d'en obtenire une en vous desistant de l'autre.«

150 Projet de la Paix qui se doit faire entre l'Empereur & l'Empire d'une part, & le Roi Très-Chrétien d'autre; présenté au Médiateur par Messieurs Les Ambassadeurs de France le 20 Juillet 1697, in: *Mémoires et actes*, Bd. 2 (1699), S. 213–230, hier: S. 229 (Art. 32).

Krieg befanden, d.h. also vor dem 22. September 1697.[151] Dies stimmt mit der Angabe in gleich drei französischen Quellen aus den 1710er und 1720er Jahren überein, denen zufolge die Compagnie du Sénégal am 2. September 1697 ihre einschlägige Denkschrift bei der französischen Delegation in Rijswijk eingereicht haben soll.[152] Die Behauptung Labats, das Thema sei erst zu einem Zeitpunkt aufgebracht worden, als der Vertragsschluss unmittelbar bevorstand, ist demnach falsch und erscheint eher als nachträglicher Rechtfertigungsversuch für ein problematisches Kongressergebnis.

Über die Gründe für die Nicht-Entscheidung können hier nur begründete Mutmaßungen angestellt werden. Eine pauschale Erklärung, die »transozeanische« Peripherie in Rijswijk habe nur eine geringe Rolle gespielt, wie Martin Vogt sie nahelegt,[153] kann nicht ganz überzeugen, denn andere außereuropäische Angelegenheiten waren durchaus Gegenstand der Friedensvereinbarungen. So wurde die Restitution von Pondicherry durch die Generalstaaten, die in den frühen Entwürfen zusammen mit derjenigen Arguins gefordert worden war, tatsächlich vertraglich geregelt.[154] Auch in der Streitfrage der Grenzen zwischen den englischen und französischen Kolonien in Nordamerika legte man zumindest ein Entscheidungs*verfahren* fest.[155] Arguin hatte jedoch, zumindest Letzteren gegenüber, eine geringere wirtschaftliche Bedeutung. Des Weiteren fielen wohl noch zwei andere Fak-

151 So datiert der Waffenstillstand zwischen dem Reich und Frankreich. – Relation de l'Ambassade Impériale de la Haye, 1698, in: *Mémoires et actes*, Bd. 4 (1699), S. 299f.

152 So im Mémoire qui prouve la souveraineté que le Roy a sur Arguin et la Compagnie du Senegal son droit utile, Kopie dd. 27.12.1711, ANOM, C 6/28; Mémoire abregé sur Arguin, dd. 09.08.1721, ebd. – Der 2. September wäre allerdings in der Tat zumindest etwas knapp gewesen, um die Materie in die weit fortgeschrittenen Verhandlungen einzubringen. Das Anliegen muss, wie gesagt, aber (spätestens) aufgrund des Schreibens vom 17.07.1697 bereits zuvor bekannt gewesen sein.

153 Bemerkenswerterweise jedoch ohne entsprechende Kriterien zu benennen; Vogt, Peripherie.

154 Die Restitution von Pondicherry an Frankreich wurde explizit im französisch-niederländischen Vertrag festgelegt; Vertrag zwischen den Generalstaaten und Frankreich, dd. 20.09.1697, Art. 8 (Exemplar NA, SG 12587,209): »Tous les Païs, Villes, Places, Terres, Forts, Isles et Seigneuries, tant au dedans qu'au dehors de l'Europe, qui pourroient avoir esté pris et occupés depuis le commencement de la presente guerre, seront restitués de part et d'autre au meme êtât [...], et nommement le Fort et habitation de Pondichery sera rendû aux conditions susdites à la Compagnie des Indes Orientales establie en France [...]«.

155 Dies regelte Art. 8 des Vertrags zwischen Frankreich und Großbritannien, dd. 20.09.1697, abgedruckt in *Theatrum Europaeum*, Bd. 15 (1707), S. 195–199, hier: S. 197. Dazu Vogt, Peripherie, S. 144f., weder die Regelungen bzgl. Pondicherry

toren ins Gewicht: zum einen das bereits genannte Problem des Ansprechpartners, zum anderen die Tatsache, dass die Politik Frankreichs in Rijswijk grundsätzlich auf die Isolation Brandenburgs abzielte. Insbesondere wollte man keinesfalls einen eigenen Vertrag mit Brandenburg schließen, was dessen nicht-souveränen Status unterstrich.[156] Für solche symbolischen Erwägungen könnte auch sprechen, dass die Arguinfrage unmittelbar nach dem Ende des Rijswijker Kongresses vom französischen Botschafter in Berlin erneut aufgebracht wurde, man sich in der Sache also des Klärungsbedarfs sehr bewusst war.[157]

---

noch hinsichtlich Nordamerikas wurden umstandslos umgesetzt (ebd., S. 146f.).

156 So teilte Ludwig XIV. im Juni 1697, nachdem Kurfürst Friedrich über Vermittlung Wilhelms von Oranien um offizielle Aufnahme als (selbstständiger) Verhandlungspartner gebeten hatte, den Bevollmächtigten Frankreichs in Rijswijk mit: »Qu'il n'avait point de traité séparé à faire avec lui; qu'il n'était son ennemi que comme prince d'Empire [...]«, zitiert nach Boissonnade, Histoire, S. 359f., siehe auch Legrelle, Notes, S. 119. Explizite Erwähnung fand Brandenburg nur in Art. 7 des Vertrags zwischen Frankreich und dem Reich; siehe oben, Anm. 141 und 142. Warum Brandenburg nicht als direkter Verhandlungspartner in Rijswijk akzeptiert worden war, sollte der französische *ambassadeur extraordinaire* Des Alleurs, der 1698 nach Berlin geschickt wurde, nach dem Kongress nochmals erläutern und sich dabei darauf berufen, dass der Kurfürst von Brandenburg im Pfälzischen Erbfolgekrieg im Gegensatz zur Situation im Niederländischen Krieg keine selbstständige Kriegspartei gewesen sei, sondern lediglich als Glied des Reiches an den Auseinandersetzungen teilgenommen habe; vgl. Instruktion für Des Alleurs, 1689, in: Recueil des instructions, Bd. 16, S. 235–253, hier: S. 244f. – Zur »zeremoniellen Demütigung« Brandenburgs in Rijswijk, die als ein Motiv für die folgende Forcierung der Königserhebung gilt, vgl. Stollberg-Rilinger, Öffentlichkeit, S. 169f. Zur diplomatischen Isolation Brandenburgs kurz auch Mieck, Preußen, S. 543f. Allerdings scheiterten nicht nur brandenburgische Aspirationen, als eigenständiger Vertragspartner aufgenommen zu werden, sondern auch ähnliche Bemühungen des schwäbischen und fränkischen Reichskreises; vgl. dazu Bandorf, Schrottenberg, S. 143f.

157 Zitat Pontchartrain bei Boissonnade, Histoire, S. 359; aufgegriffen von Mieck, Preußen, S. 556. Zum Fortgang der Affäre nach dem Ende des Kongresses siehe die entsprechenden Inserate (12.09.1698 und 26.10.1698) in dem von Brüe zusammengestellten Mémoire qui prouve la souveraineté que le Roy a sur Arguin et la Compagnie du Senegal son droit utile, Kopie dd. 27.12.1711, ANOM, C 6/28 und den Begleitbrief zu einem Memoire über die BAC, dd. 27.06.1699, ANOM, C 6/2. Vgl. auch Monod, Île, S. 121f. und Mieck, David.

b. Mutwilliges Verlassen: Derelictio und abandon

Ein zentraler Streitpunkt in der Diskussion um Arguin war die Frage der Besitzaufgabe. Die Compagnie du Sénégal hatte, wie bereits oben ausgeführt, nach der Eroberung Arguins 1678 aufgrund finanzieller Schwierigkeiten die – und hier gilt es, vorsichtig zu formulieren – aktive Nutzung der Insel und des Forts eingestellt. Sie ließ sogar Befestigungen zerstören; in welchem Umfang und mit welcher Gründlichkeit dies geschah, ist allerdings unklar. Dieser Tatbestand war es, der in der Folge zunächst von brandenburgischer, dann von niederländischer Seite im Sinne einer Eigentumsaufgabe, eines »abandon« oder einer *derelictio*, interpretiert wurde, also einer Aufgabe von Eigentum durch Verlassen.[158] So erklärten die beiden brandenburgischen Gesandten in Rijswijk, Bartholomäus von Danckelmann und Wolfgang von Schmettau, das Verlassen Arguins durch die Franzosen sei eindeutig als »abandon« zu verstehen »in dem Sinne, dass dort weder eine Behausung noch ein Haus noch eine Hütte geblieben ist und auch keine der französischen Nation angehörige Person, eindeutige Zeichen einer vollständigen Aufgabe des besagten Forts«[159]. Es habe keinerlei Zeichen für Rückkehrpläne oder für den Willen, das Eigentum fortzuführen, gegeben. Insofern hätten die Brandenburger legitimerweise die verlassene Insel als herrenloses Land[160] in Besitz genommen und dies zusätzlich durch einen Vertrag mit dem lokalen Herrscher bekräftigt.[161] Dabei konnten sie sich auch auf das Prinzip der Präskription, der Ersitzung, berufen.[162]

---

158 Menzel, Art. Dereliktion.

159 »... de sorte qu'il n'y est resté ni loge, ni maison, ni hute, ni aucune personne apartenant à la France, marques certaines d'une abandonnement entir dudit Fort.«; Mémoire des Ambassadeurs de Brandenbourg, touchant l'Etat de l'Affaire de l'Isle & Fort d'Arguin, presenté à la Médiation, in: *Mémoires et actes*, Bd. 3 (1699), S. 388f. Ähnlich die brandenburgische Stellungnahme von 1698 (»... qu'a cet abandonnment on a fait sauter le fort, amené le Canon, les munitions, les Marchandises et tout ce qui s'y trouvoi, n'y troimant n'y loge, n'maison, n'y hute, n'y une vivante, ce sont des marques d'un abandonnement entier et complet.«); brandenburgisches Mémoire, dd. 12.09.1698, inseriert in das Mémoire qui prouve la souveraineté que le Roy a sur Arguin et la Compagnie du Senegal son droit utile, Kopie dd. 27.12.1711, ANOM, C 6/28.

160 Einen Überblick gibt Ogris, Art. Herrenlose Sachen.

161 Welchen Stellenwert dieser Vertrag hat, wird unten diskutiert. Wie so oft liegt hier eine gewisse Unklarheit vor – die Insel wird als herrenlos betrachtet, da sie der Inbesitznahme durch Okkupation offen steht, zugleich impliziert der Zessionsakt die Existenz eines Eigentümers.

162 Dieses Prinzip ist bei modernen Völkerrechtsautoren umstritten. Vgl. Schätzel, Recht, S. 14f. und S. 158ff. zur Ablehnung der Ersitzung im Völkerrecht.

Auf den ersten Blick erscheint der Graben zwischen den streitenden Parteien unüberwindlich: Sahen die Niederländer und Brandenburger das »Verlassen« der Insel und die Zerstörung des Forts als Akt der Besitzaufgabe an, behaupteten die französischen Vertreter, dies sei kein Akt der Aufgabe, sondern im Gegenteil ein Akt des Besitzes (»[...] plustot un acte de proprieté qu'un acte d'abandon«).[163] Man könnte hier nun Differenzen beispielsweise im Bereich von Effektivitätsprinzipien vermuten und unterschiedliche Besitz- bzw. Eigentumskonzeptionen zu diagnostizieren suchen.[164] Es ist aber nicht unwahrscheinlich, dass die Compagnie du Sénégal anfänglich ebenfalls von einem »abandonnement« ausging und erst durch das Auftauchen der Konkurrenz ein solches leugnete. In einigen französischen Quellen, die zeitnah zu dem Verlassen Arguins entstanden, ist jedenfalls recht unbefangen von einer »Aufgabe« Arguins die Rede.[165]

Ein genauerer Blick auf die jeweils vorgebrachten Argumente und Autoritäten macht deutlich, dass sich brandenburgisch-niederländische und französische Parteigänger im Grundsatz nicht so uneinig waren, wie es auf den ersten Blick wirken mag: Konsens bestand *erstens* darüber, dass bloßes materielles, körperliches Verlassen eines Gebiets oder einer Sache (noch)

Bzgl. der Dereliktion schreibt er: »Einen Augenblick, wo das Gebiet herrenlos wäre, gibt es nicht. Gebiet, das einmal Staatsgebiet war, kann in unserer Zeit nicht wieder herrenlos werden; es wird stets genügend eigenes staatl. Leben zum Neubau einer Regierung haben, wenn es nicht von einem anderen einverleibt wurde.« (S. 83.) Anders aber z. B. Menzel, Art. Gebietserwerb, S. 620 f. Im bürgerlichen Recht ist dieses Rechtsinstitut dagegen bis heute geläufig; siehe dazu Finkenauer, Art. Ersitzung.

163 Mémoire pour servir d'instruction a M. l'Ambassadeur du roy près les Estats generaux des Provinces unies, concernant les pretentions des mesmes estats generaux sur le fort de Arguin en Afrique, dd. 10.01.1726, ANOM, DFC XIII/75, no. 14.

164 An anderer Stelle sind es die Franzosen, die auf das Effektivitätsprinzip abheben; siehe Fénélon, Mémoire ou l'on voit le pour & le contre sur les differents entre la Compagnie Françoise des Indes & la Compagnie Hollandoise pour les Indes Occidentales, au sujet du Fort d'Arguin, & de tout ce qui s'est passé de part & d'autre à cet égard, dd. 09.11.1726, ediert in Monod, Île, S. 267–274, hier: S. 272.

165 Vgl. z.B. das Mémoire concernant l'Affaire du Senegal, s. d. [nach 1695], ANOM, C 6/2. Besonders merkwürdig sind die Äußerungen von de la Courbe, der einerseits davon spricht, man habe Arguin vollständig aufgegeben (»entierement abandonné«), andererseits aber die Möglichkeit ins Auge fasst, beim Rijswijker Kongress mit dem Argument der Usurpation für die Restitution der Insel zu plädieren; Mémoire du S. de la Courbe sur le commerce de Guinée, dd. 26.03.1693, ANOM, C 6/2.

keine Aufgabe bedeutete. Vielmehr musste, römischrechtlichen Prinzipien gemäß, eine Aufgabe *animo et corpore* vorliegen; entscheidend war also nicht allein die äußere Handlung, sondern auch die Absicht bzw. der Wille.[166] Der größte Streitpunkt bestand letztlich darin, wie sich dieser Wille[167] klar identifizieren ließe; während die französische Seite eine positive, explizite Willensäußerung zum Verzicht forderte,[168] reichte ihren Gegnern das schlichte *Fehlen* von Willensäußerungen zur Fortführung des Eigentums, um daraus den Willen zur Aufgabe abzuleiten.[169]

Eine *zweite* Gemeinsamkeit besteht darin, dass alle Konfliktparteien davon ausgingen, dass der entscheidende normative Rahmen durch »das Völkerrecht« (»le droit des gens«) vorgegeben sei. Dabei wurde die Tatsache, dass sich das umstrittene Gebiet außerhalb Europas befand, fast nie thematisiert, denn Völkerrecht wurde als universell gültig vorgestellt (bis auf eine Ausnahme, siehe unten). Universalisierbarkeit konnte so auch zum Prüfstein für gegnerische Positionen gemacht werden. Auf diese Weise sucht eine französische Denkschrift eine brandenburgische Argumentation pro Dereliktion auszuhebeln: Wenn die Brandenburger behaupteten, dass man durch Verlassen und Aufgabe der Nutzung eines Gebiets auch des Souveränitäts- bzw. Herrschaftsrechts verlustig gehe, würde dies bedeuten, dass fremde Fürsten und Völker sich im französischen Königreich aller Plätze und Schlösser bemächtigen könnten, die sie demoliert und verlassen

---

166 Vgl. bspw. Inst. II.1, 47: *Qua ratione verius esse videtur et si rem pro derelicto a domino habitam occupaverit quis, statim eum dominum effici. Pro derelicto autem habetur quod dominus ea mente abiecerit ut id rerum suarum esse nollet, ideoque statim dominus esse desinit*; Behrends et al. (Hrsg.), Corpus, Bd. 1, S. 57. Zur Dereliktion im römischen Recht vgl. Meyer-Collings, Derelictio, zum »Corpus und Animus derelinquendi« bes. S. 61ff.

167 Dabei ist zwischen dem Besitz- und dem Eigentumswillen zu unterscheiden, was in der hier untersuchten Diskussion aber keine wesentliche Rolle spielte. Eine solche Differenzierung brachte allein die französische Seite ins Spiel, die in Anlehnung an lehnsrechtliche Terminologie zwischen *dominium utile* und »Empire, domaine ou jurisdiction« unterschied; Mémoire sur la possession d'Arguin, s. d. [26.10.1698], AAE, MD, Afrique 12, fol. 164r–170v, als datiertes Inserat in Mémoire qui prouve la souveraineté que le Roy a sur Arguin et la Compagnie du Senegal son droit utile, Kopie dd. 27.12.1711, ANOM, C 6/28; zu den Begriffen vgl. Schulze, Art. Dominium, öffentlich-rechtlich, sowie Hagemann, Art. Eigentum, Abs. II.

168 Bspw. Mémoire sur la possession d'Arguin, s. d. [26.10.1698], AAE, MD, Afrique 12, fol. 164r–170v, hier: fol. 169v, auch in ANOM, C 6/28.

169 Siehe bspw. die niederländische Reponse au Mémoire dela Compagnie des Indes sur les droits des François, dd. 20.05.1724, AAE, MD, Afrique 10, fol. 57r–62v, hier: fol. 57v.

finden: »Daraus folgt, dass die fremden Nationen herbeikommen könnten, um Forts in der Bretagne und im Poitou zu errichten, denn dies sind verlassene und unbewohnte Regionen.«[170]

Drittens stützten sich alle Parteien – sofern sie explizit auf Autoritäten zurückgriffen – auf ein und denselben Autor, nämlich Hugo Grotius.[171] Allerdings ist Grotius' Haltung zur Frage der *derelictio* und Präskription im Völkerrecht selbst alles andere als eindeutig. Er behandelt das Problem der Besitzaufgabe und der folgenden (Wieder)Besitzergreifung in einem eigenen Kapitel des zweiten Buches von *De Iure Belli ac Pacis*, umstandslos eingeleitet mit dem Satz: »Es erhebt sich die schwierige Frage vom Recht der Verjährung.«[172] Dieses Recht sei durch staatliches Gesetz eingeführt worden, es fällt also in den Bereich des positiven Rechts. Daher sage, so Grotius weiter, Fernando Vázquez de Menchaca, ein Vertreter der spanischen Spätscholastik, dass die Verjährung nicht zwischen zwei unabhängigen Völkern oder Königen greifen könne, sie keinen völkerrechtlichen Grundsatz darstelle. Dieser Position stimmt Grotius zunächst zu, erklärt dann aber, dass sich große Missstände ergeben würden, ließe man die Verjährung nicht zu: »[...] denn die Streitigkeiten über die Herrschaft und über die Grenzen erlöschen dann durch keinen Zeitablauf. Dies führt nicht nur zur Beunruhigung vieler und zu Kriegen, sondern widerspricht auch dem natürlichen Rechtsgefühl der Völker.«[173]

---

170 »Il s'ensuivroit que les Nations Etrangeres pouroient venir batir des forts dans les Landes de Bretagne et de Poitou, parceque ce sont des Terres desertes et inhabitées.« Mémoire der Compagnie du Sénégal, joint à la replique precedente, dd. 26.10.1698, inseriert in das Mémoire qui prouve la souveraineté que le Roy a sur Arguin et la Compagnie du Senegal son droit utile, Kopie dd. 27.12.1711, ANOM, C 6/28, bzw. AAE, MD, Afrique 10.

171 Eine Referenz auf Grotius wurde wohl zuerst von Seiten der Brandenburger eingebracht, und zwar in einer Antwort auf ein französisches Mémoire, die auf den 12.09.1698 datiert; sie ist inseriert in das von André Brüe verantwortete Mémoire qui prouve la souveraineté que le Roy a sur Arguin et la Compagnie du Senegal son droit utile, Kopie dd. 27.12.1711, ANOM, C 6/28. Die brandenburgische Replik bezieht sich, wie auch alle weiteren auf Grotius verweisenden Texte, auf *De Iure Belli ac Pacis*.

172 *Gravis hîc difficultas oritur de usucapiendi iure.* Grotius, *De Iure* (1631 [1625]), lib. 2, cap. 4, S. 124; dt. Übers.: De Jure (1625), S. 166.

173 Dt. Übers.: Grotius, De Jure (1625), S. 166. Lat. Original: *Atqui id si admittimus, sequi videtur maximum incommodum, ut controversiae de regnis regnorúmque finibus nullo unquam tempore extinguantur: quod non tantum ad perturbandos multorum animos & bella serenda pertinet, sed & communi gentium sensui repugnat.* Ders., *De Iure* (1631 [1625]), lib. 2, cap. 4, S. 124.

Die Denkschriften, die zwischen der brandenburgischen und der französischen Kompanie im Herbst 1698 ausgetauscht wurden, stellen letztlich verschiedene Auslegungen dieser durchaus ambivalenten Position Grotius' dar. Die brandenburgische Seite berief sich in erster Linie auf Grotius' Ausführungen darüber, dass das Schweigen bzw. das Fehlen von Protest im Wissen um die Tatsache, dass ein anderer mein Eigentum okkupiert, als Verzicht auf dieses Eigentum zu werten sei: »Wenn daher jemand weiß, daß seine Sache im Besitz eines anderen ist, und er lange Zeit dem nicht widerspricht, so kann, wenn nicht das Gegenteil erkennbar ist, dies wohl nicht in anderer Absicht geschehen sein, als weil er die Sache nicht mehr zu dem Seinigen rechnet.«[174] Die Crux dabei ist freilich, was genau unter »langer Zeit« zu verstehen ist, eine Frage, die Grotius zwar diskutiert, aber letztlich nicht klar beantwortet.[175] Die Zweijahresfrist, die die Brandenburger im September 1698 als die Ansicht von »jurisconsultes de reputation« ausgaben, erscheint in jedem Fall ungewöhnlich kurz.

Darauf antwortete die Compagnie du Sénégal im Oktober 1698 und fügte ihrem Schreiben eine ausführliche Denkschrift bei, wobei Antwortschreiben und Denkschrift in einigen Punkten voneinander abwichen.[176] Die Denkschrift greift die juristische Argumentation auf und rekurriert wiederum auf Grotius. In Bezug auf die Präskriptionsfrist argumentiert das französische

---

174 *Sic qui rem suam ab alio teneri scit, nec quicquam contradicit multo tempore, is nisi causa alia manifestè appareat, non videtur id alio fecisse animo quam quod rem illam in suarum rerum numero esse nollet.* Grotius, *De Iure* (1631 [1625]), lib. 2, cap. 4, 5, S. 126f., dt. Übers.: De Jure (1625), S. 168, unter Rekurs auf röm. Recht (Ulpian, Paulus). – Verweise in der brandenburgischen Antwort vom 12.09.1698, inseriert in das Mémoire qui prouve la souveraineté que le Roy a sur Arguin et la Compagnie du Senegal son droit utile, Kopie dd. 27.12.1711, ANOM, C 6/28, Abs. 10.

175 Grotius, *De Iure* (1631 [1625]), lib. 2, cap. 4, 5–7, S. 126ff., dt. Übers.: De Jure (1625), S. 167f., u.a. mit Verweis auf die ausführliche Diskussion der Präskriptionsfristen bei Suárez, *Tractatus* (1675 [1613]), lib. 7, cap. 15, S. 473ff., die er inhaltlich aber nicht berücksichtigt. Suárez plädierte für zehn Jahre als Frist für Abwesende, 20 Jahre als Frist für Anwesende. Grotius hingegen nennt explizit nur die Angaben in römischen Quellen, die 100 Jahre als Zeitraum bestimmen.

176 La Replique de la Compagnie du Senegal, dd. 26.10.1698, Abs. 10, inseriert in das Mémoire qui prouve la souveraineté que le Roy a sur Arguin et la Compagnie du Senegal son droit utile, Kopie dd. 27.12.1711, ANOM, C 6/28; Mémoire sur la possession d'Arguin, s. d. [26.10.1698], AAE, MD, Afrique 12, fol. 164r–170v, hier: fol. 169v, auch in ANOM, C 6/28. – Abweichungen bestehen etwa in der Frage des Schweigens, das in dem Schreiben als Vermeidung eines Waffengangs ausgegeben wird, während in der Denkschrift bestritten wird, dass man geschwiegen habe.

Memorandum näher an Grotius' Text als die Brandenburger mit ihrer Zweijahresfrist, die dann entsprechend auch als »contraire a tous les principes du droit des gens« verworfen wird. Dabei wird allerdings eine Entschiedenheit des Referenztextes suggeriert, die dieser nicht aufweist. Hinsichtlich der Willensbekundung war nach französischer Auffassung eine explizite »déclaration« notwendig, die im Falle Arguins eben nicht vorliege; alle anderen Vorgehensweisen, um die Intention des Verlassenden aufzudecken, seien zweifelhaft und dunkel (»obliques«). Für die Ersitzung sei mit Grotius ein »tems immemorial«, d.h. mindestens die Zeitspanne eines Menschenlebens oder gar 100 Jahre, anzusetzen. Derartige Überlegungen zur Ersitzung seien im vorliegenden Fall, so die französische Denkschrift weiter, aber ohnehin irrelevant, weil die Compagnie du Sénégal durch ihr Verhalten nach 1685 gezeigt habe, dass sie niemals die Absicht gehabt habe, Arguin aufzugeben und den niederländischen Besitz anzuerkennen. Dieser Besitz sei demnach unrechtmäßig. Abschließend geht es noch einmal ums Grundsätzliche: Das Völkerrecht, das keine andere Grundlage habe als die natürliche Gleichheit (»l'equité naturelle«), dulde nicht, dass etwas, das seinem Prinzip nach unrecht sei, durch Schweigen oder Zeit autorisiert werde. Damit berief sich die Kompanie auf die römisch-rechtliche Maxime *Ex iniuria ius non oritur*, eine Maxime, der Grotius hingegen eher ambivalent gegenüberstand.[177] Schließlich wird das Prinzip der Präskription für das Völkerrecht insgesamt

177 Dieser Maxime wird die ebenfalls aus dem römischen Recht stammende Maxime *Ex facto ius oritur* entgegengestellt; gerade im Völkerrecht bleibt ihr Verhältnis weiterhin umstritten. Grundsätzliche, auch rechtsphilosophische Überlegungen hierzu bereits bei SCHÄTZEL, Recht, bes. § 7 und § 8; siehe zum spezifischen Fall der Ersitzung auch MENZEL, Art. Gebietserwerb, S. 620 f., und ZELLER, Ex Facto, S. 104 ff. Grotius äußert sich in dem Kapitel zur Ersitzung selbst explizit zu dem Grundsatz *Ex iniuria ius non oritur*: »Aus dem, was ich gesagt habe, geht hervor, daß zwischen Königen und freien Völkern nicht bloß durch freie Übereinkunft, sondern auch durch Aufgabe des Besitzers Rechte erworben werden können, wenn Besitzergreifung nachfolgt oder dadurch legitimiert wird. Denn die Regel, daß, was von Anfang an ungültig war, durch Späteres nicht gültig werden kann, gilt dann nicht, wenn ein an sich zur Begründung des Rechtes geeigneter Umstand später hinzutritt.« GROTIUS, De Jure (1625), S. 171; *De Iure* (1631 [1625]), lib. 2, cap. 4, 10, S. 128 f. Auch sein bereits zitiertes abwägendes Urteil am Ende des einleitenden Abschnitts scheint der französischen Position zu widersprechen und eher auf eine partielle Akzeptanz der *Ex facto ius oritur*-Maxime zu verweisen. – 1724 bemühte sich der niederländische Botschafter Hop um den Nachweis, dass Ludwig XIV. sich ebenfalls auf letztgenannte Maxime gestützt habe, und zwar in einem Konflikt um Neubelgien; siehe Brief von Hop an Morville, dd. 12.02.1724, ANOM, C 6/8.

in Frage gestellt, und zwar indem Grotius die von ihm zitierte und kritisierte Position Vázquez' als eigene Meinung in den Mund gelegt wird.[178]

Gegenüber dem brandenburgisch-französischen Austausch von 1698 bringt eine einschlägige niederländische Denkschrift von 1722 nichts wesentlich Neues. Hier wird zwar die Bezugnahme auf Grotius noch mit Verweisen auf Samuel Pufendorf sekundiert, im Grunde argumentieren die Niederländer aber wie zuvor die Brandenburger.[179] Dieses Mal reagierte die französische Seite – nun die Compagnie des Indes, die 1718 die Compagnie du Sénégal abgelöst hatte – jedoch ganz anders: Nachdem sie wie üblich auf die legitime Eroberung 1678, die königlichen Patentbriefe sowie die fortwährende Ausübung des Prisenrechts im Konzessionsgebiet rekurriert hat, um den fortdauernden französischen Eigentums- und Souveränitätstitel an Arguin zu behaupten, wird weiterhin konstatiert, dass auch die Niederländer sich auf vergleichbare Prinzipien stützten, um die Besitztitel für ihre Kolonien in Afrika, Asien und Amerika zu legitimieren:

> »Man muss sich also an den Gebrauch halten, der von allen europäischen Nationen in den Kolonien, die sie in anderen Teilen der Welt haben, gepflegt wird. Dies ist keinesfalls ein Gegenstand, bei dem man die Aussagen [sentiments] Grotius' oder Puffendorfs [sic] konsultieren muss, [denn es geht um das], was im Allgemeinen den Besitz eines Landes konstituiert.«[180]

---

178 »[Grotius] declare que les prescriptions ordinaires ne peuvent suffire parceque [ces] sont des lois arbitraires qui n'ont point de force entre deux Princes ou deux peuples libres [...]«; Mémoire sur la possession d'Arguin, s. d. [26.10.1698], AAE, MD, Afrique 12, fol. 164r–170v, hier: fol. 169v, auch in ANOM, C 6/28.

179 Reponse au Memoire de la Compagnie des Indes sur les droits des François sur Arguyn, et sur le commerce exclusif du Senegal, mit Empfangsvermerk vom 29.05.1722 [vermutlich vom 22.05.1722], ANOM, C 6/28, bzw. AAE, MD, Afrique 10, fol. 57r–62v, hier: fol. 57v (dort dd. 20.05.1724), und in ANOM, C 6/28 (s. d.). Aufgrund des Argumentationsgangs und der französischen Repliken von 1722/23 erscheint das erste Datum wahrscheinlicher; zudem wird das Dokument in einem alten Inventar (C 6/28) zwischen 1722 und 1723 eingeordnet. – Die Verweise auf Grotius (II, 4, 5 und XI) und Pufendorf (V, 6 und 12) lassen sich auflösen als Grotius, *De Iure* (1631 [1625]), lib. 2, cap. 4, 5 und 11, S. 126 und S. 129f., dt. Übers.: De Jure (1625), S. 167f. und S. 171, sowie Pufendorf, *Libri* (1694 [1672]), lib. 4 (!), cap. 6, S. 530–546, und cap. 12, S. 640–654, dt. Übers.: *Bücher* (1711 [1672]), Bd. 1, Buch 4 (!), Kap. 6, S. 905–930, und Kap. 12, S. 1005–1022.

180 »Il faut donc s'en tenir a l'usage reçeu par toutes les nations de l'Europe [pour] les Colonies qu'elles ont dans les autres parties du monde, et ce n'est point une matiere sur lequ'elle [sic] il s'agisse de consulter les sentiments de Grotius, ni de Puffendorf [sic], sur ce qui etablit en g[énér]al la proprieté d'un pays.« Mémoire servant de reponse a celuy des Hollandois sur la prise du Fort d'Arguin par la Compagnie des Indes, dd. 02.07.1722, C 6/28. Hierbei handelt es sich

Anders als 1698 bewegt sich die Antwort eben nicht mehr im Rahmen einer differierenden Interpretation der Texte Grotius' und Pufendorfs. Vielmehr verwirft sie pauschal den Rekurs auf solche ›Theoretiker‹ zugunsten einer unscharf bleibenden Rechtspraxis bzw. eines »Brauchs« (»usage«).[181] Im Subtext wird suggeriert, dass diese Autoren von der Rechtspraxis abwichen und gleichsam unzulässige Neuerungen einführten.

Auch in diesem Fall erweist sich an der Frage der Aufgabe, dass vermeintlich klare Sachverhalte bereits mit strategischen Deutungen verbunden sein konnten. Auch die diesbezüglichen Rechtspositionen waren offensichtlich nicht doktrinär festgelegt, sondern bedienten sich strategisch verschiedener, zum Teil auch sich widersprechender Argumentationen. Mehrheitlich gingen die involvierten Akteure dabei von einem universell gültigen Völkerrecht aus und bewegten sich argumentativ im Rahmen differierender Auslegungen von Texten des Hugo Grotius, dessen Popularität hier nicht zuletzt durch seine Ambiguität begründet gewesen scheint. Dies schließt aber nicht aus, dass im Einzelfall auch Theorie bzw. der gelehrte Diskurs gänzlich abgelehnt und eine Differenz zwischen europäischem und außereuropäischem Rechtsraum über ein Gewohnheitsrecht konstruiert werden konnte. Eine solche Position wurde hier aber nicht von den Niederländern vertreten, wie es in Bezug auf die Goldküste der Fall war, sondern von den Franzosen.

c. *Patentbriefe vs. Zessionsverträge – die Frage indigener Souveränität*

Stärkere Differenzen zwischen den Konfliktparteien zeichnen sich im Hinblick auf die Rolle und den Status westafrikanischer Herrscher ab, hier in erster Linie des Emirs von Trarza: Während die Brandenburger (nach ihnen später auch die Niederländer) sich auf einen Vertrag mit diesem sogenannten »König von Arguin« beriefen und damit einen Zessionsakt als wesentliche Grundlage ihres Besitztitels anführten,[182] stützten die Franzosen ihre

---

wahrscheinlich um eine Denkschrift der Compagnie des Indes für den König und seinen Rat.

181 Vgl. Kelley, Idea, bes. S. 146f., dort auch zur spezifisch französischen Tradition der »Gewohnheit«.

182 Vgl. u.a. Mémoire des Ambassadeurs de Brandenbourg touchant l'Etat de l'Affaire de l'Isle & Fort d'Arguin, presenté à la Médiation, 1697, in: *Mémoires et actes*, Bd. 3 (1699), S. 388f.; brandenburgisches Mémoire, dd. 12.09.1698, Punkt 4, inseriert in das Mémoire qui prouve la souveraineté que le Roy a sur Arguin et la Compagnie du Senegal son droit utile, Kopie dd. 27.12.1711, ANOM, C 6/28; Brief von Hop, dd. 27.04.1723, AAE, MD, Afrique 10, bzw. ANOM, C 6/28.

Rechtsansprüche bis 1717 vorrangig auf die Patentbriefe und andere Akte des französischen Königs zur Privilegierung der Compagnie du Sénégal. Diese königlichen Akte beziehen sich nur zum Teil explizit auf Arguin, hauptsächlich definieren sie allgemein das Konzessionsgebiet der Kompanie und reklamieren zugleich die Souveränität über dieses Gebiet für den französischen König. Sie haben damit gleichsam eine performative Funktion: Sie verleihen ein Recht (an die Kompanie) und begründen zugleich das Recht (des Königs), dieses Recht zu verleihen.[183]

Gegen die Ableitung eines Souveränitätstitels aus den königlichen Patentbriefen wandten Kritiker ein, dass hier zwei Rechtssphären unzulässig vermischt würden, indem durch staatsrechtliche Akte Völkerrecht gesetzt werden solle. In diesem Zusammenhang setzte die niederländische Kompanie in einem Statement von 1724 ihrerseits die Strategie des absurden Beispiels ein. Wenn die Compagnie du Sénégal aus wiederholten staatsrechtlichen Akten bezüglich einer Sache, die Eigentum eines anderen ist, einen völkerrechtlichen Souveränitäts- und Eigentumstitel ableiten könne, müsste auch den spanischen Königen das Herzogtum Burgund sowie dem englischen König die französische Krone rechtmäßig zustehen, da beide die Titel weiter führten, obwohl sie die entsprechenden Gebiete nicht (mehr) besäßen.[184]

Obwohl die französische Seite dieser niederländischen Kritik eine gewisse Berechtigung nicht absprach,[185] sah sie nicht von einem Rekurs auf die

---

183 Eine vergleichbare Konstruktion stellen die englischen *letter patents* und *charters* dar; zu ihrem rechtlichen Hintergrund ausführlich MacMillan, Sovereignty, Kap. 3, bes. S. 106ff. Muldoon hat herausgestellt, dass etwa die in Bezug auf Neuengland erlassenen *charters* letztlich auf kanonisches Recht und insbes. auf päpstliche Bullen wie *Inter caetera* zurückgehen; Muldoon, Discovery, bes. S. 31–46.

184 Reponse au Memoire de la Compagnie des Indes sur les droits des Francois sur Arguyn, et sur le commerce exclusif du Senegal, mit Empfangsvermerk vom 29.05.1722 [vermutlich 22.05.1722], ANOM, C 6/28, dort eine weitere, undatierte Abschrift; zudem auch in AAE, MD, Afrique 10, fol. 57r–62v (mit falschem Datum: 20.05.1724).

185 So auch in der Instruktion für den französischen Botschafter in Den Haag von 1726, wo auf die Patentbriefe verwiesen, dann aber konstatiert wird: »Il est vray que des lettres patentes d'un Souverain ne peuvent pas faire un titre de proprieté contre les autres Nations, mais elles sont une preuve certaine de possession, surtout quand elles ont esté enregistrés toutes les cours [...]«; Mémoire pour servir d'instruction a M. l'Ambassadeur du roy près les Estats generaux des Provinces unies, concernant les pretentions des mesmes estats generaux sur le fort de Arguin en Afrique, dd. 10.01.1726, ANOM, DFC XIII/75, no. 14. Entsprechende Kritik war bereits 1724 in einer Denkschrift und in einem Schreiben des nieder-

Patentbriefe ab, sondern schwächte lediglich ihren argumentativen Stellenwert ab. So berief sich Fénelon, der Botschafter Frankreichs bei den Generalstaaten, gemäß seinen Instruktionen 1726 nicht mehr auf die Patentbriefe als hauptsächliche Quelle des französischen Besitz- bzw. Souveränitätstitels. Vielmehr erwähnte er sie nur noch im Zusammenhang mit dem beanspruchten exklusiven Handelsrecht. Dieses sei auf die mehrfach erneuerten Patentbriefe gegründet, die die Grenzen der Konzession vom Kap Blanc bis zum Fluss Sierra Leone festlegten. »Hierbei handelt es sich keineswegs um einen ungenauen Bezeichnung eines Gebiets, über das eine Kompanie eine Konzession lediglich aufgrund des Titels beansprucht, sich dessen bemächtigen zu können. Die Franzosen *besitzen tatsächlich* [*en effet*] die ganze Küste, entweder durch Siedlungen oder durch Forts.«[186] Damit brachte Fénelon ein Effektivitätsprinzip ins Spiel, das in der Literatur häufig als spezifisches Charakteristikum englischer oder niederländischer Rechtskonzeptionen gilt, letztlich aber auf römisch-rechtlichen Grundsätzen beruht.[187]

Fénelon sprach weiterhin von einem »Überfluss an Rechten« (»surabondance de droit«) und verwies auch auf einen Zessionstitel, der ebenfalls das Recht der Kompanie begründete. Konkret handelt es sich um einen Vertragsschluss zwischen dem Kompaniedirektor André Brüe und Alichandora, Emir von Trarza, der in früheren Denkschriften keine Erwähnung gefunden hatte, weil er von Juli 1717 datierte und damit erst mitten in dem Konflikt entstanden war. In diesem Vertrag räumte der Emir, so Fénélon, der französischen Kompanie das exklusive Handelsrecht in seinem Herrschaftsgebiet zwischen Tanit und dem Senegalfluss ein und gestattete ihr allein, in diesem Gebiet Forts und Stützpunkte zu errichten.[188]

ländischen Botschafters Hop formuliert worden: Reponse au Memoire de la Cie des Indes sur les droits des Francois sur Arguyn, et sur le commerce exclusif du Senegal, dd. 20.05.1724, AAE, MD, Afrique 10, fol. 57r–62v, bzw. ANOM, C 6/28, und Brief Hops an Ludwig XV., dd. 20.12.1724, ANOM, C 6/8.

186 »Ce n'est point icy une expression vague d'un Pays dont une Compagnie se forme une concession par le seul titre en vue de s'en emparer. Les François *occupent en effet* toute l'etendue de cette Côte ou par des Habitations ou par des Forts.« Mémoire von Fénelon, dd. 11.11.1726, ediert als Anhang in Monod, Île, S. 272 [Hervorhebung von mir; C. B.].

187 So z.B. Damler, Recht, S. 11f. Ähnlich Seed, Ceremonies, S. 9f. und Kap. 1 (für England).

188 Entgegen der Feststellung von Monod, Île, S. 117, und Delcourt, France, S. 190, Anm. 63, ist der Vertrag in den Archives d'Outre-Mer durchaus aufzufinden; Vertrag mit Alichandora [Ali Chadurah], Emir von Trarza (Abschrift), dd. 29.07.1717, ANOM, 40 COL 1, Nr. 22. Darin ging es nicht nur um das Handelsrecht, vielmehr zedierte Alichandora der Compagnie auch die Küste seines Landes samt jeglichen Herrschaftsrechten und aller Rechtsgewalt (Art. 1: »Il

Das Mémoire Fénelons von 1726 sowie eine andere Stellungnahme vom Februar 1724 zeigen, dass auch die französische Seite auf einen Zessionstitel zurückgriff, wenn sich dies anbot. Er hatte aber eher ergänzende denn selbstständig begründende Funktion, wurde mehrfach sogar als *Bestätigung* der Besitzrechte präsentiert, die die Kompanie vor Vertragsschluss bereits innegehabt habe.[189] Die Patentbriefe sowie für den spezifischen Fall Arguins die Eroberung 1678 und deren Anerkennung im Frieden von Nijmegen standen stets im Vordergrund, der zusätzliche Rekurs auf vertragliche Zession wurde mehrfach als »surabondance de droit« gekennzeichnet. In einer internen französischen Quelle von 1726 wird konstatiert: »Bei dem Vertrag mit Hali-Kan-Dora geht es weniger darum, das Eigentumsrecht zu erwerben, als vielmehr darum, eine kommode und nützliche Allianz zu schließen. Das exklusive Privileg mit dem Besitz begründet das wahre Recht.«[190] Damit versuchte man intern vermutlich, eine mögliche Lösung für das Problem einer doppelten Souveränität zu entwickeln, wie es sich Valckenburgh mit seiner zweigleisigen Herleitung des niederländischen Eigentums- und Souveränitätsrechts über Eroberungs- und Zessionstitel eingehandelt hatte. Nach außen ließ man hingegen den Stellenwert des Vertrags nach wie vor im Unklaren.

Die brandenburgische Kompanie war ebenfalls in Besitz einschlägiger Oktrois des Kurfürsten, schrieb ihnen aber in ihrer Argumentation keine rechtsbegründende Qualität zu, sondern stützte sich in erster Linie – neben der ausgedehnten Behandlung der Dereliktionsfrage – auf den Rekurs auf

---

luy a par les presents volontairement cédé et transporté dés maintenont et a toujours le terrain cy dessus designé, pour en joüie par elle et ses successeurs en toutte proprieté avec tous droits de seigneurie directe et de Justice a commencer de joüissance de ce Jourdhuy«). Es ist nicht eindeutig zu klären, warum Fénélon diese weiter gehende Verleihung nicht erwähnt; mglw. kannte er den Vertrag im Wortlaut nicht. Dann bleibt aber die Frage, warum man ihm nur dergestalt beschränkte Informationen zur Verfügung stellte.

189 Französische Antwort, dd. 27.02.1724, ANOM, C 6/8.

190 »C'est moins pour aquerir [sic] le Droit de Proprieté, que pour se procurer une alliance commode et utile qu'on a traitté avec Hali-Kan-Dora. Le privilege exclusif avec la possession fait le vrai droit.« Observations sur le memoire de M Le Marquis de Fenelon, s. d. [wohl Anfang März 1726 bzw. vor dem 09.03.1726], ANOM, C 6/28 (zwei geringfügig unterschiedliche Versionen). – Die »Observations« stammen vermutlich von der Kompanie und wurden für den *contrôleur général* zur Vorbereitung neuer Instruktionen für Fénélon in Den Haag angefertigt.

den Vertrag, den sie 1687 mit den »seigneurs de la côte« geschlossen hatte.[191] Damit ist angesichts der unterschiedlichen Argumentation bei gleichen Möglichkeiten in der Tat davon auszugehen, dass auf französischer Seite eine andere Rechtspräferenz vorherrschte als bei den Brandenburgern und später den Niederländern.

Dies wird auch darin deutlich, dass es die Franzosen waren, die als Einzige explizit die Geltung eines Vertrages mit einem außereuropäischen Herrscher hinterfragten – alle anderen scheinen diese unhinterfragt vorausgesetzt zu haben. 1724 aber wandte eine französische Replik gegen eine Bezugnahme auf den brandenburgischen Vertrag mit dem »König von Arguin« (1687) ein, dass

> »diese Übereinkunft, von der man keine Kenntnis hat, nicht gleichwertig ist mit Rechtsakten, die allen europäischen Nationen bekannt sind, und mit Rechten, die allgemein anerkannt sind. Noch viel weniger kann diese Übereinkunft einem Souverän das Recht geben, sich in Besitz des Eigentums eines anderen Souveräns zu setzen, während sie sich im tiefsten Frieden befinden.«[192]

Damit wird die Geltungskraft von Verträgen an ihre Bekanntheit (in Europa) geknüpft, zugleich wird eine Abstufung von Geltungsgraden zwischenstaatlicher Verträge angedeutet. Um den eigenen Vertrag mit Alichandora von 1717 geltend zu machen, legten die Franzosen eine Abschrift des Vertrags vor und machten ihn so bekannt – was, so wird zumindest behauptet, die Brandenburger ihrerseits niemals getan hätten.[193]

Auch im Hinblick auf die Frage der indigenen Souveränität unterscheidet sich die französische Position von der brandenburgisch-niederländischen.[194] Aus dem oben stehenden Zitat geht bereits hervor, dass nach französischer Ansicht der lokale Emir, der Vertragspartner der Brandenburger, nicht im Besitz der Souveränitätsrechte über Arguin war. Für die Brandenburger hin-

191 So bspw. in dem Mémoire des Ambassadeurs de Brandenbourg touchant l'Etat de l'Affaire de l'Isle & Fort d'Arguin, presenté à la Médiation, 1697, in: *Mémoires et actes*, Bd. 3 (1699), S. 388f.

192 »[...] cette convention dont on n'a aucune conoissance, ne peut etre equivalente a des actes Connus de Touttes Les nations Europeennes, Et a des droits unanimement Consentis, Encore moins donner a un souverain Le droit de se mettre en Possession, du domaine d'un autre souverain, lors qu'ils sont touts deux en pleine paix.« Französische Antwort, dd. 27.02.1724, ANOM, C 6/8.

193 Allerdings wird in einem Inventar (wohl aus der ersten Hälfte des 18. Jhdts., ANOM, C 6/28) eine Abschrift des »Traité fait entre le Roy d'Arguin et l'Electeur de Prusse« vom 29.12.1687 erwähnt (no. 15). Die Abschrift stammte wohl aus dem Kontext der Auseinandersetzung um Arguin.

194 Vgl. auch Koltermann, Kolonialgeschichte, S. 18f.: »Der Wille der indigenen Mauren spielte für Frankreich keine Rolle [...].«

gegen war er dies sehr wohl und damit auch fähig, ihnen diese zu zedieren: »Wir haben einen Vertrag mit den *cabissiers* oder den Herren der Küste geschlossen. Da diese von einer Oberherrschaft befreit waren und so wieder ihre natürliche Freiheit erhalten hatten, besaßen sie auch das Recht, (frei) über ihr Land und ihre Orte zu verfügen.«[195] Genau dies wurde aber in der französischen Antwort bestritten: Ebenso wenig wie man selbst die Insel aufgegeben habe, besäßen die »seigneurs de la coste« irgendein Recht über Arguin und könnten über die Insel verfügen. Der brandenburgische Vertrag sei also »inutile« und stelle keinen authentischen oder sicheren Titel dar.[196] Die Frage der indigenen Souveränitätsrechte im Falle Arguins war demnach eng mit der oben diskutierten Frage der Dereliktion verbunden, dennoch scheinen die Positionen aber weiter gehende Implikationen gehabt zu haben. Insbesondere korrespondierte die Tendenz, indigene Souveränität zu verneinen, mit der Inanspruchnahme der Patentbriefe als Rechtsquelle.

Der niederländische Botschafter in Paris, Cornelis Hop, suchte, als im Verlauf der Auseinandersetzung im Februar 1724 von Seiten der Compagnie des Indes der Vertrag mit Alichandora angeführt wurde, die franzö-

---

195 »[On] a fait un Contract avec les Cabissiers ou Seigneurs de la Coste lesquels estant delivrées d'une force majeure et rentrant par la dans leur liberté naturelle ont eté en droit de disposer de leur pays et places.« Brandenburgisches Mémoire, dd. 12.09.1698, Punkt 4, inseriert in das Mémoire qui prouve la souveraineté que le Roy a sur Arguin et la Compagnie du Senegal son droit utile, Kopie dd. 27.12.1711, ANOM, C 6/28. – Der Vertragspartner der BAC war, nach zeitgenössischen Begriffen, hier allerdings ein König und keine Gruppe von *caboceers*. Vermutlich wurde im vorliegenden Fall der Vertrag von 1687 mit dem »König von Arguin« mit den Abkommen am Cape Three Points verwechselt, wo in der Tat aufgrund der andersartigen Herrschaftsstruktur in Ahanta eine Gruppe von *caboceers* als Vertragspartner fungierte; siehe den Vertrag mit drei *caboceers* vom Cape Three Points, dd. 16.05.1681, in: Jones (Hrsg.), Brandenburg Sources, no. 2, S. 17f. und S. 216f., sowie den Vertrag mit den *caboceers* vom Cape Three Points, dd. 05.01.1683, in: ebd., no. 7, S. 57f. und S. 249ff. Auch bei der Erstellung der Antwort fiel die fehlerhafte Bezugnahme auf *caboceers* in Arguin offensichtlich nicht auf. – Die Niederländer schlossen sich später der brandenburgischen Position im Hinblick auf die Rechtsfrage an, so in dem Brief des niederländischen Botschafters Hop, dd. 27.04.1723, AAE, MD, Afrique 10, bzw. ANOM, C 6/28, wo der preußische Besitz durch die »convention formelle« mit dem »Roy More qui êtoit Le Maitre du Pais« begründet wird.

196 Französische Replik auf das brandenburgische Mémoire vom 12.09.1698, dd. 26.10.1698, Punkte 3 und 4, inseriert in das Mémoire qui prouve la souveraineté que le Roy a sur Arguin et la Compagnie du Senegal son droit utile, Kopie dd. 27.12.1711, ANOM, C 6/28; siehe auch das Mémoire der Compagnie du Senegal, joint à la replique precedente, dd. 26.10.1698, ebd. bzw. AAE, MD, Afrique 10 (s. d.).

sische Souveränitätskonzeption als inkonsistent zu entlarven.[197] Zunächst stellte Hop zu Recht fest, dass der Vertrag sich nur schwer direkt auf Arguin beziehen lasse, da Arguin sich außerhalb des im Vertrag festgelegten Küstengebiets zwischen Tanit und dem Senegalfluss befinde.[198] Weiterhin sei zu bemerken, dass die französische Kompanie mit diesem Vertrag das Souveränitätsrecht der lokalen Fürsten (»le droit de souveraineté des Princes de la Coste«) anzuerkennen scheine, bei vielen anderen Gelegenheiten jedoch behaupte, sie selbst sei kraft der Patentbriefe souveräne Herrin des ganzen Landes (»maitresse souveraine de tout le pays«) mit alleinigem Handelsrecht und Eigentumsrecht über die Forts und Logien. In der Tat heißt es in dem Vertrag von 1717, Alichandora habe das Gebiet aus freien Stücken an die Kompanie übergeben, damit diese und ihre Nachfolger es als vollständiges Eigentum mit allen Herrschafts- und Jurisdiktionsrechten genössen, und zwar beginnend mit dem Tag des Vertragsschlusses.[199] Hier wird also die Annahme souveräner Herrschaftsrechte von Seiten der Kompanie erst mit dem Vertrag angenommen.

Grundsätzlich scheinen in der Frage der indigenen Souveränität sowie der Begründung von Herrschaftsrechten Differenzen zwischen den Konfliktparteien auf. Allerdings sollte man auch hier nicht von grundsätzlichen Differenzen ausgehen. Gerade in der Frage der indigenen Souveränität und der zweigleisigen Argumentation drängen sich die Parallelen zu dem oben diskutierten Fallbeispiel auf – allerdings mit vertauschten Rollen. Bestanden die Niederländer in Bezug auf Arguin auf der Annahme indigener Souveränität und Zessionsfähigkeit, so lehnten sie dies mit Blick auf die Goldküste nach 1656 tendenziell ab. Wiederum versuchte keiner der involvierten Akteure, mit einer Vorstellung teilbarer Souveränität zu argumentieren. Die Herleitung eines völkerrechtlichen Titels über Patentbriefe (teils mit effektiver Okkupation kombiniert) bleibt für den westafrikanischen Fall hingegen weitgehend ein französisches Spezifikum.

197 Refutation des Argumens contenus dans La Reponse au Memoire presenté au Roy par Mons. L'ambassadeur des Etats Generaux des Provinces Unies, dd. 04.05.1724, ANOM, C 6/28.

198 Vertrag zwischen André Brüe (Compagnie du Sénégal) und Alichandora, Emir von Trarza, dd. 29.07.1717, ANOM, 40 COL 1, Nr. 22, Art. 1: »[...] [du] terrain depuis Tanit, qui est a trois lieües au Nord de Portendic a 18. degrez 14 minutes de lattitude Nord jusqu'a l'Embochure de la Riuiere du Senegal qui est a 16 d[egre]z ce qui fait une distance de quarante quatre lieües deux tiers de Coste long la mer, et d'une lieüe de profondeur dans led^{t} terres [...].«

199 »Il luy a par les presentes volontairement cédé et transporté dés maintenont et a toujours le terrain cy dessus designé, pour en joüir par elle et ses successeurs en toutte proprieté avec tous droits de seigneurie directe et de Justice a commencer de joüissance de ce Jourdhuy.« Ebd., Art. 1.

d. *Bloß partikulare Interessen? Rhetorische Indienstnahmen des Verhältnisses von Souverän und Kompanie*

Bei dem Konflikt um Arguin stand der internationale und völkerrechtliche Charakter der Auseinandersetzung nicht in Frage. Auf andere Weise wurde aber auch hier der Status der Handelskompanien zum Gegenstand der Diskussionen, insbesondere im Hinblick auf das Verhältnis von Kompanie und Souverän.

1721 protestierte Cornelis Hop, Botschafter der Generalstaaten in Paris, gegen die französische Eroberung Arguins sowie die Misshandlung niederländischer Offiziere und die Kaperung eines Lastschiffes.[200] Hop erklärte, dieses gewaltsame Vorgehen zu Friedenszeiten erscheine den Generalstaaten so ungewöhnlich, dass man sich nicht vorstellen könne, dass es mit Unterstützung des Königs geschehen sei. Sicher würde dieser umgehend die Rückgabe von Fort und Schiff sowie Schadensersatzzahlungen veranlassen, denn die Generalstaaten seien von der Gerechtigkeit und dem guten Willen des Königs gegenüber der Republik der Vereinigten Niederlande überzeugt. Auf niederländischer Seite setzte Hop die Einheit zwischen Generalstaaten und Kompanie ohne weitere Thematisierung voraus – schließlich beklagte er sich im Namen der Generalstaaten über die Gewalt gegen die Kompanie.[201] Auf französischer Seite spielte er Kompanie gegen König aus. Er rekurrierte offensichtlich auf den hergebrachten Topos des gutwilligen, aber schlecht beratenen Königs. Auf diese Weise eröffnete er dem Adressaten einen eleganten Ausweg aus der Situation und setzte ihn zugleich unter Zugzwang. Der französische König muss keine Verantwortung für das Geschehene übernehmen, so das Angebot; die scheinbar schmeichelnden Aussagen über die Gerechtigkeit und das Wohlwollen werden geradezu an die Bedingung geknüpft, dass er das unrechtmäßige Vorgehen gegen die Niederländer nicht zu verantworten hat. Der König wird gleichsam an seine Verpflichtungen als guter Herrscher erinnert und auf diese Rolle festgelegt.

In einem Brief Hops an den Comte de Morville, den Staatssekretär für auswärtige Angelegenheiten, aus dem Jahr 1724 werden auch explizit die Direktoren der Kompanie als Verantwortliche genannt und ihre Bestrafung gefordert, die nach dem Handelsvertrag zwischen den beiden Ländern not-

200 Brief von Hop an den französischen König, dd. 09.10.1721, ANOM, C 6/28.

201 Noch deutlicher in einem späteren Brief Hops an den Comte de Morville, in dem er von dem »tort und injustice qu'on a fait a cette Comp: et *par elle* à La Republique même par les voyes de fait […]« spricht; Billet von Hop an Morville, dd. 14.03.1724, ANOM, C 6/8 [Hervorhebung von mir; C. B.].

wendig sei.[202] Dabei werden die »Freundschaft« zwischen den Niederlanden und Frankreich sowie der »Friede« zwischen den beiden Nationen als Maßstab für das Verhalten der Kompanien in Westafrika angelegt.

Diese beiden abstrakten Normen – Frieden und Freundschaft zwischen den beiden Nationen – werden auch von französischer Seite eingesetzt, um Verhaltenserwartungen zu formulieren und die eigenen Ziele durchzusetzen: So übersandte der französische Botschafter in Den Haag, der Marquis de Fénelon, im November 1726 den Generalstaaten eine neue Denkschrift über die Arguinaffäre, die gegenüber den vorangegangenen Verhandlungen vom April 1726 hartnäckig an den alten Positionen festhielt. Diese Denkschrift wurde von einer »Note préliminaire« begleitet, deren Ton ganz anders klang.[203] Es wurde auf das Bestreben des französischen Königs hingewiesen, eine enge Verbindung (»union intime«) zwischen den Niederlanden und Frankreich zu schaffen, die zweifelsohne von beiderseitiger Sorge begleitet sein müsse, auch die kleinsten Anlässe für Streitigkeiten zwischen ihren Untertanen auszuräumen. In diesem Geiste sei das Memorandum verfasst worden. Damit wird die Arguinaffäre einerseits zugunsten des höheren politischen Ziels der Freundschaft zwischen beiden Ländern zurückgestellt, andererseits das Verhalten in dieser Affäre mit den Beziehungen insgesamt und der normativen Erwartung freundschaftlichen Umgangs verknüpft.

Fénelon ging jedoch noch einen Schritt weiter: Nachdem er der Hoffnung des Königs, die Affäre möge bald beigelegt sein, Ausdruck verliehen hatte, konstatierte er: »Aber wenn es sich darum handelt, Handelskompanien im Hinblick auf gegensätzliche Interessen zu einer Einigung zu bringen, ist das nicht das Werk eines Tages.«[204] Es werde sogar unmöglich sein, wenn nicht der Souverän, durch höhere Einsicht geleitet, der Protektion, die er den partikularen Interessen zuteilwerden lasse, Grenzen setze. Hier wird die neuerliche Hierarchisierung und Unterordnung der konkreten Affäre also nicht mit einem Appell an den Freundschaftswillen, sondern an die Regierungskompetenz des Souveräns verbunden. In anderen Worten: Fénelon fordert die Generalstaaten auf, endlich von ihrer Protektion für die WIC

---

202 Brief von Hop an Morville, dd. 12.02.1724, ANOM, C 6/8; auch AAE, MD, Afrique 10.

203 Fénélon, Note française préliminaire, dd. 11.11.1726, ediert bei Monod, Île, S. 264–267; Memoire ou l'on voit le pour & le contre sur les differents entre la Compagnie Françoise des Indes & la Compagnie Hollandoise pour les Indes Occidentales, au sujet du Fort d'Arguin, & de tout ce qui s'est passé de part & d'autre à cet égard, dd. 09.11.1726, ediert ebd., S. 267–274.

204 »Mais lors qu'il s'agit de faire convenir des Compagnies de Commerce sur des interests opposés, ce n'est pas l'ouvrage d'un jour.« Ebd.

abzulassen und (stattdessen) weitsichtige Politik zu betreiben.[205] Eine verwandte Argumentationsstrategie hatte einst Michiel van Gogh, der niederländische Botschafter in England, angewandt, als er 1664 die Beschwerden über das Verhalten der WIC in Westafrika mit dem Argument abtat, unter Kaufleuten werde stets viel und schnell geklagt, um partikulare Interessen zu wahren.[206]

Offensichtlich spielen hier klassische Topoi diplomatischen Argumentierens hinein. Dennoch sind diese für die spezifische Frage des Charakters der Handelskompanien von Interesse. Die privilegierten Handelskompanien agierten vor Ort zwar im Namen des Souveräns und übten partielle Souveränitätsrechte aus. Dennoch bestanden Spielräume hinsichtlich ihres Verhältnisses und sollte man ihre Politik nicht vorschnell mit »der« Politik des Souveräns bzw. des Hofes identifizieren. Ebenso wie intern das Verhältnis des jeweiligen Herrschers zur Kompanie wandelbar und in Patronagebeziehungen eingebunden war,[207] war auch dessen Außendarstellung nicht eindeutig festgelegt. Zwar geht meines Erachtens die These von Heinz Duchhardt zu weit, dass die Indienstnahme von Handelskompanien für außereuropäische Aktivitäten gleichsam eine Entlastung der innereuropäischen Mächtebeziehungen dargestellt habe, indem hier die Verantwortlichkeit vom Sou-

---

205 Pikanterweise waren beide Verhandlungsführer auf niederländischer Seite, Cornelis Hop, der vormalige Botschafter in Paris, und Willem Boreel (der von Fénelon als Jan Boréel bezeichnet wird), der zukünftige Botschafter in Paris (1726/27), in der WIC engagiert; vgl. die entsprechende Bemerkung Fénélons in seinem Brief an Morville, dd. 19.02.1726, ANOM, C 6/28. Zu Hop vgl. Bussemaker, Art. Cornelis Hop (2), in: NNBW, Bd. 2, Leiden 1912, Sp. 601 f., zu Boreel, dessen Familie seit mehreren Generationen mit der WIC verbunden war, Regt, Art. Willem Boreel, in: NNBW, Bd. 9, Leiden 1933, Sp. 82 f.

206 Aitzema, *Saken*, Bd. 5 (1670), S. 87. »[...] waer op by den Heer Gogh in alle civiliteydt gheneralijck sijnde gheseydt, de klachten wel veel waren, maer (onder reverentie) veel tijdts ende meerendeel onghefondeert, datmen licht van klachten was onder den Cooplieden, inhoope van particuliere interessen daer by te vinden [...].«

207 Im Falle Arguins wird dies u.a. daran deutlich, dass die Compagnie du Sénégal nach dem Tode Colberts in große Probleme geriet, da ihr nun ein einflussreicher Protektor fehlte. Dies ist ein Grund dafür, dass die Compagnie in den 1680er und 1690er Jahren kaum die Restitution Arguins vorantreiben konnte; siehe auch die entsprechenden Klagen in dem Estat present de la Compagnie du Sénégal, dd. 1695, ANOM, C 6/2, dazu u.a. Boulle, Mercantilism, S. 108 f. Ähnlich wurde das Schicksal der brandenburgischen Kompanie wesentlich durch den Herrschaftswechsel in Preußen von Friedrich I. zu Friedrich Wilhelm I. mit bestimmt; dazu kurz Jones, Introduction, S. 10 f.

verän abgelenkt wurde,[208] schließlich verwandelten sich oft genug Konflikte zwischen Handelskompanien in ›Staatsaffären‹. Man kann Duchhardt aber insofern zustimmen, als die Handelskompanien gewisse Spielräume für innereuropäische Diplomatie eröffnen *konnten*.

2.3 Zwischenfazit

Völkerrecht diente in der Frühen Neuzeit nicht allein zur Legitimation von (protokolonialen) Rechtsansprüchen, sondern ebenso zu deren Delegitimation und Kritik. Einmal mehr ist die Realität hier komplexer und uneindeutiger, als es die einfache These vom Völkerrecht als Komplizin des Kolonialismus suggeriert. In europäischen Texten wurde *erstens* überwiegend die allgemeine Gültigkeit und Geltungskraft des Völkerrechts vorausgesetzt, das naturrechtlich fundiert sei. Die Allgemeingültigkeit konnte sogar zum Prüfstein für von gegnerischen Parteien herangezogene Rechtskonstruktionen werden. Es gab allerdings auch einige interessengeleitete Sonderrechtskonstruktionen, die üblicherweise mit Gewohnheitsrecht und Rechtsbrauch argumentierten und darüber einen differenten Rechtsraum in Außereuropa postulierten, so im Hinblick auf Handelsmonopole oder Präskription. Diese Sonderrechtskonstruktionen wurden von den Kontrahenten in der Regel wiederum mit naturrechtlichen, allgemein verfassten Argumenten (o. Ä.) gekontert. Zudem wurden sie nicht konsistent vertreten; in den analysierten Fällen verwendeten dieselben Akteure zu anderen Zeiten oder in anderen Kontexten wiederum naturrechtlich-universelle Völkerrechtskonzepte. Explizite *terra-nullius*-Konzeptionen konnten für die untersuchte Zeit nicht nachgewiesen werden.[209] Insofern kann man meines Erachtens nicht von zwei Völkerrechtssystemen sprechen, wie sie in der Literatur immer wieder angenommen werden. Dass im Untersuchungszeitraum naturrechtliche Völkerrechtskonzeptionen dominieren, passt zu bisherigen Ergebnissen der Forschung, die einen Wandel von naturrechtlichen zu positivistischen Konzeptionen im späten 18. Jahrhundert ansetzen.[210]

---

208 Duchhardt, Balance, S. 86 f., der zudem von einem Konsens über »besondere Spielregeln« in Übersee ausgeht.

209 Anders jedoch u. a. Malettke, Hegemonie, S. 49. Bloß aus mangelndem Interesse hätten die Europäer diese Konzeptionen hier jedoch nicht vor dem 19. Jhdt. durchgesetzt. Auch er stellt allerdings fest, dass in Afrika zahlreiche Verträge abgeschlossen wurden.

210 Nussbaum, History, S. 175 ff.; Grewe, Epochen, S. 591 ff.; Ziegler, Völkerrechtsgeschichte, S. 172 und S. 187 ff.; Anghie, Imperialism, S 40 f. Siehe auch kurz Lingens, Europa.

Trotz der Annahme einer weitgehenden Rechtsgleichheit wurde die Souveränität indigener Herrscher unterschiedlich eingeschätzt.[211] Allerdings gründeten sich Positionen, die westafrikanischen Herrschern Souveränität absprachen, eher selten auf generelle Postulate, sondern bezogen sich auf konkrete Fälle. Letztlich beriefen sich alle europäischen Konfliktparteien, welche Position zur Souveränitätsfrage sie auch einnehmen mochten, auf Verträge mit afrikanischen Herrschern. Dies deutet bereits implizit an, dass wir es mit einer komplexen Rechtspraxis vor Ort zu tun haben, in der die afrikanischen Herrscher notwendig mit einbezogen werden mussten.

Vergleicht man *zweitens* die verschiedenen Kompanien und ihre Rechtsargumentationen, so ist zu konstatieren, dass sich alle Beteiligten letztlich in einem gemeinsamen Bezugsrahmen bewegten.[212] Alle beteiligten Akteure rekurrierten auf römischrechtliche Prinzipien und bestimmte Autoritäten. Vor diesem Hintergrund – und auch im Vergleich zum in IV.2.1 diskutierten Beispiel – wird der eine Fall, in dem die französische Partei jegliche Völkerrechtslehre zugunsten des Gewohnheitsrechts ablehnte, als das erkennbar, was sie ist – keine landesspezifische Besonderheit, sondern eine zeitweilig eingenommene Position, ein »legal posturing«. Bei der Begründung von Souveränitätsrechten ist jedoch in der Tat eine Besonderheit auf französischer Seite zu bemerken: Wenn die Franzosen ihren völkerrechtlichen Titel in erster Linie von den königlichen Patentbriefen ableiteten, so standen sie damit zumindest im Westafrika der Zeit relativ allein da, wiewohl ähnliche Konstruktionen andernorts etwa auch von den Engländern genutzt wurden.

Alle Akteure verbanden Interessen mit ihren Rechtspositionen, sie vollzogen strategisches »legal posturing«. Sogar bei den scheinbar klaren Fakten spielte ein strategisches Momentum eine Rolle. Offensichtlich wurde keine systematische Rechtsexegese betrieben oder gar eine bestimmte dogmatische Linie verfolgt. Vielmehr passte man die Argumentation wechselnden Interessen- und Argumentationslagen an, auch unter Inkaufnahme interner Widersprüche. Daher scheint es auch kaum sinnvoll, distinkte natio-

---

211 Welcher völkerrechtliche Status westafrikanischen Herrschern seit dem 15. Jhdt. zugeschrieben wurde, ist in der bisherigen Literatur kaum untersucht worden. Einzig Peter Russell hat sich dieser Frage angenommen, sie allerdings nur an einem Beispiel, einer Episode aus der Chronik Rui de Pinas, diskutiert. Er betont die Diskrepanz zwischen einer christlich-höfischen Annahme einer *communitas fidelium* mit den getauften afrikanischen Königen und der Nichtakzeptanz dieser »egalitären« Konzeption durch die Mehrheit der Portugiesen; Russell, Kings. So interessant Russells Beobachtungen am Einzelfall auch sind, so sehr bedürften sie der breiteren Fundierung.

212 Dies also gegen die Position von Seed, Ceremonies, wie sie jüngst noch einmal von Stapelbroek, Trade, S. 343, vertreten wurde.

nale Rechtskulturen o.Ä. ausmachen zu wollen. Vielmehr zeigen die Auseinandersetzungen gerade, wie schnell Argumentationen die Seiten wechseln konnten.

Offensichtlich gab es verschiedene Umgangsweisen mit Normen, die auch parallel herangezogen werden konnten – so etwa das Prinzip der Akkumulation möglichst vieler Titel ohne Rücksicht auf Widersprüche, das wiederum mit einem Prinzip des logischen, widerspruchsfreien Rechtsideals zu kontern war. Vergleicht man die Grotius-Referenzen in den zwei Fallbeispielen, kann man ebenfalls solch unterschiedliche Umgangsweisen beobachten: Während den Grotius-Referenzen im ersten Fallbeispiel nicht nur ein instrumentell-argumentativer Stellenwert zukam, sondern vor allem auch eine symbolische Dimension, galt Grotius im zweiten Fallbeispiel, vor allem in den 1720ern, allen Parteien als Standardreferenz, ohne dass Fragen der Herkunft noch eine erkennbare Rolle gespielt hätten.[213] Grotius wurde aber nicht zuletzt zum Klassiker, weil seine Ausführungen und Prinzipien auch vom Ursprungszusammenhang seiner Werke abgelöst und eben auch gegen Niederländer gerichtet werden konnten. »Realitätswert« gewannen Normen auch hier im Wesentlichen dadurch, dass sie zitiert wurden.[214]

Die untersuchten Auseinandersetzungen waren *drittens* auch Auseinandersetzungen um den Status der Handelskompanien: Im ersten Fall ging es vor allem um die Frage der Völkerrechtsfähigkeit, die die WIC den skandinavischen Kompanien abzusprechen suchte. Dabei wurde umso deutlicher, dass die Inanspruchnahme des offiziellen diplomatischen Beschwerdewegs keineswegs ein bloßer Mechanismus ist, sondern auch eine symbolische Dimension besitzt: Der Protest des dänischen Königs machte die Auseinandersetzung unumgänglich zu einem internationalen Konflikt. Beim zweiten Fall wurde aufgezeigt, wie der Status von Kompanien zwischen nationaler Repräsentanz und partikularem Interesse argumentativ flexibel genutzt werden und dazu dienen konnte, Verantwortlichkeiten zu verschieben.

3. »The Custom of the Coast«: Transkulturelle Rechtspraxis?

»Einige solcher Ausdrücke (wie *penjare* in einem *palabre*) und anderes Neger-Portugiesisch benutzen die Bedienten an der Küste oft in ihren Berichten an ihre Vorgesetzten hier, wie auch jene in England und Holland. Ich weiß nicht, ob die englischen und holländischen Direktoren ihre Bedienten an der Küste verstehen,

---

213 Ein weiteres Beispiel der Grotius-Referenz in einer britisch-niederländischen Auseinandersetzung in den 1750er Jahren diskutiert KRABBENDAM, Reading, S. 39f.; er verweist dabei auch auf den einschlägigen Buchbestand in Elmina.

214 LUHMANN, Recht, S. 46.

ich weiß aber, dass wir [Dänen] hier ein Wörterbuch des Neger-Portugiesischen und Dänischen zusammenstellen müssten, damit die Berichte, die von der Küste kommen, verständlich werden.«[215]

Das Problem, das von dem dänischen Kaufmann Ludewig Ferdinand Rømer 1760 thematisiert wurde, ging über sprachliche Differenzen hinaus. Nicht nur Begriffe wie *palabre* [*palaver*] oder *penjare* [*panyarring*] dürften den Lesern in den europäischen Metropolen fremd erschienen sein. Vielmehr verwiesen diese Begriffe auf Praktiken, genauer gesagt auf Rechtspraktiken, die einer näheren Erklärung bedurften. Wie häufig, vor allem aber: wie selbstverständlich europäische Kompanieangestellte in der Korrespondenz mit ihren Vorgesetzten in der Heimat solche Termini verwendeten, kann als erstes Indiz dafür interpretiert werden, dass sich an der westafrikanischen Küste ein geteiltes Ensemble von Rechtspraktiken herausbildete. Dieses Ensemble – in den Quellen als »custom of the coast« oder »custom of the country« bezeichnet[216] – wird im vorliegenden Unterkapitel näher untersucht.

Eingangs wird die europäisch-afrikanische Vertragspraxis analysiert, anschließend greife ich beispielhaft jeweils zwei einzelne Rechtspraktiken auf, einmal aus dem Bereich der Absicherung von Rechtsgeschäften und einmal aus jenem der Konfliktführung. Die untersuchten Rechtspraktiken wurden in Außenbeziehungen und völkerrechtlichen Angelegenheiten angewandt. Nicht alle untersuchten Fälle aber würden einem (engeren) analytischen Begriff nach in den Bereich des Völkerrechts fallen. Wie bereits im vor-

215 »The staff on the Coast often use such forms of expression (namely to *penjare* during a *palabre*) and other Negro-Portuguese terms in their reports to their superiors here, as well as to those in England and Holland. I do not know if the English and Dutch directors understand their staff on the Coast, but I know that we here ought to compile a dictionary of Negro-Portuguese and Danish in order to make the reports which come from the Guinea coast comprehensible.« RØMER, Account (1760), S. 164f.; dänisches Original: *Tilfördeladig Efterretning* (1760), S. 207: »Slige Talemaader (nemlig at *penjare* i en *Palabre*) og andet Neger=Portugisisk, bruger Betienterne paa Kysten ofte i deres Berettninger til deres Superieurs her, saavelsom og i Engelland og Holland: Jeg veed ikke, om den Engelske og Hollandske Direction forstaaer deres Betientere paa Kysten, men jeg veed, at vi her burde forfærdige en Ordbog af Neger=Portugisisk og Dansk, for at giore Berettningerne, som komme fra Kysten Guinea, forstaaelige.«

216 Siehe für die Wendung »custom of the country« bspw. den Brief von Brathwaite und Cruikshank an die RAC, dd. 30.06.1729, TNA, T 70/4; für »custom of the Coast« z.B. Memorial of Agree Cudjoe, Linguist of Cape Coast Castle on the Gold Coast of Africa, relating to the Ahanta war, ebd., T 70/30, fol. 115r–117r, hier: fol. 116r (»Custom of the Coast of Guinea«).

angegangenen Abschnitt deutlich geworden ist, kann es hier jedoch nicht darum gehen, völkerrechtliche und nicht-völkerrechtliche Fälle analytisch stringent zu trennen. Vielmehr wurden viele der Beziehungen, in denen die untersuchten Rechtspraktiken zum Tragen kamen bzw. die durch diese konstituiert wurden, von den unterschiedlichen Beteiligten mal als interne Herrschaftsbeziehung, mal als Außenbeziehung interpretiert. Oft genug spielten eben bei dieser Interpretation auch unterschiedliche Deutungen der Rechtspraxis eine wesentliche Rolle.

Dass afrikanisch-europäische Rechtspraxis, vor allem in Gestalt von Verträgen, als Argument im innereuropäischen Diskurs geltend gemacht wurde und somit auch vor einem Horizont des europäischen Völkerrechtsdiskurses als wirkmächtig gedeutet werden konnte, hat das Kapitel IV.2 gezeigt. Der Blick auf Praktiken, insbesondere solche der Absicherung von Rechtsgeschäften, macht deutlich, dass es sich dabei auch aus Perspektive der Kompanien um mehr als bloße Argumente für den innereuropäischen Diskurs handelte. Es ging auch darum, möglichst bindende Vereinbarungen zu treffen und Streitfragen so zu klären, dass für eine Weile Frieden herrschte, kurzum: Lösungen zu finden, die vor Ort funktionierten. Dabei ist zum einen zu fragen, inwiefern fremde Rechtskonzepte und -praktiken übersetzt wurden. Zum anderen ist zu überprüfen, inwiefern sich eine geteilte Rechtspraxis entwickelte, die man transkulturell beschreiben könnte.

Ein besonderes Augenmerk gilt der Frage des Schriftgebrauchs (v. a. IV.3.1 und IV.3.3.1). Dabei soll der Blick auf Praktiken, insbesondere auf »Stile des Dokumentgebrauchs«, helfen, dieser Frage jenseits einer Dichotomie von europäisch-modernem schriftbasiertem und auf Rechtsrituale gestütztem archaischem afrikanischem Recht nachzugehen.[217] Anschließend an die Ergebnisse aus Hauptteil III zur Nutzung von Schriftlichkeit durch afrikanische Akteure ist hier weiter gehend zu fragen, inwiefern eine solche Nutzung in Bezug auf Rechtsgeschäfte stattfand und inwiefern sie möglicherweise die Rechtspraxis veränderte.

---

217 So ist nicht nur für die Frühe und Späte Neuzeit hinlänglich die anhaltende Bedeutung von symbolischen Akten auch bei Rechtsgeschäften nachgewiesen worden. Auch in theoretischer Perspektive kann die Entgegensetzung von Schrift und Ritual nicht tragen; vgl. DILCHER, Recht, sowie die Beiträge von Peter OESTMANN, Susanne LEPSIUS und Joachim RÜCKERT in STOLLBERG-RILINGER/NEU/BRAUNER (Hrsg.), Alles nur symbolisch. Siehe zudem SCHULZE (Hrsg.), Symbolische Kommunikation, wenn auch in der Einführung von DEMS./Lars OSTWALDT, ebd., S. 11–17, deutlich wird, dass hier eher ein materiales Verständnis des Symbolischen denn ein methodisch-theoretisches zugrunde gelegt wird.

3.1 Europäisch-afrikanische Vertragspraxis

Welche Bedeutung hatten die Verträge, die die europäischen Kompanien mit afrikanischen Herrschern schlossen? Der bekannte Völkerrechtler Arthur Nussbaum hatte auf diese Frage in den 1950er Jahren noch eine simple Antwort: »›Agreements‹ with native chieftains were sometimes added as a part of the occupation ceremonies, but they had only a decorative significance.«[218] Weder kann jedoch für Westafrika in der Frühen Neuzeit ernsthaft von »occupation« die Rede sein, jedenfalls nicht jenseits des unmittelbaren Baugrunds der Forts, noch waren die europäisch-afrikanischen Verträge »decorative«. Vielmehr wurden sie – wie gesehen – auch im europäischen Diskurs als Quelle für Rechtstitel verwendet.

Sicherlich gab es bereits zeitgenössische Stimmen, die an der Wirksamkeit von Verträgen zweifelten,[219] und sicherlich kann man in vielen Fällen nachweisen, dass die Verträge keineswegs wortlautgetreu umgesetzt wurden. Allerdings brachten auch Friedensverträge in Europa selten den allgemeinen Frieden für alle Zukunft, den sie versprachen. In diesem Sinne kommentierte der aufklärerisch gesinnte Arzt und Naturforscher Paul Erdmann Isert 1788 das »Fetiß-Essen« (d.i. ein Eid, siehe IV.3.2.a) bei der Abmachung von Verträgen:

> »Es wäre zu wünschen, daß dergleichen Eidesleistungen untrüglich wären, so würden wir nicht oftmals so verschiedenen Streitigkeiten ausgesezt [sic] seyn. Aber es gehet damit wie mit den meisten Verträgen der Europäer, die nur so lange dau-

---

218 Nussbaum, History, S. 67. Alexandrowicz, Confrontation beschäftigt sich für die Frühe Neuzeit allein mit Nordafrika sowie mit portugiesischen Vertragsschlüssen in Ost- und Zentralafrika. Eine ausführlichere Untersuchung der Vertragspraxis im Kontext der europäischen Expansion nun in Belmessous (Hrsg.), Empire, vgl. darin insbes. die Einleitung von ders., Paradox.

219 Die Verfestigung dieses Topos afrikanischer Untreue spiegelt sich bspw. in einer Äußerung von Dalby Thomas über die Untreue der Niederländer, die auch in Zeiten größter Freundschaft Freundschaftsverträge und -abkommen brächen, um Freundschaft würben und die striktesten Allianzabkommen eingingen und dennoch »will Blackman like keep none of them than its their supposed interest. So little Regard they have to their Words, promises, Agreements & show of friendship [...]«; Brief von Dalby Thomas an die RAC, Entwurf, dd. 30.07.1708, TNA, C 113/273, fol. 5r–30r, hier: fol. 5r, auch Brief dess. an die RAC, dd. 16.10., 01.11. und 01.01.1705/06 (abstract), ebd., T 70/5: »[...] that he recomends Peace to [the] Natives; that their [sic] is no dependence on Allyances [sic] with [the] Natives; that [the] King of Saboo took a fetish & broke it & the like of the King of Aguaffo [...].«

ern, wie eines jeden eigener Vortheil dabey gewinnt; wenn der aufhört, verändern sie ihre Gedanken, wie hier die Neger.«[220]

Für eine *geglaubte* Wirkmächtigkeit der Verträge spricht vor allem aber die Tatsache, dass Verträge – in Westafrika wie in Europa – in großer Zahl geschlossen wurden und im politischen Diskurs als handlungsleitend galten.

Manche Regelungen, die in europäisch-afrikanischen Verträgen getroffen wurden, sind verblüffend alltäglich: So finden sich neben den zahlreichen Abkommen über Land, Handels- und Souveränitätsrechte und Jurisdiktion auch Rechtsdokumente, die beispielsweise Strafen nach einem Entführungsfall[221] oder Abgaben auf den Fischfang festsetzten.[222] Dies spricht für eine allgemeinere Verbreitung der Vertragspraxis,[223] auch da man davon ausgehen muss, dass mehr Verträge existierten, als heute überliefert sind.

Gebrauchskontexte bestimmten die Überlieferungschancen und bis heute in den meisten Archiven den Überlieferungsort von Verträgen. Immer wieder tauchen Vertragsdokumente bzw. Vertragskopien in den Akten auf, wenn es um Konflikte, um Ansprüche, deren Beweis oder Widerlegung geht.[224] Eine systematische Edition dieser Verträge liegt bislang nicht

---

220 Isert, *Reise* (1788), S. 215. – Zu frühneuzeitlichen Reflexionen über dieses Problem vgl. kurz Köhler, Verhandlungen, S. 411 f.

221 Vertrag zwischen WIC (Joel Smits) und dem König von Asebu, dd. 12.04.1690, NA, TWIC 122, S. 42 ff.

222 Übereinkunft über den Fischzoll zwischen WIC (Jasper van Heusen) und den »hooftluiden« von Chama, dd. 13.11.1660, NA, NKBG 222, fol. 315 f.

223 Ich lege hier bewusst eine enge Definition von »Vertrag« zugrunde, die die Dokumentation eines Rechtsgeschäfts durch ein (rechtsverbindliches) Schriftdokument konstitutiv voraussetzt. Im weiten Sinne kann sich dieser Begriff Vertrag auch auf nicht schriftlich abgesicherte Rechtsgeschäfte zwischen unabhängigen Partnern beziehen; siehe dazu Bittner, Lehre, S. 1 f. Ich orientiere mich hier an der engen Definition, um die Trennschärfe zu wahren. In anderen Kontexten, etwa Untersuchungen zu innerafrikanischer Diplomatie dieser Zeit, mag es hingegen sinnvoll sein, den Begriff weiter zu fassen.

224 Einzig das ANOM hat die europäisch-afrikanischen Verträge in einem separaten Bestand erfasst (Base des traités bzw. 40 COL); diese Systematisierung wurde jedoch erst von Archivaren in der zweiten Hälfte des 20. Jhdts. vorgenommen und spiegelt nicht die Gebrauchsweisen kolonialer Administration des 19. Jhdts., wie man vor dem Hintergrund möglicher Kontinuitäten zwischen vorkolonialer Präsenz und der späteren Kolonie Afrique Occidentale Française vermuten könnte. – Für die niederländischen Bestände hingegen sind bis heute die frühneuzeitlichen Ordnungsstrukturen und Systematisierungsansätze maßgeblich (v. a. NA, OWIC 13, TWIC 122, NBKG 222–223). Dass die WIC Systematisierungsversuche in Sachen Vertragsarchivierung unternahm, ist bereits ein Alleinstellungsmerkmal und verweist darauf, dass sie auch diejenige Kompanie

vor.[225] Und anders als Abkommen etwa mit osmanischen Herrschern sind sie auch nicht in die einschlägigen frühneuzeitlichen Sammlungen aufgenommen.[226] Dies ist allerdings wohl weniger in dem Status der Verträge begründet, die die Handelskompanien »im Namen« (»in de naam en van wegen«) des jeweiligen Souveräns schlossen, als in der Definition von »Europa«, an der die Auswahl dieser Werke zumeist ausgerichtet war.

a. Schrift versus Ritual? Dokumentgebrauch und symbolische Akte

Wesentlich für eine differenzierte Beurteilung der Vertragspraxis ist es, nicht allein die Vertragstexte in den Blick zu nehmen, sondern Vertragsschlüsse als komplexere Handlungssequenzen zu untersuchen, innerhalb derer die Unterzeichnung eines Schriftstücks zwar ein bedeutendes Element darstellt, die sich aber keineswegs darin erschöpfen. Die Einbeziehung von Verhandlungen, Eidzeremonien, gemeinsamen Mählern usf. ist für den interkulturellen Kontext besonders wichtig.[227]

Die klassischen Modelle mit ihrer Unterscheidung von oralen und literalen Gesellschaften suggerieren eine klare Zuordnung der verschiedenen

---

war, die Verträge am ausgiebigsten als Argumente verwendete. Nicht zuletzt betrieb sie offenbar eine systematischere Vertragspraxis als ihre Pendants.

225 Anders ist dies im Falle der Verträge, die die VOC in Asien abschloss: Parry (Hrsg.), Treaty Series; Heeres/Stapel (Bearb.), Corpus. Im 18. Jhdt. erschienen bereits Teile dieses Materials in Valentijn, *Oost-Indiën* (1724–1726). Die Verträge aus Asien sind auch besser erforscht: vgl. etwa Steiger, Recht; Somers, VOC; Alexandrowicz, Introduction, v.a. Kap. 5–9; Kohler, Handelsverträge.

226 Siehe bspw. Dumont, *Corps* (1726–1731): In Bd. 8,1 (1731) sind bspw. der Vertrag zwischen den Generalstaaten und dem Bey von Tripolis (15.12.1703), S. 236ff., und das Friedensabkommen zwischen dem russischen Zaren und dem osmanischen Sultan (21.07.1711), S. 275f., enthalten; zum Europabegriff der Zeit siehe Lingens, Europa. – Verträge sind aber teilweise in die allgemeinen Editionen eingeschlossen, etwa in Jones (Hrsg.), Brandenburg Sources, oder Justesen (Hrsg.), Danish Sources, zudem gibt es verstreute Teileditionen, bspw. in der Dissertation von Daaku, Trade, S. 185–190.

227 Zur Verknüpfung von Schrift(stücken) und symbolischer Kommunikation vgl. insbes. die Arbeiten, die im SFB 496 im von Hagen Keller geleiteten Projekt »Urkunde und Buch in der symbolischen Kommunikation mittelalterlicher Rechtsgemeinschaften und Herrschaftsverbände« (A1) entstanden sind; z.B. Keller, Schriftgebrauch; Dartmann/Weber, Rituale; Weber, Schriftstücke; Dartmann, Schrift; ders., Friedensschlüsse, bes. S. 357f. Siehe auch Stollberg-Rilinger, Rituale, S. 229–234.

Elemente.[228] Heinz Duchhardt beispielsweise beschreibt europäisch-afrikanische Vertragsschlüsse, ausgehend von den brandenburgischen Abkommen mit den *caboceers* von Cape Three Points, folgendermaßen: »Zunächst wird in den afrikanischen Rechtsformen ein Rechtsverhältnis errichtet, dem dann die europäische Fixierung folgt – dann natürlich mit den nach europäischen Vorstellungen die Rechtsverbindlichkeit erst herstellenden Unterschriften, was die – an sich ja schriftlosen – afrikanischen Magnaten zwang, teils krampfhaft, teils durchaus kalligraphisch so etwas wie ein Handzeichen unter das Dokument zu setzen.«[229] Duchhardt legt hier eine Dichotomisierung von ritualbasiertem afrikanischem Recht auf der einen und schriftbasiertem europäischem Recht auf der anderen Seite zugrunde, die auf den ersten Blick durchaus einleuchtend erscheint.

Verschiedene Indizien wecken jedoch Zweifel an der Klarheit der Verhältnisse. Mindestens ist zu fragen, wie eine solche Dichotomie über mehrere Jahrhunderte unverändert fortexistiert haben kann, ohne dass es zu Veränderungen, zu Austausch- oder Transferprozessen kam. Die Dichotomie von ritualbasiertem und schriftbasiertem Recht soll daher im Folgenden überprüft und hinterfragt werden.

Erste Unordnung in Duchhardts geordnete Verhältnisse bringt die Tatsache, dass verschiedentlich die Handzeichen, die ihm zufolge die Rechtverbindlichkeit herstellten, zur Bekräftigung wiederum eigens beeidet wurden.[230] Sei es auch nur eine Vorsichtsmaßnahme gegen spätere Zweifel – deutlich wird jedenfalls, dass Handzeichen in diesem Zusammenhang auch den europäischen Zeitgenossen nicht unhinterfragt als wirkmächtig galten und hier offensichtlich dem Eid in gewisser Weise innerhalb des Vertragsakts die höhere Wirkmächtigkeit zugeschrieben wurde.[231]

Ebenso wenig passt *zweitens* ins Bild, dass Schriftzeugnisse in ›afrikanische‹ Praktiken einbezogen wurden. Im Falle des Vertrags zwischen den Fante und der englischen Kompanie von 1753, der zu Beginn dieses Kapitels erwähnt wurde, schickten die Priester von Nananom Mpow, dem wichtigs-

---

228 Insbes. in der Folge von Goody, Logik, bes. S. 143 ff. und S. 237 ff.; vgl. dazu kritisch Probst, Macht; Krüger, Schriftgebrauch; und dies., Schrift.

229 Duchhardt, Rechtsbeziehungen, S. 373.

230 Dies wurde dann allerdings wieder schriftlich festgehalten; so im Vertrag der WIC (Sweerts) mit dem König von Asebu, dd. 17.02.1688, NA, VWIS 1163 bzw. TWIC 122, S. 40–41 (Abschrift); Vertrag ders. (Sweerts) mit dem König, Dey und Tianin von Fetu, dd. 30.06.1688, NA, TWIC 122, fol. 37r–v.

231 Grundsätzlich zum Stellenwert symbolischer, nicht-verschriftlichter (bzw. erst nachträglich verschriftlichter) Akte für die Rechtsordnung innerhalb eines europäischen Landes u.a. auch Fox, Culture, Kap. 5.

ten Schrein oder Heiligtum der Fante,[232] vor der Unterzeichnung nach Cape Coast, um das Abkommen durch einen »Fetisch« abzusichern. Der englische Gouverneur Melvil berichtet:

> »The Priests of Bura Bura Weigan (i. e. the Father of Fantee) have sent here to make a Fetiche in the following manner. To write on a Piece of Paper in the English language these Words, ›the Practices & Designs of the French and John Currantee are bad.‹ Then the Messenger was ordered to carry the Paper to the Water-Side, there to tear it & throw it into the Water. I took this for a Joke, but Cudjo (who is a firm Believer in these Matters, tho he does not chuse to have it thought so) assured me that it was not so meant, and therefore takes Care to have it performed according to their Directions.«[233]

Hier fällt zunächst die scheinbar zwanglose Einbeziehung von Schrift in ältere sakrale Praktiken[234] ins Auge – das Meer galt als »Fetisch« des *braffo*, zudem brachten Fischer ihm aus naheliegenden Gründen Opfer dar.[235] Bemerkenswert ist des Weiteren die Rolle Cudjos, d.i. Cudjo Caboceers, des »Linguister and Messenger Extraordinary« der englischen Kompanie,[236] der zwischen den Priestern und dem englischen Gouverneur vermittelte. Die zentrale Bedeutung der Kompanie-*caboceers* und -*makelaars* als *cultural brokers* und Vermittler gerade auch in Rechtsangelegenheiten wird nachfolgend ausführlicher zur Sprache kommen (siehe unten, bes. Unterkap. IV.3.3).

Gerade aus dieser Gruppe stammte auch der Großteil jener Afrikaner bzw. Euroafrikaner,[237] die eine europäische Erziehung erhielten und lesen

---

232 Siehe Unterkap. I.4.2 und die dort angegebene Literatur.

233 A Diary or Narrative of Transactions with the Fantees from the Death of Intuffero King of Warsaw in 1753, TNA, T 70/1520.

234 Lohnenswert wäre es, hier vergleichend Parallelen durch Einflüsse islamischer Schriftkultur in Westafrika nachzugehen. Siehe u.a. die Hinweise bei McCaskie, Eclectism, S. 32f., auch zum Verständnis von Büchern und Verträgen als »fetish« bzw. als »heilig«.

235 Es gab u.a. auch die Regel, dass der *braffo* das Meer nicht sehen durfte; siehe u.a. den Brief de la Palmas an die Heeren X, dd. 25.09.1702, NA, TWIC 98. Ein ähnliches Tabu existierte mglw. auch im benachbarten Fetu; siehe den Brief von James Conget an die EIC, dd. 20.06.1659 (OS), in: Makepeace (Hrsg.), Trade, S. 50–53, hier: S. 51, und Müller, Landschafft (1676 [1673]), S. 105. Allgemein zur sakralen Bedeutung von Wasser bzw. Meer in Westafrika vgl. Law, Discovery.

236 Vgl. Henige, Chronology, S. 154f., und Carretta/Reese, Introduction, in: dies. (Hrsg.), Life, S. 1–25, hier: S. 5f.

237 Für die nördlichen Gebiete Westafrikas ist ohnehin von einer beträchtlichen Verbreitung arabischer Schriftlichkeit auszugehen. Dies belegen u.a. auch die zweisprachigen Verträge, die französische Kompanien in Senegambien schlossen; bspw. der Vertrag zwischen der Compagnie des Indes und Sambague-

und schreiben konnten.[238] Im späten 18. Jahrhundert hatten manche Herrscher der Küstenländer bereits Sekretäre. So war etwa Pierre Tamata, Sekretär des Herrschers von Porto-Novo, wohl auch für die Konzeption einiger Abkommen mit den Franzosen mit verantwortlich.[239] Dagegen bedienten sich die Herrscher der Inlandsreiche wie Asante und Dahomey eher der Schreibkenntnisse von Europäern, die sich mehr oder weniger freiwillig an ihren Höfen aufhielten.[240] Bereits die Existenz einer kleinen literaten Elite

---

laye [d.i. Sammba Gelaajo Jeegi], Herrscher von Fuuta Tooro, dd. 05.03.1737, ANOM, C 6/11; Vertrag zwischen der Compagnie du Sénégal und den Abgesandten des Almamy, dd. 04.08.1789, ANOM, 40 COL 9, no. 412. Vgl. auch Curtin, Change, S. 290ff., zu Senegambien und Koltermann/Rebstock, Briefe.

238 Auf einen frühen Beleg für einen literaten (und bibelkundigen) Afrikaner aus Elmina bei Marees, Beschryvinge (1602), S. 76, weist Deffontaine, Européens, S. 266, hin. Als Multiplikatoren fungierten zunächst portugiesische Geistliche. – Auch verkaufte die RAC bereits seit den 1670ern Schreibpapier in Westafrika, wenn auch in kleinen Mengen; Davies, Company, S. 234. Auf ihn bezieht sich Alpern, Master List, S. 27, der ebenfalls die Anfänge der Verbreitung von Schriftlichkeit früher ansetzt als bislang angenommen (ebd., Anm. 214). Leider geht aus Davies' Bemerkung nicht hervor, *wo* genau in Westafrika die Papierkäufer ansässig waren.

239 So zeichnete Tamata offenbar für die Aufsetzung des Vertrags zwischen Franzosen und dem König von Allada [d.i. Porto-Novo] vom Juli 1786 verantwortlich; ANOM, C 6/26. Vgl. auch den Brief Montagueres, dd. 17.11.1784, ANOM, C 6/18, zu seiner Rolle bei früheren Verhandlungen. Pierre taucht auch als »sécretaire« des Königs im späteren Vertrag vom 21.04.1787 auf; ANOM, 40 COL 9, no. 411 (Original) bzw. DFC XIII/75, no. 122 (Kopie). Champagny erwähnt 1786 einen Brief Pierres im Namen des Herrschers von Porto-Novo, der einer französischen Ansiedlung dort zustimmte; Mémoire contenant des observations sur quelques points de la Côte de Guinée, visités en 1786, par la Corvette le Pandour, et sur la possiblité d'y faire des établissemens, par M. de Champagny, dd. 06.09.1786, ANOM, C 6/27. Ein Reisebericht des frühen 19. Jhdts. berichtet mit deutlicher Abneigung über die Vermischung von afrikanischen und europäischen Sitten, Speisen und Kleidern im Hause Pierres; Adams, *Remarks* (1823), S. 82–87. – Zu seiner Biografie vgl. Person, Chronologie, S. 222: »[...] le fameux Pierre Tamata, un Hausa ayant longtemps vécu en France, qui fut introduit à Porto-Novo avant 1778 par le roi De Mese et devint l'un des hommes les plus puissants du royaume, servant plusieurs de ses successeurs comme intermédiaire auprès des Européens.«

240 Siehe dazu Thornton, Dahomey; ders., Ethics, S. 254ff.; Verger, Flux, S. 236–240 und S. 259ff.; für Asante Hinweise bei McCaskie, Eclectism, S. 32ff. Vgl. auch zu den Briefen der Könige des Kongo und ihrer quellenkritischen Einschätzung Thornton, Correspondence.

– wohlgemerkt vor dem 19. Jahrhundert[241] – lässt als *dritter* Punkt weitere Zweifel an der Duchhardt'schen Dichotomie und ihrer Persistenz während der vorkolonialen Epoche aufkommen.

Jenseits der Expansion von Literalität zeugen *viertens* die konkreten Gebrauchsweisen von Schriftdokumenten von einem praktischen Wissen um den rechtsverbindlichen Charakter von Schriftlichkeit. In Hauptteil III wurde bereits anhand von *custom*- bzw. *kostgeld*-Zahlungen gezeigt, dass afrikanische Akteure Schriftstücke demonstrativ als Autoritäts- und Authentizitätsquelle einzusetzen wussten, ja in einigen Fällen offenbar auf eine bessere Archivierung zurückgreifen konnten als die europäischen Kompanien – zu deren Missvergnügen und Erstaunen.[242]

Solche Gebrauchsweisen lassen sich nun auch für den Umgang mit Verträgen nachweisen.[243] Ein besonders instruktives Beispiel dazu stammt aus Eguafo an der westlichen Goldküste: Im Januar 1671 ging eine französische Expedition unter de Hally im Hafen von Akitekyi vor Anker, eine an Land gesandte Delegation wurde freundlich und ehrenvoll von den lokalen Großen begrüßt. Nach einem Umzug durch die Stadt, begleitet von Musikanten und Tänzern, versammelte man sich im Hof des »commandent« und de Hally wurde ein Schriftstück gebracht. Dieses entpuppte sich als ein Vertrag, den »un nommé Vantety« – gemeint war Gerard van Tetz – vier Jahre zuvor mit dem König von Eguafo geschlossen hatte. Darin hatte man neben einem ewigen Freundschaftsbündnis vereinbart, dass in Eguafo ein französisches Fort errichtet werden sollte.[244] Dies war aber bislang noch nicht erfolgt und sollte nun durch die Großen eingefordert werden, indem sie de Hally den Vertrag vorwiesen. Sie verlangten zudem, dass er diesen sei-

241 Zur Expansion von Schriftlichkeit (insbes. auch Alltagsschriftlichkeit) im 19. und 20. Jhdt. vgl. Barber (Hrsg.), Histories, und Krüger, Schrift. Ansonsten differenzierte Arbeiten zur Kolonialzeit blenden diese lange Vorgeschichte der Interaktion weiterhin aus, sicherlich auch bedingt durch das Fehlen einschlägiger Publikationen; vgl. bspw. Sackeyfio, Politics, S. 294 und S. 296f.

242 Diese Situation ist damit durchaus mit jener im frühneuzeitlichen Europa vergleichbar, wo ebenfalls mehrheitlich illiterate Akteure mit Schriftzeugnissen umgehen mussten, die in ihrem Alltag in noch höherer Zahl präsent waren, als dies in der westafrikanischen Kontaktzone der Fall war; siehe dazu bspw. Prass, Kreuz, bes. S. 400f.

243 Während der Zugang zu Verträgen ein Elitenphänomen war, weisen Zertifikate für freigelassene Sklaven auf eine breitere soziale Basis des praktischen Wissens um Schrift hin; dazu kurz Feinberg, Palaver, S. 19.

244 Vertrag zwischen der CIO und »Amossy«, König von Eguafo, dd. 15.03.1667, ANOM, C 6/27bis; vgl. Moraes/Thilmans, Villault. Siehe zu Eguafo auch die Studie von Chouin, Eguafo.

nerseits bestätige und nochmals unterschreibe.[245] Diese Episode zeigt, dass man in Eguafo offensichtlich um den Inhalt und die Bedeutung des Schriftdokuments wusste und es entsprechend aufbewahrte.[246] Zudem war man sich offenbar der argumentativen Kraft bewusst, die einem solchen Dokument im Verkehr mit den Europäern zukam. Ebenso weist das Drängen auf schriftliche Bestätigung auf ein Wissen um die Bedeutsamkeit von Unterschriften hin.

Die Art und Weise des Umgangs mit Vertragsdokumenten, wie man sie in Eguafo an den Tag legte, lässt sich als *demonstrativ* charakterisieren: Es ging weniger um eine inhaltsbezogene Verwendung des Dokuments, etwa durch Vorlesen, denn um seine materielle Gestalt, die als handfester Beleg von mündlich formulierten Aussagen diente. Wesentlich waren der Gestus

245 Chouin (Hrsg.), Colbert, S. 61f. – Vgl. auch die Überlegungen zur notwendigen Schriftförmigkeit der Bestätigung eines Schriftstücks von Blattmann, ›Materialität‹, S. 335f.

246 Es gibt einige Vertragstexte, die zweifache Ausfertigung o.Ä. explizit festhalten. Bei manchen anderen Verträgen gab es wohl mehrere Ausfertigungen, ohne dass dies explizit im Vertragstext Erwähnung gefunden hätte; so bei dem Vertrag von Eguafo 1667, um den es oben ging. Explizite Erwähnung bspw. in folgenden Abkommen: Vertrag zwischen WIC (Ruychaver) und dem König von Groß-Accra, dd. 30.08.1642, NA, OWIC 13, S. 69f., NBKG 222 bzw. OWIC 12 (»[...] hier van Gemaeckt 2 van een der Inhoudt [...]«); Vertrag zwischen WIC (Houtman) und Jan Konny, dd. 22.11.1722, NA, TWIC 122, S. 85ff., bzw. ebd., TWIC 105, fol. 340r–341v (»Aldus by ons ondergeschreeven ter goeder trouwe wedersyds geaccodeert, en geslooten, zonder argh of List, en hier van twee eensluydende Contracten gemaakt, en by ons generaliter onderteekent [...]«); französischer Vertrag mit dem König von Allada [d.i. Porto-Novo], dd. 21.04.1787, ANOM 40 COL 9, No. 411 (Original), bzw. ebd., DFC XIII/75/122 (Kopie) (»faite double«); Vertrag zwischen der Compagnie des Indes und »Jean roi d'annamabou« [d.i. Eno Baisi Kurentsi], dd. 12.03.1730, ANOM, C 6/10 (»[...] nous avons signé le present double, un resté aux mains du Roy Jean, d'annamabou, et l'autre de vers nous [...]«). Noch elaborierter war die Praxis bei der dänischen Kompanie, die mit drei Ausfertigungen operierte, von denen eine dem afrikanischen Vertragspartner übergeben wurde, eine bei der Kompanie an der Küste verblieb und eine nach Europa gesandt wurde; vgl. z.B. den Vertrag zwischen DAK (Cramer) und dem König von Fetu, dd. 20.12.1659, in: Justesen (Hrsg.), Danish Sources, Bd. 1, no. I.4, S. 8–11, hier: S. 11, ebenso Vertrag zwischen DAK (Cramer) und Okai Koy, König von Accra, dd. 18.08.1661, ebd., no. I.5, S. 12f. Siehe auch Resolution des geheimen Rats, dd. 21.10.1727, ebd., no. VIII.41, S. 369f., zum Vertrag mit Akwamu, von dem ein Exemplar mit Siegel und Unterschrift des dänischen Gouverneurs dem König von Akwamu ausgehändigt wurde.

des Zeigens sowie die Verknüpfung mit Personen, denen Autorität zugeschrieben wurde.[247]

Solche demonstrativen Praktiken sind ebenfalls auf Seiten der Kompanien festzustellen. So wies beispielsweise Wilhem de la Palma 1702 den »Oberhäuptern« (»opperhoofden«) von Axim ein Schriftdokument vor, um sie an ihre Untertanenpflichten gegenüber der Kompanie zu erinnern:

> De la Palma wies »nach einer kurzen Ansprache über die Gründe, die uns bewegt hatten, hierherzukommen«, darauf hin, »dass sie wissen mussten, dass sie von alters her absolute Vasallen der Kompanie waren und dass darüber auch ein ordnungsgemäßes Dokument erstellt worden ist durch unseren Vorgänger Ruychaver, das ihnen auch gezeigt wurde«.[248]

Bei dem fraglichen »Dokument« (»formulier«) dürfte es sich aller Wahrscheinlichkeit nach um den Vertrag handeln, den Jacob Ruychaver im Namen der Generalstaaten und der WIC mit den *caboceers* von Axim im Februar 1642 geschlossen hatte, kurz nach der Eroberung des Forts São Antonio von den Portugiesen.[249] In diesem Dokument ist zwar nicht explizit von einem Vasallitätsverhältnis die Rede. Neben dem gemeinsamen Bündnis gegen die Portugiesen sollten die Generalstaaten, der Prinz von Oranien und die WIC jedoch als »rechtmäßige Obrigkeit« (»gerechte o[ver]heden«) anerkannt werden. Zudem verzichteten die *caboceers* auf ihre (äußere) Bündnisfreiheit. Auch die Beteiligung des niederländischen Kaufmanns an der Rechtsprechung und die Entrichtung eines »Fischzolls«[250] wurden festge-

247 Dies ist auch ein zentrales Ergebnis von Teuscher, Recht, S. 271 ff.

248 »[...] na een korte aanspraak gedaan te hebben, met de Redenen die ons genootzaakt hadden herwaarts te komen, dat zy moesten weeten dat zy van outs her waren absoluite Vassallen van de Comp: dat daar van was gemaakt een ordentelyk formulier door onsen Praedecesseur [...] Ruyghaver dat haar ook verthoont wierd«; Relaas en rapport gedaan door den Herr Directeur Generaal wilhem de la Palma over de Expeditie gedaan op den Bergh Ankober, aan de rieviere [sic] van dien zelven naam, mitsgaders van Igwina en Obecron, en de attacque op het france fort tot assiné, s. d. [Oktober/November 1702], NA, TWIC 98, fol. 62r–71r, hier: fol. 63r.

249 Vertrag zwischen WIC (Ruychaver) und den *caboceers* von Axim, dd. 17.02.1642, NA, OWIC 12; eine Kopie dieses Vertrags (und weiterer Abkommen) findet sich aus gegebenem Streitanlass in NA, SG, Loket Kas Zweden 38.

250 Den Fischzoll suchten Zeitgenossen wie auch noch manche Historiker als eindeutiges Zeichen von Souveränität zu interpretieren; dies geschieht im- oder explizit in Anlehnung an die portugiesische Praxis: Mit explizitem Verweis auf Elmina z. B. bei Valckenburgh, Vertoog of Deductie [ca. 1659], in: Jonge (Hrsg.), Oorsprong, S. 63 f. Als Indiz für Souveränitätstransfer wird der Fischzoll noch bei Daaku, Trade, S. 58 f., interpretiert. Nach Bosman zeigt der Fischzoll v. a., dass die Niederländer mehr Rechte und größere Autorität haben als die ande-

legt. Mit dem Vertrag von 1642 zitierte de la Palma nicht den neuesten Stand in den Beziehungen der Kompanie zu Axim – denn er hätte auch an ein Rechtsdokument von 1656 anknüpfen können, das sogar explizit von der »ommage« (*homagium*) spricht, die die Bewohner von Axim der Kompanie schuldig seien.[251] Offensichtlich war jedoch – wie es vielfach auch aus innereuropäischen Kontexten bezeugt ist – das Alter des Vertrags entscheidend; in der Tat handelte es sich bei dem Vertrag von 1642 um das älteste Abkommen zwischen Axim und den Niederländern.

Das Vorgehen von de la Palma ebenso wie das der Großen von Eguafo ähnelt den Ostentationspraktiken, die Simon Teuscher im Rahmen seiner Untersuchung von »Stilen des Dokumentgebrauchs« anhand von Beispielen aus der spätmittelalterlichen Schweiz herausgearbeitet hat.[252] Teuscher hält resümierend fest, dass die verschiedenen Stile »sich kaum Stufen einer Entwicklung von einer ›oralen‹ zu einer ›literalen‹ Kultur« zuweisen ließen. »Schon eher können die Stile vereinfachend entlang einem Kontinuum angeordnet werden, das sich von Ostentationsformen, die sich vor allem auf den Objektcharakter von Schriftstücken bezogen, bis zu stark auf ihren sprachlichen Inhalt und ihren Textcharakter ausgerichteten Kanzleipraktiken erstreckt.«[253] Die verschiedenen Stile wurden von denselben Akteuren parallel praktiziert, allerdings stellt Teuscher eine Tendenz zur stärkeren Inhaltsbezogenheit im 15. Jahrhundert fest. Es scheint durchaus plausibel, dass ein solches Kontinuum paralleler Gebrauchsformen in Westafrika auch in einer Zeit erhalten blieb, für die in Europa eine Expansion administrativer Schriftlichkeit konstatiert wird.[254] Ohnehin könnten aufschlussreiche Ver-

---

ren Europäer; Bosman, *Beschryving* (1704), Teil 1, S. 55f. – Es existiert merkwürdigerweise eine Resolutie der Heeren XIX von 1639, in der die Abschaffung des Fischzolls im gerade eroberten Elmina beschlossen wird, ohne an mögliche Souveränitätsfragen auch nur einen Gedanken zu verschwenden; allerdings scheint der Fischzoll später weiter (oder wieder?) existiert zu haben; Consideratien Commissarissen, dd. 22.09.1639, NA, OWIC 8, dazu auch Brief der Heeren XIX an Amersfort, dd. Amsterdam 22.10.1639, ebd. Dies zeigt meines Erachtens, wie situativ die entsprechenden Zuschreibungen waren.

251 Beweis der Jurisdiktion von Axim, dd. 25.11.1656, NA, OWIC 12. Dabei handelt sich, genauer gesagt, um eine vom Fiscaal (Eduard Man) beglaubigte und protokollierte Aussage von zwei Assistenten (Adriaen Hoogenhoeck und Adriaen van Steenlant) darüber, was die *caboceers* von Axim zu wissen bestätigt hätten. Der Fiscaal, der auch für Fragen der Strafverfolgung zuständig war, übernahm häufig auch notarielle Aufgaben; vgl. Heijer, Goud, S. 77.

252 Teuscher, Recht, S. 260–278.

253 Ebd., S. 302.

254 Siehe allgemein Prass, Kreuz. Ihm zufolge setzte die Intensivierung administrativer Schriftlichkeit in Frankreich am frühesten ein. – Grundsätzlich sind selbst

gleiche zwischen der Schriftlichkeitssituation des Mittelalters in Europa und derjenigen in der westafrikanischen Kontaktzone der Frühen Neuzeit gezogen werden;[255] allerdings gilt es dabei, normative zeitpolitische Zuschreibungen zu vermeiden.

Ein Beleg für eine Nutzungsweise von Schriftlichkeit durch afrikanische Akteure, die über das Demonstrative noch hinausging, stammt aus dem frühen 18. Jahrhundert. 1703 wurde in Ouidah ein Abkommen ganz auf afrikanisches Betreiben hin als schriftlicher Vertrag geschlossen.[256] Der Herrscher von Ouidah hatte entgegen den konkurrierenden Monopolbestrebungen der Europäer eine Neutralitätsregelung eingeführt. Dabei gab er sich nicht mit einer mündlichen Absprache zufrieden, sondern brachte die vier beteiligten europäischen Mächte (Franzosen, Engländer, Niederländer und Portugiesen) dazu, einen multilateralen Vertrag zu schließen. Dieser regelte die friedliche Nutzung des Hafens durch alle Parteien, die sich keinerlei Gewalt antun sowie in Ruhe und Frieden miteinander leben sollten, selbst wenn sie sich in Europa im Krieg befanden. Der Anfang des Vertrags ist charakteristisch für den Duktus des Dokuments:

> »Heute, am 25. April 1703, [...] hat der König von Ouidah uns, den Unterzeichnern, befohlen, zusammenzukommen, um die Sicherheit und die Freiheit, die er von alters her für seine Reede beansprucht, zu erhalten, ungeachtet des Kriegs, den wir in der Christenheit [Christenryk] miteinander führen. So sind wir gemeinsam in seinem Haus versammelt, wo er uns die unten stehenden Artikel vorgehalten und deren Unterzeichnung und Einhaltung verlangt hat [...].«[257]

Festgeschrieben wurde auch, dass jeder Kapitän fortan diesen Artikeln zustimmen müsse, bevor er die Erlaubnis zum Handel erhalten könne, sowie

---

in der Zeit nach 1800 demonstrativer Gebrauch von Schriftlichkeit und Inszenierungen von Schriftstücken gängig; vgl. etwa zum Umgang mit Verfassungsdokumenten den Aufsatz von Stollberg-Rilinger, Verfassung, bes. S. 35 ff.

255 Vgl. auch den experimentellen Vergleichsessay von Elwert/Giesecke, Literacy.

256 In Ouidah scheint Schriftlichkeit recht viel genutzt worden zu sein; eine französische Quelle, die vermutlich auf das späte 17. Jhdt. datiert, legt bspw. nahe, dass jeweils bei Ankunft eines neuen Handelsschiffs in Ouidah neue schriftliche Konventionen über Tarife etc. vereinbart wurden; Extrait d'un Mémoire relatif à une Expédition faite pour la traite des Nègres, à la Côte d'Or, s. d. [wohl 2. Hälfte des 17. Jhdts.], ANOM, C 6/29, [S. 4 f.]. – Vgl. auch das unten analysierte Beispiel einer eingeforderten Verschriftlichung eines *palaver*, Unterkap. IV.3.3, bei Anm. 499.

257 Vertrag von Ouidah, dd. 25.04.1703, erneuerte Fassung vom 31.10.1704, NA, TWIC 98, S. 345 ff. (Abschrift); eine anders datierte Version gleichen Inhalts findet sich bei Labat, *Voyage*, Bd. 2, S. 109–116; er wird auch erwähnt in Mémoire de l'estat du pays de Juda, et de son nêgoce, 1716, ANOM, C 6/25.

Strafen bei Zuwiderhandlung – und in der Tat wurde der Direktor des englischen Forts 1714 nach einem Konflikt mit seinem französischen Kollegen zur Abreise gezwungen.[258] Der Herrscher von Ouidah befand sich sicherlich in einer anderen Machtposition als mancher Herrscher an der Goldküste. Dennoch zeigt sein »Neutralitätsvertrag« gemeinsam mit dem Beispiel aus Eguafo, dass die Bedeutung von Verträgen und der Nutzen von Schriftlichkeit durchaus auch auf afrikanischer Seite bekannt waren und entsprechend genutzt wurden.

Auf Seiten afrikanischer Akteure war also praktisches Wissen um Schriftlichkeit und deren spezifische rechtssichernde Funktion vorhanden.[259] Wendet man sich nun den rituell-symbolischen Elementen der Vertragsschlüsse zu, so kann man umgekehrt feststellen, dass auch die Angestellten der Kompanien diese als wesentlich für einen wirkmächtigen Vertragsschluss ansahen. Um die Bedeutung von Eiden zu erschließen, müssen weitere Quellen neben den Vertragstexten herangezogen werden, da dort gelegentlich auch ein nachweislich erfolgter Eid nicht erwähnt und in anderen Fällen die nähere Ausgestaltung im Dunkeln gelassen wird. Im Vertragstext stand vielmehr die möglichst eindeutig in europäische Rechtssprache übersetzte Version des Geschehens im Zentrum (vgl. dazu ausführlicher Unterkap. IV.3.2).

So sehr die Kompanievertreter in Verträgen neben eindeutigen Übersetzungen auch klare Hierarchien und eindeutig identifizierbare Vertragspartner, vorzugsweise Monarchen, zu präsentieren suchten,[260] so sehr mühte man sich vor Ort, *alle* wichtigen Personen einzubeziehen. Sowohl auf europäischer als auch auf afrikanischer Seite kursierte offenbar das Argument, dass – insbesondere wenn man keine eindeutige monarchische Spitze ausmachen konnte – eine Vereinbarung umso wirkmächtiger sein müsse, je mehr Personen sie unterzeichnet bzw. beeidet hatten: So führte die bran-

---

258 Dazu kurz LAW, Ouidah, S. 36 f. Die Neutralitätspolitik für Ouidah wurde auch nach 1727, unter dahomeanischer Herrschaft, fortgeführt.

259 Vgl. auch die Überlegungen von Keller, die Untersuchung von Schriftkultur nicht zu direkt darauf zu beziehen, »wie viele oder wie wenige Menschen die Technik des Schreibens und des Lesens beherrschten«; KELLER, Schriftgebrauch, S. 2. – Als ungewöhnlich muss ein Fall aus der Mitte des 18. Jhdts. gelten, in dem mit dem Argument »Writing being not in practice amongst the Natives« ein Zertifikat allein durch die englischen Zeugen unterschrieben wurde; dies muss umso mehr erstaunen angesichts der Tatsache, dass dieses Dokument offensichtlich Beweiskraft in dem Streit zwischen RAC und WIC um die Bucht von Komenda erlangen sollte; Zertifikat über die Rechte an der Bucht von Komenda, dd. 16.07.1746, in: FISHER (Bearb.), Extracts, S. 341 f.

260 Siehe bspw. den Vertrag zwischen der Compagnie des Indes und Jean, »König von Anomabo« [d.i. Eno Baisi Kurentsi], dd. 12.03.1730, ANOM, C 6/10; dazu oben, Unterkap. I.4.2, bei Anm. 305.

denburgische Kompanie im Streit um Einfluss und Stützpunkte in Ahanta gegen die Niederländer auch die höhere Zahl der *caboceers* an, die ›ihren‹ Vertrag unterzeichnet hätten, bzw. die geringere Zahl der Unterzeichner des entsprechenden Vertrags der WIC.[261] Zwar ergänzten sie das Argument der bloß quantitativen Überlegenheit noch um Ausführungen über die politische Gliederung Ahantas,[262] letztlich war aber klar: Die größere Unterzeichnergruppe verlieh dem Dokument höheren Geltungsgrad. Ein ähnliches Kalkül steckte offenbar hinter der Forderung Jan Konnys, der bei den Verhandlungen zur Übergabe von Groß-Friedrichsburg eine Beeidung des geplanten Abkommens durch zahlreiche *caboceers* verlangte.[263] Und nicht zuletzt meinte Thomas Melvil mit seinem eingangs angeführten Vertrag von 1753 mit den Fante die Franzosen zu übertrumpfen, da er mehr Unterzeichner aufgeboten hatte als diese im Jahr zuvor: »in the Number is their Legislature«.[264]

Doch auch in denjenigen Fällen, in denen ein »König« als verantwortliche Vertragspartei ausgemacht worden war, bemühte man sich, größere Personenkreise zu integrieren. So ist es aufschlussreich, die in Vertragstexten genannten bzw. als Unterzeichner vorkommenden Personen mit parallel überlieferten Geschenklisten zu vergleichen. Allein König Ouchy von Accra schloss im Jahr 1642, folgt man dem mehrfach überlieferten Vertragstext, einen Vertrag mit Generaldirektor Ruychaver. Der Vertrag ist sogar (weitgehend) als regelrechte Urkunde Ouchys formuliert:

> »Ich, Ouchy, König von Groß Accra und Umland, bin übereingekommen mit den Oberkaufleuten Willem van Meckeren und Joris van Hogerhoeck [...] von wegen der oktroyierten West-Indischen Compagnie im Namen des Edelen Herrn Direktors Jacob Ruyghaver, dem ich das Land und den Ort von Klein-Accra auftrage [...].«[265]

---

261 *Deductie* [1686/87], S. 5f. (NA, VWIS 1166). Namenslisten bei den Verträgen, ebd., S. 12 und 14.

262 Ahanta wurde, wie in Unterkap. I.4.1 erläutert, von frühneuzeitlichen Beobachtern aus Europa zumeist als »Republik« klassifiziert; daher lag auch die Annahme einer föderalen Struktur nahe.

263 Brief der *chief merchants* Phipps, Dodson und Boye an die RAC, dd. 28.06.1721, TNA, T 70/7.

264 Brief Melvils an das Committee der CMA, dd. 10.03.1753, CO 388/46, fol. 103r–v, bzgl. des Fante-Vertrags.

265 Vertrag zwischen WIC (Ruychaver) und Ouchy, König von Accra, dd. 30.08. 1642, überliefert u. a. in NA, OWIC 13, OWIC 12 und NBKG 222, S. 45f. [dort falsch auf 1641 datiert]. »Ick Ouchy Coninck van Groot Acraa en Omlanden ben verdraagen en geaccordeert met den opper cooplieden Willem van Meckeren en Joris van hogerhoeck [...] wegen derGeoct: West Indische Compang: [sic] uit den naem van den Ed: Heer Directeur Jacob Ruyghaver aen wien myn Land

Der abschließende Passus, der die Geschenk- bzw. Abgabefragen regelt, korrigiert bereits den Eindruck einer autokratischen Herrschaft, denn nicht nur Ouchy soll neben einer einmaligen Zahlung ein monatliches »Geschenk« erhalten, sondern auch »seine *caboceers* [...] und sein Leutnant« (»zyn Cabozeros [...] en zyn luytenant«).[266] Konsultiert man zusätzlich die ebenfalls überlieferte Ausgabenliste, erweitert sich der einbezogene Personenkreis nochmals (außerdem auch der Wert bzw. die Menge der Geschenke gegenüber den Angaben im Vertragstext): Neben dem König, dem »Leutnant« und den *caboceers*, d.h. den lokalen Eliten von Klein-Accra, wurden auch die Kinder des Königs sowie eine nicht näher bestimmte Gruppe von »voornaemste Cabo Ceros« (die wohl nicht mit den *caboceers* von Klein-Accra identisch ist) bedacht, von denen einige zusätzlich »geheime« Geschenke erhielten.[267]

Nach der Beteiligung aller wichtigen Entscheidungsträger an den Verhandlungen und an den verteilten Geschenken wurden mindestens bei der Verkündung auch weitere Bevölkerungsgruppen einbezogen.[268] Öffentlich auf dem Marktplatz erfolgte beispielsweise die Beschwörung eines Vertrags zwischen der Königin und den Großen von Agonna und der RAC.[269]

Die frühneuzeitliche Vertragspraxis ist nicht so klar in europäische und afrikanische Rechtskonzepte aufzutrennen, wie Duchhardt dies annimmt. Vielmehr kann man wechselseitige Rezeptionen nachweisen; in Sonderheit verfügten afrikanische Akteure offensichtlich über ein praktisches Wissen über die rechtsverbindliche Bedeutung von Schriftlichkeit, das sie nicht nur passiv, sondern auch aktiv einsetzten. Umgekehrt lässt sich auf europäischer Seite keine einseitige Privilegierung der Schriftakte konstatieren, vielleicht stärker noch als in Europa war man sich der verbindlichkeitsstiftenden Bedeutung rituell-symbolischer Elemente bewusst. Wie verschiedene Bei-

---

en Plaets van Clyn Accraa opdraegen [...].« Letztere Formulierung ist etwas zweideutig: Geht es um das gesamte Land oder nur jenes von Klein-Accra?

266 Ebd. – Wer genau den Vertrag unterzeichnet hat, ist nicht festzustellen, da die Unterschriften in den erhaltenen Kopien fehlen.

267 Memorie der Aenteyckeninge soo van schenckagie als oncosten gevallen tot vercryginge ende Maeckinge vande Logie tot Cleyn Acraa opt Strandt gedaen alles men last vande E: Heer Directeur Jacob Ruyghaver tsedert myne Comste op den 17 Augusty voor Acra voornoemt tot weder vertreck den 13 Septemb: A° 1642, überliefert in NA, OWIC 13 und NBKG 222. Siehe auch Baesjou, Jurisdiction, S. 24.

268 Isert bemerkt anlässlich eines Vertragsschlusses mit den Einwohner von Keta (Quitta): »Dieser Vertrag muste [sic], wie alle hiesige Verträge, öffentlich abgemacht werden.« Isert, *Reise* (1788), S. 106.

269 Brief William Coopers an CCC, dd. 24.08.1695 (OS), in: Law (Hrsg.), The English, Bd. 3, no. 1122, S. 477.

spiele belegen, schrieben sowohl afrikanische als auch europäische Akteure den Verträgen Bedeutsamkeit und einen (potenziell) rechtsverbindlichen Charakter zu – von der »decorative significance«, die Nussbaum unterstellt, war man an der Küste jedenfalls weit entfernt.

b. Eindeutige Missverständnisse? Rechtskonzepte und Interpretationsvielfalt

In dem Vertrag, den die französische Compagnie des Indes 1752 über ein zu errichtendes Fort in Anomabo schloss, findet sich folgender Artikel: »Der gesamte Boden unter den Kanonen des Forts wird der Kompanie gehören, ohne dass die Neger des Landes dort säen können; die Kompanie behält sich dieses Land für die Beherbergung ihrer Sklaven vor und um dort das anzupflanzen, was sie für ihre Versorgung notwendig erachten wird.«[270] Eigenartig erscheint der Artikel für einen modernen Leser deshalb, weil er etwas bestimmt, das eigentlich gar nicht bestimmt werden musste – implizierte doch der Begriff des Eigentums im üblichen europäischen Verständnis per se den Ausschluss der Nutzung durch andere (es sei denn, der Eigentümer gestattet es explizit).[271] Was hat es also mit diesem Artikel auf sich? Zwei Interpretationen sind hier plausibel: Zum einen könnte man die Formulierung als eine Übersetzung europäischen Eigentumsverständnisses in ›afrikanische‹ nutzungsbezogene Vorstellungen verstehen. Zum anderen könnte man vermuten, dass hier gar kein Eigentumskonzept europäischen Zuschnitts zugrunde gelegt wurde, sondern ein vor allem auf Nutzungsrechte bezogenes. Möglicherweise war die Formulierung auch absichtlich ambig gehalten.

In vielen Darstellungen gilt die europäisch-afrikanische Vertragspraxis als ein »dialogue of the deaf«, als ein fortgesetztes kulturelles Missverständnis.[272] Ein Kernargument dieser Position bezieht sich auf die unterschiedli-

---

270 »Touttes les Terres à la portée du Canon du fort seront a la Compagnie en propre sans que les Negres du pays y puissent rien ensemmencér, la Compagnie se reservant ce Terrain pour le Logement de ses Esclaves et pour y plantér ce qu'ils jugeront a propos pour leur nourriture.« Vertrag zwischen der Compagnie des Indes und den *caboceers* von Anomabo, dd. 22.02.1752, ANOM, 40 COL 9, Nr. 408 (Reinschrift), bzw. C 6/13, Art. 13.

271 Siehe für die heutige landläufige Bedeutung etwa Art. Eigentum, in: Brockhaus Enzyklopädie, Bd. 5, Wiesbaden [17]1968, S. 288–291.

272 Formulierung entlehnt von MacGaffey, Dialogues. Von einem Missverständnis gehen u.a. die folgenden Autoren aus: Heijer, Goud, S. 224ff.; ders., Bewillinghe, S. 355f.; Thornton, Africa, S. 74ff.; und mit einem interessanten Rekurs auf Foucault Caulker, Century, S. 43ff.

chen Eigentums- und Herrschaftskonzepte, die Afrikanern und Europäern jeweils zugeschrieben werden. Kurz gefasst besagt es, dass Afrikaner kein individuelles Eigentum von Land kannten. Vielmehr hätten sie Land als sakral aufgeladenes »Erbe« der gesamten Gemeinschaft – Toter, Lebendiger und Ungeborener – verstanden und es damit schlichtweg nicht veräußern und verkaufen können.[273] Ein solches Eigentumsverständnis aber sei für Europäer vor deren Hintergrund eines individualisierten, teils schon kapitalistisch geprägten Begriffs von Eigentum an Land unverständlich gewesen.[274] Dieses Bild eines kulturellen Missverständnisses aufgrund inkommensurabler Konzepte und kultureller Vorprägungen kann man mit Osterhammel als »romantisches Modell« einordnen.[275] Es steht bei einigen Autoren allerdings in einem Spannungsverhältnis zu parallel erfolgenden Über-

---

273 Siehe z.B. OLLENNU, Principles, S. 5f., mit einem klassischen Zitat von Nana Ofori Atta. – Gegenwärtig wird diese »romanticist view« aber auch als kolonialzeitliche Erfindung dekonstruiert. Sie sei das Produkt der Kollaboration von Kolonialbeamten mit *chiefs* und beruhe auf evolutionistischen Annahmen; so etwa LENTZ, Land Rights, bes. S. 5ff.; DIES., Land, S. 57 et pass.; CHANOCK, Sharpness, S. 69f. Die »romancist view« ist vielfach bereits in sich widersprüchlich, denn das von ihr angenommene stabile, systematische indigene Landrecht kann sie nicht direkt beobachten, vielmehr gilt es ihr in der Gegenwart bereits als im Niedergang oder kolonialer Veränderung begriffen; so etwa die argumentativen Verwicklungen bei JOHNSON, Land Tenure; vgl. zu dieser Problematik BERRY, Debating, bes. S. 642–645. »Legal pluralism« mit konkurrierenden Ansprüchen und Rechtskonzepten war aber, wie Lentz festhält, keineswegs nur ein Phänomen der Kolonialzeit, sondern existierte auch in vorkolonialer Zeit; LENTZ, Land Rights, S. 3.

274 In Nuancen variierend findet sich diese Argumentation bei HEIJER, Goud, S. 224ff.; THORNTON, Africa, S. 74–77 (etwa mit der Aussage: »Coming from this [European] background, the idea that land was not private property was inconceivable.« [S. 77]); und DAAKU, Trade, S. 49–53. – Dass auch das Konzept des Individualeigentums im modernen Sinne historisch gewachsen ist, zeigt WILLOWEIT, Dominium. Zu Eigentums- und Besitzkonzepten in der Frühen Neuzeit vgl. auch THIER, Art. Eigentum, und BREWER/STAVES (Hrsg.), Conceptions.

275 »[Das romantische Modell] findet Mißverständnisse nicht erst im situativen Handlungsvollzug, sondern bereits in den Tiefenkodierungen der einzelnen Kulturen. Statt um situatives Verständnis geht es hier um substantielle Kulturdistanz. Interkulturalität und Mißverständnis sind in dieser Sicht unauflöslich miteinander verbunden.« Dabei werde eine Vorstellung von ganzheitlichen, geschlossenen und klar unterscheidbaren Kulturen zugrunde gelegt. Als Gegenpol identifiziert Osterhammel das »aufklärerische Modell«, dem Missverständnisse als Ausnahmen gelten und interkulturelle Kommunikation bei hinreichendem Bemühen und intellektueller Leistung als gelingend. OSTERHAMMEL, Wissen, S. 243.

legungen zum taktischen Umgang mit Verträgen und afrikanischen Versuchen, verschiedene europäische Akteure gegeneinander auszuspielen – was wiederum ein gewisses Verständnis vorauszusetzen scheint.

In der Tat ist es ausgesprochen schwierig, Landbesitz- und Eigentumskonzepte in den Quellen zu fassen, vor allem im Hinblick auf die afrikanischen Akteure. Selbst die aktuelle Forschungsliteratur zum Wandel von Praktiken und Konzepten des Landbesitzes im kolonialen Westafrika kommt in dieser Hinsicht oft über ein gewisses Paradoxon nicht hinaus. So besteht Konsens darüber, dass die Vorstellung, Afrikaner hätten allein unveräußerliches Kollektiveigentum gekannt, erst ein Produkt kolonialzeitlicher Diskurse ist.[276] Zum Beispiel spricht Naaborko Sackeyfio von dem »widely held but erroneous belief that African property ownership was communal and that local people held the idea that land could not be bought or sold«, allerdings ohne dies näher zu begründen.[277] Man ist sich zudem einig, dass sich afrikanische Konzepte von Eigentum unter kolonialem Einfluss wandelten, nicht aber darüber, *welche* Konzepte es nun waren, die sich veränderten.[278]

Im Folgenden sollen die skizzierten Thesen, die von Unübersetzbarkeitsannahmen ausgehen, hinterfragt werden. Dabei wird die Untersuchung von Praktiken der Landnutzung als möglicher indirekter Zugang zu Eigentums- und Besitzkonzepten erprobt.[279]

Der klaren Festlegung »der« europäischen Position auf die Beanspruchung von (Individual)Eigentum an Land und vollen Souveränitätsrechten[280] steht *erstens* der Befund differenzierter Äußerungen zur Rechtslage in Westafrika entgegen. So konnte, wie in Abschnitt IV.2.1.a am Beispiel niederländischer Interpretationen eines Vertrags mit dem *braffo* von Fante gezeigt, sogar ein und dasselbe Vertragsdokument auch von europäischen Akteuren vor einem europäischen Publikum als Beleg für unterschiedliche Rechtsverhältnisse interpretiert werden. Hier existierten offensichtlich Interpretationsspielräume, vor allem aber standen unterschiedliche Rechts-

276 Siehe u.a. Lentz, Land; Amanor, Restructuring, S. 43 ff. und S. 137 ff.

277 Sackeyfio, Politics, S. 310.

278 Vgl. auch Ubink, Land, S. 26 f.: »[...] there was no such thing – and never had been such a thing – as a fixed body of customary law ready to be ascertained, but that customary law was fluid, relational, and negotiable, and was intimately tied to fluctuating social political relations [...].«

279 Anregend auch die Ansätze in Belmessous (Hrsg.), Claims, die ebenfalls stärker von Interaktionssituationen ausgehen und nicht von starren, unveränderlichen kulturellen Systemen.

280 Dies suggeriert etwa Heijer, Goud, S. 224.

verhältnisse als Deutungsmuster zur Verfügung und nicht allein eine auf Souveränität und Eigentum gerichtete Auslegung.

Bei der Quellenlektüre ergibt sich jedoch immer wieder das Problem, dass die Beschreibung von Rechtsverhältnissen stets mit Geltungsbehauptungen verbunden und entsprechend von Interessen des jeweiligen Beobachters kaum abzutrennen ist. In diesem Sinne ist auch die ausführliche Beschreibung der Rechtssituation in den verschiedenen Ländern und Orten an der Goldküste zu problematisieren, die Charles Le Petit, ein Ex-Angestellter der WIC, 1690 vor einem Rotterdamer Notar abgab. Le Petit schreitet in seinem Bericht die Küste gleichsam von West nach Ost ab und gibt zu jedem Ort die jeweils existierenden europäischen Niederlassungen sowie meist deren Rechtsstatus an.[281] Dabei operiert er mit Konzepten wie Souveränität, Kauf oder Eigentum, zeichnet aber trotzdem ein nuanciertes Bild: Er unterscheidet beispielsweise sorgfältig zwischen denjenigen europäischen Niederlassungen, die mit einer gewissen Jurisdiktion über die umliegenden Siedlungen oder gar mit Souveränitätsrechten verbunden waren (wie das Fort Nassau in Moure),[282] und solchen, die nur aufgrund der »Erlaubnis« des lokalen Herrschers toleriert wurden (wie die englischen Niederlassungen in Egya und Anashan) und oft monatliche Abgaben entrichten mussten. Die Abgaben beziehen sich entweder auf die Nutzung des Grunds oder auf die Anerkennung der Souveränität des Herrschers. So haben Le Petit zufolge die Engländer zwar den Grund für James Fort in Accra für 200 Unzen Gold gekauft, mussten aber weiterhin monatlich zwei Unzen Gold an den König von Akwamu zahlen »in erkentenisse van des voorss. Conincx souverainiteyt«; das Gleiche gelte für das niederländische Fort Crèvecoeur im selben Ort.[283] Auffällig und sicher als ein Ansatzpunkt für Missverständnisse zu identifizieren ist die ausschließliche Fokussierung auf die jeweiligen Herrscher; allerdings hat der vorangehende Abschnitt

---

281 Eine in gewisser Weise vergleichbare Quelle stellt die Auflistung der europäischen Niederlassungen an der Goldküste bei du Casse dar. Ebenso wie die Deposition Le Petits sollte sie zur Widerlegung niederländischer Besitzansprüche dienen, hier im französischen Auftrag; vgl. du Casse (1687/88), in: Roussier (Hrsg.), Etablissement, S. 31–34.

282 »De gront, daer het fort op staet, mitsgaders de souverainiteyt over het dorp Moré hebben sij voor gelt gekoft van den coningh van Saboe.« Hazewinkel (Bearb.), Twee Attestaties, S. 256. Dagegen habe das niederländische Fort in Kormantin weder Jurisdiktion noch Souveränität über das Dorf oder »eenige gront ofte lant daerontrent« (S. 257).

283 Ebd., S. 258.

gezeigt, dass dies nicht unbedingt einer Einbeziehung weiterer Gruppen etwa in der Gabenpraxis im Wege stand – bis hin zum örtlichen »Fetisch«.[284]

Dennoch leistet Le Petits Beschreibung bereits mehr, als manche Historiker ›den Europäern‹ unterstellen. Die von ihm erwähnte Anerkennungszahlung entspricht gar in etwa dem »Pachtverhältnis«, wie es die moderne Forschung als Erklärungsmodell heranzieht.[285] Die eingangs erwähnte These, für frühneuzeitliche Europäer sei allein individuelles Landeigentum vorstellbar gewesen, ist bereits an sich problematisch. Alle europäischen Rechtskulturen kannten in der Frühen Neuzeit *verschiedene* Formen von Eigentum und auch von Nutzungsrechten an Land.[286] Formen des Kollektiveigentums wurden im Laufe der Zeit zwar immer stärker zurückgedrängt (am frühsten wohl in England, bedingt durch *enclosure* usf.) – das moderne Individualeigentum an Land, das frei auf dem Markt zu handeln war, war in Europa aber gerade erst ein Produkt frühneuzeitlicher Entwicklungen.[287]

Le Petits Aussage entstand auf Veranlassung und wohl auch im Interesse von Benjamin Raule, dem aus Rotterdam stammenden Begründer der BAC. Insofern ist es nicht weiter erstaunlich, dass die von ihm entworfenen Verhältnisse nicht mit dem offiziellen Bild übereinstimmen, das die WIC oder auch die RAC entwarfen und das oft mit Eigentums- und Souveränitätsansprüchen operierte.[288] In internen Quellen wiederum, beispielsweise von der CMA aus den 1750er Jahren, ist aber durchaus von einem »Ground Landlord« die Rede, der offensichtlich die Verfügungsmacht über

284 Vgl. Unterkap. III.2.1, bei Anm. 83. Der »Fetisch von soúw« sollte in der Costume by het aanwarden van't Fort Hollandia in Pokesu von 1797 bedacht werden, sobald der Kommandant ihn das erste Mal besuchte; NA, NBKG 223. Ebenso wurde der »fetiche paap van soúw« beschenkt, sofern er dem Fort einen Sonntagsbesuch abstattete.

285 So bspw. Law/Hair, The English, S. 260 ff. (aber mit Annahme eines »informal empire«, S. 262); Davies, Discovery, S. 281 f.; Priestley, Trade, S. 7: »Even the land on which [the fort] was built generally remained in African hands and a rent was paid for it.«

286 Siehe überblicksweise Hagemann, Art. Eigentum, zum gemeinschaftlichen Eigentum u.a. Abs. IV.

287 Vgl. etwa Margedant/Zimmer, Eigentum; sie betonen auch die Differenzen zwischen verschiedenen europäischen Ländern und die besonders frühe Ausprägung eines liberalen Eigentumsverständnisses in Großbritannien (ebd., S. 13, auch S. 21–29.). Siehe auch Willoweit, Dominium.

288 Siehe Kap. IV.2. Valckenburgh z.B. behauptete anders als Le Petit sehr wohl ein Hoheitsrecht der Niederländer in Fante; Vertoog of Deductie [ca. 1659], in: Jonge (Hrsg.), Oorsprong, S. 68 f.

das Land behielt, auf dem Forts gebaut waren.[289] Ob damit ein tiefer gehendes Verständnis der »Landlord-Stranger«-Beziehung verbunden war, wie sie inzwischen verschiedentlich herausgearbeitet wurde, ist fraglich.[290] Jedenfalls wurde auch hier kein Eigentumsverhältnis angenommen, sondern in erster Linie ein Nutzungsrecht.

Zudem stößt man gelegentlich auf explizite Reflexionen über die Differenz zwischen Ansprüchen und vor Ort erlebter Wirklichkeit, wiederum vorrangig in internen Korrespondenzen und Denkschriften. Während Gouverneur Melvil beispielsweise sich gegenüber anderen Europäern als tatkräftiger Verteidiger der englischen Rechte und Herrschaft an der Goldküste präsentierte, schätzte er die englische Position in internen Stellungnahmen deutlich pessimistischer ein. Hier sprach Melvil nicht über Herrschaftsrechte, vielmehr kritisierte er seinen Vorgänger John Roberts vehement für dessen Überschätzung englischer Ansprüche:

> »One thing that lead Roberts astray was his Notion of the Negroes subjection to us. He never considered that we pay them ground rent for our Forts that they have their own Laws, of their own making, that we are under no Obligation further than General promises and our own Interest to protect them, that protection from Government must ever be employed where Subjection is due, that were the one is uncertain the other can have no Existence. The Negroes will suffer us to amuse our selves with what words please us best, but when we come to explain these words by Actions, and attempt to carry matters with a high hand, I find they ever have opposed us and I may venture to assure you they ever will. I do not blame Mr Roberts for his high Ideas of British prerogative but he should have considered his Inibility [sic] to support them [...].«[291]

Einer ebenfalls internen Einschätzung des Board of Trade zufolge waren die Engländer in Westafrika allein »tenants of the soil which we held at the goodwill of the natives«.[292]

Kurzum: Europäer in Westafrika waren durchaus in der Lage, differenzierte Beschreibungen verschiedener und verschiedenartiger Rechtsverhältnisse in Bezug auf Land vorzunehmen – sie sahen also nicht überall Kaufverträge, Individualeigentum und Souveränitätstitel am Werk. Wie differenziert diese Beschreibungen ausfielen, war von den jeweiligen Kontexten

289 Hier in Bezug auf Komenda bzw. Dixcove; vgl. Protokoll zur Sitzung des Committee der CMA vom 23.05.1752, TNA, T 70/143 und Brief Melvils an das Committee der CMA, dd. 08.01.1752, TNA, T 70/29.

290 Vgl. Dorjahn/Fyfe, Landlord, S. 394 ff.; Mouser, Accommodation; und Brooks, Landlords, bes. S. 135 ff.

291 Brief von Melvil an das Committee der CMA, dd. 08.01.1752, TNA, T 70/29.

292 Zitiert nach Martin, Establishments, S. 48.

abhängig[293] und auch durch individuelle Unterschiede zwischen einzelnen Akteuren beeinflusst, darunter unter anderem die Zeit ihres Verbleibs an der Küste.

Gegen eine simple Missverständnisthese im romantischen Sinne spricht *zweitens* außerdem die explizite Thematisierung von Differenzen zwischen verschiedenen Rechtsauffassungen. Dies ist anschaulich an zwei Beispielen aus Fante in den 1640er Jahren zu belegen. Die Situation dort erscheint bei flüchtigem Hinsehen wie ein klassischer Beleg für die Missverständnisthese, denn sowohl Engländer als auch Niederländer behaupteten, von den lokalen *caboceers* bzw. dem *braffo* von Fante exklusive Handels- und Eigentumsrechte erhalten zu haben. Allerdings taten sie dies nicht konsistent, zudem hinderten diese offiziell vorgetragenen Ansprüche sie auch keineswegs daran, mehrere Jahre vor Ort friedlich neben- und miteinander zu leben. Erst akute Differenzen brachten dann auch die widerstreitenden Rechtsansprüche wieder auf die Tagesordnung.

Das Vorgehen in diesen Streitfällen ist höchst aufschlussreich: Jeweils wandten sich die Konfliktparteien zur Klärung der (Rechts)Lage an die lokalen Autoritäten, die sie damit letztlich anerkannten, und ersuchten um Bestätigung ihrer Interpretation. In Fante sahen sich jedoch 1640 zunächst die Niederländer, 1644 dann die Engländer in diesem Anliegen enttäuscht. 1640 antwortete der *braffo* auf die Anfrage, ob er nicht der WIC sein Land abgetreten und ihr exklusive Handelsrechte zugestanden habe, mit der schlichten Feststellung, sein Hafen stehe jedem offen.[294] Noch bemerkenswerter war die Replik der *caboceers* von Kormantin 1644 auf eine ähn-

293 Vgl. auch das Beispiel bei Braidwood, Black Poor, S. 232 f., dem zufolge von der Sierra Leone Company bewusst gepachtetes Land als gekauftes ausgegeben wurde, da nur auf »englischem« Boden ein Sklavereiverbot durchzusetzen gewesen sei.

294 Die Kompanieangestellten Tielmans und Droogenbroot waren am 13.03.1640 »na Fantyn [...] getrocken, en aldaer haer aenden Braffo geaddresseert na Congratulatie hem affvragende off sy niet gedachtigh en was het geene door oessen eener syner Cabo Ceros over een Jaer int Opdragen van syn landt aende Ed: Heer Generael voorsz: was gepasseert gaff ten andtwoordt hem wel bekent was verders hem voorstellende dat sy dan mede wel behoorde te weten wat beloften hy doen aende voorsz: Heer Generael hadden gedaen, Als dat hy niemant als ons handel soude toestaen, syn landt den voorsz: Generael op dragen ende van onse vianden de syne soude maecken gelyk het selve breeder blyckende is by het voorsz: Contract waer Jegens den Braffo niets hadden in te brengen, dan als dat syn Poort voor Ider openstondt [...].« Arent Jacobsz. van Amersfort, Protest tegens d'Engelsche, dd. 18.07.1640, NA, OWIC 13. Diese Äußerung des *braffo* passt eigentlich nicht in Amersforts Argumentationslinie; er geht im Folgenden auch nicht weiter auf sie ein. Insofern erscheint diese Szene aber umso

lich lautende Nachfrage der Engländer. Sie erklärten, dass ihr Oberhaupt, der *braffo* von Fante, sich nicht an eine Nation binden wolle, sondern zwei weiße Frauen heiraten und gleichermaßen lieben könne.[295] Damit widersprachen sie wohl nicht nur den Ansichten, die die anwesenden Niederländer und Engländer hinsichtlich der Ehe hegten. Mit dieser Metapher lehnten sie vielmehr die Exklusivitätskonzeption ab, die an sie herangetragen wurde, und präsentierten, legt man lokale Ehekonzeptionen und -praktiken zugrunde, die Beziehung als zu ihren Gunsten asymmetrisch.[296]

Die Belege für solche expliziten Auseinandersetzungen bleiben fragmentarisch, aber allein die Tatsache, dass wir es bis 1800 mit einer mehr als 300-jährigen Beziehungsgeschichte zu tun haben, gibt Anlass zu der Vermutung, dass sich solche Szenen wie in Fante häufiger abgespielt haben.[297]

Explizit wurden regionale Rechtspraktiken in Bezug auf Land auch in Konflikten zwischen den verschiedenen europäischen Kompanien thematisiert. In diesem Land müsse man sich, so ein englisches Schreiben an die WIC von 1704, an die bestehende Gewohnheit des Landerwerbs halten.

---

glaubwürdiger, da sie einen wohl nicht-intendierten Bruch in der narrativen und argumentativen Struktur darstellt.

295 Derde Attestatie tegens het Bouwen vande Logie tot Cormantyn tot Wederlegginge vande Clachten by de Engelsche diesweegen gedaen, dd. 15.12.1645 [recte: 1644], NA, OWIC 13.

296 Für ein weiteres Beispiel dieser Metapher zur Beschreibung politischer Beziehungen vgl. Affrifah, Akyem Factor, S. 52, dort in Bezug auf die Beziehung zwischen Akyem-Kotoku und Kwawu. Mglw. besteht hier auch eine Verbindung zu dem Gebrauch von Ehemetaphorik in Bezug auf Landtransfer an ›Fremde‹, wie Lentz ihn für die Dagara und Sisala im heutigen Nordghana nachgewiesen hat: »My Dagara and Sisala interlocutors sometimes metaphorically compared land transfers between different groups, particularly those across ethnic boundaries, to ›marriage‹. Because of its intimate association with fertility, land is regarded as female. The Dagara therefore interpret the cowries and cows which they claim to have exchanged with the Sisala for the allodial title as the ›bride price‹ which they have paid to the bride's family – the landowners.« Lentz, Land, S. 64f. Der *braffo* verstand sich nicht als Brautfamilie, nichtsdestoweniger scheint eine ähnliche Vorstellung von Land als weiblich zugrunde gelegt. – Siehe auch zu einem ähnlichen Vergleich seitens des Königs von Dahomey oben, Abs. II.3.3.a, bei Anm. 293.

297 Vgl. Brauner, »König«, mit Belegen für einen ähnlichen Fall in Fante in den 1750ern, dort auch zur notwendigen Erneuerung von Rechtsverhältnissen durch regelmäßige Zahlungen (bes. S. 304f.). Bei einer Auseinandersetzung zwischen RAC und WIC um Rechte in Ahanta 1707 erklärten die *caboceers* aus Ahanta, das umstrittene Land gehöre weder Engländern noch Niederländern, beide könnten es aber gegen Zahlung nutzen (um Muschelkalk zu gewinnen); vgl. den Brief von Dalby Thomas an die RAC, dd. 25.04.1707, TNA, T 70/5.

Diese aber sehe vor, dass alle dasselbe Recht hätten, auf einem Boden, der noch nicht durch einen anderen bearbeitet sei, zu bauen, zu pflanzen, zu säen usf. An dieser Gewohnheit seien entsprechend auch die Ansiedlungen bzw. die Rechte der Europäer in diesem Land zu beurteilen.[298] Dieser Rekurs auf landesübliche Rechtsgewohnheiten erfolgte freilich nicht ohne Hintergedanken, sondern um niederländische Rechtsansprüche auf gegenwärtig von der RAC genutztes Land zu konterkarieren.

Als eine alternative Möglichkeit, Landbesitz- und Eigentumskonzepte zu erfassen, bietet sich an, die Praxis der Landnutzung und die damit verbundenen Abgaben zu untersuchen. Zunächst kommen dabei die *ground rent* und andere regelmäßige Abgaben in den Sinn, die bereits in Teil III thematisiert wurden. Dort wurde bereits gezeigt, dass diese Abgaben auch für die Europäer mit der konkreten Nutzung bzw. den Erträgen des Landes bzw. ihrer dortigen Niederlassungen verbunden waren. Dies machen beispielsweise die Versuche deutlich, Zahlungen bei geringem Handelsaufkommen einzustellen. Auch wurden variierende Beträge für die *ground rent* festgelegt, je nach Nutzungszustand. Für die Zeit der Bauarbeiten am künftigen englischen Fort in Komenda beispielsweise war eine Abgabe in Höhe von zwei »peices« pro Monat, für die Zeit nach der Fertigstellung in Höhe von einem »bendy« pro Monat zu entrichten.[299] Dies spricht gegen eine Interpretation der Sachlage im Sinne von Kauf und Eigentum, selbst wenn jene Begriffe in den Kompaniedokumenten gebraucht werden. Von einer unbeschränkten, bedingungslosen Verfügungsgewalt und einem vollen Verfügungsrecht kann hier offensichtlich nicht die Rede sein. Diese Widersprüchlichkeiten waren es dann auch, die von der dänischen und der brandenburgischen Kompanie im Konflikt mit der WIC aufgegriffen wurden (siehe oben, Unterkap. IV.2.1).[300]

Auch in internen Diskussionen wiesen Kompanieangestellte darauf hin, dass zur Aufrechterhaltung von Rechtsansprüchen auch die kontinuierliche Nutzung aufrechtzuerhalten sei. In diesem Sinne argumentierte man etwa

---

298 Anon. [Dalby Thomas] an [Wilhem de la Palma], dd. April 1704, NA, TWIC 98: »[...] om een goet [ver]stand te houden tussen de Europianen, moet volgens zyn, de [ver]krege weg van een Opregtinge, zyn d'er geen weg, die in gebruyk geweest is, om in deze landen te [ver]krygen. Elke natie, off inwoonder, hebbende tzelve regt om te bouwen planten, zayen &ca.op wat land het zy, dat niet door een ander bearbeyd is, de Methode die in Gewoonte gecomen is, natuurlyk en redelyker moet gehouden werden, de regte weg om te oordeelen van de Waardigheden van d'Europianze in dit land.«

299 Brief von William Hickes an CCC, dd. 28.05.1687 (OS), in: Law (Hrsg.), The English, Bd. 2, no. 254, S. 114f.

300 *Tegen-Bericht* (1665), S. 32f.

an der Küste gegenüber Plänen aus der Kompaniezentrale, zu Sparzwecken Stützpunkte zu verlassen und Rechtsansprüche durch einfache Steine als Besitzzeichen zu wahren.[301]

c. *Zwischenfazit*

Europäisch-afrikanische Verträge hatten mehr als »dekorative« Bedeutung. Sie sollten in der Regel auch nicht allein als Argument im europäischen Diskurs fungieren, sondern lokale Lösungen bzw. wirksame Vereinbarungen herbeiführen. Dies belegt die große Vielfalt an Themen und Sachverhalten, die durch Verträge geregelt werden sollten, nicht zuletzt aber auch die Bemühung um rechtsverbindliche Absicherungsverfahren, die im Folgenden näher untersucht werden sollen. Zudem waren sie offensichtlich sowohl in den Augen europäischer als auch afrikanischer Akteure bedeutsam und ihnen wurde eine potenziell handlungsleitende Funktion zugeschrieben.

Die klare Dichotomie von schrift- und ritualbasiertem Recht hat sich als problematisch erwiesen. Im Gegenteil waren vielfach Überschneidungen festzustellen. Besonders wurde hier auf die Existenz von praktischem Wissen um Schriftlichkeit und ihren rechtsverbindlichen Charakter bei afrikanischen Autoren hingewiesen.[302] Es lässt sich aber umgekehrt auch für europäische Autoren eine Wertschätzung rituell-symbolischer Elemente feststellen, wie im Folgenden näher ausgeführt wird.

---

301 So nahmen führende Ratsmitglieder von Elmina Stellung gegen Pläne der Heeren X, Forts zu Sparzwecken aufzugeben und bloße Steine als »Marks of Possession« zu hinterlassen. Sie erklärten, die Eingeborenen hätten »among themselves such strong laws of sovereignty, that they would see nothing wrong in violating such imaginary international regulations«; Brief von Hoevenaar, Haring und Roberts an die Heeren X, dd. 21.06.1711 (Kopie), NA, TWIC 41, ediert in: Dantzig (Hrsg.), The Dutch, S. 158. Als 1717 tatsächlich einige Forts aufgegeben wurden, beließ man jeweils zwei bis drei Mann mit einer Flagge am Ort, um Rechtsansprüche zu wahren (»alleen met twee a dry soldaten ende met de vlag vande Comp: laten bewaren, op dat geen andere natien, nogte ook de Naturellen daarvan possessie komen te nemen«); Ratsprotokolle Elmina, Eintrag vom 08.04.1717, NA, TWIC 124, siehe auch den Eintrag vom 23.02.1700, ebd. Ähnliches Vorgehen der RAC in Bezug auf Anomabo; DESCRIPTION, s. d. [ca. 1737], TNA, T 70/1470.

302 Diese Dimension fehlt etwa in der Darstellung von Heijer, Goud, S. 224ff., der zwar den europäisch-afrikanischen Verträgen zwei Funktionen (Konkurrentenabwehr und Verständlichmachen einer fremden Kultur durch Rituale) zugesteht, aber daran festhält, dass sie einen Ausdruck von kollidierenden Kulturen (»botsende culturen«) darstellten.

Im Hinblick auf die Frage der Rechtskonzepte lässt sich als Gegenposition zur eingangs skizzierten Missverständnisthese keine ähnlich einfach strukturierte Gegenposition ausmachen. Dass europäische Akteure der Frühen Neuzeit allein Individualeigentum kannten und andere Formen des geteilten oder kollektiven Eigentums nicht hätten verstehen können, ließ sich eindeutig widerlegen. Auch weisen die europäischen Quellen im Vergleich untereinander, insbesondere zwischen internen Dokumenten und Stellungnahmen nach außen, zahlreiche Widersprüche auf. Damit erscheint die schlichte Kategorisierung Verstehen/Nicht-Verstehen problematisch, es liegt vielmehr nahe, von kontextabhängigen und auch strategischen Interpretationen auszugehen. Am treffendsten scheint insgesamt eine Erklärung der Sachlage als Mischung aus wechselseitiger Anpassung, gelegentlichen Missverständnissen und gezieltem Aneinander-Vorbeireden.

3.2 Praktiken der Absicherung

a. Eide

Wurde in Axim ein neuer *caboceer* eingesetzt, so schwor er auf die Bibel, den Niederländern treu und gehorsam zu sein und sie nach Kräften zu beschirmen. Das gleiche Gelöbnis legte er gegenüber seinem Volk ab. Zur Bekräftigung des Eides wurde ihm die Bibel erst vor die Brust gehalten und dann auf den Kopf gelegt.[303] So berichtet Willem Bosman 1704, der selbst mehrere Jahre Gouverneur des niederländischen Forts in Axim war.

Das gesamte Einsetzungsritual in Axim zeugte, folgt man Bosmans Beschreibung, von einer wechselseitigen Durchdringung von europäischer und afrikanischer Ordnung: Der Kandidat musste gemäß lokalen Standards seine Zugehörigkeit zur Gruppe beweisen können (Geburtsort, Wohnort etc.). Die Wahl oblag dann den »Hauptleuten« (»Hooftluyden«). Deren Ergebnis aber musste vom niederländischen Kaufmann approbiert werden, der dem neuen *caboceer* seinen Eid abnahm. Dieser Treueeid bezog sich, wie oben geschildert, sowohl auf die Niederländer als auch auf das Volk von Axim. Danach schrieb der Kaufmann den Namen des neu Gewählten auf und begrüßte ihn als Mitglied der Versammlung der Hauptleute, die zusammen mit dem Kaufmann die höchste rechtsprechende Instanz in Axim bildete. Abschließend musste der neue *caboceer* seine Mit-*caboceers* nach Gebühr beschenken. In dem Einsetzungsritual wird so die vermit-

303 »[...] soo wird hem de Bybel tot meerder bevestiging tegens zijn Borst aangehouden / en op het Hoofd gelegt / als wanneer den Eed vast en bondig is [...]«; Bosman, *Beschryving* (1704), Teil 1, S. 128f.

telnde Position erkennbar, die der *caboceer* von Axim – wie auch seine Kollegen in anderen *fort communities* – zwischen indigener Hierarchie und Kompaniedienst einnahm.[304]

Eine vermittelnde Position nimmt auch der Eid selbst ein, denn er kombiniert offenbar zwei unterschiedliche Traditionen: *Erstens* wurde mit der Einbeziehung der Bibel die häufigste christliche Eidesform aufgegriffen, die bis zur Mitte des 18. Jahrhunderts im europäisch-afrikanischen Verkehr ansonsten eher selten vorkam.[305] Im späten 18. Jahrhundert ist der Schwur auf die Bibel dagegen stärker präsent. Dass in Axim bereits recht früh eine Form des christlichen Eids etabliert war, könnte damit zusammenhängen, dass dort durch die portugiesische Ansiedlung eine längere Tradition europäisch-afrikanischen Zusammenlebens bestand als an den meisten anderen Orten der Gold- und Sklavenküste.[306] *Zweitens* war eine bestimmte Geste, das Auf-den-Kopf-Legen der Bibel, von Bedeutung, die so nicht von herkömmlichen Bibel- bzw. Evangelieneiden bekannt ist.[307] Dieses Element lässt sich mit indigenen Eidesformen in Verbindung bringen, die die Geste

---

304 Vgl. auch FEINBERG, Africans, S. 99–111, zu den vergleichbaren Hierarchien in Elmina.

305 Das niederländische Sample für die Jahre 1624–1720, das ca. 50 Verträge umfasst, enthält lediglich zwei, die einen Schwur auf die Bibel explizit erwähnen: Vertrag mit Abbe Tecky, König von Eguafo, und seinen »Reichsgroßen«, dd. 25.04.1698, NA, TWIC 122, S. 46–48, und die Vertragsinstrumente für einen Vertrag mit Abokroe, Jumore und Igwira, dd. 13.07.1707, ebd., S. 1–3. Demgegenüber existieren allein für den Zeitraum 1792–1804 (mindestens) sechs Verträge, die explizit Bibel- bzw. Evangelieneide erwähnen: Vertrag mit »Jinjamo«/ Beraku, dd. 24.07.1792 (Abschrift), NA, NBKG 223; Vertrag mit den »Lands Grooten« von Kormantin, dd. 15.04.1797, NA, TWIC 123 bzw. NBKG 223; Vertrag mit dem König und den Großen von Elmina, dd. 13.09.1796, NBKG 223; Vertrag mit dens., dd. 15.12.1801, ebd.; Vertrag mit dem »onderkoning« und den Großen von Elmina, dd. 27.07.1804, ebd.; Vertrag mit den Einwohnern von Accra, s. d. [um 1791?], ebd. Siehe auch Vertrag mit dem König von Groß-Popo, dd. 30.07.1755, NA, TWIC 122, S. 103–105.

306 Zu Axim in portugiesischer Zeit vgl. BALLONG-WEM-MEWUDA, São Jorge, Bd. 1, S. 378–388. Dort findet sich jedoch kein Ansatzpunkt für Parallelen zum oben beschriebenen Einsetzungsritual.

307 Üblich scheint im interkulturellen Verkehr wie auch sonst das Schwören mit der Hand auf der Bibel gewesen zu sein; siehe z. B. Vertrag der WIC (Sevenhuysen) mit dem König von Eguafo und seinen »Reichsgroßen«, dd. 25.04.1698, NA, TWIC 122, S. 46 ff., hier: S. 47. – Allerdings konnte in einer verbreiteten christlichen Tradition die Bibel zu Heilzwecken auf betroffene Körperteile platziert werden, so auch auf den Kopf; vgl. die Beispiele bei SCHREINER, Buchstaben, S. 81 ff. Zudem wird bei der Bischofsweihe üblicherweise ein Evangeliar in den Nacken des zu Weihenden gelegt; dazu DERS., Litterae, S. 295 f.

des Hand-auf-den-Kopf-Legens kennen. Dem Kopf, ob es sich nun um den eigenen oder denjenigen des Vertragspartners handelte,[308] kam dabei symbolische Bedeutung zu; er galt in verschiedenen westafrikanischen Gruppen als Sitz der »Seele« und der Individualität einer Person.[309]

Eide bekräftigten nicht nur Verträge und Abkommen im diplomatischen Verkehr, sondern spielten auch im Rahmen der Etablierung von Dienstverhältnissen und bei Gerichtsverfahren eine zentrale Rolle. Im Folgenden soll ihre Ausgestaltung und Darstellung näher untersucht werden, insbesondere im Hinblick auf das Verhältnis von europäisch-christlichen und afrikanischen Elementen.

i. Eidformen im interkulturellen Verkehr

Statt einer allgemeinen Durchsetzung und Alleinstellung des christlichen Eides finden sich vor dem späten 18. Jahrhundert meist Kombinationen verschiedener Eide und Eidesformen. In einer großen Zahl von Verträgen und Übereinkünften, die die niederländische WIC mit afrikanischen Herrschern schloss, wird etwa festgehalten, die afrikanische Partei habe den Inhalt »op t'nuttigen van Juramente« beschworen, d. h.: »durch das Essen des Eides«.[310] Offensichtlich sind damit jene Eidesformen gemeint, die in den europäi-

308 Fremder Kopf: »[...] raeckte met hun hande mijn hooft«; Ratelband (Hrsg.), Dagregisters, Eintrag vom 22.06.1646 im Kontext eines von van der Wel vermittelten Friedensschlusses zwischen Fetu und Elmina. Auch als Freundschaftsgeste in Asebu 1671 bei de Hally; siehe Chouin (Hrsg.), Colbert, S. 81. Eigener Kopf: »waer op den braffo in plaets van Eedt sweeren de hant opt hooft leyde«; Arent Jacobsz. van Amersvoort, Protest tegens d'Engelsche, dd. 18.07.1640, NA, OWIC 13, über eine Übereinkunft mit dem *braffo* von Fante bzgl. einer neuerlichen Bekräftigung der »opdraght« von Kormantin und Anomabo angesichts englischer Ansiedlungsversuche.

309 Law, »Head«, S. 408 f. (für die benachbarten Fon); allgemein zur Kopfsymbolik in Afrika Arnoldi/Kreamer, Crowning.

310 Siehe u. a. den Vertrag mit den *caboceers* von Sekondi, dd. 23.11.1682, NA, TWIC 122, S. 17 ff.; Vertrag mit den *caboceers* von Accoda, dd. 12.12.1682, ebd., S. 20 ff.; Vertrag mit dem *braffo* und den *caboceers* von Fante, dd. 15.08.1697, ebd., S. 44 f.; Vertrag mit den Königen von Eguafo, Fetu und Asebu sowie den Oberhäuptern von Twifo, Cabesterra, Abrambu, Fante und Adom, dd. 03.08.1702, TWIC 98, fol. 14r–15r; Vertrag mit dem König und den *caboceers* von Akwamu, dd. 03.04.1703, ebd., fol. 98r–99r; Vertrag mit den Abgesandten von Ahanta, dd. 08.09.1717, NA, TWIC 122, S. 77 ff. – Siehe auch den Vertrag der DAK mit dem König von Fetu, dd. 20.12.1659, in: Justesen (Hrsg.), Danish Sources, Bd. 1, no. I.4, S. 8–11, hier: S. 9.

schen Quellen auch als »Fetischessen« oder »-trinken« bekannt sind. Dabei konsumierten die Eidleistenden in der Regel einen Trank – ähnlich wie bei den verbreiteten Gottesurteilen, die durch die Einnahme von bestimmten, zum Teil wohl giftigen, Flüssigkeiten vollzogen wurden.[311] Die Angaben über die Beschaffenheit des Eidtrunkes variieren; oft werden Kräuter und Branntwein als Bestandteile genannt,[312] in einigen Fällen wird auch Blut als Ingredienz erwähnt.[313] Der Gebrauch von Branntwein lässt darauf schließen, dass sich der »Fetischeid« durch den Kulturkontakt mindestens materiell veränderte, denn derartige Alkoholika wurden erst in diesem Zuge in größerer Menge verfügbar.[314] Rask beschreibt für die Gegend um Accra einen Eidtrunk, der aus Wasser, Blut und Getreide bestand, und trägt eine allegorische Ausdeutung der drei Elemente vor, die jeweils unterschiedliche Todesarten oder Qualen symbolisieren sollen.[315]

---

311 So auch bei Bosman, *Beschryving* (1704), Teil 1, S. 140ff.; die Bedeutung des »Fetischeids« für die Interaktionen an der Küste hat jüngst auch Reese hervorgehoben, siehe Reese, Controlling, S. 109ff. – Zur Verwandtschaft zwischen Ordal und Eid vgl. Holenstein, Seelenheil, S. 38ff.

312 Der dänische Kaplan Elias Svane berichtet bei Bündniseiden von einem bestimmten Wasser, das bei Reinigungseiden bzw. Ordalen zu trinken sei, und vom Essen eines bestimmten Grases oder Kohls, das auf eine »Fetisch«-Figur gelegt werde; siehe Brief von Elias Svane, Christiansborg, an die Direktoren der DAK, dd. 15.03.1724, in: Justesen (Hrsg.), Danish Sources, no. VIII.11, S. 300–312, hier: S. 311; von Branntwein, der bei Eiden getrunken wird, spricht Monrad, Description (1822), S. 53ff.; von einer Mixtur aus Branntwein und Schießpulver berichtet von der Groeben; Groeben, *Reise-Beschreibung* (1694), S. 78; Müller spricht von einem Trank aus grünen Blättern, Wasser »und anderer Materie«, der als Reinigungseid, aber auch bei Vertragsschluss mit Christen eingenommen wird, Müller, Landschafft (1676 [1673]), S. 83ff.

313 So wurde 1646 der Frieden zwischen Fetu und Mina, in Gegenwart und unter Vermittlung des niederländischen Generals Ruychaver geschlossen, mit einer Art Bluteid bekräftigt; Ratelband (Hrsg.), Dagregisters, Eintrag vom 22.06.1646, S. 189f. Dabei wurde den Schwörenden mit einem Messer auf dem Handrücken eine blutende Wunde beigebracht. So etwas ist für die Goldküste eher ungewöhnlich, für die Sklavenküste dagegen häufiger bezeugt. Barbot on Guinea, Bd. 2, S. 641, erwähnt im Kontext seiner Beschreibung von Ouidah eine Zeremonie namens »drinking God« bzw. »boire Dios« als eine Art Blutpakt.

314 Zur »Assimilation« von europäischen Spirituosen in der Akan-Kultur vgl. Akyeampong, Drink, S. 28ff., der vermutet, dass Alkohol z. T. im rituellen Gebrauch Wasser ersetzte (S. 8f.).

315 Rask, Description, S. 136f. Dies erscheint allerdings eher als europäische denn als afrikanische Interpretation und erinnert doch sehr an nachträgliche Erklärungen bzw. Rationalisierungen von Rechtsformen im gelehrten Rechtsdiskurs. Dieses Phänomen diskutiert bspw. Lepsius, Sitzen.

Zweites zentrales Element des »Fetischeids« neben der Einnahme einer Flüssigkeit oder anderen Substanz war eine übernatürliche Macht, deren Einfluss der jeweils engagierte religiöse Spezialist kanalisieren konnte.[316] Diese Macht wurde, auch im Sinne einer bedingten Selbstverfluchung, vom Schwörenden angerufen. Zum Beispiel wird im Vertrag der WIC mit dem König und den »Reichsgroßen« von Fetu 1688 festgehalten: »[...] wir [bitten] die Götter, diejenigen, die gegen diesen Vertrag verstoßen, zu bestrafen.«[317] Gestraft werden sollten Eidbrüchige offenbar mit dem Tod, der im Falle der Reinigungseide sofort nach Einnahme des Eidtrunkes eintreten konnte. Für Eide standen verschiedene »Fetische« zur Verfügung, die zum Teil als unterschiedlich wirkmächtig galten. Entsprechend ist in zwei dänischen Verträgen von 1659/1661 auch der Name des jeweils zum Einsatz gekommenen »Fetisch« angegeben.[318]

Es ist sehr wahrscheinlich, dass in der noch größeren Zahl von niederländischen und anderen Verträgen, die lediglich vom Eid bzw. Schwur »na's Lands Wyze«, »en la Maniere et Coutume du pays« oder »according to the Custom of our Country« sprechen,[319] ebenfalls ein solches »Eidessen«, viel-

316 Die Terminologie der europäischen Quellen ist dabei ungenau: »Fetisch« kann entweder übernatürliche Mächte bezeichnen oder aber deren Medium, wie Kultbilder o.Ä. Vgl. zum Konzept des »Fetischs« im Kontext der westafrikanischen Kontaktzone ausführlicher PIETZ, Problem; BÖHME, Fetischismus; und jüngst MITCHELL, Fetish. Siehe auch zur Entwicklung des europäischen Diskurses BRAUNER, »Fetischkult«.

317 »[...] Bidden wy d'goden d'o[ver]treders deses Contrar [sic] te straffen.« Vertrag der WIC (Sweerts) mit dem König, Dey und Tianin von Fetu, dd. 30.06.1688, NA, TWIC 122, fol. 37; siehe auch BOSMAN, *Beschryving* (1704), Teil 1, S. 141 f. Der Eidleistende ruft den »Afgod« bei seinem Namen und erklärt, was er mit Eid beschwören will, »met begeerte en versoek, soo wanneer sijn Eed vals is, dat den Afgod hem met de dood gelieft te straffen«.

318 Vertrag der DAK (Cramer) mit dem König und Großen von Fetu, dd. 20.12.1659 (OS), in: JUSTESEN (Hrsg.), Danish Sources, Bd. 1, no. I.4, S. 8–11, hier: S. 9 und S. 11 (»fetish calles Coassy«), und Vertrag der DAK (Cramer) mit Okai Koy, König von Groß-Accra, dd. 18.08.1661, in: ebd., no. I.5, S. 12 (»Fetish called aquandoe«). – Der erstgenannte »Fetisch« ist auch bei Müller beschrieben; MÜLLER, Landschafft (1676 [1673]), S. 70 und S. 84 (»Quassi«).

319 Z.B. Vertrag der WIC (de la Palma) mit der Königin und den *caboceers* von Agonna, dd. 10.09.1704, NA, TWIC 98, fol. 411r–412r (Kopie); französischer Vertrag mit dem König von Eguafo, dd. 15.12.1687, ANOM, 40 COL 9, Nr. 407; Vertrag zwischen CMA und den Borbor-Borbor-Fante, dd. 06.02.1753, TNA, T 70/1695 bzw. CO 388/45, fol. 128r–129v.

leicht auch der oben beschriebene Eid mit Kopfgeste[320] gemeint war. Das gewisse Fremdheitselement, das bei der expliziten Erwähnung eines solchen »Essens des Eides« oder auch der Anrufung von »Göttern« vorhanden ist,[321] wird mit solchen Formulierungen reduziert und vollständig zugunsten einer Analogiebildung aufgelöst. Manchmal finden auch Zusätze wie »solemneller« oder »großer Eid« Gebrauch, die die Bindekraft weiter betonen.[322] Die Verträge präsentieren so insgesamt das Bild eines afrikanischen Eides, der ganz in Analogie zum bekannten christlichen Eid funktioniert und dessen Bindekraft nicht weiter zu diskutieren ist. In einer englischen Quelle – einem Brief, keinem Vertrag – wird noch einmal explizit bekräftigt, der Fetischeid sei »a Ceremoney [...] Convincing Each Party of the others friendship and Confirming their Agreements as Sacred Amongst them as the Sacrament is to a European«[323].

Dagegen stellen Reiseberichte und landeskundliche Beschreibungen verstärkt die Fremdheit des afrikanischen Eides als Kuriosum heraus. Sehr deutlich werden die Unterschiede zwischen den verschiedenen Darstellungsweisen im Vergleich der Quellen, die die Gründung des brandenburgischen Forts Groß-Friedrichsburg beschreiben: Während der Vertrag, den Otto Friedrich von der Groeben 1683 mit den *caboceers* von Cape Three Points schloss, schlicht von »Ihrem grösten Eyd« spricht,[324] berichtet von der Groeben in seinem später publizierten Reisebericht ausführlich über dessen kuriose Formen. Auf sein Ersuchen hin, die Übereinkunft über den Fortbau mit einem Eid zu besiegeln, hätten die *caboceers* ihn zum gemeinsamen »Fetisie sauffen« aufgefordert. Daraufhin sei eine Schale mit Branntwein herbeigebracht worden, in die man noch Schießpulver hineingerührt habe. »Daraus muste ich die unangenehme Gesundheit anfangen, die beyden *Capiscirs* [*caboceers*; C. B.] folgeten mir nach, und beschmierten mit dem Rest den gemeinen Schwartzen die Zunge, damit sie auch getreu bleiben möchten. Nach Verrichtung dieser herrlichen *Ceremonien* beschenckete ich so wohl die *Capiscirs*, als auch die umbstehende [sic] Schwartzen reich-

---

320 Eine weitere Variante, die offenbar v.a. im Schiffshandel an Elfenbein- und Malaguettaküste verbreitet war, könnte man als ›Wassereid‹ bezeichnen. Dazu genauer oben, Unterkap. II.1.2, bei Anm. 23.

321 Auch im Vertrag zwischen der WIC (van Amersfort) und dem *braffo* von Fante, dd. 31.03.1624, NA, NBKG 222, fol. 314v–315r, bzw. VWIS 1162, S. 519.

322 Bspw. Vertrag zwischen WIC (van der Wel) und dem König von Groß-Accra, dd. 04.08.1649, NA, NBKG 222, S. 73f., auch in TWIC 141 und OWIC 12.

323 Brief von John Roberts an John Vaughan, dd. 15.05.1750, in: Fisher (Bearb.) Extracts, S. 350ff., hier: S. 351.

324 Vertrag zwischen der BAC und den *caboceers* von Cape Three Points, dd. 05.02.1683, in: Jones (Hrsg.), Brandenburg Sources, Dok. 7, S. 57f. und S. 249ff.

lich […].«[325] Wiewohl von der Groeben hier nicht explizit die Gültigkeit und Wirkmacht des Eides in Frage stellt, differiert sein Bild und auch sein ironischer Duktus deutlich von dem Eindruck, den die knappen und auf Eindeutigkeit angelegten Formulierungen des Vertrags evozieren.

Der allgemeine Friedensvertrag von 1702, zu dem der niederländische Generaldirektor Wilhem de la Palma die Könige von Asebu, Fetu und Eguafo sowie die Oberhäupter von Adom, Fante, Twifo und Cabesterra (Etsi) bewegen konnte, wurde – obwohl dies im Vertrag selbst nicht vermerkt ist![326] – doppelt beschworen: zunächst auf die Bibel, dann auf gewöhnliche Landesart (»ordinaire eetsweeren«).[327] Bevor sie den Eid auf die Bibel ablegten, habe man, so de la Palma, die versammelten Herrscher instruiert,

> »dass diese Bibel eine göttliche Schrift sei, nach deren Inhalt Himmel und Erde regiert würden und dass darin die Zusage allen Glücks und Segens für jene zu finden sei, die Recht und Gerechtigkeit bewiesen in der Einhaltung von Verträgen und Bündnissen, und im Gegensatz alle Strafen und Verurteilungen [für] jene, die als Erste das Bündnis brechen würden, das gegenwärtig unter uns gemacht wird […].«[328]

In diesem problemorientierten Schnellkurs in Sachen christlicher Lehre wird das Grundproblem deutlich, bei unterschiedlichen religiösen Anschauungen eine gemeinsame Eidesform zu verwenden: Die Anerkennung des

---

325 Groeben, *Reise-Beschreibung* (1694), S. 78. Die Expedition hatte diese Eidpraxis bereits zuvor am »Rio Sueyvro de Costa« (d.i. vermutlich der Ankober) kennengelernt (ebd., S. 54).

326 Dort werden lediglich die allgemeinen Formulierungen »onder't nuttigen van Juramenten« und »aldus gedaan en beswooren« verwendet; Vertrag der WIC (de la Palma) mit den Königen von Eguafo, Fetu und Asebu sowie den »Oberhäuptern« von Twifo, Cabesterra, Abrambu, Fante und Adom, dd. 03.08.1702, NA, TWIC 98, fol. 14r–15r.

327 Ein solcher doppelter Eid wurde auch eingesetzt bei dem Vertrag zwischen CMA und den Borbor-Borbor-Fante, dd. 06.02.1753, TNA, T 70/1695 bzw. CO 388/45, fol. 128r–129v: »[…] have according to the Custom of our Country & the Form prescribed by our Religion as likewise according to the Custom of the English Nation and the Form prescribed by their Religion sworn to the due Performance of the aforesaid Law«.

328 »[…] dat dien Beybel was [een] Goddelyk schrift, na welkers inhout hemel, en Aarde wierd geregeert, dat daarin was te vinden de belofte van alle Welvaart en Zeegen voor die geene, die recht en gerechtighyd oeffenen in't nakomen van Contracten en Verbonden; ter Contra[ry] alle Straffen, en Oordeelen, die geene, die erste 't verbond zoude komen te breeken, 't geen jegenwoordig, onder ons wierd gemaakt […]«; Brief de la Palmas an die Heeren X, dd. 25.09.1702, NA, TWIC 98, fol. 2r–11v, hier: fol. 2r–v.

Eides des anderen erfordert (eigentlich) zunächst eine Anerkennung von dessen Religion und religiöser Wahrheit.[329]

Angesichts der Auseinandersetzungen um Eide zwischen den christlichen Konfessionen mag die Akzeptanz von afrikanischen Eiden erstaunen.[330] Sie weist darauf hin, dass europäische Akteure jenseits aller Polemik über Heidentum von einer funktionierenden Religion unter den Westafrikanern ausgingen. Mindestens unterstellten sie ihnen eine hinreichende Angst vor göttlichen Strafen, sodass die Eide überhaupt als bindend angesehen werden konnten.[331] In diesem Sinne erklärt auch der einschlägige *Zedler*-Artikel:

> »[...] Erfordert es die Noth, daß man einen Heyden muß schwöhren lassen, so muß man freylich zugeben, daß er bey seinen falschen Göttern schwöhre. Er fürchtet sich vor diesen, ob es gleich aus einer eitlen Einbildung geschiehet, und wenn man ihm gleich zumuthen wollte, daß er bey dem wahren GOTT schwöhren sollte, so ist doch dieses in Ansehung, daß er ihn nicht vor einen GOTT erkennet, vergebens. Ist dieses ein Nothfall und kann man sich sonsten aus einem Handel nicht helffen, so sündiget derjenige nicht, der einem Heyden den Eid bey seinen falschen Göttern aufträget, und ihn von selbigem annimmt. Die Schuld fällt eigentlich nur auf den schwöhrenden, weil er in solchem Irrthume stecket. [...] Eben so verhält es sich auch mit dem Juden-Eide [...].«[332]

---

329 Steiger macht für die europäisch-asiatischen Verträge in der Anerkennung des Eids nach der jeweiligen Gewohnheit eine Anerkennung auch der grundsätzlichen »Rechtlichkeit« des anderen aus; Steiger, Recht, S. 291.

330 Bei den Bekenntniseiden oder etwa dem »Oath of Supremacy« in Großbritannien ging es freilich nur in zweiter Linie um die Eidesform; vgl. u.a. Prodi, Sakrament, v.a. Kap. 6 und 7; Schreiner, Iuramentum.

331 Siehe auch Holenstein, Seelenheil, S. 24: »Der Eid war ein Bekenntnis der Gottesfurcht, welche die Wirksamkeit des Schwurs verbürgte. Nur unter der Annahme einer durchgängigen Gottesfurcht und Religion in der Gesellschaft war der Eid ein taugliches und verläßliches Instrument im Dienst von Herrschaft und Recht.«

332 Art. Eid, eine Anruffung GOttes, in: Zedler, *Universal-Lexicon*, Bd. 8 (1734), Sp.475–500, hier: Sp. 479; mit Verweis auf Buddeus, *Institutiones* (1712), II, 3, 5, § 11, S. 610 f.: *Quod impia sint, patet, quia rei creatae tribuitur honor, soli Deo debitus. Sed & quod irrita sint, palam est, quia iusiurandum accommodandum est ad persuasionem iurantis. Si enim aliquis per Deum iuret, quam Deum esse non credit, & a quo, si fallae, se puniendum non esse, sibi persuadeat, vi omni & efficacia destituetur iuramentum.* Explizit die Gültigkeit des Eids eines »Abgöttischen« »auf seine Götzen / (die er vor wahre Götter hält/)« postuliert der protestantische Pfarrer Stockmann, *Eid* (1709), S. 14. – Vgl. auch Gerhard/Bürger, *Ceremoniis* ([1699]), cap. II, § 4.

Die Lösung des Problems, die der Verfasser des *Zedler*-Artikels hier 1734 vorschlägt, weist zugleich bereits den Weg vom göttlichen Zwang zum Selbstzwang, geht es hier doch nicht mehr um ›objektives‹ Wirken des Gottes, sondern um die ›subjektive‹ Furcht des Schwörenden vor einem Gott oder allgemeiner einer übernatürlichen Macht, deren Existenz aus Beobachterperspektive aber durchaus zweifelhaft erscheinen mag. In der Vorgehensweise de la Palmas, den Vertrag mit einem doppelten Eid abzusichern, spiegelt sich gleichsam eine Übergangssituation: Zwar lässt er sich auf den ›fremden‹ Eid ein und nimmt ihn auch als funktionstüchtig an, zugleich rückversichert er sich aber mit dem christlichen Eid bei der ›richtigen‹ transzendentalen Macht. Interessanterweise hielt sich diese Praxis des doppelten Eids bis ins 19. Jahrhundert: Auch der Vertrag mit den Großen von Elmina aus dem Jahr 1844 wurde sowohl auf die Bibel als auch mit Bezug auf einen »Fetisch« beschworen.[333]

Wie ging man nun aber vor, wenn Europäer bei einer Übereinkunft mit Afrikanern ihrerseits schwören sollten?[334] Einige Fälle sind bekannt, in denen die europäischen Delegationen an der lokalen Eidesform, sprich: dem »Eidessen«, partizipierten; ein Beispiel, der Vertragsschluss zwischen Brandenburgern und den *caboceers* von Cape Three Points, wurde bereits erwähnt.[335] Dass dieser Vertrag auch durch von der Groeben mit einem Eidtrunk beschworen wurde, ist – wie gesagt – dessen Reisebericht, nicht aber dem Vertragstext zu entnehmen. Ähnliches lässt sich auch für eine Eidzeremonie in Assini feststellen, an der 1701 der Chevalier Damon teilnahm. Auch hier fehlt im Vertragstext jeglicher Hinweis auf diesen Akt. Damon dagegen beschreibt in seiner *Relation* das »prendre le festische«, wie er es nennt, mit mokantem Unterton: »[...] dieser lächerliche Aberglauben gibt diesen Leuten eine derartige Sicherheit, dass sie in der Folge unbefangen und in vollem Vertrauen in unser Lager kamen.«[336] Ein weiteres Mitglied der Delegation, Jean Godot, stellt die Zeremonie ausführlicher dar;

333 Vertrag mit dem König und den Großen von Elmina, dd. 30.03.1844, als Anhang ediert in Baesjou, Jurisdiction, S. 56–66, hier: S. 65.

334 Damit ist zugleich vorausgesetzt, dass zumindest einige Vertragstexte eine Einseitigkeit des Schwörens auf afrikanischer Seite suggerieren, was mglw. auch als Hinweis auf die Ungleichheit dieser Verträge zu verstehen ist. Allerdings sind, wie verschiedene Beispiele belegen, Vertragstexte mit höchster quellenkritischer Vorsicht zu behandeln.

335 Siehe auch Brief von Henry Vincent an CCC, dd. 04.05.1697 (OS), in: Law (Hrsg.), The English, Bd. 3, no. 112, S. 71 ff.: »[...] they made me take a feitich to protect them, which ended [the matter].«

336 »[...] cette ridicule superstition rassura si bien ses [wohl: ces] peuples s'il en vint ensuite librement dans notre camp et avec une entière confiance.« Damon (1702), in: Roussier (Hrsg.) Etablissement, S. 100.

seine *Relation exacte*, die in einem Manuskript in der Bibliothèque nationale de France überliefert ist, war jedoch anders als jene Damons nicht für die Administration gedacht.[337] In dem publizierten Bericht eines Dominikaners aus der Delegation wiederum fehlt jeglicher Hinweis auf eine gemeinsame Eidzeremonie, wiewohl der Autor in einem ethnografischen Abschnitt sehr wohl allgemein auf den Gebrauch des »Fetischeids« verweist.[338]

Deutlich wird, dass Reiseberichte und Verträge offenbar unterschiedliche Grenzen der Sagbarkeit aufweisen. Beide Fälle haben überdies gemeinsam, dass sie Neuankömmlinge betreffen: War die Ansiedlung am Cape Three Points, das spätere Groß-Friedrichsburg, die erste westafrikanische Unternehmung der Brandenburger, so waren die Franzosen zwar schon länger in der Region präsent, doch besaßen sie keinen festen Stützpunkt an der Goldküste und pflegten so nur disparate und diskontinuierliche Kontakte in der Region.[339]

Die fest etablierten Kompanien scheinen sich dagegen meist zunutze gemacht zu haben, dass die lokale Praxis offenbar den stellvertretenden Eid bzw. den Eid eines Repräsentanten kannte, der für eine Gruppe oder Körperschaft insgesamt galt.[340] So ließen dänische Faktoren und Direktoren ihre »boys«, d.h. ihre persönlichen Diener oder Sklaven, für sich und die Kompanie »Fetisch essen«.[341] Bei der niederländischen WIC war es üblich, dass die *makelaars* der Kompanie für diese in ›afrikanischen‹ Formen schworen: Um beispielsweise den Herrscher von Ahanta 1784 dazu zu bewegen, für die Abhaltung eines *palaver* ins Fort von Boutry zu kommen, bot der

337 Godot, *Relation exacte*, S. 173–179. In Godots Bericht über die Expedition nach Assini wird die Eidzeremonie als geschickter Schachzug Damons gegenüber den leichtgläubigen Afrikanern dargestellt; auch dort rückt so die Tatsache, dass ein Franzose an dieser Zeremonie teilnahm, gänzlich in den Hintergrund.

338 Loyer, *Relation* (1714), S. 128 allgemein zum »Fetisch-Essen«.

339 Die Bemerkung bei Müller, Landschafft (1676 [1673]), S. 87, die christlichen Kaufleute müssten bei allen Vertragsschlüssen in Fetu einen Eidtrunk einnehmen, kann man aber allerdings auch dahin gehend verstehen, dass die etwa im oben zitierten dänischen Vertrag von 1659 erwähnte einseitige Eidesleistung seitens der afrikanischen Partei realiter mglw. eine zweiseitige war.

340 Vgl. bspw. Journal von Christiansborg, 23.12.1698–01.09.1703, in: Justesen (Hrsg.), Danish Sources, Bd. 1, no. III.21, S. 141 (Eintrag 03.11.1700). Auch der König von Akwamu bediente sich eines Stellvertreters, für ihn schwor sein Sohn »Bobbie«; Brief von James Nightingale an CCC, dd. 09.09.1681 (OS), in: Law (Hrsg.), The English, Bd. 1, no. 409, S. 168ff., hier: S. 170.

341 Siehe z.B. Tagebuch von Christiansborg, 03.02.1744–31.12.1745, in: Justesen (Hrsg.), Danish Sources, Bd. 2, no. XI.40, S. 651–663, hier: S. 656 (Eintrag 03.06.1744); Brief von A. F. Hackenborg an Gouverneur Platfues, dd. 09.05.1748, in: ebd., no. XI.71, S. 716f.

lokale Faktor Lieftinck ihm zunächst an, drei Geiseln zu stellen (»Gyzelaers off Pandelings«), um für seine Sicherheit zu garantieren. Als dies nichts fruchtete, griff er auf das Angebot des *makelaar* der Kompanie zurück, einen entsprechenden Eid abzulegen.[342] Auffällig ist hier, dass der Eid offensichtlich als wirkmächtiger und bindender als die Stellung von Geiseln verstanden wurde, auch wenn das ganze Ansinnen letztlich scheiterte.

Eine andere Strategie wählten die Engländer im späten 18. Jahrhundert, zumindest in der Vertragsrhetorik: Sie fassten die Eidesformel, die für beide Parteien gelten sollte, so abstrakt und allgemein, dass unklar ist, welche Religion und welche Eidesform nun gemeint war: »And of all the premised conditions / we the two parties do bind ourselves to the mutual / observance in the presence and in the name of the / omnipotent God of Truth and Justice, and the avenger of / Perfidy, and we have hereunto set our hands this [...].«[343]

ii. Wirkmächtigkeit und Kritik

Welche Wirkmächtigkeit aber kam solchen interkulturellen Eidleistungen zu, welche Bedeutung wurde ihnen zugesprochen? Während die topischen Klagen über die Treulosigkeit der Afrikaner im Allgemeinen hier misstrauisch stimmen könnten, zeigt die Praxis ein anderes Bild. Gerade in der Tatsache, dass die europäischen Verhandlungsführer bei Übereinkünften, aber auch die Gouverneure und Faktoren im Fortalltag großen Wert auf die Durchführung von Eiden legten, zeigt sich bereits, dass sie diesen eine Bindekraft zuschrieben.

Welche alltägliche Bedeutung solchen Eiden offenbar zukam, zeigt der Konflikt zwischen dem Kaplan des dänischen Hauptforts Christiansborg, Elias Svane, und den Gouverneuren der dänischen Kompanie. Svane verwickelte seit 1722 Gouverneur David Herrn und dessen Nachfolger Christian Syndermann in Auseinandersetzungen um die Eidespraxis vor Ort. Herrn

342 Brief von Lieftinck an Galle, dd. 05.11.1784, NA, TWIC 995. – Ähnlich gingen auch Angestellte der RAC mit Eiden um. So schworen bspw. in einem Konflikt in Accra 1681 der lokale Faktor und ein Schiffskapitän auf die Bibel, während ein gewisser James Mills, der ebenfalls in englischen Diensten stand, einen Eid auf den »fettish« ablegte; Brief von James Nightingale an CCC, dd. 28.08.1681 (OS), in: Law (Hrsg.), The English, Bd. 1, no. 409, S. 168 ff. Über Mills ist nichts Weiteres bekannt, mglw. war er aber euroafrikanischer Herkunft.

343 Vertrag mit »Kings of Canaboe« (Bulama Island), 29.06.1792, TNA, PRO 30/8/363 (Chatham Papers), fol. 26 f.; gleichlautend der Vertrag mit den »Kings of Ghinala and the Rio Grande«, 03.08.1792, TNA, ebd., fol. 28 f.

war zwar nach ersten Angriffen Svanes rasch bereit gewesen, einzugestehen, dass der »Fetischeid« dem christlichen Glauben widerstreite, er insistierte aber auf der Notwendigkeit der Eide im Alltagsleben. Daraufhin drohte der Kaplan, ihn von der Kanzel herab als »Herodes« zu verdammen, falls er zwei Ruderskiaven (*remidores*) einen solchen Eid ablegen ließe.[344] Im März 1724 verfasste Svane eine Eingabe an die Direktoren in Kopenhagen, in der er sich über verschiedene Missstände in den dänischen Forts ausließ, darunter nicht zuletzt wiederum die Praxis des »Fetischeides«. Svane empörte sich, dass die Christen offene Abgötterei und Zauberei nicht nur duldeten, sondern sogar veranlassten, dass diese im Inneren des Forts und vor den Christen praktiziert würden. Dies geschehe, soweit er ersehen könne, der Unterhaltung willen, aber unter dem Schein der Gerechtigkeit. Auf diese Weise schworen diese Heiden, so Svane weiter, ihre Treueeide oder reinigten sich von Vorwürfen.[345] Zwar erkannte er Herrns Argument an, Eide seien im Alltag notwendig, um Versprechen abzusichern oder Diener oder Sklaven von der Flucht abzuhalten. Er forderte jedoch, dass man in solchen Fällen, damit die Eide ohne Sünde Eide seien, die Eidnehmer keinen »Fetischeid« ablegen lassen dürfe, sondern sie auf die Bibel oder beim lebendigen Gott schwören lassen solle, wie es die Juden machten.[346] Gouverneur Syndermann nahm zu Svanes Vorwürfen Stellung und bestritt, dass man die Eide zum eigenen Vergnügen ablegen lasse. Er betonte erneut die Notwendigkeit von Eiden, insbesondere um das Weglaufen von Sklaven zu verhindern, und führte einen aktuellen Fall an: Ein Sklave, dem man keinen »Fetischeid« habe abnehmen dürfen, sei prompt geflüchtet und seitdem nicht wiedergefunden worden.[347] Syndermann und Herrn rekurrierten, ähnlich wie der oben zitierte Artikel aus dem *Zedler*, darauf, dass die Eidnehmer sich durch den »Fetischeid« gebunden fühlten und ihn zu brechen fürchteten. Für sie ging es in der Eidfrage also weniger um religiöse Wahrheiten denn um eine subjektive Bindung. Zugleich zeigen der Konflikt und die verschiedenen Anwendungsbereiche des »Fetischeids«, die in diesem Zuge genannt wur-

---

344 Brief von Gouverneur Herrn an die Direktoren der DAK, 20.04.1722, in: Justesen (Hrsg.), Danish Sources, Bd. 1, no. VIII.5, S. 292–294, hier: S. 293 f.

345 Svanes Kritik war damit deutlich radikaler als diejenige Müllers, eines anderen protestantischen Geistlichen in dänischen Diensten: Müller kritisierte in erster Linie die Partizipation von Europäern an heidnischen Eidzeremonien, die ihm als Verstoß gegen Gottes Wort »umb Gunstes und Eigennutzes halben« galten; Müller, Landschafft (1676 [1673]), S. 87 f.

346 Brief von Elias Svane an die Direktoren der DAK, dd. 15.03.1724, in: Justesen (Hrsg.), Danish Sources, Bd. 1, no. VIII.11, S. 300–312, hier: S. 304.

347 Brief von Gouverneur Syndermann et al. an die Direktoren der DAK, in: Justesen (Hrsg.), Danish Sources, Bd. 1, no. VIII.12, S. 312–318, hier: S. 316.

den, dass diese Eidespraxis offensichtlich ein wichtiges Element des Fortalltags und eine erprobte Absicherungsform darstellte.

Sowohl aus dem interkulturellen Kontext als auch aus dem innereuropäischen Verkehr ließen sich freilich Beispiele von Eidbrüchigkeit anführen. Demgegenüber gibt es aber auch eine Reihe von Beispielen, in denen Akteure sich selbst unter veränderten Bedingungen und Interessenlagen weiterhin durch den abgelegten Eid gebunden sahen und entsprechend handelten. Die Einwohner von Sekondi beispielsweise hatten im November 1682 einen Vertrag mit der WIC über die Errichtung einer Logie geschlossen und diesen unter »op't nuttigen van Juramenten« beschworen. Der Vertrag hielt fest, dass alle anderen Nationen, vor allem die damals sehr umtriebigen Schweden und Engländer, von Handel wie Ansiedlung in Sekondi ausgeschlossen sein sollten.[348] An diese Klausel hielten sich – und dies spricht meines Erachtens gegen die pauschale Behauptung, Afrikaner hätten die europäischen Konstruktionen exklusiver Rechte schlicht nicht verstanden – die Einwohner von Sekondi, als im Frühjahr 1683 die englische RAC einen Stützpunkt errichten wollte. In der Zwischenzeit hatte sich die politische Lage vor Ort jedoch radikal gewandelt: Hatte Sekondi bislang im Einflussgebiet von Ahanta gelegen, so kontrollierten nun nach militärischen Auseinandersetzungen die Adom die Region, und sie waren es, die als neue Oberherrscher den Engländern gestatteten, sich in Sekondi (wieder) anzusiedeln.[349] Dennoch setzten sich die Einwohner Sekondis gegen die englische Präsenz zur Wehr. Sie brachen wiederholt den Flaggenmast ab, den der Faktor der RAC hatte errichten lassen, und drängten auf den Abzug der Engländer. In der englischen Korrespondenz wird das Verhalten der örtlichen Bevölkerung niederländischen Einschüchterungsversuchen[350] zugerechnet. Doch die Tatsache, dass die Einwohner Sekondis mit ihrer Ablehnung der RAC zeitweise sogar gegen die militärisch überlegenen Adom opponierten, macht deutlich, dass sich hier offenbar ein erheblicher Loyalitätskon-

---

348 Vertrag zwischen WIC (Ernsthuys) und den *caboceers* von Sekondi, dd. 23.11. 1682, NA, TWIC 122, S. 17ff.

349 Brief von James Parris an CCC, dd. 25.04.1683 (OS), in: Law (Hrsg.), The English, Bd. 1, no. 1, S. 2f. – Zu den Kriegen zwischen Adom und Ahanta im späten 17. Jhdt. siehe auch Bosman, *Beschryving* (1704), Teil 1, S. 17f.; vgl. Henige, Adom/Supome, S. 30ff.

350 Die Niederländer betrachteten das Verhalten der *caboceers* als Eidbruch und der Rat in Elmina beschloss, die Waren aus Sekondi abzuziehen und allein den Faktor dort zu belassen; Ratsbeschluss Elmina vom 01.05.1683, ediert in: Dantzig (Bearb.), The Dutch, no. 42, S. 39.

flikt abspielte.[351] Erst im Sommer 1683, nachdem die Adom den lokalen *caboceers* mit weiteren, diesmal vernichtenden Angriffen gedroht hatten,[352] akzeptierten Letztere die Niederlassung der RAC. Wenig später wurde auch ein entsprechender Vertrag geschlossen.[353] Dennoch war für Hugh Shears, der die vor Sekondi liegende »Cape Coast Brigateen« befehligte, die Frage des Eides, den die *caboceers* dem niederländischen General geschworen hatten, noch nicht aus der Welt: »[...] as for the Cabasheers that tooke the fetish for the Dutch I cannot as yett resolve you, but they make a show all in generall to be verry glad for the English settleing here.«[354]

In einem anderen Fall geriet der niederländischen Kompanie 1702 ihrerseits die Bündnistreue afrikanischer Akteure zum Ärgernis: In Assini war es, wie erwähnt, 1701 zu einer Übereinkunft mit der französischen Kompanie und der Errichtung eines (provisorischen) Stützpunkts gekommen, der den Niederländern ein Dorn im Auge war. Sie fürchteten unter anderem Einbußen im Handelsaufkommen an ihrem benachbarten Fort in Axim und die Möglichkeit eines französischen Zugriffs auf die Goldminen im Hinterland. Daher rüstete de la Palma zu einer Expedition, um den lokalen Herrscher auf die Seite der WIC zu bringen und, möglichst mit seiner Unterstützung, die Franzosen anzugreifen. Obwohl de la Palmas Abgesandter du Bois regelrechte Schreckensbilder der französischen Tyrannei zeichnete, weigerte sich der *caboceer* von Assini jedoch rundheraus, die WIC zu unter-

351 Brief von James Parris an CCC, dd. 25.04.1683 (OS), in: Law (Hrsg.), The English, Bd. 1, no. 1, S. 2f., und Briefe von Hugh Shears an CCC, dd. 15.05. und 08.06.1683 (OS), ebd., no. 538 und 542, S. 278 und S. 280.

352 Brief von James Parris an CCC, dd. 25.04.1683 (OS), ebd., S. 2f., und Brief von Hugh Shears an CCC, dd. 21.05.1683 (OS), ebd., no. 539, S. 278f.

353 Brief von Mark Bedford Whiting an CCC, dd. 12.06.1683 (OS), in: Law (Hrsg.), The English, Bd. 1, no. 2, S. 3; zum Vertrag Brief dess. an CCC, dd. 26.06.1683 (OS), ebd., no. 4, S. 4ff. (wo vertraglich festgelegte Geschenke zur »danceing time [sic]« erwähnt werden); der Vertrag selbst hat sich allerdings nicht erhalten. Mglw. gab es im September einen weiteren Vertrag, der sich auf Preise bezog (oder die zuvor aufgeschobene Unterzeichnung des Vertrags vom Juni erfolgte zu diesem Zeitpunkt); siehe Brief von Mark Bedford Whiting an CCC, dd. 28.09.1683 (OS), ebd., no. 23, S. 15f. – Von Seiten der Adom wurden von dem englischen Faktor höchst symbolträchtige Geschenke gefordert: einen Hut und einen Stuhl für den »König« Tickadoe sowie einen Hut und ein rotes Tuch für »Captain Asshume«, der sich als Vermittler betätigt hatte; vgl. die Briefe von Mark Bedford Whiting an CCC, dd. 26., 27. und 30.06.1683 (OS), ebd., no. 4–6, S. 4–7. Mit der Übergabe dieser »Geschenke« dürfte aus Perspektive der Adom wohl auch eine Anerkennung ihrer Oberherrschaft vollzogen worden sein.

354 Brief von Hugh Shears an CCC, dd. 26.05.1683 (OS), in: Law (Hrsg.), The English, Bd. 1, no. 540, S. 279.

stützen, und berief sich auf seinen Eid, den er den Franzosen geschworen hatte:

> »[...] aber [er] gab zur Antwort, dass er bei der Ankunft der Franzosen hier geschworen habe, sie bis zum ewigen Tage nicht zu verjagen und nicht zu dulden, dass dies durch andere Nationen geschehe. Deshalb sei er entschlossen, uns Widerstand zu leisten, sofern wir uns unterstehen würden, die Franzosen anzugreifen, und als Feinde zu behandeln. Aber so wir gesinnt wären, dort eine Logie oder Festung zu bauen, würde er uns denselben Eid schwören und aufrechterhalten.«[355]

Du Bois ließ sich in seiner Replik auf die Argumentation über den Eid ein und versuchte nachzuweisen, dass die Franzosen ihrerseits ihrem eidlichen Versprechen, den Stützpunkt stets mit Waren zu versorgen, nicht nachgekommen seien. Wenn aber jene ihren Eid gebrochen hätten, sei auch der *caboceer* frei von dieser Bindung. Doch du Bois musste konstatieren, dass all seine schönen Worte nicht halfen (»maar al myn mooy praaten en kon niet helpen«) und der Herrscher von Assini bei seiner Position blieb. Wiewohl man hier freilich nichts über die innere Haltung aussagen kann (ebenso wenig wie bei christlichen Eiden), ist doch deutlich, dass Eide auf afrikanischer wie auf europäischer Seite als handlungsleitendes Argument galten.

Eide stellten ein verbreitetes und erprobtes Absicherungsmittel im diplomatischen Verkehr wie auch im Fortalltag dar. Die europäischen Akteure legten dabei – bis auf wenige Ausnahmen – ein ausgesprochen pragmatisches Vorgehen an den Tag, indem sie afrikanische Eidesformen als wirkmächtig akzeptierten und in Einzelfällen auch selbst an ihnen partizipierten. Allerdings lässt sich eine Abstufung von zulässigen Fremdheitsgraden je nach Quellengattung beobachten: In offiziellen Vertragsdokumenten werden afrikanische Eidesformen weitgehend anverwandelt oder sind nicht einmal mehr als solche erkennbar. In einigen Fällen fand offensichtlich eine Vermischung von europäischen und afrikanischen Eidespraktiken statt, wie vor allem das eingangs beschriebene Beispiel aus Axim zeigte. Doch auch in der Zusammensetzung des Eidtrunks sowie der Herausbildung einer Vermittler-

355 »[...] maar gaff tot antwoort dat hy op de aankomst der Francen alhier gesworen had haar ten Eeuwige daage niet te sullen verjaagen, off dulden dat sulcx van andere natien geschieden soude dat hy daarom geresolveert was, ons indien wy mochten onderstaan de francen te attacqueren, en als Vyanden aan land te komen, te resisteeren; en als vyanden te handelen. Maar zoo wy van zints waaren om aldaar mede een Logie, off Fortres te bouwen, dat hy aan ons die zelfde beloften zoude doen, en gestand houden.« Brief von Nicholaas du Bois an Wilhem de la Palma, dd. 10.11.1702, NA, TWIC 98, fol. 80r–v. – Siehe dazu aus französischer Perspektive auch Loyer, *Relation* (1714), S. 264ff.

gruppe als stellvertretend Eidleistenden kann man Ansätze eines Transkulturationsprozesses vermuten.

b. Geiseln und pawnship

Die Geiselschaft galt der älteren Rechtsgeschichte als universelles Rechtsinstitut und »Archetypus« des Rechts.[356] Als solcher manifestiere sie sich je nach kultureller Entwicklungsstufe in unterschiedlicher Weise, was Kataloge von Beispielen aus altgermanischer und antiker Zeit sowie Exempla aus dem Rechtsleben der »primitiven Völker« belegen sollten.[357] In dem Kreis der kulturell verfeinerten und mit starker Zentralgewalt ausgestatteten europäischen Rechtsstaaten aber sei die Geiselschaft nahezu vollständig durch Verträge und Garantien ersetzt.[358] Selbst wenn man die platonisch anmutende Vorstellung von Rechtsideen, die diesen Arbeiten oft zugrunde liegt, nicht mehr teilt, bleibt auch in der neueren Literatur der Eindruck, dass Geiseln ein ubiquitäres Absicherungsmittel darstellen. So erstaunt es kaum, dass Geiseln im interkulturellen Kontext Westafrikas eine wichtige Rolle bei der Absicherung von Handels- und Rechtsgeschäften spielten. Im Folgenden soll jedoch auch aufgezeigt werden, wie das scheinbar universelle Institut der Geiselschaft mit kulturellen Praktiken und kulturellen Wissensbeständen verknüpft war.

Da es mir hier in erster Linie um politische Übereinkünfte und deren Absicherung geht, lasse ich die Fälle von Geiselstellungen aufgrund von Schulden o.Ä. weitgehend außen vor, auch wenn hier Zusammenhänge

---

356 »Das Institut [der Geisel; C. B.] zählt zu den Archetypen des Rechts, das sich wohl in allen Rechtsordnungen findet, denen andere (effektive) Zwangsmittel zu Durchsetzung oder Sicherung von Rechtsansprüchen fehlen oder nur in unvollkommenem Maße zur Verfügung stehen.« So noch Ogris, Art. Geisel, Sp. 2006. Siehe auch Lutteroth, Geisel, u.a. S. 206f., und Gierke, Schuld, S. 50–56.

357 Vgl. Lutteroth, Geisel; differenzierter dagegen bereits Keller, Geisel.

358 Die ältere Forschung konstruierte hier ein klares Entwicklungsnarrativ von der Geiselschaft zum Vertragsverhältnis in den zivilisierten modernen Staaten; siehe etwa Lutteroth, Geisel, S. 210 und S. 229ff., der konstatiert, dass »Geiselverträge« gegenwärtig nur noch »im Verkehr mit wilden Völkerschaften« als zulässig anzuerkennen seien (S. 239). Allerdings muss er einräumen, dass die einseitige Geiselnahme in Kriegen auch in Europa nicht verschwinde, sondern eher zunehme. Zur Entwicklung der Geiselschaft seit dem Mittelalter vgl. jüngst auch Kosto, Hostages, Kapitel 7.

bestehen[359] und oft dieselben Bezeichnungen für Schuldpfändlinge wie für politische Geiseln verwendet wurden – etwa bei dem verbreiteten Terminus *pawn.*[360] Begriffe wie *hostage/hostagier/otage* dagegen blieben politischen Geiseln vorbehalten. Schulden-*pawns* unterschieden sich von anderen Geiseln dadurch, dass sie zum Arbeiten herangezogen wurden; ihre Arbeitskraft machte mit ihren Wert aus und diente zugleich der Tilgung der Schulden.[361] Bemerkenswert ist, dass unter den untersuchten Fällen von Geiselschaft ohne (direkten) Schuldenbezug männliche Personen dominieren, während bei den Schulden-*pawns* auch ein erheblicher weiblicher Anteil zu verzeichnen ist.[362] *Pawns*, die aufgrund von Schulden gestellt worden waren, konnten jedoch auch ›politisiert‹ werden, wie ein Beispiel aus Dixcove zeigt. Dort drohte die WIC 1694, die Kinder der lokalen *caboceers*, die wegen Schulden verpfändet worden waren, in die transatlantische Sklaverei zu verkaufen, sofern die *caboceers* nicht von ihrer Unterstützung für die RAC abließen.[363]

Grundsätzlich funktionierte die Geiselstellung in den meisten westafrikanischen Gruppen genauso wie die Verpfändung von Gegenständen. Nicht nur bezeichnete man in der europäisch-afrikanischen Umgangssprache bei-

359 So auch Kosto im Hinblick auf die Verhältnisse im mittelalterlichen Europa; Kosto, Hostages, S. 8 und zur Begrifflichkeit S. 14f.

360 *Pawnship* in Bezug auf Schulden ist ohnehin recht gut erforscht; vgl. etwa Falola/Lovejoy (Hrsg.), Pawnship in Africa; dies. (Hrsg.), Pawnship (tw. mit identischen Beiträgen). Vgl. zudem Lovejoy/Richardson, Trust; dies., Business; jüngst außerdem Spicksley, Pawns und Sparks, Merchant Families. Vgl. aus der älteren Forschungsliteratur Douglas, Matriliny, und Oroge, Iwofa. Die Entwicklung von *pawnship* bis ins 20. Jhdt. untersuchen u.a. Austin, Labour, zu den verschiedenen Funktionen von *pawning* bes. S. 190ff.; Klein/Roberts, Resurgence; und Coe, Debt. – Zeitgenössisch wurde *pawn* gelegentlich synonym mit *hostage* benutzt; vgl. bspw. Narrative, 1753, TNA, T 70/1520.

361 Siehe Falola/Lovejoy, Pawnship in Historical Perspective, S. 3f.

362 Ebd., S. 2 und S. 11ff.; Klein/Roberts, Resurgence, bes. S. 23ff. Weibliche *pawns* wurden oft auch zu Ehefrauen (ggf. mit geringerem Rechtsstatus) des Gläubigers; dazu auch Douglas, Matriliny. Insgesamt zur *gender*-Dimension von *pawning* und Sklaverei Austin, Labour, S. 177ff., der jedoch die weitverbreitete These, *pawns* seien mehrheitlich weiblich gewesen, zumindest für Asante in Zweifel zieht (S. 180) und eher von einem ausgeglichenen Geschlechterverhältnis ausgeht.

363 Brief von Thomas Buckridge an CCC, 21.06.1694 (OS), in: Law (Hrsg.), The English, Bd. 2, no. 46, S. 32. Buckridge löste das Problem, indem er kurzerhand selbst die Schulden der *caboceers* beglich. Diese schworen daraufhin in der Tat der englischen Kompanie die Treue (Brief von dems., ebd., S. 33).

des mit denselben Begriffen (*pawn*, *impia*),[364] vielmehr konnten Dinge und Personen auch gegeneinander ausgetauscht und ›verrechnet‹ werden.[365] So boten zum Beispiel König und *caboceers* von Alampo 1694 der RAC an, im Gegenzug für die Etablierung einer Faktorei in ihrem Ort entweder ihre Söhne oder aber 200 *bendies* Gold als Pfand zu stellen.[366]

i. Politische Geiseln: Funktionen, kulturelles Wissen und Familienstrukturen

Geiseln im politischen Sinne konnten zwei Funktionen erfüllen: Zum einen sicherten sie allgemein (face-to-face-)Interaktionen ab. In dieser Weise konnten sie sowohl beim Schiffshandel[367] als auch bei Verhandlungen eingesetzt werden, bei denen der Geiseltausch Voraussetzung für das Treffen von Unterhändlern war. Letzteres sollte beispielsweise 1703 in Allada geschehen: Der niederländische *commies* Jacobus van den Brouke wurde angewiesen, sich erst dann persönlich zu Verhandlungen über eine neu zu errichtende Logie zu begeben, wenn seitens des Königs von Allada zwei »grote

364 Eine Person wird als *impia* bezeichnet in einem Ratsbeschluss von Elmina, 25.06.1734, NA, TWIC 502–503. – Daneben existierten afrikanische Begriffe (Akan: *awowa*; Fon: *gbanu*, Yoruba: *iwofa*).

365 Dazu nun Spicksley, Pawns, die die These vertritt, dass um 1700 die Präferenz für Gold-*pawns* ab- und jene für menschliche *pawns* zugenommen habe. Ihre weiter gehende Annahme, vor 1700 seien menschliche Pfänder praktisch nicht vorgekommen, ist meines Erachtens aber so nicht haltbar. Zudem bedürfte die Einordnung (nur) der menschlichen *pawns* als »indigenous practice« der genaueren Überprüfung (ebd., S. 160f.). Mir scheint das Spezifische der gesamten Pfandpraxis eben in der Verrechenbarkeit von Menschen und Dingen sowie der Verknüpfung von Schuldenpfand und Verhaltensgarantie zu bestehen; dazu auch die instruktiven Beispiele ebd., S. 158f. – Entweder »gold« oder »man pawns« forderte bspw. die RAC schon 1683 für die Sicherheit ihrer Faktorei in Komenda, als die politische Lage dort brenzlig wurde und die *caboceers* der Kompanie angegriffen worden waren; Brief von David Harper an CCC, dd. 08.05.1683 (OS), in: Law (Hrsg.), The English, Bd. 1, no. 112, S. 60f.

366 Brief Barters an CCC, s. d. [Aug. 1694], in: Law (Hrsg.), The English, Bd. 3, no. 1340, S. 566f.

367 So konnten z.B. englische Schiffe in Komenda 1632 erst Handel treiben, nachdem ein Besatzungsmitglied als Geisel an Land geschickt worden war. Dies galt als Garantie dafür, dass die afrikanischen Kaufleute beim Schiffshandel nicht kurzerhand entführt und verkauft wurden; Protest von Arent de Groot, dd. 26.08.1640 (OS), NA, OWIC 13. Vgl. auch den Brief von Hugh Shears an CCC, dd. 30.09.1682 (OS), in: Law (Hrsg.), The English, Bd. 1, no. 533, S. 276.

capitynen« als Geiseln gestellt worden seien.[368] Gerade in angespannten Situationen konnte die Geiselstellung dazu dienen, weiter gehende Verhandlungen über die Konfliktlösung überhaupt erst zu ermöglichen.[369]

Zum anderen garantierten Geiseln bereits getroffene Vereinbarungen und deren Einhaltung. So wurde – ebenfalls im Jahre 1703 – ein Vertrag zwischen der WIC und dem König von Akwamu nicht nur durch Eide bekräftigt, vielmehr sollte der König Generaldirektor de la Palma auch »eine Geisel von seinem nächsten Blut« (»een Ostagier van zyn naaste bloed«) übergeben.[370] Bei der Absicherung von Vereinbarungen war die Zeit der Geiselschaft entsprechend länger als in denjenigen Fällen, in denen Geiseln der Absicherung von Kommunikation dienten; ihre Dauer wurde aber selten explizit festgelegt. Nicht zuletzt konnten solche Geiseln, die seitens der afrikanischen Partei gestellt wurden, auch nach Übersee gelangen.

Ebenso wie im innereuropäischen Geiseltausch ging es darum, möglichst hochrangige bzw. politisch einflussreiche Personen als Geiseln zu erhalten. Oft griff man dabei (wie im letztgenannten Beispiel) auf Verwandte oder Vertraute des Herrschers zurück. Genau an diesem Phänomen lässt sich zugleich die Rolle von kulturellen Wissensbeständen bei diesem scheinbar universalen Rechtsinstitut deutlich machen: Im europäischen Kontext war es eine Selbstverständlichkeit, zuallererst auf die Kinder eines Herrschers als potenzielle Geiseln zurückzugreifen, insbesondere auf den männlichen Thronfolger und Stammhalter.[371] Dieses Prozedere schien sich auf die interkulturelle Situation übertragen zu lassen und so wurden beispielsweise zwei frühe Verträge der WIC aus den 1640er Jahren dadurch bekräftigt, dass jeweils einer oder mehrere Söhne des fraglichen afrikanischen Vertragspartners als Geiseln gestellt wurden.[372] Demgegenüber finden sich andere

---

368 Provisorische Instruktion für Jacobus van den Brouke von de la Palma, dd. 02.04.1703, TWIC 98, fol. 94r–95v, hier: fol. 95r (Art. 10). – Ähnlich auch das Verfahren in Akwamu 1682, als Ansa Sasraku einen seiner Söhne als Geisel stellte, damit der englische Faktor Hassell zu Verhandlungen in seine Residenzstadt kommen konnte; Brief von Ralph Hassell an CCC, dd. 17.11.1682 (OS), in: Law (Hrsg.), The English, Bd. 1, no. 440, S. 193f.

369 Vgl. das Beispiel des »firewood palaver« zwischen dem dänischen Christiansborg und der Stadtbevölkerung von Accra 1769 bei Hernæs, Palaver, S. 27.

370 Vertrag der WIC (de la Palma) mit dem König und den *caboceers* von Akwamu, dd. 03.04.1703, NA, TWIC 98, fol. 98r–99r (Kopie), Art. 9. Siehe auch den frühen Beleg bei Marees, Beschryvinge (1602), S. 101.

371 Vgl. bspw. Kosto, Hostages.

372 Siehe den Vertrag der WIC (Ruychaver) mit dem König von Eguafo [1641], NA, NBKG 222, S. 44f., und den Vertrag der WIC (Ruychaver) mit den *caboceers* von Axim, dd.17.02.1642, NA, OWIC 12 bzw. SG, Loket Kas Zweden 38 (Kopie). Das Problem, dass der älteste Sohn als Erbe der politischen Position des Vaters

Abkommen des späten 17. Jahrhunderts, in denen es gerade nicht die Söhne sind, die als Geiseln herangezogen werden, sondern die jeweiligen Neffen (vermutlich die Schwestersöhne) der vertragschließenden Herrscher.[373] In der Tat hatten in einem matrilinearen Erbsystem, wie es bei vielen Gruppen besonders an der Goldküste vorherrschte, die Kinder eines Herrschers geringere Erbchancen als die Verwandten über die weibliche Linie wie etwa ein Schwestersohn oder ein Onkel mütterlicherseits.[374]

Allerdings handelte es sich keineswegs um einen linearen Lernprozess, wie auch nicht alle Gruppen in der Region durchgängig matrilineare Erbfolge praktizierten. Herrschersöhne blieben also weiterhin wichtig und fanden sich zahlreich unter den Geiseln. Zudem konnte mit der Stellung von Geiseln verschiedenen Verwandtschaftsgrades möglicherweise auch eine Hierarchisierung der so abgesicherten Beziehung erfolgen. In diesem Sinne lässt sich jedenfalls der Geiseltausch zwischen Fante und Asebu 1708 interpretieren: Dabei stellte der König von Asebu seine »cousynties« (das sind wohl die Söhne seiner Schwester) sowie seine Frauen als Geiseln, während der *braffo* von Fante, der Asebu soeben besiegt hatte, nur seinen Sohn als Pfand gab.[375] Auf diese Weise erhielten die Fante neben der militärischen Oberhand auch die Kontrolle über die Herrschernachfolge in Asebu, zumal da sie den König wenig später köpfen ließen.[376]

Besonders eindrücklich zeigt sich die Bedeutung von kulturellem Wissen, wenn man das unterschiedliche Vorgehen von Niederländern und Franzosen in der Gegend von Assini vergleicht: Assini war, wie erwähnt, der Schauplatz niederländisch-französischer Konkurrenz im späten 17. und frühen 18. Jahrhundert. Bevor es 1701 zur Errichtung eines französischen Forts

---

angesehen wurde, thematisiert auch Sparks, Merchant Families, S. 334 f. für die Interaktionen der RAC/CMA mit Kurentsi in Anomabo Mitte des 18. Jhdts.

373 Vertrag der WIC (Sweerts) mit dem König und den *caboceers* von Twifo, 16.01.1690, NA, TWIC 122, S. 36 (»[...] zullen zy haar voornaamste Cousyntie & erfgenaam tot Pant geven«); Vertrag der WIC (Sevenhuysen) mit dem *braffo* und den *caboceers* von Fante, dd. 15.08.1697, ebd., S. 44–45. Leider wird in vielen anderen Verträgen nicht näher vermerkt, wer genau als Geisel fungieren soll.

374 Dazu u.a. Danquah, Akan Laws, S. 110 f. Oft kam aber ein Wahlelement hinzu, sodass gelegentlich auch Söhne oder Töchter eines Herrschers seine Nachfolge antreten konnten. Einige Gruppen wie die Fante verbinden heutzutage matri- und patrilineare Erbfolge miteinander, es ist jedoch kaum präzise zu bestimmen, seit wann dies der Fall ist; dazu Christensen, Double Descent. Vgl. auch die Fallstudie von Chouin, Tentation, der für Eguafo verschiedentliche Wechsel zwischen patri- und matrilinearer Sukzession ausmacht.

375 Ratsprotokolle von Elmina, Eintrag vom 27.01.1708, NA, TWIC 124.

376 Shumway, Fante, S. 93 ff.

kam – das aber nicht von Dauer sein sollte –,[377] hatten schon verschiedene Expeditionen aus Frankreich Assini besucht. 1687 etwa setzte die Expedition unter dem Sieur du Casse sechs Franzosen an Land, die eine erste provisorische Handelsniederlassung unterhalten sollten, und erhielt im Gegenzug zwei Geiseln, den Sohn des »Königs« von Assini sowie den Sohn eines lokalen »Seigneur«.[378]

Die beiden Kinder, mit Namen Aniaba und Banga (bzw. Anouman), wurden nach Frankreich gebracht und dort mehrere Jahre im Umkreis des Hofes erzogen. Aniaba, der als künftiger Thronfolger galt, wurde von Bossuet getauft, als Pate fungierte Ludwig XIV. höchstselbst.[379] Später diente Aniaba einige Zeit in einem königlichen Regiment.[380] Im Folgenden besuchten weitere Expeditionen aus Frankreich Assini; dabei stellte mindestens ein französischer Beobachter fest, dass die dortige Erbfolge matrilinear strukturiert und Aniaba – anders als gedacht – nicht Erbe des Königs war.[381] Dennoch brachte 1701/02 eine französische Expedition nach dem Tod des Königs Aniaba in der Erwartung zurück, dass er nun den Thron besteigen werde.[382]

---

377 Vgl. dazu im regionalen Kontext Valsecchi, Power, S. 120–129.

378 Du Casse (1687/88), in: Roussier (Hrsg.), Etablissement, S. 7 f. – Anders, meines Erachtens aber weniger plausibel hingegen die späteren Versionen bei Labat, *Voyage*, Bd. 1, S. 230 (dessen Vorlage, Loyer, *Relation* (1714), S. 14, keine derartige Erklärung bietet), und im *Mercure galant* vom März 1701, S. 9 f., die die Übergabe der Kinder an die Franzosen entweder mit dem Wunsch nach Konversion zum Christentum (Labat) oder mit der Nachahmung Ludwigs XIV. als »plus parfait modele de tous les Rois« (*Mercure galant*) begründen.

379 Extrait des registres des Baptesmes faites en l'eglise Parroissiale de Saint-Sulpice, depuis l'an 1537 [1537–1748], BnF, Fonds français 32593, Eintrag für den 03.08.1691, fol. 375r.

380 Einige Quellen erklären gar, er sei »capitaine de cavalerie« gewesen, so der Brief von Claude Chastelain an Grandet, dd. 25.02.1701, ediert bei Omont, Roi, sowie Paul Roussier, [Einleitung], in: ders. (Hrsg.), Etablissement, S. xxii (leider ohne Quellenangabe).

381 So jedenfalls der Sieur Tibierge, in: Roussier (Hrsg.), Etablissement, S. 66, der konstatiert, dass Aniaba ohnehin kein Sohn des »Königs« sei (S. 67). – Ein Bericht über das weitere Schicksal Aniabas, der Assini verließ und in der Gegend von Klein-Popo an der östlichen Goldküste lebte, findet sich in den Ratsprotokollen von Elmina, Eintrag 17.02.1718, NA, TWIC 124 (dort wird Aniaba als »Louis Hannibal« bezeichnet).

382 So Brief Damons, dd. 22.01.1700, ANOM, C 6/27bis, bzw. darauf basierend das Extrait du Memoire du [Sieur] Ch[evalier] Damont Cap[itaine] de Fregatte, s. d., ebd. Damon berichtet über den Tod des Königs und darüber, dass das Land augenblicklich durch einen der Onkel Aniabas regiert werde. Die Untertanen aber erwarteten ungeduldig die Rückkehr Aniabas, um ihn zum König zu krönen. Dieser Passus wird in anderen Dokumenten noch ausgeschmückt;

Der Thron war jedoch, so stellte sich bei der Ankunft heraus, schon längst und dauerhaft mit dem Onkel Aniabas (Acafiny bzw. Acassigny[383]) besetzt.

Jean Godot, ein Mitglied der Expedition von 1701/02, deutete die Herrschaft des Onkels als illegitim und hielt daran fest, dass der Thron eigentlich Aniaba gebühre. Damit ging er weiterhin von einer patrilinearen Erbfolge aus und bettete die Geschichte zugleich in ein Narrativ der göttlichen Strafe ein: Der Thronverlust sei eine Strafe Gottes dafür, dass Aniaba inzwischen vom rechten Glauben abgefallen sei, in dem der französische König ihn hatte erziehen lassen. In seinem Widmungsbrief, der an Charles Auguste de Goyon de Matignon, Comte de Gacé, *lieutenant-général* und späterer *maréchal de France*, gerichtet ist, nutzte Godot dies, um allgemeine Betrachtungen über den Sturz von gottlosen Königen anzustellen – eine Verbindung zu politischen Auseinandersetzungen in Frankreich liegt nahe.[384] Dass die

---

z.B. im Memoire concernant le Royaume Disiny Coste Daffrique, s. d., ebd.: »le dernier Roy disiny pere d'Aniaba qui est en france estant mort les peuples n'en ont pas voulu elire d'autre attendant auec empressement qu'Aniaba leur legitime successeur aille prandre [sic] possession de la couronne [...] le capcheres et tous les peuples temoignent une extreme passion pour son retour.« Auf die Nachrichten Damons rekurrierte in der Folge Aniaba in seinem Brief, dd. 19.06.1700, ebd., in dem er um die Unterstützung Ludwigs XIV. für seine Rückkehr nach Assini ersuchte. Vgl. zudem Chastelain an Grandet, dd. 25.02.1701, in Omont, Roi, S. 171. Chastelain wartete zudem mit einem Bruder Aniabas auf, der zunächst die Nachfolge des Vaters angetreten habe, dann aber ebenfalls gestorben sei. Dieser Bruder findet ansonsten nur Erwähnung in der Notiz im *Mercure galant* vom März 1701, S. 11.

383 Bei Roussier durchgängig als »Agassigny« oder »Acassigny« transkribiert; Roussier (Hrsg.), Etablissement, S. 53, S. 95 et pass. Ein Blick in die Originalmanuskripte und ein Abgleich mit niederländischen Dokumenten zeigt eindeutig, dass es sich um ein f-Zeichen handelt. Siehe u.a. Extrait du Journal du S. Tibierge ... au voyage en l'année 1692, ANOM, C 6/27bis, und Relaas en rapport gedaan door den Herr Directeur Generaal Wilhem de la Palma over de Expeditie gedaan op den Bergh Ankober ..., s. d. [Oktober/November 1702], NA, TWIC 98, fol. 62r–71r.

384 Godot, *Relation exacte*, Widmungsbrief: »Cette relation vous instruira d'un euenement extraordinaire, vous y remarquerez le renuersement d'un Royaume âpartenant auec Justice a un prince a qui vous auez âtaché une partie de votre amitie. Il s'en est par la suitte rendu indigne par le changement de la Religion catholique dans / laquelle Le Roy a pris soin de le faire instruire et qu'il auoit promis de planter en son Royaume l'ors qu'il seroit de Retour. Vous y remarquerez aussy qu'apres qu'il eut abandonné le Seigneur; le Seigneur l'abandonna et dieu permit qu'il fut chassé par ses propres sujets et reduit a courir les campagnes comme les sauuages. Vous Comprendrez, Monseigneur, que la prouidence de dieu veuille pour la conseruation des princes qui luy rendent le Culte et la

französischen Quellen entweder – wie Godot – hartnäckig an der patrilinearen Erbfolge in Assini festhalten oder – wie der Expeditionsleiter Damon – die Frage einfach übergehen und die Episode somit totschweigen, ist dabei wohl in erster Linie dem Problem geschuldet, andernfalls eine Fehlinvestition zugeben zu müssen.[385]

Als der niederländische Generaldirektor Wilhem de la Palma 1702 plante, die französische Niederlassung zu erobern, die inzwischen in Assini etabliert worden war, wandte er sich ebenfalls an das Oberhaupt von Assini, den »Capyteyn Acafiny« (der in den niederländischen Quellen bemerkenswerterweise keinen Königstitel erhält). De la Palma versuchte Acafiny zu überzeugen, auf niederländischer Seite gegen die Franzosen zu kämpfen. Um überhaupt erste Verhandlungen zu ermöglichen, sandte er zwei Personen als Geiseln nach Sokko, dem Residenzort Acafinys. Damit verband er die Bitte, Acafiny möge auch seinerseits Geiseln stellen, und zwar »seinen einzigen Erben, den Sohn seiner Schwester, und zusätzlich noch seinen eigenen Jungen oder Sohn«.[386] Auf Seiten der WIC war Wissen um

---

ueneration qui luy est deû Mais que lors qu'ils sont tombez dans l'idolatrie et qu'ils ont juritéz (?) sa colere, il leur ôtte leurs Couronnes auec le même pouuoir par lequel il les leur auoit donné et leur fait sentir par une funeste experience que si les princes sont / comme des dieux sur la terre ne sont neantmoins que terre et poudre deuant luy [...].«

385 Entsprechend kommentiert auch Labat die Episode im Nachhinein: »On devoit sçavoir en France, avant de faire un si grand fond sur la protection d'Aniaba, que les enfans des Rois Negres ne succedent point à la Couronne de leurs peres, à moins que les grands n'ayent de très-puissantes raison pour ne pas suivre cette regle fondamentale de leurs Estats. [...] Quand donc on auroit supposé comme une chose vraye, qu'Aniaba étoit fils du Roi Zena, il n'en falloit pas davantage pour conclure qu'il n'avoit rien à prétendre, & qu'il étoit exclus de la Couronne, & que par consequent, sa protection étoit très peu de chose, pour ne pas dire rien du tout.« Labat, *Voyage*, Bd. 1 (1730), S. 234. Loyer, *Relation* (1714), auf der Teile von Labats Bericht basieren, schweigt sich hingegen über diese Episode gänzlich aus und erwähnt mit keinem Wort etwaige Thronansprüche Aniabas. Lediglich eine kurze Bemerkung über die »mauvaises manieres« Aniabas könnte auf mögliche Unstimmigkeiten hindeuten (ebd., S. 119). Als Hirngespinst Aniabas, das er niemals geteilt habe, stellt Damon 1702 schließlich die Thronfolgefrage dar; Damon (1702), in: Roussier (Hrsg.), Etablissement, S. 94f.

386 »[...] zyn eenige Erffgenaam, zyn Susters Soon, en boven dien zyn eyge Jongen off Zoon«; Relaas en rapport ..., s. d. [Oktober/November 1702], NA, TWIC 98, fol. 68r (Eintrag 06.11.1702). – 1697 war in einem Vertrag, den de la Palmas Vorgänger Sevenhuysen mit den Hauptleuten Ankobers geschlossen hatte, noch offengelassen worden, ob ein eigenes Kind oder ein Neffe als Geisel gestellt werden würde; Vertrag der WIC mit den Hauptleuten und *caboceers* von Ankober, dd. 22.08.1697, NA, TWIC 122, S. 4–10, hier: S. 8, Art. 9.

die matrilineare Erbfolge offensichtlich geläufiger als bei der französischen Kompanie.

Der Vergleich des französischen und des niederländischen Vorgehens in Assini ist auch aufschlussreich im Hinblick auf die Frage, wie und in welcher Form Europäer an Geiselschaften partizipierten bzw. inwiefern ein regelrechter Geiseltausch stattfand. Während gleich zwei französische Expeditionen einige Mitglieder in Assini explizit als Pfänder zurückließen, um das Versprechen der Rückkehr und Errichtung eines Forts zu garantieren,[387] ging de la Palma 1702 anders vor: Die Geiseln, die er Acafiny anbot, waren keine Niederländer im engeren Sinne, vielmehr handelte es sich um »meine schwarzen Jungen [...], von denen der eine ein Sohn des Königs von Fetu und der andere [von?] Assery ist [...]«[388]. Dieses Vorgehen erinnert an die oben geschilderte Verfahrensweise beim Schwören, wo es ebenfalls Einheimische waren, die stellvertretend für die Kompanie(direktoren) schworen. Hinzu kommt, dass einer der beiden Jungen seinerseits mit einem mit der WIC verbündeten Herrscher verwandt war, weshalb de la Palma also in besonderem Maße an seinem Wohlergehen gelegen sein musste. Die Differenz im Vorgehen ist so auch den unterschiedlichen Ressourcen geschuldet, auf die die Kompanien jeweils zurückgreifen konnten: Während die Franzosen ja gerade erst dabei waren, in der Region Fuß zu fassen, und entsprechend noch nicht auf ein ausgebautes System von indigenen Verbündeten, *brokers* und anderen Vertrauten rekurrieren konnten, stand den Niederlän-

387 Tibierge (1692), in: Roussier (Hrsg.), Etablissement, S. 57, und Damon (1698), ebd., S. 78 (»Le Roy ayant exigé que je lui lassasse quelques personnes pour gage de nos bonnes intentions et pour nous exciter à y retourner plus promptement, je n'ay pas pu me dispenser de mettre quatre hommes a terre [...]«). – Den Frankreich-Aufenthalt von Aniaba und Banga bzw. Anouman könnte man ebenfalls als Teil eines Geiseltausches interpretieren, denn an ihrer Statt blieben 1687 sechs Franzosen (wohl Missionare aus dem Dominikanerorden) in Assini zurück; vgl. du Casse (1687–1688), ebd., S. 7 f.; dazu auch Loyer, *Relation* (1714), S. 14 f. Siehe auch Godot, *Relation exacte*, S. 103 ff., der sich offenbar auf die Expedition Tibierges von 1692 bezieht und von der expliziten Forderung des Königs von Assini nach Franzosen im Austausch gegen Aniaba und Banga berichtet, die er wie seine Kinder behandeln wolle. Godot erwähnt auch zwei überlebende französische ›Geiseln‹ bei der Ankunft der Expedition Damons von 1701, die in der Folge als Dolmetscher dienten.

388 »[...] myn swarte Jongens [...], zynde de eene een Zoon van den Coning van Fetu, en eenen Assery [...]«; Relaas en rapport ..., s. d. [Oktober/November 1702], NA, TWIC 98, fol. 68r (Eintrag 06.11.1702).

dern ein ausgedehntes Netzwerk an Kontakten und wechselseitigen Verpflichtungen zur Verfügung.[389]

In der Tat bestätigen auch andere Quellen den Eindruck, dass Europäer vor allem in weniger gefestigten Beziehungen, insbesondere beim Schiffshandel, als Geiseln fungierten.[390] In einigen anderen Fällen erscheint es plausibel, dass jeweils die afrikanische Seite den europäischen Faktor, der bei ihnen vor Ort residierte, als ›Geisel‹ auffasste, ohne dass dies notwendigerweise von europäischer Seite genauso gesehen wurde.[391] Grundsätzlich ist aber anzunehmen, dass, ähnlich wie beim Eid, auch die Stellung europäischer Geiseln gewissen Sagbarkeitsregeln unterlag und man entsprechend vermuten kann, dass sie häufiger vorkam, als europäische Quellen es explizit thematisieren.

ii. Geiselschaft als Investition und Kulturtransfer?

Im Falle Aniabas verschwimmen bereits die Grenzen zwischen Geiselstellung und Erziehungsaufenthalt; in anderen Fällen ist nicht klar zwischen Geiselschaft und Arbeitsverhältnis zu trennen.[392] In der Tat konnte die Gei-

---

389 Ebenso konnte auch die englische Kompanie im späten 17. Jhdt. auf indigene Akteure als Geiseln zurückgreifen: So sollte bspw. 1683 »Captain Coffee«, einer der *broker* der RAC, die Sicherheit einer Delegation aus Adom garantieren, die zur Beilegung eines *palaver* nach Cape Coast reiste; Brief von Mark Bedford Whiting an CCC, dd. 09.09.1683 (OS), in: Law (Hrsg.), The English, Bd. 1, no. 18, S. 13.

390 Bspw. Groeben, *Reise-Beschreibung* (1694), S. 36f. (am Cape Monte/Cape Mount); Brief von Hugh Shears, dd. 30.09.1682 (OS), in: Law (Hrsg.), The English, Bd. 1, no. 533, S. 276 (Alampo). Vgl. auch Lovejoy/Richardson, Business, S. 79.

391 So suchte der König von Ouidah den englischen Faktor Throne und andere Weiße wegen der ausstehenden Transaktion mit einem englischen Schiff an der Abreise zu hindern; siehe Briefe von John Throne an CCC, dd. 19.08. und 04.12.1681 (OS), in: Law (Hrsg.), The English, Bd. 1, no. 478 und 479, S. 221–225. – Anders als in den Siedlungskolonien Nordamerikas standen zudem keine europäischen Kinder für den Geiseltausch zur Verfügung – die Kinder aus euro-afrikanischen Verbindungen zählten in dieser Hinsicht offenbar nicht; vgl. für Nordamerika hingegen bspw. die Fälle aus dem Virginia des frühen 17. Jhdts. bei Fausz, Middlemen, bes. S. 45f.

392 1780 brachten Botty, der »principal caboceer« der CMA, und der »linguist« der Kompanie, Frederick Adoy, ihre Söhne zu John Roberts und baten darum, diese in den Dienst aufzunehmen, »which I agreed to tho' I did not want them, but wish to have as many of the men of Power and Interests sons in the castle I possibly can employ and recommended it to the Gentlemen in the Castle to do

selstellung, insbesondere wenn sie mit einem Auslandsaufenthalt verbunden war, durchaus für beide Seiten langfristig profitabel sein, führte sie doch oft zum Erwerb von Sprachkenntnissen und Kontakten, zum Teil auch zur Taufe und Konversion.[393] Vielfach traten ehemalige Geiseln später in den Dienst der Kompanien ein.[394]

Dies konnte wiederum auch Vorteile für die Kompanien mit sich bringen, wie Gouverneur Thomas Melvil unterstrich, als es um einen England-Aufenthalt der Geiseln ging, die den erwähnten Vertrag mit den Fante von 1753 absichern sollten:

> »One of the pawns given for the observance of the law [gemeint ist der Vertrag; C. B.] has a desire to see England and goes home with Capt[ain] Cokburn; as he is to be one of the chief priests of Fantee, a little Money laid out upon his Education will not be thrown away; if he is taught to read and write, it may render him more useful to us and may enable us the better to keep up our connections with the inland Fantees; besides his Father who is a Man of great personal Authority expects that his son shall be taught, and in my opinion he ought to be gratified, as he has been one of the principal Actors in procuring the Law. I know there

---

the same as I look upon having them as Servants in the castle in some measure as security for their Parents good behaviour and is much better then employing Company's slaves or pawns which was formerly done, as by their learning English and living among Europeans it strengthen their attachment to support the Company's Interest«; A Diary of Proceedings from the Ship Gascoyne's Arrival at Cape Appolonia (1780), TNA, T 70/1470, Eintrag 08.05.1780. – Auch im 20. Jhdt. bestanden solche Unklarheiten fort, wie insbes. in Gerichtsprozessen deutlich wurde; vgl. am Beispiel von Schulden-*pawns* bspw. Coe, Debt.

393 Oft erfolgte auch die gesamte Erziehung in religiösem Rahmen bzw. wurde Geistlichen anvertraut. So sollten z.B. 1786 drei Geiseln aus Anomabo und Amoku in der Obhut der *frères des écoles chrétiennes* erzogen werden, die zuvor bereits mehrfach afrikanische Jungen aufgenommen hatten; vgl. die Notiz über die Geiseln aus Anomabo und Amoku, dd. 02.11.1786, ANOM, C 6/26, und den Brief von Paul-Jules de la Porte-Vezins (directeur-général du port de Brest) an Jean-Baptiste Guillemain de Vaivre (intendant général des Colonies), dd. 15.09.1786, ebd. Ein Beispiel aus dem 19. Jhdt. bei Yarak, Kwasi Boakye, bes. S. 132, zur Verbindung zur Geiselstellung. Die WIC hingegen war offenbar zurückhaltend, was Auslandsaufenthalte afrikanischer Kinder anging. So bevorzugte Generaldirektor Petersen es 1744, eine Gruppe von Kindern aus Asante in Elmina zu erziehen, statt sie, wie vom *asantehene* erbeten, nach Europa zu schicken; vgl. dazu Fynn, Asante, S. 79.

394 So bspw. William Ansa, ein Sohn von John Currantee (Eno Baisie Kurentsi); Priestley, Trade, S. 20f.

are objections to teaching the Negroes to read and write but I believe they would not hold good in the present case.«[395]

Das *Committee* der CMA begrüßte dies zunächst und sicherte zu, den beiden Jungen eine gute Erziehung angedeihen zu lassen und »if possible by our Behavior secure them warmly in our Interest«[396]. Angesichts der Aufenthaltskosten für die Geiseln aus Fante, die sich nach ca. anderthalb Jahren[397] auf £ 600 beliefen, mahnte das *Committee* Ende 1755 jedoch an, man solle keine weiteren »black Gent[lemen]« mehr schicken, es sei denn »you find it absolutely necessary for the benefit of the trade«.[398] Die beiden Jungen aus Fante trafen schließlich im Frühjahr 1756 wieder in ihrer Heimat ein und Melvils Nachfolger, Charles Bell, versicherte dem *Committee*, er werde ihnen »proper Coutenance according to your Directions« geben und sie in den Kompaniedienst aufnehmen.[399] Allerdings beurteilte Bell die Bedeutung der

---

395 Thomas Melvil an das Committee der CMA, dd. 10.03.1753, TNA, CO 388/46, fol. 103r–v.

396 Das Schreiben des Committee zeugt dabei von einer gewissen Unklarheit hinsichtlich des Status der Jungen (siehe auch die folgende Fn.): »The Hostage brought over by Capt[ain] Cokburne and Anema's son who came here with that Gentleman, we shall educate properly, and if possible by our Behavior secure them warmly in our Interest.« Briefe des Committee der CMA an Thomas Melvil vom 24.02., 10., 11. und 14.03., 24.04., 12. und 30.05.1753 (abstract), TNA, T 70/143. Die Erziehung der beiden wurde Rev. John Moore anvertraut, der später auch Philip Quaque und Cudjo unterrichten sollte; vgl. Carretta/Reese, Introduction, in: dies. (Hrsg.), Life, S. 8.

397 Allerdings hatte Melvil bereits im April 1754 um die Rückkehr der beiden Jungen gebeten: »I hope you'll send the hostage by next ship, & likewise Aqua, now he is in [your] possession, if he is kept, Anama will expect you are to give him a rank [with] Ansah & support it.« Thomas Melvil an das Committee, dd. 04.04.1754, TNA, T 70/30, fol. 29v–31r, hier: fol. 30r.

398 Brief des Committee der CMA an Melvil, dd. 19.12.1755, TNA, T 70/29, fol. 80r. Dort werden die Namen der beiden Jungen mit »Aquah & Sackee« angegeben. Letztgenannter könnte mit dem »Seki son to Taky, Priest of Bura Bura Wiga« bzw. »Quabino Saki Quacoo« aus dem Vertragstext zu identifizieren sein; Vertrag zwischen CMA und den Borbor-Borbor Fante, dd. 06.02.1753, TNA, T 70/1695. – Quaque erklärte später (1768), »W[illia]m John Sackey« sei Sohn eines gewissen »Billy Cudjo, the chief caboceer of Accra« gewesen (siehe Brief Quaques an Daniel Burton, dd. 05.09.1768, in: Carretta/Reese (Hrsg.), Life, no. 9, S. 69–75, hier: S. 73); wie glaubwürdig diese Information ist, sei dahingestellt. »Aquah« bzw. »Amena« (so offenbar der Name von »Aquahs« Vater) sind bislang nicht näher identifiziert worden. Siehe zu den beiden Jungen auch kurz Sparks, Merchant Families, S. 335–338.

399 Das Kriegsschiff *Humber* traf am 28.02.1756 in Cape Coast ein, »with whom are return[ed] John Acqua & George Sackee«. Die veränderte Namensgebung weist

beiden Jungen ganz anders als Melvil (»neither of'em is a Person fo Consequence & will hardly be of any Service«)[400] und warnte davor, sich von den habgierigen *caboceers* junge Sklaven (als vermeintliche Kinder) für England-Aufenthalte andienen zu lassen.[401] Dies zeigt, dass die englische Seite die Bedeutung der Geiseln vor allem an ihrem sozialen Status und ihren Verwandtschaftsbeziehungen festmachte. Allenfalls erst in zweiter Linie spielten funktional-professionelle Aspekte (späterer Einsatz als Übersetzer o.Ä.) oder auch mögliche Konversionen eine Rolle, wie sie aus Sicht von Missionaren im Vordergrund standen.[402] Allein ein sehr hoher Status der Geisel, etwa als Erbe eines wichtigen Herrschers, rechtfertigte aus Kompaniesicht einen kostspieligen Auslandsaufenthalt, da er einen hohen Ertrag an sozialem Kapital für die investierten ökonomischen Ressourcen versprach.

Was Faidherbe 1856 mit seiner École d'Otages im Senegal institutionalisieren sollte, den Zusammenhang von Geiselschaft, (Aus)Bildung und ›Kulturtransfer‹, wurde im 17. und vor allem im 18. Jahrhundert zwar bereits praktiziert, aber in weniger systematischer Form, teils auch als nicht-intendierte Nebenfolge.[403] Eine regelrechte Zivilisierungsmission, wie Faidherbe sie mit seiner Schule verknüpfte, lag den Kompanien dieser Zeit jedoch (noch) fern, allenfalls ging es, wie gesagt, um eine Konversion zum Christentum.

---

wohl darauf hin, dass beide getauft wurden; Charles Bell an das Committee der CMA, dd. 20.03.1756, TNA, T 70/30, fol. 75v–76v, hier: fol. 75v.

400 Die Reaktion des Committee, in der wiederum auf Melvils ursprüngliches Schreiben von 1753 verwiesen wurde, findet sich im Brief an Charles Bell, dd. 04.11.1756, TNA, T 70/29, fol. 92r–93v, hier: fol. 92v.

401 Charles Bell an das Committee der CMA, dd. 20.03.1756, TNA, T 70/30, fol. 75v.

402 Vgl. hingegen die Notiz über die Geiseln aus Anomabo und Amoku, dd. 02.11. 1786, ANOM, C 6/26: »[...] de trois Jeunes Noirs fils et Neveux des Princes d'anamabou et d'amokou que M. de Girardin a reçeus comme otages et qu'il a amené en france pour y apprendre le francois et etre instruits dans la Religion Catholique.«

403 Vgl. zur École d'Otages kurz Lawrance/Osborn/Roberts, Introduction, S. 12f., und ausführlicher Hazemann, École, der auch für die Kolonialzeit festhält, dass diese Institution weitgehend vor Ort entwickelt wurde, mit nur geringer Beeinflussung aus der Metropole.

c. *Zwischenfazit*

Eide und Geiselschaft waren in den europäisch-afrikanischen Beziehungen wichtig für die Absicherung von alltäglicher Kommunikation wie von politischen Vereinbarungen. Sie spielten sowohl bei diplomatischen Interaktionen und Vertragsschlüssen als auch im Fortalltag eine wichtige Rolle. Dabei ist jeweils auf europäischer Seite ein Einlassen auf ›afrikanische‹ Formen zu beobachten, in manchen Fällen kam es auch zur Ausbildung transkultureller Phänomene (wie bei dem Eid in Axim). Allerdings weisen unterschiedliche europäische Quellen unterschiedliche Grenzen der Sagbarkeit auf. Insbesondere Vertragstexte tendieren zu einer vereindeutigenden und fremdheitsminimierenden Darstellung, während umgekehrt publizierte Reiseberichte exotische Elemente unterstreichen. Hier erweist sich erneut, wie wichtig es ist, unterschiedliche europäische Quellen vergleichend zu analysieren.

Adaptationen sind mit der Bedeutsamkeit von kulturellem Wissen verknüpft. Gerade dabei lassen sich deutliche Differenzen zwischen den verschiedenen Kompanien feststellen, allerdings weniger im Sinne landesspezifischer Unterschiede: Bei den ›newcomers‹ wie den Brandenburgern oder den Franzosen in den 1680er und 1690er Jahren ist zum Teil fehlendes kulturelles Wissen (etwa in Sachen Erbfolge) zu bemerken, zugleich aber auch eine stärkere (Notwendigkeit zur) Anpassung, die auch mit aktiver Partizipation an lokalen Rechtspraktiken einherging, sei es als Geisel, sei es als Konsument eines »Fetisch«-Trunks. Dagegen war bei etablierten Kompanien meist mehr Kontextwissen vorhanden und der Rückgriff auf Vermittlergruppen (wie die *makelaars* und *caboceers*) möglich. Letztere spielten sowohl bei Beeidungen als auch bei Geiselschaft eine wichtige Rolle, indem sie diese stellvertretend für die Kompanien übernahmen. Auch jenseits der Frage, inwiefern einzelne Rechtspraktiken als transkulturell gelten können, zeichnet sich hier eine geteilte Praxis der Kontaktzone ab.

Geiselschaft konnte zudem auch Lern- und Austauschprozesse veranlassen, insbesondere bei Auslandsaufenthalten. Sie funktionierte, zugespitzt formuliert, durchaus als Mechanismus des Kulturtransfers und trug damit wiederum mit zur Ausbildung einer Vermittlergruppe bei.

3.3 Praktiken der Konfliktführung

a. *Panyarring*

Der Begriff »panyarring«, »panjaren« usf., der dem portugiesischen *penhorár* (›pfänden‹, ›verpfänden‹) entlehnt ist,[404] taucht als Teil der lokalen *lingua da costa* häufig in europäischen Quellen auf. Problematisch bei der Untersuchung des *panyarring* ist vor allem, dass das so bezeichnete Phänomen tief in die Diskussion um Sklavenhandel und Abolition im späten 18. und frühen 19. Jahrhundert verstrickt ist. Abolitionisten suchten die Illegalität von Versklavung herauszustellen, indem sie *panyarring* mit Kidnapping[405] gleichsetzten und den europäischen Anteil an dieser Praxis betonten.[406] Hingegen suchten die Verteidiger des Sklavenhandels die Legalität der Versklavungen zu belegen, dazu veranschlagten sie einerseits das Gewicht von *panyarring*-Fällen geringer und wiesen andererseits auf den Rechtscharakter dieser Praxis im afrikanischen Kontext hin.[407]

Bereits der Versuch einer Begriffsbestimmung lässt so die Ambivalenz des bezeichneten Phänomens deutlich werden: Während die einen *panyarring* schlicht als Raub von Dingen oder Entführung von Personen definierten, gingen andere von einer Rechtspraxis mit bestimmten Regeln aus. Im zweiten Sinne stellte es eine Beschlagnahmung bzw. Pfändung von Dingen oder Personen dar, um ausstehende Schulden einzuklagen oder eine begangene Straftat zu sühnen. Gelegentlich ist in der Literatur eine Parallele zur Schuldhaft in älteren europäischen Rechtstraditionen gezogen worden.[408]

Distanz zu wahren ist auch gegenüber der Umgangs- und Darstellungsweise, die die beginnende britische Kolonialverwaltung im späten 19. Jahr-

---

404 Siehe u.a. Huber, Ghanaian Pidgin, S. 268, und Law (Hrsg.), The English, Bd. 2, Glossary, xiv.

405 So auch Atkins, *Voyage* (1735), S. 53: »Panyarring, is a Term for Man-stealing along the whole Coast: Here it's used also, for stealing any thing else; and by Custom (their Law) every Man has a right to seize of another at any Conveniency, so much as he can prove afterwards, at the Palaver-Court, to have been defrauded of, by any body in the same place he was cheated.«

406 Vgl. dazu bspw. Muncaster, *Sketches* (1792), S. 81; Douglas, *Trade* (1792), S. 19f. und S. 24; und Wilberforce, *Letter* (1807), S. 23ff. Diejenige Rechtspraxis, die ansonsten als *panyarring* bezeichnet wird, taucht an anderer Stelle und ohne diese Benennung auf, wird dort aber als »administration of justice« eingestuft (S. 30).

407 Siehe z.B. J. S. G., *Detector* (1753), S. 34f., und Ranby, *Observations* (1791), S. 82f., der dafür plädiert, Kidnapping und *panyarring* nicht als Synonyme zu verstehen.

408 Vgl. St. Clair, Emporium, S. 236; zum europäischen Kontext vgl. Erler, Art. Schuldhaft, und E. Kaufmann, Art. Schuldknechtschaft.

hundert zum Teil an den Tag legte: Dort wurde *panyarring* als »barbarous custom« und »abominations and contrary to law« auf eine Stufe mit Menschenopfern gestellt. Gemäß dem Selbstbild der britischen Verwaltung galt es, gegenüber dem, was man als »barbarische Bräuche« ansah, ein Rechtssystem erst zu schaffen.[409] John Mensah Sarbah hingegen, der als erster Afrikaner 1887 zum *barrister* ernannt wurde und sich um die Kodifizierung der Rechtsgewohnheiten der Fante bemühte, wies bereits 1897 darauf hin, dass *panyarring* eher eine Rechtsinstitution sei als ein (bloßer) Brauch: »Panyarring [...] is rather a law than a custom, and although sometimes prostituted to bad purposes, is frequently the only way to recover a just debt. If exercised unlawfully, the amount of damages to be paid as satisfaction is so much as to cause the financial ruin of the wrong-doer.«[410]

Praktiken des *panyarring* sind – ähnlich wie das verwandte Phänomen des *pawnship*[411] – bislang vor allem für das 19. Jahrhundert im Rahmen von Regionalstudien mit begrenzter zeitlicher Reichweite erforscht worden.[412] Dennoch finden immer wieder generalisierende Thesen in ihren Weg in die Forschungslandschaft: So wird die Häufung von *panyarring*, den abolitionistischen Deutungen als Kidnapping folgend, als eine Folge des Zusammenbruchs staatlicher Strukturen und dieser wiederum als eine Folge des atlantischen Sklavenhandels interpretiert.[413] Wiewohl es durchaus plausibel scheint, eine Steigerung der *panyarring*-Fälle während der Hochzeit des transatlantischen Sklavenhandels zu vermuten, fehlt es aber bislang an statistischem Material, anhand dessen sich eine solche Steigerung überhaupt belegen ließe. Auf ähnliche Weise wird auch der Zusammenbruch von staat-

409 Fanti Bond von 1844, in: Sarbah, Fanti Customary Laws, Appendix III, S. 281; siehe auch das durchaus in polemischer Absicht zusammengestellte Kapitel »Common Errors about African Law« in Elias, Nature, S. 25–36. Auf der anderen Seite bemühte man sich durchaus um die Sammlung der indigenen »Rechtsbräuche«; vgl. dazu u. a. Janssen, Übertragung, S. 70–83. – Verbote gegen das *panyarring* ergingen auch von niederländischer Seite; vgl. bspw. den niederländischen Vertrag mit dem König und den Großen von Elmina, dd. 20.03.1844, ediert in englischer Übers. bei Baesjou, Jurisdiction, S. 56–66, hier: S. 61, Art. 16 (ein alternatives Verfahren zur Eintreibung von Schulden ebd., S. 64, Art. 26 und 27); Vertrag zwischen WIC und Axim, dd. 26.11.1796, NA, NBKG 223, Art. 5.

410 Sarbah, Fanti Customary Laws, S. 116. Zu ihm u. a. Sinitsina, Tradition, S. 45 f.

411 Siehe oben, Abs. IV.3.2.b.

412 Vgl. Ojo, »Èmú«; Law, Pawning; Shumway, Fante, bes. S. 59 ff.; Lovejoy/Richardson, Business, S. 74 ff.

413 Siehe z. B. Shumway, Fante, S. 60 f. – Auch Austin nimmt einen Zusammenhang zwischen Anstieg von *panyarring*-Fällen und Krise staatlicher Strukturen an, datiert dies allerdings für Asante erst in die 1880er Jahre; Austin, Labour, S. 141 f.

lichen Strukturen als Katalysator des *panyarring* mehr postuliert denn nachgewiesen.[414] Letztlich kranken alle Generalisierungen auf diesem Gebiet an dem grundsätzlichen Problem, dass für die Zeit vor dem Beginn stärkerer europäischer Präsenz praktisch keine Daten zur Verfügung stehen und auch für die Zeit europäischer Präsenz kaum statistisch auswertbares Material vorliegt, auf das man derartige Thesen gründen könnte.[415] Hier soll nicht *panyarring* von vornherein als illegal eingestuft, sondern anhand von konkreten Fällen analysiert werden, inwieweit Regeln die Praxis des *panyarring* bestimmten und diese möglicherweise gar sanktionsbewehrt waren. Dass es mir hier um die Rekonstruktion von Regeln geht, heißt freilich nicht, dass diese nicht auch übertreten werden konnten und *panyarring* zu illegalen, regelwidrigen Zwecken ausgenutzt werden konnte.

i. Regeln des *panyarring*

Ein erster Fall, der *ex negativo* auf mögliche Regeln des *panyarring* hinweist, ereignete sich in Elmina 1645: Ein schwarzer Goldschmied, der ohne Grund eine Frau aus Elmina »gepangiaert« hatte, kam für acht Tage ins Gefängnis. Freigelassen wurde er nach Zahlung einer bestimmten Geldsumme an die örtlichen *caboceers*.[416] Die Aufzeichnungen dieses Falls aus niederländischer Feder lassen deutlich werden, dass das Vergehen offenkundig nicht in dem Akt des *panyarring* an sich, sondern in dem fehlenden Grund bestand. Legales *panyarring*, so kann man als Hypothese formulieren, setzte also einen angebbaren Grund voraus. Wer aber war für die Sanktionierung dieses illegalen Akts zuständig? Offensichtlich wirkten hier lokale *caboceers* und Kompanie – denn es war das Gefängnis in der Festung von Elmina, in das der Goldschmied kam – zusammen; Erstere erhielten, wohl nicht zuletzt, weil

414 Es ist nach meinem Dafürhalten ohnehin schwierig, pauschal von Staatlichkeit und Gewaltmonopol als Normalfall des vorkolonialen Westafrikas auszugehen. Sicherlich hatten etwa die Herrscher von Ouidah und Allada eine weitgehende Kontrolle über die Rechtsprechung, dennoch waren Selbsthilfe und nicht ›staatlich‹ bzw. durch eine Zentralgewalt administrierte Rechtspraktiken offensichtlich weit verbreitet, ähnlich wie in europäischen Gesellschaften der Vormoderne.

415 In eine ähnliche Richtung zielt der Kommentar bei Lovejoy/Richardson, Business, S. 70, Anm. 10, bzgl. der einschlägigen These von Ray Kea; siehe auch Ojo, »Èmú«, S. 36.

416 Ratelband (Hrsg.), Dagregisters, S. 76, Eintrag vom 20.09.1645. Zur Regelhaftigkeit der Handelspraktiken, die sich in den Fällen illegalen Kidnappings und den nachfolgenden, teils langwierigen Suchaktionen ›fälschlich‹ Versklavter zeigt auch Sparks, Merchant Families.

auch das Opfer aus dem Dorf Elmina kam, eine Entschädigungszahlung seitens des Delinquenten. Ein solches Vorgehen ist typisch für die Rechtsprechung in Elmina in dieser Zeit, die durch Zusammenarbeit von indigenen Autoritäten und Kompanie charakterisiert war.[417]

In einem anderen Fall, der sich über ein Jahrhundert später, im Jahr 1780, abspielte, war der fehlende Grund offensichtlich nicht das Problem: Ein »mulatto soldier« in englischen Diensten hatte in Moure einen »black man« wegen seiner Schulden aufgegriffen. Als Anlass für seine lokale Gruppe, sich über den *caboceer* Aggrey[418] bei der englischen Kompanie zu beschweren, wurde keineswegs der Akt des *panyarring* selbst angeführt, auch die Schulden des ›Entführten‹ als Anlass wurden nicht in Abrede gestellt. Das Problem war vielmehr der Zeitpunkt, zu dem der Vorfall sich zugetragen hatte – an einem Sonntag nämlich. Dies verstieß gegen die »Gesetze des Landes«, die *panyarring* an Sonntagen verboten.[419] Ein solcher Akt stelle sogar »a very high crime« dar: »if a Black man does it, he is sold for a slave or must pay a very great prize to prevent it; however as John Peter was a Mulatto Soldier belonging to the Company, the Dutch chief interfered and settled the dispute for an Anker & two Gallons Brandy«.[420] Man könnte hier freilich diskutieren, was die Abweichung vom üblichen Prozedere bedingt hat – die diplomatische Rücksichtnahme auf das Verhältnis zwischen den Kom-

417 Vgl. dazu Feinberg, Palaver, und ders., Africans, S. 115–126. Als mögliche Erklärung dafür, dass die afrikanische Bevölkerung Elminas die Kompaniedirektoren u.a. in die Rechtsprechung einbezog, erwähnt Feinberg die Schiedsrichterrolle, die den Niederländern zugekommen sein mag, die Kontinuitätssicherung und die Schriftlichkeit, die durch die niederländische Partizipation in das Verfahren eingebracht wurde (ebd., S. 117).

418 Aggrey bzw. Egyir, Sohn von Cudjo Caboceer, folgte diesem im Amt des *tufohen(e)* nach, d.h. er kommandierte die verschiedenen militärischen Kompanien von Cape Coast; zudem stand er als *linguist* im Dienste der CMA; siehe Henige, Chronology, S. 155. Damit hatte er eine gewisse Doppelfunktion inne, die charakteristisch für das Ineinander von afrikanischen und europäischen Hierarchien gerade in den Orten der Goldküste war.

419 Siehe zu solchen Regelungen für bestimmte Wochentage auch Meredith, *Account* (1812), S. 115: »There are certain days, on which panyarring is interdicted; Tuesdays in some districts, and Sundays in others.« Meredith gibt leider nicht an, welche Regionen jeweils gemeint sind – der Dienstag war jedenfalls an der Goldküste häufig ein (religiöser) Feiertag und wurde von zeitgenössischen europäischen Beobachtern mit dem christlichen Sonntag verglichen; so bspw. Marees, Beschryvinge (1602), S. 67f. Ob der Bann von *panyarring* am Sonntag auf europäische Einflüsse hinweist oder einer anderen lokalen Festtagstradition entspringt, muss vorerst offenbleiben.

420 TNA, T 70/1470, Eintrag 19.06.1780.

panien, die Tatsache, dass der Delinquent als »mulatto« angesehen wurde, oder auch, dass er in den Diensten der Kompanie stand. Wesentlich ist aber vor allem, dass der Tatbestand des Regelverstoßes klar festgehalten und die moderate Sachstrafe als Ausnahme gekennzeichnet wurde.

Neben diesen allgemeineren Regeln, die offensichtlich in der weiteren Küstenregion verbreitet waren, existierten offensichtlich auch andere Normen, die spezifischer an lokale Kontexte gebunden waren. So galten unterschiedliche Regeln je nachdem, woher ein ›Pfändling‹ kam und in welcher Relation er zur Gruppe der Pfänder stand. War der Verkauf von ›Pfändlingen‹ in die Sklaverei ohnehin oft Anlass für Konflikte, auch wenn er als letzte Möglichkeit bei Nicht-Begleichen der Schuld galt,[421] so war er dies offenbar umso mehr, wenn der ›Pfändling‹ aus der eigenen Gruppe kam, wie auch immer sich diese genau definieren mochte. So war es offenbar auch in Fante, das im späten 18. Jahrhundert eher eine lose Konföderation denn eine politische Einheit darstellte (siehe oben, I.4.2), verboten, andere Angehörige dieser Konföderation in die überseeische Sklaverei zu verkaufen – »for they are all of one Country«.[422]

Auch wer eigentlich zum Opfer von *panyarring* werden konnte, war durch bestimmte Regeln bestimmt. Es war nicht allein das Individuum haftbar, das sich verschuldet, sich strafbar gemacht oder sonst wie Anlass für die Aktion gegeben hatte, sondern die gesamte Gruppe, der es angehörte.[423] Gruppe konnte dabei – letztlich im Gegensatz zur Praxis beim *pawnship*, das prinzipiell auf Verwandtschaftsbeziehungen beruhte[424] – unterschiedlich weit gefasst werden – im engsten Sinne handelte es sich um die Verwandten,[425] im weiteren um die Einwohner des gleichen Orts[426] und im

---

421 Ein Verkauf einer *panyarred* Person durfte nur dann erfolgen, wenn die Forderung (nach einer bestimmten Zeit) nicht erfüllt wurde; so Monrad, Description (1822), S. 85 f.; vgl. Lovejoy/Richardson, Trust, S: 353.

422 Briefe von Richard Thelwell an CCC, dd. 06. und 09.08.1682 (OS), in: Law (Hrsg.), The English, Bd. 1, no. 287 und 288, S. 115 f.; dazu bereits im Kontext vergleichbarer Verbote (u.a. in Oyo und Dahomey) Law, Enslavement, S. 517 f.

423 Siehe u.a. Lovejoy/Richardson, Business, S. 74 f.; Law, Pawning, S. 62 f.; Ojo, »Èmú«, S. 35 f.

424 Dazu Falola/Lovejoy, Pawnship in Historical Perspective, S. 8 ff.

425 Von Familie sprechen Isert, *Reise* (1788), S. 222 (»pingaret«); Rask, Description, S. 142 f.; für Ahanta nennt Bowdich, *Mission* (1819), S. 257, die Familie und die Stadtbevölkerung. Allein »relatives« als potenzielle Opfer des *panyarring* erwähnen Falola/Lovejoy, Pawnship in Historical Perspective, S. 15 f., und Austin, Labour, S. 141. Mit Familie ist bei Akan-Gruppen i.d.R. die *abusua*, der Matriclan, gemeint.

426 So bspw. in TNA, T 70/1463, Eintrag vom 12.02.1704.: »[...] a Custom they have of Seizing on Some of ye Same Towne or Country for ye Debts of any one

weitesten um die Angehörigen der gleichen »Nation« bzw. der ›ethnischen‹ oder politischen Gruppe.[427] Eine genauere Untersuchung dieser Zusammenhänge könnte Aufschluss über Identitätskonstruktionen und Gruppenbildung an der westafrikanischen Küste liefern (dazu kurz unten).

Alle Mitglieder der Gruppe des Delinquenten, wie auch immer diese nun definiert wurde, waren potenzielle Opfer von *panyarring* – »to panyar on somebody's head« ist die gebräuchliche Formulierung in der Küstensprache.[428] Auch dazu ein Beispiel, das *ex negativo* von diesen zugrunde liegenden Normen zeugt: Als der König und der Dey von Fetu im Februar 1703 feststellten, dass die zwei Sklaven, die sie wegen der Schulden eines *caboceer* von Elmina festgehalten hatten, in Wirklichkeit einem Händler aus Denkyira gehörten, sandten sie die Sklaven umgehend zurück und entschuldigten sich für ihren Irrtum.[429] Dass die Rückgabe so schnell erfolgte, hing sicher auch mit der Position des Eigentümers der Sklaven sowie der Intervention des englischen Gouverneurs zusammen; andere unrechtmäßig oder irrtümlich gefangen Genommene hatten es sicher schwerer, ihre Freiheit zurückzuerlangen. Vergleichbar ist ein Fall, der im Rahmen der britischen Parlamentsdebatten über die Abschaffung des Sklavenhandels disku-

---

of the same place & the freinds [sic] of ye person Seized for the Other to give Sattisfaction & soe are released.« Siehe auch Phillips, *Journal* (1732), S. 206; Rømer, Account (1760), S. 165; und Memorandum explanatory of »panyarring«, in: Sarbah, Fanti Customary Laws, Appendix IV, S. 282 f.

427 So etwa die Beschreibung bei Bosman, *Beschryving* (1704), Teil 1, S. 168, der im *panyarring* den Anlass für viele Kriege zwischen Nachbarländern ausmacht. Vgl. auch Ojo, »Èmú«, S. 44 (»In matters relating to debt, ›kin‹ also included people from the same town, ethnicity, friends, slaves, and children«), und die sehr allgemeine Formulierung bei Rattray, Ashanti Law, S. 370 (»The custom consisted in the creditor seizing any person in any way connected with the debtor, or even sometimes a complete stranger to all concerned«). – Zur Frage von ›ethnischen‹ Identitäten und Gruppenbildung im vorkolonialen Westafrika vgl. den erhellenden Artikel von Nugent, Putting, bes. S. 934 f. – Bei Monrad, Description (1822), S. 85 f., dt. Ausg.: *Gemälde* (1824 [1822]), S. 86 f., werden alle drei Einheiten – Familie, Ort und »Land« – als mögliche Bezugsgrößen genannt. Ganz im Duktus der Zeit ist bei Sarbah, Fanti Customary Laws, S. 115 f., nur noch von »tribe« die Rede.

428 Siehe dazu kurz Law, Pawning, S. 62.

429 »The King & Dey returned Imeadiatly [sic] [the] 2 slaves to Cape Coast begging pardon for [the] offence w[hich] happened by a mistake, and sent word [that] a Cabbash[eer] of [the] Mine did owe a debt to [the] Dey of Feetoo Brother whoo sent his people to paniarr those slaves thinking they did belong to some of [the] Inhabitants of [the] Mine town [...].« TNA, T 70/1463, Eintrag 12.02.1704. Ursache dieses Irrtums war wohl die Tatsache, dass der Händler mit seinen zwei Sklaven auf dem Weg von Elmina nach Cape Coast war.

tiert wurde: Dort protestierte ein Händler, der von einem englischen Kapitän wegen der Schulden eines anderen gefangen genommen worden war, indem er erklärte, dass er nicht zur selben Gruppe gehöre wie der Schuldner.[430]

Panyarring ist als Rechtsinstitution einer Gesellschaft zu verstehen, die keine zentrale Ordnungsmacht aufwies, sondern stark auf kollektive Regelungsmechanismen gestützt war.[431] In dieser Hinsicht ist es durchaus mit vormodernen europäischen Rechtspraktiken vergleichbar, beispielsweise der sogenannten Schuldknechtschaft, der Bürgschaft, aber auch den Rügebräuchen etc.[432] Es handelte bei solchen Praktiken nicht um unkontrollierte Selbstjustiz, sondern um Formen von sozialer Konfliktführung, die durchaus im Zusammenspiel mit formelleren Organen der Rechtsprechung stattfinden konnten.[433] Dieses Zusammenspiel manifestierte sich einerseits in der Überwachung der Regeln des *panyarring*, wie im ersten Beispiel gesehen. Andererseits konnte *panyarring* auch Bestandteil oder Resultat eines (formelleren) Rechtsprechungsprozesses sein. So fragte der englische Gouverneur John Roberts 1750 gar offiziell in Elmina an, ob ein englischer »Untertan« aus Komenda die Erlaubnis erhalten könne, einen Einwohner von Elmina zu »panyarren«. In seiner Anfrage legte er den Fall ausführlich dar: Der englische Untertan Ando wolle zum *panyarring* als letztem Mittel greifen, um einen gewissen Femere aus Elmina zum Zahlen einer alten Schuld zu bewegen, für die Ando gebürgt und gar ein *pawn* gestellt hatte.[434] Dadurch, dass man hier – wohl auch, um politische Krisen zu vermeiden – den offiziellen Weg über die Oberhäupter der jeweiligen Orte bzw. Forts einschlug, erhielt auch das *panyarring* selbst einen offiziösen Charakter. In Elmina wurde das Gefängnis der niederländischen Festung gelegentlich für Personen benutzt, die von indigenen Akteuren ›gepfändet‹ worden waren.[435]

---

430 Ranby, *Observations* (1791), S. 84, Anm. †.

431 Dazu u.a. Dilcher, Zwangsgewalt, und Roberts, Order.

432 Vgl. bspw. Bressler, Schuldknechtschaft; aus der älteren Literatur Gierke, Schuld, S. 65–69 (Schuldknechtschaft) und S. 56–62 (Bürgschaft).

433 Insofern scheint es sich – zumindest in bestimmten Kontexten – von der Fehde als ›reiner‹ Selbsthilfe zu unterscheiden, die zwar ebenfalls Rechtsmittel ist, aber zugleich »als Rechtsbehauptungsmittel scheitert«, so jedenfalls die Argumentation von Pilch, Rechtsgewohnheiten, S. 36.

434 TNA, T 70/1476, Brief vom 14.11.1750, S. 323, zitiert nach Fisher (Bearb.), Extracts, 3, S. 357.

435 Dieses Vorrecht wurde jedenfalls dem *makelaar* der WIC zuteil; dazu Feinberg, Africans, S. 110.

Panyarring muss also nicht automatisch das Fehlen von Autoritäten implizieren oder eine Krisenerscheinung darstellen. Robin Law hat etwa am Beispiel Alladas (und des frühen Dahomeys) aufgezeigt, dass hier *panyarring* vermittelt über die herrscherliche Autorität stattfand, d.h., der Gläubiger bzw. der Geschädigte hatte sich an den Herrscher zu wenden, der dann möglichen Gefangennahmen zustimmte oder sie selbst in die Wege leitete. Dieses Vorgehen ist strukturell mit dem beschriebenen an der Goldküste verwandt, wo die Oberhäupter der jeweiligen Forts bzw. Kompanien konsultiert wurden, und hebt sich – wie Law deutlich macht – von der Praxis in Ouidah ab, wo es offenbar zumindest im späten 17. und frühen 18. Jahrhundert keine solchen regulierenden Instanzen gab.[436]

ii. »... to seize both Whites and Blacks all possible I can«.[437] Europäische Beteiligung an der Praxis des *panyarring*

Im 18. Jahrhundert sahen Europäer *panyarring* durchaus als Rechtspraxis an und kannten auch die mit ihm verbundenen Regeln und Normen. Sie bzw. ihre Bediensteten waren auch selbst Gegenstand von *panyarring*.[438] An der Goldküste beteiligten sie sich an der Überwachung dieser Regeln und an der Sanktionierung möglicher Verstöße. Es konnte gar passieren, dass, wie im Mai 1778, der Gouverneur von Cape Coast gegenüber einem afrikanischen Oberhaupt für die Rechtmäßigkeit und Angemessenheit von *panyarring* argumentierte: Es sei das einzige Mittel, Gerechtigkeit zu erlangen.[439] Auf ähnliche Weise verteidigte der niederländische Faktor van der

---

436 Law, Finance, S. 26f. Etwas andere Akzentsetzungen dagegen bei dems., Enslavement, S. 519.

437 Zitat aus dem Brief von Richard Thelwell an CCC, dd. Anomabo 30.03.1682 (OS), in: Law (Hrsg.), The English, Bd. 1, no. 266, S. 109f.

438 Um nur zwei Beispiele zu nennen: Angesichts zahlreicher Übergriffe und (illegaler?) *panyarring*-Aktionen gegen ihre Bediensteten und »Vasallen« durch die Fante verhandelten der niederländische Generaldirektor Schonheydt und der englische General Thomas gar über ein gemeinsames Vorgehen gegen diese; vgl. Ratsprotokolle Elmina, NA, TWIC 124, Eintrag 04.04.1710. Ging es hier v.a. um Afrikaner in Kompaniediensten bzw. unter europäischer Oberherrschaft, so gibt es auch Fälle, in denen Europäer selbst ›entführt‹ wurden: So wurde 1742 der Kommandant des niederländischen Forts Nassau in Moure von den dortigen »onderhoorigen« gefangen genommen; Ratsbeschlüsse Elmina, Eintrag 27.11.1742, NA, TWIC 502–503. Vgl. Lovejoy/Richardson, Business, S. 85, Shumway, Fante, S. 60, und unten den Abs. iii.

439 *Anomabohene* Amonu Kuma hatte über Thomas Westgate, den lokalen *chief* der CMA in Anomabo, bei Gouverneur Richard Miles ersuchen lassen, einen der

Grijp 1784 einen gewissen »Quassie Bende« gegenüber Generaldirektor Gallé. Quassie (Kwesi) wohnte unter dem von van der Grijp befehligten Fort Chama und hatte gerade einige Personen aus Elmina »auf den Kopf des Elmina'schen Negers Aqua« (»op de Cabes van den Elminaze neger Aqua«) gefangen genommen. Van der Grijp erklärte, dass der aktuelle Vorfall aus einem älteren Konflikt zwischen Quassie und Aqua erwachsen sei. Jener Konflikt sei zwar durch ein »Palaber« beigelegt worden, doch Aqua habe niemals die dort festgesetzte Zahlung geleistet. Er, Grijp, habe sich selbst mehrfach dafür verwendet, dass Quassie die ihm zustehende Summe erhalte, doch ohne Erfolg. Der Einsatz von *panyarring* war damit das letzte verfügbare Mittel, um Recht zu erlangen (»[...] nu niets meer overschoot, dan een PanJaaring«).[440] Die Argumente van der Grijps wie auch jene von Gouverneur Roberts (siehe oben) erinnern bemerkenswerterweise an das eingangs zitierte Statement von Mensah Sarbah, mit dem er die Praxis des *panyarring* gegen koloniale Barbareivorwürfe in Schutz nahm.

Die europäischen Kompanien und freie Händler setzten darüber hinaus selbst aktiv diese Rechtspraxis in Konflikten ein.[441] *Panyarring* fand in Konfliktfällen auch zwischen den Kompanien statt; dabei war in besonderem Maße die Grenzen zwischen ›Afrikanischem‹ und ›Europäischem‹ verwischt. So hatten 1682 Einwohner von Moure, das unter dem Schutz bzw. der Herrschaft des niederländischen Forts Nassau stand, ein englisches Schiff angegriffen und mehrere der Seeleute gefangen genommen. Der englische *chief* im nahe gelegenen Anomabo, Richard Thelwell, erhielt daraufhin die Anweisung, Kanus der niederländischen Kompanie gefangen zu nehmen. Für alle Parteien war also evident, dass die Einwohner von Moure und die niederländische Kompanie als gemeinsame Gruppe zu betrachten seien. Thelwell war sich jedoch – und dies ist bemerkenswert – unsicher,

---

Sklavenhändler in englischen Diensten daran zu hindern, eine Frau aus Moure gefangen zu nehmen. Miles hingegen argumentierte, dass das Anliegen des Sklavenhändler rechtens sei und *panyarring* ihm die einzige Möglichkeit biete, Gerechtigkeit zu erlangen, und schickte den *broker* Frederick Adoy (einer der Nachfolger von Cudjo Caboceer) nach Anomabo. Die »pynins« von Anomabo (von *panyin*, ›Ältester‹) stimmten Miles' Position schließlich zu, doch zum *panyarring* kam es nicht mehr, da die Angelegenheit offenbar über eine Ablösesumme geregelt wurde; Diary of Transactions, Cape Coast Castle, 1777/8, TNA, T 70/1468, Einträge 24., 25., 27. und 28.05.1778.

440 Brief von Lieve van Bergen van der Grijp an Gilles Servaas Gallé, dd. 03.12.1784, NA, TWIC 995. Vorausgegangen war eine entsprechende Nachfrage von Gallé; Gallé an Grijp, dd. 03.12.1784, ebd. – Die Empfehlung, zur Maßnahme des *panyarring* zu greifen, sprachen im 19. Jhdt. gelegentlich auch noch die dänischen Autoritäten aus; so Baesjou, Jurisdiction, S. 55, Anm. 139.

441 Vgl. Law, Pawning, S. 62 f., und Shumway, Fante, S. 59 f.

ob er auch Niederländer gefangen nehmen oder sich auf Afrikaner in niederländischen Diensten beschränken sollte. Aus Cape Coast beschied man ihm umgehend, sowohl Niederländer als auch Schwarze aufzugreifen; wenig später befahl man ihm dringlich, so viele Schwarze und Weiße gefangen zu nehmen wie möglich – es ging offensichtlich um alle, die in den Diensten der WIC standen, und nicht etwa nur um jene aus Moure.[442] In den Konflikten zwischen Kompanien bzw. Konflikten, die als solche ausgetragen wurden, kam damit auch eine bestimmte Konfiguration von Gruppenzugehörigkeit zum Tragen, die von der Vorstellung einer Verwandtschafts- oder Ortsbindung deutlich entfernt ist. Es ist zu vermuten, dass diese Konfigurationen von größeren Gruppen auch Gruppenkonstruktionen in der Region insgesamt beeinflussten.

Kompaniesklaven, die meist nicht-lokaler Herkunft waren und so keiner lokalen Verwandtschaftsgruppe angehörten, und *pawns* galten in erster Linie als den Kompanien zugehörig. So hielt man in Anomabo einen der *broker* der RAC und einen »canoeman« fest, da einer der *pawns* der Kompanie sich des Ehebruchs schuldig gemacht hatte. Der lokale Faktor der RAC entrichtete schließlich – den landesüblichen üblichen Regeln bei Ehebruch folgend – eine Kompensationszahlung von zwölf *ackies*, um die beiden auszulösen und den Konflikt beizulegen.[443]

Anfang des 19. Jahrhunderts hingegen kam erste Kritik gegenüber der europäischen Beteiligung am *panyarring* auf. Zwar sei dieses Verfahren gemäß den Vorstellungen der »Neger« rechtens und werde auch von den Europäern angewandt, so Monrad, es stelle jedoch zugleich den Ursprung von Leid für unzählige Familien dar.[444] Während Monrad hier zumindest noch eine gewisse Regelhaftigkeit unterstellte, wenn auch ›nur‹ gemäß afrikanischen Vorstellungen, wurde in anderen Reiseberichten *panyarring* aus-

442 Briefe von Richard Thelwell an CCC, dd. 14.03.1682, 18. und 30.03.1682 (OS), in: Law (Hrsg.), The English, Bd. 1, no. 264–266, S. 109f. Der zuvor angegriffene Kapitän wollte hingegen offensichtlich ausschließlich Schwarze gefangen nehmen. – 1695 schien es für die englischen Kompanieangestellten dagegen schon normal zu sein, auch ›Weiße‹ auf diese Weise gefangen zu nehmen; siehe die Briefe von John Rootsey an CCC, dd. 26., 27. und 30.10.1695 (OS), in: Law (Hrsg.), The English, Bd. 3, no. 833–835 und 837, S. 346f.

443 Brief von Richard Thelwell an CCC, dd. 21.05.1681 (OS), in: Law (Hrsg.), The English, Bd. 1, no. 226, S. 97f. – Das Geld für die Kompensationszahlung sollte dann bei dem Schuldigen wieder eingetrieben werden.

444 Die Passage lautet im Original: »Denne Fremgangsmaade er, efter Negrenes Begreber om Lov og Ret rigtig, og den bruges ogsaa af Europaerne; men hvo seer ei her en afskyelig Saed til Elendigheder i tusinde og atter tusinde Familier?« Monrad, *Bidrag* (1822), S. 85; englische Übers.: Description (1822), S. 85; dt. Ausg.: *Gemälde* (1824 [1822]), S. 87.

schließlich als illegales, regelloses Kidnapping verstanden[445] – was es auch sein konnte, aber offensichtlich nicht nur war, wie die vorangegangenen Beispiele belegen. Es fragt sich aber, ob Monrads klare Trennung zwischen der Rechtsinstitution der »Neger« und ihrer Mitpraktizierung durch Europäer so trägt. Vielmehr hat bereits die Verteidigung des *panyarring* als Mittel zur Durchsetzung von Gerechtigkeit durch den englischen Gouverneur vor dem afrikanischen Herrscher exemplarisch gezeigt, dass sich Europäer mindestens auch argumentativ bzw. strategisch die Normen des *panyarring* und damit verbundene Rechtskonzepte zu eigen machten. Zudem ist zu fragen, inwiefern sich diese Rechtsinstitution auch unter und mit europäischer Partizipation am politischen und wirtschaftlichen Geschehen an Gold- und Sklavenküste verändert hat.

iii. Gruppen der Verantwortung. *Panyarring* und Gruppenkonstruktion

Betrachtet man *panyarring*-Fälle unter dem Aspekt der Gruppenkonstruktion, lassen sie sich auch als Quelle nutzen, um zu untersuchen, wie afrikanische Akteure Europäer bzw. Handelskompanien wahrnahmen und einer Gruppe zuordneten. Nicht zuletzt können solche Fälle möglicherweise auch Aufschluss geben, ob aus afrikanischer Perspektive ›die Weißen‹ ein Kollektiv darstellten oder ob nationale oder organisatorische Differenzierungen handlungsleitend waren.

Im September 1682 musste Andrew Crosbie, Agent der RAC in Ouidah, seinen Vorgesetzten in Cape Coast mitteilen, dass der *chief factor* der Kompanie an der Sklavenküste, John Winder, an der Heimreise gehindert worden sei: »John Winder, your honours cheife [sic] factor for this coast, was upon the 15th of this instant September panyard by the Blacks [...].« Wiewohl Crosbie, der Winder offensichtlich nicht sonderlich wohlgesinnt war, im Folgenden vor allem Winders Amtsführung und Umgang mit der lokalen Bevölkerung kritisierte, war der eigentliche Anlass des *panyarring* in den Schulden zu suchen, die Winder bei einem gewissen »Captaine Bebe« gemacht hatte.[446] Dass Winder als Europäer sich hier lokalen Rechtspraktiken unterwerfen musste, bedurfte aus Crosbies Perspektive offensichtlich keines weiteren Kommentars; die Gruppenfrage spielte hier, da Winder selbst der Schuldner war, keine Rolle.

---

445 Siehe oben, Anm. 405.

446 Brief von Andrew Crosbie an CCC, dd. 01.09.1682 [sic] (OS), in: Law (Hrsg.), The English, Bd. 1, no. 485, S. 237ff. Winder war Crosbie zufolge die Bezahlung von 15 Sklaven schuldig geblieben.

Um Kollektivhaft ging es dagegen wohl bei einem der bekanntesten *panyarring*-Fälle, der Gefangenschaft von Bulfinch Lambe am Hof erst von Allada, dann von Dahomey. Lambe arbeitete für die RAC in der Faktorei in Jaquin, die im Königreich Allada an der Sklavenküste lag:

> »There was at that time [um 1722; C. B.] in the Country of *Ardra* a white Gentleman, named *Bullfinch Lambe*, who was detained Prisoner by the King on this occasion: Having been sent by the Governour of the *African Company*'s Settlement at *Jaqueen*, on some Business to the King of *Ardra*, this Prince detained him, under pretence the Company owed him for one hundred Slaves, formerly sent down to their Factory; and he sent word to the Governour, if he did not forthwith pay him this Debt, he would make Mr. *Lambe* a Slave.«[447]

So berichtet William Snelgrave über den Beginn der Gefangenschaft Lambes, die schließlich nach der Niederlage Alladas gegen Dahomey 1724 am dahomeanischen Hof weitergehen sollte, bis er dann 1726 wieder nach England reisen durfte, vermutlich mit einem diplomatischen oder geschäftlichen Auftrag des Königs und dem Versprechen der Rückkehr.[448]

Dieser Fall spricht dafür, dass der König von Allada sich nicht etwa an ›den Europäern‹ oder ›den Weißen‹ als Großgruppe, sondern – wie es in diesem Kontext auch nur zweckmäßig war – an nationaler Zugehörigkeit orientierte. Ihm lassen sich von Gold- und Sklavenküste verschiedene ähnliche Beispiele an die Seite stellen. So hielten die Eguafos im November 1681 ein portugiesisches Schiff im Hafen von Komenda fest, weil vier Jahre zuvor ein anderes portugiesisches Schiff fünf Männer aus Eguafo, offenbar Verwandte des Königs, geraubt und verschleppt hatte. Das beschlagnahmte Schiff war das erste portugiesische, das nach diesem Vorfall in Komenda vor Anker ging, und wurde so zum Objekt der Kompensationsforderungen der Eguafos: Vier Mann der Schiffsbesatzung gingen an Land und wurden von den Eguafos festgehalten; der König verlangte von dem portugiesischen Kapitän Wiedergutmachung für die entführten fünf Männer.[449]

Mit diesem Vorfall korrespondiert das in Reiseberichten häufig erwähnte Phänomen, dass bestimmte Nationen in bestimmten Regionen wegen illegaler Verschleppung und Versklavung verrufen waren und Schiffe entspre-

---

447 SNELGRAVE, *Account* (1734), S. 7f. [Kursivierung folgt dem Original; C. B.].

448 LAW, Further Light, S. 221f.; siehe auch DERS., Alternative Text; DERS., King Agaja; und JOHNSON, Lambe.

449 Brief von James Nightingale, dd. 26.11.1681 (OS), von dems. und John Winder, dd. 29.11.1681 (OS), sowie von dems., dd. 02.12.1681 (OS), in: LAW (Hrsg.), The English, Bd. 1, no. 38–40, S. 25ff. »Ditto King has had no occasion since came in place to demand satisfaction of any Portuguese, but this man [d.i. vermutlich der portugiesische Kapitän; C. B.] hee suffering 4 of his men to lye ashoare [...].« Ebd., no. 40, S. 26.

chender Herkunft Gefahr liefen, Opfer von Vergeltungsmaßnahmen wie eben dem *panyarring* zu werden. In manchen Reiseberichten wird dieses Phänomen wohl vor allem hervorgehoben, um andere Europäer zu diskreditieren;[450] doch andererseits berichtet auch William Smith, dass man das englische Schiff, mit dem er 1726 reiste, als französisches getarnt habe, die französische Flagge gehisst und auf Französisch Handel getrieben habe, um auf diese Weise den entsprechenden Vorbehalten gegenüber Engländern an der Quaquaküste zu entgehen.[451] Gerade beim Schiffshandel waren offenbar vorrangig die jeweiligen Flaggen und damit die Nationalität zentraler und allgemein bekannter Orientierungspunkt, was europäische Kapitäne gelegentlich dazu veranlasste, unter falscher Flagge zu segeln.

In einigen Fällen orientierte man sich aber nicht an den nationalen Gruppen, sondern an der Großgruppe der Europäer bzw. der Weißen: So wurde der niederländische Faktor Hendrik Hertogh 1734 in Appa wegen der Schulden eines Portugiesen belangt. Dieser Fall ist in einer Urkunde dokumentiert, in der mehrere portugiesische Kapitäne[452] wiederum eine entsprechende Unterredung zwischen Hertogh und dem Gläubiger über den Vorfall bezeugen.[453] Der Gläubiger war offenbar eine Person von Rang, beschrieben als »caboceer (gewisses Oberhaupt)« (»cabesseira [zeeker opperhooft]«), aus Allada, das kurz zuvor von Dahomey erobert worden war. Der Schuldner hingegen war der Kapitän der Infanterie der portugiesischen Faktorei in Ouidah, João Bazilio.[454] Hertogh wies nun darauf hin, »dass

450 Vgl. die bei Law, Enslavement, S. 524f., genannten Beispiele.

451 Smith, *Voyage* (1744), S. 111f. – Smith hat sich, wie Feinberg hinreichend nachgewiesen hat, für seine Beschreibung der Goldküste ausgiebig bei dem Bericht Bosmans bedient; die erwähnte Passage stammt jedoch aus der Beschreibung der Hinreise zur Goldküste und scheint eigenständig zu sein. Vgl. Feinberg, Plagiarism.

452 Eindeutig zu identifizieren sind drei der Personen; bei ihnen allen handelt es sich um Kapitäne portugiesischer Sklavenschiffe, die in der Bucht Handel trieben: José de Matos Carvalho (von der NS da Conceição e S Antônio da Mouraria, die am 25.06.1734 in Bahia eintreffen sollte; Slave Trade Database, no. 50604); José de Almeida Calada (von der NS de Boa Hora Santana e S. Joaquim, die laut Slave Trade Database mehrfach in der Region handelte; no. 49821 und 51943); Veríssimo de Freitas (von der S. João Batista, die am 20.06.1734 in Bahia eintreffen sollte; no. 50601).

453 Die Quelle liegt in einer Originalausfertigung auf Portugiesisch und einer zeitgenössischen niederländischen Übersetzung vor; Urkunde, dd. 15.05.1734, NA, TWIC 110.

454 Hier liegt vermutlich ein Irrtum in der Quelle vor, denn Bazilio war bereits seit 1728 Direktor der portugiesischen Niederlassung in Ouidah; vgl. Verger, Fort, S. 28ff., bzw. ders., Flux, S. 147ff.

er davon [d.h. von der Schuld; C. B.] nicht die Ursache war, und zudem, dass er ein Holländer und kein Portugiese war«.[455] Darauf antwortete der »cabesseira« aus Allada jedoch, dass der Schuldner aber ebenfalls ein Weißer (»een blank«, »brañco«) sei und dass es sich bei seinem Vorgehen um eine gebräuchliche, auf die Väter und Vorväter zurückgehende Verfahrensweise (»een gebruyklyke gewoonte«, »estillo praticado«) handele, um säumige Schuldner zur Erfüllung ihrer Schuld anzuhalten.[456] Dies bestätigten auch die portugiesischen Zeugen.[457]

Dieser Fall macht zunächst deutlich, dass Hertog eine nationale Gruppenkonstruktion als normal voraussetzte, eine Konstruktion der ›Weißen‹ insgesamt als Gruppe aber in manchen Fällen möglich war. Es zeigt sich zudem erneut, dass *panyarring* (in diesem Fall nicht einer Person, sondern von Gütern) als letztes Mittel der Einklagung von Schulden und des Konfliktaustrags eingesetzt wurde, nachdem andere Maßnahmen und Vorgehensweisen gescheitert waren.

Warum aber belangte der »cabesseira« Hertog für die Schulden des Portugiesen? Eine nicht zu unterschätzende Rolle mag hier spielen, dass sich der Fall unter Bedingungen größter politischer Instabilität abspielte: Durch den Eroberungszug Dahomeys war die gesamte Region in Aufruhr, auch die europäischen Faktoreien waren zeitweise geschlossen. Zudem war Hertog nicht einfach ein völlig Unbeteiligter, sondern durchaus in gewisser Weise involviert, da er offenbar den Schuldbrief, den der *cabesseira* erhalten hatte, verwahrte und bei der Eroberung Ouidahs durch Dahomey verloren hatte. Während die nationale Zugehörigkeit offensichtlich die präferierte Orientierungsgröße darstellte, konnte in prekären Situationen aber auch die Großgruppe ›der Europäer‹ haftpflichtig gemacht werden; zudem spielte im vorliegenden Fall offensichtlich der Aspekt der persönlichen Bekanntschaft eine Rolle.

Untersucht man die Praxis des *panyarring* jenseits der polemischen Zuschreibungen der Abolitionsdebatte, so ergibt sich ein nuanciertes Bild. *Panyarring* galt den Europäern an der Küste nicht per se als willkürlich,

455 »[...] dat hy daar van [d.h. von der Schuld; C. B.] geen oorzaak was, en te meer dat hy een hollander en geen portugees was«; Urkunde, dd. 15.05.1734, NA, TWIC 110.

456 »[...] [que] o d[it]o S[e]n[ho]r era brañco, e que he estillo praticado nesta terra de pais, e avos [...].«

457 Urkunde, dd. 15.05.1734 (niederländische Übersetzung): »[...] en is ons door de experientie, die wy van deeze cust zyn hebbende, bekendt, dat de zelve reeden van de blanken onder de swarte gewoonlyk is, dewyle wanneer iemand schuldig is, en niet betaalt zy aantasten wien het ook zy, tot voldoeninge van de schuldt, en dat is de maniere van vorderinge van dit Volk [...].«

wiewohl es oft Anlass für Konflikte gab. Vielmehr war es als regelgeleitete Rechtspraxis bekannt und wurde als solche auch von den Kompanien genutzt. Dabei ist wiederum ein Zusammenspiel von Kompanie und indigenen Autoritäten zu beobachten. Dass die Praxis des *panyarring* auch in Auseinandersetzungen zwischen den europäischen Kompanien genutzt wurde, spricht in besonderem Maße für ihren transkulturellen Charakter. Hinzu kommt, dass das Auftreten der Kompanien in der politischen Landschaft der Gold- und Sklavenküste eine neuartige Gruppenkonstruktion aufbrachte; hier wäre künftig näher zu untersuchen, inwiefern dies Konsequenzen auch für die Konstruktion indigener Gruppen zeitigte.

b. Palaver

Ruft man sich noch einmal die »negerportugiesischen« Begriffe aus dem Eingangszitat dieses Abschnitts ins Gedächtnis (»*penjare* in einem *palabre*«), so ist *palabre* bzw. *palaver* eindeutig der Terminus, der uns am vertrautesten erscheint, da er den Sprung aus der Küstensprache Westafrikas in verschiedene heutige Umgangssprachen geschafft hat. Dies ist zugleich allerdings auch ein Problem, denn der heutige Sprachgebrauch weicht von demjenigen in der Küstensprache ab: *Palaver* bezeichnet heute vor allem langwieriges, nicht zielführendes Gerede.[458] In der *lingua da costa* Westafrikas besaß der Terminus hingegen ein differenzierteres Bedeutungsspektrum. Beispiel-

458 So wird »Palaver« im Artikel des aktuellen *Dudens* an erster Stelle erläutert als »endloses wortreiches, meist überflüssiges Gerede; nicht enden wollendes Verhandeln, Hin-und-her-Gerede; Gebrauch: umgangssprachlich abwertend«; siehe Art. Palaver, in: Duden, online-Ausgabe, URL: http://www.duden.de/rechtschreibung/Palaver [zuletzt besucht am 27.01.2014]. Vgl. weiterhin die ähnlichen Definition im Art. Palaver von *Wikipedia* (URL: http://de.wikipedia.org/wiki/Palaver [zuletzt besucht am 27.01.2014]) und im Art. palaver des *Oxford English Dictionary* (online-Version, URL: http://www.oed.com/view/Entry/136258?isAdvanced=false&result=1&rskey=17Cux3& [zuletzt besucht am 27.01.2014]). Selbstironisch verwendet dagegen bei ENZENSBERGER, Palaver. – Klagen über die »Langwierigkeit« von Palaver finden sich auch in manchen frühneuzeitlichen europäischen Quellen; so u.a. Charles Bell an das Committee der CMA, dd. 18.09.1761, TNA, T 70/30 (»[...] but the Blacks are so extremely dilatory in all their Transactions«). ISERT, *Reise* (1788), S. 77, hingegen lastet die Langwierigkeit eines täglich abgehaltenen Kriegsrats, den er als »Palaber« bezeichnet (wohl entsprechend der im Weiteren als Drittes genannten Bedeutung), gerade den europäischen Teilnehmern an, die auf die genaue Aufzeichnung der Vorgänge angewiesen seien, da sie sich nicht so gut auf ihr Gedächtnis verlassen könnten wie die »Sekretäre der Neger«.

haft zeigt dies sein Gebrauch durch Thomas Melvil: Melvil verwendete das Wort *palaver* in der Korrespondenz mit seinen Vorgesetzten, hielt es aber offensichtlich ähnlich wie Rømer für erläuterungsbedürftig. Allerdings gab er in unterschiedlichen Kontexten unterschiedliche Bedeutungen an: Während er in einem seiner Briefe von »Palaver (or Quarrel)« spricht,[459] bezieht er sich in einem anderen Schreiben auf ein »Palavar (Conference)«.[460]

Idealtypisch kann man meines Erachtens zwischen drei Bedeutungen von *palaver* unterscheiden: *Erstens* bezeichnete *palaver* einen Konflikt bis hin zu einem regelrechten Krieg.[461] *Zweitens* – und das ist die dem heutigen Terminus wohl am nächsten verwandte Bedeutung – konnte *palaver* auch eine Rede, meist eine Klagerede, meinen.[462] *Drittens* meinte *palaver* eine Form des Verhandelns und des (geregelten) Konfliktaustrags.[463] Dies deckte sowohl diplomatische als auch gerichtliche Verhandlungen ab. *Palaver* konnte demnach sowohl allgemein Konflikte bezeichnen als auch, wie Per O. Hernæs es formuliert, »an institutionalized framework within which inter-African as well as Afro-European matters could be dealt with«.[464] Im

459 Thomas Melvil an das Committee der CMA, dd. 23.07.1751, TNA, T 70/29.

460 Thomas Melvil an das Committee der CMA, dd. 14.03.1752, ebd. – Im französischen Vertrag mit den Abgesandten des Almamy, des Herrschers von Futa, dd. 31.03.1785, ANOM, DFC XVI/82, no. 89bis bzw. 89, findet sich der Begriff »palabre« ebenfalls in zwei Bedeutungsweisen, einmal im Sinne von Verhandlung, einmal als Rede oder Anliegen, so z.B.: »Que le Palabre, que je venais de faire avec eux leur [...]« und »[...] qu'il viendrait répondre à mon palabre, et en recevoir les conditions, que je lui ferais au nom du Roi des français.«

461 Siehe Art. palaver, in: OED, Abs. I.1, dort auch weitere zeitgenössische Beispiele.

462 Siehe bspw. den Vertrag der WIC (de la Palma) mit dem König und den *caboceers* von Akwamu, dd. 03.04.1703, NA, TWIC 98, fol. 98r–99r, Art. 4: »[...] de Coning beloofd mits desen dat geen Palaaber off questie uyt des Conings naam zal werden gedaan als de door de Coning daar toe wettelyk is geauthoriseert, door het vertonen van zyn staff off stok.«

463 In diesem Sinne Armstrong, Meeting, S. 14f.; siehe auch Mauny, Glossaire, S. 53: »Discussion, discours, assemblée consultative locale«. – Zeitgenössische Belege für diese Wortbedeutung: Vertrag mit den Abgesandten des Almamy, des Herrschers von Futa, dd. 31.03.1785, ANOM, DFC XVI/82, no. 89bis bzw. 89, und Zachary Macaulay, Journal, 16 June–5 October 1793, in: Schwartz (Hrsg.), Macaulay, S. 38ff. und S. 57. Vgl. auch Baesjou/Ross, Introduction.

464 Hernæs, Palaver, S. 3. Siehe zur Praxis des *palaver* an der Goldküste im späten 18. Jhdt. nun auch Reese, Controlling, bes. S. 105–109; ob die von Reese gewählte Bezeichnung »palaver system« trifft, wäre allerdings zu diskutieren, meines Erachtens scheint größere Einheitlichkeit und Systematik zu unterstellen, als vermutlich gegeben war.

Folgenden konzentriere ich mich auf den letztgenannten Bedeutungsaspekt, nämlich das *palaver* als Praxis der Verhandlungs- und Konfliktbeilegung.

Dass der Begriff im frühneuzeitlichen Sprachgebrauch auch für Konflikte oder Verhandlungen verwendet wurde, die sich (in erster Linie) zwischen Europäern abspielten,[465] demonstriert schließlich, dass er hier keineswegs ausschließlich im Sinne eines rassistischen Fremdbilds verwendet wurde, wie gelegentlich in der Literatur angenommen wird.[466]

i. Institutionalisierung

Auf den Charakter des *palaver* als einer institutionalisierten Form des Konfliktaustrags weist zunächst die Existenz verschiedener formaler Regeln hin. So wurden die Teilnehmer zunächst durch Boten eingeladen;[467] wenn eine Kompanie ›Veranstalterin‹ des *palaver* war, trugen diese Boten üblicherweise den Stab des jeweiligen Faktors oder Gouverneurs zur Autorisierung.[468] Zur Markierung waren auch akustische Signale wichtig. In manchen Orten gab es eigene »Palavertrommeln«, Schellen oder Hörner, die zur Ankündigung dienten und die Teilnehmer herbeirufen sollten.[469]

---

465 Vgl. bspw. den Brief von Plunkett, Drummond und Rogers an die RAC, dd. 03.08.1724, TNA, T 70/7; »Palaver« zwischen Engländern und Niederländern in Atchua, William Mutter an das Committee der CMA, dd. 31.03.1761, TNA, T 70/30. Siehe auch den Bestand NA, TWIC 142, der als »Deensche Pallabber« verzeichnet wird.

466 So besonders bei Armstrong, Meeting, der den Begriff *palaver* ablehnt, da dieser »the speaker's racist contempt or ethnocentric or class prejudice against the people spoken to or referred to« impliziere; stattdessen wählt er den meines Erachtens zu allgemeinen Terminus »public meeting« (S. 14). Armstrong übersieht hier – trotz der gewichtigen Evidenz europäischer Rezeptionsgeschichte –, dass *palaver* Teil der ›Kontaktsprache‹ war, die nicht allein Europäer, sondern auch Afrikaner verwendeten und die gerade der wechselseitigen Verständigung diente. Zudem findet er bis heute im ghanaischen Pidgin Gebrauch; so auch Hernæs, Palaver, S. 3, ein Beispiel bei Huber, Ghanaian Pidgin, S. 285.

467 Siehe z. B. den Brief von Theophilus Blinsham an CCC, dd. 12.03.1688 (OS), in: Law (Hrsg.), The English, Bd. 2, no. 132, S. 69: Bei den *caboceers* von Sekondi traf ein Bote von den Wassas ein, »to have a pallavera with them«.

468 So bspw. Brief von Lieftinck an Galle, dd. 14.11.1784, NA, TWIC 995.

469 Vgl. u. a. Marees, Beschryvinge (1602), S. 106 (Trommel und Schelle). Zu den Trommeln siehe den Vertrag zwischen WIC und den »Lands Grooten« von Kormantin, dd. 15.04.1797, NA, TWIC 123, Art. 7: »Geen Palabher Trommel te slaan in 'tCrom ten zy den Commandant niet bevoorens gewaarschouwt en de zaak te kennen gegeeven op dat het in der minne ken worden by gelegt.«

Abgeschlossen wurden *palaver* häufig durch Eidzeremonien, die die vereinbarte Lösung bzw. Übereinkunft absichern sollten, sowie durch die Entrichtung von festgelegten Kompensationszahlungen oder Strafabgaben bzw. den Tausch von Geschenken, bei denen der ubiquitäre Alkohol, vor allem aber Schafe eine zentrale Rolle spielten.[470] Gelegentlich beschloss auch ein gemeinsames Mahl oder ein gemeinsamer Umtrunk das *palaver*.[471] Bei einigen *palaver* wurde der »Sieger« oder aber beide Parteien mit weißer Erde bestrichen; Weiß hatte für die meisten Akan-Gruppen eine sakrale Bedeutung und galt auch als Farbe des Friedens.[472]

Es gab festgelegte Orte, an denen die Versammlungen abgehalten wurden: Dies konnten bestimmte sakrale Räume sein, so der Platz »unter dem Fetischbaum«,[473] des Weiteren gab es in manchen Regionen eigens sogenannte »palaver houses«, die meist Teil des *compound* eines lokalen Großen bzw. Herrschers bildeten.[474] Vor allem in den Küstenorten der Goldküste

470 Zum Alkohol z.B. Charles Bell an das Committee der CMA, dd. 23.07.1762, TNA, T 70/30 (»several presents of Liquor, & other things«). Die Schafe waren wohl weniger ein regelrechtes Geschenk denn eine Strafabgabe: So schrieb RAC-Faktor Nightingale, er habe den Eguafos und den in Komenda ansässigen Akani-Händlern beim Abschluss eines *palaver* drei Schafe als Strafe auferlegt; Brief von James Nightingale an CCC, dd. 15.02.1682 (OS), in: LAW (Hrsg.), The English, Bd. 1, no. 59, S. 36f.; siehe auch Brief von James Walker an CCC, dd. 27.10.1687 (OS), in: LAW (Hrsg.), The English, Bd. 2, no. 111, S. 59f. Siehe auch die Listen der Strafabgaben im Vertrag der WIC (Groenhoff) mit Pokesu, dd. 29.01.1797, NA, NBKG 223, Art. 3, 11 und 15. Zur symbolischen Bedeutung von Schafen kurz Unterkap. III.3.3.

471 Vgl. bspw. RATELBAND (Hrsg.), Dagregisters, S. 189, Eintrag vom 20.06.1646.

472 Siehe FEINBERG, Palaver, S. 17, und DERS., Africans, S. 116 (*foefe terre*). Zur Farbsymbolik HAGAN, Note, S. 8. Weiß war aber offenbar nicht allein mit Frieden assoziiert; so berichtet Isert von der östlichen Goldküste, dass sich die Teilnehmer eines Kriegszugs mit weißer Farbe bestrichen; ISERT, *Reise* (1788), S. 55.

473 1686 fand bspw. ein *palaver* in Sekondi unter einem »boom of cocornut trees [sic]« statt; vgl. Brief von Thomas Bucknell an CCC, dd. 02.10.1686 (OS), in: LAW (Hrsg.), The English, Bd. 2, no. 51, S. 31f. Vgl. dazu Ross, Palaver Trees, bes. S. 139, zu Bäumen als Symbolen der Gerechtigkeit in ganz Westafrika.

474 Siehe bspw. für Anomabo den Verweis auf das »pallavering hous« im Brief von Ralph Hassell an CCC, dd. 09.11.1686 (OS), in: LAW (Hrsg.), The English, Bd. 2, no. 466, S. 182. Rask zufolge besaß jeder *caboceer* eine solche *palaber-casa*, d.h. einen eigenen, offenen Raum in seinem Hof; RASK, Description, S. 167. So kann man auch den Hinweis verstehen, Cudjo Caboceer habe Streitparteien mit »nach Hause« genommen und dort die Verhandlungen begonnen: »On which I sent Cudjoe Caboceer and desired him to try what terms he could bring them to, accordingly he carried them to his House in Town, and after taking great pains and offering a slave himself, they agreed to pay four men & one woman

wurden *palaver* auch in den europäischen Forts und Faktoreien abgehalten.[475] Letzteres konnte im späten 18. Jahrhundert mit Argumenten begründet werden, die gleichsam auf eine Verfahrensautonomie hinzuweisen scheinen. So erklärte ein *makelaar* der WIC 1784 angesichts der Weigerung zweier afrikanischer Konfliktparteien, wie vorgesehen zur Schlichtung und Verhandlung ins Fort von Chama zu kommen, dass eine Schlichtung außerhalb des Forts

> »nicht von dem Effekt sein kann wie diejenige, die im Fort erfolgt. Die Erfahrung hat gelehrt, dass eine solche Entscheidung sich nie zum Guten entwickelt hat und die Parteien an ihrem Recht festhalten und sich gleichermaßen im Recht glauben und die unterlegende Partei meint, in ihrem Recht durch Bestechung verkürzt worden zu sein.«[476]

Mit der Verlegung des *palaver* aus dem Fort und dadurch der Abweichung von einer Praxis, die im späten 18. Jahrhundert als feste Routine etabliert war, sah der *makelaar* den gesamten Prozess der Schlichtung in Gefahr. Verfahrenstechnisch gesprochen: Nicht nur würde das Ergebnis nicht akzeptiert werden und somit nicht von Dauer sein, vielmehr würden sich die Parteien erst gar nicht auf das ›Verfahren‹ einlassen, sondern bei ihrer Position verharren und sich den Verfahrensrollen entziehen. Schließlich liefen sie Gefahr, sich illegaler Mittel (Bestechung, »omkooping«) zu bedienen, um das Verfahren bzw. sein Ergebnis zu manipulieren.[477]

Das Bild eines verbindlichen Verfahrens in den Mauern des Forts, das der *makelaar* hier entwarf, ist sicherlich ein ideales und idealisiertes. Dass *palaver* in den Faktoreien und Forts abgehalten wurden, lag aber im Falle von Konflikten zwischen afrikanischen Gruppen nicht zuletzt aufgrund der

---

slaves which terms we accepted off«; Thomas Melvil an das Committee der CMA, dd. 11.07.1751, TNA, T 70/29, fol. 1r–3r. Dies bestätigt auch der Verweis auf Cudjos Haus im Brief Quaques an Daniel Burton, s. d. [September/Oktober 1767], in: Carretta/Reese (Hrsg.), Life, no. 6, S. 50–63, hier: S. 58.

475 Eine Auseinandersetzung darum fand 1784/85 in Boutry statt; siehe Brief von Lieftinck an Galle, dd. 29.12.1784, NA, TWIC 995. Siehe auch Monrad, Description (1822), S. 79. Das Hauptfort diente dabei als Ort für die gravierenderen Konflikte bzw. auch als höhere Instanz; vgl. bspw. Briefe von Mark Bedford Whiting an CCC, dd. 09. und 15.09.1683 (OS), in: Law (Hrsg.), The English, Bd. 1, no. 18 und no. 19, S. 13.

476 »[...] nooit van die Affect konde zyn als dat in't Fort gedaan wird, en dat de Onderviending geleert had, Dat zoo een beslissing nooit ten goede is afgeloopen, en de Parthyen houden hun regt, ende Denke ider in haar Zaaken gelyk te hebben En de Verliesende Party Meend door omkooping zyn regt te kort te zyn gedaan.« Brief von Gryp an Gallé, dd. 17.11.1784, NA, TWIC 995.

477 Luhmann, Legitimation, bes. S. 82–99 zur Verstrickung und Rollenübernahme in Verfahren; vgl. dazu Sikora, Sinn.

– realen oder vermeintlichen – Neutralität dieses Orts nahe. Die Wahl dieses Ortes war aber zugleich immer auch Ausdruck eines bestimmten Autoritätsanspruchs und ließ sich durchaus entsprechend ausnutzen.[478]

Der normativ-idealisierende Charakter des Entwurfs des *makelaar* ist offenkundig. Es bleibt jedoch bemerkenswert, dass es hier der indigene Vermittler und nicht etwa ein europäischer Faktor war, der sich derartiger Argumentationsmuster bediente und mit einem Konzept der Verfahrensautonomie operierte. Der *makelaar* versuchte, so kann man vermuten, durch die Einklagung eines ›richtigen‹ Verfahrens auch seine eigene Position zu stärken, die eng mit der Kompanie und ihrer Mittlerrolle verknüpft war, und zugleich ein gewisses Vermittlungs- bzw. Jurisdiktionsmonopol unter Kompaniehoheit zu beanspruchen.

Für die Kompanien waren die Kompanie-*caboceers* bzw. -*makelaars* zentrale Figuren bei einem *palaver*:[479] Als es beispielsweise um die Verhandlung eines Konflikts mit den Eguafos ging, sandte RAC-Faktor James Nightingale umgehend nach einem *caboceer*, »that he may heare the palavero and give your Honour an account«, und fügte noch hinzu, dass dieser möglichst bis zum nächsten Morgen bereitstehen solle.[480] Hansico, der daraufhin aus Cape Coast entsandt wurde, fungierte auch als Zeuge und erhielt schließlich ein kleines Entgelt, ebenso wie die »fetishmakers«, die den beilegenden Eid zelebriert hatten.[481] In einem Konflikt zwischen der Bevölkerung von

---

478 Einem entsprechenden Misstrauen verlieh u.a. der »König« von Ahanta (»Essan Coffy«) 1784 Ausdruck. Gebeten, zwecks Abhaltung eines *palaver* im niederländischen Fort von Boutry zu erscheinen, erklärte er, »hy niet van sins was om in dit fort te verschynen, om reeden men on waerheyd van hem hadde verhaald; en dus als hy in het fort quam niet wiste wat men met hem doen zouden [...]«; Brief von Lieftinck an Galle, dd. 14.11.1784, NA, TWIC 995. Als die Niederländer die Anfrage im nächsten Monat wiederholten, verwies er darauf, dass sein eigener Platz »Bossuwa« auch groß genug für ein *palaver* sei; Brief von Lieftinck an Galle, dd. 29.12.1784, ebd. – Vgl. zu einem Übergriff während eines *palaver* in Christiansborg 1768 Hernæs, Palaver, S. 26f.; damals hielten die Dänen die afrikanischen Unterhändler einfach fest und erzwangen so eine ihnen genehme Lösung des Konflikts. Zu den Forts als »quasi-neutral place« im »palaver system« auch Reese, Controlling, S. 106.

479 Zum Amt des *makelaar* vgl. Feinberg, Africans, S. 109f.; siehe oben, Abs. II.2.1.c.

480 Brief von James Nightingale, dd. 11.02.1682 (OS), in: Law (Hrsg.), The English, Bd. 1, no. 58, S. 36. – Vgl. ähnlich auch Brief von Theophilus Blinsham, dd. 04.01.1688 (OS), in: Law (Hrsg.), The English, Bd. 2, no. 122, S. 64f., und Brief von William Cross an CCC, dd. 11.11.1686 (OS), ebd., no. 195, S. 93.

481 Briefe von James Nightingale, dd. 15. und 20.02.1682 (OS), in: Law (Hrsg.), The English, Bd. 1, no. 59 und no. 60, S. 36–38.

Anomabo und dem englischen Faktor dort waren es gar die lokalen Großen, die nach einem *caboceer* der Kompanie als Vermittler verlangten.[482]

Die *caboceers* und *makelaars* eigneten sich aus verschiedenen Gründen für solche Aufgaben: Sie nahmen meist in der Küstengesellschaft eine herausgehobene Position und auch Machtstellung ein, die auf unterschiedliche Weise sowohl durch Verwandtschaftsbeziehungen, Reichtum und Stand als auch durch ihre Verbindung mit den Kompanien bedingt sein konnte.[483] Üblicherweise beherrschten sie neben afrikanischen mindestens eine europäische Sprache, zusätzlich brachten sie Wissen um die politische Landschaft der Region mit. Generaldirektor de la Palma etwa erklärte 1703, sie hätten nun einigermaßen die Kontrolle über Gleichgewicht und Frieden der Goldküste, und zwar durch die Dienste ihres *makelaar* Pieter Passop, der durch sein Wissen um Auseinandersetzungen und Verwandtschaft als Friedensstifter agieren könne.[484] Passop konnte als Schwager des Königs von Akwamu selbst auf erhebliches soziales Kapital zurückgreifen.[485] Von manchen wurde die Rolle des Kompanie-*caboceer* gar wesentlich über seine Vermittlungstätigkeit definiert: Ein (solcher) *caboceer* sei eine Person, heißt es in einem englischen Dokument, die dem »Chief of the Fort where he resides [...] every assistance in his power in settling disputes between the Chief and the natives« gewähren solle.[486]

Der Einsatz von Kompanie-*caboceers* scheint aber mit gewissen Regeln verbunden gewesen zu sein. So musste der Schatzmeister der RAC 1738 harsche Kritik einstecken, da er unbefugterweise bei einem Konflikt gleich zwei der *caboceers* der Kompanie herangezogen und so erhebliche Kosten verursacht hatte. Der Konflikt, um den es ging, erforderte nach Ansicht der *chief merchants* Cope und Tymewell diesen Schritt nicht, schließlich handelte es sich ihnen zufolge nur um einen geringeren Streitfall und nicht um ein »country palaver«: »In the case of a Country palaver where the Caboceers of different nations meet, the taking of Cudjoe or of Tom Awishee[487]

482 Brief von James Nightingale, dd. 07.05.1686 (OS), in: LAW (Hrsg.), The English, Bd. 2, no. 406, S. 161.

483 DAAKU, Trade, S. 104, weist auf die unterschiedlichen sozialen Kontexte hin, aus denen solche Akteure kamen.

484 Brief von Wilhem de la Palma an die Präsidialkammer, dd. 10.10.1703, NA TWIC 484, ediert in: DANTZIG (Hrsg.), The Dutch, S. 100f.

485 Zu Passop vgl. FEINBERG, Africans, S. 109, und DAAKU, Trade, S. 105ff.

486 Beschwerde gegen Thomas Miles, TNA, BT 6/69, zitiert nach SHUMWAY, Fante, S. 121.

487 Tom Awishee war zu diesem Zeitpunkt der sog. »Head Linguister« der RAC, während Cudjoe (Caboceer) den Gehaltslisten zufolge als »Linguister and Messenger Extraordinary« fungierte; vgl. HENIGE, Chronology, S. 153ff. Awishee wurde Daaku zufolge von der RAC auch in ihren Verhandlungen mit John

might have been necessary, but in this case it was our opinion that it might have been settled by any one of the Agents at no great expence and in a little time.« Ebenso habe es sich nicht um ein »Company's palaver« gehandelt.[488]

Waren die Kompanieangestellten in einem der Außenforts, gegebenenfalls unter Mithilfe von entsandten Kompanie-*caboceers*, nicht in der Lage, einen Konflikt zu bewältigen, so wurde er üblicherweise an das Hauptquartier, nach Elmina oder Cape Coast, weitergemeldet. Was im späten 17. und frühen 18. Jahrhundert noch als eingebürgerte Routine erscheint, wurde im späten 18. Jahrhundert auch vertraglich fixiert. So wurde im Vertrag zwischen den Großen (genauer: »Makelaar, Crom grooten, Cabociers, en Vaendrigs der Quartieren«) von Axim und der WIC von 1796 verfügt: »Um Sachen von Gewicht vor den General in Elmina zu bringen, sollen [die Großen von Axim; C. B.] erst dem [lokalen] Gouverneur Kenntnis davon geben und ihn um Empfehlungsschreiben [Brieven van Voorschryving] bitten [...].«[489] Hier wird offensichtlich der Versuch unternommen, einen Instanzenzug herzustellen und diesen zusätzlich durch Schriftlichkeit zu reglementieren.

Dies führt zu einem weiteren wichtigen Element in der europäisch-afrikanischen *palaver*-Praxis: der Rolle von Schriftlichkeit. Bereits Harvey Feinberg hat 1979 vermutet, dass afrikanische Akteure überhaupt erst aufgrund der damit verbundenen Schriftlichkeit auf eine europäische Beteiligung bei der Beilegung von internen Konflikten rekurrierten. Bei solchen Konflikten zwischen verschiedenen afrikanischen Akteuren stellten *palaver* unter europäischer Beteiligung eine Option, keine Notwendigkeit dar (selbst wenn es Versuche gab, für die *fort communities* andersartige Regeln einzuführen).[490] Feinberg erklärt in Bezug auf die niederländische Partizipation an der Rechtsprechung in Elmina: »[...] the reason may have been practical: the Europeans recorded the outcome of judicial proceedings. This written

---

Konny über Groß-Friedrichsburg herangezogen, da Konny allen Weißen misstraute. Leider gibt Daaku für diese Aussage keine Quellenbelege an; Daaku, Trade, S. 140.

488 Brief von Cope und Tymewell, dd. 13.10.1738, TNA, T 70/4. – Ein Palaver, das die Herrscher von Ouidah und Allada involvierte, wurde entsprechend als »country palaver« klassifiziert; siehe Brief von Hillyard und Green an CCC, dd. 22.04.1714, TNA, T 70/5.

489 »Eenige Zaaken van gewigt, om by den Generaal na Elmina te brengen, zúllen eerst den Goúverneúr van kennis geven, & Brieven van Voorschryving vragen [...].« Vertrag zwischen WIC und den Großen von Axim, dd. 26.11.1796, NA, NBKG 223, Art. 7.

490 Hier lassen sich durchaus Parallelen zu den europäischen Fällen ziehen, die Martin Dinges mithilfe des Konzepts der »Justiznutzung« analysiert hat; vgl. Dinges, Justiznutzungen, bes. S. 515 ff.

record was permanent, available for all, Elminan or Dutch, to see and to enforce at a later date if the same question came up again.«[491]

Schriftlichkeit konnte bei *palaver* in verschiedenen Formen präsent sein. Eine der simpelsten Varianten findet sich in einem in Cape Coast geführten Tagebuch. Dort wurde für den 31. März 1778 die Beilegung eines Konflikts vermerkt. Die *caboceers* von Cape Coast sowie der *linguist* der Kompanie (in etwa vergleichbar dem *makelaar* von Elmina) seien morgens gemeinsam mit den Oberhäuptern der Familie eines schwarzen Seemanns ins Fort gekommen. Der Seemann selbst war im vorigen Jahr auf einer Reise nach Benin von einem gewissen Washington erschossen worden. Die Angelegenheit wurde durch eine Kompensationszahlung im Wert von zwei »man's slaves« beigelegt. Ebendieser Vorgang wird im Anschluss an die Notiz noch einmal beglaubigt (ohne dass dies vom weiteren Schriftbild des Diary in irgendeiner Form abgesetzt würde): »Paid in presence of and settled by us the Cabboceers and linguist of the Town – Botty cabboceer his mark Aggerie Cudjoe's son cab: of this town his mark Frederick Adoy«.[492] Frederick Adoy war der *linguist* und ebenso wie der zuvor genannte »Aggerie« bzw. Aggrey oder Egyir ein Sohn von Cudjo Caboceer, dem langjährigen »head linguist(er)« der Kompanie. Adoy unterschrieb aufgrund seines Unterrichts durch einen Missionar und eines längeren England-Aufenthalts als Einziger mit seinem Namen,[493] alle anderen bedienten sich der üblichen Handzeichen (meist ein einfaches Kreuz), wie sie auch bei der illiteraten europäischen Bevölkerung gebräuchlich waren.[494]

In einer besonders prekären Situation, einem Konflikt zwischen den zwei einflussreichsten Männern in Elmina, Abocan – zugleich *makelaar* der WIC – und Ambo, waren es die indigenen Streitparteien, die explizit um

---

491 Feinberg, Africans, S. 117; ähnlich auch ders., Palaver, S. 14f. – Behrmann spricht für die Expansion der Verschriftlichung im Oberitalien des 12./13. Jhdts. von Funktionen der Konfliktvermeidung und Vorbeugung; Behrmann, Verschriftlichung, S. 398f.

492 Diary of Transactions, Eintrag 31.03.1778, TNA, T 70/1468.

493 Frederick Adoy war gemeinsam mit einem Sohn von John Currantee (Eno Baisi Kurentsi) aus Anomabo, William Ansa, nach England gekommen, und zwar auf Initiative des anglikanischen Missionars Thomas Thompsons; vgl. Priestley, Trade, S. 21ff., und Glasson, Mastering, S. 175f. Adoy arbeitete u.a. auch als Übersetzer erst für Thompson, dann für Philip Quaque, einen aus Fante stammenden Missionar, der jedoch seine Muttersprache weitgehend verlernt hatte; dazu Reese, »Sheep«, S. 354, und Brief Quaques an Daniel Burton, s. d. [September/Oktober 1767], in: Carretta/Reese (Hrsg.), Life, no. 6, S. 50–63, hier: S. 55 et pass. Zu Aggrey bzw. Egyir siehe oben, IV.3.3, Anm. 418.

494 Zu unterschiedlichen Umgangsweisen mit Unterschriften im frühneuzeitlichen Europa vgl. Prass, Kreuz.

eine schriftliche Fixierung der Ergebnisse des *palaver* ersuchten. Vorausgegangen war eine Auseinandersetzung zwischen den beiden Männern und ihrem jeweiligen Anhang, die im April 1736 zum gewaltsamen Ausbruch kam.[495] Generaldirektor Des Bordes engagierte sich im Folgenden gemeinsam mit den übrigen Ratsmitgliedern als Mediator; am 12. Juli forderte er die Parteien auf, in die Festung zu kommen, um »dann die Angelegenheit gemeinsam [collegialiter] zu untersuchen, die Parteien zu vergleichen und das ganze palaber auf die beste Weise tunlichst zu beenden«.[496] In der Tat gelang es, die Anführer Abocan und Ambo zum eidlich bekräftigten Verzicht auf weitere Feindseligkeiten zu bewegen und zum Versprechen, ihr jeweiliges »Volk« entsprechend zu instruieren. Einen Risikofaktor stellte jedoch weiterhin die »jonge manschap« dar, die offenbar auf eine Fortsetzung der Kampfhandlungen aus war. Der Rat zeigte sich daher eher skeptisch, was die Dauerhaftigkeit der erreichten Schlichtung anging, und beschloss, nunmehr zu handfesteren Drohungen zu greifen, die aber zugleich die Grenzen der niederländischen Macht überaus deutlich erkennen ließen. Man wollte sich nämlich aus der Sache zurückziehen, sogar die Tore der Festung schließen, bis die Streitenden die Angelegenheit unter sich geregelt hätten. Im Falle eines Angriffs auf das Fort selbst wollte man »sie die althergebrachte Autorität der Kompanie spüren lassen, um sie mit den Kanonen von diesem Fort wie von St. Jago zu zügeln und sie mit Macht wieder zur äußersten Untertänigkeit und damit wieder zur Vernunft zu bringen«[497]. Bereits technisch dürfte dieser Plan kaum funktioniert haben, hingen die Bewohner des Forts doch in vielerlei Hinsicht von der umgebenden afrikanischen Siedlung ab, während die »Elminas« wiederum problemlos ihren Wohnort wechseln konnten (wie es an der Goldküste durchaus gängige Praxis im Falle von Kon-

495 Dazu auch FEINBERG, Africans, S. 110 und S. 148.

496 »[...] als dan die saeke collegialiter te ondersoeken, partyen te vergelyken, en de heele palaber op de beste wyse doenelyk aff te maken.« Ratsprotokolle Elmina, Eintrag vom 09.07.1736, NA, TWIC 502–503. Der erste Schlichtungsversuch vom 07.04.1736 scheint offenbar nicht erfolgreich gewesen zu sein; vgl. Dagregister Elmina (Auszug), 07.04.1736, NA, TWIC 110: »Voorts de onlusten onder deese onderhorige Naturellen ontstaen, wierden meede door het Gesag en geadhibeerde Moeyte van de heer Praesident heeden nog tot stilstand gebragt ende bygelegt.«

497 »[...] haar Lieden 's Comp:s Authorityt als van ouds zoude doen gevoelen, om met den breydel van't Canon, soo van dit Casteel als St: Jago haar [Lieden] te teugelen, en wieder tot de uyterste Onderdanigheid kragtdadiger hand te noodsaken, en dus haer tot reeden te brengen.« Ratsprotokolle Elmina, Eintrag vom 12.07.1736, NA, TWIC 502–503. Den Verweis auf die »alte« Autorität kann man vor dem Hintergrund des Diskurses über den Machtverfall der Kompanie im Laufe des 18. Jhdts. verstehen; dazu FEINBERG, Africans, S. 157.

flikten war).[498] Die »Autorität«, die man in letzter Instanz, eingeschlossen im Fort, mit den Kanonen durchsetzen wollte, war eine Chimäre. Der weitere Verlauf sah dann auch erheblich friedlicher aus, als der Rat es sich vorgestellt hatte: Im September nahm man die Verhandlungen wieder auf, ein Kompromiss wurde erzielt und die Streitparteien kamen überein, nicht allein »den üblichen Eid darauf zu verzehren: Sie ersuchten vielmehr auch sehr inständig zur Bestätigung und zum Beweis für spätere Zeit um ein schriftliches Dokument, das zeigen konnte, dass alle ihre Zwistigkeiten so beigelegt und beendet waren.«[499]

Schriftlichkeit wurde vor allem in denjenigen Fällen attraktiv, die als besonders vertrackt und leicht wieder entflammbar galten. Dazu passt der Befund von Baesjou, dass es insbesondere potenziell problematische Erbschaftsfälle waren, die Anlass für Bitten um die schriftliche Fixierung von Übereinkünften o.Ä. gaben.[500] Die Ressource der Schriftlichkeit verstärkte so die Position der Europäer als potenziell ›neutrale‹ Instanz weiter, indem sie dazu beitrug, dass Kompromisse auf Dauer gestellt wurden.

ii. Mediation und Prestige

In vielen Fällen, insbesondere in solchen, die verschiedene politische Gruppen oder Gemeinwesen involvierten, ist die europäische Beteiligung am besten mit dem Begriff der Mediation beschrieben. Man kann weder von einer eindeutigen Lage hinsichtlich der rechtlichen Zuständigkeiten, geschweige denn von einem klaren Instanzenzug ausgehen. Selbst wenn eine Kompanie direkt durch eine Straftat betroffen war, sorgte sie nicht notwendigerweise

---

498 DeCorse, Archaeology, S. 38; Feinberg, Africans, S. 157f., der auch die Möglichkeit einer Belagerung des Forts diskutiert.

499 »[...] het gewonelyk Jurament daer op te nuttigen: ook datse tot Certificatie en bewys in Nacomende tyden seer Instantelyk versogten om een Acte in Geschrift te mogen Erlangen, waer by blyken kon, dat alle hunne verschillen thans vereffent, en volkomen afgedaen waren.« Ratsprotokolle Elmina, Eintrag vom 23.09.1736, NA, TWIC 502–503. – Ähnlich z.B. auch Ratsprotokolle Elmina (Kopie), Eintrag vom 26.02.1735, NA, TWIC 110: »Weshalven op het instantelyk versoek van Parthyen deese onse opene letteren wel hebben willen verleenen; waar in wy betuygen, dat deese Palaber in maniere voorsz: is ten Eynde gebragt, en sylieden dus met malcanderen vereenigd Geworden syn.«

500 Feinberg, Palaver, S. 18f., und Baesjou, Jurisdiction, S. 37ff. Vgl. zudem Goody, Logik, S. 241ff., mit verschiedenen Beispielen auch aus dem modernen Westafrika.

für die Ergreifung und Verurteilung der Schuldigen, sondern überließ dies zum Teil sogar aktiv den lokalen *caboceers* und *panyins.*[501]

Zudem zielte das Handeln der Kompanie weniger auf die Durchsetzung (vermeintlich) korrekter Entscheidungen und gerechter Strafen für Schuldige als vielmehr auf Versöhnung und verträgliche, nachhaltige Lösungen: Dies wird nicht zuletzt anhand eines Falls deutlich, in dem die Kompanie durchaus Gewalt über eine der Konfliktparteien hätte beanspruchen können. Im April 1780 beschwerten sich die *caboceers* von Cape Coast gemeinsam mit dem *linguist* der CMA bei Gouverneur Roberts über das »ill treatment«, das sie von Kompaniesklaven während einer Begräbnisfeier erlitten hätten. Roberts rief daraufhin die »principals« der Sklaven zu sich und erklärte ihnen, dass sie die freie Bevölkerung von Cape Coast nicht misshandeln dürften, andernfalls würden sie bestraft. Die gleiche Ansprache hielt er den »town's people«. Wenn sich ein Vorfall ereigne, sollten sie vor allen Dingen nicht kämpfen, sondern zum Fort kommen und gemeinsam mit dem *linguist* und ihm als Gouverneur die Sache klären. Roberts gelang es auf diese Weise, die Parteien (vorerst) zur Übereinkunft zu bringen. Er verteilte zudem Branntwein unter beiden Parteien, »to drink and be friends«.[502]

Wenn es um Konflikte zwischen Dritten ging, begründeten die Kompanien ihr Engagement als Mediatoren nicht zuletzt dadurch, dass ihnen dies eine gute »Reputation« bei der lokalen Bevölkerung einbringe: So berichteten die *chief merchants* der RAC, Seth Grosvenor und James Phipps, 1711 nach Hause, dass sie einen Konflikt zwischen Abrembu, Eguafo und Twifo beilegen sollten (»palaver [...] is left to be decided by Mr Grosvenor & Phipps«), was der Reputation der Kompanie sehr zuträglich sei.[503]

Die Beteiligung an der Beilegung von Konflikten ließ sich zudem auch im Sinne von Jurisdiktionsrecht und damit indirekt als Indiz für Herrschaftsrechte geltend machen: Wie in Teil I ausgeführt, waren nach europäischem Verständnis Jurisdiktionsrechte eng mit *dominium* und Souveränität verknüpft und diente die Ausübung von Gerichtsbarkeit etc. oft als Argument in Rechtskonflikten, etwa im Alten Reich.[504] Einer solchen Argumentation bediente sich beispielsweise die WIC, als sie sich zwischen 1750 und 1755 teils gewaltsam vor Ort, teils mit diplomatischen Mitteln mit der CMA

501 Brief von Thomas Bucknell an CCC, dd. 30.08.1687 (OS), in: LAW (Hrsg.), The English, Bd. 2, no. 98, S. 52f.

502 TNA, T 70/1470, Eintrag 10.04.1780.

503 Briefe von James Phipps und Seth Grosvenor an RAC, dd. 16.09. und 14.10.1711, TNA, T 70/5.

504 Siehe z.B. WILLOWEIT, Rechtsgrundlagen.

um den Besitz von und die Herrschaft über Atchua stritt.[505] Sie erklärte unter anderem, dass die Einwohner Atchuas all ihre Differenzen dem Gouverneur des niederländischen Forts in Accoda vorgelegt hätten, dies aber stelle ein Zeichen der Souveränität und damit einen Beweis der niederländischen Besitz- und Herrschaftsrechte dar.[506] Dies ist ein Grund, warum die Involvierung in innerafrikanische Konflikte bzw. die »Justiznutzung« seitens afrikanischer Akteure auch für die Kompanien interessant sein konnte.[507]

Mediation und Jurisdiktion waren auch in afrikanischen Augen bedeutsam, jedoch auf anders gelagerte Weise und offenbar stärker mit personalisierten als mit institutionalisierten Autoritätsvorstellungen verknüpft: Als man in Elmina 1707 aus den Niederlanden die Anweisung erhielt, dass nunmehr zumindest strafrechtliche Fälle ausschließlich durch den Fiskal bearbeitet werden sollten, sah der Rat dies als nicht umsetzbar an: »[...] also kann solches nach dem Brauch dieses Landes unmöglich umgesetzt werden, ohne großen Schaden in der Achtung des Generaldirektors und der jeweiligen Oberhäupter zu verursachen.«[508] Hier traf das Prinzip der funktionalen Ausdifferenzierung offensichtlich auf das Konzept einer umfassenden, nichtgeteilten Autorität, das Konfliktbeilegung und Rechtsprechung als wesentliche Elemente umfasste. Letztlich, so kann man die Argumentation verstehen, wären Generaldirektor und die entsprechenden Oberhäupter der Außenforts in ihrer Autorität und Position von der afrikanischen Bevölkerung nicht mehr anerkannt worden, wenn man sie der wesentlichen Aufgabe der Mediation und Jurisdiktion beraubt hätte. Straftaten sollten daher weiterhin, erklärte der Rat, »mit größtmöglicher Zurückhaltung und Milde nach Art des Landes durch den Generaldirektor und die Oberhäupter der jeweiligen Faktoreien gehandhabt und verwaltet und der Ertrag von den zu bezahlenden und bezahlten Bußen der Kasse der Edlen Kompanie zuge-

---

505 Vgl. auch die Ratsprotokolle Elmina, NA, TWIC 504, u.a. Einträge 01. und 10.06.1751, 04.11.1751 und 31.12.1754.

506 Protokoll der Sitzung des Committee der CMA, dd. 20.03.1754, TNA, T 70/143, fol. 136v–140r, hier: fol. 137v. Den Schluss von Jurisdiktions- auf Herrschaftsrechte erkannte die CMA grundsätzlich an, bemängelte aber das Fehlen von Belegen und führte selbst widerlegende Beispiele an.

507 Vgl. neben Dinges, Justiznutzung, auch die Ansätze zur Untersuchung des »state-building from below« bei Blockmans/Holenstein/Mathieu (Hrsg.), Empowering.

508 »[...] alzo sulks volgens de Costuyme dezer Lande onmogelyk kann gepractiseert werden, zonder een groot declien in de agtbaerheyd van d'Ed: Comp:'s directeur gener[aal] en de Resp[ective] Opperhoofden te veroorsaeken.« Ratsprotokolle Elmina, Eintrag 14.03.1707, NA, TWIC 124.

bracht und zugerechnet werden«[509]. Dies kann man also als Anpassung an das lokale, umfassende Autoritätskonzept verstehen, eine Anpassung, die, wie Gocking feststellt, auch noch während der Kolonialzeit fortdauerte.[510]

Wie eine solche Mediation ablaufen konnte, zeigt ein Beispiel aus dem Jahr 1646, bei dem Strafprozess und Diplomatie eng verquickt sind: Die Bevölkerung von Elmina lag im April 1646 bereits seit einiger Zeit im Konflikt mit Fetu. Ein Anlass war die Tötung von vier Frauen aus Elmina durch die von Fetu. Insbesondere auf Bitten der einflussreichen Brüder Jan Ahenekwa (»Hinnequa«) und Acrosan (»Jean Claessen«) aus Fetu[511] übernahm der niederländische Generaldirektor van der Wel die Aufgabe, einen Friedensschluss zu vermitteln. Dies lag in diesem Falle sicherlich auch deshalb nahe, weil die Niederländer durch ihr Hauptfort der Bevölkerung von Elmina unmittelbar verbunden waren und zudem durch den Konflikt Einbußen im Handel – unter anderem durch geschlossene Pässe – hinnehmen mussten. Insofern war van der Wel selbst an einer möglichst raschen Beendigung des Konflikts gelegen und er mahnte dies auch im Gespräch mit den *caboceers* und »capyteynen« von Elmina mehrfach an, zumal nachdem die Fetu auch den Akani-Händlern den Besuch Elminas untersagt hatten.[512] Van der Wel gelang es nach einigen Mühen (und einem weiteren Racheakt der Elminas), beide Seiten zu Verhandlungen zusammenzubringen; Ahenekwa selbst repräsentierte, trotz Sicherheitsbedenken, den Herrscher von Fetu. Bei der ersten Zusammenkunft ließ van der Wel zunächst Branntwein

509 »[...] met alle mogelyke modestie en Candeur na's Lands wyze door den directeur generael en opperhoofden van de resp[ective] Comptoiren zullen werden gehandhavent en geadministreert en dat het provenue van de betalende en gedane amendes inde Cas van d'Ed: Comp: zal werden gebragt en te goet werden gedaen.« Ebd.

510 Gocking, Facing, S. 5: »[...] [I]n precolonial African societies there was no real concept of the separation of judicial and political roles. Akan chiefs discharged both roles, as well as religious and ritual functions. As an indication of the need to compromise with traditional ideas about government, for most of the colonial period British political officers also acted as both administrators and judges. Expediency played a large role, but there were many who defended this anomalous situation on the grounds that otherwise ›natives‹ would not really respect political officers as they were accustomed to seeing the same person exercise administrative and judicial responsibilities.« Die Parallele zu der oben zitierten Äußerung des Rats von Elmina ist frappierend. Im Gegensatz zur vorkolonialen Zeit setzte sich in der Kolonialzeit aber allmählich eine Rollentrennung, ausgehend von den unteren Gerichtsinstanzen, durch (ebd., S. 5f.).

511 Ratelband (Hrsg.), Dagregisters, Einträge vom 26. und 30.04. sowie 02.05.1646, S. 166–169 und S. 171.

512 Ebd., Einträge vom 05., 26. und 29.05.1646, S. 172, S. 176f. und S. 180.

für einen gemeinsamen Umtrunk verteilen.[513] Die Verhandlungen fanden im Fort statt, das sich als neutraler Raum anbot. Als die Verhandlungen festgefahren schienen, da die Elminas an ihrer Schadensersatz- bzw. Strafforderung von 15 *benda* Gold hartnäckig festhielten und andernfalls mit einer fortdauernden Schließung der Pässe drohten, griff van der Wel dann auch aktiv ein, indem er den Elminas seinerseits drohte, ihnen im Falle einer Passschließung kein »Geschenk für ankommende Schiffe« (»dasie van nieuw comende scheepen«) mehr zu geben. Diese Intervention führte wohl dazu, dass die Parteien sich schließlich auf einen Schadensersatz von 11 *benda* Gold einigten, denen van der Wel seinerseits noch eine Unze Branntwein hinzufügte. Ahenekwa nahm diese Bedingungen vorbehaltlich der Approbation durch den Herrscher von Fetu an. Van der Wel notiert: »Der allmächtige Gott gebe, dass sie lange in Frieden leben mögen und dass der Handel keinen Schaden leide. Darauf sind zwei Flaschen Branntwein getrunken worden und man schied freundschaftlich voneinander bis zum nächsten Morgen.«[514] Am nächsten Tag traf die Zustimmung des Herrschers ein. Daraufhin versammelte van der Wel die Parteien erneut, um die Übereinkunft mit einem Eid zu bekräftigen. Dieser erfolgte, indem die Eidleistenden jeweils ihre Hand auf van der Wels Kopf legten.[515] Zusätzlich nahm man offenbar eine rituelle Blutvermischung zwischen den Streitparteien mit nachfolgender »Segnung« vor, wie sie ansonsten eher von den Fon in Dahomey oder den Igbo bekannt ist.[516] Abschließend wurde der geschlossene Frieden öffentlich verkündet und bekannt gemacht.[517]

Diese Begebenheit hat Henk den Heijer als Beispiel für den »groot gezag« (»große Macht«) der Niederländer interpretiert.[518] In der Tat zeigt sich in der erfolgreichen Vermittlertätigkeit van der Wels, welche Spielräume der Kompanie durch geschicktes Manövrieren in der politischen Landschaft der Goldküste offenstanden. Es handelte sich aber weiterhin um eine Vermittlung und nicht um herrscherliche Jurisdiktion.

---

513 Ebd., Einträge vom 14. und 15.06.1646, S. 185f.

514 »Godt almachtich jonne, dat se langh in vrede mogen leven en den handel geen previditie en lijde. Hier op sijn twee vlessen brandewijn gedroncken, en scheyde vriendelijck van de andere tot op morgen.« Ebd., Eintrag vom 20.06.1646, S. 188f.

515 Siehe oben, Anm. 308.

516 Parrinder, Religion, S. 135f. (zu Dahomey); Nabofa, Symbolism, S. 398ff. (zu den Igbo). Siehe auch Bilby, Swearing.

517 Ratelband (Hrsg.), Dagregisters, Eintrag vom 22.06.1646, S. 189f.

518 Heijer, Bewillinghe, S. 358.

3.4 Zwischenfazit

Die Begriffe der Küstensprache, für die Rømer im Eingangszitat Übersetzungshilfen forderte, die er und seine Kollegen aber wie selbstverständlich benutzten, haben es sogar in die heutigen Archive geschafft: Im Nationaal Archief in Den Haag ist beispielsweise eine Akte im Bestand der WIC mit dem Namen »Deense Palabber« verzeichnet. Diese Akte weist nicht nur auf die nachhaltige Prägung durch die Küstensprache hin, sondern auch auf die geteilte Praxis an der Küste: Der Konflikt, um dessen Austragung und Beilegung es in der Akte geht, betraf nämlich in erster Linie Niederländer und Dänen (er involvierte freilich auch afrikanische Akteure). Die Terminologie der Küstensprache war so offensichtlich nicht nur auf den europäisch-afrikanischen Kontakt beschränkt, sondern fest in der Lebenswelt und Alltagssprache der Europäer in der Kontaktzone verankert. Dass dergleichen Phänomene aber nicht nur auf sprachlicher Ebene anzusiedeln sind, konnte am Beispiel des *panyarring* deutlich gemacht werden. Lokale Rechts*praktiken* kamen auch in Fällen zur Anwendung, die allein die europäischen Kompanien betrafen. Umgekehrt nahmen afrikanische Akteure Schriftlichkeit auch in solchen (Konflikt)Fällen in Anspruch, die allein afrikanische Parteien betrafen. Sehr deutlich tritt bei den *palaver*-Fällen, aber auch im Umgang mit Verträgen zu Tage, dass ein praktisches Wissen um die rechtsverbindliche Wirkung von Schriftlichkeit auch auf Seiten afrikanischer Akteure durchaus Verbreitung gefunden hatte.

Am Beispiel der Geiselstellung wurde auf die Bedeutung von kulturellen Wissensbeständen, hier: dem Wissen um die matrilineare Erbfolge, auch bei scheinbar universellen Rechtsinstituten hingewiesen. Die Geiseln konnten, gerade durch Erziehungsaufenthalte, teils auch verbunden mit Taufe und Unterricht in Lesen und Schreiben, ebenfalls zu Agenten des Wissenstransfers werden. Eine wesentliche Rolle innerhalb dieser transkulturellen Rechtspraxis spielte die Gruppe der Kompanie-*caboceers* und -*makelaars*, die als *cultural brokers* und Vermittler agierten und stellvertretend für die Kompanien auch bestimmte Anteile an Rechtsgeschäften übernahmen – vor allem Geiselstellung und Partizipation an »Fetischeiden«. Hinsichtlich der Möglichkeit, über solche Vermittler zu verfügen, lassen sich wesentlich Differenzen zwischen den etablierten Kompanien wie der WIC und ›newcomers‹ wie der französischen Kompanie oder den Brandenburgern feststellen. Die Stellung ebendieser *caboceers* zwischen Kompaniedienst und lokalen Ämterhierarchien kann dabei als weiteres Indiz für die Verflochtenheit der Küstengesellschaft verstanden werden.

Die beiden vorgestellten Praktiken der Konfliktführung weisen spezifische Merkmale auf, die typisch sind für politische Landschaften mit fragmentierter Autorität ohne Zentralgewalt: Strafjustiz und politische Konfliktaustragung waren nicht getrennt, auch die Abgrenzung von Völkerrecht und ›staatlichem‹ Recht ist kaum möglich.[519] Sinnvoller erscheint es, die Phänomene ausgehend von den involvierten Akteuren mithilfe des Konzepts der Justiznutzung zu untersuchen. Für afrikanische Akteure war die europäische Beteiligung an Schlichtungsverfahren bzw. die Inanspruchnahme europäischer Autoritäten in erster Linie wegen deren neutraler Position attraktiv, die sie sozusagen zum idealen Vermittler machte. Zudem war eine europäische Beteiligung an Konfliktbeilegung auch mit der Ressource der Schriftlichkeit verbunden, die Kompromisse und Konfliktlösungen auf Dauer stellen konnte und (scheinbar) neutral erinnerte. In afrikanischen Augen schien Jurisdiktion dabei vor allem mit personaler Autorität (und personenbezogenem Rang) verknüpft zu sein. Für die Kompanien war diese »Justiznutzung« durch afrikanische Akteure bzw. die Beteiligung an Rechtsprechungsverfahren wiederum interessant, da diese potenziell als Jurisdiktionsrecht auszudeuten war und somit dazu dienen konnte, Hoheitsrechte zu reklamieren.

Meines Erachtens kann man hier weiter gehend von einem transkulturellen *setting* sprechen. In den *fort communities* fand vielfach eine Zusammenarbeit zwischen indigenen Autoritäten und den Kompanien statt, etwa in den gemischten Tribunalen in Elmina und Axim. Dabei ging es nicht um die alternative Durchsetzung ›der‹ europäischen oder ›der‹ afrikanischen Rechtsordnung. Vielmehr bezogen sich einerseits die Urteile etwa der niederländischen Direktoren auf lokales Recht, andererseits galt die Einbeziehung von europäischen Akteuren in lokale Rechtspraktiken als normal und selbstverständlich. Auch ein Prinzip des personengebundenen Rechts, wie es in Europa üblich war, wurde dabei zum Teil durchbrochen. Legt man die Unterscheidung zwischen »weak« und »strong legal pluralism« an, wie sie Lauren Benton und andere vorgeschlagen haben, so stellt sich die rechtliche Situation in der westafrikanischen Situation daher eindeutig als »strong legal pluralism« dar. Es existierte eine Gemengelage verschiedener Rechtsordnungen und -instanzen, die auch von den unterschiedlichen Akteuren offensichtlich als solche anerkannt wurden, deren Verhältnis zueinander jedoch nicht übergreifend geregelt wurde, anders etwa als unter späteren Kolonialregimes.[520]

---

519 In dieser Hinsicht lassen sich auch Vergleiche zur mittelalterlichen Rechtsgeschichte ziehen. Die einschlägige Diskussion um die Unterscheidbarkeit von Recht und Politik zwischen Gerd Althoff und Jürgen Weitzel fasst KANNOWSKI, Rechtsbegriffe, S. 20 ff., zusammen.

520 ROSS/STERN, Reconstructing, S. 109–141. Anders allerdings BENTON, Law, S. 11 f., die »strong pluralism« im Sinne eines formal geordneten Verhältnisses verschiedener Rechtsordnungen von »weak pluralism« im Sinne eines ungeord-

4. Zusammenfassung

Die europäische Expansion ist von zentraler Bedeutung für die Geschichte internationaler Rechtsordnungen und die Formation des Völkerrechts wie auch seiner Grenzen. Das Verhältnis von europäischer Expansion und Völkerrecht ist jedoch ambivalent – Völkerrecht konnte sowohl Instrument (proto)kolonialer Ansprüche und Interessen als auch ihrer Kritik sein.[521] Dies zeigt letztlich auch, dass Rechtsgeschichte nicht auf Machtgeschichte zu reduzieren oder zurückzuführen ist. Gerade in dem Wesen von Recht als Normativität mit potenziell allgemeingültigem und kontrafaktisch stabilisiertem Geltungscharakter liegt auch seine affirmative wie kritische Nutzbarkeit begründet.

Indem hier Recht als politische Praxis untersucht wurde, konnte deutlich gemacht werden, dass die Annahme geschlossener Normensysteme die historische Wirklichkeit letztlich verfehlt. Vielmehr lassen sich strategische Verwendungsweisen von Rechtsprinzipien und -argumenten nachweisen: Die Akteure verfolgten nicht konsequent bestimmte Doktrinen, sondern handelten im Sinne eines ›legal posturing‹, bei dem sie Inkonsistenzen durchaus in Kauf nahmen.

Mehrheitlich gingen europäische Akteure in der Frühen Neuzeit von einem naturrechtlich fundierten Völkerrecht und damit einer grundsätzlichen Rechtsgleichheit zwischen Europa und Außereuropa aus. Keiner der untersuchten Akteure vertrat konsistent und durchgängig eine Rechtsdifferenz. Allerdings wurden Sonderrechtskonstruktionen, die durch Gewohnheitsrecht begründet wurden, durchaus dann angenommen, wenn es den jeweiligen Interessen und Argumentationsressourcen entsprach. Dennoch kann man keinesfalls von zwei getrennten Völkerrechtssystemen sprechen,

---

neten Nebeneinanders unterschiedlicher Rechtsordnungen abhebt; mir scheint allerdings die umgekehrte Zuordnung, wie sie Stern und Ross vornehmen, intuitiv plausibler. Siehe zum Hintergrund des Konzepts auch Griffiths, Legal Pluralism, bes. S. 6ff. zum »kolonialen« Kontext, sowie mit dem Entwurf einer Geschichte des »legal pluralism« Tamanaha, Understanding. Zur rechtspluralistischen Situation im heutigen Ghana und ihrer Genese siehe auch Woodman, Accommodation.

521 So jüngst auch Kempe, Fluch, S. 22f. und S. 28f. Kempe selbst will, indem er das Völkerrecht aus der Perspektive der Piraterie und ihrer Bekämpfung in den Blick nimmt, ein Narrativ entwickeln, »das sich einer einfachen Fortschrittserzählung, in der die moderne Völkerrechtsentwicklung als ein an Rationalität und Humanität zunehmender Prozess auftritt, ebenso sperrt wie gegenüber einer pessimistischen Schilderung derselben als einer bloßen Abfolge von Ereignissen der Machtentfaltung und Ausbeutung sowie von Abhängigkeitsverhältnissen und ihrer Verschleierung durch die Berufung auf ein universales Völkerrecht« (S. 28).

wie in der Literatur häufig angenommen. Für alle beteiligten Akteure lässt sich zudem nachweisen, dass sie auf Verträge mit westafrikanischen Herrschern Bezug nahmen, insbesondere in Bezug auf die Goldküste – selbst wenn sie nicht alle als einer Bulle gleichwertig betrachteten wie Thomas Melvil im Eingangszitat.

Die Annahme distinkter und inkommensurabler Rechtskulturen zwischen verschiedenen europäischen Nationen, wie Patricia Seed und andere sie vermuten, erwies sich als wenig plausibel; die untersuchten Fälle legen vielmehr nahe, dass die Akteure sich weitgehend in einem gemeinsamen rechtlichen Rahmen bewegten, der zunächst römischrechtlich fundiert war, in den um 1700 dann aber rasch auch Völkerrechtsautoren wie Grotius aufgenommen wurden. Gerade im Falle von Grotius' *Mare Liberum* konnte in nuce gezeigt werden, dass rechtliche Prinzipien, einmal in die Welt gesetzt, von ihrem unmittelbaren, oft interessenbestimmten Kontext ablösbar waren – erst die Tatsache, dass eine Schrift zur Verteidigung niederländischer Interessen auch gegen niederländische Interessen gerichtet werden konnte, erklärt ihren Aufstieg zu einem Klassiker des Völkerrechts.

Im Blick auf die Handelskompanien als Protagonisten völkerrechtlicher Auseinandersetzungen wurde gezeigt, dass ihr Charakter als staatlich oktroyierte Institutionen und (privat)wirtschaftliche Unternehmen auf diplomatischem Parkett Spielräume eröffnet und sich zur Begrenzung von Verantwortlichkeit einsetzen ließ. Zumeist aber wurden Konflikte zwischen Kompanien als internationale, zwischenstaatliche Auseinandersetzungen begriffen und geführt.

Vor Ort stellte (Völker)Recht keineswegs ein koloniales Übermächtigungsinstrument dar, vielmehr war es ein Feld, auf dem europäische und afrikanische Akteure aktiv waren und gemäß dessen Regeln sie Ansprüche geltend machten. Meines Erachtens kann man hier also von einer transkulturellen Rechtspraxis, einer Rechtskultur der Kontaktzone sprechen – eine Rechtskultur, für die die Kompaniezentralen nicht nur ein Wörterbuch, sondern eigentlich eine regelrechte Praxisanleitung gebraucht hätten. In dieser verbanden sich sowohl europäische als auch afrikanische Elemente, sodass sie selbst weder dem einen noch dem anderen klar zuzuordnen ist.

So ist beispielsweise die europäisch-afrikanische Vertragspraxis nicht entlang einer Dichotomie Schrift/Ritual säuberlich in afrikanische und europäische Elemente zu zerlegen. Vielmehr konnte nachgewiesen werden, dass afrikanische Akteure Schriftlichkeit als Rechtsverbindlichkeit stiftend ansahen und auf verschiedene Weisen nutzten. Umgekehrt galten rituelle Elemente, die zum Teil auch christliche Eide involvierten, auch europäischen Akteuren als konstitutiv. Die Verträge stellen mehrheitlich meines Erachtens keinen Ausdruck eines Kulturzusammenstoßes dar, wie Henk den Heijer und andere vermuten. Dagegen spricht die Tatsache, dass beide Seiten Verträge als Rechtsargument nutzten. Im Hinblick auf die Eigentums- und Besitzkonzepte kann ebenfalls keine eindeutige Dichotomie letztlich inkommensurabler Vorstellungen ausgemacht werden. Vielmehr bestand in vielen Fällen durchaus Einigkeit darüber, dass Forts und Logien mit bedingten Nutzungsrechten, nicht aber absoluten Eigentumsrechten verbunden waren. Dass es in Konflikten zwischen den Kompanien dennoch zur Behauptung von Souveränitäts- und Besitzrechten kam, ist meines Erachtens weniger ein Ausdruck eines strukturellen Missverständnisses zwischen Europäern und Afrikanern als eine Frage des politischen Interesses.

Zum »custom of the coast« gehörten bestimmte Rechtspraktiken der Konfliktführung und Absicherung, um die und deren Regelhaftigkeit die politischen Akteure, Europäer wie Afrikaner, wussten. Zum Teil wurden diese Rechtspraktiken auch in Situationen angewandt, die in erster Linie zwei europäische Kompanien betrafen: so etwa im Falle des *panyarring*, aber auch des *palaver* (mindestens auf semantischer Ebene). Transkulturationsprozesse sind dabei auf der Ebene einzelner Praktiken – etwa beim Eid oder bei den *palaver* – festzustellen. Von Transkulturation lässt sich aber auch übergreifend für den Brauch der Küste aufgrund allgemeinerer Tendenzen sprechen: Ein Punkt ist die Rolle der Kompaniedirektoren und Gouverneure als Mediatoren, die ihnen eine spezifische Autorität zuwachsen ließ. Wichtig war auch hier der Einbezug von Schriftlichkeit als Ressource, die insbesondere in Konfliktfällen Gebrauch fand. Zentral waren weiterhin die *caboceers* und *makelaars* als Vermittlergruppe bzw. *cultural brokers*. Die etablierten Kompanien konnten an sie die Partizipation an Eiden und Geiselstellungen ›outsourcen‹. Zudem waren ihr Wissen und ihre Vermittlertätigkeit unabdingbar etwa für die Austragung und Führung von *palaver*. Ihre Stellung an einem Kreuzungspunkt europäischer und afrikanischer Ordnung – wie sie etwa in der oben besprochenen Einsetzung eines *caboceer* in Axim zutage tritt – basierte auf der Konvertierbarkeit verschiedener Machtressourcen und ermöglichte sie zugleich. Cudjo Caboceer, der unter anderem für den eingangs erwähnten englischen Vertrag mit den Fante (mit) verantwortlich war, stammte offenbar aus einer einflussreichen Familie und war ein *obirempon* (»reicher Mann«). Dass er schließlich zum »King and Captain of Fantee« aufstieg, hatte jedoch offensichtlich auch mit seiner Aktivität als Kompanie-*caboceer* im Dienste der RAC und später der CMA zu tun.[522]

Interessant wäre es nun, zu untersuchen, wie sich diese Rechtskultur im 19. Jahrhundert und unter beginnender direkter kolonialer Intervention entwickelte. Einige knappe Überlegungen wurden dazu im Hinblick auf das *panyarring* angestellt. Zum 20. Jahrhundert liegen auch bereits einige ein-

---

522 Priestley, Trade, S. 15f.

schlägige Forschungsarbeiten vor.[523] Wichtig wäre aber ein Brückenschlag von vorkolonialer zu kolonialer Zeit, der gerade die Übergangsphasen mit einbezieht. Hier ist nach den ersten Beobachtungen Bentons ein Trend hin zu stärkerer ›staatlicher‹ Intervention und strikterer Trennung der Rechtssphären im Sinne eines »strong pluralism« zu vermuten.[524]

Nimmt man abschließend noch einmal eine vergleichende Perspektive ein, so ist die (völker)rechtliche Situation für das frühneuzeitliche Westafrika vielleicht am ehesten dadurch zu charakterisieren, dass man zwar auch hier den innereuropäischen Rechtsdiskurs in Bezug auf die Region und die Rechtspraxis vor Ort unterscheiden muss (wie etwa Fisch dies vornimmt), hier aber zugleich schon zeitgenössisch vermehrt Brüche und Interpenetrationen zwischen diesen beiden Ebenen erfolgten. Dies findet sich auch andernorts in Ansätzen, ist hier aber vor allem aufgrund der spezifischen Multi-Akteurskonstellation und der komplizierten, kaum territorial klar abgrenzbaren Lage der Stützpunkte an der Gold- und Sklavenküste Westafrikas besonders ausgeprägt und persistent.

---

523 Vgl. bspw. Schaper, Verhandlungen, bes. Kap. 5 zur Gerichtsbarkeit und zu »verflochtenen Rechtsbeziehungen«.

524 Benton, Law, dort S. 153ff. zu Westafrika. Allerdings wird häufig noch, wie sich anhand des Beispiels der Landbesitzkonzepte zeigt, in beiden Forschungsfeldern mit unhinterfragten Periodisierungsannahmen operiert, die einen eindeutigen, aber nicht näher untersuchten Epochenbruch voraussetzen.

V. Schlussteil

In Westafrika gab es keine offiziellen Botschafter, die sechsspännig in Hauptstädte einzogen. Sehr wohl aber gab es Einzüge: Matteo Lopes in der sechsspännigen Kutsche bei seiner *entrée* in Paris lassen sich beispielsweise die Kompanievertreter gegenüberstellen, die in Hängematten ihren Einzug in die Hauptstadt Dahomeys hielten und als Repräsentanten ihrer Herrscher begrüßt wurden. Diese Einzüge galten sowohl europäischen als auch afrikanischen Akteuren als symbolisch bedeutsam und konnten so der Kommunikation von Rangunterschieden dienen. Gerade in Dahomey, mehr noch als an der Goldküste, mussten sich europäische Akteure weitgehend lokalen Gepflogenheiten fügen. Dies konnte soweit gehen, dass sie die Regierungsform ihres Heimatlandes an dahomeanische Vorstellungen angepasst präsentierten und beispielsweise zu Zeiten der Französischen Republik Grüße eines fiktiven Königs übermittelten.

Die lokalen Gepflogenheiten haben sich bei näherer Betrachtung aber nicht als ›rein‹ afrikanisch erwiesen; vielmehr sind immer wieder Rezeptionen europäischer Elemente festzustellen, wie sich am eindrücklichsten am Beispiel der Salutschüsse als wichtiges Zeichen der Rangdistinktion demonstrieren ließ. Was sich in einer langen Tradition europäisch-afrikanischer Interaktion als geteilte Praxis etabliert hatte, ließ sich auch von überlegenheitsgewissen Europäern des 19. Jahrhunderts nicht so einfach zum »afrikanischen Brauch« degradieren.

Dieser kurze Rückblick weist auf drei zentrale Ergebnisse der Arbeit hin: *Erstens* ist zunächst eine Anpassung an die jeweiligen lokalen Gewohnheiten zu verzeichnen. *Zweitens* waren die lokalen Gewohnheiten an Gold- und Sklavenküste nicht nur in ihrer Gestalt durch transkulturelle Elemente geprägt, vielmehr wurden sie durch die geteilte Übung auch zu geteilten Praktiken. *Drittens* agierten die Kompanievertreter nicht nur in funktionaler Hinsicht als Akteure der Außenbeziehungen, sondern konnten auch als Repräsentanten ihres jeweiligen Herrschers auftreten.

1. Interkulturelle Diplomatie

Dass in der vorliegenden Arbeit die europäisch-afrikanischen Beziehungen während der Frühen Neuzeit als Diplomatie, als Außenbeziehungen untersucht wurden, ist nicht selbstverständlich. Vielmehr sind sie lange Zeit in erster Linie unter dem retrospektiven Gesichtspunkt der Kolonialherrschaft betrachtet worden und galten teils als erste Anfänge, wurden vor allem aber der Epoche des »Noch-nicht« und des »Vorkolonialen« zugewiesen und weniger auf ihre eigenen Logiken hin untersucht. Demgegenüber haben die vorangegangenen Analysen gezeigt, dass ein Verständnis als Diplomatie nicht allein einen Etikettenwechsel darstellt, sondern in der Tat zum besseren Verständnis dieser Beziehungen beitragen kann: *Zum einen* entlastet dies von zahlreichen impliziten Vorannahmen und erlaubt es, die politische Landschaft mit ihren vielen unterschiedlichen Akteuren besser zu beschreiben. Insbesondere wird es den selten eindeutigen Machtverhältnissen besser gerecht, die keineswegs auf eine Asymmetrie zugunsten der Europäer hinausliefen, wie es die Begriffe Kolonie und Empire – sei es auch nur in der abgeschwächten Form der Stützpunktkolonie und des *informal empire*[1] – nahelegen.

Zum anderen kann die Untersuchung der europäisch-afrikanischen Beziehungen in diplomatiegeschichtlicher Perspektive stärker die Frühe Neuzeit als Epoche eigenen Charakters profilieren und sie von der impliziten Teleologie des »Vorkolonialen« befreien. Ein wesentliches Charakteristikum der Frühen Neuzeit stellt dabei ihre Prägung durch einen inklusiven Eurozentrismus dar. Dieser schlug sich sowohl in der Anwendung des Königsbegriffs als auch in den universellen, naturrechtlich begründeten Rechtskonstruktionen nieder. In dieser Epoche wurden die europäisch-afrikanischen Beziehungen daher als Diplomatie und nicht als »native relations« verstanden, wie sie es im 19. Jahrhundert werden sollten. Damit erhellt diese Studie auch den Charakter *europäischer* Diplomatie in der Frühen Neuzeit.

Zum Dritten kann eine Diplomatiegeschichte, wird sie wie in dieser Studie als Wahrnehmungs- und Interaktionsgeschichte betrieben, auch Phänomene integrieren und ins Verhältnis setzen, die sonst lediglich als Widersprüche auffallen – so etwa die Beanspruchung von Souveränitätsrechten bei gleichzeitiger Wahrung von Pachtverhältnissen und Anerkennung afrikanischer Autorität. Als besonders fruchtbar haben sich hierbei Anregungen der Neuen Diplomatiegeschichte erwiesen, Kategorien konsequent zu historisieren; auf diese Weise lässt sich etwa das Problem, Innen- und Außenbeziehungen zu trennen oder souveräne Akteure zu bestimmen, einklammern und in erster Linie als *Grenzarbeiten* historischer Akteure begreifen.

1.1 Westafrika als Kontaktzone

Die europäischen Kompanien stellen sich zunächst als weitere Akteure in einer ohnehin komplexen politischen Landschaft dar. Diese Multiakteurskonstellation, die über einen langen Zeitraum erhalten blieb, ist es, was die Gold- und Sklavenküste gegenüber anderen Kontaktzonen auszeich-

1 So z. B. bei LAW/HAIR, The English, S. 262.

net. Welche praktischen Konsequenzen die langfristige Konkurrenz zwischen den verschiedenen europäischen Akteuren hatte, konnte exemplarisch anhand der Institutionalisierung von Geschenkpraktiken sowie an der völkerrechtlichen Situation mit der ausgeprägten Nutzung von Verträgen als Argumenten gezeigt werden.

Die europäische Präsenz bildete dabei auch einen Faktor afrikanischer Politik. Einerseits eröffneten sich für afrikanische Herrscher neue Spielräume für Allianzen und Bündnisse, zum Teil konnten sie auch verschiedene europäische Mächte gegeneinander ausspielen und so nicht nur Geschenkeinnahmen potenzieren, sondern auch weitgehend die lokalen Märkte kontrollieren. Andererseits konnten die europäischen Kompanien trotz aller Involvierung in die lokale Politik auch eine gewisse neutrale Stellung einnehmen und waren als Mediatoren in innerafrikanischen Konflikten gefragt, wie anhand der *palaver* gezeigt wurde. Zudem bildete sich mit den *brokers* und *makelaars* eine neue soziale Gruppe der Vermittler heraus.

Dass die Gold- und – in geringem Maße – auch die Sklavenküste eine solche komplexe politische Landschaft ohne eine (einzige) zentrale Autorität darstellten, war wesentlich für den Charakter der interkulturellen Diplomatie verantwortlich: Es fand hier keine einseitige Anpassung oder klare Standardsetzung durch eine Seite statt, vielmehr bildete sich ein geteiltes Set von Praktiken aus, das sowohl europäische als auch afrikanische Elemente vereinte und somit insgesamt als transkulturell zu bezeichnen ist. Wie das Eingangsbeispiel andeutete, war dieses Set in erster Linie räumlich verankert und wurde als »custom of the coast« reflektiert.

1.2 Interkultureller Kontext und transkulturelle Phänomene

An verschiedenen Punkten ließ sich zeigen, dass sich geteilte Praktiken als Resultat von Transkulturationsprozessen entwickelten. Der »custom of the coast« lässt sich daher als eine transkulturelle Praxis charakterisieren.

Eingangs wurde bereits das Audienzzeremoniell angesprochen. Des Weiteren wurden transkulturelle Elemente im Einzelnen anhand der Geschenk- und der Rechtspraxis diskutiert: *Erstens* bildete sich in der Kontaktzone eine Ökonomie des Schenkens mit gemeinsamen Rhythmen und Regeln heraus. Auch bezüglich bestimmter Grenzen dieser Ökonomie waren sich europäische und afrikanische Akteure einig. Wertschätzung von Geschenken erfolgte offensichtlich relational im Bezug auf die lokale politische Landschaft. So konnten Geschenke, die europäische Kompanien afrikanischen Akteuren verehrten, durchaus als rangrelevant verstanden werden. In Hinblick auf die materielle Kultur nutzten alle Akteure ein geteiltes Spektrum von Distinktionsobjekten. Wichtig waren dabei insbesondere die Stäbe als Autoritäts- und Autorisierungszeichen, die sowohl von europäischen wie afrikanischen Amtsträgern verwendet wurden. An sie knüpfte sich damit eine gewisse Institutionalisierung von diplomatischer Kommunikation. In Abgrenzung zu späteren Formen des Schenkens ist diese geteilte Ökonomie des Schenkens als höfische zu charakterisieren. Anschaulich wurde dies beispielsweise in der Gegenüberstellung von Kutschengeschenken aus verschiedenen Zeiten: Was man im 17. Jahrhundert als höfischen Luxusgegenstand verschenkte, wurde im 19. Jahrhundert mit einer Zivilisierungsmission ausgestattet und sollte beispielsweise den Herrscher von Asante zur Verbesserung der Infrastruktur und besonders des Straßenbaus anhalten. Dieser war jedoch ganz im Modus des höfischen Schenkens vor allem daran interessiert, eine ähnliche Kutsche zu besitzen wie die englische Königin. Auch in Bezug auf die Schenkkultur sind so beginnende Divergenzen zu beobachten.

Zweitens existierte mit *palaver* und *panyarring* ein Set an Rechtspraktiken, das ebenfalls von allen Akteuren genutzt wurde. Entscheidend für die Frage nach der Transkulturalität ist dabei, dass bestimmte Elemente – etwa die Verschriftlichung von Vereinbarungen, aber auch das *panyarring* bei der Konfliktführung – nicht nur den interkulturellen Beziehungen vorbehalten waren, sondern auch in innerafrikanischen wie innereuropäischen Konflikten zur Anwendung kamen. Dass es sich in der Tat um eine geteilte Praxis der Kontaktzone handelte, wird dadurch unterstrichen, wie selbstverständlich europäische Akteure einschlägige Begriffe der Küstensprache, zum Beispiel den des *palaver*, auch in der Korrespondenz mit ihren Vorgesetzten in der Heimat verwendeten.

Wie auch andernorts spielten in der interkulturellen Diplomatie Vermittler eine wichtige Rolle. Sie transferierten kulturelles Wissen, dienten als Boten und Übersetzer und bildeten eine neue soziale Gruppe. Diese setzte sich zu einem erheblichen Teil aus Euroafrikanern zusammen. Zugleich erlaubte es die Existenz von Vermittlern, bestimmte interkulturelle Praktiken zu segmentieren; so bedienten sich die etablierten Kompanien ihrer *caboceers* und *makelaars*, wenn es »Fetischeide« zu schwören oder Geiseln zu stellen galt.

Damit ist ein weiterer wichtiger Punkt angesprochen: Das Wissen um lokale Praktiken und Strukturen war keineswegs gleichmäßig verteilt bei allen Akteuren vorhanden. Paradoxerweise, so könnte man sagen, war die direkte Partizipation europäischer Akteure an bestimmten lokalen Praktiken umso höher, je weniger etabliert die jeweilige Kompanie war.

Obwohl verschiedentlich einfache Missverständnisthesen entkräftet wurden, eröffnete die interkulturelle Situation besondere Spielräume für Interpretationen der historischen Akteure. Dies ist vor allem im Hinblick auf die Rechtskonstruktionen festzustellen, die von einer Anerkennung von

Pachtverhältnissen vor Ort bis hin zur Reklamation von Souveränitätsrechten in Europa reichten. Die widersprüchlichen Interpretationen weisen dabei aber gerade darauf hin, dass es sich nicht schlicht um Missverständnisse, sondern um bewusst eingesetzte Interpretamente handelte. Das Besondere an der westafrikanischen Situation ist zudem, dass diese Interpretamente immer wieder auch von anderen Akteuren als solche offengelegt und hinterfragt wurden. So musste die WIC es sich gefallen lassen, dass ihre Souveränitätsansprüche von der dänischen Kompanie mit lokalen Abhängigkeitsverhältnissen konfrontiert und dekonstruiert wurden.

1.3 Diskursiver Wandel und Entflechtung

Das Hauptaugenmerk der Arbeit lag, wie eingangs beschrieben, auf einem systematisch-methodischen Zugriff. In den Analysen hat sich aber auch ein tief greifender Wandel abgezeichnet: Begegneten europäische Akteure afrikanischen Herrschern zu Beginn der Untersuchungszeit noch selbstverständlich als »Königen«, die man auch als Könige behandelte, setzte im Laufe des 18. Jahrhunderts eine Veränderung ein, die afrikanische Herrscher auf eine grundsätzliche andere Stufe stellte. Die Konstruktion einer essenziellen Andersartigkeit und Ungleichzeitigkeit ›der‹ Afrikaner verband sich mit aufkommenden rassistischen und zivilisatorischen Diskursen. Diese Veränderung ließ sich anschaulich anhand der Terminologie nachvollziehen, der Verschiebung vom »König« hin zum »Häuptling« und »Stammesführer«, die bis heute westliches Sprechen über Afrika bestimmt (Teil I).

Mit gewisser Verzögerung und weniger durchschlagend erfolgte der Wandel auch auf Ebene der Interaktionspraktiken, so unter anderem in der Veränderung der Geschenkpraktiken, bei denen das erwähnte höfische Schenken von Distinktionsobjekten durch ein asymmetrisches Schenken von Objekten mit eingebauter Zivilisierungsmission allmählich abgelöst wurde (Teil III). Im Hinblick auf die zeremonielle Praxis ließ sich eine beginnende Verdrängung des ›zeremoniellen‹ durch einen ›ethnologischen Blick‹ konstatieren (Teil IV). Obwohl sich auch auf Ebene der Praxis vor Ort solche Wandlungsmomente nachweisen lassen, ist doch insgesamt ein gewisses Auseinanderdriften von europäischem Diskurs und Praxis vor Ort zu beobachten: Vor Ort in Westafrika waren europäische Akteure zum Teil noch bis Ende des 19. Jahrhunderts genötigt, sich lokalen Autoritäten unterzuordnen; die diskursiven Überlegenheitskonstruktionen konnten, wenn überhaupt, erst mit beginnender Kolonialzeit in die Tat umgesetzt werden.

Dieser Veränderungsprozess ist in den allgemeinen Wandel von einem inklusiven zu einem exklusiven Eurozentrismus einzuordnen, wie ihn Jürgen Osterhammel und andere an anderen Beispielen aufgezeigt haben. Im späten 18. Jahrhundert entwickelte sich ein neuartiger europäischer Überlegenheitskomplex, der mit einer Essenzialisierung der Andersartigkeit anderer Kulturen einherging und in gewisser Weise zu einem Entflechtungsprozess führte.[2]

2. Handelskompanien als diplomatische Akteure

Handelskompanien waren keine informellen diplomatischen Akteure. Grundlage für ihre Rolle in den Außenbeziehungen bildeten die jeweiligen Oktrois, *charters* und *lettres patents*, die den Kompanien partielle Souveränitätsrechte verliehen, so etwa auch das Recht auf Krieg und Frieden in ihrem Konzessionsgebiet und das Rechte, mit fremden Potentaten völkerrechtliche Verträge im Namen des Souveräns zu schließen. Letzteres taten sie, wie in Teil IV gezeigt, auch in großer Zahl. Die entsprechenden Abkommen wurden in der Tat als völkerrechtlich wirksame Zessionen an den jeweiligen Souverän betrachtet und genutzt.

Dennoch unterschieden sich Kompanievertreter erheblich von offiziellen Diplomaten mit *ambassadeur*- oder Residentenrang, und dies nicht nur im Hinblick auf ihren Dienstort. Sie konnten zwar beanspruchen, ihren Souverän zu repräsentieren, und die ihm zustehenden Vorrechte einfordern (ohne auf Erstaunen oder Widersprüche im Grundsätzlichen zu stoßen). Sie waren aber keineswegs genötigt, stets auf die Einhaltung dieser Repräsentationsrolle bedacht zu sein. Vielmehr erscheint diese als flexible Ressource, die in Auseinandersetzungen strategisch genutzt werden konnte, aber nicht eingesetzt werden musste. Zwar ist gerade in jüngeren Arbeiten auch für das Gesandtschaftswesen im vormodernen Europa gezeigt worden, dass eine erhebliche Rollenvielfalt mit teilweise widerstreitenden Normen existierte. Die Situation der Kompanievertreter war, so ein zentrales Ergebnis der Untersuchung, aber doch anders gelagert, denn die Flexibilität ihrer Rollen war durch verschiedene Faktoren ungleich größer.

Erstens waren die Kompanien nicht nur staatlich oktroyierte Institutionen, sondern (privat)wirtschaftliche Unternehmen. *Zweitens* war bereits die Kommunikationssituation eine gänzlich andere – eine vernetzte höfische Öffentlichkeit, die jeden zeremoniellen Fauxpas umgehend beschrie, existierte in Westafrika nicht. Zudem war bereits die Kommunikation der Kompanievertreter an der Küste mit ihren Vorgesetzten aufgrund der räumlichen Distanzen so zeitaufwendig, dass sich gleichsam notwendigerweise größere

2 Vgl. etwa zum Wissens- bzw. »Niveauverlust« in der Afrikaforschung während des 19. Jhdts. Marx, »Völker«, S. 4f., S. 99 et pass.

Spielräume und mehr Entscheidungsbedarf vor Ort ergaben. *Drittens* waren die wenigen Europäer in Westafrika anders aufeinander angewiesen, als Diplomaten unterschiedlicher Herrscher in europäischen Hauptstädten.

Insofern ist Heinz Duchhardt zuzustimmen, dass Handelskompanien eine gewisse entlastende Funktion für die Außenbeziehungen haben konnten: Ihr ambiger Charakter eröffnete Spielräume für Distanzierung und Anpassung, sowohl vor Ort (etwa im Hinblick auf die schriftliche Festlegung regelmäßiger Geschenke) als auch in den Metropolen (etwa durch die Verschiebung von Verantwortlichkeit bei Rechtsstreitigkeiten). Allerdings, und insofern geht Duchhardts These zu weit, wurden die hier untersuchten Konflikte zwischen den Kompanien in der Regel doch als internationale, zwischenstaatliche Auseinandersetzungen geführt.

Offizielle Außenrepräsentanz und Kompaniediplomatie hingen zusammen, allerdings in einem hinreichend unbestimmten Verhältnis, das vielerlei Spielräume an der Peripherie wie im Zentrum eröffnete. Es lässt sich aus der Perspektive der Kompanie meines Erachtens am besten mithilfe des Ressourcenbegriffs erhellen: Einerseits konnten Kompanievertreter auf die Repräsentationsrolle zurückgreifen, etwa um gegenüber konkurrierenden Kompanien bestimmte Verhaltensnormen einzufordern. Die Inanspruchnahme offizieller diplomatischer Wege ließ dann auch in Europa Kompanieangelegenheiten pragmatisch wie symbolisch zu Staatsaffären werden. Diese Repräsentationsrolle ließ sich andererseits einsetzen, um die Existenz der Kompanien in den Metropolen zu legitimieren – galt es doch, die Ehre des Souveräns bzw. der Nation gegenüber europäischen Konkurrenten zu verteidigen.

Zwischen den unterschiedlichen Kompanien konnten des Weiteren gewisse Differenzen festgestellt werden: So war beispielsweise gerade die Bezugnahme auf den jeweiligen Souverän und die Inanspruchnahme einer Repräsentationsrolle unterschiedlich ausgeprägt. Während diese bei den französischen und dänischen Kompanien besonders stark war, war sie bei den niederländischen und englischen Kompanien weniger präsent. Dies schlug sich sowohl in der Geschenkpraxis nieder als auch in zeremoniellen Fragen. Dass dies allerdings nicht nur mit nationalen Unterschieden zu begründen ist, zeigte ein kursorischer Blick auf die niederländische Ostindienkompanie, die anders als die WIC stärker auf Repräsentation abhob und ein ausgefeiltes eigenes Zeremoniell in ihrem Hauptquartier Batavia entwickelte.

3. Allgemeine und methodische Schlussfolgerungen

Wahrnehmungs- und Interaktionsgeschichte – Grundsätzlich hat die vorliegende Arbeit deutlich gemacht, dass eine vertiefte und differenzierte Analyse der europäisch-afrikanischen Beziehungen erst durch eine Kombination von Wahrnehmung- und Interaktionsgeschichte möglich ist. Dies ist zum einen methodisch begründet, da aus kulturgeschichtlicher Perspektive beides schlechterdings nicht voneinander zu trennen ist. In der Tat wurde immer wieder auf Zusammenhänge und Interdependenzen von Deutungen und Praktiken (im engeren Sinne) hingewiesen. Zum anderen hat die Untersuchung gezeigt, dass mit einem Wandel auf der Ebene von Wahrnehmungen bzw. europäischen Diskursen nicht notwendigerweise gleichzeitig Veränderungen der Interaktionspraxis vor Ort einhergehen. Bislang ist zu häufig aus diskursiven Überlegenheitskonstruktionen aus europäischer Feder eine reale Überlegenheit vor Ort abgeleitet worden. Auch ließen sich größere Differenzen im Hinblick auf die Sagbarkeit interkultureller und transkultureller Phänomene zwischen verschiedenen Quellengattungen feststellen.

Gegen Inkommensurabilitätsthesen – An verschiedenen Punkten galt es, sich bei den Untersuchungen mit Thesen auseinanderzusetzen, die interkulturelle Interaktionen als »dialogue of the deaf« oder fortgesetztes kulturelles Missverständnis deuten. Solche Thesen sind in den Kontext eines kulturalistischen Relativismus einzuordnen, der in seiner starken Form letztlich von einer Inkommensurabilität unterschiedlicher Kulturen ausgehen muss. An den konkreten Fällen wurde *erstens* grundsätzlich gezeigt, dass solche Annahmen auf einem zu simplifizierten und essenzialistischen Modell von Kultur beruhen. Hier zeichnete sich insbesondere die Tendenz zu einer Vereinheitlichung »des Europäischen« oder »des Westlichen« ab, die zwar einem nachvollziehbaren Impetus postkolonialer Kritik entstammen mag, aber nichtsdestoweniger zu unhaltbaren Annahmen führt. *Zweitens* konnte am historischen Material nachgewiesen werden, dass die Kategorien Verstehen/Nicht-Verstehen bzw. Missverstehen nicht nur konzeptionell als problematisch anzusehen sind, sondern auch kaum die Deutungsvielfalt der historischen Wirklichkeit treffen. In vielen Fällen entpuppten sich Missverständnisse als strategische Missverständnisse – dies gilt nicht zuletzt auch für das Niederwerfen Matteo Lopes', wie es in der Einleitung erwähnt wurde. Will man über kulturelle Missverständnisse forschen, scheint es sinnvoller, nicht allein den Erzählungen der historischen Akteure über Missverständnisse zu folgen, sondern stärker die Widersprüche und Brüche in den Texten in den Blick zu nehmen. Ein solcher Weg ist freilich komplizierter, dürfte aber zu plausibleren Ergebnissen führen.

Eine gemeinsame Vormoderne? Trotz aller postkolonialen Kritik bleibt Europa für viele Arbeiten zur afrikanischen Geschichte der Maßstab der Entwicklung hin zur Moderne. Ähnlich wie es auch für andere Weltregionen nachzuvollziehen ist, suchen dabei manche Historiker die Existenz bestimmter Elemente der Moderne (etwa bürokratische Herrschaft o. Ä.) in Außereuropa nachzuweisen, wie sie von den Historikern Europas wiederum selbst für Europa in Zweifel gezogen werden.[3] Quasi automatisch wird die um 1800 konstruierte Ungleichzeitigkeit von Europa und Außereuropa auch auf die früheren Jahrhunderte übertragen.

Ein Vergleich Europas und Afrikas in der Vormoderne kann sowohl für die europäische als auch für die afrikanische Geschichte aufschlussreich sein, um ebensolchen impliziten Teleologien entgegenzuarbeiten. Exemplarisch wurde dies im Hinblick auf Rechtspraktiken und auf Formen des höfischen Schenkens skizziert. Hier ließe sich das *entanglement* für die Frühneuzeitgeschichte gleichsam vollenden – wenn nun die Methoden und Ansätze, die sie aus der Ethnologie importiert hat, wiederum in die Geschichte der Beziehungen zwischen Europa und Außereuropa eingebracht werden. Hier ist, wie oben angemerkt, zugleich das Epochenprofil auch der europäischen Frühen Neuzeit zu schärfen.

4. Ausblick

Aufgabe der Wissenschaft ist es nicht zuletzt, neue Fragen aufzuwerfen. Im Folgenden sollen daher drei Fragerichtungen skizziert werden, die sich im Lichte der hier gewonnenen Ergebnisse für weitere Forschungen eröffnen.

Erstens ist im Hinblick auf die Handelskompanien vor allem deren Auftreten vor Ort in Westafrika untersucht worden. Wie bereits das Kapitel IV.2 hat deutlich werden lassen, ist das Auftreten der Kompanien in den Metropolen ein lohnender Gegenstand für detailliertere Studien im Kontext der europäischen Diplomatiegeschichte. Insbesondere bietet sich hier ein vergleichender Ansatz an, in dem die Handelskompanien mit ihrem hier herausgearbeiteten ambigen Charakter in Beziehung zu anderen Akteuren der Außenbeziehungen gesetzt werden, die sich ›unterhalb‹ der offiziellen Ebene bewegten. Dies könnte in eine allgemeine Geschichte der Grenzarbeiten am diplomatischen Feld in der Frühen Neuzeit münden.

Im Hinblick auf interkulturelle Diplomatie wurde in dieser Studie ein Profil der westafrikanischen Kontaktzone als Region von Transkulturations-

3 So etwa Wilks, Ashanti Government, und sein Schüler Adjaye, Diplomacy, die versuchen, Webers Typus der bürokratischen Herrschaft auf Asante zu übertragen.

prozessen im Angesicht einer fragmentierten politischen Landschaft herausgearbeitet. Um dies noch weiter zu präzisieren und in einen größeren Kontext einzuordnen, scheint es *zweitens* sinnvoll, Vergleiche mit anderen Kontaktzonen ähnlicher Konstitution, aber auch Regionen mit gänzlich andersartigen Akteurskonstellationen und Machtverhältnissen anzustellen. Die vier unterschiedlichen methodischen Zugänge – Semantik, symbolische Kommunikation, Gabentausch/materielle Kultur und (Rechts)Praxis –, die hier erprobt wurden, können jeweils als Ausgangspunkt für derartige Vergleiche dienen.

Mehrfach trat zutage, dass die oft postulierten, aber selten erforschten Grenzen zwischen »vorkolonialer« und »kolonialer« Epoche zu hinterfragen sind. In Sonderheit wurde dies in Bezug auf die Rechtspraktiken ausgeführt. Es würde sich daher *drittens* lohnen, anhand eines ausgewählten Feldes – etwa der Rechtsprechung und »Justiznutzung« – einen diachronen Vergleich weiter ins späte 19. Jahrhundert zu führen. In diesem Rahmen wäre zugleich auch ein Institutionenvergleich vorzunehmen: Inwiefern unterschieden sich Rechtspraktiken unter Kompanieregiment von solchen unter Kronverwaltung oder späterer Kolonialregierung?

Geschichte ist nur als Vielzahl von Geschichten erzählbar. Hier wurde eine Geschichte ausgewählt, die bislang nur selten und zu selten erzählt wurde. Dabei ging es um eine Verflechtungsgeschichte europäisch-afrikanischer Beziehungspraxis im Angesicht des Sklavenhandels sowie um das Einsetzen von ersten Entflechtungsversuchen. Indem diese Studie einen Brückenschlag zwischen bislang kaum verbundenen Forschungsfeldern erprobt hat, wurden manche vermeintlichen Selbstverständlichkeiten in Frage gestellt und zugleich nicht erwartete Verbindungen aufgezeigt – und, so hoffe ich, auch mögliche Perspektiven für weitere Forschungen eröffnet.

Abkürzungsverzeichnis und Glossar

1. Abkürzungsverzeichnis

AAE	Archives Affaires Étrangères, La Courneuve
ANOM	Archives d'Outre-Mer, Aix-en-Provence
AN	Archives Nationales, Paris
BAC/BAAC	Brandenburgisch-Africanische bzw. Brandenburgisch Africanisch-Americanische Compagnie
BL	British Library, London
BnF	Bibliothèque nationale de France, Paris
Cie	Compagnie
CIO	Compagnie des Indes Occidentales
CMA	Company of Merchants Trading to Africa, auch: African Company
CRA	Company of Royal Adventurers Trading to Africa
DAK	Dänische Afrika- und Westindien-Kompanie
DG	Directeur-Generaal (Generaldirektor, WIC)
GStA	Geheimes Staatsarchiv Preußischer Kulturbesitz, Berlin
HCPP	House of Commons, Parliamentary Papers
NA	Nationaal Archief, Den Haag
NNBW	Nieuw Nederlandsch Biografisch Woordenboek
RAC	Royal African Company
SAK	Schwedische Afrika-Kompanie
SPG	Society for the Propagation of the Gospel
TNA	The National Archives, Kew
UA	Urkunden und Actenstücke des Kurfürsten Friedrich Wilhelm von Brandenburg
VOC	Vereenigde Oostindische Compagnie
VWIS	Verspreide Westindische Stukken (NA, Den Haag)
WIC	Westindische Compagnie (OWIC: Oude WIC, 1621–1674; TWIC: Tweede WIC, 1674–1719)

2. Westafrikaspezifische Termini

Kursiv gesetzt sind Begriffe aus westafrikanischen Sprachen; recte stehen Termini aus europäischen Sprachen, der *lingua da costa* und verschiedenen Pidgin-Sprachen.

Begriff	Bedeutung
abusua	Akan-Begriff; Matriklan bzw. matrilineage
ahosi	Fon-Begriff, wörtlich: »Frauen des Königs«; Bezeichnung für Mitglieder des Hofs von Dahomey

ahovi	Fon-Begriff, wörtlich: »Kinder des Königs«; meint sowohl die Kinder des regierenden Königs als auch die seiner Vorgänger
akwamuhene	Herrscher von Akwamu (siehe auch *ohene*)
anomabohene	Herrscher von Anomabo (siehe auch *ohene*)
asafo	Akan-Begriff; militärische Kompanie in Fante
asantehene	Herrscher von Asante (siehe auch *ohene*)
awowa	Akan-Begriff; Geisel/Pfand (pawn)
benda [auch bendy]	Akan-Begriff; Maßeinheit, ursprüngl. Goldgewicht (=2 oz. [engl.])
bewindhebber	ndl.; wörtlich: Befehlshaber; hier meist im Bz. auf die WIC verwendet
braf(f)o	Akan-Begriff; eigentlich Heerführer; in Fante Landesoberhaupt
caboceer [auch cabechère, kabussier, kabossier, cabaicher]	von portug. *cabeçeira*; bezeichnet in der *lingua da costa* eine Person, die sich durch Reichtum und/oder Status heraushebt. Wird in den Quellen oft mit »Adeliger« o.ä. übersetzt
crom [krom]	von Akan *kurow*; Dorf
curranteer [auch quaranteer]	Herkunft fraglich (mglw. von *kurow* oder«Quartier«); Teil der politischen Elite Fantes (im 18. Jhdt.)
custom [auch coutume, costum(e)]	regelmäßige (Ab)Gabe
Dada	Fon-Begriff; wörtlich: »Vater«; Ehrentitel des Herrschers von Dahomey
dashee [auch dache, dassie, dashe]	(vermutl.) von portug. *das me* oder *dação*; (kleines) Geschenk, Trinkgeld. Bis heute im ghanaischen Pidgin geläufig
Dey [auch Day]	Herkunft unbekannt; hoher Amtsträger in Fetu
engel [auch angel]	ndl. (?); Maßeinheit; entspricht 1/20 Unze
Fetera	von portug. *feitor* (Agent); Amtsträger in Fetu und Eguafo
Fetisch [auch fetiche, fetish, fetisso]	von portug. *feitiço* (magisch, künstlich); bezeichnet in der *lingua da costa* Kultobjekte wie übernatürliche Mächte (»Götter«)
fidalgo [auch fidalgue]	von portug. *fidalgo* (Edelmann); Gouverneur u.a. in Allada
hwenùwá	Fon-Begriff; bezeichnet das auch »Customs« oder »Coutumes« genannte alljährliche Ritual zu Ehren der verstorbenen Könige von Dahomey
hwetanu [auch *huetanu, xwetanu*]	Fon-Begriff; wörtlich: »Jahr-Kopf-Ding«; bezeichnet wohl einen Teil von *hwenùwá*
kente	Akan-Begriff; großes Tuch mit symbolischen Mustern, als Kleidung von hohen Würdenträgern getragen
kuma	Akan-Begriff; klein, jünger, Jüngerer

kyiniɛ	Akan-Begriff, Pl. *nkyiniɛ*; Schirm
linguist	engl.; Übersetzer, Sprecher; kann auch einen *okyeame* meinen
makelaar	ndl.; indigener Amtsträger der WIC; zuständig für wirtschaftliche Vermittlung und politische Aufgaben
mareen	Herkunft unklar (portug.?); Amtsträger in Eguafo, Zöllner
mark	Maßeinheit; entspricht acht Unzen Gold
mehu [*meu, mayhou, méhou*]	Fon-Begriff; ranghoher Amtsträger am Hof von Dahomey; stand dem Hof und seinen Mitgliedern vor und war auch für Zeremoniell und fremde Diplomaten zuständig
mena	Akan-Begriff; Elefantenschwanz(wedel) → *sika mena*: Goldener Elefantenschwanz, Insignie in Asante
migan	Fon-Begriff; in etwa: Verwaltungschef am Hof von Dahomey
oba	Titel des Herrschers von Benin
obirempon	Akan-Begriff, Pl. *abirempon*; wörtlich »reicher Mann«
ofena	Akan-Begriff, Pl. *afena*; Schwert, Säbel; *domfena* und *nsuafena* sind spezifische Schwerttypen mit sakraler Bedeutung
ohemaa	Akan-Begriff, Pl. *ahemaa*; Königinmutter (z.B. Asantehemaa)
ohene [*ohin*]	Akan-Begriff, Pl. *ahene*; Herr, Herrscher, König
(o)kra	Akan-Begriff, Pl. *akra*; »Seele«
okyeame	Akan-Begriff, Pl. *akyeame*; Sprecher, oft als »linguist« übersetzt
palaver [palaber, palabre]	aus dem Portug.; a) Konflikt; b) Rede, Anliegen; c) Verhandlung
panyin [*panyin, penin*]	Akan-Begriff, Pl. *mpanyinfo*; älter, Ältester
panyar [penjar, panjaaren]	von portug. *penhorar*; pfänden, in Schuldknechtschaft nehmen, kidnappen
pawn	engl.; Pfand, bezieht sich sowohl auf Objekte als auch Personen
poma	Akan-Begriff; (Amts-)Stab → *akyeamepoma*, Amtsstab des herrscherlichen Sprechers
scheepsgift	ndl.; Abgabe für ankommende Handelsschiffe
sika	Akan-Begriff; Gold, golden
sunsum	Akan-Begriff; Geist, »Seele«
yavogan [*yovogan*]	Fon-Begriff; Gouverneur von Ouidah während der Herrschaft Dahomeys

Quellen- und Literaturverzeichnis

1. Quellen

1.1 Ungedruckte Quellenbestände

Archives d'Outre-Mer (ANOM), Aix-en-Provence

C 6: 1, 2, 8, 9, 10, 11, 12, 17, 18, 19, 25, 26, 27, 27bis, 28, 29

40 COL 1, no. 22
40 COL 3, no. 163
40 COL 9, no. 407, no. 408, no. 411, no. 412

DFC XIII/75, no. 14, no. 15, no. 53, no. 93, no. 95, no. 96, no. 111, no. 112
DFC XVI/82, no. 4, no. 89, no. 89bis

Archives Affaires Étrangères (AAE), La Courneuve

Mémoires et Documents, Afrique 12
Mémoires et Documents, Afrique 10

Bibliothèque nationale de France (BnF), Paris

Fonds Français 13380 und 13381
Fonds Français 16736
Fonds Français 32593

Nationaal Archief (NA), Den Haag

OWIC 1, 8, 9, 11, 12, 13
TWIC 98, 97, 110, 114, 122, 123, 124, 125, 126, 180, 449, 450, 463, 502–503, 504, 985, 995
VWIS 876, 1113, 1163, 1166, 1167, 1174
NBKG 94, 98, 222, 223
SG Loket Kas Zweden, no. 38
Aanwinsten 1e afdeel. 1902, no. 941

The National Archives (TNA), Kew

T 70: 3, 4, 5, 6, 7, 29, 30, 54, 143, 985, 1120, 1121, 1122, 1470, 1463, 1464, 1467, 1468, 1470, 1476, 1520, 1695

C 113/263 und 273

CO 1/17
CO 388/45 und 46

PRO 30/8/363

SP 78/130
SP 84/171
SP 116/320 und 332

British Library (BL), London

BL, Add. Ms. 41806 (Middleton Papers)

1.2 Gedruckte Quellen[4]

Brief Valckenburgh (1665): *Brief van Iohan Valckenburgh* [dd. 04.10.1664], 's-Gravenhage 1665. [Knuttel No. 323a]

Considerations (1730): *Certain Considerations Relating to the Royal African Company of England*, s. l. 1730.

Deductie [1686/87]: *Deductie, opgestelt de Churfurstelijcke Brandenburghsche Africaensche Compagnie* [...], s. l., s. d. [ca. 1686/87].

Dictionnaire de l'Académie Françoise (1694): *Le dictionnaire de l'Académie françoise, dédié au Roy*, 2 Bde., Paris 1694.

Examen (1727): *Examen et Reponse à un Ecrit publié par la Compagnie des Indes Occidentales sous le Tître de Refutation des Argumens & Raisons alleguées par Mr. Diogo de Mendoça Corte-Real* [...] *15. Septembre 1727*, gedruckt, s. l. 1727.

Exoticophycalium (1741): *Exoticophycalium Weickmannianum, oder: Verzeichnuß unterschiedlicher Thier/Vögel/Fisch/Meer-Gewächs* [...], *So in der Kunst- und Natural-Kammer Des weyland Herrn Christoph Weickmanns seel. in Ulm, Sämmtlichen Herren Erben zum Verkauffen zu finden*, [Ulm] 1741.

Explanation (1712): *An Explanation of the African-Company's Property in the Sole Trade to Africa, Making their Right equal with any Subject's Right to his Freehold*, London 1712.

HCPP: House of Commons Parliamentary Papers, online zugänglich unter URL: http://parlipapers.chadwyck.co.uk/ [zuletzt besucht am 04.02.2014].

Klagh-Brief (1661): *Tweeden Klagh-Brief van Frederick de III der Wenden en Deenen Koninck, aende Hoogh-Mog: Staten Generael, over het mishandelen van sijne Onderdanen, handelnde op de Africaensche Cust, &c.*, s. l. [Middelburg?] 1661. [Knuttel No. 8530]

Klagh-Vervolgh (1662): *Klagh-Vervolgh vanden Deenschen Koninck en desselfs Minister, Aen de Heeren Staten, Over de pretense violentie, door de Nederlantsche West-Indische, op de Deensche Africaensche Compagnie gepleecht*, Delft 1662. [Knuttel No. 8622]

4 Die in runden Klammern angegebene Jahreszahl bezieht sich auf das Erscheinungsjahr der verwendeten Ausgabe. Sofern die Erstausgabe nicht zugänglich war oder aus anderen Gründen eine andere Ausgabe herangezogen wurde, ist in eckigen Klammern das Jahr der Erstausgabe vermerkt. Nur in eckigen Klammern stehen vermutete Erscheinungsdaten bei Werken ohne entsprechende Angaben.

Lettres-Patentes (1696): *Lettres Patentes du Roy, Portant établissement d'une nouvelle Compagnie Royale du Senegal, Cap-Verd & Côtes d'Affrique, Données à Versailles au mois de Mars 1696*, Paris 1696.

Mémoires et actes (1699): *Mémories et actes des négociations de la paix de Ryswick*, 4 Bde., Den Haag 1699.

Memorial (1664): *Memorial delivered to His Majesty (July 21/31 1664) from the Lord van Gogh* [...]. *With the Answer which His Sacred Majesty returned thereunto*, London 1664.

Naader Reglement (1734): *Naader Reglement op het subject van de vrye Vaart op de Kust van Africa voor de Onderdaanen der vereenigde Nederlanden* [...], Den Haag 1734.

Octroy OWIC (1621): *Octroy by de Hooghe Mogende Heeren Staten Generael verleent aende West-Indische Compagnie, in date den derden Junij 1621*, 's Gravenhage 1621. [Knuttel No. 3232]

Octroy TWIC (1675): *Octroy by de Hoogh-Mog: Heeren Staten Generael verleent aen de West-Indische Compagnie in date den twintighsten September sesthien hondert viertseventigh*, Amsterdam 1675.

Remonstrantie (1664): *Remonstrantie Aen de Ho:Mo: Heeren de Staaten Generael der Vereenighde Nederlanden* [...] *By de Heeren de Bewint-hebberen van de Geoctroyeerde West-Indische Compagnie op ende jegens Verscheyde Memorien van den Heer Resident* Charisius, Amsterdam 1664. [Knuttel No. 8905]

Reply (1665): *A Reply of Sir George Downing* [...] *to the Remarks of the Deputies of the Estates-General upon his Memorial of December 20. 1664, Old Stile*, London 1665.

Royal African (1749): *The Royal African: Or, Memoirs of the Young Prince of* Annamaboe, London [1749].

Schriftelicke Doleantie (1664): *Schriftelicke Doleantie, Wegens de Bewindt-hebberen van de West-Indische Compagnie aen de Heeren Staten Generael, Aengaende de geweldadige verrichtinge van de genoemde Deensche Afriaensche Compagnie*, Weesep 1664. [Knuttel No. 8904]

Tegen-Bericht (1665): *Afgedrongen en Welgefondeerde Tegen-Bericht Der Conincklycke Deensche Geoctroyeerde Affricaansche Guineesche, en in de Hooft-vestinghe Gluckstadt opgerichte Compagnie*, Glückstadt 1665.

Tweede Rapport (1856): *Tweede Rapport der Staatscommissie* [...] *tot het voorstellen van maatregelen ten aanzien van de slaven in de Nederlandsche kolonien: De Nederlandsche West-Indische Eilanden en Bezittingen ter Kuste van Guinea*, 's-Gravenhage 1856.

Verdere aenteyckeninge (1666): *Verdere aenteyckeninge of duplyque Op seeckere Replyque vanden Heer George Downing*, 's-Gravenhage 1666. [Knuttel No. 9248]

Wedderlegging [1727]: *Wedderlegging van de Argumenten, en Redenen, dewelke zyn geallgeert door den Heere Diogo de Mendoça Cort-Reâl, Envoyé Extraordinaris* [...] [dd. 15.10.1727], gedruckt, s. l., s. d.

ADAMS, *Remarks* (1823): John Adams, *Remarks on the Country extending from the Cape Palmas to the River Congo*, London 1823.

ADELUNG, *Wörterbuch*, Bd. 2 (1811): Johann Christoph Adelung, *Grammatisch-kritisches Wörterbuch der Hochdeutschen Mundart*, Bd. 2, Wien 1811.

AITZEMA, *Saken*, Bd. 5 (1670): Lieuwe van Aitzema, *Saken van Staet en Oorlogh In, ende omtrent de Vereenigde Nederlanden*, Bd. 5: 1664–1666, 's-Gravenhage 1670.

Anville, *Carte* (1729): Jean-Baptiste Bourguignon d'Anville, *Carte particulière de la partie principale de la Guinée située entre Issini et Ardra*, s. l. 1729.

Atkins, *Voyage* (1735): John Atkins, *A Voyage to Guinea, Brasil, and the West-Indies*, London 1735.

Aristoteles, Politik: Aristoteles, Politik, neu hrsg. von Ursula Wolf, Frankfurt a.M. ^{3}2009.

Avity, *Description* (1638): Pierre d'Avity, *Description Generale de l'Afriqve, seconde partie dv monde, avec tovs ses Empires, Royavmes, Estats, et Repvbliqves*, Paris 1638.

Bailey, *Dictionary* (1759): Nathan Bailey, *The new universal English dictionary*, London [1759].

- ders., *Universal Etymological English Dictionary*, London 1724. [weitere Ausgaben ebd. 1728 und 1729]

Barbot, *Description* (1732): John Barbot, *A Description of the Coasts of North and South-Guinea; and of Ethiopia Inferior,* vulgarly *Angola*, in: Awnsham und John Churchill (Hrsg.), *A Collection of Voyages and Travels*, Bd. 5, London 1732.

- Barbot on Guinea: Barbot on Guinea. The Writings of Jean Barbot on West Africa, 1678–1712, hrsg. von Paul E. H. Hair, Adam Jones und Robin Law (Works issued by the Hakluyt Society, 2nd series, Bd. 175–176), 2 Bde., London 1992.

Barros, *Asia* (1777–1788 [1552–1615]): João de Barros, *Da Asia*, neu hrsg. von Diogo de Couto, 17 Bde., Lissabon 1778–1788. [EA 1552–1615]

Battell, Adventures ([1613]): The Strange Adventures of Andrew Battell of Leigh, in Angola and the adjoining Regions, hrsg. von E. G. Ravenstein (Works issued by the Hakluyt Society, 2nd series, Bd. 6), London 1901.

- ders., *Adventures* (1625 [1613]): The Strange Adventures of Andrew Battell of Leigh in Essex, in: Purchas, *Pilgrimes*, Bd. 2 (1625), S. 970–985.

Bayol, *Dahoméens* (1893): Jean Bayol, *Les Dahoméens au Champ de Mars (Palais des Arts libéraux): Moeurs et coutumes. Exposition d'ethnographie coloniale*, Paris 1893.

Béraud, Note (1866): Xavier Béraud, Note sur le Dahomé, in: Bulletin de la société de géographie (Paris) (5e série) 12 (1866), S. 371–386.

Blaeu, *Atlas*, Bd. 3 (1667): Joan Blaeu, *Le grand atlas ou Cosmographie Blaviane*, Bd. 3, Amsterdam 1667.

Blanchely, Au Dahomey (1891): Blanchely, Au Dahomey. Voyages en 1848 et 1850 de M. Blanchely, de Whydah à Abomey, in: Les Missions Catholiques. Bulletin Hebdomadaire Illustré de l'œuvre de la Propagation de la Foi 23 (1891), S. 534–537, 545–548, 562–564, 575 f. und 587 f.

Blount, Glossographia (1707): Thomas Blount, *Glossographia Anglicana Nova*, London 1707.

Bodin, *Six livres* (1583 [1576]): Jean Bodin, *Les six livres de la république*, Paris 1583. [EA 1576]

Boitet, *Beschryving* (1729): Reinier Boitet, *Beschryving der stadt Delft*, Delft 1729.

Borghero, Relation (1863): [Francesco Saverio] Borghero, Relation d'un voyage de M. Borghero, supérieur de la mission du Dahomey, à M. Planque, supérieur de la Congrégation des Missions africains (1862), in: Annales de la Propagation de la Foi 35 (1863), S. 8–48.

Bornier, *Conférence*, Bd. 2 (1755): Bornier *Conférence des ordonnances de Louis XIV*, Bd. 2, nouvelle éd., Paris 1755.

Bosman, *Beschryving* (1704): Willem Bosman, *Nauwkeurige Beschryving van de Guinese Goud- Tand- en Slave-kust*, Utrecht 1704.
- ders., *Description* (1705 [1704]): ders., *A new and accurate Description of the Coast of Guinea, divided into the Gold, the Slave, and the Ivory Coasts*, London 1705.
- ders., Description (1705 [1704]): ders. [William Bosman], A New and Accurate Description of the Coast of Guinea (1705), Faksimile-Ausgabe bearb. von John Ralph Willis, J. D. Fage und R. E. Bradbury, London 1967.

Bouche, *Sept Ans* (1885): Pierre Bouche, *Sept Ans en Afrique occidentale. La côte des esclaves et le Dahomey*, Paris 1885.

Bowdich, *Mission* (1819): T[homas] Edward Bowdich, *Mission from Cape Coast Castle to Ashantee*, London 1819.

Brandt, *Leven* (1687): Gerard Brandt, *Het Leven en Bedryf van den Heere Michiel de Ruiter*, Amsterdam 1687.

Broecke, Reizen: Pieter van den Broecke, Reizen naar West-Africa (1605–1614), hrsg. von Klaas Ratelband (Werken uitgegeven door de Linschoten Vereeniging, Bd. 52), 's-Gravenhage 1950.
- ders., *Aenteyckeninghe* (1634): ders., *Korte Historiael ende Journaelsche Aenteyckeninghe/Van al't gheen merck-waerdich voorgevallen is, in de langhduerighe Reysen, soo nae Cabo Verde, Angola, &c. als insonderheydt van Oost-Indien*, Haarlem 1634.

Brue, Voyage (1845): [Blaise] Brue, Voyage fait en 1843, dans le royaume de Dahomey, in: Revue coloniale 7 (1845), S. 55–68.

Brun, *Appendix* (1625 [1624]): Samuel Brun, *Appendix Regni Congo: Qua Continentur Navigationes quinque Samuelis Brunonis*, Frankfurt a.M. 1625.
- ders., Schiffahrten (1624): ders., Schiffahrten (1624), Faksimile-Ausgabe bearb. von Eduard Sieber, Basel o.J.

Buddeus, *Institutiones* (1712): Johannes Franciscus Buddeus, *Institutiones Theologiae Moralis Variis Observationibus Illustratae*, Leipzig 1712.

Bullokar, *Expositor* (1707): John Bullokar, *The English Expositor improv'd: being a complete Dictionary*, London 1707.

Burton, State (1865): Richard Francis Burton, The Present State of Dahome, in: Transactions of the Ethnological Society of London 3 (1865), S. 400–408.
- ders., *Wanderings* (1863): ders., *Wanderings in West Africa from Liverpool to Fernando Po*, 2 Bde., London 1863.
- ders., *Mission* (1864): ders., *A Mission to Gelele, King of Dahome*, 2 Bde., London 1864.

Callières, *Manière* (1716): François de Callières, *De la manière de négocier avec les Souverains*, Amsterdam 1716.

Cau (Hrsg.), *Placaatboek* (1658–1797): Cornelis Cau (Hrsg.), *Groot Placaatboek*, 10 Bde., 's-Gravenhage 1658–1797.

Christaller et al., *Dictionary* (1874): Johann Gottlieb Christaller et al., *A Dictionary, English, Tshi (Asante), Akra*, Basel 1874.

Clodoré, *Relation*, Bd. 2 (1671): Jean de Clodore, *Relation de ce qui s'est passé dans les îles et terre ferme de l'Amérique, pendant la dernière guerre avec l'Angleterre, et depuis, en exécution du traité de Bréda*, Bd. 2, Paris 1671 (2. Zustand).

Coelho, Descrições (1684): Francisco de Lemos Coelho, Duas Descrições seiscentistas da Guiné, hrsg. von Damião Peres, Lissabon 1990.

– ders., Description (1684): ders., Description of the Coast of Guinea (1648), Bd. 1: Introduction and English translation of the Portuguese text, hrsg. von Paul E. H. Hair, [masch.-schriftl.] Liverpool 1985.

Coles, *Dictionary* (1677): Elisha Coles, *A dictionary, English-Latin and Latin-English,* London 1677.

Cruickshank, *Eighteen Years* (1853): Brodie Cruickshank, *Eighteen Years on the Gold Coast of Africa, including an account of the native tribes, and their intercourse with Europeans,* 2 Bde., London 1853.

Cutler, *Atlas* (1728): Nathaniel Cutler et al., *Atlas maritimus & commercialis, or, A general view of the world, so far as relates to trade and navigation,* London 1728.

Dalzel, *History* (1793): Archibald Dalzel, *The History of Dahomy. An Inland Kingdom of Africa,* London 1793.

Dam, Beschryvinge: Pieter van Dam, Beschryvinge van de Oostindische Compagnie, hrsg. von F. W. Stapel und C. W. Th. Baron van Boetzelaer van Asperen en Dubbeldam (Rijks Geschiedkundige Publicatiën), 4 Bde., 's-Gravenhage 1927–1954.

Dapper, *Beschrijvinge* (1668): Olfert Dapper, *Naukeurige Beschrijvinge der Afrikaensche Gewesten,* Amsterdam 1668.

Davenant, *Reflections* (1709): [Charles Davenant], *Reflections upon the Constitution and Management of the Trade to Africa,* London 1709.

Delafosse, Voyage: Voyage d'Eustache Delafosse sur la côte de Guinée, au Portugal & en Espagne (1479–1481), hrsg. und ins Neufranzösische übers. von Denis Escudier, Paris 1992.

Dorgère, Prisonniers (1891): R[évérend] P[ère] [Alexandre] Dorgère (nach), Prisonniers au Dahomey!, in: Les Missions Catholiques. Bulletin Hebdomadaire illustré de l'œuvre de la Propagation de la Foi 23 (1891), S. 421–426.

Douglas, *Trade* (1792): Niel Douglas, *The African Slave Trade,* Edinburgh 1792.

Dumont, *Corps* (1726–1731): Jean Dumont, *Corps universel diplomatique du droit des gens: contenant un recueil des traitéz* [...], 8 Bde. (mit Teilbdn.), Amsterdam 1726–1731.

Duncan, Travels (1847): John Duncan, Travels in Western Africa in 1845 & 1846, comprising A Journey from Whydah, through the Kingdom of Dahomey, to Adofoodia, in the interior (1847), 2 Bde., London 1968.

Dupuis, *Journal* (1824): Joseph Dupuis, *Journal of a Residence in Ashantee,* London 1824.

Durand, *Voyage* (1802): Jean-Baptiste-Léonard Durand, *Voyage au Sénégal ou Mémoires historiques, philosophiques et politiques sur les découvertes, les établissemens et le commerce des Européens dans les mers de l'Océan atlantique,* Paris 1802.

Eden, *Decades* (1555): Richard Eden, *The Decades of the New World,* London 1555.

Elbée, *Journal* (1671): Journal du voyage du Sieur Delbée [...] aux Isles dans la coste de Guynée, pour l'etablissement du commerce en ces pays, in: Clodoré, *Relation* (1671), Bd. 2, S. 347–494.

Falconbridge, Narrative (1802): Anna Maria Falconbridge, Narrative of Two Voyages to the River Sierra Leone, hrsg. von Christopher Fyfe, Liverpool 2000.

Faro, Peregrinacão (1663/1664): André de Faro, Peregrinacão de André de Faro à Terra dos Gentios, hrsg. von Luis Silveira (As grandes Aventuras e os grandes Aventureiros), Lissabon 1945.

– ders., Journey (1634/1664): André de Faro's Missionary Journey to Sierra Leone in 1663–1664. A shortened version, in English translation, of André de Faro, Relaçam …, hrsg. und übers. von Paul E. H. Hair (Institute of African Studies, Fourah Bay College, Sierra Leone, Occasional Paper Nr. 5), [Freetown 1982].

Feuillade, *Description* (1690): François d'Aubusson Feuillade, *Description de la Statue ou du Monument erige a la gloire du Roy Louis XIV*, s. l. 1690.

Focquenbroch, Thalia (1678): Willem Godschalck van Focquenbroch, Afrikaense Thalia (1678), hrsg. von Jan Helwig (Facsimile-Edities der Lage Landen, Bd. 5), Deventer 1986.

Forbes, *Dahomey* (1851): Frederick E. Forbes, *Dahomey and Dahomans: Being the Journals of Two Missions to the King of Dahomey, and Residence at his Capital in the Years 1849 and 1850*, 2 Bde., London 1851.

Forster, Reise (1778/1780): Georg Forster, Reise um die Welt. Illustriert von eigener Hand, Frankfurt a.M. 2007.

Freeman, Journal (1844): Thomas Birch Freeman, Journal of Various Visits to the Kingdoms of Ashanti, Aku, and Dahomi in Western Africa (1844), Faksimile-Ausgabe eingel. von Harrison M. Wright (Cass Library of African Studies: Missionary Researches and Travels, Bd. 1), London 1968.

– ders., *Extracts* (1839): ders., *Extracts from a Journal of various visits to the kingdoms of Ashanti, Gariba and Dahomi, in Western Africa*, London [1839].

Francheville, *Histoire*, Bd. 3 (1738): Joseph du Fresne de Francheville, *Histoire générale et particulière des finances*, Bd. 3, Paris 1738.

Francisci, *Blumen-Pusch* (1669): Erasmus Francisci, *Guineischer und Americanischer Blumen-Pusch:* […]. *Nebst beygedrucktem Anhang der / hiebey zugleich neu-aufgelegten / Michael Hemmersams sel. Guineisch- und West-Indianischen Reisebeschreibung*, Nürnberg 1669.

Froger, *Relation* (1698): François Froger, *Relation d'un voyage, fait en 1695, 1696 & 1697, aux Côtes d'Afrique, Détroit de Magellan, Cayenne & Isles Antilles* […], Paris 1698.

Frossard, *Cause* (1789): Benjamin-Sigismond Frossard, *La cause des esclaves nègres et des habitans de la Guinée*, 2 Bde., Lyon 1789.

Gerhard/Bürger, *Ceremoniis* (1699): Gottlieb Gerhard (praes.), Johann Quodvultdeus Bürger (resp.), *De ceremoniis gentium circa iuramentum*, Leipzig [1699].

Godefroy, *Ceremonial* (1649): Théodore Godefroy, *Le Ceremonial françois*, 2 Bde., Paris 1649.

Gottschling, *Staat* (1712): Caspar Gottschling, *Staat von Guinea und Congo in Africa*, [Halle 1712].

Groeben, *Reise-Beschreibung* (1694): Otto Friedrich von der Groeben, *Guineische Reise-Beschreibung/Nebst einem Anhange der Expedition in Morea*, Marienwerder 1694.

Grotius, Mare Liberum (1609): Hugo Grotius, Mare Liberum 1609–2009. Original Latin Text (facsimile of the first edition, 1609), and Modern English Translation, hrsg. und komm. von Robert Feenstra, Leiden/Boston 2009.

- ders., Commentary: ders., Commentary on the Law of Prize and Booty, hrsg. und eingel. von Martine Julia van Ittersum (Natural Law and Enlightenment Classics), Indianapolis 2006.
- ders., De Jure (1625): ders., De Jure Belli ac Pacis Libri Tres. Drei Bücher vom Recht des Krieges und des Friedens (1625), eingeleitet und hrsg. von Walter Schätzel (Die Klassiker des Völkerrechts in modernen deutschen Übersetzungen, Bd. 1), Tübingen 1950.
- ders., Jure Praedae: ders., De jure praedae commentarius, hrsg. von H. G. Hamaker, Den Haag 1868.
- ders., *De Iure* (1631 [1625]): ders., *De Iure Belli ac Pacis Libri Tres*, Amsterdam ^{2}1631. [EA 1625]

Hakluyt, Navigations (1589): Richard Hakluyt, The Principall Navigations Voiages and Discoveries of the English Nation (1589), Faksimile-Ausgabe bearb. von Raleigh Ashlin Skelton u.a., 2 Bde. (Works issued by the Hakluyt Society, extra series, Bd. 39), Cambridge 1965.

Hegel, Vorlesungen: G. W. F. Hegel, Vorlesungen über die Philosophie der Geschichte (Werke 12), Frankfurt a.M. 1986.

Hemmersam, *Reißbeschreibung* (1663): Michael Hemmersam, *West-Indianische Reißbeschreibung / de* An. 1639 *bis* 1645, Nürnberg 1663.

Hippisley, *Essays* (1764): [John Hippisley], *Essays*, London 1764.

Isert, Letters (1788): Paul Erdmann Isert, Letters on West Africa and the Slave Trade. Paul Erdmann Isert's Journey to Guinea and the Caribbean Islands in Columbia (1788), übers. und hrsg. von Selena Axelrod Winsnes, Legon 2007.
- ders., *Voyages* (1793 [1788]): [Paul Erdman (sic) Isert], *Voyages en Guinée et dans les îles Caraïbes en Amérique*, Paris 1793.
- ders., *Reise* (1788): ders., *Reise nach Guinea und den caribäischen Inseln in Columbien, in Briefen an seine Freunde beschrieben*, Kopenhagen 1788.

Isidor, Etymologiae: Isidori Hispalensis Episcopi Etymologiarum sive Originum Libri XX, hrsg. von Wallace M. Lindsay, 2 Bde. (Scriptorum Classicorum Bibliotheca Oxoniensis), Oxford 1911.

J. S. G., *Detector* (1753): J. S. G., *Detector detected: Or, State of Affairs on the Gold Coast, and conduct of the present managers consider'd*, London 1753.

Jaucourt, Art. Despotisme (1754): Louis de Jaucourt, Art. Despotisme, in: Denis Diderot/Jean Le Rond d'Alembert (Hrsg.), *Encylopédie ou Dictionnaire raisonné des Arts et des Métiers*, Bd. 4, Paris 1754, S. 886–889.

Johnson, *Dictionary* (1775): Samuel Johnson, *A Dictionary of the English Language*, Dublin ^{4}1775.
- ders., *Dictionary* (1755): ders., *A dictionary of the English Language: in which the Words are deduced from their Originals, and illustrated in their Different Significations by Examples from the Best Writers*, London 1755.

Justi, *Vergleichungen* (1762): Johann Heinrich Gottlob von Justi, *Vergleichungen der europäischen mit den asiatischen und anderen vermeintlich barbarischen Regierungen*, Berlin u.a. 1762.

Kiliaan, *Etymologicum* (1599): Cornelis Kiliaan [eigentlich Cornelis (van) Kiel], *Etymologicum Teutonicae Linguae sive Dictionarium Teutonico-Latinum*, Editio tertia, Antwerpen 1599.

KOLUMBUS, Bordbuch: Christoph Kolumbus, Bordbuch. Mit einem Nachwort von Frauke Gewecke, Frankfurt a.M. 1981.

– ders., Brief: Der erste Brief aus der Neuen Welt. Lateinisch/Deutsch. Mit dem spanischen Text des Erstdrucks im Anhang, hrsg., übers. und kommentiert von Robert Wallisch, Stuttgart 2000.

LABARTHE, *Voyage* (1802): *Voyage au Sénégal pendant les années 1784 et 1785, d'après les mémoires de Lajaille* [...] *avec des notes* [...] *de P. Labarthe*, Paris An X [1802].

LABAT, *Voyage* (1730): Jean-Baptiste Labat, *Voyage du Chevalier des Marchais en Guinée, isles voisines et à Cayenne, Fait en 1725, 1726 & 1727*, 4 Bde., Paris 1730.

– ders., *Relation* (1728): ders., *Nouvelle Relation de l'Afrique Occidentale*, 5 Bde., Paris 1728.

LAFFITTE: *Dahomé* (1876 [1873]): J. Laffitte, *Le Dahomé. Souvenirs de voyage et de mission*, Tours ^{4}1876. [EA 1873]

LAMIRAL, *Affrique* (1789): Dominique Lamiral, *L'Affrique et le peuple affriquain*, Paris 1789.

LANDOLPHE, *Mémoires* (1823): *Mémoires du capitaine Landolphe. Contenant l'histoire de ses voyages pendant trente-six ans, aux côtes d'Afrique et aux deux Amériques, rédigés sur son manuscrit par J. S. Quesne*, 2 Bde., Paris 1823.

LARMESSIN, *Augustes représentations* (1690 [1679]): Larmessin, Nicholas, *Les augustes représentations de tous les Rois de France depuis Pharamond jusqu'à Louis XIV*, Paris 1690. [EA 1679]

LEIBNIZ, Anhang (1701): Gottfried Wilhelm Leibniz, Anhang, betreffend dasjenige, was nach heutigem Völker-Recht zu einem König erfordert wird, in: ders., Deutsche Schriften, hrsg von G. E. Guhrauer, Bd. 2, Hildesheim 1966, S. 303–312.

LINSCHOTEN, Itinerario (1579–1592): Jan Huygen Linschoten, Itinerario (1579–1592), hrsg. von H. Kern et al., 3 Bde., 's-Gravenhage ^{2}1955–1957.

LOYER, *Relation* (1714): Godefroy Loyer, *Relation du Voyage du Royaume d'Issyny, Côte d'Or, Païs de Guinée, en Afrique*, Paris 1714.

LUDOVICI, *Academie* (1797–1801): Carl Günther Ludovici, *Neu eröfnete Academie der Kaufleute, oder encyclopädisches Kaufmannslexicon alles Wissenswerthen und Gemeinnützigen*, bearb. von Johann Christian Schedel, 6 Bde., Leipzig 1797–1801.

LÜNIG, *Theatrum* (1719–1720): Johann Christian Lünig, *Theatrum ceremoniale historico-politicum*, 2 Bde., Leipzig 1719–1720.

MAREES, Description (1602): Pieter de Marees, Description and Historical Account of the Gold Kingdom of Guinea (1602), hrsg. und übers. von Albert van Dantzig und Adam Jones (Fontes Historiae Africanae, Series Varia, Bd. 5), Oxford u.a. 1987.

– ders., Beschryvinge (1602): ders., Beschryvinge ende historische Verhael van het Gout Koninckrijck van Gunea (1602), hrsg. v. S[amuel] P[ierre] L'Honoré Naber (Werken uitgegeven door de Linschoten Vereeniging, Bd. 5), 's-Gravenhage 1912.

– [ders.], *Schiffart* (1606 [1602]): *Siebende Schiffart In das Goldreiche Königreich Guineam, in Africa gelegen* [...]. *An Tag geben durch* LEVINVM HVLSIVM, Frankfurt a.M. 1606.

– [ders.], *Descriptionem* (1604 [1602]): *Veram et historicam Descriptionem avriferi regni Guineae*, übers. von Gotthard Arthus, Frankfurt a.M. 1604.

– [ders.], *Beschreibung* (1603 [1602]): *Wahrhafftige Historische Beschreibung deß gewaltigen Goltreichen Königreichs Guinea,* übers. von Gotthard Arthus, Frankfurt a.M. 1603.

Martin, *Lingua* (1749): Benjamin Martin, *Lingua Britannica Reformata,* London 1749.

Matthews, *Voyage* (1788): John Matthews, *A Voyage to the River Sierra-Leone, on the Coast of Africa,* London 1788.

McLachlan, Travels (1821): Peter McLachlan, Travels into the Baga and Soosoo Countries in 1821, hrsg. von Bruce L. Mouser und Ramon Sarro (University of Leipzig Papers on Africa, History and Culture Series, Nr. 2), Leipzig 1999.

McLeod, *Voyage* (1820): John McLeod, *A Voyage to Africa: with some Account of the Manners and Customs of the Dahomian People,* London 1820.

Meredith, *Account* (1812): Henry Meredith, *An Account of the Gold Coast of Africa; with a brief history of the African Company,* London 1812.

Mill Graves, Journal: A Dutch Embassy to Asante in 1857: The Journal of David Mill Graves, ed. von Larry W. Yarak, in: History in Africa 24 (1997), S. 363–380.

Monrad, Description (1822): Hans Christian Monrad, A Description of the Guinea Coast and its Inhabitants (Two Views from Christiansborg Castle, Bd. 2), übers. von Selena Axelrod Winsnes, Legon 2009.

– ders., *Gemälde* (1824 [1822]): ders., *Gemälde der Kueste von Guinea und der Einwohner derselben, wie auch der Dänischen Colonien auf dieser Küste* (Neue Bibliothek der wichtigsten Reisebeschreibungen zur Erweiterung der Erd- und Völkerkunde, Bd. 37), übers. von H. E. Wolf, Weimar 1824.

– ders., *Bidrag* (1822): ders., *Bidrag til en Skildring af Guinea-Kysten og dens Indbyggere, og til en Beskrivelse over de danske Colonier paa denne Kyst. Samlede under mit Ophold i Afrika i Aarene 1805 til 1809,* Kiøbenhavn 1822.

Montesquieu, Esprit (1748): L'Esprit des lois, 2 Bde., hrsg. von Robert Derathé (Bibliothèque du xviiie siècle, Bd. 14/15), Paris 2011.

Mosto, Voyages (1507): Alvise da Cà da Mosto, The Voyages of Cadamosto (Vicenza 1507), in: The Voyages of Cadamosto and other Documents on Western Africa in the Second Half of the 15th Century, hrsg. von G. R. Crone (Works issued by the Hakluyt Society, 2nd series, Bd. 80), London 1937. [ND Nendeln 1967]

– ders., *Paesi* (1507): *Paesi novamente retrovati/Novo Mondo da Alberico Vesputio Florentino intitulato,* Vicentia 1507.

Müller, Landschafft (1676 [1673]): Wilhelm Johann Müller, Die Africanische Auf Der Guineischen Gold-Cust gelegene Landschafft FETU (1676), Faksimile-Ausgabe eingeleitet von Jürgen Zwernemann (Frühe Reisen und Seefahrten in Originalberichten, Bd. 7), Graz 1968.

Muncaster, *Sketches* (1792): Lord Muncaster [John Pennington], *Historical Sketches of the Slave Trade and of its Effects in Africa Addressed to the People of Great-Britain,* London 1792.

Nettelbeck, Lebensbeschreibung (1820–1823): Lebensbeschreibung des Seefahrers, Patrioten und Sklavenhändlers Joachim Nettelbeck, hrsg. von J. C. L. Haken (Die Andere Bibliothek), Nördlingen 1987.

Norris, *Memoirs* (1789): Robert Norris, *Memoirs of the Reign of Bossa Ahadee, King of Dahomy, an Inland Country of Guiney,* London 1789.

OETTINGER, Flagge: Johann Peter Oettinger (nach), Unter kurbrandenburgischer Flagge. Deutsche Kolonial-Erfahrungen vor 200 Jahren, hrsg. von Paul Oettinger unter Mitwirkung von [Ludwig] von Henk, Berlin 1886.

PHILLIPS, *Journal* (1732): Thomas Phillips, *A Journal of a Voyage from England to Africa, and so forward to Barbadoes, in the Years 1693, and 1694,* in: Awnsham und John Churchill (Hrsg.), *Collection of Voyages and Travels,* Bd. 6, London 1732, S. 173–239.

PIRES, Viagem (1800): Vicente Ferreira Pires, Viagem de África em o Reino de Dahomé (1800), ed. von Clado Ribeiro de Lessa (Brasiliana. Biblioteca Pedagógica Brasileira, sér. 5ª, Bd. 287), São Paulo 1957.

[POSTLETHWAYT], *Trade* (1745): [Malachy Postlethwayt], *The African Trade the Great Pillar and Support of the English Plantation Trade in America,* London 1745.

[PRÉVOST], *Beschryving* (1747–1767): [Antoine-François Prévost], *Historische Beschryving der Reizen,* hrsg. von Jan van der Schley, mehrere Bde., Utrecht 1747–1767.

PRUNEAU DE POMMEGORGE, *Description* (1789): P. D. P. [= Antoine Edme Pruneau de Pommegorge], *Description de la Nigritie,* Amsterdam 1789.

PUFENDORF, *Bücher* (1711 [1672]): Samuel Pufendorf, *Acht Bücher vom Natur- und Völcker-Rechte,* Frankfurt a.M. 1711.

– ders., *Libri* (1694 [1672]): ders., *De iure naturae et gentium libri octo. Editio nova, auctior et emendatior,* Frankfurt a.M. 1694. [EA 1672]

PURCHAS, *Pilgrames,* Bd. 2 (1625): Samuel Purchas, *Purchas His Pilgrimes in Five Parts,* Bd. 2, London 1625.

RANBY, *Observations* (1791): Ranby, *Observations on the evidence given before the committees of the Privy Council and House of Commons in support of the bill for abolishing the slave trade,* London 1791.

RASK, Description: Johannes Rask, A Brief and Truthful Description of a Journey to and from Guinea (1708–1713) (Two Views from Christiansborg Castle, Bd. 1), übers. und hrsg. von Selena Axelrod Winsnes, Legon 2009.

REINDORF, *History* (1895): Carl Christian Reindorf, *History of the Gold Coast and Asante,* Basel 1895.

RÉPIN, Voyage (1863): Voyage au Dahomey par M. le Dr Répin, ex-chirurgien de la Marine Impériale (1860), in: Le Tour du Monde. Nouveau Journal des Voyages 1863, S. 65–112.

RICHELET, *Dictionnaire* (1732): Pierre Richelet, *Dictionnaire de la langue françoise ancienne et moderne,* Bd. 1, [Amsterdam] 1732.

RIDGWAY, Visit (1847): Archibald R. Ridgway, Journal of a Visit to Dahomey; or, The Snake Country, in: New Monthly Magazine 81 (1847), S. 187–198, S. 299–309 und S. 406–414.

ROHR, Einleitung (1733): Julius Bernhard von Rohr, Einleitung zur Ceremoniel-Wissenschafft der großen Herren (1733), Faksimile-Ausgabe hrsg. von Monika Schlechte, Weinheim 1990.

RØMER, Account (1760): Ludewig Ferdinand Rømer, A Reliable Account of the Gold Coast of Guinea (1760), übers. und hrsg. von Selena Axelrod Winsnes, Oxford u. a. 2000.

– ders., *Tilforladelig Efterrettning* (1760): ders., *Tilforladelig Efterrettning om Kysten Guinea,* Kiøbenhavn 1760.

– ders., *Nachrichten* (1769 [1760]): ders., *Nachrichten von der Küste Guinea*, Kopenhagen/Leipzig 1769.

Rousset/Dumont, *Ceremonial* (1739): Jean Rousset de Missy/Jean Dumont, *Le Ceremonial diplomatique des cours de l'Europe*, 2 Bde. (Supplement au corps universel diplomatique du droit des gens, Bd. 4 und 5), Amsterdam/Den Haag 1739.

Ruffhead (Hrsg.), *Statutes*, Bd. 7 (1769): Owen Ruffhead (Hrsg.), *The Statutes at Large, from Magna Carta, to the End of the last Parliament*, Bd. 7, London 1769.

Ruiters, Toorste (1623): Dierick Ruiters, Toortse der Zee-Vaert. Om te beseylen de Custen ghelegen bezuyden den Tropicus Cancri, als Brasilien, West-Indien, Guinea en Angola &c. (1623), hrsg. von S[amuel] P[ierre] L'Honoré Naber (Werken uitgegeven door de Linschoten Vereeniging, Bd. 4), 's-Gravenhage 1913.

Saugnier, *Relations* (1791): Saugnier, *Relations de plusieurs voyages á la Côte d'Afrique, à Maroc, au Sénégal, à Gorée, à Galam, etc. Avec des détails intéressans pour ceux qui se destinent à la Traite des Nègres, de l'Or, de l'Ivoire etc.*, Paris 1791.

Schwabe, *Historie*, Bd. 4 (1749): Johann Joachim Schwabe, *Allgemeine Historie der Reisen zu Wasser und Lande oder Sammlung aller Reisebeschreibungen*, Bd. 4, Leipzig 1749.

Skertchly, *Dahomey* (1874): J. Alfred Skertchly, *Dahomey as It is: Being a Narrative of Eight Month's Residence in that Country*, London 1874.

Smith, *Voyage* (1744): William Smith, *A New Voyage to Guinea*, London 1744.

Snelgrave, *Account* (1734): William Snelgrave, *A New Account Of Some Parts of Guinea and the Slave-Trade*, London 1734.

Stockmann, *Eid* (1709): Paul Stockmann, *Eid und Meineid*, Leipzig 1709.

Suárez, *Tractatus* (1675 [1613]): Francisco Suárez, *Tractatus de legibus ac Deo legislatore*, London 1675. [EA 1613]

Suitte du Journal (1671): Suitte du Journal du sieur Delbée; & la cause de l'envoy de l'Ambassadeur du Roy d'ardres en France, & sa reception en cette Cour, in: Clodoré, *Relation* (1671), S. 495–557.

Theatrum Europaeum (1662–1738): *Theatrum Europaeum*, 21 Bde., Frankfurt a.M. 1662–1738.

Tilleman, Account (1697): Erick Tilleman, En kort og enfoldig Beretning om det Landskab Guinea og dets Beskaffenheid/A Short and Simple Account of the Country Guinea and its Nature (1697), übers. und hrsg. von Selena Axelrod Winsnes, Madison 1994.

Ulsheimer, Reisen: Andreas Josua Ulsheimers Reisen nach Guinea und Beschreibung des Landes, ed. von Walter Crecelius, in: Alemannia. Zeitschrift für Sprache, Litteratur und Volkskunde des Elsasses und Oberrheins 7 (1879), S. 97–120.

Uring, *History* (1726): Nathaniel Uring, *A History of the Voyages and Travels of Capt. Nathaniel Uring*, London 1726.

Valentijn, *Oost-Indiën* (1724–1726): François Valentijn, *Oud en Nieuw Oost-Indiën*, 5 Bde., Dordrecht/Amsterdam 1724–1726.

Vallon, Royaume (1861): A[lbert] Vallon, Le Royaume de Dahomey, in: Revue maritime et coloniale 3,2 (1861), S. 332–363.

Vázquez, *Libri* (1572 [1564]): Fernando Vázquez de Menchaca, *Fernandi Vasqvii Controversiarvm illustrivm, aliarvmqve vsv frequentium libri tres*, Frankfurt a.M. 1572. [EA 1564]

Victoria, De Indis (1532): Franciscus de Victoria, De Indis recenter inventis et de jure belli hispanorum in barbaros relectiones, hrsg. von Walter Schätzel (Die Klassiker des Völkerrechts, Bd. 2), Tübingen 1952.

Villault, *Relation* (1669): [Nicolas] Villault [Sieur] de Bellefond, *Relation des Costes d'Affrique appellées Guinée*, Paris 1669.

Watt, Journal (1794): Journal of James Watt: Expedition to Timbo Capital of the Fula Empire in 1794, hrsg. von Bruce L. Mouser, Madison 1994.

Wicquefort, *Ambassadeur* (1690): Abraham van Wicquefort, *L'Ambassadeur et ses fonctions*, 3 Bde., Köln 1690.

Wilberforce, *Letter* (1807): William Wilberforce, *A Letter on the Abolition of the Slave Trade*, London 1807.

Winterbottom, *Account* (1803): Thomas Winterbottom, *An Account of the Native Africans in the Neighbourhood of Sierra Leone*, 2 Bde., London 1803.

Zedler, *Universal-Lexicon* (1731–1754): Johann Heinrich Zedler, *Grosses vollständiges Universal-Lexicon aller Wissenschaften und Künste*, 64 Bde., Halle/Leipzig 1731–1754.

1.3 Editionen

Behrends et al. (Hrsg.), Corpus: Okko Behrends et al. (Hrsg.), Corpus iuris civilis. Text und Übersetzung, Bd. 2: Digesten 1–10, Heidelberg 1995.

Behrendt/Latham/Northrup (Hrsg.), Diary: Stephen D. Behrendt/A. J. H. Latham/David Northrup (Hrsg.), The Diary of Antera Duke, an Eighteenth-Century African Slave Trader, Oxford u.a. 2010.

Brasio (Hrsg.), Monumenta: António Brasio (Hrsg.), Monumenta Missionaria Africana: África ocidental, 19 Bde., Lissabon 1952 ff.

CSP, CS: Calendar of State Papers, Colonial Series: America and West Indies, London 1860–1969.

CSP, FS: Calendar of State Papers, Foreign Series, London 1861–1936.

Carr (Hrsg.) Charters: Cecil Thomas Carr (Hrsg.), Select Charters of Trading Companies: A. D. 1530–1707 (The Publications of the Selden Society, Bd. 28), London 1913.

Carretta/Reese (Hrsg.), Life: Vincent Carretta/Ty M. Reese (Hrsg.), The Life and Letters of Philip Quaque, the First African Anglican Missionary (Race in the Atlantic World, 1700–1900), Athens, OH 2010.

Chouin (Hrsg.), Colbert: Gérard Chouin (Hrsg.), Colbert et la Guinée. Le voyage en Guinée de Louis de Hally et de Louis Ancelin de Gémozac (1670–1671), Saint-Maur 2011.

Crooks (Hrsg.), Records: John Joseph Crooks (Hrsg.), Records relating to the Gold Coast Settlements from 1750 to 1874, Dublin 1923. [ND London 1973]

Dantzig (Hrsg.), The Dutch: Albert van Dantzig (Hrsg.), The Dutch and the Guinea Coast, 1674–1742. A Collection of Documents from the General State Archive at The Hague, (masch.-schriftl.) Accra 1978.

Davenport (Hrsg.), Treaties: Frances Gardner Davenport (Hrsg.), European Treaties Bearing on the History of the United States and its Dependencies, 4 Bde., Washington, D. C. 1917–1937.

Donnan (Hrsg.), Documents: Elizabeth Donnan (Hrsg.), Documents Illustrative of the History of the Slave Trade to America, Bd. 2: The Eighteenth Century, New York 1969.

Fisher (Bearb.), Extracts: Ruth Ann Fisher (Bearb.), Extracts from the Records of the African Companies, in: Journal of Negro History 13,3 (1928), S. 286–394.

Hazewinkel (Bearb.), Twee Attestaties: H. C. Hazewinkel (Bearb.), Twee Attestaties over de Nederlandsche kolonisatie aan de Goudkust, in: Bijdragen en Mededelingen van het Historisch Genootschap 53 (1932), S. 246–261.

Heeres/Stapel (Bearb.), Corpus: J. F. Heeres/F. W. Stapel (Bearb.), Corpus Diplomaticum Neerlando-Indicum. Verzamling van politieke contracten en verdere verdragen door de Nederlanders in het Oosten gesloten, van privilegebrieven, aan hen verleend, enz. (Bijdragen tot de taal-, land- en volkenkunde van Nederlandsch-Indië), 6 Bde., 's-Gravenhage 1907–1955.

Heijer (Hrsg.), Koning: Henk den Heijer (Hrsg.), Naar de koning van Dahomy. Het journaal van de gezantschapsreis van Jacobus Elet naar het West-Afrikaanse koninkrijk Dahomey in 1733 (Werken uitgegeven door de Linschoten Vereeniging, Bd. 99), 's-Gravenhage 2000.

Jones (Hrsg.), West Africa : Adam Jones (Hrsg.), West Africa in the Mid-Seventeenth Century. An Anonymous Dutch Manuscript (African Historical Sources, Bd. 10), Atlanta 1995.

– ders. (Hrsg.), Brandenburg Sources: ders. (Hrsg.), Brandenburg Sources for West African History, 1680–1700 (Studien zur Kulturkunde, Bd. 77), Stuttgart 1985.

– ders. (Hrsg.), German Sources: ders. (Hrsg.), German Sources for West African History, 1599–1669 (Studien zur Kulturkunde, Bd. 66), Stuttgart 1983.

Justesen (Hrsg.), Danish Sources: Ole Justesen (Hrsg.), Danish Sources for the History of Ghana, 1657–1754 (Fontes historiae Africanae: Series Varia, Bd. 8), 2 Bde., København 2005.

Lalanne (Hrsg.), Correspondence: Ludovic Lalanne (Hrsg.), Correspondance de Roger de Rabutin Comte de Bussy avec sa famille et ses amis (1666–1693), 6 Bde., Paris 1858–1859.

Law (Hrsg.), Dahomey: Robin Law (Hrsg.), Dahomey and the Ending of the Trans-Atlantic Slave Trade. The Journals and Correspondence of Vice-Consul Louis Fraser 1851–1852 (Fontes Historiae Africanae, N. S., Bd. 10), Oxford u. a. 2012.

– ders. (Hrsg.), The English: ders. (Hrsg.), The English in West Africa. The Local Correspondence of the Royal African Company of England, 1681–1699 (Fontes Historiae Africanae, N.S.), 3 Bde., Oxford u. a. 1998–2007.

– ders. (Hrsg.), Correspondence: ders. (Hrsg.), Correspondence of the Royal African Company's Chief Merchants at Cabo Corso Castle with William's Fort, Whydah, and the Little Popo Factory, 1727–1728. An Annotated Transcription of Ms. Francklin 1055/1 in the Bedfordshire Country Record Office, s. l. 1991.

Levtzion/Hopkins (Hrsg.), Corpus: Nehemia Levtzion/J. F. P. Hopkins (Hrsg.), Corpus of early Arabic Sources for West African History (Fontes Historiae Africanae: Series arabica, Bd. 4), Cambridge u. a. 1981.

MAKEPEACE (Hrsg.), Trade: Margaret Makepeace (Hrsg.), Trade on the Guinea Coast, 1657–1666. The Correspondence of the English East India Company (African Studies Program, University of Wisconsin: African Primary Texts, Bd. 4), Madison 1991.

MOMMSEN/KRÜGER (Hrsg.), Corpus: Theodor Mommsen/Paulus Krüger (Hrsg.), Corpus Iuris Civilis, Bd. 1: Institutiones/Digestae, Berlin [5]1889.

PARKER (Hrsg.), Agony: Grant R. Parker (Hrsg.), The Agony of Asar. A Thesis on Slavery by the Former Slave, Jacobus Elisa Johannes Capitein, 1717–1747, Princeton u.a. 2001.

PARRY (Hrsg.), Treaty Series: Clive Parry (Hrsg.), The Consolidated Treaty Series, Bd. 227–231: Appendix of Dutch Colonial Agreements, Dobbs Ferry 1981 ff.

PEPYS, Diary: The Diary of Samuel Pepys. A New and Complete Transcription, hrsg. von Robert Latham und William Matthews, Bd. 5: 1664, London 1971. [ND London 1974]

RATELBAND (Hrsg.), Dagregisters: Klaas Ratelband (Hrsg.), Vijf dagregisters van het kasteel São Jorge da Mina (Elmina) aan de Goudkust, 1645–1647 (Werken uitgegeven door de Linschoten Vereeniging, Bd. 55), 's-Gravenhage 1953.

Receuil des instructions: Recueil des instructions données aux ambassadeurs et ministres de France: depuis les traités de Westphalie jusqu'à la Révolution française, Bd. 16: Prusse, Paris 1901.

Resolutiën: Resolutiën der Staten-Generaal, Nieuwe Reeks: 1610–1670, bislang 7 Bde. (Rijks Geschiedkundige Publicatien, Grote Serie), 's-Gravenhage 1971–1994.

ROUSSIER (Hrsg,), Etablissement: Paul Roussier (Hrsg.), L'Etablissement d'Issiny, 1687–1702 (Publications du Comité d'Études historiques et scientifiques de l'Afrique occidentale française, Série A, Bd. 3), Paris 1935.

SANTAREM (Hrsg.), Quadro: Manuel Francisco de Barros e Sousa de Santarem (Hrsg.), Quadro elementar das Relações Politicas e Diplomaticas de Portugal com as diversas potencias do mundo desde o principio da monarchia portugueza até aos nossos dias, 18 Bde., Paris bzw. Lisboa 1842–1876.

SCHÜCK (Hrsg.), Kolonial-Politik: Richard Schück (Hrsg.), Brandenburg-Preußens Kolonial-Politik unter dem Großen Kurfürsten und seinen Nachfolgern (1647–1721), 2 Bde., Leipzig 1889.

SCHWARTZ (Hrsg.), Macaulay: Suzanne Schwartz (Hrsg.), Zachary Macaulay and the Development of the Sierra Leone Company, 1793–4 (University of Leipzig Papers on Africa, History and Culture Series, No. 4), Leipzig 2000.

UA: Urkunden und Actenstücke des Kurfürsten Friedrich Wilhelm von Brandenburg, 23 Bde., Berlin 1864–1930.

WINSNES (Hrsg.), Jew: Selena Axelrod Winsnes (Hrsg.), A Danish Jew in West Africa: Wulf Joseph Wulff, Biography and Letters, 1836–1842, Trondheim 2004.

2. Hilfsmittel

Chouin, Ecrits: Gérard Chouin, Ecrits d'entre-deux mondes. Un index analytique des sources manuscrites de l'histoire des États de la Côte de l'Or (Côte d'Ivoire, Ghana) dans les fonds de la Bibliothèque nationale et des Archives nationales de France, 1634–1710, Madison, WI 1996.

Doortmont/Smit, Sources: Michel R. Doortmont/Jinna Smit, Sources for the Mutual History of Ghana and the Netherlands. An annotated Guide to the Dutch Archives relating to Ghana and West Africa in the Nationaal Archief, 1593–1960s, Boston/Leiden 2007.

Grimm, Wörterbuch: Jacob und Wilhelm Grimm, Deutsches Wörterbuch, 32 Bde., Leipzig 1854–1961.

Matthews, Materials: Noel Matthews, Materials for West African History in the Archives of the United Kingdom (Guides to Materials for West African History in European Archives, Bd. 5), London 1973.

NNBW: P. C. Molhuysen/K. H. Kossmann, (Hrsg.), Nieuw Nederlandsch Biografisch Woordenboek, 10 Bde., Leiden 1911–1937. [digitalisiert unter: http://resources.huygens.knaw.nl/retroboeken/nnbw (zuletzt besucht am 30.01.2014)]

Ryder, Materials: Alan F. C. Ryder, Materials for West African History in Portuguese Archives (Guides to Materials for West African History in European Archives, Bd. 2), London 1965.

Base des Traités: Base des Traités et Accords de la France, URL: http://basedoc.diplomatie.gouv.fr/Traites/Accords_Traites.php [zuletzt besucht am 14.10.2014].

Brockhaus Enzyklopädie in zwanzig Bänden, 25 Bde., Wiesbaden ^{17}1966–1981.

Ga het na: Homepage des Nationaal Archief, Den Haag, URL: http://gahetna.nl/collectie/catalogus [zuletzt besucht am 14.10.2014].

OED: Oxford English Dictionary, Online-Edition, URL: http://www.oed.com/ [zuletzt besucht am 14.10.2014].

ONB: Oxford Dictionary of National Biography, Online-Edition, URL: http://www.oxforddnb.com/ [zuletzt besucht am 14.10.2014]

Trans-Atlantic Slave Trade Database, URL: www.slavevoyages.org [zuletzt besucht am 14.10.2014].

WNT: Woordenboek der Nederlandsche Taal, URL: http://gtb.inl.nl/ [zuletzt besucht am 14.10.2014].

3. Literatur

Adams, Cloths: Monni Adams, Fon Appliqued Cloths, in: African Arts 13,2 (1980), S. 28–41 und S. 87f.

Adjaye, Diplomacy: Joseph K. Adjaye, Diplomacy and Diplomats in Nineteenth Century Asante, Lanham, MD u.a. 1984.

Affrifah, Akyem Factor: Kofi Affrifah, The Akyem Factor in Ghana's History, 1700–1875, Accra 2000.

AKYEAMPONG et al., Introduction: Emmanuel Akyeampong et al., Introduction: Africa – The Historical Roots of Its Underdevelopment, in: ders. et al. (Hrsg.), Africa's Development in Historical Perspective, Cambridge u.a. 2014, S. 1–29.

– ders., Drink: ders., Drink, Power, and Cultural Change. A Social History of Alcohol in Ghana, c. 1800 to Recent Times, Portsmouth/Oxford 1998.

AKINJOGBIN, Dahomey: I[saac] A[deagbo] Akinjogbin, Dahomey and Its Neighbours, 1708–1818, Cambridge 1967.

– ders., Agaja: ders., Agaja and the Conquest of the Central Aja States, in: Journal of the Historical Society of Nigeria 2,4 (1963), S. 545–566.

ALDRIDGE, Population: Alfred Owen Aldridge, Population and Polygamy in Eighteenth-Century Thought, in: Journal of the History of Medicine and Allied Sciences 4,2 (1949), S. 129–148.

ALEXANDER, Negotiation: Andrew Alexander, Negotiation, Trade and the Rituals of Encounter: An Examination of the Slave-rading Voyage of *De Zon*, 1775–1776, in: Itinerario 31,3 (2007), S. 39–58.

ALEXANDROWICZ, Role: Charles Henry Alexandrowicz, The Role of Treaties in the European-African Confrontation in the Nineteenth Century, in: Mensah-Brown (Hrsg.), History, S. 27–68.

– ders., Confrontation: ders., The European-African Confrontation. A Study in Treaty Making, Leiden 1973.

– ders., Introduction: ders., An Introduction to the History of the Law of Nations in the East Indies (16th, 17th and 18th Centuries), Oxford 1967.

ALGAZI/GROEBNER/JUSSEN (Hrsg.), Negotiating: Gazi Algazi/Valentin Groebner/ Bernhard Jussen (Hrsg.), Negotiating the Gift. Pre-Modern Figurations of Exchange (Veröffentlichungen des Max-Planck-Instituts für Geschichte, Bd. 188), Göttingen 2003.

– Algazi, Introduction: Gazi Algazi, Introduction: Doing Things with Gifts, in: ebd., S. 9–27.

ALPERN, Plants: Stanley B. Alpern, Exotic Plants of Western Africa: Where They Came from and When, in: History in Africa 35 (2008), S. 63–102.

– ders., Master List: ders., What Africans Got For Their Slaves: A Master List of European Trade Goods, in: History in Africa 22 (1995), S. 5–43.

– ders., Introduction: ders., The European Introduction of Crops into West Africa in Precolonial Times, in: History in Africa 19 (1992), S. 13–43.

ALTHOFF/STOLLBERG-RILINGER, Sprache: Gerd Althoff/Barbara Stollberg-Rilinger, Die Sprache der Gaben. Logik und Semantik des Gabentausches im vormodernen Europa, Vortragsmanuskript 2011.

– ders. et al. (Hrsg.), Spektakel: ders. et al. (Hrsg.), Spektakel der Macht. Rituale im Alten Europa 800–1800 (Ausst.kat. Magdeburg 2008/09), Darmstadt 2008.

– ders., Macht: ders., Die Macht der Rituale. Symbolik und Herrschaft im Mittelalter, Darmstadt 2003.

AMANOR, Restructuring: Kojo Sebastian Amanor, Global Restructuring and Land Rights in Ghana. Forest Food Chains, Timber and Rural Livelihoods (Nordic Africa Institute, Research Report, Bd. 108), Uppsala 1999.

Ambos/Rösch/Weinfurter (Hrsg.) Bild: Claus Ambos/Petra Rösch/Stefan Weinfurter (Hrsg.), Bild und Ritual. Visuelle Kulturen in historischer Perspektive, Darmstadt 2010.

Amend-Traut, Art. Handelsgesellschaft: Anja Amend-Traut, Art. Handelsgesellschaft, in: Handwörterbuch zur deutschen Rechtsgeschichte, Bd. 2, Berlin [2]2012, S. 703–712.

Andree, Ethnographica: Richard Andree, Seltene Ethnographica des Städtischen Gewerbe-Museums zu Ulm, in: Baessler-Archiv. Beiträge zur Völkerkunde 4 (1914), S. 29–38.

Andretta et al. (Hrsg.), Paroles: Stefano Andretta et al. (Hrsg.), Paroles de négociateurs. L'entretien dans la pratique diplomatique de la fin du Moyen Âge à la première Guerre mondiale, Rome 2010.

Anghie, Imperialism: Antony Anghie, Imperialism, Sovereignty and the Making of International Law, Cambridge u.a. 2005.

Anignikin, Histoire: Sylvain C. Anignikin, Histoire des populations mahi. À propos de la controverse sur l'ethnonyme et le toponyme »Mahi«, in: Cahiers d'Etudes Africaines 41 (2001), S. 243–265.

Anquandah, Castles: Kwesi J. Anquandah, Castles & Forts of Ghana, Atalante 1999.

Ansprenger, Geschichte: Franz Ansprenger, Geschichte Afrikas, München [2]2004.

Appadurai, Introduction: Arjun Appadurai, Introduction: Commodities and the Politics of Value, in: ders. (Hrsg.), The Social Life of Things. Commodities in Cultural Perspective, Cambridge 1986, S. 3–63.

Araujo (Hrsg.), Politics: Ana Lucia Araujo (Hrsg.), Politics of Memory. Making Slavery Visible in the Public Sphere (Routledge Studies in Cultural History), New York 2012.

– dies., Welcome: dies., Welcome the Diaspora: Slave Trade Heritage Tourism and the Public Memory of Slavery, in: Ethnologies 32,2 (2010), S. 145–178.

Arnold, Port: Rosemary Arnold, A Port of Trade: Whydah on the Guinea Coast, in: Karl Polanyi/Conrad M. Arensberg/Harry W. Pearson (Hrsg.), Trade and Market in the Early Empires. Economies in History and Theory, London 1957, S. 154–176.

Arnoldi/Kreamer, Crowning: Mary Jo Arnoldi/Christine Mullen Kreamer, Crowning Achievements. African Arts of Dressing the Head, Los Angeles, CA 1995.

Arhin, Authority: Kwame Arhin, Diffuse Authority among the Coastal Fanti, in: Ghana Notes & Queries 9 (1966), S. 66–70.

Armstrong, Meeting: Robert G. Armstrong, The public meeting as a means of participation in political and social activities in Africa, in: Socio-political aspects of the palaver in some African countries (UNESCO: Introduction to African Culture, Bd. 2), Paris 1979, S. 11–26.

Arndt/Asch/Schnettger (Hrsg.), Monarchie: Johannes Arndt/Ronald G. Asch/Matthias Schnettger (Hrsg.), Die frühneuzeitliche Monarchie und ihr Erbe. Festschrift für Heinz Duchhardt zum 60. Geburtstag, Münster u.a. 2003.

– ders., Monarch: ders., Monarch oder der »bloße Edelmann«? Der deutsche Kleinpotentat im 18. Jahrhundert, in: ebd., S. 59–90.

ARNDT, Art. Häuptling: Susan Arndt, Art. Häuptling, in: dies./Antje Hornscheidt (Hrsg.), Afrika und die deutsche Sprache. Ein kritisches Nachschlagewerk, Münster ^{2}2009, S. 142–146.

ARNEIL, Locke: Barbara Arneil, John Locke and America. The Defence of English Colonialism, Oxford 1996.

ASCH/LEONHARD, Art. Monarchie: Ronald G. Asch/Jörn Leonhard, Art. Monarchie, in: Enzyklopädie der Neuzeit, Bd. 8, Stuttgart/Weimar 2008, Sp. 675–696.

– ders., Nobilitierungsrecht: ders., Das monarchische Nobilitierungsrecht und die soziale Identität des Adels im 17. und 18. Jahrhundert. Eine Problemskizze, in: ders./Arndt/Schnettger (Hrsg.), Monarchie, S. 91–107.

ATKINSON, Akyem: Ronald R. Atkinson, Old Akyem and the Origins of Akyems Abuakwa and Kotoku 1675–1775, in: B. K. Swartz, Jr./Raymond E. Dumett (Hrsg.), West African Culture Dynamics. Archaeological and Historical Perspectives (World Anthropology), Den Haag u.a. 1980, S. 349–369.

AUSTEN, Africa: Ralph A. Austen, Trans-Saharan Africa in World History, Oxford u.a. 2010.

– ders./SMITH, Images: ders./Woodruff D. Smith, Images of Africa and British Slave-Trade Abolition: The Transition to an Imperialist Ideology, in: African Historical Studies 2,1 (1969), S. 69–83.

AUSTIN, Labour: Gareth Austin, Labour, Land and Capital in Ghana. From Slavery to Free Labour in Asante, 1807–1965 (Rochester Studies in African History and the Diaspora), Rochester 2005.

AUSTIN, Province: John Austin, The Province of Jurisprudence Determined, London 1832.

AXTELL, Indians: James Axtell, The White Indians of Colonial America, in: William and Mary Quarterly, 3rd series, 32,1 (1975), S. 55–88.

BAESJOU, Jurisdiction: René Baesjou, Dutch ›irregular‹ jurisdiction on the 19th Century Gold Coast, in: ders./Robert Ross (Hrsg.), Palaver. European Interference in African Dispute Settlement (African Perspectives, 1979, Heft 2), Leiden 1979, S. 21–66.

– ders./Ross, Introduction: ders./Robert Ross, Introduction, in: ebd., S. 7–9.

– ders., Note: ders., Une Note sur le don dans l'évolution des rapports entre Africains et Européens à la côte de Guinée, unveröffentl. Manuskript, Leiden s. d.

BÄHR/BURSCHEL/JANCKE (Hrsg.), Räume: Andreas Bähr/Peter Burschel/Gabriele Jancke (Hrsg.), Räume des Selbst. Selbstzeugnisforschung transkulturell (Selbstzeugnisse der Neuzeit, Bd. 19), Köln u.a. 2007.

BAL, Matabiche: Willy Bal, Matabiche et dash (1962), in: ders., Africana Romana. Mélanges Willy Bal, hrsg. von Dieter Kremer (Romanistik in Geschichte und Gegenwart, Bd. 22), Hamburg 1988, S. 5–15.

BALLER et al. (Hrsg.), Ankunft: Susann Baller et al. (Hrsg.), Die Ankunft des Anderen. Repräsentationen sozialer und politischer Ordnungen in Empfangszeremonien (Eigene und fremde Welten, Bd. 5), Frankfurt a.M. u.a. 2008.

BALLONG-WEN-MEWUDA, São Jorge da Mina: J[oseph] Bato'ora Ballong-Wen-Mewuda, São Jorge da Mina, 1482–1637. La vie d'un comptoir portugais en Afrique occidentale (École des Hautes Études en Sciences Sociales: Collection du Centre d'Études Portugaises, Bd. 5), 2 Bde., Lissabon/Paris 1993. [Diss. Paris 1984]

Bandorf, Schrottenberg: Franz Bandorf, Wolf Philipp von Schrottenberg (1640–1715) und der Friede von Rijswijk. Europäische Friedenspolitik im Zeitalter Ludwigs XIV., masch.-schriftl. Diss. Würzburg 1973.

Banks, Financiers: Kenneth J. Banks, Financiers, Factors, and French Proprietary Companies in West Africa, 1664–1713, in: Louis H. Roper/Bertrand van Ruymbeke (Hrsg.), Constructing Early Modern Empires. Proprietary Ventures in the Atlantic World, 1500–1750 (Atlantic World, Bd. 11), Leiden/Boston 2007, S. 79–116.

– ders., Empire: ders., Chasing Empire Across the Sea. Communications and the State in the French Atlantic, 1713–1763, Montréal u.a. 2003.

Barber (Hrsg.), Histories: Karin Barber (Hrsg.), Africa's Hidden Histories. Everyday Literacy and Making the Self, Bloomington/Indianapolis 2006.

Barend-van Haeften, Scheepsjournaal: Marijke Barend-van Haeften, Van scheepsjournaal tot reisverhaal. Een kennismaking met zeventiende-eeuwse reisteksten, in: Literatuur 7 (1990), S. 222–228.

Barmeyer, Taschenlexikon: Christoph Barmeyer, Taschenlexikon Interkulturalität, Göttingen 2012.

Barth/Osterhammel (Hrsg.), Zivilisierungsmissionen: Boris Barth/Jürgen Osterhammel (Hrsg.), Zivilisierungsmissionen. Imperiale Weltverbesserung seit dem 18. Jahrhundert, Konstanz 2005.

Barth, Process: Fredrik Barth, Process and Form in Social Life (Selected Essays of Fredrik Barth, Bd. 1), London u.a. 1981.

– ders., Groups: ders., Ethnic groups and boundaries, in: ebd., S. 198–227.

Bassani, African Art: Ezio Bassani, African Art and Artefacts in European Collections 1400–1800, hrsg. von Malcolm D. McLeod, London 2000.

Bauer, Zeremoniell: Volker Bauer, Zeremoniell und Ökonomie. Der Diskurs über die Hofökonomie in Zeremonialwissenschaft, Kameralismus und Hausväterliteratur in Deutschland, 1700–1780, in: Berns/Rahn (Hrsg.), Zeremoniell, S. 21–56.

Bay, Wives: Edna G. Bay, Wives of the Leopard. Gender, Politics and Culture in the Kingdom of Dahomey, Charlottesville, VA 1998.

Becker (Hrsg.), Rassenmischehen: Frank Becker (Hrsg.), Rassenmischehen – Mischlinge – Rassentrennung. Zur Politik der Rasse im deutschen Kolonialreich (Beiträge zur Europäischen Überseegeschichte 90), Stuttgart 2004.

Bederman, Sea: David J. Bederman, The Sea, in: Fassbender/Peters (Hrsg.), Handbook, S. 359–379.

Béhar/Schneider (Hrsg.), Fürst: Pierre Béhar/Herbert Schneider (Hrsg.), Der Fürst und sein Volk. Herrscherlob und Herrscherkritik in den habsburgischen Ländern der frühen Neuzeit (Annales Universitatis Saraviensis, Bd. 23), St. Ingbert 2004.

Behrendt, Ecology: Stephen D. Behrendt, Ecology, Seasonality, and the Transatlantic Slave Trade, in: Bernard Bailyn/Patricia L. Denault (Hrsg.), Soundings in Atlantic History. Latent Structures and Intellectual Currents, 1500–1830, Cambridge, MA/London 2009, S. 44–85.

Behringer, Art. Weihnachten: Wolfgang Behringer, Art. Weihnachten, in: Enzyklopädie der Neuzeit, Bd. 14, Stuttgart/Weimar 2011, Sp. 774–777.

BEHRMANN, Verschriftlichung: Thomas Behrmann, Verschriftlichung als Lernprozess: Urkunden und Statuten in den lombardischen Stadtkommunen, in: Historisches Jahrbuch 111 (1991), S. 285–402.

BELMESSOUS (Hrsg.), Empire: Saliha Belmessous (Hrsg.), Empire by Treaty: Negotiating European Expansion, 1600–1900, Oxford u.a. 2014.

- dies., Paradox: dies., The Paradox of an Empire by Treaty, in: ebd., S. 1–18.
- dies. (Hrsg.), Claims: dies. (Hrsg.), Native Claims. Indigenous Law against Empire, 1500–1920, Oxford u.a. 2012.
- dies., Assimilation: dies., Assimilation and Racialism in Seventeenth and Eighteenth-Century French Colonial Policy, in: American Historical Review 110,2 (2005), S. 322–349.

BEN-AMOS, Culture: Ilana Krausman Ben-Amos, The Culture of Giving. Informal Support and Gift-Exchange in Early Modern England (Cambridge Social and Cultural Histories, Bd. 12), Cambridge u.a. 2008.

BENTON/ROSS (Hrsg.), Legal Pluralism: Lauren Benton/Richard J. Ross (Hrsg.), Legal Pluralism and Empires, 1500–1850, New York/London 2013.

- Benton, Search: Lauren Benton, A Search for Sovereignty. Law and Geography in European Empires, 1400–1900, Cambridge u.a. 2010.
- dies./STRAUMANN, Acquiring: dies./Benjamin Straumann, Acquiring Empire by Law. From Roman Doctrine to Early Modem European Practice, in: Law and History Review 28,1 (2010), S. 1–39.
- dies., Law: dies., Law and Colonial Cultures. Legal Regimes in World History, 1400–1900 (Studies in Comparative World History), Cambridge u.a. 2002.

BERBAIN, Comptoir: Simone Berbain, Le comptoir français de Juda (Ouidah) au XVIIIe siècle. Etudes sur la traite des noirs au golfe de Guinée (Mémoires de l'Institut Français d'Afrique Noire, Bd. 3), Paris 1942.

BEREND, Concept: Nora Berend, The Concept of Christendom: A Rhetoric of Integration or Disintegration?, in: Michael Borgolte/Bernd Schneidmüller (Hrsg.), Hybride Kulturen im mittelalterlichen Europa. Vorträge und Workshops einer internationalen Frühlingsschule (Europa im Mittelalter, Bd. 16), Berlin 2010, S. 51–61.

BERG/FUCHS (Hrsg.), Kultur: Eberhard Berg/Martin Fuchs (Hrsg.), Kultur, soziale Praxis, Text. Die Krise der ethnographischen Repräsentation, Frankfurt a.M. 1993.

BERGER/LUCKMANN, Konstruktion: Peter L. Berger/Thomas Luckmann, Die Konstruktion gesellschaftlicher Wirklichkeit. Eine Theorie der Wissenssoziologie, Frankfurt a.M. [20]2004.

BERGER, China-Bild: Willy Richard Berger, China-Bild und China-Mode im Europa der Aufklärung, Köln/Wien 1990.

BERGHOFF/VOGEL, Wirtschaftsgeschichte: Hartmut Berghoff/Jakob Vogel, Wirtschaftsgeschichte als Kulturgeschichte. Ansätze zur Bergung transdisziplinärer Synergiepotentiale, in: dies. (Hrsg.), Wirtschaftsgeschichte als Kulturgeschichte. Dimensionen eines Perspektivenwechsels, Frankfurt a.M./New York 2004, S. 9–41.

BERKING, Schenken: Helmuth Berking, Schenken. Zur Anthropologie des Gebens, Frankfurt a.M./New York 1996. [Habil. Berlin 1993]

BERLIN, Creole: Ira Berlin, From Creole to African: Atlantic Creoles and the Origins of African-American Society in Mainland North America, in: William & Mary Quarterly, 3rd series, 53,2 (1996), S. 251–288.

BERNASCONI, Hegel: Robert Bernasconi, Hegel at the Court of the Ashanti, in: Stuart Barnett (Hrsg.), Hegel after Derrida, London 1998, S. 41–63.

BERNS/RAHN (Hrsg.), Zeremoniell: Jörg Jochen Berns/Thomas Rahn (Hrsg.), Zeremoniell als höfische Ästhetik in Spätmittelalter und Früher Neuzeit (Frühe Neuzeit, Bd. 25), Tübingen 1995.

BERRY, Debating: Sara Berry, Debating the Land Question in Africa, in: Comparative Studies in Society and History 44,4 (2002), S. 638–668.

BHABHA, Location: Homi Bhabha, The Location of Culture, London/New York 1996.

BIJSTERVELD, Do: Arnoud-Jan A. Bijsterveld, Do ut des. Gift Giving, Memoria, and Conflict Management in the Medieval Low Countries (Middeleeuwse studies en bronnen, Bd. 104), Hilversum 2007.

– ders., Gift: ders., The Medieval Gift as Agent of Social Bonding and Political Power. A Comparative Approach, in: Esther Cohen/Mayke B. de Jong (Hrsg,), Medieval Transformations. Texts, Power, and Gifts in Context (Cultures, Beliefs and Traditions. Medieval and Early Modern Peoples, Bd. 11), Leiden u. a. 2001, S. 123–156.

BILBY, Swearing: Kenneth Bilby, Swearing by the Past, Swearing to the Future: Sacred Oaths, Alliances, and Treaties among the Guianese and Jamaican Maroons, in: Ethnohistory 44 (1997), S. 655–689.

BIPOUN-WOUM, Droit: Joseph-Marie Bipoun-Woum, Le droit international africain. Problèmes généraux – règlement des conflits (Bibliothèque africaine et malgache. Droit et sociologie politique, Bd. 5), Paris 1970.

BITTERLI, ›Wilden‹: Urs Bitterli, Die ›Wilden‹ und die ›Zivilisierten‹. Grundzüge einer Geistes- und Kulturgeschichte der europäisch-überseeischen Begegnung, München ³2004.

– ders., Entdeckung: ders., Die Entdeckung des schwarzen Afrikaners. Versuch einer Geistesgeschichte der europäisch-afrikanischen Beziehungen an der Guineaküste im 17. und 18. Jahrhundert (Beiträge zur Kolonial- und Überseegeschichte, Bd. 5), Zürich u. a. 1970. [Habil. Zürich 1970]

BITTNER, Lehre: Ludwig Bittner, Die Lehre von den völkerrechtlichen Vertragsurkunden, Berlin/Leipzig 1924.

BLAKELY, Blacks: Allison Blakely, Blacks in the Dutch World. The Evolution of Racial Imagery in a Modern Society, Bloomington, IN 1993.

BLAKE, Farm: John W[illiam] Blake, The Farm of the Guinea Trade, in: H. A. Cronne/T. W. Moody/D. B. Quinn (Hrsg.), Essays in British and Irish History in Honour of James Eadie Todd, London 1949, S. 86–106.

– ders., Company: ders., The English Guinea Company, 1618–1660, in: Proceedings of the Belfast Natural History and Philosophical Society 3 (1945/46), S. 14–27.

– ders. (Hrsg.), Europeans: ders. (Hrsg.), Europeans in West Africa, 1450–1560. Documents to illustrate the nature and scope of Portuguese enterprise in West Africa, the abortive attempts of Castilians to create an empire there, and the early English voyages to Barbary and Guinea, London 1942. [ND Nendeln 1967]

– ders., Beginnings: ders., European Beginnings in West Africa 1454–1578. A survey of the first century of white enterprise in West Africa, with special emphasis upon the rivalry of the great powers, London u.a. 1937.

Blanke, Herrschaft: Horst W. Blanke, Politische Herrschaft und soziale Ungleichheit im Spiegel des Anderen. Untersuchungen zu den deutschsprachigen Reisebeschreibungen vornehmlich im Zeitalter der Aufklärung (Wissen und Kritik, Bd. 6), 2 Bde., Waltrop 1997. [Habil. Bielefeld 1996]

Blattmann, ›Materialität‹: Marita Blattmann, Über die ›Materialität‹ von Rechtstexten, in: Frühmittelalterliche Studien 28 (1994), S. 334–354.

Bley, Art. Westafrikanische Welt: Hartmut Bley, Art. Westafrikanische Welt, in: Enzyklopädie der Neuzeit, Bd. 14, Stuttgart u.a. 2006, Sp. 1003–1020.

Blier, Europia Mania: Suzanne Preston Blier, Europia Mania: Contextualizing the European Other in Eighteenth- and Nineteenth-Century Dahomey Art, in: Kumkum Chatterjee/Clement Hawes (Hrsg.), Europe Observed. Multiple Gazes in Early Modern Encounters (Aperçus: Histories Texts Cultures), Lewisburg 2008, S. 237–270.

– dies., Assemblage: dies., Assemblage: Dahomey Arts and the Politics of Dynasty, in: Res. Anthropology and Aesthetics 45 (2004), S. 187–210.

– dies. (Hrsg.), Art: dies. (Hrsg.), Art of the Senses. African Masterpieces from the Teel Collection, Boston 2004.

– dies., Royal Arts: dies., Royal Arts of Africa. The Majesty of Form, London 1998.

Bloch, Könige: Marc Bloch, Die wundertätigen Könige, übers. von Claudia Märtl, München 1998. [frz. EA 1973]

Blockmans/Holenstein/Mathieu (Hrsg.), Empowering: Wim Blockmans/André Holenstein/Jon Mathieu (Hrsg.), Empowering Interactions. Political Cultures and the Emergence of the State in Europe 1300–1900, Farnham/Burlington, VT 2009.

Bloh, Macht: Jutta Charlotte von Bloh, Die Macht des Schenkens. Der sächsische Herrscherhof in Dresden als repräsentatives Beispiel für die höfische Geschenkkultur im Europa der Frühen Neuzeit, in: dies./Claus Deimel/Sarah Elizabeth Holland (Hrsg.), Gaben im Großen Haus der Kwakwaka'wakw an der kanadischen Nordwestküste und am sächsischen Herrscherhof in Dresden (Ausst.kat. Dresden 2011), Berlin/München 2011, S. 122–129.

Bluntschli, Völkerrecht: Johann Caspar Bluntschli, Das moderne Völkerrecht der civilisirten Staten. Als Rechtsbuch dargestellt, Nördlingen 1868.

Blussé, Queen: Leonard Blussé, Queen among Kings. Diplomatic Ritual at Batavia, in: Kees Grijs/Peter J. M. Nas (Hrsg.), Jakarta – Batavia. Socio-cultural Essays (Verhandelingen van het Koninklijk Instituut voor Taal-, Land- en Volkenkunde, Bd. 187), Leiden 2000, S. 25–41.

– ders./Gaastra (Hrsg.), Companies: ders./Femme Gaastra (Hrsg.), Companies and Trade. Essays on Overseas Trading Companies during the Ancien Régime (Comparative Studies in Overseas History, Bd. 3), Leiden 1981.

Boahen, Topics: A. Adu Boahen (unter Mitarbeit von J. F. Ade Ajayi und Michael Tidy), Topics in West African History, Harlow [2]1986.

– ders., Diplomacy: ders., Fante diplomacy in the 18th century, in: Kenneth Ingham (Hrsg.), Foreign Relations of African States. Proceedings of the 25th Symposium of the Colston Research Group 1973 (Colston Papers, Bd. 25), London 1974, S. 25–49.

- ders., Asante: ders., Asante and Fante A. D. 1000–1800, in: J. F. Ade. Ajayi/Ian Espie (Hrsg.), A Thousand Years of West African History. A Handbook for Teachers and Students, Ibadan u. a. 1965 [ND Ibadan 1967], S. 160–185.

Böhme, Fetischismus: Hartmut Böhme, Fetischismus und Kultur. Eine andere Theorie der Moderne (rowohlts enzyklopädie), Reinbek bei Hamburg 2006.

Boiley/Thioub, Histoire africaine: Pierre Boiley/Ibrahima Thioub, Pour une histoire africaine de la complexité, in: Séverine Awenengo/Pascale Barthélémy/Charles Tshimanga (Hrsg.), Écrire l'histoire de l'Afrique autrement?, Paris 2004, S. 23–45.

Boissonnade, Histoire: Prosper Boissonnade, Histoire des premiers essais de relations économiques directes entre la France et l'État Prussien pendant le règne de Louis XIV (1643–1715) (Mémoires de la société des antiquaires de l'ouest, 3. F., Bd. 6), Poitiers 1913.

Bonacina, Note: Giovanni Bonacina, Note sulla filosofia della storia di Hegel a proposito di Australia America e Africa, in: Quaderni di storia 58 (2003), S. 17–71.

Bond, System: Beverley W. Bond, The Quit-Rent System in the American Colonies, in: American Historical Review 17,3 (1912), S. 496–516.

Boogaart, Prejudice: Ernst van den Boogaart, Colour Prejudice and the Yardstick of Civility. The Initial Dutch Confrontation with Black Africans, 1590–1635, in: Robert Ross (Hrsg.), Racism and Colonialism (Comparative Studies in Overseas History, Bd. 4), Leiden 1982, S. 33–54.

Borgolte, Mittelalter: Michael Borgolte, Mittelalter in der größeren Welt. Eine europäische Kultur in globaler Perspektive, in: Historische Zeitschrift 295 (2012), S. 35–61.

- ders., Migration: ders., Migration als transkulturelle Verflechtungen im mittelalterlichen Europa. Ein neuer Pflug für alte Forschungsfelder, in: Historische Zeitschrift 289 (2009), 261–285.

Borschberg, Theory: Peter Borschberg, Hugo Grotius' Theory of Trans-Oceanic Trade Regulation: Revisiting Mare Liberum (1609), in: Itinerario 29 (2005), S. 31–53.

- ders., Grotius: ders., Hugo Grotius »Commentarius in Theses XI«. An Early Treatise on Sovereignty, the Just War, and the Legitimacy of the Dutch Revolt, Bern 1994.

Boulègue, Luso-Africains: Jean Boulègue, Les Luso-Africains de Sénégambie, XVIe–XIXe siècles, Lissabon 1989.

Boulle, Mercantilism: Pierre H. Boulle, French Mercantilism, Commercial Companies and Colonial Profitability, in: Blussé/Gaastra (Hrsg.), Companies, S. 97–117.

- ders., Policies: ders., 18th-Century French Policies Toward Senegal: The Ministry of Choiseul, in: Canadian Journal of African Studies 4,3 (1970), S. 305–320.

Bourdieu, Ökonomie: Pierre Bourdieu, Die Ökonomie der symbolischen Güter, in: ders., Praktische Vernunft. Zur Theorie des Handelns, Frankfurt a.M. 1998 [frz. EA 1994], S. 163–200.

BOWDEN, Origins: Brett Bowden, The Colonial Origins of International Law: European Expansion and the Classical Standard of Civilisation‹, Journal of the History of International Law 7 (2005), S. 1–23.

BOXER, Barros: Charles R. Boxer, João de Barros, Portuguese Humanist and Historian of Asia, New Delhi 1981.

– ders., Empire: ders., The Portuguese Seaborne Empire, 1415–1825 (The History of Human Society), New York 1975.

– ders., Vieira: ders., Padre António Vieira S. J. and the Institution of the Brazil Company in 1649, in: Hispanic American Historical Review 29,4 (1949), S. 474–497.

BRADDICK, State formation: Michael Braddick, State formation and political culture in Elizabethan and Stuart England: Micro-Histories and macro-historical change, in: Ronald G. Asch/Dagmar Freist (Hrsg.), Staatsbildung als kultureller Prozess. Strukturwandel und Legitimation in der Frühen Neuzeit, Köln u.a. 2005, S. 69–90.

– ders., Civility: ders., Civility and Authority, in: ders./David Armitage (Hrsg.), The British Atlantic World, 1500–1800, Basingstoke 2002, S. 93–112.

BRAIDWOOD, Black Poor: Stephen J. Braidwood, Black Poor and White Philanthropists. London's Blacks and the Foundation of the Sierra Leone Settlement 1786–1791 (Liverpool Historical Studies, Bd. 10), Liverpool 1994.

BRAUN, Fremdsprachen: Guido Braun, Fremdsprachen als Fremderfahrung. Das Beispiel des Westfälischen Friedenskongresses, in: Rohrschneider/Strohmeyer (Hrsg.), Wahrnehmungen, S. 203–244.

BRAUNER, *Papisten*: Christina Brauner, *wie die Papisten bei ihrer Meß*. Zeremoniell- und Ritualkritik im europäischen Diskurs über Westafrika, in: Dorothee Linnemann/Christel Meier (Hrsg.), Grenzgänge: Mediale Transfigurationen zwischen Bildtheater und Zeremoniell, Münster [in Vorbereitung].

– dies., »Fetischkult«: dies., Weder Gottes- noch Selbsterkenntnis? Europäische Diskurse über afrikanischen »Fetischkult« zwischen Früher Neuzeit und Moderne, in: Martin Fuchs/Antje Linkenbach-Fuchs/Wolfgang Reinhard (Hrsg.), Individualisierung durch christliche Mission? (Studien zur außereuropäischen Christentumsgeschichte, Bd. 24), Wiesbaden 2015, S. 519–535.

– dies., »König«: dies., Beim »König« von Anomabo. Audienzen an der westafrikanischen Goldküste als Schauplatz afrikanischer Politik und europäischer Konkurrenz (1751/52), in: Burschel/Vogel (Hrsg.), Audienz, S. 269–310.

– dies., Verschwinden: dies., Das Verschwinden des Augenzeugen. Transformationen von Text und Autorschaftskonzeption in der deutschen Übersetzung des Guinea-Reiseberichts von Pieter de Marees (1602) und seiner Rezeption, in: Bettina Noak (Hrsg.), Auctoritas und Wissenstransfer in der frühneuzeitlichen niederländischsprachigen Literatur 1500–1800 (Berliner Mittelalter- und Frühneuzeitforschung), Göttingen 2014, S. 19–60.

– dies., Schlüssel: dies., Ein Schlüssel für zwei Truhen. Diplomatie als interkulturelle Praxis am Beispiel einer westafrikanischen Gesandtschaft nach Frankreich (1670/71), in: Burschel/Kundrus (Hrsg.), Diplomatiegeschichte, S. 199–226.

- dies., Unkeuschheit: dies., Unkeuschheit oder wirtschaftliche Notwendigkeit? Diskursive Spielräume im Umgang mit Polygamie zwischen Täufern, Naturrecht und Westafrika, in: Saeculum 61, 1 (2011), S. 99–139.

Bravmann, Frontiers: René A. Bravmann, Open Frontiers. The Mobility of Art in Black Africa, Seattle/London 1973.

- ders., Diffusion: ders., The Diffusion of Ashanti Political Art, in: Cole/Fraser (Hrsg.), African Art, S. 153–171.
- ders., State-Sword: ders., The State-Sword: A Pre-Ashanti Tradition, in: Ghana Notes & Queries 10 (1968), S. 1–4.

Brednich, Volkswelt: Rolf Wilhelm Brednich, Volkswelt als Kulisse. Folklorismusphänomene im höfischen Festwesen Württembergs im 18. Jahrhundert, in: Nils-Arvid Bringéus et al. (Hrsg.), Wandel der Volkskultur in Europa. Festschrift für Günter Wiegelmann zum 60. Geburtstag, Bd. 2 (Beiträge zur Volkskultur in Nordwestdeutschland, Bd. 60,2), Münster 1988, S. 741–756.

Brenner (Hrsg.), Reisebericht: Peter J. Brenner (Hrsg.), Der Reisebericht. Die Entwicklung einer Gattung in der deutschen Literatur, Frankfurt a.M. 1989.

Bressler, Schuldknechtschaft: Steffen Bressler, Schuldknechtschaft und Schuldturm. Zur Personalexekution im sächsischen Recht des 13.–16. Jahrhunderts (Freiburger Rechtsgeschichtliche Abhandlungen, N. F., Bd. 42), Berlin 2004. [Diss. Freiburg i.B. 2003]

Brewer/Staves (Hrsg.), Conceptions: John Brewer/Susan Staves (Hrsg.), Early Modern Conceptions of Property (Consumption and Culture in the 17th and 18th Centuries), London/New York 1995.

Broekmann, *more*: Theo Broekmann, … *more normannorum et saracenorum*. Über die Aneignung fremder und die Ausprägung eigener Rituale durch die normannischen Eroberer im Süden Italiens, in: Frühmittelalterliche Studien 38 (2004), S. 101–131.

Brooks, Eurafricans: George E. Brooks, Eurafricans in Western Africa. Commerce, Social Status, Gender, and Religious Observance from the 16th to the 18th Century (Western African Studies), Athens, GA/Oxford 2003.

- ders., Landlords: ders., Landlords and Strangers. Ecology, Society, and Trade in Western Africa, 1000–1630, Boulder, CO 1993.

Brübach, Brandenburg-Preußen: Nils Brübach, Brandenburg-Preußen im transatlantischen Sklavenhandel 1685–1715, Magisterarbeit Erlangen-Nürnberg 1988.

Bruijn/Gaastra, Career Ladder: Jaap R. Bruijn/Femme Gaastra, The Career Ladder to the Top of the Dutch East India Company: Could Foreigners also become Commanders and Junior Merchants?, in: Marcel van der Linden/Leo Lucassen (Hrsg.), Working on Labor. Essays in Honor of Jan Lucassen (Studies in global social history, Bd. 9), Leiden u.a. 2012, S. 215–235.

Bryson, Courtesy: Anna Bryson, From Courtesy to Civility. Changing Codes of Conduct in Early Modern England, Oxford 1998.

Budde/Sievernich (Hrsg.) Europa: Hendrik Budde/Gereon Sievernich (Hrsg.), Europa und der Orient, 800–1900 (Ausst.kat. Berlin 1989), Gütersloh/München 1989.

Bugner (Hrsg.), Image: Ladislas Bugner (Hrsg.), The Image of the Black in Western Art, Cambridge u.a. 1976–1979.

Burghartz, Aneignungen: Susanna Burghartz, Aneignungen des Fremden: Staunen, Stereotype und Zirkulation um 1600, in: Elke Huwiler/Nicole Wachter (Hrsg.), Integrationen des Widerläufigen. Ein Streifzug durch geistes- und kulturwissenschaftliche Forschungsfelder, Münster 2004, S. 109–137.

Burke, Nationalisms: Peter Burke, Nationalisms and Vernaculars, 1500–1800, in: John Breuilly (Hrsg.), The Oxford Handbook of the History of Nationalism, Oxford 2013, S. 21–35.

– ders., Fabrication:ders., The Fabrication of Louis XIV, London/New Haven 1992.

Burschel/Vogel (Hrsg.), Audienz: Peter Burschel/Christine Vogel (Hrsg.), Die Audienz. Ritualisierter Kulturkontakt in der Frühen Neuzeit, Köln u.a. 2014.

– ders./Kundrus (Hrsg.), Diplomatiegeschichte: ders./Birthe Kundrus (Hrsg.), Diplomatiegeschichte (Historische Anthropologie, Themenheft 21,2), Köln u.a. 2013.

– ders., Sultan: ders., Der Sultan und das Hündchen. Zur politischen Ökonomie des Schenkens in interkultureller Perspektive, in: Historische Anthropologie 15 (2007), S. 408–421.

– ders., Topkapı: ders., Topkapı Sarayı oder Salomon Schweiggers Reise ans Ende der Zeit, in: ders./Bähr/Jancke (Hrsg.), Räume, S. 29–40.

– ders., Eigene: ders., Das Eigene und das Fremde. Zur anthropologischen Entzifferung diplomatischer Texte, in: Alexander Koller (Hrsg.), Kurie und Politik. Stand und Perspektiven der Nuntiaturberichtsforschung, Tübingen 1998, S. 260–271.

Bury, Littérature: Emmanuel Bury, Littérature et politesse. L'invention de l'honnête homme (1580–1750) (Perspectives littéraires), Paris 1996.

Busse, Semantik: Dietrich Busse, Historische Semantik. Analyse eines Programms (Sprache und Geschichte, Bd. 13), Stuttgart 1987. [Diss. Heidelberg 1984]

– ders., Architekturen: ders., Architekturen des Wissens. Zum Verhältnis von Semantik und Epistemologie, in: Müller (Hrsg.), Begriffsgeschichte, S. 43–57.

Campion-Vincent, Image: Véronique Campion-Vincent, L'Image du Dahomey dans la presse française (1890–1895): Les sacrifices humains, in: Cahiers d'Études Africaines 7 (1967), S. 27–58.

Cañizares-Esguerra, Entangled Histories: Jorge Cañizares-Esguerra, Entangled Histories: Borderland Historiographies in New Clothes?, in: American Historical Review 112 (2006), S. 787–799.

Cannadine, Ornamentalism: David Cannadine, Ornamentalism. How the British Saw Their Empire, London 2002.

Canny/Morgan (Hrsg.), Handbook: Nicholas Canny/Philip Morgan (Hrsg.), The Oxford Handbook of the Atlantic World, c. 1450–c. 1850, Oxford 2011.

– ders., Kingdom: ders., The Marginal Kingdom. Ireland as a Problem in the First British Empire, in: Bernard Bailyn/Philip D. Morgan (Hrsg.), Strangers within the Realm. Cultural Margins of the First British Empire, Chapel Hill 1991, S. 35–66.

Carey, Questioning: Daniel Carey, Questioning Incommensurability in Early Modern Cultural Exchange, in: Common Knowledge 6 (1997), S. 32–50.

Carlos/Nicholas, Theory: Ann M. Carlos/Stephen Nicholas, Theory and History: Seventeenth Century Joint-Stock Chartered Trading Companies, in: Journal of Economic History 56,4 (1996), S. 916–924.
- Carlos/Kruse, Decline: Ann M. Carlos/Jamie Brown Kruse, The Decline of the Royal African Company: Fringe Firms and the Role of the Charter, in: Economic History Review 49,2 (1996), S. 291–313.
- Carlos, Bonding: Ann M. Carlos, Bonding and the Agency Problem: Evidence from the Royal African Company, in: Explorations in Economic History 31,3 (1994), S. 313–335.
- dies., Problems: dies., Principal-Agent Problems in Early Trading Companies: A Tale of Two Firms, in: American Economic Review 82 (1992), S. 140–145.
- dies., »Giants«: dies., »Giants of an Earlier Capitalism«: The Chartered Trading Companies as Modern Multinationals, in: Business History Review 62,3 (1988), S. 398–419.

Carlson, Trade: Sven H. Carlson, Trade and Dependency. Studies in the Expansion of Europe (Studia historica Upsaliensia, Bd. 138), Uppsala 1984. [Diss. Uppsala 1984]

Carneiro, Chiefdom: Robert L. Carneiro, The Chiefdom: Precursor of the State, in: Grant D. Jones/Robert R. Kautz (Hrsg.), The Transition to Statehood in the New World (New Directions in Archaeology), Cambridge/New York 1982, S. 37–79.

Carrier (Hrsg.), Handbook: James G. Carrier (Hrsg.), A Handbook of Economic Anthropology, Cheltenham/Northampton, MA 2005.
- ders., Maussian Occidentalism: ders., Maussian Occidentalism, Gift and Commodity Systems, in: ders. (Hrsg.), Occidentalism. Images of the West, Oxford u.a. 1996, S. 85–108.
- ders., Gifts: ders., Gifts and Commodities. Exchange and Western Capitalism since 1700 (Material Cultures), London/New York 1995.

Carrió-Invernizzi, Gift: Diana Carrió-Invernizzi, Gift and Diplomacy in 17th-Century Spanish Italy, in: Historical Journal 51,4 (2008), S. 881–899.

Cassidy-Geiger/Vötsch, Documents: Maureen Cassidy-Geiger/Jochen Vötsch, Documents of Court Gifts Collected by Johann von Besser (1654–1729), in: Studies in the Decorative Arts 15 (2007), S. 114–177.

Caulker, Century: Tcho Mbaimba Caulker, The African-British Long Eighteenth Century. An Analysis of African-British Treaties, Colonial Economics, and Anthropological Discourse, Lanham u.a. 2009.

Cavallar, Accomplices: Georg Cavallar, Vitoria, Grotius, Pufendorf, Wolff and Vattel: Accomplices of European Colonialism and Exploitation or True Cosmopolitans?, in: Journal of the History of International Law 10 (2008), S. 181–209.

Cawston/Keane, Companies: George Cawston/A. H. Keane, The early chartered companies (A. D. 1296–1858), London/New York 1896.

Chaiklin, Commerce: Martha Chaiklin, Cultural Commerce and Dutch Commercial Culture. The Influence of European Material Culture on Japan, 1700–1850 (Studies in Overseas History, Bd. 5), Leiden 2003. [Diss. Leiden 2003]

Chakrabarty, Provincializing: Dipesh Chakrabarty, Provincializing Europe. Postcolonial Thought and Historical Difference, Princeton/Oxford 2000.

Chanock, Sharpness: Martin Chanock, A Peculiar Sharpness. An Essay on Property in the History of Customary Law in Colonial Africa, in: Journal of African History 32 (1991), S. 65–88.

Chaudhuri, Company: K. N. Chaudhuri, The English East India Company in the 17th and 18th Centuries: A Pre-Modern Multinational Organization, in: Patrick Tuck (Hrsg.), Trade, Finance and Power, Bd. 4: The East India Company 1600–1858, London/New York 1998, S. 82–99.

Chaunu, Expansion: Pierre Chaunu, European Expansion in the Later Middle Ages (Europe in the Middle Ages. Selected Studies), New York 1979. [frz. EA 1969]

Cheal, Gift Economy: David Cheal, The Gift Economy, London 1988.

Chemin-Dupontès, Compagnies: Paul Chemin-Dupontès, Les Compagnies de colonisation en Afrique occidentale sous Colbert, Paris 1903.

Chouin, Theory: Gérard L. Chouin, The ›Big Bang‹ Theory Reconsidered. Framing Early Ghanaian History, in: Transactions of the Historical Society of Ghana, N. S., 14 (2012), S. 13–40.

- ders./DeCorse, Prelude: ders./Christopher R. DeCorse, Prelude to the Atlantic Trade: New Perspectives on Southern Ghana's Pre-Atlantic History (800–1500), in: Journal of African History 51 (2010), S. 123–145.
- ders./DeCorse, Trouble: ders./Christopher R. DeCorse, Trouble with Siblings. Archaelogical and Historical Interpretation of the West African Past, in: Toyin Falola/Christian Jennings (Hrsg.), Sources and Methods in African History: spoken, written, unearthed, Rochester 2003, S. 7–15.
- ders., Tentation: ders., Tentation patrilinéaire, guerre et conflits lignagers en milieu akan. Une contribution à l'histoire de la transmission du pouvoir royal en Eguafo (XVII–XXème siècles), in: Pierluigi Valsecchi/Fabio Viti (Hrsg.), Mondes Akan. Identité et pouvoir en Afrique occidentale, Paris/Montréal 1999, S. 169–185.
- ders., Eguafo: ders., Eguafo: un royaume africain »*au cœur françois*« (1637–1688). Mutations socio-économiques et politique européenne d'un État de la Côte de l'Or (Ghana) au XVIIe siècle (Collections Essais et Documents), Paris 1998.

Christensen, Double Descent: James Boyd Christensen, Double Descent among the Fanti, New Haven 1954.

Christophersen, Words: Paul Christophersen, Some Special West African English Words, in: Joey Lee Dillard (Hrsg.), Perspectives on Black English (Contributions to the Sociology of Language, Bd. 4), Den Haag/Paris 1975, S. 202–211.

- ders., Note: ders., A Note on the Words dash and ju-ju in West African English, in: ebd., S. 212–215.

Clark/Eysinga, Conferences: George N. Clark/Willem J. M. Eysinga, The Colonial Conferences between England and the Netherlands in 1613 and 1615, 2 Bde. (Bibliotheca Visseriana dissertationvm ivs internationale illvstrantivm, Bd. 17), Leiden 1940–1951.

Clendinnen, Cortés: Inga Clendinnen, »Fierce and Unnatural Cruelty«: Cortés and the Conquest of Mexico, in: Stephen Greenblatt (Hrsg.), New World Encounters, Berkeley u. a. 1993, S. 12–47.

Coe, Debt: Cati Coe, How Debt became Care. Child Pawning and Its Transformations in Akuapem, the Gold Coast, 1874–1929, in: Africa 82,2 (2012), S. 287–311.

Cohen, Encounter: William B. Cohen, The French Encounter with Africans. White Response to Blacks, 1530–1880, Bloomington, IN 1980.

Coing, Privatrecht: Helmut Coing, Europäisches Privatrecht, Bd. 1: Älteres Gemeines Recht (1500–1800), München 1985.

Cole, Mercantilism: Charles Woolsey Cole, French Mercantilism, 1683–1700, New York 1943.

– ders., Colbert: ders., Colbert and a Century of French Mercantilism, 2 Bde., Morningside Heights, NY 1939.

Cole/Ross, Arts of Ghana: Herbert M. Cole/Doran H. Ross, The Arts of Ghana, Los Angeles 1977.

– ders./Fraser (Hrsg.), African Art: ders./Douglas Fraser (Hrsg.), African Art & Leadership, Madison u.a. 1972.

Colenbrander, Auftreten: H. T. Colenbrander, Ueber das erste Auftreten des Wortes »Aktie« in den Niederlanden, in: Zeitschrift für das gesamte Handelsrecht, N. F., 50 (1901), S. 383–387.

Conrad, Globalgeschichte: Sebastian Conrad, Globalgeschichte. Eine Einführung, München 2013.

Conze et al., Art. Monarchie: Werner Conze et al., Art. Monarchie, in: Geschichtliche Grundbegriffe, Bd. 4, Stuttgart 1978, S. 133–214.

Coombs, Gold Coast: Douglas Coombs, The Gold Coast, Britain and the Netherlands, 1850–1874 (West African History Series), London u.a. 1963.

– ders., Place: ders., The Place of the ›Certificate of Apologie‹ in Ghanaian History, in: Transactions of the Historical Society of Ghana 3,3 (1958), S. 180–193.

Coquery-Vidrovitch, Périodisation: Cathérine Coquery-Vidrovitch, De la Périodisation en histoire africaine. Peut-on l'envisager? À quoi sert-elle?, in: Afrique & Histoire 2 (2004), S. 31–65.

– dies., Fête: dies., La Fête des coutumes au Dahomey: historique et essai d'interprétation, in: Annales. Histoire, Sciences Sociales 19,4 (1964), S. 696–716.

– dies., Blocus: dies., Le Blocus de Whydah (1876–1877) et la rivalité franco-anglaise au Dahomey: Fin de la troque, naissance de l'impérialisme?, in: Cahiers d'Études Africaines 2,7 (1962), S. 373–419.

Cordes/Jahntz, Aktiengesellschaften: Albrecht Cordes/Katharina Jahntz, Aktiengesellschaften vor 1807?, in: Walter Bayer/Mathias Habersack (Hrsg.), Aktienrecht im Wandel, Bd. 1: Entwicklung des Aktienrechts, Tübingen 2007, S. 1–22.

– ders./Kannowski (Hrsg.), Rechtsbegriffe: ders./Bernd Kannowski (Hrsg.), Rechtsbegriffe im Mittelalter (Rechtshistorische Reihe, Bd. 262), Frankfurt a.M. 2002.

Cornevin, Art. d'Elbée: Robert Cornevin, Art. François d'Elbée (v. 1643–v. 1712), in: Hommes et Destins. Dictionnaire biographique d'Outre-mer, Bd. 5 (Publications de l'Académie des Sciences d'Outre-mer: Travaux et mémoires), Paris 1984, S. 200.

– ders., Histoire: ders., Histoire du Dahomey, Paris 1962.

Coursey/Coursey, Festivals: D. G. Coursey/Cecilia K. Coursey, The New Yam Festivals of West Africa, in: Anthropos 66,3–4 (1971), S. 444–484.

Crooks, History: J. J. Crooks, A History of The Colony of Sierra Leone Western Africa, Dublin u.a. 1903. [ND London 1973]

CURTIN, Rise: Philip D. Curtin, The Rise and Fall of the Plantation Complex. Essays in Atlantic History (Comparative Studies in World History), Cambridge 1990.

- ders., Change: ders., Economic Change in Precolonial Africa. Senegambia in the Era of the Slave Trade, Madison/London 1975.
- ders., Image: ders., The Image of Africa. British Ideas and Action, 1780–1850, Madison 1973.

DAAKU, Trade and Trading Patterns: Kwame Yeboa Daaku, Trade and Trading Patterns of the Akan in the Seventeenth and Eighteenth Centuries, in: Meillassoux/Forde (Hrsg.), Development, S. 168–181.

- ders., Trade: ders., Trade and Politics on the Gold Coast, 1600–1720. A Study of the African Reaction to European Trade (Oxford Studies in African Affairs), Oxford 1970.
- ders./DANTZIG, Map: ders./Albert van Dantzig, An Annotated Dutch Map of 1629, in: Ghana Notes & Queries 9 (1966), S. 14–15 (mit Tafel).

DÄRMANN, Theorien: Iris Därmann, Theorien der Gabe zur Einführung, Hamburg 2010.

DAGAN, Stools: E. A. Dagan, Asante stools/Tabourets Asante, Montréal 1988.

DAHM, Völkerrecht: Georg Damler, Völkerrecht, 3 Bde., Stuttgart 1958–1961.

DAMLER, Rechte: Daniel [Ben] Damler, Wildes Recht. Zur Pathogenese des Effektivitätsprinzips in der neuzeitlichen Eigentumslehre (Schriften zur Rechtstheorie, Heft 239), Berlin 2008.

DANTZIG, Akanists: Albert van Dantzig, The Akanists: A West African Hansa, in: David Henige/Thomas C. McCaskie (Hrsg.), West African Economic and Social History. Studies in Memory of Marion Johnson, Madison 1990, S. 205–216.

- ders./JONES, Introduction: ders./Adam Jones, Introduction, in: MAREES, Description (1602), S. xiii–xix.
- ders., Hollandais: ders., Les Hollandais sur la Côte de Guinée à l'Époque de l'Essor de l'Ashanti et du Dahomey, 1680–1740 (Bibliothèque d'Histoire d'Outre-Mer, N. S., Travaux, Bd. 3), Paris 1980. [Diss. Paris 1970]
- ders., Forts: ders., Forts and Castles of Ghana, Accra 1980.
- ders., Comparison: ders., English Bosman and Dutch Bosman: A Comparison of Texts, in: History in Africa 2 (1975), S. 185–216.
- ders., Bosman's »Description«: ders., Willem Bosman's »New and Accurate Description of the Coast of Guinea«: How Accurate Is It?, in: History in Africa 1 (1974), S. 101–108.
- ders., Note: ders., A Note on »The State-Sword – A Pre-Ashanti Tradition«, in: Ghana Notes & Queries 11 (1970), S. 47f.

DANQUAH, Akan Laws: J. B. Danquah, Gold Coast: Akan Laws and Customs and the Akim Abuakwa Constitution, London 1928.

DARTMANN/WEBER, Rituale: Christoph Dartmann/Christoph F. Weber, Rituale und Schriftlichkeit, in: Althoff et al. (Hrsg.), Spektakel, S. 51–55.

- ders., Schrift: ders., Schrift im Ritual. Der Amtseid des Podestà auf den geschlossenen Statutencodex der italienischen Stadtkommune, in: Zeitschrift für Historische Forschung 31 (2004), S. 169–204.

– ders., Friedensschlüsse: ders., Friedensschlüsse im kommunalen Italien: öffentliche Interaktion und schriftliche Fixierung, in: Frühmittelalterliche Studien 38 (2004), S. 355–369.

Davidson, Black Mother: Basil Davidson, Black Mother. A Study of the Precolonial Connection between Africa and Europe, London ²1970.

Davidson, Schemes: Donald Davidson, On the Very Idea of Conceptual Schemes, in: ders., Inquiries into Truth and Interpretation, Oxford 1984, S. 183–198.

Davies, Company: Kenneth Gordon Davies, The Royal African Company, London 1957.

Davis, Periodization: Kathleen Davis, Periodization and Sovereignty. How Ideas of Feudalism and Secularization Govern the Politics of Time (The Middle Ages Series), Philadelphia 2008.

Davis, Gesellschaft: Natalie Zemon Davis, Die schenkende Gesellschaft. Zur Kultur der französischen Renaissance, München 2002. [engl. EA 2000]

Debrunner, Presence: Hans Werner Debrunner, Presence and Prestige: Africans in Europe. A History of Africans in Europe before 1918 (Mitteilungen der Basler Afrika Bibliographien, Bd. 22), Basel 1979.

– ders., Isert: ders., Ein Rousseau-Schüler in Afrika: P. E. Isert in Guinea, in: Evangelisches Missions Magazin 103 (1959), S. 72–84.

DeCorse, Archaeology: Christopher R. DeCorse, An Archaeology of Elmina. Africans and Europeans on the Gold Coast, 1400–1900, Washington/London 2001.

– ders., Culture Contact: ders., Culture Contact, Continuity, and Change on the Gold Coast, AD 1400–1900, in: African Archaeological Review 10 (1992), S. 163–196.

Deffontaine, Européens: Yann Deffontaine, Européens et Africains en Efutu et sur la Côte de l'Or. Les acteurs du commerce atlantique et leur strategies durant un siècle des relations afro-européennes sur la Côte de l'Or (Ghana, 1650–1750), Diss. Paris 1996.

– ders., Guerre: ders., Guerre et société au royaume de Fetu (Efutu). Des débuts du commerce atlantique à la constitution de la fédération fanti (Ghana, côte de l'or, 1471–1720), Ibadan/Paris 1993.

Dekker, Briefe: Rudolf Dekker, Briefe von Seeleuten an Bord niederländischer Schiffe und ihrer Familien im 17. und 18. Jahrhundert, in: Kaspar von Greyerz (Hrsg.), Selbstzeugnisse in der Frühen Neuzeit. Individualisierungsweisen in interdisziplinärer Perspektive (Schriften des Historischen Kollegs: Kolloquien, Bd. 68), München 2007, S. 33–44.

Delcourt, France: André Delcourt, La France et les Etablissements au Sénégal entre 1710 et 1763, Dakar 1952.

Delepeleire, Kruisers: Yves Delepeleire, Kruisers tegen lorrendraaiers: de strijd van de Tweede WIC tegen de Zeeuwse smokkelvaart op West-Afrika in 1715, in: Tijdschrift voor zeegeschiedenis 24 (2005), S. 179–191.

– ders., Elmina: ders., Nederlands Elmina: Een socio-economische analyse van de Tweede Westindische Compagnie in West-Afrika in 1715, Lizentiatsarbeit Universiteit Gent 2003/4, URL: http://www.ethesis.net/wic/wic_inhoud.htm [zuletzt besucht am 13.10.2014].

Delmas, Itinerario: Adrian Delmas, L'Itinerario de J. H. van Linschoten, ou l'histoire d'un divorce entre le livre et la Compagnie Hollandaise des Indes Orientales (VOC), 1595–1619, in: Quaerendo 42 (2012), S. 21–45.

Demel, Kaiser: Walter Demel, Kaiser außerhalb Europas? Beobachtungen zur Titulatur außereuropäischer Herrscher zwischen »deskriptiver« Reiseliteratur und politischen Interessen, in: Thomas Beck et al. (Hrsg.), Überseegeschichte. Beiträge der jüngeren Forschung. Festschrift anlässlich der Gründung der Forschungsstiftung für vergleichende europäische Überseegeschichte 1999 in Bamberg (Beiträge zur Kolonial- und Überseegeschichte, Bd. 75), Stuttgart 1999, S. 56–75.

Denzel/Vries/Rössner (Hrsg.), Small: Markus A. Denzel/Jan de Vries/Philipp Robinson Rössner (Hrsg.), Small is Beautiful? Interlopers and Smaller Trading Nations in the Pre-Industrial Period, Stuttgart 2011.

– ders./Pfister, Art. Handelsgesellschaft: ders./Ulrich Pfister, Art. Handelsgesellschaft, in: Enzyklopädie der Neuzeit, Bd. 5, Stuttgart/Weimar 2007, Sp. 97–101.

Deutsch/Wirz (Hrsg.), Geschichte in Afrika: Jan-Georg Deutsch/Albert Wirz (Hrsg.), Geschichte in Afrika. Einführung in Probleme und Debatten, Berlin 1997.

Deveau, Bilan: Jean-Michel Deveau, Bilan de trente années d'étude de la traite atlantique dans l'historiographie française, in:Myriam Cottias et al. (Hrsg.), Les traites et les esclavages. Perspectives historiques et contemporaines (Esclavages), Paris 2010, S. 203–220.

– ders., L'or: ders., L'or et les esclaves. Histoire des forts du Ghana du xvie au xviiie siècle, Paris 2005.

Diederichs, Kolonien: H. Diederichs, Herzog Jacobs von Kurland Kolonien an der Westküste von Afrika, Mitau 1890.

Diffie/Winius, Foundations: Bailey W. Diffie/George D. Winius, Foundations of the Portuguese Empire, 1415–1580 (Europe and the World in the Age of Expansion, Bd. 1), Minneapolis 1977.

Dilcher, Recht: Gerhard Dilcher, Mittelalterliches Recht und Ritual in ihrer wechselseitigen Durchdringung, in: Frühmittelalterliche Studien 41 (2007), S. 297–316.

– ders., Zwangsgewalt: ders., Die Zwangsgewalt und der Rechtsbegriff vorstaatlicher Ordnungen im Mittelalter, in: Cordes/Kannowski (Hrsg.), Rechtsbegriffe, S. 111–153.

Dillen, Compagnie: J. G. van Dillen, De West-Indische Compagnie, het Calvinisme en de politiek, in: Tijdschrift voor geschiedenis 74 (1961), S. 145–171.

Dinges, Justiznutzungen: Martin Dinges, Justiznutzungen als soziale Kontrolle in der Frühen Neuzeit, in: Andreas Blauert/Gerd Schwerhoff (Hrsg.), Kriminalitätsgeschichte. Beiträge zur Sozial- und Kulturgeschichte der Vormoderne (Konflikte und Kultur – Historische Perspektiven, Bd. 1), Konstanz 2000, S. 503–544.

Dirks, Scandal: Nicholas Dirks, The Scandal of Empire. India and the Creation of Imperial Britain, Cambridge, MA/London 2006.

Disney, History: A. R. Disney, A History of Portugal and the Portuguese Empire, Bd. 2: The Portuguese Empire, Cambridge u. a. 2009.

Ditz, Ventures: Toby L. Ditz, Formative Ventures: 18th-Century Commercial Letters and the Articulation of Experience, in: Rebecca Earle (Hrsg.), Epistolary

Selves. Letters and Letter-Writers, 1600–1945 (Warwick Studies in the Humanities), Aldershot u.a. 1999, S. 59–78.

DOORTMONT, Slave Trade: Michel R. Doortmont, The Dutch Atlantic Slave Trade as Family Business: The Case of the Van der Noot de Gietere – Van Bakergem Family, in: James Kwesi Anquandah (Hrsg.), Trans-Atlantic Slave Trade: Landmarks, Legacies, Expectations, Accra 2007, S. 106–151.

– ders./SAVOLDI (Hrsg.), Castles: ders./Benedetta Savoldi (Hrsg.), The Castles of Ghana: Axim – Butre – Anomabo. Historical and Architectural Research Project on the Use and Conservation Status of three Ghanaian Forts, Saonara 2006.

– ders./EVERTS/VRIJ, Families: ders./Natalie Everts/Jean Jacques Vrij, Tussen de Goudkust, Nederland en Suriname. De Euro-Afrikaanse families Van Bakergem, Woortman, Rühle en Huydecoper, in: De Nederlandsche Leeuw 117 (2000), Sp. 170–212.

– ders./EVERTS, Afrikanen: ders./Natalie Everts, Onzichtbare Afrikanen. Euro-Afrikanen tussen de Goudkust en Nederland, 1750–1850, in: Marjolein 't Hart/Jan Lucassen/Henk Schmal (Hrsg.), Nieuwe Nederlanders. Vestiging van migranten door de eeuwen heen, Amsterdam 1996, S. 81–100.

– ders., De organisatie van de Atlantische handel in het Westafrikaanse kustgebied. Een voorstudie betreffende de tweede helft van de achttiende eeuw, doctoraalscriptie Rotterdam 1984.

DORJAHN/FYFE, Landlord: V. R. Dorjahn/Christopher Fyfe, Landlord and Stranger: Change in Tenancy Relations in Sierra Leone, in: Journal of African History 3,3 (1962), S. 391–397.

DOUGLAS, Matriliny: Mary Douglas, Matriliny and Pawnship in Central Africa, in: Africa 34,4 (1964), S. 301–313.

DRECHSLER, Art. Szepter: H[eike] Drechsler, Art. Szepter, in: Lexikon des Mittelalters, Bd. 9, München 1998, Sp. 544f.

DREITZEL, Absolutismus: Horst Dreitzel, Absolutismus und ständische Verfassung in Deutschland. Ein Beitrag zu Kontinuität und Diskontinuität der politischen Theorie in der Frühen Neuzeit, Mainz 1992.

– ders., Monarchiebegriffe: ders., Monarchiebegriffe in der Fürstengesellschaft. Semantik und Theorie der Einherrschaft in Deutschland von der Reformation bis zum Vormärz, 2 Bde., Köln u.a. 1991. [Habil. Bielefeld 1980]

DRESSEL, Gedanken: Gert Dressel, Gedanken zu einer Historischen Anthropologie des Gebens, in: ders./Gudrun Hopf (Hrsg.), Von Geschenken und anderen Gaben. Eine Annäherung an eine historische Anthropologie des Gebens (Historisch-anthropologische Studien. Schriftenreihe des Ludwig-Boltzmann-Instituts für Historische Anthropologie in Wien, Bd. 9), Frankfurt a.M. u.a. 2000, S. 13–29.

DREWS/FLÜCHTER et al. (Hrsg.), Herrschaftsformen: Wolfram Drews/Antje Flüchter et al. (Hrsg.), Monarchische Herrschaftsformen der Vormoderne in transkultureller Perspektive (Europa im Mittelalter, Bd. 26), Berlin 2015.

– ders./OESTERLE (Hrsg.), Komparatistik: ders./Jenny Rahel Oesterle (Hrsg.), Transkulturelle Komparatistik. Beiträge zu einer Globalgeschichte der Vormoderne (Comparativ, Bd. 18,3–4), Leipzig 2008.

DROSTE, Dienste: Heiko Droste, Im Dienste der Krone. Schwedische Diplomaten im 17. Jahrhundert (Nordische Geschichte, Bd. 2), Münster 2006. [Habil. Kiel 2002]

– ders., Diplomacy: ders., Diplomacy as a Means of Cultural Transfer in Early Modern Times. The Swedish Evidence, in: Scandinavian Journal of History 31,2 (2006), S. 144–150.

DUCHHARDT (Hrsg.), Rijswijk: Heinz Duchhardt (Hrsg.), Der Friede von Rijswijk 1697 (Veröffentlichungen des Instituts für Europäische Geschichte Mainz, Abteilung Universalgeschichte, Beiheft 47), Mainz 1998.

– ders., Balance: ders., Balance of Power and Pentarchie, 1700–1785 (Handbuch der Geschichte der Internationalen Beziehungen, Bd. 4), Paderborn u. a. 1997.

– ders., Rechtsbeziehungen: ders., Europäisch-afrikanische Rechtsbeziehungen in der Epoche des »Vorkolonialismus«, in: Saeculum 36 (1985), S. 367–379.

– ders., Imperium: ders., Imperium und regna im Zeitalter Ludwigs XIV., in: Historische Zeitschrift 232 (1981), S. 555–581.

– ders., Abschiedsgeschenk: ders., Das diplomatische Abschiedsgeschenk, in: Archiv für Kulturgeschichte 57 (1975), S. 345–362.

DUVE, Rechtsgeschichte: Thomas Duve, Von der Europäischen Rechtsgeschichte zu einer Rechtsgeschichte Europas in globalhistorischer Perspektive, in: Max Planck Institute for European Legal History, research paper series, No. 2012-1, URL: http://ssrn.com/abstract=2139312 [zuletzt besucht am 13.10.2014].

ECKERT, Nationalgeschichtsschreibung: Andreas Eckert, Nationalgeschichtsschreibung und koloniales Erbe. Historiographien in Afrika in vergleichender Perspektive, in: Christoph Conrad/Sebastian Conrad (Hrsg.), Die Nation schreiben. Geschichtswissenschaft im internationalen Vergleich, Göttingen 2002, S. 78–111.

– ders., Tradition: ders., Tradition – Ethnizität – Nationsbildung. Zur Konstruktion politischer Identitäten in Afrika im 20. Jahrhundert, in: Archiv für Sozialgeschichte 40 (2000), S. 1–27.

EHALT, Geschichte: Hubert Ch. Ehalt, Geschichte von unten. Umgang mit Geschichte zwischen Wissenschaft, politischer Bildung und politischer Aktivierung, in: ders. (Hrsg.), Geschichte von unten. Fragestellungen, Projekte und Methoden einer Geschichte des Alltags (Kulturstudien, Bd. 1), Wien u. a. 1984, S. 11–39.

EHRLICH, Catalogue: Martha Judith Ehrlich, A Catalogue of Ashanti Art taken from Kumasi in the Anglo-Ashanti War of 1874, masch.-schriftl. Diss. Bloomington, IN 1981.

EICH/SCHMIDT-HOFNER/WIELAND (Hrsg.), Leviathan: Peter Eich/Sebastian Schmidt-Hofner/Christian Wieland (Hrsg.), Der wiederkehrende Leviathan. Staatlichkeit und Staatswerdung in Spätantike und Früher Neuzeit, Heidelberg 2011, S. 11–40.

EICKELS, Verwandtschaft: Klaus van Eickels, Verwandtschaft, Freundschaft und Vasallität. Der Wandel von Konzepten personaler Bindung im 12. Jahrhundert, in: Jürgen Dendorfer/Roman Deutinger (Hrsg.), Das Lehnswesen im Hochmittelalter. Forschungskonstrukte – Quellenbefunde – Deutungsrelevanz (Mittelalter-Forschungen, Bd. 34), Stuttgart 2010, S. 401–411.

ELBL, Bull: Ivana Elbl, The Bull *Romanus Pontifex* (1455) and the Early European Trading in Sub-Saharan Atlantic Africa, Vortrag bei der ESSHC 2010 in Ghent.

- dies., Group Identities: dies., Group Identities in the Early Portuguese Overseas Expansion in Africa: Concepts and Expressions, in: Portuguese Studies Review 15 (2007), S. 37–61.
- dies., Evidence: dies., Archival Evidence of the Portuguese Expansion in Africa, 1440–1521, in: Lawrence J. McCrank (Hrsg.), Discovery in the Archives of Spain and Portugal. Quincentenary Essays, 1492–1992, New York u.a. 1993, S. 319–357.
- dies., Trade: dies., Cross-Cultural Trade and Diplomacy. Portuguese Relations with West Africa, 1441–1521, in: Journal of World History 3,2 (1992), S. 165–204.

ELIAS, Contract: Johan E. Elias, Contract tot oprichting van een zweedsch factorie-comptoir te Amsterdam in 1663, in: Bijdragen en Mededeelingen van het historisch Genootschap (gevestigd te Utrecht) 24 (1093), S. 356–400.

ELIAS, Africa: T. Olawale Elias, Africa and the Development of International Law, Leiden/Dobbs Ferry 1972.
- ders., Nature: ders., The Nature of African Customary Law, Manchester ²1962.

ELIAV-FELDON/ISAAC/ZIEGLER, Introduction: Miriam Eliav-Feldon/Benjamin Isaac/Joseph Ziegler, Introduction, in: dies. (Hrsg.), The Origins of Racism in the West, Cambridge u.a. 2009, S. 1–31.

ELTIS/ENGERMAN (Hrsg.), History: David Eltis/Stanley L. Engerman (Hrsg.), The Cambridge World History of Slavery, Bd. 3: AD 1420–AD 1804, Cambridge u.a. 2011.
- ders./RICHARDSON, Atlas: ders./David Richardson, Atlas of the Transatlantic Slave Trade, New Haven u.a. 2010.
- ders., Growth: ders., Economic Growth and the Ending of the Transatlantic Slave Trade, New York/Oxford 1987.

ELWERT, Gabe: Georg Elwert, Gabe, Reziprozität und Warentausch. Überlegungen zu einigen Ausdrücken und Begriffen, in: Eberhard Berg/Jutta Lauth/Andreas Wimmer (Hrsg.), Ethnologie im Widerstreit. Kontroversen über Macht, Geschäft, Geschlecht in fremden Kulturen. Festschrift für Lorenz G. Löffler, München 1991, S. 159–177.
- ders./GIESECKE, Literacy: Michael Giesecke, Literacy and Emancipation. The Literacy Process in Two Cultural Revolutionary Movements (16th Century Germany and 20th Century Bénin), in: Development and Change 14 (1983), S. 255–276.

EMMER, Global War: P[i]eter C. Emmer, The First Global War: The Dutch versus Iberia in Asia, Africa and the New World, 1590–1609, in: e-Journal of Portuguese History 1,1 (2003), S. 1–14, URL: www.brown.edu/Departments/Portuguese_Brazilian_Studies/ejph/html/issue1/pdf/emmer.pdf [zuletzt besucht am 13.10.2014].
- ders./KLOOSTER, Atlantic: ders./Wim Klooster, The Dutch Atlantic, 1500–1800: Expansion without Empire, in: Itinerario 23 (1999), S. 48–69.
- ders., Company: ders., The West India Company, 1621–1791: Dutch or Atlantic?, in: Blussé/Gaastra (Hrsg.), Companies, S. 71–95.

ENGELS/FAHRMEIR/NÜTZENADEL, Einleitung: Jens Ivo Engels/Andreas Fahrmeir/Alexander Nützenadel, Einleitung, in: dies. (Hrsg.), Geld – Geschenke – Politik. Korruption im neuzeitlichen Europa (Historische Zeitschrift, N. F., Beiheft 48), München 2009, S. 1–15.

– ders., »Wesen«: ders., Das »Wesen« der Monarchie? Kritische Anmerkungen zum »Sakralkönigtum« in der Geschichtswissenschaft, in: Majestas 7 (1999), S. 3–39.

ENTHOVEN/HEIJER/JORDAAN (Hrsg.), Geweld: Victor Enthoven/Henk den Heijer/ Han Jordaan (Hrsg.), Geweld in de West. Een militaire geschiedenis van de Nederlandse Atlantische wereld, 1600–1800 (Caribbean Series, Bd. 33), Leiden 2013.

– dies., Wereld: dies., De Nederlandse Atlantische wereld in militaire context, 1585–1800, in: ebd., S. 15–42.

ENTHOVEN/POSTMA (Hrsg.), Riches: Victor Enthoven/Johannes Postma (Hrsg.), Riches from Atlantic Commerce. Dutch Transatlantic Trade and Shipping, 1585–1817 (Atlantic World, Bd. 1), Boston/Leiden 2003.

– ders./POSTMA, Introduction: ders./Johannes Postma, Introduction, in: ebd., S. 1–13.

– ders., VOC: ders., De VOC en de Staten-Generaal, in: Armamentaria 36 (2001), S. 31–49.

ENZENSBERGER, Palaver: Hans Magnus Enzensberger, Palaver. Politische Überlegungen (1967–1973), Frankfurt a.M. 1974.

ERICKSON, Representations: Peter Erickson, Representations of Blacks and Blackness in the Renaissance, in: Criticism. A Quarterly for Literature and the Arts 35,4 (1993), S. 499–527.

ERKENS, Art. König: Franz-Reiner Erkens, Art. König, in: Handwörterbuch zur deutschen Rechtsgeschichte, Bd. 3, Berlin ^{2}2013, Sp. 3–18.

– ders., Herrschersakralität: ders., Herrschersakralität im Mittelalter. Von den Anfängen bis zum Investiturstreit, Stuttgart 2006.

– ders. (Hrsg.), Sakralität: ders. (Hrsg.), Die Sakralität von Herrschaft. Herrschaftslegitimierung im Wechsel der Zeiten und Räume. Fünf interdisziplinäre Beiträge zu einem weltweiten und epochenübergreifenden Phänomen, Berlin 2002.

ERLER, Art. Schuldhaft: A[dalbert] Erler, Art. Schuldhaft, in: Handwörterbuch zur deutschen Rechtsgeschichte, Bd. 4, Berlin 1990, Sp. 1512–1514.

ERLL/GYMNICH: Kompetenzen: Astrid Erll/Marion Gymnich, Interkulturelle Kompetenzen. Erfolgreich kommunizieren zwischen den Kulturen, Stuttgart 2007.

ERWENTRAUT, Briefkultur: Kirsten Erwentraut, Briefkultur und Briefsteller – Briefsteller und Briefkultur, in: Albert Meier (Hrsg.), Die Literatur des 17. Jahrhunderts (Hansers Sozialgeschichte der deutschen Literatur vom 16. Jahrhundert bis zur Gegenwart, Bd. 2), München 1999, S. 266–285.

ESCH, Anschauung: Arnold Esch, Anschauung und Begriff. Die Bewältigung fremder Wirklichkeit durch den Vergleich in Reiseberichten des späten Mittelalters, in: Historische Zeitschrift 253 (1991), S. 281–312.

ESPENHORST, Formen: Martin Espenhorst, Vormoderne Formen von »Unwissen« und »Missverstand«, in: ders. (Hrsg.), Unwissen und Missverständnisse im vormodernen Friedensprozess (Veröffentlichungen des Instituts für Europäische Geschichte Mainz, Beiheft 94), Göttingen 2013, S. 203–217.

– ders., »Missverständnis«: ders., »Missverständnis« als Kategorie im europäischen Friedensprozess der Vormoderne? Ein Werkstattbericht, in: Inken Schmidt-Voges et al. (Hrsg.), Pax perpetua. Neuere Forschungen zum Frieden in der Frühen

Neuzeit (bibliothek Altes Reich, Bd. 8), München 2010, S. 289–304. [als Martin Peters]

Everts, Krijgsvolk: Natalie Everts, Krijgsvolk in Elmina. Asafo, Garnizoen en Tapoeyerkwartier, 1700–1815, in: Enthoven/Heijer/Jordaan (Hrsg.), Geweld, S. 75–107.

- dies., Company: dies., A Motley Company: Differing Identities among Euro-Africans in Eighteenth-Century Elmina, in: Green (Hrsg.), Brokers, S. 53–69.
- dies., Outcomes: dies., Social Outcomes of Trade Relations. Encounters between Africans and Europeans in the Hubs of the Slave Trade on the Guinea Coast, in: Wim Klooster (Hrsg.), Migration, Trade, and Slavery in an Expanding World. Essays in Honor of Pieter Emmer (European Expansion and Indigenous Response, Bd. 2), Leiden/Boston 2009, S. 141–162.
- dies., ›Huwelijk‹: dies., ›Huwelijk naar's lands wijze‹: Relaties tussen Afrikaanse vrouwen en Europeanen aan de Goudkust (West-Afrika) 1700–1817: Een aanpassing van de beeldvorming, in: Tijdschrift voor Geschiedenis 111 (1998), S. 598–616.

Fabian, Reflections: Johannes Fabian, You Meet and You Talk. Anthropological Reflections on Encounters and Discourses, in: Sünne Juterczenka/Gesa Mackenthun (Hrsg.), The Fuzzy Logic of Encounter. New Perspectives on Cultural Contact, Münster 2009, S. 23–34.

- ders., Tropenfieber: ders., Im Tropenfieber. Wissenschaft und Wahn in der Erforschung Zentralafrikas, München 2001.
- ders., Time: ders., Time and Its Other. How Anthropology Makes Its Object, New York 1983.

Fage, Sociesties: John D. Fage, African Societies and the Atlantic Slave Trade, in: Past & Present 125 (1989), S. 97–115.

- ders., Slavery: ders., Slavery and the Slave Trade in the Context of West African History, in: Journal of African History 10 (1969), S. 393–404.
- ders./Oliver, Geschichte: ders./Roland Oliver, Kurze Geschichte Afrikas, München 1962.

Fahl, Grundsatz: Gundolf Fahl, Der Grundsatz der Freiheit der Meere in der Staatenpraxis von 1493 bis 1648. Eine rechtsgeschichtliche Untersuchung (Beiträge zum ausländischen öffentlichen Recht und Völkerrecht, Bd. 51), Köln u.a. 1969.

Falcke, Studien: Jeannette Falcke, Studien zum diplomatischen Geschenkwesen am brandenburgisch-preußischen Hof im 17. und 18. Jahrhundert (Quellen und Forschungen zur Brandenburgischen Preußischen Geschichte, Bd. 31), Berlin 2006. [Diss. Frankfurt a.M. 2003]

Falola/Salm, Culture: Toyin Falola/Steven J. Salm, Culture and Customs of Ghana, Westport, CT/London 2002.

- ders./Lovejoy (Hrsg.), Pawnship: ders./Paul E. Lovejoy (Hrsg.), Pawnship, Slavery, and Colonialism in Africa, Trenton, NJ/Asmara 2003.
- dies. (Hrsg.), Pawnship in Africa: dies. (Hrsg.), Pawnship in Africa. Debt Bondage in Historical Perspective (African Modernization and Development Series), Boulder, CO u.a. 1994.
- dies., Pawnship in Historical Perspective: dies., Pawnship in Historical Perspective, in: ebd., S. 1–26.

FARRAR, African Kings: Tarikhu Farrar, When African Kings became »Chiefs«. Some Transformations in European Perceptions of West African Civilization, c. 1450–1800, in: Journal of Black Studies 23,2 (1992), S. 258–278.

FASSBENDER/PETERS (Hrsg.), Handbook: Bardo Fassbender/Anne Peters (Hrsg.), The Oxford Handbook of the History of International Law, Oxford 2012.

– dies., Introduction: dies., Introduction: Towards a Global History of International Law, in: ebd., S. 1–24.

FAUSZ, Middlemen: J. Frederick Fausz, Middlemen in Peace and War: Virginia's Earliest Indian Interpreters, 1608–1632, in: Virginia Magazine of History and Biography 95,1 (1987), S. 41–64.

FAYER, Interpreters: Joan M. Fayer, African Interpreters in the Atlantic Slave Trade, in: Anthropological Linguistics 45,3 (2003), S. 281–295.

FEIERMAN, Afrika: Steven Feierman, Afrika in der Geschichte. Das Ende der universalen Erzählungen, in: Sebastian Conrad/Shalini Randeria (Hrsg.), Jenseits des Eurozentrismus. Postkoloniale Perspektiven in den Geschichts- und Kulturwissenschaften, Frankfurt a.M./New York 2002, S. 50–83.

FEINBERG, Africans: Harvey M. Feinberg, Africans and Europeans in West Africa: Elminans and Dutchmen on the Gold Coast During the Eighteenth Century (Transactions of the American Philosophical Society, Bd. 79, Teil 7), Philadelphia 1989.

– ders., Palaver: ders., Palaver on the Gold Coast. Elmina-Dutch Cooperation during the Eighteenth Century, in: Baesjou/Ross (Hrsg.), Palaver, S. 11–20.

– ders., Plagiarism: ders., An Eighteenth-Century Case of Plagiarism: William Smith's ›A New Voyage to Guinea‹, in: History in Africa 6 (1979), S. 45–50.

– ders., Elmina Note: ders., There was an Elmina Note, But ..., in: The International Journal of African Historical Studies 9,4 (1976), S. 618–630.

FELDBÆK, Handelskompagnier: Ole Feldbæk, Danske Handelskompagnier 1616–1843. Oktrojer og interne Ledelsesregler, Kopenhagen 1986.

FENDLER/GREILICH, Afrika: Ute Fendler/Susanne Greilich, Afrika in deutschen und französischen Enzyklopädien des 18. Jahrhunderts, in: Hans-Jürgen Lüsebrink (Hrsg.), Das Europa der Aufklärung und die außereuropäische koloniale Welt, Göttingen 2006, S. 113–137.

FICHTNER, Stellung: Axel Fichtner, Die völker- und staatsrechtliche Stellung der deutschen Kolonialgesellschaften des 19. Jahrhunderts (Europäische Hochschulschriften, Reihe II: Rechtswissenschaft, Bd. 3399), Frankfurt a.M. u.a. 2002. [Diss. Hamburg 2001]

FINKENAUER, Art. Ersitzung: Thomas Finkenauer, Art. Ersitzung, in: Handwörterbuch zur deutschen Rechtsgeschichte, Bd. 1, Berlin ²2008, Sp. 1414–1416.

FISCH (Hrsg.), Companion: Audrey A. Fisch (Hrsg.), The Cambridge Companion to the African American Slave Narrative, Cambridge u.a. 2007.

FISCH, Expansion: Jörg Fisch, Die europäische Expansion und das Völkerrecht. Die Auseinandersetzungen um den Status der überseeischen Gebiete vom 15. Jahrhundert bis zur Gegenwart (Beiträge zur Kolonial- und Überseegeschichte Bd. 26), Stuttgart 1984. [Habil. Bielefeld 1983]

FLÜCHTER, Grußpraktiken: Antje Flüchter, Den Herrscher grüßen? Grußpraktiken bei Audienzen am Mogulhof im europäischen Diskurs der Frühen Neuzeit, in: Burschel/Vogel (Hrsg.), Audienz, S. 17–56.

- dies./RICHTER (Hrsg.), Structures: dies./Susan Richter (Hrsg.), Structures on the Move. Technologies of Governance in Transcultural Encounter, Berlin/Heidelberg 2012.
- dies., Structures: dies., Structures on the Move. Appropriating Technologies of Governance in a Transcultural Encounter, in: dies./Susan Richter (Hrsg.), Structures on the Move. Technologies of Governance in Transcultural Encounter, Berlin/Heidelberg 2012, S. 1–27.
- dies., Vielfalt: dies., Die Vielfalt der Bilder und die eine Wahrheit. Die Staatlichkeit Indiens in der deutschsprachigen Wahrnehmung (1500–1700), Habil.-Schrift Heidelberg 2011.
- dies., Roe: dies., Sir Thomas Roe vor dem indischen Mogul. Transkulturelle Kommunikationsprobleme zwischen Repräsentation und Administration, in: Stefan Haas/Mark Hengerer (Hrsg.), Im Schatten der Macht – Kommunikationskulturen in Politik und Verwaltung 1600–1950, Frankfurt a.M. 2008, S. 119–143.
- dies., Priesterkönig: dies. Priesterkönig, Teufelsanbeter und Synkretismus in Indien? Verflechtung von Religion und Politik in der deutschsprachigen Indienwahrnehmung, in: Drews/Oesterle (Hrsg.), Komparatistik, S. 133–155.
- dies., Identität: dies., Identität in einer transkulturellen Gemeinschaft? ›Deutsche‹ in der Vereenigde Oost-Indische Compagnie, in: Christoph Dartmann/Carla Meyer (Hrsg.), Identität und Krise? Zur Deutung vormoderner Selbst-, Welt- und Fremderfahrungen (Symbolische Kommunikation und gesellschaftliche Wertesysteme, Bd. 17), Münster 2007, S. 155–186.

FLÜCKIGER, Geschenk: Markus Flückinger, Geschenk und Bestechung. Korruption im afrikanischen Kontext (edition afem – mission scriptis, Bd. 16), Bonn 2000.

FLUTRE, Termes: Louis-Ferdinand Flutre, De quelques termes de la langue commerciale utilisée sur les côtes de l'Afrique Occidentale aux XVIIe et XVIIIe siècles d'après les récits de voyages du temps, in: Revue de linguistique romane 25 (1961), S. 274–289.

FOKOUO, Donner: Jean Gabriel, Fokouo Donner et transmettre. La discussion sur le don et la constitution des traditions religieuses et culturelles africaines (Studien zur Traditionstheorie, Bd. 8), Münster u. a. 2006.

FÖRSTER, Darstellung: Till Förster, Die Darstellung neuer Herrschaft. Die Entstehung repräsentativer Öffentlichkeit in einer akephalen Gesellschaft Westafrikas, in: Anthropos 90 (1995), S. 377–390.

FOX, Culture: Adam Fox, Oral and Literate Culture in England, 1500–1700, Oxford 2000.

FRASER, Symbols: Douglas Fraser, The Symbols of Ashanti Kingship, in: ders./Cole (Hrsg.), African Art, S. 137–152.

FREDRICKSON, Rassismus: George M. Fredrickson, Rassismus. Ein historischer Abriß, Hamburg 2006.

FRIED, Normannenherrscher: Johannes Fried, Um 810: Weshalb die Normannenherrscher für die Franken unvorstellbar waren, in: Jussen (Hrsg.), Macht, S. 72–82.

Frigo (Hrsg.), Politics: Daniela Frigo (Hrsg.), Politics and Diplomacy in Early Modern Italy: The Structure of Diplomatic Practice, 1450–1800, Cambridge 2011.

Frijhoff, Fulfilling: Willem Frijhoff, Fulfilling God's Mission. The Two Worlds of Dominie Everardus Bogardus, 1607–1647, übers. von Myra Heersprink Scholz (Atlantic World, Bd. 14), Leiden 2007.

Fruin, Vlag: Robert Fruin, De Nederlandsche Vlag, in: ders., Verspreide Geschriften, hrsg. von Petrus J. Blok et al., Bd. 8, 's-Gravenhage 1903, S. 429–445.

Fuglestad, Trap: Finn Fuglestad, The Trevor-Roper-Trap or the Imperialism of History. An Essay, in: History in Africa 19 (1992), S. 309–326.

Fyfe, Art. Falconbridge: Christopher Fyfe, Art. Anna Maria Falconbridge, in: Oxford Dictionary of National Biography, Online-Edition, URL: http://www.oxforddnb.com/view/article/9105 [zuletzt besucht am 24.01.2014].

- ders., Colonies: ders., Freed Slave Colonies in West Africa, in: The Cambridge History of Africa, Bd. 5: 1790–1870, hrsg. von John E. Flint, Cambridge u. a. 1976, S. 170–199.

Fynn, System: John Kofi Fynn, The Political System of the Fante of Ghana during the Pre-Colonial Period, in: Universitas. An Inter-Faculty Journal 9 (1987), S. 108–120.

- ders., Trade: ders., Trade and Politics in Akanland, in: Tarikh 7,2 (1982), S. 23–34.
- ders., Pre-Borbor: ders., The Pre-Borbor Fante States, in: Sankofa 1 (1975), S. 20–30.
- ders., Asante and Akyem Relations: ders., Asante and Akyem Relations, 1700–1831, in: Research Review (Institute of African Studies, University of Ghana), 9,1 (1972), S. 58–83.
- ders., Asante: ders., Asante and its Neighbours 1700–1807, London u. a. 1971.

Games, Atlantic History: Alison Games, Atlantic History: Definitions, Challenges, and Opportunities, in: American Historical Review 111,3 (2006), S. 741–757.

Garcia, Royaume: Luc Garcia, Le Royaume du Dahomé face à la penetration colonial (1875–1894), Paris 1988.

Garrard, African Gold: Timothy F. Garrard, African Gold. Jewellery and Ornaments from Ghana, Côte d'Ivoire, Mali and Senegal in the Collection of the Gold of Africa Barbier-Mueller Museum in Cape Town, München u. a. 2011.

- ders., Akan Weights: ders., Akan Weights and the Gold Trade (Legon History Series), London/New York 1980.

Gathii, Africa: James Thuo Gathii, Africa, in: Fassbender/Peters (Hrsg.), Handbook, S. 407–428.

Gaul, Geschenk: Wilhelm Gaul, Das Geschenk nach Form und Inhalt im besonderen untersucht an afrikanischen Völkern, Braunschweig 1914. [Diss. Leipzig 1913]

Geertz, Interpretation: Clifford Geertz, The Interpretation of Cultures. Selected Essays, New York 2000.

Gelder, Avontuur: Roelof Gelder, Het Oost-Indisch avontuur. Duitsers in dienst van de VOC (1600–1800), Nijmegen 1997. [Diss. Amsterdam 1997]

Geldsetzer, Begriff: Lutz Geldsetzer, Was ist logisch ein Begriff und wie kann er eine Geschichte haben?, in: Ricardo Pozzo/Marco Sgarbi (Hrsg.), Begriffs-,

Ideen- und Problemgeschichte im 21. Jahrhundert (Wolfenbütteler Forschungen, Bd. 127), Wiesbaden 2011, S. 31–56.

Gemery/Hogendorn, Change: H. A. Gemery/J. S. Hogendorn, Technological Change, Slavery, and the Slave Trade, in: Clive Dewey/A. G. Hopkins (Hrsg.), The Imperial Impact. Studies in the Economic History of Africa and India, London 1978, S. 243–258.

Gephart, Recht: Werner Gephart, Recht als Kultur. Für eine geisteswissenschaftliche Erforschung von Recht im Globalisierungsprozess, Bonn 2010.

Giannini, Geschenk: Massimo Carlo Giannini, Geschenk oder Steuer? Der *donativo* zwischen fiskalischer Praxis und politischer Kultur in den italienischen Territorien der Spanischen Krone im 17. Jahrhundert, in: Peter Rauscher/Andrea Serles/Thomas Winkelbauer (Hrsg.), Das »Blut des Staatskörpers« Forschungen zur Finanzgeschichte der Frühen Neuzeit (Historische Zeitschrift, N. F., Beiheft 56), München 2012, S. 513–544.

Gierke, Schuld: Otto Gierke, Schuld und Haftung im älteren deutschen Recht, insbesondere die Form der Schuld- und Haftungsgeschäfte (Untersuchungen zur Deutschen Staats- und Rechtsgeschichte, Heft 100), Breslau 1910.

Glasman, Intermédiaires: Joël Glasman, Penser les intermédiaires coloniaux: Note sur les dossiers de carrière de la police du Togo, in: History in Africa 37 (2010), S. 51–81.

Glasson, Mastering: Travis Glasson, Mastering Christianity: Missionary Anglicanism and Slavery in the Atlantic World, Oxford u. a. 2011. [Diss. New York 2005]

Gocking, Facing: Roger S. Gocking, Facing Two Ways: Ghana's Coastal Communities Under Colonial Rule, Lanham u. a. 1999.

Godelier, Rätsel: Maurice Godelier, Das Rätsel der Gabe. Geld, Geschenke, heilige Objekte, übers. von Martin Pfeiffer, München 1999. [frz. EA 1996]

Goffman, Theater: Erving Goffman, Wir alle spielen Theater. Die Selbstdarstellung im Alltag, übers. von Peter Weber-Schäfer, München u. a. ^{5}2007.

– ders., Interaktionsrituale: ders., Interaktionsrituale. Über Verhalten in direkter Kommunikation, übers. von Renate Bergsträsser und Sabine Bosse, Frankfurt a.M. 2002.

– ders., Rahmen-Analyse: ders., Rahmen-Analyse. Ein Versuch über die Organisation von Alltagserfahrungen, übers. von Hermann Vetter, Frankfurt a.M. 1977. [engl. EA 1974]

Goldsmith/Posner, Limits: Jack L. Goldsmith/Eric A. Posner, The Limits of International Law, Oxford 2005.

Gong, Standard: Gerrit Gong, The Standard of ›Civilisation‹ in International Society, Oxford 1984.

Goody, Logik: Jack Goody, Die Logik der Schrift und die Organisation der Gesellschaft, übers. von Uwe Opolka, Frankfurt a.M. 1990.

Goor, Koopman: Jurriaan van Goor, De koopman als diplomaat. Hofreizen als spiegel van Europees-Aziatische verhoudingen, in: Jan Parmentier/Sander Spanoghe (Red.), Orbis in Orbem. Liber amicorum John Everaert, Gent 2001, S. 513–538.

Gott, Emblems: Suzanne Gott, Golden Emblems of Maternal Benevolence: Transformations of Form and Meaning in Akan Regalia, in: African Arts 36,1 (2003), S. 66–81.

GREEN (Hrsg.), Brokers: Toby Green (Hrsg.), Brokers of Change. Atlantic Commerce and Cultures in Precolonial Western Africa (Proceedings of the British Academy, Bd. 178), Oxford u.a. 2012.

GREENBLATT, Possessions: Stephen Greenblatt, Marvelous Possessions. The Wonder of the New World, Oxford 1991.

GREWE, Expansion: Wilhelm G. Grewe, Die Europäische Expansion und das Völkerrecht (Rez. zu Jörg Fisch, Die Europäische Expansion und das Völkerrecht. Die Auseinandersetzungen um den Status der überseeischen Gebiete vom 15. Jahrhundert bis zur Gegenwart), in: Archiv für öffentliches Recht 110 (1985), S. 447–456.

– ders., Epochen: ders., Epochen der Völkerrechtsgeschichte, Baden-Baden 1984.

– ders., Völkerrecht: ders., Vom europäischen zum universellen Völkerrecht. Zur Frage der Revision des »europazentrischen« Bildes der Völkerrechtsgeschichte, in: Zeitschrift für ausländisches öffentliches Recht und Völkerrecht 42,3 (1982), S. 449–479.

GRIFFITHS, Legal Pluralism: John Griffiths, What Is Legal Pluralism?, in: Journal of Legal Pluralism and Unofficial Law 24 (1986), S. 1–55.

GROEBNER, Geschenke: Valentin Groebner, Gefährliche Geschenke. Ritual, Politik und die Sprache der Korruption in der Eidgenossenschaft im späten Mittelalter und am Beginn der Neuzeit, Konstanz 2000.

GROESEN, Officers: Michiel van Groesen, Officers of the West India Company, their networks, and their personal memories of Dutch Brazil, in: Huigen/Jong/Kolfin (Hrsg.), Companies, S. 39–58.

GROTHAUS, Monarch: Maximilian Grothaus, Vorbildlicher Monarch, Tyramm oder Despot? Europäische Vorstellungen vom Osmanischen Reich zwischen Renaissance und Aufklärung, in: Frühneuzeit-Info 6,2 (1995), S. 181–203.

GRÜNBART, Geschenke: Michael Grünbart, Geschenke erhalten die Freundschaft. Einleitung, in: ders. (Hrsg.), Geschenke erhalten die Freundschaft. Gabentausch und Netzwerkpflege im europäischen Mittelalter (Byzantinistische Studien und Texte, Bd. 1), Münster u.a. 2011, S. xiii–xxv.

GSCHWEND/TUDELA, Luxury Goods: Annemarie Jordan Gschwend/Almudena Pérez de Tudela, Luxury Goods for Royal Collectors. Exotica, Princely Gifts and Rare Animals Exchanged Between the Iberian Courts and Central Europe in the Renaissance (1560–1612), in: Sabine Haag/Helmuth Trnek (Hrsg.), Exotica. Portugals Entdeckungen im Spiegel fürstlicher Kunst- und Wunderkammern der Renaissance, Mainz 2001, S. 1–22.

GUERY, Roi: Alain Guery, Le Roi dépensier. Le don, la contrainte et l'origine du système financier de la monarchie française d'Ancien Régime, in: Annales E. S. C. 39 (1984), S. 1241–1269.

HABERLAND, Königtum: Eike Haberland, Das heilige Königtum, in: Burghard Freudenfeld (Hrsg.), Völkerkunde. Zwölf Vorträge zur Einführung in ihre Probleme, München 1960, S. 77–89.

HÄBERLEIN/JEGGLE (Hrsg.), Grundlagen: Mark Häberlein/Christof Jeggle (Hrsg.), Materielle Grundlagen der Diplomatie. Schenken, Sammeln und Verhandeln in Spätmittelalter und Früher Neuzeit (Irseer Schriften, N. F., Bd. 9), Konstanz/München 2013.

- ders./BAYREUTHER, Agent: ders./Magdalena Bayreuther, Agent und Ambassador. Der Kaufmann Anton Meuting als Vermittler zwischen Bayern und Spanien im Zeitalter Philipps II. (Documenta Augustana, Bd. 23), Augsburg 2013.
- ders./KEESE (Hrsg.), Sprachgrenzen: ders./Alexander Keese (Hrsg.), Sprachgrenzen – Sprachkontakte – kulturelle Vermittler. Kommunikation zwischen Europäern und Außereuropäern (16.–20. Jahrhundert) (Beiträge zur Europäischen Überseegeschichte, Bd. 97), Stuttgart 2010.
- ders., Vermittler: ders., Kulturelle Vermittler in der atlantischen Welt, in: ebd., S. 177–201.
- ders., Geschenke: ders., Geschenke und Geschäfte. Die Fugger und die Praxis des Schenkens im 16. Jahrhundert, in: Wolfgang E. J. Weber/Regina Dauser (Hrsg.), Faszinierende Frühneuzeit. Reich, Frieden, Kultur und Kommunikation 1500–1800. Festschrift für Johannes Burkhardt zum 65. Geburtstag, Berlin 2008, S. 135–149.
- ders., »Mohren«: ders., »Mohren«, ständische Gesellschaft und atlantische Welt. Minderheiten und Kulturkontakte in der frühen Neuzeit, in: Claudia Schnurmann/Hartmut Lehmann (Hrsg.), Atlantic Understandings. Essays on European and American History in Honor of Hermann Wellenreuther, Hamburg/Münster 2006, S. 77–102.
- ders., Vermittler und Kommunikation: ders., Kulturelle Vermittler und interkulturelle Kommunikation im kolonialen Nordamerika, in: Johannes Burkhardt/Christine Werkstetter (Hrsg.), Kommunikation und Medien in der Frühen Neuzeit (Historische Zeitschrift, N. F., Beiheft 41), München 2005, S. 335–355.

HACKING, Fehlübersetzung: Ian Hacking, Radikale Fehlübersetzung – hat es das je gegeben?, in: ders., Historische Ontologie, übers. von Joachim Schulte (Legierungen, Bd. 1), Zürich 2002, S. 175–182.

HAGAN, Note: G. P. Hagan, A Note on Akan Colour Symbolism, in: Research Review (Institute of African Studies, University of Ghana) 7,1 (1970), S. 8–14.

HAGEDORN, »Friend«: Nancy L. Hagedorn, »A Friend to go between Them«: The Interpreter as Cultural Broker during Anglo-Iroquois Councils, 1740–70, in: Ethnohistory 35,1 (1988), S. 60–80.

HAGEMANN, Art. Eigentum: Hans-Rudolf Hagemann, Art. Eigentum, in: Handwörterbuch zur deutschen Rechtsgeschichte, Bd. 1, Berlin ^{2}2008, Sp. 1271–1285.

HAIR, Attitudes: Paul E. H. Hair, Attitudes to Africans in English Primary Sources on Guinea up to 1650, in: History in Africa 26 (1999), S. 43–68.

- ders./LAW, English: ders./Robin Law, The English in Western Africa to 1700, in: Nicholas Canny (Hrsg.), The Origins of Empire. British Overseas Enterprise to the Close of the Seventeenth Century (The Oxford History of the British Empire, Bd. 1), Oxford/New York 1998, S. 241–263.
- ders., Discovery: ders., Discovery and Discoveries: The Portuguese in Guinea 1444–1650, in: ders., Africa Encountered. European Contacts and Evidence 1450–1700 (Variorum Collected Studies Series), Aldershot 1997, no. I, S. 11–28.
- ders., Founding: ders., The Founding of the Castelo São Jorge da Mina. An Analysis of the Sources (African Studies Program, University of Wisconsin), Madison 1994.

– ders./MOTA, Mina: ders./Avelino Teixeira da Mota, East of Mina. Afro-European Relations on the Gold Coast in the 1550s and 1560s. An Essay with Supporting Documents (African Studies Program, University of Wisconsin, Studies in African Sources, Bd. 3), Madison 1988.
– ders., Guinea: ders., Guinea, in: David B. Quinn (Hrsg.), Hakluyt Handbook (Works issued by the Hakluyt Society, 2nd series, Bd. 144), Bd. 1, London 1974, S. 197–207.
– ders., Use: ders., The Use of African Languages in Afro-European Contacts in Guinea, 1440–1560, in: Sierra Leone Language Review 5 (1966), S. 5–26.
HALLETT, Penetration: Robin Hallett, The Penetration of Africa. European Enterprise and Exploration principally in Northern and Western Africa up to 1830, 2 Bde., London 1965.
HALTERN, Recht: Ulrich R. Haltern, Recht und soziale Imagination, in: Werner Gephart (Hrsg.), Rechtsanalyse als Kulturforschung (Schriftenreihe des Käte Hamburger Kollegs »Recht als Kultur«, Bd. 1), Frankfurt a.M. 2012, S. 89–102.
– ders., Souveränität: ders., Was bedeutet Souveränität?, Tübingen 2007.
HAM, Goud: Gijs van der Ham, Dof goud. Nederland en Ghana, 1593–1872 (Landenreeks van het Rijksmuseum), Amsterdam 2013.
HAMILTON/SALMON (Hrsg.), Slavery: Keith Hamilton/Patrick Salmon (Hrsg.), Slavery, Diplomacy and Empire. Britain and the Suppression of the Slave Trade, 1807–1975, Brighton 2009.
– ders./LANGHORNE, Practice: ders./Richard Langhorne, The Practice of Diplomacy. Its Evolution, Theory and Administration, London/New York 1995.
HANNAFORD, Race: Ivan Hannaford, Race. The History of an Idea in the West, Washington, D. C. u.a. 1996.
HANNIG, Ars donandi: Jürgen Hannig, Ars donandi. Zur Ökonomie des Schenkens im früheren Mittelalter, in: Richard van Dülmen (Hrsg.), Armut, Liebe, Ehre. Studien zur historischen Kulturforschung, Frankfurt a.M. 1988, S. 11–37.
HÄPKE, Benjamin Raule: Rudolf Häpke, Benjamin Raule und seine Handlungsbücher, in: Economisch-Historisch Jaarboek 9 (1923), S. 214–220.
HARBSMEIER, Gifts: Michael Harbsmeier, Gifts and Discoveries. Gift Exchange in Early Modern Narratives of Exploration and Discovery, in: Algazi/Groebner/Jussen (Hrsg.), Negotiating, S. 381–410.
– ders., Worlds: ders., Other Worlds and the Self in 17th Century German Travel Accounts, in: Kaspar von Greyerz/Hans Medick/Patrice Veit (Hrsg.), Von der dargestellten Person zum erinnerten Ich. Europäische Selbstzeugnisse als historische Quellen, 1500–1850 (Selbstzeugnisse der Neuzeit, Bd. 9), Köln u.a. 2001, S. 35–54.
HARDING, Benin: Leonhard Harding, Das Königreich Benin. Geschichte – Kultur – Wirtschaft, München 2010.
– ders., Einführung: ders., Einführung in das Studium der Afrikanischen Geschichte, Münster u.a. ²1994.
HARDTWIG, Elitebewusstsein: Wolfgang Hardtwig, Vom Elitebewusstsein zur Massenbewegung. Frühformen des Nationalismus in Deutschland 1500–1840, in: ders., Nationalismus und Bürgerkultur in Deutschland 1500–1914, Göttingen 1994, S. 34–54.

Hart, Translating: Roger Hart, Translating Worlds. Incommensurability and Problems of Existence in 17th-Century China, in: Positions 7,1 (1999), S. 95–128.

Hartmann, Staatszeremoniell: Jürgen Hartmann, Staatszeremoniell, Köln u.a. [2]1990.

Hartung, Krone: Fritz Hartung, Die Krone als Symbol der monarchischen Herrschaft im ausgehenden Mittelalter, in: Manfred Hellmann (Hrsg.), Corona Regni. Studien über die Krone als Symbol des Staates im späteren Mittelalter (Wege der Forschung, Bd. 3), Darmstadt 1961, S. 1–69.

Hartung, Geschichte: Wilhelm Hartung, Geschichte und Rechtsstellung der Compagnie in Europa. Eine Untersuchung am Beispiel der englischen East-India Company, der niederländischen Vereenigten Oostindischen Compagnie und der preußischen Seehandlung, masch.-schriftl. Diss. Bonn 2000.

Hastings, Church: Adrian Hastings, The Church in Africa, 1450–1950, Oxford 1994.

Haudrère, Compagnie: Philippe Haudrère, La Compagnie française des Indes au XVIIIe siècle (1719–1795), 2 Bde., Paris [2]2005.

Havener, Arts: Wolfgang Havener, Tagungsbericht: The Arts of Succession, Konstanz, 25.–27.07.2013, H-Soz-u-Kult, 28.09.2013, URL: http://hsozkult.geschichte.hu-berlin.de/tagungsberichte/id=5045 [zuletzt besucht am 13.10.2014].

Hazemann, École: Yves Hazemann, Un Outil de la conquête coloniale: L'école des otages de Saint-Louis (1855–1871; 1892–1903), in: Jean Boulègue (Hrsg.), Contributions à l'histoire du Sénégal (Cahiers du Centre de Recherches africaines, Bd. 5), Paris [1987], S. 135–159.

Heal, Food Gifts: Felicity Heal, Food Gifts, the Household, and the Politics of Exchange in Early Modern England, in: Past & Present 199 (2008), S. 41–70.

Heijer, ›Groot desseyn‹: Henk den Heijer, Het ›groot desseyn‹ en de aanval op Elmina in 1625, in: ders./Enthoven/Jordaan (Hrsg.), Geweld, S. 217–243.

- ders., Dienaer: ders., Een dienaer van veele heeren. De atlantische carriere van Hendrik Caerlof, in: Jan Thomas Lindblad/Alicia Schrikker (Red.), Het verre gezicht. Politieke en culturele relaties tussen Nederland en Azie, Afrika en Amerika (Festschrift Leonard Blussé), Franeker 2011, S. 162–180.
- ders./Enthoven, Nederland: ders./Victor Enthoven, Nederland en de Atlantische Wereld, 1600–1800. Een historiografisch overzicht, in: Tijdschrift voor zeegeschiedenis 24 (2005), S. 147–166.
- ders., Compagnie: ders., De geoctroieerde compagnie. De VOC en de WIC als voorlopers van de naamloze vennootschap (Ars Notarius, Bd. 128), Deventer 2005.
- ders., Geschiedenis: ders., De geschiedenis van de WIC, Zutphen [3]2002.
- ders., Bewillinghe: ders., Met bewillinghe van de swarte partij. Nederlands recht op de Goudkust in de zeventiende eeuw, in: Pro Memorie 5,2 (2003), S. 350–363.
- ders., Trade: ders., The West African Trade of the Dutch West India Company, 1674–1740, in: Enthoven/Postma (Hrsg.), Riches, S. 139–169.
- ders., Company: ders., The Dutch West India Company, 1621–1791, in: ebd., S. 77–112.
- ders., Nyendael: ders., David van Nyendael. The first European envoy to the Court of Ashanti, 1701–1702, in: Kessel (Hrsg.), Merchants, S. 41–49.
- ders., Goud: ders., Goud, ivoor en slaven. Scheepvaart en handel van de Tweede Westindische Compagnie op Afrika, 1674–1740, Zutphen 1994.

HEIN, Communication: Jeanne Hein, Portuguese Communication With Africans on the Searoute to India, in: Terrae Incognitae 25 (1993), S. 41–52.
HEINTZE, Transfers: Beatrix Heintze, Hidden Transfers. Luso-Africans as European Explorers' Experts in Nineteenth-Century West-Central Africa, in: Landau (Hrsg.), Power, S. 19–40.
– dies., Dolmetscher: dies., Luso-afrikanische Dolmetscher und kulturelle Vermittler in Angola im 19. Jahrhundert, in: Häberlein/Keese (Hrsg.), Sprachkontakte, S. 203–222.
– dies./JONES (Hrsg.), Sources: dies./Adam Jones (Hrsg.), European Sources for Sub-Saharan Africa before 1900: Use and Abuse (Paideuma. Mitteilungen zur Kulturkunde, Bd. 33), Stuttgart/Wiesbaden 1987.
– dies., Translations: dies., Translations as Sources for African History, in: History in Africa 11 (1984), S. 131–161.
HENIGE, John Kabes: David Henige, John Kabes of Komenda. An Early African Entrepreneur and State Builder, in: Journal of African History 18,1 (1977), S. 1–19.
– ders./JOHNSON, Agaja: ders./Marion Johnson, Agaja and the Slave Trade: Another Look at the Evidence, in: History in Africa 3 (1976), S. 57–67.
– ders., Adom/Supome: ders., Adom/Supome and Jabi/Yabiw: Cases of Identity in a Period of Shifting Paramountcies, in: Transactions of the Historical Society of Ghana 16 (1975), S. 29–45.
– ders., Chronology: ders., The Chronology of Oral Tradition. Quest for a Chimera, Oxford 1974.
– ders., Feedback: ders., The Problem of Feedback in Oral Tradition: Four Examples from the Fante Coastlands, in: Journal of African History 14,2 (1973), S. 223–235.
HENNINGS, Russia: Jan Hennings, Russia and Courtly Europe: Ritual and Diplomatic Culture, 1648–1725, Cambridge [im Druck].
– ders., Gift: ders., The Failed Gift: Ceremony and Gift-Giving in Anglo-Russian Relations (1662–1664), in: Iver B. Neumann/Halvard Leira (Hrsg.), International Diplomacy, Bd. 1: Beginnings, Los Angeles u. a. 2013, S. 91–110.
HERDEGEN, Völkerrecht: Matthias Herdegen, Völkerrecht (Grundrisse des Rechts), München ^{10}2011.
HERNÆS, Friederichsnopel: Per O. Hernæs, Friederichsnopel: A Danish Settlement Colony in Akuapem 1788–1792, in:Transactions of the Historical Society of Ghana, N. S., 13 (2011), S. 81–133.
– ders., Struggle: ders., African Power Struggle and European Opportunity: Danish Expansion on the Early 18th-Century Gold Coast, in: Transactions of the Historical Society of Ghana, N. S., 7 (2003), S. 1–92.
– ders., Slaves: ders., Slaves, Danes, and African Coast Society. The Danish Slave Trade from West Africa and Afro-Danish Relations on the Eighteenth-Century Gold Coast, Trondheim 1998. [Diss. Trondheim 1992]
– ders., Fort Communities: ders., European Fort Communities on the Gold Coast in the Era of the Slave Trade, in: J. Everaert/J. Parmentier (Hrsg.), International Conference on Shipping, Factories and Colonization (Brussels, 24–26 November 1994), Brüssel 1996, S. 167–180.

- ders., Palaver: ders., Palaver: Peace or ›Problem‹? A Note on the »Palaver-System« on the Gold Coast in the 18th Century based on examples drawn from Danish sources (Center for African Studies, Copenhagen: Working Papers, Jg. 1988, Heft 1), Copenhagen 1988.

Heuman/Walvin (Hrsg.), Reader: Gad Heuman/James Walvin (Hrsg.), The Slavery Reader, New York/London 2003.

Hevia, Kowtowing: James L. Hevia, ›The Ultimate Gesture of Deference and Debasement‹: Kowtowing in China, in: Past & Present 203,4 (2009), S. 212–234.

Heyden, Adler: Ulrich von der Heyden, Rote Adler an Afrikas Küste. Die brandenburgisch-preußische Kolonie Großfriedrichsburg in Westafrika, Berlin 2001.

Hillemann, Kaufleute: Ulrike Hillemann, Kaufleute und Diplomaten: Beziehungen zwischen Großbritannien und China am Ende der Frühen Neuzeit, in: Kugeler/Sepp/Wolf (Hrsg.), Internationale Beziehungen, S. 237–269.

Hiltmann, Rois: Torsten Hiltmann, Les ›autres‹ rois, in: ders. (Hrsg.), Les autres rois. Études sur la royauté comme notion hiérarchique dans la société au bas Moyen Âge et au début de l'époque moderne (Ateliers des Deutschen Historischen Instituts Paris, Bd. 5), München 2010, S. 1–14.

Hodson/Rushfort, Atlantic: Christopher Hodson/Brett Rushforth, Absolutely Atlantic: Colonialism and the Early Modern French State in Recent Historiography, in: History Compass 8,1 (2010), S. 101–117.

Höfer/Reichardt, Art. Honnête homme: Anette Höfer/Rolf Reichardt, Art. Honnête homme, Honnêteté, Honnêtes Gens, in: ders./Schmitt (Hrsg.), Handbuch, Heft 7, München 1986, S. 7–73.

Höfert, Feind: Almut Höfert, Den Feind beschreiben. »Türkengefahr« und europäisches Wissen über das Osmanische Reich 1450–1600 (Campus Historische Studien, Bd. 35), Frankfurt a.M./New York 2003. [Diss. Florenz 2001]

Höh/Jaspert/Oesterle, Courts: Marc von der Höh/Nikolas Jaspert/Jenny Oesterle, Courts, Brokers and Brokerage in the Medieval Mediterranean, in: dies. (Hrsg.), Cultural Brokers at Mediterranean Courts in the Middle Ages (Mittelmeerstudien, Bd. 1), Paderborn 2013, S. 9–31.

Holenstein, Art. Untertan: André Holenstein, Art. Untertan, in: Enzyklopädie der Neuzeit, Bd. 13, Stuttgart/Weimar 2011, Sp. 1095–1101.

- ders./Maissen/Prak, Introduction: ders./Thomas Maissen/Maarten Prak, Introduction: The Dutch and Swiss Republics Compared, in: dies. (Hrsg.), The Republican Alternative. The Netherlands and Switzerland Compared, Amsterdam 2008, S. 11–26.
- ders., Seelenheil: ders., Seelenheil und Untertanenpflicht. Zur gesellschaftlichen Funktion und theoretischen Begründung des Eides in der ständischen Gesellschaft, in: Peter Blickle (Hrsg.), Der Fluch und der Eid. Die metaphysische Begründung gesellschaftlichen Zusammenlebens und politischer Ordnung in der ständischen Gesellschaft (Zeitschrift für Historische Forschung, Beiheft 15), Berlin 1993, S. 11–63.

Hondius, Access: Dieke Hondius, Access to the Netherlands of Enslaved and Free Black Africans: Exploring Legal and Social Historical Practices in the Sixteenth–Nineteenth Centuries, in: Slavery & Abolition 32,3 (2011), S. 377–395.

HOPKINS, Economic History: Anthony Hopkins, An Economic History of West Africa, London 1973.

HOPKINS, Thonning: Daniel Hopkins, Peter Thonning and Denmark's Guinea Commission. A Study in 19th-Century African Colonial Geography (Atlantic World, Bd. 24), Leiden/Boston 2013.

HUBER, Ghanaian Pidgin: Magnus Huber, Ghanaian Pidgin English in its West African Context. A Sociohistorical and Structural Analysis (Varieties of English Around the World, General Series, Bd. 24), Amsterdam/Philadelphia, PA 1999. [Diss. Essen 1998]

HUECK, Discipline: Ingo J. Hueck, The Discipline of History of International Law. New Trends and Methods on the History of International Law, in: Journal of the History of International Law 3 (2001), S. 194–217.

– ders., Völkerrechtsgeschichte: ders., Völkerrechtsgeschichte. Hauptrichtungen – Tendenzen – Perspektiven, in: Loth/Osterhammel (Hrsg.), Internationale Geschichte, S. 267–285.

HUIGEN/JONG/KOLFIN (Hrsg.), Companies: Siegfried Huigen/Jan L. de Jong/Elmer Kolfin (Hrsg.), The Dutch Trading Companies as Knowledge Networks (Intersections, Bd. 14), Boston/Leiden 2010.

HÜNEMÖRDER, Art. Zaunkönig: Christian Hünemörder, Art. Zaunkönig, in: Lexikon des Mittelalters, Bd. 9, Stuttgart 1998, Sp. 494.

HUNTINGTON, Kampf: Samuel P. Huntington, Kampf der Kulturen. Die Neugestaltung der Weltpolitik im 21. Jahrhundert, aus dem Amerikanischen übers. von Holger Fliessbach, München/Wien ^{8}1998. [engl. EA 1996]

ILIFFE, Geschichte: John Iliffe, Geschichte Afrikas, München ^{2}2003. [engl. EA 1995]

INIKORI, Africa: Joseph E. Inikori, Africa and the Globalization Process: Western Africa, 1450–1850, in: Journal of Global History 2,1 (2007), S. 63–86.

– ders./ENGERMAN, Introduction: ders./Stanley L. Engerman, Introduction: Gainers and Losers in the Atlantic Slave Trade, in: dies. (Hrsg.), The Atlantic Slave Trade. Effects on Economies, Societies, and Peoples in Africa, the Americas, and Europe, Durham/London 1992, S. 1–21.

INSH, Company: Georg Pratt Insh, The Company of Scotland Trading to Africa and the Indies, London/New York 1932.

ISRAEL, Dutch Republic: Jonathan I. Israel, The Dutch Republic. Its Rise, Greatness, and Fall, 1477–1806, Oxford 1995.

– ders., Dutch Primacy: ders., Dutch Primacy in World Trade, 1585–1740, Oxford u.a. 1989.

ITTERSUM, Profit: Martine Julia van Ittersum, Profit and Principle. Hugo Grotius, Natural Rights Theories and the Rise of Dutch Power in the East Indies, 1595–1615, Leiden u.a. 2006. [Diss. Cambridge, MA 2002]

– dies., *Mare Liberum*: dies., *Mare Liberum* Versus the Propriety of the Seas? The Debate between Hugo Grotius (1583–1645) and William Welwood (1552–1624) and its Impact on Anglo-Scotto-Dutch Fishery Disputes in the Second Decade of the 17th Century, in: Edinburgh Law Review 239 (2006), S. 239–276.

JACKSON, Bourdieu: Peter Jackson, Pierre Bourdieu, the ›Cultural Turn‹ and the Practice of International History, in: Review of International Studies 34,1 (2008), S. 155–181.

JACOBS, New Netherland: Jaap Jacobs, New Netherland. A Dutch Colony in Seventeenth-Century America (Atlantic World, Bd. 3), Boston/Leiden 2005. [Diss. Leiden 1999]

JAENEN, Role: Cornelius J. Jaenen, The Role of Presents in French-Amerindian Trade, in: Duncan Cameron (Hrsg.), Explorations in Canadian Economic History: Essays in Honour of Irene M. Spry, Ottawa 1985, S. 231–251.

JAHNTZ, Handelscompagnien: Katharina Jahntz, Privilegierte Handelscompagnien in Brandenburg und Preußen. Ein Beitrag zur Geschichte des Gesellschaftsrechts (Schriften zur Rechtsgeschichte, Heft 127), Berlin 2006. [Diss. Hamburg 2005]

JANSSEN, Übertragung: Helmut Janssen, Die Übertragung von Rechtsvorstellungen auf fremde Kulturen am Beispiel des englischen Kolonialrechts. Ein Beitrag zur Rechtsvergleichung (Studien zum ausländischen und internationalen Privatrecht, Bd. 79), Tübingen 2000. [Diss. Münster 1998/99]

JANSSON, Reciprocity: Maija Jansson, Measured Reciprocity: English Ambassadorial Gift Exchange in the 17th and 18th Centuries, in: Journal for Early Modern History 9,3–4 (2005), S. 348–370.

JARCHOW, Hofgeschenke: Margaret Jarchow, Hofgeschenke. Wilhelm II. zwischen Diplomatie und Dynastie 1888–1914, Hamburg 1998.

JENKINS, Scholarship: R. G. Jenkins, North American Scholarship and the Thaw in the Historiography of Ghanaian Coastal Communities, in: Ghana Studies Bulletin 3 (1985), S. 19–28.

JENNINGS, International Law: Robert Y. Jennings, What is International Law and How Do We Tell It When We See It?, in: Schweizerisches Jahrbuch für internationales Recht 37 (1981), S. 59–88.

JEWSIEWICKI/NEWBURY (Hrsg.), African Historiographies: Bogumil Jewsiewicki/David Newbury (Hrsg.), African Historiographies. What History for Which Africa? (SAGE Series on African Modernization and Development, Bd. 12), Beverly Hills u. a. 1986.

JOCH, Koloniales: Markus Joch, Koloniales in der Karikatur. November 1884: Der *Kladderadatsch* sieht »Culturfortschritte am Congo«, in: Alexander Honold/Klaus J. Scherpe (Hrsg.), Mit Deutschland um die Welt. Eine Kolonialgeschichte des Fremden in der Kolonialzeit, Stuttgart/Weimar 2004, S. 66–76.

JOHANEK/LAMPEN (Hrsg.), Adventus: Peter Johanek/Angelika Lampen (Hrsg.), Adventus. Studien zum herrscherlichen Einzug in die Stadt (Städteforschung, Reihe A: Darstellungen, Bd. 75), Köln u. a. 2009.

JOHNSON, Land Tenure: de Graft Johnson, Akan Land Tenure, in: Transactions of the Gold Coast and Togoland Historical Society 1,4 (1955), S. 99–103.

JOHNSON, Commodities: Marion Johnson, Commodities, Customs, and the Computer, in: dies., Anglo-African Trade in the Eighteenth Century. English Statistics on African Trade 1699–1808, hrsg. von J. Thomas Lindblad und Robert Ross (Intercontinenta, Bd. 15), Leiden 1990, S. 1–11.

– dies., Lambe: dies., Bulfinch Lambe and the Emperor of Pawpaw: A Footnote to Agaja and the Slave Trade, in: History in Africa 5 (1978), S. 345–350.

JONES (Hrsg.), Transculturation: Adam Jones (Hrsg.), Transculturation: Mission and Modernity in Africa (University of Leipzig Papers on Africa: Mission Archives, Bd. 22), Leipzig 2003.

– ders., Körper: ders., »I am all the same as God«. Königliche Körper und Menschenopfer in drei westafrikanischen Staaten (18.–19. Jahrhundert), in: Franz-Reiner Erkens (Hrsg.), Die Sakralität von Herrschaft. Herrschaftslegitimierung im Wechsel der Zeiten und Räume. Fünfzehn interdisziplinäre Beiträge zu einem weltweiten und epochenübergreifenden Phänomen, Berlin 2002, S. 201–212.

– ders., Geschichte: ders., Schwarze Geschichte – Weiße Historiker (Karl-Lamprecht-Vortrag 1997), Leipzig 1998.

– ders., Collection: ders., A Collection of African Art in Seventeenth-Century Germany: Christoph Weickmann's »Kunst- und Naturkammer«, in: African Arts 27,2 (1994), S. 28–43 und S. 92–94.

– ders., Quellenproblematik: ders., Zur Quellenproblematik der Geschichte Westafrikas, 1450–1900 (Studien zur Kulturkunde, Bd. 99), Stuttgart 1990.

– ders., Decompiling: ders., Decompiling Dapper. A Preliminary Search for Evidence, in: History in Africa 17 (1990), S. 171–209.

– ders., Prostitution: ders., Prostitution, Polyandrie oder Vergewaltigung? Zur Mehrdeutigkeit europäischer Quellen über die Küste Westafrikas zwischen 1660 und 1860, in: ders. (Hrsg.), Außereuropäische Frauengeschichte. Probleme der Forschung (Frauen in Geschichte und Gesellschaft, Bd. 25), Pfaffenweiler 1990, S. 123–158.

– ders., Introduction: ders., Introduction, in: ders. (Hrsg.), Brandenburg Sources, S. 1–11.

– ders., Kquoja: ders., The Kquoja Kingdom. A Forest State in Seventeenth Century West Africa, in: Paideuma 29 (1983), S. 23–43.

– ders., Smith: ders., William Smith the Plagiarist: A Rejoinder, in: History in Africa 7 (1980), S. 327 f.

Jones, Countrymen: Eldred Jones, Othello's Countrymen. The African in English Renaissance Drama, Oxford u. a. 1965.

Jones, Wars: J. R. Jones, The Anglo-Dutch Wars of the Seventeenth Century (Modern Wars in Perspective), Harlow 1996.

Jones/Ville, Rationale: S. R. H. Jones/Simon P. Ville, Efficient Transactors or Rent-Seeking Monopolists? The Rationale for Early Chartered Trading Companies, in: Journal of Economic History 56 (1996), S. 898–915.

Jonge (Hrsg.), Oorsprong: J. K. de Jonge (Hrsg.), De oorsprong van Neerland's bezittingen op de kust van Guinea. In herinnering gebragt uit de oorspronkelijke stukken, naar aanleiding van een voorgenomen afstand dier bezittingen aan Groot-Brittannie, 's-Gravenhage 1871.

Jordan, White: Winthrop Jordan, White over Black. American Attitudes toward the Negro, 1550–1812, Chapel Hill, NC 1968.

Jostkleigrewe, Reiter: Georg Jostkleigrewe, Noch ein weißer Reiter? Zwei Kaiserbesuche in Paris: Zur Funktion eines politischen Symbols im Spannungsfeld von diplomatischer Inszenierung, juristischer Fiktion und kultureller Differenz, in: Ingrid Bennewitz/Andrea Schindler (Hrsg.), Farbe im Mittelalter. Materialität – Medialität – Semantik, Bd. 2, Bamberg 2011, S. 919–932.

[Juneja], Gespräch: [Monica Juneja], Kultur, Kulturtransfer und Grenzüberschreitungen. Joachim Eibach und Claudia Opitz im Gespräch mit Monica Juneja, in:

zeitenblicke. Online Journal für die Geschichtswissenschaften 11,1 (2012), URL: http://www.zeitenblicke.de/2012/1/Interview/ [zuletzt besucht am 13.10.2014].

JUSSEN (Hrsg.), Macht: Bernhard Jussen (Hrsg.), Die Macht des Königs. Herrschaft in Europa vom Frühmittelalter bis in die Neuzeit, München 2005.

– ders., Diskutieren: ders., Um 2005: Diskutieren über Könige im vormodernen Europa: Einleitung, in: ebd., S. xi–xxiv.

KAHL, Lösung: Hans-Dietrich Kahl, Die völkerrechtliche Lösung der »Heidenfrage« bei Paulus Vladimiri von Krakau († 1435) und ihre problemgeschichtliche Einordnung, in: Zeitschrift für Ostforschung 7 (1958), S. 161–209.

KAMPMANN et al. (Hrsg.), Art: Christoph Kampmann et al. (Hrsg.), L'Art de la paix. Kongresswesen und Friedensstiftung im Zeitalter des Westfälischen Friedens (Schriftenreihe der Vereinigung zur Erforschung der neueren Geschichte e.V., Bd. 34), Münster 2011.

KANNOWSKI, Rechtsbegriffe: Bernd Kannowski, Rechtsbegriffe im Mittelalter. Stand der Diskussion, in: ders./Cordes (Hrsg.), Rechtsbegriffe, S. 1–27.

KANTOROWICZ, Körper: Ernst Kantorowicz, Die zwei Körper des Königs. Eine Studie zur politischen Theologie des Mittelalters, Stuttgart 1992.

KARSTEN/THIESSEN (Hrsg.), Normenkonkurrenz: Arne Karsten/Hillard von Thiessen (Hrsg.), Normenkonkurrenz in historischer Perspektive (Zeitschrift für Historische Forschung, Beiheft 50), Berlin 2015.

KAUFMANN, Art. Schuldknechtschaft: E. Kaufmann, Art. Schuldknechtschaft, in: Handwörterbuch zur deutschen Rechtsgeschichte, Bd. 4, Berlin 1990, Sp. 1514–1516.

KAUZ/NIEDERKORN/ROTA (Hrsg.), Zeremoniell: Ralph Kauz/Jan-Paul Niederkorn/Giorgio Rota (Hrsg.), Diplomatisches Zeremoniell in Europa und im Mittleren Osten in der Frühen Neuzeit (Sitzungsberichte, Österreichische Akademie der Wissenschaften, Philosophisch-historische Klasse, Bd. 796), Wien 2009.

KEA, History of Ghana: Ray A. Kea, A Cultural and Social History of Ghana from the 17th to the 19th Century. The Gold Coast in the Age of Trans-Atlantic Slave Trade, 2 Bde., Lewiston u. a. 2012.

– ders., City-State Culture: ders., City-State Culture on the Gold Coast: The Fante City-State Federation in the 17th and 18th Centuries, in: Mogens Herman Hansen (Hrsg.), A Comparative Study of Thirty City-State Cultures. An Investigation Conducted by the Copenhagen Polis Centre (Historisk-filosofiske Skrifter, Bd. 21), Kopenhagen 2000, S. 519–530.

– ders., Modernity: ders., Modernity and Identity. William de Graft and John Halm and the Social Imaginary in Nineteenth Century Fanteland (the Gold Coast), in: Pierluigi Valsecchi/Fabio Viti (Hrsg.), Mondes Akan. Identité et pouvoir en Afrique occidentale, Paris/Montréal 1999, S. 215–240.

– ders., Plantations: ders., Plantations and Labour in the South-East Gold Coast from the Late 18th to the Mid-19th Century, in: Law/Strickrodt (Hrsg.), Transition, S. 119–143.

– ders., Settlements: ders., Settlements, Trade and Politics in the 17th Century Gold Coast (Johns Hopkins Studies in Atlantic History and Culture), Baltimore u. a. 1982.

– ders., Firearms: ders., Firearms and Warfare on the Gold and Slave Coasts from the Sixteenth to the Nineteenth Centuries, in: Journal of African History 12,2 (1971), S. 185–213.

Keene, Society: Edward Keene, Beyond the Anarchical Society. Grotius, Colonialism and Order in World Politics (LSE Monographs in International Studies), Cambridge u. a. 2002.

Keirn, Economic Thought: Tim Keirn, Monopoly, Economic Thought, and the Royal African Company, in: John Brewer/Susan Staves (Hrsg.), Early Modern Conceptions of Property (Consumption and Culture in the 17th and 18th Centuries), London/New York 1995, S. 427–466.

Kellenbenz, Place: Hermann Kellenbenz, La Place de l'Elbe dans le commerce triangulaire au milieu du XVIIe siècle, in: Revue française d'Histoire d'Outre-Mer 62 (1975), S. 186–195.

– ders., Brandenburger: ders., Die Brandenburger auf St. Thomas, in: Jahrbuch für Geschichte von Staat, Wirtschaft und Gesellschaft Lateinamerikas 2 (1965), S. 196–217.

– ders., Art. Handelsgesellschaft: ders., Art. Handelsgesellschaft, in: Lexikon des Mittelalters, Bd. 4, München 1989, Sp. 1901.

Keller, Schriftgebrauch: Hagen Keller, Schriftgebrauch und Symbolhandeln in der öffentlichen Kommunikation. Aspekte des gesellschaftlich-kulturellen Wandels vom 5. bis zum 13. Jahrhundert, in: Frühmittelalterliche Studien 37 (2004), S. 1–24.

Keller, Geisel: Rupprecht von Keller, Der Geisel im modernen Völkerrecht, Forchheim 1932. [Diss. Erlangen 1932]

Kelley, Idea: Donald R. Kelley, »Second Nature«: The Idea of Custom in European Law, Society, and Culture, in: Anthony Grafton/Ann Blair (Hrsg.), The Transmission of Culture in Early Modern Europe, Philadelphia 1990, S. 131–172.

Kelly, Archaeology: Kenneth G. Kelly, The Archaeology of African-European Interaction: Investigating the Social Roles of Trade, Traders, and the Use of Space in the 17th- and 18th-Century Hueda Kingdom, Republic of Benin, in: World Archaeology 28,3 (1997), S. 351–369.

Kempe, Fluch: Michael Kempe, Fluch der Weltmeere. Piraterie, Völkerrecht und internationale Beziehungen, 1500–1900, Frankfurt a.M./New York 2010. [Habil. Konstanz 2009]

Kern, Gottesgnadentum: Fritz Kern, Gottesgnadentum und Widerstandsrecht im früheren Mittelalter. Zur Entwicklungsgeschichte der Monarchie, hrsg. von Rudolf Buchner, Darmstadt ^{2}1980.

Kessel (Hrsg.), Merchants: Ineke van Kessel (Hrsg.), Merchants, Missionaries & Migrants. 300 years of Dutch-Ghanaian Relations, Legon 2002.

Kiesel, Hofkritik: Helmuth Kiesel, ›Bei Hof, bei Höll‹. Untersuchungen zur literarischen Hofkritik von Sebastian Brant bis Friedrich Schiller (Studien zur deutschen Literatur, Bd. 60), Tübingen 1979. [Diss. Tübingen 1977]

Kiessling, »Dialog«: Friedrich Kiessling, Der »Dialog der Taubstummen« ist vorbei. Neue Ansätze in der Geschichte der internationalen Beziehungen des 19. und 20. Jahrhunderts, in: Historische Zeitschrift 275 (2002), S. 651–680.

KIMMERLE, Hegel: Heinz Kimmerle, Hegel und Afrika. Das Glas zerspringt, in: Hegel-Studien 28 (1993), S. 303–325.

KINZEL, Begründung: Günter Georg Kinzel, Die rechtliche Begründung der frühen portugiesischen Landnahmen an der westafrikanischen Küste zur Zeit Heinrichs des Seefahrers. Untersuchungen über Voraussetzungen, Vorgeschichte und Geschichte der portugiesischen Expansion in Nordafrika, Westafrika und auf den Inseln im Atlantik bis zum Jahre 1460 (Göppinger akademische Beiträge, Bd. 102), Göppingen 1976. [Diss. Tübingen 1974]

KIRCHBERGER, Tausch: Ulrike Kirchberger, Der Tausch von Objekten in der indianisch-europäischen Diplomatie in Nordamerika im 18. Jahrhundert, in: Häberlein/Jeggle (Hrsg.), Grundlagen, S. 257–276.

KI-ZERBO (Hrsg.), General History: J[oseph] Ki-Zerbo (Hrsg.), General History of Africa, Bd. 1: Methodology and African Prehistory, Oxford/Paris 1990.

KLEIN, Trade: Herbert S. Klein, The Atlantic Slave Trade, Cambridge ^{2}2010.

KLEIN/ROBERTS, Resurgence: Martin A. Klein/Richard Roberts, The Resurgence of Pawning in French West Africa during the Depression of the 1930s, in: African Economic History 16 (1987), S. 23–37.

KLEIN, Origins: P. W. Klein, The Origins of Trading Companies, in: Blussé/Gaastra (Hrsg.), Companies, S. 17–28.

KLEIST, Trade: Alice Kleist, The English African Trade under the Tudors, in: Transactions of the Historical Society of Ghana 3,2 (1957), S. 137–150.

KLOOSTER, Illicit Riches: Wim Klooster, Illicit Riches. Dutch Trade in the Caribbean, 1648–1795 (Koninklijk Instituut voor Taal-, Land- en Volkenkunde, Caribbean Series, Bd. 18), Leiden 1998. [Diss. Leiden 1995]

KNAAP/TEITLER (Red.), Compagnie: Gerrit Knaap/Ger Teitler (Red.), De Verenigde Oost-indische Compagnie tussen oorlog en diplomatie (Verhandelingen van het Koninklijk Instituut voor Taal-, Land- en Volkenkunde, Bd. 197), Leiden 2002.

KNEFELKAMP, Suche: Ulrich Knefelkamp, Die Suche nach dem Reich des Priesterkönigs Johannes. Dargestellt anhand von Reiseberichten und an ethnographischen Quellen des 12.–17. Jahrhunderts, Gelsenkirchen 1986. [Diss. Freiburg i.B. 1985]

KNOBLOCH, Überlegungen: Clemens Knobloch, Überlegungen zur Theorie der Begriffsgeschichte aus sprach- und kommunikationswissenschaftlicher Sicht, in: Archiv für Begriffsgeschichte 35 (1992), S. 7–24.

KOEBNER, Despot: Richard Koebner, Despot and Despotism: Vicissitudes of a Political Term, in: Journal of the Warburg and Courtauld Institutes 14 (1951), S. 275–302.

KOENIGSBERGER, Republicanism: H. G. Koenigsberger, Republicanism, Monarchism and Liberty, in: Oresko/Gibbs/Scott (Hrsg.), Sovereignty, S. 43–74.

KÖHLER, Strategie: Matthias Köhler, Strategie und Symbolik. Verhandeln auf dem Kongress von Nimwegen (Externa, Bd. 3), Köln u.a. 2011. [Diss. Münster 2010]

– ders., Verhandlungen: ders., Verhandlungen, Verfahren und Verstrickung auf dem Kongress von Nimwegen, 1676–1679, in: Barbara Stollberg-Rilinger/André Krischer (Hrsg.), Herstellung und Darstellung von Entscheidungen. Verfahren, Verwalten und Verhandeln in der Vormoderne (Zeitschrift für Historische Forschung, Beiheft 44), Berlin 2010, S. 411–440.

Kohl, Macht: Karl-Heinz Kohl, Die Macht der Dinge. Geschichte und Theorie sakraler Objekte, München 2003.

Kohler, Handelsverträge: Josef Kohler, Handelsverträge der niederländisch-ostindischen Compagnie, in: Zeitschrift für Völkerrecht und Bundesstaatsrecht 4,1 (1909), S. 140–160.

Kollmeier, Begriffsgeschichte: Kathrin Kollmeier, Begriffsgeschichte und Historische Semantik, Version 2.0., in: Docupedia-Zeitgeschichte, 29.10.2012, URL: http://docupedia.de/zg/Begriffsgeschichte_und_Historische_Semantik_Version_2.0_Kathrin_Kollmeier?oldid=85045 [zuletzt besucht am 13.10.2014].

Koltermann/Rebstock, Briefe: Till Philip Koltermann/Ulrich Rebstock, Die ältesten arabischen Briefe der Emire von Trārza (Mauretanien). Dokumente der maurischen Bündnispolitik mit Holland und England, 1721–1782, in: Zeitschrift für Weltgeschichte 7 (2006), S. 75–108.

– ders., Kolonialgeschichte: ders., Zur brandenburgischen Kolonialgeschichte: Die Insel Arguin vor der Küste Mauretaniens (Brandenburgische Entwicklungspolitische Hefte, Bd. 28), Potsdam 1999.

Konadu, Diaspora: Kwasi Konadu, The Akan Diaspora in the Americas, Oxford u.a. 2010.

Körner, Steuern: Martin Körner, Steuern und Abgaben in Theorie und Praxis im Mittelalter und in der frühen Neuzeit, in: Eckart Schremmer (Hrsg.), Steuern, Abgaben und Dienste vom Mittelalter bis zur Gegenwart (Vierteljahrschrift für Sozial- und Wirtschaftsgeschichte, Beiheft 114), Stuttgart 1994, S. 53–76.

Koselleck, Probleme: Reinhart Koselleck, Begriffsgeschichtliche Probleme der Verfassungsgeschichtsschreibung, in: ders., Begriffsgeschichten. Studien zur Semantik und Pragmatik der politischen und sozialen Sprache, Frankfurt a.M. 2006, S. 365–401.

– ders., Geschichte: ders., Die Geschichte der Begriffe und Begriffe der Geschichte, in: ebd., S. 56–76.

– ders., Gegenbegriffe: ders., Asymmetrische Gegenbegriffe, in: ders., Vergangene Zukunft. Zur Semantik geschichtlicher Zeiten, Frankfurt a.M. 1989, S. 211–259.

Koskenniemi, International Law: Martti Koskenniemi, International Law in Europe: Between Tradition and Renewal, in: The European Journal of International Law 16,1 (2005), S. 113–124.

Koslofsky/Zaugg, Oettinger: Craig Koslofsky/Roberto Zaugg, Ship's Surgeon Johann Peter Oettinger. A Hinterlander in the Atlantic Slave Trade, 1682–1696, in: Felix Brahm/Eve Rosenhaft (Hrsg.), Hinterlands and Grey Zones. Studies in the Material and Moral Implications of Transatlantic Slavery in Continental Europe, 1680–1850 (People, Markets, Goods. Economies and Societies in History), London [im Druck].

Kosto, Hostages: Adam J. Kosto, Hostages in the Middle Ages, Oxford u.a. 2012.

Krabbendam, Reading: Rob Krabbendam, Reading in Elmina. The Private Library of Jan Pieter Theodoor Huydecoper in West Africa 1757–1767, MA thesis Leiden 2012, URL: http://www.asclibrary.nl/docs/345/986/345986865.pdf [zuletzt besucht am 13.10.2014].

KRETZSCHMAR, Handelskompanien: Johannes Kretzschmar, Schwedische Handelskompanien und Kolonisationsversuche im sechzehnten und siebzehnten Jahrhundert, in: Hansische Geschichtsblätter 37 (1911), S. 215–246.

KRIGER, Cloth: Colleen E. Kriger, Cloth in West African History (The African Archaelogy Series), Lanham u. a. 2006.

KRISCHER, Gesandtschaftswesen: André Krischer, Das Gesandtschaftswesen und das vormoderne Völkerrecht, in: Michael Jucker/Martin Kintzinger/Rainer Christoph Schwinges (Hrsg.), Rechtsformen internationaler Politik. Theorie, Norm und Praxis vom 12. bis 18. Jahrhundert (Zeitschrift für Historische Forschung, Beiheft 45), Berlin 2011, S. 197–240.

- ders., Souveränität: ders., Souveränität als sozialer Status. Zur Funktion des diplomatischen Zeremoniells in der Frühen Neuzeit, in: Kauz/Niederkorn/Rota (Hrsg.), Zeremoniell, S. 1–32.

KRÜGER, Schrift: Gesine Krüger, Schrift – Macht – Alltag. Lesen und Schreiben im kolonialen Südafrika, Köln u. a. 2009. [Habil. Hannover 2002]

- dies., Schriftgebrauch: dies., Das »sprechende Papier«. Schriftgebrauch als Zugang zur außereuropäischen Geschichte, in: Historische Anthropologie 11 (2003), S. 355–369.

KRÜGER, Absolutismus: Kersten Krüger, Absolutismus in Dänemark – ein Modell für Begriffsbildung und Typologie, in: Ernst Hinrichs (Hrsg.), Absolutismus, Frankfurt a.M. 1986, S. 65–94.

KUGELER, ›Ambassadeur‹: Heidrun Kugeler, ›Le Parfait Ambassadeur‹. The Theory and Practice of Diplomacy in the Century following the Peace of Westphalia, PhD Thesis Oxford 2006.

- dies./SEPP/WOLF (Hrsg.), Internationale Beziehungen: dies./Christian Sepp/Georg Wolf (Hrsg.), Internationale Beziehungen in der Frühen Neuzeit. Ansätze und Perspektiven (Wirklichkeit und Wahrnehmung in der Frühen Neuzeit, Bd. 3), Münster u. a. 2006.

- dies./SEPP/WOLF, Einführung: dies./Christian Sepp/Georg Wolf, Einführung: Internationale Beziehungen in der Frühen Neuzeit. Ansätze und Perspektiven, in: ebd., S. 19–35.

KUNISCH (Hrsg.); Fürstenstaat: Johannes Kunisch (Hrsg.), Der dynastische Fürstenstaat. Zur Bedeutung von Sukzessionsordnungen für die Entstehung des frühmodernen Staates (Historische Forschungen, Bd. 21), Berlin 1982.

- ders., Staatsverfassung: ders., Staatsverfassung und Mächtepolitik. Zur Genese von Staatenkonflikten im Zeitalter des Absolutismus (Historische Forschungen, Bd. 15), Berlin 1979.

KYEREMATEN, Stools: A[lex] Kyerematen, The Royal Stools of Ashanti, in: Africa. Journal of the International African Institute 39,1 (1969), S. 1–10.

- ders., Panoply: ders., Panoply of Ghana, Accra/London [2]1965.

LABI, Flags: Kwame A. Labi, Fante Asafo Flags of Abandze and Kormantse. A Discourse between Rivals, in: African Arts 35,1 (2002), S. 28–37 und S. 92.

LACROIX, Français: Jean Bernard Lacroix, Les Français au Sénégal au temps de la Compagnie des Indes de 1719 à 1758, Vincennes 1986.

LADEMACHER, Kompanie: Horst Lademacher, Ost- und Westindische Kompanie. Bemerkungen zum Aufbau eines Kolonialreichs, in: Bernd Wilczek (Hrsg.), Amsterdam 1585–1672: Morgenröte des bürgerlichen Kapitalismus, Bühl-Moos 1993, S. 42–59.

La Fleur, Fusion: James D. La Fleur, Fusion Foodways of Africa's Gold Coast in the Atlantic Era (Atlantic World, Bd. 26), Leiden/Boston 2012.

Lagercrantz, Contribution: Sture Lagercrantz, Contribution to the Ethnography of Africa (Studia Ethnographica Upsaliensia, Bd. 1), Lund 1950.

Landau (Hrsg.), Power: Paul Landau (Hrsg.), The Power of Doubt. Essays in Honor of David Henige, Madison 2011.

– ders., Introduction: ders., »How Do You Know?«: An Introduction to David Henige, in: ebd., S. 3–17.

Landwehr, Sichtbare: Achim Landwehr, Das Sichtbare sichtbar machen. Annäherungen an ›Wissen‹ als Kategorie historischer Forschung, in: ders. (Hrsg.), Geschichte(n) der Wirklichkeit. Beiträge zur Sozial- und Kulturgeschichte des Wissens (Documenta Augustana, Bd. 11), Augsburg 2002, S. 62–89.

Lappenküper/Marcowitz, Einführung: Ulrich Lappenküper/Reiner Marcowitz, Einführung, in: dies. (Hrsg.), Macht und Recht. Völkerrecht in den internationalen Beziehungen (Otto-von-Bismarck-Stiftung: Wissenschaftliche Reihe, Bd. 13), Paderborn u. a. 2010, S. ix–xxiii.

Larson, Slave Trades: Pier M. Larson, African Slave Trades in Global Perspective, in: Parker/Reid (Hrsg.), Oxford Handbook, S. 56–76.

Law, Government: Robin Law, The Government of Fante in the 17th Century, in: Journal of African History 54,1 (2013), S. 31–51.

– ders., Discovery: ders., West Africa's Discovery of the Atlantic, in: International Journal of African Historical Studies 44,1 (2011), S. 1–25.

– ders., Lemon: ders., Madiki Lemon, the »English Captain« at Ouidah 1843–1852: An Exploration in Biography, in: History in Africa 37 (2010), S. 107–123.

– ders., Impact: ders., The Impact of the Atlantic Slave Trade upon Africa (Carl Schlettwein Lectures, Bd. 3), Wien u. a. 2008.

– ders., Wars: ders., The Komenda Wars, 1694–1700: A Revised Narrative, in: History in Africa 34 (2007), S. 133–168.

– ders., Ouidah: ders., Ouidah. The Social History of a West African Slaving ›Port‹, 1727–1892 (Western African Studies), Athens, GA/Oxford 2004.

– ders., Enslavement: ders., Legal and Illegal Enslavement in West Africa, in the Context of the Trans-Atlantic Slave Trade, in: Toyin Falola (Hrsg.), Ghana in Africa and the World. Essays in Honor of Adu Boahen, Trenton, NJ/Asmara 2003, S. 513–533.

– ders., Alternative Text: ders., An Alternative Text of King Agaja of Dahomey's Letter to King George I of England, 1726, in: History in Africa 29 (2002), S. 257–271.

– ders., Evolution: ders., The Evolution of the Brazilian Community in Ouidah, in: Slavery & Abolition 22,1 (2001), S. 3–21.

– ders., Finance: ders., Finance and Credit in Pre-Colonial Dahomey, in: Endre Stiansen/Jane I. Guyer (Hrsg.), Credit, Currencies and Culture. African Financial Institutions in Historical Perspective, Stockholm 1999, S. 15–37.

- ders., Slave Coast: ders., The Slave Coast of West Africa (1550–1750). The Impact of the Atlantic Slave Trade on an African Society (Oxford Studies in African Affairs), Oxford 1999. [ND Oxford 2001]
- ders./MANN, West Africa: ders./Kristin Mann, West Africa in the Atlantic Community: The Case of the Slave Coast, in: William & Mary Quarterly, 3rd series, 56,2 (1999), S. 307–334.
- ders., Kingdom of Allada: ders., The Kingdom of Allada (CNWS Publications, Bd. 53), Leiden 1997.
- ders., Scottish Guinea Company: ders., The First Scottish Guinea Company, in: The Scottish Historical Review 76,2 (1997), S. 185–202.
- ders./STRICKRODT (Hrsg.), Transition: ders./Silke Strickrodt (Hrsg.), From Slave Trade to »Legitimate« Commerce. The Commercial Transition in 19th Century West Africa (African Studies Series, Bd. 86), Cambridge u.a. 1995.
- ders., ›No Resisting‹: ders., ›Here is No Resisting the Country‹. The Realities of Power in Afro-European Relations on the West African ›Slave Coast‹, in: Itinerario 18 (1994), S. 50–64.
- ders., Slave Trade: ders., The Slave Trade in Seventeenth-Century Allada, in: African Economic History 22 (1994), S. 59–92.
- ders., Pawning: ders., On Pawning and Enslavement for Debt in the Pre-Colonial Slave Coast, in: Falola/Lovejoy (Hrsg.), Pawnship in Africa, S. 55–70.
- ders., King Agaja: ders., King Agaja of Dahomey, the Slave Trade, and the Question of West African Plantations: The Embassy of Bulfinch Lambe and Adomo Tomo to England, 1726–32, in: Journal of Imperial and Commonwealth History 19 (1991), S. 137–163.
- ders., Further Light: ders., Further Light on Bulfinch Lambe and the »Emperor of Pawpaw«: King Agaja of Dahomey's Letter to King George I of England, 1726, in: History in Africa 17 (1990), S. 211–226.
- ders., Manuscript Version: ders., The Original Manuscript Version of William Snelgrave's »New Account of Some Parts of Guinea«, in: History in Africa 17 (1990), S. 367–372.
- ders., Robert Norris: ders., The Slave-Trader as Historian: Robert Norris and the History of Dahomey, in: History in Africa 16 (1989), S. 219–235.
- ders., »Head«: ders., »My Head Belongs To The King«: On the Political and Ritual Significance of Decapitation in Pre-Colonial Dahomey, in: Journal of African History 30 (1989), S. 399–415.
- ders., History and Legitimacy: ders., History and Legitimacy: Aspects of the Use of the Past in Precolonial Dahomey, in: History in Africa 15 (1988), S. 431–456.
- ders., ›Relation‹: ders., A Neglected Account of the Dahomian Conquest of Whydah (1727): The ›Relation de la Guerre de Juda‹ of the Sieur Ringard of Nantes, in: History in Africa 15 (1988), S. 321–338.
- ders., Royal Ideologies: ders., Royal Ideologies: The Dissolution and Reconstruction of Political Authority on the ›Slave Coast‹, 1680–1750, in: Africa. The Journal of the International African Institute 57,3 (1987), S. 321–344.
- ders., Dahomey: ders., Dahomey and the Slave Trade. Reflections on the Historiography of the Rise of Dahomey, in: Journal of African History 27,2 (1986), S. 237–267.

– ders., Human Sacrifice: ders., Human Sacrifice in Pre-Colonial West Africa, in: African Affairs 84 (1985), S. 53–87.
– ders., Islam: ders., Islam in Dahomey, in: Scottish Journal of Religious Studies 7,2 (1986), S. 95–122.
– ders., Royal Monopoly: ders., Royal Monopoly and Private Enterprise in the Atlantic Trade: The Case of Dahomey, in: Journal of African History 18,4 (1977), S. 555–577.
– ders., Ọyọ: ders., The Ọyọ Empire c. 1600–c. 1836. A West African Imperialism in the Era of the Atlantic Slave Trade (Oxford Studies in African Affairs), Oxford 1977.
– ders., Horses: ders., Horses, Firearms, and Political Power in Pre-Colonial West Africa, in: Past & Present 72 (1976), S. 112–132.
– ders., Cavalry State: ders., A West African Cavalry State: The Kingdom of Oyo, in: Journal of African History 16 (1975), S. 1–15.

Lawrance/Osborn/Roberts (Hrsg.), Intermediaries: Benjamin N. Lawrance/Emily Lynn Osborn/Richard L. Roberts (Hrsg.), Intermediaries, Interpreters, and Clerks. African Employees in the Making of Colonial Africa (Africa and the Diaspora), Madison 2006.
– dies., Introduction: dies., Introduction: African Intermediaries and the »Bargain« of Collaboration, in: ebd., S. 7–34.

Lawrence, Trade Castles: Arnold W. Lawrence, Trade Castles and Forts of West Africa, London 1963.

Legrelle, Notes: Arsène Legrelle, Notes et documents sur la paix de Ryswick, Lille 1894.

Leerssen, Thought: Joep Leerssen, National Thought in Europe. A Cultural History, Amsterdam [2]2008. [ndl. EA 1999]

Le Herissé, Royaume: A. Le Herissé, L'Ancien Royaume du Dahomey. Mœurs, Religion, Histoire, Paris 1911.

Lehmkuhl, Diplomatiegeschichte: Ursula Lehmkuhl, Diplomatiegeschichte als internationale Kulturgeschichte. Theoretische Ansätze und empirische Forschung zwischen Historischer Kulturwissenschaft und Soziologischem Institutionalismus, in: Geschichte und Gesellschaft 27,3 (2001), S. 394–423.

Lehmann, Entwicklung: Karl Lehmann, Die geschichtliche Entwicklung des Aktienrechts bis zum Code de Commerce, Berlin 1895.

Leibbrand, Speculum: Jürgen Leibbrand, Speculum bestialitatis. Die Tiergestalten der Fastnacht und des Karnevals im Kontext christlicher Allegorese, München 1989. [Diss. Freiburg i.B. 1986]

Lengen, Häuptlingsherrschaft: Hajo van Lengen, Zur Entstehung und Entwicklung der Häuptlingsherrschaft im östlichen Friesland, in: Oldenburger Jahrbuch 84 (1984), S. 25–50.

Lentz, Land: Carola Lentz, Is Land Inalienable? Historical and Current Debates on Land Transfers in Northern Ghana, in: Africa 80,1 (2010), S. 56–80.
– dies., Land Rights: dies., Land Rights and the Politics of Belonging in Africa: An Introduction, in: dies./Richard Kuba (Hrsg.), Land and the Politics of Belonging in West Africa (African Social Studies Series, Bd. 9), Leiden/Boston 2009, S. 1–34.

– dies./NUGENT (Hrsg.), Ethnicity: dies./Paul Nugent (Hrsg.), Ethnicity in Ghana. The Limits of Invention, London 2000.
– dies., Konstruktion: dies., Die Konstruktion von Ethnizität. Eine politische Geschichte Nord-West Ghanas, 1870–1990 (Studien zur Kulturkunde, Bd. 112), Köln 1998. [Habil. Berlin 1996]
– dies., Forschungsüberblick: dies., »Tribalismus« und Ethnizität in Afrika – ein Forschungsüberblick, in: Leviathan. Zeitschrift für Sozialwissenschaft 1995, Heft 1, S. 115–145.

LEONHARD, Wortimitation: Jörn Leonhard, Von der Wortimitation zur semantischen Integration. Übersetzung als Kulturtransfer, in: WerkstattGeschichte 48 (2008), S. 45–63.

LEPSIUS, Sitzen: Susanne Lepsius, Das Sitzen des Richters als Rechtsproblem, in: Stollberg-Rilinger/Neu/Brauner (Hrsg.), Alles nur symbolisch, S. 109–130.

LESAFFER, International Law: Randall Lesaffer, International Law and its History: The Story of an Unrequited Love, in: Matthew Craven/Malgosia Fitzmaurice/Maria Vogiatzi (Hrsg.), Time, History and International Law, Den Haag 2006, S. 27–41.
– ders., Verdragen: ders., In de marge van de rechtsgeschiedenis? Politieke verdragen als rechtshistorische bron (13de–18de eeuw), in: Nieuwsbrief/Standen & Landen (hrsg. vom Rijksarchief Brussels) 5 (1997), S. 60–76.

LEUKER, Knowledge Transfer: Maria-Theresia Leuker, Knowledge Transfer and Cultural Appropriation: Georg Everhard Rumphius's ›D'Amboinsche Rariteitkamer‹ (1705), in: Huigen/Jong/Kolfin (Hrsg.), Companies, S. 145–170.

LEVECQ, Capitein: Christine Levecq, Jacobus Capitein: Dutch Calvinist and Black Cosmopolitan, in: Research in African Literatures 44,4 (2013), S. 145–166.

LIEBERSOHN, Return: Harry Liebersohn, The Return of the Gift. European History of a Global Idea, Cambridge u. a. 2011.

LIMBERG, Fanti Federation: Lennart Limberg, The Fanti Federation, 1868–1872, Diss. Göteborg 1974.

LINDEMANN, Corruption: Mary Lindemann, Dirty Politics or »Harmonie«? Defining Corruption in Early Modern Amsterdam and Hamburg, in: Journal of Social History 45,3 (2012), S. 582–604.

LINDNER, Begegnungen: Ulrike Lindner, Koloniale Begegnungen. Deutschland und Großbritannien als Imperialmächte in Afrika 1880–1914 (Globalgeschichte, Bd. 10), Frankfurt a.M. u. a. 2011. [Habil. München 2009/10]

LINGENS, Europa: Karl-Heinz Lingens, Europa in der Lehre des »praktischen Völkerrechts«, in: Irene Dingel/Matthias Schnettger (Hrsg.), Auf dem Weg nach Europa. Deutungen, Visionen, Wirklichkeiten (Veröffentlichungen des Instituts für Europäische Geschichte Mainz, Beiheft 82), Göttingen 2010, S. 173–186.

LINNEMANN, Inszenierung: Dorothee Linnemann, Inszenierung der Inszenierung. Bildpolitik der europäischen Diplomatie im 17. und 18. Jahrhundert, Diss. Münster 2014.
– dies., Visualising: dies., Visualising »State-Building« in European-Ottoman Diplomatic Relations. Visual Ceremonial Descriptions and Conflicting Concepts of Early Modern Governance in the Late 17th and Early 18th Centuries, in: Flüchter/Richter (Hrsg.), Structures, S. 251–269.

LITTLE, Poverty: Lester K. Little, Religious Poverty and the Profit Economy in Medieval Europe, London 1978.

LORIMER, Colour: Douglas A. Lorimer, Colour, Class, and the Victorians. English Attitudes to the Negro in the Mid-Nineteenth Century, Leicester 1978.

LOTH/OSTERHAMMEL (Hrsg.), Internationale Geschichte: Wilfried Loth/Jürgen Osterhammel (Hrsg.), Internationale Geschichte. Themen – Ergebnisse – Aussichten (Studien zur internationalen Geschichte, Bd. 10), München 2000.

LOVE, Rituals: Ronald S. Love, Rituals of Majesty: France, Siam, and Court Spectacle in Royal Image-Building at Versailles in 1685 and 1686, in: Canadian Journal of History 31,2 (1996), S. 171–198.

LOVEJOY, Transformations: Paul E. Lovejoy, Transformations in Slavery. A History of Slavery in Africa (African Studies, Bd. 117), Cambridge u.a. ^{3}2012.

– ders./RICHARDSON, Business: ders./David Richardson, The Business of Slaving: Pawnship in Western Africa, c. 1600–1810, in: Journal of African History 42 (2001), S. 67–89.

– dies., Trust: dies., Trust, Pawnship, and Atlantic History: The Institutional Foundations of the Old Calabar Slave Trade, in: American Historical Review 104 (1999), S. 333–355.

LOWE, ›Representing Africa‹: Kate Lowe, ›Representing Africa‹: Ambassadors and Princes from Christian Africa to Renaissance Italy and Portugal, 1402–1602, in: Transactions of the Royal Historical Society 17 (2007), S. 101–128.

LUCASSEN, Netherlands: Jan Lucassen, The Netherlands, the Dutch, and Long-Distance Migration, in the Late Sixteenth to Early Nineteenth Centuries, in: Nicholas Canny (Hrsg.), Europeans on the Move. Studies on European Migration, 1500–1800, Oxford 1994, S. 153–191.

LUHMANN, Legitimation: Niklas Luhmann, Legitimation durch Verfahren, Frankfurt a.M. ^{4}1997.

– ders., Recht: ders., Das Recht der Gesellschaft, Frankfurt a.M. 1993.

LUTTER, Gesandtschaftsempfänge: Christina Lutter, Überwachen und Inszenieren. Gesandtschaftsempfänge in Venedig um 1500, in: Johanek/Lampen (Hrsg.), Adventus, S. 113–131.

LUTTEROTH, Geisel: Ascan Lutteroth, Der Geisel im Rechtsleben. Ein Beitrag zur allgemeinen Rechtsgeschichte und dem geltenden Völkerrecht (Abhandlungen aus dem Staats- und Verwaltungsrecht mit Einschluss des Kolonialrechts und des Völkerrechts, Heft 36), Breslau 1922.

LUTTERVELT, Herinneringen: R. van Luttervelt, Herinneringen aan Michiel Adriaanszoon de Ruyter in het Rijksmuseum, in. The Rijksmuseum bulletin 5,2 (1957), S. 28–71.

LY, Compagnie: Abdoulaye Ly, La Compagnie du Sénégal de 1673 à 1696. L'évolution du commerce française d'Afrique noire dans le dernier quart du XVIIe siècle, Bordeaux 1955. [Diss. Bordeaux 1955]

LYNN, Consul: Martin Lynn, Consul and Kings: British Policy, ›the Man on the Spot‹, and the Seizure of Lagos, 1851, in: Journal of Imperial & Commonwealth History 10,2 (1992), S. 150–167.

MABOGUNJE, Land: Akin Mabogunje, The Land and Peoples of West Africa, in: Michael Crowder/J. F. A. Ajayi (Hrsg.), History of West Africa, Bd. 1, London 1971, S. 1–32.

MACGAFFEY, Dialogues: Wyatt MacGaffey, Dialogues of the Deaf: Europeans on the Atlantic of Africa, in: Stuart B. Schwartz (Hrsg.), Implicit Understandings. Observing, Reporting, and Reflecting on the Encounters Between Europeans and Other Peoples in the Early Modern Era (Studies in Comparative Early Modern History), Cambridge u.a. 1994, S. 249–267.

– ders., Art. Kingship: ders., Art. Kingship in Sub-Saharan Africa, in: Mircea Eliade (Hrsg.), The Encyclopedia of Religion, Bd. 8, New York/London 1987, S. 322–325.

MACMILLAN, Sovereignty: Ken MacMillan, Sovereignty and Possession in the English New World. The Legal Foundations of Empire (1576–1640), Cambridge u.a. 2006.

MAGER, Art. Republik: Wolfgang Mager, Art. Republik, in: Geschichtliche Grundbegriffe, Bd. 5, Stuttgart 1984, S. 549–651.

MAKEPEACE, Traders: Margaret Makepeace, English Traders on the Guinea Coast, 1657–1668. An Analysis of the East India Company Archive, in: History in Africa 16 (1989), S. 237–248.

MALETTKE, Hegemonie: Klaus Malettke, Hegemonie – multipolares System – Gleichgewicht. Internationale Beziehungen 1648/1659–1713/1714 (Handbuch der Geschichte der Internationalen Beziehungen, Bd. 3), Paderborn u.a. 2012.

MANCKE, Formation: Elisabeth Mancke, Polity Formation and Atlantic Political Narratives, in: Canny/Morgan (Hrsg.), Handbook, S. 382–399.

MANDT, Art. Tyrannis: Hella Mandt, Art. Tyrannis, Despotie, in: Geschichtliche Grundbegriffe, Bd. 6, Stuttgart 1990, S. 651–706.

MANNING, Slavery: Patrick Manning, Slavery, Colonialism, and Economic Growth in Dahomey, 1640–1960, Cambridge u.a. 1982.

MANOW, ›Barbarians‹: Philip Manow, ›*We* are the Barbarians‹. Thomas Hobbes, the American Savage and the Debate about British Antiquity, in: Kay Junge/Kirill Postoutenko (Hrsg.), Asymmetrical Concepts after Reinhart Koselleck, Bielefeld 2011, S. 141–164.

MARGEDANT/ZIMMER, Eigentum: Udo Margedant/Matthias Zimmer, Eigentum und Freiheit. Eigentumstheorien im 17. und 18. Jahrhundert (Historisches Seminar, N. F., Bd. 3), Idstein 1993.

MARZAGALLI, World: Silvia Marzagalli, The French Atlantic World in the 17th and 18th Centuries, in: Canny/Morgan (Hrsg.), Handbook, S. 235–251.

MARJANEN, Undermining: Jani Marjanen, Undermining Methodological Nationalism. *Histoire croisée* of Concepts as Transnational History, in: Mathias Albert et al. (Hrsg.), Transnational Political Spaces. Agents – Structures – Encounters (History of Political Communication, Bd. 18), Frankfurt a.M./New York 2009, S. 239–263.

MARK, »Portuguese« Style: Peter Mark, »Portuguese« Style and Luso-African Identity: Precolonial Senegambia, 16th–19th Centuries, Bloomington 2002.

– ders., Fetishers: ders., Fetishers, ›Marybuckes‹ and the Christian Norm: European Images of Senegambians and their Religion, 1550–1760, in: African Studies Review 23,2 (1980), S. 91–99.

– ders., Africans: ders., Africans in European Eyes: The Portrayal of Black Africans in 14th and 15th Century Europe, Syracuse, NY 1974. [MA thesis Syracuse University]

Martin, Settlements: Eveline C. Martin, The British West African Settlements, 1750–1821. A Study in Local Administration (Imperial Studies, Bd. 2), New York 1927. [ND New York 1970]

– dies., Experiments: dies., Early Educational Experiments on the Gold Coast, in: Journal of the Royal African Society 23 (1924), S. 294–298.

Marques, Geschichte: A[ntónio] H[enrique] de Oliveira Marques, Geschichte Portugals und des portugiesischen Weltreichs, übers. von Michael von Killisch-Horn, Stuttgart 2001.

– ders. (Hrsg.), Expansão: ders. (Hrsg.), A expansão quatrocentista (Nova história da expansão portuguesa, Bd. 2), Lissabon 1998.

Marx, »Frühe Neuzeit«: Christoph Marx, Die »Frühe Neuzeit« außerhalb Europas: Afrika: Die europäisch-afrikanische Begegnung, in: Annette Völker-Rasor (Hrsg.), Frühe Neuzeit (Oldenbourg Geschichte Lehrbuch), München ³2010, S. 445–458.

– ders., Siedlerkolonien: ders., Siedlerkolonien in Afrika – Versuch einer Typologie, in: Becker (Hrsg.), Rassenmischehen, S. 82–96.

– ders., Geschichte Afrikas: ders., Geschichte Afrikas. Von 1800 bis zur Gegenwart, Paderborn u. a. 2004.

– ders., »Völker«: ders., »Völker ohne Schrift und Geschichte«. Zur historischen Erfassung des vorkolonialen Schwarzafrikas in der deutschen Forschung des 19. und frühen 20. Jahrhunderts (Beiträge zur Kolonial- und Überseegeschichte, Bd. 43), Stuttgart 1988.

Mato, Art. Color Symbolism: David Mato, Art. Color Symbolism: The Akan of Ghana, in: Philip M. Peek/Kwesi Yankah (Hrsg.), African Folklore. An Encyclopedia, London u. a. 2009, S. 66–68.

Matson, French: J. N. Matson, The French at Amoku, in: Transactions of the Gold Coast & Togoland Historical Society 1,2 (1953), S. 47–60.

Mattingly, Diplomacy: Garrett Mattingly, Renaissance Diplomacy, London 1955.

Mauny, Glossaire: Raymond Mauny, Glossaire des expressions et termes locaux employés dans l'ouest africain (Institut Français d'Afrique Noire: Catalogues, Bd. 9), Dakar 1952.

– ders., de la Fosse: ders., Eustache de la Fosse, Voyage dans l'Afrique Occidentale, in: Boletim cultural da Guiné Portuguesa 4 (1949), S. 181–195.

Mauss, Gabe: Marcel Mauss, Die Gabe. Form und Funktion des Austauschs in archaischen Gesellschaften, übers. von Eva Moldenhauer, Frankfurt a.M. 1990. [frz. EA 1925]

McCaskie, State: Thomas C. McCaskie, State and Society in Pre-Colonial Asante (African Studies, Bd. 79), Cambridge u. a. 1995.

- ders., Eclecticism: ders., Innovational Eclecticism: The Asante Empire and Europe in the Nineteenth Century, in: Comparative Studies in Society and History 14,1 (1972), S. 30–45.

McLeod, Richard: Malcolm D. McLeod, Richard II, Part 3, at Kumase, in: David Henige/Thomas C. McCaskie (Hrsg.), West African Economic and Social History. Studies in Memory of Marion Johnson, Madison 1990, S. 171–173.

- ders., Gifts: ders., Gifts and Attitudes, in: Enid Schildkrout (Hrsg.), The Golden Stool. Studies of the Asante Center and Periphery (Anthropological Papers of the American Museum of Natural History, Bd. 65), New York 1987, S. 184–191.
- ders., Asante: ders., The Asante, London 1981.
- ders., Carriages: ders., Akan Gold-Weights and European Imports: A Note on Carriages, in: ders./Marion Johnson, Akan-Asante Studies (British Museum Occasional Papers, Bd. 3), London 1979, S. 23–26.
- ders., Note: ders., A Note on an Asante Royal Chair of Iberian Origin, in: ebd., S. 21 f.
- ders., Staffs: ders., Asante Spokesmens' [sic] Staffs: Their Probable Origin and Development, in: ebd., S. 11–20.
- ders., Bowdich: ders., T. E. Bowdich: an early collector in West Africa, in: The British Museum Yearbook 2 (1977), S. 79–104.
- ders., Elements: ders., Verbal Elements in West African Art, in: Quaderni Poro 1 (1976), S. 85–102.

Medick, »Missionare«: Hans Medick, »Missionare im Ruderboot«? Ethnologische Erkenntnisweisen als Herausforderung an die Sozialgeschichte, in: Alf Lüdtke (Hrsg.), Alltagsgeschichte. Zur Rekonstruktion historischer Erfahrungen und Lebensweisen, Frankfurt a.M./New York 1989, S. 48–84.

Meillassoux/Forde (Hrsg.), Development: Claude Meillassoux/Daryll Forde (Hrsg.), The Development of Indigenous Trade and Markets in West Africa. Studies presented and discussed at the Tenth International African Seminar at Fourah Bay College, Freetown, December 1969, Oxford u.a. 1971.

Menkman, Compagnie: W. R. Menkman, De West-Indische Compagnie (Patria. Vaderlandse Cultuurgeschiedenis in monografieën, Bd. 42), Amsterdam 1947.

Mensah-Brown (Hrsg.), History: A. Kodwo Mensah-Brown (Hrsg.), African International Legal History (United Nations Institute for Training and Research), New York 1975.

- ders., Introduction: ders., Introduction, in: ebd., S. 1–7.

Menzel, Art. Gebietserwerb: Bernhard Menzel, Art. Gebietserwerb, in: Wörterbuch des Völkerrechts 1, Berlin ^{2}1960, S. 616–624.

Menzel, Art. Dereliktion: Eberhard Menzel, Art. Dereliktion, in: Wörterbuch des Völkerrechts, Bd. 1, Berlin 1960, S. 346–347.

Menzel, Mabo: Jörg Menzel, High Court (Australien) v. 3.6.1992 – Mabo, in: ders./Tobias Pierlings/Jeannine Hoffmann (Hrsg.), Völkerrechtsprechung. Ausgewählte Entscheidungen zum Völkerrecht in Retrospektive, Tübingen 2005, S. 259–265.

Merkyte/Randsborg, Castles: Inga Merkyte/Klavs Randsborg, Danish Castles, Forts and Plantations in Ghana. The Archaeological Evidence, in: Acta Archaeologica 83 (2012), S. 317–332.

Metcalf, Gold: George Metcalf, Gold, Assortments and the Trade Ounce: Fante Merchants and the Problem of Supply and Demand in the 1770s, in: Journal of African History 28,1 (1987), S. 27–41.
– ders., Microcosm: ders., A Microcosm of why Africans Sold Slaves: Akan Consumption Patterns in the 1770s, in: Journal of African History 28,3 (1987), S. 377–394.
Meuwese, States General: Mark Meuwese, The States General and the Stadholder: Dutch Diplomatic Practices in the Atlantic World before the West India Company, in: Journal of Early American History 3 (2013), S. 43–58.
Meyer-Collings, Derelictio: Joachim Johannes Meyer-Collings, Derelictio. Die Dereliktion im römischen Recht bis zum Corpus Juris Civilis, Diss. Erlangen 1932.
Mieck, Preußen: Ilja Mieck, Preußen und Westeuropa, in: Handbuch der Preußischen Geschichte, hrsg. von Wolfgang Neugebauer, Bd. 1: Das 17. und 18. Jahrhundert und Große Themen der Geschichte Preußens, Berlin/New York 2009, S. 411–853.
– ders., David: ders., David und Goliath. Frankreich und Brandenburg als koloniale Konkurrenten zur Zeit Ludwigs XIV., in: Winfried Engler (Hrsg.), Frankreich an der Freien Universität. Geschichte und Aktualität. Beiträge der Ringvorlesung, Wintersemester 1995/96 (Zeitschrift für französische Sprache und Literatur, N. F., Beiheft 23), Stuttgart 1997, S. 36–56.
Mims, Policy: Stewart L. Mims, Colbert's West India Policy, London/New Haven 1912.
Mitchell, Towns: Matthew David Mitchell, Three English Cloth Towns and the Royal African Company, in: Journal of the Historical Society 13,4 (2013), S. 421–447.
– ders., »Commerce«: ders., »Legitimate Commerce« in the Eighteenth Century: The Royal African Company of England under the Duke of Chandos, 1720–1726, in: Enterprise and Society 14,3 (2013), S. 544–578.
– ders., Fetish: ders., The Fetish and Intercultural Commerce in Seventeenth-Century West Africa, in: Itinerario 36 (2012), S. 7–21.
Mohnhaupt, Privatrecht: Heinz Mohnhaupt, Privatrecht in Privilegien, in: Vorträge zur Geschichte des Privatrechts in Europa. Symposion in Krakau (9.–12.10.1979) (Ius Commune. Veröffentlichungen des Max-Planck-Instituts für Europäische Rechtsgeschichte, Frankfurt am Main, Sonderheft 15), Frankfurt a.M. 1981, S. 58–75.
Mollema, Afstand: A. M. P. Mollema, De afstand der Nederlandse Bezittingen ter Kuste van Guinea aan Engeland in 1872, in: Varia Historica. Aangeboden aan Prof. Dr. A. W. Byvanck ter gelegenheid van zijn zeventigste verjaardag door de Historische Kring te Leiden, Assen 1954, S. 215–242.
Monod, Île: Théodore Monod, L'Île d'Arguin (Mauretanie). Essai historique (Centro de Estudos de Cartografia Antiga: Série de memórias, Bd. 23), Lissabon 1983.
Monroe, State: J. Cameron Monroe, The Precolonial State in West Africa. Building Power in Dahomey, Cambridge u. a. 2014.
– ders., Power: ders., Power by Design. Architecture and Politics in Precolonial Dahomey, in: Journal of Social Archeology 10 (2010), S. 367–397.

- ders., Continuity: ders., Continuity, Revolution or Evolution on the Slave Coast of West Africa? Royal Architecture and Political Order in Precolonial Dahomey, in: Journal of African History 48 (2007), S. 349–373.
- ders., Dahomey: ders., Dahomey and the Atlantic Slave Trade: Archaeology and Political Order on the Bight of Benin, in: Akinwumi Ogundiran/Toyin Falola (Hrsg.), Archaeology of Atlantic Africa and the African Diaspora (Blacks in the Diaspora), Bloomington/Indianapolis 2007, S. 100–121.
- ders., Abomey Plateau: ders., The Abomey Plateau Archaeological Project: Preliminary Results of the 2000, 2001, and 2002 Seasons, in: Nyame akuma. Newsletter of the Society of Africanist Archaeologists in America 62 (2004), S. 2–10.

Moraes/Thilmans, Villault: Nize Isabel de Moraes/Guy Thilmans, Villault de Bellefond sur la côte occidentale d'Afrique. Les deux premières campagnes de l'Europe (1666–1671), in: Bulletin de l'Institut Fondamental d'Afrique Noire (BIFAN), Série B 38,2 (1976), S. 257–299.

Morgan, Introduction: Kenneth Morgan, Introduction, in: ders. (Hrsg.), The British Transatlantic Slave Trade, Bd. 2: The Royal African Company, London 2003, S. ix–xxxv.

Morgan, Encounters: Philip D. Morgan, British Encounters with Africans and African-Americans, circa 1600–1780, in: ders./Bailyn (Hrsg.), Strangers, S. 157–219.

Mörke, ›Stadtholder‹: Olaf Mörke, ›Stadtholder‹ oder ›Staetholder‹? Die Funktion des Hauses Oranien und seines Hofes in der politischen Kultur der Republik der Vereinigten Niederlande im 17. Jahrhundert (Niederlande-Studien, Bd. 11), Münster 1997.

Mosse, Rassismus: George Mosse, Die Geschichte des Rassismus in Europa, Frankfurt a.M. 1990.

Mouser, Accommodation: Bruce L. Mouser, Accommodation and Assimilation in the Landlord-Stranger Relationship, in: B. K. Swartz/Raymond E. Dumett (Hrsg.), West African Culture Dynamics: Archaeological and Historical Perspectives (World Anthropology), Den Haag u.a. 1980, S. 495–514.

Muldoon, Discovery: James Muldoon, Discovery, Grant, Charter, Conquest, or Purchase. John Adams on the Legal Basis for English Possession of North America, in: Christopher L. Tomlins/Bruce H. Mann (Hrsg.), The Many Legalities of Early America, Chapel Hill/London 2001, S. 25–46.
- ders., Canon Law: ders., Canon Law, the Expansion of Europe, and World Order, Aldershot u.a. 1998.
- ders., Indian: ders., The Indian as Irishman, in: ebd., no. XII, S. 267–289.

Müller (Hrsg.), Begriffsgeschichte: Ernst Müller (Hrsg.), Begriffsgeschichte im Umbruch? (Archiv für Begriffsgeschichte, Sonderheft Jg. 2004), Hamburg 2004.

Murray, Indian Giving: David Murray, Indian Giving. Economies of Power in Indian-White Exchanges (Native Americans of the Northeast. Culture, History, and the Contemporary), Amherst 2000.

Nabofa, Symbolism: M. Y. Nabofa, Blood Symbolism in African Religion, in: Religious Studies 21 (1985), S. 389–405.

Nagel, Abenteuer: Jürgen Nagel, Abenteuer Fernhandel. Die Ostindienkompanien, Darmstadt 2007.

– ders., Compagnie: ders., Die Brandenburgisch-Africanische Compagnie: Ein Handelsunternehmen, in: Scripta Mercaturae 30,1 (1996), S. 44–94.

NARDIN, Reprise: Jean-Claude Nardin, La Reprise des relations franco-dahoméennes au XIXe siècle: La mission d'Auguste Bouët à la cour d'Abomey (1851), in: Cahiers d'Études Africaines 7 (1967), S. 59–126.

NEFEDOVA, Journey: Olga Nefedova, A Journey into the World of the Ottomans. The Art of Jean-Baptiste Vanmour (1671–1737), Milano 2009.

NEU, Symbolische Kommunikation: Tim Neu, Symbolische Kommunikation und wirtschaftliches Handeln. Theoretische Perspektiven, in: ders./Stollberg-Rilinger/Brauner (Hrsg.), Alles nur symbolisch, S. 401–418.

NEUBER, Fremde Welt: Wolfgang Neuber, Fremde Welt im europäischen Horizont. Zur Topik der deutschen Amerika-Reiseberichte der Frühen Neuzeit (Philologische Studien und Quellen, Bd. 121), Berlin 1991.

NEWITT, History: Malyn Newitt, A History of Portuguese Overseas Expansion, 1400–1668, London/New York 2005.

NEWTON, Slavery: Joshua D. Newton, Slavery, Sea Power and the State: The Royal Navy and the British West African Settlements, 1748–1756, in: Journal of Imperial and Commonwealth History 41,2 (2013), S. 171–193.

– ders., Law: ders., Law, Sovereignty and Naval Power in West Africa, 1750–1782, in: International Journal of Maritime History 25,2 (2013), S. 199–211.

NORMAN, Hueda: Neil L. Norman, Hueda (Whydah) Country and Town: Archaelogical Perspectives on the Rise and Collapse of an African Atlantic Kingdom, in: International Journal of African Historical Studies 42,3 (2009), S. 387–410.

NØRREGARD, Settlements: Georg Nørregard, Danish Settlements in West Africa, 1658–1850, Boston 1966.

NORTHRUP, Discovery: David Northrup, Africa's Discovery of Europe, 1450–1850, Oxford u.a. ²2009.

NOVÁKY, Small Company Trade: György Nováky, Small Company Trade and the Gold Coast: The Swedish Africa Company 1650–1663, in: Itinerario 16,1 (1992), S. 57–76.

– ders., Handelskompanier: ders., Handelskompanier och kompanihandel. Svenksa Afrikakompaniet 1649–1663. En studie i feodal handel, Uppsala 1990. [Diss. Uppsala 1990]

NOZAWA, Wine: Joji Nozawa, Wine as a Luxury at the Dutch Factory in Japan during the Second Half of the 18th Century, in: Rengenier C. Rittersma (Hrsg.), Luxury in the Low Countries. Miscellaneous Reflections on Netherlandish Material Culture, 1500 to the Present, Brüssel 2010, S. 85–106.

NUGENT, Putting: Paul Nugent, Putting the History Back into Ethnicity: Enslavement, Religion, and Cultural Brokerage in the Construction of Mandinka/Jola and Ewe/Agotime Identities in West Africa, c. 1650–1930, in: Comparative Studies in Society and History 50,4 (2008), S. 920–948.

NUMELIN, Beginnings: Ragnar Numelin, The Beginnings of Diplomacy. A Sociological Study of Intertribal and International Relations, New York 1950.

NUNN, Effects: Nathan Nunn, The Long-Term Effects of Africa's Slave Trade, in: Quarterly Journal of Economics 123 (2008), S. 139–176.

Nussbaum, History: Arthur Nussbaum, A Concise History of the Law of Nations, New York 1954.

Nussberger, Völkerrecht: Angelika Nussberger, Das Völkerrecht. Geschichte – Institutionen – Perspektiven, Bonn 2010.

Nwokeji, Slavery: G. Ugo Nwokeji, Slavery in Non-Islamic West Africa, 1420–1820, in: Eltis/Engerman (Hrsg.), History, S. 81–110.

Obeyesekere, Apotheosis: Gananath Obeyesekere, The Apotheosis of Captain Cook: European Mythmaking in the Pacific, Princeton 1997. [EA 1992]

Offer, Economy of Regard: Avner Offer, Between the Gift and the Market: The Economy of Regard, in: Economic History Review 50,3 (1997), S. 450–476.

Oeler, Rez. Fisch: Stefan Oeler, Rez. zu Fisch, Jörg, Die europäische Expansion und das Völkerrecht. Die Auseinandersetzungen um den Status der Überseeischen Gebiete vom 15. Jahrhundert bis zur Gegenwart, in: Zeitschrift für ausländisches öffentliches Recht und Völkerrecht 49 (1989), S. 640–646.

Ogris, Art. Herrenlose Sachen, herrenloses Gut: Werner Ogris, Art. Herrenlose Sachen, herrenloses Gut, in: Handwörterbuch zur deutschen Rechtsgeschichte, Bd. 2, Berlin ^{2}2012, S. 973–975.

– ders., Art. Geisel: ders., Art. Geisel, in: Handwörterbuch zur deutschen Rechtsgeschichte, Bd. 1, Berlin ^{2}2008, Sp. 2006–2010.

Oijen, Wapenboek: Anthonie A. Vorsterman van Oijen, Stam- en Wapenboek van aanzienlijke nederlandsche familien met genealogische en heraldische aanteekeningen, 3 Bde., Groningen 1885–1890.

Ojo, »Èmú«: Olatunji Ojo, »Èmú« (Àmúyá): The Yoruba Institution of Panyarring or Seizure for Debt, in: African Economic History 35 (2007), S. 31–58.

Ollennu, Principles: N. A. Ollennu, Principles of Customary Land Law in Ghana, London 1962.

Omont, Roi: H. Omont, Un Roi nègre à Paris en 1701, in: Bulletin de la Société d'Histoire de Paris 37 (1910), S. 170–172.

Oostindie/Roitman (Hrsg.), Connections: Gert Oostindie/Jessica V. Roitman (Hrsg.), Dutch Atlantic Connections, 1680–1800. Linking Empires, Bridging Borders (Atlantic World, Bd. 29), Leiden/Boston 2014.

Opoku, Festivals: A. A. Opoku, Festivals of Ghana, Accra 1970.

Oresko/Gibbs/Scott (Hrsg.), Sovereignty: Robert Oresko/G. C. Gibbs/Hamish M. Scott (Hrsg.), Royal and Republican Sovereignty in Early Modern Europe. Essays in Memory of Ragnhild Hatton, Cambridge u. a. 1997.

– ders., House: ders., The House of Savoy in search for a royal crown in the 17th century, in: ebd., S. 272–350.

Ortiz, Cuban Counterpoint: Fernando Ortiz, Cuban Counterpoint. Tobacco and Sugar, übers. von Harriet de Onís, Durham/London 1995. [span. EA 1940]

Oroge, Iwofa: E. Adeniyi Oroge, Iwofa. An Historical Survey of the Yoruba Institution of Indenture, in: African Economic History 14 (1985), S. 75–106.

Oschema, Einführung: Klaus Oschema, Einführung, in: ders. (Hrsg.), Freundschaft oder »amitié«? Ein politisch-soziales Konzept der Vormoderne im zwischensprachlichen Vergleich (Zeitschrift für Historische Forschung, Beiheft 40), Berlin 2007, S. 7–21.

Osterhammel, Entzauberung: Jürgen Osterhammel, Die Entzauberung Asiens. Europa und asiatischen Reiche im 18. Jahrhundert, München ^{2}2010. [EA 1998]
- ders., Kolonialismus: ders., Kolonialismus. Geschichte – Formen – Folgen, München ^{5}2006.
- ders., Vielfalt: ders., Die Vielfalt der Kulturen und die Methoden des Kulturvergleichs, in: Friedrich Jaeger/Jürgen Straub (Hrsg.), Handbuch der Kulturwissenschaften, Bd. 2: Paradigmen und Disziplinen, Stuttgart 2004, S. 50–65.
- ders., Geschichtswissenschaft: ders., Transkulturell vergleichende Geschichtswissenschaft, in: ders., Geschichtswissenschaft jenseits des Nationalstaats. Studien zu Beziehungsgeschichte und Zivilisationsvergleich (Kritische Studien zur Geschichtswissenschaft, Bd. 147), Göttingen ^{2}2003, S. 11–45.
- ders., Wissen: ders., Wissen als Macht. Deutungen interkulturellen Nichtverstehens bei Tzvetan Todorov und Edward Said, in: ebd., S. 240–265.
- ders., Grenzen: ders., Kulturelle Grenzen in der europäischen Expansion, in: Saeculum 46 (1995), S. 101–138.

Paesie, Lorrendrayen: Ruud Paesie, Lorrendrayen op Africa. De illegale goederen-en slavenhandel op West-Afrika tijdens het achttiende-eeuwse handelsmonopolie van de West-Indische Compagnie, 1700–1734, Amsterdam 2008. [Diss. Leiden]

Pagden, Peopling: Anthony Pagden, The Peopling of the New World. Ethnos, Race and Empire in the Early-Modern World, in: Miriam Eliav-Feldon/Benjamin Isaac/Joseph Ziegler (Hrsg.), The Origins of Racism in the West, Cambridge u. a. 2009, S. 292–312.
- ders., Human Rights: ders., Human Rights, Natural Rights, and Europe's Imperial Legacy, in: Political Theory 31,2 (2003), S. 171–199.
- ders., Lords: ders., Lords of all the World. Ideologies of Empire in Spain, Britain and France, c. 1500–1800, New Haven/London 1995.
- ders., Dispossessing: ders., Dispossessing the Barbarian. The Language of Spanish Thomism and the Debate over the Property Rights of the American Indians, in: ders. (Hrsg.), The Languages of Political Theory in Early-Modern Europe (Ideas in Context), Cambridge u. a. 1987, S. 79–98.

Palau Marti, Roi-dieu: Montserrat Palau Marti, Le roi-dieu au Bénin, Sud Togo, Dahomey, Nigeria occidentale (Mondes d'outre-mer, série: Nations), Paris 1964.

Parker, Military Revolution: Geoffrey Parker, The Military Revolution. Military Innovation and the Rise of the West, 1500–1800, Cambridge u. a. 1988.

Parker/Reid (Hrsg.), Oxford Handbook: John Parker/Richard Reid (Hrsg.), The Oxford Handbook of Modern African History, Oxford u. a. 2013.
- ders., Making: ders., Making the Town. Ga State and Society in Early Colonial Accra, Oxford u. a. 2000.

Parkinson, International Law: F. Parkinson, Pre-Colonial International Law, in: Mensah-Brown (Hrsg.), History, S. 11–26.

Parrinder, Religion: Geoffrey Parrinder, West African Religion. A Study of the Beliefs and Practices of Akan, Ewe, Yoruba, Ibo, and Kindred Peoples, London 1961.

Parry, Gift: Jonathan Parry, The Gift, the Indian Gift and the ›Indian Gift‹, in: Man, N. S., 21,3 (1986), S. 453–473.

PARSONS, King Kharma: Neil Parsons, King Kharma, Emperor Joe and the Great White Queen. Victorian Britain through African Eyes, Chicago/London 1998.

PARSONS, Theory: Wilfrid Parsons, The Mediaeval Theory of the Tyrant, in: The Review of Politics 4,2 (1942), S. 129–143.

PATTON, Umbrella: Sharon F. Patton, The Asante Umbrella, in: African Arts 17,4 (1984), S. 64–73 und S. 93–94.

– dies., Stool: dies., The Stool and Asante Chieftaincy, in: African Arts 13,1 (1979), S. 74–77 und S. 98f.

PAUL, Maintenance: Helen Julia Paul, The Maintenance of British Slaving Forts in Africa: The Activities of Joint-stock Companies and the Royal Navy (School of Social Sciences, Economics Division, University of Southhampton: Discussion Papers in Economics and Econometrics, Nr. 921), Southampton s. d.. [online verfügbar: http://www.southampton.ac.uk/assets/imported/transforms/peripheral-block/UsefulDownloads_Download/119BE1E844494324BE203BB3AEEA2F71/0921.pdf, zuletzt besucht am 10.12.2014]

PEČAR, Ökonomie: Andreas Pečar, Die Ökonomie der Ehre. Der höfische Adel am Kaiserhof Karls VI. (Symbolische Kommunikation in der Vormoderne), Darmstadt 2003. [Diss. Köln 2001]

PEEL, Cultural Work: J. D. Y. Peel, The Cultural Work of Yoruba Ethnogenesis, in: Malcolm Chapman/Maryon McDonald/Elizabeth Tonkin (Hrsg.), History and Ethnicity (ASA Monograph Series, Bd. 27), London/New York 1989, S. 198–215.

PERNAU, Transkulturelle Geschichte: Margrit Pernau, Transkulturelle Geschichte und das Problem der universalen Begriffe. Muslimische Bürger im Delhi des 19. Jahrhunderts, in: Birgit Schäbler (Hrsg.), Area Studies und die Welt. Weltregionen und neue Globalgeschichte (Globalgeschichte und Entwicklungspolitik, Bd. 5), Wien 2007, S. 117–149.

– dies., Zivilgesellschaft: dies., Gab es eine indische Zivilgesellschaft im 19. Jahrhundert? Überlegungen zum Verhältnis von Globalgeschichte und historischer Semantik, in: Traverse 3 (2007), S. 51–65.

PETRITSCH, Tribut: Ernst Dieter Petritsch, Tribut oder Ehrengeschenk? Ein Beitrag zu den habsburgisch-osmanischen Beziehungen in der zweiten Hälfte des 18. Jahrhunderts, in: Elisabeth Springer/Leopold Kammerhofer (Hrsg.), Archiv und Forschung. Das Haus-, Hof- und Staatsarchiv in seiner Bedeutung für die Geschichte Österreichs und Europas (Wiener Beiträge zur Geschichte der Neuzeit, Bd. 20), Wien/München 1993, S. 49–58.

PETTIGREW/CLEVE, Companies: William A. Pettigrew/George W. van Cleve, Parting Companies. The Glorious Revolution, Company Power, and Imperial Mercantilism, in: Historical Journal 57,3 (2014), S. 617–638.

– ders., Debt: ders., Freedom's Debt : the Royal African Company and the Politics of the Atlantic Slave Trade, 1672–1752, Chapel Hill, NC 2013.

– ders., Free: ders., Free to Enslave: Politics and the Escalation of Britain's Transatlantic Slave Trade, 1688–1714, in: William & Mary Quarterly, 3rd series, 64,1 (2007), S. 3–38.

PEUKERT, Sklavenhandel: Werner Peukert, Der atlantische Sklavenhandel von Dahomey 1740–1797. Wirtschaftsanthropologie und Sozialgeschichte (Studien zur Kulturkunde, Bd. 40), Wiesbaden 1978. [Diss. Frankfurt a.M. 1975]

PHILIPS, Smoking: John Edward Philips, African Smoking and Pipes, in: Journal of African History 24,3 (1983), S. 303–319.

PIETZ, Problem: William Pietz, The Problem of the Fetish, Part I–III, in: Res. Anthropology and Aesthetics 9 (1985), S. 5–17; 13 (1987), S. 23–45; und 16 (1988), S. 105–123.

PILCH, Rechtsgewohnheiten: Martin Pilch, Rechtsgewohnheiten aus rechtshistorischer und rechtstheoretischer Perspektive, in: Rechtsgeschichte 17 (2010), S. 17–39.

– ders., Rahmen: ders., Der Rahmen der Rechtsgewohnheiten. Kritik des Normensystemdenkens entwickelt am Rechtsbegriff der mittelalterlichen Rechtsgeschichte, Wien u. a. 2009.

PIOT, Person: Charles D. Piot, Of Persons and Things. Some Reflections on African Spheres of Exchange, in: Man, N. S., 26,3 (1991), S. 405–424.

POLANYI, Dahomey: Karl Polanyi, Dahomey and the Slave Trade. An Analysis of an Archaic Economy, Seattle u. a. 1966.

POLASCHEGG, Orientalismus: Andrea Polaschegg, Der andere Orientalismus. Regeln deutsch-morgenländischer Imagination im 19. Jahrhundert (Quellen und Forschungen zur Literatur- und Kulturgeschichte, Bd. 35), Berlin/New York 2005. [Diss. Berlin 2003/04]

POLLEROSS, Porträt: Friedrich Polleroß, Des abwesenden Prinzen Porträt. Zeremonielldarstellung im Bildnis und Bildnisgebrauch im Zeremoniell, in: Berns/Rahn (Hrsg.), Zeremoniell, S. 383–409.

POLLMANN, Feindschaft: Judith Pollmann, Eine natürliche Feindschaft. Ursprung und Funktion der schwarzen Legende über Spanien in den Niederlanden, 1560–1581, in: Franz Bosbach (Hrsg.), Feindbilder. Die Darstellung des Gegners in der politischen Publizistik des Mittelalters und der Neuzeit (Bayreuther historische Kolloquien, Bd. 6), Köln u. a. 1992, S. 73–93.

PORTER, Trusteeship: Andrew Porter, Trusteeship, Anti-Slavery and Humanitarianism, in: ders. (Hrsg.), The Oxford History of the British Empire, Bd. 3: The Nineteenth Century, Oxford u. a. 1999, S. 198–221.

PORTER, Activity: Robert Porter, European Activity on the Gold Coast, 1620–1667, Diss. [Pretoria] 1974.

– ders., Crispe Family: ders., The Crispe Family and the African Trade in the 17th century, in: Journal of African History 9,1 (1968), S. 57–77.

POSTMA, Dutch: Johannes Menne Postma, The Dutch in the Atlantic Slave Trade (1600–1815), Cambridge u. a. 1992.

PRASS, Kreuz: Reiner Prass, Das Kreuz mit den Unterschriften. Von der Alphabetisierung zur Schriftkultur, in: Historische Anthropologie 9 (2001), S. 384–404.

PRATT, Eyes: Mary Louise Pratt, Imperial Eyes. Travel Writing and Transculturation, London/New York 1992.

PREISER, Völkerrechtsgeschichte: Wolfgang Preiser, Die Völkerrechtsgeschichte, ihre Aufgaben und ihre Methode (Sitzungsberichte der Wissenschaftlichen Gesellschaft an der Johann Wolfgang Goethe-Universität Frankfurt a.M., Bd. 2,2 [1963]), Wiesbaden 1964.

PRIESTLEY, Trade: Margaret Priestley, West African Trade and Coast Society. A Family Study, London u. a. 1969.

PROBST, Macht: Peter Probst, Die Macht der Schrift. Zum ethnologischen Diskurs über eine populäre Denkfigur, in: Anthropos 87 (1992), S. 167–182.

PRODI, Sakrament: Paolo Prodi, Das Sakrament der Herrschaft. Der politische Eid in der Verfassungsgeschichte des Okzidents, übers. von Judith Elze (Schriften des Italienisch-Deutschen Historischen Instituts in Trient, Bd. 11), Berlin 1997. [italien. EA 1992]

PULSIPHER, Sovereignty: Jenny Hale Pulsipher, »Dark Cloud Rising from the East«. Indian Sovereignty and the Coming of King William's War in New England, in: New England Quarterly 80,4 (2007), S. 588–613.

QUARITSCH, Souveränität: Helmut Quaritsch, Souveränität. Entstehung und Entwicklung des Begriffs in Frankreich und Deutschland vom 13. Jh. bis 1806 (Schriften zur Verfassungsgeschichte, Bd. 38), Berlin 1986.

RACHEL, Benjamin Raule: Hugo Rachel, Benjamin Raule, in: Brandenburgische Jahrbücher 11 (1938), S. 79–84.

RAHN, Herrschaft: Thomas Rahn, Herrschaft der Zeichen. Zum Zeremoniell als »Zeichensystem«, in: Hans Ottomeyer/Michaela Völkel (Hrsg.), Die öffentliche Tafel. Tafelzeremoniell in Europa, 1300–1900, Wolfratshausen 2002, S. 22–31.

RANDERIA, Entangled Histories: Shalini Randeria, Entangled Histories of Uneven Modernities. Civil Society, Caste Councils, and Legal Pluralism in Postcolonial India, in: Hans-Gerhard Haupt/Jürgen Kocka (Hrsg.), Comparative and Transnational History. Central European Approaches and New Perspectives, New York/ Oxford 2009, S. 77–104.

RANGER, Invention Revisited: Terence O. Ranger, The Invention of Tradition Revisited. The Case of Colonial Africa, in: ders./Olufemi Vaughan (Hrsg.), Legitimacy and the State in 20th century Africa. Essays in Honour of A. H. M. Kirk-Greene, Basingstoke 1993, S. 62–111.

– ders., Past: ders., Towards an Usable African Past, in: Christopher Fyfe (Hrsg.), African Studies Since 1945. A Tribute to Basil Davidson. Proceedings of a Seminar in Honour of Basil Davidson's 60th Birthday at the Centre of African Studies, University of Edinburgh, London 1976, S. 17–30.

RATELBAND, Nederlanders: Klaas Ratelband, Nederlanders in West-Afrika: Angola, Kongo en São Tomé, hrsg. von René Baesjou, Zutphen 2000.

RATHJE, Interkulturelle Kompetenz: Stefanie Rathje, Interkulturelle Kompetenz – Zustand und Zukunft eines umstrittenen Konzepts, in: Zeitschrift für interkulturellen Fremdsprachenunterricht 11,3 (2006), S. 1–21.

RATTRAY, Ashanti Law: Robert S. Rattray, Ashanti Law and Constitution, Oxford 1929. [ND New York 1969]

– ders., Ashanti: ders., Ashanti, Oxford 1923.

RAUCHENBERGER, Johannes Leo: Dietrich Rauchenberger, Johannes Leo der Afrikaner. Seine Beschreibung des Raumes zwischen Nil und Niger nach dem Urtext (Orientalia Biblica et Christiana, Bd. 13), Wiesbaden 1999.

RAUM, Rechtsethnologie: Johannes W. Raum, Rechtsethnologie, in: Thomas Schweizer/Margarete Schweizer/Waltraud Kokot (Hrsg.), Handbuch der Ethnologie. Festschrift für Ulla Johansen, Berlin 1993, S. 285–304.

Reckwitz, Multikulturalismustheorien: Andreas Reckwitz, Multikulturalismustheorien und der Kulturbegriff: Vom Homogenitätsmodell zum Modell kultureller Interferenzen, in: Berliner Journal für Soziologie 11,2 (2001), S. 179–200.

Reese, Controlling: Ty M. Reese, Controlling the Company. The Structures of Fante-British Relations on the Gold Coast, 1750–1821, in: Journal of Imperial and Commonwealth History 41,1 (2013), S. 104–119.

- ders., Wives: ders., Wives, Brokers, and Laborers. Women at Cape Coast, 1750–1807, in: Douglas Catterall/Jodi Campbell (Hrsg.), Women in Port. Gendering Communities, Economies, and Social Networks in Atlantic Port Cities, 1500–1800 (Atlantic World, Bd. 25), Leiden/Boston 2012, S. 291–314.
- ders., »Eating«: ders., »Eating« Luxury. Fante Middlemen, British Goods, and Changing Dependencies on the Gold Coast, in: William & Mary Quarterly, 3rd series, 66,4 (2009), S. 851–872.
- ders., Drudgery: ders., The Drudgery of the Slave Trade. Labor at Cape Coast Castle, 1750–1790, in: Peter A. Coclanis (Hrsg.), The Atlantic Economy during the 17th and 18th Centuries. Organization, Operation, Practice, and Personnel, Columbia 2005, S. 277–296.
- ders., »Sheep«: ders., »Sheep in the Jaws of So Many Ravenous Wolves«: The Slave Trade and Anglican Missionary Activity at Cape Coast Castle, 1752–1816, in: Journal of Religion in Africa 34,3 (2004), S. 348–372.

Reibstein, Völkerrecht: Ernst Reibstein, Völkerrecht. Eine Geschichte seiner Ideen in Lehre und Praxis, Bd. 1: Von der Antike bis zur Aufklärung (Orbis Academicus. Problemgeschichten der Wissenschaft in Dokumenten und Darstellungen), Freiburg/München 1957.

Reichardt, *Historische Semantik*: Rolf Reichardt, *Historische Semantik* zwischen *lexicométrie* und *New Cultural History*. Einführende Bemerkungen zur Standortbestimmung, in: ders. (Hrsg.), Aufklärung und Historische Semantik. Interdisziplinäre Beiträge zur westeuropäischen Kulturgeschichte (Zeitschrift für Historische Forschung, Beiheft 21), Berlin 1998, S. 7–28.

- ders., Einleitung: ders., Einleitung, in: ders./Eberhard Schmitt in Verbindung mit Gerd van den Heuvel und Anette Höfer (Hrsg.), Handbuch politisch-sozialer Grundbegriffe in Frankreich 1680–1820, Heft 1/2, München 1985, S. 39–148.

Reid, Past: Richard Reid, Past and Presentism. The ›Precolonial‹ and the Foreshortening of African History, in: Journal of African History 52,2 (2011), S. 135–155.

Reikat, Handelsstoffe: Andrea Reikat, Handelsstoffe. Grundzüge des europäisch-westafrikanischen Handels vor der industriellen Revolution am Beispiel der Textilien (Studien zur Kulturkunde, Bd. 105), Köln 1997. [Diss. Frankfurt a.M. 1994]

Rein, Kampf: Adolf Rein, Der Kampf Westeuropas um Nordamerika im 15. und 16. Jahrhundert (Allgemeine Staatengeschichte, II. Abteilung: Geschichte der außereuropäischen Staaten, Bd. 3), Stuttgart/Gotha 1925.

Reindl-Kiel, Duft: Hedda Reindl-Kiel, Der Duft der Macht. Osmanen, islamische Tradition, muslimische Mächte und der Westen im Spiegel diplomatischer Geschenke, in: Wiener Zeitschrift für die Kunde des Morgenlandes 95 (2005), S. 195–258.

Reinhard, Anthropologie: Wolfgang Reinhard, Historische Anthropologie frühneuzeitlicher Diplomatie: Ein Versuch über Nuntiaturberichte 1592–1622, in: Rohrschneider/Strohmeyer (Hrsg.), Wahrnehmungen, S. 53–72.

- ders., Staatsgewalt: ders., Geschichte der Staatsgewalt. Eine vergleichende Verfassungsgeschichte Europas von den Anfängen bis zur Gegenwart, München [3]2002.
- ders., Geschichte: ders., Geschichte der europäischen Expansion, 4 Bde., Stuttgart u. a. 1983–1990.

Reinholdt, Devianz: Katharina Reinholdt, »durch fleischliche vormyschunge geheilligett«. Sexuelle Devianz und spirituelle Ehen bei den »Blutsfreunden aus der Wiedertauff«, in: Anselm Schubert/Astrid von Schlachta (Hrsg.), Grenzen des Täufertums. Neue Forschungen (Schriften des Vereins für Reformationsgeschichte, Bd. 209), Gütersloh 2009, S. 295–325.

Rexroth, Tyrannen: Frank Rexroth, Tyrannen und Taugenichtse. Beobachtungen zur Ritualität europäischer Königsabsetzungen im späten Mittelalter, in: Historische Zeitschrift 278 (2004), S. 27–53.

Ribeiro da Silva, Dutch: Filipa Ribeiro da Silva, Dutch and Portuguese in Western Africa. Empires, Merchants and the Atlantic System, 1580–1674 (Atlantic World, Bd. 22), Leiden/Boston 2011.

- dies., Vessels: dies., Dutch Vessels in African Waters. Routes, commercial strategies, trading practices and intra-continental trade (c. 1590–1674), in: Tijdschrift voor zeegeschiedenis 29,1 (2010), S. 19–38.
- dies., Labor Migration: dies., Dutch Labor Migration to West Africa (c. 1590–1674), in: Wim Klooster (Hrsg.), Migration, Trade, and Slavery in an Expanding World. Essays in Honor of Pieter Emmer (European Expansion and Indigenous Response, Bd. 2), Leiden/Boston 2009, S. 73–97.

Richards, Introduction: Jennifer Richards, Introduction, in: dies. (Hrsg.), Early Modern Civil Discourses (Early Modern Literature in History), Basingstoke 2003, S. 1–18.

Richards, Import: W. A. Richards, The Import of Firearms into West Africa in the 18th Century, in: Journal of African History 21 (1980), S. 43–59.

Richefort, Présents: Isabelle Richefort, Présents diplomatiques et diffusion de l'image de Louis XIV, in: Lucien Bély (Hrsg.), L'invention de la diplomatie. Moyen Age – Temps modernes, Paris 1998, S. 263–279.

Richter, Brokers: Daniel K. Richter, Cultural Brokers and Intercultural Politics: New York-Iroquois Relations, 1664–1701, in: Journal of American History 75,1 (1988), S. 40–67.

Richter, Reconstructing: Melvin Richter, Reconstructing the History of Political Languages: Pocock, Skinner, and the *Geschichtliche Grundbegriffe*, in: History & Theory 29 (1990), S. 38–70.

- ders., Aristoteles: ders., Aristoteles und der klassische griechische Begriff der Despotie, in: Hans Maier et al. (Hrsg.), Politik, Philosophie, Praxis. Festschrift für Wilhelm Hennis zum 65. Geburtstag, Stuttgart 1988, S. 21–37.

Richter, Monarch: Susan Richter: Der Monarch am Pflug – Von der Erweiterung des Herrschaftsverständnisses als erstem Diener zum ersten Landwirt des Staates, in: Das Achtzehnte Jahrhundert 34,1 (2010), S. 40–64.

Rietbergen/Locher-Scholten (Hrsg.), Hof: Peter Rietbergen/Elsbeth Locher-Scholten (Hrsg.), Hof en handel. Aziatische vorsten en de VOC 1620–1720 (Verhandelingen van het Koninklijk Instituut voor Taal-, Land- en Volkenkunde, Bd. 223), Leiden 2004.

– dies., Dubbel perspectief: dies., Een dubbel perspectief. Aziatische hoven en de VOC, circa 1620–circa 1720, ebd., S. 1–14.

Roberts, West Africa: Richard Roberts, West Africa and the Pondicherry Textile Industry, in: Tirthankar Roy (Hrsg.), Cloth and Commerce. Textiles in Colonial India, New Delhi u.a. 1996, S. 142–174.

Roberts/Comaroff, Rules: Simon Roberts/John L. Comaroff, Rules and Processes. The Cultural Logic of Dispute in an African Context, Chicago/London 1981.

– ders., Order: ders., Order and Dispute. An Introduction to Legal Anthropology, Harmondsworth 1979.

Robinson/Gallagher, Africa: Ronald Robinson/John Gallagher, Africa and the Victorians. The Official Mind of Imperialism, Basingstoke/London ²1981.

Rodney, Europe: Walter Rodney, How Europe Underdeveloped Africa, London 1971. [dt. Übersetzung: Afrika. Geschichte einer Unterentwicklung, Berlin 1975]

Rohrschneider/Strohmeyer (Hrsg.), Wahrnehmungen: Michael Rohrschneider/Arno Strohmeyer (Hrsg.), Wahrnehmungen des Fremden. Differenzerfahrungen von Diplomaten im 16. und 17. Jahrhundert (Schriftenreihe der Vereinigung zur Erforschung der Neueren Geschichte, Bd. 31), Münster 2007.

Rommelse, War: Gijs Rommelse, The Second Anglo-Dutch War (1665–1667). Raison d'état, Mercantilism and Maritime Strife, Hilversum 2006.

Roncière, Histoire: Charles de la Roncière, Histoire de la marine française, Bd. 4: En quête d'un empire colonial, Paris 1910.

Roos, Zeeuwen: Doeke Roos, Zeeuwen en de Westindische Compagnie (1521–1674), Hulst 1992.

Roosen, Ceremonial: William Roosen, Early Modern Diplomatic Ceremonial: A Systems Approach, in: Journal of Modern History 52,3 (1980), S. 452–476.

Ross, Dahomey: David Ross, Mid-Nineteenth Century Dahomey: Recent Views vs. Contemporary Evidence, in: History in Africa 12 (1985), S. 307–323.

Ross, Heraldic Lion: Doran H. Ross, The Heraldic Lion in Akan Art: A Study of Motif Assimilation in Southern Ghana, in: Metropolitan Museum Journal 16 (1981), S. 165–180.

– ders., Fighting: ders., Fighting with Art. Appliqué Flags of the Fante Asafo, Los Angeles 1979.

– ders., Cement Lions: ders., Cement Lions and Cloth Elephants. Popular Arts of the Fante Asafo, in: Fred E. H. Schroeder (Hrsg.), 5000 Years of Popular Culture. Popular Culture Before Printing, Bowling Green, OH 1980, S. 290–317.

– ders., Iconography: ders., The Iconography of Asante Swords Ornaments, in: African Arts 11,1 (1977), S. 16–25 und S. 90f.

Ross, Palaver Trees: Eric S. Ross, Palaver Trees Reconsidered in the Senegalese Landscape. Arboreal Monuments & Memorials, in: Michael J. Sheridan/Celia Nyamweru (Hrsg.), African Sacred Groves. Ecological Dynamics & Social Change, Oxford u.a. 2008, S. 133–148.

Ross/Stern, Reconstructing: Richard J. Ross/Philip J. Stern, Reconstructing Early Modern Notions of Legal Pluralism, in: Benton/Ross (Hrsg.), Legal Pluralism, S. 109–141.

Rost, Theorien: Friedrich Rost, Theorien des Schenkens. Zur kultur- und humanwissenschaftlichen Bearbeitung eines anthropologischen Phänomens, Essen 1994. [Diss. Berlin 1993]

Rothweiler/Geyer, Aktiengesellschaft: Estelle Rothweiler/Stefan Geyer, Von der *Compagnie de commerce* zur *société anonyme*: Die Geschichte der Aktiengesellschaft in Frankreich bis zum *Code de commerce*, in: Walter Bayer/Mathias Habersack (Hrsg.), Aktienrecht im Wandel, Bd. 1: Entwicklung des Aktienrechts, Tübingen 2007, S. 23–45.

Rousseau, Hysteria: G. S. Rousseau, »A Strange Pathology«. Hysteria in the Early Modern World, 1500–1800, in: ders. et al., Hysteria beyond Freud, Berkeley u.a. 1993, S. 91–221.

Rouveroy van Nieuwaal, Chiefs: Emile A. B. van Rouveroy van Nieuwaal, Chiefs and African States. Some Introductory Notes and an Extensive Bibliography on African Chieftaincy, in: Journal of Legal Pluralism & Unofficial Law 25–26, 1 (1987), S. 1–46.

Rubiés, Worlds: Joan-Pau Rubiés, The Worlds of Europeans, Africans, and Americans, c. 1490, in: Canny/Morgan (Hrsg.), Handbook, S. 21–37.

- ders., Ambassadors: ders., Late Medieval Ambassadors and the Practice of Cross-Cultural Encounters, 1250–1450, in: Palmira Brummett (Hrsg.), The ›Book‹ of Travels: Genre, Ethnology, Pilgrimage 1250–1700 (Studies in Medieval and Reformation Traditions, Bd. 140), Leiden/Boston 2009, S. 37–112.
- ders., Despotism: ders., Oriental Despotism and European Orientalism: Botero to Montesquieu, in: Journal of Early Modern History 9 (2005), S. 109–180.

Rückert, Autonomie: Joachim Rückert, Autonomie des Rechts in rechtshistorischer Perspektive (Schriftenreihe der Juristischen Studiengesellschaft Hannover, Heft 19), Hannover 1988.

Russell, Prince Henry: Peter E. Russell, Prince Henry ›The Navigator‹. A Life, New Haven u.a. 2001.

- ders., Kings: ders., White Kings on Black Kings. Rui de Pina and the Problem of Black African Sovereignty, in: ders., Portugal, Spain and the African Atlantic, 1343–1490. Chivalry and Crusade from John of Gaunt to Henry the Navigator, Aldershot 1995, no. XVI, S. 151–163.

Ryder, Benin: A[lan] F. C. Ryder, Benin and the Europeans 1485–1897 (Ibadan History Series), London 1977. [EA 1966]

- ders., Reestablishment: ders., The Reestablishment of Portuguese Factories on the Costa da Mina, in: Journal of the Historical Society of Nigeria 1,3 (1958), S. 157–183.

Saal, Kultur: Britta Saal, Kultur in Bewegung. Zur Begrifflichkeit von Transkulturalität, in: dies./Michiko Mae (Hrsg.), Transkulturelle Genderforschung, Wiesbaden 2007, S. 21–36.

Sackeyfio, Politics: Naaborko Sackeyfio, The Politics of Land and Urban Space in Colonial Accra, in: History in Africa 39 (2012), S. 293–329.

SADJI, Mohr: Uta Sadji, Der Mohr auf der deutschen Bühne des 18. Jahrhunderts, Anif u.a. 1992.

SAHLINS, Poor Man: Marshall D. Sahlins, Poor Man, Rich Man, Big-Man, Chief. Political Types in Melanesia and Polynesia, in: Comparative Studies in Society and History 5,3 (1963), S. 285–303.

SALDANHA, Itineraries: Arun Saldanha, The Itineraries of Geography: Jan Huygen van Linschoten's *Itinerario* and Dutch Expectations to the Indian Ocean, 1594–1602, in: Annals of the Association of American Geographers 101,1 (2011), S. 149–177.

SANDERS, Development: James Sanders, The Political Development of the Fante in the 18th and 19th Centuries. A Study of a West African Merchant Society, masch.-schriftl. Diss. Evanston 1980.

– ders., Expansion: ders., The Expansion of the Fante and the Emergence of Asante in the 18th Century, in: Journal of African History 20,3 (1979), S. 349–364.

SANTOS LOPES, Afrika: Marília dos Santos Lopes, Afrika. Eine neue Welt in deutschen Schriften des 16. und 17. Jahrhunderts (Beiträge zur Kolonial- und Überseegeschichte, Bd. 53), Stuttgart 1992. [Diss. Bamberg 1991]

SARBAH, Fanti Customary Laws: John Mensah Sarbah, Fanti Customary Laws. A Brief Introduction to the Principles of the Native Laws and Customs of the Fanti and Akan Districts of the Gold Coast, London ^{2}1904.

SARDAN, Moral Economy: J. P. Olivier de Sardan, A Moral Economy of Corruption in Africa?, in: Journal of Modern African Studies 37,1 (1999), S. 25–52.

SARPONG, Stools: Peter Sarpong, The Sacred Stools of the Akan, Accra/Tema 1971.

– ders., Stools of Ashanti: ders., The Sacred Stools of Ashanti, in: Anthropos 62,1–2 (1967), S. 1–60.

SCHAPER, Verhandlungen: Ulrike Schaper, Koloniale Verhandlungen. Gerichtsbarkeit, Verwaltung und Herrschaft in Kamerum 1884–1916, Frankfurt a.M. 2012.

SCHÄTZEL, Recht: Walter Schätzel, Das Recht des völkerrechtlichen Gebietserwerbs (Walter Schätzel, Internationales Recht. Gesammelte Schriften und Vorlesungen, Bd. 1), Bonn 1959.

SCHELLER, Schenken: Benjamin Scheller, Rituelles Schenken an Höfen der Ottonenzeit zwischen Ein- und Mehrdeutigkeit. Formen und Funktione des Austausches im früheren Mittelalter, in: Ulf Christian Ewert/Stephan Selzer (Hrsg.), Ordnungsformen des Hofes. Ergebnisse eines Forschungskolloquiums der Studienstiftung des deutschen Volkes (Mitteilungen der Residenzen-Kommission der Akademie der Wissenschaften zu Göttingen, Sonderheft 2), Kiel 1997, S. 56–66.

SCHILDKROUT (Hrsg.), Golden Stool: Enid Schildkrout (Hrsg.), The Golden Stool. Studies of the Asante Center and Periphery (Anthropological Papers of the American Museum of Natural History, Bd. 65), New York 1987.

SCHMIDT, Innocence: Benjamin Schmidt, Innocence Abroad. The Dutch Imagination and the New World, 1570–1670, Cambridge u.a. 2001.

SCHMIDT, Häuptlingsmacht: Heinrich Schmidt, Häuptlingsmacht, Freiheitsideologie und bäuerliche Sozialstruktur im spätmittelalterlichen Friesland, in: Kurt Andermann/Peter Johanek (Hrsg.), Zwischen Adel und Nicht-Adel (Vorträge und Forschungen, Bd. 53), Stuttgart 2001, S. 285–309.

SCHMITT, Nomos: Carl Schmitt, Der Nomos der Erde im Völkerrecht des Jus Publicum Europaeum, Köln 1950.

Schmitt, Overseas Companies: Eberhard Schmitt, The Brandenburg Overseas Companies in the 17th Century, in: Blussé/Gaastra (Hrsg.), Companies, S. 159–176.
- ders., Überseekompanien: ders., Die brandenburgischen Überseekompanien im 17. Jahrhundert, in: Schiff und Zeit 11 (1980), S. 6–20.

Schneeloch, Kapital: Norbert H. Schneeloch, Kapital und Aktionäre der Westindischen Compagnie im 17. Jahrhundert. Die Verschmelzung der alten Kapitalgebergruppen zu einer neuen Aktiengesellschaft (Beiträge zur Wirtschaftsgeschichte, Bd. 12), Stuttgart 1982. [Diss. Bonn 1981]
- ders., Bewindhebber: ders., Die Bewindhebber der Westindische Compagnie in der Kammer Amsterdam 1674–1700, in: Economisch en sociaal historisch jaarboek 36 (1973), S. 1–52.

Schnettger, Rang: Matthias Schnettger, Rang, Zeremoniell, Lehnssysteme. Hierarchische Elemente im europäischen Staatensystem der Frühen Neuzeit, in: ders./Arndt/Asch (Hrsg.), Monarchie, S. 179–195.

Schnitzer, Königreiche: Claudia Schnitzer, Königreiche – Wirtschaften – Bauernhochzeiten. Zeremonielltragende und -unterwandernde Spielformen höfischer Maskerade, in: Berns/Rahn (Hrsg.), Zeremoniell, S. 280–331.

Schnurmann, ›Profit‹: Claudia Schnurmann, ›Wherever profit leads us, to every sea and shore …‹: the VOC, the WIC, and Dutch Methods of Globalization in the Seventeenth Century, in: Renaissance Studies 17,3 (2003), S. 474–493.

Schoenborn, Entdeckung: Walther Schoenborn, Entdeckung als Rechtstitel, in: D. S. Constantopoulos/Hans Wehberg (Hrsg.), Gegenwartsprobleme des internationalen Rechtes und der Rechtsphilosophie. Festschrift Rudolf Laun, Hamburg 1953, S. 239–257.

Schramm (et al.), Herrschaftszeichen: Percy Ernst Schramm (et al.), Herrschaftszeichen und Staatssymbolik. Beiträge zu ihrer Geschichte vom dritten bis zum sechzehnten Jahrhundert, 3 Bde. (Schriften der Monumenta Germaniae historica, Bd. 13), Stuttgart 1954–1956.

Schreiner, Buchstaben: Klaus Schreiner, Heilige Buchstaben, Texte und Bücher, die schützen, heilen und helfen. Formen und Funktionen mittelalterlicher Schriftmagie, in: Erika Greber/Konrad Ehlich/Jan-Dirk Müller (Hrsg.), Materialität und Medialität von Schrift (Schrift und Bild in Bewegung, Bd. 1), Bielefeld 2002, S. 73–89.
- ders., Litterae: ders., Litterae mysticae. Symbolik und Pragmatik heiliger Buchstaben, Texte und Bücher in Kirche und Gesellschaft des Mittelalters, in: Christel Meier (Hrsg.), Pragmatische Dimensionen mittelalterlicher Schriftkultur. Akten des Internationalen Kolloquiums 26.–29. Mai 1999 (Münstersche Mittelalter-Schriften, Bd. 79), München 2002, S. 277–338.
- ders., »Correctio«: ders., »Correctio principis«. Gedankliche Begründung und geschichtliche Praxis spätmittelalterlicher Herrscherkritik, in: František Graus (Hrsg.), Mentalitäten im Mittelalter. Methodische und inhaltliche Problem (Vorträge und Forschungen, hrsg. vom Konstanzer Arbeitskreis für Mittelalterliche Geschichte, Bd. 35), Sigmaringen 1987, S. 203–256.
- ders., Iuramentum: ders., Iuramentum religionis. Entstehung, Geschichte und Funktion des Konfessionseides der Staats- und Kirchendiener im Territorialstaat der frühen Neuzeit, in: Der Staat 24 (1985), S. 211–246.

SCHUBERT, Fremde: Michael Schubert, Der schwarze Fremde. Das Bild des Schwarzafrikaners in der parlamentarischen und publizistischen Kolonialdiskussion in Deutschland von den 1870er bis in die 1930er Jahre (Beiträge zur Kolonial- und Überseegeschichte, Bd. 86), Stuttgart 2003. [Diss. Osnabrück 2001]

SCHULZE, Art. Dominium, öffentlich-rechtlich: Hans K. Schulze, Art. Dominium, öffentlich-rechtlich, in: Handwörterbuch zur deutschen Rechtsgeschichte, Bd. 1, Berlin ^{2}2008, Sp. 1106–1108.

SCHULZE (Hrsg.), Symbolische Kommunikation: Reiner Schulze (Hrsg.), Symbolische Kommunikation vor Gericht in der Frühen Neuzeit (Schriften zur Europäischen Rechts- und Verfassungsgeschichte, Bd. 51), Berlin 2006.

– ders./OSTWALDT, Einleitung: ders./Lars Ostwaldt, Einleitung, in: ebd., S. 11–17.

SCHWEDLER, Geschenke: Gerald Schwedler, Diplomatische Geschenke unter Königen im Spätmittelalter. Freundschaft und Gabentausch zwischen politischer Praxis und der schriftlichen Norm der Fürstenspiegelliteratur, in: Grünbart (Hrsg.), Geschenke, S. 145–185.

SCOTT, Constitution [1910]: William Robert Scott, The Constitution and Finance of English, Scottish and Irish Joint-Stock Companies to 1720, Bd. 2, Cambridge 1910.

– ders., Constitution [1903]: ders., The Constitution and Finance of the Royal African Company of England from its Foundations till 1720, in: American Historical Review 8,2 (1903), S. 241–259.

SEED, Ceremonies: Patricia Seed, Ceremonies of Possession in Europe's Conquest of the New World, 1492–1640, Cambridge u. a. 1995.

SERVICE, Origins: Elman R. Service, Origins of the State and Civilization. The Process of Cultural Evolution, New York 1975.

SHARKEY, Colonial States: Heather J. Sharkey, African Colonial States, in: Parker/Reid (Hrsg.), Oxford Handbook, S. 151–170.

SHEALES, Regalia: Fiona Sheales, Asante Gold Regalia in the British Museum Collection, URL: https://www.britishmuseum.org/research/online_research_catalogues/ag/asante_gold_regalia/a_guide_to_types.aspx [zuletzt besucht am 13. 10.2014].

SHUMWAY, Palavers: Rebecca Shumway, Palavers and Treaty Making in the British Acquisition of the Gold Coast Colony (West Africa), in: Belmessous (Hrsg.), Empire, S. 161–187.

– dies., Fante: dies., The Fante and the Transatlantic Slave Trade (Rochester Studies in African History and the Diaspora), Rochester 2011.

SIDORKO, Elefant: Clemens P. Sidorko, Der Elefant Peters des Grossen. Gesandtschaftsgeschenke als Instrument diplomatischer Kommunikation, in: Nada Boškovska et al. (Hrsg.), Wege der Kommunikation in der Geschichte Osteuropas, Köln u. a. 2002, S. 31–55.

SIEBERTZ, Kaufmann: Roman Siebertz, Ein Kaufmann als Diplomat: Pieter van den Broecke als Vertreter der Niederländischen Ostindiengesellschaft in Arabien und Indien 1615–1629, in: Kauz/Niederkorn/Rota (Hrsg.), Zeremoniell, S. 349–366.

SIKORA, Sinn: Michael Sikora, Der Sinn des Verfahrens. Soziologische Deutungsangebote, in: Barbara Stollberg-Rilinger (Hrsg.), Vormoderne politische Verfahren (Zeitschrift für Historische Forschung, Beiheft 25), Berlin 2001, S. 25–51.

Sinitsina, Tradition: Irina Sinitsina, African Legal Tradition: J. M. Sarbah, J. B. Danquah, N. A. Ollennu, in: Journal of African Law 31,1–2 (1987), S. 44–57.

Smith, Warfare: Robert S. Smith, Warfare & Diplomacy in Pre-Colonial West Africa, London ²1989.

– ders., Peace: ders., Peace and Palaver. International Relations in Pre-Colonial West Africa, in: Journal of African History 14 (1973), S. 599–621.

Somers, VOC: Jan A. Somers, De VOC als volkenrechtelijke actor (SI-EUR proefschriftenreeks), [Deventer] 2001. [Diss. Rotterdam 2001]

Sonderegger, Dämonisierung: Arno Sonderegger, Die Dämonisierung Afrikas. Zum Despotiebegriff und zur Geschichte der Afrikanischen Despotie, Saarbrücken 2008. [Diss. Wien 2005]

Sparks, Negroes: Randy J. Sparks, Where the Negroes are Masters. An African Port in the Era of the Slave Trade, Cambridge, MA 2014.

– ders., Merchant Families: ders., Gold Coast Merchant Families, Pawning, and the Eighteenth-Century British Slave Trade, in: William & Mary Quarterly, 3rd series, 70,2 (2013), S. 317–340.

Speitkamp, Kulturtransfer: Winfried Speitkamp, Der verweigerte Kulturtransfer. Bilder Afrikas vor der Kolonisierung, in: Thomas Fuchs/Sven Trakulhun (Hrsg.), Das eine Europa und die Vielfalt der Kulturen. Kulturtransfer in Europa 1500–1850, Berlin 2003, S. 405–424.

Spicksley, Pawns: Judith Spicksley, Pawns on the Gold Coast. The Rise of Asante and Shifts in Security for Debt, 1680–1750, in: Journal of African History 54,2 (2013), S. 147–175.

Spies, Erfgenamen: W. J. Spies, De erfgenamen van Bartholomeus van Vloten, in: De Nederlandsche Leeuw 115 (1998), S. 191–219 und S. 325–342.

Spivak, Subaltern: Gayatri Chakravorty Spivak, Can the Subaltern Speak?, in: Patrick Williams/Laura Chrisman (Hrsg.), Colonial Discourse and Post-Colonial Theory. A Reader, New York 1994, S. 66–111.

Stafford, Exploration: Robert A. Stafford, Scientific Exploration and Empire, in: Andrew Porter (Hrsg.), The Oxford History of the British Empire, Bd. 3: The Nineteenth Century, Oxford u.a. 1999, S. 294–319.

Stahl, Entanglements: Ann Brower Stahl, Colonial Entanglements and the Practices of Taste: An Alternative to Logocentric Approaches, in: American Anthropologist, N. S., 104,3 (2002), S. 827–845.

– dies., Process: dies., Historical Process and the Impact of the Atlantic Trade on Banda, Ghana, c. 1800–1920, in: Christopher R. DeCorse (Hrsg.), West Africa during the Atlantic Slave Trade. Archaelogical Perspectives (New Approaches to Anthropological Archaeology), London/New York 2001, S. 38–58.

Stamm, Experiment: Malte Stamm, Das Koloniale Experiment. Der Sklavenhandel Brandenburg-Preußens im transatlantischen Raum 1680–1718, masch. Diss. Düsseldorf 2013, URL: http://nbn-resolving.de/urn:nbn:de:hbz:061-20130701-111610-2 [zuletzt besucht am 24.01.2014].

Stanish, Evolution: Charles Stanish, The Evolution of Chiefdoms. An Economic Anthropological Model, in: Gary M. Feinman/Linda M. Nicholas (Hrsg.), Archaelogical Perspectives on Political Economies (Foundations of Archaeological Inquiry), Salt Lake City 2004, S. 7–24.

STAPELBROEK, Trade: Koen Stapelbroek, Trade, Chartered Companies and Mercantile Associations, in: Fassbender/Peters (Hrsg.), Handbook, S. 338–358.

STAUBER, Nationalismus: Reinhard Stauber, Nationalismus vor dem Nationalismus? Eine Bestandsaufnahme der Forschung zu »Nation« und »Nationalismus« in der Frühen Neuzeit, in: Geschichte in Wissenschaft und Unterricht 47 (1996), S. 139–165.

ST. CLAIR, Emporium: William St. Clair, The Grand Slave Emporium. Cape Coast Castle and the British Slave Trade, London 2006.

STEENSGAARD, Dutch East India Company: Niels Steensgaard, The Dutch East India Company as an Institutional Innovation, in: Maurice Aymard (Hrsg.), Dutch Capitalism and World Capitalism (Studies in Modern Capitalism), Cambridge u.a. 1982, S. 235–257.

– ders., Companies: ders., The Companies as a Specific Institution in the History of European Expansion, in: Blussé/Gaastra (Hrsg.), Companies, S. 245–264.

– ders., Carracks: ders., Carracks, Caravans and Companies: The Structural Crisis in the European-Asian Trade in the early 17th Century (Scandinavian Institute of Asian Studies Monograph Series, Bd. 17), Odense 1973.

STEGMAIER, Recht: Peter Stegmaier, Recht und Normativität aus soziologischer Perspektive (§ 3), in: Julian Krüper (Hrsg.), Grundlagen des Rechts (NomosLehrbuch), Baden-Baden 2011, S. 65–87.

STEIGER, Ordnung: Heinhard Steiger, Die Ordnung der Welt. Eine Völkerrechtsgeschichte des karolingischen Zeitalters (741 bis 840), Köln u.a. 2010.

– ders., Recht: ders., Recht zwischen Asien und Europa im 16. und 17. Jahrhundert?, in: ders., Von der Staatengesellschaft zur Weltrepublik? Aufsätze zur Geschichte des Völkerrechts aus 40 Jahren (Studien zur Geschichte des Völkerrechts, Bd. 22), Baden-Baden 2009, S. 267–291.

– ders., International Law: ders., From the International Law of Christianity to the International Law of the World Citizen – Reflections on the Formation of the Epochs of the History of International Law, in: Journal of the History of International Law 3 (2001), S. 180–193.

– ders., Strukturen: ders., Rechtliche Strukturen der Europäischen Staatenordnung 1648–1792, in: Zeitschrift für ausländisches öffentliches Recht und Völkerrecht 59 (1999), S. 609–647.

– ders., Probleme: ders., Probleme der Völkerrechtsgeschichte, in: Der Staat. Zeitschrift für Staatslehre, öffentliches Recht und Verfassungsgeschichte 26 (1987), S. 103–126.

STEIN, Slave Trade: Robert Louis Stein, The French Slave Trade in the 18th Century. An Old Regime Business, Madison, WI 1979.

STEINICKE/WEINFURTER (Hrsg.), Krönungsrituale: Marion Steinicke/Stefan Weinfurter (Hrsg.), Investitur- und Krönungsrituale. Herrschaftseinsetzungen im kulturellen Vergleich, Köln u.a. 2005.

STEINMETZ, Vierzig Jahre: Willibald Steinmetz, Vierzig Jahre Begriffsgeschichte – *The State of the Art*, in: Heidrun Kämper/Ludwig M. Eichinger (Hrsg.), Sprache – Kognition – Kultur. Sprache zwischen mentaler Struktur und kultureller Prägung (Institut für Deutsche Sprache, Jahrbuch 2007), Berlin/New York 2008, S. 174–197.

– ders., Neue Wege: ders., Neue Wege einer historischen Semantik des Politischen, in: ders. (Hrsg.), »Politik«. Situationen eines Wortgebrauchs im Europa der Neuzeit (Historische Politikforschung, Bd. 14), Frankfurt a.M./New York 2007, S. 9–40.

Steltzer, »Häfen«: Hans Georg Steltzer, »Mit herrlichen Häfen versehen«. Brandenburgisch-preußische Seefahrt vor dreihundert Jahren, Frankfurt a.M. u.a. 1981.

Stern, Company-State: Philip J. Stern, The Company-State. Corporate Sovereignty and the Early Modern Foundations of the British Empire in India, Oxford u.a. 2011.

– ders., »Politie«: ders., »A Politie of Civill & Military Power«: Political Thought and the Late Seventeenth-Century Foundations of the East India Company-State, in: Journal of British Studies 47,2 (2008), S. 253–283.

– ders., Asia: ders., British Asia and British Atlantic: Comparisons and Connections, in: William & Mary Quarterly, 3rd series, 63,4 (2006), S. 693–712.

Stewart, Creolization: Charles Stewart, Creolization, Ritual and Syncretism. From Mixture to Crystallization, in: Claus Ambos et al. (Hrsg.), Rituale als Ausdruck von Kulturkontakt. »Synkretismus« zwischen Negation und Neudefinition (Studies in Oriental Religions, Bd. 67), Wiesbaden 2013, S. 1–10.

Stoler, Knowledge: Ann Laura Stoler, Carnal Knowledge and Imperial Power: Race and the Intimate in Colonial Rule, Berkeley, CA u.a. 2002.

Stollberg-Rilinger, Rituale: Barbara Stollberg-Rilinger, Rituale (Historische Einführungen, Bd. 16), Frankfurt a.M./New York 2013.

– dies./Neu/Brauner (Hrsg.), Alles nur symbolisch: dies./Tim Neu/Christina Brauner (Hrsg.), Alles nur symbolisch? Bilanz und Perspektiven der Erforschung symbolische Kommunikation (Symbolische Kommunikation in der Vormoderne), Köln u.a. 2013.

– dies./Neu, Einleitung: dies./Tim Neu, Einleitung, in: ebd., S. 11–31.

– dies., Formlosigkeit: dies., Offensive Formlosigkeit? Der Stilwandel des diplomatischen Zeremoniells, in: Bernd Sösemann/Gregor Vogt-Spira (Hrsg.), Friedrich der Große in Europa. Geschichte einer wechselvollen Beziehung, Bd. 1, Stuttgart ^{2}2013, S. 354–371.

– dies., Ökonomie: dies., Zur moralischen Ökonomie des Schenkens bei Hof (17.–18. Jahrhundert), in: Werner Paravicini (Hrsg.), Luxus und Integration. Materielle Hofkultur Westeuropas vom 12. bis zum 18. Jahrhundert, München 2010, S. 187–202.

– dies., Einleitung [2010]: dies., Einleitung, in: dies./Thomas Weissbrich (Hrsg.), Die Bildlichkeit symbolischer Akte (Symbolische Kommunikation und gesellschaftliche Wertesysteme, Bd. 28), Münster 2010, S. 9–21.

– dies., Kleider: dies., Des Kaisers alte Kleider. Verfassungsgeschichte und Symbolsprache des Alten Reiches, München 2008.

– dies./Weller (Hrsg.), Wertekonflikte: dies./Thomas Weller (Hrsg.), Wertekonflikte – Deutungskonflikte. Internationales Kolloquium des Sonderforschungsbereichs 496 an der Westfälischen Wilhelms-Universität Münster, 19.–20. Mai 2005 (Symbolische Kommunikation und gesellschaftliche Wertesysteme, Bd. 16), Münster 2007.

- dies., Einleitung [2007]: dies., Einleitung, in: ebd., S. 9–20.
- dies., Investitur: dies., Die Investitur mit den Reichslehen in der Frühen Neuzeit (2006), URL: http://miami.uni-muenster.de/servlets/DocumentServlet?id=5217 [zuletzt besucht am 17.06.2013].
- dies. (Hrsg.), Kulturgeschichte: dies. (Hrsg.), Was heißt Kulturgeschichte des Politischen? (Zeitschrift für Historische Forschung, Beiheft 35), Berlin 2005.
- dies., Symbolische Kommunikation: dies., Symbolische Kommunikation in der Vormoderne. Begriffe – Forschungsperspektiven – Thesen, in: Zeitschrift für historische Forschung 31 (2004), S. 489–527.
- dies., Verfassung: dies., Verfassung und Fest. Überlegungen zur festlichen Inszenierung vormoderner und moderner Verfassungen, in: Hans-Jürgen Becker (Hrsg.), Interdependenzen zwischen Verfassung und Kultur. Tagung der Vereinigung für Verfassungsgeschichte in Hofgeismar vom 22.3.–24.3.1999 (Der Staat, Beiheft 15), Berlin 2003, S. 7–49.
- dies., Honores regii: dies., Honores regii. Die Königswürde im zeremoniellen Zeichensystem der Frühen Neuzeit, in: Johannes Kunisch (Hrsg.), Dreihundert Jahre Preußische Königskrönung. Eine Tagungsdokumentation (Forschungen zur Brandenburgischen und Preußischen Geschichte, N. F., Beiheft 6), Berlin 2002, S. 1–26.
- dies., Wissenschaft: dies., Die Wissenschaft der feinen Unterschiede. Das Präzedenzrecht und die europäischen Monarchien vom 16. bis zum 18. Jahrhundert, in: Majestas 10 (2002), S. 125–150.
- dies., Öffentlichkeit: dies., Höfische Öffentlichkeit. Zur zeremoniellen Selbstdarstellung des brandenburgischen Hofes vor dem europäischen Publikum, in: Forschungen zur Brandenburgischen und Preußischen Geschichte, N. F., 7 (1997), S. 145–176.

Stolleis, »Pecunia«: Michael Stolleis, »Pecunia nervus rerum« – Die Finanzfrage in der deutschen Staatsräsonliteratur des 17. Jahrhunderts, in: Aldo de Maddalena/Hermann Kellenbenz (Hrsg.), Finanzen und Staatsräson in der frühen Neuzeit (Schriften des Italienisch-Deutschen Historischen Instituts in Trient, Bd. 4), Berlin 1992, S. 21–36.

Strathern/Stewart, Exchange: Andrew Strathern/Pamela J. Stewart, Ceremonial Exchange, in: Carrier (Hrsg.), Handbook, S. 230–245.

Subrahmanyam, Encounters: Sanjay Subrahmanyam, Courtly Encounters. Translating Courtliness and Violence in Early Modern Eurasia, Cambridge, MA/London 2012.
- ders., Connected Histories: ders., Connected Histories: Notes towards a Reconfiguration of Early Modern Eurasia, in: Modern Asian Studies 31,3 (1997), S. 735–762.

Sundström, Trade: Lars Sundström, The Trade of Guinea (Studia Ethnographica Upsaliensia, Bd. 24), Lund 1965.

Suter, Kulturgeschichte: Andreas Suter, Kulturgeschichte des Politischen – Chancen und Grenzen, in: Stollberg-Rilinger (Hrsg.), Kulturgeschichte, S. 27–55.

Sweet, Álvares: James H. Sweet, Domingos Álvares. African Healing, and the Intellectual History of the Atlantic World, Chapel Hill, NC 2011.

SYPHER, African Prince: Wylie Sypher, The African Prince in London, in: Journal of the History of Ideas 2,2 (1941), S. 237–247.

SZASZ, Introduction: Margaret Connell Szasz, Introduction, in: dies. (Hrsg.), Between Indian and White Worlds. The Cultural Broker, Norman u.a. 1994, S. 3–20.

TAMANAHA, Understanding: Brian Z. Tamanaha, Understanding Legal Pluralism: Past to Present, Local to Global, in: Sydney Law Review 30 (2008), S. 375–411.

TARDIEU, »Mina«: Jean-Pierre Tardieu, La »Mina de oro«: du conflit luso-castillan aux traités d'Alcaçovas (1479) et de Tordesillas (1494), in: Bulletin Hispanique 96,1 (1994), S. 117–131.

TATTERSFIELD, Forgotten Trade: Nigel Tattersfield, The Forgotten Trade. Comprising the Log of the Daniel and Henry of 1700 and Accounts of the Slave Trade from the Minor Ports of England, 1698–1725, London 1991.

TEUSCHER, Recht: Simon Teuscher, Erzähltes Recht. Lokale Herrschaft, Verschriftlichung und Traditionsbildung im Spätmittelalter, Frankfurt a.M. 2007. [Habil. Zürich 2005]

THIER, Rechtsgewohnheiten: Andreas Thier, Rechtsgewohnheiten, Ordnungskonfigurationen und Rechtsbegriff, in: Rechtsgeschichte 17 (2010), S. 40–44.

– ders., Art. Eigentum: ders., Art. Eigentum, in: Enzyklopädie der Neuzeit, Bd. 3, Stuttgart/Weimar 2006, Sp. 98–108.

THIESSEN/WINDLER (Hrsg.), Akteure: Hillard von Thiessen/Christian Windler (Hrsg.), Akteure der Außenbeziehungen. Netzwerke und Interkulturalität im historischen Wandel (Externa, Bd. 1), Köln u.a. 2010.

– dies., Einleitung: dies., Einleitung: Außenbeziehungen in akteurszentrierter Perspektive, ebd., S. 1–12.

– ders., Diplomatie: ders., Diplomatie vom type ancien. Überlegungen zu einem Idealtypus des frühneuzeitlichen Gesandtschaftswesens, ebd., S. 471–503.

THOEN, Affection: Irma Thoen, Strategic Affection? Gift Exchange in Seventeenth-Century Holland (Solidarity and Identity), Amsterdam 2007.

THOMAS, Entangled Objects: Nicholas Thomas, Entangled Objects. Exchange, Material Culture, and Colonialism in the Pacific, Cambridge, MA/London 1991.

THOMPSON, Moral Economy: Edward P. Thompson, The Moral Economy of the English Crowd in the 18th Century, in: Past & Present 50,1 (1971), S. 76–136.

THORNTON, Dahomey: John K. Thornton, Dahomey and the World. Dahomean Rulers and European Demands, 1726–1894, in: Emmanuel Akyeampong et al. (Hrsg.), Africa's Development in Historical Perspective, Cambridge u.a. 2014, S. 447–459.

– ders., Ethics: ders., African Political Ethics and the Slave Trade, in: Derek R. Peterson (Hrsg.), Abolitionism and Imperialism in Britain, Africa, and the Atlantic, Athens, OH 2010, S. 38–62.

– ders., Africa: ders., Africa and Africans in the Making of the Atlantic World, 1400–1800 (Studies in Comparative World History), Cambridge ^{2}1988.

– ders., Correspondence: ders., The Correspondence of the Kongo Kings, 1614–35. Problems of Internal Written Evidence on a Central African Kingdom, in: Heintze/Jones (Hrsg.), Sources, S. 407–421.

TILLY, Coercion: Charles Tilly, Coercion, Capital, and European States, AD 990–1992, Cambridge, MA/Oxford 1992.

TÖBELMANN, Macht: Paul Többelmann, Macht der Stäbe. Stabsymbolik in Ritualen des Mittelalters, Husum 2001. [Diss. Heidelberg 2008]
TOEWS, Art. Republik: Hans-Jürgen Toews, Art. Republik, in: Handwörterbuch zur deutschen Rechtsgeschichte, Bd. 4, Berlin 1990, Sp. 916–925.
TODOROV, Conquête: Tzvetan Todorov, La Conquête de l'Amérique. La question de l'autre, Paris 1982.
TOKSON, Image: Elliot Tokson, The Popular Image of the Black Man in English Drama, 1550–1688, Boston 1982.
TREVOR-ROPER, Rise: Hugh Trevor-Roper, The Rise of Christian Europe, London 1965.
UBINK, Land: Janine Ubink, In the Land of the Chiefs. Customary Law, Land Conflicts, and the Role of the State in Peri-Urban Ghana, Leiden 2008. [Diss. Leiden 2008]
ULBRICH/MEDICK/SCHASER (Hrsg.), Selbstzeugnis: Claudia Ulbrich/Hans Medick/ Angelika Schaser (Hrsg.), Selbstzeugnis und Person. Transkulturelle Perspektiven (Selbstzeugnisse der Neuzeit, Bd. 20), Köln u.a. 2012.
– dies./MEDICK/SCHASER, Perspektiven: dies./Hans Medick/Angelika Schaser, Selbstzeugnis und Person. Transkulturelle Perspektiven, in: ebd., S. 1–19.
UNGER, Nieuwe gegevens: W. S. Unger, Nieuwe gegevens betreffende het begin der vaart op Guinea, in: Economisch Historisch Jaarboek 21 (1940), S. 194–217.
VALENSI, Making: Lucette Valensi, The Making of a Political Paradigm: The Ottoman State and Oriental Despotism, in: Anthony Grafton/Ann Blair (Hrsg.), The Transmission of Culture in Early Modern Europe, Philadelphia 1990, S. 173–203.
VALSECCHI, Signori: Pierluigi Valsecchi, I signori di Appolonia. Poteri e formazione dello Stato in Africa occidentale fra XVI e XVIII secolo, Rom 2002.
– ders., Calendar: ders., Calendar and the Annual Festival in Nzema: Notes on Time and History, in: Africa. Rivista trimestrale du studi e documentazione dell'Istituto Italo-Africano 54,4 (1999), S. 489–513.
VANSINA, Edition: Jan Vansina, On Ravenstein's Edition of Battell's Adventures in Angola and Loango, in: History in Africa 34 (2007), S. 321–347.
– ders., Kings: ders., Kings in Tropical Africa, in: Erna Beumers/Hans-Joachim Koloss (Hrsg.), Kings of Africa. Art and Authority in Central Africa (Begleitband Ausst. Maastricht 1992), Utrecht 1992, S. 19–26.
– ders., Tradition orale: ders., De la Tradition orale. Essai de methode historique, Tervuren 1961.
VEC, Universalization: Miloš Vec, Universalization, Particularization, and Discrimination. European Perspectives on a Cultural History of 19th Century International Law, in: InterDisciplines 2 (2012), S. 79–102.
– ders., Zeremonialwissenschaft: ders., Zeremonialwissenschaft im Fürstenstaat. Studien zur juristischen und politischen Theorie absolutistischer Herrschaftsrepräsentation, Frankfurt a.M. 1998.
VERGER, Echanges: Pierre Verger, Échanges de cadeaux entre rois d'Abomey et souverains européens aux xviiie et xixe siècles, in: Bulletin de l'Institut fondamental d'Afrique noire (BIFAN) B 32,3 (1970), S. 741–754.
– ders., Flux: ders., Flux et reflux de la traite des nègres entre le golfe de Bénin et Bahia de todos os santos du dix-septième au dix-neuvième siècle (Le monde

d'outre-mer passé et présent, première série: Études, Bd. 30), Paris/Den Haag 1968.

- ders., Fort: ders., Le Fort St. Jean-Baptiste d'Ajuda (Mémoire de l'Institut de recherches appliquées du Dahomey, no. 1), Porto-Novo 1966.

VERNE, Geschenk: Markus Verne, Das provozierte Geschenk. Rhetoriken des Schnorrens in einem nigrischen Hausadorf: Formen, Folgen und theoretische Implikationen, in: Kurt Beck/Till Förster/Hans Peter Hahn (Hrsg.), Blick nach vorn. Festgabe für Gerd Spittler zum 65. Geburtstag, Köln 2004, S. 171–185.

VIEIRA, Mare Liberum: Monica Brito Vieira, Mare Liberum vs. Mare Clausum. Grotius, Freitas, and Selden's Debate on Dominion over the Seas, in: Journal of the History of Ideas 64,3 (2003), S. 361–377.

VISSER, Vlag: Derkwillem Visser, De Nederlandse Vlag in heden en verleden, Amsterdam 1990.

VISSER, Delft: Pieter C. Visser, Delft. Bladzijden uit zijn geschiedenis, Delft 1969.

VOGEL, Amtsantritt: Christine Vogel, Gut ankommen. Der Amtsantritt eines französischen Botschafters im Osmanischen Reich im späten 17. Jahrhundert, in: Burschel/Kundrus (Hrsg.), Diplomatiegeschichte, S. 158–178.

- dies., Pracht: dies., Osmanische Pracht und wahre Macht. Zur sozialen Funktion von Differenzmarkierungen in diplomatischen Selbstzeugnissen des späten 17. Jahrhunderts, in: Ulbrich/Medick/Schaser (Hrsg.), Selbstzeugnis, S. 315–333.

VOGT, Portuguese Rule: John Vogt, Portuguese Rule on the Gold Coast, 1469–1682, Athens, GA 1969.

VOGT, Peripherie: Martin Vogt, Die Bedeutung der Peripherie in der Zeit des Friedens von Rijswijk, in: Duchhardt (Hrsg.), Rijswijk, S. 129–149.

WAGNER-HASEL, Stoff: Beate Wagner-Hasel, Der Stoff der Gaben. Kultur und Politik des Schenkens und Tauschens im archaischen Griechenland (Campus Historische Studien, Bd. 28), Frankfurt a.M./New York 2000. [Habil. Darmstadt 1994]

WARD, History of Ghana: W. E. F. Ward, A History of Ghana, London ^{2}1958.

WASSING-VISSER, Geschenken: Rita Wassing-Visser, Koninklijke Geschenken uit Indonesië. Historische banden met het Huis Oranje-Nassau (1600–1938), Zwolle/Den Haag 1995.

WATKINS, New Diplomatic History: John Watkins, Toward a New Diplomatic History of Medieval and Early Modern Europe, in: Journal of Medieval and Early Modern Studies 38,1 (2008), S. 1–14.

WEBB, Ecology: James L. A. Webb, jr., Ecology & Culture in West Africa, in: Emmanuel Akyeampong (Hrsg.), Themes in West Africa's History, Oxford u.a. 2006, S. 33–51.

- ders., Desert Frontier: ders., Desert Frontier. Ecological and Economic Change along the Western Sahel, 1600–1850, Madison 1995.

WEBER, Schriftstücke: Christoph Friedrich Weber, Schriftstücke in der symbolischen Kommunikation zwischen Bischof Johann von Venningen (1458–1478) und der Stadt Basel, in: Frühmittelalterliche Studien 37 (2003), S. 355–383.

WEBER, Wirtschaft: Max Weber, Wirtschaft und Gesellschaft. Grundriß der verstehenden Soziologie, hrsg. von Johannes Winckelmann, Tübingen ^{5}1980.

Weber, Republik: Nadir Weber, Die Republik des Adels. Zum Begriff der Aristokratie in der politischen Sprache der Frühen Neuzeit, in: Zeitschrift für Historische Forschung 38,2 (2011), S. 217–258.

Weber, Dynastiesicherung: Wolfgang E. J. Weber, Dynastiesicherung und Staatsbildung. Die Entfaltung des frühmodernen Fürstenstaats, in: ders. (Hrsg.), Der Fürst. Ideen und Wirklichkeiten in der europäischen Geschichte, Köln u.a. 1998, S. 91–136.

Weber-Kellermann, Weihnachtsfest: Ingeborg Weber-Kellermann, Das Weihnachtsfest. Eine Kultur- und Sozialgeschichte der Weihnachtszeit, Luzern/Frankfurt a.M. 1978.

Weinfurter, Reich: Stefan Weinfurter, Wie das Reich heilig wurde, in: Jussen (Hrsg.), Macht, S. 190–204.

Weindl, *Mare liberum*: Andrea Weindl, Grotius's *Mare liberum* in the Political Practice of Early-Modern Europe, in: Grotiana 30 (2009), S. 131–151.

– dies., Kurbrandenburger: dies., Die Kurbrandenburger im ›atlantischen System‹, 1650–1720 (Arbeitspapiere zur Lateinamerikaforschung, II-3), Köln 1998.

Weiser-Aall, Art. Weihnacht: Lily Weiser-Aaal, Art. Weihnacht, in: Handwörterbuch des Aberglaubens, Bd. 9, Berlin u.a. 1941, S. 864–968.

Weller, Partner: Thomas Weller, Ungleiche Partner: Die diplomatischen Beziehungen zwischen der Hanse und der spanischen Monarchie im 16. und 17. Jahrhundert, in: Thiessen/Windler (Hrsg.), Akteure, S. 341–356.

– ders., Selbstverständnis: ders., Städtisches Selbstverständnis und frühneuzeitliche Diplomatie. Fremdes und Eigenes in den Berichten über die hansischen Gesandtschaften nach Moskau (1603) und Madrid (1606), in: Sünje Prühlen/Lucie Kuhse/Jürgen Sarnowsky (Hrsg.), Der Blick auf sich und die anderen. Selbstbild und Fremdbild von Frauen und Männern in Mittelalter und früher Neuzeit (Nova Mediaevalia. Quellen und Studien zum europäischen Mittelalter, Bd. 2), Göttingen 2007, S. 349–377.

– ders., Andere Länder: ders., Andere Länder, andere Riten? Die Wahrnehmung Spaniens und des spanischen Hofzeremoniells in frühneuzeitlichen Selbstzeugnissen aus dem deutschsprachigen Raum, in: Bähr/Burschel/Jancke (Hrsg.), Räume, S. 41–55.

– ders., Kulturkontakt: ders., ›Spanische Servitut‹ versus ›teutsche Libertet‹? Kulturkontakt, Zeremoniell und interkulturelle Deutungskonflikte zur Zeit Karls V., in: ders./Stollberg-Rilinger (Hrsg.), Deutungskonflikte, S. 175–196.

Welsch, Transkulturalität: Wolfgang Welsch, Transkulturalität, in: Gita Dharampal-Frick/Minou Friele/Monika Kirloskar-Steinbach (Hrsg.), Die Interkulturalitätsdebatte – Leit- und Streitbegriffe, Freiburg/München 2012, S. 146–155.

– ders., Was ist eigentlich Transkulturalität?: ders., Was ist eigentlich Transkulturalität?, in: Lucyna Darowska/Thomas Lüttenberg/Claudia Machold (Hrsg.), Hochschule als transkultureller Raum? Kultur, Bildung und Differenz in der Universität, Bielefeld 2010, S. 39–66.

Westergaard, Danish West Indies: Waldemar Westergaard, The Danish West Indies under Company Rule (1671–1754). With a Supplementary Chapter, 1755–1917, New York 1917.

WESTHAUSER, Revisiting: Karl E. Westhauser, Revisiting the Jordan Thesis: ›White over Black‹ in Seventeenth-Century England and America, in: Journal of Negro History 85,3 (2000), S. 112–122.

WHEELER, Complexion: Roxann Wheeler, The Complexion of Race. Categories of Difference in Eighteenth-Century British Culture (New Cultural Studies), Philadelphia 2000.

WHITE, Misunderstandings: Richard White, Creative Misunderstandings and New Understandings, in: William & Mary Quarterly, 3rd series, 63,1 (2006), S. 9–14.

WHORF, Language: Benjamin Lee Whorf, Language, Thought, and Reality. Selected Writings, hrsg. von John B. Carroll, New York/London 1956.

WILKS, Akwamu: Ivor Wilks, Akwamu 1640–1750. A Study of the Rise and Fall of a West African Empire (Trondheim Studies in History, Bd. 35), Trondheim 2001.

– ders., Forests: ders., Forests of Gold. Essays on the Akan and the Kingdom of Asante, Athens 1993.

– ders., Golden Stool: ders., The Golden Stool and the Elephant Tail. An Essay on Wealth in Asante, in: Research in Economic Anthropology 2 (1979), S. 1–36.

– ders., Asante: ders., Asante in the Nineteenth Century. The Structure and Evolution of a Political Order (African Studies Series, Bd. 13), London u.a. 1975.

– ders., Ashanti Government: ders., Ashanti Government, in: Daryll Forde/P. M. Kaberry (Hrsg,), West African Kingdoms in the 19th Century, Oxford 1967, S. 206–238.

WILLIAMS (Hrsg.), Bridging: Caroline Williams (Hrsg.), Bridging the Early Modern Atlantic World: People, Products, and Practices, Farnham u.a. 2009.

– dies., Introduction: dies., Introduction, in: ebd., S. 1–31.

WILLIAMS, American Indian: Robert Williams, The American Indian in Western Legal Thought. The Discourses of Conquest, Oxford 1990.

WILLIS, New Introduction: John Ralph Willis, New Introduction, in: Bosman, Description (1705 [1704]), S. vii–xxi.

WILLOWEIT, Dominium: Dietmar Willoweit, Dominium und Proprietas. Zur Entwicklung des Eigentumsbegriffs in der mittelalterlichen und neuzeitlichen Rechtslehre, in: Historisches Jahrbuch 94 (1974), S. 131–156.

– ders., Rechtsgrundlagen: ders., Rechtsgrundlagen der Territorialgewalt. Landesobrigkeit, Herrschaftsrechte und Territorium in der Rechtswissenschaft der Neuzeit, Köln/Wien 1975.

WILSON, Clarkson: Ellen Gibson Wilson, John Clarkson and the African Adventure, London/Basingstoke 1980.

WINDLER, Symbolische Kommunikation: Christian Windler, Symbolische Kommunikation und diplomatische Praxis in der Frühen Neuzeit. Erträge neuer Forschungen, in: Stollberg-Rilinger/Neu/Brauner (Hrsg.), Alles nur symbolisch, S. 161–185.

– ders., Diplomatie als Erfahrung: ders., Diplomatie als Erfahrung fremder politischer Kulturen. Gesandte von Monarchie in den eidgenössischen Orten (16. und 17. Jahrhundert), in: Geschichte und Gesellschaft 32 (2006), S. 5–44.

– ders., Diplomatie: ders., La Diplomatie comme l'expérience de l'autre. Consuls français au Maghreb, 1700–1840 (Bibliothèque des Lumières, Bd. 60), Genf 2002. [Habil. Basel 1999]

– ders., Diplomatic History: ders., Diplomatic History as a Field for Cultural Analysis. Muslim-Christian Relations in Tunis, 1700–1840, in: Historical Journal 44,1 (2001), S. 79–106.
– ders., Tributes: ders., Tributes and Presents in Franco-Tunisian Diplomacy, in: Journal of Early Modern History 4,2 (2000), S. 168–199.
– ders., Tribut: ders., Tribut und Gabe. Mediterrane Diplomatie als interkulturelle Kommunikation, in: Saeculum 51,1 (2000), S. 24–56.
– ders., Normen: ders., Normen aushandeln. Die französische Diplomatie und der muslimische »Andere« (1700–1840), in: IUS COMMUNE. Zeitschrift für Europäische Rechtsgeschichte 24 (1997), S. 171–210.

WINKLER, Bildnis: Hubert Winkler, Bildnis und Gebrauch. Zum Umgang mit dem fürstlichen Bildnis in der frühen Neuzeit. Vermählungen – Gesandtschaftswesen – Spanischer Erbfolgekrieg (Dissertationen der Universität Wien, Bd. 239), Wien 1993. [Diss. Wien 1989]

WINSNES, Report: Selena Axelrod Winsnes, An Eye-Witness, Hearsay, Hands-On Report from the Gold Coast. Ludewig F. Rømer's *Tilforladelig Efterretning om Kysten Guinea*, in: Mai Palmberg (Hrsg.), Encounter Images in the Meetings between Africa and Europe, Uppsala 2001, S. 37–53.
– dies., Introduction: dies., Editor's Introduction, in: RØMER, Account (1760), S. ix–xxx.

WITTE, Bulles: Charles-Martial de Witte, OSB, Les Bulles pontificales et l'expansion portugaise au XVe siècle, in: Revue d'histoire ecclésiastique 48 (1953), S. 683–718; 49 (1954), S. 438–461; 51 (1956), S. 413–453; und 53 (1958), S. 1–46 und S. 443–471.

WITTGENSTEIN, Tractatus: Ludwig Wittgenstein, Tractatus logico-philosophicus. Logisch-philosophische Abhandlung, Frankfurt a.M. 2003.

WITTHÖFT, Grenzen: Christiane Witthöft, An den Grenzen symbolischer Kommunikation: Verstehen und Missverstehen als Thema von gestischen Disputationen, in: Ulrich Knefelkamp/Kristian Bosselmann-Cyran (Hrsg.), Grenze und Grenzüberschreitung im Mittelalter. 11. Symposium des Mediävistenverbandes vom 14. bis 17. März 2005 in Frankfurt an der Oder, Berlin 2007, S. 295–308.

WOODMAN, Accommodation: Gordon R. Woodman, Accommodation between Legal Cultures: The Global Encounters the Local in Ghanaian Land Law, in: Recht in Afrika. Zeitschrift der Gesellschaft für afrikanisches Recht 4,1 (2001), S. 57–75.

WRIGLEY, Historicism: C. C. Wrigley, Historicism in Africa. Slavery and State Formation, in: African Affairs 70 (1971), S. 113–124.

WUNDER, Einleitung: Heide Wunder, Einleitung. Dynastie und Herrschaftssicherung: Geschlechter und Geschlecht, in: dies. (Hrsg.), Dynastie und Herrschaftssicherung: Geschlechter und Geschlecht, Berlin 2002, S. 9–27.

YAKEMTCHOUK, Afrique: Romain Yakemtchouk, L'Afrique en droit international (Bibliothèque de droit international, Bd. 63), Paris 1971.

YAN, Gift: Yunxiang Yan, The Gift and Gift economy, in: Carrier (Hrsg.), Handbook, S. 246–261.

YANKAH, Speaking: Kwesi Yankah, Speaking for the Chief. Okyeame and the Politics of Akan Royal Oratory (African Systems of Thoughts), Bloomington/Indianapolis 1995.

Yarak, Asante: Larry W. Yarak, Asante and the Dutch, 1744–1873, Oxford 1990.
- ders., Kwasi Boakye: ders., Kwasi Boakye and Kwame Poku: Dutch-Educated Asante »Princes«, in: Schildkrout (Hrsg.), Golden Stool, S. 131–160.
- ders., »Elmina Note«: ders., The »Elmina Note«. Myth and Reality in Asante-Dutch Relations, in: History in Africa 13 (1986), S. 363–382.

Zaugg, Großfriedrichsburg: Roberto Zaugg, Grossfriedrichsburg, the first German colony in Africa? Brandenburg-Prussia, Atlantic Entanglements and National Memory, in: D.E.K. Baku/John Kwadwo Osei-Tutu/Victoria E. Smith (Hrsg.), Shadows of Empire. Studies of European Fortifications in West Africa [im Druck].

Zeller, Ex Facto: Bernhard Zeller, Ex Facto Ius Oritur. Zur Bedeutung der ehemaligen deutschen Kolonialgrenzen in Afrika am Beispiel des Rechtsstreits zwischen Kamerun und Nigeria (Studien zur Geschichte des Völkerrechts, Bd. 11), Baden-Baden 2006. [Diss. München 2003]

Ziegler, Völkerrechtsgeschichte: Karl-Heinz Ziegler, Völkerrechtsgeschichte (Kurzlehrbücher für das juristische Studium), München ²2007.

Zijlstra, Trust: Suze Ziljstra, To Build and Sustain Trust. Long-Distance Correspondence of Dutch Seventeenth-Century Merchants, in: Dutch Crossing 36,2 (2012), S. 114–131.

Zook, Company: George Frederick Zook, The Company of Royal Adventurers, New York 1969. [ND aus Journal of Negro History 4,2 (1919)]

Zunckel, Geschäftsleute: Julia Zunckel, Diplomatische Geschäftsleute – geschäftstüchtige »Diplomaten«. Akteure der genuesischen Außenbeziehungen in der Frühen Neuzeit zwischen Wirtschaft und Politik, in: Thiessen/Windler (Hrsg.), Akteure, S. 31–44.

Personenregister

Aufgeführt werden jene Personen, die mindestens zweimal genannt werden, sofern nicht andere Gründe für ihre Aufnahme sprechen. In Einzelfällen konnten Vornamen nicht ermittelt werden.
Sofern ein Stichwort auf einer Seite ausschließlich im Anmerkungsapparat erscheint, ist dies durch den Zusatz (Fn.) gekennzeichnet.

Ortsregister

Aufgeführt werden jene Orte, Länder, Flüsse etc., die mindestens zweimal genannt werden, sofern nicht andere Gründe für ihre Aufnahme sprechen.
Sofern ein Stichwort auf einer Seite ausschließlich im Anmerkungsapparat erscheint, ist dies durch den Zusatz (Fn.) gekennzeichnet.

EXTERNA

GESCHICHTE DER AUSSENBEZIEHUNGEN
IN NEUEN PERSPEKTIVEN

HERAUSGEGEBEN VON ANDRÉ KRISCHER,
BARBARA STOLLBERG-RILINGER, HILLARD VON THIESSEN
UND CHRISTIAN WINDLER

BISHER ERSCHIENEN

BD. 1 | HILLARD VON THIESSEN,
CHRISTIAN WINDLER (HG.)
AKTEURE DER AUSSENBEZIEHUNGEN
NETZWERKE UND INTERKULTURALITÄT
IM HISTORISCHEN WANDEL
2010. VIII, 546 S. 6 S/W-ABB. GB.
ISBN 978-3-412-20563-8

BD. 2 | EVA KATHRIN DADE
MADAME DE POMPADOUR
DIE MÄTRESSE UND DIE DIPLOMATIE
2010. X, 338 S. GB.
ISBN 978-3-412-20480-8

BD. 3 | MATTHIAS KÖHLER
STRATEGIE UND SYMBOLIK
VERHANDELN AUF DEM KONGRESS
VON NIMWEGEN
2011. XII, 531 S. GB.
ISBN 978-3-412-20771-7

BD. 4 | CORINA BASTIAN
VERHANDELN IN BRIEFEN
FRAUEN IN DER HÖFISCHEN DIPLOMA-
TIE DES FRÜHEN 18. JAHRHUNDERTS
2013. 497 S. GB.
ISBN 978-3-412-21042-7

BD. 5 | CORINA BASTIAN, EVA KATHRIN
DADE, HILLARD VON THIESSEN,
CHRISTIAN WINDLER (HG.)
DAS GESCHLECHT DER DIPLOMATIE
GESCHLECHTERROLLEN IN DEN
AUSSENBEZIEHUNGEN VOM
SPÄTMITTELALTER BIS ZUM
20. JAHRHUNDERT
2014. 316 S. 2 S/W-ABB. GB
ISBN 978-3-412-22198-0

BD. 6 | TILMAN HAUG
UNGLEICHE AUSSENBEZIEHUNGEN UND GRENZÜBERSCHREITENDE PATRONAGE
DIE FRANZÖSISCHE KRONE UND DIE
GEISTLICHEN KURFÜRSTEN (1648–1679)
2015. 540 S. GB.
ISBN 978-3-412-22360-1

BD. 7 | NADIR WEBER
LOKALE INTERESSEN UND GROSSE STRATEGIE
DAS FÜRSTENTUM NEUCHÂTEL UND
DIE POLITISCHEN BEZIEHUNGEN DER
KÖNIGE VON PREUSSEN (1707–1806)
2015. CA. 656 S. CA. 4 S/W-ABB. GB.
978-3-412-22451-6

BD. 8 | CHRISTINA BRAUNER
KOMPANIEN, KÖNIGE UND CABOCEERS
INTERKULTURELLE DIPLOMATIE AN
GOLD- UND SKLAVENKÜSTE IM 17.
UND 18. JAHRHUNDERT
2015. 670 S. 9 S/W-ABB. GB.
ISBN 978-3-412-22514-8

BÖHLAU VERLAG, URSULAPLATZ 1, D-50668 KÖLN, T:+49 221 913 90-0
INFO@BOEHLAU-VERLAG.COM, WWW.BOEHLAU-VERLAG.COM | WIEN KÖLN WEIMAR

HC575